上海市志

中国共产党分志
纪检监察卷

1978—2010

上海市地方志编纂委员会　编

上海人民出版社

1990 年 2 月 16 日，上海市纪检工作会议召开

1992 年 12 月 20 日，上海市纪委六届一次全体会议召开

1993 年 9 月 24 日，上海市纪检监察工作会议召开

1999 年 1 月 27 日，上海市传达贯彻中央纪委三次全会精神干部大会召开

2002 年 2 月 1 日，上海市加强党风廉政建设干部大会召开

2005 年 1 月 28 日，上海市纪委第五次全体会议召开

2007 年 5 月 13 日，上海市纪委全会表决通过向市第九次党代会作的工作报告

2009 年 11 月 25 日，上海市举办“忠诚、敬业、道德、廉洁”报告会

2009 年 11 月 26 日，市委、市政府领导检查党风廉政建设责任制落实情况

2010 年 1 月 18 日，上海市纪委第九届五次全会召开

1992 年 8 月 4 日，上海市纪检信访工作会议召开

2003 年 12 月 2 日，上海市纪检监察案件审理工作会议召开

2010 年 4 月 16 日，上海市纪检监察信访举报和维护稳定工作座谈会召开

2002 年 8 月 29 日，上海市纪委到市高级法院调研干部廉洁自律情况

2006 年 12 月 30 日，上海市党员领导干部报告个人有关事项工作会议召开

2007 年 6 月 19 日，上海市举行新任局级领导干部集体廉政谈话会召开

2006 年 8 月 28 日，上海市巡视工作汇报会召开

2007 年 3 月 29 日，上海市 2007 年巡视工作动员会召开

1998 年 10 月 29 日，上海市全面推行乡镇企业会计委派制度工作会议召开

1999 年 4 月 28 日，上海市企廉工作暨推行厂务公开工作会议召开

2008 年 6 月 4 日，上海市贯彻国企领导干部“七个不准”专项工作座谈会召开

2010 年 8 月 4 日，上海市农村党风廉政建设工作推进会召开

2008 年 10 月 23 日，上海世博会党风廉政建设和监督保障工作会议召开

2009 年 4 月 28 日，上海世博会建设工程深化创“双优”活动签约仪式举行

2010 年 2 月 3 日，上海市纪委开展上海世博会党风廉政建设和监督保障工作专项检查

2006 年 11 月 21 日，上海市纪检监察信息网新版开通仪式举行

2006 年 11 月 30 日，上海市政风行风测评情况反馈大会召开

2008 年 9 月 25 日，上海市黄浦区南京东路街道被中央纪委树为党务公开试点基层单位

2010 年 3 月 17 日，上海市纪委调研“962114”政风行风监督电话受理工作

2005 年 8 月，上海市工程项目监督平台建立

2008 年 3 月 1 日，上海市建立统一、透明、规范的土地交易市场

2009 年 5 月 5 日，"创建规范拆迁示范点"揭牌仪式举行

2009 年 5 月 19 日，上海市加强政府投资项目管理监督工作会议召开

2005 年 6 月 8 日，上海市纪委选送的“首届全国反腐倡廉公益广告大赛”参赛作品在《人民网》公布

2009 年 6 月 5 日，上海市纪委、市科教党工委等单位联合举办第五届红色经典小故事讲演活动

2009 年 6 月 11 日，上海市纪委、市委宣传部指导拍摄的京剧电影《廉吏于成龙》首映

2009 年 7 月 24 日，上海市纪委组织的廉政文化进社区系列活动金山区石化社区廉政文化建设启动

2009 年 8 月 17 日，上海市纪委组织参观党纪条规宣传展览

2010 年 6 月 29 日，上海市纪委举办学习贯彻《廉政准则》座谈会暨图文宣传手册首发式

2010 年 8 月 24 日，上海市纪委会同解放日报报业集团出版《廉动世博》特刊

1991 年 7 月 31 日，上海市第三次纪检理论研讨会举办

2009 年 9 月 4 日，上海市党风廉政建设民意调查工作会议召开

2010 年 12 月 29 日，首届“浦江清风”反腐倡廉制度建设理论研讨会举办

2010年12月8日，上海市纪委向党外人士通报党风廉政建设和反腐败工作情况

1996年6月1日，上海市纪委市监察委领导会见荷兰监察专员署代表团

2008 年 11 月 27 日，上海市纪委与亚非发展中国家举办反腐败理论研讨交流会

2007 年 7 月 31 日，上海市纪检监察系统领导干部会议召开

1994 年 11 月 21 日，上海市纪检监察系统先进集体、先进工作者表彰大会召开

上海市纪委 2005 年度受中央纪委、监察部表彰的全国纪检监察先进工作者合影

2009 年 9 月 28 日，上海市纪委庆祝中华人民共和国成立 60 周年向离休干部颁发纪念章

2008 年 12 月 19 日，上海市纪委机关参观学习纪念党的纪律检查机关恢复重建 30 周年图片展

2010 年 6 月 30 日，上海市纪委机关举行“忠诚、为民、履职”主题演讲

2010 年 8 月 5 日，上海市纪委老领导与机关青年干部座谈

上海市地方志编纂委员会

上海市地方志编纂委员会

（2007.8—2018.6）

《上海市志·中国共产党分志·纪检监察卷(1978—2010)》编纂委员会

编纂委员会组成人员(2015年9月—2021年7月)

主　　任　戴　骅

副 主 任　孟文海　陶　泓　赵增辉

委　　员　李章豹　毛　莉　鲁　军　王洪青　阎玉文　王旭杰　章　明　黄德智　戴志祥

主　　编　戴　骅(兼)

执行主编　赵增辉

副 主 编　韩月平

编纂委员会组成人员(2012年8月—2015年9月)

主　　任　温新华

副 主 任　张　华　赵增辉　黄建平　王　玉

委　　员　鲁　军　邱耀明　金跃明　吴朝阳　姚　俊　姜方平　刘晓明　路新畅　王洪青　楚永桥　王春水　邓帅萍　毛　莉　张国新　孙禧领　李建芳　张玲玲　朱铭元

编纂委员会组成人员(2010年7月—2012年8月)

主　　任　唐周绍

副 主 任　温新华　刘纪舟　王　玉　李新华

委　　员　鲁　军　章　明　李胜利　袁旭升　张玲玲　王洪青　庄伟林　王春水　邓帅萍　穆　忻　鲍传春

编纂委员会办公室(2015年9月—2021年7月)

主　任　赵增辉

副主任　韩月平

编纂委员会办公室(2012 年 8 月—2015 年 9 月)

主　任　赵增辉

副主任　鲁　军　韩月平

编纂委员会办公室(2010 年 7 月—2012 年 8 月)

主　任　刘纪舟

副主任　鲁　军　方国治

专职编辑人员

张宝大(2015 年 5 月—2020 年 12 月)　王雅南(2013 年 4 月—2017 年 4 月)

王　群(2015 年 8 月—2017 年 4 月)　顾林珍(2013 年 8 月—2016 年 12 月)

专题资料收集和提供部分稿件人员

(以姓名笔画为序)

王玉华　毛　峰　卞振生　刘　敏　汤　永　李　丕　李　慧　杨　雯

吴　昊　张天旻　张息琴　陈佳旎　范　瑶　罗伟坚　周勍卿　姜　樑

顾明月　顾崇峰　徐　静　徐玉珠　徐炳文　徐晓东　高志甫　郭宝明

唐文祺　唐德祥　黄　伟　章　明　蒋　玮　蒋伟芬　谢卫东　蔡永彤

潘　义　潘孋雯

提供照片资料或参与复制照片资料人员

(以姓名笔画为序)

王建国　李世英

各区县纪委、监察局(委)、各派驻机构纪检组提供有关专题资料

《上海市志·中国共产党分志·纪检监察卷(1978—2010)》评议专家名单

组　　长　沈红光

成　　员　(以姓名笔画为序)

王永鉴　刘红凛　齐卫平　严爱云　李　劼　李培龙　杨天欣　金光耀　周敬青　赵岳清

《上海市志·中国共产党分志·纪检监察卷(1978—2010)》审定专家名单

组　　长　沈红光

成　　员　(以姓名笔画为序)

王永鉴　刘红凛　孙　瑜　严爱云　李培龙　杨天欣　金光耀　周敬青　赵岳清　徐　静

《上海市志·中国共产党分志·纪检监察卷(1978—2010)》验收单位和人员名单

验收单位　上海市地方志办公室

验收人员　洪民荣　王依群　黄晓明　过文瀚　黄文雷

业务编辑　杨军益

序

《上海市志·中国共产党分志·纪检监察卷(1978—2010)》,作为《上海市志·中国共产党分志》的组成部分,也是首部全面反映改革开放以来上海市纪检监察工作历史的专志。经过数载磨砺终于编纂出版。在此,表示热烈祝贺!

鸿篇赓续,青史不泯。改革开放以来,在建设中国特色社会主义伟大事业中,上海市纪检监察机关在中央纪委和中共上海市委的正确领导下,严格履行党章赋予的职责,围绕中心,服务大局,不负重托,不辱使命,把反腐倡廉建设贯穿于社会主义经济建设、政治建设、文化建设、社会建设各个领域,坚持党要管党、从严治党,坚持标本兼治、综合治理、惩防并举,在坚决惩治腐败的同时,更加注重治本、更加注重预防、更加注重制度建设,扎实推进党风廉政建设和反腐败斗争,为上海建设社会主义现代化国际大都市,作出了积极的贡献,谱写出辉煌的历史篇章。

盛世修志,志载史实。这部近百万字的专志,是集思广益、集体智慧的结晶。在市委、市政府的统一部署和市地方志办公室具体指导下,整个编纂过程中,市纪委、市监察局(委)领导班子高度重视,机关各厅室及全市纪检监察机关大力支持,经过编纂人员孜孜不倦的辛勤劳作,完成了《上海市志·中国共产党分志·纪检监察卷(1978—2010)》的编纂。全书以马克思列宁主义、毛泽东思想、邓小平理论、“三个代表”重要思想、科学发展观、习近平新时代中国特色社会主义思想为指导,用辩证唯物主义与历史唯物主义的立场、观点和方法,坚持实事求是原则,全面、系统、客观地反映了1978—2010年开展反腐倡廉建设的工作历程,详细记载了改革开放三十多年来,反腐倡廉教育、制度、改革、纠风、惩治等各项工作史料,体现了上海特色和纪检监察工作特点,留下了可供借鉴的宝贵经验,必将发挥资政、育人、存史的功能作用。为此,谨向所有对编纂工作给予关心支持与付出辛勤努力的单位和人员致以诚挚的谢意!

以史为镜，昭示未来。站在新的历史起点，奋进新时代，开启新征程，从严治党永远在路上，反腐倡廉建设任重道远，纪检监察机关使命光荣、责任重大、任务艰巨。全市纪检监察干部要深入贯彻党的十九大精神，深刻学习领会习近平新时代中国特色社会主义思想，不断增强“四个意识”，坚定“四个自信”，做到“两个维护”，不辜负党和人民的重托和厚望，以史为镜、以志为鉴，承前启后，与时俱进，不忘初心，牢记使命，敢于担当，发扬“无需扬鞭自奋蹄”和“只争朝夕”的精神，以“抓铁留痕、踏石留印”的作风，锐意进取，攻坚克难，在以习近平同志为核心的党中央领导下，坚定不移地推进党风廉政建设和反腐败斗争，努力开创新时代纪检监察工作新局面，为实现“两个一百年”奋斗目标、实现中华民族伟大复兴的中国梦而努力奋斗！

刘学新

2020 年 9 月

（作者为中共上海市委常委、市纪委书记、市监察委主任）

《上海市志(1978—2010)》凡例

一、本志坚持以马克思主义为指导,遵循辩证唯物主义和历史唯物主义原理,实事求是记述上海市自然、政治、经济、文化和社会的历史与现状。

二、本志为上海市首轮社会主义新方志中《上海通志》《上海市专志系列丛刊》之续,续义不续例,体例方面创新调整,并对首轮志书补缺正误。采用小篇平列体,分别编纂,陆续出版,汇为全志。

三、本志记述地域范围,以2010年底上海市行政区划为准。由上海市辐射至全国其他地区及国外事物,兼及记述。

四、本志记述内容的时限,上起1978年,下讫2010年,反映这一时期上海改革开放全貌。首轮《上海市专志系列丛刊》所缺或记述内容不够丰富的分志、分卷,上溯至事物发端。中国共产党分志、人民代表大会分志、人民政府分志、人民政协分志、民主党派分志,为保持同一届次内容记述的完整性,下延至2010年后的首个换届年份。

五、本志按自然、政治、经济、文化和社会为序设置分志、分卷,事以类从,类为一志,并兼顾当代社会分工的原则。全志除总述外,中国共产党分志、农业分志、工业分志、商业分志、服务业分志、城乡建设分志、金融分志、口岸分志设置综述卷,并设经济综述分志,加强全志整体性。各分志、分卷采用篇章节体,卷首设概述、大事记,以专记、附录、索引殿后。

六、本志体裁以述、记、志、传、图、表、录为主,力求内容与形式统一。

七、本志人物传遵循"生不立传"原则。入传人物排列先后以卒年为序,在世人物以人物简介(排列以生年为序)、人物表(人物录)记载。

八、本志采用规范的语体文、记述体,行文按《〈上海市志(1978—2010)〉编纂行文规范》,力求严谨、朴实、简洁、流畅,以第三人称记述。

九、本志纪年,凡1949年5月27日上海市解放以前的用历史纪年,一般标示朝代、年号、年份,括注公元纪年;1949年5月27日上海市解放后,一律采用公元纪年。

十、本志所记述的地名、机构名称、职称及币种、计量单位,一般按当时称谓。

十一、本志所用统计资料,原则上根据统计部门公布的材料;未列入统计部门统计的,根据部门统计的材料。

十二、本志资料来源于国家档案馆、上海市及有关省市档案馆、部门档案馆(室),以及历史文献、口碑资料、社会调查、部门提供的材料等,均经考证核实,一般不注明出处。

编纂说明

一、本卷由图片、凡例、序、概述、正文、大事记、附录、后记组成。纵记纪检监察30多年发展历程，反映纪检监察工作的基本经验，横记党风廉政建设和反腐败斗争各方面主要工作的史实要点。

二、本卷系党的纪律检查工作和行政监察工作的合卷，采取第三人称方式叙述。根据纪检监察机关的历史实际情况，采取既分又合、分合结合的方法，两机关分设时分开记述，合署办公后则合记。

三、本卷大事记中凡涉及人物职务，如无变动，一年内只标明职务名称一次，后直书人物姓名，换年相同。

四、本卷重要活动、重要会议记述中央与上海市举办的反腐倡廉有关的活动和会议内容，按时间排序，以事系人，中央纪委、市委常委或省部级以上者为先。

五、本卷人物中，对历任市委纪委筹备组组长、市纪委书记、监察局（委）局长（主任）作以人物简介，以出生先后为序排列；先进集体、先进人物主要收录了评为全国和上海的先进纪检组织、优秀纪检干部。

六、本卷各个历史时期的工作报告、重要文件、法规制度较多，编辑部分附录于后。典型案例选择各个历史时期部分错误性质严重、影响较大、证据确凿、处理恰当的重大典型案件。

七、本卷资料主要来源于市纪委档案室、市纪委机关局域网、上海市档案馆和区县有关资料，仅有个别地方采用经核实的口述资料；所用统计资料根据市纪委、市监察局（委）统计的资料。根据本卷篇、章、节、目的内容编有电子卡片长编资料。

目　录

序 …… 刘学新 1
《上海市志(1978—2010)》凡例 …… 1
编纂说明 …… 1
概述 …… 1
大事记 …… 15

第一篇　组织机构 …… 57
第一章　中共上海市纪律检查委员会 …… 60
第一节　市委复查办 …… 60
第二节　市委纪委筹备组 …… 60
第三节　合署办公前市纪委 …… 61
一、中共上海市纪律检查委员会 …… 62
二、中共上海市第五届纪律检查委员会 …… 62
第四节　合署办公后市纪委 …… 65
一、中共上海市第六届纪律检查委员会 …… 66
二、中共上海市第七届纪律检查委员会 …… 68
三、中共上海市第八届纪律检查委员会 …… 70
四、中共上海市第九届纪律检查委员会 …… 73
第二章　上海市监察局(委) …… 76
第一节　合署办公前市监察局 …… 76
第二节　合署办公后市监察局(委) …… 77
第三章　内设、派驻(派出)与部委办局机构 …… 81
第一节　内设机构 …… 81
一、市委纪委筹备组内设机构 …… 81
二、合署办公前市纪委内设机构 …… 82
三、合署办公前市监察局内设机构 …… 82
四、合署办公后市纪委、市监察局(委)内设机构 …… 83
五、机关党组织 …… 84
第二节　派驻(派出)机构 …… 85
一、市委纪委筹备组派出机构 …… 85
二、合署办公前市纪委派驻机构 …… 86
三、合署办公前市监察局派驻机构 …… 87
四、合署办公后市纪委、市监察局(委)派驻(派出)机构 …… 87
第三节　部委办局纪检监察机构 …… 88
第四章　各区县纪委、监察局(委) …… 91
第一节　浦东新区 …… 91
一、川沙县纪委、监察局 …… 91
二、浦东新区纪委、监察局(委) …… 92
三、南汇县纪委、监察局(委) …… 93
四、南汇区纪委、监察局(委) …… 94
五、合并后浦东新区纪委、监察局 …… 95
第二节　徐汇区 …… 95
一、徐汇区纪委 …… 95
二、徐汇区监察局(委) …… 96
第三节　长宁区 …… 97

一、长宁区纪委 …… 97
二、长宁区监察局(委) …… 98
第四节 普陀区 …… 98
一、普陀区纪委 …… 98
二、普陀区监察局(委) …… 99
第五节 闸北区 …… 100
一、闸北区纪委 …… 100
二、闸北区监察局(委) …… 101
第六节 虹口区 …… 101
一、虹口区纪委 …… 101
二、虹口区监察局(委) …… 102
第七节 杨浦区 …… 103
一、杨浦区纪委 …… 103
二、杨浦区监察局(委) …… 104
第八节 黄浦区 …… 104
一、黄浦区纪委、监察局(委) …… 104
二、南市区纪委、监察局(委) …… 105
三、"撤二建一"后黄浦区纪委、监察局(委) …… 106
第九节 卢湾区 …… 107
一、卢湾区纪委 …… 107
二、卢湾区监察局(委) …… 108
第十节 静安区 …… 109
一、静安区纪委 …… 109
二、静安区监察局(委) …… 110
第十一节 宝山区 …… 110
一、宝山县纪委、监察局 …… 111
二、吴淞区纪委、监察局 …… 111
三、合并后宝山区纪委、监察局(委) …… 112
第十二节 闵行区 …… 113
一、上海县纪委、监察局 …… 113
二、闵行区纪委、监察局 …… 114
三、合并后闵行区纪委、监察局(委) …… 115
第十三节 嘉定区 …… 116
一、嘉定县纪委、监察局 …… 116
二、嘉定区纪委、监察局(委) …… 116
第十四节 金山区 …… 117
一、金山县纪委、监察局(委) …… 118
二、金山区纪委、监察局(委) …… 118
第十五节 松江区 …… 119
一、松江县纪委、监察局(委) …… 119
二、松江区纪委、监察局(委) …… 121
第十六节 青浦区 …… 121
一、青浦县纪委、监察局(委) …… 122
二、青浦区纪委、监察局(委) …… 123
第十七节 奉贤区 …… 124
一、奉贤县纪委、监察局(委) …… 124
二、奉贤区纪委、监察局(委) …… 125
第十八节 崇明县 …… 126
一、崇明县纪委 …… 126
二、崇明县监察局(委) …… 127

第二篇 重要会议 …… 129
第一章 参加市党代会 …… 131
第一节 出席第五次市党代会并作工作报告 …… 131
第二节 出席第六次市党代会并作工作报告 …… 131
第三节 出席第七次市党代会并作工作报告 …… 132
第四节 出席第八次市党代会并作工作报告 …… 132
第五节 出席第九次市党代会并作工作报告 …… 132
第二章 市纪委、市监察局(委)重要会议 …… 134
第一节 市委纪委筹备组重要会议 …… 134
第二节 市纪委全会 …… 135
一、第五届市纪委全会 …… 135
二、第六届市纪委全会 …… 137
三、第七届市纪委全会 …… 138
四、第八届市纪委全会 …… 139
五、第九届市纪委全会 …… 142
第三节 市监察工作会议 …… 144
第四节 上海市加强党风廉政建设干部大会 …… 147
第五节 反腐倡廉有关重要会议 …… 151

一、全市纪检监察工作会议 …………… 151
二、市党风廉政建设联席会议 ………… 155
第三章 纪检监察系统重要会议 ……… 156
第一节 在沪召开的中央纪委、监察部工作会议 …………… 156
第二节 在沪召开的华东片会 ……… 157
第三节 在沪召开的直辖市联席会议 ………………………… 159

第三篇 重要活动 ……………………… 161
第一章 中央纪委、监察部领导来沪指导工作 ……………………… 163
第一节 中央纪委、监察部领导来沪考察 ……………………… 163
第二节 中央纪委、监察部来沪检查工作 ……………………… 166
第二章 市委、市政府领导检查指导工作 ………………………… 169
第一节 市委、市政府领导检查委局工作 ……………………… 169
第二节 市委、市政府领导参加反腐倡廉活动 ………………… 170

第四篇 党风廉政制度建设 ………… 173
第一章 党风廉政建设责任制 ………… 176
第一节 责任制规定 ………………… 176
第二节 责任制分工 ………………… 177
一、责任制领导小组 ……………… 177
二、工作任务分工 ………………… 177
第三节 责任追究规定 ……………… 178
第二章 反腐倡廉制度 ……………… 180
第一节 廉洁自律制度 ……………… 180
一、综合性规定 ………………………… 180
二、住房管理规定 ……………………… 181
三、用车管理规定 ……………………… 182
四、出国(境)管理规定 ……………… 182
五、领导干部配偶、子女从业管理规定 ………………………… 183
六、严禁收受礼品礼券规定 ………… 184
七、制止奢侈浪费规定 ……………… 185
第二节 党内监督制度 ……………… 186
一、民主生活会制度 ………………… 186
二、个人有关事项报告制度 ………… 186
三、谈话述廉制度 …………………… 187
四、巡视制度 ………………………… 187
五、审计监督制度 …………………… 188
第三节 纪检监察工作制度 ………… 189
一、信访举报工作规定 ……………… 189
二、案件查处和审理规定 …………… 190
三、党纪政纪处分规定 ……………… 193
第三章 预防与治理腐败制度 ……… 195
第一节 惩防体系建设 ……………… 195
一、整体目标 ………………………… 195
二、主要任务 ………………………… 195
三、工作分工 ………………………… 197
第二节 “制度加科技” ……………… 198
一、“三个更加注重”试点 …………… 198
二、“制度加科技”运用机制 ………… 199
第三节 源头治理与专项清理制度 ………………………… 201
一、落实“收支两条线” ……………… 201
二、规范工资收入分配 ……………… 201
三、建设工程项目管理 ……………… 201
四、动拆迁执法监察 ………………… 202
五、治理商业贿赂 …………………… 202
六、机构改革 ………………………… 202
七、行政审批制度改革 ……………… 202
八、政务、厂务公开 ………………… 203

第五篇 领导干部廉洁自律建设 …… 205
第一章 纠正解决谋取不正当利益问题 ……………………………… 208
第一节 清理违规住房 ……………… 208
一、纠正处理分房、建房等违规问题 …… 208
二、纠正处理买卖、置换住房等违规问题 ………………………… 210
三、开展住房专项申报工作 ………… 210

第二节 规范使用公车 …………………… 211
一、清理纠正违规公务用车 ………………… 211
二、开展公务用车制度改革 ………………… 212
三、加强公务用车管理 …………………… 213
第三节 治理收受礼金、礼品、有价证券问题 …………………… 215
一、治理收受礼金礼品问题 ………………… 215
二、实行礼品登记上交 …………………… 216
三、重大节日监督检查 …………………… 217
第二章 清理整顿私自从事营利性活动 ……………………………… 219
第一节 治理领导干部企业兼职、投资入股、购买股票问题 ……… 219
一、清理领导干部企业兼职问题 ……… 219
二、治理投资入股和认购股票问题 …… 221
第二节 规范公务员退休(辞职)后从业行为 …………………… 221
一、纠正领导干部退休后违规从业问题 …………………………… 221
二、加强对公务员退休后从业行为的监督 …………………………… 222
第三节 规范领导干部配偶、子女从业行为 …………………… 223
一、规范局级领导干部配偶、子女从业行为 …………………………… 223
二、规范处级领导干部配偶、子女从业行为 …………………………… 224
第三章 制止奢侈浪费不正之风 ……… 226
第一节 严禁公款吃喝玩乐 ………… 226
一、纠正公款吃喝不正之风 ………… 226
二、禁止参与公款高消费娱乐活动 …… 227
三、规范会议、庆典和接待工作 ……… 228
第二节 规范公款出国(境) ………… 229
一、纠正公款出国(境)违规问题 ……… 229
二、加强对出国(境)护照管理 ………… 231
三、建立因公出国(境)管理信息系统 …………………………… 232
第三节 清理公款购买保险和安装电话电脑 …………………… 232
一、治理公款购买商业保险 ………… 232
二、清理公费安装住宅电话和电脑 …… 233
第六篇 基层党风廉政建设 ………… 235
第一章 国有企业反腐倡廉建设 ……… 238
第一节 企廉工作组织领导 ………… 238
一、企廉工作领导小组 ……………… 238
二、企廉工作联席会议 ……………… 238
第二节 企廉工作会议 ……………… 239
第三节 企廉工作任务 ……………… 241
一、规范企业领导人员廉洁从业行为 ……………………………… 241
二、专项治理工作 ………………… 242
三、源头预防腐败工作 ……………… 244
四、企业廉洁从业教育 ……………… 245
五、企业廉洁文化建设 ……………… 246
第二章 社区党风廉政建设 ………… 249
第一节 工作会议 ………………… 249
一、社区党风廉政建设推进会 ……… 249
二、基层纪检监察联系点会议 ……… 250
三、社区党风廉政建设调研 ………… 251
第二节 工作制度 ………………… 252
一、社区党风廉政建设若干意见 ……… 252
二、基层联系点工作意见 …………… 252
第三节 工作内容 ………………… 253
一、社区廉洁文化建设 ……………… 253
二、社区民主政治建设 ……………… 253
三、社区事务监督管理 ……………… 254
四、基层干部作风建设 ……………… 254
第三章 农村基层党风廉政建设 ……… 255
第一节 工作机制 ………………… 255
一、农村基层党风廉政建设联席会议 ……………………………… 255
二、农村基层党风廉政建设工作意见 ……………………………… 256
第二节 工作推进会议 ……………… 256
第三节 工作重点 ………………… 257
一、农村基层干部管理 ……………… 257
二、农村基层民主管理 ……………… 258

三、农村集体资产监管 …………………… 259
四、农村基层廉洁文化建设 ……………… 261
第四节　维护农民利益专项检查 …… 261
一、监督检查“星火计划” ……………… 261
二、清理拖欠农民工工资 ……………… 262
三、征地农民补偿费监管 ……………… 262
第五节　减轻农民负担专项治理 …… 263
一、清理乱摊派、乱收费 ……………… 263
二、农村税费改革监管 ………………… 264
三、监督强农惠农政策落实 …………… 264
第四章　高校党风廉政建设 …………… 266
第一节　制度建设 ……………………… 266
一、反腐败领导体制和工作机制 ……… 266
二、重点领域廉政防范管理制度 ……… 267
三、高校领导干部廉洁从政制度 ……… 268
第二节　工作推进 ……………………… 269
一、廉洁教育 …………………………… 269
二、文化倡廉 …………………………… 270
三、典型引路 …………………………… 270
第三节　源头治理 ……………………… 271
一、端正党风政风行风 ………………… 271
二、治理乱收费 ………………………… 273
三、加强招生监察 ……………………… 273
四、预防职务犯罪 ……………………… 274
第五章　“两新”组织反腐倡廉建设 …… 276
第一节　工作协调机制 ………………… 276
一、反腐倡廉协调机构 ………………… 276
二、基层协调机制 ……………………… 276
第二节　工作试点会议 ………………… 277
一、“两新”组织反腐倡廉联席会议 …… 277
二、“两新”组织反腐倡廉试点工作会议 …………………………… 277
第三节　工作途径 ……………………… 279
一、“两新”组织纪检组织建设 ………… 279
二、“两新”组织纪检队伍建设 ………… 279
三、“两新”组织反腐倡廉制度建设 …… 279
四、“两新”组织反腐倡廉调研工作 …… 280
五、“两新”组织廉洁文化建设 ………… 280
第七篇　党风廉政宣传教育 ………… 283
第一章　反腐倡廉教育活动 ……………… 286
第一节　党性党风党纪主题教育 …… 286
第二节　反腐倡廉专题教育 ………… 290
一、党纪条规教育 ……………………… 290
二、政治生活准则教育 ………………… 292
三、惩防体系纲要教育 ………………… 293
四、廉政准则教育 ……………………… 294
第三节　“讲党性、重品行、作表率”系列教育 ……………………… 295
第二章　反腐倡廉典型教育 ……………… 298
第一节　先进典型示范教育 ………… 298
一、先进典型教育活动 ………………… 298
二、先进典型宣传 ……………………… 299
第二节　反面典型警示教育 ………… 300
一、警示教育活动 ……………………… 300
二、“社保资金案”警示教育 …………… 300
三、警示教育片 ………………………… 301
第三节　反腐倡廉成果展 …………… 303
一、“为民、务实、清廉”专题档案展 …… 303
二、纪念改革开放暨纪检机关恢复重建30周年 ………………………… 303
第三章　廉政文化建设 ………………… 305
第一节　廉政文化制度建设和理论研讨 ………………………………… 305
一、廉政文化制度建设 ………………… 305
二、廉政文化理论研讨 ………………… 306
第二节　廉政文化“七进”活动 ……… 307
一、廉政文化进机关 …………………… 307
二、廉政文化进企业 …………………… 308
三、廉政文化进学校 …………………… 310
四、廉政文化进社区 …………………… 311
五、廉政文化进家庭 …………………… 313
六、廉政文化进农村 …………………… 315
七、廉政文化进“两新”组织 …………… 315
第三节　廉政文化宣传 ………………… 316
一、廉政文化专刊专栏 ………………… 316
二、“廉洁办博”专题宣传 ……………… 319
三、廉政公益广告 ……………………… 320

四、廉政文化展览 …… 320
五、廉政文化创作演出 …… 321
六、廉政文化示范点 …… 324
第四章 反腐倡廉网络宣传 …… 325
第一节 反腐倡廉网络宣传机制 …… 325
第二节 反腐倡廉网站建设 …… 326
一、网站管理 …… 326
二、网站宣传 …… 327
第三节 反腐倡廉网络评论 …… 327
第五章 纪检监察干部培训 …… 329
第一节 培训规划 …… 329
一、总体安排 …… 329
二、培训会议 …… 330
三、组织实施 …… 330
第二节 教育培训 …… 331
一、纪检监察干部任职培训 …… 331
二、财务审计金融知识培训 …… 333
三、网络评论和舆情研判培训 …… 334
四、"两新"组织纪检干部培训 …… 334
五、对口支援地区纪检干部培训 …… 335
第三节 出国(境)培训 …… 336
一、赴德国培训 …… 336
二、赴英国培训 …… 337
三、赴新加坡培训 …… 337
四、赴中国香港特别行政区培训 …… 337

第八篇 监督工作 …… 339
第一章 巡视工作 …… 342
第一节 巡视机构和专职巡视队伍 …… 342
一、巡视组 …… 342
二、巡视工作领导小组 …… 343
三、巡视工作联席会议 …… 343
四、巡视办 …… 343
第二节 巡视工作任务和程序 …… 344
一、巡视工作任务 …… 344
二、巡视工作程序 …… 345
三、巡视工作纪律 …… 345
第三节 巡视工作组织实施 …… 346
一、试点探索 …… 346
二、全面展开 …… 347
三、深入推进 …… 349
第二章 党内监督 …… 352
第一节 领导干部民主生活会 …… 352
一、明确民主生活会内容 …… 352
二、规范民主生活会程序 …… 352
三、健全完善领导干部民主生活会 …… 353
第二节 廉政谈话 …… 358
一、廉政谈话对象及内容 …… 358
二、新任局级领导干部廉政谈话 …… 359
第三节 党务公开 …… 361
一、工作机制 …… 361
二、工作会议 …… 362
三、工作做法 …… 362
第四节 领导干部报告个人有关事项 …… 362
一、有关事项报告内容 …… 362
二、有关事项报告程序 …… 363
三、有关事项报告方式 …… 363
四、专项监督检查 …… 365
第五节 述职述廉 …… 366
一、要求 …… 366
二、内容 …… 367
三、方式方法 …… 367
第六节 党委工作部门评议 …… 367
一、工作机制 …… 368
二、听取意见 …… 368
三、落实整改 …… 369
第七节 责任制检查与责任追究 …… 369
一、责任制检查 …… 369
二、责任追究情况 …… 371
第三章 党外监督 …… 373
第一节 市人大代表意见和市政协委员提案办理工作 …… 373
一、工作程序 …… 373
二、办理情况 …… 374
第二节 新闻舆论监督 …… 378
一、新闻媒体监督 …… 378

二、网络舆论监督 …………………… 380

第九篇 信访举报 …………………… 383
第一章 受理检举控告和申诉 ………… 385
第一节 受理检举控告 ……………… 385
一、处理原则 ………………………… 385
二、受理渠道 ………………………… 386
三、受理情况 ………………………… 387
第二节 受理申诉 …………………… 389
一、处理原则 ………………………… 389
二、对历史老案的申诉 ……………… 390
三、对党纪处分不服的申诉 ………… 390
第三节 信访举报件的查办 ………… 392
一、工作机制 ………………………… 392
二、信访举报件的处理 ……………… 393
第四节 信访举报案件线索移送 …… 394
第二章 信访举报管理 ……………… 396
第一节 目标管理 …………………… 396
一、“五项要求”和“四项指标” ………… 396
二、考评办法 ………………………… 397
三、归口管理 ………………………… 397
四、分类处理 ………………………… 397
第二节 信息化管理 ………………… 398
第三节 质量管理 …………………… 400
一、质量检查 ………………………… 400
二、优质信访件评选 ………………… 400

第十篇 案件查处和审理 …………… 403
第一章 案件查处 …………………… 406
第一节 市纪委恢复重建后案件查处 …………………… 406
一、处理与林彪、江青反革命集团有牵连人员党纪案件 ……………… 406
二、打击严重经济犯罪活动 ………… 407
三、查处官僚主义失职渎职案件 …… 407
四、查处干扰、阻碍改革开放案件 …… 408
五、查处违反政治纪律案件 ………… 409
六、查处贪污受贿、以权谋私案件 …… 409
第二节 纪检监察机关合署办公后案件查处 …………………… 410
一、查处党政机关领导干部违纪违法案件 ………………………… 410
二、查处重要领域与关键环节案件 …… 411
三、查处国企领域侵吞国有资产案件 ………………………… 412
四、查处司法领域违纪违法案件 ……… 412
五、查处失职渎职案件和重大事故案件 ………………………… 413
第三节 “社保资金案”查处 ………… 414
一、支持配合中央工作组查处“社保资金案” ……………………… 414
二、对“社保资金案”涉案人员处理 …… 415
第四节 案件管理工作 ……………… 416
一、办案协调机制 …………………… 416
二、办案协作配合 …………………… 417
三、办案监督管理 …………………… 419
第二章 审理工作 …………………… 421
第一节 平反冤假错案 ……………… 421
一、平反“文化大革命”冤假错案 ……… 421
二、复查改正右派案件 ……………… 422
三、复查“四清”运动错案 …………… 422
四、复查历史老案 …………………… 423
第二节 审理违纪案件和处分党员 ………………………… 424
一、合署办公前市纪委案件审理 ……… 424
二、合署办公前市监察局案件审理 …… 425
三、合署办公后案件审理 …………… 426
第三节 申诉复查 …………………… 428
第四节 回访教育 …………………… 429
第五节 案件质量检查 ……………… 430
第六节 业务指导 …………………… 431

第十一篇 行政监察 ………………… 433
第一章 执法监察 …………………… 436
第一节 专项执法监察 ……………… 436
一、安全生产监察 …………………… 436
二、食品安全监察 …………………… 438

三、环境保护监察 …………………… 440
四、社会治安监察 …………………… 442
五、贯彻法规文件 …………………… 442
第二节 经济类执法监察 …………… 443
一、对外经济合同清查 ……………… 443
二、企业整顿改革 …………………… 444
三、监督检查股票认购证发行 ………… 444
四、粮食流通体制改革监管 …………… 444
五、全面落实中央宏观调控措施 ……… 445
第三节 重点领域监管 ……………… 447
一、规范有形建筑市场 ……………… 447
二、规范土地交易市场 ……………… 449
三、规范产权交易市场 ……………… 451
第四节 重大事故案件查处 ………… 452
一、重大事故查处 …………………… 452
二、重大事件查处 …………………… 454
三、重要信访件查处 ………………… 455
第二章 廉政监察 ……………………… 456
第一节 专项治理 …………………… 456
一、党政机关与经济实体脱钩 ………… 456
二、清理党政机关楼堂馆所建设项目 …… 457
三、治理党政部门报刊散滥和利用职权发行 …………………………… 457
四、清理、规范评比表彰庆典会议活动 …………………………… 457
五、清理固定资产投资项目 …………… 459
六、治理“小金库” …………………… 459
七、治理商业贿赂 …………………… 460
第二节 专项监管 …………………… 461
一、国债资金监管 …………………… 461
二、社会保障资金监管 ……………… 462
三、住房公积金监管 ………………… 463
四、财政资金监管 …………………… 463
五、移民安置资金监管 ……………… 464
六、社会捐赠监管 …………………… 464
七、对口支援监管 …………………… 464
第三章 行政效能监察 ………………… 466
第一节 行政效能监察会议 ………… 466
一、行政效能监察工作会议 …………… 466
二、行政效能监察工作座谈会 ………… 466
三、行政效能监察工作调研会议 ……… 467
第二节 行政效能监察主要工作 …… 467
一、清理拖欠费用监管 ……………… 467
二、城乡规划效能监察 ……………… 468
三、政府实事项目监管 ……………… 468
四、动拆迁安置监管 ………………… 469
五、轨道交通建设质量安全效能监察 ……………………………… 471
第四章 特邀监察员 …………………… 472
第一节 工作机制 …………………… 472
一、特邀监察员工作办法 …………… 472
二、特邀监察员职责 ………………… 473
三、特邀监察员队伍建设和管理 ……… 473
第二节 工作内容 …………………… 473
一、参与专项监督检查 ……………… 473
二、参与政风行风评议 ……………… 474
三、参与法规制定与理论研讨 ………… 474
四、参与群众信访举报接待处理 ……… 475
第三节 历届特邀监察员名单 ……… 475
第五章 廉洁办博 ……………………… 477
第一节 组织领导 …………………… 477
一、中央纪委指导与检查 …………… 477
二、市委、市政府领导有关要求 ……… 478
三、组织机构 ………………………… 478
四、责任体系 ………………………… 480
第二节 制度预防 …………………… 481
一、制度建设 ………………………… 481
二、科技支撑 ………………………… 483
三、廉政教育 ………………………… 483
第三节 监督保障 …………………… 484
一、动拆迁监督 ……………………… 484
二、工程建设监督 …………………… 485
三、资金物资监督 …………………… 486
四、布展运行监督 …………………… 487
五、演艺活动监督 …………………… 487
六、特许产品经营监督 ……………… 488
七、后续阶段监督 …………………… 489
八、审计监督 ………………………… 489

第十二篇 纠风工作 …… 491
第一章 纠风专项治理 …… 494
第一节 清理教育乱收费 …… 494
一、工作机制 …… 494
二、规范收费 …… 494
三、专项检查 …… 495
第二节 纠正医药购销和医疗服务不正之风 …… 497
一、治理“红包”、“回扣” …… 497
二、规范医药购销 …… 498
三、纠建并举 …… 499
第三节 减轻企业负担 …… 500
一、减负会议 …… 500
二、清理检查 …… 500
三、社会监督 …… 501
四、规范执法 …… 502
第四节 治理公路“三乱” …… 503
一、综合治理 …… 503
二、专项检查 …… 503
三、收费监管 …… 504
第五节 规范行业协会和中介组织 …… 505
一、管理办法 …… 505
二、监督检查 …… 505
第二章 政风行风评议 …… 507
第一节 全面测评 …… 507
第二节 重点评议 …… 509
一、行政执法部门评议 …… 509
二、教育系统评议 …… 510
三、医疗卫生系统评议 …… 512
四、物业管理行业评议 …… 513
五、公共服务行业评议 …… 513
第三节 基层单位评议 …… 514
第三章 纠风热线网络 …… 516
第一节 “62780990”政风行风热线 …… 516
第二节 “962114”政风行风监督电话 …… 517
第三节 “纠风在线”网站 …… 518
第四章 政府管理改革 …… 519
第一节 政务公开 …… 519
一、公开机制 …… 519
二、公开渠道 …… 521
三、公开查评 …… 521
第二节 财政监管 …… 522
一、“收支两条线”监管 …… 522
二、部门预算、国库集中支付监管和会计委派 …… 524
第五章 行政审批制度改革 …… 526
第一节 组织领导 …… 526
第二节 清理检查 …… 528
一、审批事项清理 …… 528
二、许可事项清理 …… 528
三、审批收费清理 …… 529
四、专项执法检查 …… 529
第三节 专项建设 …… 529
一、标准化管理 …… 529
二、并联审批 …… 530
三、告知承诺 …… 531
四、网上审批 …… 532

第十三篇 调查研究与理论研讨 …… 533
第一章 调查研究 …… 535
第一节 问卷调查 …… 535
一、领导干部问卷调查 …… 535
二、分层次分行业问卷调查 …… 536
三、区县、社区、农村问卷调查 …… 536
四、联合专业机构问卷调查 …… 538
五、联系点调研 …… 539
第二节 专题调研 …… 540
一、历史问题调研 …… 540
二、党风问题调研 …… 540
三、廉洁自律调研 …… 542
四、提高执纪能力调研 …… 545
五、体制机制调研 …… 546
六、基层反腐倡廉调研 …… 548
七、服务经济建设调研 …… 550
八、纠正不正之风调研 …… 552

第二章　理论建设 …………………………… 557
第一节　交流研讨 ………………………… 557
第二节　课题成果 ………………………… 559
一、党风涵义研究 ………………………… 559
二、党风状况研究 ………………………… 560
三、体制、机制、法制“三位一体”研究 ………………………………… 560
四、加强党的政治纪律研究 ……………… 560
五、股份制企业内部监督制约机制研究 ………………………………… 560
六、国有企业监管研究 …………………… 561
七、预防腐败研究 ………………………… 561
八、党员领导干部监督管理研究 ………… 562
九、预防党员干部违纪违法和职务犯罪研究 ………………………………… 562
十、惩防体系建设研究 …………………… 563
十一、“制度加科技”研究 ……………… 563
第三节　理论文集 ………………………… 564
一、《党风建设论文集》 ………………… 564
二、《从严治党论文摘编》 ……………… 564
三、《纪检工作与经济建设论文专辑》 ………………………………… 564
四、《纪委保护职能论文选》…………… 564
五、《社会主义市场经济与纪检监察工作论文集》 ………………………… 565
六、《从体制、机制、法制方面加强党风廉政建设论文集》……………………… 565
七、《纪念党的纪律检查机关恢复重建三十周年理论研讨优秀论文集》…… 565
第三章　学会建设 ………………………… 568
第一节　组织建设 ………………………… 569
一、上海监察学会 ………………………… 569
二、上海廉政研究会 ……………………… 571
三、特约研究员 …………………………… 571
第二节　主要工作 ………………………… 572
一、创办刊物 ……………………………… 572
二、理论研究 ……………………………… 573
三、研讨交流 ……………………………… 574
四、自身建设 ……………………………… 576
第三节　研究成果 ………………………… 578

第十四篇　对外交流…………………… 583
第一章　对外接待 ………………………… 585
第一节　接待亚洲国家和地区代表团 ………………………………… 585
一、韩国 …………………………………… 585
二、越南 …………………………………… 586
三、泰国 …………………………………… 588
四、柬埔寨………………………………… 589
五、老挝 …………………………………… 589
六、巴基斯坦 ……………………………… 590
七、哈萨克斯坦 …………………………… 590
八、沙特阿拉伯 …………………………… 590
九、伊朗 …………………………………… 590
十、土耳其………………………………… 591
十一、中国港澳地区 ……………………… 591
第二节　接待美洲及大洋洲代表团 ………………………………… 591
一、美国 …………………………………… 591
二、加拿大………………………………… 591
三、古巴 …………………………………… 592
四、秘鲁 …………………………………… 592
五、哥伦比亚 ……………………………… 592
六、澳大利亚 ……………………………… 592
第三节　接待欧洲代表团 ………………… 593
一、苏联、俄罗斯 ………………………… 593
二、白俄罗斯 ……………………………… 594
三、捷克、斯洛伐克……………………… 594
四、波兰 …………………………………… 595
五、保加利亚 ……………………………… 595
六、匈牙利………………………………… 595
七、阿尔巴尼亚 …………………………… 595
八、希腊 …………………………………… 596
九、德国 …………………………………… 596
十、英国 …………………………………… 596
十一、荷兰………………………………… 596
十二、瑞典………………………………… 596
十三、丹麦………………………………… 597

第四节 接待非洲代表团 …………… 597
一、埃及 …………………………… 597
二、坦桑尼亚 ……………………… 597
三、乌干达 ………………………… 598
四、尼日利亚 ……………………… 598
五、苏丹 …………………………… 598
六、赞比亚 ………………………… 598
七、毛里塔尼亚 …………………… 599
八、加纳 …………………………… 599
九、加蓬 …………………………… 599
十、南非 …………………………… 599
十一、喀麦隆 ……………………… 599
十二、突尼斯 ……………………… 599
十三、埃塞俄比亚 ………………… 600
第二章 对外出访 …………………… 601
第一节 出访亚洲国家 …………… 601
一、韩国 …………………………… 601
二、泰国 …………………………… 602
三、日本 …………………………… 602
四、新加坡 ………………………… 602
第二节 出访美洲及大洋洲国家 …… 603
一、巴西 …………………………… 603
二、澳大利亚 ……………………… 603
三、新西兰 ………………………… 603
第三节 出访欧洲国家 …………… 604
一、俄罗斯 ………………………… 604
二、捷克、斯洛伐克 ……………… 604
三、波兰 …………………………… 604
四、匈牙利 ………………………… 604
五、德国 …………………………… 605
六、瑞典 …………………………… 605
七、瑞士 …………………………… 605
八、挪威 …………………………… 605
第四节 出访非洲国家 …………… 605
一、埃及 …………………………… 605
二、南非 …………………………… 606
第三章 反腐败国际交流 …………… 607
第一节 国际透明组织来沪访问 …… 607
第二节 亚太经合组织来沪访问 …… 608
第十五篇 队伍建设 …………………… 609
第一章 政治思想建设 ……………… 612
第一节 政治建设 ………………… 612
第二节 理论学习 ………………… 613
一、学习党的路线方针政策 ……… 613
二、学习邓小平建设有中国特色社会主义理论 ………………… 614
三、学习"三个代表"重要思想 …… 615
四、学习科学发展观 ……………… 616
第三节 主题教育活动 …………… 616
一、教育活动内容 ………………… 616
二、纪念学习活动 ………………… 619
三、先进人物学习活动 …………… 623
第四节 专题教育活动 …………… 624
一、"三讲"教育活动 ……………… 624
二、保持共产党员先进性教育活动 …… 625
三、深入学习实践科学发展观活动 …… 626
第二章 能力建设 …………………… 627
第一节 业务培训 ………………… 627
一、信访举报业务培训 …………… 627
二、案件检查业务培训 …………… 628
三、案件审理业务培训 …………… 629
四、行政监察业务培训 …………… 629
五、纠风工作业务培训 …………… 630
六、党风廉政业务培训 …………… 631
七、其他业务培训 ………………… 632
第二节 岗位锻炼 ………………… 633
第三章 作风建设 …………………… 635
第一节 党风建设 ………………… 635
一、整党活动 ……………………… 635
二、廉政勤政教育 ………………… 635
三、改进工作作风 ………………… 637
第二节 创先争优 ………………… 637
第三节 扶贫帮困 ………………… 641
第四章 纪律建设 …………………… 643
第一节 法律法规学习 …………… 643
一、普法教育 ……………………… 643
二、党内法规学习 ………………… 644
第二节 党的纪律教育 …………… 645

第三节 规范管理 …… 646

第十六篇 人物 …… 649
第一章 人物传略 …… 651
杨心培 …… 651
张 祺 …… 651
石裕田 …… 652
王尧山 …… 652
冯北达 …… 652
王子阳 …… 653
宋星路 …… 653
季梅先 …… 653
盛志明 …… 654
汪 吉 …… 654
沈 讴 …… 655
张定鸿 …… 655
罗世谦 …… 656
第二章 人物简介 …… 657
吴德让 …… 657
韩坤林 …… 657
张惠新 …… 657
董君舒 …… 658
李 梅 …… 658
沈德咏 …… 659
顾国林 …… 659
第三章 人物名录 …… 660
第一节 先进单位 …… 660
一、全国先进纪检监察单位 …… 660
二、上海市先进纪检监察单位 …… 660
第二节 先进个人 …… 665
一、全国优秀纪检干部、监察系统先进工作者 …… 665
二、上海市优秀纪检干部、监察系统先进工作者 …… 667

附录 …… 681
一、党风廉政建设和反腐败斗争有关文件选编 …… 683
二、1986—2007年市纪委向市党代会作的工作报告 …… 711

索引 …… 743
一、主题索引 …… 743
二、图表索引 …… 756

编后记 …… 762

CONTENTS

Foreword …… Liu Xuexin 1

Notes …… 1

Instructions …… 1

Overview …… 1

Chronicle of Events …… 15

Part 1 Institutional Framework …… 57

Chapter 1 Shanghai CPC Commission for Discipline Inspection …… 60

1.1.1 Petition Review Office of Shanghai Municipal CPC Committee …… 60

1.1.2 Preparatory Group of Shanghai CPC Commission for Discipline Inspection …… 60

1.1.3 The Municipal Commission for Discipline Inspection before the Amalgamation of Government and Party Institutions with Similar Functions …… 61

1.1.4 The Municipal Commission for Discipline Inspection after the Amalgamation of Government and Party Institutions with Similar Functions …… 65

Chapter 2 Shanghai Municipal Commission for Supervision …… 76

1.2.1 Shanghai Municipal Commission for Supervision before the Amalgamation of Government and Party Institutions with Similar Functions …… 76

1.2.2 Shanghai Municipal Commission for Supervision after the Amalgamation of Government and Party Institutions with Similar Functions …… 77

Chapter 3 Internal Offices, Representative Offices and Subordinate Offices for Discipline Inspection and Supervision …… 81

1.3.1 Internal Offices for Discipline Inspection and Supervision …… 81

1.3.2 Representative Offices for Discipline Inspection and Supervision …… 85

1.3.3 Subordinate Offices for Discipline Inspection and Supervision …… 88

Chapter 4 Commission for Discipline Inspection and Commission for Supervision in Districts and Counties of Shanghai …… 91

1.4.1 Pudong New Area …… 91
1.4.2 Xuhui District …… 95
1.4.3 Changning District …… 97
1.4.4 Putuo District …… 98
1.4.5 Zhabei District …… 100
1.4.6 Hongkou District …… 101
1.4.7 Yangpu District …… 103
1.4.8 Huangpu District …… 104
1.4.9 Luwan District …… 107
1.4.10 Jing'an District …… 109
1.4.11 Baoshan District …… 110
1.4.12 Minhang District …… 113
1.4.13 Jiading District …… 116
1.4.14 Jinshan District …… 117
1.4.15 Songjiang District …… 119
1.4.16 Qingpu District …… 121
1.4.17 Fengxian District …… 124
1.4.18 Chongming County …… 126

Part 2 Important Meetings …… 129
Chapter 1 Attendance at Meetings of Shanghai Municipal Party Congress …… 131
2.1.1 Attendance at the Fifth Meeting of Shanghai Municipal Party Congress and Report on Work …… 131
2.1.2 Attendance at the Sixth Meeting of Shanghai Municipal Party Congress and Report on Work …… 131
2.1.3 Attendance at the Seventh Meeting of Shanghai Municipal Party Congress and Report on Work …… 132
2.1.4 Attendance at the Eighth Meeting of Shanghai Municipal Party Congress and Report on Work …… 132
2.1.5 Attendance at the Ninth Meeting of Shanghai Municipal Party Congress and Report on Work …… 132
Chapter 2 Important Meetings of the Shanghai Municipal Commission for Discipline Inspection and Shanghai Municipal Commission for Supervision …… 134
2.2.1 Important Meetings of the Preparatory Group of Shanghai Municipal Commission for Discipline Inspection …… 134
2.2.2 Plenary Meeting of Shanghai Municipal Commission for Discipline Inspection …… 135
2.2.3 Working Meeting of Shanghai Municipal Commission for Supervision …… 144

2.2.4 Shanghai Municipal Officials' Meeting to Improve Party Conduct and Promote Integrity ······ 147
2.2.5 Important Meetings on Corruption Combating and Integrity Promotion ······ 151
Chapter 3 Important Meetings of Discipline Inspection and Supervision System ······ 156
2.3.1 Working Meetings of Central Commission for Discipline Inspection and Ministry of Supervision Held in Shanghai ······ 156
2.3.2 East China Regional Meetings on Discipline Inspection and Supervision Held in Shanghai ······ 157
2.3.3 Joint Meetings of Municipalities on Discipline Inspection and Supervision Held in Shanghai ······ 159

Part 3 Important Activities of Discipline Inspection and Supervision ······ 161
Chapter 1 Supervision by Officials from the Central Commission for Discipline Inspection and Ministry of Supervision ······ 163
3.1.1 Inspection by Officials from the Central Commission for Discipline Inspection and Ministry of Supervision ······ 163
3.1.2 Examination by Officials from the Central Commission for Discipline Inspection and Ministry of Supervision ······ 166
Chapter 2 Inspection and Supervision by Officials from Shanghai Municipal Party Committee and Government ······ 169
3.2.1 Inspection by Officials from Shanghai Municipal Party Committee and Government ······ 169
3.2.2 Shanghai Municipal Party Committee and Government Officials' Participation in Activities to Improve Party Conduct and Promote Integrity ······ 170

Part 4 System Building to Improve the Party Conduct and Promote Integrity ······ 173
Chapter 1 Responsibility System to Improve the Party Conduct and Promote Integrity ······ 176
4.1.1 Rules and Regulations of the Responsibility System ······ 176
4.1.2 Duty Division by the Responsibility System ······ 177
4.1.3 Rules and Regulations of the Accountability System ······ 178
Chapter 2 System of Corruption Combating and Integrity Promotion ······ 180
4.2.1 System of Integrity and Self-discipline ······ 180
4.2.2 System of Inner-party Supervision ······ 186
4.2.3 System of Discipline Inspection ······ 189
Chapter 3 System of Corruption Prevention and Punishment ······ 195
4.3.1 Improving the System of Corruption Prevention and Punishment ······ 195

4.3.2 *Application of Science and Technology in Corruption Prevention and Punishment* …… 198

4.3.3 *Corruption Cleaning-up by System and the System of Corruption Cleaning-up by Special Programs* …… 201

Part 5 Strengthening Officials' Self-discipline …… 205

Chapter 1 Profiteering …… 208

5.1.1 *Excessive Housing Benefits* …… 208

5.1.2 *Private Use of Government Vehicles* …… 211

5.1.3 *Acceptance of Money, Gifts and Securities* …… 215

Chapter 2 Rectification of Officials' Private Engagement in Business …… 219

5.2.1 *Officials' Part-time Jobs, Investment as Shareholders and Share Purchase* …… 219

5.2.2 *Officials' Employment after Retirement* …… 221

5.2.3 *Employment of Officials' Spouses and Children* …… 223

Chapter 3 Rectification of Officials' Extravagance …… 226

5.3.1 *Feasting and Entertainment* …… 226

5.3.2 *Overseas Trips with Public Funds* …… 229

5.3.3 *Purchase of Insurance, Phones and Computers with Public Funds* …… 232

Part 6 Party Conduct Improvement and Integrity Promotion in Community-level Units …… 235

Chapter 1 Corruption Combating and Integrity Promotion in Sate-owned Enterprises …… 238

6.1.1 *Organization and Leadership* …… 238

6.1.2 *Meetings* …… 239

6.1.3 *Tasks* …… 241

Chapter 2 Party Conduct Improvement and Integrity Promotion in Communities …… 249

6.2.1 *Meetings* …… 249

6.2.2 *Rules and Regulations* …… 252

6.2.3 *Tasks* …… 253

Chapter 3 Party Conduct Improvement and Integrity Promotion in Rural Areas …… 255

6.3.1 *Mechanisms* …… 255

6.3.2 *Meetings* …… 256

6.3.3 *Main Objectives* …… 257

6.3.4 *Special Inspections to Protect Farmers' Interests* …… 261

6.3.5 *Special Programs to Reduce Farmers' Burden* …… 263

Chapter 4 Party Conduct Improvement and Integrity Promotion in Colleges …… 266

6.4.1 *Improvement of Rules and Regulations* …… 266

6.4.2 *Implementation* …… 269

6.4.3 Corruption Prevention by Systems ······ 271
Chapter 5 Party Conduct Improvement and Integrity Promotion in New Economic Organizations and New Social Organizations ······ 276
6.5.1 Mechanisms ······ 276
6.5.2 Meetings ······ 277
6.5.3 Approaches ······ 279

Part 7 Publicity and Education of Party Conduct and Integrity ······ 283
Chapter 1 Anti-corruption Education Activities ······ 286
7.1.1 Education Activities on the Conduct, Spirit and Discipline of the Party ······ 286
7.1.2 Special Education Activities to Combat Corruption and Promote Integrity ······ 290
7.1.3 Series of Education Activities to Improve the Party Conduct and Promote Integrity ······ 295
Chapter 2 Education to Combat Corruption and Promote Integrity through Typical Cases ······ 298
7.2.1 Typical Positive Cases ······ 298
7.2.2 Typical Negative Cases ······ 300
7.2.3 Achievement Exhibitions of Corruption Combating and Integrity Promotion ······ 303
Chapter 3 The Development of Corruption Combating and Integrity Promotion Culture ······ 305
7.3.1 Discussion on the System and Theory of Corruption Combating and Integrity Promotion Culture ······ 305
7.3.2 Corruption Combating and Integrity Promotion Culture Promotion in Families, Government Institutions, Enterprises, Schools, Rural Areas, Communities and Parks ······ 307
7.3.3 Publicity of Corruption Combating and Integrity Promotion Culture ······ 316
Chapter 4 Cyber Publicity of Corruption Combating and Integrity Promotion ······ 325
7.4.1 Mechanisms ······ 325
7.4.2 Website Construction ······ 326
7.4.3 Comments On-line ······ 327
Chapter 5 Training for Discipline Inspection and Supervision Officials ······ 329
7.5.1 Training Plans ······ 329
7.5.2 Education and Training ······ 331
7.5.3 Overseas Training ······ 336

Part 8 Supervision ······ 339
Chapter 1 Inspection ······ 342
8.1.1 Inspection Institutions and Full-time Inspection Teams ······ 342
8.1.2 Inspection Tasks and Procedures ······ 344
8.1.3 Inspection Organization and Implementation ······ 346
Chapter 2 Inner-party Inspection ······ 352
8.2.1 Meeting of Democratic Life of Officials ······ 352
8.2.2 Integrity Promotion Talk ······ 358
8.2.3 Transparency in Party Affairs ······ 361
8.2.4 Officials' Report of Their Personal Affairs Related to Integrity ······ 362
8.2.5 Report on Work and Integrity by Officials ······ 366
8.2.6 Review by Departments of Party Committee ······ 367
8.2.7 Accountability Inspection and Responsibility Investigation ······ 369
Chapter 3 None-party Supervision ······ 373
8.3.1 Handling of Suggestions from Representatives of Shanghai Municipal People's Congress and Proposals from Members of Shanghai Municipal People's Political Consultative Conference ······ 373
8.3.2 Supervision on News and Public Opinion ······ 378

Part 9 Petitions and Offence-reports ······ 383
Chapter 1 Reports, Accusations and Appeals ······ 385
9.1.1 Reports and Accusations ······ 385
9.1.2 Appeals ······ 389
9.1.3 Investigation and Handling of Petition and Offence-report ······ 392
9.1.4 Transfer of Petition and Offence-report Clues ······ 394
Chapter 2 Management of Petition and Offence-report ······ 396
9.2.1 Objective Management ······ 396
9.2.2 Management Supported by Information Technology ······ 398
9.2.3 Quality Management ······ 400

Part 10 Investigation and Hearing of Cases ······ 403
Chapter 1 Investigation ······ 406
10.1.1 Investigation after the Shanghai Municipal Discipline Inspection Commission's Reformation ······ 406
10.1.2 Investigation after the Amalgamation of Departments of Municipal Commission for Discipline Inspection ······ 410
10.1.3 Investigation of Diversion and Embezzlement of Social Security Fund ······ 414
10.1.4 Cases Management ······ 416

Chapter 2 Hearing ······ 421

10. 2. 1 Re-examination of Wrong or False Convictions ······ 421

10. 2. 2 Hearings and Punishments ······ 424

10. 2. 3 Appeals and Reviews ······ 428

10. 2. 4 Education by Return Visits ······ 429

10. 2. 5 Hearing Quality Inspection ······ 430

10. 2. 6 Technical Supervision ······ 431

Part 11 Supervision on Administrative Law Enforcement ······ 433

Chapter 1 Supervision on Law Enforcement ······ 436

11. 1. 1 Special Supervision on Law Enforcement ······ 436

11. 1. 2 Economic Law Enforcement Supervision ······ 443

11. 1. 3 Law Enforcement Supervision in Major Fields ······ 447

11. 1. 4 Investigation on Major Accidents ······ 452

Chapter 2 Integrity Supervision ······ 456

11. 2. 1 Special Rectification Programs ······ 456

11. 2. 2 Special Regulation Programs ······ 461

Chapter 3 Administrative Efficiency Supervision ······ 466

11. 3. 1 Meetings of Administrative Efficiency Supervision ······ 466

11. 3. 2 Major Duties of Administrative Efficiency Supervision ······ 467

Chapter 4 Special Guest Supervisors ······ 472

11. 4. 1 Mechanisms ······ 472

11. 4. 2 Duties ······ 473

11. 4. 3 List of Previous Special Guest Supervisors ······ 475

Chapter 5 Clean Organization of Shanghai World Expo ······ 477

11. 5. 1 Organization and Administration ······ 477

11. 5. 2 Prevention by System ······ 481

11. 5. 3 Supervision and Security ······ 484

Part 12 Work Style Rectification ······ 491

Chapter 1 Special Programs of Work Style Rectification ······ 494

12. 1. 1 Unreasonable Educational Charges ······ 494

12. 1. 2 Misconduct in Medicine Purchase and Sale and Medical Services ······ 497

12. 1. 3 Enterprises' Burden ······ 500

12. 1. 4 Unreasonable Road Charges ······ 503

12. 1. 5 Irregular Practice by Industry Associations and Intermediary Organizations ······ 505

Chapter 2 Review of Conducts of Governments and Industries ······ 507

12. 2. 1 Comprehensive Review ······ 507

12.2.2 *Review on Key Units* …… 509
12.2.3 *Review on Community-level Units* …… 514
Chapter 3 Work Style Rectification Hotline and Website …… 516
12.3.1 *Work Style Hotline: "62780990"* …… 516
12.3.2 *Work Style Supervision Hotline: "962114"* …… 517
12.3.3 *Work Style Rectification Website* …… 518
Chapter 4 Reform of Governance …… 519
12.4.1 *Government Transparency* …… 519
12.4.2 *Financial Supervision* …… 522
Chapter 5 Reform of Administrative Approval …… 526
12.5.1 *Departments and Administration* …… 526
12.5.2 *Inspection* …… 528
12.5.3 *Special Programs* …… 529

Part 13 Investigation and Discussion …… 533
Chapter 1 Investigation …… 535
13.1.1 *Investigation by Questionnaires* …… 535
13.1.2 *Special Investigation* …… 540
Chapter 2 Theoretical Development …… 557
13.2.1 *Communication and Discussion* …… 557
13.2.2 *Research Projects and Achievements* …… 559
13.2.3 *Collections of Theoretical Research Articles* …… 564
Chapter 3 Academy Development …… 568
13.3.1 *Organization Development* …… 569
13.3.2 *Major Duties* …… 572
13.3.3 *Achievements* …… 578

Part 14 Communications …… 583
Chapter 1 Reception of Foreign Delegations …… 585
14.1.1 *Reception of Delegations from Other Asian Countries and Regions* …… 585
14.1.2 *Reception of Delegations from Oceania* …… 591
14.1.3 *Reception of Delegations from Europe* …… 593
14.1.4 *Reception of Delegations from Africa* …… 597
Chapter 2 Overseas Visits …… 601
14.2.1 *Visits to Other Asian Countries* …… 601
14.2.2 *Visits to Oceanian Countries* …… 603
14.2.3 *Visits to European Countries* …… 604
14.2.4 *Visits to African Countries* …… 605

Chapter 3 International Communication on Corruption Combating ······ 607
14.3.1 Transparency International's Visit to Shanghai ······ 607
14.3.2 Asia-Pacific Economic Cooperation's Visit to Shanghai ······ 608

Part 15 Team Development ······ 609
Chapter 1 Theoretical Development ······ 612
15.1.1 Theoretical Development ······ 612
15.1.2 Theoretical Learning ······ 613
15.1.3 Themed Educational Activities ······ 616
15.1.4 Special Educational Activities ······ 624
Chapter 2 Capability Development ······ 627
15.2.1 Professional Skill Training ······ 627
15.2.2 Professional Skill Exercises ······ 633
Chapter 3 Work Style Improvement ······ 635
15.3.1 Party Conduct Improvement ······ 635
15.3.2 Model Competition ······ 637
15.3.3 Poverty Alleviation and Support to People in Difficulty ······ 641
Chapter 4 Discipline Strengthening ······ 643
15.4.1 Learning of Laws, Rules and Regulations ······ 643
15.4.2 Party Discipline Education ······ 645
15.4.3 Regulation of Management ······ 646

Part 16 People ······ 649
Chapter 1 Brief Biography ······ 651
Chapter 2 Profile ······ 657
Chapter 3 List ······ 660
16.3.1 Model Units ······ 660
16.3.2 Model Individuals ······ 665

Appendix ······ 681

Index ······ 743

Afterword ······ 762

概 述

上海是中国共产党(以下简称中共)的诞生地，随着党的建设的发展，党的纪律建设不断加强。中共上海市委纪律检查委员会于1950年11月成立。1956年9月，成立中共上海市监察委员会。至1965年，上海各纪检监察机关主要围绕巩固政权、恢复国民经济和各项政治运动，加强纪律检查工作，维护党的纪律，受理党员违反纪律的案件。1966年5月“文化大革命”开始以后，党的各级监察机关陷入瘫痪或半瘫痪状态。1969年7月，党的监察机关被撤销，工作被迫中断。1979年4月，中共上海市委决定建立中共上海市委纪律检查委员会筹备组。1984年4月，重建中共上海市纪律检查委员会(以下简称市纪委)。1987年9月，上海市设立上海市监察局(以下简称市监察局)。1993年3月，市纪委、市监察局合署办公，上海市监察局改为上海市监察委员会(以下简称市监察委)。在中共上海市委、上海市人民政府(以下简称市委、市政府)领导下，各级纪检监察机关始终围绕党和政府的中心工作，认真贯彻党的路线、方针、政策，坚持从严治党的方针，深入开展党性党风党纪教育，建立健全反腐倡廉制度建设，加强党内监督，推进领导干部廉洁自律，严格依纪依法办案，纠正损害群众利益的不正之风，坚持不懈地加强党风廉政建设和开展反腐败斗争，坚决维护党纪、政纪，为上海建设社会主义现代化国际大都市作出了积极的贡献。

一

1978—1992年，党的纪检监察工作恢复和发展。1978年，党的十一届三中全会决定把党和国家工作重心转移到经济建设上来，随着改革开放不断深入发展，中国经济社会生活发生巨大变化，给党的机体注入新的生机和活力，也使党面临新的挑战和考验。党中央提出执政党的党风问题是有关党的生死存亡的问题，在改革开放过程中要坚持反腐败，大力加强反腐倡廉建设。市委认真贯彻实事求是的思想路线，加强了对纪检工作的领导，在思想上、组织上、作风上进行拨乱反正，重建全市党的纪律检查机关，部署开展党的纪律检查工作。江泽民同志在上海工作期间十分重视领导干部党风建设，一再告诫“上梁不正下梁歪，中梁不正倒下来”。1988年5月21日市长朱镕基要求监察部门牢牢盯住506名局级干部。全市各级纪检组织根据市委的部署和要求，结合新形势、新任务，探索开展反腐倡廉的新办法、新途径，保证党风廉政建设始终沿着正确的方向发展。

1979年4月，市委建立市委纪委筹备组，同年6月，市委复查办公室的工作由市委纪委筹备组继续负责。1980年7月，上海党的各级纪检机关和纪检组织开始恢复重建。1984年4月，重建市纪委。同时，市委、市政府直属部委办局机关，凡成立党的委员会(含机关党的委员会或直属机关党的委员会)的，也开始成立纪律检查委员会。党的纪律检查机构恢复重建后，上海市纪检机构和纪检干部队伍建设得到重视和发展。自1981年筹建之初至1992年，全市纪检机构由803个发展到2 564个，配备的专职纪检干部由1 758人发展到6 514人。市纪委始终重视加强对纪检干部的政治思想教育和业务培训，组织学习和贯彻党的路线方针政策，开展学习党章、党性教育、创先进党支部和争当优秀共产党员等活动，开展各类集训培训，提高纪检干部理论、政策水平和业务能力，大力建设一支“党性强、自身硬、能战斗”的纪检队伍。

1978年,对“文化大革命”前处理错了的历史老案,进行复查改正。1978年11月,对右派分子全部摘掉“帽子”,改正被错划为右派的党员干部1 246人。1980年5月,对“四清”运动中的案件进行复查,经复查的31 033件中,改正10 105件。复查“文化大革命”前处理的其他历史老案20 457件,改正7 286件。平反林彪、江青反革命集团迫害党员、干部制造的冤假错案63 556件,撤销原被开除党籍处分3 965人,撤销原受其他党纪处分4 906人,为“文化大革命”中蒙受迫害的党员、干部平反昭雪。

1982年3月27日,根据中共中央、国务院连续发出的《中央紧急通知》《关于打击经济领域中严重犯罪活动的决定》,市委成立打击经济领域违法犯罪活动领导小组,领导小组办公室设在市委纪委筹备组,负责日常工作。在市委领导下,各级党委和纪委依靠和发动群众,开展打击经济领域中严重犯罪活动的斗争。经过5年打击经济领域严重犯罪活动的斗争,至1986年底,全市查处各类经济违法犯罪案件21 274件。其中,走私贩私470件,贪污受贿9 260件,盗窃国家和集体财产3 814件,投机诈骗6 257件,其他1 473件。党员违法犯罪作党纪处分1 441人,其中开除党籍632人,给予其他党纪处分809人,追究刑事责任294人。1987年3月,市委决定将市区、县纪委“经打”办公室移交检察机关。

在改革开放初期,市纪委立足于教育,着眼于防范,增强党员干部拒腐防变的免疫力,提高党员干部的思想素质,保持党员干部政治本色。20世纪80年代初,开展学习党章和《关于党内政治生活的若干准则》的教育、党纪条规的教育、反腐倡廉的教育、对犯错误党员回访的教育,警钟长鸣,增强党员的组织纪律观念,自觉遵纪守法。90年代开展以坚持四项基本原则、反对资产阶级自由化倾向为内容的政治纪律教育,以全心全意为人民服务、加强党同人民群众密切联系为内容的党的宗旨教育,以廉洁奉公、勤政为民为内容的反腐蚀教育,逐步形成党性党风党纪的系统教育。通过举办党性教育轮训班、读书班、讲座,邀请英雄模范作报告,组织党员干部重温入党誓词,举办党性教育巡回展览,组织观看警示教育片,运用典型案例等,向党员干部进行党性党风党纪教育,增强廉洁从政意识,自觉抵制拜金主义、享乐主义和极端个人主义等腐朽思想的侵蚀,保持党员干部的清正廉洁。

1984年,十二届中央纪委第四次全会作出《加强纪律检查工作,保障经济体制改革顺利进行》的决议,强调严格党风,严明党纪,保证改革开放的顺利进行。1985年1月,市纪委发出坚决纠正新形势下不正之风的紧急通知,要求党员干部顾全大局、严守纪律、端正党风,坚决纠正不正之风。1985—1992年,各级纪委针对党政机关和党员干部经商办企业的问题,开展清理整顿,规范市场经济秩序,坚决制止党政机关和党员干部经商办企业的不正之风,保证经济体制改革顺利进行;针对滥发奖金实物、收受礼券、搞“赞助”等问题,进行专项治理,纠正党员干部不廉洁行为,增强廉洁自律的自觉性;针对公款吃喝、公款旅游等问题,加大治理力度,解决奢侈浪费问题,形成艰苦奋斗、厉行节约的良好风尚;针对建房、分房和招工、招生、转干中的问题,开展清查工作,认真纠正分配不公、以权谋私的不正之风。通过这些专项治理工作,较好地遏制了群众反映强烈的不正之风问题,赢得广大群众的信任和拥护,营造了良好的社会环境,促进改革开放的深入发展。

1986年下半年,极少数人打着“民主自由”、“解放思想”的旗号,散布怀疑和否定共产党的领导、反对社会主义制度的言论,造成思想混乱,影响刚刚形成的安定团结的大好局面。1987年2月,中央纪委下发《关于旗帜鲜明地同资产阶级自由化思潮作斗争的通报》,要求各级党组织和每个党员保持坚定的政治立场、政治方向、政治原则,同一切违反党纪、破坏党的优良传统的不良倾向作斗争。市纪委坚决贯彻中央指示精神,维护四项基本原则,反对资产阶级自由化思潮。1989年,市委批转市纪委《关于对参加非法集会游行示威活动的共产党员给予党纪处分的意见》，规定共产党员不准参加反对党的基本路线和方针政策的非法集会、游行、示威活动；对党员违反党的政治纪律和组织纪律的行为，给予党的纪律处分。至 1991 年 1 月，市纪委和各级纪委处理在政治风波中犯有严重政治错误的党员干部 19 人，其中开除党籍 13 人，留党察看 6 人，维护了党的政治纪律和安定团结的大好局面。

市委、市纪委根据党风廉政建设的新形势新任务，依据中央纪委的规定，结合上海实际情况，自 1978—1992 年，从原则到具体，从零散到系统，逐步健全完善党员干部廉洁从政的相关制度。80 年代，在计划经济向市场经济转变过程中，针对党风党纪方面出现的问题，先后制定关于领导干部生活特殊化、奢侈浪费、经商办企业、分房建房等方面的单项制度。90 年代，在归纳和概括有关党员干部廉洁从政规定的基础上，制定《关于党政机关工作人员保持廉洁的规定》，要求各级党政机关工作人员时刻牢记全心全意为人民服务的宗旨，廉洁奉公，遵纪守法；严禁贪污受贿、接收回扣、佣金；严禁经商办企业、兼职取酬；严禁建造或购买超标准住房、公款宴请；不得参加基层单位挂牌剪彩和庆典活动；公务活动中不得赠送和接受礼品；不得私设“小金库”。通过逐步建立和完善党员干部廉洁从政的制度，规范党员干部廉洁从政行为，较好地预防和遏制违纪违法问题的发生。

1989 年 8 月，市纪委印发《从严治党惩治腐败的工作意见》，确立纪律检查机关服务于党的基本路线的指导思想，坚持四项基本原则，贯彻从严治党方针，依纪依法查办案件，坚决惩治腐败，维护党的纪律，纯洁党的组织，为改革开放保驾护航。1979—1992 年，全市各级纪委重视信访工作，建立相应的机构，进一步健全信访、查案、审理等制度，设立市纪委举报中心，受理群众检举控告 350 810 件，为查处违纪案件提供线索，依纪依法，严肃查处违反政治纪律、官僚主义失职渎职、干扰阻碍改革开放、贪污受贿、权钱交易、腐化堕落等案件，给予党纪处分 26 166 人，其中开除党籍 5 404 人。

二

1993—2002 年，党的纪检监察工作深入开展。党的十四大以后，党中央坚持以经济建设为中心，始终把党风廉政建设和反腐败斗争放在重要位置，作出一系列重大决策和战略部署，确立领导干部廉洁自律、查办违纪违法案件、纠正部门和行业不正之风三项工作格局。市委认真贯彻中央的部署和要求，坚持反腐败三项工作格局，推动上海市党风廉政建设深入开展。1994 年 6 月 27 日，市委书记吴邦国强调各级干部要坚持高标准、严要求，做到“五个不”：不贪财、不受贿、不贪杯、不参赌、不好色，成为自觉遵纪守法的模范。1995 年 2 月 9 日，市委书记黄菊提出要从体制、机制、法制“三位一体”上探索党风廉政建设的新路子。全市各级纪检监察机关积极发挥纪检监察合署办公的优势，结合上海实际，调整、充实和完善三项工作的内容，推进上海市党风廉政建设和反腐败工作。

1993 年 3 月，市纪委、市监察局合署办公，并将上海市监察局改为上海市监察委员会，实行一套工作机构，两个机关名称的体制，履行党的纪律检查和行政监察两种职能。纪检监察机构合署办公后，至 2002 年，全市纪检机构共有 2 740 个，配备专职人员 4 496 人、兼职人员 10 457 人。市纪委按照“政治坚强、公正清廉、纪律严明、业务精通、作风优良”的要求，扎实开展“讲学习、讲政治、讲正气”党性党风党纪教育、“三个代表”重要思想学习教育活动、“上岗时、在岗中、离岗前”教育和各类业务培训等，不断加强各级纪检监察组织和纪检监察队伍建设。

市纪委按照党中央提出的反腐败斗争三项工作任务，把领导干部廉洁自律列入首位，要求各级领导干部严于律己，以身作则，做好表率。1993 年以来，特别是党的十五大以后，市委、市纪委结合上海实际，每年召开两次全市党政负责干部大会，作出加强党风廉政建设的部署，牢牢把握反腐败工作的大方向。同时对局级以上干部进行集中教育，提出有针对性的要求，起到重要的警示和引导作用。认真贯彻落实《中国共产党党员领导干部廉洁从政若干准则(试行)》和《关于党政机关厉行节约制止奢侈浪费行为的若干规定》，市纪委下发《市纪委关于执行中央纪委〈关于中央纪委三次全会重申和提出的党政机关县(处)级以上领导干部廉洁自律"五条规定"的实施意见〉的通知》等文件，制定党政机关和领导干部加强廉洁自律、规范从政行为的有关规定，对领导干部的权力进行约束，防止滥用职权、以权谋私。针对领导干部廉洁自律出现的新情况、新问题，在不同阶段突出工作任务重点，进行自查自纠、专项治理和监督检查。1993—2002年，清理领导干部违反规定乘坐小汽车、多占住房和超标准住房、收受现金和有价证券、出国(境)旅游、插手土地工程领域、配偶和子女从业等问题的专项工作任务，取得了阶段性成果。1993—1997年，全市有666名处级以上干部因住房超标补偿金额1 093.9万元，退出住房1 400多平方米；全市共清理超标准和占用部门、企业小汽车152辆，清退违反规定使用军警车牌号891副。

市纪委、市监察委坚持从严治党的方针，严格按照党内的制度法规，先后制定《上海市纪委、市监察委机关案件检查工作若干规定》《上海市纪委、市监察委关于加强案件管理工作的意见》《上海市纪委、市监察委信访举报工作若干规定》等制度，进一步健全和完善信访、受理、初核、立案、调查、审理等制度，形成严密、管用、顺畅的办案运行机制。坚持以事实为依据，以纪律法律为准绳，突出办案重点，加大办案力度，查处了领导干部以权谋私、贪污受贿、腐化堕落等案件，保持党的先进性和纯洁性，增强党的凝聚力和战斗力；查处金融、证券、房地产、土地批租转租、工程建设等领域的案件，维护市场经济秩序，打击经济犯罪活动；查处执法犯法、权钱交易、徇私枉法等案件，纯洁政法干部队伍，维护司法公正和社会正义；查处严重官僚主义、玩忽职守、失职渎职、违法乱纪、造成重大损失的案件，加大责任追究力度，严肃惩治腐败，发挥警示和震慑作用。1993—2002年，全市各级纪委共受理群众检举控告316 765件，立案15 450件，给予党纪处分11 411人，其中开除党籍5 668人；给予政纪处分4 506人。

全市各级党委、政府和纪检监察机关按照中央和国务院的部署和要求，把纠正部门和行业不正之风作为反腐败斗争三项任务的重要内容，根据不同时期群众反映强烈的不正之风，确定部门和行业纠正不正之风工作的目标和重点，集中力量开展专项治理。1993—1997年，上海市开展治理公路"乱设卡、乱收费、乱罚款"，中小学乱收费，向企业乱罚款、乱收费，清理党政机关无偿占用企业财物等不正之风。共取消1 003项行政事业性收费项目，清退中小学校乱收费1 295.7万元，清退党政机关占用企业资金209.1万元；全市29个公路桥梁收费稽查站经治理全部符合规定，并被评为全国首批"公路无三乱"省市之一。1997—2002年，治理向农民乱摊派、乱收费，医疗行业收受"红包"、"回扣"等不正之风。全市制止乱收费、乱罚款、乱集资工作进一步深入，先后取消和制止301项对企业的不合理收费项目，降低收费标准15项，涉及金额28.4亿元。在开展专项治理工作中，加大标本兼治、纠建并举的力度，从过去侧重于"纠"发展到"纠"、"建"并举，从过去的侧重于治标发展到在治标的同时，逐渐加大治本的力度，建立健全行政法规制度，做到有法可依、有章可循、加强监督制约。开展政风行风评议，实行群众监督和民主监督的机制。1995—1997年，对工商、房地、公安、电力、邮电、公用、卫生、税务等8个系统进行行风评议。1998年以后，对环卫、环保、质监等部门和行业开展行风评议，对医疗购销和普教系统收费进行专项评议，督促解决群众意见反映强烈的一批突出问题，切实纠正部门和行业不正之风，促进政风行风建设，以优良的政风行风带动社会风气的好转。

全市监察机关自建立之初就开展执法监察工作，1988 年监察机关恢复重建后把执法监察作为重要任务，1993 年纪检监察机关合署办公后将执法监察贯穿于纪检监察工作全过程。1993—2002 年，先后开展建设工程项目的监督检查，清理建筑项目方面存在的问题，维护市场经济秩序，促进上海建筑业健康有序地发展；开展对国债和社会保障等资金管理使用情况的监督检查，完善国债资金管理的办法措施，确保社会保障资金专款专用，严防虚报冒领，挤占挪用国债资金，防止发生腐败；开展对市政府为人民群众所办实事项目的监督检查，确保政府所办实事项目的落实，查处违纪违法问题，切实维护人民群众的根本利益；开展减轻农民负担的监督检查，取消有关农民不合理负担的各种集资、摊派和行政事业收费项目，解决侵害农民利益的问题；开展特大安全事故责任追究的监督检查，狠抓安全专项整治，建立安全责任体系，健全安全监督网络，严格责任追究。1993—2002 年，开展专项执法监察，挽回经济损失 18.85 亿元。

全市纪检监察机关坚持服从和服务于经济建设这个中心，适应社会主义市场经济的要求，紧密结合改革开放和经济建设重大措施的实施，推进体制机制改革，重点从权、钱、人等方面入手，逐步铲除腐败现象滋生的土壤和条件。1993—2002 年，全市集中清理党政机关办企业，实行政企脱钩；推行行政审批制度改革，取消和调整行政审批项目，减少行政审批的自由裁量权；全面推行政务公开和社会公共事务公开，提高权力运行的规范化程度和透明度；采取推行执收执罚部门行政性收费、罚没收入"收支两条线"管理和罚缴分离制度，改革部门预算管理，试行国库集中支付，建立适应社会主义市场经济需要的公共财政体制。1997—2002 年，全市清理党政机关所办企业 2 563 个，取消和调整 801 项行政审批项目，将行政事业收费纳入"收支两条线"管理，深化财政制度改革。全市纪检监察机关会同政府职能部门，以培育和规范市场为重点，充分发挥市场机制在资源配置中的基础性作用，探索建立政府采购、有形建筑、土地交易、产权交易市场"四个要素市场"，通过公开、公平的市场竞争机制，以减少权力寻租的空间和滋生腐败的土壤，从源头上预防和治理腐败，进一步推进党风廉政建设。

三

2002—2010 年，党的纪检监察工作创新发展。党的十六大以来，党中央从完成经济社会发展的重大任务和巩固党的执政地位全局出发，在总结反腐倡廉基本经验的基础上，提出标本兼治、综合治理、惩防并举、注重预防的方针，不断加强党风廉政建设和反腐败斗争。市委按照中央部署，提出全市党的纪律检查工作必须与时俱进的要求，坚持从严治党，扎实推进惩治和预防腐败体系建设。2007 年 4 月，习近平担任市委书记不久，到市纪委调研指出，市纪委、市监察委在加强党风廉政建设和反腐败斗争上承担着重要的责任，要按照中央和市委部署做好各项本职工作，为维护上海的稳定，促进经济社会健康发展作出贡献。8 月，习近平在全市党政负责干部大会上提出要坚持从严治党，切实增强领导干部拒腐防变的能力，下大力气推进反腐倡廉建设。同年 10 月，俞正声担任市委书记后，带领市委常委作"忠诚、敬业、道德、廉洁"系列报告和市四套班子主要领导同志开展党风廉政建设责任制检查，推动反腐倡廉责任制落实。全市各级纪检监察机关围绕中心、服务大局，从教育、制度、监督、改革、纠风和惩处等方面提出工作任务，建立健全惩治和预防腐败体系建设，为上海改革发展提供政治和纪律保障。

2005 年，市纪委、市监察委对全市派驻（派出）机构实行统一管理。2008 年 10 月，市监察委更名为市监察局。2009 年 10 月，市监察局加挂上海市预防腐败局牌子，负责全市预防腐败的工作。

随着党风廉政建设和反腐败斗争的深入发展,市纪委不断加强政治、思想、组织、作风、纪律和制度建设,对纪检监察干部实行严格要求、严格教育、严格管理、严格监督,坚持开展保持共产党员先进性教育活动、深入学习实践科学发展观活动,以提高对党的事业忠诚度、岗位职责胜任度、人民群众满意度为目标,大力推进纪检监察机关自身建设。至2010年,全市纪检机构共有2 085个,配备纪检干部6 701人。市委各部委、市政府各委办局根据市纪委印发的《关于进一步加强本市党委政府工作部门党风廉政建设的若干意见》的通知要求,不断加强纪检监察组织和干部队伍建设。在部委局共建立纪检监察机构159个,配备专职工作人员396人,配备兼职工作人员215人。

2005年7月,市委、市纪委认真贯彻落实中央颁布的《建立健全教育、制度、监督并重的惩治和预防腐败体系实施纲要》的意见。2008年9月,市委印发《上海市贯彻落实〈建立健全惩治和预防腐败体系2008—2012年工作规划〉的实施办法》的通知,提出阶段性工作目标:“经过5年的努力,基本建成与上海经济社会发展水平相适应的惩防体系框架,拒腐防变教育长效机制初步建立,反腐倡廉法规制度比较健全,权力运行监控机制基本形成,从源头上防治腐败的体制改革继续深化,党风政风明显改进,腐败现象进一步得到遏制,人民群众的满意度有新的提高。”

党风廉政建设和反腐败斗争是全党全社会的大事,市委总揽全局、协调各方,不断完善反腐败工作领导体制。2007年7月,为切实加强对反腐败斗争的领导,市委成立党风廉政建设责任制领导小组,着重抓总体规划、工作部署,协调解决工作推进中的重大政策性问题,对贯彻落实市委提出的反腐败斗争的部署和要求起到重要的组织保证作用。随着全市民主法制建设的加强,市人大、市政府、市政协在加强法律监督、规范行政行为和拓宽民主监督渠道等方面,都发挥重要作用。全市各级党政组织根据市委、市政府制定的《关于党风廉政工作责任制的规定》,结合本地区、本部门的实际,建立明确的责任制度,坚持把党风廉政建设与经济社会发展和党的建设任务一起部署、一起检查、一起考核、一起落实。各部门按照谁主管、谁负责的原则,认真履行工作职责,努力抓好党风廉政建设,在上海改革开放和经济发展中发挥积极作用。2008年8月,为推进惩防体系建设,成立由市委主要领导为组长的推进惩治和预防腐败体系建设领导小组,切实加强组织领导。按照市委的总体要求,市纪委会同有关部门牵头制定《实施办法》,并将111项具体任务落实到45家牵头单位和47家协办单位,运用“制度加科技”的思路理念,以项目化方式抓好推进和落实惩防体系建设。2008—2010年,各级党委、政府主要领导每年都带队开展落实党风廉政建设责任制,推进惩防体系建设专项检查。党委、政府班子成员带头履行“一岗双责”,把惩防体系建设与各项业务工作相结合,全面落实各自负责的专项任务。在完善惩防体系建设中,通过党风廉政建设责任制的落实,形成党委统一领导、党政齐抓共管、纪委组织协调、部门各负其责、依靠群众支持和参与的领导体制和工作机制。

党的十六大以来,市委和市纪委坚持以党员领导干部为重点,以树立正确的世界观、人生观、价值观为根本,深入开展理想信念、从政道德、党的优良传统、党纪条规等教育,组织学习《中国共产党党内监督条例(试行)》《中国共产党纪律处分条例》和《中国共产党党员领导干部廉洁从政若干准则》《关于领导干部报告个人重大事项的规定》,夯实廉洁从政的思想道德基础,筑牢拒腐防变的思想道德防线。2008年起连续五年,深入开展“讲党性、重品行、作表率”主题教育活动,在市管干部中开展“忠诚、敬业、道德、廉洁”系列报告会,市委领导和各单位领导带头上廉政勤政党课,示范推动全市各级党员领导干部上廉政勤政党课2.99万场,听课254.8万人次,其中部、局级领导干部上党课7 393场。在全市集中组织开展警示教育活动,以剖析“社保资金案”为重点,下发《关于集中开展警示教育的通知》,汇编警示教育活动学习资料5万本,制作《贪欲之害》和《蛀虫》《悔恨》《蜕变》

等系列警示教育片，开设警示教育专栏 3 285 个，参观警示教育基地 1 717 批。2009 年，市纪委、市监察局下发《上海市加强廉政文化建设的实施意见》，开展廉政文化进机关、进学校、进企业、进社区、进农村、进家庭、进“两新”组织的活动，把廉政文化创建活动同精神文明建设活动结合起来，同健全廉洁从政行为规范结合起来，同完善社会各行业廉洁从业行为准则结合起来，全面推进廉政文化深入社会各个领域，营造反腐倡廉建设的文化氛围。同时，各级纪检监察组织充分利用报纸、广播、电视、书刊、网络和影视戏剧宣传，以及出版《清风》杂志月刊、协办《倡廉文摘》、制作反腐倡廉公益广告等多种形式开展反腐倡廉宣传教育，坚持正确舆论导向，创造健康的反腐倡廉舆论环境。

2003 年 12 月 31 日，中共中央颁布《中国共产党党内监督条例(试行)》，市纪委不断加强党内监督。在开展廉政谈话和述职述廉方面，2004 年 3 月，市委办公厅印发《关于建立健全领导干部谈话制度的实施办法》，明确规定廉政谈话制度分为日常谈话、任职谈话、信访谈话和诫勉谈话，并每年由市纪委会同市委组织部对新任局级领导干部集体廉政谈话，增强领导干部宗旨意识、责任意识、自律意识和监督意识，2004—2007 年，共对 391 名新任局级干部进行廉政谈话。2006 年 7 月，市委办公厅印发《上海市党员领导干部述职述廉的实施办法(试行)》的通知，对领导干部述职述廉采取与干部年度考核工作的结合办法，通过党委(党组)扩大会议的形式开展，促进干部的廉洁自律。在完善专题民主生活会制度方面，2004 年 8 月，市委办公厅转发由市纪委、市委组织部等部门制定的《上海市党和国家机关党员领导干部民主生活会实施办法(试行)》，明确召开民主生活会的指导思想和主要内容。2004—2010 年，先后开展以“让人民高兴，让党放心”、保持共产党员先进性、加强领导干部作风建设、贯彻落实廉洁从政准则等为主题的民主生活会，着力解决领导班子和干部队伍的思想、工作、作风和勤政廉洁方面存在的突出问题。在建立领导干部个人重大事项报告制度方面，2005 年 8 月，市委办公厅、市政府办公厅印发《上海市领导干部报告个人重大事项的实施办法》，市纪委、市委组织部开发“上海市领导干部报告个人重大事项信息管理系统”，在全国率先建立局级领导干部重大事项报告信息库，对重大事项报告实现了信息化管理。2007 年 6 月 10 日，市委书记习近平在听取市纪委关于传达贯彻《中央纪委关于严格禁止利用职务上的便利谋取不正当利益的若干规定》工作意见后作出批示，要求贯彻中央纪委文件精神首先从市级领导做起，市纪委要结合上海实际，尽快提出贯彻落实的具体措施。2007—2010 年，全市每年都组织领导干部个人有关事项集中报告工作，部署申报的内容和时间节点，提出具体要求，进行专项登记工作和监督检查。在开展巡视工作方面，2004 年 4 月，市纪委、市委组织部联合印发《巡视工作实施办法(试行)》，明确巡视工作在市委的领导下，建立巡视工作联席会议制度。2010 年 8 月，成立市委巡视工作领导小组，下发关于贯彻《中国共产党巡视工作条例(试行)》的实施办法，明确巡视工作的范围、内容、方式和权限，进一步完善巡视制度，推进巡视工作规范化。2008—2010 年，对区县、委办局和市属国有企业等 103 家单位进行巡视，提出整改意见 420 条，对领导干部违反廉洁自律规范方面的问题进行提醒或诫勉谈话，巡视成果得到较好运用。在党外监督方面，通过办理市人大代表意见和政协委员提案，受理人民群众的信访举报，解决新闻媒体反映的问题，特邀监督员的巡访检查等方式和途径，接受党外的监督，促进党风廉政建设和反腐败工作。

“廉洁办世博”，是 2010 年上海世博会成功举办的重要保证。按照中央要求，上海市成立世博会党风廉政建设和监督保障工作联席会议，作为世博会专门的监督机构，制定世博会加强党风廉政建设和监督保障工作的意见，把“廉洁办博”摆上世博会筹办工作的全局位置来抓。市纪委、市监察局认真履行职责，把惩防体系建设融入筹办世博会全过程。在资金使用监督上，针对世博会建设和运营资金支出总量大、涉及单位和部门多、项目执行中不确定因素多等情况，开展对世博会建设和运营资金的跟踪审计,实行世博运营资金决算审计与财务决算同步、工程结算全过程监督与工程审价结算同步、项目竣工决算审计与竣工财务决算编制同步、审计揭示问题与促进整改同步,做到世博会资金审计全覆盖。在工程建设项目监管上,把招投标、质量安全、资金、合同等作为重点,整合监督资源,下真功夫滚动排摸,认真查找问题,解决问题。在世博会组织运行监管上,以维护群众利益为出发点和落脚点,认真受理、及时处理群众信访投诉,做到有件必查、实名必复。在加强对世博会园区征地拆迁和居民安置情况的监督检查上,实行阳光透明、公开公正的工作机制,使征地拆迁和居民安置进展顺利,共建动迁安置房220多万平方米,既保证世博会工程建设的顺利进行,又保障拆迁居民的切身利益。

上海处于改革开放的前沿,经济比较发达,要素比较集中,市场比较活跃,在其他地方没有碰到的问题在上海可能会先碰到,在其他地方尚未发生的问题在上海可能会早发生,这类问题往往没有现成的经验可借鉴,没有既成的制度可学习,必须通过体制机制改革和制度创新,推进反腐倡廉建设。2007年,中央纪委决定在上海、河北、四川开展更加注重治本、更加注重预防、更加注重制度建设的“三个更加注重”试点,市纪委、市监察委抓住这一契机,以改革创新的精神,把“制度加科技”有机融入权力监督、市场监管、资金监控的各个方面,提出了“权力在阳光下运行,资源在市场中配置,资金在网络上监管”的工作思路,在全市范围内有目标、有步骤、有计划地将“制度加科技”推进反腐倡廉建设不断引入深处。在土地出让领域,2008年3月,建立全市统一规范的土地交易市场,至2010年,共完成交易地块910幅,没有发现违规操作事件。在政府采购领域,构建全市政府采购电子平台,并从2009年7月正式运行,至2010年,在线登记供应商11 312家,商品种类已扩展至打印机、台式计算机等通用产品11类585种,有效提高政府采购运行的规范性和透明度,提升政府采购效率和质量。在工程建设领域,利用信息技术加强建筑有形市场监督。2008年以后,根据中央的部署,重点开展工程建设领域突出问题专项治理,推进工程建设领域项目信息公开和诚信体系建设,建筑市场管理不断加强。在招投标环节上推行“评标专家语音通知系统”,从2009年2月正式开通使用至2010年,共有5 876个工程建设项目采用该系统,共抽取专家24 967人次,没有发现项目信息或专家信息泄露事件,保证了招标工作的公平公正。在公共权力运行方面,完善信息化行政审批平台。2008—2010年,全市共清理取消行政事业性收费305项,收费项目比2006年减少约54%。在资金监管领域,推进资金网上监管系统。2010年,全市各涉农区县建立“一点通”支农惠农资金网络监管平台。年底,“一点通”支农惠农资金网络监管平台公开信息72.02万条,涉及现金补贴7.16亿元,既加强惠农资金的监管,又赢得农民群众的拥护。上海运用“制度加科技”预防腐败工作,受到中央纪委的肯定,并在全国进行了推广。

2002年以来,全市纪检监察机关针对不同时期反映的突出问题,坚持纠建并举,把维护好人民群众的根本利益作为反腐倡廉的重点工作,会同有关部门就教育收费、医疗服务、物业管理、集体土地征用、城镇房屋动拆迁、企业重组改制和破产中损害群众利益以及拖欠工程款和农民工工资等群众反映突出的问题集中开展专项治理。2007年以来,先后建立纠风在线网、广播电台政风行风热线、“962114”政风行风监督热线电话和“风清上海”政务微博组成的纠风综合平台,收集并解决群众反映的问题,畅通群众诉求渠道。不断完善政风行风测评体系,扩大测评工作的社会参与度,对政府部门和公共服务行业在普遍测评的基础上进行重点测评,使被测单位的工作作风和服务质量得到改善,群众满意率提高。开展“小金库”专项治理,对党政机关、事业单位、社会团体、国有及控股企业进行全面清理,共发现问题单位770家,“小金库”975个,涉及金额2.8亿元,进行纠正和处理。开展对庆典、研讨会、论坛过多过滥问题的专项治理,庆典、研讨会、论坛共减少201项,刹住铺张浪费和奢侈之风。开展党政机关公务用车问题专项治理，完善公务用车管理制度，稳步推进公务用车制度改革。开展乡镇财政资金问题专项治理，推进乡镇财政资金监管信息平台建设。开展治理商业贿赂专项工作。2006—2007年，围绕工程建设、土地出让、产权交易、医药购销、政府采购等重点领域，认真开展自查自纠，完善有关制度，全市共查找问题111类、260个，上缴不正当所得1 704万元；查处商业贿赂案件1 266件，涉案资金4.87亿元。通过专项治理和纠风工作，群众反映强烈的重点问题得到解决，不正之风得到遏制，从源头上铲除滋生腐败的土壤和条件，赢得人民群众的支持和拥护。

市纪委、市监察局注重加强基层党风廉政建设。在国有企业反腐倡廉建设方面，上海起步较早，尤其2007年以后，随着国有企业的改革，把企廉工作的各项要求贯穿于企业管理的各个环节之中，使企业和领导干部的经营行为处于全过程监督之中。认真落实《关于进一步加强本市国有企业党风建设和反腐倡廉工作的若干意见》，全面推进国有企业反腐倡廉建设，加强国有企业领导人员的党性党风党纪教育，增强国有企业领导人员的责任意识。实行厂务公开，推进民主管理，促进企业民主监督、民主管理机制的进一步完善，建立源头预防腐败的长效机制。在城市社区党风廉政建设方面，围绕社区管理和服务，加强基层民主管理，探索加强社区党风廉政建设的思路。2006年，根据市委提出的“社区党建全覆盖、社区建设实体化、社区管理网络化”目标，加强对社区党风廉政建设的调研，建立基层纪检监察联系点，总结社区反腐倡廉建设工作的做法和经验，修订《进一步加强社区党风廉政建设的若干意见》，提出把社区反腐倡廉建设融入社区党建、融入社区管理、融入服务群众的工作理念，进一步推进社区党风廉政建设。在农村基层党风廉政建设方面，2003年以来，修订了《关于进一步加强本市农村基层党风廉政建设的若干意见》，开展对农村基层党员干部的教育和监督，促进思想作风建设，增强为民、务实、清廉的自觉性，密切党群、干群关系。加强农村集体资金、资产、资源的管理，开展减轻农民负担专项治理，清理拖欠农民工工资，清理乱摊派、乱收费，建立强农惠农网络资金平台，全面推进村级会计电算化管理，切实维护农民群众的根本利益。在高校党风廉政建设方面，坚持从端正党风政风行风做起，狠抓招生分配、收费管理、基建财务、校务公开等源头治理，促进高校治腐工作不断深入。深入开展廉洁教育、文化倡廉、典型引路等各项活动，丰富了高校党风廉政建设的内容和形式，推进反腐倡廉工作，2009年，印发《关于加强本市高等学校反腐倡廉建设的意见》，明确了高校反腐倡廉建设的指导思想、目标任务和意见措施，不断加强预防和惩治腐败的体系建设。在“两新”组织反腐倡廉建设方面，2008年在总结新经济组织、新社会组织反腐倡廉建设工作经验的基础上，首次提出在“两新”组织开展反腐倡廉建设工作的思路，制定《上海市推进“两新”组织反腐倡廉建设的若干意见》，建立上海市推进“两新”组织反腐倡廉建设联席会议制度和“两新”组织反腐倡廉建设的协调机构，建立健全“两新”组织纪检组织，加强“两新”组织党员的教育、管理和监督，把廉洁要求寓于行业公约、职业规范等自律性管理制度之中，推进“两新”组织反腐倡廉建设。

依纪依法查处违纪违法案件，是惩治和预防腐败的重要手段，也是纪检监察机关的一项重要职责。2006年9月24日，中共中央决定对原中央政治局委员、上海市委原书记陈良宇严重违纪问题立案调查，上海各级党组织和纪检监察机关坚决拥护中央决定，自觉与党中央保持高度一致。“社保资金案”发生后，各级党组织和纪检监察机关认真吸取教训，深刻认识反腐败斗争的长期性、复杂性、艰巨性，增强反腐败斗争的责任感、紧迫感和使命感，加大查处违纪违法案件工作力度，维护党纪国法的严肃性。积极配合中央工作组、中央纪委专案组对“社保资金案”进行调查，依照党纪政纪对祝均一等10多名涉案党员和干部作出开除党籍、开除公职等处分，涉嫌犯罪的移送司法机关依法处理,违规使用的社保资金依法全额收回。党的十六大以来,坚持从严治党,突出办信查案重点,严惩腐败,维护党的纪律。坚决查办党员领导干部贪污贿赂、腐化堕落、失职渎职、徇私枉法等案件,2003—2010年,全市各级纪检监察机关受理群众检举控告141 621件,立案7 799件,党纪处分5 706人,其中开除党籍3 081人,政纪处分2 416人。通过严肃查办违纪违法案件,严明党的纪律,惩处腐败分子,教育和挽救党员干部,有力地推进反腐倡廉建设各项工作的深入开展。

全市纪检监察机关注重深入调查研究,加强理论建设,不断研究新情况,解决新问题,创造新经验,为促进纪检监察机关民主决策、科学决策发挥重要作用。从90年代开始,市纪委根据不同时期反腐倡廉的任务,选择不同的调研课题,通过社情民意调查、建立调查研究的联系点、邀请专家学者参与理论研究等工作,先后开展关于历史问题、党风问题、体制机制、纠正不正之风、基层反腐倡廉、廉洁自律、提高执政能力、服务经济建设、惩防体系建设等课题的调研,撰写有价值的调研报告,取得一批理论成果,为推动党风廉政建设和反腐败斗争的深入开展提供重要的理论指导。1986—2010年,开展党风廉政建设问卷调查,每年深入到基层开展调查,了解社情民意,倾听群众的意见和建议,从而正确评估反腐败斗争形势,有针对性地提出工作措施,不断增强工作的有效性。为适应形势的发展和工作需要,加强反腐倡廉理论研究,1992年成立上海市监察学会,2009年成立上海廉政研究会。两个学会紧紧围绕纪检监察机关中心任务和反腐倡廉重大理论问题,积极开展理论研究和政策研究,认真总结反腐倡廉实践经验,为服务纪检监察工作和促进反腐倡廉理论研究发挥较好的作用。同时积极开展对外交流,与许多国家和地区建立友好关系,围绕党风廉政建设和反腐败工作,了解研究境内外反腐倡廉的情况,交流反腐败的成功经验,为反腐倡廉工作提供有益的借鉴。

四

回顾30多年的纪检监察工作历程,总结历史经验和规律,在继承中发展,在改革中创新,不断开创党风廉政建设和反腐败斗争的新局面,给我们以下启示和借鉴:

坚持党的领导,严格实行党风廉政建设责任制,不断完善反腐败领导体制和工作机制,为党风廉政建设和反腐败斗争提供坚强的领导。党风廉政建设是一项复杂艰巨的系统工程,也是全党全社会的共同任务,必须在党的领导下,抓好反腐倡廉各项任务的落实。30多年来,全市各级党政组织结合本地区、本部门的实际,按照党风廉政建设责任制的规定,建立明确的责任制度,把党风廉政建设纳入总体工作规划,与经济社会发展和党的建设任务一起部署、一起落实、一起检查、一起考核。各部门按照谁主管、谁负责的原则,认真履行工作职责,齐抓共管,形成整体合力,努力抓好党风廉政建设,在上海改革开放和经济发展中发挥积极作用。

坚持围绕中心、服务大局的原则,紧密围绕党和政府的中心工作开展反腐倡廉建设,将反腐倡廉融入经济、政治、文化、社会和党的建设之中,贯穿于改革开放和现代化建设的全过程,为经济发展创造良好的社会和政治环境。党的十一届三中全会后,随着全党全国工作重心转移到经济建设上来,紧密围绕经济建设这个中心,严厉打击经济犯罪,维护社会经济秩序;在深化改革,建立社会主义市场经济的过程中,确立领导干部廉洁自律、查办违纪违法案件、纠正部门和行业不正之风三项工作格局;纪检监察机关合署办公后,为适应发展社会主义市场经济的要求,推动经济社会又好又快发展,坚持标本兼治、综合治理、注重预防的方针,扎实推进惩治和预防腐败体系建设,为上海的经济社会发展提供坚强有力的政治保证。

坚持党要管党，从严治党的方针，把反腐败斗争放在突出位置来抓，保持惩治腐败的强劲势头。坚决查处违纪违法案件，坚决惩治和有效预防腐败，是纪检监察机关的根本任务。30 多年以来，各级纪检监察机关认真履行职责，加大办信查案力度，把握新形势下违纪违法案件的新情况、新特点，牢牢抓住腐败案件易发多发的重点领域和容易滋生腐败现象的重点部位，严肃查处发生在工程建设、土地管理、房地产开发等领域的案件和严重侵害群众利益、群体性事件、重大责任事故背后的腐败案件，取得较好的政治效果、社会效果、法制效果。“社保资金案”发生后，各级党组织和纪检监察机关认真吸取教训，增强反腐败斗争的责任感、紧迫感和使命感，加大查处违纪违法案件工作力度，维护党纪国法的严肃性。

坚持以人为本、执政为民的宗旨，纠正和解决群众反映的一些突出的不正之风，作为反腐倡廉建设的出发点和落脚点。纪检监察机关针对不同时期反映的突出问题，会同有关部门，针对教育收费、医药购销、医疗服务、物业管理、集体土地征用、城镇房屋动拆迁、企业重组改制和破产中损害群众利益以及拖欠工程款和农民工工资等群众反映突出的问题集中开展专项治理。建立纠风在线网、政风行风监督热线电话、政风行风测评等纠风综合平台，畅通群众诉求渠道。30 多年以来，坚持不懈地开展纠正不正之风工作，使群众反映强烈的重点问题得到解决，部门和行业的不正之风得到遏制，赢得人民群众的支持和拥护。

坚持标本兼治、综合治理、惩防并举、注重预防，健全和完善惩治和预防腐败体系，逐步铲除滋生腐败的土壤。纪检监察机关适应社会主义市场经济的要求，结合改革开放重大措施的实施，推进体制机制改革，运用“制度加科技”预防腐败，重点从权、钱、人等方面入手，逐步铲除腐败现象滋生的土壤和条件，让权力在阳光下运行，运用网络技术使权力公开透明运行，做到内容公开、程序公开、结果公开；让资源在市场中配置，以培育和规范市场为重点，从机制和管理上切断权力干预市场的行为；让资金在网络中监管，运用信息化手段，实现对预算编制、执行状态及结果和行政管理等信息的全面监控。30 多年来，各级纪检监察机关把治标和治本、惩治和预防贯穿于反腐倡廉工作中，对于从源头上预防和治理腐败，进一步推进党风廉政建设起到重要作用。

坚持抓好纪检监察干部队伍自身建设，为推进党风廉政建设和反腐败工作提供坚强有力的组织保证。30 多年来，各级纪检监察机关按照建设一支“政治坚强、公正清廉、纪律严明、业务精通、作风优良”的干部队伍的要求，逐步建立健全一套严格的教育、培训、管理、监督制度和机制。对纪检监察干部实行严格要求、严格教育、严格管理、严格监督，特别是在全系统坚持开展整党整风、讲学习、讲政治、讲正气和科学发展观教育，争创“双十佳”、创先争优、“做党的忠诚卫士、当群众的贴心人”等活动，实行年度目标任务考核、表彰奖励先进等激励机制，有效地激发干部干事创业的积极性，培养求真务实的优良作风，不断提高思想政治素质和业务能力，增强纪检监察干部队伍的凝聚力和战斗力，从而有力地推进全市党风廉政建设和反腐败斗争的不断深入。

展望未来，反腐倡廉建设使命光荣、任重道远。在新的历史条件下，纪检监察工作环境发生了很大变化，担负的职责、任务也发生着深刻变化。纪检监察系统将以习近平新时代中国特色社会主义思想为指导，以更高的标准、更高的要求加强纪检监察干部队伍建设，努力建设一支“政治坚强、公正清廉、纪律严明、业务精通、作风优良”的高素质的纪检监察队伍，忠实履行党章赋予的职责，承前启后，与时俱进，开拓创新，坚定不移地把全面从严治党引向深入，以党风廉政建设和反腐败斗争的新成效，谱写出更加辉煌的历史篇章！

大 事 记

1978 年

2 月 20—21 日　市委复查办公室召开各部委办区县局复查工作座谈会，传达市委第一书记苏振华对复查工作的指示，交流工作情况，研究政策。市委复查办副主任秦昆出席会议，并介绍市委复查办上报市委审批的案件的政策问题。

7 月 24—26 日　市委复查办公室召开全市复查工作座谈会，秦昆作题为《关于复查工作的基本情况和今后意见》的讲话。9 月 9 日，市委书记王一平在全市组织工作座谈会、复查工作座谈会上作总结讲话。

9 月 10 日　市委批转《全市复查工作座谈会纪要》。市委要求各级党委加强对复查工作的领导，尽快地严肃认真地把这项工作搞好，调动一切积极因素，为实现新时期的总任务而贡献力量。

9 月 16、18 日　市委复查办公室分别召开各部委办、各区和直属单位复查组负责人会议，秦昆就贯彻全市复查工作座谈会纪要作讲话。

10 月 17 日　市委复查办公室召开各部委办和各区复查组负责人座谈会，部署第四季度复查工作，秦昆作题为《解放思想，改进工作，加快复查工作步伐》的讲话。

12 月 11 日　市委通知，任命秦昆为市委复查工作办公室主任，王子阳、林轩为市委复查工作办公室副主任。

12 月 14 日　市委复查办公室分别召开各部委办、各区和直属单位复查组长座谈会，听取各单位复查工作进展情况的汇报，秦昆、王子阳分别作讲话。

1979 年

1 月 5 日　市委复查办公室召开各部委办、各区复查组长座谈会，研究善始善终做好复查工作。市委复查办副主任王子阳主持会议并作讲话。

3 月 1 日　市委复查办公室召开各部委办、各区和直属单位复查组长座谈会，王子阳作题为《关于善始善终结束文化大革命中干部复查工作的意见》的讲话。市委复查办主任秦昆出席会议并讲话。

4 月 13 日　市委纪委筹备组召开第一次会议，市委常委、市委组织部部长杨心培代表市委宣布市委纪委筹备组组成名单：组长张祺，副组长李培南、秦昆、郭良、顾玉良。市委书记王一平出席会议并讲话。

8 月 15—27 日　市委纪委筹备组召开全市纪检工作会议，这是粉碎江青反革命集团后召开的第一次全市性纪检工作会议，确定 1979 年下半年纪检工作的主要任务和有关措施。王一平出席会议并讲话。

9 月 8 日　市委纪委筹备组转发市纺织工业局党委纪委《关于严肃党纪，不准干扰招工招生等工作的通知》。

9月19日　市委印发中央纪委《关于严防干部侵占农村社员劳动所得,用来大吃大喝,请客送礼的不正之风的通告》。

11月12日　市委纪委筹备组发出《关于党员负责干部要十分重视子女教育,培养好下一代的通告》。

11月21日　市委纪委筹备组转发市革委会工交办的通报,批评纺织、化工、医药、一机四个局所属16个公司以各种名义擅自发"奖金"问题,要求各级纪检部门注意了解情况,进行严肃处理。

12月25日　市委纪委筹备组印发中央纪委《严禁以"试用"为名侵占国家产品》的通报。(中央纪委通报转发《上海市财政局第二分局关于以"试用"为名,无偿侵占电视机、录音机问题的调查报告》)。

1980年

1月16日　市委决定:杨心培兼任市委纪律检查委员会筹备组组长;免去张祺市委纪律检查委员会筹备组组长职务;王尧山、王子阳任市委纪律检查委员会筹备组副组长。

1月18日　市委同意秦昆任市人民检察院党组书记,免去其市委纪律检查委员会筹备组副组长职务。

3月21日　市委纪委筹备组发出通知,布置各级纪委认真学习和贯彻执行中共中央《关于党内政治生活的若干准则》。

4月16日　市委纪委筹备组召开全市纪律检查工作会议。杨心培主持会议,王尧山汇报市委纪委筹备组建立半年多来的工作情况和1980年工作要点,并对会议作总结。市委书记王一平出席会议并讲话。

7月4日　中共中央、国务院《关于高级干部生活待遇若干规定》下达后,市委纪委筹备组向中央纪委汇报《关于贯彻执行中央83号文件的情况反映》。

8月28日　市委纪委筹备组召开各区纪检干部会议,普陀、南市、杨浦、徐汇区委纪委作学习贯彻《关于党内政治生活的若干准则》的交流发言。王尧山出席会议并讲话。

9月22日　市委纪委筹备组会同市经委、市财贸办党组贯彻中央纪委通报精神,撰写《关于经济战线上对官僚主义、"败家子"作风和违法乱纪行为作斗争的情况汇报和建议》的报告,报市委和中央纪委。

11月10日　市委批转市委纪委筹备组《关于检查接待工作中不正之风的打算的请示报告》,明确由市委纪委筹备组牵头,会同市委办公厅、市政府办公厅、市直机关党委负责检查本市接待工作中不正之风。

1981年

1月12日　市委纪委筹备组印发《关于认真制止违反财经纪律问题的通知》。

1月19—22日　市委纪委筹备组召开全市贯彻《准则》座谈会,市委纪委筹备组副组长王尧山传达中央纪委第三次贯彻《准则》座谈会精神和贯彻意见。市委书记钟民出席会议。

4月8日　市委批转市委纪委筹备组《关于学习贯彻中央五号文件和中央纪委第三次贯彻〈准

则〉座谈会纪要的报告》。

4月27日　市委纪委筹备组召开区县局以上单位纪检干部会议，王尧山传达中央纪委第三次全体会议精神，部署全市1981年纪检工作主要任务。

5月21日　市委纪委筹备组向市委报送《关于检查接待工作中不正之风的情况报告》。11月23日，市委批复同意市委纪委筹备组报告中提出的各项意见。

6月19日　市委决定，王尧山任市委纪委筹备组组长；免去杨心培兼任市委纪委筹备组组长的职务。

7月6日　市委纪委筹备组发出《坚决查处贪污盗窃国家财产的违法犯罪行为》的通报。

7月10日　市委纪委筹备组印发《关于进一步查处接待工作中不正之风的通知》。

8月22日　市委纪委筹备组就上海针织品采购供应站货款被骗案件，发出《严肃查处"关系户"不正之风》的通报。

8月29日　市委纪委筹备组印发《坚决查处"关系户"不正之风的通知》。

同日　市委纪委筹备组发出《坚决同行贿受贿损公肥私的歪风作斗争》的通报，转发上海石化总厂党委纪委和市外贸局党委《关于检查纠正协作关系和外贸货源工作中不正之风的报告》。

9月15日　市委纪委筹备组召开各口、各区纪检干部会议，王尧山主持，市委纪委筹备组副组长王子阳传达中央纪委召开的华东地区纪检工作座谈会精神，部署上海贯彻的意见。

10月17日　市委纪委筹备组就上海交电采购供应站电视机被骗案，发出《关于六百台电视机被骗案的通报》。

10月31日　市委纪委筹备组印发《关于控制奖金发放、制止滥发实物，防止年终突击花钱的通知》。

11月9日　市委印发《关于认真学习〈邓小平同志谈端正党风问题〉的通知》。此文是根据《红旗》杂志1981年第21期上发表的《邓小平谈端正党风问题》一文，由市委纪委筹备组代拟。

11月18日　市委纪委筹备组发出《关于坚决制止高等学校毕业生分配工作中不正之风的通告》。

11月19日—12月10日　市委召开组织、人事、纪律检查工作会议，专题研究端正党风、选拔中青年干部和进一步加强领导班子建设等问题。市委第一书记陈国栋、市委第二书记胡立教出席会议并讲话。钟民作会议总结。

12月4—19日　市委纪委筹备组分五批召开部委办、区县局纪委负责信访工作干部座谈会，传达中央纪委在河北省邢台市召开的部分省市委纪委信访工作座谈会精神，对做好上海纪检信访工作作出部署。

1982年

2月9日　市委组成30个党风调查组，有重点有目标地进行党风党纪检查。

2月10日　市委纪委筹备组召开部委办纪检组、区和直属单位纪委负责人会议，部署贯彻执行中央打击经济领域中严重犯罪活动《紧急通知》的工作，要求发现涉及党员干部的重大案件及时向市委纪委筹备组汇报。

3月16日　市委召开全市党员负责干部会议，部署"两案"审理工作。市委第二书记胡立教讲话。

3月27日　市委决定成立打击经济领域中违法犯罪活动领导小组，胡立教任组长，市委纪委筹备组组长王尧山、副市长杨堤任副组长。

4月14日　市委纪委筹备组召开部委办、区县局党委、纪委负责人会议，进一步部署对“文化大革命”前党纪处分案件中错案的复查工作。

4月15日　市委印发《关于认真学习〈中共中央、国务院关于打击经济领域中严重犯罪活动的决定〉的通知》，要求各级领导机关对贯彻执行中央《紧急通知》和中央17号文件的情况进行一次检查。

8月23日　中共中央印发《关于为潘汉年同志平反昭雪、恢复名誉的通知》。市委成立潘汉年案落实政策清理小组，市委纪委筹备组领导参加。

12月31日　市委纪委筹备组印发《关于春节前后加强党风党纪教育、坚决刹住各种不正之风的通知》。

1983年

3月2日　市委纪委筹备组向市委报送《关于对受审查的十二名中管干部的处理意见报告》。市委7月报经中央批准，作出处理。

3月17日　市委印发《关于坚决制止党员、干部在建房分房中的歪风的通知》，提出贯彻中央《公开信》的工作部署。

同日　市委纪委筹备组发出《关于开除董耀祖党籍的通报》。4月21日，中央纪委将上海市长宁区粮食局原副局长董耀祖在建房分房中违法乱纪的案件通报全国县团级党委纪委。

3月25日　市委决定，魏基民任市委纪委筹备组副组长。

5月11—14日　市委召开贯彻中央《关于印发中央纪委第二次全体会议工作报告〈尽快实现党风的根本好转〉的通知》的专题会议。市委第一书记陈国栋主持会议，市委纪委筹备组组长王尧山作《贯彻中央〔83〕4号文件精神，力争尽快实现上海党风的根本好转》的报告，市委第二书记胡立教讲话，市委书记杨堤作会议总结。

7月15日　市委召开党员干部会议，王尧山传达中央纪委华东地区纪检工作座谈会精神。杨堤出席会议并讲话。

10月　市委纪委筹备组为贯彻中央纪委关于纠正建房分房中不正之风的《公开信》，成立工作组，负责纠正处理建房分房的问题。1984年5月工作组撤销。

11月12日　市委纪委筹备组召开区县局纪委书记会议，王尧山传达中央纪委第三次全会精神，部署纪检机关整党工作。胡立教出席会议并讲话。

11月23日　市委批转市委纪委筹备组《关于彻底查禁反动黄色录像、录音、书画和其他淫秽物品的意见》。

1984年

4月23日　市委召开市纪委常委和原市委纪委筹备组部分成员座谈会。市委第二书记胡立教主持会议，市委书记杨堤宣布市纪委领导班子名单。

4月26日　市委印发《关于中共上海市纪律检查委员会领导班子配备的通知》。根据中央纪委和中央组织部意见，将中共上海市委纪律检查委员会筹备组改为中共上海市纪律检查委员会。经中共中央批准：王尧山任市纪委书记，宋星路、魏基民任副书记。

5月8—11日　市纪委召开全市纪律检查工作会议，传达讨论中央纪委工作会议精神。宋星路主持会议，魏基民传达中央纪委工作会议精神，王尧山通报市纪委《关于贯彻中央纪委工作会议精神的意见》。市委第一书记陈国栋出席会议并讲话。

5月25日　继续召开全市纪律检查工作会议，王尧山作《满怀信心，乘胜前进，在整党中实现上海党风明显好转》的讲话。陈国栋出席会议并讲话。

6月12日　市纪委召开各系统、区和直属单位纪委专职书记、纪检组长会议，南市区委、普陀区纪委分别介绍贯彻《公开信》工作情况和验收工作情况。魏基民出席会议并讲话。

6月17日　市委印发市纪委《关于贯彻中央纪委工作会议的意见》和《陈国栋同志在全市纪检工作会议上的讲话》。

7月7日　市纪委召开部委办纪委和机电一局纪委、徐汇区纪委负责人会议。宋星路主持会议，并传达中央纪委7月2日电报通知和《中央纪委领导同志接见中央党校纪检干部进修班全体学员时的讲话》。

9月7日　市纪委召开全市纪检工作会议，宋星路传达中央纪委部分省市纪检工作座谈会精神，王尧山作关于贯彻中央纪委召开部分省市纪检工作座谈会精神的讲话。

9月25日　市直机关党委批复同意成立中共上海市纪律检查委员会机关总支委员会。

11月23日　中央纪委常委韩光来市纪委听取工作汇报。宋星路代表市纪委常委会汇报工作，韩光作讲话，王尧山等领导参加。

11月27日—12月1日　市纪委召开全市纪律检查工作会议，传达讨论中央纪委第四次全会精神，研究上海贯彻意见。王尧山在会上作关于贯彻中央纪委第四次全会精神的讲话，市纪委、市交通系统纪委联合检查组和市卫生局纪委分别介绍查处救捞局、中医医院违纪违法案件的经验。

12月6日　市纪委将代管的原市委复查办公室在复查中清理出来的“文化大革命”中市专案办公室迫害干部的调查材料等待销毁材料，全部移交市委组织部。

12月11日　市纪委举办纪检专业培训研究班，共分五个专题，王尧山主讲第一课《纪检工作的任务和方针》。

12月15日　市纪委创办《上海纪检》，作为市纪委的机关刊物，在党内发行。

1985年

1月7日　市纪委印发《关于贯彻中央、国务院、中央纪委、市委的指示，坚决纠正新形势下不正之风的紧急通知》。

1月19日　市纪委向市委报送《关于进一步加强纪检机关组织建设的意见》的报告。

1月23日　市委批转市纪委《关于进一步加强纪检机关组织建设的意见》。

2月13日　市纪委召开部委办、区纪委书记会议，市纪委书记王尧山作《关于令必行，禁必止，狠刹当前新的严重不正之风的几点意见》的讲话。

2月23日　市纪委召开部委办、区纪委书记会议，市纪委副书记魏基民传达中央纪委《令必行，禁必止》的电报精神，并部署落实中央纪委电报精神的意见。

3月9日　在市委办公厅召开市纪委新老班子会议，市委第二书记胡立教主持会议并讲话，市委常委吴邦国代表市委宣读市委通知,张定鸿任市纪委书记,魏基民任市纪委副书记。

4月12日　市委整党办印发《关于同意市纪委机关整党结束的批复》,同意市纪委机关整党结束。

5月3日　市纪委召开全市纪检工作会议,张定鸿传达全国纪检工作会议精神,提出市纪委贯彻全国纪检工作会议精神的意见。吴邦国代表市委作《增强党性,严格纪律,保证经济体制改革和四化建设顺利进行》的讲话。胡立教出席会议并讲话。

5月13日　市纪委向市委汇报《关于贯彻全国纪检工作会议精神的部署》。25日,市委批转市纪委《关于贯彻全国纪检工作会议精神的部署》,并印发胡立教、吴邦国在全市纪检工作会议上的讲话。

6月15日　市纪委召开全市纪检信访工作会议,市纪委作《进一步贯彻落实中纪委信访工作会议精神》的报告,崇明县纪委、市文化局纪委、上海铁路局纪委介绍信访工作经验。张定鸿到会讲话。

7月5日　市委书记芮杏文、副书记江泽民听取市纪委工作汇报。张定鸿代表市纪委作工作汇报,魏基民汇报中央纪委召开的全国端正党风经验交流会主要情况。

7月30日　市委下发《关于"经打"机构设置及领导关系问题的通知》。市委决定撤销市委打击经济领域中严重犯罪活动领导小组,将其办公室改为市委打击经济领域中严重犯罪活动办公室,定为局级单位,归市纪委领导。

8月31日　市纪委召开市区党风工作经验交流会,普陀区纪委、卢湾区百货公司党委、闸北区公安分局党组、长宁区华阳街道党委、杨浦区城建党工委、黄浦区医药公司党总支等单位介绍工作经验,市纪委作题为《努力把市区党风工作提到一个新水平》的报告。

9月6日　市政府召开全市税收、财务大检查动员、部署大会,副市长叶公琦主持会议并作动员报告。张定鸿出席会议并讲话。

9月10日　市纪委召开全市"经打"工作经验交流会,市化工局党委、上海县委"经打办"、市交通局党委、市仪表局党委负责人介绍"经打"工作的经验。张定鸿出席会议并讲话。

11月16日　市纪委召开纪检工作会议,张定鸿作讲话,分析全市党风状况,总结前一阶段工作,部署下一阶段工作。

11月22日　市委召开各部委办局、区党委书记、纪委书记会议,市委副书记吴邦国主持,部署查处领导机关、领导干部严重不正之风和大案要案工作。张定鸿作讲话,并通报由市纪委组织查处的10个大案。

1986年

1月21日　市纪委、市委政法委召开全市严惩严重经济犯罪分子大会。市委常委、市委政法委书记石祝三主持会议,市长江泽民作讲话。市纪委书记张定鸿,市纪委副书记魏基民出席会议。

1月24日　市纪委召开全市"经打"工作会议,张定鸿在讲话中就1986年"经打"工作的一些问题提出工作意见。市委副书记吴邦国到会讲话。

3月3—6日　中共上海市第五次党代表大会,选举产生中共上海市纪律检查委员会,通过关于中共上海市纪律检查委员会工作报告的决议。7—8日,市委五届一次全会审议通过市纪委书记、副书记和常务委员会委员人选。

3 月 7 日　中共上海市纪律检查委员会第一次全体会议，选举产生市纪委常委和书记、副书记。

3 月 14 日　市纪委召开各部委办局、区党委、纪委、“经打办”负责人会议，市农村系统纪委、南市区委分别介绍查处大案要案情况。市纪委副书记朱达人在会上作讲话，总结查处大要案的经验，部署第二批大要案查处工作。张定鸿主持会议并讲话。

5 月 14—15 日　市纪委召开首次新形势下纪检工作讨论会，张定鸿主持会议，探讨在改革、开放、搞活的新形势下搞好纪律检查工作。22 日，继续进行纪检工作讨论会。张定鸿主持会议并讲话。

6 月 12 日　市纪委召开宣传、教卫、科技系统端正党风工作经验交流会，华东化工学院、七一一所、电影总公司、市标准计量管理局和市教卫党委、纪委分别介绍端正党风、促进改革的经验。张定鸿出席会议并讲话。

6 月 25 日　市纪委召开部委办、区纪委书记、“经打办”主任会议，朱达人总结上半年“经打”工作，部署下半年“经打”任务。张定鸿，石祝三出席会议并讲话。

7 月 1 日　市纪委召开部委办、区党委、纪委、“经打办”负责人会议。张定鸿主持会议，朱达人传达中央纪委召开的华东、中南地区纪检工作座谈会等有关会议精神。

7 月 8 日　市纪委、市委政法委联合召开干部大会，吸取市委办公厅原副主任余铁民等受贿、行贿案件教训，进行反面典型教育。石祝三主持会议，张定鸿出席会议。市委副书记黄菊出席会议并讲话。

7 月 28 日　市纪委召开全市纪检工作会议。张定鸿主持会议，上海电视台、市检察院、化工运输公司、宝钢总厂介绍党风工作经验，朱达人作讲话。8 月 12 日，继续召开全市纪检工作会议。张定鸿主持会议并讲话。吴邦国出席会议并讲话。

8 月 16 日　市纪委举办纪检系统《经济体制改革和社会主义商品经济》讲座，张定鸿主持，市委副书记江泽民主讲第一讲，主要内容是：在上海发展战略中，将导致哪些新的变革，党的纪检工作如何发挥保证和促进作用。

8 月 30 日　市纪委、市直机关党委、市委政法委召开市直机关党风建设交流会，团市委、市委办公厅、市公安局、市档案局负责人分别介绍党风建设的情况。张定鸿出席会议并讲话。

9 月 1 日　市委“经打办”、市公安局、市检察院、市高法院、市司法局联合举办的“上海市打击经济犯罪展览会”在沪西工人文化宫正式开展。

同日　市委整党办印发《关于同意中共上海市纪律检查委员会机关结束核查工作的批复》，同意市纪委机关结束核查工作。

9 月 2 日　市纪委委托市委党校举办首届纪检干部培训班，张定鸿出席开学典礼并讲话。

9 月 17 日　市委召开各工作党委、区委书记和纪委书记会议，张定鸿传达中央政治局常委有关端正党风工作的指示和中央纪委书记乔石在各省、自治区、直辖市党委负责同志端正党风工作座谈会上的两次讲话精神。

同日　市纪委召开全市纪检系统信访工作会议，市纺织局、长宁区、崇明县、上钢五厂纪委介绍信访工作经验。朱达人在会上传达中央纪委召开的华东、中南地区纪检信访工作座谈会精神，总结上半年全市信访工作，提出今后信访工作的意见。

11 月 4—9 日　中央纪委常委李正亭在沪调查研究，了解上海市纪检工作情况，听取对中央纪委制定规划的意见。

11 月 13—14 日　市纪委召开五届二次全会，张定鸿主持。全会学习贯彻党的十二届六中全会、中央纪委第八次全会和市委五届二次全会的精神。12月25日,继续召开市纪委第二次全会。张定鸿主持会议,并作《坚持不懈地搞好党风建设,促进全面改革和精神文明的发展》的讲话。

1987年

3月16—17日　市委副书记吴邦国召集市纪委副书记魏基民和市纪委常委,交流思想和工作。

3月18日　市纪委召开全市纪检工作会议,市委常委、市纪委书记张定鸿传达全国纪检监察工作会议精神并作讲话,市纪委副书记朱达人作题为《1987年纪检工作安排》的报告。3月30日,继续召开全市纪检工作会议,张定鸿作总结讲话。

3月19日　市委办公厅转发市纪委和市委政法委《关于本市各级纪委不再作为党委领导打击严重经济犯罪斗争办事机构的意见》。市委决定今后本市各级纪委不再作为党委领导打击严重经济犯罪斗争的办事机构,将这项工作连同纪委代管的打击严重经济犯罪活动办公室,交同级司法部门负责协调和管理。

4月16日　中央纪委书记韩天石带领工作组来沪,检查上海开展反腐斗争、加强党风建设的情况,到市纪委机关听取工作汇报,并看望市纪委机关工作人员。

7月14日　市纪委召开部委办、区纪委书记会议,朱达人作《1987年上半年纪检工作情况和下半年工作安排》的讲话,张定鸿主持会议并就反对官僚主义问题作讲话。

7月16日　市纪委、市财贸工作党委、市外经贸工作党委和中国人民银行上海市分行党组联合召开会议,宣布市纪委驻金融系统纪律检查组正式成立。张定鸿主持会议并讲话。

7月22—23日　市纪委举办上海市纪检理论研讨会,着重从党风建设与社会主义商品经济、党性教育的重要性、纪检干部职业道德、党内监督、纪检部门成为一支促进改革的重要力量、厂长负责制下的纪检工作等方面进行交流研讨。

7月28日　根据市委、市政府领导同志意见,市纪委与市委办公厅、市政府办公厅、市委组织部、市直机关党委共同研究拟订《上海市党和国家机关工作人员守则》。

8月14—15日　市纪委召开上海市加强党风建设经验交流会,新华社上海分社党组、共青团上海市委、市轻工业局党委、上海海关党组、长宁区委和市机电工业管理局分别介绍加强党风建设的经验和体会。张定鸿在会上就全市加强党风建设作讲话。市委书记芮杏文出席会议并讲话。

9月9日　市纪委召开全市纪检信访工作会议,市农村系统、沪东造船厂和市毛麻行业纪委分别作经验介绍。朱达人出席会议并讲话。

9月17日　市纪委召开纪委案件审理工作会议,传达贯彻中纪委全国案件审理工作会议精神,松江县、上海铁路局、闸北区、市政工程局纪委分别交流案件审理工作经验。朱达人出席会议并讲话。

9月24日　上海市第八届人民代表大会常务委员会第31次会议决定:任命吴德让为上海市监察局局长。

9月30日　市人民政府根据《国务院关于在县以上地方各级人民政府设立行政监察机关的通知》精神,决定设立上海市监察局,并任命郁明、史济才为上海市监察局副局长。至12月31日,全市12个区、10个县先后建立监察局,开始行使行政监察职能。

11月24日　市纪委召开全市纪检系统表彰大会,张定鸿主持会议。市委副书记吴邦国出席会议并讲话。

11月30日　市纪委举办区县纪委书记学习党的十三大文件读书班，张定鸿作动员报告。12月5日，读书班结束，张定鸿作学习小结。

12月25日　市纪委召开党风座谈会，邀请部分民主党派人士参加。张定鸿主持会议，通报一年来市纪委的工作情况，并听取意见和建议。

1988年

1月14日　市政府召开上海市监察工作会议，传达监察部有关会议精神，部署上海组建监察机关和清查对外经济合同工作，市监察局局长吴德让作讲话。市委副书记、常务副市长黄菊，市委常委、市纪委书记张定鸿出席会议并讲话。

1月26日　市政府决定成立上海市清查对外经济合同领导小组，黄菊任组长，吴德让任副组长。

2月9日　市纪委召开部委办、区县局纪委书记会议，部署1988年纪检工作。张定鸿主持会议，市纪委副书记朱达人作工作报告。

3月26日　成立市监察局机关党总支。

同日　市纪委召开市"经打"工作会议。张定鸿出席会议并就政府廉洁问题作讲话。

4月1—16日　市纪委召开五届三次全会扩大会，张定鸿主持并传达党的十三届二中全会和中央纪委二次全会精神，并在会议结束时作讲话。

4月11日　市纪委在市委党校召开纪检班学员会议，张定鸿传达党的十三届二中全会和中央纪委二次全会精神。

5月5日　市纪委召开市党政监督机关联席会议，朱达人主持会议，讨论关于党政机关经商和廉洁政府等问题。会议确定市纪委、市监察局、市财政局、市工商局、市审计局、市检察院参加的联席会议，每两月召开一次，市纪委牵头。

5月13日　市监察局成立《廉政与监察》编辑室。

5月21日　市长朱镕基、副市长黄菊听取市监察局工作汇报。朱镕基要求市监察局牢牢盯住506名局级干部。

5月22—26日　监察部在上海召开华东地区监察工作座谈会，交流华东地区监察工作情况和经验，市监察局介绍上海清查对外经济合同和组建工作的情况和经验。监察部副部长徐青、副市长黄菊出席会议并讲话。

5月25—31日　中央纪委副书记陈作霖在沪检查指导工作。张定鸿、朱达人向陈作霖汇报上海纪检工作情况。28日，陈作霖在市纪委会见市纪委委员、部委办区县和部分局纪委书记、市纪委机关干部，并作讲话。

6月1—4日　市纪委、市委组织部、市委宣传部、市委党校联合举办在改革开放中加强党的建设研讨会，张定鸿出席会议并讲话。

6月10日　市监察局召开第一次区县监察局长会议，传达中央领导同志关于"经济要繁荣、政府要廉洁"的指示和监察部召开的华东地区监察工作座谈会精神，并部署行政监察工作。

6月18日　朱达人向全市各系统1 100多名离休干部通报党风情况。

6月23日　市委副书记吴邦国到市纪委机关看望全体工作人员，并就从严治党问题同市纪委常委进行座谈。

6月28日　市长朱镕基在市委党校举办的局级以上干部形势教育讲习班上作的报告中指出，

只要我们的506个局长,包括区长、县长行得正、坐得稳,下面的“七所八所”才能够正。

同日　经市政府批准,市监察局发布《市监察局通告》第1号《上海市关于违反政纪案件立案审批权限的暂行规定》。

7月1日　市纪委机关召开纪念“七一”、表彰优秀党员大会,张定鸿出席会议并讲话。

7月6日　市纪委召开纪检工作经验交流会,市冶金局、市建工局、长宁区、徐汇区、宝山钢铁总厂、民航华东管理局、第二医科大学等纪委(纪检组)分别介绍工作经验,张定鸿传达《中共中央关于党和国家机关必须保持廉洁的通知》并作讲话。

7月18日　市监察局印发《关于实行监察书制度的若干规定(试行)》,并通知各区、县监察局参照执行。7月26日,市监察局发出第一批监察书。

7月23日　市纪委召开党政机关廉洁宣传教育工作会。张定鸿、朱达人出席会议并讲话。

8月5日　市监察局召开第一次市监察信息员会议并颁发证书。

8月10日　市委、市政府召开开展公开办事制度、廉洁为民教育活动动员大会,朱镕基主持,黄菊作动员报告,市委书记江泽民、监察部副部长徐青讲话。

8月16日　市监察局召开第二次区县监察局长会议,部署行政监察工作任务。

9月3—27日　市纪委分别召开纪检理论研讨会,卢湾区纪委、工业系统纪委等五个单位发言。朱达人出席会议并讲话。

9月12日　市委办公厅复函同意组建市政府委办局监察机构。

9月28日　市委印发《关于各级党组织和党员在稳定经济深化改革中要严守纪律的通知》。

10月5日　市监察局向上海首批14位“特邀监察员”颁发聘书和监察局工作证。

10月10—15日　市纪委举办十三届三中全会文件学习班,学习讨论党的十三届三中全会报告和中央纪委书记乔石在中央纪委第三次全会上的报告。张定鸿到会作动员讲话。

11月9日　市纪委、市财贸办公室、市监察局、市审计局联合召开查处烟酒调价中违纪问题的会议,张定鸿出席会议并讲话。

11月15日　市纪委、市监察局联合建立举报中心,受理对党员和政府机关工作人员违纪违法行为的举报。

11月15日　市监察局主办的《监察与廉政》杂志创刊号正式出版。

11月17日　副市长倪鸿福到市监察局检查工作。

12月30日　市委召开双月座谈会,张定鸿向民主党派人士通报党风和纪检工作情况。

1989年

1月11日　市监察局局长吴德让向市长朱镕基、副市长倪鸿福汇报全国监察工作会议精神和市监察局工作。朱镕基对上海市1989年监察工作作出指示。

1月12日　市纪委召开五届四次全会扩大会议,总结1988年的工作,对1989年的纪检工作作出部署。

1月24日　市监察局召开第二次市监察信息员会议,总结1988年的信息工作,聘请市政府部分委办局及宝钢总厂、金山石化总厂共三十名监察干部为市监察信息员并颁发聘书。

1月25日　市纪委召开党政监督机关联席会议,市纪委书记张定鸿主持讨论党政监督机关联合摄制廉政教育录像片的问题,通报嘉定案件调查情况。

1 月 31 日　市委召开民主党派双月座谈会，张定鸿通报纪检工作情况。

2 月 20—22 日　市政府召开上海市监察工作会议，市委副书记黄菊主持，倪鸿福代表市政府就监察工作作出具体部署。朱镕基到会讲话。

3 月 2 日　市纪委与中央纪委机要传真开通使用。至此，市纪委的传真机正式并入全国纪检系统机要传真通信网。

3 月 15 日　市纪委、市委组织部、市监察局召开联席会议，市纪委副书记朱达人出席会议并讲话。会议商定，联席会议形成制度，定期就市管领导干部廉洁情况相互通气。

3 月 27—28 日　北京、天津、上海三市纪委领导联席会议在上海召开，共同研讨交流推进党风廉政建设等工作。

3 月 28 日　市委办公厅转发市纪委《关于对参加非法集会游行示威活动的共产党员给予党纪处分的意见》。

4 月 13 日　市政府任命钱富兴为市监察局副局长。

5 月 30—31 日　市纪委召开五届五次全会，张定鸿主持，讨论学习《李鹏、杨尚昆、乔石、姚依林同志在 5 月 22 日会议上的讲话要点》。

6 月 15—16 日　市纪委召开五届六次全会扩大会议。张定鸿主持会议，认真学习中央军委主席邓小平 6 月 9 日接见戒严部队军以上干部时的重要讲话。

7 月 10 日　倪鸿福来市监察局，听取开展公开办事制度、廉洁为民教育活动的工作情况汇报。

7 月 13 日　朱镕基在市委五届八次全会上宣布市委决定：在市政府八个部委办局（即工业、交通、建设、农村、教卫、科技、财贸、外经贸）单独设立监察室，加强行政监察工作。

8 月 15 日　市政府召开上海市公开办事制度、廉洁为民教育活动工作会议，吴德让主持，黄浦区、松江县和市农行介绍开展教育活动的做法和经验，市纪委总结上半年全市开展活动情况，并部署下一步工作。倪鸿福出席会议并讲话。

8 月 16 日、17 日、24 日　市监察局分别召开区县监察局长和部分委办监察室主任会议，回顾小结上半年工作，部署下半年工作。

8 月 17 日　朱镕基到市纪委听取工作汇报，看望机关干部。

10 月 7 日　市政府召开监察工作会议，吴德让主持，传达监察部《通告》等有关文件精神，倪鸿福作讲话。

11 月 14 日　市纪委转发中央纪委给予市委候补委员、嘉定县委委员、马陆乡党委书记严永嘉撤销党内一切职务处分的通报。

11 月 17—18 日　市纪委召开五届七次全会扩大会议。朱达人在会上回顾总结上海各级纪委贯彻四中全会精神、加强纪检工作的情况，张定鸿就贯彻党的十三届五中全会精神作讲话。

12 月 9 日　市监察局召开市监察信息工作总结表彰会，徐汇区、黄浦区监察局、市化工局、市财税局监察室等单位作经验介绍，并对 1989 年度优秀监察信息员进行表彰。

1990 年

1 月 9 日　市纪委召开住房制度建设会议，对加强住房制度建设等问题进行研讨。市纪委书记张定鸿主持会议。

2 月 6 日　市监察局向在沪全国人大代表汇报上海监察机关开展廉政建设、反腐败斗争的情况。

2月9日　市政府召开上海市监察工作会议，贯彻落实党中央、国务院领导对监察工作的重要指示和全国监察工作会议精神，部署1990年上海市监察机关的主要任务。副市长庄晓天主持会议，市监察局局长吴德让传达中央领导重要指示，副市长黄菊作讲话。

2月16—19日　市纪委召开纪检工作会议，审议通过市纪委1989年工作总结与1990年工作打算等一系列文件。张定鸿作《在治理整顿深化改革中加强党风建设》的讲话。市委副书记倪鸿福出席会议并讲话。

3月12日　市纪委召开部委办、区纪委书记会议，市纪委副书记朱达人主持，并就开展调查研究等工作作出部署。

3月15日　市委书记、市长朱镕基签发上海市人民政府第27号令，颁布《关于党政机关工作人员保持廉洁的规定》《上海市事业单位领导干部保持廉洁的若干规定》和《上海市企业单位领导干部保持廉洁的若干规定》。

3月22日　市纪委召开汇报会，倪鸿福听取关于市公安局案件的调查情况汇报。张定鸿、朱达人参加会议。

4月4日　市监察局印发《上海市企业事业单位领导干部违反廉洁规定的处理办法(试行)》和《上海市企业事业单位领导干部礼品上交处理办法(试行)》。

4月18日　市监察局召开贯彻实施《廉洁规定》及配套办法会议，对《廉洁规定》贯彻执行中遇到的问题作出释义。

4月23日　中央顾委委员、中央纪委原常委韩光到市纪委机关看望机关干部。张定鸿和市纪委全体常委向韩光作工作汇报。

5月7日　市监察局印发《关于查核、暂停支付与贪污、贿赂案件直接有关人员在银行储蓄存款手续问题的通知》。

5月17日　中共中央办公厅机要局“大城市横向密码通信网研讨会”在市纪委召开现场会。市纪委办公室向代表们汇报机关密码传真工作情况。代表们参观市纪委机要传真设施。

6月10—13日　中央纪委副书记李正亭、常委肖洪达等一行来沪检查工作，就党风与党纪问题召开座谈会。张定鸿、朱达人分别陪同视察参观。

7月17—18日　市政府召开市监察工作会议，吴德让传达全国监察厅(局)长会议精神，回顾全市上半年监察工作的情况，提出进一步落实下半年上海监察工作的意见。庄晓天出席会议并讲话。

7月22—31日　李正亭、中央纪委常委谢勇等来沪视察工作，张定鸿、朱达人汇报市纪委有关工作。

7月23—28日　华北、东北、华东地区纪检工作座谈会在上海召开。市委副书记吴邦国、倪鸿福出席会议并讲话，张定鸿作《牢牢盯住局级干部——党风建设从领导干部做起的几点做法》的发言。

9月1日　市纪委机关召开党员重新登记工作动员大会。张定鸿作动员讲话。

9月4日　中央纪委原常务书记王鹤寿抵沪进行调查研究，张定鸿、朱达人陪同。

9月12日　市监察局与市行政管理学会、华东师范大学行政管理中心联合召开“行政监察和廉政建设”理论研讨会，吴德让出席会议并讲话。

9月18日　张定鸿、朱达人与市顾委、市人大、市政协、市监察局有关领导同志研究组成党风检查组，对有关单位进行党风检查。

10月17日　市委、市政府召开加强廉政建设、纠正行业不正之风动员大会。朱镕基主持会议并讲话，黄菊作动员报告，吴邦国作讲话。

11月3—13日　监察部部长尉健行一行3人来沪调查研究，视察并指导上海的监察工作。

11月15—17日　市监察局召开首次监察法制员会议。

11月28日—12月1日　市监察局组织27名干部和9名市特邀监察员，到市经委、市出版局、闸北区、青浦县抽查两个廉洁规定执行情况，并向市政府作出专题报告。

12月15日　倪鸿福到市纪委机关与常委一起研究案件，并会见上海出席全国先进纪检组织、优秀纪检干部表彰大会的优秀纪检干部。

1991年

1月17—24日　市纪委召开五届八次全会扩大会议，传达党的十三届七中全会和市委五届十一次全会精神，讨论市纪委1990年工作总结和1991年工作打算。19日，市纪委书记张定鸿在大会上作纪检工作经验总结和工作要点讲话。24日，市委书记朱镕基在全会上作讲话。

1月30日　市纪委召开十大窗口单位抓党风促廉政、纠正行业不正之风经验交流会，铁路上海站、上海港客运服务总公司、市电话局、华联商厦和市出租汽车公司党委分别介绍工作经验。张定鸿出席会议并讲话。

2月26—27日　市监察局召开上海市监察工作会议，市监察局局长吴德让传达国务院总理李鹏的讲话和第三次全国监察工作会议精神。

4月3日　市委、市政府召开加强廉政建设、纠正行业不正之风工作会议，市委副书记倪鸿福主持。吴德让传达全国监察工作会议和部分省、区、市纠风工作座谈会精神，市纠风办主任万学远对下一步纠风工作作出部署，市委副书记、副市长黄菊讲话。

4月12日　市监察局、市人事局联合召开表彰本市监察系统的全国和市先进集体、先进工作者授奖大会暨上海市监察局特邀监察员受聘仪式。

5月20日　市纪委发出《关于市新闻出版局原党委书记潘维明违反政治纪律被开除党籍的通报》。

6月10日　市纪委召开贯彻全国纪检工作会议精神大会，张定鸿做工作报告。倪鸿福出席会议并讲话。

6月12日　市纪委、市委组织部、市检察院和市监察局共同编写的《廉政手册》出版发行。

6月26日　市纪委召开信息点工作会议。张定鸿出席会议并讲话。

6月28日　市纪委举行纪检信息管理系统汇报演示会。张定鸿出席会议并观看演示。

7月5日　中央纪委常委傅杰一行抵沪考察，了解开展反腐败工作情况。

同日　市委常委会对纠风工作作专题研究，决定建立市纠正行业不正之风工作联席会议制度，市纠风办挂靠市监察局，由市监察局局长兼任办公室主任。

7月11日　副市长赵启正到市监察局检查和指导工作。

7月20日　市长黄菊到市监察局检查和指导工作。

7月31日　市纪委召开第三次纪检理论研讨会。市纪委研究室汇报论文观点综述，市建管局、市商业二局、市纺织局、前卫农场等纪委分别作交流发言。张定鸿作《加强纪检理论研究，提高纪检工作水平》的总结讲话。

8月16日　市纪委召开案件检查工作会议。张定鸿主持会议并讲话。

9月20日　市委、市政府召开第三次加强廉政建设、纠正行业不正之风工作会议，张定鸿主持，吴德让回顾前阶段纠风工作情况，布置下一步全市纠风工作。黄菊出席会议并讲话。

9月30日　监察部副部长冯梯云到市监察局听取工作情况的汇报，并看望局机关工作人员。

10月10—12日　市监察局召开首次上海市企业监察工作座谈会。上海石油化工总厂、上海焦化总厂等6个单位分别作交流发言。吴德让作总结发言。

10月23日　市监察局召开上海市监察宣传工作会议。

11月8日　市监察局召开上海市监察系统案件审理工作会议。

同日　张定鸿到复旦大学作党风建设报告。

11月23日　张定鸿到市委党校对市中青年干部班作党风建设报告。

11月26日　市委决定，并经中共中央组织部批复同意，张惠新任中共上海市纪律检查委员会委员、常委、副书记；免去朱达人中共上海市纪律检查委员会常委、副书记职务。

12月13日　市纪委组织机关干部参加太浦河水利工地劳动。

12月20日　市纪委召开市纪检工作会议，总结市纪委1991年工作，部署1992年工作要点。市纪委领导在会上分别作《关于执行党纪条规中几个问题》《振奋精神，努力提高案件检查工作整体水平》的发言，张定鸿作总结讲话。

1992年

1月17日　市纪委召开纪检干部大会，传达全国企业纪检工作会议精神。市纪委副书记张惠新主持会议并讲话。

2月14日　上海市第九届人大常委会第32次会议决定：任命韩坤林为上海市监察局局长；免去吴德让的上海市监察局局长职务。

2月17日　市纪委、市监察局召开区县纪委书记、监察局长联席会议，传达公安部纪委书记胡之光在第十八次全国公安会议上的讲话。市委常委、市纪委书记张定鸿出席会议并讲话。

2月25—26日　市监察局召开上海市监察工作会议，传达贯彻全国监察厅(局)长会议精神。吴德让主持会议，副市长赵启正讲话。

3月11日　市委、市政府召开加强廉政建设、纠正行业不正之风会议，市委副书记倪鸿福主持，市纠风办主任吴德让作《一九九一年纠风工作回顾和一九九二年全市纠风工作意见》的报告。市长黄菊出席会议并讲话。

3月17—18日　市纪委召开纪检干部学习座谈会，学习邓小平视察南方的重要谈话精神。张定鸿出席会议并作总结发言。

3月30日　市纪委协助市工业纪委举办第一期国营大中型企业纪委书记研讨班。4月11日，研讨班结业，张定鸿作总结讲话。

4月5日　市委决定，并经中共中央组织部批复同意，韩坤林任中共上海市纪律检查委员会副书记。

4月13日　市纪委举办第二期国营大中型企业纪委书记研讨班。张定鸿出席会议并讲话。

4月15日　市纪委召开案件检查工作会议。张定鸿、张惠新出席会议并讲话。

4月16日　市纪委向市委报送学习邓小平重要谈话情况汇报。5月7日，市委书记办公会议听取汇报，市委书记吴邦国讲话。

5月14—16日　第二次京津沪三市监察机关联席会议在上海召开。副市长赵启正出席会议并讲话。监察部副部长徐青到会并作讲话。

6月9日　市纪委召开部委办、区县、部分局纪委书记会议，苏州市纪委书记周彩宝介绍纪检工作为经济建设中心服务的经验。张定鸿出席会议并讲话。

6月11—13日　市监察局召开上海市监察工作会议，总结上半年行政监察工作，部署下半年任务，韩坤林作工作报告。张定鸿出席会议并讲话。

6月24日　市纪委召开部委办、区县、部分局纪委书记会议，张惠新传达政法、纪检、监察领导干部学习班精神。张定鸿出席会议并讲话。

7月上旬　经市级机关工委批准，市监察局成立局机关党委和纪委。

7月11日、13日、14日　市纠风办召开上海市纠风工作务虚会，张定鸿就深入开展纠风工作作讲话。赵启正出席会议并讲话。

7月18日　市纪委印发《关于纪检工作贯彻落实邓小平同志重要谈话精神的若干意见》。

8月4日　市纪委召开纪检信访工作会议。张惠新出席会议并讲话。

8月5日　市监察局召开市企业监察工作交流会，中纺机厂厂长、焦化总厂副厂长、化工局和三航局监察室负责人等分别作交流发言。

8月15日　市纪委对市财政局进行党风检查，张惠新参加并讲话。

10月7日　市监察局召开上海市监察工作"三服务"交流会，韩坤林主持。副市长徐匡迪出席会议并讲话。

11月24日　市监察局召开上海市监察学会成立大会暨首届理论研讨会，韩坤林主持。张定鸿出席会议并讲话。

12月12日　市纪委全会讨论通过《中共上海市纪律检查委员会向市第六次党代表大会的工作报告》。

12月15—20日　中共上海市第六次代表大会，选举产生中共上海市纪律检查委员会，通过关于中共上海市纪律检查委员会工作报告的决议。20日，市委六届一次全会批准市纪委第一次全体会议选举产生的书记、副书记和常务委员会委员。

12月23日　市纪委召开机关干部大会，市纪委副书记孙卫国传达市第六次党代会的主要精神和吴邦国在六届一次全会上的讲话。市纪委书记张惠新主持大会并作讲话。

1993年

1月15日　市监察局召开监察干部会议，市纪委副书记、市监察局局长韩坤林总结1992年的工作，部署1993年的工作要点，通报中央纪委、监察部合署办公的情况。

1月16日　市纪委召开全市纪检工作会议，韩坤林传达全国省市区纪委书记和监察厅局长会议精神，市纪委书记张惠新对1993年纪检工作作出部署。市委副书记王力平出席会议并讲话。

1月21日　市委书记吴邦国、市委秘书长周禹鹏来市纪委机关看望机关干部，并与部分常委、室主任进行座谈。

2月15日　市委办公厅、市政府办公厅转发市纪委、市财政局、市审计局、市人民银行《关于制止用公款购买和赠送礼仪储蓄存单的意见》。

3月12日　市委、市人民政府批准市纪委、市监察局合署办公，市监察局改名为市监察委员会。13日，市纪委、市监察局召开机关合署办公动员大会，市纪委书记、市监察委主任张惠新宣布市委、市政府决定,王力平到会代表市委讲话。15 日,市纪委、市监察委召开合署后的第一次办公会,讨论通过各室人员名单及合署办公后的相关事宜。

3 月 25 日　市纪委、市监察委召开合署后的第一次机关全体人员大会,市纪委副书记、市监察委副主任韩坤林主持,张惠新就纪检监察工作指导思想、工作任务、工作方法、工作作风、机关制度建设五个方面作讲话。

4 月 1 日　市纪委召开《上海纪检》创刊 100 期座谈会。市委常委、市委宣传部长金炳华,张惠新出席会议并讲话。

4 月 15—27 日　中央纪委书记尉健行到上海考察工作。张惠新、韩坤林、市纪委副书记孙卫国作关于上海经济发展概况、党风廉政建设和纪检监察工作的汇报。27 日,尉健行与市纪委常委、市监察委委员谈话,对市纪委反腐倡廉工作给予肯定。

4 月 23 日　市委、市政府召开第五次加强廉政建设、纠正行业不正之风工作会议,韩坤林作《1992 年纠风工作的情况和 1993 年纠风工作的意见》的报告。市委副书记、市长黄菊作讲话。尉健行出席会议并讲话。

5 月 10—12 日　市纪委召开上海市纪检监察工作会议,张惠新传达尉健行在上海考察期间的讲话精神,并提出贯彻落实的意见。王力平出席会议并讲话。

8 月 27 日　市委、市政府召开全市深入开展反腐败斗争推进党风廉政建设大会,黄菊主持,张惠新传达江泽民总书记重要讲话和中央纪委二次全会精神。王力平代表市委、市政府总结上海开展反腐败斗争的基本情况,部署今后工作。吴邦国出席会议并讲话。

同日　市纪委、市监察委召开各委办、区县局纪委书记、监察委主任会议,贯彻落实中央纪委二次全会精神。孙卫国主持会议,张惠新作《在反腐败斗争中扎扎实实地开展纪检监察工作》的讲话。

9 月 7 日　吴邦国、王力平、周禹鹏到市纪委听取张惠新关于反腐败工作的汇报。

9 月 24—25 日　市纪委召开部委办、区县纪委书记会议,分析全市开展反腐败斗争情况,提出今后工作任务和目标。张惠新、韩坤林分别在会议开始和结束时作报告。王力平出席会议并讲话。

11 月 1 日　市纪委、市监察委召开部委办、区县党委分管书记、纪委书记和监察委(监察室)主任会议,张惠新通报前阶段全市开展反腐败斗争情况。王力平出席会议并讲话。

11 月 2—6 日　京津沪三市纪委书记、监察局长(监察委主任)在上海举行纪检监察合署办公后的第一次联席会议。王力平出席会议并讲话。

11 月 26 日—12 月 13 日　以全国人大常委张挺和民盟中央副主席、全国人大常委康振黄为组长的中央调查组来沪开展反腐败斗争情况调查。12 月 12 日,调查组同市委、市政府领导同志交换意见。

12 月 9—11 日　市纪委举办纪检监察干部学习《邓小平文选》第三卷读书班,组织市纪委常委、市监察委委员和部委办、区县纪委书记学习《邓小平文选》,讨论新年度工作思路。

12 月 23—25 日　市纪委召开六届二次全会扩大会议,张惠新作《继续高举党风廉政旗帜,进一步开展反腐败斗争,为促进上海社会稳定经济发展作贡献》的报告。王力平出席会议并讲话。

12 月 30 日　全国人大在沪的 20 多位代表到市监察委检查工作,张惠新汇报上海反腐败斗争的工作情况。

1994 年

1 月 8 日　市委书记吴邦国、市委副书记王力平来市纪委召开座谈会,听取对纪检监察工作的意见。

1 月 12—19 日　市纪委开展全市反腐败斗争工作情况的检查活动。市纪委书记张惠新，市纪委副书记韩坤林、孙卫国与市纪委常委、特邀监察员等分为 11 个检查组对 12 个委办、20 个区县反腐败斗争工作情况进行检查。

1 月 16 日　王力平到市纪委，与市纪委常委研究传达贯彻中央纪委三次全会精神以及领导干部廉洁自律新五条规定的问题。

3 月 8 日　市委、市政府召开上海市传达贯彻中央纪委三次全会精神干部大会，市委副书记黄菊主持，张惠新传达中央纪委第三次全会和国务院反腐败工作会议精神，王力平作《深入持久反腐败，重在建设抓防范，促进上海经济发展和社会稳定》的报告。吴邦国出席会议并讲话。

3 月 18 日　市纪委、市监察委召开纪检监察宣传教育工作会议，传达全国党员教育工作会议精神，部署 1994 年宣传教育工作意见。孙卫国出席会议并讲话。

3 月 28 日—4 月 5 日　中央纪委副书记王德瑛到上海检查贯彻落实中央纪委二次、三次全会精神情况。

4 月 4—10 日　中央纪委副书记陈作霖在上海参加证券基础知识培训班开学典礼，并听取市纪委工作汇报。

4 月 7 日　市委召开民主党派负责人双月座谈会，张惠新通报中央纪委三次全会精神和上海贯彻落实的情况。

4 月 16—25 日　中央纪委书记尉健行在上海考察，调研反腐败工作情况。

4 月 26 日　市纪委召开全市案件检查工作会议，总结查案工作经验，部署 1994 年查案工作任务。张惠新主持会议，市外经贸委、市公安局、上海远洋公司和市药材公司纪委介绍查案工作的经验，孙卫国作讲话。

5 月 9—10 日　市纪委召开纪检监察工作会议，传达学习尉健行在上海调查研究时的讲话，回顾小结贯彻中央纪委三次全会工作情况，部署下一步自查自纠任务，研究有关政策。

5 月 12 日　市纪委、市监察委和上海交通大学成人教育学院联合举办的纪检、监察干部计算机应用能力(初级)考核培训班(第一期)举行开学典礼。张惠新、孙卫国和交大校长翁史烈出席会议并讲话。

5 月 19 日　市监察委召开市监察委特邀监察员会议。孙卫国通报贯彻中央纪委三次全会精神的工作情况。张惠新出席会议并讲话。

5 月 23—28 日　国务院纠风办在上海召开全国纠风工作会议，中央纪委副书记、国务院纠风办主任徐青主持会议。市纪委、市监察委领导参加会议。

5 月 29 日　张惠新在市人大常委会会议上代表市监察委作《关于贯彻落实中央纪委第三次全会精神的情况汇报》。

6 月 20—27 日　市委、市政府组织市人大、市政协、市委政法委和市纪委、市监察委机关干部、民主党派负责人等分组赴 20 个委办和区县局，对贯彻落实反腐败斗争三项工作情况和专项治理情况进行调查研究。

6 月 27 日　市委、市政府召开上海市加强党风廉政建设大会，传达贯彻中央政法委和中央纪委、监察部电话会议精神，部署下一步反腐败斗争工作。黄菊主持大会，张惠新提出贯彻意见。吴邦国出席会议并讲话，强调各级干部要坚持做到“五个不”：不贪财、不受贿、不贪杯、不参赌、不好色，成为自觉遵纪守法的模范。

7月2日　中央纪委委员刘明仁带中央调查组到上海，对落实中央反腐败斗争各项工作情况进行督促检查和调查研究。16日，调查组与市委、市政府主要领导交换意见。

8月11—12日　市政府召开全市纠风工作会议，总结上半年的纠风工作，部署下半年工作要求。张惠新主持会议，韩坤林作会议总结。副市长孟建柱出席会议并讲话。

8月19日　市监察委召开上海市执法监察工作会议，闸北、静安、黄浦区监察委介绍在出售公房和动拆迁安置、回搬等工作中开展执法监察工作的做法和经验。韩坤林主持会议并讲话。

9月13—14日　市纪委召开上海市纪检监察工作会议，韩坤林传达中央纪委、监察部进一步发挥纪检监察两项职能工作会议精神，总结纪检监察机关合署办公一年多来的工作经验，部署纪检监察工作任务。张惠新主持会议并作总结讲话。

9月26日　市纪委、市监察委召开全市纪检监察法规工作会议，传达全国纪检法规工作座谈会精神，闸北区、工业系统、金山县纪委分别介绍开展法规工作的情况，韩坤林作《从党风廉政建设的全局高度，抓好法规政策工作》的讲话。

10月7日　市纪委召开全市纪检工作会议，张惠新传达党的十四届四中全会和中央纪委第四次全会精神，部署贯彻两个会议精神工作。

10月31日—11月4日　中央纪委副书记侯宗宾来沪考察，了解党风廉政建设和纪律检查工作的情况。

11月21日　市纪委召开上海市纪检监察先进集体、先进工作者表彰大会。张惠新主持会议，市委书记黄菊出席会议并讲话。

12月1—3日　市纪委、市监察委召开上海纪检监察系统学习贯彻中央四中全会精神交流会。王力平出席会议并讲话。

12月9日　市纪委、市监察委召开全市纪检监察案件审理工作会议。韩坤林出席会议并讲话。

1995年

2月9日　市委、市政府召开全市党政负责干部大会，市委副书记、副市长徐匡迪主持，市纪委书记张惠新传达中央纪委第五次全会精神，市委副书记王力平代表市委、市政府回顾总结1994年全市反腐败工作情况，对1995年进一步深入开展反腐败斗争进行具体部署。市委书记黄菊出席会议并讲话，提出要从体制、机制、法制“三位一体”上探索党风廉政建设的新路子。

2月10日　市纪委召开纪检监察信息工作会议，回顾总结1994年纪检监察信息工作，提出1995年信息工作要求。市纪委副书记孙卫国出席会议并讲话。

2月13日　市纪委召开部委办、区县纪委书记工作会议，贯彻中央纪委五次全会精神，落实反腐败三项任务的主要工作。

2月15日　市纪委召开纪检监察宣传教育工作会议。

3月8日　市监察委召开纠风工作联席会议。张惠新出席会议并讲话。

3月17日　市监察委召开全市纠风工作会议，部署年度工作。张惠新、副市长孟建柱出席会议并讲话。

3月23日　市纪委会同市检察院、市法院、市公安局、市工商局、市税务局、市审计局、市物价局、上海海关和市金融系统首次召开联席会议。张惠新主持会议，共同交流研究进一步贯彻落实中央纪委五次全会精神，加强全市各执法执纪职能部门的联系和协作，发挥整体效能。

4月6日　市纪委召开上海市国有企业领导干部廉洁自律试点工作会议，对试点工作进行部署，确定中纺机、市百一店、建工集团总公司等11家企业为试点单位。张惠新出席会议并讲话。

4月7日　市纪委专题召开贯彻中央纪委五次全会精神、落实制止公款吃喝公款娱乐规定会议。

4月9—11日　上海、江苏、浙江三省市和无锡、苏州、杭州、宁波四地区纪委秘书长、办公厅(室)主任会议在上海召开。

4月14日　市委、市政府印发《关于建立上海市党风廉政建设联席会议制度的通知》。联席会议由市委副书记召集，市纪委书记任秘书长，市政府分管副市长、市人民检察院检察长、市委秘书长、市委组织部部长、市政府秘书长、市纪委副书记、市监委副主任为成员。有关联席会议的联络和准备工作由市纪委负责。

6月6日　市纪委召开国有企业领导干部廉洁自律试点工作交流会，上钢三厂党委、市百一店、市工业系统纪委、市外经贸纪委、市公用事业局分别作交流发言，张惠新，市纪委副书记韩坤林分别就试点工作的任务和下阶段的工作重点讲话提出要求，王力平出席会议并讲话。

6月6—14日　由中央纪委、中央办公厅、国务院办公厅、监察部组成的联合调查组在上海调研检查领导干部乘坐小汽车情况。14日，中央调查组召开调查情况反馈专题会。

6月29日　市委、市政府召开上海市加强党风廉政建设大会。王力平回顾总结上半年全市开展党风廉政建设情况，提出进一步加强党风廉政建设的措施。张惠新作讲话。黄菊出席会议并讲话。

7月18日　市纪委召开全市纪检监察系统案件检查工作会议。张惠新出席会议并讲话。

7月19日　张惠新在市老干部会议上作当前反腐倡廉形势报告。

7月20日　市纪委、市监察委召开上海市国有企业领导干部廉洁自律工作会议，部署企业领导干部廉洁自律工作，韩坤林主持，张惠新讲话。

9月6日　市纪委、市监察委召开上海市纪检监察系统加强党风廉政建设研讨会，探索研究在新形势下从体制、机制、法制方面加强党风廉政建设问题。韩坤林出席会议并讲话。

9月14日　市纪委、市监察委召开全市纪检监察系统信访工作会议，传达全国纪检监察信访工作座谈会精神，部署信访工作任务。市纪委副书记沈红光出席会议并讲话。

12月5—13日　中央纪委检查组来沪检查上海市执行“不准参加可能影响公正执行公务的宴请”、“不准参加用公款支付的营业性歌厅、舞厅、夜总会娱乐活动”的“两不准”工作情况。13日，检查组来市纪委反馈检查情况。

1996年

1月29日　市纪委召开六届三次全会扩大会议，研究贯彻中央纪委六次全会和中共中央总书记江泽民重要讲话的精神，全面落实中央提出的1996年反腐败工作各项任务。

2月29日　市委、市政府召开传达贯彻中央纪委六次全会精神干部大会。市长徐匡迪主持，市纪委书记张惠新传达中央纪委六次全会的精神，市委副书记王力平就1996年的反腐败工作和党风廉政建设作出部署。市委书记黄菊出席会议并讲话。

5月28日　市委召开部委办局、区县党委书记会议，王力平主持，张惠新通报1996年以来上海反腐败工作的进展情况。

5月29日　市纪委召开传达全国省区市纪检监察机关办案工作经验交流会精神大会。

6月24日　市委、市政府召开上海市加强党风廉政建设大会,张惠新通报上半年反腐败斗争和党风廉政建设情况及下半年工作意见。

7月26日　市纪委召开全市领导干部廉洁自律三项工作贯彻落实情况检查工作动员大会。

7月29日—8月2日　市纪委副书记洪林珍、沈红光参加上海市党风廉政建设检查。

10月14日　市纪委召开六届四次全会扩大会议,学习贯彻党的十四届六中全会精神和中央纪委七次全会精神。

10月28日　中央纪委副书记、纠风办主任徐青到沪进行调查研究,听取市纪委工作汇报。

12月10—12日　市纪委召开市纪检监察系统学习讨论会。沈红光作动员讲话,部委办、区县纪委书记分别作大会交流发言,张惠新作总结讲话。王力平出席会议并讲话。

1997年

1月17日　市纪委召开市党风廉政建设联席会议,通过市纪委《关于1996年上海反腐败工作情况和1997年反腐败工作建议的请示》,并决定提交市委常委会。

2月13日　市委召开上海市加强党风廉政建设干部大会,市委副书记王力平部署1997年党风廉政建设和反腐败工作的任务,市委书记黄菊作讲话。

2月26日　市纪委、市委组织部、市政府机管局联合召开领导干部住房申报工作总结和工作部署会议。市纪委副书记洪林珍出席会议并讲话。

4月9日　市委召开"双月座谈会",市纪委书记张惠新向党外人士通报反腐倡廉工作情况。

4月14—25日　市监察委、市建委等组织全市建设工程项目执法监察。

5月22日　市党风廉政建设联席会议召开,听取市纪委和市检察院查案工作情况汇报。

同日　市监察委召开第四届特邀监察员聘任大会,22人被聘任为市特邀监察员。张惠新出席会议并讲话。

6月11日　市委召开各区县、部委办党委书记会议,张惠新通报1997年以来上海党风廉政建设和反腐败工作情况。

6月16日　中央纪委在上海召开江苏、浙江、福建、海南和上海5省市纪委书记座谈会。中央纪委副书记侯宗宾主持会议并讲话。张惠新出席会议。

6月20日　市监察委召开市特邀监察员第一次工作会议。

6月23日　市委、市政府召开加强党风廉政建设干部会议。市长徐匡迪主持会议,并就学习贯彻会议精神作了部署。张惠新、市检察院检察长倪鸿福分别通报上半年党风廉政建设和反腐败斗争以及查办贪污贿赂等违纪违法案件的工作情况。黄菊出席会议并讲话。

7月21日　市纪委和上海人民广播电台联合制作的"上海党员领导干部廉洁勤政、艰苦创业风采录"系列报道,正式在上海电台990早新闻节目中开播,张惠新为该系列报道的首播作录音访谈。29日,市纪委副书记沈红光作为990"新闻访谈"栏目特邀嘉宾,就上海党风廉政建设和反腐败工作情况在电台作直播谈话。

9月2日　市纪委、市委组织部、市政府机关事务管理局联合召开全市领导干部住房超标处理工作总结大会。洪林珍出席会议并讲话。

9月24日　市纪委举行六届五次全会扩大会议，传达贯彻党的十五大精神。张惠新主持会议并讲话。

11月13日　市委召开各区县、委办党委书记会议，就进一步落实中共中央、国务院关于党政机关厉行节约制止奢侈浪费行为的若干规定作出部署。张惠新传达中央纪委电视电话会议精神，通报上海前阶段贯彻落实情况，并对下阶段工作作具体部署。王力平出席会议并讲话。

11月18—20日　国务院纠风办在上海召开全国民主评议行风现场经验交流会，王力平代表市委、市政府致辞，市纠风办介绍上海开展民主评议行风的情况。国务委员李贵鲜、中央纪委常务副书记韩杼滨、国务院纠风办主任徐青出席会议。

11月21日　韩杼滨到市纪委，与市纪委领导及各厅室主任座谈。

12月21—25日　中共上海市第七次代表大会，选举产生中共上海市纪律检查委员会，通过关于中共上海市纪律检查委员会工作报告的决议。25日，市委七届一次全会批准市纪委第一次全体会议选举产生的书记、副书记和常务委员会委员。

1998年

1月21日　市纪委召开严格控制公费安装、配置住宅电话和移动电话规定座谈会，市纪委副书记何卫国主持。3月16日，市纪委召开清理公费移动电话工作协调会议，何卫国主持，对清理公费移动电话、清理国有企事业单位的公费住宅电话等有关具体事项作出安排。

2月9日　市委召开传达贯彻中央纪委二次全会精神干部大会，市纪委书记张惠新传达中共中央总书记江泽民在中央纪委二次全会上的重要讲话精神和中央纪委书记尉健行的工作报告，并对上海1998年的反腐败工作提出建议。市委书记黄菊、市委副书记孟建柱出席会议并讲话。

2月27日　市委召开党政负责干部会议，张惠新传达中央纪委第二次全会精神，黄菊、孟建柱就1998年党风廉政建设和反腐败斗争分别讲话。

3月2日　何卫国与中央纪委检查组举行座谈，研讨上海会计委派工作。

3月5日　市党风廉政建设联席会议召开第九次会议，孟建柱主持。会议调整联席会议成员，对1998年上海反腐败工作作出分工。市纪委书记张惠新，市纪委副书记洪林珍、沈红光、何卫国出席会议。

3月11—12日　市纪委召开七届二次全会扩大会议，对1998年上海党风廉政建设和反腐败三项工作作出部署。张惠新主持会议，洪林珍、沈红光、何卫国分别就查案工作、纠风工作、领导干部廉洁自律工作作讲话。孟建柱出席会议并讲话。

3月18—19日　张惠新、何卫国等到上海高桥石化公司就企廉工作进行调研。

3月24—26日　张惠新、何卫国等到工业系统电气集团下属电机厂、锅炉厂、重型机械厂、汽轮厂四家企业，就生产经营和党风廉政建设情况进行调查研究。

3月31日　孟建柱到市纪委进行工作调研，张惠新汇报工作及机关人员配备情况。

4月2日　张惠新与中华橡胶厂等数家企业纪委负责人就企廉工作进行座谈。

4月21日　市人大常委会任命张惠新为新一届市监察委主任。

同日　市监察委召开市纠风工作会议，市纠风办总结1997年纠风工作并部署1998年工作，沈红光宣布聘请新一届市纠风检查员名单。张惠新出席会议并讲话。

5月12日　市纪委、市监察委和市建委联合召开上海市建筑行业廉政建设大会。张惠新出席会议并讲话。

6月5日　市纪委召开研究落实“收支两条线”规定会议,市公安局、市检察院、市法院、市工商局、市财政局等部门领导汇报近期工作,张惠新出席会议并讲话。

6月16日　市纪委召开深入贯彻中央制止奢侈浪费八项规定会议。张惠新出席会议并讲话。

7月6—13日　市纪委组织对上海党政机关落实中央制止奢侈浪费八项规定的情况进行专项检查。

7月14日　张惠新作为上海人民广播电台《新闻访谈》节目的特邀嘉宾,向听众重点介绍上海反腐败三项任务和加强机制建设、从源头上遏制腐败的工作情况。

7月16日　市委、市政府召开全市党风廉政建设干部大会,市长徐匡迪主持,张惠新作下半年党风廉政建设工作部署,孟建柱代表市委讲话。

7月31日　市委召开有关部门负责人会议,孟建柱主持,研究贯彻中央纪委、中央政法委关于政法机关不再从事经商活动的电视电话会议精神。会议决定成立领导小组,办公室设在市纪委。张惠新、沈红光出席会议。

8月6日　市纪委、市委政法委联合召开上海市政法机关不再从事经商活动、落实“收支两条线”工作会议,张惠新主持,市公安局、市检察院、市法院、市司法局、市安全局的领导就贯彻中央两次电视电话会议精神分别发言,市财政局对落实“收支两条线”作具体部署。孟建柱出席会议并讲话。

9月3日　市纪委召开市政法机关不再从事经商活动工作领导小组第二次会议,张惠新主持。会议听取领导小组办公室主任沈红光《关于前阶段工作情况和下阶段工作安排的报告》,审议市国资办、市审计局关于对政法机关所属企业开展国有资产产权登记和审计工作实施方案的建议。

9月11—21日　以中央纪委原委员、化工部原副部长林殷才为组长的中央纪委、监察部落实中央反对奢侈浪费八项规定检查组,对上海贯彻落实中央规定的情况进行专项检查。21日,检查组向市委、市政府反馈检查情况。

9月17—27日　全国人大内务司法委员会执法检查组对上海实施《中华人民共和国行政监察法》的情况进行检查。

10月15—16日　市监察委与市环保局组成联合调查组,对部分区县和市政府有关职能部门贯彻执行《国务院关于环境保护若干问题的决定》和《上海市人民政府关于贯彻〈决定〉的通知》情况进行检查。

10月22日　市委召开上海市贯彻落实中央制止奢侈浪费八项规定职能部门负责人会议,孟建柱、张惠新主持会议。

10月26—30日　国家监察部、国家经贸委“企廉办”在上海调研市国有企业贯彻执行中央制止奢侈浪费若干规定情况。

11月1—3日　国家监察部和环保总局组成联合检查团,对上海贯彻落实《国务院关于环境保护若干问题的决定》情况进行检查。2日,检查团向市政府通报检查情况。

11月底　市纪委政务公开小组、市委组织部组织处、市农村纪委、市民政局基层政权建设处联合组成检查组,对全市村务公开情况进行抽查。

12月3日　市纪委在闸北区北站街道召开“上海市推进社区行风评议、民主监督工作现场会”。张惠新、洪林珍出席会议并讲话。

12月7—9日　市监察委、市建委、市财政局和市房改办组成联合检查组,到市农委、长宁区和奉贤县，就贯彻《监察部、建设部、财政部关于制止和纠正城镇住房制度改革中违纪违法行为的通知》的情况进行抽查。

12月30—31日　市纪委召开纪检监察工作会议，讨论研究1999年工作安排。洪林珍主持会议，张惠新讲话。

1999年

1月6—9日　市纪委书记张惠新，市纪委副书记洪林珍率市纪委、市监察委系统学习考察团赴江苏省考察学习。

1月14日　市纪委、市监察委、市信息办联合举办政务公开信息上网（SPLS）正式开通仪式，洪林珍出席。

1月中下旬　市监察委、市纠风办会同市商委、市农委等有关部门对上海贯彻落实国务院关于印制、发售和使用代币购物券的情况进行明察暗访。

1月27日　市委召开传达贯彻中央纪委三次全会精神干部大会，市长徐匡迪主持，张惠新传达中央纪委三次全会精神和中央委员会总书记江泽民的重要讲话，并对党风廉政建设和反腐败斗争提出建议。市委书记黄菊、市委副书记孟建柱出席会议并讲话。

3月3日　市委召开党风廉政建设联席会议，审议和原则通过《1999年上海开展反腐败斗争，加强党风廉政建设的工作分工》和《上海市落实党风廉政建设任务牵头部门的工作职责》、上海实施中央《关于实行党风廉政建设责任制的规定》的办法、实施中央两办《关于严禁党政机关到风景名胜区开会的通知》的办法、严格党政机关公费出国（境）管理的规定和上海党政机关与所办经济实体脱钩工作的安排意见。

3月9—10日　市纪委召开七届三次全会扩大会议，张惠新主持，市纪委副书记洪林珍、沈红光、何卫国对全年党风廉政建设和反腐败各项工作进行部署。孟建柱出席会议并讲话。

3月11—17日　中央纪委、监察部调研组对上海推进“收支两条线”工作进行调研。

3月24—30日　中央纪委书记尉健行在上海考察市建筑工程交易管理中心、家庭居室装潢交易市场和市公安局、市规划局政务公开场所。

4月5日　市监察委召开市纠风联席会议，张惠新主持，讨论汇报纠风工作情况。副市长冯国勤出席会议。

4月27日　市纪委召开全市执法监察工作会议，对粮食流通体制改革情况和建设工程质量开展执法监察作进一步部署，并印发《上海市开展粮食流通体制改革情况执法监察的安排意见》和《关于在上海开展对建设工程质量专项执法监察的意见》。

4月28日　市纪委召开市企廉工作暨推行厂务公开工作会议。张惠新、何卫国参加会议。

4月29日　张惠新、何卫国与上海部分新闻单位领导座谈，研讨纪检监察机关与新闻单位加强沟通合作的方式和渠道。

6月3日　市纪委、市监察委召开案件审理工作会议，贯彻中央纪委案件审理工作会议精神。沈红光出席会议并讲话。

6月17—20日　张惠新、洪林珍率市纪委学习考察团赴浙江省学习考察。

7月21日　市纪委召开机关干部大会，张惠新讲话，洪林珍、何卫国传达中央、市委关于处理“法轮功”事件的决定精神。

8月3日　张惠新听取市脱钩办关于上海党政机关与所办经济实体脱钩工作进展情况的汇报。9日，张惠新听取市委、市人大、市政府、市政协办公厅和市委老干部局分管领导对所办经济实体脱钩工作的意见。9月3日，市纪委召开市党政机关与所办经济实体脱钩工作会议，张惠新对脱钩工作提出要求，冯国勤作全面部署。

9月1日　张惠新听取市财政局关于落实"收支两条线"工作的进展情况和下一步工作意见的汇报。9日，张惠新听取市18个重点部门"收支两条线"工作进展情况的汇报。

11月3日　市纪委召开全市纪检监察系统先进集体、先进工作者表彰大会。张惠新主持，黄菊出席会议并讲话。徐匡迪、市委副书记王力平、孟建柱出席大会。

11月9日　市纪委召开市纪委、市监察委领导班子和领导干部"三讲"教育动员大会，张惠新作动员报告，市委"三讲"巡视组组长谢如方讲话。12月29日，市纪委召开总结大会，张惠新代表领导班子作"三讲"总结报告，谢如方作总结讲话。

12月10日　市纪委召开党政机关不再经商工作领导小组会议，听取脱钩工作情况的汇报，并讨论分类处理的意见。张惠新及领导小组成员参加会议。

12月30日　市纪委召开1999年纪检监察工作会议，总结1999年的工作，讨论2000年工作。

2000年

1月20日　市纪委书记张惠新、市纪委副书记何卫国出席市建设系统党风廉政建设会议。

1月21日　市委常委会听取市纪委关于贯彻中央纪委四次全会精神和上海2000年党风廉政建设、反腐败工作建议的汇报。

1月26日　市委、市政府召开全市党风廉政建设干部大会，传达中共中央总书记江泽民在中央纪委四次全会上重要讲话和中央纪委四次全会精神，部署2000年上海市党风廉政建设和反腐败工作。市委书记黄菊、市委副书记孟建柱就贯彻会议精神和上海2000年党风廉政建设、反腐败工作作讲话。

2月23—24日　市纪委召开七届四次全会扩大会议，学习贯彻江泽民在中央纪委四次全会上重要讲话精神，研究落实2000年上海市党风廉政建设和反腐败斗争各项工作。市纪委副书记洪林珍、沈红光、何卫国就2000年党风廉政建设和反腐败工作部署分别讲话。张惠新出席会议并讲话。

3月6日　市纪委在上海图书馆举办党风廉政建设系列讲座。

3月7日　中央纪委副书记傅杰来沪考察工作。张惠新、洪林珍、沈红光、何卫国汇报上海党风廉政建设和反腐败工作情况。

4月19日　市纪委召开全市企廉工作会议。张惠新、何卫国出席会议并讲话。

4月25日　市纪委在市委党校举办第一期市管企业主要领导人员党风廉政建设轮训班开学典礼。张惠新作动员讲话。27日，轮训班结业。市委副书记刘云耕到会并讲话，张惠新、何卫国参加结业活动。

5月16—18日　市纪委举办第二期市管企业主要领导人员党风廉政教育集中轮训。刘云耕、张惠新出席会议并讲话。

5月17日　市纪委、市委组织部联合举办"从严治党"理论研讨会，市委组织部部长罗世谦主持。刘云耕、张惠新出席会议并讲话。

7月5—7日　中央纪委、监察部在沪召开华东地区纪检监察工作座谈会。张惠新作专题发言。

刘云耕、副市长冯国勤出席会议。

7月17日　市纪委召开上海市纪检监察工作会议。浦东新区、建设系统、静安区、南汇县纪委书记分别作交流发言。张惠新就上半年工作情况和下半年工作安排作讲话。

8月2日　市委、市政府召开上海市加强党风廉政建设干部大会。张惠新通报全市上半年党风廉政建设情况，并对下半年的工作任务作出部署。刘云耕出席会议并讲话。黄菊主持会议并讲话。

8月8日　市政府召开市普教系统收费情况行风评议联席会议，听取关于前阶段普教系统收费情况行风评议的报告。张惠新主持会议，副市长冯国勤、周慕尧参加会议。

8月11日　市监察委召开市普教系统收费情况行风评议大会，通报评议情况。张惠新主持会议，冯国勤、周慕尧出席会议并讲话。

8月22日　"纠风十年路"大型座谈会在市政府召开。张惠新主持，冯国勤出席会议并讲话。

8月30日　市纪委、市监察委召开政务公开联席会议。市监察委作工作报告。张惠新主持会议并讲话。

9月5日　市纪委召开党风廉政建设责任制和领导干部廉洁自律工作专项检查动员会议。张惠新、何卫国分别作动员讲话。9月11—17日，市纪委组织专项检查组对党风廉政建设责任制贯彻情况和廉洁自律情况进行检查。

9月8日　市委"三讲"教育检查组向张惠新反馈对市纪委的检查情况。

9月28日　市纪委召开加强社区党风廉政建设大会。张惠新、冯国勤出席会议并讲话。

10月24日　市监察委召开第五届市特邀监察员聘任大会。沈红光作第四届市特邀监察员工作报告。张惠新出席会议并讲话。

10月26日　市纪委、市监察委召开市行风评议领导小组会议，听取整改情况汇报，审定《对本市普教系统收费的行风状况的评价性意见》。张惠新、周慕尧参加会议。

10月31日　市纪委、市监察委召开市政务公开联席会议，讨论政务公开、信息上网等问题。张惠新、冯国勤出席会议并讲话。

11月15日　市纪委召开从源头上治理腐败现象座谈会。张惠新、洪林珍、何卫国参加。

12月11日　市纪委召开机关处级干部"三讲"教育"回头看"活动动员会。

12月12—13日　市纪委召开市纪检监察工作会议，讨论研究2000年工作总结和2001年工作安排的建议。张惠新、洪林珍、沈红光、何卫国出席会议并讲话。

12月13日　市委召开市党风廉政建设联席会议，听取党风廉政建设责任制和廉洁自律工作检查情况的汇报；讨论责任追究办法和对收受礼金、有价证券的处理办法；听取2000年查案工作和典型案例的汇报。

12月19日　《中国纪检监察报》上海记者站正式挂牌。何卫国参加挂牌活动。

12月22日　张惠新向市政协委员通报上海党风廉政建设和反腐败斗争情况。

2001年

1月12日　市委、市政府召开上海市加强党风廉政建设干部大会。市委副书记、市长徐匡迪主持，市纪委书记张惠新传达中共中央总书记江泽民重要讲话和中央纪委五次全会精神，市委副书记、市委政法委书记刘云耕就2000年党风廉政建设和反腐败斗争情况总结和2001年工作部署作讲话。市委书记黄菊出席会议并讲话。

2月4—5日　市纪委召开七届五次全会扩大会议，贯彻落实中央纪委五次全会和市委七届八次全会精神，具体部署2001年上海市党风廉政建设和反腐败斗争各项工作。市纪委副书记何卫国、洪林珍、沈红光分别对分管工作进行具体部署。张惠新、刘云耕出席会议并讲话。

2月14—19日　中央纪委副书记傅杰到上海调研。

2月26日　2001年上海市纠风、政务公开工作会议召开。张惠新主持并部署工作。副市长冯国勤出席会议并讲话。

4月17日　市纪委召开上海市清理"小金库"和银行账户工作会议。张惠新主持会议，松江区、民政局、医药集团、财政局和人行上海分行领导分别交流发言，何卫国讲话。

4月18日　市纪委召开上海市纪检监察工作会议。市工业、市外经贸、闸北区、松江区、虹口区和南汇县纪委分别作交流发言，洪林珍、沈红光、何卫国讲话。张惠新主持会议并讲话。

6月11—14日　中央纪委召开北京、天津、上海、重庆、江苏四市一省纪检监察工作研讨会。张惠新、洪林珍参加。

6月16日　市纪委召开上海市国有企业领导人员廉洁自律工作会议。张惠新主持。何卫国总结2000年企廉工作、布置2001年企廉工作。

6月21日　市纪委召开市纪检监察系统纪念建党80周年座谈会。

7月11日　市委、市政府召开全市加强党风廉政建设干部大会。徐匡迪主持，刘云耕对党风廉政建设和反腐败工作进行总结和部署。黄菊出席会议并讲话。

7月12日　市纪委召开上海市纪检监察工作会议。张惠新出席会议并讲话。

7月13日　市纪委召开市纪委机关机构改革动员大会，张惠新作动员报告。

8月16日　刘云耕到市纪委机关调研。张惠新汇报工作。

9月6—11日　张惠新带队去安徽省学习考察反腐倡廉工作。

9月29日　市质量技术监督系统召开行风评议总结大会，张惠新主持。副市长蒋以任出席会议并讲话。

10月10日　市纪委召开全市纪检监察工作会议。张惠新出席会议并讲话。

11月7日　汪洋湖同志事迹报告会在上海举行。张惠新主持会议，市委组织部部长王安顺宣读中央纪委、中央组织部、中央宣传部《关于开展向优秀领导干部汪洋湖同志学习活动的决定》。刘云耕出席会议并讲话。

2002年

1月21日　市纪委召开上海市加强党委、政府工作部门党风廉政建设座谈会，市纪委副书记洪林珍宣读《中共上海市纪委关于加强党委政府工作部门党风廉政建设的若干意见》，市纪委书记张惠新作讲话。

2月1日　市委、市政府召开上海市加强党风廉政建设干部大会。洪林珍传达中共中央总书记江泽民重要讲话和中央纪委七次全会精神。市委副书记刘云耕总结2001年上海党风廉政建设和反腐败工作、部署2002年上海党风廉政建设和反腐败工作。市委书记黄菊主持会议并讲话。

3月7日　市纪委召开七届六次全会扩大会议，贯彻落实中央纪委七次全会、市委七届十次全会和全市加强党风廉政建设干部大会的精神，部署全年反腐倡廉工作。市委副书记、市纪委书记罗世谦出席会议并讲话。

5月9日　市纪委召开全市行风评议动员大会。罗世谦，市纪委副书记沈红光出席会议。

5月15日　市纪委召开七次全会，通过市纪委工作报告。

5月24—28日　中共上海市第八次代表大会选举产生中共上海市纪律检查委员会，通过关于中共上海市纪律检查委员会工作报告的决议。28日，市委八届一次全会批准市纪委第一次全体会议选举产生的书记、副书记和常务委员会委员。

6月25日　市纪委召开上海市源头治理工作交流会，市工业、市财政局、市国资办、浦东新区作交流发言，市纪委副书记何卫国讲话。

7月11日　市纪委召开上海市纪检监察报刊宣传工作会议，何卫国讲话。

7月17日　市委、市政府召开上海市加强党风廉政建设干部大会。罗世谦总结上半年党风廉政建设和反腐败工作情况，并部署下半年工作。黄菊出席会议并讲话。

8月13日　市纪委召开纪检监察信访举报工作会议。

8月20日　市纪委召开市纪检监察案件工作会议。

9月17日　全国人大法工委工作组到上海考察，市纪委副书记李梅汇报上海市行政审批改革工作情况。

9月18—20日　市纪委举办纪检监察信息、新闻知识培训班。

9月29日　市纪委召开全市纪检监察工作会议。罗世谦主持会议并讲话，市纪委副书记李梅、沈红光、唐周绍、何卫国分别对有关反腐倡廉工作提出具体意见和要求。

11月4—8日　市纪委开展党风廉政建设和《干部任用条例》专项检查。

11月19日　市纪委召开市纪检系统传达学习党的十六大精神会议。

11月28日　市纪委召开巡视试点工作动员会。罗世谦、何卫国出席会议。

12月19日　市纪委召开上海市政风、行风测评总结大会，罗世谦主持。副市长冯国勤出席会议并讲话。

12月26日　市监察委召开上海市监察学会第二届会员大会。罗世谦、监察部原副部长徐青出席会议并讲话。

12月31日　李梅在上海东方网以“十六大归来话廉政”为题在线直播，并与网民进行交流。

2003年

1月4日　市纪委召开市巡视组汇报会议。市委副书记、市纪委书记罗世谦，市纪委副书记李梅、何卫国、唐周绍出席会议。

1月9日　市纪委召开八届二次全会，贯彻落实党的十六大和市委八届二次全会精神，做好2003年的开局工作。罗世谦主持会议并讲话，市纪委副书记沈红光、李梅、何卫国、唐周绍分别讲话。

1月14日　市纪委召开市特邀监察员情况通报会。罗世谦、副市长冯国勤、李梅出席。

2月27日　市委、市政府召开上海市加强党风廉政建设干部大会。市长韩正主持会议，罗世谦传达中共中央总书记胡锦涛重要讲话和中央纪委二次全会精神，部署2003年上海市党风廉政建设和反腐败斗争各项工作。

3月7日　市纪委召开上海市纪检监察工作会议，沈红光、李梅、唐周绍分别讲话。罗世谦出席会议并讲话。

3月10日　中央纪委副书记刘峰岩到市纪委视察工作，市纪委领导汇报工作。

3月11—13日　全国纪检监察宣传教育工作座谈会在上海市委党校举行,罗世谦、李梅、唐周绍出席。

3月17日　市纪委召开上海市推进行政效能监察工作会议。罗世谦、冯国勤、李梅出席。

3月19日　市纪委、市监察委、市检察院召开联席工作会议,唐周绍出席。

4月8日　市政府召开上海市监察工作会议,贯彻落实中央纪委二次全会、国务院廉政工作会议和市加强党风廉政建设干部大会精神,部署2003年监察工作任务。韩正、罗世谦、冯国勤出席会议并讲话。

4月9日　市纪委召开企廉工作现场会。

4月10日　市政府召开推进重大工程廉政建设大会,副市长杨雄,李梅出席。

5月17日　市政府召开上海市纠风和政务公开工作联席会议。罗世谦、冯国勤、李梅出席。

6月2日　市政府召开全市行风评议和政务公开电视电话会议,李梅参加。韩正、冯国勤出席会议并讲话。

7月10日　市纪委召开经营性土地使用权出让情况执法监察现场会,李梅出席。

7月11日　市委常委会召开专题学习会议,李梅汇报学习贯彻《关于进一步加强和做好反腐败抓源头工作的实施意见》的情况。

7月14日　市人大内务司法委领导到市纪委听取市监察委的工作汇报,李梅出席。

7月15日　中央纪委七室在上海召开"华东之窗"网页工作座谈会,罗世谦致辞。

7月16日　市纪委召开机关室主任以上领导干部会议。罗世谦主持会议,市委组织部部长王安顺代表市委宣布关于市纪委、市监察委领导班子调整的决定。

同日　市巡视工作领导小组召开巡视工作动员会,罗世谦、王安顺出席。

7月18日　市纪委和市检察院召开办案联席会议,唐周绍出席。

7月23日　市纪委、市委组织部举办新任区县党政领导干部党风廉政教育培训班,罗世谦、唐周绍出席。王安顺出席会议并讲话。

7月26日　市行政审批制度改革工作领导小组召开第一次会议,罗世谦、李梅出席。

同日　市纪委召开全面制止各类代币购物券(卡)专题工作会议,罗世谦、李梅出席。

8月8日　市纪委召开上海市行政审批制度改革工作电视电话会议,李梅出席。

8月13日　市委、市政府召开上海市加强党风廉政建设干部大会,韩正主持。罗世谦分析当前干部队伍有关情况,提出加强党风廉政建设的意见。

9月19日　市巡视工作领导小组召开2003年第二批巡视工作动员会,罗世谦,市纪委副书记程志强出席。

9月25日　全国政务公开电视电话会议召开。罗世谦主持上海分会场会议并讲话,李梅出席。

10月8日　市纪委召开全市纪检监察系统查办案件工作会议,罗世谦、李梅、唐周绍出席。

10月24日　市纪委召开市特邀监察员换届大会,罗世谦、李梅出席。

10月28日　市纪委召开上海市纪检监察信访举报工作会议,罗世谦、唐周绍出席。

11月18日　市纪委召开党风廉政建设专项检查动员会。20—26日,市纪委开展党风廉政建设专项检查。12月4日,市纪委召开党风廉政建设专项检查汇报会。罗世谦、李梅、唐周绍、程志强出席。

11月27日　市纪委召开市政风行风测评反馈大会,罗世谦、李梅出席。

12月9日　市人大内司委听取市监察委关于2003年行政监察工作汇报,李梅出席。

2004 年

1月17日　国务院纠风办在上海召开全国部分省市纠风办主任座谈会，市纪委副书记李梅出席。

2月4日　市委、市政府召开上海市加强党风廉政建设干部大会，市长韩正主持。市委副书记、市纪委书记罗世谦传达中央纪委三次全会精神、总结2003年上海市党风廉政建设和反腐败工作、部署2004年上海市党风廉政建设和反腐败工作。

2月6日　监察部副部长屈万祥在上海主讲学习宣传贯彻《中国共产党纪律处分条例》和《中国共产党党内监督条例(试行)》辅导报告会。

2月11日　市纪委召开八届三次全会，研究和部署2004年上海党风廉政建设和反腐败工作。罗世谦主持会议并讲话。

2月20日　中国监察学会常务副会长滕少华到上海检查上海监察学会工作，李梅参加情况汇报会。

3月5日　市政府召开上海市监察工作会议，贯彻落实中央纪委三次全会、国务院第二次廉政工作会议、全市加强党风廉政建设干部大会和市纪委三次全会的精神，李梅总结2003年工作，部署2004年监察工作任务。罗世谦，副市长冯国勤出席会议并讲话。

3月8日　中央纪委、监察部在沪召开全国部分省区市纪委、监察委执法监察室主任座谈会，李梅出席。

3月12日　市纪委召开上海市纪检监察法规工作会议，罗世谦，市纪委副书记程志强出席。

3月15日　市纪委召开市纠风和政务公开工作联席会议，罗世谦、李梅出席。

3月18—19日　市纪委机关举办两个《条例》和《行政许可法》学习班，罗世谦、李梅、程志强出席。

3月31日　市纪委召开上海市纠风和政务公开工作大会，罗世谦、李梅出席。

4月17日　市巡视工作领导小组召开巡视工作动员会。罗世谦，市纪委副书记李梅、唐周绍、顾国林、程志强出席。

4月21日　市纪委召开上海市国有企业反腐倡廉工作大会，罗世谦、顾国林出席。

5月10—14日　市纪委举办全市纪检监察系统案件检查培训班。罗世谦、唐周绍出席开班仪式并讲话。

5月12日　市纪委、市委组织部联合举办新任局级领导干部党风廉政教育集体谈话，程志强参加。

5月17日　市纪委召开全市纪检监察系统开展“让人民高兴、让党放心”活动动员会。11月24日，市纪委召开活动研讨暨总结大会，罗世谦、顾国林出席。

6月24日　市纪委在上海电视台演播厅举办全国党内法规知识竞赛复赛(上海赛区)比赛。罗世谦、顾国林视察比赛情况。

6月30日　市纪委召开开展专项检查、维护拆迁群众切身利益工作会议，李梅出席。

7月8日　市巡视工作领导小组召开第二批巡视工作动员会。罗世谦、唐周绍、顾国林、程志强出席。

7月13—16日　市纪委举办纪检监察审理、法规干部培训班。程志强出席开班仪式。

7月14日　市纪委召开上海市征用农民集体所有土地补偿费管理使用情况专项检查工作会议。罗世谦、李梅出席。

7月21日　市委、市政府召开上海市加强党风廉政建设干部大会。罗世谦通报上半年党风廉政建设和反腐败工作情况并提出下一步工作要求。韩正主持会议并讲话。

8月4日　市纪委召开上海世博会建设监督保障联席会议。

8月20日　市纪委召开上海世博会建设第一次监督保障工作会议。罗世谦出席会议并讲话。

9月27日　市纪委召开八届四次全会,学习贯彻党的十六届四中全会、中央纪委四次全会和全市党员负责干部会议精神。

9月29日　市巡视工作领导小组召开巡视工作"回头看"情况汇报会。罗世谦、程志强出席。

10月15日　市巡视工作领导小组召开第三批巡视工作动员会,罗世谦、李梅、唐周绍、顾国林、程志强出席。

10月26日　市纪委召开上海市纪检监察工作会议,传达全国行政监察工作座谈会和华东地区纪检监察工作会议精神。

11月4日　市纪委召开2004年党风廉政建设责任制和《干部选拔任用条例》专项检查动员大会。

11月5日　市纪委召开《党员权利保障条例》专题辅导报告会。

11月8—12日　市纪委开展2004年党风廉政建设责任制和《干部选拔任用条例》专项检查。罗世谦、李梅、唐周绍、顾国林、程志强参加专项检查工作。

11月22日　市纪委召开市纠风工作联席会议,罗世谦、李梅出席。

11月29日　市纪委召开上海市加强社区、农村基层党风廉政建设大会。罗世谦、唐周绍出席会议并讲话。

12月3日　市纪委召开2004年上海市政风行风测评情况反馈大会。罗世谦、李梅出席。

12月13日　市纪委召开村务公开工作会议,唐周绍传达全国村务公开工作会议精神。

12月15日　市纪委召开规范本市征地农民补偿费工作会议。罗世谦、李梅出席。

12月21日　李梅向市人大内司委汇报市监察委2004年工作总结和2005年工作设想。

12月21—23日　市巡视工作领导小组召开2004年上海巡视工作总结会议,程志强出席。

12月27日　市党委工作部门评议领导小组召开会议,罗世谦、程志强出席。

2005年

1月12日　市委召开向中央巡视组汇报工作会议。市纪委常委列席会议。

1月26日　市委、市政府召开上海市加强党风廉政建设干部大会,市委副书记、市长韩正主持。市委副书记、市纪委书记罗世谦传达中央纪委三次全会精神和总结2004年上海市党风廉政建设和反腐败工作、部署2005年上海市党风廉政建设和反腐败工作。

1月28日　市纪委召开八届五次全会,回顾总结2004年上海党风廉政建设和反腐败工作,研究部署2005年的工作任务。罗世谦主持会议并讲话。

2月24日　市巡视工作领导小组召开2005年巡视工作动员会。罗世谦、市委组织部部长姜斯宪、市纪委副书记程志强出席。

3月7日　市政府召开行政监察工作会议,贯彻落实中央纪委五次全会、国务院第三次廉政工作会议和全市加强党风廉政建设干部大会精神，全面履行纪律检查和行政监察两项职能，进一步发挥行政监察的职能作用。罗世谦、副市长冯国勤出席会议并讲话。

3月30日　市纪委召开全市纪检监察办信查案工作会议，罗世谦、市纪委副书记唐周绍出席。

4月6日　市纪委召开全市纪检监察宣传教育工作会议，市纪委副书记顾国林出席。

同日　市纪委召开纠风和政务公开联席会议，罗世谦、市纪委副书记李梅出席。

4月7日　市纪委举办新任局级领导干部集体廉政谈话活动。罗世谦出席会议并讲话，程志强参加廉政谈话。

4月30日　市纪委召开上海世博会建设第二次监督保障大会。罗世谦、顾国林出席。

5月20日　市纪委召开市企廉工作会议，罗世谦、顾国林出席。

6月8—11日　北京、天津、上海、重庆四直辖市纪委在沪召开纪检监察工作会议。

7月3—6日　中央纪委书记吴官正就落实科学发展观、加强党风廉政建设等主题来沪调研。5日，吴官正到市纪委机关视察，与机关干部合影。

7月13日　市纪委召开加强制度建设推进反腐败源头治理工作会议，罗世谦、冯国勤、李梅出席。

7月19日　市纪委举办预防工作培训班开班仪式，罗世谦、唐周绍出席。

8月16日　市委、市政府召开上海市加强党风廉政建设干部大会。韩正主持大会，罗世谦通报当前党员干部队伍思想和制度建设方面情况，并对做好下半年反腐倡廉工作提出要求。

9月20—26日　中央纪委、监察部局级干部第三期集中培训班在浦东干部学院举办。罗世谦在培训班上介绍上海党风廉政建设情况。

10月11日　市总工会组织厂务公开情况检查活动。罗世谦、顾国林参加检查。

10月17日　市纪委举办新任局级干部集体廉政谈话。罗世谦出席会议并讲话，程志强参加廉政谈话。

11月18日　市纪委召开党风廉政建设专项检查动员大会，罗世谦、李梅、顾国林、程志强出席。21—25日，市纪委开展2005年党风廉政建设责任制专项检查。

11月28日　市纪委召开2005年全市政风行风测评情况反馈大会，罗世谦出席。

2006年

1月24日　市委、市政府召开上海市加强党风廉政建设干部大会。市委副书记、市长韩正主持，市委副书记、市纪委书记罗世谦传达中央纪委六次全会精神、总结2005年上海市党风廉政建设和反腐败工作、部署2006年上海市党风廉政建设和反腐败工作。

1月25日　市纪委召开八届六次全会，就深入贯彻落实中央纪委六次全会精神和市委、市政府加强党风廉政建设干部大会精神作出工作部署。罗世谦出席会议并讲话。

2月20日　市政府召开上海市行政监察工作会议，贯彻落实中央纪委六次全会和全市加强党风廉政建设干部大会精神。罗世谦、副市长冯国勤出席会议并讲话。

2月24日　国务院召开第四次廉政电视电话会议。罗世谦、市纪委副书记李梅出席上海分会场会议。

3月2日　李梅参加中美JLG反腐败专家组会议代表座谈会。

3月9日　市巡视工作领导小组召开上海市巡视工作动员会。罗世谦，市纪委副书记李梅、唐周绍、顾国林、程志强参加会议。

3月13日　市纪委召开上海市纠风和政务公开工作联席会议,罗世谦、李梅参加。

4月6日　罗世谦、李梅出席APEC反腐败研讨会保障工作协调会。

同日　市纪委召开全市纪检监察办信查案工作会议。罗世谦、唐周绍出席。

4月12日　市纪委举办新任局级领导干部集体廉政谈话活动。罗世谦出席会议并讲话,程志强参加廉政谈话。

4月24日　上海召开APEC反腐败研讨会,罗世谦、李梅参加。

4月24—28日　市纪委举办全市纪检监察办案工作培训班,市纪委副书记唐周绍、李芬华参加。

4月26日　市纪委召开上海市纪检监察案件审理暨申诉复查工作年会,罗世谦、程志强出席。

5月19日　上海市治理商业贿赂领导小组召开第一次会议,罗世谦、李梅、顾国林出席。

5月26日　市纪委召开上海市纪检监察宣教实施纲要推进工作会议,罗世谦、顾国林参加。

6月8日　上海市治理商业贿赂领导小组召开第二次会议,罗世谦、李梅、顾国林出席。

8月15日　市委、市政府召开上海市加强党风廉政建设干部大会,韩正主持。罗世谦分析当前干部队伍有关情况,提出加强反腐倡廉建设的意见。

8月21日　市政府召开全市行政审批制度改革工作会议,李梅参加。

9月13日　市纪委召开全市加强社区农村基层党风廉政建设工作会议,罗世谦、唐周绍出席。

9月24日　中央决定对原政治局委员、上海市委原书记陈良宇严重违纪问题立案调查,免去陈良宇上海市委书记、常委、委员职务,停止其担任的中央政治局委员、中央委员职务。28日,根据中央要求,上海市委成立市专案工作领导小组和市专案组,配合中央工作组彻查“社保资金案”。

9月29日　上海市治理商业贿赂领导小组召开第三次会议,罗世谦、李梅、顾国林出席。

10月9日　市纪委举办专案组培训班开班仪式,罗世谦、唐周绍出席。

10月19日　市纪委召开市纪委、市监察委派驻派出机构统一管理会议,罗世谦出席会议并讲话。

10月20日　市委代理书记、市长韩正到市纪委机关调研反腐倡廉工作。

10月23日　北京市纪委代表团来沪考察。李梅与代表团会谈。

12月31日　根据中央纪委、中央工作组要求,市纪委、市监察局对移送司法机关的“社保资金案”涉案人员,提出党纪政纪处理意见。

2007年

1月22—24日　市纪委召开八届七次全会暨加强党风廉政建设干部大会,传达贯彻中央纪委第七次全会精神,总结回顾2006年上海市党风廉政建设和反腐败工作,研究部署2007年党风廉政建设和反腐败工作。中央纪委常委、市委常委、市纪委书记沈德咏主持大会并讲话。市委代理书记、市长韩正到会作讲话。

1月27日　市纪委举办上海政风行风热线开通仪式。沈德咏,市纪委副书记、市监察委主任李梅参加开通仪式。

2月9日　国务院召开廉政工作电视电话会议。沈德咏、李梅出席上海分会场会议。

3月5—7日　市纪委举办新任纪委书记培训班。

3月12日　市政府召开行政监察工作会议。李梅代表市监察委回顾2006年全市行政监察工作,部署2007年行政监察工作。市委副书记罗世谦、副市长冯国勤出席会议并讲话。沈德咏出席会议。

3月29日　市巡视工作领导小组召开2007年全市巡视工作动员会,沈德咏,市纪委副书记李梅、唐周绍、顾国林、程志强出席。

3月29日　市纪委召开全市纪检监察查信办案工作会议,沈德咏、李梅、唐周绍出席。

3月30日　市纪委监察委召开2007年全市纠风和政务公开工作电视电话会议,沈德咏、李梅出席。

4月2日　市纪委召开外事工作会议,李梅出席。

4月6日　市委书记习近平到市纪委机关,与市纪委、市监察委领导班子成员和机关厅室主任见面,并与工作人员亲切交谈。习近平指出,市纪委、市监察委在加强党风廉政建设和反腐败斗争上承担着重要的责任,既要配合中央工作组彻查"社保资金案",又要按照中央和市委部署做好各项本职工作,为维护上海的稳定,促进经济社会健康发展作出贡献。罗世谦、沈德咏等陪同。

4月10日　市纪委、市检察院、市监察委召开查处与预防联席会议,沈德咏、唐周绍出席。

4月18日　中央纪委召开全国纪检监察案件审理申诉复查工作电视电话年会,沈德咏、程志强参加年会上海分会场。

4月26日　市纪委召开上海市纪检监察宣传教育工作会议。沈德咏、顾国林出席。

5月13日　市纪委召开八届八次全会,审议通过市纪委向中共上海市第九次代表大会的工作报告。

5月15日　上海市治理商业贿赂领导小组召开第四次会议,沈德咏、顾国林参加。

5月24—28日　中共上海市第九次党代表大会,选举产生中共上海市纪律检查委员会,通过关于中共上海市纪律检查委员会工作报告的决议。5月28日,市委九届一次全会批准市纪委第一次全体会议选举产生的书记、副书记和常务委员会委员。

5月29日　新一届市纪委常委集体瞻仰中共一大会址。

6月10日　习近平在听取市纪委关于传达贯彻《中央纪委关于严格禁止利用职务上的便利谋取不正当利益的若干规定》工作意见后作出批示,要求贯彻中央纪委文件精神首先从市级领导做起,市纪委要结合上海实际,尽快提出贯彻落实的具体措施。

6月19日　市纪委举办2007年新任局级领导干部党风廉政教育集体谈话,沈德咏出席会议并讲话,程志强参加集体谈话。

6月27—28日　市纪委召开全市纪检监察工作座谈会,唐周绍主持会议并作总结讲话,沈德咏出席会议并讲话。

7月11日　市巡视工作领导小组召开巡视工作联席会议,沈德咏,市纪委副书记唐周绍、顾国林、程志强、李芬华出席。

7月12日　市纪委召开全市党员干部警示教育活动动员大会,沈德咏、唐周绍、顾国林、程志强、李芬华出席。

7月26日　中央决定对陈良宇开除党籍、开除公职处分,移送司法处理。

7月31日　市纪委召开全市纪检监察系统领导干部会议,市纪委副书记、市监察委主任顾国林传达中央纪委书记吴官正在省部级领导干部纪检监察专题研讨班上讲话,程志强传达中央纪委副书记何勇在省部级领导干部纪检监察专题研讨班结业式上讲话。沈德咏出席会议并讲话。

8月9日　程志强就市委办公厅《关于进一步加强对局级领导班子主要负责人监督的若干意见(试行)》《关于党委(党组)实施“三重一大”制度的若干意见(试行)》的起草制定情况和主要内容等问题,回答记者的提问。

8月10日　市纪委召开领导干部警示教育大会。

9月26日　沈德咏到市政协通报纪检监察工作情况。

10月26日　中共中央政治局常委、市委书记习近平,市委副书记、市长韩正,市委副书记殷一璀,市委秘书长丁薛祥等到市纪委机关看望机关干部并合影。

10月30日　市委书记俞正声,韩正、殷一璀、沈德咏、丁薛祥等,参观“为民务实清廉——上海市加强作风建设推进反腐倡廉档案文献图片展”。

10月30日—11月2日　市纪委、市检察院、市监察委举办预防工作培训班。沈德咏、唐周绍出席开班仪式。

10月31日　俞正声到市纪委机关听取反腐倡廉工作汇报,沈德咏等有关领导参加。

11月27—28日　市纪委召开全市纪检监察工作务虚会。

11月30日　市纪委召开全市2007年党风廉政建设责任制专项检查动员大会。

12月3日　市纪委召开2007年上海政风行风测评情况反馈大会,沈德咏、顾国林参加。

12月27日　市纪委举办浦东新区权力公开透明运行电子系统开通仪式,沈德咏、顾国林出席。

12月29日　中央纪委副书记、监察部副部长干以胜看望市专案组人员,沈德咏、唐周绍、李芬华陪同。

2008年

1月5日　市治理商业贿赂领导小组召开第五次会议。市委常委、市纪委书记沈德咏,市纪委原副书记李梅、市纪委副书记顾国林出席会议。

1月8日　市纪委召开市“三个更加注重”(更加注重治本,更加注重预防,更加注重制度建设)试点工作领导小组会议,顾国林参加。

1月21—22日　市纪委召开九届二次全会,沈德咏代表市纪委常委会作《以党的十七大精神为指导,努力开创上海反腐倡廉建设新局面》的工作报告,市委书记俞正声出席会议并讲话。

2月28日　市纪委召开2008年上海市党风廉政建设责任制工作推进会。沈德咏出席。

3月3日　市纪委召开2008年上海市纪检监察系统办信查案案管工作会议。

3月10日　中央纪委副书记张毅到上海考察,市纪委领导汇报工作。

3月20日　市纪委召开全市纪检监察系统宣教工作会议,沈德咏出席会议并讲话。

3月25日　陈良宇因受贿罪、滥用职权罪被判处有期徒刑18年。

3月28日　市纪委召开全市国有企业党风建设和反腐倡廉工作会议,沈德咏,市纪委副书记李芬华参加。

3月31日　市巡视工作领导小组召开2008年全市巡视工作动员会,沈德咏,市纪委副书记唐周绍、程志强、李芬华出席。

4月3日　市纪委召开专案工作总结会,沈德咏、唐周绍、李芬华参加。

4月17日　市纪委、市检察院、市监察委召开查处与预防工作联席会议,沈德咏、唐周绍、李芬华参加。

4月22日　全国政府采购执行情况专项检查电视电话会议召开，顾国林参加上海分会场会议。

4月23日　市纪委召开机关干部大会。市委组织部部长沈红光主持，宣布中央决定，免去沈德咏市委常委、委员、市纪委书记职务。

4月24日　市纪委、市检察院、市监察委召开查处与预防工作联席会议，沈德咏、唐周绍、李芬华参加。

5月7日　中央纪委副书记李玉赋到上海考察，唐周绍、顾国林、程志强、李芬华参加座谈。

6月25日　市纪委举办2008年新任局级领导干部党风廉政教育集体谈话。市委常委、市纪委书记董君舒出席会议并讲话，程志强参加集体谈话。

7月23日　市纪委召开全市纪检监察工作会议，传达学习市委九届四次全会精神。27个区县、部委办就上海惩防体系建设紧密结合实际解决反腐倡廉热点重点问题进行交流发言。沈德咏出席会议并讲话。

8月28日　董君舒到市委统战部向党外人士通报党风廉政建设情况。

9月23日　董君舒、唐周绍、李芬华参加市反腐败协调小组会议。

9月26日　中纪委召开制止公款出国境旅游专项工作全国电视电话会议。顾国林出席上海分会场会议。

10月13日　市纪委举办全国廉政文化大型绘画书法展上海巡展开展仪式。市委书记俞正声、中央纪委副书记李玉赋、市长韩正、市人大主任刘云耕、市委副书记殷一璀、市委政法委书记吴志明，市纪委书记董君舒、市委宣传部部长王仲伟、市委秘书长丁薛祥等参观上海巡展。

10月14日　上海市召开全市机构改革动员大会。董君舒、唐周绍、顾国林、程志强参加。

10月18日　市委、市政府决定，市监察委员会更名为市监察局，作为市政府的组成部门。

10月29日　董君舒到市政协通报党风廉政建设情况。

11月4日　市纪委、市检察院举办全市纪检监察机关、检察机关预防党员干部违纪、违法和职务犯罪业务培训班开班动员会，唐周绍出席会议并讲话。6日，举办结业式。董君舒、唐周绍参加。

11月4日　市纪委召开2008年全市党风廉政建设责任制专项检查动员会。

12月1日　中央扩大内需促进经济增长政策落实第六检查组来沪对全市新增中央投资项目进行监督检查。韩正、董君舒、副市长杨雄等分别与检查组沟通情况，听取反馈意见和建议。

12月12日　顾国林到长宁区开展“三个更加注重”试点调研。

12月19日　市纪委举办纪念党的纪律检查机关恢复重建30周年座谈会、图片展。俞正声会见与会代表，韩正、刘云耕、冯国勤、殷一璀、董君舒等参加会见和观看展览。

12月22—23日　顾国林到四川都江堰参加救灾物资监管工作检查。

2009年

1月8日　市巡视工作领导小组召开巡视工作联席会议，市纪委书记董君舒，市纪委副书记唐周绍、顾国林、李芬华参加会议。

1月20—21日　市纪委召开九届三次全会，董君舒代表市纪委常委会作《深入贯彻落实科学发展观，以健全惩治和预防腐败体系为抓手，扎实推进上海党风廉政建设和反腐败斗争》的工作报告。市委书记俞正声出席会议并讲话。

2月17日　市纪委召开市“扩内需、保增长”监督领导小组会议，董君舒出席会议并讲话，顾国林主持会议并讲话。

2月25日　市纪委召开落实党风廉政建设责任制工作推进会，通报2008年全市党风廉政建设责任制工作情况，部署落实2009年全市党风廉政建设责任制。

2月27日　市纪委召开2009年上海市国有企业反腐倡廉建设工作会议。

3月10日　市纪委召开2009年上海市纪检监察系统办信查案案管工作会议。

3月11日　董君舒、唐周绍会见王瑛同志先进事迹报告团成员。

4月9日　中央扩大内需促进经济增长政策落实第二轮检查组到上海检查工作。

4月23日　中央扩大内需促进经济增长政策落实暨治理工程建设领域突出问题第八检查组到上海监督检查。

5月7日　市纪委举办2009年新任局级干部集体廉政谈话。董君舒出席会议并讲话。市纪委副书记程志强参加廉政谈话。

5月20日　中央纪委副书记黄树贤到上海考察，董君舒、顾国林汇报工作。

5月21—23日　中央纪委在上海召开沪港澳央企纪检监察组织建设座谈会。董君舒、顾国林参加。

5月26日　市委举办加强党性修养，弘扬优良作风——“忠诚、敬业、道德、廉洁”系列讲座首场报告会。俞正声作首场报告。市委副书记殷一璀主持会议。董君舒、市委宣传部部长王仲伟、市委组织部部长沈红光、市委秘书长丁薛祥等出席。

6月2日　中央召开贯彻落实《中共中央纪委关于推进惩治和预防腐败体系建设的检查方法(试行)》电视电话会议。董君舒、唐周绍出席上海分会场会议。

6月11日　中央纪委副书记李玉赋一行到上海考察，董君舒、唐周绍汇报工作。

7月7日　市纪委召开全市案件查处和预防协作配合推进会。

7月21日　市纪委召开上海市纪检监察工作会议。唐周绍主持会议，市巡视办、市公安局党委、市国资委党委、市建设交通纪工委等七个单位分别发言，李芬华、程志强、顾国林、唐周绍分别就有关工作作讲话。董君舒出席会议并讲话。

9月24日　董君舒、唐周绍参加青浦区举办的“纪念新中国成立60周年廉政文化书画展”开展仪式。

9月28日　董君舒、唐周绍、程志强、李芬华向市纪委离休干部颁发新中国成立60周年纪念章。

10月11—15日　中央纪委书记贺国强就促进经济平稳较快发展、加强党风廉政建设和反腐败工作、筹办好上海世博会等问题到上海调研。俞正声、市长韩正陪同调研。

10月15日　市纪委召开第46期纪检监察培训班座谈会。董君舒、唐周绍出席会议并讲话。

10月19日　市纪委召开上海市廉政研究会成立大会，董君舒、唐周绍出席。

同日　市纪委召开上海廉政研究会、监察学会大会，董君舒、唐周绍、顾国林出席。

10月23日　市纪委召开九届四次全会。唐周绍传达贺国强在10月11—15日视察上海时的讲话精神，董君舒代表市纪委常委会作题为《认真贯彻落实党的十七届四中全会精神，扎实推进上海党风廉政建设和反腐败斗争》的工作报告。

11月9日　中央扩大内需促进经济增长政策落实第三轮检查组到上海检查工作。

11月18日　市巡视工作领导小组召开巡视工作联席会议。董君舒、唐周绍、顾国林、程志强、李芬华参加。

11月23日　市纪委召开党风廉政建设责任制专项检查动员会。

12月10日　董君舒向全市老干部通报党风廉政建设情况。

2010年

1月7日　市纪委召开案件查处和预防协作配合工作会议，市纪委书记董君舒，市纪委副书记唐周绍、李芬华参加。

1月13日　董君舒和市纪委副书记、市监察局局长顾国林到北京学习廉洁办奥运工作经验。

1月14日　市纪委召开全市纪检监察干部教育培训工作会议，唐周绍主持。

1月18—19日　市纪委召开九届五次全会，董君舒作《加快推进惩治和预防腐败体系建设，努力提高上海反腐倡廉建设科学化水平》的工作报告。市委书记俞正声出席会议并讲话。

2月3日　市纪委召开市廉洁办博领导小组会议，董君舒参加。

2月4日　市纪委召开派驻派出机构领导座谈会，董君舒，市纪委副书记唐周绍、顾国林、程志强、李芬华参加。

2月9日　市委召开党建领导小组会议。董君舒、唐周绍、程志强出席。

3月3日　市纪委举办《中国共产党党员领导干部廉洁从政若干准则》学习报告会。

3月9日　市纪委、市监察局召开市工程建设领域专项治理领导小组会议，董君舒、顾国林参加。

同日　市纪委召开党风廉政建设责任制推进会，部署落实2010年全市党风廉政建设和反腐败工作分工。

3月10日　市纪委召开市廉洁办博领导小组工作会议，董君舒、顾国林参加。

3月17日　市巡视工作领导小组召开2010年上海市巡视工作动员会，董君舒、唐周绍、顾国林、程志强、李芬华参加。

3月19日　市纪委召开市国有企业反腐倡廉建设工作会议，董君舒、李芬华参加。

3月25日　市纪委召开2010年全市纪检监察办信查案和案件管理工作会议。

3月29日　董君舒、顾国林参加市廉洁办博工作领导小组工作会议。

3月30日　中央召开扩大内需促进经济增长政策落实暨治理工程建设领域突出问题监督检查工作电视电话会议。董君舒、顾国林参加上海分会场会议。

4月12日　市纪委召开廉洁办博工作进展情况汇报会。董君舒出席会议并讲话，顾国林主持会议并讲话。

4月12—13日　中央纪委在上海召开华东地区纪检监察工作座谈会。董君舒作《运用"制度加科技"提升预防腐败效能》的经验介绍，唐周绍作《加大力度保持势头不断提高依纪依法办案水平》的情况汇报。俞正声会见与会人员。中央纪委副书记张毅出席会议并讲话。

4月23日　董君舒、唐周绍、程志强参加全国纪检监察系统主题实践活动总结暨加强自身建设电视电话会议上海分会场会议。

5月11日　市纪委举办2010年新任局级干部集体廉政谈话。董君舒出席会议并讲话，程志强参加廉政谈话。

5月13日　市纪委召开党风廉政建设座谈会。中央纪委副书记干以胜，董君舒、程志强出席。

5月14日　干以胜在上海考察调研党风廉政建设情况，董君舒参加调研。

5月16日　市委召开《廉政准则》学习辅导专题报告会。干以胜作专题报告。市委书记俞正声主持会议并讲话。市长韩正、市人大主任刘云耕、市政协主席冯国勤、市委副书记殷一璀、市委政法委书记吴志明、市纪委书记董君舒、市委组织部长沈红光、市委统战部长杨晓渡、副市长屠光绍、市委秘书长丁薛祥等出席专题报告会。

6月8日　市纪委、市委组织部召开市巡视工作联席会议，董君舒，市纪委副书记唐周绍、顾国林、李芬华、徐文雄参加。

6月13日　市纪委召开上海市反腐倡廉创新工作推进会，顾国林传达中央纪委书记贺国强重要讲话，市财政局等5个单位分别交流发言，唐周绍主持会议并作总结讲话。董君舒出席会议并讲话。

同日　市纪委召开区县纪委书记会。董君舒、唐周绍出席会议并讲话。

6月29日　市纪委举办学习贯彻《廉政准则》座谈会暨图文宣传手册首发式，董君舒、唐周绍参加。

7月7日　市纪委举办新任纪委书记集体谈话。董君舒出席会议并讲话，徐文雄参加谈话。

7月9日　市纪委和市委党史研究室召开纪念王尧山诞辰100周年座谈会，首发《岁月无痕青山在——王尧山百年诞辰纪念图文集》。董君舒出席会议并讲话。

7月28日　市纪委举办新任正局级干部集体廉政谈话，董君舒出席会议并讲话，徐文雄参加廉政谈话。

8月3日　市纪委召开完善“制度加科技”预防腐败的方法与途径研究课题开题报告会。徐文雄参加。

8月4日　市纪委召开农村党风廉政建设工作会议。

8月5日　市纪委召开世博特许产品依法诚信经营工作会议，顾国林主持。

8月19日　市纪委召开党员干部违纪违法和职务犯罪预警防控机制建设工作推进会。唐周绍出席会议并讲话。

8月23日　市纪委举办“纠风在线”试运行开通仪式，董君舒、顾国林参加。

8月24日　市纪委举办案件检查、案件审理业务培训班开班仪式，唐周绍、李芬华、徐文雄参加。

9月1日　市纪委召开国有企业廉洁风险内控机制建设座谈会，董君舒、李芬华出席。

9月2日　市纪委召开部分区县、部委办局纪委书记座谈会。

9月9日　董君舒、顾国林到世博园区巡察廉洁办博工作。

9月16日　监察部副部长屈万祥一行到上海考察，董君舒、顾国林汇报工作。

9月17日　中央纪委副书记黄树贤来沪考察，董君舒汇报工作。

9月26日　市纪委召开上海市“两新”组织反腐倡廉建设试点工作总结交流会。

10月11日　中央扩大内需促进增长政策落实暨治理工程建设领域突出问题秋季检查组到上海检查工作。董君舒、顾国林向中央检查组汇报工作。

10月12日　市纪委召开世博会省区市馆“廉洁办博”工作座谈会，顾国林参加。

10月14日　市纪委召开市廉洁办博领导小组会议，董君舒出席会议并讲话，顾国林主持会议并讲话。

10月21日　市纪委召开加强国有企业纪检监察组织建设座谈会。

10月22日　市纪委召开市纪委委员座谈会。董君舒主持会议并讲话。

10月25日　中央媒体来上海采访，董君舒、唐周绍作“廉洁办博”情况介绍。

11月3—5日　直辖市纪委书记会议在上海召开。董君舒、顾国林参加会议。

11月16日　市纪委召开办案工作总结会。董君舒、徐文雄参加。

11月17日　市纪委召开廉洁办博总结工作研究会。董君舒、顾国林、李芬华、徐文雄参加。

11月18日　市纪委、市委组织部召开市巡视工作联席会议。董君舒、唐周绍、顾国林、李芬华参加。

11月25日　市纪委召开“切实解决反腐倡廉建设中人民群众反映强烈的突出问题”基层干部座谈会。董君舒、徐文雄出席会议并讲话。

11月26日　金融系统反腐倡廉建设展在上海巡展。董君舒、唐周绍观看展览。

12月1日　市纪委召开“11·15”火灾事故处理情况通报大会。

12月8日　董君舒向党外人士通报党风廉政建设和反腐败工作情况。

12月9日　市纪委、市监察局召开市落实党风廉政建设责任制和推进惩防体系建设检查工作动员会。

同日　顾国林向市人大内司委汇报行政监察工作。

12月22日　全国检察机关惩治和预防渎职侵权犯罪展览在上海举办。董君舒观看展览。

12月29—30日　市纪委举办首届“浦江清风”反腐倡廉制度建设研讨会。

第一篇

组织机构

中共上海地方组织的纪律检查机关，始建于大革命失败后的白色恐怖时期。1929年11月，中共江苏省第二次代表大会选举产生省审查委员。新中国建立后，1950年11月，成立中共上海市委纪律检查委员会。1956年9月，成立中共上海市监察委员会。1959年1月，更名为中共上海市委监察委员会。“文化大革命”期间，党组织遭到严重破坏，党的监察机关被迫停止工作。

1976年10月，市委进行全面拨乱反正，开展平反“文化大革命”冤假错案工作。1977年11月，市委成立复查办公室，负责复查“文化大革命”冤假错案。1979年4月，市委根据中央关于设立省、县纪律检查委员会的通知，建立中共上海市委纪律检查委员会筹备组。市委纪委筹备组在中央纪委和上海市委的领导下，以搞好党风、严肃党纪为中心，保证党的十一届三中全会以来的路线、方针、政策的贯彻执行为重点，主要负责做好案件审理、信访处理等工作，同时对市委复查办公室少数未结案件和各项未了事项继续负责处理。

1984年4月26日，根据中央意见，市委决定将中共上海市委纪律检查委员会筹备组改为中共上海市纪律检查委员会。中共上海市纪律检查委员会受中央纪委和中共上海市委的双重领导。它的主要任务是维护党规党法，协助市委整顿党风，严肃党纪，保证党的路线、方针、政策和决议的贯彻执行。1987年9月30日，市政府决定设立上海市监察局。上海市监察局负责监察市政府各委办局及其工作人员；负责监察区、县人民政府的主要负责人和市属企事业单位中由国家行政机关任命的领导干部。全市各区(县)也恢复建立纪委、监察局。

1993年初，党中央作出纪委、监察机关合署办公的重要决策。3月12日，市委同意中共上海市纪委、市监察局合署办公，并决定将上海市监察局改为上海市监察委员会，实行一套工作机构、两个机关名称的体制，履行党的纪律检查和行政监察两种职能。2001年6月，市纪委、市监察委增加四项职能：监督检查全市党风廉政建设责任制执行情况和领导干部廉洁从政情况；组织协调全市从源头上预防和治理腐败工作；管理市纪委、市监察委派驻(派出)机构；负责全市党风廉政巡视工作。2005年，市纪委、市监察委按照中央统一部署，对全市派驻(派出)机构实行统一管理。2008年10月，市委、市政府决定，上海市监察委员会更名为上海市监察局。2009年7月，经市委、市政府同意，上海市监察局挂上海市预防腐败局牌子，主要职责是负责全市预防腐败工作的组织协调、综合规划、政策制定、检查指导；协调指导有关部门开展防治腐败工作。同时，市纪委、市监察局部分职能调整：承担党的纪律检查机关协助党的委员会组织协调反腐败工作、建立健全惩治和预防腐败体系建设的职责；承担协调推进全市行政审批制度改革、加强行政效能监察的职责；承担对市纪委、市监察局派驻(派出)机构的业务工作和干部工作实行统一管理的职责。

市纪委(市委纪委筹备组)、市监察局(委)参照中央纪委、监察部职能机构设置，并经市编制委员会同意，设立、完善内部职能机构，建立健全机关内部的规章制度和工作人员的岗位职责。1979年市委纪委筹备组建立时，下设2室3处。1987年市监察局成立时，下设1室5处。1993年3月，市纪委与市监察局合署办公，下设15个室和机关党委。至2009年，市纪委、市监察局调整为18个内设机构。

1980年7月，市委纪委筹备组在市经委、市农委、市建委、市教卫办、市财贸办、市科委建立纪律检查组，作为市委纪委筹备组的派出机构。至 1985 年 1 月，在市部委办局已建纪检机构 71 个。1989 年，市监察局决定在市经委、市建委、市财贸办、市农委、市交通办、市科委、市教卫办、市外经贸委这 8 个委、办设监察室。1993 年合署办公后，市纪委、市监察委根据职能调整，加强对全市纪检监察系统的管理。2000 年 7 月，市纪委、市监察委决定向全市 21 个单位派驻(派出)纪检监察机构。至 2010 年，在市部委办局共建立纪检监察机构 159 个，配备专职工作人员 396 人，兼职工作人员 215 人。

1979 年以后，上海市各区县陆续建立区县委纪律检查委员会筹备组、区县委纪律检查委员会。1983—1984 年，各区县委纪律检查委员会更名为区县纪律检查委员会。1987 年，各区县监察局建立。1993 年，各区县纪律检查委员会、区县监察局合署办公。随着区县行政区划的调整，有关区县纪律检查委员会也先后多次调整合并。区县纪委、监察局(委)负责主管区县党的纪律检查工作和行政监察工作；对党组织、党员贯彻执行党的路线、方针、政策和决议的情况，对区县国家行政机关工作人员和国家任命的其他人员执行国家和上海市的法律、法规、规章和政策等情况进行检查和监察。

第一章　中共上海市纪律检查委员会

根据中央和上海市委通知，1977 年 11 月，成立市委复查办公室。1979 年 4 月，建立中共上海市委纪律检查委员会筹备组。1984 年 4 月，中共上海市委纪律检查委员会筹备组改为中共上海市纪律检查委员会，延续市委纪委筹备组的工作。1993 年 3 月 12 日，市纪委、市监察局（委）合署办公，实行一套工作机构、两个机关名称的体制，履行党的纪律检查和行政监察两种职能。

中共上海市纪律检查委员会受中共上海市委和中央纪委的双重领导。它的主要任务是维护党规党法，协助市委整顿党风，严肃党纪，保证党的路线、方针、政策和决议的贯彻执行。

第一节　市委复查办

复查平反“文化大革命”中的冤假错案，落实党的干部政策是党的十一大提出的一项重要任务。1977 年 11 月 11 日，市委正式成立市委复查办公室，任命李研吾任市委复查办公室主任，秦昆（原任中共上海市委监察委副书记）兼任副主任，刘智敏协助领导工作。复查办公室的主要任务是对林彪、江青反革命集团造成的大批冤、假、错案进行复查平反，为许多长期遭受诬陷、迫害的干部和群众恢复名誉，落实政策，为受迫害去世的同志平反昭雪。

经市委同意，由市委复查办派出工作组，进驻原市革会专案办公室。盛志明任工作组组长，白书章任工作组副组长。工作组的任务是，组织原市专案办留守的工作人员学习中央和市委的指示，通过揭批，清算林彪、江青反革命集团的罪行，提高认识，分清路线是非，并清查原市专案办工作人员中与林彪、江青反革命集团有牵连的人与事。通过清理档案，配合复查、清查工作提供材料。工作组工作于 1979 年 2 月结束。

1978 年 12 月 11 日，市委下发通知，任命秦昆为市委复查办公室主任，王子阳、林轩为副主任。市委复查办公室下设秘书组、一组、二组和三组。复查办公室的工作于 1979 年 6 月 30 日基本结束。按照市委指示，对于少数未结案件和各项未了事项，由市委纪委筹备组等有关部门负责继续处理。

第二节　市委纪委筹备组

1978 年 12 月召开的党的十一届三中全会，决定成立中共中央纪律检查委员会。1979 年 4 月，根据中央纪委和中央组织部关于设立省、县纪律检查委员会的通知，市委决定成立中共上海市委纪律检查委员会筹备组，由张祺、秦昆、李培南、顾玉良、郭良、王子阳、石涛、石裕田、冯北达、陈文、陈一诚、邵晋藩、杨实人、宣恩金、盛志明、温仰春等 16 位同志组成，张祺任组长，秦昆、李培南、顾玉良、郭良任副组长。市委纪委筹备组 6 月 1 日开始工作。在中央纪委和市委的领导下，市委纪委筹备组以搞好党风、严肃党纪为中心，保证党的十一届三中全会以来的路线、方针、政策的贯彻执行为重点，主要负责做好案件审理、信访处理等工作。

1979 年 8 月 10 日，经市委同意，任命王尧山、季梅先（女）为市委纪委筹备组成员。

1980 年 1 月 16 日，市委决定，杨心培兼任市委纪委筹备组组长，王尧山、王子阳任市委纪委筹备组副组长。

1981 年 6 月 19 日，市委决定，王尧山任市委纪委筹备组组长。市委纪委筹备组成员为王尧山（组长）、顾玉良（副组长）、郭良（副组长）、王子阳（副组长）、石涛、石裕田、冯北达、陈文、陈一诚、邵晋藩、杨实人、季梅先（女）、宣恩金、盛志明等 14 位同志。

1983 年 3 月 25 日，市委决定，魏基民任市委纪委筹备组副组长。

中共上海市委纪委筹备组工作于 1984 年 4 月结束。

表 1-1-1　1979 年 4 月—1980 年 1 月中共上海市委纪律检查委员会筹备组负责人任职表

职　务	姓　名	任　期
组　长	张　祺	1979.4—1980.1
副组长	秦　昆	1979.4—1980.1
	李培南	1979.4—1980.1
	顾玉良	1979.4—1980.1
	郭　良	1979.4—1980.1

表 1-1-2　1980 年 1 月—1981 年 6 月中共上海市委纪律检查委员会筹备组负责人任职表

职　务	姓　名	任　期
组　长	杨心培	1980.1—1981.6
副组长	王尧山	1980.1—1981.6
	李培南	1980.1—1981.6
	顾玉良	1980.1—1981.6
	郭　良	1980.1—1981.6
	王子阳	1980.1—1981.6

表 1-1-3　1981 年 6 月—1984 年 4 月中共上海市委纪律检查委员会筹备组负责人任职表

职　务	姓　名	任　期
组　长	王尧山	1981.6—1984.4
副组长	顾玉良	1981.6—1984.4
	郭　良	1981.6—1984.4
	王子阳	1981.6—1983.12
	魏基民	1983.3—1984.4

第三节　合署办公前市纪委

1984—2010 年，分别历经中共上海市第五届、第六届、第七届、第八届、第九届纪委。

一、中共上海市纪律检查委员会

1984年4月26日,根据中央纪委和中央组织部的意见,市委决定将中共上海市委纪律检查委员会筹备组改为中共上海市纪律检查委员会,并经中共中央批准,任命市纪委书记1人、副书记2人。王尧山任市纪委书记,宋星路、魏基民任市纪委副书记,王尧山、宋星路、魏基民、沈讴(女)、杨青、王凯元、瞿云宝、黄汉文任市纪委常委。

1985年3月8日,市委通知,经中共中央批准,张定鸿任市纪委书记,魏基民任市纪委副书记,免去王尧山、宋星路市纪委书记、副书记职务。市委决定,张定鸿、魏基民、杨青、瞿云宝、黄汉文、朱达人、雷见辉(女)、孙卫国、庄国清任市纪委常委。

表1-1-4　1984年4月—1986年3月中共上海市纪律检查委员会正副书记、常务委员任职表

职　务	姓　名	任　期
书　记	王尧山	1984.4—1985.3
	张定鸿	1985.3—1986.3
副书记	宋星路	1984.4—1985.3
	魏基民	1984.4—1986.3
常务委员	王尧山	1984.4—1985.3
	宋星路	1984.4—1985.3
	魏基民	1984.4—1986.3
	沈　讴(女)	1984.4—1985.3
	杨　青	1984.4—1986.3
	王凯元	1984.4—1985.3
	瞿云宝	1984.4—1986.3
	黄汉文	1984.4—1986.3
	张定鸿	1985.3—1986.3
	朱达人	1985.3—1986.3
	雷见辉(女)	1985.3—1986.3
	孙卫国	1985.3—1986.3
	庄国清	1985.3—1986.3

二、中共上海市第五届纪律检查委员会

1986年3月,中共上海市第五次代表大会,选举产生中共上海市纪律检查委员会委员50名。3月7日,经中共上海市纪律检查委员会第一次全体会议表决,选出常务委员会委员9人,其中书记1人、副书记2人。经中共中央批准,张定鸿任市纪委书记,魏基民、朱达人任市纪委副书记,张定鸿、魏基民、朱达人、杨青、瞿云宝、黄汉文、雷见辉(女)、孙卫国、庄国清任市纪委常委。

1987年2月18日,市委通知,经中央组织部同意,免去魏基民市纪委副书记职务。

1990年8月13日，市委决定，免去瞿云宝市纪委常委职务。

1991年11月26日，市委通知，经中央组织部同意，张惠新任市纪委副书记，免去朱达人市纪委副书记职务。

1992年4月，根据市委决定，并报中共中央批准，增补韩坤林为市纪委常委、副书记。

截至1992年换届选举前，市纪委常委8人，其中书记1人、副书记2人。张定鸿任市纪委书记，张惠新、韩坤林任市纪委副书记，张定鸿、张惠新、韩坤林、杨青、雷见辉（女）、孙卫国、庄国清、张锦新任市纪委常委。

表1-1-5　1986年3月—1992年12月中共上海市第五届纪律检查委员会正副书记、常务委员、委员任职表

职　务	姓　名	任　期
书　记	张定鸿	1986.3—1992.12
副书记	魏基民	1986.3—1987.2
	朱达人	1986.3—1991.11
	张惠新	1991.11—1992.12
	韩坤林	1992.4—1992.12
常务委员	张定鸿	1986.3—1992.12
	魏基民	1986.3—1987.2
	朱达人	1986.3—1991.11
	杨　青	1986.3—1992.12
	瞿云宝	1986.3—1990.8
	黄汉文	1986.3—1987.2
	雷见辉（女）	1986.3—1992.12
	孙卫国	1986.3—1992.12
	庄国清	1986.3—1992.12
	张锦新	1990.11—1992.12
	张惠新	1991.11—1992.12
	韩坤林	1992.4—1992.12
委　员	万良沪	1986.3—1992.12
	韦秀云（女）	1986.3—1992.12
	王文敬	1986.3—1992.12
	王国青	1986.3—1992.12
	王敬德	1986.3—1992.12
	王雅丽（女）	1986.3—1992.12
	石　涛	1986.3—1992.12
	叶连均	1986.3—1992.12
	田葆霖	1986.3—1992.12
	朱亚爱（女）	1986.3—1992.12

(续表)

职　务	姓　名	任　期
委　员	朱达人	1986.3—1992.12
	任东高	1986.3—1992.12
	华业全	1986.3—1992.12
	庄国清	1986.3—1992.12
	刘新昌	1986.3—1992.12
	齐传良	1986.3—1992.12
	江健元	1986.3—1992.12
	孙　刚	1986.3—1992.12
	孙卫国	1986.3—1992.12
	杜棣华(女)	1986.3—1990.6
	杨　青	1986.3—1992.12
	李克渊	1986.3—1992.12
	余源浩	1986.3—1992.12
	邹景炘	1986.3—1992.12
	应蓓仪(女)	1986.3—1992.12
	张定鸿	1986.3—1992.12
	陈　林	1986.3—1992.12
	陈掌妹(女)	1986.3—1992.12
	邵有民	1986.3—1992.12
	茅志琼(女)	1986.3—1992.12
	郁　明	1986.3—1992.12
	易声龙	1986.3—1992.12
	金晓林	1986.3—1992.12
	赵　鉴	1986.3—1992.12
	赵洪元	1986.3—1992.12
	胡绿漪(女)	1986.3—1992.12
	俞彭年	1986.3—1992.12
	俞德雄	1986.3—1992.12
	姜仁奎	1986.3—1992.12
	顾家宁(女)	1986.3—1992.12
	徐敏华(女)	1986.3—1992.12
	郭　戈	1986.3—1992.12
	谈宝义	1986.3—1992.12
	黄汉文	1986.3—1992.12
	梁光璧(女)	1986.3—1992.12

（续表）

职　务	姓　名	任　期
委　员	蒋其耕	1986.3—1992.12
	傅雷彪	1986.3—1992.12
	雷见辉（女）	1986.3—1992.12
	瞿云宝	1986.3—1990.8
	魏基民	1986.3—1990.6
	张锦新	1990.11—1992.12
	张惠新	1991.11—1992.12
	韩坤林	1992.4—1992.12

第四节　合署办公后市纪委

1993年初，党中央作出纪委、监察机关合署办公的重要决策。3月12日，市委同意市纪委、市监察局合署办公，并决定将上海市监察局改为上海市监察委员会，实行一套工作机构、两个机关名称的体制，履行党的纪律检查和行政监察两种职能，对市委全面负责。市监察委员会属市政府序列，接受市政府的领导。

图1-1-1　2010年，上海市纪委、市监察局、市预防腐败局（宛平路7号）

图 1-1-2　2010 年,上海市纪委举报中心和信访接待室

一、中共上海市第六届纪律检查委员会

1992 年 12 月 20 日,中共上海市第六次代表大会,选举产生中共上海市纪律检查委员会委员 35 名。12 月 20 日,中共上海市纪律检查委员会第一次全体会议,出席全会的市纪委委员 34 人,采取无记名投票方式,选出常委 7 人,其中书记 1 人、副书记 2 人。经中共中央批准,张惠新任市纪委书记,韩坤林、孙卫国任市纪委副书记,张惠新、韩坤林、孙卫国、庄国清、张锦新、洪林珍(女)、沈红光任市纪委常委。

1992 年 12 月至 1997 年 12 月,根据市委决定,并报中共中央批准,先后增补洪林珍(女)、沈红光等 2 人为市纪委副书记;增补孟庆钟、杨天欣、成作民、马银芳等 4 人为市纪委常委。

表 1-1-6　1992 年 12 月—1997 年 12 月中共上海市第六届纪律检查委员会正副书记、常务委员、委员任职表

职　务	姓　名	任　期
书　记	张惠新	1992.12—1997.12
副书记	韩坤林	1992.12—1997.10
	孙卫国	1992.12—1997.10
	洪林珍(女)	1995.7—1997.12
	沈红光	1995.7—1997.12
常务委员	张惠新	1992.12—1997.12
	韩坤林	1992.12—1997.10
	孙卫国	1992.12—1997.10
	庄国清	1992.12—1993.10

（续表）

职　务	姓　名	任　期
常务委员	张锦新	1992.12—1997.12
	洪林珍(女)	1992.12—1997.12
	沈红光	1992.12—1997.12
	孟庆钟	1994.4—1997.12
	杨天欣	1996.1—1997.12
	成作民	1996.1—1997.12
	马银芳	1997.8—1997.12
委　员	王志宽(回族)	1992.12—1997.12
	王国青	1992.12—1997.12
	叶维华	1992.12—1997.12
	冯德印	1992.12—1997.12
	乔野生	1992.12—1997.12
	仲永根	1992.12—1997.12
	庄国清	1992.12—1997.12
	孙　刚	1992.12—1997.12
	孙卫国	1992.12—1997.12
	杨　森	1992.12—1997.12
	杨仲兴	1992.12—1997.12
	李克渊	1992.12—1997.12
	吴敖忠	1992.12—1997.12
	吴森山	1992.12—1997.12
	应蓓仪(女)	1992.12—1997.12
	沈红光	1992.12—1997.12
	张济康	1992.12—1997.12
	张惠新	1992.12—1997.12
	张锦新	1992.12—1997.12
	陆新根	1992.12—1997.12
	陈苏明	1992.12—1997.12
	周杏英(女)	1992.12—1997.12
	周德海	1992.12—1997.12
	项伯龙	1992.12—1997.12
	俞彭年	1992.12—1997.12
	洪林珍(女)	1992.12—1997.12
	凌保杰	1992.12—1997.12

(续表)

职　务	姓　名	任　期
委　员	陶人观	1992.12—1997.12
	黄庆荣	1992.12—1997.12
	黄耀文	1992.12—1997.12
	曹　臻	1992.12—1997.12
	韩坤林	1992.12—1997.12
	靳曾德	1992.12—1997.12
	雷见辉(女)	1992.12—1997.12
	漆世贵	1992.12—1997.12
	孟庆钟	1994.4—1997.12
	杨天欣	1996.1—1997.12
	成作民	1996.1—1997.12
	马银芳	1997.8—1997.12

二、中共上海市第七届纪律检查委员会

1997年12月,中共上海市第七次代表大会,选举产生中共上海市纪律检查委员会委员39名。12月25日,中共上海市纪律检查委员会第一次全体会议,出席全会的市纪委委员39人,采取无记名投票方式,选出常委9人,其中书记1人、副书记3人。经中共中央批准,任命张惠新为市纪委书记,洪林珍(女)、沈红光、何卫国为市纪委副书记,张惠新、洪林珍(女)、沈红光、何卫国、孟庆钟、杨天欣、成作民、马银芳、许伟国为市纪委常委。

根据市委决定,并报中共中央批准,2002年1月,张惠新不再担任市纪委书记;2002年3月,罗世谦任市纪委书记。

2001年6月,中共上海市纪律检查委员会部分职能调整:增加四项职能,分别是监督检查全市党风廉政建设责任制执行情况和领导干部廉洁从政情况;组织协调全市从源头上预防和治理腐败工作;管理市纪委、市监察委派驻(派出)机构;负责全市党风廉政巡视工作。划转一项职能,即将机关后勤服务工作交给有关事业单位。

表1-1-7　1997年12月—2002年5月中共上海市第七届纪律检查委员会正副书记、常务委员、委员任职表

职　务	姓　名	任　期
书　记	张惠新	1997.12—2002.1
	罗世谦	2002.3—2002.5
副书记	洪林珍(女)	1997.12—2002.5
	沈红光	1997.12—2002.5
	何卫国	1997.12—2002.5

（续表）

职 务	姓 名	任 期
常务委员	张惠新	1997.12—2002.1
	洪林珍(女)	1997.12—2002.5
	沈红光	1997.12—2002.5
	何卫国	1997.12—2002.5
	孟庆钟	1997.12—2002.5
	杨天欣	1997.12—2002.5
	成作民	1997.12—2002.5
	马银芳	1997.12—2002.5
	许伟国	1997.12—2002.5
	罗世谦	2002.3—2002.5
委 员	马银芳	1997.12—2002.5
	王则君	1997.12—2002.5
	王信芳	1997.12—2002.5
	甘忠泽	1997.12—2002.5
	成作民	1997.12—2002.5
	吕金葆	1997.12—2002.5
	朱仰东	1997.12—2002.5
	许伟国	1997.12—2002.5
	孙金富	1997.12—2002.5
	孙路一	1997.12—2002.5
	杨天欣	1997.12—2002.5
	杨定华(女)	1997.12—2002.5
	李芬华(女)	1997.12—2002.5
	李克渊	1997.12—2002.5
	何卫国	1997.12—2002.5
	沈红光	1997.12—2002.5
	沈调娣(女)	1997.12—2002.5
	张贤训	1997.12—2002.5
	张爱民	1997.12—2002.5
	张惠新	1997.12—2002.5
	张黎明	1997.12—2002.5
	陆学明	1997.12—2002.5
	陈财波	1997.12—2002.5

(续表)

职　务	姓　名	任　期
委　员	周关根	1997.12—2002.5
	周杏英(女)	1997.12—2002.5
	郑长埠	1997.12—2002.5
	居　洁(女)	1997.12—2002.5
	孟庆钟	1997.12—2002.5
	项伯龙	1997.12—2002.5
	洪林珍(女)	1997.12—2002.5
	姚春海	1997.12—2002.5
	柴俊勇	1997.12—2002.5
	徐海峰	1997.12—2002.5
	唐国才	1997.12—2002.5
	曹关宝	1997.12—2002.5
	崔明华	1997.12—2002.5
	扈清聚	1997.12—2002.5
	靳曾德	1997.12—2002.5
	瞿宗亚	1997.12—2002.5
	罗世谦	2002.3—2002.5

三、中共上海市第八届纪律检查委员会

2002年5月，中共上海市第八次代表大会，选举产生中共上海市纪律检查委员会委员40名。5月28日，中共上海市纪律检查委员会第一次全体会议，出席全会的市纪委委员40人，采取无记名投票方式，选出常委11人，其中书记1人、副书记4人。经中共中央批准，任命罗世谦为市纪委书记，沈红光、李梅(女)、何卫国、唐周绍为市纪委副书记，罗世谦、沈红光、李梅(女)、何卫国、唐周绍、孟庆钟、杨天欣、许伟国、顾国林、李芬华(女)、刘纪舟为市纪委常委。

2006年12月，根据市委决定，并报中共中央批准，罗世谦不再担任市纪委书记，沈德咏任市纪委书记。2003年4月至2006年12月，根据中共上海市委决定，并报中共中央批准，先后增补顾国林、程志强等2人为市纪委副书记；免去何卫国、沈红光等2人的市纪委副书记、常委职务。增补程志强、赵增辉、陈龙等3人为市纪委常委；免去孟庆钟市纪委常委职务。

表1-1-8　2002年5月—2007年5月中共上海市第八届纪律检查委员会正副书记、常务委员、委员任职表

职　务	姓　名	任　期
书　记	罗世谦	2002.5—2006.12
	沈德咏	2006.12—2007.5

（续表）

职　务	姓　名	任　期
副书记	沈红光	2002.5—2003.7
	李　梅（女）	2002.5—2007.5
	何卫国	2002.5—2003.4
	唐周绍	2002.5—2007.5
	顾国林	2003.7—2007.5
	程志强	2003.7—2007.5
常务委员	罗世谦	2002.5—2006.12
	沈红光	2002.5—2003.7
	李　梅（女）	2002.5—2007.5
	何卫国	2002.5—2003.4
	唐周绍	2002.5—2007.5
	孟庆钟	2002.5—2005.1
	杨天欣	2002.5—2007.5
	许伟国	2002.5—2007.5
	顾国林	2002.5—2007.5
	李芬华（女）	2002.5—2007.5
	刘纪舟	2002.5—2007.5
	程志强	2003.7—2007.5
	赵增辉	2003.7—2007.5
	沈德咏	2006.12—2007.5
	陈　龙	2006.12—2007.5
委　员	王良虎	2002.5—2007.5
	王信芳	2002.5—2007.5
	史丽雯（女）	2002.5—2007.5
	冯经文	2002.5—2007.5
	冯树荣	2002.5—2007.5
	朱　达	2002.5—2007.5
	朱成林	2002.5—2007.5
	刘纪舟	2002.5—2007.5
	许伟国	2002.5—2007.5
	阮显忠	2002.5—2007.5
	孙路一	2002.5—2007.5

(续表)

职　务	姓　名	任　期
委　员	李　红(女)	2002.5—2007.5
	李　梅(女)	2002.5—2007.5
	李芬华(女)	2002.5—2007.5
	杨天欣	2002.5—2007.5
	杨惠德	2002.5—2007.5
	何卫国	2002.5—2007.5
	沈红光	2002.5—2003.7
	张才莲(女)	2002.5—2007.5
	张贤训	2002.5—2007.5
	张路加	2002.5—2007.5
	陆学明	2002.5—2007.5
	陈士维	2002.5—2007.5
	陈长顺	2002.5—2007.5
	陈洪凡	2002.5—2007.5
	罗世谦	2002.5—2006.12
	居　洁(女)	2002.5—2007.5
	孟庆钟	2002.5—2007.5
	赵元清	2002.5—2007.5
	赵增辉	2002.5—2007.5
	施建华	2002.5—2007.5
	洪纽一	2002.5—2007.5
	姚春海	2002.5—2007.5
	顾国林	2002.5—2007.5
	徐文雄	2002.5—2007.5
	徐正明	2002.5—2007.5
	徐海峰	2002.5—2007.5
	唐周绍	2002.5—2007.5
	葛爱玲(女)	2002.5—2007.5
	董仁义	2002.5—2007.5
	程志强	2003.7—2007.5
	沈德咏	2006.12—2007.5
	陈　龙	2006.12—2007.5

四、中共上海市第九届纪律检查委员会

2007年5月，中共上海市第九次代表大会，选举产生中共上海市纪律检查委员会委员53名。5月28日，中共上海市纪律检查委员会第一次全体会议，出席全会的市纪委委员53人，采取无记名投票方式，选出常委11人，其中书记1人、副书记4人。经中共中央批准，任命沈德咏为市纪委书记，唐周绍、顾国林、程志强、李芬华（女）为市纪委副书记，沈德咏、唐周绍、顾国林、程志强、李芬华（女）、李红（女）、陆光明、陈龙、赵增辉、胡敏、黄建平为市纪委常委。

根据市委决定，并报中共中央批准，2008年4月，沈德咏不再担任市纪委书记，董君舒任市纪委书记。2007年5月至2010年12月，根据市委决定，并报中共中央批准，先后增补徐文雄为市纪委常委、副书记；免去程志强市纪委副书记、常委职务；增补温新华（女）为市纪委常委；免去陈龙市纪委常委职务。

2009年7月，中共上海市纪律检查委员会部分职能调整：承担党的纪律检查机关协助党的委员会组织协调反腐败工作、建立健全惩治和预防腐败体系建设的职责；承担协调推进全市行政审批制度改革、加强行政效能监察的职责；承担对市纪委、市监察局派驻（派出）机构的业务工作和干部工作实行统一管理的职责。

表1-1-9　2007年5月—2010年12月中共上海市第九届纪律检查委员会正副书记、常务委员、委员任职表

职　务	姓　名	任　期
书　记	沈德咏	2007.5—2008.4
	董君舒	2008.5—2010.12
副书记	唐周绍	2007.5—2010.12
	顾国林	2007.5—2010.12
	程志强	2007.5—2010.5
	李芬华(女)	2007.5—2010.12
	徐文雄	2010.5—2010.12
常务委员	李　红(女)	2007.5—2010.12
	李芬华(女)	2007.5—2010.12
	沈德咏	2007.5—2008.4
	陆光明	2007.5—2010.12
	陈　龙	2007.5—2009.8
	赵增辉	2007.5—2010.12
	胡　敏	2007.5—2010.12
	顾国林	2007.5—2010.12
	唐周绍	2007.5—2010.12
	黄建平	2007.5—2010.12
	程志强	2007.5—2010.12

(续表)

职　务	姓　名	任　期
常务委员	董君舒	2008.5—2010.12
	温新华(女)	2009.8—2010.12
	徐文雄	2010.5—2010.12
委　员	丁志坚(女)	2007.5—2010.12
	马效华	2007.5—2010.12
	马新生	2007.5—2010.12
	王宏伟	2007.5—2010.12
	王良虎	2007.5—2010.12
	王贤福	2007.5—2010.12
	王禄宁(女)	2007.5—2010.12
	左　燕(女)	2007.5—2010.12
	田春华	2007.5—2010.12
	朱　影	2007.5—2009.12
	朱小超	2007.5—2010.12
	朱正标	2007.5—2010.12
	朱英磊	2007.5—2010.12
	许伟国	2007.5—2010.12
	阮显忠	2007.5—2010.12
	孙建国	2007.5—2010.12
	李　红(女)	2007.5—2010.12
	李芬华(女)	2007.5—2010.12
	杨培源	2007.5—2010.12
	杨登华	2007.5—2010.12
	肖贵玉	2007.5—2010.12
	吴　捷	2007.5—2010.12
	吴振国	2007.5—2010.12
	邱爱莲(女)	2007.5—2010.12
	何义正	2007.5—2010.12
	沈　敏(女)	2007.5—2010.12
	沈德咏	2007.5—2008.4
	宋依佳(女)	2007.5—2010.12
	张世虎	2007.5—2010.12

（续表）

职　务	姓　名	任　期
委　员	张金康	2007.5—2010.12
	陆光明	2007.5—2010.12
	陈　龙	2007.5—2009.8
	陈守正	2007.5—2010.12
	周　平	2007.5—2010.12
	郑鲁宁	2007.5—2010.12
	赵增辉	2007.5—2010.12
	胡　敏	2007.5—2010.12
	郝立宽	2007.5—2010.12
	胡卫国	2007.5—2010.12
	桂晓民	2007.5—2010.12
	顾国林	2007.5—2010.12
	徐文雄	2007.5—2010.12
	高　亢	2007.5—2010.12
	唐周绍	2007.5—2010.12
	黄建平	2007.5—2010.12
	鹿金东	2007.5—2010.12
	章俊荪	2007.5—2010.12
	葛永东	2007.5—2010.12
	韩晓玉（女）	2007.5—2010.12
	程志强	2007.5—2010.12
	温新华（女）	2007.5—2010.12
	翟必槐	2007.5—2010.12
	黎恒卫	2007.5—2010.12
	董君舒	2008.5—2010.12

第二章　上海市监察局(委)

1987年5月14日,设立上海市监察局。1993年3月12日,市委同意市纪委、市监察局合署办公,并决定将上海市监察局改为上海市监察委员会。2008年10月,上海市监察委员会更名为上海市监察局。

上海市监察局(委)的主要职责是:负责监察市政府各委办局及其工作人员;负责监察区、县人民政府的主要负责人和市属企事业单位中由国家行政机关任命的领导干部。

第一节　合署办公前市监察局

1987年5月14日,按照国务院文件精神,市政府通知,决定设立上海市监察局。9月24日,上海市第八届人大常委会第三十一次会议通过决定,任命吴德让为上海市监察局局长。9月30日,市政府任命郁明、史济才为上海市监察局副局长。10月5日,开始上海市监察局筹建工作。

1989年4月11日,市政府任命钱富兴为上海市监察局副局长。上海市监察局领导班子成员为:局长吴德让,副局长郁明、史济才、钱富兴。

1990年2月14日,经市委同意,建立中共上海市监察局党组,党组成员由吴德让、郁明、史济才、钱富兴、王云敏组成。吴德让任党组书记,郁明任党组副书记。

1992年3月14日,上海市第九届人大常委会第32次会议通过决定,任命韩坤林为上海市监察局局长,免去吴德让上海市监察局局长职务。

1992年11月26日,市政府任命沈红光、金长荣为上海市监察局副局长,免去郁明上海市监察局副局长职务。1992年11月后,上海市监察局领导班子成员为:韩坤林、史济才、钱富兴、沈红光、金长荣。

表1-2-1　1987年9月—1990年2月上海市监察局负责人任职表

职　务	姓　名	任　期
局　长	吴德让	1987.9—1990.2
副局长	郁　明	1987.9—1990.2
	史济才	1987.9—1990.2
	钱富兴	1989.4—1990.2

表1-2-2　1990年2月—1993年5月上海市监察局党组负责人任职表

职　务	姓　名	任　期
书　记	吴德让	1990.2—1993.5
副书记	郁　明	1990.2—1993.5

（续表）

职　　务	姓　　名	任　　期
成　员	史济才	1990.2—1993.5
	钱富兴	1990.2—1993.5
	王云敏	1990.2—1993.5

表1-2-3　1990年2月—1993年5月上海市监察局负责人任职表

职　　务	姓　　名	任　　期
局　长	吴德让	1990.2—1992.3
	韩坤林	1992.3—1993.5
副局长	郁　明	1990.2—1992.10
	史济才	1990.2—1993.5
	钱富兴	1990.2—1993.10
	沈红光	1992.10—1993.5
	金长荣	1992.10—1993.5

第二节　合署办公后市监察局(委)

1993年初，党中央作出纪委、监察机关合署办公的重要决策。1993年3月12日，市委决定市纪委与市监察局合署办公，并将市监察局改为市监察委员会。市监察委员会为市政府组成部门。市监察委员会不设党组，原市监察局领导成员职务自然免除。

1993年3月13日，市纪委、市监察委召开机关合署办公动员大会。市纪委书记张惠新在会上宣布，遵照党中央、国务院关于纪检、监察机关合署办公的决定，经市委、市政府批准，市纪委、市监察局即日起合署办公，市监察局改为市监察委员会，市纪委书记、副书记分别兼任市监察委员会主任、副主任，市纪委常委、原市监察局副局长均为市监察委员会委员；实行一套工作机构、两个机关名称的体制，履行党的纪律检查和行政监察两个职能。

表1-2-4　1993年5月—1995年3月上海市监察委员会负责人任职表

职　　务	姓　　名	任　　期
主　任	张惠新	1993.5—1995.3
副主任	韩坤林	1993.6—1995.3
	孙卫国	1993.6—1995.3
	张锦新	1994.12—1995.3
	洪林珍(女)	1994.12—1995.3
	沈红光	1994.12—1995.3

(续表)

职　务	姓　名	任　期
副主任	史济才	1994.12—1995.3
	金长荣	1994.12—1995.3
	孟庆钟	1994.12—1995.3

表1-2-5　1995年3月—2000年2月上海市监察委员会负责人任职表

职　务	姓　名	任　期
主　任	张惠新	1995.3—2000.2
副主任	韩坤林	1995.3—1996.2
	孙卫国	1995.3—1997.10
	张锦新	1995.3—1998.4
	洪林珍(女)	1995.3—2000.2
	沈红光	1995.3—2000.2
	史济才	1995.3—1995.4
	金长荣	1995.3—1998.7
	孟庆钟	1995.3—2000.2
	杨天欣	1996.2—2000.2
	成作民	1996.2—2000.2
	马银芳	1997.9—2000.2
	何卫国	1998.4—2000.2
	许伟国	1998.4—2000.2

2001年6月,市监察委员会部分职能调整,增加职能:监督检查全市党风廉政建设责任制执行情况和领导干部廉洁从政情况;组织协调全市从源头上预防和治理腐败工作;管理市纪委、市监察委派驻(派出)机构;负责全市党风廉政巡视工作。划转职能:将机关后勤服务工作交给有关事业单位。

表1-2-6　2000年2月—2003年7月上海市监察委员会负责人任职表

职　务	姓　名	任　期
主　任	张惠新	2000.2—2002.6
	李　梅(女)	2002.6—2003.7
副主任	洪林珍(女)	2000.2—2002.9
	沈红光	2000.2—2002.9
	孟庆钟	2000.2—2003.7
	杨天欣	2000.2—2003.7
	成作民	2000.2—2002.9

（续表）

职　　务	姓　　名	任　　期
副主任	马银芳	2000.2—2002.9
	何卫国	2000.2—2003.5
	许伟国	2000.2—2003.7

表 1-2-7　2003 年 7 月—2008 年 10 月上海市监察委员会负责人任职表

职　　务	姓　　名	任　　期
主　任	李　梅(女)	2003.7—2007.4
	顾国林	2007.4—2008.10
副主任	杨天欣	2003.7—2008.10
	许伟国	2003.7—2008.10
	吴幼英(女)	2003.7—2007.4
	李芬华(女)	2003.7—2007.11
	赵增辉	2003.7—2008.10
	陈　龙	2007.1—2008.10
	李　红(女)	2007.11—2008.10
	陆光明	2007.11—2008.10
	黄建平	2007.11—2008.10
	胡　敏	2007.11—2008.10

2008 年 10 月 18 日，市委、市政府决定，市监察委员会更名为市监察局。市监察局为市政府组成部门。

图 1-2-1　2010 年 1 月 27 日，上海市预防腐败局挂牌

2009年7月,市委、市政府决定,市纪委机关与市监察局合署办公,实行一套工作机构、两个机关名称,履行党的纪律检查和行政监察职能。市监察局挂上海市预防腐败局牌子,主要职责是负责全市预防腐败工作的组织协调、综合规划、政策制定、检查指导;协调指导有关部门开展防治腐败工作。同时,市监察局部分职能调整:承担党的纪律检查机关协助党的委员会组织协调反腐败工作、建立健全惩治和预防腐败体系建设的职责;承担协调推进全市行政审批制度改革、加强行政效能监察的职责;承担对市纪委、市监察局派驻(派出)机构的业务工作和干部工作实行统一管理的职责。

表1-2-8　2008年10月—2010年12月上海市监察局负责人任职表

职　务	姓　名	任　期
局　长	顾国林	2008.10—2010.12
副局长	杨天欣	2008.10—2008.11
	许伟国	2008.10—2010.12
	赵增辉	2008.10—2009.12
	陈　龙	2008.10—2009.9
	李　红(女)	2008.10—2009.12
	陆光明	2008.10—2009.12
	黄建平	2008.10—2009.12
	胡　敏	2008.10—2009.12
	花　蓓(女)	2009.12—2010.12
	王　玉	2009.12—2010.12
	王永伟	2009.12—2010.12

表1-2-9　2009年12月—2010年12月上海市预防腐败局负责人任职表

职　务	姓　名	任　期
局　长	顾国林	2009.12—2010.12
副局长	林云存	2009.12—2010.12

第三章 内设、派驻(派出)与部委办局机构

市纪委(市委纪委筹备组)、市监察局(委)参照中央纪委、监察部职能机构设置,并经市编制委员会同意,设立、完善内部职能机构,建立健全机关内部的规章制度和工作人员的岗位职责。1979年市委纪委筹备组建立时,下设2室3处。1987年市监察局成立时,下设1室5处。1993年3月,市纪委与市监察局合署办公,下设15个室和机关党委。至2009年,市纪委、市监察局调整为18个内设机构。

1980年7月,市委纪委筹备组在市经委、市农委、市建委、市教卫办、市财贸办、市科委建立纪律检查组,作为市委纪委筹备组的派出机构。至1985年1月,在市部委办局已建纪检机构71个。1989年,市监察局决定在市经委、市建委、市财贸办、市农委、市交通办、市科委、市教卫办、市外经贸委8个委、办设监察室。2000年7月,市纪委、市监察委决定向全市21个单位派驻(派出)纪检监察机构。至2010年,在市部委办局共建立纪检监察机构159个,配备专职工作人员396人,兼职工作人员215人。

第一节 内设机构

1979年市委纪委筹备组建立时,下设2室3处。1987年市监察局成立时,下设1室5处。随着形势发展、任务变化,市纪委、市监察局内设机构历经多次调整。1993年3月,市纪委与市监察委合署办公,下设15个室和机关党委。至2009年,市纪委、市监察局调整为18个内设机构。

一、市委纪委筹备组内设机构

1979年4月,市委纪委筹备组建立。筹备组下设办公室、研究室、纪律检查处、案件审理处和信访处。

1981年6月4日,经市编制委员会同意,市委纪委筹备组纪律检查处分设为纪律检查一处和纪律检查二处。

1982年1月11日,中央发出《紧急通知》,打击经济领域中严重犯罪活动的斗争。市委纪委筹备组根据市委意见,于2月25日设立"贯彻执行《中央紧急通知》办公室",下设秘书组、联络组。季梅先、汪吉兼任办公室负责人。3月27日,市委决定成立"市委打击经济领域中违法犯罪活动领导小组",办公室设在市委纪委筹备组,负责日常工作。5月25日,市委通知,市委打击经济领域中严重犯罪活动领导小组办公室成员为:主任肖习琛、副主任汪吉、王徵明。原市委纪委筹备组贯彻中央《紧急通知》办公室随之撤销。

1983年,为贯彻中央纪委关于坚决制止党员、干部在建房、分房中的歪风的公开信,市委纪委筹备组建立专项工作小组,梁绪盈任组长,集中力量加强对上海市贯彻中央纪委公开信情况进行检查。

1984年3月26日,为适应纪检工作的需要,市委纪委筹备组研究决定,机关内设机构为:办公

室、纪律检查一处、纪律检查二处、纪律检查三处、纪律检查四处、案件审理处、信访处、干部管理处、研究室。其中纪律检查一处负责联系工业、计委、建委、交通、财贸、外经贸、国防工办系统的纪律检查工作,纪律检查二处负责联系各区、农村系统包括各县的纪律检查工作,纪律检查三处负责联系宣传、教卫、科技系统的纪律检查工作,纪律检查四处负责联系市直属机关党委、工、青、妇、政法、统战、外事系统,以及市直属局级单位的纪律检查工作。

二、合署办公前市纪委内设机构

1984年4月26日,建立中共上海市纪律检查委员会。

1985年4月,市纪委增设教育室,其主要任务是选择典型案例,总结经验教训,撰写党性教育教材,出版刊物,对全市党员干部进行党性、党风、党纪教育和纪检系统干部的培训工作,以适应新形势的需要,提高纪检干部的党性觉悟、政治理论专业知识水平。

1987年,市纪委下设纪检办公室、一处、二处、三处、四处、干部处、案件审理处、信访处、教育室、研究室、《上海纪检》编辑部。

1989年,为贯彻中央纪委《关于颁发〈关于党的各级纪委内部机构和干部职务设置的若干规定〉的通知》,4月15日,经市纪委常委会讨论决定,并经市编委同意,市纪委对机关内部机构设置做调整,将原来纪检一处、二处、三处、四处改为一室、二室、三室,增加案件检查室。内设机构即:办公室、一室、二室、三室、案件检查室、案件审理室、来信来访室、研究室、教育室、干部管理室、《上海纪检》编辑部11个处室。

三、合署办公前市监察局内设机构

1987年9月30日,成立上海市监察局,下设办公室、干部处、监察一处、监察二处、监察三处,信访处,审理处。

1987年11月11日,市编委印发《关于市、区、县监察机构编制的通知》,同意上海市监察局内部机构设9个处室。

1988年1月10日,上海市监察局办公室、干部处、监察处、信访处、审理处正式挂牌,对外开展工作。

1988年5月13日,经市编委会同意,上海市监察局增设《监察与廉政》编辑室。

1988年11月15日,市纪委、市监察局联合举报中心正式挂牌,受理党员和政府机关工作人员违纪违法的举报。

1988年12月,经市监察局局长办公会议决定,把监察三处一拆为二,分为三处、四处。

1989年4月7日,市监察局增设政策研究室。

1990年1月,为适应监察工作的需要,经市监察局领导研究,市监察局机构进行调整,决定设立二室八处,即:办公室、人事干部处、政策法规处、监察联络处、案件审理处、控告申诉处(举报中心)、监察一处、监察二处、监察三处、《监察与廉政》编辑室。

1991年7月5日,经市监察局党组决定,市监察局机关设宣传教育处。

1991年7月5日,市委决定,建立市纠正行业不正之风工作联席会议制度和市加强廉政建设纠正行业不正之风办公室,挂靠市监察局。市监察局局长吴德让任市纠风办主任,市监察局副局长钱富兴任市纠风办常务副主任，杨培源任市纠风办副主任。

1991 年，经市监察局党组会议决定，撤销监察联络处。

1991 年，市监察局机关内部机构设置如下：办公室、人事干部处、政策法规处、宣传教育处、《监察与廉政》编辑室、案件审理处、控告申诉处，监察一处、二处、三处。

四、合署办公后市纪委、市监察局(委)内设机构

1993 年 3 月，市监察局改为市监察委员会，与市纪委合署办公。合署办公后，下设办公室、监察综合室、纪检监察一室、纪检监察二室、纪检监察三室、纪检监察四室、纪检监察五室、纪检监察六室(市纠风办)、案件审理室、信访室(举报中心)、法规室、研究室、宣传教育室、干部管理室、杂志编辑室等 15 个室和机关党委。

1996 年 4 月，根据《中共中央关于印发〈关于党政机构改革的方案〉和〈关于党政机构改革方案的实施意见〉的通知》和市机构编制委员会《关于市级机关上海市"三定"工作的意见》精神，市纪委拟定《中共上海市纪律检查委员会机关、上海市监察委员会职能配置、内设机构和人员编制方案》，核定市纪委、市监察委行政编制，市纪委办公室改为办公厅，主要职能是：负责文件起草、机要通信、档案管理、信息综合处理工作；承担大型会务安排、对外联络接待、安全保卫、机关行政管理、后勤、老干部服务工作；负责本机关及全市纪检监察系统的办公自动化建设工作。

1998 年 2 月，为适应反腐败斗争不断深入的需要，经市纪委常委会研究决定，市纪委、市监察委原第一纪检监察室与第二纪检监察室合并为第二纪检监察室，负责联系工业、建设、交通、商委、外经贸委、综合经济、金融等系统的纪检监察工作。新成立的第一纪检监察室，主要负责对上海贯彻落实中央和市委关于领导干部廉洁自律各项工作的组织协调和业务指导。

2001 年，根据《中共中央关于中共上海市委机构改革方案的通知》和《中共中央、国务院关于上海市人民政府机构改革方案的通知》的规定，市纪委机关、市监察委职能范围作调整，在原职能范围上增加监督检查上海市党风廉政建设责任制执行情况和领导干部廉洁从政情况、组织协调上海市从源头上预防和治理腐败的工作、管理市纪委、市监察委派驻(派出)机构、负责上海市党风廉政巡视工作等 4 项新的职能。根据职责范围的变化，市纪委、市监察委下设 15 个职能室(厅)：办公厅、监察综合室(执法监察室)、纪检监察一、二、三、四、五、六室、案件审理室、信访室、法规室、研究室、宣传教育室、干部室、杂志编辑室、机关党委。

2004 年 3 月 23 日，经市机构编制委员会批准，市纪委调整部分内设机构，撤销杂志编辑室，设立办公厅编辑处，原编辑室工作由市纪委办公厅承担，同时将执法监察室改为单设，人员编制内部调剂解决。

2008 年 10 月 18 日，市委、市政府决定，市监察委员会更名为市监察局，作为市政府的组成部门。

2009 年 7 月，市委、市政府决定，市纪委和市监察局继续合署办公。2009 年 7 月 6 日，经市机构编制委员会办公室审核后，印发《中共上海市纪律检查委员会机关、上海市监察局主要职责、内设机构和人员编制方案》，对市纪委机关、市监察局主要职责、内设机构和人员编制作调整，设立 18 个内设机构，即：办公厅、预防腐败室、监察综合室、效能监察室、执法监察室、党风廉政建设室、纠正部门和行业不正之风室、案件监督管理室、纪检监察一室、纪检监察二室、纪检监察三室、纪检监察四室、案件审理室、信访室(举报中心)、法规室、研究室、宣传教育室、干部室和机关党委。其中，增

设效能监察室,外挂"上海市行政审批制度改革工作领导小组办公室"牌子,承担行政审批制度改革、效能监察、效能投诉、电子监察等职能。参照中央纪委、监察部,将案件管理室更名为案件监督管理室,进一步突出对查办案件工作的监督和管理职能。

表 1-3-1　1989 年 6 月—2010 年 12 月市纪委秘书长、副秘书长任职表

职　务	姓　名	任　期
秘书长	孙卫国	1989.6—1995.4
	杨天欣	1996.1—1998.2
	马银芳	1998.2—2002.7
	刘纪舟	2002.7—2008.11
	赵增辉	2008.11—2010.3
副秘书长	郭秀业	1995.11—1998.2
	刘纪舟	1997.11—2002.7
	程殿卿	1998.2—2001.6
	赵增辉	2002.7—2003.7
	陆光明	2003.11—2007.8
	黄建平	2003.11—2007.8
	林云存	2007.2—2010.1
	李新华	2010.1—2010.12

表 1-3-2　1997 年 9 月—2010 年 12 月市纪委办公厅主任任职表

职　务	姓　名	任　期
主　任	赵增辉	1997.9—1997.12
	刘纪舟	1997.12—2007.7
	林云存	2007.7—2010.2
	李新华	2010.2—2010.12

五、机关党组织

【市委纪委筹备组党组织】

1979 年 6 月 14 日,市委纪委筹备组临时党支部成立。

1981 年 3 月 2 日,中共上海市直属机关委员会批复同意市委纪委筹备组正式成立机关党支部。王子阳任机关党支部书记。

【市纪委机关党组织】

1985 年 6 月 14 日,市纪委选举产生机关党委。7 月 1 日,中共上海市直属机关委员会批复,同意市纪委正式成立机关党委。雷见辉任机关党委书记。

1987年3月25日，市纪委机关工会正式成立。

1990年，市纪委调整机关党委书记人选，由市纪委常委孙卫国任机关党委书记。

1991年，市纪委为加强对退休党员的管理，建立退休党支部。

【市监察局机关党组织】

1988年3月26日，市监察局机关党总支成立。史济才任机关党总支书记。

1992年7月上旬，经市级机关工委批准，市监察局成立局机关党委和纪委。史济才任机关党委书记，邵东麟任机关纪委书记。

【合署后机关党组织】

1993年3月13日，市纪委与市监察局正式合署办公。为了加强合署后的机关党组织建设，9月8日，经市级机关党工委批复同意，成立市纪委、市监察局机关党委。孙卫国任机关党委书记。

1996年8月7日，经市级机关工委批复同意，市纪委、市监察委机关党委换届。杨天欣任机关党委书记。

1998年9月14日，马银芳任机关党委书记。

2000年9月28日，经市级机关党工委批复同意，市纪委、市监察委机关党委换届。马银芳任机关党委书记。成立首届市纪委、市监察委机关纪委，赵岳清任机关纪委书记。

2002年8月26日，顾国林任机关党委书记。

2004年9月，经市级机关党工委批复同意，市纪委、市监察委机关党委换届。刘纪舟任机关党委书记，左武龙任机关纪委书记。

2008年9月，经市级机关工委批复同意，市纪委、市监察委机关党委换届。赵增辉任机关党委书记，左武龙任机关纪委书记。

第二节　派驻(派出)机构

1980年7月，市委纪委筹备组在市经委、市农委、市建委、市教卫办、市财贸办、市科委这几个党员较多、任务较重、下属单位较多的委办建立纪律检查组，作为市委纪委筹备组的派出机构。1986年，市纪委决定，建立市纪委驻金融系统纪律检查组。1987年，市纪委与市委宣传部决定，将市委宣传部纪检组改为市纪委驻宣传系统纪律检查组。1989年，市监察局决定在市经委、市建委、市财贸办、市农委、市交通办、市科委、市教卫办、市外经贸委这8个委、办设监察室。1997年2月，市纪委、市监察委决定设立市监察委驻市综合经济系统监察室。2000年5月，市纪委、市监察委决定向各委办、政法机关、重要的经济管理和行政执法监督部门以及其他根据工作需要的单位，派驻(派出)纪检监察机构。7月，市纪委、市监察委向全市21个单位派驻(派出)纪检监察机构。

一、市委纪委筹备组派出机构

1979年市委纪委筹备组建立后，全市200多个区县局单位的纪检工作由筹备组直接联系有实际困难。1980年7月，经市委批准，在市经委、市农委、市建委、市教卫办、市财贸办、市科委这几个

图 1－3－1　2006 年 10 月 19 日，上海市纪委市监察委单派驻(派出)机构统一管理工作会议

党员较多、任务较重、下属单位较多的委办建立纪律检查组，作为市委纪委筹备组的派出机构。

各委办党组纪律检查组在委办党组和市委纪委筹备组的双重领导下，协助党组维护党规党法，搞好党风，严肃党纪，保证党的路线、方针、政策和决议的贯彻执行，具体负责系统的纪律检查工作，并制订关于委办党组纪律检查组职责任务的试行规定，内容如下：配合有关部门对党员进行党章、《准则》和党的纪律的教育；向党组和市委纪委筹备组汇报本系统党风党纪的状况和倾向性问题。及时报告有关严重违反党的路线、方针、政策和突发的违纪事件；会同有关部门，对该系统所属党组织和主管、协管的党员违反党纪、败坏党风的行为进行处理，并提出处理意见；对全市和相当于局级干部的违纪案件进行检查时，需经党组或市委纪委筹备组同意；审理所属党委纪委报送的所属单位纪委报送的党员干部违纪案件，按照规定分别报送党组或市委纪委筹备组审批；受理对党员和党组织的控告和党员的申诉，按照分级管理原则，认真做好来信来访工作；对该系统各级纪委(纪检组)的工作进行检查、督促和业务培训，总结交流经验，不断推动纪检工作的开展；处理党组和市委纪委筹备组交办的有关事项。各委、办所属县、局(大专院校、科研单位)纪委(纪检组)主要领导干部的任免，应事先征求委、办党组纪律检查组的意见，并由批准机关抄送市委纪委筹备组备案。

二、合署办公前市纪委派驻机构

1986 年，根据中央纪委文件精神，为加强市金融系统党的纪律检查工作，排除和纠正不正之风的干扰，保证国家金融政策的贯彻执行，促进经济体制改革和四化建设，市纪委决定，建立市纪委驻金融系统纪律检查组，协同人民银行、各专业(工商、建设、农业、中国)银行、保险公司党组织，加强金融系统党的纪律检查工作。市金融系统纪检组由市纪委与中央纪委驻金融系统纪检组实行双重领导。金融系统纪律检查组成立后，金融系统各单位的纪检工作，由原来市财贸纪委和外经贸纪委负责，划归金融系统纪检组承担。其日常工作委托财贸党委领导，人民银行党组指导；并且会同各专业银行和保险公司党组织，对各专业银行和保险公司的纪检组织实行双重领导。

1987年，根据中央纪委发出的建设精神文明规划中要求“向党和国家机关派驻纪检组”的指示精神，为加强宣传系统党的纪律检查工作，市纪委经与市委宣传部共同研究，决定将市委宣传部纪检组改为市纪委驻宣传系统纪律检查组。派驻后的纪检组，仍属市委宣传部建制，由市纪委和宣传部双重领导。

其他系统由于条件尚不成熟，经市纪委研究，暂不派驻纪检组。

三、合署办公前市监察局派驻机构

1989年，为贯彻落实党的十三届四中全会精神，坚决惩治腐败，加强廉政建设，市监察局决定在市经委、市建委、市财贸办、市农委、市交通办、市科委、市教卫办、市外经贸委这8个委、办设监察室。监察室是市政府各委、办负责监察工作的职能机构，受所在委、办和市监察局的双重领导，监察业务以市监察局为主。

四、合署办公后市纪委、市监察局(委)派驻(派出)机构

市纪委、市监察局(委)合署办公后，为加强对综合经济系统工作的监管，1997年2月，经市纪委、市监察委研究，决定设立市监察委员会驻市综合经济系统监察室。该室与市综合经济系统纪委合署办公，实行一套工作机构、两个机关名称、履行两项职能的体制。市综合经济系统纪委和市监察委派驻综合经济系统监察室分别受市纪委、市监察委和市综合经济党工委的双重领导，对党的关系在市综合经济系统党工委的各单位纪检监察工作，负有业务上领导和督促检查的职责。

2000年5月，为认真贯彻中央纪委四次全会精神，根据《中国共产党章程》和《中华人民共和国行政监察法》，参照中央纪委、监察部派驻(派出)纪检监察机构的做法，结合上海的实际情况，市纪委、市监察委研究后决定向各委办、政法机关、重要的经济管理和行政执法监督部门以及其他根据工作需要的单位，派驻(派出)纪检监察机构。

2000年7月，经市委、市政府同意，市纪委、市监察委向全市21个单位派驻(派出)纪检监察机构，其中工业、商业、教育、科技、建设、农村、外经贸、旅游等8个部委办局和市计委、市审计局、市工商局的现有纪检监察机构改为市纪委、市监察委的派驻(派出)机构，市委宣传部、市委政法委、市级机关工委、市金融工作党委和市高级法院、市检察院的现有纪检机构改为市纪委派驻(派出)机构；市公安局、市国家安全局、市司法局、市财政局的现有监察机构改为市监察委派出机构。为加强对市纪委、市监察委派驻(派出)机构的领导和管理，市纪委、市监察委制定《关于派驻(派出)纪检监察机构若干问题的规定》。

表1-3-3　2001年市纪委、市监察委派驻(派出)机构一览表

类　别	派驻(派出)机构名称
双派驻(派出)机构	中共上海市工业纪律检查工作委员会、上海市监察委员会驻上海市经济委员会监察室
	中共上海市商业纪律检查工作委员会、上海市监察委员会驻上海市商业委员会监察室
	中共上海市教育纪律检查工作委员会、上海市监察委员会驻上海市教育委员会监察室
	中共上海市科技纪律检查工作委员会、上海市监察委员会驻上海市科学技术委员会监察室

(续表)

类　别	派驻(派出)机构名称
双派驻(派出)机构	中共上海市建设和管理纪律检查工作委员会、上海市监察委员会驻上海市建设和管理委员会监察室
	中共上海市郊区纪律检查工作委员会、上海市监察委员会驻上海市农业委员会监察室
	中共上海市对外经济贸易纪律检查工作委员会、上海市监察委员会驻上海市对外经济贸易委员会监察室
	中共上海市旅游事业管理纪律检查工作委员会、上海市监察委员会驻上海市旅游事业管理委员会监察室
	中共上海市纪委驻上海市发展计划委员会纪律检查组、上海市监察委员会驻上海市发展计划委员会监察室
	中共上海市纪委驻上海市审计局纪律检查组、上海市监察委员会驻上海市审计局监察室
单派驻(派出)机构	中共上海市金融纪律检查工作委员会
	中共上海市市级机关纪律检查工作委员会
	中共上海市纪委驻中共上海市委宣传部纪律检查组
	中共上海市纪委驻中共上海市委政法委员会纪律检查组
	中共上海市纪委驻上海市高级人民法院纪律检查组
	中共上海市纪委驻上海市人民检察院纪律检查组
	上海市监察委员会驻上海市公安局监察室
	上海市监察委员会驻上海市国家安全局监察室
	上海市监察委员会驻上海市司法局监察室
	上海市监察委员会驻上海市财政局(市地税局)监察室

2005 年,市纪委按照中央纪委的统一部署,开展对派驻纪检监察机构实行统一管理的工作。11 月 24 日,印发《关于对市纪委、市监察委派驻机构实行统一管理的实施意见》。

2006 年 10 月,市纪委、市监察委根据中央纪委、监察部的部署精神,结合各派驻(派出)机构具体情况,提出对派驻(派出)机构实行统一管理,明确市纪委对派驻市委政法委、市委宣传部,市高级法院,市检察院的纪检组,市监察委对派出市公安局、市国家安全局、市司法局、市财政局、市国资委的监察室的业务工作和干部工作,实行统一管理,并制定《关于对市纪委、市监察委单派驻(派出)机构实施统一管理的实施意见》。

第三节　部委办局纪检监察机构

1980 年 7 月,上海党的纪检机关和纪检组织恢复重建,经市委批准,在市经委、市农委、市建委、市教卫办、市财贸办、市科委建立纪检组。1983 年,市委成立工业、交通、建设、财贸、对外经济贸易、农村、科学技术、教育卫生等 8 个工作委员会,同时根据党章和有关规定,建立纪检组。

1984 年 4 月,市委纪委筹备组改为市纪委。根据党章和有关规定,各省(区、市)党委和政府直属部委办局机关,凡成立党的委员会(含机关党的委员会或直属机关党的委员会)的,一般均应同时成立纪律检查委员会。至1985年1月,在市部委办局应设纪检机构72个,已建纪检机构71个,配备专职工作人员410人,配备兼职工作人员179人。

1988年7月,中央转发中央纪委《关于逐步撤销国务院各部门党组纪检组和中央纪委派驻纪检组有关问题的意见》的通知。上海根据市委、市政府直属部委办局机构变化情况及工作需要,对相应纪检组织进行调整,在市部委办局共建立纪检机构83个,配备专职工作人员393人。

1989年,根据反腐倡廉形势发展的需要,市纪委加强纪检组织建设。当年,在市部委办局共建立纪检机构103个,配备专职工作人员470人。同时,市监察局参照国务院关于中央国家机关行政监察机构设置和人员编制的情况,在市经委、市建委、市财贸办、市农委、市交通办、市科委、市教卫办、市外经贸委建立监察室。

1991年4月,市委、市纪委根据中央纪委印发的《关于中央纪委派驻纪检组和各部门党组纪检组(纪委)若干问题的规定(试行)》通知,对各部委办局纪委(纪检组)的领导体制、工作关系、工作任务、职责范围、机构设置、工作制度等进行明确。至合署办公前的1993年2月,在本市部委办局共建立纪委(纪检组)124个,配备专职工作人员529人。

1993年3月,市纪委、市监察局合署办公,实行一套工作机构、两个机关名称的体制。根据中央纪委、监察部1993年5月印发的《关于中央直属机关和中央国家机关纪检、监察机构设置的意见》,对市直属部委办局纪检监察机构设置的领导体制、工作关系和人员编制等做出相应的调整。至1999年,在本市部委办局共建立纪检监察机构163个,配备专职工作人员499人,配备兼职工作人员585人。

1995年3月,市纪委根据市委工作机构调整,在市委宣传部、市委政法委、工业委、交通委、建设委、财贸委、外经贸委、农委、科委、教卫委、综合经济委、市级机关工委等部门设立了纪检监察组织。至12月底,在本市部委办局共建立纪检监察机构112个,配备专职工作人员456人,配备兼职工作人员365人。

2000年7月,根据部委办局机构体制改革,新成立的合作交流工作党委、国有资产监督管理委党委、金融工作党委、社会工作党委等部门均成立纪检监察机构。结合上海纪检监察工作实际,参照中央纪委、监察部派驻(派出)纪检监察机构的做法,市纪委、市监察委向各委办、政法机关、重要的经济管理和行政执法监督部门等共21个部委办局派驻(派出)纪检监察机构,对于不派驻(派出)纪检监察机构的委办局机关,由所在部门根据实际情况设立党组纪检组和监察机构。至2002年,在市部委办局共建立纪检监察机构152个,配备专职工作人员440人,配备兼职工作人员335人。

2006年以后,市委各部委、市政府各委办局根据市纪委印发的《关于进一步加强本市党委政府工作部门党风廉政建设的若干意见》的通知要求,不断加强纪检监察组织和干部队伍建设,在新成立的上海临港新城管理委员会、临港经济发展(集团)有限公司、上海世博局等单位建立纪检监察机构,推进反腐倡廉工作落实。至2010年,在本市部委办局共建立纪检监察机构159个,配备专职工作人员396人,配备兼职工作人员215人。

表1-3-4　2010年市直属部委办局及直管单位纪检、监察机构一览表

纪检机构名称	监察机构名称
市市级机关纪工委	市市级机关监察室
市城乡建设和交通纪工委	市城乡建设和交通监察室
市金融纪工委	市金融监察室

(续表)

纪检机构名称	监察机构名称
市科技纪工委	市科技监察室
市教育卫生纪工委	市教委监察室
市经济和信息化纪工委	市经济和信息化监察室
市合作交流纪工委	市合作交流监察室
市社会纪工委	—
市委政法委纪检组	—
市委宣传部纪检组	市委宣传部监察室
市高级法院纪检组	市高级法院监察室
市检察院纪检组	市检察院监察处
市国资委纪委	市国资委监察室
市财政局纪检组	市财政局监察室
市公安局纪委	市公安局监察室
市司法局纪委	市司法局监察室
市国家安全局纪委	市国家安全局监察室
市委农办纪检组	市委农办监察室
市发展改革委纪检组	市发展改革委监察室
市商务委纪检组	市商务委监察室
市民政局纪委	市民政局监察室
市人力资源社会保障局纪委	市人力资源社会保障局监察室
市环保局纪委	市环保局监察室
市规划国土资源局纪检组	市规划国土资源局监察室
市审计局纪检组	市审计局监察室
市国家(地方)税务局纪检组	市国家(地方)税务局监察室
市工商局纪委	市工商局监察处
市质量技术监督局纪委	市质量技术监督局监察室
市统计局纪检组	市统计局监察室
市旅游局纪检组	市旅游局监察审计室
市安全监管局纪检组	—
市民防办纪检组	—
上海临港产业区管委会纪检组	—
上海临港经济发展(集团)有限公司纪委	—
上海世博局纪委	上海世博局监审部

第四章　各区县纪委、监察局(委)

1979年以后，上海市各区县陆续建立区县委纪律检查委员会筹备组或区县委纪律检查委员会。1983—1984年，各区县委纪律检查委员会更名为区县纪律检查委员会。1987年，各区县监察局建立。1993年，各区县纪律检查委员会、区县监察局合署办公。1993年，在撤销川沙县、设立浦东新区的同时，筹建中共浦东新区纪律检查委员会、浦东新区监察局；2009年，南汇区撤销，并入浦东新区，成立两区合并后的浦东新区纪委、浦东新区监察局。2000年，原黄浦区、原南市区"撤二建一"，组建新的黄浦区纪委、黄浦区监察委。1988年，宝山县和吴淞区撤销、建立宝山区，成立中共宝山区纪律检查委员会筹备组。1992年，上海县和闵行区撤销、建立闵行区，建立中共闵行区纪律检查委员会。1992年、1997年、1998年、1999年、2001年，嘉定县、金山县、松江县、青浦县、奉贤县分别撤县建区，县纪委、县监察局(委)也相应变更为区纪委、区监察局(委)。

第一节　浦 东 新 区

1992年10月，国务院同意设立上海市浦东新区，撤销川沙县。2009年5月，国务院同意撤销上海市南汇区，将其行政区域并入上海市浦东新区。

一、川沙县纪委、监察局

【川沙县纪委】

1979年9月28日，成立中共川沙县委纪律检查委员会。

1984年4月，中共川沙县委纪律检查委员会更名为中共川沙县纪律检查委员会。

1987年1月7—10日，中共川沙县第五次代表大会选举产生中共川沙县纪律检查委员会委员13人。1月10日，中共川沙县纪律检查委员会第一次全会，选举产生县纪委常委5人，其中书记1人、副书记2人。

1990年2月7—9日，中共川沙县第六次代表大会选举产生中共川沙县纪律检查委员会委员15人。2月9日，中共川沙县纪律检查委员会第一次全会，选举产生县纪委常委7人，其中书记1人、副书记2人。

表1-4-1　1979年9月—1992年12月川沙县纪委书记任职表

机构名称	职　务	姓　名	任　期
县委纪委	书　记	夏德润	1979.9—1980.12(兼)
县纪委	书　记	王树良	1984.4—1986.12
县纪委	书　记	蒋其耕	1986.11—1990.2
县纪委	书　记	陆仁忠	1990.2—1992.12

【川沙县监察局】

1988 年 3 月 15 日,成立川沙县监察局。

表 1-4-2　1988 年 3 月—1993 年 3 月川沙县监察局局长任职表

机构名称	职　务	姓　名	任　期
县监察局	局　长	陈振邦	1988.3—1992.1
		杨建明	1992.1—1993.3

二、浦东新区纪委、监察局(委)

【浦东新区纪委】

1993 年 1 月 1 日,浦东新区建立后,在建立区党工委、管委会机关的同时,成立中共浦东新区纪律检查委员会和浦东新区监察局。浦东新区纪委和监察局合署办公,实行一套工作机构、两个机关名称的体制,履行党的纪律检查和行政监察两种职能。

2000 年 5 月 18 日,浦东新区正式建立党委和政府后,成立中共浦东新区纪律检查委员会、浦东新区监察委员会。

2003 年 2 月 27 日—3 月 2 日,中共浦东新区第一次代表大会选举产生中共浦东新区第一届纪律检查委员会委员 20 人。3 月 2 日,中共浦东新区纪律检查委员会第一次全会,选举产生区纪委常委 5 人,其中书记 1 人、副书记 2 人。

2007 年 1 月 9—11 日,中共浦东新区第二次代表大会选举产生中共浦东新区纪律检查委员会委员 29 人。中共浦东新区纪律检查委员会第一次全会,选举产生区纪委常委 7 人,其中书记 1 人,副书记 2 人。

2009 年底,浦东新区、南汇区合并后成立中共浦东新区纪律检查委员会。

表 1-4-3　1993 年 4 月—2009 年 6 月浦东新区纪委书记任职表

机构名称	职　务	姓　名	任　期
区纪委	书　记	黄梦秋	1993.4—1994.6
区纪委	书　记	张贤训	1995.2—2003.3
区纪委	书　记	栾国梁	2003.3—2006.9
区纪委	书　记	徐文雄	2006.9—2009.6

【浦东新区监察局(委)】

1993 年,成立浦东新区监察局,区纪委和区监察局合署办公。

2000 年 5 月 18 日,成立浦东新区监察委员会,区纪委和区监察委合署办公。

表 1-4-4　1993 年 4 月—2009 年 8 月浦东新区监察局(委)局长(主任)任职表

机构名称	职　务	姓　名	任　期
区监察局	局　长	黄梦秋	1993.4—1994.6
区监察局	局　长	张贤训	1995.2—2000.5

（续表）

机构名称	职　务	姓　名	任　期
区监察委	主　任	张贤训	2000.5—2002.1
区监察委	主　任	陆仁忠	2002.1—2003.5
区监察委	主　任	赵开国	2003.5—2005.11
区监察委	主　任	赵卫星	2005.11—2007.5
区监察委	主　任	刘　英（女）	2007.5—2009.8

三、南汇县纪委、监察局（委）

【南汇县纪委】

1979 年 4 月 9 日，成立中共南汇县委纪律检查委员会筹备组。

1984 年 7 月 23 日，中共南汇县委纪律检查委员会筹备组更名为中共南汇县纪律检查委员会。

1986 年 12 月 23—26 日，中共南汇县第四次代表大会选举产生中共南汇县纪律检查委员会委员 15 名。中共南汇县纪律检查委员会第一次全会，选举产生县纪委常委 5 人，其中书记 1 人、副书记 2 人。

1990 年 2 月 13—17 日，中共南汇县第五次代表大会选举产生中共南汇县纪律检查委员会委员 15 人。中共南汇县纪律检查委员会第一次全会，选举产生县纪委常委 4 人，其中书记 1 人、副书记 2 人。

1993 年 1 月 13—17 日，中共南汇县第六次代表大会选举产生中共南汇县纪律检查委员会委员 16 人。中共南汇县纪律检查委员会第一次全会，选举产生县纪委常委 5 人，其中书记 1 人、副书记 1 人。

1993 年 4 月，中共南汇县纪律检查委员会与南汇县监察局合署办公，实行一套工作机构、两个机关名称的体制，履行党的纪律检查和政府行政监察两项职能。

1998 年 1 月 12—15 日，中共南汇县第七次代表大会选举产生中共南汇县纪律检查委员会委员 19 人。中共南汇县纪律检查委员会第一次全会，选举产生县纪委常委 7 人，其中书记 1 人、副书记 1 人。

表 1-4-5　1979 年 4 月—2002 年 1 月南汇县纪委书记（组长）任职表

机构名称	职　务	姓　名	任　期
县委纪委筹备组	组　长	金家如	1979.4—1984.7
县纪委	书　记	蒋其耕	1984.7—1986.12
县纪委	书　记	徐根生	1986.12—1990.2
县纪委	书　记	计厚福	1990.2—1993.1
县纪委	书　记	赵永清	1993.1—1998.1
县纪委	书　记	顾正明	1998.1—2001.8
县纪委	书　记	张才莲（女）	2001.8—2002.1

【南汇县监察局(委)】

1987年12月,成立南汇县监察局。

1993年4月,南汇县监察局更名为南汇县监察委员会,县纪委和县监察委合署办公。

表1-4-6 1987年12月—2002年1月南汇县监察局(委)局长(主任)任职表

机构名称	职　务	姓　名	任　期
县监察局	局　长	蔡龙章	1987.12—1990.1
县监察局	局　长	陈肖南	1990.1—1992.12
县监察局	局　长	蔡国昌	1992.12—1993.4
县监察委	主　任	赵永清	1993.4—1998.1
县监察委	主　任	顾正明	1998.1—2002.1

四、南汇区纪委、监察局(委)

【南汇区纪委】

2002年1月,国务院批准南汇撤县建区,成立中共南汇区纪律检查委员会。区委任命区纪委常委7人,其中区纪委书记1人,副书记2人。

2003年1月22—25日,中共南汇区第一次代表大会选举产生中共南汇区纪律检查委员会委员19人。1月25日,中共南汇区纪律检查委员会第一次全会,选举产生区纪委常委7人,其中区纪委书记1人、副书记2人。

2007年1月18—20日,中共南汇区第二次代表大会选举产生中共南汇区纪律检查委员会委员29人。中共南汇区纪律检查委员会第一次全会,选举产生区纪委常委7人,其中书记1人、副书记2人。

表1-4-7 2002年1月—2009年6月南汇区纪委书记任职表

机构名称	职　务	姓　名	任　期
区纪委	书　记	张才莲(女)	2002.1—2007.1
区纪委	书　记	马效华	2007.1—2009.6

【南汇区监察局(委)】

2002年1月,国务院批准南汇撤县建区,成立南汇区监察委员会。

2009年2月13日,南汇区监察委员会更名为南汇区监察局,区纪委和监察局合署办公。

表1-4-8 2002年1月—2009年6月南汇区监察局(委)局长(主任)任职表

机构名称	职　务	姓　名	任　期
区监察委	主　任	瞿火明	2002.1—2002.7
区监察委	主　任	葛四平	2002.7—2005.10

（续表）

机构名称	职　务	姓　名	任　期
区监察委	主　任	谈林福	2005.10—2007.1
区监察委	主　任	沈建军	2007.1—2009.2
区监察局	局　长	茅援农	2009.3—2009.6

五、合并后浦东新区纪委、监察局

【浦东新区纪委】

2009年5月，国务院同意南汇区并入浦东新区。

2009年5月15日，成立浦东新区纪检联合工作委员会。

2009年8月，成立两区合并后的中共浦东新区纪律检查委员会，与浦东新区监察局合署办公，实行一套工作机构、两个机关名称的体制，履行党的纪律检查和政府行政监察两项职能。

【浦东新区监察局】

2009年8月，浦东新区监察委更名为浦东新区监察局，区纪委和区监察局合署办公。

表1-4-9　2009年5月—2010年12月浦东新区纪委书记（召集人）任职表

机构名称	职　务	姓　名	任　期
纪检联合工作委员会	召集人	马效华	2009.5—2009.8
纪检联合工作委员会	召集人	徐文雄	2009.5—2009.8
区纪委	书　记	徐文雄	2009.8—2010.5
区纪委	书　记	杨培源	2010.5—2010.12

表1-4-10　2009年8月—2010年12月浦东新区监察局局长任职表

机构名称	职　务	姓　名	任　期
区监察局	局　长	王正泉	2009.8—2010.12

第二节　徐　汇　区

一、徐汇区纪委

1979年7月，成立中共徐汇区委纪律检查委员会。

1983年9月，中共徐汇区委纪律检查委员会更名为中共徐汇区纪律检查委员会。

1987年1月，中共徐汇区第三次代表大会选举产生中共徐汇区纪律检查委员会。中共徐汇区纪律检查委员会第一次全会选举产生区纪委常委7人,其中书记1人、副书记2人。

1990年1月,中共徐汇区第四次代表大会选举产生中共徐汇区纪律检查委员会。中共徐汇区纪律检查委员会第一次全会选举产生区纪委常委7人,其中书记1人、副书记2人。

1993年1月,中共徐汇区第五次代表大会选举产生中共徐汇区纪律检查委员会。中共徐汇区纪律检查委员会第一次全会选举产生区纪委常委7人,其中书记1人、副书记2人。

1993年4月9日,中共徐汇区纪律检查委员会与区监察委员会合署办公,实行一套工作机构、两个机关名称的体制,履行党的纪律检查和政府行政监察两项职能。

1998年1月,中共徐汇区第六次代表大会选举产生中共徐汇区纪律检查委员会。中共徐汇区纪律检查委员会第一次全会选举产生区纪委常委7人,其中书记1人、副书记2人。

2003年1月,中共徐汇区第七次代表大会选举产生中共徐汇区纪律检查委员会。中共徐汇区纪律检查委员会第一次全会选举产生区纪委常委7人,其中书记1人、副书记2人。

2007年1月,中共徐汇区第八次代表大会选举产生中共徐汇区纪律检查委员会。中共徐汇区纪律检查委员会第一次全会选举产生区纪委常委7人,其中书记1人、副书记2人。

2009年3月,中共徐汇区纪律检查委员会与区监察局合署办公。

表1-4-11　1979年7月—2010年12月徐汇区纪委书记任职表

机构名称	职务	姓名	任期
区委纪委	书记	郑道宗	1979.7—1982.6
区委纪委	书记	门长华	1982.6—1983.9
区纪委	书记	顾恪先	1983.9—1986.10
区纪委	书记	裘月屏(女)	1986.10—1990.1
区纪委	书记	周德海	1990.1—1997.6
区纪委	书记	郑长埠	1997.6—2002.3
区纪委	书记	董仁义	2002.3—2006.11
区纪委	书记	邱爱莲(女)	2006.11—2010.12

二、徐汇区监察局(委)

1987年12月,成立徐汇区监察局。

1993年4月9日,徐汇区监察局更名为徐汇区监察委员会,与区纪委合署办公。

2009年3月,徐汇区监察委员会更名为徐汇区监察局,与区纪委合署办公。

表1-4-12　1987年12月—2010年12月徐汇区监察局(委)局长(主任)任职表

机构名称	职务	姓名	任期
区监察局	局长	顾荣平	1987.12—1989.12
区监察局	局长	吴正聪(女)	1989.12—1990.12

（续表）

机构名称	职　务	姓　名	任　期
区监察局	局　长	赵毅峰	1990.12—1993.4
区监察委	主　任	周德海	1993.4—1997.8
区监察委	主　任	郑长埠	1997.8—2002.5
区监察委	主　任	章宝根	2002.5—2004.7
区监察委	主　任	赵　汶	2004.7—2009.3
区监察局	局　长	赵　汶	2009.3—2009.10
区监察局	局　长	徐继亮	2009.10—2010.12

第三节　长　宁　区

一、长宁区纪委

1979 年 7 月，成立中共长宁区委纪律检查委员会。

1983 年 12 月 15 日，中共长宁区委纪律检查委员会更名为中共长宁区纪律检查委员会。

1986 年 3 月 26—30 日，中共长宁区第三次代表大会选举中共长宁区纪律检查委员会委员 17 人。3 月 31 日，中共长宁区纪律检查委员会第一次全会选举产生区纪委常委 6 人，其中书记 1 人、副书记 1 人。

1990 年 1 月 10—15 日，中共长宁区第四次代表大会选举中共长宁区纪律检查委员会委员 16 人。1 月 15 日，中共长宁区纪律检查委员会第一次全会选举产生区纪委常委 6 人，其中书记 1 人、副书记 2 人。

1993 年 2 月 9—12 日，中共长宁区第五次代表大会选举产生中共长宁区纪律检查委员会委员 19 人。2 月 13 日，中共长宁区纪律检查委员会第一次全会选举产生区纪委常委 7 人，其中书记 1 人、副书记 2 人。

1993 年 4 月，中共长宁区纪律检查委员会与长宁区监察委合署办公，实行一套工作机构、两个机关名称的体制，履行党的纪律检查和政府行政监察两项职能。

1998 年 1 月 19—22 日，中共长宁区第六次代表大会选举产生中共长宁区纪律检查委员会委员 19 人。1 月 22 日，中共长宁区纪律检查委员会第一次全会选举产生区纪委常委 7 人，其中书记 1 人、副书记 2 人。

2003 年 1 月 22—25 日，中共长宁区第七次代表大会选举产生中共长宁区纪律检查委员会委员 19 人。1 月 25 日，中共长宁区纪律检查委员会第一次全会选举产生区纪委常委 7 人，其中书记 1 人、副书记 2 人。

2007 年 1 月 9—13 日，中共长宁区第八次代表大会选举产生中共长宁区纪律检查委员会委员 25 人。1 月 13 日，中共长宁区纪律检查委员会第一次全会选举产生区纪委常委 7 人，其中书记 1 人、副书记 2 人。

2009 年 2 月，中共长宁区纪律检查委员会与区监察局合署办公。

表1-4-13 1979年7月—2010年12月长宁区纪委书记任职表

机构名称	职务	姓名	任期
区委纪委	书记	钟石川(女)	1979.7—1983.11
区委纪委	书记	刘云(女)	1983.11—1985.3
区纪委	书记	殷乃棻(女)	1985.7—1993.2
区纪委	书记	沈世康	1993.2—1998.1
区纪委	书记	张路加	1998.1—2003.1
区纪委	书记	李葳萍(女)	2003.1—2006.11
区纪委	书记	沈敏(女)	2006.11—2010.12

二、长宁区监察局(委)

1987年12月,建立长宁区监察局。

1993年4月,长宁区监察局更名为长宁区监察委员会,与区纪委合署办公。

2009年2月,长宁区监察委员会更名为长宁区监察局,与区纪委合署办公。

表1-4-14 1989年3月—2010年12月长宁区监察局(委)局长(主任)任职表

机构名称	职务	姓名	任期
区监察局	代理局长	毛仁清	1989.3—1990.4
区监察局	局长	毛仁清	1990.4—1993.4
区监察委	主任	沈世康	1993.5—1998.5
区监察委	主任	张路加	1998.5—2003.1
区监察委	主任	莫平	2003.1—2004.10
区监察委	主任	朱良沪	2004.10—2009.2
区监察局	局长	朱良沪	2009.2—2009.7
区监察局	局长	邱放	2009.7—2010.12

第四节 普陀区

一、普陀区纪委

1979年7月26日,成立中共普陀区委纪律检查委员会。

1984年4月,中共普陀区委纪律检查委员会更名为中共普陀区纪律检查委员会。

1986年7月29日—8月3日,中共普陀区第三次代表大会选举产生中共普陀区纪律检查委员会委员18人。8月4日,中共普陀区纪律检查委员会第一次全会选举产生区纪委常委5人,其中书记1人、副书记1人。

1990年1月10—13日，中共普陀区第四次代表大会选举产生中共普陀区纪律检查委员会委员19人。中共普陀区纪律检查委员会第一次全会选举产生区纪委常委7人，其中书记1人、副书记2人。

1993年1月2—6日，中共普陀区第五次代表大会选举产生中共普陀区纪律检查委员会委员22人。1月6日，中共普陀区纪律检查委员会第一次全会选举产生区纪委常委9人，其中书记1人、副书记2人。

1993年4月7日，中共普陀区纪委与区监察局合署办公，实行一套工作机构、两个机关名称的体制，履行党的纪律检查和政府行政监察两项职能。

1998年1月14—17日，中共上海市普陀区第六次代表大会选举产生中共普陀区纪律检查委员会委员20人。1月17日，中共普陀区纪律检查委员会第一次全会选举产生区纪委常委9人，其中书记1人，副书记2人。

2003年1月24—28日，中共上海市普陀区第七次代表大会选举产生中共普陀区纪律检查委员会委员19人。1月28日，中共普陀区七届纪律检查委员会第一次全会选举产生区纪委常委7人，其中书记1人、副书记2人。

2007年1月16—19日，中共上海市普陀区第八次代表大会选举产生中共普陀区纪律检查委员会委员25人。1月19日，中共普陀区纪律检查委员会第一次全会选举产生区纪委常委7人，其中书记1人、副书记2人。

2009年2月27日，中共普陀区纪律检查委员会与区监察局合署办公。

表1-4-15　1979年7月—2010年12月普陀区纪委书记任职表

机构名称	职　务	姓　名	任　期
区委纪委	书　记	谭西三	1979.7—1982.9
区委纪委	书　记	李伯强	1982.9—1984.4
区纪委	书　记	李伯强	1984.4—1985.6
区纪委	书　记	顾家宁(女)	1985.6—1990.1
区纪委	书　记	仲永根	1990.1—1991.6
区纪委	书　记	张克明	1991.6—1993.1
区纪委	书　记	封　利(女)	1993.1—1998.1
区纪委	书　记	曹关宝	1998.1—2002.3
区纪委	书　记	徐文雄	2002.3—2003.1
区纪委	书　记	徐正明	2003.1—2006.11
区纪委	书　记	左　燕(女)	2007.1—2010.12

二、普陀区监察局(委)

1987年11月30日，成立普陀区监察局。

1993 年 4 月 7 日,普陀区监察局更名为普陀区监察委员会,与区纪委合署办公。

2009 年 2 月 27 日,普陀区监察委员会更名为普陀区监察局,与区纪委合署办公。

表 1-4-16　1989 年 1 月—2010 年 12 月普陀区监察局(委)局长(主任)任职表

机构名称	职　务	姓　名	任　期
区监察局	局　长	姜贤宁	1989.1—1993.3
区监察委	主　任	封　利(女)	1993.6—1997.12
区监察委	主　任	曹关宝	1998.1—2001.8
区监察委	主　任	包昌华	2001.8—2005.12
区监察委	主　任	李　坚	2005.12—2009.3
区监察局	局　长	李　坚	2009.3—2010.12

第五节　闸 北 区

一、闸北区纪委

1979 年 7 月,成立中共闸北区委纪律检查委员会。

1985 年 6 月,中共上海市闸北区委纪律检查委员会更名为中共上海市闸北区纪律检查委员会。设专职委员 5 人。

1986 年 8 月 18—22 日,中共闸北区第三次代表大会选举产生中共闸北区纪律检查委员会委员 17 人。中共闸北区纪律检查委员会第一次全会选举产生区纪委常委 7 人,其中书记 1 人、副书记 2 人。

1990 年 1 月 9—12 日,中共闸北区第四次代表大会选举产生中共闸北区纪律检查委员会委员 17 人。中共闸北区纪律检查委员会第一次全会选举产生区纪委常委 7 人,其中书记 1 人、副书记 2 人。

1993 年 2 月 1—4 日,中共闸北区第五次代表大会选举产生中共闸北区纪律检查委员会委员 17 人。中共闸北区纪律检查委员会第一次全会选举产生区纪委常委 7 人,其中书记 1 人、副书记 2 人。

1993 年 4 月,中共闸北区纪律检查委员会与区监察委员会合署办公,实行一套工作机构、两个机关名称的体制,履行党的纪律检查和政府行政监察两项职能。

1998 年 1 月 12—16 日,中共闸北区第六次代表大会选举产生中共闸北区纪律检查委员会。中共闸北区纪律检查委员会第一次全会选举产生区纪委常委 7 人,其中书记 1 人、副书记 2 人。

2003 年 1 月 22—25 日,中共闸北区第七次代表大会选举产生中共闸北区纪律检查委员会。中共闸北区纪律检查委员会第一次全会选举产生区纪委常委 7 人,其中书记 1 人、副书记 2 人。

2007 年 1 月 10—13 日,中共闸北区第八次代表大会选举产生中共闸北区纪律检查委员会。中共闸北区纪律检查委员会第一次全会选举产生区纪委常委 7 人,其中书记 1 人、副书记 2 人。

2009 年 3 月,中共闸北区纪律检查委员会与区监察局合署办公。

表 1－4－17　1979 年 7 月—2010 年 12 月闸北区纪委书记任职表

机构名称	职　务	姓　名	任　期
区委纪委	书　记	马秀升	1979.7—1981.3
区委纪委	书　记	冯其良	1981.3—1983.9
区委纪委	书　记	洪杭麟(女)	1983.9—1985.4
区纪委	书　记	冯其良	1985.6—1986.8
区纪委	书　记	李　梅(女)	1986.8—1990.1
区纪委	书　记	张家品	1990.1—1998.1
区纪委	书　记	徐正明	1998.1—2003.1
区纪委	书　记	朱　达	2003.1—2006.12
区纪委	书　记	胡卫国	2007.1—2009.6
区纪委	书　记	马效华	2009.6—2010.12

二、闸北区监察局(委)

1988 年 1 月，成立闸北区监察局。

1993 年 4 月，闸北区监察局更名为闸北区监察委员会，与区纪委合署办公。

2009 年 3 月，闸北区监察委员会更名为闸北区监察局，与区纪委合署办公。

表 1－4－18　1988 年 2 月—2010 年 12 月闸北区监察局(委)局长(主任)任职表

机构名称	职　务	姓　名	任　期
区监察局	局　长	戴鸿飞	1988.2—1990.8
区监察局	局　长	邵荣林	1990.8—1993.6
区监察委	主　任	张家品	1993.6—1998.3
区监察委	主　任	徐正明	1998.4—2001.11
区监察委	主　任	陈天宝	2001.11—2006.9
区监察委	主　任	周　健	2006.9—2009.2
区监察局	局　长	周　健	2009.3—2010.12

第六节　虹　口　区

一、虹口区纪委

1979 年 7 月 16 日，成立中共虹口区委纪律检查委员会。

1985 年 6 月，中共虹口区委纪律检查委员会更名为中共虹口区纪律检查委员会。

1986年8月4—9日,中共虹口区第三次代表大会选举产生中共虹口区纪律检查委员会委员17人。中共虹口区纪律检查委员会第一次全会选举产生区纪委常委4人,其中书记1人、副书记1人。

1990年1月19日,中共虹口区第四次代表大会选举产生中共虹口区纪律检查委员会。1月19日,中共虹口区纪律检查委员会第一次全会选举产生区纪委常委6人,其中书记1人、副书记1人。

1993年3月5日,中共虹口区第五次代表大会选举产生中共虹口区纪律检查委员会委员20人。同日,中共虹口区纪律检查委员会全会选举产生区纪委常委6人,其中书记1人、副书记1人。

1993年3月31日,中共虹口区纪律检查委员会与区监察委员会合署办公,实行一套工作机构、两个机关名称的体制,履行党的纪律检查和政府行政监察两项职能。

1998年1月17日,中共虹口区第六次代表大会选举产生中共虹口区纪律检查委员会委员20人。次日,中共虹口区纪律检查委员会第一次全会选举产生区纪委常委7人,其中书记1人、副书记2人。

2003年1月26日,中共虹口区第七次代表大会选举产生中共虹口区纪律检查委员会委员20人。同日,中共虹口区纪律检查委员会第一次全会选举产生区纪委常委7人,其中书记1人、副书记2人。

2007年1月12日,中共虹口区第八次代表大会选举产生中共虹口区纪律检查委员会委员25人。中共虹口区纪律检查委员会第一次全会选举产生区纪委常委7人,其中书记1人、副书记2人。

2009年2月17日,中共虹口区纪律检查委员会与区监察局合署办公。

表1-4-19　1979年7月—2010年12月虹口区纪委书记任职表

机构名称	职务	姓名	任期
区委纪委	书记	沈敏康	1979.7—1981.5
区委纪委	书记	王城东	1981.5—1982.9
区委纪委	书记	薛晓凡	1983.9—1985.4
区纪委	书记	应蓓仪(女)	1985.6—1993.3
区纪委	书记	陆伟雄	1993.3—1998.1
区纪委	书记	张富宝	1998.1—2003.1
区纪委	书记	孔祥瑞(女)	2003.1—2006.11
区纪委	书记	黎恒卫	2006.11—2010.12

二、虹口区监察局(委)

1988年1月12日,成立虹口区监察局。

1993年3月31日,虹口区监察局更名为虹口区监察委员会,与区纪委合署办公。

2009年2月17日,虹口区监察委员会更名为虹口区监察局,与区纪委合署办公。

表 1-4-20　1988 年 1 月—2010 年 12 月虹口区监察局(委)局长(主任)任职表

机构名称	职　务	姓　名	任　期
区监察局	局　长	盛松兴	1988.1—1989.11
区监察局	局　长	王复初	1990.6—1993.4
区监察委	主　任	陆伟雄	1993.4—1998.2
区监察委	主　任	张富宝	1998.2—2002.4
区监察委	主　任	张俊彪	2002.4—2009.2
区监察局	局　长	张俊彪	2009.2—2009.5
区监察局	局　长	耿　彧(女)	2009.5—2010.11
区监察局	局　长	竺晓忠	2010.11—2010.12

第七节　杨 浦 区

一、杨浦区纪委

1979 年 7 月,成立中共杨浦区委纪律检查委员会。

1983 年 9 月,中共杨浦区委纪律检查委员会更名为中共杨浦区纪律检查委员会。

1986 年 6 月 16—21 日,中共杨浦区第三次代表大会选举产生中共杨浦区纪律检查委员会委员 19 人。中共杨浦区纪律检查委员会第一次全会选举产生区纪委常委 6 人,其中书记 1 人、副书记 2 人。

1990 年 1 月 11—18 日,中共杨浦区第四次代表大会选举产生中共杨浦区纪律检查委员会委员 19 人。中共杨浦区纪律检查委员会第一次全会选举产生区纪委常委 7 人,其中书记 1 人、副书记 2 人。

1993 年 1 月,中共杨浦区第五次代表大会选举产生中共杨浦区纪律检查委员会。中共杨浦区纪律检查委员会第一次全会选举产生区纪委常委 7 人,其中书记 1 人、副书记 2 人。

1997 年,中共杨浦区纪律检查委员会与区监察委合署办公,实行一套工作机构、两个机关名称的体制,履行党的纪律检查和政府行政监察两种职能。

1998 年 1 月 15—18 日,中共杨浦区第六次代表大会选举产生中共杨浦区纪律检查委员会。中共杨浦区纪律检查委员会第一次全会选举产生区纪委常委 7 人,其中书记 1 人、副书记 2 人。

2003 年 1 月 21—23 日,中共杨浦区第七次代表大会选举产生中共杨浦区纪律检查委员会。中共杨浦区纪律检查委员会第一次全会选举产生区纪委常委 7 人,其中书记 1 人、副书记 2 人。

2007 年 1 月 16—18 日,中共杨浦区第八次代表大会选举产生中共杨浦区纪律检查委员会。中共杨浦区纪律检查委员会第一次全会选举产生区纪委常委 7 人,其中书记 1 人、副书记 2 人。

2009 年 2 月,中共杨浦区纪律检查委员会与杨浦区监察局合署办公。

表 1-4-21　1979 年 7 月—2010 年 12 月杨浦区纪委书记任职表

机构名称	职　务	姓　名	任　期
区委纪委	书　记	夏良珍(女)	1979.7—1983.9(兼)
区纪委	书　记	徐琴珠(女)	1983.12—1990.1

(续表)

机构名称	职务	姓名	任期
区纪委	书记	洪林珍(女)	1990.1—1993.1
区纪委	书记	丛日升	1993.1—1996.4
区纪委	书记	崔明华	1997.7—2001.8
区纪委	书记	陈士维	2002.3—2006.12
区纪委	书记	陈守正	2006.12—2010.12

二、杨浦区监察局(委)

1987年12月,成立杨浦区监察局。

1997年3月,杨浦区监察局更名为杨浦区监察委员会,与区纪委合署办公。

2009年2月,杨浦区监察委更名为杨浦区监察局,与区纪委合署办公。

表1-4-22 1988年4月—2010年12月杨浦区监察局(委)局长(主任)任职表

机构名称	职务	姓名	任期
区监察局	局长	李吉民	1988.4—1989.9
区监察局	局长	贺启堂	1989.9—1991.11
区监察局	局长	王学龙	1991.11—1997.3
区监察委	主任	崔明华	1997.10—2002.3
区监察委	主任	冯同银	2002.3—2003.6
区监察委	主任	梁学林	2003.6—2006.8
区监察委	主任	汤崇逸	2006.8—2006.11
区监察委	主任	秦卫国	2007.4—2009.2
区监察局	局长	秦卫国	2009.2—2010.1
区监察局	局长	李荣森	2010.1—2010.12

第八节 黄浦区

2000年6月,经国务院批准,黄浦区、南市区“撤二建一”,组成新的黄浦区。

一、黄浦区纪委、监察局(委)

【黄浦区纪委】

1979年7月14日,成立中共黄浦区委纪律检查委员会。

1985年5月17日,中共黄浦区委纪律检查委员会更名为中共黄浦区纪律检查委员会。

1986年6月21日，中共黄浦区第三次代表大会选举产生中共黄浦区纪律检查委员会委员19人。中共黄浦区纪律检查委员会第一次全会选举产生区纪委常委7人，其中书记1人、副书记2人。

1990年2月17日，中共黄浦区第四次代表大会选举产生中共黄浦区纪律检查委员会委员19人。中共黄浦区纪律检查委员会第一次全会选举产生区纪委常委7人，其中书记1人、副书记2人。

1993年2月13日，中共黄浦区第五次代表大会选举产生中共黄浦区纪律检查委员会委员17人。中共黄浦区纪律检查委员会第一次全会选举产生区纪委常委7人，其中书记1人、副书记2人。

1993年4月16日，中共黄浦区纪律检查委员会与区监察委合署办公，实行一套工作机构、两个机关名称的体制，履行党的纪律检查和政府行政监察两项职能。

1998年1月18日，中共黄浦区第六次代表大会选举产生中共黄浦区纪律检查委员会委员17人。中共黄浦区纪律检查委员会第一次全会选举产生区纪委常委7人，其中书记1人、副书记2人。

表1-4-23 1979年7月—2000年6月黄浦区纪委书记任职表

机构名称	职 务	姓 名	任 期
区委纪委	书 记	翁妙锦(女)	1979.7—1983.8
区委纪委	书 记	陈 军	1983.8—1985.5
区纪委	书 记	曹绳武	1985.5—1990.2
区纪委	书 记	陈俊儒	1990.2—1993.2
区纪委	书 记	陈长顺	1993.2—1998.1
区纪委	书 记	冯经文	1998.1—2000.6

【黄浦区监察局(委)】

1988年1月26日，成立黄浦区监察局。

1993年4月16日，黄浦区监察局更名为黄浦区监察委员会，与区纪委合署办公。

表1-4-24 1987年12月—2000年6月黄浦区监察局(委)局长(主任)任职表

机构名称	职 务	姓 名	任 期
区监察局	局 长	徐适绵	1987.12—1992.3
区监察局	局 长	王振华	1992.3—1993.4
区监察委	主 任	陈长顺	1993.5—1998.5
区监察委	主 任	冯经文	1998.5—2000.6

二、南市区纪委、监察局(委)

【南市区纪委】

1979年7月14日，成立中共南市区委纪律检查委员会。

1984年5月17日，中共南市区委纪律检查委员会更名为中共南市区纪律检查委员会。

1986年5月24日，中共南市区第三次代表大会选举产生中共南市区纪律检查委员会委员17

人。中共南市区纪律检查委员会第一次全会选举产生区纪委常委 7 人,其中书记 1 人、副书记 2 人。

1990 年 2 月 10 日,中共南市区第四次代表大会选举产生中共南市区纪律检查委员会委员 17 人。中共南市区纪律检查委员会第一次全会选举产生区纪委常委 7 人,其中书记 1 人、副书记 2 人。

1993 年 1 月 15 日,中共南市区第五次代表大会选举产生中共南市区纪律检查委员会委员 17 人。中共南市区纪律检查委员会第一次全会选举产生区纪委常委 7 人,其中书记 1 人、副书记 2 人。

1993 年 4 月 14 日,中共南市区纪律检查委员会与区监察委员会合署办公,实行一套工作机构、两个机关名称的体制,履行党的纪律检查和政府行政监察两项职能。

1998 年 1 月 17 日,中共南市区第六次代表大会选举产生中共南市区纪律检查委员会委员 17 人。中共南市区纪律检查委员会第一次全会选举产生区纪委常委 7 人,其中书记 1 人、副书记 2 人。

表 1-4-25　1979 年 7 月—2000 年 6 月南市区纪委书记任职表

机构名称	职务	姓名	任期
区委纪委	书记	张仁瑞	1979.7—1983.10
区委纪委	书记	万良沪	1983.10—1984.5(兼)
区纪委	书记	万良沪	1984.5—1988.11(兼)
区纪委	书记	刘忽然	1988.11—1996.9
区纪委	书记	朱仰东	1996.9—2000.6

【南市区监察局(委)】

1988 年 1 月 26 日,成立南市区监察局。

1993 年 4 月 1 日,南市区监察局更名为南市区监察委员会,与区纪委合署办公。

表 1-4-26　1988 年 1 月—2000 年 6 月南市区监察局(委)局长(主任)任职表

机构名称	职务	姓名	任期
区监察局	局长	杨宝华	1988.1—1989.8
区监察局	局长	杨义发	1989.8—1993.3
区监察委	主任	刘忽然	1993.6—1996.10
区监察委	主任	朱仰东	1996.10—2000.6

三、“撤二建一”后黄浦区纪委、监察局(委)

【黄浦区纪委】

2000 年 6 月 26 日,黄浦区、南市区“撤二建一”,撤销原中共南市区纪律检查委员会、原中共黄浦区纪律检查委员会，组建新的中共黄浦区纪律检查委员会。

2000年7月7日，中共黄浦区委任命中共黄浦区纪律检查委员会常务委员9名，其中副书记2名。

2000年12月15日，中共黄浦区第一次代表大会选举产生中共黄浦区纪律检查委员会委员17人。中共黄浦区纪律检查委员会第一次全会选举产生区纪委常委7人，其中书记1人、副书记2人。

2003年1月24日，中共黄浦区第二次代表大会选举产生中共黄浦区纪律检查委员会委员17人。中共黄浦区纪律检查委员会第一次全会选举产生区纪委常委7人，其中书记1人、副书记2人。

2007年1月19日，中共黄浦区第三次代表大会选举产生中共黄浦区纪律检查委员会委员25人。中共黄浦区纪律检查委员会第一次全会选举产生区纪委常委7人，其中书记1人、副书记2人。

表1-4-27　2000年6月—2010年12月黄浦区纪委书记任职表

机构名称	职　务	姓　名	任　期
区纪委	书　记	冯经文	2000.6—2006.11
区纪委	书　记	温新华(女)	2006.11—2009.8
区纪委	书　记	李玉华(女)	2010.2—2010.12

【黄浦区监察局(委)】

2000年7月27日，黄浦区、南市区“撤二建一”，撤销原南市区监察委员会、原黄浦区监察委员会，组建新的黄浦区监察委员会，与中共黄浦区纪律检查委员会合署办公。

2009年2月11日，黄浦区监察委员会更名为黄浦区监察局，与区纪委合署办公。

表1-4-28　2000年7月—2010年12月黄浦区监察局(委)局长(主任)任职表

机构名称	职　务	姓　名	任　期
区监察委	主　任	冯经文	2000.7—2002.10
区监察委	主　任	刘学明	2002.10—2008.2(兼)
区监察委	主　任	顾建莺(女)	2008.2—2009.2
区监察局	局　长	顾建莺(女)	2009.2—2010.12

第九节　卢湾区

一、卢湾区纪委

1979年7月14日，成立中共卢湾区委纪律检查委员会。

1984年1月1日，中共卢湾区委纪律检查委员会更名为中共卢湾区纪律检查委员会。

1986年6月28日,中共卢湾区第三次代表大会选举产生中共卢湾区纪律检查委员会委员17人。中共卢湾区纪律检查委员会第一次全会选举产生区纪委常委5人,其中书记1人、副书记1人。

1990年1月13日,中共卢湾区第四次代表大会选举产生中共卢湾区纪律检查委员会委员17人。中共卢湾区纪律检查委员会第一次全会选举产生区纪委常委5人,其中书记1人、副书记1人。

1993年2月4日,中共卢湾区第五次代表大会选举产生中共卢湾区纪律检查委员会委员17人。中共卢湾区纪律检查委员会第一次全会选举产生区纪委常委5人,其中书记1人、副书记2人。

1993年4月6日,中共卢湾区纪律检查委员会与区监察委员会合署办公,实行一套工作机构、两个机关名称的体制,履行党的纪律检查和政府行政监察两项职能。

1998年1月18日,中共卢湾区第六次代表大会选举产生中共卢湾区纪律检查委员会委员19人。中共卢湾区纪律检查委员会第一次全会选举产生区纪委常委7人,其中书记1人、副书记2人。

2003年1月24日,中共卢湾区第七次代表大会选举产生中共卢湾区纪律检查委员会委员19人。中共卢湾区纪律检查委员会第一次全会选举产生区纪委常委7人,其中书记1人、副书记2人。

2007年1月13日,中共卢湾区第八次代表大会选举产生中共卢湾区纪律检查委员会委员21人。中共卢湾区纪律检查委员会第一次全会选举产生区纪委常委7人,其中书记1人、副书记2人。

表1-4-29 1979年7月—2010年12月卢湾区纪委书记任职表

机构名称	职务	姓名	任期
区委纪委	书记	关百胜	1979.7—1980.7
区委纪委	书记	张悦煮	1983.10—1984.1
区纪委	书记	张悦煮	1984.1—1985.6
区纪委	书记	胡瑞荣	1985.6—1993.2
区纪委	书记	胡栽仁	1993.2—2002.1
区纪委	书记	陈长顺	2002.1—2006.2
区纪委	书记	苏秉公	2006.2—2006.11
区纪委	书记	郝立宽	2006.11—2010.12

二、卢湾区监察局(委)

1987年12月14日,成立卢湾区监察局。

1993年4月6日,卢湾区监察局更名为卢湾区监察委员会,与区纪委合署办公。

2009年2月6日,卢湾区监察委员会更名为卢湾区监察局,与区纪委合署办公。

表 1-4-30　1989 年 10 月—2010 年 12 月卢湾区监察局(委)局长(主任)任职表

机构名称	职务	姓名	任期
区监察局	局长	仲伟安	1989.10—1993.4
区监察委	主任	胡栽仁	1993.4—2002.1
区监察委	主任	王家栋	2002.6—2004.12
区监察委	主任	吴盛奎	2005.2—2006.12
区监察委	主任	陆军	2006.12—2009.2
区监察局	局长	陆军	2009.2—2010.12

第十节　静安区

一、静安区纪委

1979 年 7 月，成立中共静安区委纪律检查委员会。

1984 年 1 月，中共静安区委纪律检查委员会更名为中共静安区纪律检查委员会。

1987 年 1 月 19—21 日，中共静安区第三次代表大会选举产生中共静安区纪律检查委员会委员 17 人。中共静安区纪律检查委员会第一次全会选举产生区纪委常委 6 人，其中书记 1 人、副书记 1 人。

1990 年 1 月 12—15 日，中共静安区第四次代表大会选举产生中共静安区纪律检查委员会委员 17 人。中共静安区纪律检查委员会第一次全会选举产生区纪委常委 7 人，其中书记 1 人、副书记 2 人。

1993 年 2 月 2—5 日，中共静安区第五次代表大会选举产生中共静安区纪律检查委员会委员 17 人。中共静安区纪律检查委员会第一次全会选举产生区纪委常委 6 人，其中书记 1 人、副书记 2 人。

1993 年 3 月，中共静安区纪律检查委员会与区监察委员会合署办公，实行一套工作机构、两个机关名称的体制，履行党的纪律检查和政府行政监察两项职能。

1998 年 1 月 13—16 日，中共静安区第六次代表大会选举产生中共静安区纪律检查委员会委员 19 人。中共静安区纪律检查委员会第一次全会选举产生区纪委常委 7 人，其中书记 1 人、副书记 2 人。

2003 年 1 月 21—24 日，中共静安区第七次代表大会选举产生中共静安区纪律检查委员会委员 25 人。中共静安区纪律检查委员会第一次全会选举产生区纪委常委 7 人，其中书记 1 人、副书记 2 人。

2007 年 1 月 9—11 日，中共静安区第八次代表大会选举产生中共静安区纪律检查委员会委员 25 人。中共静安区纪律检查委员会第一次全会选举产生区纪委常委 7 人，其中书记 1 人、副书记 2 人。

2009 年 3 月，中共静安区纪律监察委员会与区监察局合署办公。

表 1-4-31　1979 年 7 月—2010 年 12 月静安区纪委书记任职表

机构名称	职　务	姓　名	任　期
区委纪委	书　记	赵庆栋	1979.7—1983.9
区纪委	书　记	刘明模	1983.9—1985.6
区纪委	书　记	王国青	1985.6—1996.4
区纪委	书　记	查全根	1996.4—1997.12
区纪委	书　记	王信芳	1998.1—2003.1
区纪委	书　记	赵元清	2003.1—2006.11
区纪委	书　记	杨培源	2006.11—2010.7
区纪委	书　记	韩　强	2010.12—2010.12

二、静安区监察局(委)

1987 年 10 月,成立静安区监察局。

1993 年 3 月,静安区监察局更名为静安区监察委员会,与区纪委合署办公。

2009 年 3 月,静安区监察委员会更名为静安区监察局,与区纪委合署办公。

表 1-4-32　1987 年 11 月—2010 年 12 月静安区监察局(委)局长(主任)任职表

机构名称	职　务	姓　名	任　期
区监察局	局　长	梁尚云	1987.11—1992.4
区监察局	局　长	汪兰洁(女)	1992.4—1993.3
区监察委	主　任	王国青	1993.5—1996.8
区监察委	主　任	查全根	1996.8—1998.5
区监察委	主　任	王信芳	1998.5—2001.4
区监察委	主　任	常勤坤	2001.4—2005.2
区监察委	主　任	郭水其	2005.2—2006.12
区监察委	主　任	姚　俊	2006.12—2009.3
区监察局	局　长	姚　俊	2009.3—2010.12

第十一节　宝　山　区

1988 年 1 月,经国务院批准,撤销宝山县、吴淞区,建立宝山区。6 月 10 日,中共上海市委决定成立中共宝山区委,撤销中共宝山县委和中共吴淞区委。

一、宝山县纪委、监察局

【宝山县纪委】

1979 年 7 月 23 日，成立中共宝山县委纪律检查委员会。

1984 年 7 月 19 日，中共宝山县委纪委更名为中共宝山县纪律检查委员会。

1986 年 12 月 20 日，中共宝山县第五次代表大会选举产生中共宝山县纪律检查委员会委员 13 人。中共宝山县纪律检查委员会第一次全会选举产生县纪委常委 5 人，其中书记 1 人、副书记 2 人。

表 1－4－33　1979 年 9 月—1988 年 6 月宝山县纪委书记任职表

机构名称	职　务	姓　名	任　期
县委纪委	书　记	任凤文	1979.9—1984.7
县纪委	书　记	朱乾元	1984.7—1986.3
县纪委	书　记	刘桂兴	1986.5—1988.6

【宝山县监察局】

1987 年 11 月 6 日，成立宝山县监察局。

表 1－4－34　1987 年 11 月—1988 年 9 月宝山县监察局局长任职表

机构名称	职　务	姓　名	任　期
县监察局	局　长	王企璋	1987.11—1988.9

二、吴淞区纪委、监察局

【吴淞区纪委】

1981 年 12 月 16 日，成立中共吴淞区委纪律检查委员会。

1985 年 6 月，中共吴淞区委纪律检查委员会更名为中共吴淞区纪律检查委员会。

1986 年 7 月 1 日，中共吴淞区第一次代表大会选举产生中共吴淞区纪律检查委员会委员 17 人。7 月 2 日，中共吴淞区纪律检查委员会第一次全会选举产生区纪委常委 5 人，其中书记 1 人、副书记 1 人。

表 1－4－35　1981 年 12 月—1988 年 6 月吴淞区纪委书记任职表

机构名称	职　务	姓　名	任　期
区委纪委	书　记	郝　恩	1981.12—1983.9
区委纪委	书　记	蔡子强	1983.9—1986.6
区纪委	书　记	孟忠伟	1986.7—1987.12
区纪委	书　记	胡廷福	1987.12—1988.6

【吴淞区监察局】

1987年12月21日,成立吴淞区监察局。

表1-4-36 1988年1月—1988年9月吴淞区监察局局长任职表

机构名称	职务	姓名	任期
区监察局	局长	朱秀伟	1988.1—1988.9

三、合并后宝山区纪委、监察局(委)

【宝山区纪委】

1988年1月,经国务院批准,决定撤销宝山县和吴淞区,设立宝山区。7月5日,建立中共宝山区纪律检查委员会筹备组。11月21日,成立中共宝山区纪律检查委员会。

1989年7月25日,中共宝山区第一次代表大会选举产生中共宝山区纪律检查委员会委员19人。同日,中共宝山区纪律检查委员会第一次全会选举产生区纪委常委7人,其中书记1人、副书记1人。

1993年1月12日,中共宝山区第二次代表大会选举产生中共宝山区纪律检查委员会委员19人。1月12日,中共宝山区纪律检查委员会第一次全会选举产生区纪委常委7人,其中书记1人、副书记2人。

1993年5月4日,中共宝山区纪律检查委员会与区监察委员会合署办公,实行一套工作机构、两个机关名称的体制,履行党的纪律检查和政府行政监察两项职能。

1998年1月15—18日,中共宝山区第三次代表大会选举产生中共宝山区纪律检查委员会委员19人。1月18日,中共宝山区纪律检查委员会第一次全会选举产生区纪委常委7人,其中书记1人、副书记2人。

2003年1月26日,中共宝山区第四次代表大会选举产生中共宝山区纪律检查委员会委员19人。同日,中共宝山区纪律检查委员会第一次全会选举产生区纪委常委7人,其中书记1人、副书记2人。

2007年1月12日,中共宝山区第五次代表大会选举产生中共宝山区纪律检查委员会委员27人。同日,中共宝山区纪律检查委员会第一次全会选举产生区纪委常委7人,其中书记1人、副书记2人。

2009年2月20日,中共宝山区纪律检查委员会与区监察局合署办公。

表1-4-37 1988年7月—2010年12月宝山区纪委书记(组长)任职表

机构名称	职务	姓名	任期
区委纪委筹备组	组长	胡廷福	1988.7—1988.12
区委纪委	书记	胡廷福	1988.12—1989.7
区纪委	书记	胡廷福	1989.7—1993.1
区纪委	书记	任占云	1993.1—2002.3

（续表）

机构名称	职　务	姓　名	任　期
区纪委	书　记	朱　达	2002.3—2003.1
区纪委	书　记	徐文雄	2003.1—2006.11
区纪委	书　记	章俊荪	2006.11—2010.12

【宝山区监察局(委)】

1988年9月，撤销宝山县监察局和吴淞区监察局，成立宝山区监察局。

1993年5月4日，宝山区监察局更名为宝山区监察委员会，与区纪委合署办公。

2009年2月20日，宝山区监察委员会更名为宝山区监察局，与区纪委合署办公

表1-4-38　1988年9月—2010年12月宝山区监察局(委)局长(主任)任职表

机构名称	职　务	姓　名	任　期
区监察局	局　长	朱秀伟	1988.9—1993.5
区监察委	主　任	任占云	1993.5—2002.5
区监察委	主　任	杨志安	2003.4—2003.10
区监察委	主　任	何以琴(女)	2003.10—2009.2
区监察局	局　长	何以琴(女)	2009.2—2010.3
区监察局	局　长	宋国安	2010.3—2010.12

第十二节　闵行区

1992年9月，经国务院批准撤销上海县、闵行区，建立新的闵行区。1992年10月4日，市委宣布建立新的中共闵行区委，撤销中共上海县委。

一、上海县纪委、监察局

【上海县纪委】

1978年5月，建立中共上海县委纪律检查委员会筹备组。

1984年2月，成立中共上海县纪律检查委员会。

1986年12月，中共上海县第五次代表大会选举产生中共上海县纪律检查委员会委员15人。中共上海县纪律检查委员会第一次全会选举产生县纪委常委5人，其中书记1人、副书记2人。

1990年2月，中共上海县第六次代表大会选举产生中共上海县纪律检查委员会委员15人。中共上海县纪律检查委员会第一次全会选举产生县纪委常委5人，其中书记1人、副书记2人。

表 1-4-39 1979 年 7 月—1992 年 9 月上海县纪委书记任职表

机构名称	职务	姓名	任期
县委纪委筹备组	书记	王讯	1979.7—1984.2
县纪委	书记	王洪泉	1984.2—1985.11
县纪委	书记	叶维华	1986.10—1990.2
县纪委	书记	乔正余	1990.2—1992.9

【上海县监察局】

1988 年 1 月,成立上海县监察局。

表 1-4-40 1988 年 1 月—1992 年 9 月上海县监察局局长任职表

机构名称	职务	姓名	任期
县监察局	局长	杨宝明	1988.1—1992.9

二、闵行区纪委、监察局

【闵行区纪委】

1982 年 4 月,建立中共闵行区委纪律检查委员会筹备组。

1984 年 5 月,成立中共闵行区纪律检查委员会,设书记 1 名、副书记 1 名。8 月增补副书记 1 名。

1986 年 9 月,中共闵行区第一次代表大会选举产生中共闵行区纪律检查委员会委员 16 人。中共闵行区纪律检查委员会第一次全会选举产生区纪委常委 4 人,其中书记 1 人、副书记 1 人。

1990 年 1 月,中共闵行区第二次代表大会选举产生中共闵行区纪律检查委员会委员 19 人。中共闵行区纪律检查委员会第一次全会选举产生区纪委常委 5 人,其中书记 1 人、副书记 1 人。

表 1-4-41 1982 年 4 月—1992 年 9 月闵行区纪委书记(主要负责人)任职表

机构名称	职务	姓名	任期
区委纪委筹备组	主要负责人	李侠	1982.4—1983.3
区纪委	书记	王文敬	1984.5—1986.5
区纪委	书记	谢克明	1986.5—1992.9

【闵行区监察局】

1987 年 11 月,成立闵行区监察局。

表 1-4-42 1988 年 1 月—1992 年 9 月闵行区监察局局长任职表

机构名称	职务	姓名	任期
区监察局	局长	杨宝明	1988.1—1990.2
区监察局	局长	钱寿林	1990.2—1992.9

三、合并后闵行区纪委、监察局(委)

【闵行区纪委】

1992 年 9 月，上海县、闵行区“撤二建一”后到中共闵行区第一次代表大会召开期间，经区委批准，建立一个过渡的纪律检查委员会领导班子。

1993 年 4 月，中共闵行区纪律检查委员会与区监察委员会合署办公，实行一套工作机构、两个机关名称的体制，履行党的纪律检查和政府行政监察两项职能。

1993 年 7 月，中共闵行区第一次代表大会选举产生中共闵行区纪律检查委员会委员 19 人。中共闵行区纪律检查委员会第一次全会选举产生区纪委常委 6 人，其中书记 1 人、副书记 2 人。

1998 年 1 月，中共闵行区第二次代表大会选举产生中共闵行区纪律检查委员会委员 19 人。中共闵行区纪律检查委员会第一次全会选举产生区纪委常委 7 人，其中书记 1 人、副书记 2 人。

2003 年 1 月 24 日，中共闵行区第三次代表大会选举产生中共闵行区纪律检查委员会委员 19 人。中共闵行区纪律检查委员会第一次全会选举产生区纪委常委 7 人，其中书记 1 人、副书记 2 人。

2007 年 1 月 19 日，中共闵行区第四次代表大会选举产生中共闵行区纪律检查委员会委员 29 人。中共闵行区纪律检查委员会第一次全会选举产生区纪委常委 7 人，其中书记 1 人、副书记 2 人。

2009 年 2 月，中共闵行区纪律检查委员会与区监察局合署办公。

表 1-4-43　1992 年 12 月—2010 年 12 月闵行区纪委书记任职表

机构名称	职　务	姓　名	任　期
区纪委	书　记	谢克明	1992.12—1997.12
区纪委	书　记	赵元清	1998.1—2003.1
区纪委	书　记	张路加	2003.1—2006.11
区纪委	书　记	何义正	2006.11—2010.12

【闵行区监察局(委)】

1993 年 4 月，闵行区监察局更名为闵行区监察委员会，与区纪委合署办公。

2009 年 2 月，闵行区监察委员会更名为闵行区监察局，与区纪委合署办公。

表 1-4-44　1993 年 5 月—2010 年 12 月闵行区监察局(委)局长(主任)任职表

机构名称	职　务	姓　名	任　期
区监察委	主　任	谢克明	1993.5—1998.1
区监察委	主　任	赵元清	1998.5—2001.11
区监察委	主　任	唐曙建	2001.11—2006.11
区监察委	主　任	林　杰	2006.11—2009.2
区监察局	局　长	于钢明	2009.2—2010.12

第十三节　嘉　定　区

1992年10月,经国务院批准撤销嘉定县,建立嘉定区。中共上海市委决定建立中共嘉定区委,撤销中共嘉定县委。

一、嘉定县纪委、监察局

【嘉定县纪委】

1979年8月21日,成立中共嘉定县委纪律检查委员会筹备组。

1984年7月13日,中共嘉定县委纪律检查委员会筹备组更名为中共嘉定县纪律检查委员会。

1986年12月24日,中共嘉定县第五次代表大会选举产生中共嘉定县纪律检查委员会委员14人。12月25日,中共嘉定县纪律检查委员会第一次全会选举产生县纪委常委5人,其中书记1人、副书记2人。

1990年2月17日,中共嘉定县第六次代表大会选举产生中共嘉定县纪律检查委员会委员19人。同日,中共嘉定县纪律检查委员会第一次全会选举产生县纪委常委5人,其中书记1人、副书记1人。

表1-4-45　1979年8月—1993年2月嘉定县纪委书记(组长)任职表

机构名称	职　务	姓　名	任　期
县委纪委筹备组	组　长	陆长信	1979.8—1984.7
县纪委	书　记	张天华	1984.7—1986.4
县纪委	书　记	乔野生	1986.12—1990.2
县纪委	书　记	叶维华	1990.2—1992.2
县纪委	书　记	瞿宗亚	1992.4—1993.2

【嘉定县监察局】

1987年10月22日,成立嘉定县监察局。

表1-4-46　1987年10月—1993年5月嘉定县监察局局长任职表

机构名称	职　务	姓　名	任　期
县监察局	局　长	朱林根	1987.10—1992.8
县监察局	局　长	叶遇华	1992.8—1993.5

二、嘉定区纪委、监察局(委)

【嘉定区纪委】

1992年10月,嘉定完成撤县建区。中共嘉定县委纪律检查委员更名为中共嘉定区纪律检查委员,嘉定县监察局更名为嘉定区监察局。

1993年2月12日，中共嘉定区第一次代表大会选举产生中共嘉定区纪律检查委员会委员19人。同日，中共嘉定区纪律检查委员会第一次全会选举产生区纪委常委6人，其中书记1人、副书记1人。

1993年5月10日，中共嘉定区纪律检查委员会与区监察委员会合署办公，实行一套工作机构、两个机关名称的体制，履行党的纪律检查和政府行政监察两项职能。

1998年1月14日，中共嘉定区第二次代表大会选举产生中共嘉定区纪律检查委员会委员20人。1月15日，中共嘉定区纪律检查委员会第一次全会选举产生区纪委常委7人，其中书记1人、副书记2人。

2003年1月23日，中共嘉定区第三次代表大会选举产生中共嘉定区纪律检查委员会委员20人。1月24日，中共嘉定区纪律检查委员会第一次全会选举产生区纪委常委7人，其中书记1人、副书记2人。

2007年1月18日，中共嘉定区第四次代表大会选举产生中共嘉定区纪律检查委员会委员25人。中共嘉定区纪律检查委员会第一次全会选举产生区纪委常委7人，其中书记1人、副书记2人。

表1-4-47　1993年2月—2010年12月嘉定区纪委书记任职表

机构名称	职　务	姓　名	任　期
区纪委	书　记	陆奎明	1993.2—1995.9
区纪委	书　记	瞿宗亚	1995.9—2003.1
区纪委	书　记	陆学明	2003.1—2006.11
区纪委	书　记	韩晓玉(女)	2006.11—2010.12

【嘉定区监察局(委)】

1993年5月10日，嘉定县监察局更名为区监察委员会，与区纪委合署办公。

2009年2月13日，嘉定区监察委员会更名为嘉定区监察局，与区纪委合署办公。

表1-4-48　1993年5月—2010年12月嘉定区监察局(委)局长(主任)任职表

机构名称	职　务	姓　名	任　期
区监察委	主　任	陆奎明	1993.5—1995.5
区监察委	主　任	瞿宗亚	1995.5—2003.5
区监察委	主　任	张连龙	2003.5—2007.6
区监察委	主　任	陆　晞	2007.7—2009.2
区监察局	局　长	陆　晞	2009.2—2010.4
区监察局	局　长	柏永明	2010.4—2010.12

第十四节　金　山　区

1997年4月29日，经国务院同意，撤销金山县，设立金山区。5月，金山县纪委、监察委与中国石油化工总公司上海金山实业公司纪委合并，建立中共金山区纪律检查委员会、金山区监察委员会。

一、金山县纪委、监察局(委)

【金山县纪委】

1979年8月,成立中共金山县委纪律检查委员会筹备组。

1984年8月,中共金山县委纪律检查委员会筹备组更名为中共金山县纪律检查委员会。

1986年1月14—18日,中共金山县第五次代表大会选举产生中共金山县纪律检查委员会委员13人。1月18日,中共金山县纪律检查委员会第一次全体会议选举产生县纪委常委3人,其中书记1人、副书记2人。

1990年2月16—18日,中共金山县第六次代表大会选举产生中共金山县纪律检查委员会委员15人。2月18日,中共金山县纪律检查委员会第一次全会选举产生县纪委常委7人,其中书记1人、副书记2人。

1993年1月11—14日,中共金山县第七次代表大会选举产生中共金山县纪律检查委员会委员15人。1月14日,中共金山县纪律检查委员会第一次全会选举产生县纪委常委5人,其中书记1人、副书记2人。

1993年4月,中共金山县纪律检查委员会与县监察委员会合署办公,实行一套工作机构、两个机关名称的体制,履行党的纪律检查和政府行政监察两项职能。

表1-4-49　1979年8月—1997年4月金山县纪委书记(组长、负责人)任职表

机构名称	职　务	姓　名	任　期
县委纪委筹备组	组　长	唐士良	1979.8—1984.2
县委纪委筹备组	负责人	陆奎明	1984.2—1984.8
县纪委	书　记	陆奎明	1984.8—1993.1
县纪委	书　记	李芬华(女)	1993.1—1997.4

【金山县监察局(委)】

1987年12月,成立金山县监察局。

1993年4月,金山县监察局更名为金山县监察委员会,与县纪委合署办公。

表1-4-50　1987年12月—1997年4月金山县监察局(委)局长(主任)任职表

机构名称	职　务	姓　名	任　期
县监察局	局　长	杨伟民	1987.12—1993.3
县监察委	主　任	李芬华(女)	1993.4—1997.4

二、金山区纪委、监察局(委)

【金山区纪委】

1997年5月,金山县与石化实业公司联合建政,撤县建区,金山县纪委、监察委与石化实业公司纪委合并,建立中共金山区纪律检查委员会、金山区监察委员会。

1998 年 1 月 15—17 日，中共金山区第一次代表大会选举产生中共金山区纪律检查委员会委员 20 人。1 月 17 日，中共金山区纪律检查委员会第一次全会选举产生区纪委常委 7 人，其中书记 1 人、副书记 2 人。

2003 年 1 月 26—28 日，中共金山区第二次代表大会选举产生中共金山区纪律检查委员会委员 19 人。1 月 28 日，中共金山区纪律检查委员会第一次全会选举产生区纪委常委 7 人，其中书记 1 人、副书记 2 人。

2007 年 1 月 12—14 日，中共金山区第三次代表大会选举产生中共金山区纪律检查委员会委员 27 人。1 月 14 日，中共金山区纪律检查委员会第一次全会选举产生区纪委常委 7 人，其中书记 1 人、副书记 2 人。

2010 年 2 月 4 日，中共金山区纪律检查委员会与区监察局合署办公，实行一套工作机构、两个机关名称的体制，履行党的纪律检查和政府行政监察两项职能。

表 1-4-51　1997 年 5 月—2010 年 12 月金山区纪委书记任职表

机构名称	职　务	姓　名	任　期
区纪委	书　记	李芬华(女)	1997.5—1998.1
区纪委	书　记	朱成林	1998.1—2006.11
区纪委	书　记	葛永东	2006.11—2010.12

【金山区监察局(委)】

1997 年 5 月，金山县撤县建区，金山县纪委、监察委与石化实业公司纪委合并，成立中共金山区纪律检查委员会、金山区监察委员会，合署办公。

2010 年 2 月 4 日，金山区监察委员会更名为金山区监察局，与区纪委合署办公。

表 1-4-52　1997 年 5 月—2010 年 12 月金山区监察局(委)局长(主任)任职表

机构名称	职　务	姓　名	任　期
区监察委	主　任	李芬华(女)	1997.6—1998.4
区监察委	主　任	朱成林	1998.4—2002.12
区监察委	主　任	余旭峰	2002.12—2006.10
区监察委	主　任	钟美龙	2006.12—2010.2
区监察局	局　长	钟美龙	2010.2—2010.12

第十五节　松　江　区

1998 年 2 月 27 日，经国务院批准，松江撤县建区。

一、松江县纪委、监察局(委)

【松江县纪委】

1979 年 9 月 24 日，成立中共松江县委纪委。

1984 年 5 月,中共松江县委纪委更名为中共松江县纪委。

1986 年 12 月 23—25 日,中共松江县第五次代表会议选举产生中共松江县纪律检查委员会委员 15 人。12 月 25 日,中共松江县纪律检查委员会第一次全会选举产生县纪委常委 5 人,其中书记 1 人、副书记 1 人。

1990 年 2 月 6—9 日,中共松江县第六次代表大会选举产生中共松江县纪律检查委员会委员 15 人。2 月 9 日,中共松江县纪律检查委员会第一次全会选举产生县纪委常委 7 人,其中书记 1 人、副书记 2 人。

1993 年 1 月 11—14 日,中共松江县第七次代表大会选举产生中共松江县纪律检查委员会委员 15 人。1 月 14 日,中共松江县纪律检查委员会第一次全会选举产生县纪委常委 7 人,其中书记 1 人、副书记 2 人。

1993 年 3 月 26 日,中共松江县纪律检查委员会与县监察委员会合署办公,实行一套工作机构、两个机关名称的体制,履行党的纪律检查和政府行政监察两项职能。

1998 年 1 月 14—17 日,中共松江县第八次代表大会选举产生中共松江县纪律检查委员会委员 17 人。1 月 17 日,中共松江县纪律检查委员会第一次全会选举产生县纪委常委 7 人,其中书记 1 人、副书记 2 人。

表 1-4-53　1979 年 9 月—1998 年 7 月松江县纪委书记任职表

机构名称	职　务	姓　名	任　期
县委纪委	书　记	季永洲	1979.9—1980.12
县委纪委	书　记	袁效曾	1981.1—1983.12
县委纪委	书　记	张永生	1984.2—1984.5
县纪委	书　记	张永生	1984.5—1986.12
县纪委	书　记	于根生	1986.12—1990.2
县纪委	书　记	张金泉	1990.2—1993.1
县纪委	书　记	孙　雷	1993.1—1998.1
县纪委	书　记	陈洪凡	1998.1—1998.7

【松江县监察局(委)】

1987 年 11 月 12 日,成立松江县监察局。

1993 年 3 月 26 日,松江县监察局更名为松江县监察委员会,与区纪委合署办公。

表 1-4-54　1987 年 12 月—1998 年 7 月松江县监察局(委)局长(主任)任职表

机构名称	职　务	姓　名	任　期
县监察局	局　长	金龙章	1987.12—1991.7
县监察局	局　长	董炳涛	1991.7—1993.4
县监察委	主　任	孙　雷	1993.5—1998.5
县监察委	主　任	陈洪凡	1998.5—1998.7

二、松江区纪委、监察局(委)

【松江区纪委】

1998 年 7 月，松江撤县建区后，成立中共松江区纪律检查委员会。

1998 年 12 月 29—30 日，中共松江区第一次代表大会选举产生中共松江区纪律检查委员会委员 19 人。12 月 30 日，中共松江区纪律检查委员会第一次全会选举产生区纪委常委 7 人，其中书记 1 人、副书记 2 人。

2003 年 1 月 23 日，中共松江区第二次代表大会选举产生中共松江区纪律检查委员会委员 20 人。同日，中共松江区纪律检查委员会第一次全会选举产生区纪委常委 7 人，其中书记 1 人、副书记 2 人。

2007 年 1 月 19 日，中共松江区第三次代表大会选举产生中共松江区纪律检查委员会委员 25 人。1 月 19 日，中共松江区纪律检查委员会第一次全会选举产生区纪委常委 7 人，其中书记 1 人、副书记 2 人。

2009 年 5 月 12 日，中共松江区纪律检查委员会与区监察局合署办公，实行一套工作机构、两个机关名称的体制，履行党的纪律检查和政府行政监察两项职能。

表 1-4-55　1998 年 7 月—2010 年 12 月松江区纪委书记任职表

机构名称	职　务	姓　名	任　期
区纪委	书　记	陈洪凡	1998.7—2002.1
区纪委	书　记	居　洁(女)	2003.1—2006.11
区纪委	书　记	杨登华	2006.11—2010.12

【松江区监察局(委)】

1998 年 7 月，松江撤县建区后，成立松江区监察委员会，与区纪委合署办公。

2009 年 5 月 12 日，松江区监察委员会更名为松江区监察局，与区纪委合署办公。

表 1-4-56　1998 年 7 月—2010 年 12 月松江区监察局(委)局长(主任)任职表

机构名称	职　务	姓　名	任　期
区监察委	主　任	陈洪凡	1998.7—2002.3
区监察委	主　任	石景城	2003.3—2005.8
区监察委	主　任	孙月芳	2005.8—2008.11
区监察委	主　任	苏金龙	2008.11—2009.3
区监察局	局　长	苏金龙	2009.3—2010.12

第十六节　青浦区

1999 年 9 月 16 日，经国务院批准，青浦撤县建区。

一、青浦县纪委、监察局(委)

【青浦县纪委】

1979 年 8 月 1 日,建立中共青浦县委纪律检查委员会筹备组。

1984 年 9 月 24 日,中共青浦县委纪律检查委员会更名为中共青浦县纪律检查委员会。

1986 年 12 月 29 日,中共青浦县第五次代表大会选举产生中共青浦县纪律检查委员会委员 13 人。同日,中共青浦县纪律检查委员会第一次全会选举产生县纪委常委 6 人,其中书记 1 人、副书记 2 人。

1990 年 2 月 16 日,中共青浦县第六次代表大会选举产生中共青浦县纪律检查委员会委员 13 人。同日,中共青浦县纪律检查委员会第一次全会选举产生县纪委常委 5 人,其中书记 1 人、副书记 2 人。

1993 年 1 月 17 日,中共青浦县第七次代表大会选举产生中共青浦县纪律检查委员会委员 13 人。同日,中共青浦县纪律检查委员会第一次全会选举产生县纪委常委。

1993 年 4 月 20 日,中共青浦县纪律检查委员会与县监察委员会合署办公,实行一套工作机构、两个机关名称的体制,履行党的纪律检查和政府行政监察两项职能。

1998 年 1 月 16 日,中共青浦县第八次代表大会选举产生中共青浦县纪律检查委员会委员 17 人。1 月 17 日,中共青浦县纪律检查委员会第一次全会选举产生县纪委常委 7 人,其中书记 1 人、副书记 2 人。

表 1-4-57 1979 年 8 月—2000 年 9 月青浦县纪委书记(组长)任职表

机构名称	职务	姓名	任期
县委纪委筹备组	组长	井继金	1979.8—1984.2
县委纪委	书记	万德云	1984.2—1984.9
县纪委	书记	万德云	1984.9—1990.2
县纪委	书记	卢国光	1990.2—1994.2
县纪委	书记	居　洁(女)	1994.2—2000.9

【青浦县监察局(委)】

1987 年 12 月 27 日,成立青浦县监察局

1993 年 4 月 20 日,青浦县监察局更名为青浦县监察委员会,与县纪委合署办公。

表 1-4-58 1988 年 3 月—2000 年 1 月青浦县监察局(委)局长(主任)任职表

机构名称	职务	姓名	任期
县监察局	局长	陆陈奇	1988.3—1989.11
县监察局	局长	陈龙山	1989.11—1992.12
县监察局	局长	张德新	1992.12—1993.4

（续表）

机构名称	职　务	姓　名	任　期
县监察委	主　任	卢国光	1993.6—1994.2
县监察委	主　任	居　洁(女)	1994.2—2000.1

二、青浦区纪委、监察局(委)

【青浦区纪委】

2000年1月12日，青浦撤县建区。中共青浦县纪律检查委员会、青浦县监察委员会更名为中共青浦区纪律检查委员会、青浦区监察委员会，合署办公，实行一套工作机构、两个机关名称的体制，履行党的纪律检查和政府行政监察两项职能。

2000年9月28日，中共青浦区第一次代表大会选举产生中共青浦区纪律检查委员会委员17人。同日，中共青浦区纪律检查委员会第一次全会选举产生区纪委常委7人，其中书记1人、副书记2人。

2003年1月25日，中共青浦区第二次代表大会选举产生中共青浦区纪律检查委员会委员19人。同日，中共青浦区纪律检查委员会第一次全会选举产生区纪委常委7人，其中书记1人、副书记2人。

2007年1月10日，中共青浦区第三次代表大会选举产生中共青浦区纪律检查委员会委员23人。1月13日，中共青浦区纪律检查委员会第一次全会选举产生区纪委常委7人，其中书记1人、副书记2人。

2009年5月6日，中共青浦区纪律检查委员会与区监察局合署办公。

表1-4-59　2000年9月—2010年12月青浦区纪委书记任职表

机构名称	职　务	姓　名	任　期
区纪委	书　记	居　洁(女)	2000.9—2002.2
区纪委	书　记	陈洪凡	2002.2—2006.11
区纪委	书　记	翟必槐	2006.11—2010.12

【青浦区监察局(委)】

2000年1月，青浦撤县建区。青浦县监察委员会更名为青浦区监察委员会，与区纪委合署办公。

2009年5月6日，青浦区监察委员会更名为青浦区监察局，与区纪委合署办公。

表1-4-60　2000年3月—2010年12月青浦区监察局(委)局长(主任)任职表

机构名称	职　务	姓　名	任　期
区监察委	主　任	居　洁(女)	2000.3—2002.2
区监察委	主　任	陈洪凡	2002.2—2003.4

(续表)

机构名称	职　务	姓　名	任　期
区监察委	主　任	王雪忠	2003.4—2004.2
区监察委	主　任	吴春泉	2007.3—2009.3
区监察局	局　长	吴春泉	2009.3—2010.12

第十七节　奉贤区

2001年1月9日,经国务院批准,奉贤撤县建区。

一、奉贤县纪委、监察局(委)

【奉贤县纪委】

1979年9月3日,成立中共奉贤县委纪律检查委员会筹备组。

1984年2月11日,成立中共奉贤县委纪律检查委员会。

1986年12月,更名为中共奉贤县纪律检查委员会。

1986年12月22日,中共奉贤县第五次代表大会选举产生中共奉贤县纪律检查委员会。中共奉贤县纪律检查委员会第一次全会选举产生县纪委常委7人,其中书记1人、副书记2人。

1990年2月10日,中共奉贤县第六次代表大会选举产生中共奉贤县纪律检查委员会。中共奉贤县纪律检查委员会第一次全会选举产生县纪委常委5人,其中书记1人、副书记2人。

1993年1月11日,中共奉贤县第七次代表大会选举产生中共奉贤县纪律检查委员会。中共奉贤县纪律检查委员会第一次全会选举产生县纪委常委7人,其中书记1人、副书记2人。

1993年4月9日,中共奉贤县纪律检查委员会和奉贤县监察委员会合署办公,实行一套工作机构、两个机关名称的体制,履行党的纪律检查和政府行政监察两项职能。

1998年1月18日,中共奉贤县第八次代表大会选举产生中共奉贤县纪律检查委员会。中共奉贤县纪律检查委员会第一次全会选举产生县纪委常委7人,其中书记1人、副书记2人。

表1-4-61　1979年9月—2001年11月奉贤县纪委书记(组长)任职表

机构名称	职　务	姓　名	任　期
县委纪委筹备组	组　长	李忠贵	1979.9—1980.10(兼)
县委纪委	书　记	朱顺江	1984.2—1986.4
县委纪委	书　记	叶连均	1986.3—1986.12
县纪委	书　记	叶连均	1986.12—1990.2
县纪委	书　记	张才莲(女)	1990.2—1998.1
县纪委	书　记	程云华(女)	1998.1—2001.8
县纪委	书　记	李芬华(女)	2001.8—2001.11

【奉贤县监察局(委)】

1988 年 1 月 4 日,成立奉贤县监察局。

1993 年 4 月 9 日,奉贤县监察局更名为奉贤县监察委员会,与县纪委合署办公。

表 1－4－62　1988 年 1 月—2001 年 11 月奉贤县监察局(委)局长(主任)任职表

机构名称	职　务	姓　名	任　期
县监察局	局　长	沈文杰	1988.1—1992.9
县监察局	局　长	邱爱莲(女)	1992.9—1993.5
县监察委	主　任	张才莲(女)	1993.6—1998.2
县监察委	主　任	程云华(女)	1998.2—2001.11

二、奉贤区纪委、监察局(委)

【奉贤区纪委】

2001 年 11 月 20 日,成立中共奉贤区纪律检查委员会。

2003 年 1 月 25 日,中共奉贤区第一次代表大会选举产生中共奉贤区纪律检查委员会。中共奉贤区纪律检查委员会第一次全会选举产生区纪委常委 7 人,其中书记 1 人、副书记 2 人。

2007 年 1 月 18 日,中共奉贤区第二次代表大会选举产生中共奉贤区纪律检查委员会。中共奉贤区纪律检查委员会第一次全会选举产生区纪委常委 7 人,其中书记 1 人、副书记 2 人。

2009 年 2 月 16 日,中共奉贤区纪律检查委员会与区监察局合署办公。

表 1－4－63　2001 年 11 月—2010 年 12 月奉贤区纪委书记任职表

机构名称	职　务	姓　名	任　期
区纪委	书　记	李芬华(女)	2001.11—2003.1
区纪委	书　记	顾顺祥	2003.1—2006.11
区纪委	书　记	王贤福	2006.12—2010.12

【奉贤区监察局(委)】

2001 年 10 月 12 日,成立奉贤区监察委员会。

2009 年 2 月 16 日,奉贤区监察委员会更名为区监察局,与区纪委合署办公。

表 1－4－64　2001 年 11 月—2010 年 12 月奉贤区监察局(委)局长(主任)任职表

机构名称	职　务	姓　名	任　期
区监察委	主　任	程云华(女)	2001.11—2001.12
区监察委	主　任	李芬华(女)	2001.12—2002.5
区监察委	主　任	张秀珍(女)	2003.5—2003.12

(续表)

机构名称	职　务	姓　名	任　期
区监察委	主　任	陈纪荣	2003.12—2009.2
区监察局	局　长	王少峰	2009.2—2010.12

第十八节　崇明县

一、崇明县纪委

1979年4月24日,成立中共崇明县委纪律检查委员会筹备组。

1984年2月,中共崇明县委纪律检查委员会筹备组更名为中共崇明县纪律检查委员会。

1986年12月27日,中共崇明县第五次代表大会选举产生中共崇明县纪律检查委员会委员15人。中共崇明县纪律检查委员会第一次全会选举产生县纪委常委7人,其中书记1人、副书记2人。

1990年2月9日,中共崇明县第六次代表大会选举产生中共崇明县纪律检查委员会委员15人。中共崇明县纪律检查委员会第一次全会选举产生县纪委常委6人,其中书记1人、副书记2人。

1993年1月17日,中共崇明县第七次代表大会选举产生中共崇明县纪律检查委员会委员15人。中共崇明县纪律检查委员会第一次全会选举产生县纪委常委7人,其中书记1人、副书记2人。

1993年4月15日,中共崇明县纪律监察委员会与崇明县监察委员会合署办公,实行一套工作机构、两个机关名称的体制,履行党的纪律检查和政府行政监察两项职能。

1998年1月15日,中共崇明县第八次代表大会选举产生中共崇明县纪律检查委员会委员15人。中共崇明县纪律检查委员会第一次全会选举产生县纪委常委7人,其中书记1人、副书记2人。

2003年1月24日,中共崇明县第九次代表大会选举产生中共崇明县纪律检查委员会委员15人。中共崇明县纪律检查委员会第一次全会选举产生县纪委常委7人,其中书记1人、副书记2人。

2007年1月11日,中共崇明县第十次代表大会选举产生中共崇明县纪律检查委员会委员25人。中共崇明县纪律检查委员会第一次全会选举产生县纪委常委7人,其中书记1人、副书记2人。

2009年2月18日,中共崇明县纪律检查委员会与县监察局合署办公。

表1-4-65　1979年7月—2010年12月崇明县纪委书记任职表

机构名称	职　务	姓　名	任　期
县委纪委筹备组	书　记	朱耀熙	1979.7—1984.2
县纪委	书　记	贺方淳	1984.2—1986.6

（续表）

机构名称	职　务	姓　名	任　期
县纪委	书　记	陈学行	1986.12—1993.1
县纪委	书　记	邵礼达	1993.1—1998.1
县纪委	书　记	康　家	1998.1—2000.8
县纪委	书　记	施建华	2000.10—2006.11
县纪委	书　记	朱正标	2006.11—2010.12

二、崇明县监察局(委)

1987年12月26日，成立崇明县监察局。

1993年4月15日，崇明县监察局更名为崇明县监察委员会，与县纪委合署办公。

2009年2月18日，崇明县监察委员会更名为崇明县监察局，与县纪委合署办公。

表1-4-66　1988年1月—2010年12月崇明县监察局(委)局长(主任)任职表

机构名称	职　务	姓　名	任　期
县监察局	局　长	钱文祥	1988.1—1993.3
县监察委	主　任	邵礼达	1993.1—1997.12
县监察委	主　任	康　家	1998.1—2000.8
县监察委	主　任	施建华	2000.10—2006.12
县监察委	主　任	耿汉明	2007.3—2009.2
县监察局	局　长	张　彪	2009.3—2010.12

第二篇

重要会议

1979—1983年，市委纪委筹备组先后召开13次工作会议，根据反腐倡廉形势，提出新时期主要工作任务，主要是贯彻《关于党内政治生活的若干准则》(以下简称《准则》)，纠正违反政治纪律问题，保证党的路线、方针、政策的贯彻执行；加强党的纪律检查工作，维护党规党法，抓好党风廉政建设，纠正不正之风和消极现象，为改革开放保驾护航。市纪委在1986—2010年，先后参加了中共上海市第五、六、七、八、九次代表大会，并分别向大会作了5次工作报告，汇报纪检监察工作情况，分析党风建设形势，总结工作经验，提出党风廉政建设和反腐败工作的任务和建议。1986—2010年，市纪委召开了33次全会，认真贯彻中央纪委和市委关于党风廉政建设和反腐倡廉斗争的工作部署，结合上海的实际情况，提出不同时期的反腐倡廉工作任务。1988—2007年，市监察委先后召开13次工作会议，按照国务院和市政府的要求，抓好政府廉政建设，加强行政监督，强化对权力的监督约束。1993—2006年，市委、市政府连续14年召开上海市加强党风廉政建设大会，传达中央纪委会议精神。学习中央领导重要讲话，分析上海反腐倡廉形势，坚持从严治党，对党员领导干部廉洁自律提出具体要求，以良好的党风带动社会风气的好转。1994—2005年，全国纪检监察系统在沪分别召开中央纪委、监察部工作会议和华东片会、京津沪三市纪委领导联席会议，交流情况，总结经验，研究问题。市纪委在这些会上介绍了开展反腐倡廉建设的工作经验。

第一章　参加市党代会

1986—2010 年，市纪委委员参加中共上海市第五、六、七、八、九次代表大会。市纪委在会上作了工作报告，汇报五年来的工作情况，分析党风建设形势，总结工作经验，提出党风廉政建设和反腐败工作的任务和建议。

第一节　出席第五次市党代会并作工作报告

1986 年 3 月 3—6 日，市纪委委员参加中共上海市第五次代表大会。党代会选举产生中共上海市纪律检查委员会，通过关于中共上海市纪律检查委员会工作报告的决议。

3 月 4 日，市纪委向中共上海市第五次代表大会作工作报告，回顾总结上海第四次党代会以来党的纪律检查工作基本情况，肯定党风有明显好转的方面：恢复和贯彻马克思主义的实事求是思想路线；党内政治生活日趋正常，民主空气日渐活跃；各级党委和纪委认真进行坚持四项基本原则的教育，清理“左”的思想影响，反对资产阶级自由化倾向；开展“经打”核查工作，查处违纪案件，严肃党的纪律，纯洁党的组织；纠正不正之风，保证经济体制改革的顺利进行。

报告提出实现党风根本好转的任务和措施：领导班子坚强团结，能够坚决地、正确地贯彻执行党的路线、方针、政策，在政治上同党中央保持高度一致，坚持四项基本原则，坚持两个文明一起抓，使本单位的生产和工作得到发展和提高，保证改革和四化建设顺利进行；党的组织能够坚持民主集中制原则，实现党内政治生活正常化，正确开展批评和自我批评，严格按照党章和《准则》办事；党员干部真正能够坚持和发扬党的优良传统，廉洁奉公，以身作则，严于律己，全心全意为人民服务，带动广大党员模范地遵守党纪国法，敢于同歪风邪气作斗争；党内的不正之风能够及时得到纠正，对于影响大、党内外群众反映强烈的违法乱纪问题能够及时处理，党群、干群关系得到明显改善，党在群众中的威信进一步提高；建立起党风责任制，能够经常开展党性党风党纪教育，加强思想政治工作，党员的政治素质进一步提高，能够发挥先锋模范作用。

第二节　出席第六次市党代会并作工作报告

1992 年 12 月 15—20 日，市纪委委员参加中共上海市第六次代表大会。党代会选举产生中共上海市纪律检查委员会，通过关于中共上海市纪律检查委员会工作报告的决议。

市纪委工作报告回顾六年来上海市各级纪委的主要工作，肯定工作取得的成绩：保护和支持改革开放，为经济建设服务；坚持从严治党，严肃查处违纪案件；加强党风和廉政建设，认真纠正党内不正之风；深入开展党风党纪教育，加强党内监督；加强纪委组织建设，提高纪检队伍素质。

报告总结六年工作的体会：必须坚持纪检工作保证党的基本路线贯彻执行的指导思想；必须贯彻“两手抓”的方针，维护党的纪律的严肃性；必须加强党风和廉政建设，密切党同人民群众的联系；必须全面履行四项职能，发挥纪检工作支持保护改革开放和经济建设的重要作用。

报告对今后工作提出四点建议：要围绕党的基本路线，加强党风和廉政建设；要坚持从严治党方针,严肃执行党的纪律;党委要加强对纪检工作和党风廉政建设的领导;要在改革开放中加强纪检队伍建设。

第三节　出席第七次市党代会并作工作报告

1997年12月21—26日,市纪委委员参加中共上海市第七次代表大会。党代会选举产生中共上海市纪律检查委员会,通过关于中共上海市纪律检查委员会工作报告的决议。

市纪委工作报告回顾上海市第六次党代表大会以来党的纪律检查工作的基本情况,主要做好六项工作:坚持以领导干部为重点,不断加强廉洁自律工作;坚持从严治党,严肃查处各类违纪违法案件;坚持纠建结合,推动纠正部门和行业不正之风工作不断深入;严格政治纪律,保证政令畅通和各项改革措施的顺利实施;坚持教育为本,努力提高干部队伍的思想政治素质;重视制度建设,着力推进党风廉政建设的制度化、规范化。

报告总结五年来党风廉政建设和反腐败工作实践的主要认识和体会:必须从全面贯彻党的基本路线的高度把握反腐败工作,为改革、发展、稳定的大局服务;必须深入改革开放的前沿,做到关口前移,掌握反腐败的主动权;必须加强对领导干部的教育、管理和监督,注重从根本上治理消极腐败现象;必须加强党的领导,依靠全社会的力量,形成反腐败斗争的合力。

报告分析当前党风廉政建设和反腐败斗争的形势,并对今后工作提出建议:进一步统一和提高认识,切实加强各级党委对党风廉政建设和反腐败斗争的领导;全面履行职能,坚持不懈地抓好反腐败三项任务的落实;以廉政机制建设为重点,加快从体制、机制、法制三位一体推进党风廉政建设的步伐;加强党性党风党纪教育,继续发扬党的优良传统和作风;加强纪检机关和纪检干部队伍建设,更好地发挥纪检机关的职能作用。

第四节　出席第八次市党代会并作工作报告

2002年5月24—28日,市纪委委员参加中共上海市第八次代表大会。党代会选举产生中共上海市纪律检查委员会,通过关于中共上海市纪律检查委员会工作报告的决议。

市纪委工作报告回顾上海市第七次党代表大会以来党的纪律检查工作的基本情况,主要做好五项工作:坚持反腐败三项工作格局,全面推进反腐倡廉各项任务;坚持反腐倡廉与改革发展要求相适应,着力从源头上预防和治理腐败;坚持教育、管理、监督并重,把从严治党要求贯穿到党的建设全过程;坚持分类指导、整体推进,增强反腐倡廉工作的有效性;坚持全党动手、齐抓共管,努力增强反腐倡廉工作的整体合力。

报告对今后五年党的纪律检查工作提出四条建议:深入开展反腐败斗争,大力推进党风廉政建设;全面加强党的纪律建设;继续深化体制、机制和制度建设;切实加强纪检队伍建设。

第五节　出席第九次市党代会并作工作报告

2007年5月24—28日,市纪委委员参加中共上海市第九次代表大会。党代会选举产生中共上海市纪律检查委员会,通过关于中共上海市纪律检查委员会工作报告的决议。

市纪委工作报告回顾上海市各级纪委五年来的主要工作,肯定党风廉政建设和反腐败斗争中取得的成绩。主要开展七项工作：深入开展反腐倡廉教育，党员干部廉洁从政的自觉性进一步增强；大力推进政风行风建设，人民群众利益得到进一步维护；依纪依法查办案件，惩治腐败力度进一步加大；积极推进惩治和预防腐败体系建设，制度创新和源头治本工作进一步深化；加强对领导干部的监督，权力运行制约机制进一步完善；全面履行纪检监察两项职能，行政监察工作范围进一步拓展；适应新形势、新任务的要求，纪检监察机关和纪检监察干部队伍自身建设进一步加强。

报告从正反两方面对党风廉政建设工作进行认真总结和反思：必须清醒认识反腐败斗争的长期性、复杂性、艰巨性和现实紧迫性，才能不断增强抓好反腐倡廉工作的责任感、紧迫感和使命感；必须全面贯彻反腐倡廉战略方针，才能有效惩治和预防腐败；必须把维护广大人民群众的根本利益作为出发点和落脚点，才能使反腐倡廉工作取信于民；必须坚持和完善反腐败领导体制和工作机制，才能形成防治腐败的强大合力。

报告对今后五年工作提出意见和建议：加强监督检查，发挥党风廉政建设和反腐败工作在贯彻落实科学发展观、构建社会主义和谐社会中的重要保证作用；增强“三个意识”，扎实推进领导干部作风建设；坚持教育、制度、监督并重，深入推进《实施纲要》的贯彻落实；加大查办案件工作力度，维护党纪国法的严肃性；加大改革和制度创新力度，拓展从源头上防治腐败的工作领域；全面履行党章赋予的职责，进一步加强纪检监察干部队伍自身建设。

第二章　市纪委、市监察局(委)重要会议

1988—2010年，市委、市政府召开上海市加强党风廉政建设干部大会，市政府召开上海市监察工作会议，研究和部署上海党风廉政建设和反腐败工作，教育各级领导干部清正廉洁、执政为民。1979—2010年，市纪委分别召开中共上海市纪律检查委员会全体会议、上海市纪检监察工作会议，传达贯彻党的代表大会和中央纪委全会的精神，分析上海党风廉政建设和反腐败工作形势，研究新情况和新问题，提出加强党风廉政建设和反腐败工作的对策和措施。中央纪委、监察部等在沪召开的纪检监察系统有关重要会议，对推进上海党风廉政建设和反腐败工作起到积极作用。

第一节　市委纪委筹备组重要会议

1979年4月13日，市委纪委筹备组召开第一次会议，传达中央纪委第一次会议精神，讨论市委纪委的组织问题、任务、筹备组分工和机关设置、复查办等问题。市委常委、市委组织部部长杨心培代表市委宣布市委纪委筹备组组成名单。市委书记王一平到会讲话，对市委纪委筹备组当前工作提出要求。

1979年8月15—27日，市委纪委筹备组召开全市纪检工作会议，深入学习中央纪委第一次全会的有关文件，认真讨论7月全国纪检工作会议精神，明确加强党的纪律检查工作的重要性和纪检工作的指导思想，联系实际，分析当前党风党纪的基本情况，确定1979年下半年纪检工作的主要任务和应当采取的措施。市委书记王一平到会讲话，要求各级党委切实加强对纪检工作的领导，各级领导干部以身作则，带头搞好党风。参加会议的有各部委办和区县局党委领导，以及纪委、纪检组负责人400多人。

1980年4月16日，市委纪委筹备组召开会议，向全市纪检负责干部传达中央纪委第二次全体会议精神，回顾半年多来上海市纪检工作情况，并提出1980年纪检工作要点。市委纪委筹备组组长杨心培主持会议，副组长郭良传达中央纪委二次全会的主要精神，副组长王尧山回顾市委纪委筹备组工作情况，部署1980年工作要点。各部委办、区县党委(党组)分管纪检工作的领导，各级纪委、纪检组的正副书记、正副组长和专职委员、干部2 500多人参加会议。

1980年6月16日，市委纪委筹备组召开纪检工作会议。市委书记王一平在会上讲话。会议确定，当前纪律检查工作的任务和重点是：随着全党工作重点的转移，纪律检查工作的着重点应放在保证党的路线、方针、政策的贯彻执行上面，放在检查和纠正违反政治纪律的问题上面，放在保证实现四化建设上面。会议肯定市委纪委筹备组建立近一年来的工作，要求各级党组织根据中央指示精神，结合学习五中全会文件，特别是要结合学习《关于党内政治生活的若干准则》，讨论党章修改草案，对全党进行一次坚持党的政治路线和思想路线、加强党的团结和统一、加强党的民主集中制和组织性纪律性的思想教育。会议指出，各级党委要切实加强对纪检工作的领导，定期听取纪检工作汇报，把纪检工作放到党委的议事日程上来。要进一步健全各级纪检机构，抓好纪检干部队伍建设。市委、市政府各部委办、区县局党委(党组)分管纪检工作领导，纪委(纪检组)正、副书记(组长)以及纪检专职干部2 500多人出席会议。

1980年8月28日，市委纪委筹备组召开各区纪检干部会议，交流纪检工作经验。市委纪委筹备组副组长王尧山在会上讲话，普陀、南市、杨浦、徐汇区纪委作学习贯彻《准则》的交流发言。各区

纪委书记、委员和专职干部，区属委办局、公司、街道党委分管纪检工作负责人和部分专职纪检干部出席会议。

1981年1月19—22日，市委纪委筹备组召开会议，传达中央有关文件精神，并对照中央文件，检查回顾上海学习贯彻《准则》的情况。市委书记钟民、中央纪委委员严东生出席会议。市委纪委筹备组组长杨心培主持会议，副组长王尧山讲话。会后市委纪委筹备组向市委作了报告。报告认为，十一届五中全会以来，《准则》的贯彻取得不少成绩，上海的党风有较大改进。但是，总的来说，与新中国成立初期相比，党风尚未根本好转。报告在分析不正之风产生的原因后指出，纠正不正之风是一场艰巨、复杂、长期的斗争。各级纪委要在党委和上级纪委的领导下，依靠广大党员和群众，坚决纠正不正之风，为争取党风的根本好转作出更大努力。

1981年4月27日，市委纪委筹备组召开区县局以上单位党的纪检干部会议，传达中央纪委第三次全体会议精神，并印发有关文件和《上海纪检工作一九八零年基本情况和一九八一年主要任务》。会议就执政党的党风问题、纪检工作的主要任务、加强纪检机构的建设等问题进行讨论。各区、县、局党委(党组)分管纪检工作书记、副书记，负责纪检工作负责人约800人参加会议。

1981年9月15日，市委纪委筹备组召开各部委办、区县局纪检干部会议。市委纪委筹备组组长王尧山主持会议，副组长王子阳传达中央纪委召开的华东地区纪检工作座谈会精神和上海贯彻会议精神的意见。

1981年12月4—19日，市委纪委筹备组分五批召开各口、区县局纪委负责信访工作干部座谈会，传达中央纪委召开的部分省市委纪委信访工作座谈会精神，对上海纪检信访工作作出部署。

1982年2月10日，市委纪委筹备组召开各部委办、区县局纪检组和直属单位纪委负责人会议，部署贯彻执行中央《紧急通知》的工作，要求各级纪委首先学习《紧急通知》，提高认识；要了解各级领导班子自我清理的情况；对已经掌握的违纪犯法问题进行排队；与公安、检察、海关、工商部门经常联系，发现涉及党员干部的重大案件及时向市委纪委汇报。

1982年3月16日，市委召开全市党员负责干部会议，部署“两案”审理工作。市委第二书记胡立教讲话，要求各部委办、区县局党委负责干部深刻领会中央对“两案”的处理方针，统一政策思想，对属于自己管理范围的清查对象，抓紧进行定性处理。凡属于判刑的，由公检法负责；凡属党纪、政纪处理的，由纪律检查部门负责。

1982年4月14日，市委纪委筹备组召开部委办、区县局党委、纪委负责人会议，进一步部署对“文化大革命”前党纪处分案件中错案的复查工作。指出做好这类案件的复查工作，必须克服“左”的思想影响，坚持实事求是、有错必纠的原则，全错全改，部分错部分改，不错不改。对有申诉的和虽然没有申诉、但明显搞错了的，都要进行复查。

1983年11月12日，市委纪委筹备组召开区县局纪委书记会议，市委纪委筹备组组长王尧山传达中央纪委第三次全会精神，部署纪检部门整党工作。市委第二书记胡立教出席会议并讲话，要求全市各级纪委认真贯彻中央关于整党的决定，整顿作风，整顿队伍，以适应整党的要求。

第二节 市纪委全会

一、第五届市纪委全会

1986年3月7日，中共上海市第五届纪律检查委员会召开第一次全体会议，市纪委委员48人出席会议。全体委员以无记名投票方式选举产生市纪委书记、副书记和常委。张定鸿作开幕词和讲话。

1986年11月13—14日,中共上海市第五届纪律检查委员会召开第二次全体会议。会议学习贯彻党的十二届六中全会、中央纪委第八次全会和市委五届二次全会精神,提出各级纪检部门要努力成为促进改革的重要力量。市纪委书记张定鸿主持会议,并作题为《坚持不懈地搞好党风建设,促进全面改革和精神文明的发展》的讲话。他强调,各级纪检部门要牢固树立支持改革、推进改革、保证改革的思想,要树立“以经济建设为中心”的全局观念。纪检部门要反对违背四项基本原则的言行,保证改革的社会主义方向;要维护安定团结的局面,为改革开放创造有利条件和保证。各部委办、区县局纪委书记、纪检组长列席会议。

1988年4月1日,中共上海市第五届纪律检查委员会召开第三次全会扩大会议,由市纪委书记张定鸿传达中央纪委二次全会精神。会议要求,树立大局意识,坚持四项基本原则,以经济建设为中心,加强党的纪律检查工作。

1989年1月12日,中共上海市第五届纪律检查委员会召开第四次全会扩大会议,总结1988年工作,对1989年纪检工作作出部署,提出纪检工作要严格执行党的纪律,严肃查处违纪案件,深入开展廉政建设,以保证治理、整顿的顺利进行。市纪委委员和部委办、区县局、大专院校纪委书记参加会议。

1989年5月30—31日,中共上海市第五届纪律检查委员会召开第五次全体会议。市纪委书记张定鸿主持会议,讨论学习《李鹏、杨尚昆、乔石、姚依林同志在5月22日会议上的讲话要点》。会议强调,严格政治纪律,维护安定团结的大局,在政治上与党中央保持高度一致。

1989年6月15—16日,中共上海市第五届纪律检查委员会召开第六次全会扩大会议。市纪委书记张定鸿主持会议。与会同志认真学习中央军委主席邓小平6月9日接见戒严部队军以上干部时的重要讲话,联系实际、敞开思想,加深对反对动乱、平息反革命暴乱斗争的性质、意义的认识,进一步坚定与党中央保持一致、夺取反对动乱斗争全面胜利的信心。与会同志一致认为,邓小平6月9日的重要讲话,正确分析反革命暴乱发生的原因和性质,是认识和指导这场政治斗争的思想武器。当前要克服模糊思想,进一步统一思想认识。65位市纪委委员、部委办、区县局纪委书记和市纪委机关室主任参加会议。

1989年11月17—18日,中共上海市第五届纪律检查委员会召开第七次全会扩大会议,传达党的十三届五中全会、中央纪委第五次全会和市委五届九次全会精神。市纪委副书记朱达人在会上回顾总结上海各级纪委贯彻中央四中全会精神、加强纪检工作的情况。市纪委书记张定鸿就如何贯彻五中全会精神作讲话。张定鸿指出,各级纪检机关要充分认识分散主义、本位主义直接危害党的纪律,是造成党内纪律松弛的重要原因之一。当前,凡是违背五中全会《决定》的精神,不听统一指挥的,搞“你有政策、我有对策”、“有令不行、有禁不止”等,都要加以克服和纠正。市纪委委员和部委办、区县纪委书记、部分局纪委书记、市纪委各室主任出席会议。

1991年1月17—24日,中共上海市第五届纪律检查委员会召开第八次全会扩大会议,传达贯彻党的十三届七中全会和市委五届十一次全会精神,总结1990年工作,讨论研究1991年工作部署。市委书记、市长朱镕基到会讲话,分析上海当前的经济形势,希望各级纪检部门要进一步加强自身建设,做到党性强、自身硬、能战斗,不拿原则作交易,坚持从严治党。朱镕基强调,今后10年,是上海振兴和发展的关键10年,面临的任务艰巨而繁重。要认真贯彻落实党的十三届七中全会和市委五届一次全会的精神,建设一个好的、有战斗力的党。各级纪检部门要坚持四项基本原则,反对资产阶级自由化；围绕经济建设这个中心，坚持深化改革，扩大开放，积极为搞活大中型企业和抓好城市基础设施建设服务；坚持抓党风、促廉政、纠正行业不正之风，把上海的纪检工作提高到一个新的水平。市纪委书记张定鸿在讲话中强调，各级纪检机关必须在指导思想、实际步骤和工作方法上，适应形势的需要，保证经济建设服务这一中心任务的完成。要把促进经济建设，为经济建设服务作为检验纪检工作成效的重要标志。市纪委副书记朱达人主持会议，市纪委常委和研究室、案件审理室、干部管理室负责同志分别作专题发言。市纪委委员和部委办、区县和部分局纪委书记100多人出席会议。

图2-2-1　1989年11月17日，上海市纪委全会扩大会议召开

二、第六届市纪委全会

1992年12月20日，中共上海市第六届纪律检查委员会召开第一次全体会议。会议选举市纪委常委和市纪委书记、副书记。

1993年12月23—25日，中共上海市第六届纪律检查委员会召开第二次全会扩大会议，市纪委书记张惠新作题为《继续高举党风廉政旗帜，进一步开展反腐败斗争，为促进上海社会稳定经济发展作贡献》的报告，市委副书记王力平到会讲话。全会认为，上海反腐败斗争取得初步成效，1994年的纪检监察工作要继续高举党风廉政旗帜，巩固和发展反腐败斗争的阶段性成果，把经常性的治本工作同不断取得阶段性成效结合起来。会议强调，反腐败的重点仍然是党政机关、司法部门、行政执法部门和经济管理部门以及县处级以上领导干部。要继续抓好党政机关处以上领导干部的廉洁自律，继续认真查处大案要案，坚决惩处腐败分子。对继续乱收费的单位与有关责任人员必须严肃处理。对垄断性经营收费问题要进一步调查，提出具体治理意见。对公费出国（境）旅游问题要继续抓住源头，落实制度，把牢关口，对有禁不止的要有一个查处一个。对党政机关兴办的经济实体与机关脱钩的问题,要在解决六种情况的基础上,进一步调查研究,明确政策,分步解决。要抓好元旦、春节两个节日期间的清正廉洁工作,巩固发展取得的阶段性成效。

1996 年 1 月 29 日,中共上海市第六届纪律检查委员会召开第三次全会扩大会议。会议提出,1996 年上海党风廉政建设和反腐败工作要认真贯彻中央纪委六次全会和江泽民的重要讲话精神,全面落实中央提出的反腐败工作各项任务。处级以上干部特别是局级领导干部,要严格遵守中央关于高中级领导干部带头维护政治纪律和廉洁自律的七条要求,保持思想品德的纯洁性。会议要求各级纪委按照中央纪委六次全会关于反腐倡廉要逐步纳入制度化、法制化轨道,注意从源头上、管理办法上解决问题的方针,进一步研究从"三制"上加强党风廉政建设的思想和方法,使上海反腐倡廉工作再上一个新台阶。市纪委委员和各部委办、区县局纪委书记近 400 人参加会议。

1996 年 10 月 14 日,中共上海市第六届纪律检查委员会召开第四次全会扩大会议。会议学习贯彻党的十四届六中全会精神和中央纪委七次全会精神,要求各级纪检机关要充分发挥党章赋予的监督检查职能,坚决查处违反六中全会《决议》精神,有令不行、有禁不止的行为;查处严重违反社会主义道德、损害和破坏社会主义精神文明建设的行为,进一步采取有力措施,全面完成党风廉政建设和反腐败各项任务。市纪委委员和各部委办、区县纪委书记参加会议。

1997 年 9 月 24 日,中共上海市第六届纪律检查委员会召开第五次全会扩大会议,认真传达贯彻党的十五大精神。市纪委书记张惠新主持会议并讲话。全会要求各级纪检监察组织和干部深入学习贯彻党的十五大精神,努力完成今年反腐败斗争的各项任务。同时要加强调查研究,为 1998 年反腐倡廉工作做好充分准备。

1997 年 12 月 24 日,中共上海市第六届纪律检查委员会召开第六次全体会议。市纪委书记张惠新主持会议。全会审议并通过《中共上海市纪律检查委员会向上海市第七次党代表大会的工作报告》,同意提请上海市第七次党代表大会审议。

三、第七届市纪委全会

1997 年 12 月 25 日,中共上海市第七次代表大会选举产生的中共上海市第七届纪律检查委员会举行第一次全体会议,选举新一届市纪委领导班子。

1998 年 3 月 11—12 日,中共上海市第七届纪律检查委员会召开第二次全会扩大会议,对 1998 年上海党风廉政建设和反腐败三项工作作出部署。市纪委书记张惠新主持会议。市委副书记孟建柱到会并讲话,强调对党风廉政建设的重大问题,必须由党委集体讨论研究;反腐败重大工作,党委和政府的主要领导要亲自部署、监督和检查。市纪委委员和各区县、部委办党委(党组)领导、纪委书记出席会议。

1999 年 3 月 9—10 日,中共上海市第七届纪律检查委员会召开第三次全会扩大会议,对全年党风廉政建设和反腐败各项工作作出部署。市纪委书记张惠新主持会议。市委副书记孟建柱到会并讲话,强调要以全面贯彻党风廉政建设责任制为抓手,形成反腐倡廉的整体合力,并实行严格的责任考核和责任追究;要以"三讲"教育为动力,把党风廉政建设和领导干部的思想作风建设提高到一个新的水平。市纪委委员和反腐败工作牵头部门负责人、各区县、部委办党委(党组)领导、纪委书记 130 余人出席会议。

2000 年 2 月 23—24 日,中共上海市第七届纪律检查委员会召开第四次全会扩大会议,进一步贯彻江泽民在中央纪委四次全会上的重要讲话精神,按照中央和市委、市政府的工作部署,研究落实2000年上海市党风廉政建设和反腐败斗争各项工作的具体措施。市纪委书记张惠新在讲话中强调，要以“三讲”教育为动力，把“从严治党”方针落实到反腐败斗争各项具体工作之中；要把落实上级要求与解决本地区、本部门的突出问题结合起来，提高反腐败斗争的新水平。市纪委委员等80余人出席会议。

2001年2月4—5日，中共上海市第七届纪律检查委员会召开第五次全会扩大会议，贯彻落实中央纪委五次全会和市委七届八次全会精神，具体部署2001年上海市党风廉政建设和反腐败斗争各项工作。市委副书记刘云耕出席会议并讲话，强调要坚持从严治党的方针，抓好反腐败各项工作的落实；各级党政组织要对管辖范围内的党风廉政建设切实负起责任。市纪委书记张惠新指出，必须结合实际，在全面推进工作中突出重点、突破难点；以落实党风廉政建设责任制为抓手，加强督促检查，把各项任务落到实处。市纪委委员和反腐败工作牵头部门负责人、各区县党委分管领导、纪委书记参加会议。

2002年3月7日，中共上海市第七届纪律检查委员会召开第六次全会扩大会议，贯彻落实中央纪委七次全会、市委七届十次全会和全市加强党风廉政建设干部大会的精神，部署全年反腐倡廉工作。市委副书记、市纪委书记罗世谦指出，2002年的工作重心是继续从源头上预防和解决腐败问题，要在行政审批制度、财政制度和组织人事的改革等方面制定工作目标。5月15日，市纪委召开七次全会，通过市纪委工作报告。

图2-2-2 2002年5月15日，上海市纪委第七次全会召开

四、第八届市纪委全会

2002年5月28日，中共上海市第八次代表大会选举产生的中共上海市第八届纪律检查委员会举行第一次全体会议，选举产生市纪委常委和市纪委书记、副书记。

图2-2-3　2002年5月28日,上海市第八次党代会市纪委第一次全会召开

2003年1月9日,中共上海市第八届纪律检查委员会召开第二次全体会议。市委副书记、市纪委书记罗世谦主持会议并讲话。罗世谦指出,要站高望远,更加自觉地围绕发展这个执政兴国的第一要务,为实现党的十六大和市第八次党代会提出的奋斗目标,准确把握纪检监察工作面临的形势,拓宽工作视野和工作思路,进一步探索适合国际大都市建设和管理要求的反腐倡廉工作路子。要坚持体制和机制创新,把源头治理作为工作的重心,贯穿于领导干部廉洁自律、查办案件、纠风三项工作之中,增强三项工作的长远效果。罗世谦强调,要扎扎实实地做好2003年的开局工作,把重点放在用党的十六大精神指导工作实践上,努力以反腐倡廉的新成果来体现学习贯彻党的十六大精神的成效。尤其是新春佳节即将来临,全市各级纪检监察组织要深入基层、深入群众,协助党委政府,抓好关心群众生产生活的工作,努力帮助群众解决实际问题,为群众排忧解难。要抓好厉行节约、反对铺张浪费和廉洁自律工作,早打招呼,及时提醒,做到防患于未然。市纪委副书记沈红光、李梅、何卫国、唐周绍分别作讲话,徐汇区纪委、浦东新区纪委、工业纪工委、建设纪工委和宣传部纪检组分别作交流发言。在沪中央纪委委员、市纪委委员、区县纪委书记、市纪委市监察委派出(派驻)机构负责人、中央在沪单位纪委书记、市纪委机关各厅室主任出席和列席会议。

2004年2月11日,中共上海市第八届纪律检查委员会召开第三次全体会议,研究和部署2004年上海党风廉政建设和反腐败工作。市委副书记、市纪委书记罗世谦主持会议并讲话。全会指出,要根据上海的特点和发展要求,实现反腐倡廉工作的理念创新、制度创新和实践创新,逐步建立健全与社会主义市场经济体制相适应的教育、制度、监督并重的惩治和预防腐败体系。要把从严治党的方针全面贯彻到党的思想建设、组织建设、作风建设和制度建设中去。要把落实立党为公、执政为民的要求作为党风廉政建设的出发点和落脚点,坚持"群众利益无小事"的政治立场和政治态度,切实维护和发展好人民群众的根本利益。全会强调,2004年,要对各区县、委办局的党政"一把手"执行有关廉政规定的情况,特别是执行重大事项集体决策、个人重大事项报告、民主集中制、联系群众等制度的情况,进行更加具体和深入的监督。要进一步加大惩处腐败分子的力度,各级纪检组织要切实履行党章赋予的查案职能,重点查办处级以上领导干部违纪违法案件,特别是违反党的政治纪律的案件,金融、房产、土地使用权出让、建设工程、产权交易、国企改制转制等经济领域的案件以及基层干部以权谋私、侵害群众利益的案件。在沪中央纪委委员、市纪委委员、区县纪委书记、市纪委市监察委派出(派驻)机构负责人、中央在沪单位纪委书记、市纪委机关各厅室主任出席和列席会议。

2004年9月27日,中共上海市第八届纪律检查委员会召开第四次全体会议。市委副书记、市纪委书记罗世谦向全会作工作报告。报告要求,全市各级纪检监察组织要结合实际,把加强党风廉政建设和反腐败斗争作为提高党的执政能力、巩固党的执政地位的一项重大任务抓紧抓实抓好,认真开展监督检查,坚决维护中央权威;切实加强思想政治建设,筑牢拒腐防变的思想道德防线;坚持从严治党,维护和执行党的纪律;进一步加强和改进党的作风建设,密切党同人民群众的血肉联系。要按照加强党的执政能力建设的要求,不断提高适应完善社会主义市场经济体制要求的能力;提高对党员领导干部特别是主要领导干部有效监督的能力;提高依法执纪、依法办案的能力;提高发展党内民主、维护党员权利的能力;提高协助党委加强党风建设和组织协调反腐败工作的能力。市纪委委员出席会议。在沪中央纪委委员、市监察委副主任应邀参加会议。各区县委办纪委书记、市纪委、市监察委派驻(派出)机构负责人、中央在沪企业纪委书记、市委巡视组负责人、各厅室主任列席会议。

2005年1月28日,中共上海市第八届纪律检查委员会召开第五次全体会议,回顾总结2004年上海党风廉政建设和反腐败工作,研究部署2005年的工作任务。市委副书记、市纪委书记罗世谦主持会议并讲话。会议指出,要维护党的纪律,严格执行"四大纪律、八项要求"和领导干部廉洁从政各项规定,切实解决党风方面存在的突出问题。特别是对顶风违纪的领导干部,必须严肃处理。要继续加大查办案件工作的力度,以查办发生在领导机关和领导干部中滥用权力、谋取私利的违纪违法案件为重点,严厉惩处腐败分子。严肃查办利用人事权、司法权、审批权违纪违法的案件,工程项目建设中发生的案件,金融、土地管理等领域以及物资和服务采购活动中的案件,企业重组改制、产权交易和经营管理活动中国有资产严重流失的案件和发生在基层的以权谋私和严重损害群众利益的案件。市纪委委员、区县纪委书记、市纪委市监察委派出(派驻)机构负责人、市巡视组负责人、中央在沪单位纪委书记、市纪委机关各厅室主任出席和列席会议。

2006年1月25日,中共上海市第八届纪律检查委员会召开第六次全体会议,就深入贯彻落实中央纪委六次全会精神和市委、市政府召开的加强党风廉政建设干部大会精神作出工作部署。市委副书记、市纪委书记罗世谦在讲话中强调,要狠抓落实,明确目标、落实责任,全力保证完成2006年各项任务。各级纪检监察组织要善于抓住党风廉政建设责任制这个龙头,切实抓好责任分解、责任落实和责任追究。要统一思想认识,该追究的必须追究,不能掩着、护着;要本着实事求是的精神,明晰责任内涵,界定责任主体;要规范追究程序,结合实际,完善相关的配套制度,探索行之有效的办法。要形成聚焦,突出重点、抓住关键,在一些重点领域和关键环节有所作为。要把重点聚焦在解决损害群众切身利益的突出问题上。一方面,要抓住群众反映突出的难点和热点问题,认真开展调查研究,协助有关部门采取有效措施,着力抓好长效机制建设;另一方面,注意查处隐藏在损害群众利益问题背后的违纪违法行为,发现一起,查处一起,以实实在在的工作成效取信于民。要把重点聚焦在解决党风廉政建设中存在的突出问题上。市纪委委员出席会议。在沪中央纪委委员、市监察委副主任应邀出席会议。各区县纪委书记、市纪委市监察委派出(派驻)机构负责人、中央在沪企业纪委书记、市委巡视组负责人列席会议。

2007年1月22—24日,中共上海市第八届纪律检查委员会召开第七次全会暨加强党风廉政建设干部大会。会议传达贯彻胡锦涛在中央纪委第七次全会上的重要讲话和中央纪委第七次全会精神,总结回顾2006年上海市党风廉政建设和反腐败工作,研究部署2007年党风廉政建设和反腐败工作。上海市委代理书记、市长韩正在会上强调,要进一步抓好大案要案查处,继续全力支持、配合中央工作组彻底查清“社保资金案”,举一反三,认真吸取教训,努力消除案件所造成的损害;要切实纠正和治理损害群众利益、人民群众反映强烈的不正之风;做好商业贿赂专项治理工作。韩正要求,要切实加强领导,认真落实党风廉政建设责任制。各级党委要切实加强对反腐倡廉工作的领导,从领导体制和工作机制上确保反腐倡廉工作任务的完成;各级纪委要认真履行好党章赋予的重要职责,纪检监察干部要清正廉洁、敢于碰硬、刚正不阿,始终保持谦虚谨慎的作风和奋发有为的精神状态,自觉接受党组织和人民群众的监督。市纪委书记沈德咏在部署工作时指出,要继续配合中央工作组彻底查清“社保资金案”,进一步加大惩治和预防腐败工作力度,深入推进治理商业贿赂专项工作;加强党风政风建设,切实解决损害群众利益的突出问题;加大体制改革和制度创新力度,不断深化源头治本工作,严格公共资金的使用和管理,完善对权力的制约监督机制。

图 2-2-4 2007 年 1 月 23 日,上海市纪委第七次全体会议暨全市加强党风廉政建设干部大会

2007 年 5 月 13 日,中共上海市第八届纪律检查委员会召开第八次全体会议。市纪委书记沈德咏出席会议并讲话。会议审议并通过《中共上海市纪律检查委员会向中共上海市第九次代表大会的工作报告》,同意将报告提请中共上海市第九次代表大会审议。全会要求各级纪律检查机关坚持以邓小平理论和“三个代表”重要思想为指导,全面贯彻落实科学发展观,努力构建社会主义和谐社会,深入贯彻以胡锦涛同志为总书记的党中央关于反腐倡廉的一系列重大部署和要求,全面履行党章赋予的工作职责,坚持标本兼治、综合治理、惩防并举、注重预防的战略方针,大力推进惩治和预防腐败体系建设,围绕中心、服务大局,把反腐倡廉工作融入经济建设、政治建设、文化建设、社会建设和党的建设之中,与时俱进、开拓创新,为促进上海经济社会又好又快发展提供坚强有力的政治保证,以党风廉政建设和反腐败斗争的新成绩迎接市第九次党代会和党的十七大的胜利召开。

五、第九届市纪委全会

2007 年 5 月 28 日,中共上海市第九届纪律检查委员会召开第一次全体会议,选举产生市纪委常务委员会委员和书记、副书记。

2008 年 1 月 21—22 日，中共上海市第九届纪律检查委员会召开第二次全体会议。全会的主要任务是，认真学习贯彻党的十七大、十七届中央纪委二次全会和市委九届三次会会精神，明确当前和今后一个时期上海反腐倡廉建设主要任务，部署 2008 年党风廉政建设和反腐败工作。1 月 21 日下午，中共中央政治局委员、市委书记俞正声出席全会第二次会议并作重要讲话。市委副书记、市长韩正传达胡锦涛在十七届中央纪委二次全会上的重要讲话精神，市委副书记殷一璀传达贺国强在十七届中央纪委二次全会上的工作报告精神。市纪委书记沈德咏在全会上代表市纪委常委会作题为《以党的十七大精神为指导，努力开创上海反腐倡廉建设新局面》的工作报告。报告总结回顾 2007 年反腐倡廉建设取得的成绩，同时指出，2008 年要突出抓好三个方面的工作：加强查办案件工作，着力在统一思想认识、提高办案能力、做好办案保障上下功夫；加强源头治本工作，着力在抓好公共资金监管、土地有形市场建设、严格规范领导干部廉洁从政行为上下功夫；加强监督检查工作，着力在完善对领导干部的监督机制、推进权力公开透明运行、充分发挥巡视作用上下功夫。市纪委委员出席会议。市委、市人大、市政府、市政协领导和全市党政军各部门主要负责干部参加会议。

2009 年 1 月 20—21 日，中共上海市第九届纪律检查委员会召开第三次全体会议。1 月 21 日上午，中共中央政治局委员、市委书记俞正声出席全会第二次会议并讲话。市委副书记、市长韩正传达胡锦涛在十七届中央纪委三次全会上的重要讲话精神，市委副书记殷一璀传达贺国强在十七届中央纪委三次全会上的工作报告精神。市纪委书记董君舒在全会上代表市纪委常委会作题为《深入贯彻落实科学发展观，以健全惩治和预防腐败体系为抓手，扎实推进上海党风廉政建设和反腐败斗争》的工作报告。董君舒指出，纪检监察工作要把充分履行监督职能摆在突出位置，融入各项工作中去，强化敢于监督的意识，提高善于监督的能力。要把握好工作主线与抓手，以深入学习实践科学发展观活动为主线，以健全惩治和预防腐败体系为抓手，找准工作定位，全面履行职责，不断提高工作能力和水平，确保《工作规划》和《实施办法》规定的各项任务严格按照要求来完成。要把握好工作重点与特点，围绕确保经济平稳较快增长，加强对中央和市委重大决策部署落实情况的监督检查；围绕确保民生持续得到改善和社会和谐稳定，切实纠正损害群众利益的突出问题；围绕确保世博会筹办有序推进，加强廉洁办博工作；抓好《工作规划》和《实施办法》的落实，做好教育、制度、监督、纠风、改革、惩处等各项工作；把加强领导干部作风建设放在突出重要的位置抓紧抓好，在重点工作的把握中，统筹兼顾、协调推进。市纪委委员出席会议。市委、市人大、市政府、市政协领导和全市党政各部门主要负责人参加会议。

2009 年 10 月 23 日，中共上海市第九届纪律检查委员会召开第四次全体会议。市纪委书记董君舒代表市纪委常委会作题为《认真贯彻落实党的十七届四中全会精神，扎实推进上海党风廉政建设和反腐败斗争》的工作报告。会议强调，要扎实开展反腐倡廉教育，加快制定出台《上海市加强廉政文化建设的实施意见》，积极推进廉政文化建设融入社会各领域。要认真治理领导干部廉洁从政方面存在的突出问题，加强对领导干部报告住房、投资、配偶子女从业等情况的监督检查，加强对配偶子女均已移居国(境)外的公职人员管理，进一步对各类社会中介组织中相关公务人员的从业行为作出规范。要大力推进国有企业反腐倡廉建设，抓紧制定贯彻落实《国有企业领导人员廉洁从业若干规定》的实施意见，逐步建立国有企业反腐倡廉建设的科学评价机制。要认真开展工程建设领域突出问题专项治理工作，规范工程建设领域市场行为和行政行为，严肃查处工程建设领域的违纪违法案件。要坚持“权力在阳光下运行、资源在市场上配置、资金在网络中监管”的思路，进一步推进“制度加科技”预防腐败工作。要加大查办违纪违法案件工作力度，严肃查办发生在领导机关和领导干部中滥用职权、贪污贿赂、腐化堕落、失职渎职案件。市纪委委员出席会议。

2010年1月18—19日,中共上海市第九届纪律检查委员会召开第五次全体会议。中共中央政治局委员、市委书记俞正声出席会议并讲话。俞正声要求,要切实抓好反腐败制度建设,不断提高制度的执行力。要系统考虑、整体谋划,高度重视制度建设的配套完善,着力提高制度建设的可操作性。要勇于改革、善于创新,主动研究和创新反腐倡廉法规制度,强化和推动管理方法的创新,探索把现代信息技术融入预防腐败工作的新机制。要加强督查、强化执行,领导干部要带头遵守、执行、维护制度;要严格督促检查、防微杜渐;要严格追究责任,坚决纠正有令不行、有禁不止的行为。俞正声强调,要突出重点、抓住关键。要加强对权力监督制约的制度建设,继续抓好对领导干部廉洁从政行为的规范,制定出台领导干部在住房买卖方面的规范性意见,加强对领导干部按规定报告住房、投资、配偶子女从业等情况的监督检查,规范公务员退休(辞职)后的从业行为,继续深化权力公开透明运行试点。俞正声强调,要全力抓好廉洁办博工作,进一步增强廉洁办博意识,加大工作力度,采取有效措施,努力办出一届廉洁、高效、经得起历史和群众检验的世博会。要从制度上构建预防腐败的屏障;把监督检查融入世博建设和运营的全过程;及时总结好廉洁办博的经验和做法,通过成功举办世博把上海党风廉政建设和反腐败工作提高到新水平。市纪委书记董君舒主持会议,市委副书记、市长韩正传达胡锦涛在十七届中央纪委五次全会上的讲话精神,市委副书记殷一璀传达十七届中央纪委五次全会精神。市纪委委员出席会议。市委、市人大、市政府、市政协和党政部门主要负责人参加会议。

第三节　市监察工作会议

1988年1月14日,市政府召开上海市监察工作会议。市委副书记、常务副市长黄菊出席会议并讲话。黄菊指出,要深刻理解组建监察体制的必要性和重要性,政府各个部门要支持、配合监察部门做好有关方面的工作。监察干部要服从、服务于改革,保障改革顺利进行;要坚持原则,掌握政策;要加强领导。市纪委书记张定鸿、市监察局局长吴德让在会上作讲话。会议传达监察部有关会议精神,部署上海组建监察机关和清查对外经济合同工作。市政府各委办局负责人、各区县政府负责人及监察局正副局长,新闻、广播等有关单位负责人,市委有关部门、市人大常委会办公厅、市政协办公厅240人出席会议。

1989年2月20—22日,市政府召开上海市监察工作会议,市委副书记、常务副市长黄菊主持。副市长倪鸿福代表市政府对监察工作作出具体部署。市委副书记、市长朱镕基到会作讲话。朱镕基指出,1992年,要继续抓政府机关的"廉洁、高效",这是关系到全局的一件大事。要继续抓好政府机关局级以上领导干部的廉洁、高效。要继续抓好"七所八所"公开办事制度。要对企事业单位的领导干部加强监督、教育和管理。朱镕基强调,各级领导要高度重视干部廉政建设,切实加强对监察工作的领导。主要领导要亲自抓监察工作,抓廉政建设;各级领导要从我做起,严于律己,为人表率;要加强对监察机关的具体领导,从政治上支持,物质上关心,把监察机关建设好。会议认为,上海仍将开展以廉政为重点的各项监察工作;监察的重点是领导机关和领导干部,以及经济监督部门和执法部门;重点查处的是拿权同金钱作交易进行贪污受贿的人。各区区长、各县县长,市政府各委办局负责人,各区县监察局正副局长,市政府各委办局监察室正副主任,各新闻单位负责人,市纪委、市委组织部、市委宣传部、市检察院400多人参加会议。

1990年2月9日,市政府召开上海市监察工作会议,副市长庄晓天主持,市监察局局长吴德让传达中央领导在全国监察工作会议上重要讲话精神。会上宣布本市1990年要深入开展反腐败斗争,廉政建设要从抓506名局级干部延伸到包括大中型企事业单位的2 000名局级干部,并延伸到2万名处级干部以及事业单位的领导干部。市委副书记、常务副市长黄菊出席会议并讲话。黄菊指出,要进步加深对惩治腐败、加强廉政建设的重要性、紧迫性、长期性的认识。要正确认识监察工作与经济工作的关系、廉政建设与经济建设的关系,从根本上解决"一手硬、一手软"的问题,保障经济建设持续、稳定地发展。黄菊强调,要切实加强对惩治腐败、廉政建设的领导。领导机关和领导干部要严于律己,廉洁奉公,作出表率。各级领导尤其区、县和市政府各委办局的领导要把惩治腐败、加强廉政建设放在重要议事日程上来认真研究,认真落实。要切实加强对监察机关和监察部门的领导,进一步健全监察机构,关心和支持监察工作。黄菊要求监察干部加强政治学习,加强政策法规的学习,加强监察业务的学习,熟悉各行业特点,扩大知识面,不断提高自己的政治水平、理论水平和政策水平。市政府各委办局主要负责人及监察室主任,各区区长、各县县长,各区、县监察局局长300人参加会议。

1991年2月26—27日,市政府召开上海市监察工作会议。市监察局局长吴德让传达国务院总理李鹏的讲话和第三次全国监察工作会议精神。各区县监察局正副局长、市政府各委办局监察室正副主任、市特邀监察员和部分中央在沪单位监察部门负责人出席会议。

1992年2月25—26日,市政府召开上海市监察工作会议,传达贯彻全国监察厅(局)长会议精神。市监察局局长吴德让主持会议,市监察局领导作工作报告,副市长赵启正出席会议并讲话。各区县监察局、市政府各委办局监察室和中央在沪有关单位监察室负责人200多人参加会议。

1992年6月11—13日,市政府召开上海市监察工作会议,学习贯彻邓小平南方谈话精神,回顾总结上半年工作,部署下半年任务。市纪委书记张定鸿出席会议并讲话。市监察局局长韩坤林作工作报告,副局长郁明作总结发言。各区县监察局正副局长、市政府各委办局监察室正副主任、部分市政府直属局和大型企业监察部门负责人参加会议。

2003年4月8日,市政府召开上海市监察工作会议,认真贯彻落实中央纪委二次全会、国务院廉政工作会议和市加强党风廉政建设干部大会精神,部署2003年监察工作任务。市委副书记、市长韩正,市委副书记、市纪委书记罗世谦,副市长冯国勤出席会议并讲话。韩正在讲话中指出,要从建设服务政府、责任政府和法治政府的高度,充分认识加强行政监察的重要性。韩正强调,廉洁是第一位的,所有政府工作人员都必须廉洁奉公、拒腐防变,不该做的事坚决不做。勤政,就是要恪尽职守、勤勤恳恳,对老百姓关心的事情,无论大小,都要全力以赴地、尽心尽责地做好。务实,就是要讲实话、办实事,使下情能够如实上达,政令能够切实畅通,决不允许搞花架子、搞形式主义;决不允许搞劳民伤财的所谓"形象工程"、"政绩工程"。高效,就是办事要讲质量、讲效率,严格按照工作制度和规范,分清职责,明确要求,形成合力,扎实推进。罗世谦在讲话中要求全市各级纪检监察组织根据中央和市委、市政府有关反腐倡廉工作的总体要求,在全面履行纪检监察两项职能中,积极探索发挥行政监察职能作用的途径和方法。围绕两项职能,完善工作机制和工作制度,逐步形成一条符合中央精神、具有上海特点的行政监察的工作路子,不断提高行政监察工作的水平。冯国勤在讲话中回顾总结了10年来上海监察工作的特点和基本经验,指出2003年重点要从规范从政行为、推进政风建设、严格依法行政、深化源头治理、全面履行职责等五个方面进一步加强行政监察工作。各区县政府、委办局和市属企业控股(集团)公司行政主要领导、纪委书记(纪检组长)、监察委主任(监察室主任),市人大、市政协、市高级人民法院、市人民检察院有关负责人,市特邀监察员400余人出席会议。

2004年3月5日,市政府召开上海市监察工作会议,进一步贯彻落实中央纪委三次全会、国务院第二次廉政工作会议、全市加强党风廉政建设干部大会和市纪委三次全会的精神。市纪委副书记、市监察委主任李梅总结2003年监察工作,部署2004年监察工作任务。市委副书记、市纪委书记罗世谦,副市长冯国勤出席会议并讲话。罗世谦在讲话中强调,全市纪检监察机关要全面履行纪检监察两项职能,积极发挥行政监察职能作用,推动行政监察工作的不断深入,为上海新一轮发展提供强有力的保障。纪委书记要努力从全局上把握两项职能;监察组织领导要努力按照职责要求,履行好两项职能;纪检监察组织内的各个部门都要全面履行两项职能。行政监察工作要以求真务实的精神,加大对中央和市委、市政府重大决定、重大改革措施贯彻落实情况的监督力度,坚决制止和纠正有令不行、有禁不止和上有政策、下有对策的行为,保证政令畅通,促进政府部门和工作人员提高工作效率;要排群众之所难,从解决人民群众反映强烈的问题入手,把解决群众的"急、难、愁"问题与纠正一些部门存在的作风问题紧密结合起来,推动政府部门的廉洁勤政高效。冯国勤在讲话中强调,行政监察工作要坚持从严治政方针,进一步规范领导干部和国家公务员的从政行为,努力建设一支廉洁奉公、勤政为民、业务精通、作风优良的公务员队伍。要通过加强制度建设、深化改革,不断拓宽从源头上预防和治理腐败工作的领域。各区县、委办局和部分市属和中央在沪企业行政分管领导及监察委(监察室)主任,市人大办公厅、市政协办公厅、市高级人民法院、市人民检察院有关负责人,市特邀监察员280人出席会议。

2005年3月7日,市政府召开上海市行政监察工作会议,市纪委副书记、市监察委主任李梅代表市监察委对2004年以来全市的行政监察工作作回顾,对2005年的工作进行部署。杨浦区、市工商局在会上作交流发言。市委副书记、市纪委书记罗世谦,副市长冯国勤到会并讲话。罗世谦在讲话中要求,贯彻落实中央纪委五次全会、国务院第三次廉政工作会议和全市加强党风廉政建设干部大会精神,进一步发挥行政监察的职能作用。各级纪检监察组织要抓好中央颁布的《建立健全教育、制度、监督并重的惩治和预防腐败体系实施纲要》的学习宣传和贯彻,积极协助党委政府做好实施工作的整体规划。监察组织要发挥贴近政府工作实际的优势,把惩治和预防腐败的工作与推进依法行政、加强权力监督、规范行业管理结合起来,推进各项源头治本措施的深化,把强化行政监督寓于各项制度之中。要围绕加快政府职能转变,加强制度建设,加大对权力运行的监督和制约。冯国勤在讲话中强调,2005年的行政监察工作重点要做到"三个加大力度",即加大制度建设力度,把制度建设贯穿于体制改革和经济社会发展的全过程;加大维护群众切身利益的力度,坚决查处侵害群众利益的案件;加大执法监察和效能监察力度,做到从严治政,保证政令畅通,提高行政效能。各级政府要把行政监察工作放到重要议事日程,加强领导,明确责任,抓好工作任务的落实。各区县、委办局、市人大办公厅、市政协办公厅、市高级法院、市检察院、部分中央在沪企业分管监察工作的领导及纪检监察部门负责人、部分市特邀监察员250人出席会议。

2006年2月20日,市政府召开上海市行政监察工作会议。市委副书记、市纪委书记罗世谦讲话指出,要贯彻落实中央纪委六次全会和全市加强党风廉政建设干部大会精神,推进党风廉政建设和反腐败工作放到落实科学发展观、加快上海"四个中心"建设、增强城市国际竞争力这个大局中来思考和把握,努力从思想、作风和纪律上为贯彻落实科学发展观、构建和谐社会提供有力保证。罗世谦强调,要认真把握行政监察工作重点,全面发挥行政监察的职能作用。要围绕推进党风政风建设,进一步加强廉政监察;围绕政府中心工作,加强执法监察;围绕全面推进依法行政,规范和制约行政权力;围绕改善行政管理,加强效能监察;围绕深化改革和制度创新,加大治本力度,从源头上防治腐败。要正确把握和处理好履行纪检监察两项职能的关系。加强组织协调工作,发挥好各职能部门的作用。通过加强领导、改进作风、开拓创新,切实抓好2006年反腐倡廉和行政监察各项工作的落实。常务副市长冯国勤在讲话中指出，要按照全面落实科学发展观的要求，抓好行政监察职能的有效发挥，从工作作风、工作内容和工作手段上提供保证。要从构建社会主义和谐社会的高度，切实解决损害群众利益的突出问题，在惩防结合、建立长效机制上下功夫，加大工作力度，务求实效。要以改革的思路创新的精神，进一步推进预防腐败各项工作。要明确责任，落实好廉政建设和行政监察工作的各项任务。

2007 年 3 月 12 日，市政府召开上海市行政监察工作会议，进一步贯彻落实中央纪委第七次全会、国务院第五次廉政工作会议和市纪委第七次全会暨全市加强党风廉政建设干部大会的精神。市纪委副书记、市监察委主任李梅代表市监察委对 2006 年以来全市行政监察工作作回顾，对 2007 年行政监察工作进行部署。市委副书记罗世谦、市纪委书记沈德咏、常务副市长冯国勤出席会议。罗世谦强调，要加大改革创新，不断深化反腐败治本抓源头工作。严格执行中央的一系列方针政策和要求，健全、完善并严格执行制度，堵塞制度中的漏洞，严肃党的政治纪律、组织纪律、经济工作纪律和群众工作纪律。坚决贯彻民主集中制原则，落实重大事项集体决策制度，加强对主要领导干部的监督，从制度上根治官商勾结、以权谋私等腐败行为，努力做到用制度管权、管人、管事，从源头上防治腐败现象的发生。要加强队伍建设，不断提高政治素质和业务能力。冯国勤在讲话中指出，近年来上海按照建设"服务政府、责任政府、法治政府"的要求，政府廉政建设和反腐败工作取得新进展。2007 年，要按照党中央、国务院和市委的要求，突出重点，加大力度，继续深入推进政府廉政建设和反腐败工作。要继续规范行政权力运行，着力推进制度建设；继续深入开展专项治理，切实解决损害群众利益的突出问题；继续从严治政，保持反腐败斗争的高压态势。进一步加强领导，明确责任，采取有力措施，加强督促检查，把反腐败各项工作落到实处。各区县、委办局、市人大办公厅、市政协办公厅、市高级法院、市检察院、部分中央在沪企业和市属企业分管监察工作的领导及纪检监察部门负责人出席会议。

第四节　上海市加强党风廉政建设干部大会

1993 年 8 月 27 日，市委、市政府召开全市深入开展反腐败斗争、推进党风廉政建设大会。市委副书记、市长黄菊主持会议，市纪委书记张惠新传达江泽民重要讲话和中央纪委第二次全会精神。市委副书记王力平代表市委、市政府，总结上海开展反腐败斗争的基本情况，部署上海反腐败斗争要重点抓好的三项工作：抓好领导干部的廉洁自律；查办大案要案，严格执纪执法，严惩腐败分子；集中力量狠刹几股不正之风。中共中央政治局委员、市委书记吴邦国就上海深入开展反腐败斗争作讲话。吴邦国指出，党中央反腐败的重大举措，具有重大的现实意义和深远的战略意义，要认真学习，深刻领会，坚决贯彻执行。江泽民同志多次告诫我们："上梁不正下梁歪，中梁不正倒下来"、"己不正，焉能正人"、"身教重于言教"。这些年来，上海党风政风的主流是好的，大多数党员和干部是廉洁奉公的。但是也应当清醒地认识到，在上海党内和国家机关中确实存在着腐败现象，有些方面还在滋长和蔓延。各级领导干部要从党的生死存亡和政权建设的高度，认识反腐败斗争的重要性和紧迫性，根据中央的要求和市委布置，下决心在年内取得阶段性的成果，以保证上海改革开放和经济建设的顺利进行。市委、市政府、市纪委、市人大常委会、市政协领导，驻沪部队、武警总队主要领导，各部委办局、区县、群众团体的党员负责干部 1 600 多人出席大会。

1994 年 6 月 27 日，市委、市政府召开上海市加强党风廉政建设大会，传达贯彻中央政法委和中央纪委、监察部电话会议精神，部署上海下一步反腐败斗争工作。中共中央政治局委员、市委书记吴邦国在会上指出,领导干部廉洁自律是反腐败、加强党风廉政建设的关键,每个领导干部要严以律己、廉洁奉公,高标准,严要求,坚持做到“五个不”:不贪财、不受贿、不贪杯、不参赌、不好色,反对享乐主义、拜金主义和极端个人主义,倡导正确的人生观、价值观和道德观。市委副书记黄菊主持大会,市纪委书记张惠新、市人民检察院检察长倪鸿福根据中央政法委和中央纪委、监察部电话会议精神分别讲话,提出贯彻意见。

1995年2月9日,市委、市政府召开全市党政负责干部大会。市委副书记徐匡迪主持会议,市纪委书记张惠新传达中央纪委第五次全会精神,市委副书记王力平总结上海市1994年反腐败工作,对1995年度进一步开展反腐斗争作出具体部署。中共中央政治局委员、市委书记、市长黄菊在会上指出,必须将反腐败工作寓于改革开放和建立社会主义市场经济体制的工作之中,坚持从体制、机制、法制“三位一体”上探索党风廉政建设的新路子,以减少和消除产生消极腐败现象的土壤和条件。全市党政负责干部900多人参加大会。

1995年6月29日,市委、市政府召开上海市加强党风廉政建设大会。市委副书记王力平在会上回顾总结上半年全市开展党风廉政建设情况,提出进一步加强党风廉政建设的措施。市纪委书记张惠新作关于贯彻落实中央纪委第五次全会精神、深入开展反腐败斗争、加强党风廉政建设情况通报的讲话。中共中央政治局委员、市委书记黄菊在会上要求各级党组织高度重视教育党员和干部严以自律,树立正确的世界观、人生观,从严治党,抓紧落实,把上海的党风廉政建设提高到一个新水平。各部委办局、区县、群众团体党政负责干部1 000多人出席会议。

1996年2月29日,市委、市政府召开传达贯彻中央纪委六次全会精神干部大会。市委副书记、市长徐匡迪主持大会,市纪委书记张惠新传达中央纪委六次全会的精神,市委副书记王力平就1996年的反腐败工作和党风廉政建设作出部署。中共中央政治局委员、市委书记黄菊在会上指出,在继续严厉查处违纪违法案件的同时,要着重加强党员干部的思想教育;在继续加强专项治理的同时,要着重加强综合治理;在继续完成中央统一部署的反腐败各项任务的同时,要着重解决本地区、本部门存在的突出问题。1996年要着重健全监督体系,加大监督力度,要求领导干部自觉遵守中央作出的廉洁自律的一系列明确规定,以身作则,做好表率。全市党政负责干部1 000余人出席大会。

1997年2月13日,市委、市政府召开上海市加强党风廉政建设干部大会,传达贯彻中央纪委第八次全会精神。市委副书记、市长徐匡迪主持会议。市委副书记王力平对1997年党风廉政建设和反腐败工作作出部署,市纪委书记张惠新在会上传达中央纪委第八次全会的精神。中共中央政治局委员、市委书记黄菊在会上作讲话,要求各级党政组织和领导干部正确把握形势,明确任务,从战略上和全局上深化对搞好反腐倡廉工作重要性和紧迫性的认识,锲而不舍地把反腐败斗争不断引向深入。黄菊强调,1997年要继续探索和完善从体制、机制、法制“三位一体”上推进党风廉政建设的路子,以完善机制为重点,加大治本力度,夺取反腐败斗争的更大成效。全市党政负责干部1 500人出席会议。

1997年6月23日,市委、市政府召开加强党风廉政建设干部会议。市委副书记、市长徐匡迪主持会议,并就学习贯彻会议精神作了部署。市纪委书记张惠新,市人民检察院检察长倪鸿福分别通报上半年党风廉政建设和反腐败斗争以及查办贪污贿赂等违纪违法案件的工作情况。中共中央政治局委员、市委书记黄菊在会上要求,全市广大党员干部要深入学习江泽民关于大力发扬艰苦奋斗的精神的重要讲话,认真贯彻执行中共中央、国务院下发的《关于党政机关厉行节约,制止奢侈浪费行为的若干规定》,以大兴艰苦奋斗、勤俭节约之风为重点,全面推进下半年党风廉政建设和反腐败斗争,以良好的党风政风保证1997年上海各项工作的胜利完成。各部委办局、区县负责人1 500人出席会议。

1998年2月9日，市委、市政府召开全市党政负责干部大会，传达贯彻中央纪委二次全会精神，部署1998年上海党风廉政建设和反腐败的各项任务。市委副书记、市长徐匡迪主持会议，市纪委书记张惠新传达江泽民在中央纪委二次全会上的讲话和中央纪委二次全会精神。中共中央政治局委员、市委书记黄菊要求，要认真学习贯彻江泽民在中央纪委二次全会上的重要讲话，按照中央部署，结合上海实际，坚定不移，锲而不舍地把党风廉政建设和反腐败斗争不断引向深入。市委常委、市纪委常委，市人大、市政府、市政协党组负责人，市委委员、候补委员和市纪委委员，各部委办局、区县党政负责人、纪委书记，各群众团体、各民主党派、驻沪部队负责人出席会议。

1998年7月16日，市委、市政府召开加强党风廉政建设干部会议，学习江泽民在中央纪委二次全会上的重要讲话，要求在全市党员干部中进一步开展党风廉政教育，并对1998年下半年反腐败工作作出部署。市委副书记、市长徐匡迪主持会议，市纪委书记张惠新通报上半年全市党风廉政建设和反腐败工作的情况，并对下半年工作提出具体要求。市委副书记孟建柱在讲话中指出，当前要根据三季度市委常委扩大会议的要求，围绕经济建设这一中心，更加自觉地把党风廉政建设和经济建设结合起来，同步推进，不断扩大反腐败工作的阶段性成果。各部委办局、区县、群众团体、大专院校、科研所、民主党派和驻沪部队负责人出席大会。

1999年1月27日，市委、市政府召开上海市传达贯彻中央纪委三次全会精神干部大会，部署1999年上海党风廉政建设和反腐败的各项任务。市委副书记、市长徐匡迪主持会议，市纪委书记张惠新传达江泽民在中央纪委三次全会上的讲话和中央纪委三次全会精神，市委副书记孟建柱部署1999年党风廉政建设和反腐败工作。中共中央政治局委员、市委书记黄菊指出，各级党组织要深刻领会江泽民在中央纪委三次全会上提出的要整顿和加强党的纪律的讲话精神，切实抓紧抓好党纪，从源头上防治腐败现象。

2000年1月26日，市委、市政府召开上海市加强党风廉政建设干部大会，传达贯彻江泽民重要讲话和中央纪委四次全会精神，部署2000年反腐败斗争各项工作。市委副书记、市长徐匡迪主持会议，市纪委书记张惠新传达江泽民在中央纪委四次全会上的讲话和中央纪委四次全会精神，市委副书记孟建柱部署2000年党风廉政建设和反腐败工作。中共中央政治局委员、市委书记黄菊在讲话中强调，必须认真学习和深刻领会江泽民在中央纪委四次全会上的重要讲话精神，按照中央纪委四次全会的部署和要求，深入推进党风廉政建设和反腐败斗争。

2000年8月2日，市委、市政府召开上海市加强党风廉政建设干部大会。市委副书记、政法委书记刘云耕在会上讲话。市纪委书记张惠新通报全市上半年党风廉政建设情况，并对下半年的工作任务作出部署。中共中央政治局委员、市委书记黄菊主持会议并讲话，强调要按照江泽民提出的“三个代表”的要求，全面贯彻党的十五大关于加强党的建设的总体部署，不断加强对新情况、新问题的研究和探索，尤其要加强对反腐败工作的前瞻性、全局性和战略性问题的研究，加强对人民群众关注的问题的研究和思考，不断提出解决问题的政策和措施，不断推进党风廉政建设和反腐败斗争，把上海的两个文明建设全面推向21世纪。

2001年1月12日，市委、市政府召开上海市加强党风廉政建设干部大会，传达贯彻江泽民重要讲话和中央纪委五次全会精神，部署2001年上海党风廉政建设和反腐败各项工作。市委副书记、市长徐匡迪主持会议，市委副书记、政法委书记刘云耕就2000年党风廉政建设和反腐败斗争情况及2001年的工作部署讲话。市纪委书记张惠新传达江泽民在中央纪委五次全会上的讲话和中央纪委五次全会精神。中共中央政治局委员、市委书记黄菊指出，全市各级党政组织要坚决贯彻落实江泽民重要讲话和中央纪委五次全会精神,切实抓好党风廉政建设和反腐败斗争的各项工作,为实现“十五”计划的良好开局提供政治保证。各部委办局、区县党政负责人、纪委书记,各群众团体、各民主党派、驻沪部队负责人1 200多人出席会议。

2001年7月11日,市委、市政府召开上海市加强党风廉政建设干部大会。市委副书记、市长徐匡迪主持会议,市委副书记、政法委书记刘云耕对上半年全市党风廉政建设和反腐败工作的情况作总结,并对下半年的工作提出要求。中共中央政治局委员、市委书记黄菊在讲话中强调,上海各级党政组织和领导干部,特别是纪检、监察和检察等部门的干部一定要认真学习,认真领会,认真贯彻,把江泽民“七一”重要讲话精神切实贯彻落实到反腐倡廉的各项工作中去。

2002年2月1日,市委、市政府召开上海市加强党风廉政建设干部大会,传达贯彻江泽民重要讲话和中央纪委七次全会精神,部署2002年上海党风廉政建设和反腐败斗争各项工作。中共中央政治局委员、市委书记黄菊主持会议并讲话。黄菊指出,全市各级党政组织要坚决贯彻落实江泽民重要讲话和中央纪委七次全会精神,按照市委、市政府的工作部署,结合本地区、本部门实际,一级抓一级,切实落实各项任务,把反腐倡廉的各项工作做得更好,努力争取新的工作成效。市委副书记、政法委书记刘云耕部署2002年工作。市纪委副书记洪林珍传达中央纪委七次全会精神。全市党政负责干部1 000余人出席会议。会前,黄菊等市领导会见中央纪委、监察部、人事部表彰的上海市党风廉政建设和反腐败工作先进集体、先进工作者及嘉奖人员。

2002年7月17日,市委、市政府召开上海市加强党风廉政建设干部大会,市委副书记、市纪委书记罗世谦总结上半年党风廉政建设和反腐败工作的情况,部署下半年工作。中共中央政治局委员、市委书记黄菊到会讲话,指出要提高对党风廉政建设和反腐败斗争的认识,坚持与时俱进,不断探索新路子,切实抓好党风廉政建设和反腐败斗争,为上海两个文明建设提供强有力的政治保障。全市党政负责干部1 000余人参加大会。

2003年2月27日,市委、市政府召开上海市加强党风廉政建设干部大会,市委副书记、市纪委书记罗世谦传达贯彻中央纪委二次全会精神和胡锦涛重要讲话,部署2003年上海市党风廉政建设和反腐败斗争各项工作。会议强调,要以新的思路和办法,进一步推进党风廉政建设和反腐败斗争,为实现上海新世纪宏伟发展目标而共同奋斗。市委副书记、市长韩正主持会议。全市党政负责干部1 000余人出席大会。

2004年2月4日,市委、市政府召开上海市加强党风廉政建设干部大会。市委副书记、市长韩正主持会议,市委副书记、市纪委书记罗世谦传达中央纪委三次全会精神、总结2003年上海市党风廉政建设和反腐败工作、部署2004年上海市党风廉政建设和反腐败工作。市领导和有关部门、单位负责人1 100余人出席大会。

2004年7月21日,市委、市政府召开上海市加强党风廉政建设干部大会。市委副书记、市长韩正主持会议并讲话,市委副书记、市纪委书记罗世谦通报上半年党风廉政建设和反腐败工作情况,并提出下一步工作要求。会议回顾上半年上海党风廉政建设和反腐败工作取得的成效,强调要以邓小平理论和“三个代表”重要思想为指导,树立和落实科学的发展观,从加强党的执政能力建设高度,坚持贯彻党要管党、从严治党方针,统一思想、提高认识,总结经验、分析问题,加强教育、提出措施,坚定不移推进党风廉政建设和反腐败斗争,为推动上海经济社会更快更好发展提供坚强保证。会前,播放《百姓春牛,时代楷模——追忆人民的好干部赵为民》和《晚年悲剧——杨忠万案件警示录》两部电视片。市公安局党委、松江区委就领导班子和干部队伍建设作交流发言。市委、市人大、市政府、市政协领导和市高级法院、市检察院领导,各部委办局、区县、工青妇等人民团体、各民主党派主要负责人，纪检监察机关负责人，驻沪部队和武警上海市总队主要领导，主要新闻单位负责人1 000余人参加大会。

2005年1月26日，市委、市政府召开上海市加强党风廉政建设干部大会，市委副书记、市长韩正主持，市委副书记、市纪委书记罗世谦传达中央纪委五次全会精神，总结2004年上海党风廉政建设和反腐败工作，对2005年工作作出部署。会上，市房屋土地资源管理局党委、普陀区委分别就狠抓物业管理行风建设，为群众办实事、干好事，以实际行动体现党的先进性作交流发言。市委、市人大、市政府、市政协领导和在沪中央纪委委员，市高级法院、市检察院领导，各部委办局、区县，工青妇等人民团体、各民主党派主要负责人，驻沪部队和武警上海市部队主要领导，纪检监察机关负责人，市委巡视组负责人，主要新闻单位负责人1 100余人出席大会。

2005年8月16日，市委、市政府召开上海市加强党风廉政建设干部大会，深入贯彻党的十六大、十六届四中全会和中央纪委五次全会精神，结合保持共产党员先进性教育活动，积极构建教育、制度、监督并重的惩治和预防腐败体系，扎实推进上海党风廉政建设和反腐败斗争。市委副书记、市长韩正主持会议，市委副书记、市纪委书记罗世谦通报当前党员干部队伍思想和制度建设方面情况并对做好下半年反腐倡廉工作提出要求。会上，杨浦区委、市工商局作交流发言。市委、市人大、市政府、市政协领导和在沪中央纪委委员，市高级法院、市检察院领导，各部委办局、区县，工青妇等人民团体、各民主党派主要负责人，驻沪部队和武警上海市总队主要领导，纪检监察机关负责人，市委巡视组负责人，主要新闻单位负责人1 100余人出席大会。

2006年1月24日，市委、市政府召开上海市加强党风廉政建设干部大会，传达贯彻中央纪委第六次全会精神，研究部署2006年的党风廉政建设和反腐败工作。会议由市委副书记、市长韩正主持。市委副书记、市纪委书记罗世谦传达中央纪委六次全会精神，总结2005年上海党风廉政建设和反腐败工作，并对2006年反腐倡廉任务作出部署。会上，长宁区政府、上海深水港工程建设指挥部港区分指挥归墨分别以《发扬实干精神实践党的宗旨》《以不辱使命的负责精神当好洋山深水港区建设“第一责任人”》为题作交流发言。上海汽车集团股份有限公司党委作《发扬“亮剑”精神，铸就拼搏之魂》的书面发言。市委、市人大、市政府、市政协领导，在沪中央纪委委员，市高级法院、市检察院，各部委办局、区县，工青妇等人民团体、各民主党派、驻沪部队和武警上海总队，各大专院校、科研院所主要领导，纪检监察机关、市委巡视组负责人，中央在沪企业、市管国有企业主要负责人1 000余人出席大会。

2006年8月15日，市委、市政府召开上海市加强党风廉政建设干部大会。市委副书记、市长韩正主持会议，市委副书记、市纪委书记罗世谦讲话，分析当前干部队伍有关情况。市委、市人大、市政府、市政协领导和市高级法院、市检察院领导，各部委办局、区县，工青妇等人民团体、各民主党派主要负责人，纪检监察机关负责人，驻沪部队和武警上海市总队主要领导，主要新闻单位负责人1 000余人参加大会。

第五节　反腐倡廉有关重要会议

一、全市纪检监察工作会议

1984年5月8—11日，市纪委召开全市纪律检查工作会议，传达讨论中央纪委工作会议精神。市纪委副书记宋星路主持会议，市纪委副书记魏基民传达中央纪委常务书记王鹤寿在中央纪委工作会议上所作的报告和总结讲话，市纪委书记王尧山通报市纪委《关于贯彻中央纪委工作会议精神的意见》。市委书记陈国栋出席会议并就开展整党工作、促进党风的进一步好转作讲话。

1984 年 11 月 27 日—12 月 1 日,市纪委召开全市纪律检查工作会议,传达讨论中央纪委第四次全会精神,研究上海贯彻意见。市纪委书记王尧山出席会议并讲话。会议指出,要认真传达贯彻中央纪委全会精神,抓好党风党纪,领导干部要起表率作用。要结合正反典型,抓好党性、党纪、党风和改革的教育。要集中力量抓好以权谋私和严重官僚主义的整治,抓住重点、突破一点、带动全面、举一反三。要抓好年度各项工作任务完成,争取党风根本好转。

1985 年 5 月 3 日,市纪委召开全市纪检工作会议,传达贯彻全国纪检工作会议精神。市纪委书记张定鸿传达全国纪检工作会议精神,部署上海纪检工作。会议要求各级党委组织党员干部学习有关文件,提高自觉性,对不正之风进行自上而下的清理。市委常委吴邦国代表市委在全会上讲话,指出全市各级党委要把纠正新的不正之风、端正党风同整党、加强党的建设和落实党的各项政策工作结合起来,既要纠正和刹住不正之风,又要十分珍惜、爱护广大干部群众进行改革的积极性。市委第二书记胡立教在讲话中要求全市党员起模范带头作用,齐心协力、同心同德,搞好上海的生产,搞活上海的经济,保证上海改革开放健康发展。

1986 年 7 月 28 日、8 月 12 日,市纪委召开全市纪检工作会议。市纪委书记张定鸿主持会议,上海电视台党委、市检察院党组、化工运输公司党委、宝钢总厂纪委介绍党风工作经验,市纪委副书记朱达人作《关于一九八六年上半年端正党风工作的情况和下半年工作的几点意见》的讲话。市委副书记吴邦国到会讲话,肯定纪检工作取得的成绩。

1987 年 3 月 18 日、3 月 30 日,市纪委召开全市纪检工作会议,市纪委书记张定鸿传达全国纪检监察工作会议精神并作讲话,副书记朱达人作《1987 年纪检工作安排》的报告。

1990 年 2 月 16—19 日,市纪委召开全市纪检工作会议,市纪委副书记朱达人主持,市纪委书记张定鸿对这次会议期间的讨论情况作总结。市委副书记倪鸿福在讲话中强调,要狠抓党风建设,把党风建设提到党的生死存亡和生命线的高度来认识,坚持不懈地抓实抓好。倪鸿福指出,党风问题的核心是保持党同人民群众的血肉联系,全心全意为人民服务。党风的好坏决定人心的向背,而人心的向背又决定着党的命运。要把加强党风建设作为纪检工作的首要任务,不仅是对各级纪委提出的要求,也是对各级党委抓好党风建设的要求,各级党委都要认真贯彻落实,领导机关、领导干部要率先垂范。倪鸿福要求,各级党委充分支持纪委查处党员违纪案件,把好违纪案件的处理审批关,加强对党风建设的全面领导,充分发挥纪委的作用,帮助纪委抓好纪检队伍建设,按照中央有关精神,继续配好纪检干部,从政治、思想、工作、生活上进一步关心纪检干部。

1991 年 12 月 20 日,市纪委召开市纪检工作会议,总结市纪委 1991 年工作,部署 1992 年工作要点。市纪委领导在会上分别作《关于执行党纪条规中几个问题》《振奋精神,努力提高案件检查工作整体水平》的发言,张定鸿作总结讲话。

1993 年 1 月 16 日,市纪委召开全市纪检工作会议。市纪委副书记韩坤林传达全国省市区纪委书记和监察厅、局长会议精神,市纪委书记张惠新对 1993 年纪检工作作出部署。市委副书记王力平出席会议并讲话。

1993 年 5 月 10—12 日,市纪委召开上海市纪检监察工作会议。市纪委书记张惠新传达中央纪委书记尉健行在上海考察期间的讲话精神,并提出贯彻落实的意见。大会进行分组讨论和大组交流发言。会议结束时,市委副书记王力平作讲话。

1994 年 5 月 9—10 日,市纪委召开上海市纪检监察工作会议。传达学习尉健行在上海调查研究时的讲话;回顾小结贯彻中央纪委三次全会工作情况;部署下一步自查自纠任务,同时研究有关政策。

图 2-2-5　1991 年 12 月 20 日，上海市纪律检查工作会议召开

1994 年 9 月 13—14 日，市纪委召开上海市纪检监察工作会议，传达贯彻中央纪委、监察部会议精神，总结纪检监察机关合署办公一年多来的工作经验，部署今后四个月的纪检监察工作任务。市纪委书记张惠新主持会议，并作总结讲话。市纪委副书记、市监察委副主任韩坤林传达中央纪委会议精神，对前阶段工作作小结，对后四个月工作进行部署。

1998 年 12 月 30—31 日，市纪委召开上海市纪检监察工作会议，讨论研究 1999 年工作安排。市纪委副书记洪林珍主持会议，市纪委书记张惠新讲话。

1999 年 12 月 30 日，市纪委召开上海市纪检监察工作会议，总结 1999 年工作，并讨论 2000 年工作。

图 2-2-6　1999 年 12 月 30 日，上海市纪检监察工作会议召开

2000 年 7 月 17 日，市纪委召开全市纪检监察工作会议。市纪委副书记洪林珍主持会议，浦东新区、建设系统、静安区、南汇县等纪委书记作交流发言，市纪委书记张惠新就上半年工作情况和下半年工作安排作讲话。

2000 年 12 月 12—13 日，市纪委召开全市纪检监察工作会议。会议讨论研究 2000 年工作总结和 2001 年工作安排的建议。市纪委副书记洪林珍、沈红光、何卫国就分管工作讲话，市纪委书记张惠新对 2001 年工作提出要求。

2001 年 4 月 18 日，市纪委召开全市纪检监察工作会议，部署第二季度纪检监察工作。市纪委书记张惠新主持会议并作讲话，市纪委副书记洪林珍、沈红光、何卫国就纪检监察工作作讲话。会上，工业、外经贸、闸北区、松江区、虹口区和南汇县纪委书记作交流发言。

2001 年 7 月 12 日，市纪委召开上海市纪检监察工作会议，学习贯彻江泽民“七一”重要讲话和市委七届九次全会、市党风廉政建设干部大会的精神，部署下半年纪检监察工作。市纪委副书记洪林珍主持会议，市纪委书记张惠新作讲话。

2001 年 10 月 10 日，市纪委召开全市纪检监察工作会议，传达贯彻党的十五届六中全会和中央纪委六次全会精神，部署第四季度纪检监察工作。市纪委副书记洪林珍主持会议，市纪委书记张惠新作讲话。

2002 年 9 月 29 日，市纪委召开全市纪检监察工作会议。市委副书记、市纪委书记罗世谦主持会议并讲话，市纪委副书记李梅、沈红光、唐周绍、何卫国分别对有关反腐倡廉工作提出具体意见和要求。

2003 年 3 月 7 日，市纪委召开上海市纪检监察工作会议，传达中央纪委二次全会精神，回顾 2002 年反腐倡廉工作，市纪委副书记沈红光、李梅、唐周绍分别讲话，对进一步抓好 2003 年党风廉政建设和反腐败工作作出部署。市委副书记、市纪委书记罗世谦出席会议并讲话。

2004 年 10 月 26 日，市纪委召开上海市纪检监察工作会议，传达全国行政监察工作座谈会和华东地区纪检监察工作会议精神。

2007 年 6 月 27—28 日，市纪委召开全市纪检监察工作座谈会，传达学习中央领导讲话精神，汇报交流今年以来纪检监察工作主要情况。市纪委书记沈德咏出席会议并讲话，市纪委副书记唐周绍主持会议并作总结讲话。

2008 年 7 月 23 日，市纪委召开全市纪检监察工作会议，传达学习市委九届四次全会精神，27 个区县、部委办就上海惩防体系建设紧密结合实际解决反腐倡廉热点重点问题进行交流发言。市纪委书记沈德咏出席会议并讲话。

2009 年 7 月 21 日，市纪委召开上海市纪检监察工作会议，传达市委九届八次全会和全国纪委书记座谈会精神，学习中央有关文件，总结上半年纪检监察工作，部署下半年纪检监察工作。市纪委副书记唐周绍主持会议。会上，市巡视办、市公安局党委、市国资委党委、市建设交通纪工委等七个单位交流发言，市纪委副书记李芬华、程志强、顾国林、唐周绍就有关工作作讲话。市纪委书记董君舒出席会议并讲话。

2010 年 6 月 13 日，市纪委召开上海市反腐倡廉创新工作推进会(全市纪检监察工作会议)，市纪委副书记、市监察局局长、市预防腐败局局长顾国林传达贺国强在全国反腐倡廉建设创新经验交流会上讲话，市财政局、市政府外办、嘉定区、市建设交通纪工委、浦东新区纪委交流发言，市纪委副书记唐周绍主持会议并作总结讲话。市纪委书记董君舒出席会议并讲话。

二、市党风廉政建设联席会议

1995年4月14日，市委、市政府印发《关于建立上海市党风廉政建设联席会议制度的通知》，决定建立上海市党风廉政建设联席会议制度。联席会议由市委副书记召集，市纪委书记任秘书长，市政府分管副市长、市人民检察院检察长、市委秘书长、市委组织部部长、市政府秘书长、市纪委副书记、市监委副主任为成员。联席会议不列编制、不另设办事机构，有关联席会议的联络和准备工作由市纪委负责。联席会议根据需要，可邀请有关部门的领导同志列席。联席会议在市委、市政府领导下，定期分析上海党风廉政建设的形势，提出阶段性的工作重点，研究有关政策制度，加强组织协调，促进上海党风廉政建设和反腐败斗争的深入开展。联席会议决定的有关事项，可以会议纪要的形式下发各有关单位贯彻执行。

1997年1月17日，市党风廉政建设联席会议召开。会议原则通过市纪委《关于1996年上海反腐败工作情况和1997年反腐败工作建议的请示》，并决定提交市委常委会讨论。市委副书记王力平、孟建柱，市委组织部部长罗世谦，市纪委书记张惠新，市检察院检察长倪鸿福出席会议。

1997年5月22日，市党风廉政建设联席会议召开。会议决定，根据中央制止奢侈浪费的“八条规定”，由市有关业务部门对新建和装修办公楼，各种会议、庆典、评比活动，公款安装住宅电话和购买移动电话等情况进行专项调查，提出贯彻意见报市委、市政府批准后在全市实施。会议听取市纪委和市检察院查案工作情况汇报，要求执纪执法机关突出重点，加强领导和协调，在近期内再查获一批有影响的大案要案。市委副书记王力平、孟建柱，市委组织部部长罗世谦，市纪委书记张惠新出席会议。

1998年3月6日，市党风廉政建设联席会议召开。会议调整市党风廉政建设联席会议成员，对1998年上海市反腐败工作作出分工，讨论《关于严格控制本市党政机关工作人员公费安装住宅电话或购买移动电话的实施办法》的补充规定。市委副书记孟建柱、市委组织部部长罗世谦、市纪委书记张惠新、市政法委书记刘云耕、副市长冯国勤出席会议。

1999年3月3日，市党风廉政建设联席会议召开。会议审定《1999年上海开展反腐败斗争，加强党风廉政建设的工作分工》和《上海市落实党风廉政建设任务牵头部门的工作职责》，讨论《关于实施〈中共中央、国务院关于实行党风廉政建设责任制的规定〉的办法》《关于严禁党政机关到风景名胜区开会的通知》《关于制止用公款出国(境)旅游若干问题的通知》和《近几年上海市党政机关与所办经济实体脱钩工作的基本情况和下阶段安排意见》。市委副书记孟建柱、市政法委书记刘云耕、市委组织部部长罗世谦、市纪委书记张惠新、副市长冯国勤出席会议。

2000年12月13日，市党风廉政建设联席会议召开，会议听取党风廉政建设责任制和廉洁自律工作检查情况的汇报；讨论责任追究办法和对收受礼金、有价证券的处理办法；听取2000年查案工作和几个典型案例的汇报。市委副书记孟建柱、市政法委书记刘云耕、市委组织部部长罗世谦、市纪委书记张惠新、副市长冯国勤出席会议。

第三章　纪检监察系统重要会议

1994—1997 年，中央纪委、国务院纠风办在沪召开纠风工作和制止奢侈浪费工作会议，市监察委在会上介绍开展民主评议行风的经验。1988—2010 年，中央纪委、监察部在沪召开华东片会，交流华东地区开展反腐倡廉情况，市纪委在会上作了专题发言。1989—2005 年，北京、天津、上海、重庆在沪召开联席会议，四个城市纪委领导沟通情况，交流工作，探讨反腐倡廉建设工作的思路和对策。

第一节　在沪召开的中央纪委、监察部工作会议

1994 年 5 月 23—28 日，国务院纠风办在上海召开全国纠风工作会议，中央纪委副书记、国务院纠风办主任徐青主持会议。会议部署纠正行业不正之风的工作任务，开展对乱收费、用公款出国(境)旅游、无偿占用企业财务等问题的专项治理，推动改革开放和经济建设健康发展。

图 2-3-1　1994 年 5 月 23 日，全国纠风工作会议在上海召开

图 2-3-2　1997 年 11 月 18 日，全国民主评议行风现场会在上海召开

1997 年 6 月 16 日，中央纪委副书记侯宗宾在沪主持召开江苏、浙江、福建、海南和上海五省市纪委书记座谈会，检查了解贯彻落实中央制止奢侈浪费八条规定和中央纪委两次电视电话会议精神的情况。侯宗宾充分肯定 5 省市上半年制止奢侈浪费工作的初步效果，要求各地进一步加大工作力度，突出重点，确保 10 月 1 日前抓出明显的阶段性成效。同时要求各级纪委加强案件排查工作，集中力量、集中时间严肃查处大要案和严重脱离群众的消极腐败现象，以反腐败和党风廉政建设的阶段性成效迎接党的十五大召开。

1997 年 11 月 18—20 日，国务院纠风办在上海召开全国民主评议行风现场经验交流会。国务院副秘书长张左己和国务院纠风办副主任李至伦、郭汝斌分别主持会议。市委副书记王力平代表市委、市政府到会致辞。市监察委领导介绍上海开展民主评议行风的情况。湖北、北京、吉林、浙江等省市和有关部门的领导在会上作交流发言。国务委员李贵鲜、中央纪委常务副书记韩杼滨、国务院纠风办主任徐青出席会议。市纪委书记张惠新、副市长冯国勤参加会议。

2003年3月11—13日，全国纪检监察宣传教育工作座谈会在上海市委党校举行，罗世谦、李梅、唐周绍出席。

图2-3-3 2003年3月11日，全国纪检监察宣传教育工作座谈会在上海召开

第二节 在沪召开的华东片会

1988年5月22—26日，监察部在上海召开华东地区监察工作座谈会。会议交流全国监察厅局长座谈会以来的监察工作情况和经验，学习讨论中央领导关于“经济要繁荣、政府要廉洁”、“为政要清廉”的重要指示。会议根据当前改革开放的新形势，探索开展行政监察业务的路径。会议专题讨论《行政监察条例》《国家行政机关工作人员失职渎职处分暂行规定》两个文件提纲和信访工作，并就建立公民检举制度初步交换意见。上海市副市长黄菊到会讲话。监察部副部长徐青出席会议并作总结讲话。

1990年7月23—28日，中央纪委在上海召开华北、东北、华东地区纪检工作座谈会。市委副书记吴邦国、倪鸿福到会并讲话。会上，市纪委书记张定鸿作《牢牢盯住局级干部——党风建设从领导干部做起的几点做法》的发言，江苏、黑龙江、吉林、福建、北京、辽宁、山东、河北等省市作交流发言。中央纪委副书记李正亭、常委谢勇出席会议。中央纪委各室、有关省市纪委负责同志参加会议。

2000年7月5—7日，中央纪委在上海召开华东地区纪检监察工作座谈会。会议总结华东地区七省(市)贯彻落实中央纪委四次全会和国务院第二次廉政工作会议精神的基本情况，交流各地反腐倡廉工作经验，分析研究反腐败工作的新情况，明确下半年党风廉政建设和反腐败各项工作任务。中央纪委副书记夏赞忠主持会议，市纪委书记张惠新作专题发言，中央纪委常委吴定富作会议总结。市委副书记刘云耕、副市长冯国勤出席会议。华东地区7省(市)及6个单列市、副省级城市的纪检监察机关主要领导、主持案件查办工作的负责人及上海市各区县、部委办纪委书记参加会议。

图 2-3-4　2009 年 4 月 2 日,全国预防腐败试点工作座谈会在上海召开

2010 年 4 月 12—13 日,中央纪委在上海召开华东地区纪检监察工作座谈会。中共中央政治局委员、市委书记俞正声会见与会人员。市委副书记、市长韩正出席会议并致辞,市纪委书记董君舒作题为《运用"制度加科技"提升预防腐败效能》的经验介绍。韩正在致辞中提出,中央纪委把上海确定为全国"三个更加注重"及第一批预防腐败试点地区之一,上海要抓住这个契机,以标本兼治、建立健全惩治和预防腐败体系为抓手,全力推进党风廉政建设和反腐败工作。坚持突出重点,抓好廉洁办博工作,努力办出一届廉洁、高效、经得起历史和群众检验的世博会。中央纪委副书记张毅出席会议并讲话。张毅强调,抓好"廉洁办世博"是上海市纪检监察机关 2010 年的头等大事,也是全国纪检监察系统义不容辞的责任,华东各省市纪检监察机关要带头认真履行职责,确保中央关于

图 2-3-5　2010 年 4 月 12 日,华东地区纪检监察工作座谈会在上海召开

“廉洁办世博”的要求落到实处。会议期间，与会人员学习考察上海市开展“制度加科技”预防腐败工作情况。华东地区各省市纪委书记、监察厅(局)长及有关负责人参加会议。

第三节　在沪召开的直辖市联席会议

1989 年 3 月 27—28 日，北京、天津、上海三市纪委领导联席会议在上海召开。北京市纪委副书记金德珍，天津市纪委副书记侯显平，上海市纪委书记张定鸿、副书记朱达人等 16 人出席会议。这次会议交流全国纪检工作会议和中央纪委《关于党的各级纪委内部机构和干部职务设置的若干规定》的贯彻情况，探讨新形势下加强党内纪律监督等问题。

1992 年 5 月 14—16 日，北京、天津、上海三市监察机关领导联席会议在上海召开，这次会议总结交流反腐倡廉建设的做法和经验，探讨新形势下做好履行监察工作职责、推进执法监察工作的对策和思路。监察部副部长徐青、上海市副市长赵启正到会并讲话。

1993 年 11 月 2—6 日，北京、天津、上海三市纪委书记、监察局长(监察委主任)在上海召开纪检监察合署办公后的第一次联席会议。这次会议以中央纪委二次全会和江泽民重要讲话精神为指导，认真总结交流工作情况，探讨开展反腐败斗争的对策和措施。提出进一步加强反腐倡廉建设的意见。上海市委副书记王力平到会并讲话。北京市纪委书记李永安，北京市纪委副书记、市监察局局长吕玉东，天津市纪委书记刘峰岩，天津市纪委副书记、市监察局长刘耀亮，上海市委常委、市纪委书记、市监察委主任张惠新，上海市纪委副书记、市监察委副主任韩坤林、孙卫国以及三市纪委办公厅(室)、监察综合室、研究室主任出席会议。

1996 年 9 月 15—18 日，北京、天津、上海三市纪委书记、监察局(监察委主任)联席会议在上海召开。中共中央政治局委员、市委书记黄菊会见与会同志。这次会议认真总结交流中央纪委六次全会以来三市反腐败斗争和党风廉政建设的情况和经验；研讨在新形势下深入开展反腐倡廉的有关问题。会议期间，与会同志参观考察古北开发区、家化厂、大众汽车制造厂、浦东新区及黄浦、闸北、南市、嘉定等区。北京和天津两市的同志充分肯定上海在经济建设和改革开放中取得的成绩。北京市委常委、市纪委书记李永安，北京市纪委副书记、市监察局长吕玉东；天津市委常委、市纪委书记刘峰岩，天津市纪委副书记、市监察局副局长周德，天津市纪委副书记梁文忠；上海市委常委、市纪委书记、市监察委主任张惠新，上海市纪委副书记韩坤林、孙卫国，上海市纪委副书记、市监察委副主任沈红光等出席会议。

2005 年 6 月 8—11 日，北京、天津、重庆、上海直辖市纪检监察工作联席会议在上海举行。这次会议认真总结、交流中央纪委五次全会以来四市党风廉政建设和反腐败斗争的情况和经验，探讨在新形势下深入开展反腐倡廉的有关问题。会议播放《新世纪新上海》短片。四市纪委领导分别就贯彻中央纪委五次全会精神、不断推进党风廉政建设和反腐败工作进行交流发言。会议印发四市经验交流材料。北京市委副书记、纪委书记阳安江，天津市委副书记、市纪委书记邢元敏，重庆市委副书记、市纪委书记滕久明，上海市委副书记、市纪委书记罗世谦，上海市纪委副书记、市监察委主任李梅等出席会议。

第三篇

重要活动

1984—2010 年，中央纪委、监察部主要领导先后来上海考察，与市纪委领导交流反腐倡廉工作，听取市纪委、市监察局领导汇报开展党风廉政建设和反腐败工作的情况，深入基层到工厂、街道、乡镇召开各种类型的座谈会，听取基层群众的意见，考察上海政务公开、有形建筑市场、产权交易所、世博园区利用制度加科技，从源头预防腐败的情况，对推进上海反腐倡廉建设起到重要指导作用。1987—2010 年，中央纪委、监察部等检查组来上海，对党风廉政建设进行调查了解，分别召开区县负责人、民主党派和社区农村基层单位座谈会，广泛听取意见，并开展专项工作检查，推动上海反腐倡廉工作的落实。1984—2010 年，市委、市政府领导先后到市纪委、市监察局(委)调研，听取纪检监察工作汇报，探讨新形势下上海加强党风廉政建设和反腐败工作的思路和对策，对市纪委、市监察局履行职责，发挥作用，协助党委、政府抓好党风廉政建设提出具体要求，为上海经济社会发展作出贡献。市委、市政府领导参加反腐倡廉建设一些重要活动，亲临现场指导，提出加强上海党风廉政建设的意见。

第一章　中央纪委、监察部领导来沪指导工作

1984—2010年，中央纪委和监察部主要领导尉健行、吴官正、贺国强等分别来上海考察，了解上海反腐倡廉情况，听取市委、市政府领导和市纪委、市监察局领导汇报工作，深入工厂、街道、乡镇调查研究，听取基层干部群众的意见。1985—2010年，中央纪委、监察部等工作组来上海，对开展清理通讯工具、严格控制会议庆典和公务活动接待、制止奢侈浪费等问题进行专项检查，指导上海开展反腐倡廉工作。

图3-1-1　2003年4月3日，监察部领导在上海听取纪检监察工作汇报

第一节　中央纪委、监察部领导来沪考察

1984年11月23日，中央纪委常委韩光来市纪委听取工作汇报。市纪委副书记宋星路代表市纪委常委会汇报工作，韩光作讲话，市纪委书记王尧山等有关领导参加。

1986年11月4—9日，中央纪委常委李正亭来沪调查研究，了解上海纪检工作情况，听取对中央纪委制定的端正党风的规划的意见，对上海加强党风廉政工作提出建议。

1988年5月25—31日，中央纪委副书记陈作霖在沪考察指导工作，市纪委书记张定鸿、市纪委副书记朱达人汇报上海纪检工作情况。陈作霖参观宝钢、耀华皮尔金顿公司、华联商厦，分别听取一些单位党委和纪委的工作汇报。5月28日，陈作霖在市纪委会见市纪委委员和部委办、区县局纪委书记、市纪委机关干部，并就如何科学地认识党风现状、解决党风问题的指导思想和主要措施、在新形势下纪检机关应当积极主动地开展工作等问题作讲话。

1990年7月22—31日，中央纪委副书记李正亭、常委谢勇等来沪视察工作，市纪委书记张定鸿、市纪委副书记朱达人汇报市纪委有关工作。

1990年9月4日，中央顾委委员、中央纪委原常务书记王鹤寿抵沪进行调查研究。市纪委书记

张定鸿、市纪委副书记朱达人等陪同参观宝钢、上海飞机制造厂。

1990年11月3—13日,国家监察部部长尉健行等一行3人来沪调查研究,视察并指导上海监察工作。在沪期间,尉健行召开8个座谈会,听取对开展监察工作的做法、经验、困难、问题、建议和思路,并参观宝山钢铁总厂、江南造船厂、大众汽车有限公司、上海市石化总厂、秦山核电站、新客站及川沙和松江的部分乡镇企业。尉健行在调研中就监察工作的指导思想和基本任务、监察机关的职能、执法监察、企业监察、反腐败斗争、廉政制度建设、队伍建设以及如何纠正行业不正之风等方面提出要求。

1991年7月5日,中央纪委常委傅杰来沪考察,了解上海加强党风建设的做法和经验。

1991年9月30日,监察部副部长冯梯云来沪考察,到市监察局听取监察局工作情况汇报,并看望机关工作人员。

1993年4月15—27日,中共中央政治局委员、中央纪委书记尉健行来沪考察。尉健行听取市纪委书记张惠新,市纪委副书记韩坤林、孙卫国关于上海经济发展概况、党风廉政建设和纪检监察工作的汇报;召开部分部委办、区县局和工厂企业党政负责干部参加的5个座谈会;参观虹桥、闵行开发区、浦东新区、崇明等区县和证券交易所、金属期货交易市场,并在黄浦区街道、派出所、房管所等单位同基层干部座谈。尉健行在考察过程中充分肯定上海市委、市政府坚持两手抓的方针,从实际出发,实事求是地认识和处理新形势下出现的新情况、新问题。尉健行提出,反腐败斗争是长期的任务,要坚持不懈地抓下去。要注意从体制、政策、法规和制度上分析研究某些腐败现象产生的深层次原因,力求通过深化改革,逐步解决。

1994年3月28日—4月5日,中央纪委副书记王德瑛在上海检查贯彻落实中央纪委二次、三次全会精神情况。听取市纪委的工作汇报,分别召开部分区县党政领导、委办纪委书记和大中型企业负责人座谈会,并与市委领导交换意见。

1994年4月4—10日,中央纪委副书记陈作霖来沪参加证券基础知识培训班开学典礼,并到市纪委听取工作汇报。中央纪委常委傅杰在沪主持证券基础知识培训班的工作。

1994年4月16—25日,中共中央政治局委员、中央纪委书记尉健行来沪考察。在沪期间,尉健行与市委书记吴邦国、市委副书记黄菊进行交谈,先后听取市纪委书记张惠新和市总工会主席包信宝的工作汇报,分别召开部分区县党政领导干部和纪委书记以及企业工会干部座谈会,考察浦东新区和漕河泾开发区,要求继续探索新形势下党风廉政建设经验,促进上海的改革、发展和稳定。尉健行指出,上海市委、市政府高度重视纪检监察工作,敢于探索,有创造性。上海处于改革开放的前沿,经济发达,接触新事物要比其他省市快。同时要求上海多总结一些新经验,使其他地区从中得到借鉴。

1999年3月24—30日,中共中央政治局常委、中央纪委书记尉健行在上海考察市建筑工程交易管理中心、家庭居室装潢交易市场和市公安局、市规划局政务公开现场,召开政务公开、行风评议、企业廉政建设等座谈会,听取市委、市政府及市纪委的工作汇报,对上海在改革开放、现代化建设和党风廉政建设等方面取得的成绩和经验给予充分肯定。尉健行指出,上海市推行政务公开,已由基层站所延伸到市、区(县)政府部门,由执法部门扩展到经济管理部门,由向公民个人公开发展到向企事业单位等法人组织公开,还采用信息上网等现代高科技手段扩大知情面,工作初见成效,这些探索和实践值得借鉴。尉健行要求,各级纪检监察机关必须贴近经济,介入市场,针对发展社会主义市场经济过程中党风廉政建设出现的新情况新问题,加强调查研究,及时提出解决问题的对策和办法,从改革和建立体制、机制、管理制度着手,积极探索从源头上消除产生腐败的土壤和条件。

2000年3月7日，中央纪委副书记傅杰来沪考察，市纪委书记张惠新汇报上海党风廉政建设和反腐败工作情况。

2003年3月10日，中央纪委副书记刘峰岩来市纪委机关视察工作，市纪委领导汇报上海纪检工作情况。

2004年2月20日，中国监察学会常务副会长滕少华来沪调研，市纪委副书记、市监察委主任李梅汇报上海监察学会的工作情况。

2005年7月3—6日，中共中央政治局常委、中央纪委书记吴官正在沪就落实科学发展观、加强党风廉政建设和开展保持共产党员先进性教育等主题深入基层调研。吴官正考察浦东张江高科技园区、上海通用汽车公司、外高桥造船有限公司、上海港外高桥集装箱码头等单位，并听取上海市信息化委员会、市工商局、市公安局关于政务信息公开和政风建设的专题汇报。吴官正对上海一直重视党风廉政建设，在改革体制、机制、制度，推动政务公开等方面进行有益探索给予肯定。吴官正考察上海建筑建材行业行政管理服务中心、市工商局业务受理大厅等处的政务公开透明、内部制度建设、社会监督制约等方面的情况，询问实施各项制度措施的实际效果。他指出，上海较早地从体制机制和法制上推进预防腐败的工作，规范有形建筑市场，加快社会诚信体系建设，效果是好的。要及时发现新情况、掌握新变化、研究新问题、探索新机制，不断总结新经验。

2009年10月11—15日，中共中央政治局常委、中央纪委书记贺国强在中共中央政治局委员、市委书记俞正声和市长韩正的陪同下，深入上海市的建设工地、港口码头、企业农村，就促进经济平稳较快发展、加强党风廉政建设和反腐败工作、筹办好上海世博会等问题进行调研。考察期间，贺国强参观中国商用飞机有限责任公司、上海期货交易所、房地产交易中心、崇明岛现代农业基地，专程考察上海世博园区建设情况。他希望世博会组委会、上海市和各有关部门精心做好各项筹办工作，确保把上海世博会办成一届“成功、精彩、难忘”的盛会，切实加强对世博会资金使用、工程质量、运行工作、征地拆迁和居民安置等的监督检查，进一步健全规章制度、完善长效机制、严格执行纪律，确保“廉洁办博”、“勤俭办博”目标的实现。

图3-1-2　2009年4月3日，中央纪委领导考察世博建设监督保障工作

2010 年 5 月 13—16 日,中央纪委副书记干以胜来沪调查研究,听取市纪委书记董君舒关于上海贯彻《廉政准则》的情况汇报。召开座谈会了解情况,提出意见。16 日,给全市党政领导和纪检监察干部作学习《廉政准则》的辅导报告。

第二节 中央纪委、监察部来沪检查工作

1987 年 4 月 16 日,中央纪委书记韩天石带领工作组来沪检查,到市纪委机关听取市纪委书记张定鸿的工作汇报,并看望了市纪委机关纪检干部。韩天石对上海开展反腐败斗争、坚决纠正不正之风、加强党风建设提出要求。

1990 年 6 月 10—13 日,中央纪委副书记李正亭、常委肖洪达带领工作组来沪检查,听取市纪委书记张定鸿关于上海加强党风建设的情况的汇报,并就党风党纪问题召开座谈会,对上海端正党风,加强党的纪律建设提出意见和建议。

1993 年 11 月 26 日—12 月 13 日,全国人大常委张挺率中央调查组一行 12 人在上海调查开展反腐败斗争情况。调查组在沪期间,听取市委、市政府关于开展反腐败斗争情况的汇报,听取市纪委和政法机关关于查处大要案情况的汇报、市纠风办关于全市纠风工作情况的汇报。召开黄浦、杨浦、闸北、徐汇、青浦、金山等 8 个区县负责人,工业、建设、交通、财贸、外经贸 5 个部委办局负责人以及有关部门、民主人士、产业工人、农民、乡镇干部等各类座谈会,听取基层群众的意见和建议。中央调查组认为,上海市委、市政府对贯彻落实中央近期反腐败斗争工作任务领导得力,态度坚决,工作积极,注意政策,上海反腐败斗争三项工作已经全面展开,并取得初步成效,特别是纠风工作抓得比较扎实,群众反映较好。

1994 年 7 月 2 日,以刘明仁为组长、王刚为副组长的中央调查组到沪,对上海落实中央反腐败斗争各项工作进行督促检查和调查研究。其间,调查组先后听取市委、市政府、市纪委、市委政法委、市纠风办的工作汇报;同市人大、市政协领导和副市长进行个别交谈;分别召开机关干部、民主党派负责人、离退休老同志、大专院校和大型企业负责人以及基层干部参加的座谈会,听取意见;赴浦东新区、长宁、闸北、南汇、金山等区县进行实地考察。调查组认为,上海开展反腐败斗争有成效,领导干部自律等三项工作有序推进。

1995 年 6 月 6 日,由中央纪委、中央办公厅、国务院办公厅、监察部组成的联合调查组来沪调查研究。6 月 7 日上午,在市纪委召开上海市党政机关领导干部乘坐小汽车情况专题会议,市纪委副书记、市监察委副主任韩坤林向联合调查组作专题情况汇报。6 月 12 日,联合调查组在市纪委召开座谈会听取意见和建议。6 月 14 日,联合调查组召开调查情况反馈专题会,对规范党政机关领导干部乘坐小汽车问题提出意见和要求。

1995 年 12 月 5—13 日,中央纪委检查组来沪检查上海市执行“不准参加可能影响公正执行公务的宴请”、“不准参加用公款支付的营业性歌厅、舞厅、夜总会娱乐活动”的“两不准”工作情况。12 月 6 日,中央纪委检查组听取市纪委领导关于上海市“两不准”工作情况的汇报。12 月 13 日,中央纪委“两不准”检查组来市纪委反馈检查情况,提出要进一步加大监督的力度,严格执行“两不准”的规定,维护纪律的严肃性。

1998 年 9 月 11—21 日,以中央纪委原委员、化工部原副部长林殷才为组长的中央纪委、监察部落实中央八项规定检查组,对上海贯彻落实中央八条规定的情况进行专项检查,重点检查党政机关清理通讯工具、严格控制各种会议和庆典活动、切实执行公务接待标准及严格控制新建和装修办公

楼四项工作情况。9 月 12 日，市委副书记孟建柱，市纪委书记张惠新，副市长冯国勤，市纪委副书记洪林珍、沈红光、何卫国以及市委、市政府有关委办负责同志，向中央纪委检查组汇报上海贯彻执行中央制止奢侈浪费八项规定的情况。检查组召开部分委办、区县党政纪委负责人座谈会；深入浦东新区、青浦县和司法局等 22 个单位和部分办公楼工地进行检查；个别访谈有关部门领导、离退休老干部和市人大、市政协、民主党派负责人共 200 余人。9 月 21 日，检查组向市委、市政府反馈检查的情况。检查组认为，上海贯彻中央“八项规定”，领导重视、行动迅速、措施有力，取得成效。市委副书记孟建柱和市纪委书记张惠新听取检查组的反馈意见。

1998 年 11 月 1—3 日，国家监察部和环保总局组成联合检查团，对上海贯彻落实《国务院关于环境保护若干问题的决定》情况进行检查。市纪委领导参与检查团检查。11 月 2 日，检查团召开座谈会，向市政府通报检查情况。

1999 年 3 月 11—17 日，中央纪委、监察部调研组对上海推进“收支两条线”工作进行调研，对上海 1998 年公、检、法、工商四部门贯彻落实“收支两条线”规定的情况表示满意，并充分肯定上海 1999 年推进全市所有执收执罚部门落实“收支两条线”工作的思路和步骤。

2008 年 12 月 1 日，根据中央统一部署，中央扩大内需促进经济增长政策落实第六检查组来沪，对全市新增中央投资项目进行监督检查。中央检查组采取听取汇报、巡回检查、实地察看、座谈了解、信息沟通等多种方式，对新增中央投资工程项目规划、立项，工程项目审批和建设程序，项目建设资金管理使用情况，工程建设质量等情况进行检查。其间，市扩大内需促进经济增长政策落实检查领导小组向中央检查组汇报上海开展对中央新增投资项目监督检查的工作情况。韩正、董君舒、杨雄等市委、市政府领导分别与中央检查组沟通有关情况，听取反馈意见和建议。

2009 年 4 月 9 日，中央扩大内需促进经济增长政策落实第二轮检查组组长王寿亭一行来沪检查。市纪委书记、市扩大内需促进经济增长政策落实检查工作领导小组组长董君舒主持召开汇报会，汇报上海落实中央扩大内需促进经济增长政策的情况。市纪委副书记、市监察局局长、市扩大内需促进经济增长政策落实检查工作领导小组副组长顾国林，市审计局、市发改委、市财政局有关负责人参加会议。

2009 年 4 月 23 日，由杨光洪带队的中央扩大内需促进经济增长政策落实暨治理工程建设领域突出问题第八检查组一行，到沪开展中央扩大内需促进经济增长政策落实暨治理工程建设领域突出问题监督检查工作。市政府副秘书长兼市发改委主任周波主持召开汇报会，市发改委副主任王建平和市纪委副书记、市监察局局长、市扩大内需促进经济增长政策落实检查工作领导小组副组长顾国林分别汇报上海落实扩大内需促进经济增长政策情况以及治理工程建设领域突出问题工作情况。

2009 年 11 月 9 日，中央扩大内需促进经济增长政策落实第三轮检查组组长王炜一行来沪检查。市纪委书记、市扩大内需促进经济增长政策落实检查工作领导小组组长董君舒主持召开汇报会，汇报上海落实中央扩大内需促进经济增长政策的情况。市政府副秘书长、市发改委主任周波，市纪委副书记、市监察局局长、市扩大内需促进经济增长政策落实检查工作领导小组副组长顾国林，市审计局、市财政局有关负责人出席会议。

2010 年 10 月 11 日，中央纪委驻国家安监总局纪检组原组长赵岸青率中央扩大内需促进增长政策落实暨治理工程建设领域突出问题秋季检查组，来沪进行为期两周的监督检查。市纪委书记、市扩大内需促进经济增长政策落实检查工作领导小组组长董君舒，市纪委副书记、市监察局局长、市扩大内需促进经济增长政策落实检查工作领导小组副组长顾国林等领导汇报有关工作。

2010年11月,中国人民银行国库局局长刘贵生率中央督查组到上海,督查指导强农惠农资金专项清理与检查工作。中央督查组一行听取上海市专项清查工作领导小组关于专项清查工作情况的汇报,市监察局、市纠风办、市审计局等部门领导参加汇报会。中央督查组实地督查松江区、崇明县专项清查工作,实地了解强农惠农政策落实和资金管理使用情况,并深入农户与农民进行面对面访谈。听取汇报和经过实地督查后,中央督查组认为上海市各级领导和部门对强农惠农资金专项清查工作非常重视,认真、全面开展自查自纠和重点检查,既摸清家底,又检查发现问题,希望上海巩固清查成果,认真总结经验,加强整改落实,建立长效机制。

第二章　市委、市政府领导检查指导工作

1984—2010年，市委、市政府主要领导陈国栋、芮杏文、江泽民、朱镕基、吴邦国、黄菊、习近平、俞正声等，先后到市纪委、市监察局（委）调查研究，听取开展党风廉政建设和反腐败工作汇报。对纪检监察工作围绕中心，服务大局，坚持从严治党、严格纪律，大力治标、重在治本，加强队伍建设等方面提出意见，要求认真履行职能，为加强上海反腐倡廉建设作出贡献。市委、市政府领导参加反腐倡廉展览、报告会，出席纪律检查机关恢复重建30周年座谈会等活动，加强对上海党风廉政建设和反腐败工作的指导，对全市党员领导干部起到示范作用。

第一节　市委、市政府领导检查委局工作

1985年7月5日，市委书记芮杏文、市长江泽民听取市纪委工作汇报。市纪委书记张定鸿汇报了纪检机关抓好党风建设的做法和措施。芮杏文就上海端正党风、抓好党风建设，保证经济体制改革提出意见和要求。

1987年3月16—17日，市委副书记吴邦国召集市纪委副书记和市纪委常委，听取工作汇报，交流思想情况，研究开展反腐败斗争，提出加强党风建设的措施。

1988年5月21日，市长朱镕基、副市长黄菊听取市监察局工作汇报。朱镕基要求市监察局牢牢盯住506名局级干部，加强对领导干部的监督。

1989年1月11日，市长朱镕基、副市长倪鸿福听取市监察局工作汇报，对贯彻全国监察工作会议精神、做好行政监察工作作出指示。

1989年8月17日，市委书记朱镕基到市纪委听取工作汇报，并看望市纪委机关干部。朱镕基提出，整顿党风首先要把市委、市政府的党风政风搞好，带动整个社会风气的好转。他要求纪检干部坚持原则，坚定党性，并送纪检干部一副对联：两袖清风、一身正气，横批：刚正不阿。

1991年7月11日，副市长赵启正到市监察局听取工作汇报，并就如何发挥监察作用提出意见。

1993年1月21日，市委书记吴邦国、市委秘书长周禹鹏到市纪委机关拜年，与市纪委有关干部座谈当前群众不满意的问题和纪委工作难点。吴邦国指出，对属于非正常的消费资金礼券，要制定党政机关领导干部不能收受、不得用生产基金购买等规定，加强教育，严格查处违规行为。针对当前股票市场出现的权钱交易、用信贷资金炒卖股票等问题，要清楚问题所在，建立制约机制，实行有效监督，而不仅仅是查处问题。吴邦国强调，市纪委改变工作方式，创新工作方法，运用社会的力量，集中精力研究一些重要问题，要掌握政策，抓好上海的党风廉政建设，防止腐败问题影响上海改革开放的形象。

1993年9月7日，市委书记吴邦国、市委副书记王力平、市委秘书长周禹鹏到市纪委，听取市纪委书记张惠新等关于反腐败工作的汇报，并就当前反腐败斗争提出几点意见。吴邦国指出，反腐败斗争要紧紧围绕经济建设中心进行，要切切实实为经济建设、改革开放创造好的环境。要把干部积极性引导好、保护好、发挥好。吴邦国强调，要把握全局，坚持以党政机关为重点，加强教育和廉政

建设,严肃处理大案要案。要深入实际,调查研究,了解实际情况,提出一些有深度的调查报告。

1994年1月8日,市委书记吴邦国、市委副书记王力平到市纪委召开座谈会,听取对1994年纪检监察工作的意见,并明确提出要从全面贯彻落实党的基本路线的高度抓好反腐败斗争,加强党风廉政建设,促进社会稳定,保证改革开放和经济健康发展。

1995年1月3日,市委书记黄菊、市委副书记王力平等到市纪委听取工作汇报。黄菊指出,上海纪检监察工作要紧跟时代迅速发展的形势,起到服务、推动、促进、保障的作用。要求从纪检监察在上海工作的地位作用上来研究普遍性和特殊性,形成一套可以长期运用的、指导工作的方法。要研究上层和基层的关系,在继续抓紧上层的同时,把工作延伸到基层,并争取在试点的基础上形成制度化。要研究表和本的关系,大力治标、重在治本,注重教育、注重建设、抓住苗子。

1998年3月31日,市委副书记孟建柱到市纪委进行工作调研,市纪委书记张惠新汇报市纪委工作情况和市纪委机关人员配备情况。孟建柱指出,市委对市纪委的工作是满意的。纪检监察机关要继承发扬好的传统,在前几年的工作基础上,进一步推进反腐败和党风廉政建设工作。

2001年8月16日,市委副书记刘云耕来市纪委调研。市纪委书记张惠新向刘云耕汇报党风廉政建设和反腐败工作情况。刘云耕提出,要加强制度建设,坚持标本兼治,加强党风廉政和反腐倡廉建设。

2007年4月6日,市委书记习近平到市纪委机关,与市纪委、市监察委领导班子成员和机关厅室主任见面。习近平指出,市纪委、市监察委在加强党风廉政建设和反腐败斗争上承担着重要的责任,既要配合中央工作组彻查“社保资金案”,又要按照中央和市委部署做好各项本职工作,为维护上海的稳定,促进经济社会健康发展作出贡献。希望工作人员再接再厉,认真履行职责,继续加强党风廉政建设和反腐败斗争,以新的成绩迎接市第九次党代表大会胜利召开。习近平来到研究室、执法监察室、信访室,与工作人员亲切交谈。市委副书记罗世谦、市纪委书记沈德咏等陪同。

2007年10月26日,中共中央政治局常委、市委书记习近平在市委副书记、市长韩正,市委副书记殷一璀,市委常委、市委秘书长丁薛祥等陪同下来到市纪委机关,看望市纪委、市监察委机关干部,与大家一一握手,并与市纪委、市监察委领导班子成员和厅室正副主任合影留念。

2007年10月31日,市委书记俞正声到市纪委机关,与市纪委、市监察委领导班子成员和厅室主任见面,听取市纪委工作汇报。市纪委书记沈德咏等领导参加。

第二节　市委、市政府领导参加反腐倡廉活动

1984年5月11日、25日,市委第一书记陈国栋出席市纪委召开的全市纪律检查工作会议并讲话。市纪委书记王尧山作《满怀信心,乘胜前进,在整党中实现上海党风根本好转》的报告。陈国栋在讲话中指出,要加强党的纪律,开展反腐败斗争,实现党风好转。

1985年11月22日,市委副书记吴邦国主持召开各部委办局、区党委书记、纪委书记会议,部署查处领导机关、领导干部严重不正之风和大案要案工作。市纪委书记张定鸿通报了市纪委查处的大案要案情况。

1986年8月16日,市长江泽民在市纪委举办的《经济体制改革和社会主义商品经济》讲座上,主讲了上海发展战略中发生哪些新变革,党的纪律检查如何发挥保证和促进作用。

1987年8月14—15日,市委书记芮杏文出席市纪委召开的上海市加强党风廉政建设经验交流会。会上,新华社上海分社、市轻工业局党委、上海海关党组、长宁区委分别介绍了加强党风建设的

经验体会。芮杏文在讲话中指出，要深入开展反腐败斗争，加强党风建设，为改革开放保驾护航。

1987年11月24日，市委副书记吴邦国出席全市纪检系统表彰大会并作讲话。市纪委书记张惠新主持大会。大会表彰市纺织局纪委等27个先进纪检组织和86名优秀纪检干部，市委、市纪委领导向先进纪检组织和优秀纪检干部颁发奖状和荣誉证书。

1988年6月28日，市委副书记朱镕基在市委党校举办的局级以上干部形势教育讲习班上作的报告中，对领导干部廉洁自律提出要求："只要我们的506个局长，包括区长、县长行得正、坐得稳，下面的'七所八所'才能够正。只要我们坚持下去，社会风气是能够好转的。"

1988年8月10日，市委书记江泽民、副市长黄菊出席市委、市政府召开的公开办事制度、廉洁为民教育活动动员大会。黄菊作动员报告。江泽民在讲话中指出，坚持廉洁为民，公开办事，依法行政，推动政府的廉洁行政建设。

1989年12月20—22日，市长朱镕基，副市长黄菊、倪鸿福出席上海市监察工作会议。朱镕基在讲话中指出，大力加强行政监察工作，坚决纠正不正之风，推进廉洁建设。

1990年10月17日，市委书记、市长朱镕基主持召开加强廉政建设、纠正行业不正之风动员大会，并就纠正行业不正之风、工作中如何加强党的领导、发挥党组织的监督保证作用等问题作讲话。市委副书记、副市长黄菊作动员报告。市委副书记吴邦国作讲话。

1994年11月21日，市委书记黄菊出席上海市纪检监察先进集体、先进工作者表彰大会并讲话。市纪委书记张惠新主持大会。大会表彰近几年来在反腐败斗争，加强党风廉政建设，促进上海的改革、发展和稳定中作出显著成绩的35个纪检监察先进集体和83名纪检监察先进工作者。市委、市纪委领导向纪检监察系统先进集体和先进工作者颁发奖状和荣誉证书。

1999年11月3日，市委书记黄菊，市长徐匡迪，市委副书记王力平、孟建柱出席全市纪检监察系统先进集体和先进工作者表彰大会并讲话。市纪委书记张惠新主持会议。会前，市委、市政府领导会见先进工作者代表并与代表合影留念。

2000年8月22日，副市长冯国勤出席在市政府召开的"纠风十年路"大型座谈会并讲话。市纪委书记张惠新主持座谈会，部分专家、学者和有关同志作交流发言。

2007年10月30日，市委书记俞正声参观"为民务实清廉——上海市加强作风建设推进反腐倡廉档案文献图片展"。市委副书记、市长韩正，市委副书记殷一璀，市纪委书记沈德咏，市委秘书长丁薛祥陪同参观。图片展分殷切期望光辉榜样、加强建设注重预防、贪欲之害警钟长鸣、时代先锋继往开来四个部分。参观结束时，俞正声指出："上海市加强作风建设推进反腐倡廉档案文献图片展内容很好，参观后深受教育。全市党员领导干部都应该来看一看。"

2008年10月13日，市委书记俞正声，中央纪委副书记李玉赋，市委副书记、市长韩正，中央纪委驻文化部纪检组组长李洪峰，市领导刘云耕、殷一璀、吴志明、董君舒、王仲伟、江勤宏、丁薛祥、朱晓明等，参观由中央纪委、文化部、监察部联合举办的全国廉政文化大型绘画书法展览上海巡展。上海巡展分为"神圣使命"、"时代风范"、"古韵正声"、"高远境界"、"海上清风"五个部分，从一个侧面展示改革开放30年来党风廉政建设的丰硕成果。

2008年12月19日，上海召开纪念党的纪律检查机关恢复重建30周年座谈会，市委书记俞正声会见与会代表，充分肯定上海30年来党的纪检工作，对全市广大纪检干部给予亲切问候和热情鼓励，要求全市各级纪检机关以纪念恢复重建30周年为新起点，坚持以科学发展观为统领，全面贯彻落实中央《建立健全惩治和预防腐败体系2008—2012年工作规划》和市委《实施办法》，紧紧围绕全党中心工作，解放思想，改革创新，锐意进取，扎实工作，努力构建惩治和预防腐败体系，开创上海反腐倡廉建设新局面，为推进“四个确保”作出新的贡献。市委副书记、市长韩正，市领导刘云耕、冯国勤、殷一璀、董君舒、沈红光、杨晓渡、江勤宏、杨雄、屠光绍、丁薛祥和老领导罗世谦、朱达人等参加会见和观看展览。会见前，俞正声等领导参观市纪委机关纪念党的纪律检查机关恢复重建30周年展览。

2009—2010年，全市举办“忠诚、敬业、道德、廉洁”系列报告会，市委书记俞正声，市委副书记、市长韩正，市委副书记殷一璀等市委、市政府领导，分别作反腐倡廉报告，讲认识，谈体会，提要求，引导党员领导干部坚定理想信念，增强宗旨意识，加强党性修养，严格纪律，保持廉洁自律，发挥模范表率作用。

2010年5月16日，为促进上海党员领导干部廉洁从政工作，推动党风廉政建设取得新的成效，市委召开《中国共产党党员领导干部廉洁从政若干准则》学习辅导报告会，听取中央纪委副书记干以胜所作的辅导报告。市委书记俞正声主持会议并讲话。市委副书记、市长韩正，市领导刘云耕、冯国勤、殷一璀、吴志明、董君舒、沈红光、杨晓渡、江勤宏、屠光绍、杨振武、丁薛祥、徐麟等出席。俞正声指出，中央下发《廉政准则》后，市委对学习贯彻工作作了专门部署，明确要求把学习贯彻《廉政准则》作为2010年上海市党建工作的重要任务抓紧抓好。贯彻实施《廉政准则》，各级领导班子的主要负责同志是关键。全市各级党员领导干部要以身作则，发挥表率作用，全面掌握《廉政准则》的基本要求和主要内容，自觉做到要求更高一些、标准更严一些，切实增强廉洁从政的自觉性。

第四篇

党风廉政
制度建设

党风廉政法规制度建设，是党和国家法规制度建设的重要组成部分，是纪检监察机关的一项重要工作，是反腐治本的根本措施。1979 年以来，市纪委、市监察局坚持从实际出发、围绕重点、统筹兼顾的原则，分步实施、整体推进，不断加强反腐倡廉法规制度建设，制定出台一批反腐倡廉法规制度。

图 4-0-1　1979—2007 年，上海市党风廉政建设工作制度选编

建立反腐败领导体制和工作机制。加强党委领导，发挥职能部门作用，完善齐抓共管的工作机制。1996 年，市委、市政府制定党风廉政工作责任制的规定，对各级领导班子和领导干部在党风廉政建设中应负的责任作出规定。2000 年，为进一步落实党风廉政建设责任制，市纪委、市监察委修订社区、农村党风廉政建设的规定，制定党委政府工作部门、国有企业、“两新”组织党风廉政建设的规定，形成党风廉政建设和反腐败工作的合力。2006 年，制定惩防体系建设的纲要和规划，明确反腐倡廉建设的工作目标和阶段性任务，构建具有上海特点的惩治和预防腐败体系的基本框架，为上海改革发展提供坚强有力的政治保障。

建立健全惩治和预防腐败体系。1993 年，上海市提出在党风廉政建设和反腐败工作中坚持体制、机制、法制“三位一体”上同步推进。按照中央纪委和市委的总体部署要求，市纪委紧密结合上海改革发展的实际，制订一系列惩治和预防腐败制度。2005 年 7 月，市委颁发《建立健全教育、制度、监督并重的惩治和预防腐败体系实施纲要》，提出惩防体系的工作目标。2006 年，市纪委开展更加注重治本、更加注重预防、更加注重制度建设的试点，扎实推进惩治和预防腐败体系建设。2008 年 9 月，市委制定《〈建立健全教育、制度、监督并重的惩治和预防腐败体系 2008—2012 年工作规划〉的实施办法》，提出 5 年的工作任务，积极探索利用“制度加科技”预防腐败，在重点领域积极开展标本兼治、综合治理、从源头上治理腐败，推进党风廉政建设和反腐倡廉工作。

规范领导干部从政行为。1979 年以来，在计划经济向市场经济转变过程中，针对党风党纪方面出现的问题，先后制定关于制止干部特殊化、禁止经商办企业、规范分房建房、制止奢侈浪费等方面的制度，要求党员干部在改革开放新时期，要令行禁止，做遵纪守法的模范。1993年，纪检监察机关合署办公后，认真贯彻廉政准则，解决领导干部存在的消极腐败问题，针对违反规定乘坐小汽车、利用职权超标准分房、公款吃喝玩乐、公款出国（境）旅游、领导干部插手土地工程领域等问题，进行建章立制，规范从政行为。2002年以后，认真落实民主生活会制度、领导干部个人重大事项报告制度、领导干部谈话制度，对领导干部住房、用车、出国（境）、收受现金和有价证券以及领导干部配偶、子女从业等作出规定，加强领导干部廉洁自律工作。

完善权力运行监督制约制度。通过深化改革、标本兼治，在重点领域和重点环节健全制度，开展专项治理，积极推进反腐倡廉建设。1995年，推进政府采购制度改革，制定政府采购管理办法，规范采购行为，提高资金效益，促进廉政建设。1996年，建立有形建筑市场，制定建筑市场管理规定的行政处分办法，加大监管力度。建立产权交易市场，制定产权交易的若干意见，完善产权交易制度，防止国有资产流失。2007年以后，市纪委、市监察委（局）以权力制约为关键，以制度建设为根本，以信息技术为支持，通过运用制度加科技，建立全市统一的交易平台，构建全市政府采购电子平台、完善信息化行政审批，推行资金网上监管系统，增强反腐倡廉制度的执行力，提高预防腐败的效能。

健全纪检监察工作制度。市纪委、市监察局（委）坚持从严治党，严格按照党内的制度法规，2003年，制定案件检查工作若干规定、信访举报工作若干规定；2005年，制定审理党纪政纪案件工作的若干规定，进一步健全和完善信访、受理、初核、立案、调查、审理等制度，形成严密、管用、顺畅的办案运行机制，依纪依法查处违纪违法案件。2006年以后，加大查处案件的协调、指导和督办，完善案件线索移送和办案协作机制，探索构建执纪执法机关案件信息共享平台。制定“一案两报告”制度，深入剖析案发原因，抓好警示教育和建章立制工作，提高办案的政治、社会和法纪效果。

第一章　党风廉政建设责任制

党风廉政建设责任制，是党和政府各级领导班子、领导干部抓党风廉政建设的一种责、权、利相结合的管理制度。1996年以来，上海建立起党风廉政建设责任制，建立党风廉政建设责任制领导小组，明确责任分工，开展党风廉政建设责任制专项检查，进行责任追究，完善制度建设，切实担负起对党风廉政建设和反腐败工作的全面领导责任，坚持围绕中心、服务大局，与经济建设、政治建设、文化建设、社会建设和党的建设一起落实，一起检查，一起考核。至2010年，全市健全完善“党委统一领导、党政齐抓共管、纪委组织协调、部门各负其责、依靠群众支持和参与”的领导体制和工作机制，各级党委、政府及其工作部门的领导干部切实担负起抓好反腐倡廉的责任，形成一级抓一级、一级对一级负责的责任体系，保证党风廉政建设和反腐倡廉工作顺利开展。

第一节　责任制规定

1996年起，上海逐步建立和完善党风廉政建设责任制，制定相关的法规制度，明确领导班子、领导干部在党风廉政建设中的责任。1996年7月17日，市委、市政府印发《关于党风廉政工作责任制的规定》，对党风廉政工作责任制的基本原则、责任内容、责任范围、责任制的罚则和追究等作明确规定。

1999年4月14日，根据中共中央、国务院关于实行党风廉政建设责任制的精神，市委、市政府印发《关于实施中共中央、国务院印发的〈关于实行党风廉政建设责任制的规定〉的办法》，对贯彻实施党风廉政建设责任制的组织领导、责任考核、责任追究以及适用范围等方面的问题作进一步的明确规定。

2000年7月24日，为贯彻落实党风廉政建设责任制，市纪委、市监察委制定《关于加强本市社区党风廉政建设的若干意见》《关于加强本市农村基层党风廉政建设的若干意见》。2006年，根据党风廉政建设的新情况、新任务，对社区、农村基层党风廉政建设若干意见作补充修改，提出基层党委统一领导，党政齐抓共管，纪委组织协调，社区、农村基层各单位以及社会团体组织联建共管，社区、农村基层群众积极参与民主监督的党风廉政建设领导体制与工作机制。

2001年12月13日，市纪委印发《关于加强本市党委政府工作部门党风廉政建设的若干意见》。2006年7月，结合上海党风廉政建设和反腐败工作的实际，市纪委对《若干意见》进行修订和完善，明确要求严格执行党风廉政建设责任制，部门的党政正职领导是党风廉政建设第一责任人，对职责范围内的党风廉政建设负总责；党政领导班子其他成员对职责范围内的党风廉政建设负具体责任，认真抓好党委政府工作部门的反腐倡廉工作。

2005年7月29日，市委印发《关于贯彻〈建立健全教育、制度、监督并重的惩治和预防腐败体系实施纲要〉的意见》，提出工作目标：“到2020年，建立起思想道德教育的长效机制，反腐倡廉的制度体系，权力运行的监控机制，建立完善的符合上海实际的惩治和预防腐败体系。”2008年9月23日，市委印发《上海市贯彻落实〈建立健全惩治和预防腐败体系2008—2012年工作规划〉的实施办法》，提出贯彻惩防体系建设的阶段性目标。同时，市纪委印发《关于贯彻落实〈上海市贯彻落实建立健全惩治和预防腐败体系2008—2012年工作规划的实施办法〉分工方案》，明确工作任务，落实责任分工，严格督促检查，加强协助配合，确保工作落到实处。

2007年3月22日，市纪委、市委组织部、市监察委、市国资委印发《关于进一步加强本市国有企业党风建设和反腐倡廉工作的若干意见》，提出企廉工作的主要任务，要求企业的党委书记是企廉工作的第一责任人，对职责范围内的企廉工作负总责，发挥好监事长的作用，加强经济责任审计，深化厂务公开，完善党建督察，形成监督合力，不断提高监督效果。

第二节　责任制分工

一、责任制领导小组

2000年7月，市委、市政府印发《关于成立上海市党风廉政建设责任制领导小组的通知》，决定成立上海市党风廉政建设责任制领导小组。领导小组由市委主要领导任组长，市纪委主要领导任副组长，成员由相关单位领导参加，职务如有变动，按照职务代替原则自然更替。党风廉政建设责任制领导小组，负责对全市党风廉政建设和反腐败斗争的组织领导和协调工作。上海市党风廉政建设责任制领导小组下设办公室，设在市纪委，负责日常工作。全市各区县相应成立党风廉政建设责任制领导小组，由区(县)委书记任组长。

2008年8月，市委印发《关于建立上海市推进惩治和预防腐败体系建设领导小组及组成人员的通知》，决定建立上海市推进惩治和预防腐败体系建设领导小组，领导小组由市委主要领导任组长，市委副书记、市纪委主要领导任副组长，成员由相关单位领导参加，职务如有变动，按照职务代替原则自然更替。上海市推进惩治和预防腐败体系建设领导小组下设办公室，设在市纪委，负责日常工作。

二、工作任务分工

1998年，根据市委、市政府《关于党风廉政工作责任制的规定》，明确各级党政一把手的责任，要求各级党委把贯彻中央规定作为党风廉政工作责任的重要内容，党委书记是第一责任人，党政共同负责，一级抓一级。明确各级纪检监察部门的监督责任，要求纪检监察部门加强组织协调和督促检查，保证中央和市委的精神落到实处。

1999年3月，市党风廉政建设联席会议讨论研究上海市贯彻中央《关于实行党风廉政建设责任制的规定》的实施细则，明确党风廉政建设的工作分工和牵头部门的工作职责，做到党风廉政建设与各项业务工作一起部署、一起落实、一起检查、一起考核，实行层层领导责任签约；职能部门各负其责，结合业务加强对基层党风廉政建设责任制工作的管理和指导。

2001年初，市委、市政府就党风廉政建设和反腐败工作进行责任分工，明确市委书记、市长对上海的党风廉政建设负总责；市委副书记对分管条线的党风廉政建设负责，并对分管条线内涉及的工作任务负责；其他市委常委、副市长对具体工作任务负责。同时，把全年工作目标任务分解为8大类32个项目，其中由职能部门负责牵头的有18项。对此，市纪委、市监察委领导及机关各部门也作明确分工。

2006年5月2日,根据中央和市委惩防体系建设《实施纲要》和《意见》,市委印发《关于纪委协助党委组织协调反腐败工作的实施办法(试行)的通知》,提出对组织协调的任务、组织协调的机制、组织协调的程序、组织协调的保障的要求,保障纪委履行工作职责,发挥职能作用,积极协助党委做好反腐败工作的组织协调。

2008年9月23日,市委印发《上海市贯彻落实〈建立健全惩治和预防腐败体系2008—2012年工作规划〉的实施办法》,市纪委、市监察委会同有关部门制定《关于贯彻落实〈上海市贯彻落实建立健全惩治和预防腐败体系2008—2012年工作规划的实施办法〉分工方案》,并将"实施办法"确定的任务分解落实到45个负责单位和47个协办单位。同时,制定《市纪委、市监察委机关贯彻落实〈上海市贯彻落实建立健全惩治和预防腐败体系2008—2012年工作规划的实施办法〉内部分工》,认真履行职能,抓好牵头或协办的任务,加强沟通联系,互相支持,互相配合,确保工作落实到实处,推进惩防体系建设。

图4-1-1　2008年9月,上海市惩防体系任务分解部署会召开

第三节　责任追究规定

1999年4月14日,市委、市政府印发《关于实施中共中央、国务院印发的〈关于实行党风廉政建设责任制的规定〉的办法》,明确责任追究的内容、对象、范围,对责任范围内发生的重大违纪违法案件和严重不正之风的6种形式,应查明责任机关和责任人的领导责任,依纪依法严肃处理。

2000年,市纪委、市监察委根据中央纪委的要求,在党风廉政责任制规定6种追究形式的基础上,对出现的重大经济损失,发生的重大事故和恶性事件,不正之风严重、群众反映强烈、长期得不到治理,领导干部配偶、子女利用该领导干部职权和职务影响获取非法利益造成恶劣影响,对职责范围内的反腐败工作敷衍塞责、不抓不管,以致屡屡发生大案要案,以及违反选拔任用领导干部有关政策和规定、用人失察等情形进行重点追究。

2000年11月9日,市纪委、市监察委印发《关于严肃查处党员、干部参与卖淫嫖娼赌博吸毒贩毒及淫秽色情等违纪违法活动,严格追究有关领导和管理工作人员违法失职责任的意见》,就各级党政机关、社会团体、国有企事业单位领导干部及管理人员对卖淫嫖娼、赌博、吸毒贩毒等社会丑恶现象违法失职的,明确提出需处理的情形及处理意见,严肃查处违法违纪活动,严格追究单位领导违法失职责任。

2001年11月19日,市纪委、市委组织部、市监察委、市审计局联合印发《关于对会计信息不实的国有及国有控股企业领导人员实行责任追究制度的若干意见(试行)》,明确国有及国有控股企业法定代表人对本企业会计信息不实应负的领导责任、经济责任追究等规定。

2005年8月19日,市委办公厅转发《市纪委、市委组织部、市国资委、市监察委、市审计局关于实施上海市市管国有企业国有资产重大损失领导责任追究试行办法》。要求对市管国有企业违反规定、决定企业生产经营重大决策、重大项目安排、大额度资金运作等造成国有资产重大损失的，追究市管国有企业领导人员的领导责任。

2007 年 1 月 20 日，市政府印发《上海市行政执法过错责任追究办法》，明确规定行政执法过错责任的追究范围、追究形式、追究程序，保证行政机关工作人员正确、及时、公正地实施行政执法行为，监督其依法履行职责，促进依法行政。

第二章　反腐倡廉制度

市纪委、市监察局(委)紧密结合上海改革发展的实际,针对不同时期党风廉政建设出现的新情况、新问题,从1978年开始到2004年,从原则到具体,从零散到系统,逐步建立起反腐倡廉制度,主要包括领导干部廉洁自律制度,规范领导干部从政行为;党内外监督制度,强化党内监督、人大政协监督、群众监督、舆论监督;预防和治理腐败制度,从源头上治理腐败;党纪政纪处分制度,坚持从严治党,依法执纪。2005年以后,根据中央和市委惩防体系建设《纲要》和《规划》,坚持标本兼治、综合治理、惩防并举、注重预防的方针,更加注重治本,更加注重预防,更加注重制度建设,加大制度创新,不断完善各方面的体制机制建设,形成用制度管人、管权、管事的机制,提高制度建设的科学性、针对性、有效性,为进一步开展党风廉政建设和反腐败斗争提供制度保障。

第一节　廉洁自律制度

一、综合性规定

1988年7月19日,市委、市政府印发《关于贯彻〈中共中央关于党和国家机关必须保持廉洁的通知〉的意见》,对新时期加强本市党和国家机关建设,保证改革开放顺利,加强廉政工作提出指导性意见。意见要求,各级党政机关干部要提高对党和国家机关必须保持廉洁的重要意义的认识,把坚决制止党和国家机关经商办企业、党政干部在企业中兼职、政府部门乱收费和机关干部吃请受礼等群众反映强烈的问题和依法查处受贿索贿等违法犯罪行为,作为当前廉政工作的重点,并对廉政工作中要注意正确掌握的有关政策界限做出明确规定。

1989年8月1日,市纪委印发《关于从严治党惩治腐败的工作意见》,明确提出严肃查处党员贪污受贿和严重以权谋私的案件,当前惩治腐败要重点查处党员贪污受贿、严重以权谋私、侵犯国家和集体利益等方面的案件。对于共产党员利用职务之便,进行贪污受贿、挪用公款、私拿回扣等经济违法违纪活动;对于利用职权,采用不正当手段,多占房,分好房;对于利用职权,违反市委、市政府规定,借用各种名义搞铺张浪费,用公款大吃大喝、游山玩水、出国出境旅游,收受礼品不上交等问题,都要坚决纠正,严肃处理。同时,对发动群众举报、切实保护举报人,开展舆论宣传、加强舆论监督,排除各种干扰、充实办案力量等工作提出意见。

1990年3月15日,市委、市政府印发《关于党政机关工作人员保持廉洁的规定》,对本市党政机关工作人员保持廉洁,做出19条具体规定,明确要求各级党政机关工作人员时刻牢记全心全意为人民服务的宗旨,廉洁奉公,遵纪守法;严禁贪污和收受贿赂;严禁接受回扣、佣金、手续费、挂名工资等收入;严禁经商办企业(公司)、兼职取酬;严禁向企业(公司)投资入股;严禁以权谋私等。同日,市政府发布《上海市企业事业单位领导干部保持廉洁的若干规定》,促进企业事业单位领导干部保持廉洁,严肃政纪,防止腐败。

1994年5月11日,市纪委印发《关于执行中央纪委〈关于中央纪委三次全会重申和提出的党政机关县(处)级以上领导干部廉洁自律"五条规定"的实施意见〉的通知》,结合上海实际,就处级以上干部关于汽车问题、房屋问题、大操大办、挥霍浪费问题等具体情况，提出7条补充规定。

1995年4月10日，市纪委、市委组织部、市监察委印发《关于实施中央纪委关于党政机关领导干部廉洁自律补充规定的若干意见(试行)》，就中央纪委关于领导干部廉洁自律“五条规定”基础上补充的规定，结合上海实际，对适用的范围、规定的内容、违反规定的处理意见等进行充实完善。

2001年12月13日，市纪委印发《关于加强本市党委政府工作部门党风廉政建设的若干意见》，对加强本市党委政府工作部门党风廉政建设，提出10条意见，明确充分认识加强党委政府工作部门党风廉政建设的重要性和紧迫性，注重从体制、机制、法制的完善上，逐步铲除腐败滋生的土壤。党委政府工作部门必须加强自身的党风廉政建设，加强对所属系统和行业党风廉政建设的领导或指导，加强党委政府工作部门纪检监察组织建设和队伍建设。

2006年7月7日，市纪委印发《关于进一步加强本市党委政府工作部门党风廉政建设的若干意见》，结合本市党委政府工作部门实际，对2001年制定的《关于加强本市党委政府工作部门党风廉政建设的若干意见》进行修订完善，明确加强党风廉政建设的指导思想、主要任务以及近期和长期目标，坚持“围绕中心，服务大局”、“教育、制度、监督并重”、“统筹兼顾，整体推进”三项主要原则，提出必须严格执行党的纪律、严格落实党风廉政建设和反腐败工作各项要求、严格按照法律法规和规章制度行事等主要工作，建立完善党委统一领导、党政齐抓共管、纪委组织协调、部门各负其责，依靠群众支持和参与的领导体制和工作机制。

二、住房管理规定

1986年5月12日，为纠正领导干部住房方面存在的不正之风，市政府机关事务管理局制订《市级党政机关副局长以上干部住房分配标准的暂行办法》，统一规定领导干部住房标准。

1988年12月19日，针对党员干部违规装修住房问题，市纪委、市监察局印发《关于禁止用公款公物为个人装修住房的通知》，规定党员干部装修住房，必须自己承担费用，不得占用或变相占用公款公物或集体财物，违反规定的给予党纪政纪处分。

1994年8月17日，市委办公厅、市政府办公厅转发市纪委、市监察委、市房改办、市房管局《关于出售公有住房工作的若干纪律规定》，明确党政机关干部购买公有住房要遵纪守法，不准在购房前超标准或违反审批制度分房，不准利用工作便利和职务影响压低房价，不准用公款公物装修住房，不得违反规定出售、出租、转让住房或改变住房用途。

1996年7月26日，市委办公厅、市政府办公厅转发市纪委、市委组织部、市监察委、市政府机管局《上海市党政机关和国有企业事业单位领导干部在住房方面保持廉洁的规定》，对房源配置、建造私房和装修住房、调换住房、奖励性住房等方面作出具体规定，并对住房分配等工作的管理、违反住房规定者的处理以及监督等问题作出明确规定。

2000年4月12日，市政府批转市监察委、市房改办《上海市城镇住房制度改革若干纪律规定》，明确“严格按照规定停止住房实物分配，停止新建职工住宅”、“不准以现金形式发放住房补贴”、“确定住房面积、基准房价和补贴标准等，必须报市政府批准”、“各级领导干部严禁利用职务之便为自己、子女或亲友谋取不当利益，严禁在住房买卖和置换中违规压低或抬高房价”等十条具体规定，切实加强廉政建设，严肃纪律，保证本市住房制度改革顺利进行。

2002年，市纪委会同有关部门制定《关于对领导干部买卖住房或转让交换住房承租权实行报告审核制度的规定》，并建立处级领导干部买卖置换住房的报告审核制度。

2010年,针对有些领导干部利用职权和职务影响、低价购买商品房的问题,市纪委、市监察局制定《关于领导干部在买卖房产方面保持廉洁的若干规定》,明确规定禁止领导干部利用职权和职务上的影响,违反规定买卖、租用经济适用住房、动迁安置住房、廉租房、公共租赁住房等。

三、用车管理规定

1986年6月19日,为纠正领导干部用车方面的不正之风,市政府机管局制定《关于市级机关领导干部工作用车管理办法》,统一规定领导干部用车的管理制度。

1994年12月19日,市委办公厅、市政府办公厅转发市监察委、市政府机管局《上海市机关、事业单位汽车编制、配备管理规定》,着力解决领导干部超标准用车问题。

1996年,市纪委转发中央纪委《禁止对普通轿车进行豪华装修的通知》,强调党政机关领导干部的工作用车及国有企业事业单位领导干部的工作用车一律不得进行豪华装修,即购车时不得要求售车单位高于原车配置设计进行装修,也不得借修车之机进行高于原车配置的装修。

1999年7月19日,市委办公厅、市政府办公厅转发市纪委、市政府机管局《关于上海市机关、事业单位汽车配备和使用管理的补充规定》,明确规定上海市党政机关、事业单位实行公务用车编制证管理,同时对公务用车配备标准、使用管理作出具体规定。

2003年8月5日,市纪委、市监察委印发《关于严格执行公务用车编制管理规定认真纠正超编制、超标准用车以及借车、公车私用等问题的通知》,对严格执行汽车配备和使用的管理规定,清理纠正超编制、超标准配备车辆和借用车辆等提出明确处理规定和时限要求。

2004年2月23日,市监察委、市政府机管局、市公安局、市发改委、市工商局、市城市交通局印发《关于上海市机关、事业单位专用公务车辆管理的意见》,按照市委、市政府"收缩范围、减少数量、规范使用、严格管理"的要求,加强专用公务车辆管理。

2006年5月,市纪委会同市政府机管局等单位印发《上海市行政执法车辆定编管理暂行办法》《关于在全市机关开展公务车辆节能活动的通知》等文件,对加强公务车辆的管理提出进一步要求。

四、出国(境)管理规定

1987年9月16日,市委办公厅、市政府办公厅转发市外办《关于严格控制党政机关干部出国问题的意见》,针对本市在派遣党政机关干部出国工作中不同程度地存在着出国团组并非必需、团组中领导干部过多等问题,就派遣出国团组的组团、审批和管理等有关问题,提出严格掌握审批条件、加强审批和管理工作、加强监督严肃纪律等三个方面的意见。

1990年2月3日,市委办公厅、市政府办公厅印发《关于进一步控制临时因公出国的规定》,明确"各级领导干部不得以任何理由进行非其主管公务所必须的、与职级身份不相称的出访"、"党政机关干部不得接受外商资助或境外中资企业邀请出访"、"任何人不得以个人名义提出因公出访要求"等具体规定。

1993年4月26日,市委办公厅、市政府办公厅印发《关于加强对组团出访的管理严禁公费旅游的通知》,针对随着改革开放和经济建设的发展,各类出国(境)考察、培训等组团明显增多,在一些出访活动中,存在着以考察培训为名、实质上是公费旅游的情况,明确任何单位不得以考察、培训等名义,组织公费出国(境)旅游;旅游企业不得办理团体和个人公费出国(境);严格控制和审核公费出国(境)的各项开支,对于不符合规定或不合理的开支,一律不予报销等八条规定。

1999 年 4 月 19 日,市委办公厅、市政府办公厅转发市纪委、市监察委、市外事办、市旅游委、市公安局《关于坚决制止公费出国(境)旅游的意见》,重申和提出严格禁止因公从因私渠道出国(境)、严格禁止从旅游渠道办理公费出国(境)、不准以奖励、疗休养形式出国(境)旅游等六条规定。

2002 年 6 月 22 日,市委办公厅、市政府办公厅印发《本市特定身份人员因私出国申领护照报送备案管理办法》,对在职和退(离)休的市管干部、各级机关处级领导干部等特定身份人员因私出国申领护照实行报送备案制度。

2006 年 4 月 29 日,市委办公厅、市政府办公厅印发《上海市党政机关局级人员因公临时出国(境)的若干规定》,对进一步规范局级干部因公临时出国(境)行为明确管理要求。

2007 年 4 月,市纪委和市政府外办等单位转发《中央纪委、中央组织部、外交部、公安部关于加强因公出国(境)团组境外纪律的通知》,明确要求出国(境)人员遵守各项境外纪律。

2008 年,市委办公厅、市政府办公厅印发《上海市贯彻〈关于进一步加强因公出国(境)管理的若干规定〉的实施细则(试行)》,对加强因公出国(境)管理提出明确的规定和要求。

2009 年 5 月 21 日,市委办公厅、市政府办公厅印发《关于加强因公出国(境)管理坚决制止公款出国(境)旅游的若干意见》,提出坚决压缩因公出国(境)经费、团组数和人数,进一步加强对出访团组的审核、审批,建立和完善因公出国(境)工作责任制,加大检查监督工作力度等具体措施办法,确保本市对外交往正常、有序开展。

五、领导干部配偶、子女从业管理规定

1985 年 3 月 6 日,市委印发《关于贯彻执行中央纪委〔1985〕7 号文件〈令必行、禁必止〉的通知》,迅速果断地制止党政干部以权经商办企业。市委《通知》决定:市委常委、顾问,市长、副市长,市政府顾问、市顾问委员会筹备组和市纪委的领导同志,一律不接受各种公司、中心及任何经济实体聘任名誉董事长、经理、顾问等职务的要求,凡已经受聘此类职务的,宣布无效。并重申党政机关干部一律不得在经济实体中兼职,凡已在企业中任职的,或辞去企业职务,或辞去党政机关职务,两者不得兼任;党政机关一律不得以公款、贷款向经济实体投资入股,机关干部投资入股的,可按照银行规定获取利息,但不能参与有关企业的经营活动,更不得从中分红和领取酬金。

1989 年,市纪委在调查研究的基础上,根据市委要求,起草《关于清理整顿党政机关和党政干部经商办企业的若干意见》,提出具体要求,抓好工作落实。

1993 年 3 月 19 日,市委办公厅、市政府办公厅印发《关于党政机关兴办经济实体和机关干部从事经营活动必须坚持政企分开原则的通知》,明确规定党政机关在职干部不得在经济实体兼职。

同年 8 月、10 月,市委办公厅、市政府办公厅转发市纪委、市监察委、市证券管理委员会《关于在股票发行工作中若干纪律问题的规定》及《关于在股票发行工作中若干纪律问题的补充规定》,规定各级党政机关、处级以上干部、市级党政领导机关全体干部、政法系统全体干警均不准买卖股票。

2000 年 9 月 28 日,市纪委、市监察委印发《关于区、县党政机关局级领导干部的配偶、子女从业问题"两不准"的实施意见》,根据中央纪委关于省(部)、地(厅)级领导干部的配偶、子女不准在该领导干部管辖的业务范围内个人从事可能与公共利益发生冲突的经商办企业活动,不准在该领导干部管辖的地区和业务范围内的外商独资或中外合资企业担任由外方委派、聘任的高级职务的规定,对本市区县党政机关局级领导干部配偶、子女不准在领导干部所在区县范围内从事的行业、不准从

事的经营活动、不准从事的机构及担任的职务等作出明确规定,并对不符合规定的问题提出处理办法,着力从制度上解决局级领导干部配偶、子女从业不规范问题。

2001 年 3 月 16 日,市纪委、市监察委印发《关于贯彻中央纪委〈关于印发《关于省、地两级党委、政府主要领导干部配偶、子女个人经商办企业的具体规定(试行)》的通知〉的通知》,认真落实中央提出的关于“省(部)、地(厅)主要领导干部的配偶、子女,不准在该领导干部管辖的业务范围内个人从事可能与公共利益发生冲突的经商办企业活动”的具体要求。同年 5 月 30 日、7 月 16 日,市纪委、市监察委先后印发《关于认真做好区县党政机关局级领导干部配偶、子女从业“两不准”规定延伸到县(处)级干部的工作的通知》和《〈关于本市乡镇街道党政主要领导干部配偶、子女从业“两不准”规定的实施意见(试行)〉的通知》,明确提出“清理后再发现领导干部的配偶、子女从事可能与公共利益发生冲突的经商办企业活动的,对领导干部本人一律以违纪论处”的规定,进一步对不符合“两不准”规定的行为进行纠正处理。

2008 年,针对公务员离职后从业的问题,市纪委、市委组织部、市监察局、市公务员局联合制定《关于规范本市公务员离职后从业行为的若干规定》,从制度上对公务员离职后从业行为进行规范。

2009 年 8 月 10 日,市纪委、市监察局、市公务员局联合印发《关于对本市公务员退休(辞职)后从业行为进行自查自纠的通知》,明确规定:公务员退休(辞职)后,由于其原有职权或者地位在一定时期内仍存在某些影响,所以应对其退休(辞职)后的从业行为作出限制;公务员退休(辞职)后,副处级(含副处级)以上干部在离职三年内,其他公务员在离职两年内,不得到与原工作业务直接相关的企业或者社会中介机构等营利性组织任职,不得从事与原工作业务直接相关的营利性活动或其他可能与公共利益发生冲突的活动。

2009 年 12 月 20 日,市委办公厅、市政府办公厅转发市纪委、市委组织部、市监察局、市公务员局《关于规范本市公务员离职后从业行为的若干规定》,明确规定,原系领导成员的公务员在离职三年内,其他公务员在离职两年内,禁止违反规定经商办企业,不得到与原工作业务相关的企业、社会中介组织等营利性组织任职、投资入股或从事、代理与原工作业务相关的营利性活动,从制度上对公务员离职后从业行为进行规范。

六、严禁收受礼品礼券规定

1989 年 7 月 27 日,市委办公厅、市政府办公厅转发市纪委、市监察局《关于上海市党政机关及其工作人员在国内公务活动中所受礼品上交处理的意见》,针对党政机关及其工作人员在国内公务活动中礼品收交的处理问题,明确提出党政机关及其工作人员在国内公务活动中不得接受礼品,对确实难以谢绝的礼品应一律上交;凡接收礼品不按规定上交,或将上交礼品转送他人的,都应按违反党纪、政纪、法纪的有关规定处理。

1991 年 11 月 27 日,市委办公厅、市政府办公厅印发《关于坚持勤俭节约反对铺张浪费的通知》,明确规定严禁请客送礼、滥发钱物、收受礼品礼金和有价证券。各级纪检、监察、财政、审计、人事等部门要加强监督检查,对违反上述规定的单位或个人要严肃查处。

1993 年 1—3 月,市委办公厅、市政府办公厅针对“礼券热”,印发《关于禁止党政机关领导干部在公务活动中收受礼券的通知》和《关于礼券问题的补充通知》,并转发市纪委、市监察局、人民银行上海分行、市财政局、市审计局《关于制止用公款购买和赠送礼仪储蓄单的意见》,规定党政机关一律不得购买和发放礼券;党政机关及其工作人员以及各级执法、管理部门的工作人员,不得利用职权或在公务活动中索要、收受礼券；难以拒收的，必须在一个月内上交所在单位，按规定处理。

1993 年 8 月，市委、市政府要求全市县处级以上领导干部严格遵守中央提出的“廉洁自律五条规定”，不准在公务活动中接受礼金和各种有价证券，不准接受下属单位和其他企事业单位赠送的信用卡，不准把本单位用公款办理的信用卡归个人使用。

1995 年 6 月 21 日，市委办公厅、市政府办公厅印发《上海市实施〈关于对党和国家机关工作人员在国内交往中收受礼品实行登记制度的规定〉的办法》，规定在公务交往活动中，不得收受可能影响公正执行公务的礼品馈赠，因各种原因未能拒收的，必须一律登记上交。

1995 年 11 月 24 日，市纪委、市监察委和市财办、市财政局、人民银行上海分行印发《关于重申不准违反规定发放、购买和使用代币购物票券的通知》，重申任何部门和个人不准收受代币购物票券，已经收受的，一律按规定申报、登记上交。对有令不行、有禁不止的，发现一起，查处一起，情节严重、影响恶劣的，除进行经济处罚外，还要追究单位领导和责任人的责任。

2000 年 12 月 29 日，市委办公厅、市政府办公厅转发市纪委、市监察委《关于重申领导干部不准收受与公务有关的现金和有价证券的通知》。在对领导干部提出要求的同时，明确规定配偶、子女利用领导干部的职权和职务上的影响收受现金和有价证券不制止、不退回或不上交的，也要追究该领导干部的责任；领导干部对配偶、子女利用领导干部的职权和职务上的影响收受现金和有价证券不制止、不退回或不上交的，追究该领导干部本人的责任。

2004 年 6 月 9 日，市纪委、市经委、市监察委、市国资委印发《关于重申严禁发售使用各类代币购物券和严格规范消费类票券的通知》，针对巩固治理成果的工作不够平衡，有的企业仍以各种方式发售使用代币购物券或单一用途票券等问题，明确国有企业严禁印制、发售和使用各种代币购物券及各种消费类票券；主管部门严格做好监督检查和规范工作；对令不行禁不止的按规定给予党纪政纪处分并追究领导干部责任；严格各项资金管理，不得收受各类代币购物券或消费类票券等四个方面规定，从源头上坚决制止不正之风。

七、制止奢侈浪费规定

1980 年 2 月，市委纪委筹备组根据中央纪委禁止公款吃喝的规定，结合上海的实际情况，发出《关于严禁动用公款大吃大喝、铺张浪费的通告》，重申中央和中央纪委关于不准用公款大吃大喝、请客送礼的禁令，对违反财经纪律、挥霍国家财物的，必须认真查处，并追究有关领导人的责任。

1987 年 5 月 16 日，市纪委根据中央纪委关于立即刹住用公款请客送礼歪风的精神，印发《关于进一步纠正用公款请客送礼歪风的通报》，规定党政机关除正常经济交往应酬招待外，不搞请客送礼；企事业单位举行成立大会、纪念活动，一般不搞宴请。

1988 年，市政府制定《关于政府机关局级以上领导干部发扬艰苦朴素作风的若干规定》，提出对于违反规定、吃喝受礼者，第一次作书面检查，第二次作通报批评，第三次给予行政处分。

1997 年 9 月 21 日，市委、市政府印发《关于深入贯彻〈中共中央、国务院关于党政机关厉行节约制止奢侈浪费行为的若干规定〉和认真执行本市有关实施办法的通知》。通知要求全市各党政机关和人民团体认真执行中共中央、国务院的《规定》，同时发布本市各有关单位根据上海实际制定的八项具体实施办法，对严格控制新建和装修办公楼、严格执行公务接待和会议费用标准、严格控制各种检查、评比和达标活动以及各种会议、庆典活动提出明确措施办法，从加强日常管理、严格财经纪律入手，健全管理制度，完善监督机制，从机制、体制、法制上采取措施，对公款使用管理加以监督制约。

1998年4月6日，市委办公厅、市政府办公厅印发《关于严格控制本市党政机关公费安装住宅电话或购买移动电话的实施办法的补充规定》，明确规定今后不得用公款安装和购买住宅电话、移动电话，不得用公款支付住宅电话、移动电话的费用，按照干部级别适当补贴公务通讯费用，实行党政机关公务通讯管理制度改革，从源头上清除公费电话滥配滥用的现象。

2000年11月9日，市纪委、市监察委印发《关于党政机关领导干部不准接受用公款安排的私人旅游活动的实施意见》，明确规定"领导干部接受用公款安排私人旅游活动的，按受礼错误论处"，"领导干部利用职务上的便利，为他人谋利益，本人或携带亲友接受其邀请的外出旅游，费用由邀请方支付的，按受贿错误论处"。

2003年8月，市纪委等5个部门印发《规范党政机关、事业单位用公款购买商业保险协调会会议纪要》，明确规定：各级党政机关、事业单位要严肃财经纪律，一律不准违反规定以任何理由、任何形式用公款为工作人员购买各种类型的商业保险；在党政机关、事业单位参加补充养老保险规范性文件正式出台之前，暂停党政机关、事业单位参加补充养老保险。

第二节　党内监督制度

一、民主生活会制度

1985年，为使党委、党组的民主生活会正常化、制度化，市纪委、市委组织部印发《关于开好整党后第一次民主生活会的通知》，要求建立正常的民主生活会制度。

1988年7月，市纪委、市委组织部印发《关于区、县、局以上党委(党组)民主生活会制度化的意见》，对组织召开民主生活会进行规范。

2000年6月，市纪委、市委组织部转发《中共中央纪律检查委员会、中共中央组织部印发〈关于改进县以上党和国家机关党员领导干部民主生活会的若干意见〉的通知》，提出将民主生活会由原来的一年召开两次改为每年召开一次，便于集中时间和精力解决领导班子存在的突出问题；找准党性党风方面存在的突出问题，确定民主生活会的主题；组织好学习，为开好民主生活会奠定思想基础；广泛征求群众意见，如实进行反馈；认真开展批评与自我批评，增强民主生活会的思想性和原则性等意见和规定，更好地发挥民主生活会的作用，加强领导班子的思想政治建设，推进党风廉政建设。

2004年8月15日，市委办公厅印发《上海市党和国家机关党员领导干部民主生活会实施办法(试行)》，明确召开民主生活会的指导思想和目的，明确将民主生活会的过程划分为会前准备、召开会议和落实整改三个阶段，明确民主生活会召开的频次和时间，并对民主生活会中确定主题与制定方案、组织学习、征求意见、开展批评和自我批评等10个环节的具体组织实施方法作出明确的规定，推动领导班子和党员领导干部严格执行党风廉政建设责任制和廉洁自律规定，促进党风廉政建设。

二、个人有关事项报告制度

1995年6月21日，市委办公厅、市政府办公厅印发《上海市实施〈关于党政机关县(处)级以上领导干部收入申报的规定〉的办法》，明确收入申报的对象范围、申报的内容、申报的时限、申报的办法和管理办法等规定，以保持党政机关领导干部廉洁从政，密切党和政府同人民群众的关系。

1997年8月19日，市委办公厅、市政府办公厅印发《上海市实施〈关于领导干部报告个人重大事项的规定〉的办法》，规定本市担任领导职务和非领导职务的副处级以上干部，都必须按规定报告个人重大事项，并对本人、配偶、共同生活的子女营建、买卖、出租私房（包括购买的公有住房，下同）和参加集资建房的情况；本人参与操办的本人及近亲属（即夫、妻、父、母、子、女、同胞兄弟姊妹）婚丧喜庆事宜的情况；本人、子女与外国人通婚及配偶、子女出国（境）定居的情况；本人因私出国（境）和在国（境）外活动的情况；配偶、子女受到执法执纪机关查处或涉嫌犯罪的情况；配偶、子女经营个体、私营工商业的情况等个人应报告的重大事项作出明确规定。

2001年6月13日，市纪委办公厅印发《领导干部报告个人重大事项增加报告接受、上交现金、有价证券和持有因私出国（境）护照等两项内容的实施意见》，要求在原来报告的基础上增加两项内容。

2005年8月18日，为进一步规范领导干部报告个人重大事项工作，市委办公厅、市政府办公厅印发《上海市领导干部报告个人重大事项的实施办法》，明确提出“有事及时报、无事年终报”的原则，充实完善七个方面的报告内容，对报告的程序和要求、管理和监督、处理办法等作出规定，进一步加强对领导干部的管理监督，增强组织纪律观念和廉洁自律意识，促进党风廉政建设和领导干部思想作风建设。

2010年10月25日，市委办公厅、市政府办公厅印发《关于上海市领导干部报告个人有关事项的实施意见》，针对当前领导干部廉洁自律方面出现的新情况、新问题，进一步规范领导干部报告个人有关事项的制度，增加领导干部收入、房产、投资等事项的报告内容，细化报告程序，明确纪律要求，进一步加强对领导干部的管理和监督，促进领导干部廉洁从政，推动党风廉政建设深入开展。

三、谈话述廉制度

2004年3月4日，市委办公厅转发由市纪委等部门制定的《关于建立健全领导干部谈话制度的实施办法》，明确本市各级党政领导干部都属于适用范围，建立起日常谈话、任职谈话、信访谈话和诫勉谈话等类型以及相关制度规定，切实加强对领导干部的关心、教育、管理和监督。同月30日，市纪委办公厅印发《市纪委、市监察委关于执行〈关于建立健全领导干部谈话制度的实施办法〉的办法》，对日常谈话、任职谈话、信访谈话和诫勉谈话等四种谈话类型中适用对象、负责领导、参加人员、组织形式、承办部门、注意事项等具体问题分别作出明确规定，确保谈话制度落实。

2006年7月31日，市委办公厅印发《上海市对党员领导干部进行诫勉谈话和函询的实施办法（试行）》《上海市党员领导干部述职述廉的实施办法（试行）》，将全市各党政机关、人民团体、企事业单位中党员领导干部纳入适用范围，并将上述单位领导班子中的非中共党员干部也纳入适用范围，对应进行诫勉谈话和函询的情况；诫勉谈话和函询的办理程序、组织形式、实施要求；述职述廉的内容程序、频次范围、组织实施办法、协调管理等作出明确规定，切实从制度上加强和改进对党员领导干部的日常教育和管理，促进领导干部党风廉政工作落实。

四、巡视制度

1998年，上海市建立巡视制度。5月6日，市纪委印发《关于建立巡视制度的试行办法的通知》,对巡视干部的选派、任务、职权、纪律、管理作出明确规定,规范巡视工作开展,加强本市党风廉政建设。

2003年4月7日,市巡视工作领导小组召开第一次会议,审议通过《关于上海市开展巡视工作的意见》,明确上海巡视工作的指导思想、主要任务、组织领导和工作机构、主要方法和纪律要求,推进巡视工作开展。

2004年4月1日,市纪委、市委组织部印发《巡视工作实施办法(试行)》,明确巡视工作在市委的领导下,建立上海市巡视工作联席会议制度,市巡视工作办公室设在市纪委,市巡视办与市巡视工作联席会议办公室合署,实行"两块牌子、一套班子",作为常设办事机构,成员由市纪委和市委组织部领导组成,加强巡视工作的组织协调、情况沟通、制度建设和队伍管理,听取巡视组阶段性工作汇报,研究巡视工作中遇到的新情况、新问题,切实强化巡视工作的指导。

2005年9月5日,市委办公厅印发《中共上海市委巡视工作实施办法》,明确市委巡视组、市巡视办工作人员由市纪委、市委组织部按有关规定共同管理,在巡视工作中正确履行巡视职责,自觉遵守党的纪律、工作纪律;不拒绝干部、群众的来信来访来电,不隐瞒巡视中了解的重要情况,遇有问题及时请示报告。

2006年2月18日,经市巡视工作联席会议审议通过,印发《上海市巡视工作实施细则(试行)》,对巡视工作的组织实施作出具体规定,对巡视情况报告、意见反馈、责任分解、整改意见落实、督促检查等环节进行规范,提高巡视工作质量。

2007年4月5日,市巡视办印发《关于对国有企业开展巡视工作的意见》,提出巡视的范围和对象是国有企业的领导班子及其成员,重点是党委书记、董事长、总裁(总经理)。巡视的主要任务是对贯彻执行党的路线方针政策,特别是贯彻落实科学发展观的情况;执行民主集中制原则,重点是"三重一大"决策情况;企业内控制度及执行情况;国有资产保值增值情况;执行国家财经纪律情况;维护职工群众合法权益情况;选拔任用企业管理人员情况;落实党风廉政建设责任制情况;依法经营、廉洁从业、勤勉敬业等情况进行监督检查,以及联席会议要求了解的企业监事会履行职责的情况。

2008年7月10日,市纪委、市委组织部印发《上海市巡视移送事项办理暂行办法》,对巡视移送事项的内容、移送事项的办理原则、巡视移送事项的审批及办理程序等作出规定,并建立巡视移送事项办理工作责任制,明确工作纪律,进一步规范巡视移送事项办理工作,及时、有效地运用巡视成果,推进党风廉政建设。

2010年8月25日,市委成立市委巡视工作领导小组,制定《关于贯彻〈中国共产党巡视工作条例(试行)〉的实施办法》。同年,市委巡视工作领导小组、市纪委研究制定《市委巡视工作领导小组工作规则(试行)》《市委巡视工作领导小组办公室工作规则(试行)》和《市委巡视组工作规则(试行)》,对巡视工作的机构设置和职责、巡视对象和内容、工作程序和方法、纪律责任和管理等都作出明确规定,完善巡视领导体制和工作机制,有序开展巡视工作。

五、审计监督制度

1999年6月1日,市纪委、市监察委、市审计局印发《关于纪检监察机关与审计机关在查办案件和审计中相互配合提供案件信息的通知》,建立相互配合提供案件信息机制,加强审计监督,维护财政经济秩序,及时查处党员、干部违纪违法案件,维护党纪、政纪和法律法规的严肃性,推动党风廉政建设，促进改革开放、经济发展和社会稳定。

2000年7月10日，市纪委、市委组织部、市监察委、市审计局印发《上海市经济责任审计工作联席会议组织办法》，明确市经济责任审计工作联席会议成员单位由市纪委、市委组织部、市监察委、市审计局组成，联席会议牵头单位为市委组织部，联席会议办公室设在市审计局，并规定联席会议各成员单位工作职责，切实加强对本市经济责任审计工作的领导，进一步形成工作合力。同年9月21日，市委办公厅、市政府办公厅印发《上海市区县级以下党政领导干部任期经济责任审计暂行办法》和《上海市国有企业及国有控股企业领导人员任期经济责任审计暂行办法》，正确评价领导干部任期经济责任，加强对党政领导干部的管理和监督，促进领导干部勤政廉政、全面履行职责。

2005年6月5日，市纪委办公厅印发《关于对市审计局经济责任审计结果报告处理的办法（试行）》，对审计局关于经济责任审计结果的报告，建立归口管理、分类处理、办结归档等工作制度，充分运用好经济责任审计成果，进一步加强和完善干部管理监督。

2006年6月11日，市委办公厅、市政府办公厅转发《市纪委、市委组织部、市监察委、市审计局关于本市市管党政领导干部任期经济责任制审计实施办法》，明确在一届市委、市政府任期内，对区县和"三公"（公权力大、公益性强、公众关注度高）部门的正职领导干部安排一次经济责任审计，强化对党政班子"一把手"的监督作用。

2007年8月16日，市委办公厅、市政府办公厅印发《上海市市管领导干部任期经济责任审计结果运用办法》，充分运用经济责任审计结果，进一步加强和完善对党政班子"一把手"的管理监督，从权力运行的关键环节上入手，推动党风廉政建设发展。

第三节　纪检监察工作制度

一、信访举报工作规定

1988年5月5日，市监察局印发《市监察局信访工作暂行办法》，针对改革开放初期，群众反映问题的主要形式是写信上访的实际，要求各级监察机关和监察部门都要重视和充分发挥人民来信来访在实现群众监督方面的重要作用，要有领导分管，设立信访部门或专职信访干部，并结合各单位实际，制订信访工作制度和信访工作人员岗位责任制，逐步实现制度化、规范化，认真做好信访工作。

1988年9月8日，市委办公厅批复同意市纪委、市监察局联合设立举报机构，批准《关于设立中共上海市纪律检查委员会、上海市监察局举报机构的试行规定》，对举报机构设置、举报受理范围、受理举报的办法、举报处理等七个方面进行规范，进一步依靠党内外群众同各种腐败现象作斗争，监督党员和党政机关公职人员奉公守法、为政清廉，维护和保持党政机关的廉洁。

1990年5月，市纪委印发《关于认真处理举报信访切实保护举报人的通知》，要求认真处理群众来信来访，保护群众的民主权利，畅通信访举报工作的渠道，维护社会稳定。

1997年3月7日，市纪委印发《关于建立对下级党委（党组）成员的检举和控告向上一级纪委报告制度的实施办法》，按照对干部严格要求、严格管理、严格监督的精神，明确各级纪委（纪检组）接到对同级党委领导的下一级党委、党工委的书记、副书记、常委、委员；下一级国家机关、人民团体、经济、文化组织和其他非党组织中的党组书记、副书记、党组成员的检举和控告，必须以《检举控告报表》的形式，报告上一级纪委，任何人无权扣压等规定，进一步加强和健全党内监督机制，充分发挥党的纪律检查委员会对党政领导干部的监督作用。

1999年8月2日,市纪委、市监察委印发《关于采用谈话方式处理信访件的实施意见》,对信访反映党员干部、监察对象可实行直接谈话方式处理的对象和范围进行明确,规定谈话的组织实施程序和形式、注意事项以及谈话后有关事项的处理,实现区别不同情况,运用不同方式,积极稳妥地处理信访问题,充分发挥信访监督作用。

2003年10月23日,市纪委办公厅印发《市纪委、市监察委信访举报工作若干规定》,明确纪检监察信访工作的指导思想和基本原则,对信访举报工作的领导和管理、受理、登记、分流、办理、回复、统计分析等全环节全流程,从11个方面提出具体规定,实现信访举报工作规范化、制度化,提高信访举报工作效率和管理水平。

2006年8月4日,市纪委办公厅印发《市纪委、市监察委信访件、举报线索和案件督办工作若干规定(试行)》,明确办信、查案的督办工作的原则和任务,规定督办工作的内容和程序,建立健全督办机制,加强市纪委市监察委机关办信、查案的督办工作,提高纪检监察工作质量和效率。

2009年3月31日,市纪委办公厅印发《市纪委、市监察局关于信访举报件分类处理办法(试行)》,区分重要、一般、暂不具有可查性三类信访举报件,分别规定流转和处理的方式,建立健全信访举报重要线索和暂结件研判分析联席会议制度,加强对信访举报重要线索和暂结件的研判工作,进一步加强党委、纪委对同级领导班子成员的监督。

2009年6月3日,市纪委办公厅印发《关于做好纪检监察组织领导干部接待、群众来访、机关干部下访、矛盾纠纷排查化解、预防和处置群体性事件工作的通知》,就领导干部接待群众来访、机关干部下访、矛盾纠纷排查化解、预防和处置群体性事件等四项工作提出规定要求,推进各级纪检监察组织处理解决重信重访、越级上访、集体信访、非正常上访等纪检监察信访举报突出问题、化解信访举报矛盾纠纷工作,密切联系群众,保护信访人合法权益,维护社会和谐稳定。

二、案件查处和审理规定

1985年6月12日,市纪委印发《关于处分违犯党纪的党员批准权限的具体规定(试行)》,对处分违犯党纪的党员批准权限,结合上海实际,从12个方面作具体规定。1990年6月18日,市纪委根据规定试行5年中各单位提出的修改意见,印发《中共上海市纪律检查委员会关于处分违犯党纪的党员批准权限的具体规定》,对处分违纪的党员批准权限,作出20条具体规定,进一步规范党纪处分工作,严肃党的纪律。

1986年6月3日,市纪委印发《关于党员、党组织违犯党纪案件立案的暂行规定(试行)》,明确对党员、党组织违犯党的纪律,需要检查处理的立案问题的立案范围、立案前的工作、立案报批手续、批准立案后的工作和结案、销案等规定,进一步加强对党员、党组织违犯党纪案件的查处工作,促进纪检业务正规化,提高党的纪检工作水平。

1989年5月22日,市监察局印发《贯彻监察部〈关于建立下级监察机关向上级监察机关报告重要案情制度的规定〉的实施意见的通知》,建立下级监察机关向上级监察机关报告重要案情制度,明确规定下级监察机关向上级监察机关定期报告案情是一项职责和义务,各级行政领导不能将本级监察机关如实向上级监察机关报告案情视为无组织无纪律,更不能施加行政干预,阻止上报,并明确应报告重要问题或案件线索的类型、报告的方法、管理等工作,进一步加强监察系统对违反政纪案件的查处。

1989年5月—1992年10月，为加强查办案件工作，市纪委、市监察局加强与市检察院、市公安局、市审计局、上海海关、市工商局等协作，先后印发《市纪委、市检察院、市监察局关于加强联系相互配合的通知》《关于贯彻监察部、公安部〈关于监察机关在查办案件中公安机关予以协助配合的问题的通知〉几个具体问题的通知》《关于上海市审计机关与监察机关在审计、监察事项中相互协作、配合的通知》《关于海关与监察机关在缉私工作中相互协作配合的通知》《市工商局、市监察局关于上海市工商行政管理机关和监察机关在查处投机倒把案件中加强协作配合的联合通知》，建立联席会议、重大案件互通情报、联合调查协同办理、移送、提出处理建议等制度机制，充分发挥各自的职能作用，加强协作配合，强化纪检监察机关查办案件的手段，互相支持，互通情况，及时有效地查处相关各类违法违纪案件。

1989年6月28日，市政府批复同意市监察局印发《上海市关于违反政纪案件立案审批权限的暂行规定》，明确本市各级国家行政机关的工作人员，以及全民所有制企业事业单位中由国家行政机关任命的干部违反政纪案件的报批和分级立案规定。1993年7月26日，市政府印发《上海市监察机关政纪案件立案办法》，对暂行规定进行修订完善，明确本市国家行政机关工作人员和国家行政机关任命的其他工作人员有违法违纪事实，需要给予行政处分的，应当按照分工负责、分级管理的原则，由监察机关立案，并对需要备案的情形、立案调查期限、案件撤销等作出规定，进一步促进政纪案件的立案工作规范化发展。

1992年4月12日，市纪委印发《加强案件管理的几项规定(试行)》，对加强案件管理提出规定要求。1993年6月2日，市纪委、市监察委针对市纪委、市监察局合署办公后案件管理工作实际，印发《关于加强案件管理工作的意见》，明确案件管理部门、管理人员、立案时机和办案时限，严格办案程序，建立健全重大案件备案制度，加强案件统计等案件管理基础性工作和案件综合分析，充分发挥案件管理在查案工作中的综合、协调、参谋作用，进一步加强反腐败工作。

1992年12月18日，市政府印发《上海市监察机关行使行政处分权的规定》，对由本市监察机关行使行政处分权的对象、给予行政处分的程序办法、提出行政处分建议、申诉的权利和程序等作出26条具体规定，保证监察机关行政处分工作正常进行，从制度上加强和规范行政监察工作。1993年10月6日，市监察委印发《关于上海市监察机关行使行政处分权若干手续问题的规定》《关于执行〈上海市监察机关行使行政处分权的规定〉若干问题的解答》，进一步明确监察机关履行职责，行使对违纪违法案件，实施政纪处分的权限和程序。

1993年9月1日，市纪委办公室印发《关于及时上报重大案件及线索、党风廉政建设中重大问题的通知》，明确规定各级纪检监察机关对涉及领导干部检举控告、重要案件查办情况、党风廉政建设中重大问题，必须及时、如实地报告上级纪检监察机关，不得拖延或隐瞒不报。并结合上海实际，对检举控告副处级以上干部，经初步了解确有违纪事实；党员或行政监察对象万元以上经济大案、团伙案件等6种必须上报的情况作出明确规定，严格纪检监察工作纪律，强化对重大案件、重大问题查办工作的领导。

1995年5月10日，市纪委、市监察委印发《关于直接审理公安、司法机关处理结束，需给予党纪政纪处理的案件的暂行规定》，对公安、司法机关处理结束，需由纪检监察机关给予党纪政纪处理的案件，规定应具备的材料、审理的责任部门和程序办法、归档和备案等工作和内容，进一步加强纪法衔接，严肃党纪。

1999年3—4月，市纪委、市监察委加强与市委政法委、市高级法院、上海海关、市工商局协调配合，先后印发《关于纪检监察机关与法院、检察院、公安局在查办党员和干部违纪违法案件中相互提供案件信息移送案件材料的通知》《关于纪检监察机关与海关在查处党员和干部走私案件中相互提供案件信息移送案件材料的通知》《关于纪检监察机关与工商行政管理机关在查处党员和干部违反工商行政管理法律、法规案件中相互提供案件信息移送案件材料的通知》,着力加强对党员干部的监督和对违法违纪案件的处理。

2003 年 4 月 21 日,市纪委办公厅印发《市纪委、市监察委机关案件检查工作若干规定》,对案件检查工作应当遵循的原则、案件检查工作的领导和管理、案件受理与初步核实、案件审查、案件的办理、"两规"和"两指"(即:纪检(监察)机关在调查违反党纪政纪案件时,按照规定的程序,责令有关人员在规定(指定)的时间、地点就案件所涉及的问题说明)措施的使用、移送审理等内容,细化区分八章 79 条规定,着力加强案件管理,规范办案程序,提高办案质量和效率,严肃党的纪律和行政纪律,保证政令畅通,加强党风廉政建设,保证党的基本路线的贯彻执行。

2003 年 8—9 月,市纪委办公厅先后印发《上海市执纪执法监督部门业务处(局)长联席会议制度》和《市纪委、市检察院、市监察委关于查办案件中加强协作配合的若干意见(试行)》,进一步加强本市各执纪执法监督部门的协调配合,不断增强整体合力,保障反腐败办案工作的顺利进行。

2005 年 6 月 2 日、20 日,市纪委、市监察委先后印发《市纪委、市监察委机关审理党纪政纪案件工作的若干规定》和《上海市监察委员会关于受理复查和复审、复核案件的若干规定》,明确案件审理工作的任务、原则和程序以及案件复查和复审、复核的内容和程序,进一步规范审理工作,促进依纪依法办案,正确地处理违纪党员、党组织和监察对象,保障相关人员合法权益,维护国家法律、法规的严肃性,确保查处的违纪违法案件经得起历史检验。

2006 年 3—9 月,市监察委和市财政局、市检察院、市环保局、市安监局、市房屋土地资源管理局等单位,先后印发《关于转发〈财政部监察部关于财政部门和监察机关在查处财政违法违纪案件中加强协作配合的通知〉的通知》《关于加强监察机关、检察机关及安全生产监管部门在事故调查处理中联系和配合的若干意见》《关于贯彻监察部、国家环境保护总局〈关于监察机关和环境保护部门在查处环境保护违法违纪案件中加强协作配合的通知〉的意见》《关于贯彻监察部、国土资源部〈关于监察机关和国土资源部门在查处土地违法违纪案件中加强协作配合的通知〉的意见》,明确查处相关案件的沟通协调机制,对相关案件的处理、事故调查处理、联合查办、监察建议、案件材料移送等进行规定,进一步规范相关违法违纪案件查处工作,及时有效地查处相关违法违纪行为。

2008 年 8 月—2010 年 1 月,市纪委、市监察委(局)、市检察院、市公安局等单位先后印发《市纪委、市检察院、市监察委关于进一步加强案件查处和预防工作协作配合的若干意见(试行)》《市纪委、市检察院、市监察局关于进一步加强基层案件查处和预防工作协作配合的若干意见》《市纪委、市公安局、市监察局关于进一步加强案件查处和预防协作配合工作的若干意见》,创新和完善联席会议、调查协办、案件(线索)移送、结果反馈、工作和业务人员交流等制度机制,深化和拓展纪检监察机关、司法机关、检察机关、执纪执法机关在查处违纪违法案件中的协作配合,有效整合监督资源,处理重大腐败案件,深入推进惩治和预防腐败体系建设,进一步增强反腐倡廉工作合力。

2009 年 7 月 1 日,市纪委办公厅印发《上海市纪委、市监察局关于进一步加强基层办案工作的若干意见》,针对一些消极腐败现象在一些领域仍然比较突出,查办案件的难度增大,基层纪检监察组织查办案件工作存在与形势任务不相适应的问题,坚持从严治党方针,从加强基层纪检监察组织查办案件工作的领导、完善工作机制、增强工作力量等五个方面提出 20 条具体意见,继续保持查办案件工作的强劲势头,不断推进基层党风廉政建设和反腐败斗争。

三、党纪政纪处分规定

1989 年 3 月 18 日，市委办公厅转发市纪委《关于对参加非法集会游行示威活动的共产党员给予党纪处分的意见》，明确规定共产党员参加非法集会、游行、示威活动，是违反党的政治纪律和组织纪律的行为，要依据其违纪的事实和情节，分别予以党纪处分，并明确具体的处分规定，严肃党的纪律，维护社会安定团结，保证党的基本路线的贯彻执行。同年 4 月 20 日，市纪委印发《关于贯彻执行市纪委〈关于对参加非法集会游行示威活动的共产党员给予党纪处分的意见〉的说明》，要求各单位结合党员教育组织传达讨论，并贯彻执行。

1989 年 8 月 21 日，市委办公厅批转市纪委《关于对干扰查处违纪案件的党组织和党员给予党纪处分的暂行规定》，对干扰查处违纪案件的党组织和党员予以党纪处分，从 9 个方面区分情节明确规定，进一步严肃党纪，从严治党。

1990 年 3 月 15 日，市政府批准市监察局印发《上海市企业事业单位领导干部违反廉洁规定的处理办法(试行)》和《上海市企业事业单位领导干部礼品上交处理办法(试行)》，对违反廉洁规定的情节和处分等级作出明确规定，加强对企业事业单位领导干部上交礼品、酬金的管理，切实保证《上海市企业事业单位领导干部保持廉洁的若干规定》的实施。

1995 年 8 月 30 日，市纪委、市监察委印发《关于本市共产党员、国家行政机关工作人员违反禁毒规定的党纪、政纪处分暂行规定》，明确本市共产党员、行政机关工作人员以及由行政机关任命或者由政府主管部门委派、招聘、批准任职的企业、事业单位领导干部违反禁毒法律、法规的，除依法追究相应的法律责任外，按规定给予党纪、政纪处分，并区分情节实施相应等级的处分，严惩一切毒品违法违纪行为，净化社会风气，严肃党纪、政纪。

1995 年 9 月 19 日，市委办公厅、市政府办公厅转发市纪委、市监察委、市纠风办《关于对违反行政性事业性收费管理规定行为的纪律处理办法》，对违反行政性事业性收费管理规定的行为以及给予党纪、政纪处理作出规定，加强收费管理，督促依法收费，促进党风廉政建设。

1996 年 9 月 20 日，市监察委印发《关于本市国家行政机关工作人员参与赌博活动行政处分暂行规定》和《关于本市国家行政机关工作人员参与淫秽色情活动行政处分暂行规定》，明确本市国家行政机关工作人员参与赌博、淫秽色情等活动的，除依法追究刑事责任、处以劳动教养或治安处罚外，依规定给予行政处分，并区分情节实施相应等级的处分，进一步严肃政纪，加强行政机关的廉政建设。

1997 年 3 月 18 日，市纪委、市委组织部、市监察委、市政府机管局印发《关于违反〈上海市党政机关和国有企业事业单位领导干部在住房方面保持廉洁的规定〉的处理办法》，对领导干部利用职权为本人(配偶)、子女或其他亲属谋取公有住房，擅自接受奖励性住房，违反规定建造私房，在建造私房、装修住房中侵占公私财物和劳动力，违反规定审批住房等以权谋房行为的处理，提出明确规定，保障住房廉洁规定的贯彻实施，切实端正党风政风，促进领导干部廉洁自律。

1998 年 4 月 14 日，市政府办公厅转发市建委、市监察委《关于违反建筑市场管理规定若干行为行政处分办法(试行)》，明确本市从事建筑市场管理和建设工程的建筑活动的单位，违反建筑市场管理规定，未构成犯罪的，除依照有关规定进行行政处罚外，还应当给予直接负责的主管人员和其他直接责任人员行政处分，并规定对应处分的情节及处分的等级，切实维护本市建筑市场秩序，严肃行政纪律。

1999 年 8 月 23 日，市监察委、市国资办、市委组织部印发《上海市国有企业资产损失责任人处理办法》，明确对发生国有资产损失的责任人，应综合考虑各种因素，予以通报批评、行政处分、经济处分、禁入处理等，发现违反行政管理规定的，按有关规定处理，涉嫌触犯刑法的，移送司法机关处理，严肃政纪，保证国有企业国有资产安全，维护所有者权益。

2001 年 7 月 18 日，市纪委、市监察委印发《关于对违反财经纪律设立“小金库”行为的纪律处分暂行规定》，明确对违反财经法规，设立“小金库”的，除按有关法律法规的规定予以处理外，还应按规定追究负有直接责任的主管人员和其他直接责任人员党纪、政纪责任，并区分情节规定党纪政纪的处理办法，切实严肃财经纪律和党纪政纪，加强党风廉政建设。

2002 年 7 月 8 日，市纠风办、市监察委、市卫生局等 7 个部门印发《上海市医疗机构药品集中招标采购违规行为处理办法》，针对医疗机构及其工作人员、药品集中招标采购联合工作组、医药企业、管理机构及其工作人员、评标委员会成员等单位和个人在药品招标采购中违规行为，规定区分情形明确相应处理，切实纠正药品购销中的不正之风。

第三章　预防与治理腐败制度

建立健全惩治和预防腐败制度建设是反腐倡廉建设的一项重要内容。1993 年，上海市提出在党风廉政建设和反腐败工作中坚持体制、机制、法制“三位一体”上同步推进。按照中央纪委和市委的总体部署要求，市纪委紧密结合上海改革发展的实际，制定一系列惩治和预防腐败制度。2005 年 7 月，市委印发《建立健全教育、制度、监督并重的惩治和预防腐败体系实施纲要》，提出惩防体系的工作目标。2006 年，市纪委开展更加注重治本、更加注重预防、更加注重制度建设的试点，扎实推进惩治和预防腐败体系建设。2008 年 9 月，市委印发《〈建立健全教育、制度、监督并重的惩治和预防腐败体系 2008—2012 年工作规划〉的实施办法》，提出 5 年工作任务，积极探索利用“制度加科技”预防腐败，在重点领域积极开展标本兼治、综合治理、从源头上治理腐败，推进党风廉政建设和反腐倡廉工作。

第一节　惩防体系建设

一、整体目标

上海市各级党委、政府和纪检监察机关按照中央和市委的部署，认真贯彻落实中央颁布的《实施纲要》和《工作规划》，建立健全具有上海特点的惩治和预防腐败体系基本框架。2005 年 7 月，市委印发《建立健全教育、制度、监督并重的惩治和预防腐败体系实施纲要》的意见，提出工作目标：“2005—2007 年，按照责任分工，制定年度工作目标，夯实构建惩治和预防腐败体系的各项基础；2008—2010 年，拓展和深化各项工作，建成惩治和预防腐败体系的基本框架；2011—2020 年，建立起思想道德教育的长效机制、反腐倡廉的制度体系、权力运行的监控机制，建成完善的符合上海实际的惩治和预防腐败体系。”2008 年 9 月，市委印发《上海市贯彻落实〈建立健全惩治和预防腐败体系 2008—2012 年工作规划〉的实施办法》，提出阶段性工作目标：“2010 年前，围绕《工作规划》确定的任务，以领导干部为重点，以规范和制约权力为核心，以容易滋生腐败的重点领域和关键环节为突破口，建立健全落实《工作规划》任务的工作机制、工作标准、考核办法，形成重点突出、整体推进的工作格局。经过 5 年的努力，基本建成与上海经济社会发展水平相适应的惩治和预防腐败体系框架，拒腐防变教育长效机制初步建立，反腐倡廉法规制度比较健全，权力运行监控机制基本形成，从源头上防治腐败的体制改革继续深化，党风政风明显改进，腐败现象进一步得到遏制，人民群众的满意度有新的提高。”

二、主要任务

根据市委惩防体系建设的《实施纲要》和《工作规划》的目标和要求，市纪委在建立健全符合上海实际的教育、制度、监督并重的惩治和预防腐败体系方面，重点抓好六项主要工作：

【推进反腐倡廉宣传教育】

2005年起,建立反腐倡廉宣传教育协调机制,不断完善反腐倡廉"大宣教"工作格局。2006—2008年贯彻上海《关于加强领导干部反腐倡廉教育的实施意见》,深入开展理想信念和廉洁从政教育、党的作风和纪律教育、党纪条规和国家法律法规教育,不断增强党员干部的宗旨意识、责任意识、忧患意识、大局意识,牢固树立立党为公、执政为民、求真务实、廉洁勤政的理念,形成积极健康、昂扬向上的精神风貌。2009—2010年加强廉政文化建设,落实《上海市加强廉政文化建设的实施意见》,围绕建设社会主义核心价值体系,结合社会公德、职业道德、家庭美德、个人品德和法制教育,推进廉政文化进机关、进校园、进企业、进农村、进社区、进家庭活动,开展丰富多彩的廉政文化创建活动,营造良好的社会道德风尚。

【健全反腐倡廉制度建设】

2005—2007年完善党内监督制度,健全党内民主集中制,认真贯彻《关于党委(党组)实施"三重一大"制度的若干意见(试行)》,落实对重大决策、重要干部任免、重大项目安排和大额度资金使用等决策规则和程序执行情况的监督。贯彻落实《中国共产党巡视工作条例》,发挥巡视工作对领导班子和主要负责人的监督作用。完善违纪行为惩处制度,充分发挥组织处理在惩治和预防腐败、加强党员干部管理和监督中的作用。2006—2010年加强反腐倡廉领导体制和工作机制的建设,进一步完善上海市贯彻《关于实行党风廉政建设责任制的规定》的配套制度,坚持党委统一领导、党政齐抓共管、纪委组织协调、部门各负其责、依靠群众支持和参与的反腐倡廉领导体制和工作机制,增强惩治和预防腐败工作的整体合力。

【强化对权力运行的监督制约】

2005年起加强对落实领导干部廉洁自律规定情况的监督,认真落实《上海市领导干部报告个人重大事项的实施办法(试行)》对领导干部住房、用车、出国(境)、收受现金和有价证券以及配偶和子女个人从业等有关规定进行监督检查,加强申报和核实。2006年,根据《上海市党政领导干部述职述廉实施办法(试行)》,落实领导干部信访谈话、诫勉谈话和函询谈话等制度,对领导干部进行及时提醒和监督。2008—2010年全面贯彻《中国共产党党内监督条例(试行)》,制定落实各种配套措施。加强对重要领域和关键环节权力行使的监督,注重对干部人事权、司法权、行政审批权和行政执法权的监督,强化对财政资金、金融和国有资产的监管。加强和改进党内监督,支持和保证人大监督、政府专门机关监督、司法监督、政协民主监督、群众监督和舆论监督。

【深化体制机制制度改革】

2005年起,认真贯彻《党政领导干部选拔任用工作条例》,从制度和程序上进一步健全干部选拔任用监督机制。2006—2007年依据《行政许可法》,深化行政审批制度改革,以建立网上审批平台为突破口,进一步减少审批事项和收费项目,提高审批效率。2008年起推进财税、金融和投资体制改革,探索实施预算外资金分类管理,健全现代金融企业制度,完善本市固定资产投资项目管理信息系统。2009—2010年推进现代市场体系建设改革,制定健全完善相关制度,加强建筑有形市场、产权交易市场、土地交易市场建设,构建建筑工程、政府采购、医药购销等领域为重点的市场诚信体系。

【纠正损害群众利益的不正之风】

2005年起，加强对改善民生政策落实工作的监督检查，认真开展土地专项执法监察，严肃查处在征用土地中侵害群众利益的问题。2007—2008年完善动拆迁制度，严肃查处房屋动拆迁中的违规违纪行为，建立健全动拆迁管理工作责任制和责任追究制，切实保护被拆迁人合法权益。坚决纠正在环境保护、食品药品安全、廉租住房和经济适用房、惠农政策落实、安全生产、企业改制重组等方面突出问题，强化对社保基金、住房公积金和扶贫救灾专项资金的监管，加强和完善相关监管制度。2009—2010年进一步健全教育收费制度，规范收费，坚决纠正和查处各类违规收费行为。纠正医药购销和医疗服务中的问题，试行医疗费用清单制和费用查询制，提高医疗服务质量。

【坚决查处违纪违法案件】

2005年起，制定落实案件检查和审理的制度规定，以查处发生在领导机关和领导干部中的违纪违法案件为重点，严厉查处滥用职权、官商勾结、贪污贿赂、腐化堕落、以权谋私、失职渎职的案件，严重侵害群众利益的案件和发生在工程建设、土地出让、产权交易、金融等领域的案件和商业贿赂案件，使重点领域和关键岗位的腐败现象得到有效遏制。2006—2007年根据《中国共产党纪律处分条例》完善相关措施，在办案过程中严格依纪依法办案、公正办案、文明办案，正确把握政策和策略，宽严相济，区别对待，切实提高执纪执法水平。2008年起认真落实"一案两报告"制度，深入剖析案发原因，抓好警示教育、建章立制工作，做到案件原因没查清不放过、案件责任没追究不放过、整改措施没落实不放过，提高办案的政治、社会和法纪效果。

三、工作分工

2008年9月，市纪委印发《关于〈贯彻落实建立健全惩治和预防腐败体系2008—2012年工作规划的实施办法〉分工方案》，要求各牵头单位和协作单位按照任务分工，明确每项工作的时间进度和具体责任，自上而下地抓好工作推进，确保工作落实到实处。

表4-3-1　关于贯彻落实《上海市贯彻落实建立健全惩治和预防腐败体系2008—2012年工作规划的实施办法》分工情况一览表

任　　务	内　　容	牵　头　单　位
深入推进反腐倡廉宣传教育	加强以领导干部为重点的党风廉政教育	市纪委、市委宣传部、市委组织部
	加强面向全党全社会的反腐倡廉宣传教育	市纪委、市监察委、市委宣传部、市委组织部
	加强廉政文化建设	市纪委、市教委、市国资委、市委宣传部
完善反腐倡廉制度体系	完善党内民主和党内监督制度	市委办公厅、市委组织部、市纪委
	完善有关预防腐败的重要制度	市纪委、市监察委、市委组织部
	完善违纪行为惩处制度	市纪委、市监察委、市委组织部
	完善反腐败领导体制和工作机制的具体制度	市纪委、市监察委、市科教工作党委、市教委、市社会工作党委

(续表)

任务	内容	牵头单位
进一步强化监督制约	加强对领导机关、领导班子和领导干部特别是主要负责人的监督	市纪委、市监察委、市委组织部、市政府外办、市发改委
	加强对重要领域和关键环节的监督	市委组织部、市委政法委、市纪委、市监察委、市国资委、市世博局
	积极发挥各监督主体作用	市人大内司委、市人大财经委、市人大常委会法工委、市人大常委会预算工委、市人大常委会办公厅、市人事局、市监察委、市委组织部、市审计局、市高级人民法院、市检察院、市政协办公厅、市政府办公厅、市总工会、市民政局、市农委、市信访办、团市委、市妇联、市委宣传部、市纪委、市总工会
深化体制机制制度改革	推进干部人事和司法体制改革	市委组织部、市委政法委、市高级人民法院、市检察院、市公安局
	推进行政管理体制改革	市监察委、浦东新区
	推进财税、金融和投资体制改革	市财政局、市金融服务办、市发改委
	深化国有企业改革	市国资委
	推进现代市场体系建设及相关改革	市房地资源局、市财政局、市建设交通委、市国资委、市卫生局、市信息委、市社会服务局
纠正损害群众利益的不正之风	加强对改善民生政策落实工作的监督检查	市房地资源局、市环保局、市食品药品监管局、市农委、市安监局、市国资委
	扎实开展专项治理	市教委、市卫生局、市房地资源局
	建立政风行风建设长效机制	市纠风办
保持惩治腐败的强劲势头	坚决查处违纪违法案件	市纪委
	深入开展治理商业贿赂工作	市纪委
	提高执纪执法水平	市纪委
	健全查处案件的协调机制	市纪委
	发挥查处案件的综合效应	市纪委
切实抓好《工作规划》的贯彻落实	各牵头单位和协办单位要按照任务分工，明确每项工作的时间进度、工作要求和具体责任，自上而下地抓好工作推进，确保工作落到实处	市纪委、市委组织部、各区县党委

第二节 “制度加科技”

一、“三个更加注重”试点

“制度加科技”的预防腐败新机制是以预防腐败为目的、以制度建设为根本、以健全权力制约机制为关键、以科技手段为支撑的工作思路和实践措施。2007 年开始，上海运用“制度加科技”工作理念，从理论和实践层面解决反腐倡廉建设中的一些根本性问题。2007 年，中央纪委决定在上海开展“三个更加注重”试点，即更加注重治本、更加注重预防、更加注重制度建设。市纪委成立“三个更加注重”试点工作领导小组，印发《上海市“三个更加注重”试点工作方案》，提出试点工作的指导思想、目标任务和总体要求。在“三个更加注重”试点工作中，选择浦东、长宁、松江等三个区，在国有资产、资金、资源相对集中的建筑工程、土地交易、产权交易、政府采购、医药购销、资金监管等六个领域和公权力较大、公益性强、公众关注度高的社保局、工商局、信息委、发改委、药监局、社会服务局等六个部门全面展开试点工作，在全市范围内有目标、有步骤、有计划地将“制度加科技”推进反腐倡廉建设不断引入深处。

二、“制度加科技”运用机制

2007 年起，市纪委、市监察委（局）在运用“制度加科技”中结合上海的实际情况，按照“权力在阳光下运行，资源在市场中配置，资金在网络上监管”的工作思路，运用“制度加科技”拓宽反腐倡廉的工作领域，推进党风廉政建设和反腐败斗争。

2008 年 2 月，市纪委、市监察委、市房地资源局、市建委等部门认真贯彻落实国务院、市政府关于加强土地调控的精神，印发《上海市土地使用权交易市场管理办法》，变区县分散交易为全市集中交易，建立覆盖全市统一、透明规范的土地交易市场，做到统一计划管理、统一信息发布、统一出让规范、统一运作监管。同时，对土地交易规则制定、业务办理、监督考核实施“三分离”，将地块和流程信息通过媒体、网络等多种渠道及时披露，对业务流程实行分段管理，通过系统数据集成产生交易结果。这种“以制度管人”的约束机制，使任何人都不能单方面操控交易过程和结果，有效地避免人为因素的干扰和交易过程中暗箱操作行为的发生。

2008 年起，全市建立一体化政府采购信息管理平台，对全市政府采购活动实现“全覆盖、全上网、全流程、全透明”的信息化管理。2009 年 7 月 17 日，印发《关于上海市政府采购管理信息平台正

图 4－3－1　2010 年 9 月 16 日，上海市纪委到市建交委调研“制度加科技”

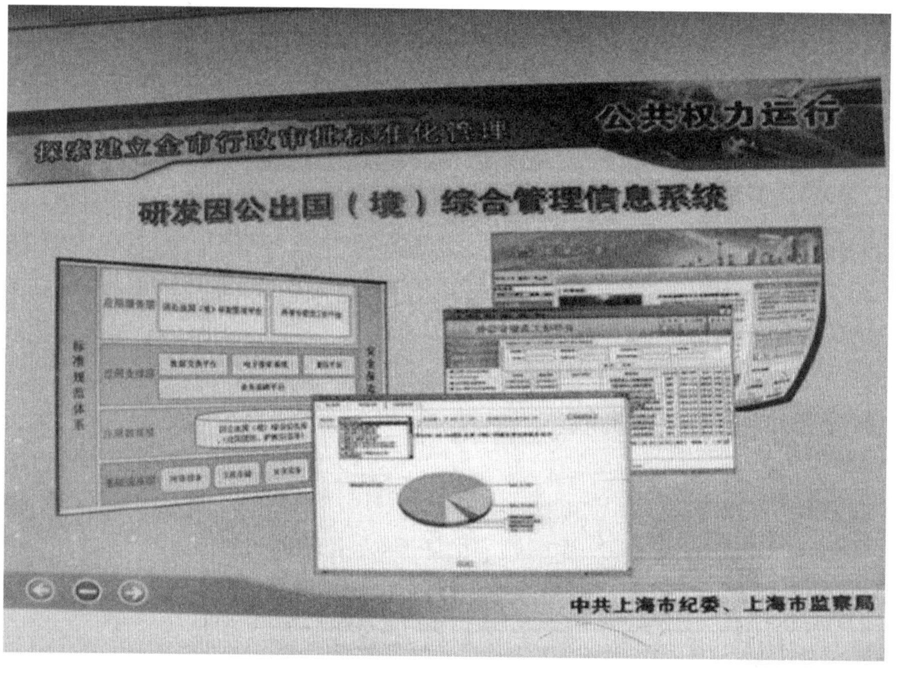

图 4-3-2　2010 年，上海市纪检监察网站登载“制度加科技”情况

式运行的通知》，将政府采购预算、审批、采购、支付和征信整个流程，逐步实现网上运行，全覆盖、全流程、全上网、全透明的分级管理的全市一体化政府采购管理信息平台。加强政府采购监督管理，完善政府采购监管体系，形成以财政监管为主，审计和监察等共同负责，建立健全监督的监管机制。

2008 年，通过开展工程建设领域突出问题专项治理的契机，利用信息化技术，推进统一建筑大市场的建设，统一信息平台、统一受理服务标准、统一监督制约体系、统一组织管理机构，提升建筑有形市场监管水平。2009 年 5 月，推行电子版《在沪建设工程企业诚信手册》，建立“企业自检自律、管理部门核对、日常动态监管、社会公开监督”的信息化管理系统，从源头上解决资质管理方面存在的问题，进一步提高依法管理建筑市场的水平。

2008 年，由市纪委和市财政局组成“建立完善财政资金和社会公共资金监控机制”课题组，全面开展调查研究，提出加强资金监管的意见和建议。8 月，市政府印发《关于进一步加强本市财政性资金和社会公共资金监管的若干意见》。根据意见精神，对财政资金和公共资金，实行对资金流向、流量和流速的实时动态跟踪，对预算编制、执行状态及其结果等资金运行管理环节的全过程监控。在乡镇财政性资金监管平台建设上，建立“一村一档”、“一企一卡”、“全镇一库”的电子监察系统。

2009 年 4 月，市纪委、市监察局贯彻执行《上海市行政审批告知承诺试行办法》，会同有关职能部门优化审批方式和流程，完善管理方式，提高行政效率。2011 年 1 月，市政府印发《上海市行政审批信息资源共享管理办法》，确定可供共享的审批信息共 2 229 类。市监察局会同有关职能部门实施全过程网上审批，建立全市统一的电子监察系统，通过数据交换和直接接入，实现与各部门的业务处理系统互联互通，实时自动采集行政审批数据，依据行政审批电子监察系统发出的监督管理信息，对本单位正在实施的行政审批行为进行实时监督、预警纠错、绩效评估、责任追究、信息服务等，使权力运行真正实现“规范、效能、透明、可追究”的目标。

2009 年 11 月，市委把“制度加科技”预防腐败作为加强和改进党的建设重要内容，写进《中共上海市委关于贯彻〈中共中央关于加强和改进新形势下党的建设若干重大问题的决定〉的实施意见》。

上海“制度加科技”预防腐败工作，受到中央纪委的肯定。2009 年 11 月，贺国强在新华社《国内动态清样》上批示：“上海探索‘制度加科技’方式，用科技手段防止制度走形，保证制度推行，提升防腐效能，取得较好效果。”2011 年中央纪委在全国推广上海探索运用“制度加科技”预防腐败工作。

第三节　源头治理与专项清理制度

一、落实“收支两条线”

1999 年 8 月 18 日，市委办公厅、市政府办公厅转发《市监察委等部门〈关于本市行政事业性收费和罚没收入落实“收支两条线”规定工作的实施意见〉的通知》，对行政事业性收费和罚没收入落实“收支两条线”规定工作提出实施意见。严格遵守和执行市纪委、市监察委制定的落实“收支两条线”工作的纪律，把执行“收支两条线”的工作纪律同贯彻党风廉政建设责任制的责任追究结合起来，严肃查处违反“收支两条线”规定的行为，并追究有关人员和领导的责任。2003 年 9 月 1 日，市监察委、市财政局、市审计局、市发改委印发《关于对行政事业性收费落实“收支两条线”管理情况进行专项检查的通知》，专项检查内容主要是“收支两条线”制度的执行情况和内部收费管理制度建设情况，建立起“取值合法、收缴分离、纳入预算、收支脱钩”的管理模式。2008 年 8 月 1 日，市政府印发《关于进一步加强本市财政性资金和社会公共资金监管的若干意见》，明确规定对行政事业性收费、政府性基金、罚没收入等非税收入，实行“收缴分离”的制度，严格维护财经纪律。

二、规范工资收入分配

2003 年 5 月 27 日，市纪委、市监察委印发《〈关于加强本市市级机关工资外收入分配管理的纪律规定(暂行)〉的通知》，要求市级机关各部门工资外发放资金应当集中支付，不得弄虚作假、隐匿、转移资金用于分配，不得在集中支付前后违规发放各类津补贴等；市纪检、监察、财政、审计部门要加强监督检查，严肃查处违纪违规行为。2005 年 7 月 27 日，市委办公厅、市政府办公厅转发《市纪委、市委组织部、市监察委、市财政局、市人事局、市审计局〈关于严肃纪律加强公务员工资管理的意见〉的通知》，要求各部门、各单位必须切实加强机关工资外收入分配管理，不准超核定数发放，不准以任何名义自行发放或变相发放现金或实物；各部门、各单位必须严格执行国家和上海规定的岗位津贴、补贴和福利政策，不准自行设立岗位津贴、补贴和福利项目，不准擅自提高国家和本市规定的项目标准，不准以现金或其他任何形式发放新的福利。

三、建设工程项目管理

1997 年 4 月 22 日，市建委、市计委、市监察委、市工商局印发《关于进一步加强本市建设工程管理的若干规定(试行)》，对建设投资项目要进行公开招标，规范建筑市场，确保工程质量和合理控制造价等提出要求。4 月 24 日，市建委、市监察委印发《上海市建设工程承发包双方签订廉洁协议的暂行规定》，在全市建设工程项目中施行承发包双方签订廉洁协议的规定，并把廉洁协议作为工程项目报建、领取施工许可证的条件之一。2008 年 6 月 13 日，市建交委、市监察委等部门印发《关于进一步加强上海市建设工程招标投标监督管理工作的意见》，规范招标投标程序，规定招标投标纪律,创建公开、公平、公正的市场环境,加强建设工程招投标监督管理。

四、动拆迁执法监察

1994 年 8 月 26 日,市监察委印发《关于在动迁安置工作中加强执法监察的意见》,对负责动拆迁安置的单位及工作人员提出廉洁自律的要求,严肃查处在动拆迁安置过程中徇私枉法、营私舞弊的违纪违法案件,维护人民群众的切身利益。2004 年 8 月 12 日,市纪委、市监察委、市国资委、市房地局、市信访办、市世博局印发《上海世博会征地房屋拆迁监督保障和维护稳定工作的规定》,对负责和参与世博会征地和房屋拆迁工作中的组织及其工作人员提出纪律要求,保障世博会征地和房屋拆迁工作顺利进行,保护被征地农民、被拆迁居民和单位的合法权益,维护社会稳定。2010 年 6 月 12 日,市住房保障房屋管理局、市监察局印发《关于房屋拆迁补偿安置结果公开的实施意见》,对房屋拆迁补偿安置结果公开的方案、结果公开的方式、结果公开的评议、结果公开的监督管理等,作出明确规定,增强房屋拆迁透明度和公信力。

五、治理商业贿赂

2006 年 5 月,市纪委、市监察委印发贯彻落实《〈上海市治理商业贿赂专项工作实施方案〉的通知》,对上海治理商业贿赂工作提出具体实施方案和要求,重点研究解决公益性强、公权力大、群众意见大的问题,加强监督检查。6 月 11 日,市治理商业贿赂领导小组印发《〈关于本市依法查处商业贿赂案件的实施意见〉的通知》,对依法查处商业贿赂案件提出具体意见,明确查处商业贿赂案件工作的基本要求和原则,强调重点查处三类商业贿赂案件:一是商业贿赂易发多发的领域和行业的案件;二是严重破坏市场秩序和损害人民群众切身利益的商业贿赂案件;三是涉及国家公务员利用职权参与或干预企业事业单位经营活动、谋取非法利益的违纪违法案件,特别要查处利用行政审批权、行政执法权和司法权执法犯法、贪赃枉法、索贿受贿的行为,以及国有资产监管中的违法行为。

六、机构改革

2000 年 4 月 7 日,市纪委、市委组织部、市监察委、市编办联合印发《关于上海市机构改革工作的若干纪律规定》,要求强化对机构改革中各项政策、规定及党纪政纪执行情况的监督检查。2003 年 5 月 6 日,为确保上海机构改革和国有资产管理体制改革的顺利进行,市纪委、市委组织部、市监察委、市编办联合印发《关于上海市机构改革和国有资产管理体制改革工作的若干纪律规定》。2008 年 9 月 17 日,市纪委、市委组织部、市监察委、市编办联合印发《关于深化上海市行政管理体制和机构改革工作的若干纪律规定》,重申和提出有关机构改革工作中的政治纪律、工作纪律、人事纪律、财经纪律和保密纪律,要求各级党委和领导干部要牢固树立政治意识、大局意识和责任意识,切实加强领导。

七、行政审批制度改革

2001 年 6 月 27 日,市政府印发《关于本市行政审批制度改革的通知》,提出在全面清理的基础上，对上海行政审批制度进行改革，凡不符合政企分开和政事分开原则，影响市场在资源配置中发挥基础性作用、妨碍市场开放和公平竞争的审批事项要全部取消。2002 年 5 月 13 日，市政府印发《关于进一步深化本市行政审批制度改革实施意见的通知》，提出强化政府职能转变，逐步形成科学合理的审批管理机制、规范高效的审批运行机制和严密完善的审批监督制约机制。2004 年 12 月 13 日，市政府印发《上海市行政许可办理规定》，取消和调整一批行政审批项目，发挥市场资源配置作用，推动政府职能转变。2009 年 4 月 17 日，市政府印发《关于〈上海市行政审批告知承诺试行办法〉的通知》，要求简化行政审批程序、减少环节、提高效率、强化服务、方便群众。2009 年 7 月，市监察局增设效能监察室，外挂“上海市行政审批制度改革小组办公室”牌子，承担行政审批制度改革的职能，认真落实市政府对行政审批制度改革的要求，加大对行政审批的监管力度。2010 年 6 月，市纪委、市监察局、市审改办印发《关于进一步推进网上审批有关工作的通知》，规范和促进行政审批信息公开，推动行政审批信息资源优化配置和有效利用，建立科学的行政审批管理机制，形成监管合力。

八、政务、厂务公开

1998 年 12 月 10 日，市委、市政府印发《关于实行政务公开制度、深入开展政务公开工作的决定》，明确政务公开的内容、公开的方式方法和考核奖惩措施，推动政务公开工作的深入开展。1999 年 3 月 25 日，市纪委、市委组织部、市总工会、市经委联合印发《关于推行厂务公开、加强民主管理的实施意见》，明确实施厂务公开的适用单位和公开的内容、公开的形式、公开的程序、组织领导、监督检查等事项。2000 年 3 月 31 日，市纪委、市委组织部、市总工会、市经委联合印发《关于全面推行厂务公开的通知》，要求各企业单位结合实际、有领导、有计划、有步骤地推行厂务公开，并在实践中不断总结经验，推进厂务公开工作制度化、规范化。2001 年 4 月 9 日，市纪委、市委组织部、市总工会、市经委联合印发《关于深入推行厂务公开的意见》，提出基层单位厂务公开领导小组要定期就公开事项内容的真实性、公开时间的及时性、公开程序的规范性进行监督检查，不断提高厂务公开的质量。

第五篇

领导干部廉洁自律建设

改革开放以来，市委、市政府和市纪委坚决贯彻落实中央关于领导干部廉洁自律的有关制度规定，针对各种倾向性问题进行专项治理，纠正处理少数领导干部违反廉洁自律规定的突出问题，增强领导干部廉洁自律的自觉性。

在纠正解决利用职权谋取不正当利益方面，清理违规住房：1981—1998年，开展“清房”工作和领导干部住房申报工作，分别对违纪违法建私房、超标准分配住房、用公款超标准装修住房等问题进行专项清理。1991年9月，市纪委制定《关于对党政干部多占住房问题的处理意见》，着力解决党政机关干部利用职权多占用住房的问题。2004年、2005年，市纪委、市委组织部分别开展对区县、部委办局党政主要领导重大事项报告和局级干部有关住房等个人重大事项情况的专项登记，建立局级干部个人有关事项报告信息库。2009年、2010年，市纪委开展局级领导干部住房专项申报工作，对部分局级干部低价购房行为进行纠正处理。规范使用公车：1986—1998年，开展对党政机关违反规定使用军警车号牌和未经批准用公款、单位车辆学驾驶技术等问题的清理工作。1999年，市纪委配合市政府机管局对上海市党政机关、事业单位实行公务用车编制证、经费包干等公务用车管理改革试点。2000—2008年，市纪委会同有关部门开展党政机关公务用车编制证管理和超标准超编制汽车、借用汽车问题的清理工作，清理纠正一批违规车辆。2004—2009年，在市纪委指导下，在一些区相继开展公务用车制度改革试点工作，为上海市党政机关公务用车制度改革打下基础。严禁收受礼金、有价证券：2001年，市纪委会同市委组织部以报告个人重大事项的形式，对全

图5-0-1　2006年2月16日，上海市领导干部廉洁自律工作会议

市党政机关、人民团体、事业单位处级以上领导干部以及国有企业领导人员执行领导干部不准收受现金、有价证券的规定情况进行清理。2003—2010年，市纪委、市监察局在元旦、春节、国庆等重大节日，提出落实领导干部不准收受现金、有价证券和支付凭证的有关规定，并加强监督检查，落实礼品登记管理制度。

在清理整顿私自从事营利性活动方面，清理领导干部企业兼职、投资入股、购买股票：1984—2005年，多次专项清理和监督检查，对违反规定的问题作出处理。1985年，市委印发《关于贯彻执行中央纪委〔1985〕7号文件〈令必行、禁必止〉的通知》，市纪委统一部署，全市各级党政机关集中进行清理整顿。1990年，上海继续开展党政机关经商办企业的清理工作。全市党政机关干部在企业兼职有1 429人，全部与企业脱钩。1993年，市纪委、市监察委组织全市各级纪检监察机关参与股票认购证发行的监督检查工作。2004年，市纪委会同市委组织部开展领导干部到企业兼职取酬问题的专项清理工作，共有812名党政领导干部在企业兼职问题分别得到纠正处理。规范公务员退休(辞职)后从业行为：2001年，市纪委会同市委组织部，对1998年以来市管的离职和离退休干部从业情况进行调查摸底，对不符合规定的从业问题作出纠正处理。2008年，市纪委组织各区县、各部委办局纪委进行调查摸底，对不符合规定的局级干部退休后担任上市公司、基金管理公司独立董事、独立监事的问题作出纠正处理。2009年，市纪委、市监察局、市公务员局对全市公务员退休(辞职)后从业行为开展自查自纠作出部署。规范领导干部配偶子女从业：2000年，市纪委、市监察委印发《关于区、县党政机关局级领导干部的配偶、子女从业问题“两不准”的实施意见的通知》，部署局级以上现职领导干部的填表登记工作。2001年，市纪委对中央纪委关于将“两不准”规定延伸到县(处)级领导干部中实施的精神进行专题部署，对领导干部配偶、子女从业违规问题作出纠正处理。2005年，市纪委对领导干部廉洁从政方面存在的“五个突出问题”进行专项治理，对处级以上领导干部涉及配偶子女从业违规问题进行纠正处理。

在治理违规使用公共财物方面，严禁公款吃喝玩乐：1985—1987年，市纪委对有些单位违反规定、巧立名目、继续搞公款宴请的问题进行纠正处理。1995—2010年，中央颁布制止奢侈浪费八项规定后，市委、市政府召开一系列会议进行传达贯彻，并制定公务接待、会议庆典、检查评比、公务用车、新建办公楼、移动电话、会议费用标准、公费出国(境)等八项实施办法。各级纪检监察机关会同有关部门组成联合检查组，对18个区县和30个部委办局贯彻落实中央厉行节约八项要求的情况进行督查。规范公款出国(境)：1993年，市纪委、市监察委印发《关于严禁公费出国(境)旅游〈通知〉执行情况的通报》，对一些部门和单位以考察、培训为名出国(境)旅游问题严肃处理。2002年，市纪委会同有关部门制定《上海市特定身份人员因私出国申领护照报送备案管理办法》，全市有5 000多名局级干部、2万多名处级干部的名单输入计算机管理系统。2009—2010年，市纪委会同市政府外办，推动上海市因公出国(境)综合管理信息系统建设，探索“制度加科技”的管理新模式。治理用公款购买商业保险：2003年，市纪委召开规范党政机关、事业单位用公款购买商业保险协调会，印发《规范党政机关、事业单位用公款购买商业保险协调会会议纪要》。2004—2005年，全面开展对党政机关、事业单位用公款为个人购买商业保险情况的专项清理工作。清理公费住宅电话和公费住宅电脑：1997年，市纪委会同有关部门开展公费住宅电话和公费移动电话清理工作。2000年，市纪委组织全市党政机关、事业单位开展对用公款为领导干部配备住宅电脑、笔记本电脑和支付上网费用的清理工作。

第一章 纠正解决谋取不正当利益问题

为纠正和解决少数领导干部利用职权谋取不正当利益的问题，在清理违规住房方面：1981—1998 年，纠正处理一些党员干部利用职权多占房、占好房，乱占耕地建私房，侵占国家、集体资金材料装修住房等问题。1999—2010 年，上海加强对领导干部买卖、置换和建造、出租个人住房等情况的监督检查，并建立起局级干部个人有关事项报告信息库，对违反规定的住房问题进行审核查处。在规范使用公车方面：1986—1998 年，上海市对少数领导干部违反规定继续使用豪华车、公车私用以及使用公安、部队牌照等问题，开展专项清理和调查处理。1999—2010 年，多次对全市党政机关、事业单位超标准超编制配备使用车辆、借用车辆等问题进行集中清理，并实行编制证、经费包干等公务用车管理方式。2004—2009 年，在市纪委指导下，在一些区相继开展公务用车制度改革试点工作。在严禁收受礼金、有价证券方面：1987—1995 年，对用公款送礼和收受礼券、礼仪储蓄单、信用卡进行自查自纠和查处通报，遏制收受礼金、有价证券的现象。1995—2010 年，市纪委通过领导干部个人重大事项报告、民主生活会、自查自纠和专项检查等方式，加强礼品登记监督管理。

第一节 清理违规住房

一、纠正处理分房、建房等违规问题

1981—1997 年，市纪委、市监察局针对党员干部住房在实物分配中存在的利用职权多占房、占好房和乱占耕地建私房、侵占国家集体材料装修住房的不正之风，开展治理整顿，严格干部住房规定。

1983 年 3 月 17 日，市委印发贯彻中央纪委《必须坚决制止党员、干部在建房分房中的歪风——致全国党政机关、企业事业单位各级领导干部的公开信》的通知，要求党政机关、企业事业单位学习中央纪委《公开信》，进行对照检查，坚决制止建房分房中的歪风。同时，对市、区房屋管理部门建房分房情况进行专项检查。全市共查出 2 092 名党员干部违反规定的住房问题，其中给予党纪政纪处分 176 人，司法处理 11 人，退出住房 8 189 平方米，退款 119 801 元。1984 年 6—10 月，市纪委和各部委办、区纪委，对各单位贯彻落实中央纪委《公开信》的情况进行检查验收。

1989 年 9 月 27 日，市纪委印发《关于解决党员、干部在住房方面以权谋私问题的意见》。各县纪委采取自查自纠，集中清理乡、镇、局以上党政干部违纪违法建造私房的问题，对 373 名党员干部违纪违法行为进行纠正和处理，补交钱款及罚款 33 万元，退出多占造房基地 1 347 平方米，退出多分公房 15 套，给予党纪处分 21 人、行政处分 17 人，依法惩处 3 人。

1990 年，市纪委根据中央纪委"清房"工作座谈会精神统一部署，在全市开展"清房"工作。上海各级纪委根据群众的举报，查实 1 151 名党政干部在住房方面的各类问题，其中局级干部 103 名；对 618 人作出处理，其中局级干部 48 人。

1991 年 9 月，市纪委制定《关于对党政干部多占住房问题的处理意见》，继续组织开展"清房"工作，着力解决党政机关干部利用职权多占用住房的问题。按照中央纪委要求，重点清理违纪违法建

私房和用公款超标准装修住房问题，同时对县处级以上党政机关干部超标准分配住房、差房调好房、动用公款(外汇)购买住房等问题一并进行清理。全市对20 783名县级以上党政干部的住房情况进行登记清理，其中住房方面存在问题的有402人，占1.9%；属于违纪违法的有100人，占0.48%。共退出住房369平方米。有30名党员干部受到党纪处分，9人受到行政处分，8人被依法惩处。

1994年5月16日，市纪委、市监察委印发《关于杨浦、闸北两区纪委、监察委对旧区改造工作加强监督检查的通报》，要求各级纪检监察机关借鉴杨浦、闸北两区纪委、监察委的做法，加强对旧区改造工作的监督检查，严肃查处少数党员干部利用职务之便，乘旧区改造之机，为个人和亲友购买私房、虚报户口等问题。同年6月，市监察委印发《关于在出售公有住房工作中加强执法监察的意见》，开展对出售公有住房工作的执法监察。

1995年，根据上海清理整顿领导干部住房的情况，市纪委、市监察委重申和制定党政机关和企事业单位领导干部在住房方面保持廉洁自律规定及其违反规定的处理意见，从党政机关干部清理整顿住房，延伸到国有企业领导干部。上半年，在11个国有大中型企业开展领导干部廉洁自律工作试点，下半年在全市国有企业全面推进领导干部廉洁自律工作中，把纠正领导干部住房问题作为国有企业廉洁自律的重点内容。全市国有企业有49名领导干部退出违反规定多占住房781平方米。

1996年，为了加强对领导干部住房的管理和监督，上海开展住房申报工作。4月，市纪委对市委统战部等7个党政机关、企事业单位领导干部住房情况申报工作进行试点。6月，市纪委会同有关部门制定印发《关于领导干部住房情况申报工作的实施意见》和《关于1996年局级干部住房申报中超标准住房的处理意见》。市纪委统一部署，全市开展领导干部住房申报工作，党政机关处以上干部申报率达99.5%，企事业单位处以上干部申报率达99.3%。通过逐人逐户检查，摸清底数，为进一步开展清房工作奠定基础。根据领导干部住房申报工作的情况，针对住房存在的问题，采取措施，进行纠正解决，促进领导干部廉洁自律。7月，市纪委、市监察委根据《上海市党政机关和国有企业事业单位领导干部在住房方面保持廉洁的规定》，进一步加强在分房、建房、购房、装修等方面的监督检查。同时，市纪委督办落实全市1993年以来群众反映的局级干部住房问题信访举报件144件，并对其中情况属实和基本属实的59件作出相应的处理；各级纪检监察机关对1993年以来信访举报件逐一进行清理，对其中严重违反廉洁规定的以权谋房问题作出处理。全市党政机关共处理709名局处级干部的住房超标准问题，其中退款或作经济补偿1 226.8万元，退出住房106间，6名干部受到党纪政纪处分，34名干部受到免职等组织处理；国有企业领导干部退出违反规定超面积住房794平方米，退款38万元。

1997年3月，市纪委、市委组织部、市监察委和市机管局联合印发《关于违反〈上海市党政机关和国有企业事业单位领导干部在住房方面保持廉洁的规定〉的处理办法》，规定对领导干部利用职权建造私房和装修、调换、奖励、分配住房等违规行为作出退房、退款以及给予党纪政纪处理办法；对既不退房，又不按规定退款的，将退款额从其收入中强制扣缴，并给予撤销党内职务、行政撤职处分；对违反规定为领导干部分房、换房、建房、装修住房等造成后果的，根据情节，责成当事人作出检查或给予党纪政纪处分。市纪委在1996年全市处级以上领导干部住房申报的基础上，重点抓领导干部住房超标准问题的处理。至1997年12月底，全市共有666名住房超标准的处级以上干部退款或作经济补偿1 093.9万元，退房1 400多平方米，3名党员干部受到党纪政纪处分。

二、纠正处理买卖、置换住房等违规问题

1998—2004年,针对停止住房实物分配,实行分配住房商品化,少数领导干部在买卖住房、置换住房中,利用职务便利谋取不当利益的问题,开展清理整顿,加强监督检查。

1998年12月17日,市人大第七次会议审议通过的《关于进一步深化住房制度改革的若干意见(草案)》,明确提出停止住房实物分配,逐步实行住房分配货币化,建立公开、公平、公正的住房分配体系。市纪委根据上海住房改革的情况,继续抓紧处理部分领导干部住房超标准问题,对194件有关领导干部住房问题的信访举报件,包括局级干部44件,逐一进行调查核实,分别情况进行处理。

2000年,为防止发生领导干部利用住房制度改革之机以权谋私问题,市纪委、市监察委加强领导干部住房情况监督检查,共查处违反住房方面规定的领导干部21人,其中党纪处分2人,组织处理17人,退出住房建筑面积201.96平方米,退出(补偿)金额267.54万元。

2001年,随着住房制度改革深化,领导干部在自行买卖、置换住房中利用职权或职务影响谋取不正当利益的问题成为热点,这方面举报信访呈现上升趋势。市纪委严格住房改革的纪律,加强对领导干部买卖、置换住房的日常管理和监督检查。全市纪检系统梳理1997年以来领导干部违规住房的问题,18个区县查处以权谋房行为67起,给予党纪政纪处分4人,收回住房15套,收缴177.97万元。

2002年,上海市加强对领导干部买卖、置换或建造、出租个人住房等情况的监督检查。据统计,全市有785个党政机关和企事业单位制定领导干部买卖置换住房的报告审核制度,3 111名领导干部报告个人的住房情况;对13名违反住房规定的干部作出组织处理或退出金额。

2004年,经市委同意,市纪委、市委组织部联合开展对区县、委办局党政主要领导报告个人重大事项情况的专项检查,进行以“写一封信、送一张表、谈一次话”为内容的“三个一”专项登记活动。全市重点检查95名区县、委办局的党政主要领导报告住房等个人重大事项情况。这次专项检查情况向市委作了专题报告。

三、开展住房专项申报工作

2005—2010年,为贯彻中央、市委加强对领导干部廉洁自律的精神,严格执行领导干部个人重大(有关)事项报告制度,市纪委会同市委组织部提出关于执行领导干部报告个人重大(有关)事项制度的意见,开展领导干部住房专项申报工作,认真纠正解决领导干部住房方面存在的问题。

2005年10月,市纪委、市委组织部印发《关于在局级干部中开展个人重大事项报告专项登记的通知》,在全市局级干部中开展专项登记,登记内容包括干部个人基本情况、家庭住房情况、配偶子女从业就学情况,对发现不符合登记要求的领导干部,要求进行补报。在局级干部专项登记的基础上,市纪委、市委组织部开发计算机软件,筹备建立局级干部个人重大事项报告信息库。

2006年12月底,市纪委、市委组织部组织开展全市局级领导干部个人有关事项集中报告,建立全市局级领导干部个人有关事项报告信息库。将全市局级领导干部个人有关事项集中报告的内容全部纳入全市局级干部个人有关事项报告信息库,为今后调查处理群众反映的局级干部住房等问题信访举报件和有关案件提供重要证据。

2007年5月,根据《中共中央纪委关于严格禁止利用职务上的便利谋取不正当利益的若干规定》,市纪委成立贯彻中央纪委文件、推进领导干部廉洁自律工作领导小组,制订印发实施意见,举办贯彻

落实《若干规定》培训班，并召开新闻发布会，向社会公开宣传相关政策。根据市纪委部署，各单位党组织召开专题组织生活会，要求党员干部对照《若干规定》开展自我检查。6月底，市纪委组成10个专项督查组对全市20个部门和单位进行专项检查。并对全市2 197名局级干部的个人有关事项报告材料再次进行梳理，对信访举报件进行排摸，对发现的有关线索，进行调查了解，党员干部接受咨询1万多人次，提醒谈话595人，函询了解47人，对2名存在住房问题但未主动报告的党员干部予以查处。

2008年1月，在市纪委二次全会上，中共中央政治局委员、市委书记俞正声进一步强调，领导干部在购买住房时要做到"两不准、两必须"：即不准利用权力和权力影响购买低价房，不准违规购买或租用经济适用房；在个人(家庭)购买住房时，必须及时向组织申报，必须在民主生活会上讲清楚。截至年底，全市纠正处理违规党员干部14套住房，涉及1 133.32平方米，其中3名局级干部受到组织处理。

2009年2月，全市开展局级领导干部住房专项申报工作。专项申报的范围是现职的局级领导干部和2000年4月12日以后退休的局级领导干部，共3 154人。申报的内容是本人及配偶、子女购买商品房的情况。2月16日，市委印发《市委会议决定事项通知》，明确"要全面落实中央纪委要求，结合上海实际，贯彻坚持原则、实事求是、统一政策、个别处置的原则，通过摸清情况、分类梳理、把握时机、稳妥操作，妥善解决领导干部购房方面的问题"。市纪委根据市委的部署和要求，推进住房专项申报工作，基本掌握全市局级干部住房方面的情况。共纠正处理违规党员干部31套住房，涉及1 701.07平方米，收回资金36.35万元，对违反住房规定的干部作出组织处理。

2010年，市纪委抓紧做好局级干部住房专项申报后续工作，在专项申报的基础上，按照市委的要求，对部分局级干部低价购房行为进行纠正处理。全市有12 307名科级以上领导干部报告个人的住房情况，并对违反住房规定的干部作出组织处理。

第二节　规范使用公车

一、清理纠正违规公务用车

1990年1月27日，《新民晚报》刊登《公车进香，净土不净》的报道，市监察局组织力量从速查处，对有关单位驾驶员和管车部门负责人作出严肃处理，并于3月9日将查处结果公开登报。4月，市监察局查处"私用公车扫墓"的问题，并在电视台公开查处结果。

1993年，市纪委根据中央关于领导干部廉洁自律的五条规定，结合上海实际情况，增加"不准用公款、公车学习驾驶技术"和"不索取或收受下属以及其他企事业单位的轿车、空调等高档办公设备"的两条规定，要求领导班子、领导干部在学习会、民主生活会上，对照中央和市委的规定进行自查自纠。全市党政机关处级以上领导干部13 467人中，有12 400人参加自查自纠活动，占92.7%；82人停止用公款学习驾驶技术或费用改为由个人支付。

1994年5—6月，全市各级党政机关领导班子和处级以上领导干部在专题民主生活会上，对照检查贯彻执行中央纪委六次全会提出的领导干部廉洁自律中关于清理领导干部违反规定乘坐小汽车有关规定的情况进行自查自纠。9—12月，根据中央《关于调整党政机关汽车配备和使用管理的规定和关于调整党政机关汽车配备使用标准的通知》精神，市纪委会同有关部门对党政机关小汽车配备和使用问题开展清理工作。各级纪检监察机关按照中央廉洁自律新的五条规定，对小汽车配备和使用问题进行清理纠正。通过清理，对1992年7月1日以后属"带、要、借、换"四种情况共295辆公车进行处理。

1995年，市纪委会同有关部门开展对党政机关违反规定使用军警车号牌和未经批准用公款、单位车辆学驾驶技术等问题的清理工作。5月2日,市纪委向各区县、部委办局纪检监察机关转发中共中央纪委办公厅《关于对党政机关领导干部乘坐小汽车情况进行专项检查的通知》,要求各地区、各部门在前一阶段清理工作的基础上,对处级以上领导干部现在配备和使用小汽车的情况进行一次自查,发现问题及时整改。6月7—14日,中央联合检查组对上海市清理党政机关领导干部乘坐小汽车情况进行专项检查,肯定上海的清理工作。8月,市纪委会同有关部门组成4个联合调查组,对16个部委办局、区县及其下属单位的"清车"工作情况进行专项检查,没有发现回潮的问题。市纪委、市监察委将《关于16个单位的"清车"情况进行专项检查的报告》,分别报送市委、市政府。全市清理出的662副公安牌照、229副部队牌照和12副外籍牌照,按规定全部予以处理;全市未经批准用公款、单位车辆学驾驶技术的领导干部80人,都按规定全部退出学习费用,41人违反规定到下属单位报销学习驾驶技术费用,退还原报销单位16.599 8万元;处理违反规定配备使用公车102辆。

1996年,市纪委会同有关部门继续巩固清理使用超标准车辆的工作,纠正和查处少数领导干部违反规定继续使用豪华车、公车私用以及使用"沪O"公安地方牌照等行为。4月、6月,中央纪委办公厅印发《关于对今年领导干部廉洁自律三项工作进行检查的通知》和《补充通知》,明确要求对领导干部用公款吃喝玩乐、违反规定用车和住房问题进行一次自查,更加扎实地抓好各项任务的落实。市纪委会同有关部门两次组织由人大、政协、民主党派、机关干部等组成的180多人,对33个部委办局、区县领导干部廉洁自律三项工作等情况,重点是住房、公款吃喝玩乐、公车私用问题进行专项检查。

1997年7—8月,市纪委会同有关部门邀请部分市人大委员、代表和市政协委员、民主党派成员、市特邀监察员,组成7个检查组,分两批对14个部委办局、区县和集团公司,就领导干部廉洁自律和中央制止奢侈浪费八条规定的情况进行专项检查。各单位严格执行公务用车管理制度规定,没有发现违反规定的问题,"清车"成果进一步得到巩固。

1998年,市纪委会同有关部门分两批组织由人大代表、政协委员、民主党派成员、机关干部等组成的18个专项检查组,对34个委办局、区县贯彻中央八项规定情况进行全面检查。全市共纠正处理违反规定配备汽车1辆、违反规定装修汽车1辆和违反规定借用汽车8辆。

2000年3月,市纪委会同有关部门分别召开部委办局和区县加强公务用车管理工作会议,部署党政机关公务用车编制证管理和超编汽车、借用汽车问题的清理工作。在清理中,对8个重点单位进行督促检查。全市党政机关全部实行公务用车编制证管理,超编汽车得到处理;清理党政机关借用汽车331辆,全部清退原产权单位;党政机关出资、用企事业单位额度购买汽车222辆,全部办理过户手续。7月,市纪委会同有关部门召开清理工作会议,对党政机关、事业单位和金融机构干部个人借用汽车问题进行清理。全市清理出干部个人借用汽车154辆,全部作出清退。

2003年8月,市纪委会同市政府机管局等部门,继续在全市范围内开展清理党政机关和事业单位超编制、超标准公务用车。全市共清理超编、超标、借用车辆910辆,其中纠正处理超编车285辆、超标车160辆,清退借用车辆465辆,并查处有关责任人员。

2005年,市纪委会同市政府机管局对全市公务用车编制执行情况进行核查。全市共纠正处理超编制、超标准汽车56辆,其中党政机关48辆。

二、开展公务用车制度改革

1999年初,市纪委按照市委的要求,会同市政府机管局对全市公务用车管理和改革情况开展调查研究,起草《关于本市党政机关公务用车管理情况的调查报告》。当年,在市党政机关、事业单位中实行公务用车编制证管理、经费包干等公务用车管理改革试点，对公务用车管理和改革中的新情况新问题提出建议和对策，为加强公务用车管理和推进公务用车制度改革提供依据。

2001年9月，市纪委会同有关部门召开全市加强公务用车管理工作会议，总结浦东新区等5个区县加强公务用车管理、积极探索公务用车制度改革的经验和做法，对公务用车管理和改革提出新的要求。

2003年3月，市纪委会同有关部门对全市公务用车管理及改革情况进行专题调查研究，撰写《关于对本市公车管理及改革情况的调研报告》，分析全市公务用车管理及改革现状，提出工作和改革建议。上海成立市公务用车制度改革工作小组，由市发改委牵头，定期召开会议交流调查研究情况，研究公务用车制度改革的思路方法，制定规范公务用车制度改革的指导意见和方案。

2004年，在市纪委指导下，闵行区率先开展公务用车制度改革试点工作。闵行区成立区公务用车制度改革领导小组及办公室，所属各单位也建立相应工作机构，按照“取消公车，购车自愿，定额补贴，超支自负”的原则，对区属党政机关、事业单位、国有企业实施公务用车制度改革，取消公务用车，对处级以下干部实行公务交通补贴，行政运行成本大幅度节约，反映党政干部违规用车的信访件明显减少，取得良好的经济效益和社会效益。

2005年，市纪委会同市发改委、市政府机管局等部门制定《关于本市党政机关(县处级)公务用车制度改革的指导意见》。针对检查中发现的问题，研究加强公务用车制度的改革的新途径新办法。至2009年，在市纪委指导下，普陀、嘉定、青浦、松江、长宁等5个区相继开展公务用车制度改革试点工作。在改革试点中，市纪委加强工作指导和调研，对改革过程中每个重要环节进行规范，如区县公务用车制度改革方案由市有关部门单独审核改为市纪委牵头会审机制，公车处置由“定向转让”改为“公开拍卖”，公务交通补贴由发放现金改为发放专用银行卡不得提取现金等，初步形成科学合理的公务用车制度改革方案，为上海市党政机关公务用车制度改革提供蓝本。

2010年4月，市纪委向中央纪委上报《关于上海市推进公务车辆改革情况的报告》，汇报上海市党政机关和国有企业公务用车制度改革试点工作的基本情况和主要做法，建议中央尽早制定出台公务用车制度改革的指导性意见，同时提出在全市抓好公务用车专项治理，有计划、分步骤、积极稳妥进行公务用车制度改革的工作打算。

三、加强公务用车管理

1986年6月19日，为纠正领导干部用车方面的不正之风，市政府机关事务管理局制定《关于市级机关领导干部工作用车管理办法》，统一规定领导干部工作用车管理制度。

1994年9月，中共中央办公厅、国务院办公厅印发《关于党政机关汽车配备和使用管理的规定》。12月，市委办公厅，市政府办公厅转发市监察委、市政府机管局《关于上海市机关、事业单位汽车编制配备管理规定》，市纪委会同有关部门，对党政机关小汽车配备和使用违规问题进行清理纠正。

1999年初，市纪委会同市政府机管局对全市业务用车管理和改革情况开展调查研究，形成《关于本市党政机关公务用车管理情况的调查报告》。9月，市纪委配合市政府机管局制定《关于上海市机关、事业单位汽车配备和使用管理的补充规定》，明确规定上海市党政机关、事业单位实行公务用车编制证管理，并对公务用车配备标准、使用管理作了具体规定。1999年，上海市党政机关、事业单位实行公务用车编制证管理、经费包干等公务用车管理改革试点工作取得明显成效。

2006年12月，市纪委会同市政府机管局召开上海市机关公务车辆管理工作会议，在公务用车制度改革中,继续抓好专项治理工作,规范公务用车管理,健全长效管理机制,在全市范围内开展清理超标准、超编制公务车辆的“两清”工作。

2007 年 1 月、3 月,市纪委、市监察委会同市政府机管局召开两次会议,推进党政机关、事业单位清理超标准超编制配备使用车辆、清退借用车辆工作,对迟报和未报的 11 家单位予以批评。会后,市纪委、市监察委和市政府机管局组成联合检查组,检查 17 个市级机关和 13 个基层单位。同年 10 月,市纪委、市政府机管局、市财政局等单位联合召开公务用车管理工作会议,针对检查中发现的问题,对违规违纪配备使用公务车进行复查和整改,印发《关于进一步加强本市党政机关公务用车管理的通知》,建立健全公务用车长效管理机制。截至当年 12 月底,全市党政机关及所属事业单位共清理出超编车 69 辆、超标车 110 辆、借用车 413 辆;纠正超标车 90 辆,清退借用车 246 辆,37 辆小号牌超标车全部按规定办妥更换手续。

2008 年第一季度,市纪委会同市政府机管局、市委组织部、市发改委、市监察委、市财政局组成四个联合检查组,先后对 18 个委办局和区县清理超标、超编车辆和清退借用车辆的工作进行专项检查,并会同市政府机管局联合发文对检查出来的各类问题和单位进行点名通报批评,共清理纠正 650 余辆违规车辆,进一步巩固和深化“双清”工作成果。上海制定《关于暂停审批本市党政机关新增公务用车等事项的通知》,明确 2008 年 3 月至 2009 年 1 月,暂停审批全市各级党政机关新增公务用车。为了认真贯彻《国务院办公厅关于深入开展全民节能行动的通知》精神,召开专门会议,部署公车按照尾号停驶公车。市纪委会同市政府机管局、市国资委组成检查小组,到各单位进行督查,对发现的违规车辆,进行点名批评。

2009 年 4 月,市纪委、市监察局、市政府机管局联合召开 2009 年公务用车管理工作会议,总结回顾 2008 年公务用车管理工作情况,部署 2009 年公务用车管理工作。

2010 年 1 月 4 日,市纪委、市监察局印发《关于两起领导干部驾驶公务用车和酒后驾车违反交

图 5-1-1　2010 年 3 月 16 日,上海市公务车辆管理工作会议召开

通法规案件的通报》，公开批评2名处级领导干部驾驶公务用车造成严重交通事故和酒后驾车违反交通法规的案例，要求各级领导干部坚决克服特权思想和麻痹思想，严格执行公务用车管理制度和纪律规定，坚决杜绝此类问题发生。

第三节　治理收受礼金、礼品、有价证券问题

一、治理收受礼金礼品问题

1987年，市纪委针对党员干部违反规定收受现金、有价证券和借婚丧嫁娶等事宜借机敛财的问题，根据市委的要求，印发《关于进一步纠正用公款请客送礼歪风的通报》，并召开市委、市政府、市人大、市政协秘书长和部委办负责人会议，检查贯彻落实情况，对少数有禁不止、我行我素的党员干部给予严肃批评和通报。

1989年，全市纪检系统加大监督检查力度，先后处理51名局级干部受礼的问题，或作检查，或退出礼品，或补交金额。7月14日，市纪委、市监察局针对礼品收交管理方面存在的混乱现象，印发《关于上海市党政机关及其工作人员在国内公务活动中所受礼品上交处理的意见》，规定对赠送的礼品难以谢绝的，应在一个月内上交所在单位，不按期交公，按违反党纪、政纪处理。

1990年，上海市贯彻党中央、国务院《关于近期做几件群众关心的事的决定》，认真抓好7件群众关心的实事，其中一件事是严格禁止请客送礼，收受礼金礼品。市纪委对72个委办局和区县机关调查统计，共拒收礼品5 465件，价值30万多元；上交礼品6 891件，价值21万多元。

1992年，上海兴起“礼券热”，对党风、政风造成冲击，广大群众对党政机关工作人员收受礼券、礼仪储蓄单反映强烈。市纪委、市监察局加强调查研究，提出治理“礼券热”的意见建议，会同有关部门采取一系列措施，有针对性开展监督检查。

1993年1—3月，市纪委、市监察局和市财贸纪委组成调查组，对全市销售、购买、发放礼券的情况进行专题调查，形成《关于本市礼券热情况的调查报告》，报送市委。

1993年8月，根据中央提出的“廉洁自律五条规定”，市委、市政府要求全市县处级以上领导班子召开学习会或民主生活会，对县处级以上领导干部严格遵守不准在公务活动中接受礼金和各种有价证券，不准接受下属单位和其他企事业单位赠送的信用卡，不准把本单位用公款办理的信用卡归个人使用等情况进行自查自纠。全市13 469名县处级以上干部中，有12 400多人进行自查自纠。至12月底，自查出在公务活动中接受礼金、有价证券以及贵重礼品的有2 572人，折合金额125.58万元；已退出的有2 425人，金额121.21万元。自查出有8人接受单位赠送的信用卡归个人使用，共计1.15万元，已全部退还；自查出有1人用公款获取高尔夫球俱乐部会员资格，涉及公款3.2万元，已退出。

2000年12月29日，市委办公厅、市政府办公厅转发市纪委、市监察委《关于重申领导干部不准收受与公务有关的现金和有价证券的通知》，并对相关情况进行检查。全市党政机关、事业单位党员干部上交的礼品、礼金和有价证券价值人民币592.72万元，清理收受礼金、有价证券和贵重礼品价值人民币1.597 3万元。

2000—2010年，市纪委结合实行礼品登记制度，在不同的时间阶段，连续多年把治理领导干部违反规定收受现金、有价证券和支付凭证问题作为领导干部廉洁自律的重点，开展自查自纠和监督检查。全市共有109名党员干部违反规定收受礼金、有价证券，受到纪律处分和组织处理。

二、实行礼品登记上交

1995年下半年,“礼券风”再次回潮。有些商业企业变相发放“提货单”和购物卡,一些单位用公款购买代币购物票券,引起群众不满。同年6月21日,市委办公厅、市政府办公厅印发《上海市实施〈关于对党和国家机关工作人员在国内交往中收受礼品实行登记制度的规定〉的办法》,11月24日,市纪委、市监察委和市财办、市财政局、人民银行上海分行联合印发《关于重申不准违反规定发放、购买和使用代币购物票券的通知》,对发放购买收受购物卡券等行为进行规范和清理,全市各级领导干部上交在公务活动中收受的礼金、有价证券1 911万元,上交礼品折合84万元,同时上交相当数额的各类外币。

1997年5月,市纪委印发《关于对今年领导干部廉洁自律工作进行检查的通知》,开展领导干部廉洁自律工作的检查,重点进行制止奢侈浪费情况的专项督查。7—8月,市纪委会同有关部门邀请部分市人大委员、代表和市政协委员、民主党派成员、市特邀监察员参加,组成7个检查组,分两批对14个部委办局、区县和集团公司开展制止奢侈浪费情况检查,并对礼品登记上交制度落实情况专项督查。全市2 431个单位21 179名领导干部共上交礼品、礼金,折合人民币1 436.2万元。

1999年,市纪委对上海市党政机关和企事业单位执行礼品实行登记制度情况进行调查研究,撰写《关于本市礼品登记制度执行情况的调研报告》并上报中央纪委,对执行礼品登记制度中的新情况新问题提出建议和对策,为加强和改进执行礼品登记制度提供依据。上海市党政机关和企事业单位31 490人上交礼金、礼品,折合人民币6 097.99万元;46人违反规定收受礼金、礼品,受到组织处理,其中17人受到党纪政纪处分。

2001年,市纪委会同市委组织部进行专题研究,印发《关于今年领导干部报告个人重大事项增加报告接受、上交现金、有价证券和持有因私出国(境)护照等两项内容的通知》,以报告个人重大事项的形式,对全市党政机关、人民团体、事业单位处级以上领导干部以及国有企业领导人员落实领导干部不准收受现金、有价证券的规定情况进行清理。全市党政机关、事业单位、国有企业共有34 136名处级以上领导干部和领导人员向组织作出报告,有5 478人次上交收受的现金、有价证券793.14万元;有13人违反规定被查处,分别给予党纪政纪处分,其中7人受到司法处理。

2002年,市纪委组织检查组,对部分区县、部委办局执行礼品登记制度情况进行专项检查。2002年全市科级以上干部共有17 691人次上交礼金、有价证券1 665.3万元;25名党员干部因违反规定收受礼金等受到查处,其中15人受到党纪处分,5人受到政纪处分,2人受到组织处理,3人受到其他处理。

2003年,市纪委制定2003年廉洁自律实施意见,重申对无法拒收的礼品、礼金一律按规定上交,建立健全礼品登记管理制度。市纪委对部分区县、部委办局执行礼品登记管理制度情况进行了检查,总结长宁、嘉定等区在严格执行礼品登记管理制度方面的经验和做法。全市130个局级单位、1 182个处级单位制定礼品、礼金登记管理制度;全市共有11 084名党政机关干部上交礼金、有价证券共计1 103.88万元,6 044名国有企业领导人员上交礼金、有价证券共计935.93万元。

2004年以后,在全市加强党风廉政建设大会、纪检监察工作会议等重要会议上,对领导干部廉洁自律提出新的要求,重申禁止奢侈浪费,严格执行礼品礼金登记上交制度,开展监督检查。至2010年底,全市党政机关党员干部和企业领导干部上交礼品、礼金、有价证券折合人民币共计10 492.276 6万元。

三、重大节日监督检查

1993 年 12 月 12 日，市委办公厅、市政府办公厅印发《关于过一个清正廉洁喜庆欢乐的元旦和春节的通知》，要求全市各级党政机关和领导干部继续贯彻党中央、国务院关于反腐败斗争近期几项工作的决定，把元旦、春节期间的廉洁勤政作为巩固和发展反腐败斗争成果的一项重要工作继续抓紧抓好；各级领导干部要继续严格遵守廉洁自律的各项要求，做出表率；严格遵守在公务活动中不得赠送和接受礼品的规定，不准借庆祝元旦、春节之机赠送和接受礼品、有价证券，也不准利用联欢、联谊活动以及摸奖、摇奖等形式变相赠送和接受高档礼品，对难以拒收的物品，应按规定及时上交。全市党政机关处级以上领导干部上交礼金、礼品折合人民币 280.2 万元。

1996 年 12 月，市纪委、市监察委印发《关于元旦春节期间进一步加强领导干部廉洁自律的通知》，明确要求各级领导干部要坚决落实中央、市委的有关规定，严禁用公款吃喝玩乐，挥霍浪费；严禁组织和参与用公款支付的高消费娱乐活动；严禁用公款赠送礼品、礼金和各种有价证券；严禁下级向上级领导机关和干部赠送土特产和其他礼品；没能拒收的要按规定登记上交组织；严禁岁末年终突击花钱和滥发钱物。市纪委会同有关部门两次组织了由人大、政协、民主党派、机关干部等 180 多人组成的检查组，对 33 个部委办局、区县进行监督检查。全市党员干部共上交礼品折合人民币 1 243.8 万元，上交礼金 1 220.1 万元，拒收礼品、礼金价值达 791.8 万元。

1998 年，市委办公厅、市政府办公厅印发《关于做好 1998 年元旦、春节期间有关工作的通知》，要求全市各级党政机关坚决制止奢侈浪费行为，严禁赠送和接受用公款支付的各种礼金、红包和有价证券。1 月，市纪委、市监察委重申不准印制、出售和发放、使用代币购物券，先后三次会同市商委、市农委等部门对区县和大型超市、市属商业企业进行专项检查，基本刹住部分单位印制、出售和使用代币购物券的不正之风。1998 年元旦、春节期间，全市党政机关和企事业单位 4 142 名干部上交礼金 340.9 万元，6 352 名干部上交有价证券价值 317.4 万元；1 名干部收受礼金、有价证券受到查处。

2005 年，按照中央纪委的统一部署，市纪委对领导干部廉洁从政方面存在的“五个突出问题”进行专项治理，尤其是抓好节假日等重要时段的工作部署和督促检查，及时印发《关于对贯彻落实中央纪委、监察部〈关于 2005 年元旦、春节期间严格遵守廉洁自律规定，坚决禁止奢侈浪费行为的通知〉的情况开展督促检查的通知》和《补充通知》，并组成 3 个检查组，到各区县、部委办局进行督促检查。全市共有 4 410 名机关干部上交现金、有价证券 726.87 万元。同时加大对违反“五个不许”规定的查处力度，共查处违反规定收钱送钱的党员干部 6 人，其中 4 人被免去领导职务，3 人受到党纪政纪处分，查处金额 39.89 万元。

2006 年初，市纪委、市监察委印发《关于 2006 年元旦春节期间，加强领导干部廉洁自律工作的通知》，明确要求大力弘扬艰苦奋斗作风，严格禁止各种奢侈浪费行为。1 月 20 日，通报 4 名党员干部因节日期间受贿被查处的典型案例，加大对领导干部警示教育的力度。市纪委和市委宣传部联合召开新闻通气会，要求新闻媒体在元旦春节期间宣传廉洁过节的规定。全市 4 718 名领导干部上交各类现金、有价证券和支付凭证 751.786 6 万元，其他党员干部上交各类现金、有价证券和支付凭证 1 262.643 4 万元；18 名党员干部违反规定被查处，其中 14 人受到党纪政纪处分，2 人受到组织处理。

2007 年 1 月 5 日，市纪委、市监察委印发《关于 2007 年元旦春节期间严格执行廉洁自律规定、认真做好关心人民群众生产生活工作的通知》,明确要求:各级党组织要继续加强党风廉政教育,组织开展廉洁过节的专题教育,增强各级领导干部的廉洁自律意识;严禁违反规定收送各种礼品、礼金、有价证券和支付凭证等。共有7 319名领导干部上交各类现金、有价证券和支付凭证共计1 353万元。

2009年,市纪委印发《关于贯彻落实中央纪委、监察部〈关于2009年元旦、春节期间加强廉洁自律工作、着力解决涉及群众利益的突出问题的通知〉的通知》,明确要求广大党员干部特别是领导干部要增强廉洁自律意识,以身作则,严于律己,严格遵守廉洁自律各种规定,严禁以各种名义收受礼品、礼金、有价证券和支付凭证。2月,市纪委四次召开工作座谈会,听取了解各单位元旦、春节期间落实廉洁自律规定情况和党风方面存在的突出问题。全市党员干部10 554人次上交礼品、礼金、有价证券和支付凭证,共计2 025.13万元;21名党员干部违反规定收受礼金、有价证券,受到纪律处分和组织处理。

2010年,市纪委印发《关于2010年元旦、春节期间切实加强廉洁自律和厉行节约工作的通知》,明确要求广大党员干部尤其是领导干部要以身作则,严于律己,严格遵守廉洁自律各种规定,强化廉洁从政意识,切实做到"八个严禁",包括严禁以各种名义收受礼品、礼金、有价证券和支付凭证。全市党员干部9 616人次上交礼品、礼金、有价证券和支付凭证,共计2 872.7万元;16名党员干部违反规定收受礼金、有价证券,涉及金额160.68万元,受到纪律处分和组织处理。

第二章　清理整顿私自从事营利性活动

针对改革开放后出现的领导干部私自从事营利性活动等新情况新问题，市纪委采取措施进行清理整顿。在清理领导干部企业兼职、投资入股、购买股票方面：1984—2005 年，对党政机关经商办企业、党政干部企业兼职和投资入股情况进行多次专项清理和监督检查，遏制党政机关经商办企业、党政干部企业兼职和投资入股的现象。1993 年，市纪委、市监察委组织力量加强对股票认购证发行工作的监督检查，保证股票认购证的顺利发行。在规范公务员退休（辞职）后从业行为方面：2000—2009 年，通过个人申报、组织审核形式，对领导干部退休（辞职）后从业行为进行监督检查。市纪委会同有关部门对各级党政机关退休人员从业情况，进行个人登记、组织审核、提醒谈话、督促纠正、组织处理；同时制定《关于规范本市公务员离职后从业行为的若干规定》，从制度上对公务员离职后从业行为进行规范。在规范领导干部配偶子女从业方面：2000—2010 年，制定有关“两不准”规定，并延伸到处级领导干部，部分区县延伸到正科级干部。同时，对新提拔的副处级以上领导干部进行重点审核，对领导干部任职岗位及配偶子女从业情况发生变化的局级、处级领导干部进行重新登记审核，对不符合规定的领导干部配偶子女从业问题进行纠正处理。

第一节　治理领导干部企业兼职、投资入股、购买股票问题

一、清理领导干部企业兼职问题

1984 年下半年，市纪委、市监察局根据市委的要求，对党政机关经商办企业和党政干部在企业兼职问题进行专项清理。12 月 30 日，市委、市政府印发《关于贯彻〈中央、国务院关于严禁党政机关和党政干部经商办企业的决定〉的通知》，要求各级党政机关按照中央、国务院的《决定》，对本部门、本单位经商办企业的情况认真进行检查，凡有违背《决定》精神的，坚决纠正。

1985 年，市纪委统一部署，在全市各级党政机关集中对党政干部以权经商办企业进行清理整顿，清理出党政干部兼职的有 1 032 人，全部进行脱钩。市委对在经济实体中兼职的 79 名局级以上干部，逐个进行研究，除在中外合资企业中兼职、政企一套班子二块牌子和原是工商业者 12 人允许兼职或需要过渡外，其余 67 人全部脱钩。

1988 年 8 月 16 日，市委、市政府召开各部委办、区和综合局党政领导干部会议，部署清理整顿政企不分、官商不分的问题。各部委办、区县局普遍进行自查，由市纪委、市监察局、市工商局、市审计局等八个单位组成联合检查组进行重点抽查，发现党政机关干部在企业任职的 899 名人员中，大部分已经脱钩。

1990 年，上海市深入开展党政机关经商办企业的清理工作。全市党政机关共办企业 394 户，其中保留政策允许开办企业 119 户，停办企业 87 户，与机关脱钩后继续开办企业 188 户；全市党政机

关干部在企业兼职有1 429人,其中局级干部85人,处级干部779人,科级以下干部427人,离休局级干部138人,已全部与企业脱钩。

1993年2月,市纪委会同市委组织部等有关部门,对全市党政机关兴办经济实体和党政机关干部在企业兼职的情况进行专题调查,形成《关于本市党政机关兴办经济实体和党政机关干部兼职情况的调查报告》,上报市委。6月29日,市委办公厅、市政府办公厅转发市纪委、市委组织部、市监察委《关于党政机关在职局级干部在经济实体兼职问题的处理意见》,对党政机关在职局级干部在经济实体兼职的各种情况提出了处理意见。8月底,在市清理党政机关所办经济实体工作领导小组统一部署下,上海市各级党政机关领导干部通过领导班子学习会和民主生活会,对在各类经济实体中兼职情况进行自查自纠。其间,市纪委、市监察委组织四次督促检查,推动全市这项清理工作。全市13 469名县处级以上干部中,有12 400余名进行自查自纠,其中自查在各类经济实体中兼职的1 080人,在经济实体中兼法人代表有935人。其中局级干部14人,处级干部252人,科级以下干部669人;通过清理,935人中辞去实体职务或辞去行政职务有761人,其中局级干部全部辞去实体职务,处科级以下干部747人辞去实体职务或辞去行政职务,另外,对处、科级以下干部174人的兼职问题都作出处理意见。全市共有在职局级干部212人兼任293个职务,已办理脱钩手续和明确脱钩意见的192个职务,占65.5%;其余局级干部兼职问题都作出处理意见。

1994年,市纪委统一部署,要求各级党政机关、处级以上干部通过民主生活会,对1993年提出的廉洁自律五条规定进一步自查自纠。全市在经济实体中兼职的344名党政机关工作人员中,313人辞去兼职职务,占90.9%,其中局级干部11人,处级干部155人。

1995年,各级纪检监察机关继续对全市党政机关工作人员在经济实体中兼职问题进行处理。全市党政机关31名工作人员在经济实体中兼职,辞去兼职职务;国有企业19名领导干部领取兼职工资受到处理,退款9.259 3万元。

1997年,市纪委继续深化国有企业领导干部廉洁自律工作,对国有企业领导干部提出新的规定,推行组织考核与民主评议相结合的办法对国有企业领导干部进行考评,及时对违反廉洁自律规定的干部进行处理,推进国有企业领导干部廉洁自律工作。全市纠正违反规定领取兼职职务工资的国有企业领导干部18人,退款48.1万元。

2002年,市纪委围绕领导干部投资入股、领导干部到企业兼职取酬、用公款购买商业保险等三个专题进行调查研究,并分别形成三个专题调研报告。市纪委书记办公会分别听取这三个专题调查研究情况汇报,并作了专题研究。

2004年3月25日,根据中央纪委、中央组织部《关于对党政领导干部在企业兼职情况进行清理的通知》,市纪委会同市委组织部,联合召开清理兼职专题工作会议,部署全市开展领导干部到企业兼职取酬问题的专项清理工作。会议明确这次清理工作的主要对象,是在企业兼职的党政机关、具有行政职能的事业单位(包括部分具有行政职能的事业单位)、已列入参照或依照公务员制度管理的社会团体中现职处以上党政领导干部和担任处以上非领导职务的党政干部。纪检和组织部门等有关方面要加强配合,在党委的统一领导下,按照"谁批准、谁纠正"的原则,在规定的时间内完成清理任务。全市共有812名党政领导干部在企业兼职,其中86名局级干部和647名处级干部的企业兼职问题得到纠正处理。

2005年,市纪委会同市委组织部,继续清理党政机关领导干部在企业兼职问题。2004年遗留的45名领导干部在企业兼职问题(其中局级干部1名,处级干部44名)全部得到纠正处理。

二、治理投资入股和认购股票问题

1993 年 8—10 月，上海市先后向社会公开发行两批股票，在组建“上海市股票认购证发行团”的同时，成立上海市股票认购证发行纪律监察组，加强对股票认购证发行的监督检查。市纪委、市监察委会同有关部门两次召开 30 家股票上市公司负责人座谈会，要求规范发行。纪律监察组到 20 多家上市公司进行抽查。在上海市股票认购证发行团召开的全市销售网点负责人会议上，市纪委、市监察委重申纪律规定，并向社会公布专线举报电话，促进股票认购证的顺利发行。全市党政机关处级以上干部自查购买股票有 1 551 人，金额 373.2 万元，有 638 人已退出或卖出股票，金额 218.06 万元。

2005 年，根据中央纪委、监察部、国务院国有资产监督管理委员会、国家安全生产监督管理总局《关于清理纠正国家机关人员和国有企业负责人投资入股煤矿问题的通知》的要求，对全市国家机关工作人员和国有企业负责人投资入股煤矿情况进行摸底清理。9 月 7 日，市纪委等四部门联合印发《关于认真做好清理纠正国家机关工作人员和国有企业负责人投资入股煤矿问题工作的通知》，就全市贯彻执行中央纪委文件精神、切实抓好清理纠正工作提出明确要求。9 月 9 日，市纪委召开清理纠正国家机关工作人员和国有企业负责人投资入股煤矿工作会议。截至 10 月上旬清理工作结束，区县、委办共有 41 个单位全部上报国家机关工作人员和国有企业负责人存在投资入股煤矿清理情况。上海没有发现领导干部(人员)投资入股煤矿问题。

2010 年，为严格执行党政干部投资规定，纠正和解决以权谋私问题，全市纪检监察系统对党政干部个人投资情况进行监督检查。全市党政机关有 7 943 名科级以上领导干部报告个人的投资情况，对 34 名党政干部违反规定投资问题作出纠正处理。

第二节　规范公务员退休(辞职)后从业行为

一、纠正领导干部退休后违规从业问题

2000 年 12 月 25 日，中央纪委五次全会报告中提出：“县(处)级以上领导干部在离职和退(离)休后三年内，不准接受原任职务管辖的地区和业务范围内的私营企业、外商投资企业和中介机构的聘任，不准个人从事或代理私营企业、外商投资企业从事与原任职务管辖业务相关的经商办企业活动。”市纪委贯彻落实中央纪委对规范领导干部离职和退休后从业的规定，提出意见和建议。

2001 年，市纪委会同市委组织部对 1998 年以来市管的离职和离退休干部从业情况进行调查摸底。全市局级离退休干部 189 人，其中有 107 人继续从业，初定在从业“两不准”规定范围内有 16 人；处级离退休干部 1 249 人，其中有 488 人继续从业，初定在从业“两不准”规定范围内有 78 人。经过进一步审核后，对不符合规定的问题作出纠正处理。

2003 年，市纪委开展对领导干部辞职和提前退休后下海经商情况的专题调查研究，并向中央纪委报送《上海市纪委关于领导干部辞职和提前退休后经商从业情况的调查报告》。同时，开展监督检查，纠正领导干部辞职和提前退休后从业违反规定的问题。2001 年 1 月以来，全市共有 426 名处级以上干部辞职或提前退休，其中有 95 名处级以上干部继续在民营企业、外资企业和中介机构从业，对 8 名处级干部与原管辖地区和管辖业务存在关联的问题，进行纠正处理。

2007年5月29日,《中共中央纪委关于严格禁止利用职务上的便利谋取不正当利益的若干规定》明确提出:严格禁止利用职务上的便利为请托人谋取利益之前或者之后,约定在其离职后收受请托人财物,并在离职后收受。全市纪检监察系统加大查处力度,严肃处理这类违纪违法案件。

2008年,中央纪委印发《关于规范中管干部辞去公职或者退(离)休后担任上市公司、基金管理公司独立董事、独立监事的通知》和《关于退出现职、接近或者达到退休年龄的党政领导干部在企业兼职、任职有关问题的意见》。市纪委会同市委组织部进行专题研究,并作了具体分工。市纪委负责局级干部辞去公职或者退(离)休后担任上市公司、基金管理公司独立董事、独立监事的情况调查摸底工作;市委组织部负责局级干部退出现职、接近或者达到退休年龄的党政领导干部在企业兼职、任职的情况调查摸底工作。在此基础上,市纪委组织各区县、各部委办局纪委进行调查摸底工作,对不符合规定的局级干部退休后担任上市公司、基金管理公司独立董事、独立监事的问题作出纠正处理。

二、加强对公务员退休后从业行为的监督

2005年颁布的《公务员法》第102条明确规定:"公务员辞去公职或者退休的,原系领导成员的公务员在离职三年内,其他公务员在离职两年内,不得到与原工作业务直接相关的企业或者其他营利性组织任职,不得从事与原工作业务直接相关的营利性活动。"市纪委、市监察局贯彻落实《公务员法》,加强对公务员退休后从业行为的监督。

2009年3月25日,市委书记俞正声在市纪委《关于反映某区税务局退休人员到相关公司任职等问题的情况报告》上作出批示,要求在全市开展自查自纠,制定更加严格的规定,从制度上加以规范。市纪委书记董君舒多次作出批示,要求"认真学习正声书记批示精神,在认真调研的基础上,提出各部门按公务员法要求进行自查自纠并报结果的意见",进一步对各类社会中介组织的从业行为作出规范。同年8月10日,市纪委、市监察局、市公务员局联合印发《关于对本市公务员退休(辞职)后从业行为进行自查自纠的通知》,要求各区县、委办局纪检监察部门和公务员管理部门按照《公务员法》和干部管理权限开展自查自纠,做好党政机关退休(辞职)人员从业情况的甄别工作,对部分人员违反规定的从业行为提出退股、退职、退出不当收入等具体处理意见,并限期纠正。

2009年9月4日,市纪委召开规范公务员退休(辞职)后从业行为工作会议,对全市公务员退休(辞职)后从业行为开展自查自纠作出部署。自查自纠的重点对象是近三年内退休(辞职)的公务员(包括局级干部),少数干部退休(辞职)已超过三年,但明知其当初违反规定从业的,也应根据情况进行登记并予以纠正。上海市共有18个区县、33个委办局上报本地区、本单位和本系统公务员离职后的从业情况,近两千名2006年1月1日后离职继续从业的公务员按照要求,认真填报从业情况登记表。市纪委、市监察局、市公务员局对一些单位的自查自纠情况进行抽查,对发现数名市管干部离职后的从业行为不符合有关规定的,根据《公务员法》有关规定,分别对违反规定的市管干部作了提醒谈话,督促自觉纠正离职后不规范的从业行为。中央电视台、中央人民广播电台、《解放日报》、人民网以及凤凰网、星岛环球网等境内外数十家媒体作了报道。

2010年,市纪委出台具体规定和实施细则,要求各区县、各部门严格按照《关于规范本市公务员离职后从业行为的若干规定》,在登记摸底的基础上对本区县、本部门公务员离职后从业行为情况进行甄别处理。8月至10月,市纪委在对全市公务员退休(辞职)后从业行为开展自查自纠的基

图 5-2-1　2009 年 10 月 30 日，上海市纪委召开规范公务员退休(辞职)后从业行为工作座谈会

础上，对 5 名市管干部违反中央和市委关于公务员离职后从业规定的问题，分别与本人进行提醒谈话，督促他们自觉纠正不规范的从业行为，并向市委、市政府主要领导作了专题报告。

第三节　规范领导干部配偶、子女从业行为

一、规范局级领导干部配偶、子女从业行为

2000 年，为贯彻中央纪委关于省(部)、地(厅)级领导干部的配偶、子女不准在该领导干部管辖的业务范围从事可能与公共利益发生冲突的经商办企业活动，不准在该领导干部管辖的地区和业务范围内的外商独资或中外合资企业担任由外方委派、聘任的高级职务的规定，6 月 27 日，市纪委会同市委组织部召开专题会议，部署市级、局级现职领导干部的填表登记工作，全市 38 名市级现职领导干部和 1 758 名局级现职领导干部填表登记本人配偶、子女个人经商办企业和在外商、合资企业任职情况。在登记工作中，对 35 份填写不详的登记表分别请有关领导干部作补充说明；对 45 份有情况的登记表进行审核甄别；对违反规定的 4 名局级现职领导干部的配偶或子女个人经商办企业或在外商、合资企业任职的问题作出纠正处理。

2001 年 3 月 16 日，市纪委印发《关于贯彻中央纪委〈关于印发《关于省、地两级党委、政府主要领导干部配偶、子女个人经商办企业的具体规定(试行)》的通知〉的通知》，继续开展对局级领导干部配偶子女从业问题登记审核工作。对新提拔的 37 名局级领导干部实施补填登记表和审核甄别；对 138 名在区县人大、政协任职的局级领导干部配偶、子女从业情况，按任职前的职务所管辖的业务范围进行甄别，严格落实领导干部配偶、子女从业“两不准”规定。

2002年,市纪委按照中央纪委关于进一步落实领导干部配偶、子女从业规定的要求,组织对485名局级干部进行审核甄别,重点核实甄别246名涉及配偶、子女经商办企业的局级领导干部;对新提任和任职岗位及配偶、子女就业情况发生变化的239名局级领导干部重新进行登记审核,加强对领导干部配偶、子女从业的监督检查。

2003年,在加强干部廉洁自律工作中,通过重大事项报告、述职述廉、民主生活会等形式,全市560名局级领导干部作出书面报告,市纪委对其中15名局级领导干部涉及配偶、子女经商办企业情况进行重点审核甄别,促进领导干部廉洁自律。

2004年5月,市纪委会同市委组织部在加强对新任局级干部廉政教育的基础上,对99名新任局级领导干部的配偶、子女从业情况进行登记审核,对新任局级干部严格管理,严格监督,增强廉洁自律意识。同年,市纪委、市委组织部联合开展对区县、委办局党政主要领导报告个人重大事项情况的专项检查,将领导干部配偶、子女从业作为一项重要内容监督检查。全市重点检查95名区县、委办局的党政主要领导报告配偶、子女从业个人重大事项情况,对违反规定的进行纠正解决,督促严格执行规定。

2004—2010年,市纪委把领导干部配偶、子女从业作为领导干部廉洁自律的日常工作监督管理,在历年的领导干部民主生活会列为廉洁自律的重要事项,进行情况报告,接受党组织监督,切实落实中央关于领导干部配偶、子女从业规定,确保领导干部廉洁从政。

二、规范处级领导干部配偶、子女从业行为

2001年5月,市纪委、市监察委印发《关于认真做好区县党政机关局级领导干部配偶、子女从业“两不准”规定延伸到县(处)级干部的工作的通知》,分别召开部委办局和区县分管领导参加的工作会议,对“两不准”规定延伸到县(处)级领导干部进行专题部署。经过宣传教育、填表登记、调查核实、甄别处理等四个阶段,到9月底基本完成任务。据统计,全市有23 726名处级领导干部填表登记申报配偶、子女从业情况,占应填表人数的99.73%。经审核甄别,对12名不符合规定的领导干部的配偶、子女从业情况作了纠正处理。7月,市纪委、市监察委印发《关于本市乡镇街道党政主要领导干部配偶、子女从业“两不准”规定的实施意见(试行)》,把“两不准”的规定延伸到乡镇街道党政主要领导,开展集中清理整顿,提出具体要求,进行登记申报,规范领导干部配偶、子女从业行为。

2002年,为落实领导干部配偶、子女从业“两不准”规定延伸到县(处)级干部,在全市范围内继续开展处级干部登记申报配偶、子女情况。对25 839名处级干部进行审核甄别,加强监督检查。

2003年,为落实上海2003年廉洁自律实施意见,进一步执行领导干部配偶、子女从业的有关规定,对情况有变化和新提任的副处级以上领导干部进行配偶、子女从业情况填报登记和审核甄别。全市8 706名处级领导干部书面报告,经过审核甄别,对处级领导干部涉及配偶、子女从业违规问题进行纠正处理。

2005年,按照中央纪委的统一部署,市纪委对领导干部廉洁从政方面存在的“五个突出问题”进行专项治理,组成3个检查组到各区县、部委办局进行督促检查。全市有12 490名处级以上领导干部向组织报告个人重大事项,1 874名处级以上领导干部在职务变动后及时申报配偶、子女从业情况;对2名处级以上领导干部涉及配偶、子女从业违规问题进行纠正处理。

2008年,市纪委加强领导干部廉洁自律工作,组织全市党政机关开展重大事项报告工作,有

1 731 名处级以上领导干部向组织报告配偶、子女从业情况，对 11 名处级以上领导干部涉及配偶、子女从业违规问题进行纠正处理，维护纪律的严肃性。

2010 年，继续在全市党政机关开展领导干部重大事项报告工作，加强监督检查，保证领导干部配偶、子女从业规定的落实。全市有 9 542 名科级以上领导干部向组织报告配偶、子女从业情况，没有发现领导干部涉及配偶、子女从业违规问题。

第三章　制止奢侈浪费不正之风

为纠正奢侈浪费不正之风，在治理公款吃喝玩乐方面：1993 年以来，每年全市将不准用公款吃喝玩乐作为领导干部廉洁自律工作和党风廉政建设大检查主要内容之一，严肃查处违规用公款吃喝玩乐的人和事。在规范公款出国（境）方面：1992—2010 年，针对以各种名义用公款出国（境）旅游的行为，组织多次全市性大规模专项检查，遏制用公款出国（境）旅游的现象。同时，市纪委、市监察局会同市政府外事办公室，建立因公出国（境）综合管理信息系统，强化对领导干部出国（境）情况的监督管理。在治理用公款购买商业保险方面：2004—2005 年，市纪委、市监察委会同有关部门开展对党政机关、事业单位用公款为个人购买商业保险和对党政干部拖欠公款的清退工作。2007—2008 年，市纪委、市监察委会同有关部门对部分党政机关、事业单位用公款为个人购买市职工保障互助会团体补充养老保险情况进行专项清理。在清理公费安装电话和公费购买移动电话方面：1997 年，市纪委会同有关部门开展清理公费住宅电话、移动电话。2000 年，组织全市党政机关、事业单位开展对用公款为领导干部配备住宅电脑、笔记本电脑和支付上网费用的清理工作。

第一节　严禁公款吃喝玩乐

一、纠正公款吃喝不正之风

1979 年 9 月 19 日，市委印发中央纪委《关于严防干部侵占农村社员劳动所得，用来大吃大喝、请客送礼的不正之风的通告》，指出公款吃请不仅农村有，市区也有，要求农村各级干部和城市下乡干部，严禁以各种形式侵占农村社员的劳动所得，用来大吃大喝、请客送礼。市委纪委筹备组把纠正公款吃请列为端正党风的重要内容，发现一起查处一起，严肃处理，坚决纠正用公款吃喝不正之风。

1985 年上半年，市纪委针对用公款吃喝不正之风蔓延的趋势，印发《关于进一步纠正用公款请客送礼歪风的通报》，召开市委、市政府、市人大、市政协秘书长和部委办负责人会议，检查贯彻落实情况，对少数有禁不止、我行我素的党员干部给予严肃批评和通报。12 月，市纪委向全市转发市教卫党委《关于教卫系统上海采购供应站请客送礼的处理通报》。该站领导借仪器营业部开张之机大搞请客送礼，举行三次宴会、一次冷餐会，大量分发礼品，共花费 37 000 多元。市教卫纪委决定给予该站领导党内警告处分。

1987 年 5 月 29 日，市纪委根据群众举报，对有些单位违反规定、巧立名目、继续搞公款宴请的问题进行检查，责令有关领导干部公开检讨，并通报批评。

1988 年 4 月，市监察局组织力量对全市 90 个局级行政机关贯彻执行市政府改善政风有关规定的情况进行检查。根据群众举报，对市公安局、市航运公安局在工作会议中铺张浪费搞宴请的问题，进行严肃查处，提出三条处理意见，公开登报批评。对市统计局某副局长多次吃请受礼问题，在全市局级干部范围内予以点名通报批评。

1989 年，市纪委和有关部委办、区纪委开展对用公款吃喝问题的检查，先后检查 51 名局级干部吃喝收礼的问题，并作了严肃处理。同年，市监察局继续开展对全市90个局级行政机关贯彻执行市政府改善政风有关规定的情况进行监督检查，被检查的414名局级行政干部中，共拒绝宴请403人次，拒收礼品114件，价值计4 700余元，上交礼品1 225件，价值近3万余元。对局级干部违反规定的12起26人作出处理，其中1人被通报，10人收到《监察书》后退交礼品，15人收到《监察书》后补交餐费。通过此次廉政检查，公款吃喝受礼现象有所收敛。

1991年，市委根据中共中央办公厅、国务院办公厅《关于认真检查对严禁用公款吃喝玩乐等有关规定执行情况的通知》，要求各级党政机关对严禁用公款吃喝玩乐等有关规定的执行情况，进行一次认真的自查自纠；各级领导干部要把自查自纠作为民主生活会的重要内容之一。

1995年上半年，市纪委在11个国有大中型企业开展企事业单位领导干部廉洁自律工作的试点，把制止公款吃喝玩乐作为重点来抓。下半年在全市企事业单位推行，被列入这项工作范围的企事业单位共有1.65万个，其中国有企业6 433个，集体企业7 439个，事业单位2 616个；涉及企事业单位领导干部近6万人。11月，中央纪委、监察部“两不准”专项检查组来上海进行检查，认为“上海制止公款吃喝玩乐起步早，基础好，取得了一定的成效”。

1996年4月、6月，根据中央纪委办公厅《关于对今年领导干部廉洁自律三项工作进行检查的通知》和《补充通知》精神，市纪委会同有关部门两次组织由人大、政协、民主党派、机关干部等组成的180多人，对33个部委办局、区县的领导干部廉洁自律三项工作等情况，重点是住房、公款吃喝玩乐、公车私用问题进行专项检查。

1999年，全市纪检监察系统严格执行中央纪委反对奢侈浪费的规定，针对利用开会、庆典和公务接待活动中铺张浪费、用公款吃喝的问题，开展专项的治理，严肃处理违反规定的人和事。拒绝公款宴请7 370次8 680人，查处违反接待标准问题5件，有1人受到党纪处分，4人受到其他处理。

2000—2006年，全市纪检系统结合五一、国庆、元旦、春节等重大节日，开展监督检查，治理公款吃喝问题，特别是严禁公款互相宴请的问题。对屡禁不止、有令不行、违反规定的严肃查处。2006年，全市查处违规用公款旅游3人，其中2人受到党纪政纪处分，1人受到组织处理；查处党员干部参与赌博8人，涉及金额53.47万元，其中7人受到党纪政纪处分，1人受到组织处理。

二、禁止参与公款高消费娱乐活动

1995年4月7日，市政府、市纪委召开部委办局、区县负责人工作会议，对贯彻中央纪委五次全会提出的“不准接受可能对公正执行公务有影响的宴请”和“不准参加用公款支付的营业性歌厅、舞厅、夜总会等娱乐活动”的规定开展专项治理工作，进行具体部署，把“两不准”作为党政机关领导干部廉洁自律工作的重点，抓建制、抓教育、抓监督、抓查处，遏制这股不正之风蔓延的势头。按照市纪委统一部署，上海有87个市级机关制定实施细则，坚决制止用公款吃喝玩乐。市纪委加强监督检查，对7个部委办局党委和12个局进行制止公款吃喝玩乐情况调查，对6名领导干部接受公款吃喝玩乐问题进行处理。

2000年，根据市纪委四次全会扩大会议精神，全市各区县、部委办局都制定领导干部外出请假制度，同时加强日常管理。各级纪检监察机关加强监督检查，发现问题严肃处理。对2名领导干部接受用公款安排的私人旅游问题，分别给予党纪处分和组织处理，并退出全部费用。

2001年，市纪委对防止领导干部参加接受有关单位、个人赞助和奖励的健身等娱乐活动情况，组织专题调查研究，要求各区县、部委办局针对实际情况，加强监督检查。徐汇区纪委针对该区一些民营企业或个人赞助的网球、桥牌等比赛有奖励实物和现金(有价证券)的情况,及时采取有力措施,有效地遏制领导干部参加接受有关单位、个人赞助和奖励的健身活动的现象。

2004 年,根据中央纪委、中央组织部《关于严肃查处党员和干部参与赌博的通知》,市纪委会同市委组织部进行研究部署,将《通知》转发到全市各级党组织,召开部分区县纪委书记、组织部门负责同志、公安分局治安大队负责人等一系列座谈会,开展深入的调查研究,提出整治的意见要求。组织全市各级党组织对本地区、本系统进行专项自查,排摸党员和干部参与赌博情况,开展专项整治活动。2003—2004 年,全市共查处参与赌博党员和干部 297 人,其中给予党纪政纪处分 271 人,治安处罚 276 人。

三、规范会议、庆典和接待工作

1996 年 4 月,上海召开深入贯彻"两不准"规定工作会议,明确提出交易性吃请要坚决查处、联谊性吃请要坚决制止、工作性吃请要严格标准、接待性请吃要节约从简等 4 条政策界限。全市各单位结合实际情况,完善接待标准和报批程序,从严格财务管理入手,明确政策界限,规范财政支出,坚决纠正和查处违反中央规定的人和事。市纪委会同有关部门对贯彻"两不准"的情况进行检查。全市党政机关拒绝参加吃请有 35 573 人次,拒绝参加公款玩乐 8 937 人次;54 名党员干部违反"两不准"规定受到处理,共退出违纪金额 4.29 万元。

1997 年 5 月,根据中央纪委制止奢侈浪费电视电话会议精神,市纪委明确各级纪检监察机关的监督责任,要求加强组织协调和监督检查,对违反规定的给予严肃查处,保证中央和市委的精神落到实处。当年,全市党政机关和企事业单位共精简各种会议 4 889 次,取消和拒绝参加应酬性活动 7 358 次 24 846 人,14 人违反规定受到调查处理。

1998 年 6 月 16 日,市纪委召开深入贯彻中央制止奢侈浪费八项规定会议,要求进一步建立健全会议管理制度,全年压缩会议经费 10%;各级党政机关年底前全部实行公务招待费财务单独列项制度。全市压缩和取消会议 4 092 个,节约经费 2 496.55 万元,2 320 个单位建立会议审批制度,1 609 个单位建立会议费预算总额包干制度,并查处 2 起违反开会有关规定的案件;2 749 个党政机关、事业单位实行公务招待费财务单独列项制度,2 566 个党政机关、事业单位建立公务招待费审批核算和监督检查制度,与去年同期相比减少公务招待费 3 553.64 万元;有 14 369 名干部拒绝用公款支付的各种吃喝玩乐活动,并查处 19 名干部违反规定用公款吃喝玩乐的问题,其中 14 人受到党纪处分,5 人受到其他处理。

1999 年,市纪委印发《关于对严禁党政机关到风景名胜区开会的执行情况加强监督检查的通知》,要求完善会议报告审批制度,建立会议预算和经费包干制度,加强日常管理和监督。市纪委先后两次对全市执行严禁党政机关到风景名胜区开会规定的情况进行专项检查。全市 33 个区县、部委办局和 1 275 个处级以上党政机关健全完善会议报告审批制度,并将关于严禁党政机关到风景名胜区开会的规定纳入会议报告审批制度;1 689 个企事业单位参照执行中央通知精神,制定外出召开会议报告审批制度。全市制止违反规定到风景名胜区开会 81 起,节约经费 191.37 万元;查处借开会之机到其他风景名胜区旅游案件 4 个,有 4 名党员干部受到党纪政纪处分。全市共取消会议、庆典 1 249 个,节约经费 1 451.51 万元,缩小会议、庆典规模 749 个,节约经费 1 138.94 万元。

2001 年,市纪委总结奉贤区、南汇区、嘉定区的经验做法,要求各单位在制止奢侈浪费工作中,探索公务接待方面规范管理。

2002 年，全市继续开展对会议、庆典和公务接待的监督检查，进一步落实反对奢侈浪费的规定。全市党政机关和企事业单位共压缩和取消会议 1 078 个，节约经费 1 376.89 万元；缩小会议、庆典 644 个，节约经费 818.68 万元；拒绝公款宴请 2 106 人次，与去年同期相比减少公务招待费 31 033.09 万元。

2009 年，根据中共中央、国务院《关于党政机关厉行节约若干问题的通知》，市纪委提出贯彻落实意见和监督检查的具体要求。7—8 月，市纪委、市监察局会同有关部门组织 5 个联合检查组，对 18 个区县和 30 个部委办局贯彻落实中央厉行节约八项要求的情况进行督查。10—11 月，按照中央纪委党风廉政建设室的要求，市纪委总结这次督查工作，撰写《关于对本市部分单位贯彻落实中央厉行节约八项要求情况督查的报告》，分别上报市委和中央纪委。

2010 年 6 月，市纪委根据《中央纪委、监察部、财政部关于进一步落实党政机关厉行节约要求的通知》，召开有关部门工作协调会，进一步明确任务和要求，研究部署全市落实开展厉行节约工作。同时，市纪委会同市财政局召开上海市党政机关厉行节约工作会议，就进一步贯彻落实中央厉行节约要求、加强监督检查提出具体要求。年底，结合全市党风廉政建设责任制检查考核，对各部委办局、区县执行中央厉行节约要求情况开展检查。全市庆典、节会、论坛费用减少 2 118.7 万元，会议费用减少 3 196.4 万元；7 名党员干部违反厉行节约规定被查处，其中 5 人受到纪律处分，2 人受到组织处理，被查处金额 798 万元。

第二节　规范公款出国(境)

一、纠正公款出国(境)违规问题

随着改革开放和经济建设的发展，1992 年以后，各类组团出国(境)考察、培训明显增多，这对加强对外经济、技术合作交流，起到积极作用，但也出现一些以考察、培训为名公费旅游的问题。

1993 年 3 月，市纪委组织对公费出国(境)旅游问题进行调查，形成《关于公费出国(境)问题调查报告》，对公费出国(境)情况、存在问题以及原因和建议作出分析和研究，为市委市政府提供决策依据。4 月 26 日，市委办公厅、市政府办公厅印发《关于加强对组团出访的管理严禁公费旅游的通知》，要求各有关部门对 1992 年以来组团公费出国的情况进行一次自查，坚决制止以考察、培训为名出国(境)旅游。7 月 17 日，市纪委、市监察委印发《关于严禁公费出国(境)旅游〈通知〉执行情况的通报》，对一些部门和单位以考察、培训为名出国(境)旅游问题给予点名批评。8—10 月，市纪委会同旅游和外事部门，对用公费通过旅游渠道出国(境)考察的培训人员情况进行检查清理。市纪委、市监察委分别通报批评奉贤县某乡公费组团出国(境)旅游的违纪行为；通报表扬金山县公费出国(境)严格把关的经验。全市查出属擅自组团、没有明确公务目的、公费旅游的 86 批 704 人，按规定退出制装费、伙食费、零用费 115.78 万元，对 3 人作出纪律处分，通报批评 17 件；取消和制止公费出国(境)183 个团次 1 250 人，减少经费支出 1 162 万元。

1994 年，市纪委、市监察委会同市旅游局、市公安局对中国旅行社等五个旅行社贯彻中央文件的情况进行检查，遏制通过旅游渠道公费出国(境)旅游现象。全市压缩公务出国 88 批 160 人；制止通过旅游渠道办理公费出国(境)有 6 批 14 人；对继续清理出用公费变相出国(境)旅游的 228 人作出处理，共退出制装费、伙食费、零用费 17.4 万元。

1995年7月27日,市纪委、市监察委印发《关于坚决制止公费出国(境)旅游的通报》,通报点名批评闵行区科协、市科技咨询服务中心、浦东新区明大商业管理有限公司以“考察”名义组织公费出国(境)旅游的问题,重申各级党政机关加强领导,从审批源头抓起,严格把关;严格控制各类学会、协会、基金会、中心等团体组织出国(境)考察培训;严格出国(境)招商审批手续,防止以“招商”为名,用公款变相出国(境)旅游;外事、出入境管理部门要把好关口,各旅游部门不得办理公费出国(境)旅游;各级纪检监察机关要加强与职能部门的联系,加强监督,坚决制止公费出国(境)旅游。全市制止公费出国(境)361批1 103人。

1996年,继续加大治理公款出国(境)旅游不正之风,各单位开展自查自纠和监督检查。全市制止公费出国(境)351批1 039人;中旅、国旅、青旅等五大旅行社共拒绝公费出国(境)旅游400人次,避免损失252万元。

1997年,市纪委、市监察委统一安排,组成7个廉洁自律专项检查组,由65名市人大委员、市政协委员、民主党派成员、市特邀监察员和机关干部参加,于7月30日至8月6日分赴14个部委办局党委、区县和集团公司,对领导干部廉洁自律工作和贯彻中央制止奢侈浪费八条规定情况进行专项检查。全市上半年压缩和制止公费出国(境)589人,节约经费1 385.4万元;查处公费出国(境)旅游115人,退款近113万元,有4人受到党纪处分。

1998年,市纪委、市监察委会同有关部门加强协调配合,从因公因私两条渠道严格把关,开展监督检查,压缩和制止因公出国(境)团组211批786人次,节约经费1 412.73万元,并严肃处理4起违规因公出国(境)案件。

1999年,市纪委、市监察委组织市特邀监察员及政府有关职能部门,成立5个专项检查组,于7月21—27日先后对黄浦、虹口、静安、普陀、闵行、嘉定、金山、浦东新区、奉贤、南汇等10个区县的领导干部廉洁自律工作情况进行专项检查。重点检查严禁党政机关到12个风景名胜区开会、严格控制党政机关新建和装修办公楼、严格管理公费出国(境)和坚决制止公款出国(境)旅游等三项重点工作。据统计,1999年压缩和制止因公出国(境)214批891人,节约经费1 102.76万元;严肃处理14起因公出国(境)违规问题,涉及84人,其中7人受到党纪政纪处分,77人受到其他处理,退出金额62.2万元。全市压缩或制止214批891人公费出国(境),节约出国经费1 102.76万元;查处14批84人公费出国(境)旅游问题,并退出出国费用64.2万元,其中有3人受到党纪处分,4人受到政纪处分,77人受到其他处理。

2000年,市纪委召开四次全会扩大会议,明确要求全市党政机关进一步建立健全领导干部外出请假制度,制止和预防领导干部以各种名义接受下属单位用公款安排的私人旅游活动,加强日常管理和监督检查,发现问题给予严肃处理,并追究单位领导和纪委的责任。全市制止129人公费出国(境)旅游,节约经费207.28万元;查处80人公费出国(境)旅游问题,退出出国费用17.42万元。

2002年10月,市纪委会同有关部门制定《上海市特定身份人员因私出国申领护照报送备案管理办法》,并会同有关部门成立三个检查组,对市建委等11个单位在报批组团、履行报批手续和执行出国(境)批件等方面的情况进行检查,对弄虚作假、违规报销经费等违纪行为作出处理、通报批评。

2006年5月,市纪委组织对全市631个处级以上单位开展执行出国(境)管理制度情况的专项检查,对违反规定的问题进行纠正和处理。据统计,查处党员干部违规公费出国(境)旅游3人,其中1人受到组织处理,2人受到党纪政纪处分。

2007年8月,市纪委会同市政府外办转发《中央纪委关于安徽省人民检察院出国团组违反外事纪律问题的通报》，重申有关纪律规定，要求各单位严明纪律，强化监督和报告机制，坚决查处因公出国（境）中的各种违规行为。

2008 年，市纪委会同市台办转发中央纪委等部委《关于严禁党员、干部违规赴台旅游和交流的通知》，并召开专题工作会议，加强对党员干部赴台旅游和应邀赴台交流的管理。根据中央纪委对预防腐败工作试点省（市）的指导意见，上海积极探索制止公款出国（境）旅游专项工作，严禁利用公款出国（境）旅游，对违反规定的严肃处理。同时，各单位开展检查，全市共压缩因公出国（境）团组 106 个，减少出访人员 386 人；查处党员干部违规公费出国（境）案件一起，处理 1 人。

2009 年 1 月，市纪委、市监察局、市政府外办召开制止公款出国（境）旅游会议，要求进一步完善因公出国（境）管理制度，加大对违规违纪行为的惩处力度，坚决制止公款出国（境）旅游。7 月，市纪委、市财政局、市发展改革委、市政府机管局、市政府外办组织 5 个检查组，对全市 18 个区（县）、30 个委办局落实中央厉行节约八项要求的情况进行督查。通过督查，各级党政机关进一步规范因公出国（境）等费用管理，并按中央要求削减费用支出。

2010 年 8—9 月，市纪委会同市政府外办等有关部门组成 5 个检查组，分别对 16 个区县、委办局落实中央厉行节约八项要求和执行“廉洁办博”纪律的情况开展督查，对两起因公走因私渠道出国（境）考察的违规行为及时进行制止，并责令责任部门按照规定认真整改。全市共减少因公出国（境）团组 87 个，减少出访人员 1 021 人，减少公款出国（境）费用 4 135.3 万元。

二、加强对出国（境）护照管理

2001 年，市纪委会同市委组织部进行专题研究，印发《关于今年领导干部报告个人重大事项增加报告接受、上交现金、有价证券和持有因私出国（境）护照等两项内容的通知》，以报告个人重大事项的形式，对因私出国（境）护照进行清理。市纪委会同有关部门对 37 457 名处级以上领导干部持有因私出国（境）护照等情况进行个人登记和组织核查，其中 5 678 名领导干部持有因私出国（境）护照；3 名领导干部本人或配偶持有港澳通行证；35 名领导干部本人或配偶持有外国长期居留证。对违反规定的问题，按照中央纪委要求都作出处理。全市共制止和压缩公费出国（境）22 批 108 人。

2002 年 10 月，根据市纪委会同有关部门制定的《上海市特定身份人员因私出国申领护照报送备案管理办法》，全市开展领导干部护照报备管理，共有 350 多个机关、事业单位和 200 多个金融机构报送备案名单，涉及人员 12 万多人，其中 5 000 多名局级干部、2 万多名处级干部的名单输入计算机管理系统，加强对领导干部因私出入境情况的日常管理。据统计，全市共压缩公费出国（境）330 批次 986 人次，减少开支 1 843.78 万元；制止和纠正 35 批次 221 人次，退出金额 241.67 万元；查处违规出访团组 6 批 34 人次，11 人受到党纪处分和组织处理。

2005 年，根据中央纪委等八部委《关于进一步加强党员干部出国（境）管理的通知》精神，市纪委会同市委组织部、市公安局、市政府外办印发《关于对特定身份人员因私出国（境）证照集中管理工作检查的通知》，对 549 个处以上单位执行出国（境）管理制度的情况开展专项检查，特别是加强党员干部出国（境）的管理。

2006 年 10 月，市政府外办印发《关于集中保管公务护照的通知》，将公务护照全部收缴到市外办进行集中保管。各单位按照通知要求进行清理，按时间节点上交公务护照，统一保管，严格管理规定。

三、建立因公出国(境)管理信息系统

2008年,市纪委、市外办、市委组织部等部委建立联席会议制度,研究因公出国(境)管理的措施,提出专项治理意见和建议。同时,市纪委与市外办协商,筹建上海市领导干部出国(境)管理信息共享系统,进一步加强对领导干部出国(境)情况的管理监督。

2009年上半年,市纪委会同市政府外办,积极推动上海市因公出国(境)综合管理信息系统建设。10月,召开动员培训会,进行综合管理信息系统业务培训。11月30日起,正式运行上海市因公出国(境)综合管理信息系统。

图5-3-1　2009年10月28日,上海市因公出国(境)综合管理信息系统工作会议召开

2010年,市纪委会同市政府外办等有关部门积极探索"制度加科技"的管理新模式,通过上海市因公出国(境)综合管理信息系统的日常运行,进一步提升全市因公出国(境)的服务和管理效能,强化监管力度。因公出国审批有关部门按照总量控制、适度减少、保证重点、务求实效的要求,加强对因公出国境的管理和监督。通过上海市因公出国(境)综合管理信息系统,提高监管力度,全市与去年同期相比,因公出国团组减少795个,因公出国人数减少2 129人次,因公出国费用减少8 696.6万元。

第三节　清理公款购买保险和安装电话电脑

一、治理公款购买商业保险

2003年初,市纪委组织对全市党政机关、事业单位用公款购买商业保险情况开展专题调研,形成《关于用公款购买商业保险情况的调查报告》,分析党政机关、事业单位用公款为工作人员购买各

种类型的商业保险情况，提出政策界限和对策建议。3 月，市纪委书记办公会对用公款购买商业保险情况进行专题研究，并向市委、市政府作了报告。5 月，市纪委会同市人事局、市财政局、市劳动和社会保障局，对各级党政机关、事业单位不准违反规定以任何理由、任何形式用公款为工作人员购买各种类型的商业保险进行专题研究。8 月 8 日，市纪委召开规范党政机关、事业单位用公款购买商业保险协调会。会后，市劳动和社会保障局和市总工会分别暂停党政机关、事业单位参加社会保障补充养老保险和市总工会所属市职工保障互助会团体补充养老保险。

2004 年 6—9 月，根据财政部、监察部《关于对党政干部拖欠公款进行清理的通知》的要求，市纪委、市监察委会同市财政局，在全市开展对党政干部拖欠公款进行清理的专项工作。全市清理出借欠公款 255 人，借欠金额 538.25 万元，其中处级党政干部 19 人，涉及借欠金额 91.52 万元，领导干部拖欠公款全部归还原单位。

同年 10 月，市纪委、市监察委根据财政部、监察部《关于党政机关及事业单位用公款为个人购买商业保险若干问题的规定》，会同市财政局，对全市党政机关、事业单位用公款购买商业保险问题进行专项清理。全市委办局和区县清理 2004 年 10 月—2005 年 7 月期间用公款为个人购买商业保险的情况，对违反规定购买商业保险作出处理，提出严格执行财政纪律的措施和要求。全市清理出用公款购买的商业保险 4 720.75 万元，投保人次 32 819 人，其中同年清退用公款购买的商业保险 4 349.68 万元。

2005 年，财政部、监察部印发《关于清理党政机关及事业单位用公款为个人购买商业保险工作情况的通报》，对清理党政机关及事业单位用公款为个人购买商业保险工作存在的问题，提出进一步做好这项工作的意见。市纪委、市监察委会同市财政局，按照财政部、监察部对清理工作的统一部署和要求，组织全市委办局和区县抓好落实，继续督促未完成清退工作的单位做好清退工作，明确要求 2005 年 7 月底全部完成清退工作。2004 年清退资金 4 349.68 万元，2005 年上半年清退资金 371.07 万元，共计清退资金 4 720.75 万元。

2007 年底，在开展全市党风廉政建设责任制专项检查中，发现个别单位没有严格执行禁止用公款为个人购买商业保险规定情况。市纪委常委会听取汇报，并进行专题研究，提出解决用公款为个人购买团体补充养老保险的意见和建议，要求加大监督检查的力度。

2008 年 4 月，市纪委召开有关职能部门参加的协调会，专题研究清退党政机关和参照公务员法管理的单位用公款为个人购买团体补充养老保险问题。5 月，市纪委会同有关职能部门印发协调会工作纪要，要求各级党政组织按照“谁主管、谁负责、谁批准、谁清理”的原则开展清退工作。市纪委印发《关于清退党政机关、参照公务员法管理的单位用公款为个人购买补充养老保险的通知》，要求各级纪委会同有关职能部门严格执行资金管理规定和财务规章制度，加强对资金和审批的管理和监督。同时，市纪委会同市总工会、市财政局、市人事局和市劳动保障局联合开展清退党政机关、参照公务员法管理的事业单位用公款为个人购买市职工保障互助会团体补充养老保险工作。全市共清理出 135 个单位存在用公款为个人购买市职工保障互助会团体补充养老保险的问题，涉及 16 个区县和 5 个部委办局，涉及参保人员 12 654 人，参保资金 3 494.538 6 万元，全部作了清退。

二、清理公费安装住宅电话和电脑

1997 年 9 月，市纪委根据市委、市政府《关于严格控制本市党政机关公费安装住宅电话或购买移动电话的实施办法》，会同有关部门提出清理工作任务，明确清理范围、政策、要求及时限，组织全市开展关于公费安装住宅电话、公费购买移动电话的专项清理工作。全市委办局和区县按照清理工作要求,开展自查自纠,进行监督检查,坚决制止奢侈浪费不正之风。至1998年7月,全市共清理公费住宅电话55 983部、公费移动电话68 635部,分别实行转私过户和作价转让。同时,查处2起违反规定公费安装住宅电话和公费购买移动电话的案件。

1998年,全市实行党政机关公务通讯管理制度改革。全市党政机关清理公费住宅电话12 074部,全部实行转私过户;清理公费移动电话15 083部,其中12 260部作价转让给个人。通过清理,全市党政机关每年公费支付的通话费减少2 496.6万元。

2000年3月2日,为进一步治理党政机关、事业单位违反规定购置通信工具的问题,市纪委会同有关部门召开"清理用公款为领导干部配备住宅电脑和支付上网费用"的工作会议,组织全市党政机关、事业单位开展对用公款为领导干部配备住宅电脑、笔记本电脑和支付上网费用的清理工作。全市党政机关、事业单位共清退用公款为领导干部配备住宅电脑107台;从2000年1月起停止用公款支付上网费用的个人住宅电脑46台;对245台用公款补贴领导干部和其他干部个人购置的住宅电脑作出处理;317台原配发领导干部和其他干部个人专用的便携式电脑全部清退原产权单位并实行集中管理。

第六篇

基层党风廉政建设

基层党风廉政建设，是反腐倡廉建设的重要组成部分。上海逐步探索基层党风廉政建设的工作思路和途径，在国有企业、农村、城市社区、高校、“两新”组织等基层单位，开展基层党风廉政建设，促进经济发展，维护社会稳定，夯实党的执政基础。

国有企业反腐倡廉建设。1995—1997 年，建立企廉工作领导小组，构建反腐倡廉工作机制，开展国有企业领导干部廉洁自律工作试点，推进国有企业反腐倡廉建设。1997—1999 年，把企廉工作贯穿于企业管理的各个环节和各项要求之中，制定《关于深入开展国有企业领导干部廉洁自律工作的意见》，规范国有企业领导干部廉洁自律的行为。2000—2006 年，提出加强科学民主的决策机制、预算管理和控制机制、财务监管机制、采购管理机制和民主监督机制等“五项监督机制”建设，从机制、制度上预防腐败问题的发生。2007—2010 年，提出《关于进一步加强本市国有企业领导人员廉洁自律工作的若干意见》，建立健全“三重一大”集体决策制度，运用“制度加科技”把防治腐败与加强国资国企风险防控机制建设相结合，加强国有企业领导人员党性党风党纪教育，积极推进廉洁文化建设，铸造企业文化，实行厂务公开，推进民主管理，促进企业民主监督、民主管理机制的进一步完善，全面推进国有企业反腐倡廉建设。

城市社区党风廉政建设。1998—2000 年，制定《加强社区党风廉政建设的若干意见》，围绕城市社区的建设和管理、社区党的建设和精神文明建设，探索加强新形势下社区党风廉政建设的工作思路和对策，巩固党在城市工作的组织基础和群众基础。2002—2006 年，加强对社区党风廉政建设的调研，建立基层纪检监察联系点，总结社区反腐倡廉建设工作的做法和经验，修订《进一步加强社区党风廉政建设的若干意见》，提出把社区反腐倡廉建设融入社区党建、融入社区管理、融入服务群众的工作理念，进一步推进社区党风廉政建设。2007—2010 年，建立社区反腐倡廉工作机制，发挥街道党工委的领导核心作用，加强对基层党员干部作风建设的调研，积极推进党务、居务、事务公开，不断提高社区民主选举、民主决策、民主管理、民主监督的水平，推进廉洁文化进楼宇、进居民区、进商圈、进动迁基地等领域，调动各方面的积极性，形成工作合力。

农村基层党风廉政建设。1989—1998 年，探索农村基层干部教育、财务管理、民主监督工作的对策和方法，推进农村基层党风廉政建设。1999—2002 年，提出《关于加强本市农村基层党风廉政建设的若干意见》，建立农村基层党风廉政建设联席会议制度，形成“党委领导、各方参与、合力推进”的工作格局。2003—2006 年，修订《关于进一步加强本市农村基层党风廉政建设的若干意见》，以镇务公开、村务公开、财务监管、民主管理为抓手，加强农村反腐倡廉制度建设。2006—2010 年，制定《上海市加强农村党风廉政建设的实施意见》，坚持以农村经济建设为中心，加强对农村基层党员干部的教育和监督；开展一镇一村一品牌廉洁文化创建活动，推动廉洁文化进农村、进家庭、进学校活动的深入开展；依托“制度加科技”建立强农惠农资金网络监管平台，全面推进村级会计电算化管理；清理拖欠农民工工资，纠正乱摊派、乱收费问题，切实维护好广大农民群众的根本利益，为建设社会主义新农村提供坚强的政治保证。

高校党风廉政建设。1979 年以来，上海市高校党风廉政建设坚持从端正党风政风行风抓起，狠抓招生分配、收费管理、基建财务、校务公开等源头治理，促进高校治腐工作不断深入。80 年代开始，始终突出抓好制度建设，逐步建立和完善反腐败领导体制和工作机制、重点领域廉政防范管理制度以及高校领导干部廉洁从政制度规定。90 年代起，着力抓好反腐倡廉工作推进，深入开展廉洁教育、文化倡廉、典型引路等各项活动，丰富高校党风廉政建设的内容和形式。2005 年，根据市委关于贯彻《建立健全教育、制度、监督并重的惩治和预防腐败体系实施纲要》的意见，市科教党工委印发贯彻落实意见，教育系统各高校从教育、制度、监督、惩处、改革五个方面入手，不断加强预防和惩治腐败的体系建设。2009 年，市纪委、市教卫党工委、市监察局、市教委联合印发《关于加强本市高等学校反腐倡廉建设的意见》，明确高校反腐倡廉建设的指导思想、目标任务和意见措施，全面建立健全高校惩治和预防腐败体系。

“两新”组织（即：新经济组织、新社会组织）反腐倡廉建设。2005 年，上海市对非公有制企业进行调研，开展以行业协会社会组织为载体，治理商业贿赂和规范中介机构行为等方面的工作。2008 年，在总结“两新”组织反腐倡廉建设工作经验的基础上，首次提出在“两新”组织开展反腐倡廉建设工作的思路。2009 年，制定《上海市推进“两新”组织反腐倡廉建设的若干意见（试行）》，建立上海市推进“两新”组织反腐倡廉建设联席会议制度和“两新”组织反腐倡廉建设的协调机构，建立健全“两新”组织纪检组织，加强“两新”组织反腐倡廉建设督促指导。2010 年，推广“两新”组织反腐倡廉建设试点工作的做法和经验，在“两新”组织中对党员进行反腐倡廉教育，保持党员先进性和纯洁性。开展以“公道自律、崇尚廉洁”为主题的廉洁文化活动，增强“两新”组织从业人员依法经营、廉洁从业的意识，形成崇尚廉洁的舆论环境和文化氛围。健全“两新”组织廉洁从业的制度和规范，把廉洁要求寓于行业公约、职业规范等自律性管理制度之中，推进“两新”组织反腐倡廉建设。

第一章　国有企业反腐倡廉建设

上海国有企业数量多、比重高，国有资产总额大。国有企业反腐倡廉建设，对于确保上海国资安全、国有企业领导人员廉洁具有重要的作用。1995—1997 年，主要针对国有企业领导干部中出现的一些突出问题进行重点治理，加强领导干部廉洁自律。1998—1999 年，主要结合企业资产经营和生产经营的关键环节，注重标本兼治。2000—2006 年，加强科学民主的决策机制、预算管理和控制机制、财务监管机制、采购管理机制和民主监督机制（以下简称“五项监督机制”）建设，从机制、制度上预防腐败问题的发生。2007 年以后，坚持完善法人治理结构与执行“三重一大”集体决策制度、规范权力运行相结合，坚持开展专项治理工作与加强国资监管长效机制建设相结合，坚持运用“制度加科技”防治腐败与加强国资国企风险防控机制建设相结合，深入推进国有企业反腐倡廉工作。

第一节　企廉工作组织领导

一、企廉工作领导小组

1995 年 7 月，根据市委、市政府党风廉政建设联席会议的意见，上海成立由市纪委、市监察委牵头，市委组织部、市人事局、市财政局、市国资办、市劳动局、市总工会等单位参加的市企廉工作领导小组，并设立企廉工作领导小组办公室，每年对全市企廉工作作出具体部署。各委办局、区县以及列入企廉工作范围的企事业单位相继成立企廉工作小组。同年，全市列入企廉工作范围的企事业单位共 16 488 家，其中国有企业 6 433 家，集体企业 7 439 家，事业单位 2 616 家；列入企廉工作范围的领导干部 59 900 余名。

1998—2002 年，市委、市政府明确分管领导在企廉工作中的分工，加强对企廉工作的领导和协调。市纪委、市委组织部、市监察委、市总工会、市财政局、市审计局、市国资办和各委办局按照党风廉政建设责任制的要求，从主管机关到企业内设部门，明确责任，落实考核，形成一级抓一级、层层抓落实的工作局面。

二、企廉工作联席会议

2004 年，市纪委、市监察委为加强企廉工作建设，建立企廉会商制度，协调市委组织部、市国资委、市审计局、市总工会等部门各司其职，形成工作合力。每年制定下发企廉工作要点，召开全市企廉工作会议，部署全市企廉工作任务，提出具体的措施和要求，切实抓好落实。

2010 年 6 月，根据市委办公厅、市政府办公厅《关于贯彻落实〈国有企业领导人员廉洁从业若干规定〉的实施意见》的要求，由市纪委牵头，市委组织部、市监察局、市国资委党委、市金融党工委、市经济和信息化党工委、市审计局、市总工会等单位参加，建立全市国有企业反腐倡廉工作联席会议制度。

同年6月23日，召开上海市国有企业反腐倡廉联席会议第一次会议。会议对联席会议相关事项进行研究，明确联席会议的定位及工作方式，决定每半年召开一次会议，联席会议成员单位根据各自的职责，交流工作、分析问题、研究措施，解决国有企业反腐倡廉工作中存在的突出问题。

第二节　企廉工作会议

1995年7月20日，市纪委、市监察委召开上海市国有企业领导干部廉洁自律工作会议，对开展国有企业领导干部廉洁自律工作进行部署。会上，市工业党工委、上钢三厂和中百一店等单位交流开展试点工作的经验做法。市纪委书记张惠新出席会议并讲话。会议提出，要认真贯彻中央纪委关于国有企业领导干部廉洁自律工作的意见，严格执行“四条八不准”的规定，深入开展国有企业领导干部廉洁自律工作。

1996年5月31日，市纪委、市监察委召开上海市国有企业领导干部廉洁自律工作会议，总结全市开展国有企业领导干部廉洁自律工作的情况，部署深入开展国有企业领导干部廉洁自律的工作。会上印发《关于继续开展国有企业领导干部廉洁自律工作的意见》，市纪委副书记沈红光对开展国有企业领导干部廉洁自律工作的意见作了说明。市纪委书记张惠新出席会议并讲话。会议就进一步增强搞好企业领导干部廉洁自律的自觉性，抓好国有企业领导干部廉洁自律工作的各项任务落实提出要求。

1997年5月8日，市纪委、市监察委召开上海市国有企业领导干部廉洁自律工作会议，部署1997年全市开展国有企业领导干部廉洁自律工作。会上，市纪委通报全市国有企业领导干部廉洁自律工作情况。市纪委书记张惠新出席会议并讲话。会议强调认真抓好《廉政准则》《处分条例》两个法规的宣传学习，深化国有企业领导干部廉洁自律工作，进一步完善企业反腐倡廉的监督制约机制。

1998年4月9日，市纪委、市监察委召开上海市企廉工作会议，部署1998年全市企廉工作。会上，市纪委副书记何卫国通报1995年以来全市开展企廉工作的情况。市纪委书记张惠新出席会议并讲话。会议提出，要把企廉工作纳入党风廉政建设的总体部署，坚持以经济建设为中心，有组织、有计划、有步骤地开展企廉工作，保证和促进上海企业改革的健康发展。

1999年4月28日，市纪委、市委组织部和市总工会联合召开上海市企廉工作暨推行厂务公开工作会议，贯彻落实市委、市政府党风廉政建设工作任务和全国厂务公开经验交流会议精神，推进全市企业领导干部廉洁自律工作和厂务公开工作。会上，市纪委副书记何卫国对开展企廉工作作部署，市总工会对上海的厂务公开工作作部署。市纪委书记张惠新出席会议并讲话。会议确定上海企廉工作重点从四个方面延伸：从国有企业领导干部向公有制企业领导干部延伸；从主要对领导干部的行为要求向形成和强化企事业内部监督制约机制延伸；从企事业的党政班子成员向重要部门、关键岗位人员延伸；从坚持厂长（经理）负责制向健全和完善现代企业制度的法人治理结构的延伸。

2000年4月19日，市纪委、市监察委召开上海市企廉工作会议，对企廉工作作部署，明确企廉工作重点，提出《关于进一步加强本市国有企业领导人员廉洁自律工作的若干意见》。市纪委副书记何卫国对贯彻《若干意见》作具体部署。市纪委书记张惠新出席会议并讲话。会议指出，《若干意见》是对1995年以来开展企廉工作实践的经验总结，是当前和今后较长时期加强企廉工作的指导性文件，是国有企业改革与发展的重要保证。贯彻《若干意见》要与企业实际相结合，与研究新情况新问题相结合,与企业经营管理相结合,与企业党的建设相结合,全面推进国有企业党风廉政建设。

2001 年 6 月 6 日,市纪委、市监察委召开上海市企廉工作会议,部署 2001 年全市企廉工作。会上,市纪委副书记何卫国总结全市企廉工作情况,市委组织部就加强企业干部制度改革、为企廉工作提供更好的组织保证作讲话。市纪委书记张惠新出席会议并讲话。会议要求全面推进"五项监督机制"建设,把党风廉政建设落实到企业的经营管理中去,从源头上预防腐败问题的发生。

2002 年 4 月 26 日,市纪委、市监察委召开上海市企廉工作会议,传达贯彻中共十五届六中全会精神。会上,市纪委副书记何卫国总结全市企廉工作情况,部署 2002 年全市企廉工作。市委副书记、市纪委书记罗世谦主持会议,常务副市长蒋以任出席会议并讲话。会议强调,要牢牢抓住企业领导人员廉洁自律的关键,解决好企业领导班子和领导人员中存在的党性党风方面的突出问题,要把加强对国有企业"一把手"的监督放在重要位置,从源头上建立健全有效的监督制约机制。

图 6-1-1　2002 年 4 月 26 日,上海市国有企业领导人员廉洁自律工作会议召开

2004 年 4 月 21 日,市纪委、市监察委召开上海市国有企业反腐倡廉工作会议,对国有企业领导人员廉洁自律、查办违纪违法案件和源头预防腐败等工作进行总结和部署。市委副书记、市纪委书记罗世谦,常务副市长冯国勤出席会议并讲话。会议指出,要从增强企业核心竞争力上推进反腐倡廉工作,把预防腐败的措施放到企业长远发展规划中,不断从整体上增强企业内部控制力。逐步建立健全与国有资产管理体制和现代企业制度要求相适应的教育、制度、监督并重的惩治和预防腐败体系。

2005 年 5 月 20 日,市纪委、市监察委召开上海市企廉工作会议,围绕保障国资保值增值和国资安全,深入推进国有企业反腐倡廉建设提出工作意见。会上,市审计局对审计中发现本市国有企业经营管理上有关问题进行通报。市委副书记、市纪委书记罗世谦出席会议并讲话,常务副市长冯国勤主持会议。会议指出,要围绕惩防体系建设的总体思路,把构建惩防体系与建立完善问责制相结合、与企廉工作任务相结合、与营造企业良好的风气和氛围相结合。

2008 年 3 月 28 日,市纪委、市监察委召开上海市国有企业党风建设和反腐倡廉工作会议,就贯彻落实中央纪委“七个不准”专项工作作出具体部署。会上，市纪委副书记李芬华宣读市纪委《关于集中开展贯彻落实中央纪委“七个不准”专项工作的通知》，市巡视办和市审计局分别通报有关巡视、审计工作情况。市纪委书记沈德咏出席会议并讲话。会议提出，2008年国有企业党风建设和反腐倡廉工作的重点就是抓好“七个不准”的贯彻落实，各级纪检监察组织要把自查自纠工作与加强国有企业领导班子建设、加强企业内部管理、完善企业监督制约机制有机结合起来，确保自查自纠工作取得实实在在的效果。要加强对落实“七个不准”全过程的督促检查，严肃查处典型案件，保证中央纪委和市委有关规定落到实处。

2009年2月27日，市纪委、市监察局召开上海市国有企业反腐倡廉建设工作会议，部署2009年企廉工作。会上，市纪委副书记李芬华总结全市国有企业反腐倡廉建设工作情况。市纪委书记董君舒出席会议并讲话。会议指出，要紧密联系国有企业实际，抓重点、攻难点、出亮点，正确把握发展生产力和增强免疫力的关系，正确处理企业纪检监察工作与企业生产经营管理工作的关系，正确对待企业发展责任和反腐倡廉建设责任之间的关系，切实在反腐倡廉建设上抓出成效。

2010年3月19日，市纪委、市监察局召开上海市国有企业反腐倡廉建设工作会议，部署2010年企廉工作。会上，市纪委副书记李芬华总结国有企业反腐倡廉建设工作情况。市纪委书记董君舒出席会议并讲话。会议要求：国有企业要建立与现代企业制度相适应的反腐倡廉制度体系，运用“制度加科技”，努力建设一整套用制度管权、按制度办事、靠制度管人的有效机制，提高国有企业反腐倡廉建设的科学化水平。要严格贯彻落实党风廉政建设责任制，进一步完善反腐倡廉建设的领导体制和工作格局，形成齐抓共管的整体合力，为实现国有资产的保值增值和国有企业的持续健康发展提供坚强保障。

第三节　企廉工作任务

一、规范企业领导人员廉洁从业行为

1995年4月4日，根据市委关于“基层党风廉政建设的工作面广量大，政策性很强，有许多问题需要采取先试点再推开的做法，取得经验后逐步形成规范”的要求，市纪委、市委组织部、市监察委制定《关于贯彻中纪委对国有企业领导干部廉洁自律规定的试点意见》，结合本市国有企业的实际情况，选择工业、建设、财贸、外经贸、交通系统所属的11家国有企业进行试点，做好全市国有企业领导干部廉洁自律工作。

同年4月10日，市纪委、市委组织部、市监察委、市国资办、市劳动局联合印发《关于实施中央纪委〈关于国有企业领导干部廉洁自律规定〉的若干意见(试行)》，规定国有企业领导干部不准把经营、管理活动中收受的折扣、中介费、礼金据为己有，不准违反规定兼职取酬，不准个人私自经商办企业，不准违反规定多占住房，不准购买进口豪华小汽车等，为上海市国有企业领导干部廉洁自律提供政策依据。

1997年5月15日，市纪委、市委组织部、市监察委、市财政局、市总工会、市国资办联合印发《关于深入开展国有企业领导干部廉洁自律工作的意见》。《意见》结合上海实际，提出“五条七不准”，即不准个人或与他人合伙经商办企业，不准利用资金借贷、资金转让为个人谋取利益，不准个人决定捐赠、赞助事项，不准以捐赠、赞助的名义谋取个人利益，不准用公款支付应由个人承担的保险等费用，不准将公款信用卡用于个人消费，因公使用公款信用卡应当履行报销手续，不准接受企业所

在地政府或政府部门、联营等协作企业和下属单位的物质奖励,着重解决企业领导干部以权谋房和不正当收入等问题。

2000 年 5 月 25 日,市纪委、市委组织部、市监察委、市人事局联合印发《关于进一步加强本市国有企业领导人员廉洁自律工作的若干意见》。《若干意见》对进一步加强国有企业领导人员廉洁自律工作的指导思想、主要原则、廉洁自律的规定、建立监督制约机制等提出明确的要求。《若干意见》进一步明确国有企业领导人员廉洁自律的各项要求必须融入企业管理和规范之中,严格执行重大决策失误追究制度,严格执行企业领导人员任期和离任经济责任审计制度,严格执行领导干部个人重大事项报告、个人收入申报、业务招待费向职代会报告等三项制度,严格执行企业领导班子成员的党内民主生活会制度,从制度上保证企业领导人员廉洁自律。

2005 年 8 月 19 日,市委办公厅转发市纪委、市委组织部、市监察委、市国资委、市审计局《关于实施上海市市管国有企业国有资产重大损失领导责任追究试行办法》,对市管国有企业有违反规定决定企业生产经营重大决策、重大项目安排、大额度资金运作;违反规定决定企业重组改制、兼并破产、产权交易、资产评估、资产核销、出借资金;违反规定对外投资、担保、融资、进行工程招投标;内部控制制度不健全或执行不力;因其他违规情况或监管不力造成国有资产重大损失或社会影响恶劣等 5 种情形之一的,需追究市管国有企业领导人员领导责任。同时,明确市纪委、市委组织部、市监察委、市国资委、市审计局等各相关职能部门的工作职责和责任追究的具体处理办法。

2007 年 3 月 22 日,市纪委、市委组织部、市监察委、市国资委印发《关于进一步加强本市国有企业党风建设和反腐倡廉工作的若干意见》。《若干意见》对企廉工作的指导思想和主要任务、主要原则、主要内容、领导体制和工作机制作出明确规定。《若干意见》要求国有企业领导人员必须遵纪守法,严格遵守国家法律法规和公司章程、管理制度;必须廉洁从业,严于律己,管好亲属和身边工作人员;必须严肃财经纪律,严格执行企业财务管理制度,严格禁止做假账或指使他人做假账。企业主要领导要率先垂范,自觉遵守有关规定,自觉接受党组织和职工群众的监督。

2010 年 3 月 23 日,市委办公厅、市政府办公厅印发《关于贯彻落实〈国有企业领导人员廉洁从业若干规定〉的实施意见(试行)》。《实施意见》进一步明确国有企业领导人员廉洁从业行为的有关规定,落实国有企业领导人员有关事项报告制度和从业承诺制度,实行国有企业领导人员薪酬管理规定,规范国有企业领导人员职务消费;对国有企业领导人员执行廉洁自律规定情况进行考核,将廉洁从业情况作为对国有企业领导人员考察和综合考核的重要内容,并与国有企业领导人员奖惩和任免相挂钩。

二、专项治理工作

1995 年 4 月,市纪委、市监察委开展国有企业领导干部廉洁自律试点工作,确定工业、建设、财贸、外经贸、交通系统所属的上钢三厂、中百一店等 11 家国有企业为试点单位。要求各试点单位认真学习中央纪委第五次会议对国有企业领导干部廉洁自律提出的“四条八个不准”和上海市《关于实施中纪委关于国有企业领导干部廉洁自律的若干意见》,着重解决国有企业领导干部用车、住房、经商、兼职等问题,在民主生活会上进行自查自纠,边纠边改,健全和完善制度建设,促进国有企业领导干部廉洁自律。通过试点工作,从中发现问题,取得工作经验,在全市开展国有企业领导干部廉洁自律自查自纠工作。

同年 7 月,市纪委、市监察委在总结国有企业领导干部廉洁自律试点工作的基础上,把国有企业领导干部廉洁自律工作推广到全市企事业单位，重点解决领导干部在住房问题上以权谋私、兼职取酬和收受礼金、中介费等不正当收入等问题。通过召开专题民主生活会自查自纠，提出整改措施。至1996年底，全市国有企业领导干部共退出违反规定多分的住房794平方米，退款38万元；2 551名干部退出违反规定领取的不正当兼职工资和折扣、中介费、礼金218.9万元。

1997年，为贯彻上海市国有企业领导干部廉洁自律"五条七不准"的规定，通过组织考核和民主评议相结合，检查考核国有企业领导干部廉洁自律情况，着重解决企业领导干部以权谋房、不正当收入和奢侈浪费等问题。1—10月，有121人分别退出多占的住房321.2平方米，补交房款222.8万元；11人退赔房款26.1万元；18人退出违反规定领取兼职工资、奖金48.1万元；2 402人退出中介费、礼金135.7万元。2 787个单位实行企业业务招待费向职代会报告制度，占企业总数85%。

1998年，上海市企廉工作以落实中央关于制止奢侈浪费的八项规定为重点，开展专项治理，推进国有企业反腐倡廉建设。通过自查自纠，本市各企事业单位共清理公费住宅电话43 889部，其中对924部不符合规定的电话，实行通话费自理；清理移动电话53 552部，其中作价处理的28 500部，共收回作价款3 959万元；对不符合规定的24 151部电话，实行通话费自理。控制各种会议和庆典活动，共减少会议805次，节约资金1 397.31万元，缩小会议规模67个，节约63.36万元。制止奢侈浪费，取消公费出国(境)30批次，节约487万元。

1999年，上海市国有企业加强对企业领导人员执行住房、用车、出国(境)和严禁到风景名胜区开会等规定的管理。在专项治理中，市建设系统取消有关会议、庆典26次，节约70万元，缩小会议、庆典规模24次，节约57万元；制止违反规定出国(境)11批66人次，减少支出208.9万元。市外经贸系统有28个单位制定外出开会报批制度，1999年压缩和取消各类会议庆典活动54次，节约149.2万元；制止公款出国旅游3批7人次，节约15.5万元。有85个单位实行业务招待费财务单列制度，1999年比1998年少支出24.69万元，同比下降57%。

2001年9月，市纪委、市监察委、市财政局、市审计局和人民银行上海分行联合组成检查组，对19家党政机关、11家市管企业及其所属的94个单位清理银行账户情况开展专项检查，主要检查截留国家和单位收入、由个人保管或以私人名义储存、由少数人控制支配等三种形式"小金库"问题。通过检查，94个单位在自查自纠中上报银行账户8 082个，清理后撤销919个，撤销的银行账户已得到落实。94个单位自查自纠"小金库"760个，上报金额4 077.43万元，其中三种形式"小金库"3 015.61万元，已全部转入财务管理。检查组对14个单位存在管理不规范等问题，分别采取予以没收和纳入财务统一管理的措施。

2004年，全市企业领导人员认真落实廉洁自律有关规定，对690家企业的1 333位企业领导人员实行契约管理，把履约情况与考核、奖惩相结合，认真落实廉洁自律有关规定，在民主生活会中进行对照检查，自查自纠，认真整改，制定完善制度，规范企业领导人员廉洁自律行为。

2008年，根据十七届中央纪委第二次全会对国有企业领导人员提出"七个不准"的要求，市纪委、市监察委在全市范围内集中开展贯彻落实中央纪委"七个不准"专项工作，通过学习宣传、自查自纠、监督检查3个阶段，推进国有企业领导人员廉洁自律。在专项检查中，全市国有企业中层以上领导有18 503人次受到教育，廉洁从业意识得到加强。3 336名国有企业领导班子成员、11 496名中层干部以书面报告的形式进行自查自纠，共查纠问题67个，涉及人数554人。市纪委和区县、委办纪委先后查处华谊集团原副总裁范宪等9个严重违反"七个不准"的违纪违法案件。全市国有企业既自查自纠，又堵漏建制，共修订制度1 820余项，制定制度540余项，涉及公司经营、"三重一大”决策、干部任免等各个方面。通过开展“七个不准”专项工作,推进国有企业反腐倡廉建设。

2009年,市纪委、市监察局开展投资入股专项清理工作,进一步明确清退工作的原则和程序,将清理范围由企业集团管理人员扩展到下属国有企业领导人员。至2010年3月,清退91名领导人员在22个企业投资入股资金953.8万元,并对3名不愿清退所持股份的企业领导人员作出免职处理。投资入股专项清理工作得到中央纪委和国务院、国资委的充分肯定,中央纪委副书记、监察部部长马驭两次作出批示,肯定上海的做法并要求在全国推广。

同年,针对国有企业产权转让后国有资产收回方面存在的突出问题,市国资委在市管企业中开展国有产权转让后国有资产收回情况专项检查工作,重点检查转让后的企业占用原单位厂房、设备、无形资产,产权转让合同规定的应收款项收回情况,为改制企业管理层垫付资金,利用追加审计等方式减免受让款等问题。共检查国有资产转让给其他所有制企业的项目1 149项,应收账款311亿元,收回应收转让款5 712万元。

2010年8月,市纪委、市监察局和市财政局、市审计局、市民政局、市国资委制定《关于在本市国有及国有控股企业开展“小金库”专项治理工作的实施方案》和《关于在本市社会团体开展“小金库”专项治理工作的实施方案》,推进国有及国有控股企业、社会团体“小金库”治理工作。11月,分46个检查组,对上海电气集团等380个单位进行重点检查。通过自查自纠和重点检查,共发现“小金库”632个、违规资金1.59亿元,按规定进行纠正和处理。

三、源头预防腐败工作

1998年,在全市国有大中型企业建立财务总监和财务主管委派制度,要求对已经建立董事会的市管及区(县)管国有企业,由董事会聘任财务总监;对由投资关系形成的母子公司,由母公司向所属全资或控股子公司委派或推荐财务会计主管。在总结部分市管、区、企业集团推行财务总监、财务会计主管委派工作经验的基础上,市企廉工作领导小组召开专题交流会,对面上的推进工作起到引导和示范作用。

1999年,市企廉办和市委组织部、市财政局联合印发《上海市国有企业财务总监管理暂行规定》和《关于建立健全国有企业监管体系,加强财务监控的若干意见》。至年底,市管和区县管企业中,已有三分之一的企业实行财务总监制度和财务(会计)委派制度。通过实施财务总监和财务主管委派制度,严格财务管理制度,强化财务监管力度,加大治本力度,从源头上预防腐败。

1999年8月24日,市监察委、市国资办、市委组织部联合印发《上海市国有企业国有资产损失责任处理办法(试行)》,明确规定当国有独资企业(公司)、国有控股的公司发生国有资产损失时,国有出资者必须按产权关系查清事实,分清责任,查处国有资产损失责任人。对国有资产损失责任人的处罚主要有通报批评、行政处分、经济处分、禁入处理等四项,使责任追究落到实处。

2000年,市纪委和市委组织部等部门印发《关于进一步加强本市国有企业领导人员廉洁自律工作的若干意见》,提出全市国有企业要按照现代企业制度的要求,把企廉工作的各项要求贯穿于企业日常的生产经营管理之中,着重抓好“五项监督机制”建设,将“五项监督机制”纳入企业的管理体系,融入企业管理的各个环节和各项要求中,使企业和领导人员的经营行为处于全过程监管之中,使监督工作实现制度化、规范化、经常化。全市3 416个国有大中型企业,有3 028个企业建立和实行“三重一大”集体讨论和民主决策机制;有2 734个企业对经营、投资、销售、成本等实行预算管理;有2 952个企业建立财务监管机制;有1 926个企业在公开竞价、择优采购方面实行比价采购机制;有 2 904 个企业实行民主评议、民主测评领导干部制度,全市企业厂务公开的实施率达到 86.7%,促进企业民主监督、民主管理机制的进一步完善。

2001 年,市纪委、市监察委和市国资委等部门,在全面推进企廉工作"五项监督机制"建设的基础上,实行企廉工作"三个同步":在制定政策和改革方案时,同步研究体制创新和提出相应的反腐倡廉对策;在改革和发展方案的实施过程中,同步完善运行机制;在改革和发展方案实施后,同步强化监督,建立反腐倡廉长效管理机制,切实把"五项监督机制"和"三个同步"融入国有企业反腐倡廉建设的全过程。

2004 年,上海市积极探索从制度上加强企业改制的操作规范性,严把"资产评估关、产权交易关、决策程序关",防范国企改制中国有资产流失问题。全市履行国有资产出资人职责的机构制定国企改革的制度和规定 247 件。企业国有产权进行转让的,必须进产权交易所实行"阳光交易",条件具备的实行竞价交易。全年国有独资、控股的产权交易额达 2 079.8 亿元,占交易总量的 57.6%。在企业重组改制和破产中,切实维护职工群众合法权益,改制方案必须经职代会审议,关系职工切身利益的问题必须经职代会通过,纠正侵害职工群众合法权益的问题,保障国企改革顺利进行和社会稳定。

2009 年 2 月,市纪委、市委组织部联合印发《关于进一步推进纪检监察工作融入国有企业生产经营管理之中的意见》,提出"进一步推进反腐倡廉工作融入企业改革发展稳定全过程,推进纪检监察工作融入企业生产经营管理之中"的要求,明确"设立党委的企业集团必须设立纪委"等四项目标任务。全市国有企业积极推进市管国有企业纪委书记进入法人治理结构,拓宽工作领域,加大监督力度,提高工作效能。至 2010 年,全市设有党委的市管国有企业全部设立纪委,54 家建有董事会、监事会的市管企业中,有 43 家纪委书记进入董事会、监事会,有 25 家市管国有企业的纪委书记进入董事会或监事会。

2010 年,市委办公厅、市政府办公厅印发《关于贯彻落实〈国有企业领导人员廉洁从业若干规定〉的实施意见》,从教育、制度、监督等方面,系统地提出当前和今后一个时期国有企业领导人员廉洁从业工作的目标任务,并着重就领导人员廉洁从业承诺、重大事项报告、加强薪酬管理、规范职务消费作出规定。为确保落实,《实施意见》明确规定各企业集团要将廉洁从业要求纳入企业公司章程和各项制度之中,各市管国有企业根据《实施意见》的要求,建立完善廉洁从业承诺、"三重一大"决策、职务消费等各项制度。

同年,市纪委和市国资委提出以科技手段为支撑,以制约权力为关键,以优化管理为基础的一系列创新举措,积极推动市管国有企业运用"制度加科技",初步构建"3+X"国资国企风险防控体系。所谓"3",就是在国资委层面,围绕国资监管的重要环节,建立覆盖系统管辖企业的"财务风险预警、企业土地管理、产权交易预警监测"3 个信息监管系统。所谓"X",就是在企业集团层面,围绕"资金运行、物资采购、资产处置、工程建设"等重点领域,以防范廉洁风险为重点,建立一批"制度加科技"内控管理信息系统。

四、企业廉洁从业教育

1997 年,在企廉工作中,组织学习《中国共产党党员领导干部廉洁从政准则(试行)》《中国共产党党纪处分条例(试行)》,开展党风廉政建设的主题教育。企业的党政领导人员在主题教育中率先垂范,带头学习、带头上党课。同时,通过集中学习、专题讨论、举办讲座、辅导报告、图片巡回展览、观看“回访”录像等形式多样、内容丰富的教育活动,领导人员受到一次立党为公、廉洁自律的党纪、政纪、法纪教育,使企业广大干部增强廉洁自律意识。

1999年,为贯彻落实中央八项规定,着重对干部进行以艰苦奋斗、勤俭节约、反对奢侈浪费为主要内容的教育。在教育中,通过领导人员带头上党课、召开干部党性党风评议会、专题组织生活会、以案说纪以纪论理等形式,使廉洁从业教育真正入耳、入脑、入心。市纪委以查处市管国有企业领导人员严重违纪违法案例为题材,拍摄警示教育片,通过身边人员的案例教育,做到警钟长鸣。

2000年4—5月,市纪委和市委组织部分两批对市管60家国有企业领导人员进行党风廉政建设集中轮训,共有96名市管国企“一把手”参加。轮训期间,市委组织部领导就市管国有企业领导人员应具备的素质、市纪委领导就剖析发生在上海市国企领导人员中的典型违纪违法案例、市国资办领导就国有资产流失问题分别作了专题报告,参加轮训的学员结合本单位实际所写的学习体会,汇编成《当家人话“企廉”》一书,下发各区县、委办及各市管国有企业,提高企业领导人员廉政勤政意识,增强廉洁自律自觉性。

2004年,全市区县、集团公司对所属1 843个企业的7 899名企业领导人员进行以“诚信守法”为主题的集中教育培训,开展述职述廉、诚信承诺、党纪条规测试、企业文化建设等活动,增强企业领导人员遵纪守法、廉洁诚信意识,提高企业领导人员整体素质。

2007年3月,市纪委、市监察委组织国有企业领导干部认真学习《关于进一步加强本市国有企业党风建设和反腐倡廉工作的若干意见》,深入开展党性党风党纪教育,不断增强国有企业领导人员的政治意识;以“廉洁从业、诚实守信、依法经营、勤勉敬业”为主要内容,教育引导企业领导人员树立正确的价值观、权力观、事业观和政绩观,进一步增强国有企业领导人员的责任意识。通过主题教育活动、诚信体系建设、价值观大讨论等形式,营造“勤廉为荣,奢贪为耻”的良好氛围。

2009年,《国有企业领导人员廉洁从业若干规定》正式颁布后,市纪委、市监察局和市国资委纪委等部门印发《关于开展学习宣传〈国有企业领导人员廉洁从业若干规定〉的通知》,在市管国有企业部署开展学习教育活动。组织全市市管国有企业领导人员参加学习《若干规定》报告会、党委中心组学习会、专题组织生活会、培训班等,集中学习《若干规定》,使企业领导人员自觉遵守《若干规定》,做廉洁从业的模范执行者。

同年,市纪委和市国资委纪委、市金融纪工委在22家市管国有企业开展反腐倡廉问卷调查工作,1万多名干部职工对本单位的党风建设和反腐倡廉工作情况作出满意评价,93.3%的干部职工认为所在企业党委重视或较重视党风建设和反腐倡廉工作;94%的干部职工对所在企业党风建设和反腐倡廉工作感到满意或较满意。2010年,市纪委将这项工作推广到市国资、金融、经济信息系统全部60家市管国有企业。根据问卷调查,万名干部职工对所在单位“党风建设和反腐倡廉工作”和“领导人员廉洁从业”满意度分别为88.5%和85.5%。

五、企业廉洁文化建设

2006年3月24日,市纪委召开市廉政文化进企业研讨会。会上,华为技术有限公司、宝钢集团分别就构建企业核心价值观的运作体系、诚信体系建设作主题发言,电气集团、上航集团作书面交流。会议提出,上海的企业要有一种社会责任感,要有一种产业报国的精神,围绕实现“四个率先”升华自身价值,铸造企业文化,以企业文化的力量提升企业核心竞争力。

同年 4 月 6 日，市纪委召开市国资委、宝钢集团、中远集运、电气集团、国际港务集团、上海移动等单位纪委书记参加的“廉政文化进企业”座谈会。会上，大家畅谈学习华为企业文化理念的体会，并结合各自企业实际和特点，交流进一步推进企业廉政文化建设的设想，要将企廉文化建设融入惩防体系建设中、融入企业文化中、融入党员思想行为中，提升企业党风廉政建设和反腐倡廉的水平。

2007 年，市纪委、市监察委组织推进廉洁文化“六进”活动，选择部分国有大型企业进行廉政文化进企业的试点。通过“制度保廉、教育导廉、读书养廉、结贫思廉、家庭助廉、典型树廉、文艺颂廉、环境倡廉、谈话促廉、考核评廉”，发挥廉洁文化在企业反腐倡廉工作中的教育、示范、熏陶和导向作用。

2008 年 10 月 13 日，中央纪委副书记李玉赋一行到黄浦区视察廉政文化建设情况，参观新世界一楼商场，实地感受新世界商城廉政文化氛围。李玉赋指出，廉政文化内涵深刻，从深层次上讲，诚信是廉政的保证。企业把廉政文化的元素渗透到企业经营发展之中，就是抓住诚信这个企业发展的金字招牌，没有诚信，企业就没有立足之地；没有诚信，企业就没有发展的空间。黄浦区委在推进廉政文化建设进企业中，做了有益的探索，要进一步加以总结，为全市、全国推进廉政文化建设提供经验。

图 6－1－2　2008 年 10 月 13 日，中央纪委领导视察黄浦区廉政文化建设情况

2009 年，市纪委制定《加强企业廉洁文化建设的推进办法》，指导企业开展廉洁文化建设。企业廉洁文化建设，要围绕企业生产经营，积极培育“诚实守信、廉洁从业”的价值理念，建立健全企业领导人员廉洁行为规范，把廉洁文化融入企业内控制度和经营管理领域。

2007—2010 年，为加强和指导企业廉洁文化建设，市纪委、市监察局(委)总结和推广上海国际港务(集团)公司将“诚信至上，清风扬港”作为企业文化的核心内容，开展企业诚信体系建设主题教育等活动，真正将廉洁从业要求贯穿于企业文化之中。上海汽车集团股份有限公司提出以“清洁造车、清白做人”为主题的企业廉洁文化，以“清”字廉洁文化的核心理念，体现“清廉用权、清风为民、清白做人”,使“清”字廉洁文化成为企业文化的基本元素,进而促进企业核心竞争力的提高。上海交运(集团)公司在加强企业廉洁文化建设中,引导党员干部树立“淡泊名利、忠诚履职”的自律理念,“接受监督、诚信为民”的他律理念,“严明纪律、刚性约束”的律他理念,“道直业勤、心正身廉”的从业理念,构建集团系统思想道德建设的新高地,为企业和谐、持续、健康发展提供坚强的保证。

第二章　社区党风廉政建设

上海市加强社区党风廉政建设从1998年开始起步，围绕社区管理和服务，开展行风评议、民主监督，加强基层民主管理，适应城市社区发展的需要，探索加强新形势下社区党风廉政建设工作思路和对策。到2000年以后提出《加强社区党风廉政建设的若干意见》，健全社区党风廉政建设工作机制，开展政务公开、居务公开、事务公开，加强基层党员干部作风建设，促进社区和谐稳定。2005年建立基层纪检监察联系点，总结基层反腐倡廉建设好的做法和经验，发挥典型示范作用。2006年以后为落实市委提出"社区党建全覆盖、社区建设实体化、社区管理网格化"的目标，加强对社区党风廉政建设的调研，提出社区反腐倡廉建设融入社区党建、融入社区管理、融入服务群众的工作理念，进一步推进社区党风廉政建设。

第一节　工 作 会 议

一、社区党风廉政建设推进会

1998年12月3日，市纪委在闸北区北站街道召开上海市推进社区行风评议、民主监督工作现场会，这是上海市召开的第一次社区党风廉政建设经验交流会，总结推广闸北区北站街道建立监督站，实行条块结合，加强社区党风廉政建设的经验。会上，杨浦区殷行街道、黄浦区人民广场街道、静安区静安寺街道、卢湾区五里桥街道等5个单位介绍完善民主监督、探索评议监督机制、加强社区党风廉政建设的经验。市纪委书记张惠新，市纪委副书记洪林珍出席会议并讲话，对加强社区党风廉政建设提出要求。会议提出，北站街道在社区管理中，设立党风廉政监督站，依托社区，条块结合，依靠群众，开展行风评议，这是新形势下扩大社区基层民主、加强民主监督的有效形式，对于建立社区党风廉政建设新的工作机制，进一步加强整个社区党的建设是一项有益的探索，要不断总结，逐步完善，加以推广，开创社区党风廉政建设新局面。

2000年9月28日，市纪委、市监察委召开上海市加强基层党风廉政建设大会，主要总结社区党风廉政建设的实践经验，推进社区政务公开和民主评议工作。会上，闸北区委、静安区江宁路街道、长宁区虹桥街道、徐汇区康健街道、卢湾区瑞金二路街道等5个单位介绍政务公开、居务公开、事务公开，加强社区民主监督，促进社区党风廉政建设的经验。市纪委书记张惠新，副市长冯国勤出席大会，并结合社区党风廉政建设，重点就关于推进社区政务公开和行风评议工作分别作讲话。会议要求，从战略和全局的高度深刻认识加强社区党风廉政建设的深远意义，要明确责任，注重实效，把社区政务公开和行风评议不断推向深入，促进基层依法行政，转变基层单位和部门工作作风，进一步密切党群、干群关系，确保社区党风廉政建设各项任务落到实处。

2004年11月29日，市纪委、市监察委召开加强社区、农村基层党风廉政建设大会。会上，黄浦区纪委、卢湾区淮海路街道等单位介绍创新工作方法、推进社区农村基层党风廉政建设工作经验。市委副书记、市纪委书记罗世谦，市纪委副书记唐周绍出席会议并讲话。会议指出，社区党风廉政建设要贯彻"三个代表"重要思想，按照"为民、务实、清廉"的要求，以"让人民高兴、让人民放心"为

图6-2-1　2004年11月29日,上海市加强社区、农村基层党风廉政建设大会

标准,深入推进社区党风廉政建设,为提高党的基层组织的执政能力,夯实党在基层的执政基础,提供强有力的政治保证。

2006年9月13日,市纪委、市监察委召开上海市加强社区、农村基层党风廉政建设工作会议。会议贯彻落实市委《关于加强社区党建和社区建设工作的意见》,适应区域性大党建格局需要,推进社区党风廉政建设。会上,徐汇区纪委、卢湾区淮海路街道等单位介绍围绕建设社会主义和谐社区、加强社区党风廉政建设的经验。市委副书记、市纪委书记罗世谦,市纪委副书记唐周绍出席会议并讲话。会议提出,要按照市委、市纪委关于加强社区党风廉政建设的要求,积极探索与上海城市特点相适应,与基层党的建设、民主政治建设和精神文明建设协调发展的社区党风廉政建设工作制度,有效推进社区党风廉政建设各项工作的健康发展。

二、基层纪检监察联系点会议

2005年8月25日,经市纪委常委会讨论通过《关于基层纪检监察联系点工作的暂行办法》,在黄浦区南京东路街道、徐汇区康健街道、闵行区古美街道、宝山区顾村镇、浦东新区北蔡镇、嘉定区江桥镇太平村建立6个联系点,以点带面,发挥典型示范作用。

同年8月30日,市纪委、市监察委召开区县基层纪检监察工作联系点座谈会。会议传达贯彻市纪委制定的《关于基层纪检监察联系点工作的暂行办法》。通过建立联系点制度,加强与区县基层纪检监察组织的联系,畅通了解基层党风廉政建设的渠道,及时掌握基层党组织开展反腐倡廉工作的情况,研究社区、农村基层反腐倡廉工作中的困难和问题,推进社区、农村基层反腐倡廉建设。

2006年12月20日,市纪委、市监察委在浦东新区北蔡镇召开基层纪检监察联系点工作座谈会。会议交流贯彻实施市纪委《关于进一步加强本市社区党风廉政建设的若干意见》和《关于进一步加强本市农村基层党风廉政建设的若干意见》两个文件的具体做法和经验,并对进一步加强联系点工作提出建议和意见。座谈会提出要加强联系点的信息交流,互相学习,取长补短,上下沟通联系,保证基层联系点工作有序开展。

2008年1月11日,市纪委、市监察委在嘉定区江桥镇太平村召开基层纪检监察联系点工作座谈会。会上,联系点单位介绍加强基层干部反腐倡廉教育,健全党风廉政建设各项制度,运用各种载体和形式,推进廉政文化进社区、进农村的做法。市纪委领导出席会议并讲话。座谈会要求,联系点单位要认真总结和交流开展反腐倡廉工作的做法和经验,研究和解决工作的难点和问题,发挥联系点的典型示范作用。

同年12月19日,市纪委、市监察局在宝山区顾村镇召开区县纪检监察工作联系点工作座谈会。会上,联系点单位介绍加强基层干部作风建设,深化民主监督管理,推进居务公开、村务公开工作,促进社会主义和谐社区、和谐农村建设的做法和经验。市纪委副书记李芬华出席会议并讲话。

会议要求，基层党风廉政建设要融入社区、农村的民主建设中，融入社区、农村的事务管理中，融入和谐社区、和谐农村的建设中。要通过不断实践来创新，探索工作规律和特点，提高基层党风廉政建设的针对性和有效性。

2010 年 2 月 4 日，市纪委、市监察局在南京东路街道召开区县纪检监察工作联系点工作座谈会。会上，联系点单位介绍开展凝聚力工程，完善党员服务基层和群众工作机制，深入基层、深入群众、倾听群众呼声，诚心诚意为群众办实事、解难题、做好事，推进社区、农村党风廉政建设的做法和经验。会议要求，要深化对基层党员干部的教育、管理和监督，促进思想作风建设，增强为民、务实、清廉的自觉性，密切党群、干群关系，在群众中发挥廉洁勤政的模范带头作用。

三、社区党风廉政建设调研

2005 年 8—10 月，市纪委、市监察委对社区党风廉政建设的情况进行调研，先后走访宝山、杨浦、松江、嘉定、浦东、金山等 10 个区的 12 个街道，听取区县纪委领导和基层单位负责人的情况汇报，到基层单位调查、了解政务公开、居务公开、事务公开的实际情况，认真分析基层党风廉政建设的形势和特点，总结基层党风廉政建设的做法和经验，探讨加强基层党风廉政建设的对策和措施。

2006 年 4—6 月，市纪委、市监察委对社区党风廉政建设情况进行调研。先后召开 10 个区县的纪委书记座谈会，与 14 个街道的基层干部进行座谈，同时到闵行区古美街道、徐汇区康健街道、黄浦区南京东路街道等联系点单位进行调研，深入居委，走访居民，广泛听取群众对加强社区党风廉政建设的意见和建议，实地考察社区管理、居务公开、民主监督情况，提出加强基层党风廉政建设的思路和对策，形成市纪委、市监察委《关于加强基层党风廉政建设的调研报告》。在调研的基础上，就重新修订的《关于进一步加强本市社区党风廉政建设的若干意见》听取联系点单位的意见和建议。

2007 年 5 月，市纪委、市监察委根据《中共中央关于加强和改进党的作风建设的决定》，对社区、农村基层干部作风建设进行调研。听取 12 个区县纪委、监察委的工作汇报，召开 8 个街道基层干部座谈会，走访 6 个纪检监察联系点，了解基层干部作风建设的情况，并进行综合分析，提出加强和改进基层干部作风建设的对策和措施，形成《关于加强基层干部作风建设的调研报告》，并上报市委。

2008 年 6 月，市纪委、市监察委对全市社区基层民主建设工作进行调研。先后走访 10 个区、13 个街道、8 个居委会，召开 6 个座谈会，了解社区基层民主建设的情况，总结好的做法和经验，分析存在的主要问题，研究改进措施，积极拓宽民主监督渠道，强化民主监督，注重用制度管权、用制度管事、用制度管人，加强社区基层民主建设，为社区的和谐发展提供制度保证。

2009 年 3—5 月，市纪委、市监察局围绕贯彻落实科学发展观，实现“四个确保”的目标，对区县基层干部作风建设情况进行调研。听取 12 个区纪委书记的汇报，召开 7 个街道基层干部座谈会，走访 6 个纪检监察联系点，了解区县基层干部作风建设情况，提出加强和改进基层干部作风建设的意见和建议，为领导决策提供依据。

2010 年 5—7 月，市纪委、市监察局到徐汇区龙华街道、黄浦区南京东路街道 8 个居委会实地调研，听取社区群众对基层党风廉政建设的意见。召开静安、长宁、杨浦、徐汇、卢湾、虹口、黄浦等区纪委书记参加的座谈会，交流社区党风廉政建设工作情况，分析上海城市社区的特点和面临的新情况、新问题,明确纪检组织应该做什么,找准职能定位,研究新形势下加强社区党风廉政建设的工作思路和方法。

第二节 工作制度

一、社区党风廉政建设若干意见

2000年10月27日,市纪委、市监察委印发《关于加强社区党风廉政建设的若干意见》,对加强社区党风廉政建设的指导思想、主要原则、民主建设、工作机制、街道党工委、办事处自身建设提出意见要求。明确社区党风廉政建设的任务:围绕社区的建设和管理、社区的精神文明建设和党的建设,积极探索适应社区发展的党风廉政建设新路子,巩固党在城市工作的组织基础和群众基础,密切党群关系,以良好的党风、政风和行风保证社区各项事业的健康发展。提出社区党风廉政建设的主要原则:坚持紧紧围绕社区"两个文明"建设,以全心全意为居民群众服务为出发点和归宿点,适应社区各项工作发展的需要;坚持同社区党建的各项工作相结合,同基层民主政治建设相结合,以社区为载体,加强基层基础工作;坚持标本兼治,重在治本,综合治理,加强社区民主监督机制建设;坚持条块结合,以块为主,充分发挥街道党工委的领导核心作用,充分调动各方面的积极性,形成工作合力。

2006年7月24日,市纪委、市监察委印发《关于进一步加强本市社区党风廉政建设的若干意见》,对2000年制定的《关于加强社区党风廉政建设的若干意见》作了修订。《若干意见》对进一步加强社区党风廉政建设的指导思想、主要任务、主要原则、领导体制、工作机制提出意见和要求,明确社区党风廉政建设的工作目标:社区党员干部廉洁自律意识明显增强,作风明显改进,社区党风廉政建设的各项制度逐步健全,对党员干部的管理和监督进一步加强,损害群众利益的突出问题得到有效解决,基层党组织的战斗堡垒作用和党员的先锋模范作用进一步发挥。明确社区党风廉政建设的领导体制:坚持和完善社区(街道)党工委统一领导,社区内各派出机构和驻区单位的上级部门齐抓共管,辖区内各派出机构和驻区单位各尽其责,社区居民群众和单位积极参与民主监督的社区党风廉政建设领导体制和工作机制。

二、基层联系点工作意见

2005年9月30日,市纪委办公厅印发《市纪委、市监察委关于基层纪检监察联系点工作的暂行办法》,从联系点单位应具备的条件、主要职责、工作任务、基本要求、联系办法等方面提出具体要求。明确联系点单位的主要工作任务:报送信息。联系点单位要向市纪委、市监察委及时提供开展反腐倡廉工作的情况;试验示范。联系点单位结合自身实际,积极探索贯彻惩防体系《实施纲要》工作方面的新思路、新方法;理论研究。联系点单位要根据新形势下基层党风廉政建设的新情况、新问题,结合实际,开展专题调研、理论研讨活动;承办工作。联系点单位要根据反腐倡廉工作需要,发扬求真务实,开拓进取的精神,积极完成市纪委、市监察委交办的具体任务。联系点工作的联系办法:上下联系、信息互通、工作交流、弘扬先进典型,以点带面,发挥联系点单位的示范作用。

第三节　工 作 内 容

一、社区廉洁文化建设

2000 年，市纪委、市监察委召开社区党风廉政建设大会后，提出社区党风廉政建设与创建文明社区、文明单位、文明家庭活动相结合，加强社区精神文明建设。2006 年，召开廉政文化进社区现场推进会，推进廉政文化进社区、进家庭，为人民群众提供丰富多彩的精神文化生活。本市各街道结合社区“两个文明”建设，通过开展以案说纪、《党员风采录》、《清风赞》、图片展览、征集廉洁勤政箴言等生动活泼的形式，开展廉政文化建设活动，营造良好的社会氛围。2009 年，市纪委、市监察局制定《上海市加强廉政文化建设的实施意见》后，廉政文化建设从社区起步，逐步发展到进楼宇、进居民区、进商圈、进动迁基地等领域，开展贴近实际、贴近生活、贴近群众的廉政文化活动。2010 年，市纪委、市监察局先后总结卢湾区在 69 幢商务楼中，依托党员服务站平台，推进廉政文化进商务楼宇；闸北区大宁社区在 880 个楼组中开展文艺颂廉、娱乐唱廉、作品展廉、影视扬廉、美食载廉、节日兴廉等活动，推进廉政文化进楼组，其中新梅小区六号楼组创建成果被《人民日报》《解放日报》等媒体宣传报道；杨浦区在五角场商圈、动迁基地，通过赠送廉政书籍、反腐倡廉展览、廉政文化演出、廉政演讲比赛等多种形式，推进廉政文化融入企业文化的经验，进行宣传推广。

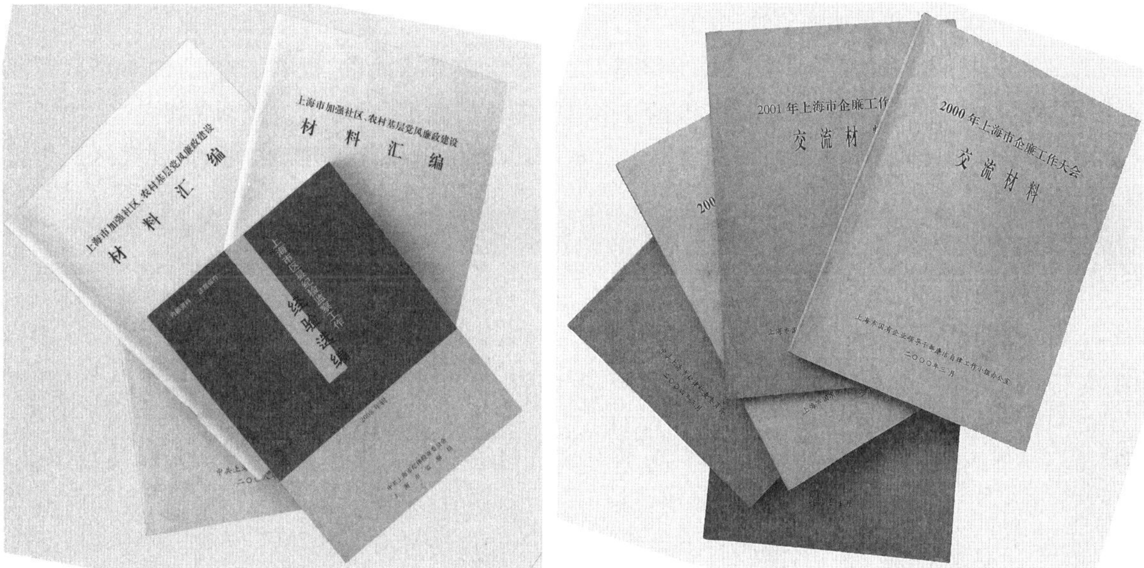

图 6-2-2　2000—2008 年，上海市社区、企业党风廉政建设和纪律检查工作部分交流材料

二、社区民主政治建设

1998 年，市纪委、市监察委召开推进社区行风评议、民主监督工作现场会，提出加强社区党风廉政建设，开展政风、行风评议，扩大基层民主，加强民主监督。2000 年，市纪委、市监察委在社区党风廉政大会上提出，注重廉政制度建设，拓展基层民主监督的内容和形式，探索和完善群众监督的新途径、新方法。2006年,市纪委、市监察委印发《关于进一步加强本市社区党风廉政建设的若干意见》,提出深化党务、政务、居务公开,推进社区民主建设的要求。2007年,全市在社区党建、公共设施建设、公共资源分配、公共事务管理等方面,积极推进党务、居务、事务公开工作,不断提高社区民主选举、民主决策、民主管理、民主监督的水平。2009年,市纪委、市监察局通过社区党风廉政建设现场会,宣传闵行区在全区街道开展干部问事、群众说事、集体论事、承诺办事、定期评事的"五事"制度;卢湾区在居委会推行决策听证会、矛盾协调会、政务评议会的"三会"制度;静安区在全区街道和基层站所深入开展政务公开工作,普遍开展"收件回执制度"。黄浦区南京东路街道作为中央纪委党务公开工作基层联系点,创设党内重要情况通报会、党员民主议事会、党建工作民主评议会等"新三会"制度,并在2009年10月中央纪委召开的全国党务公开座谈会上作交流发言。

三、社区事务监督管理

2000年,市纪委、市监察委在社区党风廉政大会上提出,要围绕社区建设、社区管理、社区服务,加强基层党风廉政建设。2006年,市纪委、市监察委印发《关于进一步加强本市社区党风廉政建设的若干意见》,提出社区党风廉政建设要结合开展政务公开,完善社区事务受理服务中心,加强社区事务民主监督,使居民群众便于知情、便于办事、便于监督。2009年,市纪委、市监察局在全市范围内推广运用"制度加科技"手段,有效预防腐败。本市社区结合实际情况,按照"权力在阳光下运行、资源在市场中配置、资金在网络上监管"的总体思路,健全创新制度,探索利用科技手段,在资金、资产、实事项目等方面加强监管,取得一定成效。2010年,市纪委、市监察局总结推广长宁区新华街道围绕民生实事项目,在工程立项、合同签订、工程验收等方面,进行电子监管;浦东新区洋泾街道积极探索建立财政资金、固定资产和实事项目的电子监管平台,从源头上预防腐败;宝山区友谊街道以信息化建设为依托,建立居委会电子台账,发挥服务、监督、管理的功能,提升社区民主管理的能力和水平等单位的经验。

四、基层干部作风建设

1998年,在社区党风廉政经验现场会上,市纪委、市监察委提出加强社区党风廉政建设,密切社区党群关系,促进部门和行业的作风建设。2000年在全市加强社区党风廉政建设大会上要求,加强基层党员干部队伍的思想和作风建设,提高党性修养和政治思想素质,发挥先锋模范作用。2007年,市纪委、市监察委对社区干部作风建设工作进行调研,针对基层干部作风建设方面的情况和问题,提出改进工作的措施和意见。2009年,市纪委、市监察局对区县基层干部作风建设情况进行调研,提出要增强基层干部群众观念、法治观念和廉洁奉公意识,努力打造党性纯洁、作风正派、勤政廉洁的基层干部队伍。2010年,市纪委、市监察局在社区党风廉政建设会议和基层联系点会议上,介绍闵行区古美街道开展的"常怀为民之心、常听为民之言、常思为民之策、常兴为民之举、常察为民之行"的"五常"凝聚力工程;虹口区凉城街道以"领导干部、机关干部、党员同志走访社区单位及居民群众"为形式,建立"千人访万家"工作机制,同年《解放日报》等媒体宣传报道这一做法;徐汇区康健街道坚持以人为本,以转变党员干部作风为抓手,深入实际,深入群众,深入基层,开展以"乐思民本、乐聚民心、乐为民富、乐推民主、乐让民安"为主题的"康乐工程",改进党群干群关系等单位的经验。

第三章　农村基层党风廉政建设

上海市农村基层党风廉政建设，在80年代末，围绕社会主义新农村建设，积极探索农村基层党风廉政建设的思路和途径。2000年，市纪委、市监察委、市农村党委、市农委制定《关于加强本市农村基层党风廉政建设的若干意见》，提出适应新形势，围绕农村经济社会的发展，以镇务公开、村务公开、财务监管、民主管理为抓手，加强农村干部的教育、管理和监督，纠正损害农民群众利益的问题，加强农村党风廉政建设。2006年以后，进一步完善农村集体资金、资产、资源的管理制度，开展减轻农民负担专项治理，清理拖欠农民工工资，清理乱摊派、乱收费，建立强农惠农资金网络监管平台，全面推进村级会计电算化管理，切实维护农民群众的根本利益，促进农村社会的和谐稳定。

第一节　工 作 机 制

一、农村基层党风廉政建设联席会议

2000年，市纪委印发《关于加强本市农村基层党风廉政建设的若干意见》后，全市郊区乡镇各级党政组织重视农村基层党风廉政建设，建立农村基层党风廉政建设的联席会议，健全和完善工作机制，基本形成"党委领导、各方参与、合力推进"的工作格局。

2004年，上海市认真贯彻落实中共中央办公厅、国务院办公厅《关于健全和完善村务公开和民主管理制度的意见》，成立由市农委、市民政局、市文明办、市委组织部、市监察委、市司法局等部门组成的完善村务公开和民主管理制度协调小组，统一部署全市村务公开工作，健全村务公开工作机制，指导农村民主政治建设，促进基层党风廉政建设。

2006年，市纪委提出建立农村基层党风廉政建设工作联席会议制度，整合各部门的力量，形成齐抓共管、相互配合的工作机制，郊区县相继建立由纪检、监察、民政、财政等部门参加的联席会议制度，定期沟通情况，共同研究问题，提出加强农村基层党风廉政建设的对策和措施。

2008年5月，上海市建立由市纪委、市委组织部、市委政法委、市监察委、市农委、市民政局、市财政局、市教委、市发展改革委、市规划国土资源局、市卫生局等11个部门组成的上海市农村基层党风廉政建设工作联席会议制度。明确联席会议职责，并制定印发《上海市农村党风廉政建设部门分工》，明确农村党风廉政建设联席会议每半年召开一次，研究部署工作；定期召开农村党风廉政建设工作推进会，传达上级文件精神，研究制定农村党风廉政建设工作计划，部署工作任务；检查指导和督促有关农村党风廉政建设各项任务的落实；研究和协调解决工作中相关问题和重要事项；健全农村基层党风廉政建设联系点制度。

2010年，针对农村集体资金、资产、资源管理出现的新情况和新问题，本市建立由农委、监察、民政、审计、规土等部门组成的联席会议。农委加强组织协调，监察部门加强监督检查，民政部门督促村级民主监督组织积极发挥监督作用，审计部门开展农村集体"三资"审计工作，规土部门加强对农村集体建设用地等资源管理，齐抓共管、各负其责。

二、农村基层党风廉政建设工作意见

2000 年 10 月 27 日,市纪委、市监察委、市农村党委、市农委印发《关于加强本市农村基层党风廉政建设的若干意见》,明确加强农村党风基层廉政建设的指导思想、主要原则、乡镇干部队伍建设、镇务公开和村务公开、财务监管、乡镇纪检监察组织建设。明确农村基层党风廉政建设的主要任务:以严格对乡镇领导班子和领导干部以及村干部的教育、管理和监督为重点,着力提高其整体素质,增强改革开放条件下拒腐防变的能力,以良好的党风政风保证和促进农村基层各项事业的发展;以转变乡镇政府职能部门及区县政府部门派驻乡镇的基层站所的作风为重点,依法行政,优化服务质量,全心全意地为农民群众服务。提出农村基层党风廉政建设的主要原则:坚持两手抓,两手都要硬;坚持标本兼治,重在治本,坚持因地制宜,重在落实;坚持条块结合,以块为主,坚持一级抓一级、一级管一级的原则,健全完善党风责任制,促进农村基层党风廉政建设。

2006 年 7 月 24 日,市纪委、市监察委印发《关于进一步加强本市农村基层党风廉政建设的若干意见》,对加强农村基层风廉政建设,提出工作目标和工作机制,要以乡镇领导班子和领导干部以及村干部的教育、管理、监督为重点,加强农村基层党组织的自身建设,使农村基层干部廉洁自律意识明显增强,作风明显改进;农村基层党风廉政建设的各项制度逐步健全,对农村基层的干部管理和监督进一步强化,损害农民群众利益的突出问题得到有效解决,农村基层党组织的战斗堡垒作用和党员的先锋模范作用进一步发挥。要求各区县党政领导班子,切实加强对农村基层党风廉政建设的领导,把农村基层党风廉政建设纳入建设社会主义新郊区新农村的整体规划,建立农村基层党风廉政建设工作联席会议制度,整合各部门的力量,形成齐抓共管、相互配合的工作机制。

2010 年 11 月,市政府印发《关于加强本市农村集体资金、资产、资源管理的若干意见》,针对农村集体"三资"管理工作目标、工作重点、组织领导等方面提出明确要求,重点健全民主管理、台账登记、公开招投标、票据管理、合同管理和收益分配制度,推进农村集体"三资"网络化管理平台建设,力争用 2 年左右时间,完成市、区县、乡镇、村四级联网,实现对集体"三资"运行情况的实时查询、实时分析和实时监管,接受全体村民监督。

同年 11 月 29 日,市纪委、市监察局印发《上海市加强农村党风廉政建设的实施意见》,提出对农村基层党风廉政建设的目标和任务,要加强教育,健全制度,从严惩治,坚持乡镇机关、村级组织和基层站所三位一体、系统构建、上下联动、齐抓共管,努力从源头上铲除农村不正之风、腐败现象产生的土壤,实现好、维护好、发展好广大农民群众的根本利益,为建设社会主义新农村提供坚强的纪律和作风保证。强调坚持以农村经济建设为中心,服从和服务于农村改革发展稳定大局,切实解决党风政风方面严重影响农村改革和发展的问题,促进农村经济发展和社会和谐稳定。

第二节　工作推进会议

2000 年 9 月 11 日,市纪委、市监察委召开加强农村基层党风廉政建设暨乡镇政务公开大会,对进一步推进上海农村基层党风廉政建设、深化乡镇政务公开工作作出全面部署。市纪委书记张惠新、副市长冯国勤出席会议并讲话。会议强调,各有关区县和乡镇要尽快建立健全这两项工作的领导小组;要建立严格的督查制度,并按照党风廉政建设责任制的要求,加大责任追究的力度。

2004 年 11 月 29 日,市纪委、市监察委召开上海市加强社区、农村基层党风廉政建设大会。会上，宝山区顾村镇、嘉定区江桥镇太平村等单位介绍创新工作方法、运用有效的形式和载体，推进社区、农村基层党风廉政建设工作的经验。市委副书记、市纪委书记罗世谦，市纪委副书记唐周绍出席会议并讲话。会议提出，农村基层党风廉政建设要从维护人民群众的切身利益和社会稳定的要求出发，把实现好、维护好、发展好人民群众的根本利益作为各项工作的出发点和落脚点，要通过加强农村基层党风廉政建设，进一步把党的执政基础打牢，使基层党组织真正成为全面贯彻“三个代表”重要思想的组织者、推动者、实践者。

2006年9月13日，市纪委、市监察委召开上海市加强社区、农村基层党风廉政建设工作会议。会上，宝山区纪委、南汇区纪委、奉贤区四团镇等单位介绍围绕建设社会主义和谐社会、加强基层干部队伍作风建设、解决群众反映的突出问题，探索新形势下加强农村基层党风廉政建设的经验。市委副书记、市纪委书记罗世谦，市纪委副书记唐周绍出席会议并讲话。会议提出，农村基层党风廉政建设要以贯彻落实责任制为抓手，形成工作合力，进一步完善农村基层党风廉政建设的领导体制。要切实加强对农村基层党员干部的教育、管理和监督。要以建立社会主义和谐社会为目标，推进农村基层民主建设，夯实党的执政基础。

2008年7月24日，市纪委、市监察委召开本市农村基层党风廉政建设工作推进会，主要总结交流本市加强农村基层党风廉政建设经验，推进农村基层党风廉政建设各项任务落实。会上，金山区、闵行区浦江镇、嘉定区江桥镇太平村就履行工作职责、抓好集体资产资金管理和推进村务公开作交流发言。市纪委副书记程志强出席会议并讲话。会议要求，针对农民群众关心的参与发展与分享发展成果的权利能否得到保障、新郊区新农村建设过程中涉及农民利益的制度安排是否到位、村干部的形象和素质能否使农民放心等切身利益问题，要加强对中央和本市有关强农惠农政策贯彻落实情况的监督检查，确保建设社会主义新郊区新农村的各项政策措施落到实处；要认真解决农村基层党风政风方面存在的突出问题，着力维护好群众利益；要进一步加强制度建设，把制度建设贯穿于农村基层党风廉政建设的各个环节；要加大权力运行的公开透明度，增强监督的实效性。

2010年8月4日，市纪委、市监察局召开全市农村党风廉政建设工作推进会，学习传达全国农村党风廉政建设工作座谈会精神，部署下一阶段农村党风廉政建设工作。市纪委副书记徐文雄主持会议，市农委、市民政局、闵行区纪委、金山区纪委作交流发言。市纪委书记董君舒出席会议并讲话。会议要求，要建立健全党风廉政建设工作的领导体制和工作机制，按照“区县是关键，乡镇是基础”的要求，将党风廉政建设责任制延伸到农村基层，进一步促进农村党风廉政建设整体合力的形成；紧紧围绕农村改革发展稳定来谋划和部署农村党风廉政建设工作，要进一步完善农村集体资金、资产、资源管理制度，建立强农惠农资金网络监管平台，全面推进村级会计电算化管理，要切实加强农村基层党员干部作风建设，落实领导干部联系群众制度，求真务实地为农民群众解决实际问题，做到为政要廉、作风要实。要认真解决损害农民利益的突出问题，促进农村社会的和谐稳定。

第三节　工作重点

一、农村基层干部管理

1989年纪念“七一”期间，市农委系统开展评选廉洁自律的先进基层党组织和优秀党员活动，表彰100名优秀党员、100名优秀党务工作者、100个先进党支部，充分发挥先进典型的示范作用。

同年，在农村基层开展专项治理，纠正不正之风，扎扎实实推进党风廉政建设。开展“清房”工作,认真纠正党政干部在建房、分房、买房、装修住房方面的不正之风。查退公房 26 套,拆除多占面积和退出宅基地 1 659 平方米。1990 年,解决农村干部动用公款购置液化气、公款安装住宅电话、拖欠公款和超规定发放钱物的“三公一超”问题。清理农村干部动用公款购买液化气 1 437 只,补交金额 76.3 万元;查处公款安装住宅电话 196 只,收缴金额 2.8 万元;收回拖欠公款 232.6 万。

1991 年,从解剖亏损企业着手,查处损害企业经济利益的违纪案件,对 40 家存在经济问题的企业,健全财务制度,严格内部管理,加强监督机制,促进农村经济持续、稳定、协调地发展。

2001 年 7 月,市纪委、市监察委印发《关于本市乡镇街道党政主要领导干部配偶、子女从业“两不准”规定的实施意见(试行)》,规定不准在本乡镇、街道范围内从事娱乐、房地产、广告代理、法律事务、工程项目及其他可能与公共利益发生冲突的经营活动,不准在本乡镇、街道及下属企业投资的三资企业中担任由外方委派、聘任的高级职务。同时开展专项治理,对乡镇党政干部的配偶、子女的从业情况进行登记,对违反规定的进行处理。

2002 年 5 月,市纪委、市监察委对 16 个区县的 152 个乡镇领导干部工作作风问题进行调研,了解有关乡镇领导干部“走读”(不在工作地点居住而在异地居住、生活)问题,制定制度,采取措施,加强农村基层干部思想教育和管理,增强农村基层干部廉政勤政的自觉性。

2008 年,市纪委提出在农村基层党风廉政建设工作中,要健全乡镇领导班子议事规则,严格执行“三重一大”制度;完善以村民会议和农村基层党员监督会议为主要形式的民主决策制度;落实“一事一议”制度,关系到村民群众利益的事项,必须经过村民会议或者村民代表会议讨论决定;健全农村基层干部任前廉政谈话、诫勉谈话、述职述廉等制度;完善乡镇领导干部经济责任审计制度,建立村级组织负责人任期经济责任审计制度,进一步加强对农村基层干部的监督管理。

同年 10 月,市纪委会同市民政局,分 6 批对 1 300 余名村委会主任进行党风廉政建设知识培训。同时,各区县纪委开展多种形式的反腐倡廉教育,组织教育活动 4 213 次,参加 254 413 人,教育培训农村基层党员干部 80 637 人次。2009 年 3 月,市纪委会同市委组织部组织处对 120 余名乡镇党委书记和部分村支部书记进行党风廉政建设培训。

2010 年,各级纪委针对农村基层党员干部的特点,采取多种形式,开展理想信念教育和党风党纪教育。组织村党支部书记、村委会主任集中培训,把党风廉政建设工作列入培训课程,采取上廉政党课、展板巡展、举办报告会、参观反腐倡廉教育基地、案例分析等形式,教育引导农村基层干部做到廉洁自律、勤政为民。

同年 11 月,市纪委按照中央《关于印发〈关于全面推进和不断深化乡镇党政领导干部任期经济责任审计工作的意见〉的通知》要求,完善乡镇党政主要领导干部任期和离任经济责任审计制度,探索建立村党组织书记、村委会主任经济责任审计制度,逐步实行农村集体资产出让租赁管理、土地补偿费管理使用等专项审计,对群众反映强烈的问题进行重点审计。逐步推行村干部勤廉双述、村民询问质询和民主评议制度。

二、农村基层民主管理

1998 年《村民委员会组织法》正式颁布实施,上海在推行农村基层民主选举、民主决策、民主管理工作中,对村级民主管理和村干部作风提出新的要求,进一步拓宽民主监督渠道,健全监督制约机制,深化农村基层民主政治建设,促进农村党风廉政建设。

2000 年,上海深入推进村务公开,以村账镇管、会计委派、财务结算中心、村民代表大会等工作为抓手，加强农村财务监管。在农村基层，通过设立投诉电话、举报信箱、发放问卷调查、进行明查暗访等一系列民主监督措施，推进农村基层党风廉政建设。金山、南汇、崇明等区县的农村乡镇成立党风廉政监督站，按照监督站的职责和每年党风廉政建设的工作任务，通过各种途径，广泛听取意见和建议，发挥群众民主监督作用。

2002 年，市纠风办组织对全市的 54 个街道、乡镇行政机关开展以作风建设为主题的政风评议，由各区县聘请 698 人，进行政风评议。通过政风评议，拓展群众参与基层民主建设和乡镇民主管理的渠道，帮助农民群众解决实际问题。至 2002 年底，全市共建立监督站 163 个，聘请特约监督员、联络员、信息员 1 958 人，形成比较完善的监督体系。

2004 年 11 月，市纪委、市监察委召开农村基层党风廉政建设大会，总结嘉定区江桥镇太平村"村里的事让村民知晓、让村民作主、让村民监督、让村民满意"；闵行区马桥镇星星村坚持干部问事、群众说事、集体论事、承诺办事、定期评事的"五事"制度；松江区九亭镇深化村务公开、加强基层民主监督、积极推进基层民主政治建设等单位的经验，在全市广泛宣传推广。

2006 年，市纪委、市监察委和市农委、财政局、民政局等部门，进一步推进完善村级组织财务民主管理，健全完善财务管理制度和内部控制制度，全面执行重大财务事项村民议事制度，村干部任期届满经济责任和离任审计制度，推行年度收支预决算制度等。市农委组织开发为农综合服务信息智能终端机（又称"农民一点通"），基层组织可以随时把各级政府支农惠农政策、社会各界支持新农村建设的项目、新农村建设的各项资金及其使用情况、农村集体资产和资源处置情况、村财务使用情况，以及对村干部的民主评议、考核和审计结果等与农民密切相关的事项在信息平台上进行公开，接受社会广泛监督。农民可以通过"一点通"对村务公开情况进行监督，充分行使民主权利。至 2006 年底，为农综合服务信息智能终端机已在全市 80 个村率先应用，并在全市 1 000 多个村进行推广，全市村级财务公开率达到 90%。

2007 年，市纪委和市农委、市财政局、市民政局等部门制定涉及"三农"工作的有关政策，维护农民群众利益。同时组成联合检查组，对 10 个区县的 18 个乡镇的债务清理和财务管理工作进行检查，及时发现和纠正问题，保障农民合法权益。据统计，2007 年共查处损害农民群众利益的违纪违法问题 95 起，处理 102 人，受党纪政纪处分 94 人。

2008 年 11 月，市纪委、市监察局、市农委、市民政局、市委组织部等部门，对闵行、宝山、嘉定、松江、青浦、南汇、奉贤等区村务公开民主管理工作进行检查验收，深入推进政务、村务、党务"三公开"工作，不断丰富公开形式，拓展公开内容，注重公开效果。至 2008 年底，全市有 113 个乡镇实行乡镇政务公开，占乡镇总数的 89.2%，1 783 个村全部实行村务公开；103 个乡镇实行党务公开，占乡镇总数的 81%；1 458 个村实行党务公开，占村总数的 81.7%。

2010 年，市纪委、市监察局、市农委、市民政局、市委组织部等部门探索在民主决策、民主选举、民主管理、民主监督等方面的对策和措施，提高民主化管理水平。村委会建立村民代表议事制度，普遍建立村民民主理财小组；村党支部成员在"两推一选"的基础上全面试行"公推直选"；村委会成员在直接选举的基础上，试行"海选"或"竞选"，强化民主监督，推进民主管理，促进农村基层党风廉政建设。

三、农村集体资产监管

1991 年，市监察局组织 9 个县和宝山、杨浦 2 个区的监察局对全市农用资金开展监督检查。全市共检查涉农资金5.9亿多元,发现有630万元资金未到位,其中违纪金额达80万元。督促有关部门严格管理涉农资金,对存在问题进行整改,将303万元资金落实到位。在检查中,监察机关对发现收受贿赂、以权谋私等违纪问题进行查处。通过这项检查,对上海农业经济的稳定发展起到积极的促进作用。

2004年,市纪委、市监察委、市农委、市财政局、市民政局等部门加强对集体资金的使用、审批和监督,提高监管效能与开支透明度。把农村集体资产、资金和资源监管作为加强农村基层党风廉政建设的一项重要内容,作为发展农村集体经济、维护人民群众的根本利益、维护农村社会稳定的重要保障。6月,在全市推进村级财务管理规范化试点工作,健全财务管理制度,规范财务处理程序,完善民主管理机制,实行严格审计监督,开展财会人员业务培训和持证上岗,推行会计电算化等工作,取得较好的效果。青浦区夏阳街道枫泾村被列为全国首批试点村,并被农业部表彰命名为全国农村集体财务管理规范化示范单位。2006年,在总结示范单位经验的基础上,在郊区10个区县中确定19个村开展市级首批村级集体财务管理规范化试点。

2006年11月,根据国务院办公厅《关于做好清理化解乡村债务工作的意见》、国务院农村综合改革工作小组《关于开展制止发生新的乡村债务专项检查工作的通知》的要求,市政府办公厅转发市农村综合改革领导小组办公室《关于认真做好清理化解乡村债务工作开展制止发生新的乡村债务专项检查意见的通知》,提出开展乡村债务检查工作的具体要求。各区县在自查的基础上,12月由市农改办牵头,市监察委、市财政局等部门组成联合检查组,采取区县交叉检查的办法,通过召开座谈会、听取汇报、查阅乡镇财务账册等途径,对10个区县的18个乡镇债务清理工作进行抽查,加强和规范乡镇财务管理工作。

2006年,上海市探索"村账委托镇代管"财务管理新模式,按照村级组织依法委托、坚持所有权、审批权、使用权、收益权"四权"不变的原则,积极稳妥、整体推进、规范运行、讲求实效的原则,推行以村账委托镇代管为主的村级财务管理模式。全市1 887个村中,有1 100个村实行村账委托管理,约占总村数的60%,推行会计电算化,全市村级会计电算化率近80%。2006年,市纪委、市监察委在社区、农村党风廉政建设大会上,总结奉贤区四团镇、浦东新区北蔡镇、崇明县竖新镇等单位实行"村账镇管"加强村级财务的经验,并在全市进行推广。

2008年,认真贯彻中央纪委、监察部、财政部、农业部《关于进一步规范乡村财务管理工作的通知》精神,加大对农村集体资产监管的力度,上海推进会计委派制度。全市实行村级会计委托代理服务制度1 306个,占总数的73%。

2009年,按照中央纪委办公厅《关于开展农村党风廉政建设工作专项检查活动的通知》要求,市纪委和市农村党风廉政建设联席会议对开展农村党风廉政建设工作专项检查进行专题研究部署。在各单位自查自纠的基础上,10月下旬至11月上旬,市纪委、市监察局、市农委、市财政局、市民政局联合组成3个农村党风廉政建设工作专项检查组,分别对浦东新区、闵行区、宝山区、嘉定区、金山区、松江区、青浦区、奉贤区、崇明县进行重点检查,对检查发现农村惠农资金不到位、集体资金资产资源管理不规范等问题,责成有关单位加以整改。

2010年,上海市依托"制度加科技",在财务管理规范化的基础上,加强对农村集体资产的监管,各镇普遍建立"一村一档"、"一企一卡"、"全镇一库"的电子监察系统。市纪委、市监察局总结宣传浦东新区金桥镇建立镇级财政资金监管平台,将上级和镇财政资金的管理、使用、监督等制度通过程序固化下来,实现财政资金申请、审批、使用、监督全部在网上运行;闵行区建立全区各村集体资产、土地管理、社会事业、综合治理等"四本台账"的区、镇、村三级动态监管系统;松江区结合"三个更加注重”试点工作，开展农村集体资金、资产、财务监督管理网络化建设试点工作，对资产、合同、土地、票据等其他财务状况进行动态监管等单位的经验。

同年，市纪委、市监察局、市农委、市财政局运用“制度加科技”手段，在全市各涉农区县建立“一点通”支农惠农资金网络监管平台。将水稻种植补贴、农资综合补贴、农作物良种补贴等13项普惠制涉农补贴政策、补贴标准、补贴结果列入“一点通”，让农民只需在本村点击屏幕，就能知晓“本人应得、本人实得、别人应得、别人实得”。至年底，“一点通”支农惠农资金网络监管平台公开信息72.02万条，涉及现金补贴7.16亿元。

四、农村基层廉洁文化建设

2006年，市纪委、市监察委召开全市社区、农村基层党风廉政建设大会后，提出廉政文化进农村，深入开展文明乡镇、文明村、文明家庭等群众性精神文明创建活动，把反腐倡廉教育与社会公德、村规民约、职业道德、家庭美德和法制教育相结合，在农村形成文明向上的社会风尚。市纪委、市监察委总结宣传宝山、南汇、奉贤、金山等区结合郊区实际，推动廉洁文化进农村、进家庭、进学校的深入开展的经验。

2008年，郊区重视推进廉政文化进农村活动，建立农村廉政文化示范点。奉贤区先后在南桥镇、海湾镇建立农村廉政文化示范点，探索廉政教育进网络、廉政提醒进手机、廉政书架进村落、廉政节目进基层等做法，形成文艺倡廉、案例警廉、书画颂廉、氛围促廉的农村廉政文化建设格局。松江区为推进农村廉政文化示范点工作，在九亭、佘山等11个乡镇开展廉政文化进农村文艺巡演活动，以舞蹈、快板、小品、说唱等多种形式，宣传廉政文化，受到农民群众的喜爱和欢迎。

2009年，市纪委、市监察局制定《上海市加强廉政文化建设的实施意见》，提出农村廉政文化以“清风润乡村、美德在农家”为主题，以乡镇、村两级班子成员为重点，培育清廉乡风民俗，开展一镇一村一品牌廉洁文化创建活动，推进社会主义新农村建设。郊区乡镇通过送戏下乡、举办廉政书画展、征集廉政公益广告、建设廉政文化一条街和廉政文化示范点等多种形式，推进廉政文化进农村活动。

2010年，市纪委、市监察局总结宣传浦东新区北蔡镇以“浦东阿蔡”为主角制作动漫片“阿蔡廉政谈”、“阿蔡廉政格言”农村基层廉洁文化建设先进典型等一系列作品，制作成光碟宣传廉政文化；宝山区顾村镇深入开展廉政文化“六个一”活动，即寄送一封廉政公开信，征集一条廉政座右铭，开展一次廉政演讲征文评比，举办一次廉政文化作品大赛，编发一本勤廉优政手册，举办一场勤政廉政专场演出，努力打造“诗乡顾村”品牌，被国家文化部命名为“全国民间文化艺术之乡”。宝山区顾村镇、浦东新区北蔡镇等50个乡镇被评为上海市文明乡镇。

第四节　维护农民利益专项检查

一、监督检查“星火计划”

1992年，市监察局和市农委、市科委联合印发《关于开展对“星火计划”实施情况监督检查的通知》，对上海九县一区一局1989—1991年底应完成实施验收的科技“星火计划”项目的实施情况和资金的投入、使用、效益及管理情况开展检查，共检查项目272项，重点抽查117项，占43%。在验收合格的272项中,其中获国家级奖励的56项,获市级奖励的50项;新增利24 305万元,创汇约6 420万美元。通过检查,摸清“星火计划”项目和资金的投入总数、产出的经济效益、获奖的项目以及优惠政策的落实情况,确保立项切合实际,资金投入使用到位,政府部门和工作人员勤政廉洁。

二、清理拖欠农民工工资

2004年,市监察委和市建设委开展清理解决拖欠建设工程款和拖欠农民工工资专项检查。通过检查,政府投资的123个项目已完成清欠。对未完成清欠任务的部门,采取向拖欠单位发放《提醒通知书》《催告通知书》,确定“不良名单”,向社会公布。同时,着力推进有关职能部门加强机制建设,建立企业和个人的信用制度、应急预案,加强监督检查,有效遏制拖欠和克扣农民工工资现象。

2005年,市监察委和市建设委继续开展清理建设领域拖欠工程款和拖欠农民工工资专项检查工作。通过检查,2005年底农民工工资清欠率达到98.34%。为落实国务院提出的到2006年底基本清理解决建设领域拖欠工程款的工作目标,制定《上海市预防建设领域拖欠工程款管理办法汇编》,建立防欠长效管理工作机制。

2006年,上海市建立清欠工作网络,从建立长效监管机制入手,抓建设资金的到位和使用监管,建立企业诚信体系,将预防企业拖欠情况纳入信用体系;规范工程款支付的配套办法,解决由于审价时间过长、拨款程序复杂造成的拖欠问题;建立以农民工保险制度为核心的综合保障制度和建筑业农民工工资保证金制度,在工程项目中推行工资卡等措施,积极推进清理解决建设领域拖欠工程款工作和解决农民工催讨工资问题。截至2006年底,全年受理的8 400多人次、6 800多万元被欠工资的投诉得到妥善解决,清欠率达到99.3%,综合保险扣款成功人数为496 475人,建筑业农民工被欠工资问题得到有效解决。

三、征地农民补偿费监管

2004年7月,根据监察部、国土资源部、农业部、审计署的统一部署,市监察委和市农委、市房土局、市劳动和社会保障局、市审计局召开对征地农民补偿费管理使用情况的专项检查大会,对全市涉及征地农民补偿费管理使用工作的15个区县进行专项检查。自1999年1月1日—2004年9月30日,全市涉及征地补偿费319.97亿元,经检查全部到位。其中检查前没有及时发放到位的0.354 5亿元,在检查中全部足额发放到位。征地补偿费管理使用不规范的问题得到纠正,应属于村集体经济组织的土地补偿费已明确权属,全部进入村集体经济组织财务专户。检查发现案件线索10件,立案查处9件;涉案人数9人,党纪处分8人,移送司法机关7人;涉及违纪违法金额136.42万元。

2005年4月,为进一步巩固2004年征地农民补偿费专项检查取得的成果,防止出现新的拖欠、挪用等问题,市监察委和市房地、市农委、市审计、市劳动、市民政等职能部门,对征地农民补偿费规范管理使用情况再次进行全面检查,重点检查新开项目的征地程序、资金到位情况以及规范管理使用情况。2004年9月30日至2005年4月,全市新实施的征地项目共636个,征地面积4 476.46公顷,应补偿资金总额13.6亿元,均落实并补偿到位。“两公告一登记”(两公告即:征用土地方案和征地补偿方案公告;一登记是指被征地农村经济组织农村村民或者其他权利人应当在征用土地方案公告规定的期限内到指定的地点办理征地补偿登记手续）和征地包干协议得到认真的贯彻执行并都有资料留存，“镇保”工作也同步落实。按照建立长效管理机制的要求，全市已建立“市房地资源局向市监察委土地审批情况备案制度”，以切实保障农民合法权益不受侵害。

第五节　减轻农民负担专项治理

一、清理乱摊派、乱收费

1993 年 3 月，市监察委转发监察部《关于对减轻农民负担问题开展执法监察的通知》，部署对减轻农民负担问题开展执法监察，重点放在农民反映负担较大的乡、村，并要求区县对涉及农民负担的项目和文件进行清理。同时，市监察委和市农委、市计委、市物价局、市财政局等部门组成检查组，到各区县进行专项检查，要求农副产品收购部门立即停止“打白条”的做法，严格执行货款结算制度，按时付清货款。要求市物价部门执行农业生产资料最高限价的价格政策。通过检查，农民负担的村提留和乡统筹费被稳定控制在国务院规定的范围之内。清理有关加重农民负担的文件，取消有关增加农民不合理负担的各种集资、摊派和行政事业性收费项目，其中市级项目 3 个、县乡项目 40 个，同时还解决一度拖欠的生猪补贴款、禽蛋款、牛奶款“打白条”的问题，切实保证减轻农民负担的措施真正落到实处。

1995—1996 年，上海继续开展清理向农民乱摊派、乱收费工作，市监察委和市农委对减轻农民负担工作情况开展执法监察。通过检查，郊县农民直接向集体经济组织缴纳的村提留和乡统筹费，都能控制在农民上年人均纯收入的 5%以内，平均达到 2.24%，农民交售粮棉油等农副产品的贷款能全部兑现，没有发现违反国家收购政策、强行代扣代缴各类款项、向农民乱摊派的现象。同时，市监察委在全市推广松江县“一表一卡一审计”制度，即农户交费监督卡、农民负担情况统计表和内部审计，并对执行情况进行监督检查，1996 年底，全市有 5 个县已全面实行“一表一卡一审计”制度。

1997 年，市监察委和市农委制定《关于 1997 年继续对减轻农民负担工作进行执法监察的实施方案》，对减轻农民负担工作开展执法监察。通过检查，减轻农民负担工作进展有序推进，“一表一卡一审计”制度得到全面贯彻落实，发卡到户率达 97.5%，全市共 2 806 个行政村，农民无负担的有 314 个村，没有发现农民负担占上年人均纯收入的比例超过中央规定的 5%。

1998 年，市监察委以“一表一卡一审计”制度为抓手，继续对减轻农民负担开展执法监察，印发《关于对减轻农民负担工作继续开展执法监察的意见》，组织有关部门在年中和年底对减轻农民负担工作进行监督检查。从检查的情况看，全市 2 823 个行政村中，农民不直接负担村提留乡统筹费的村有 411 个，占总数的 14.56%，其余村农民直接负担村提留乡统筹费均在 5%以下。截至 1998 年 6 月底，发放“农民交费监督卡”1 082 228 户，占应发卡户数的 98.42%。

1999 年，市监察委和市农委印发《关于对土地延包确权发证工作实施监督检查的通知》，主要围绕“农民享有土地承包权”、“大稳定、小调整”和“土地所有权不变”、“三权分离、权责明确”及“有利于农村长期发展”等原则的落实情况监督检查。涉及土地延包的浦东新区、闵行区、嘉定区、宝山区和金山区监察委，加强对新一轮土地延包确权发证工作的监督检查，保证党中央、国务院关于延长土地承包期三十年不变的政策得到落实。通过开展监督检查，有力推动土地延包确权发证工作的开展，维护农民的合法权益，促进上海农业可持续发展。

二、农村税费改革监管

2002年9月，上海认真贯彻落实中央、国务院关于农村税费改革有关政策，实行涉农税收价格收费“公示制”、农村义务教育收费“一费制”、农村公费订阅报刊“限额制”和涉及农民负担案(事)件“责任追究制”等四项制度。按照“减费不增税”的原则开展农村税费改革试点工作，将原来由农民直接承担的1.8亿提留统筹费缺口全部由市财政通过转移支付解决，不再转为农业税收，农民负担由人均93元下降为34元，减负的平均幅度约为62%，10个涉农区县实行税费改革后减轻农民负担金额2.02亿，郊区农民享受到上海改革开放的成果。市监察委对农村税费改革工作进行监督，市税改办对部分区县的减税公示情况和农业税征收情况进行抽查，对郊区5 673个镇(乡)、村集体经济组织及镇村部门、企业进行专项审计，经审计的资金达252亿元，发现违纪金额1.2亿元，对查出的问题进行处理和纠正。

2002年，上海取消“农业特产税”、“屠宰税”，“村提留”、“乡统筹”费用；2003年率先于全国取消“农业税”；2004年，逐步取消农村义务工、积累工。上海减轻农民每年的税费负担额度4亿元，人均减负130多元，基本实现全市农民“零负担”。通过三年的农村税费改革，上海逐步完善减负工作的经常性制度和长效管理机制。2004年10月，市委办公厅、市政府办公厅印发《关于本市贯彻实施中办、国办〈关于对涉及农民负担案(事)件实行责任追究的暂行办法〉的意见》，强化减负工作的领导负责制和职能部门监督检查。市监察委、市农委、市财政局、市物价局、市政府法制办等部门组成联合小组，对群众反映的热点问题，进行专项治理，边查边纠，保证农村减负工作落到实处。

三、监督强农惠农政策落实

2006年，市监察委、市农委、市民政局、市财政局等部门认真落实各项支农惠农政策，积极推进农村综合改革，建立健全减轻农民负担长效机制，防止农民负担反弹，继续规范涉及农民负担的行政事业性收费的管理，加强对农业生产性费用和农村集体收费的监管，加强对村民“一事一议”筹资筹劳的监管；开展对农民专业合作经济组织乱收费、乱摊派等问题的监管，做好对农民补贴补偿、对村级财政性补助资金的监管，切实维护农民的合法权益。2006年，对养殖业、弱势群体和农村富余劳动力就业给予减免的29项收费，加强监督检查，保证强农惠农政策的落实。

2008年，市监察委、市农委、市财政局等部门对崇明、金山等10个区县支农惠农政策落实情况进行专项检查。在各区县自查的基础上，重点抽查部分区县种粮农户补贴、设施菜田建设、万河整治工程等支农惠农政策的落实情况。督促有关单位认真整改蔬菜大棚配套资金不落实、万河整治资金滞留等问题。通过以查促纠，以纠促建，确保政府帮农、兴农、富农政策落到实处，惠及农民。

同年，市监察委、市农委、市财政局、市人力资源保障局等部门推进本市农村劳动力非农就业，切实抓好帮助困难企业稳定农村劳动者就业岗位、鼓励企业吸纳就业困难的农村富余劳动力、鼓励扶持农村富余劳动力自主创业、继续贯彻落实跨区就业补贴政策、切实推进低收入农户家庭人员的专项就业补贴政策、做好农村富余劳动力技能培训、加强农村富余劳动力就业服务和建立工作机制等八方面政策的落实，加强监督检查，促进农民增收，实现好、维护好、发展好农民群众的根本利益。

2009年，市政府印发《关于本市扶持农民专业合作社发展的政策意见》。市监察局、市农委、市民政局等部门对农村村庄改造项目及资金使用的合规性、规范性和有效性进行检查，进一步完善惠农强农政策措施，大力扶持集体经济薄弱村和农民专业合作社。从2008年起三年，对集体净收入30万元以下的420个村实行每年另外补贴30万元的政策，同时将这些村的基础设施建设资金列入财政计划，使经济薄弱村改变村庄面貌。

同年，市监察局组织有关部门对原南汇和奉贤、青浦3个区的7个镇15个村支农惠农资金使用情况开展专题调研检查。调查的内容主要是水稻种植补贴以及水稻、麦子良种补贴到户落实情况，设施粮田、设施菜田等项目建设落实情况，农民培训补贴资金使用情况，村庄改造项目使用情况等。共查阅台账记录、审核财务资料2 000多件，召开各类座谈会18个，参加座谈人员300余人；走进40个项目现场、深入30个农户家中，检查相关情况。通过以查促纠、以纠促建，确保支农惠农资金落到实处，惠及农民。

2010年8月，市监察局、市纠风办、市财政局等9个部门，对浦东新区、闵行区、青浦区、崇明县等9个涉农区县开展重点检查，检查面达到100%。各检查组通过听取汇报、查阅资料、核查账册、实地走访等形式，有效地开展重点检查。针对发现的强农惠农补贴资金被骗取冒领、截留挪用、资金使用不规范等问题，下发9份通报，提出要求，督促整改，落实强农惠农政策，维护农民群众的权益。

第四章　高校党风廉政建设

1979年以来，上海市高校党风廉政建设逐步开展，坚持从端正党风政风行风抓起，通过招生分配、收费管理、基建财务等方面的源头治理，促进高校反腐倡廉治腐工作不断深入。从80年代开始，高校党风廉政建设，始终突出抓好制度建设，逐步建立和完善反腐败领导体制和工作机制、重点领域廉政防范管理制度以及高校领导干部廉洁从政制度规定。从90年代起，深入开展廉洁教育、文化倡廉、典型引路等各项活动，丰富高校党风廉政建设的内容和形式。2005年，根据市委关于贯彻《建立健全教育、制度、监督并重的惩治和预防腐败体系实施纲要》的意见，市科教党工委印发贯彻落实意见，各高校从教育、制度、监督、惩处、改革五个方面入手，不断加强预防和惩治腐败的体系建设。2009年，市纪委、市教卫党工委、市监察局、市教委联合印发《关于加强本市高等学校反腐倡廉建设的意见》，明确高校反腐倡廉建设的指导思想、目标任务和意见措施，比较全面地建立健全高校惩治和预防腐败体系。

第一节　制 度 建 设

一、反腐败领导体制和工作机制

1997年11月10日，根据市委、市政府《关于党风廉政工作责任制的规定》，市教卫党委制定《上海市教卫系统党风廉政工作责任制的实施意见》，对各高校建立党风廉政责任制的基本原则、责任范围、内容，以及考核与监督检查等7个方面提出明确要求，并要求做到党风廉政建设与各项工作同计划、同部署、同开展、同检查、同考核、同总结，建立实施“党委统一领导、党政齐抓共管、纪委组织协调、部门各司其责”的反腐败领导体制和工作格局。

2001年3月31日，按照市纪委案件信访工作有关文件规定，市教育纪工委向各高校及有关单位纪委、监察处(室)印发《上海市教育系统纪检监察信访工作制度》，建立实施信访登记、分类处理、情况报告、查核暂结、预警防范、谈话反馈、分析建议、结果督办、材料归档等9项制度，进一步加强和规范纪检监察信访工作，提高信访工作的质量效益。

2005年，市委印发《关于贯彻〈建立健全教育、制度、监督并重的惩治和预防腐败体系实施纲要〉的意见》后，市科教党工委结合系统反腐倡廉工作实际，印发《科教党工委系统贯彻落实〈实施纲要〉的意见》，并进行任务分解，落实责任部门，明确时间进度。各高校从教育、制度、监督、惩处、改革五个方面入手，把预防和惩治腐败的工作贯穿于中心工作之中，不断完善预防和惩治腐败的机制。

2007年，依据市委办公厅印发的《关于进一步加强对局级领导班子主要负责人监督的若干意见(试行)》《关于党委(党组)实施“三重一大”制度的若干意见(试行)》以及《上海市党员领导干部述职述廉的实施办法(试行)》等规定，市科教党工委制定《市科教党工委系统各单位领导班子主要负责人监督的实施办法(试行)》和《市科教党工委系统各党委(党组)贯彻“三重一大”制度的实施办法(试行)》两个制度，分别对民主集中制、“三重一大”制度、民主生活会制度、党风廉政建设责任制、报告个人有关事项及收入申报制度、述职述廉制度、工作报告制度、公开透明制度等提出贯彻落实的具体要求，形成一条完整的制度链。系统内各高校先后修订相关的议事规则和决策程序，进一步明确和规范领导干部的决策行为。

2009年2月20日，市纪委、市教卫党工委、市监察局、市教委联合印发《关于加强本市高等学校反腐倡廉建设的意见》。《意见》明确高校反腐倡廉建设的指导思想，提出逐步形成形式多样、覆盖全面、多方参与、及时有效的宣传教育机制，结构合理、配置科学、程序严密、制约有力的权力运行机制和党委领导、党政齐抓、分工协作、责任落实的工作推进机制等目标任务，并从深化宣传教育、完善制度和健全机制、加大查信办案工作力度以及落实党风廉政建设责任制等方面，提出26条具体意见措施，比较全面地建立健全高校惩治和预防腐败体系。

二、重点领域廉政防范管理制度

1979年以来，市委纪委筹备组多次发出关于严格招工招干招生纪律的通告，要求各级领导机关领导干部严格按政策办事，以身作则，严格招工招干招生纪律。1982年5月，根据市委纪委筹备组相关通告精神，市教卫办党组向市高教局党组和各高校党委发出通知，要求党的各级领导干部要以身作则，不准利用职权干扰招生和毕业生分配工作；每个共产党员，特别是毕业生的党员家长和亲友，要严格遵守规定，教育、支持子女愉快地服从分配，不为子女、亲友说情，更不要弄虚作假、徇私舞弊；负责招生和毕业生分配工作的干部，要大公无私、坚持原则，不准利用职权徇私舞弊；各级纪检部门要充分发挥作用，检查监督党员干部执行有关规定的情况。

1998年12月10日，市委、市政府印发《关于实行政务公开制度深入开展政务公开工作的决定》，对实行政务公开的目的和要求、机构和内容、形式和方法以及监督保障和组织领导等做出明确规定。1999年6月2日，市教育党工委、市教委根据文件精神，印发《关于在教育系统开展政务公开工作的意见》，对高校等教育系统政务公开的重点、内容和方法进行明确，并实行受理、审核、批准分离制度，建立监督电话、监督信箱和监督员等制度，建立考核和奖惩制度，建立健全依法行使权力的制约机制，促进依法行政、规范行为、提高效率、廉政勤政、防止腐败。2003年3月19日，市教育党工委根据新的形势任务特点，印发《关于在本市普通高等学校进一步推进校务公开的意见(试行)》，从校务公开的目的和意义、基本原则和要求、主要内容、形式和途径及组织领导五个方面，对校务公开工作进行规范和明确，推动高校校务公开工作落实。

2000年9月4日，市教育党工委、市教委针对一些学校存在预算管理不严格、收费管理不规范、校办产业产权关系不明晰、未按新财务会计制度规定加强收支管理和固定资产管理等问题，印发《关于高等学校建立经济责任制进一步加强财务管理和监督的通知》，同时印发《上海市高等院校所属非二级法人单位实行经费集中管理制度的办法》和《上海市高等院校对校属企业试行财务总监和会计委派制度的办法》，在各高校逐级建立校(院)长、分管校(院)长或总会计师、财务处长、校部机关处室负责人、各二级单位负责人或财务负责人以及基层财务人员等的经济责任制，对高校所属非二级法人单位(部门)的经费实施集中管理制度，对校属企业实施财务总监和会计委派制度，推动各级经济工作责任的落实，从制度上规范高校财务管理和监督，从源头上预防腐败问题发生。

2001年6月11日，市教委根据教育部《关于普通高等学校招生监察工作的暂行规定》，印发《关于加强本市2001年高等学校和中等学校招生考试管理和监察工作的意见》，从加强领导、健全机构，完善制度、强化管理，加强教育、严明纪律，严格监督、落实责任等四个方面提出要求，并明确“不准在招生报名、考试、阅卷、登分、考生信息登录和投档录取等工作中弄虚作假、以权谋私、徇私舞弊”、“不准接受考生(家属)的钱物、宴请和向考生(家属)许愿”等“八个不准”的纪律规定。

2003年1月9日,市教育党工委、市教委结合高校政府采购实际,印发《关于加强高校物品采购监管工作的意见》,从加强对物品采购工作的领导、完善管理体制、完善工作制度等十一个方面,对加强高校物品采购的监管工作进行规范和明确,提出不得违反规定程序操作、不得擅自提高采购标准等“十五个不得”的工作纪律,进一步提高采购工作的效益,切实推进高校党风廉政建设。

2004年7月20日,市纠风办、市教委、市财政局、市物价局联合印发《关于2004年上海市规范教育收费、治理教育乱收费工作的意见》,明确提出,各高校要完善收费工作领导体制和工作机制,严格执行不得自立收费项目、提高收费标准、扩大收费范围;不得收取国家和本市有关主管部门已明令取消的项目费用;不得以按学分收费的名义提高收费标准;不得变相提高学费和住宿费标准;不得将国家下达的计划内招生指标转到所属民办二级学院而变相提高收费;不得借民办二级学院之名搞“校中校”,变相“双轨”收费;不得以降分录取的形式高收费、乱收费;不得假借中外合作办学名义变相提高收费标准;不得向参加补考或申请转专业的学生收取“补考费”、“转专业费”;不得以任何名义向学生收取赞助费等费用等“十个不得”高校收费政策。

三、高校领导干部廉洁从政制度

1993年12月27日,市教卫党委和市教卫办根据市委、市政府《关于党政机关工作人员保持廉洁的规定》,联合印发《关于当前高校党政领导干部兼职取酬等问题的若干意见》,对高校领导干部能否兼职、在哪里兼职、兼什么职务、能否取酬、如何奖励等十个方面的问题作出明确规定,进一步端正党风,加强廉政建设,保证高校改革和事业发展的顺利进行。

1994年5月31日,市教卫党委和市教卫办按照市委办公厅、市政府办公厅《关于加强对组团出访的管理严禁公费旅游的通知》精神,联合印发《关于重申和健全高校校级领导干部出国(境)审批和出差请(销)假制度的通知》,针对改革开放后各类考察、培训等组团明显增多的情况,对高校党委正副书记、正副校长出国(境)的规定、审批的办法以及离开本市出差请假制度进行明确要求,进一步防范公费旅游等问题发生。

1996年10月3日,市教卫党委依据市委、市政府《关于党风廉政工作责任制的规定》要求,印发《上海市高校领导干部党风廉政建设的若干规定(试行)》,从加强理论武装、坚决维护党中央的权威、认真贯彻民主集中制等12个方面,对高校领导干部党风廉政建设进行规范,并明确高校领导干部应集中精力做好本职工作,一般不在经济实体兼职,确需兼职的一律不准取酬,凡以领导干部身份参与有关经济活动获得的奖励等收入应交学校,个人不准从中取酬等方面必须廉洁自律的规定。2004年4月13日,市教育党工委正式印发《上海市高校领导干部党风廉政建设的若干规定》,结合高校党风廉政建设实际,对1996年的试行规定进行充实完善,明确“不接受任何影响公正执行公务的利益”、“不与民争利”、“不违反规定兼职取酬、投资入股、个人经商办企业”等八条29款具体规定,使高校领导干部党风廉政建设制度规定更为全面、规范。

2000年12月18日,市教育党工委、市教委按照市纪委、市监察委《关于区、县党政机关局级领导干部的配偶、子女从业问题“两不准”的实施意见》精神,印发《上海高校领导干部配偶子女从业的若干规定》,对高校领导干部管辖的业务范围、个人从事经商办企业活动的具体形式等六个方面进行明确,并明确高校领导干部的配偶、子女从业必须遵守的“不得承包经营学校所属或由学校投资入股的企业、教育机构、中介机构等组织”、“不得作为其他经济组织的代表与学校洽谈合作、合资有经济利益的事项”等七条具体规定。2001 年 6 月 20 日，根据市纪委、市监察委有关通知要求，市教育党工委、市教委印发《上海教育系统事业单位处级干部配偶、子女从业的若干规定》，将相关规定延伸管理至高校及其他事业单位的机关及下属事业单位中的处级干部。

2002 年 1 月 17 日，根据市监察委、市房改办《上海市城镇住房制度改革若干纪律规定》，市教育党工委、市教委制定《关于高校领导干部货币分配住房面积标准的暂行规定》，结合上海市城镇住房制度改革实际，从 5 个方面对住房分配货币化改革中高校领导干部住房建筑面积控制标准等问题作出明确规定，切实加强住房改革中的监督防范。

2003 年 9 月 16 日，根据市政府办公厅《上海市区县级以下党政领导干部任期经济责任审计暂行办法》规定，市教育党工委发出《关于建立教育系统局级干部离任经济责任审计制度的通知》，要求自 2003 年开始，凡是担任单位法人代表或者分管财务的局级领导干部，如职务发生变动，均要按规定进行离任经济责任审计，切实加强对局级领导干部管理和监督，正确评价任期经济责任，促进勤政廉政，全面履行职责。

第二节　工 作 推 进

一、廉洁教育

1991 年 6 月 15 日，按照市纪委统一部署，市教卫党委向各局、委、高校党委(组)和纪委转发《关于在党内开展党纪条规教育的意见》，在党员中广泛开展党纪条规教育，并要求各单位在 7—12 月期间组织党员学习，各级党组织要熟悉党内违纪问题处理的规定，党员要知纪懂纪守纪，做遵纪守法的模范。

2003 年 12 月 20 日，市纪委和市教育纪工委组织教育系统 180 名纪检监察干部举行党风廉政专业知识测试，进一步增强纪检监察干部做好党风廉政工作的意识，提高处理解决党风廉政现实问题的能力。各高校及直属单位的纪委书记、监察室(处)主任(处长)均参加测试。

2005 年 4 月 6—8 日，市纪委和市科教纪工委举办科教系统纪检监察案件检查干部培训班。其间，市纪委案件检查室和法规室领导分别就如何依法规范办案、办案的方法和技巧、办案的基本程序等问题作辅导报告，复旦大学、华东理工大学、同济大学、华东师范大学、上海立信会计学院、华东政法学院等分别从不同角度交流办案经验和体会。

2005 年 4 月 28 日，市科教纪工委召开市科教党委系统纪检监察宣传教育和信息工作会议。会议总结和部署系统纪检监察宣传教育和信息工作。上海电力学院等单位分别就开展廉政文化建设和推动廉洁教育进校园作交流发言。市科教纪工委领导就深入推进科教党委系统反腐倡廉宣传教育工作提出要求。

2006 年 6 月 19 日，市纪委领导向市科教系统作治理商业贿赂专题辅导报告，充分阐述治理商业贿赂的目的和重要意义，就严格执行规章制度，扎实有效推进治理商业贿赂工作有效展开，不断建立健全惩防体系提出工作要求。市科教党工委治理商业贿赂领导小组和办公室成员，各委、局、高校、科研院所及直属单位分管领导、纪委书记、监察室主任等 350 余人听取辅导报告。

2007 年 6 月 29 日，根据市纪委推进廉洁教育进学校工作部署，市科教党工委、市教委召开上海市大中小学廉洁教育工作推进会。市纪委、教育部思政司、市科教党工委、市教委、各高校(含民办高校)、各区县教育局和教育学院以及部分试点中小学、市“廉洁教育进学校”领导小组等单位和相关部门的负责人近300人出席会议。上海大学等6家单位代表作交流发言。会议还举行市大学生廉洁教育专题公益广告网络大赛和上海市中小学校廉洁教育专题网页设计大赛启动仪式。

2009年3月3日,市纪委、市教卫党工委、市监察局和市教委联合召开加强高校反腐倡廉建设推进大会暨2009年市教卫党工委系统加强党风廉政建设干部大会。副市长沈晓明、市纪委副书记唐周绍出席会议并讲话。会议总结高校反腐倡廉工作情况,明确今后一段时期加强高校反腐倡廉建设的目标任务和措施要求,有力推动高校党风廉政建设。

2010年6月4日,市纪委和市教卫纪工委在市科教党校举办市教卫系统纪检监察查信办案业务培训,学习市纪委信访和审理工作相关规定,进一步明确查信办案的工作程序和标准要求,提高教卫系统纪检监察干部业务能力素质,推进高校和卫生系统党风廉政建设。

二、文化倡廉

2003年9月18日,根据全市“廉政文化研讨会”精神和市纪委统一部署,市教育党工委、市教委召开教育系统“读书思廉”征文颁奖活动暨加强党风廉政建设座谈会。会议为获得一、二、三等奖的28人进行颁奖。座谈会上,东华大学校长徐明稚等7位领导从不同侧面,就如何进一步加强教育系统的党风廉政文化建设提出新的建议和设想。

2004年10月19—31日,“2004年上海市科教党委系统‘廉洁勤政’文学艺术创作展”在上海科技馆举行。该活动由市科教党工委主办,市科教纪工委、市教育工会、市科技工会承办,共展出作品297件,其中书法篆刻118件,绘画52件,文学摄影作品101件,其他26件。市委副书记、市纪委书记罗世谦,市委副秘书长吴汉民等参观展览。据统计,市科教党委系统所属约80家单位,3 000多人次参观展览。

2005年,在市纪委的指导和支持下,市教委在全市大学生中开展以“诚信、勤俭”为主题的原创短信大赛。充分利用遍布上海高校的“上海教育信息网络系统——电子显示屏”,作为活动的信息告知载体和与学生互动的平台,将主题分为诚信考试、诚信论文、诚信履历、诚信还贷、诚信签约、诚信人生六种类型,累计收到学生们的投票短信10 584条,后续创作短信5 329条。

2007年,根据市纪委《关于在上海市学校中加强廉洁教育和廉政文化建设的实施意见》精神,市科教党工委、市教委召开全市大中小学廉洁教育推进会,正式推出《上海学校廉洁教育行动指南》,编写一套廉洁教育试验读本,把廉洁教育和廉政文化建设渗透在学校教育教学各个环节。

2009年,市纪委印发《加强学校廉洁文化建设的推进办法》,开展以“廉洁办学、和谐校园”为主题的校园廉洁文化建设,努力创建学校干部廉洁从政、教师廉洁从教、职工廉洁从业、学生廉洁修身的良好氛围。各高校从实际出发,因地制宜,努力做到“一校一品”,以教师师德师风和学生品德品行为重点,将廉洁文化建设融入校园文化建设。

三、典型引路

1985年6月6日,市教卫纪委召开全系统纪检干部大会,表彰30名优秀纪检干部。市委常委陈铁迪、市纪委书记张定鸿出席大会并讲话。会上交流端正纪检工作指导思想,加强党性、党风、党纪教育方面的经验。

1987年以来，市高校纪检监察系统深入开展争先创优表彰活动。通过表彰宣传、经验交流等方式，树立一批忠于党和人民、爱岗敬业、秉公执纪、无私奉献的先进纪检监察组织和优秀纪检监察干部，弘扬正气，鼓舞斗志，激励广大干部进一步做好纪检监察工作。至2010年，高校系统先后有5个单位被评为上海市纪检监察系统先进集体，2名同志被评为全国纪检监察系统先进工作者，12名同志被评为上海市纪检监察系统先进工作者。

1992年2月，市教卫党委召开教卫系统党政负责干部会议。市委副书记陈至立到会作形势报告。会上，复旦大学、华东师范大学、中国纺织大学、上海机械学院、上海海运学院、上海第二医科大学、上海师范大学、上海电力学院等院校就抓好稳定，完善高校领导体制，搞好校中心组学习，加强班子廉政建设及学校校风校纪建设等方面的工作作经验交流。

1993年9月13日，市教卫纪委召开系统纪检、监察工作会议，部署加强党风廉政建设，开展反腐败斗争工作。上海交通大学、上海师范大学介绍贯彻中央、市委关于开展反腐败斗争精神、推进党风廉政建设的设想和做法，进行经验交流。

2002年3月15日，市教育系统召开加强党风廉政建设干部大会。市政府副秘书长、市教育党工委书记王荣华对教育系统1996年以来受到党纪政纪刑事处分的238名党员干部进行剖析，指出教育系统在队伍建设上存在的问题和不足，分析教育系统不良风气和腐败现象滋生的主客观原因，要求把党风廉政建设与干部队伍建设相结合，不断完善制度、宣传制度，加大从源头上治理和预防腐败的力度。

2006年12月5日，市科教党工委、市教委在上海交通大学召开上海市各高校领导、纪委书记、财务处长干部大会，传达贯彻教育部“教育部直属高校案件通报视频会”会议精神，就学习贯彻教育部视频会议精神，进一步吸取教训，引以为鉴，做好高校财务管理工作提出要求。

2008年2月3日，市科教党工委系统召开纪检监察工作会议。会议传达市纪委九届二次全会精神，对做好2008年系统纪检监察工作提出要求。上海电力学院、上海交通大学等4个单位作主题工作经验交流，对加强高校反腐倡廉建设，强化对招生、财务、基建、采购等案件多发部位监管提出对策措施。

2009年3月，上海市召开加强高校反腐倡廉建设推进大会。通过把反腐倡廉教育纳入高校宣传教育总体部署，积极推进廉洁教育进入课堂，进一步加大对基建、采购、财务、招生、科研经费、校办企业、干部人事等工作的监管，坚决查处高校基建工程、物资采购中的商业贿赂案件，严肃查处违规招生、违规收费等损害群众利益的案件以及违反财经纪律、腐化堕落、学术腐败等案件，切实营造“想干事、能干事、干净干事”的良好形象和氛围。

2010年4月28日，市教卫纪工委召开市教卫系统信访案件工作会议。会议传达贯彻市纪检监察办信查案工作会议的精神，并部署落实教卫系统纪检监察办信查案工作要求。华东理工大学、上海师范大学、上海大学等4个单位围绕进一步从严治党，加大惩治腐败工作力度进行交流发言。

第三节　源头治理

一、端正党风政风行风

1982年2月11日，市委决定派出党风调查组，分期分批对机关和企事业单位进行为期3个月的党风调查，促使上海党风在本年内有决定性的好转。市教育局作为第一批调研单位，华东化工学院和上海师范学院作为第二批调研单位,有重点有目标地对党风党纪情况进行检查。

1985年10月29日,根据市纪委对党风状况进行问卷调查的要求,市教卫系统向高校等单位发放5 000份"党风状况调查问答",并多次召开座谈会听取意见。调查认为,加强领导班子的建设是搞好党风建设的关键,要实行党风责任制,把抓党风与坚持改革结合起来,要认真抓好党员的党性、党风、党纪教育。

1986年5月10日,在市纪委党风调查的统一部署下,市教卫党委纪委对5所大学及其他单位进行党风调查,并总结同济大学、中国纺织大学在端正党风、促进改革和党政领导的党风建设等方面的经验,加以推广介绍。

1988年9月27日,根据市纪委、市委组织部、市委宣传部、市委党校联合举办的在改革开放中加强党的建设研讨会议精神,市教卫纪委召开局、委、高校纪委书记会议,着重探讨如何正确理解和贯彻党的十三大提出的"纪检工作要集中力量管好党纪,协助党委管好党风"等问题,并分析当前纪检工作中的主要问题,要求进一步振奋精神,搞好纪检工作。

1994年4月,为适应深化高校改革的需要,市教卫党委印发《关于上海市高校行政工作中重大问题议事决策的若干意见》,从议事决策的主要内容、主要形式、主要程序和原则等三个方面对高校行政工作中重大问题的议事范围和决策程序提出明确意见,较好地促进党委领导下校(院)长负责制有序高效运转,促进高校领导班子的团结协调和民主集中制的贯彻落实。

1997年7月14日,市教卫党委召开教卫系统党风廉政建设干部大会。会议提出下半年市教卫系统党风廉政建设的工作目标,要求将党风廉政建设的各项任务落到实处,进一步抓好领导干部廉洁自律工作,全面落实党风廉政工作责任制,推进政务公开,重点抓好招生、毕业生就业、收费、外地毕业生进沪、毕业生出国等的政务公开。

2004年4月,市纪委、市委组织部印发《巡视工作实施办法(试行)》后,市纪委对巡视工作作出部署和工作指导。9月20日—11月5日,为率先建立和完善党内制约监督机制,市科教党工委开始对东华大学、华东政法学院、上海体育学院等6家高校、科研院所、企事业单位开展巡视工作试点。12月9日,市科教党工委召开巡视(试点)工作总结会,对巡视工作进行回顾和总结,着力加强对领导班子和领导干部的监督。

2007年5月10日,根据市纪委就党委(党组)实施"三重一大"制度进行调研的统一部署,市科教纪工委召开部分高校纪委书记座谈会,专题研讨当前上海高校"三重一大"制度建设执行有关问题。复旦大学、上海交通大学等7所高校纪委书记就各自高校执行"三重一大"制度的实际情况和存在的问题进行交流讨论,并就进一步做好"三重一大"制度提出建议。

同年6月20日,根据市纪委推进领导干部廉洁自律工作领导小组要求,市科教党工委成立"推进领导干部廉洁自律工作领导小组",切实抓好贯彻落实《中共中央纪委关于严格禁止利用职务上便利谋取不正当利益的若干规定》相关工作。7月6日,市科教党工委召开扩大会议,学习胡锦涛总书记在中央党校省部级干部进修班上的重要讲话,听取贯彻执行《中共中央纪委关于严格禁止利用职务上的便利谋取不正当利益的若干规定》的自查情况汇报,要求各单位结合市委、市纪委有关精神和实际情况,加强组织领导,精心组织学习贯彻,保证《若干规定》的贯彻落实。

同年10月16—19日,为贯彻落实上海市《关于在本市开展第五次厂务公开民主管理工作调研检查的通知》精神和要求,市科教系统所务校务公开工作领导小组办公室派出两个检查组,对上海大学、华东政法大学、上海外贸学院、上海中医药大学、上海海关学院、上海工商外国语职业学院等12家高校和科研院所的所务校务公开民主管理工作进行检查,推动校务公开落实。

2010年7月12日，上海市召开教育系统政风行风建设大会。副市长沈晓明出席会议并讲话。会议总结2009年度上海教育系统政风行风建设情况，部署2010年度工作。市政风行风监督员代表，各高校主要领导、纪委书记等出席会议。12月，市教卫党工委检查组先后对华东师范大学、上海海洋大学、上海对外贸易学院、上海中医药大学、上海应用技术学院等单位进行党风廉政建设责任制和基层党建责任制工作，进行专项检查，促进党风政风行风建设。

二、治理乱收费

2004年3月1日，教育部、国务院纠风办召开"全国治理教育乱收费工作电视电话会议"，市教委、市纠风办、市治理中小学乱收费联席会议成员单位、高校等单位负责人和中小学代表出席上海分会场会议。副市长冯国勤出席分会场会议并讲话，指出上海治理教育乱收费的重点是抓巩固、抓深化、抓治本、抓提高，并要求明确责任，完善制度，加强监督，进一步把治理教育乱收费的各项工作落到实处，努力把上海建设成为教育规范城市。在当年市纠风办与市教委、物价、财政等部门对市6所高校收费专项检查中，反映高校收费制度比较健全，管理比较规范。

2005年6月17日，市纠风办、市科教党工委、市教委、市财政局、市物价局、市审计局和市新闻出版局联合召开"上海市规范教育收费工作会议"。副市长严隽琪出席会议并讲话。会议向社会承诺：做到行政事业性收费经过批准、收费项目和标准等内容全部公示、代办服务性收费坚持自愿、学校收费与教师收入分离、各类收费得到有效监督、违规收费得到严肃处理，使中小学规范收费成果进一步巩固发展，高校收费进一步规范，规范教育收费长效机制初步建立，群众对教育收费满意率进一步提高。

2006—2008年，市纠风办、市教委等部门连续三年开展规范教育收费联合检查。2006年，在全市教育系统全面清理、规范教育收费项目和标准过程中，查处高校违规收费1 408.6万元。2008年，共查处公办高校违规收费18.07万元、民办高校违规收费784.99万元。

2010年4月1日，市纠风办、市教委、市发改委等部门组成联合检查组，重点围绕本市高校2009年以来开展规范教育收费工作情况、自查和检查中发现问题的整改情况、群众对教育收费问题信访的办理情况等五个方面，开展高校收费工作专项检查，对发现的违法违纪问题进行严肃处理。4月30日—6月10日，市纠风办、市物价局、市教委、市规范教育收费办公室等有关单位20余人组成两个联合检查组，对高校代办服务性收费工作开展专项检查。检查组共检查20所公办高校（本科11所、专科9所）和12所民办高校，未发现严重违规行为，对某些民办学院在资金往来等方面存在的问题，提出加强对民办教育资金监管的措施。

三、加强招生监察

1998年3月，市教卫党委将"进一步完善高校和中等学校招生的监督制约机制，继续开展对招生工作的同步监察，加强对高校保送生、推荐生等工作的管理，保证高校和中等学校招生工作的顺利进行"列为1998年行风建设的四项任务之一，重点抓好贯彻落实。

2001年以来，市教育纪工委、市教委监察室每年召开全市高校招生监察会议，传达全国高校招生监察工作会议精神，针对高校招生工作实际，提出工作目标要求，改进工作办法，不断加大信息公开力度，逐步实行录取动态监管和查询机制，健全完善公开透明的招生工作体系，确保高校招生的公平公正。

2002年1月14日,针对高考改革不断深入、高校招生自主权不断扩大的实际,为做好春季招生考试、外语小语种提前考试等招生工作中由学校单独组织的命题和考试工作,防范问题发生,市教委印发《关于加强普通高校招生工作中高校单独命题考试工作的意见》,要求各高校制定命题、考试、评卷的工作程序、工作守则、操作办法等制度,报市教育考试院备案,并提出加强保密工作等工作纪律。

2003年2月,市教育考试院为加强录取工作的领导和管理,制发《2003年普通高等学校招生工作规定》,提出招生工作"十不准、六公开、三监督"的制度,明确"不准将非学历班以学历招生名义招生"、"咨询、监督电话、接待地点时间公开"等规定,保证招生工作公开透明。

2004年7月,市纪委全程参加市秋季普通高等学校招生录取监察工作,提出"不准在招生报名、考试等工作中弄虚作假、徇私舞弊;不准利用职务和工作便利向招生部门递条子、打招呼"等8项纪律要求,重点对自主选拔、招收艺术特长生等工作加强监察,对群众反映的50件信访问题以及考生及考生家长的投诉做到件件有回音、有答复,对10起反映突出的问题进行调查处理,维护考生的权益。

2005年5月30—31日,针对1993年上海工业大学自主招生改革以来,上海高校专科自主招生改革、自主选拔录取改革等不断深化,招生组织形式不断革新,招生规模不断扩大的实际,市教委召开上海高校招生监察工作会议,提出要不断强化自主招生中的公正、公平和监督,不断扩大公开范围,全面实施"阳光工程"。

2007年6月19日,根据中央纪委《关于严格禁止利用职务上的便利谋取不正当利益的若干规定》,市科教党工委召开第65次书记办公会议,认真学习讨论。会议提出,要坚持招生工作的"阳光工程"规定,坚持招生考试的责任制度,坚持"分级管理,逐级负责"、"谁主管,谁负责"的原则。

2008年,市纪委通过督办有关信访问题、派人参加高校招生监察工作等,加强招生过程同步监察。重点做好体育特长生资格审查复核,取消20余名材料不齐、资料不符的考生资格;会同考试院妥善处理31名落榜考生及考生家长的群访事件;协调上海师范大学对违规招生行为进行严肃处理,有4人受到党纪政纪处分,规范招生工作秩序。

四、预防职务犯罪

2002年7月2日,市教育党委、市教委针对高校基本建设(修缮)工作中的违纪违法案件屡有发生的实际,向各高校及有关单位印发《关于加强高等学校基本建设(修缮)监管工作的若干意见》,从提高认识、加强领导、完善具体工作制度等12个方面,对加强基建(修缮)监管工作进行规范和明确,切实推进高等学校的党风廉政建设,防范违纪违法行为的发生。

2005年5月26日,市纪委领导围绕"贯彻落实惩治和预防腐败体系实施纲要"主题,在市科教纪工委与杨浦区检察院举办的"预防职务犯罪工作专题学习培训班"作专题辅导,对高校贯彻落实惩防体系建设,做好预防职务犯罪工作提出对策措施和工作要求。各高校的纪检监察人员参加学习培训。

2006年6月1日,根据市纪委、市监察委贯彻落实《〈上海市治理商业贿赂专项工作实施方案〉的通知》要求,市科教党工委成立治理商业贿赂领导小组。市科教党工委副书记任组长,市科教纪工委书记任副组长。领导小组下设办公室,具体承担市科教党工委治理商业贿赂领导小组日常工作。6 月 26 日，市科教党工委、市教委在复旦大学召开教育系统治理商业贿赂工作会议，对本市教育系统开展治理商业贿赂专项工作进行动员部署，提出明确要求。全系统共印发学习资料 155 500 册，编录正反典型教育光盘 1 600 盘，编发各类简报信息 649 期，组织培训 222 期。教育系统共有 84 个单位、部门和 46 名个人主动汇报存在的问题，涉及金额 591.44 万元，查处违纪案件 33 起，有 48 人受到批评教育，有 17 人受到纪律处分。

2009 年，市纪委和市教卫纪工委成立以市纪委副书记唐周绍为组长的联合课题组，对本市高校如何构建廉政风险预警机制开展调研。2010 年 3 月，形成《关于本市高等学校廉政风险预警防范机制建设的调研报告》，提出建立上海高校廉政风险预警机制的初步设想，确立风险评估指标体系，构建科学有效的廉政风险预警机制。4 月 19 日，市教卫纪工委召开高校廉政风险预警防范机制建设试点工作动员部署会议，在全市高校部署开展廉政风险预警防范机制建设试点工作，要求各高校在廉政风险信息排查、整合、管理等方面实施预警测试，探索建立廉政风险信息收集、分析评估、控制防范等机制，进一步推进高校系统改革发展，提高高校预防腐败工作成效。

第五章 “两新”组织反腐倡廉建设

上海市的“两新”组织(即：新经济组织、新社会组织)，2008年总数已达62.4万家，其中新经济组织约58万家，新社会组织约4.4万家，“两新”组织从业人员约670万人，占本市从业人员的63%，已成为本市经济社会发展的重要推动力。2009年，随着“两新”组织从业人员增多，新经济组织力量日益壮大，市纪委提出推进“两新”组织的反腐倡廉建设，建立由市纪委、市委组织部、市社会工作党委、市监察局共同参与的上海市推进“两新”组织反腐倡廉建设联席会议制度，作为组织协调推进上海“两新”组织反腐倡廉建设的工作机构。2010年，印发《上海市推进“两新”组织反腐倡廉建设的若干意见(试行)》，开展推进“两新”组织反腐倡廉建设试点工作，建立健全“两新”组织的纪检组织和纪检干部队伍，加强“两新”组织党员的教育管理和监督，推进“两新”组织的廉洁文化建设，促进“两新”组织的健康快速发展。

第一节 工作协调机制

一、反腐倡廉协调机构

2005年，市纪委、市监察委、市社会工作党委、市发改委等部门建立加强行业组织和社会中介机构管理监督联席会议，开展以行业协会等社会组织为载体、治理商业贿赂和规范中介机构行为等方面的工作，探索社会组织反腐倡廉建设的途径和方式。

2008年，全市推进“两新”组织党建工作。市纪委对非公有制企业进行调研，在总结“两新”组织反腐倡廉建设工作经验的基础上，首次提出在“两新”组织开展反腐倡廉建设工作的思路，创新“两新”组织反腐倡廉建设的工作机制。

2009年7月，上海市建立由市纪委、市委组织部、市社会工作党委、市监察局共同参与的上海市推进“两新”组织反腐倡廉建设联席会议制度，作为组织协调推进上海“两新”组织反腐倡廉建设的工作机构。下设办公室，为联席会议做好上下联系、服务保障工作。联席会议的主要职责是：对“两新”组织反腐倡廉建设提出总体规划和工作部署；督促指导、组织协调推进“两新”组织纪检工作；为“两新”组织的党建工作和反腐倡廉建设提供决策意见和建议；协调各区县、相关职能部门，推进“两新”组织反腐倡廉建设。

二、基层协调机制

2009年8月，在闸北、黄浦、闵行、宝山、松江五个区开展“两新”组织反腐倡廉建设试点工作，各试点区参照市推进“两新”组织反腐倡廉建设联席会议工作模式，分别建立区级层面的联席会议工作机制。由区纪委、组织部、统战部、社会(综合)工作党委等部门参加的联席会议，试点区明确工作机构，设置联席会议办公室，进一步强化“两新”组织反腐倡廉工作的协调指导。

2009—2010年，全市5个“两新”组织反腐倡廉建设试点区相继建立区、社区(街道)两级社会纪工委。闵行区在建立联席会议的基础上建立综合纪工委，具体负责联席会议日常工作；黄浦区、闸北区在已有区社会纪工委的基础上，深化拓展社会纪工委的工作网络，明确在街道层面建立综合纪工委，由综合党委专职副书记任纪工委书记，并设3—5名委员；闸北区天目西社区调整街道纪工委的人员组成，将居民区党委、综合党委、行政党组等有关人员充实到街道纪工委中，明确综合党委专职副书记兼任街道纪工委副书记。

2010年底，"两新"组织反腐倡廉工作机制在试点的基础上全市推开，建立起市级、区(县)、街道、镇、"两新"组织的三级工作体系，确保"两新"组织反腐倡廉建设有机构负责、有人员落实、有网络覆盖的工作机制。

第二节　工作试点会议

一、"两新"组织反腐倡廉联席会议

2009年6月26日，市纪委、市委组织部、市社会工作党委、市监察局召开推进本市"两新"组织反腐倡廉建设工作会议。市纪委副书记唐周绍主持会议并讲话，市社会工作纪工委汇报本市探索推进"两新"组织反腐倡廉建设的工作情况。会议研究进一步推进本市"两新"组织反腐倡廉建设的重点工作，提出五项具体工作要求：建立推进本市"两新"组织反腐倡廉建设联席会议制度；起草制定《加强本市"两新"组织反腐倡廉建设若干意见》；逐步推动区级层面建立推进"两新"组织反腐倡廉建设的组织协调机制；积极推进区县"两新"组织反腐倡廉建设的试点实践工作；探索实施"两新"组织反腐倡廉建设典型培育计划，为进一步推进本市"两新"组织反腐倡廉建设奠定工作基础。

同年7月30日，召开推进"两新"组织反腐倡廉建设第一次联席会议，审议《关于开展〈加强本市"两新"组织反腐倡廉建设若干意见〉起草工作的方案》《关于选择部分区开展推进"两新"组织反腐倡廉建设试点实践的工作方案》。通过《市纪委、市委组织部、市社会工作党委、市监察局推进本市"两新"组织反腐倡廉建设工作会议纪要》《上海市推进"两新"组织反腐倡廉建设工作简报》进行工作部署，反映工作推进情况。

同年10月22日，本市召开推进本市"两新"组织反腐倡廉建设联席会议第二次会议，听取对《上海市推进"两新"组织反腐倡廉建设的若干意见(讨论稿)》的意见和建议，作进一步修改完善，建立健全"两新"组织反腐倡廉制度。

2010年3月12日，市纪委、市委组织部、市社会工作党委、市监察局召开推进本市"两新"组织反腐倡廉建设联席会议第三次会议。会议由市纪委副书记唐周绍主持并讲话。会上，闸北、黄浦等5个试点区联席会议办公室负责人汇报试点工作进展情况，市社会纪工委对《上海市推进"两新"组织反腐倡廉建设的若干意见》和《推进本市"两新"组织反腐倡廉建设2010年工作要点》作了说明，与会同志提出修改意见。会议通过《上海市推进"两新"组织反腐倡廉建设的若干意见》。会议为进一步推进"两新"组织反腐倡廉建设工作提出要求：认真落实好廉洁办博的工作措施，深化试点工作，加强制度完善和创新，推进宣传教育和廉洁文化工作。

二、"两新"组织反腐倡廉试点工作会议

2009年8月20日，市纪委、市委组织部、市社会工作党委、市监察局召开推进"两新"组织反腐

倡廉建设试点工作会议,对“两新”组织反腐倡廉工作作部署,提出具体要求,并印发《关于在本市部分区开展推进“两新”组织反腐倡廉建设试点工作的通知》。会议强调,通过试点区开展针对性的工作实践,进一步探索和创新“两新”组织反腐倡廉建设的工作理念、方法和途径,为全市推进“两新”组织反腐倡廉建设工作破解难题、积累经验、夯实基础、形成示范。

同年12月15日,市联席会议办公室召开各试点区联络员会议,听取各区“两新”组织反腐倡廉建设试点工作推进情况,并对下一步试点工作进行讨论。会议要求,要进一步完善区联席会议机制,明确成员构成和任务分工,整合党政资源,争取更多支持,服务“两新”组织发展。要研究区社会纪工委的运作模式,探索纪工委的工作职责和运作方式。要探索构建街道层面的领导机制,整合好街道纪工委和综合党委力量。要以党建示范点和“五好”党组织为重点,培育有组织构架、有工作制度、有明显成效的基层典型。各试点区要加强阶段性成果和经验的沟通交流,共享工作成果。

2010年2月5日,市推进“两新”组织反腐倡廉建设联席会议办公室召开试点工作例会,听取各试点区前阶段工作推进情况及下阶段的工作打算。会上,闸北区、黄浦区、闵行区、宝山区、松江区分别介绍试点区探索组织协调机制、实践新方法新途径、破解工作难点问题、培育挖掘工作典型、建立工作长效机制等方面的做法和经验。

同年9月26日,市纪委、市委组织部、市委统战部、市社会工作党委、市监察局联合召开上海市“两新”组织反腐倡廉建设试点工作总结交流会,回顾总结一年来本市“两新”组织反腐倡廉建设试点工作情况,部署下一步工作。市纪委副书记徐文雄出席会议并讲话,黄浦区纪委、上海复星高科技(集团)有限公司、天目西社区(街道)党工委、正泰电气股份有限公司作交流发言。会议印发市纪委、市委组织部、市委统战部、市社会工作党委、市监察局联合制定的《上海市推进“两新”组织反腐倡廉建设的若干意见(试行)》。会议强调,各有关单位要在前一阶段试点工作的基础上,进一步巩固成果、扩大试点、创新实践、突出重点、整体推进“两新”组织反腐倡廉建设。

图6-5-1　2010年3月12日,上海市推进“两新”组织反腐倡廉建设会议召开

第三节　工作途径

一、“两新”组织纪检组织建设

2004年，“两新”组织党建工作迅速发展，“两新”组织纪检工作同步推进，区、县和市有关职能部门陆续在“两新”组织中建立纪委，市社会工作系统党建工作直接归口的集团公司率先全部建立纪委。市纪委、市委组织部、市社会工作党委在加强全市“两新”组织党建的同时，注重建立健全纪检组织。截至2008年底，上海共有“两新”党组织1.3万个，“两新”组织共有党员20.8万名，党员占“两新”组织从业人员的比例为3.3%。18个区(县)纪委(不含浦东新区)共有党委建制非公企业164家，其中建立纪检组织的56家，约占34%；市党委建制的“五好”党组织中，80%的“两新”组织设置纪委，其中60%的纪委与其他部门合署办公。

二、“两新”组织纪检队伍建设

2006年，社会工作系统开展纪检监察先进集体和先进工作者评选表彰活动。国药控股有限公司纪委副书记徐恒昌、大众交通(集团)股份有限公司大众出租汽车分公司纪委书记管玉明被评为“上海市纪检监察系统先进工作者”，上海崇明大众公共交通有限公司纪委被授予“上海市社会工作党委系统纪检监察先进集体”荣誉称号。2006—2010年，市纪委、市委组织部、市社会工作党委根据“两新”组织党员队伍的日益壮大的新情况、新问题，依照《党章》的要求加强教育和监督管理。组织“两新”组织纪检干部学习党的方针政策、反腐倡廉建设的理论、纪检监察工作任务，研究探索“两新”组织反腐倡廉建设的任务，加强“两新”组织反腐倡廉建设，引导企业依法经营，促进企业健康发展。组织“两新”组织纪检干部培训，学习纪检工作业务知识，提高纪检干部工作能力和业务水平，增强做好“两新”组织反腐倡廉建设的责任感和使命感。其间，共举办非公有制企业纪检干部培训班和归口管理单位纪检干部业务知识培训班8期，共培训纪检干部310名。

三、“两新”组织反腐倡廉制度建设

2009年，市纪委、市委组织部、市社会工作党委、市监察局印发《关于在本市部分区开展推进“两新”组织反腐倡廉建设试点工作的通知》。《通知》要求建立起区级层面推进“两新”组织反腐倡廉建设的组织协调机制，探索建立社区(街道)乡镇层面的组织协调机制；围绕“两新”组织加强制度建设、营造廉洁氛围、促进企业健康发展的目标，探索不同类型的“两新”组织反腐倡廉工作的有效方法和途径；总结“两新”组织在加强党员干部教育管理、强化对权力的监督制约等方面的经验做法，培育挖掘“两新”组织反腐倡廉的工作典型。

同年，市委印发《上海市加强廉政文化建设的实施意见》和《加强“两新”组织廉洁文化建设的推进办法》。《推进办法》明确“两新”组织廉洁文化建设的工作目标为：以公道自律、崇尚廉洁为主题，健全“两新”组织廉洁从业的制度规范，把廉洁要求寓于行业公约、职业规范等自律性管理制度中，探索“两新”组织开展廉洁文化建设的途径和方法，形成崇尚廉洁的舆论环境和文化氛围。

2010年，市纪委、市委组织部、市委统战部、市社会工作党委、市监察局联合印发《上海市推进

“两新”组织反腐倡廉建设的若干意见(试行)》,明确推进“两新”组织反腐倡廉建设的指导思想、工作原则、工作机制和主要任务。《若干意见》提出把反腐倡廉建设融入增强“两新”组织党建有效性的工作之中,融入党和政府相关部门对“两新”组织的公共管理与服务之中,融入“两新”组织自身经营与发展之中。

2009—2010 年,全市在推进“两新”组织反腐倡廉建设试点工作的制度建设中,先后推广闸北区制订的《闸北区“两新”组织纪检组织工作规程(试行)》,黄浦区制订的非公经济组织党员在政治、组织、经济、社会等方面禁止性行为规范 77 条,闵行区制订的《关于开展“两新”组织反腐倡廉建设试点工作的实施意见》,宝山区制订的《关于深入开展廉洁文化进“两新”组织的实施意见》,松江区律师党委实施反腐倡廉建设责任签约制度和党员律师公正廉洁办案承诺制度。

四、“两新”组织反腐倡廉调研工作

2006 年 7—9 月,上海市开展非公有制企业基建组织建设情况调研。通过广泛收集资料、深入走访调研、开展分析研究,基本摸清非公有制企业纪检组织建设现状,尤其是党委建制非公有制企业的现状。在此基础上,根据国有改制企业、民营合资企业、私营企业等不同类型,对纪检组织建设模式分析,归纳特点,总结规律,找出问题,提出改进意见和建议,加强非公有制企业的纪检组织建设,推进“两新”组织反腐倡廉建设。

2008 年,市纪委与市社会纪工委组成课题调研组,采用问卷调研、个别走访、座谈交流、查阅资料等多种方式相结合的方法,对《非公企业反腐倡廉建设方法途径研究》课题进行调研。通过调研,对本市非公企业在反腐倡廉建设的状况进行分析,探索非公企业反腐倡廉建设的有效方法和途径,提出加强本市非公企业反腐倡廉建设的对策措施。

2009 年,市纪委和市社会纪工委、市经济学会市场中介研究委员会等有关单位和部门组成课题组,开展《关于在社会领域加强廉洁文化建设的研究》调研。课题组先后走访浦东新区社会工作党委、天目西路街道综合党委、张江高科技园区综合党委、永达集团纪委、正泰电气公司纪委等单位,实地了解各单位推进廉洁文化建设的工作情况,组织召开新经济组织、新社会组织座谈会,交流在社会领域开展廉洁文化建设的途径、载体和方法。通过调研,对社会领域加强廉洁文化建设的内涵、意义、内容和方法途径提出意见和建议,为推动社会领域廉洁文化建设提供参考借鉴。

2010 年 4 月,市“两新”组织联席会议办公室召开试点区律师行业负责人座谈会,闵行、宝山、松江等区的律师党委负责人和部分律师事务所负责人参加座谈会。座谈会交流新社会组织以律师行业为代表,结合法律服务的业务工作,积极参与“两新”组织反腐倡廉工作的做法和途径。通过座谈研讨,加强行风、行规建设,规范律师的自身行为和社会生活行为,促进建立公正、公开的社会环境,为新社会组织在反腐倡廉建设工作上做出有益的探索。

五、“两新”组织廉洁文化建设

2009 年,市纪委、市委组织部、市委宣传部、市社会工作党委根据上海市《加强“两新”组织廉洁文化建设的推进办法》,组织“两新”组织以公道自律、崇尚廉洁为主题,开展廉洁文化进“两新”组织活动,健全“两新”组织廉洁从业的制度和规范,把廉洁要求寓于行业公约、职业规范自律性管理制度之中,形成崇尚廉洁的舆论环境和文化氛围。

2010年，各区县在“两新”组织中开展形式多样的廉洁文化活动，营造良好的廉洁高尚社会氛围。黄浦区编印的《非公经济组织经营者常用法律法规选编》《非公经济组织共产党员禁止性行为规范77条》和《非公经济组织典型案例选编》3本书，下发“两新”组织学习，增强非公经济组织经营者依法经营的意识。闸北区积极探索廉洁文化进“两新”组织的途径和方法，实施“五个一”工程(即：围绕一个主题，倡导一个理念，开成一个载体，打造一条走廊，搭建一个平台)，组建“两新”组织反腐倡廉宣讲团，整合师资力量，编制宣讲材料，对“两新”组织党员进行理想信念和宗旨意识教育，提高党性觉悟，保持党员的先进性和纯洁性。宝山区开展“廉文鉴赏”活动，每月为非公企业业主寄送一份具有思想性、可读性的廉文，让业主在品读之间深受感悟。长宁区着力推动廉洁文化进楼宇，积极拓展工作载体，创新工作形式，在“两新”党组织中开展廉洁文化电子版设计作品大赛，对反腐倡廉主题思想进行正面宣传，在“两新”组织中营造公道自律的良好氛围。

第七篇

党风廉政宣传教育

党风廉政宣传教育工作，是党风廉政建设基础性工作。1980年以来，市纪委、市监察局(委)把党风廉政宣传教育放在重要位置，开展形式多样的党风廉政宣传教育工作。1984年4月，市纪委内设机构增设“教育室”。1993年3月，市纪委、市监察局合署办公后，内设机构调整中将“教育室”更名为“宣传教育室”，为党风廉政宣传教育工作的广泛开展提供坚实的组织保证。2009年起，建立由市纪委、市委组织部、市委宣传部、市委党校等为成员单位的全市廉政文化建设联席会议制度，纪委组织协调，相关部门密切配合、各展所长，建立健全党风廉政宣传教育工作格局，发挥党风廉政宣传教育的整体效能。

1984—2010年，市纪委、市监察局(委)在廉政专刊专栏宣传方面，先后创办《上海纪检》《监察与廉政》《清风》杂志等。同时市纪委与《解放日报》社合作创办《倡廉文摘》杂志，与《支部生活》合作创办“海上清风”反腐倡廉宣传专栏；在廉政公益广告方面，先后参加中央纪委举办的“首届全国反腐倡廉公益广告大赛”、“扬正气，促和谐”全国廉政公益广告创作评选；在廉政文化展览方面，举办“高风歌——中国历代廉洁勤政故事画展”、“全国廉政文化大型绘画书法展上海巡展”；在廉政文化作品创作方面，创作和演出《谁主沉浮》《今朝睏不着》《廉吏于成龙》。2009年，以四川省南江县原纪委书记王瑛生前事迹为原型创作的沪剧《红叶魂》，获得“2009年度上海市重大文艺题材创新奖”。

1985年以来，市纪委高度重视党员干部的党性党风党纪教育，积极探索党风廉政教育的新途径和新方法，围绕党风廉政建设和反腐败斗争，贯穿于党风廉政宣传教育全过程和各环节，每年开展一个反腐倡廉主题教育活动，先后开展反腐倡廉专题教育、党纪条规教育、党内政治生活准则教育、惩防体系教育、廉政准则教育等，筑牢党员和干部拒腐防变的思想道德防线，为党风廉政建设和反腐败斗争提供有力的思想保障。从2008年开始，连续三年组织开展“讲党性、重品行、作表率”系列主题教育活动，市委、市政府领导亲自上党课。

从1987年起，市纪委利用正反典型进行示范教育和警示教育，以推荐勤政廉政先进典型、宣传历代勤廉故事、组织先进报告会、拍摄楷模电教片等形式，大力表彰党风廉政先进典型，充分发挥先进典型的示范引领作用。在纪念改革开放和纪检机关成立30周年之际，大力宣传党中央反腐倡廉的方针政策和决策部署，宣传30年来上海加强反腐倡廉建设所取得的理论成果和实践成果，宣传在党风廉政建设和反腐败工作实践中涌现出来的勤廉兼优先进典型。同时，市纪委充分利用查处的案例开展常态化的警示教育，以案释纪，以案释法，用身边事例教育广大党员干部。

2001年9月，市监察委建立“上海监察网”，作为“中国上海”门户网站的子网站，进一步抓好网上政务公开信息工作。2005—2010年，市纪委加强反腐倡廉网络文化建设，整合网络宣传教育资源，组建网络评论员队伍，推进反腐倡廉网络宣传领导体制和工作机制建设。全市纪检监察系统建立反腐倡廉网站和专栏，开展反腐倡廉网络宣传，分析网上舆情，引导网上舆论，报送网上信息，为领导决策提供依据。市纪委、市委宣传部策划的“廉洁办博”网上行，进一步营造了上海“廉洁办博”的良好舆论环境。

2003年，市纪委开展形式多样的廉政文化建设。8月，召开全国首个“廉政文化研讨会”。12

月，中央纪委中国方正出版社编辑出版上海《廉政文化建设研究》一书，廉政文化建设的理念在全国得到推广。2009 年 12 月，根据市委办公厅印发的《上海市加强廉政文化建设的实施意见》，推进廉政文化在上海的机关、企业、社区、学校、农村、家庭、“两新”组织广泛深入地开展起来。

从 1987 年起，市纪委与市委党校合作，每年举办两期纪检监察干部进修班，纪检监察干部初任培训已成为一项制度。1991 年以后，上海的纪检监察干部培训工作，五年制定一个规划，每年制定一个年度计划，全面提高纪检监察干部队伍的整体素质。市纪委、市监察局（委）根据纪检监察干部自身建设和党风廉政建设任务需要，系统开展业务培训。至 2010 年先后进行信访举报、案件检查、案件审理、党风廉政、行政监察、纠风工作等各种业务培训，适应改革开放新形势的发展需要。

第一章 反腐倡廉教育活动

1984—2010 年，市纪委根据中央纪委党风廉政宣传教育工作部署，围绕不同时期不同阶段反腐倡廉的形势和任务，针对党员干部的思想实际，结合中共中央先后颁布的《关于党内政治生活的若干准则》《建立健全教育、制度、监督并重的惩治和预防腐败体系实施纲要》《建立健全惩治和预防腐败体系 2008—2012 年工作规划》《中国共产党党内监督条例（试行）》《中国共产党纪律处分条例》《中国共产党党员领导干部廉洁从政若干准则》等重要文件，每年确定一个主题，集中开展专题教育，从 2008 年开始，连续三年组织开展“讲党性、重品行、作表率”系列主题教育活动，深入进行理想信念、从政道德、艰苦奋斗、廉洁自律、党的优良传统、党纪条规等党风党纪教育，引导广大党员干部全面提高政治思想素质，增强廉洁从政意识，保持廉洁自律，提高拒腐防变能力，夯实廉洁从政的思想道德基础。

第一节 党性党风党纪主题教育

1984 年 4 月 23 日，市委提出在改革开放的新形势下，实现全市党风进一步好转，要加强对党员干部经常性的党性党风党纪教育。市纪委认真贯彻市委的要求，加强党风廉政宣传教育工作，每年都有针对性地开展党性党风党纪主题教育，使广大党员见微知著，防微杜渐，保持先进性和纯洁性。

1985 年，市纪委以“艰苦奋斗、廉洁奉公”为主题，在全市开展理想信念和从政道德教育、党的优良传统和作风教育。举办党性教育轮训班、读书班、讲座，邀请英雄模范作报告，组织党员干部重温入党誓言，举办党性教育巡回展览，运用典型案例，向党员干部进行党性教育，增强党性观念，发挥党员的先锋模范作用。

1987—1990 年，市监察局开展“公开办事制度，廉洁为民”主题教育活动，推进“两公开、一监督”制度。教育活动以黄浦区、松江县为试点，1989 年在全市 3 642 个基层执法部门、行政管理部门和公用事业单位中有计划、有部署地开展教育，共 16 万余人参加。

1993 年，市纪委会同市委组织部、市委宣传部联合开展“高举党风廉政旗帜”主题宣传教育活动。6 月 9 日，市纪委等三部门联合下发《关于在党员、干部中开展“高举党风廉政旗帜宣传教育活动”的通知》，要求组织党员、干部参与学好一本书（市纪委选编的《高举党风廉政旗帜学习宣传材料》）、做好一次辅导报告、过好一次党组织生活、开好一次领导班子民主生活会、进行一次党风廉政自查的“五个一”活动。同时，三部门组织全市“高举党风廉政旗帜”宣传教育月活动，举行报告会、演讲会等配合主题教育。

1994 年，市纪委、市委组织部、市委宣传部在全市党员、干部中开展“保持廉洁自律，发扬艰苦奋斗作风”主题教育活动。6 月 6 日，市纪委等三部门联合发出《关于开展保持廉洁自律发扬艰苦奋斗作风教育活动的意见》，确定从 7—9 月，在全市范围内开展一次以“保持廉洁自律，发扬艰苦奋斗作风”为主要内容的党性教育活动。采取学习理论、自我教育、共同提高的方法，组织党员、干部学习中央纪委编写的《反腐倡廉教育讲话》和《反腐倡廉教育领导干部读本》两本书，重温中央、市委有关廉洁自律和廉政建设的规定，进一步提高新形势下发扬艰苦奋斗作风、保持廉洁自律的自觉性。

1995 年，市纪委、市委组织部、市委宣传部在全市党员、干部中开展“严格党的纪律，维护和坚持民主集中制”主题教育活动。5 月 17 日，市纪委召开全市纪检监察系统宣传教育室主任会议，部署“严格党的纪律，维护和坚持民主集中制”的宣传教育活动。6 月份，市纪委印发《严格党的纪律，维护和坚持民主集中制学习资料》20 万册，汇集列宁、毛泽东、邓小平关于民主集中制的论述，中共十四届四中全会公报、党风廉政建设和反腐败斗争等 15 个规范性文件。市纪委组织“严格党的纪律，维护和坚持民主集中制”主题教育干部培训活动。8 月，市纪委印发《关于做好“严格党的纪律，维护和坚持民主集中制”主题教育测试阶段工作的几点意见》，并组织全市党政机关和企事业单位 3 000 多名局级以上党员干部和 50 000 多名县处级干部参加知识测试。

1996 年，市纪委、市委组织部、市委宣传部组织开展“立党为公、从政为民、接受监督、做人民好公仆”主题教育活动。全市各级党政组织按照江泽民提出的“讲学习，讲政治，讲正气”要求，组织党员、干部学习邓小平建设有中国特色社会主义理论，围绕“让人民放心，使人民高兴”开展教育活动。全市 1 115 名局级以上领导干部撰写党课稿，对党员、干部进行“三讲”教育。3 月份，市纪委、市委组织部和市委宣传部联合编发《立党为公，从政为民，接受监督，做人民好公仆》和《党政干部必读——反腐倡廉系列丛书》学习资料 26 万册，组织党员干部观看《孔繁森》《苍天在上》等影视剧和《巨浪淘沙》《欲海浮沉》等教育录像片，举行专题组织生活会、民主生活会、党课讲稿征集和党纪政纪条规知识竞赛等系列活动。

1997 年，市纪委在全市党员、干部中开展“廉政勤政、艰苦创业、拒腐防变”主题教育活动。在基层党员干部中组织推选千件好事，在县处级以上领导干部中组织百人事迹巡讲和万人培训。全市共推选上报廉洁勤政、艰苦创业“千件好事”1 118 件、“百人事迹”116 人，并载入上海市《廉洁勤政、艰苦创业千件好事名录》。12 月，由市纪委组织编写，市委副书记王力平作序，市纪委书记张惠新主编的《领导干部党风廉政读本》，由上海教育出版社出版。

1998 年，市纪委在全市党员、干部中组织开展“牢记党的宗旨，接受人民监督”主题教育。2 月，市纪委印发《牢记党的宗旨，接受人民监督学习资料》15 余万册。8 月，市纪委、市委组织部、市委宣传部下发《关于继续开展“三讲”为内容的党性党风教育的意见》。9 月上旬，市纪委以“牢记为人民服务宗旨、接受人民监督”为主题，组织部分新提任局级干部座谈会，重点围绕思想作风方面存在的突出问题进行座谈。同时，三部门举办“三讲”教育研讨班，为各单位开展“三讲”活动示范；组织推荐《领袖家风》等 7 部录像片；拍摄《开渠引清话廉政》系列专题片 4 集和上海说唱《从政自爱歌》；与中国唱片公司联合制作发行《公仆心》《为人民服务》歌曲磁带；拍摄电视专题片《民主监督的新载体——1995～1997 上海市民主评议行风侧记》，在全市领导干部党风廉政建设大会上播放。

1999 年，市纪委以“三讲”为主要内容，组织开展“学理论，正风纪，树形象”为主题的党性党风教育。组织全市党员干部学习邓小平党风廉政建设和反腐败理论，全市共印发《邓小平论党风廉政建设和反腐败》一书 4.3 万册；举办各类学习班、读书班 3 765 期，17.5 万人次参加；召开各类专题研讨会 4 326 次，8.5 万人次参加；征集学习论文和体会文章 29 219 篇。其间，开展“以案说纪，以纪论理”活动，组织观看中央纪委拍摄的《中国共产党纪律处分条例(试行)》系列电视剧；推广使用《党风廉政基本知识》学习测试电脑软件，组织 DLS—党风廉政基本知识上机学习测试，全市 481 名局级干部、1.2 万名处级干部、3.8 万名科级干部参加测试。市纪委分别召开经济、区县、党政机关三个系统 31 名局级干部参加的“学习邓小平党风廉政建设和反腐败理论”座谈会。

2000 年，市纪委组织开展“坚定信念，从严治党，勤廉从政”主题教育活动。2 月，市纪委编发“坚定信念，从严治党，勤廉从政”学习资料。9 月 16 日，邀请中共河北省石家庄市纪委书记姜瑞峰作《讲正气、反腐败》专题报告。全市组织“邓小平党风廉政建设和反腐败理论”学习班 3 210 期,234 289 人次参加学习班;广泛开展各级纪委书记上党课活动,全市征集党课讲稿论坛 13 600 篇(局级干部 627 篇,处级干部 3 976 篇,处以下干部 8 997 篇);开展提任上岗时、在岗履职中、退休离岗前、廉内助的“三岗一廉”教育活动,全市接受教育的科级以上干部 97 453 人(局级干部 920 人,处级干部 21 333 人,科级干部 75 200 人)。继续推广使用 DLS—党风廉政基本知识学习测试软件,全市共有党员、干部 68 178 人参加学习测试。

2001 年,市纪委组织开展“拒腐防变经受执政考验”主题教育。全市各单位继续以“三岗一廉”教育等形式,对党政机关和企事业单位领导人员进行党风廉政教育轮训。市纪委编印《“拒腐防变经受执政考验”学习辅导材料》10 万余册,组织发行《中国共产党党风廉政文献选编》400 余套,下发警示教育专题片《厦门特大走私案》《宠妻纵子谋家财的悲剧》,以及反腐倡廉优秀电视连续剧《一代廉吏于成龙》等。督促发案单位党政主要负责人通报、剖析案情,运用“乡土教材”开展警示教育,建立整改落实制度。全市共举办处级以上党员领导干部党风廉政轮训班 521 期,轮训干部 18 286 人;举办各类党风廉政学习班、系列讲座和研讨班 7 000 余期,参加的党员、干部近 20 万人次;征集论文、讲稿和学习心得体会 7 000 余篇。

2002 年,市纪委开展“建设好作风,推动新发展”主题教育,把《中共中央关于加强和改进党的作风建设的决定》《江泽民论党的建设》等列为党员干部必读文献,推荐一批反腐倡廉理论书籍和《好爹好娘》《至高利益》等文艺作品,在党员领导干部中开展“树立正确权力观”和“笔谈廉政之路”征文活动,共收到各类征文 11 428 篇。全市举办反腐倡廉成果展览,共组织参观 1 034 次(批),参观人数达 103 636 人次。

2003 年,市纪委在全市开展“牢记‘两个务必’、坚持与时俱进”的主题教育,进一步加强党员干部的思想道德和纪律教育。教育活动重点学习和宣传江泽民《论党风廉政建设和反腐败斗争》一书,以提高党员干部拒腐防变、经受执政考验能力为宗旨,深入开展学习“三个代表”重要思想、保持党的先进性教育,推进廉洁自律各项规定的落实。全市各级领导班子都组织观看郑培民先进事迹和李真违法案件两部电教片,并作为民主生活会的一项重要内容。其间,市纪委组织编发《牢记“两个务必”、坚持与时俱进学习资料》5 万册;各级党政主要领导干部上党课 47 825 人次;组织全市 9 万余名党员干部参观“党风楷模——周恩来”展览。市纪委根据中央纪委要求,开展廉洁从政知识测试,全市参加测试人数 80 756 人,其中处级干部 30 804 人,局级干部 2 478 人,省部级干部 29 人。

2004—2005 年,市纪委下发《关于在上海市纪检监察系统深入开展“让人民高兴,让党放心”活动的实施意见》,组织召开“让人民高兴、让党放心”活动研讨暨总结大会,会前展示反映活动成果的版面,整个活动共推荐先进人物与先进事迹材料 131 份。

2006 年,市纪委在全市党员中开展“认真学习党的章程,自觉遵守党的纪律”主题教育活动。组织学习胡锦涛“七一”重要讲话,以上党课、辅导讲座、参观革命纪念馆、理论研讨等多种形式推动教育活动的深入开展。全市共举办学党章辅导会、研讨会、座谈会 3 806 场次;各级领导讲党课 4 286 场次,其中局级领导上党课 330 次;举办先进典型事迹报告会 1 308 场,召开警示教育会 854 场次,建立教育基地 36 个。市纪委举办“红船杯”学党章知识竞答活动,全市有 67 067 名党员干部参加,其中省部级 12 人、局级 1 232 人、处级 17 970 人、处级以下 47 853 人。全市党员干部撰写学习体会、研讨文章 11 400 余篇,市纪委从征集到的 146 篇理论研讨文章中,评选出一等奖 3 人、二等奖 5 人、三等奖 8 人,22 篇理论研讨文章报送中央纪委参加全国评选。

图 7－1－1　2006 年 8 月 15 日，上海市纪委举办《学习贯彻党章推进惩防体系建设》图片展

2007 年，市纪委组织开展“加强作风建设，促进廉洁从政”主题教育活动。市纪委、市委党史研究室，中国方正出版社编辑出版《作风百典》一书，记录李大钊、毛泽东、周恩来、陈云、邓小平等老一辈革命家 100 个小故事，反映老一辈革命家对党和国家的无限忠诚，对党的事业的敬业执着，对人民群众的无比热爱，对家人和自己的严格自律。

2008 年 3—9 月，市纪委、市委组织部、市委宣传部在全市党员干部中开展“讲党性、重品行、作表率”主题教育活动。按照主题教育活动的部署，以作风建设为主要内容。通过组织学习、主要领导上党课、召开民主生活会、观看警示教育片、举办报告会等多种形式，认真解决存在的突出问题，采取有效措施，积极进行整改。全市共有 50.3 万名党员干部参加主题教育活动，其中局级干部 3 266 名、处级干部 4.76 万名；党员领导干部上廉政党课 5 817 场，有 36.1 万名党员干部听课。各区县、委办局组织报告会 2 985 场，329 万人次参加报告会；组织专题组织生活 4.96 万次；举办各类培训班 889 场次，6.07 万人次参加培训；8.38 万人次参观教育基地；查找问题 8 148 个，提出整改措施 8 104 条。

2009 年 5—12 月，市纪委、市委组织部、市委宣传部继续在全市党员干部中开展“讲党性，重品行，作表率”主题教育活动。结合学习实践科学发展观活动，举办“忠诚、敬业、道德、廉洁”系列报告会。其间，市委、市政府主要领导带头作报告，全市各级领导干部上廉政党课 6 714 人次，其中部级领导干部 20 人次、局级领导干部 844 人次；全市有 106.7 万人次的党员干部参加党课报告会，其中局级干部 6 256 人次、处级干部 7.7 万人次；观看《唱支山歌给党听》等先进人物优秀事迹电教片 40.6 万人次，观看

图 7－1－2　2008 年 3 月 20 日，上海市纪检监察宣传教育工作会议

《贪欲之害》系列警示教育片《蛀虫》《悔恨》25.8 万人次，观看其他警示教育片 55.4 万人次。

2010 年，市纪委、市委组织部、市委宣传部继续开展“讲党性、重品行、作表率”主题教育活动，举办“忠诚、敬业、道德、廉洁”系列报告会。市委、市政府领导带头作报告，推动全市领导干部上廉政党课 2.67 万场，听课 44.1 万人次，其中部级领导干部 56 人次、局级领导干部 1 014 人次；全市组织观看《贪欲之害》系列警示教育片《蜕变》21.8 万人次，观看其他正反典型教育片 53.7 万人次。6 月，市纪委会同嘉定区纪委等编绘《廉政准则图文宣传手册》，以四格漫画形式宣传“52 个不准”，印发全市处级以上党员干部 6 万册。在上海纪检监察网站开设《廉政准则》知识测试版块，共组织廉政知识测试 1 408 场，22.2 万人次参加。1 月 24 日，中央纪委副书记李玉赋在《中国纪检监察报》报道的《加强党性修养　树立优良作风——上海开展“讲党性、重品行、作表率”主题教育活动》情况上作出批示：上海市委、市纪委领导干部带头讲廉政党课，形成重要的示范推动效应。各区县、委办局党委也高度重视，采取得力措施，加强组织指导，全市主题教育活动取得明显成效。

图 7-1-3　2010 年 6 月，上海市纪委制发反腐倡廉典型教育漫画教材

第二节　反腐倡廉专题教育

一、党纪条规教育

1980 年，市委纪委筹备组根据改革开放初期党的纪检工作面临的新情况、新问题，编写《党的纪律检查工作学习资料》16 期，并举办三次面向全市纪检干部的业务政策报告会，使广大纪检干部学习熟悉党纪条规，明确纪律要求，准确把握政策业务规范，提高纪检工作的专业能力，适应新形势下党的纪检工作的需要。

1985 年，针对少数领导干部经不起金钱的诱惑，违反党的纪律，损害党和国家利益的问题，市纪委召开全市纪检工作会议，向全市通报市仪表局领导干部违反财经纪律案件，从维护党的纪律高度分析犯错误的根源，提高党员的思想认识，增强抵制不正之风的自觉性。按照部署，全市各部委办、区县普遍举办党性教育轮训班、读书班、讲座，组织党员重温入党誓言，举办党性教育巡回展览，运用典型案例，对党员进行普遍的党性党风党纪教育。

1986年，根据改革开放新形势下经济领域发生的违纪违法案件增多的情况，市纪委召开典型案例剖析会，普陀区委、外经贸党委主要领导同志作了发言，分析华谊综合贸易中心违法经商、投机倒把案件，深刻剖析原因，举一反三，认真总结教训，对全市党员领导干部进行党的纪律教育，提高党员干部保持清醒头脑、防微杜渐、拒腐防变、遵纪守法的自觉性。

1989年8月19日—10月31日，市监察局宣传最高法院、最高检察院发布的关于犯罪分子限期投案自首的《通告》，落实监察部8月19日《关于有贪污贿赂行为的国家行政机关工作人员必须在限期内主动交代问题的通告》，督促有贪污贿赂行为的国家行政机关工作人员主动交代。全市各级监察机关在各级政府和所在部门的统一部署下，采取多种形式，结合实际，广泛宣传。10月7日，市政府专门召开全市监察工作会议，对贯彻落实《通告》作动员和部署。市监察局印发有关宣传提纲，市监察局到市老干部局、团市委、金融系统、邮电系统、港务局等单位及一些区县进行宣传教育，介绍上海市打击贪污受贿犯罪情况，宣传党和国家的政策法规，表明监察机关惩治腐败的决心和措施。

1990年10月，市纪委召开全市纪检教育工作座谈会，贯彻落实中央纪委党风党纪教育会议精神，在全市试行《党风党纪教育工作纲要》，重点抓好《党章》《准则》和纪律条规为主要内容的纪律规范教育和纪检干部的专业培训。全市各级纪委在党纪教育中，有5个单位举办廉政展览，15个单位摄制38部党纪教育录像，共组织放映4 740场次，观看人数72.6万人次；举办各种讲座253场次，听课6.6万人次。委托市委党校举办纪检领导干部培训班7期，培训322人；举办新上岗纪检干部短训班3期，培训538人；各区、部委办局共举办岗位培训58期，培训3 204人，基本完成中央纪委提出的党的纪律培训要求。

1991年3月，根据中央纪委统一部署的党纪条规教育要求，市纪委编印《党纪规定选编》，汇集《党员领导干部犯严重官僚主义失职错误党纪处分的暂行规定》《共产党员在涉外活动中违犯纪律党纪处分的暂行规定》《对参与嫖娼、卖淫活动的共产党员及有关责任者党纪处分的暂行规定》《共产党员在经济方面违纪违法处分的若干规定(试行)》《共产党员违反社会主义道德党纪处分的若干规定(试行)》等8个党纪条规，印发62.9万册，供基层党支部组织党员学习。市纪委和委办、区纪委组织辅导报告1.6万多场，录制条规讲解录像片2 100多盒，放映1.9万多场，全市80%以上党员收看。在普遍学习的基础上，市纪委组织党纪条规学习测试，全市50.4万名党员参加测试，局级党员领导干部90%以上参加测试。并在全市组织开展党纪条规知识竞赛，参赛人数8.1万余名。市纪委培训教育骨干820多万人，各级党委领导带头学习、亲自讲课，推动党纪条规教育形成一定的声势。

1992年，市纪委为配合党纪条规教育，编印《模拟案例选》，共印发8 000册，发至基层党组织讨论，供学习参考，进一步加深广大党员对党纪条规的理解。在党纪条规教育的基础上，开展案例教育活动，剖析案件，分析危害，吸取教训。

2000年，随着改革开放和市场经济的不断深入发展，反腐败斗争的形势严峻，少数领导干部走上违法犯罪的道路，损害党在人民群众中的威信。2月，为增强领导干部抵制资产阶级腐朽思想侵袭的能力，市纪委编发《案例通报》，发至全市处级以上领导班子。3月6日，邀请中央纪委宣教室主任作题为《开展剖析典型案例教育，增强党员干部拒腐防变能力》的专题报告。下发《胡长清案件警示录》《代号9898》《李长河雇凶杀人案》《特殊的一课》和《沉船之后》等教育录像，在全市开展党纪条规教育。

2003年，中央颁布《中国共产党党内监督条例(试行)》和《中国共产党纪律处分条例》后，在全市范围内开展党纪条规的教育。市纪委组织两个条例的宣讲团，深入基层宣讲100多场，2万多名党员干部聆听讲座，帮助党员和干部熟悉了解党纪党规，增强遵守党纪条规的自觉性。同时，市纪委开展廉洁从政知识测试，全市参加测试人数80 756人，其中处级干部30 804人、局级干部2 478人、省部级干部29人。

2004年2月6日，市纪委邀请国家监察部副部长屈万祥为市委常委和全市纪检、组织系统领导干部作《党员权利保障条例》和《行政监察法实施条例》专题辅导报告。市纪委围绕学习宣传贯彻“两个条例”，撰写“两个条例”解读报告，组织编写“两个条例”宣讲材料，组织“两个条例”宣讲团，先后到100多家基层单位，为2万余名党员和群众进行宣讲。市纪委宣教室开展“两个条例”进社区活动，向基层党组织赠送条例宣传挂图近600套，并在浦东新区梅园新村街道召开“两个条例进社区推进会”。

同年，市纪委承办全国党内法规知识竞赛(上海赛区)复赛活动，并组织电视转播。市纪委在全市组织党内法规知识竞赛活动，开展形式多样的党内法规知识宣传教育。全市共举办竞赛和测试活动640余次，共有5.5万余名各级党员干部参加竞赛和测试。全市共有15.3万人收看全国党内法规知识竞赛(上海赛区)复赛活动电视转播。

2005年，市纪委在党员领导干部中开展以“四大纪律(即党的政治纪律、组织纪律、经济工作纪律和群众纪律)、八项要求(即要同党中央保持高度一致，不阳奉阴违，自行其是；要遵守民主集中制，不独断专行、软弱放纵；要依法行使权力，不滥用职权、玩忽职守；要廉洁奉公，不接受任何影响公正执行公务的利益；要管好配偶、子女和身边工作人员，不允许他们利用本人的影响谋取私利；要公道正派用人，不任人唯亲、营私舞弊；要艰苦奋斗，不奢侈浪费、贪图享受；要务实为民，不弄虚作假、与民争利)”为主要内容的纪律教育，要求领导干部严格执行“四大纪律、八项要求”，勤政廉洁，遵守党的纪律，促进廉洁自律。

2006年，为严格遵守党章、维护党章、执行党章，市纪委举办“红船杯”学党章知识竞答活动，全市共有67 067名党员干部参加，深化党性党纪党风教育，进一步加强党风廉政建设和反腐败斗争。

2007年7—9月，根据市委的要求，市纪委、市委组织部、市委宣传部印发《在全市党员干部中开展警示教育活动的通知》，在全市党员干部中集中开展为期3个月的警示教育活动。市纪委运用社保资金案及相关典型案例，拍摄制作《贪欲之害》警示教育片，汇编下发5万本警示教育学习资料。全市各级党政机关、企业、大专院校和科研院所编写案例剖析读本1 364本，拍摄警示教育片40部；组织党课教育5 800多次，组织党员干部学习1.58万次；召开专题学习交流会8 400次；观看《贪欲之害》警示教育片12万多人次，观看其他警示教育片31万人次；组织参观警示教育基地1 717批，党员干部参观有9.4万多人；区县、委办局报纸、有线台、内部网开设警示教育专栏3 285个，登载警示教育文章1.44万多篇。

二、政治生活准则教育

1980年2月，党的十一届五中全会通过《关于党内政治生活的若干准则》后，市委颁发《关于进一步贯彻〈关于党内政治生活的若干准则〉、坚决纠正不正之风的决定》，提出贯彻《准则》的具体任务和措施。3月20日，根据市委统一部署，市委纪委筹备组发出《学习、贯彻执行〈关于党内政治生活的若干准则〉的通知》，提出学习贯彻《准则》是加强党的建设、改善党的领导、提高党的战斗力的一项重要措施，要求各级纪检部门和党员干部必须认真学好《准则》，模范地遵守和执行《准则》。6月16日，为深入推进《准则》的贯彻落实，市委纪委筹备组召开全市纪检工作会议，总结市经委、市农委、市纺织局、松江县、普陀区等纪检部门抓学习贯彻《准则》的经验，印发专题材料。会议要求，全市党员干部特别是领导干部，在学习党章和《准则》中要以身作则，以《准则》为准绳，从我做起，抵制和纠正不正之风，狠抓《准则》的贯彻执行。根据市委统一部署，市委纪委筹备组会同有关部门组织全市党员干部的轮训，并对区县局以上领导班子贯彻《准则》和纠正不正之风的情况进行检查，抓好正反两方面的典型。全市各级党组织以《准则》为主要内容，采取民主生活会、组织生活会、举办轮训班、上党课等多种形式对照检查，对广大党员、干部进行准则教育。

1981年1月，市委纪委筹备组召开贯彻《准则》座谈会，进一步部署学习贯彻《准则》，要求党员干部自觉地坚定不移地执行党的思想路线和政治路线，坚决地反对思想僵化，反对本本主义，反对否定社会主义道路、否定无产阶级专政、否定马列主义、毛泽东思想的错误观点；坚决反对假话盛行的歪风邪气，恢复和发扬党一贯倡导的讲真话、不讲假话、言行一致的风气。同时，各级党组织表彰维护党规党法、保持党的优良传统的党员干部，严肃批评和处理违反《准则》搞不正之风的突出事例，进一步维护党的政治纪律。广大党员干部通过《准则》的学习教育，联系实际，对照检查，开展批评和自我批评，进一步提高对党风建设重要意义的认识。市委纪委筹备组向市委提交了《关于学习贯彻〈准则〉座谈会纪要的报告》。4月8日，市委批转市委纪委筹备组《关于学习贯彻〈准则〉座谈会纪要的报告》，要求各级领导干部充分认识加强党风建设的重要性，加强学习领导，坚持从各级领导干部做起，一级抓一级，一抓到底；要求从每个党员自身做起，带头模范执行《准则》，切实纠正不正之风。为加强学习《准则》的培训力度，市委纪委筹备组举办党员干部轮训班，以党章和《准则》为主要内容，对全市15万党员干部，各单位分批分期组织轮训，增强党员干部遵守《准则》的自觉性。同时，各级纪检组织以贯彻执行《准则》为中心，对领导班子学习贯彻《准则》的情况，进行重点检查了解，督促贯彻落实《准则》，促进各级领导干部以身作则，带头贯彻执行《准则》，自觉地维护党风党纪。

三、惩防体系纲要教育

2005年1月3日，中共中央印发《建立健全教育、制度、监督并重的惩治和预防腐败体系实施纲要》。为学习贯彻落实《实施纲要》，市纪委组织收听收看中央纪委副书记刘峰岩《关于建立健全教育、制度、监督并重的惩治和预防腐败体系实施纲要》的辅导报告，发放《建立健全教育、制度、监督并重的惩治和预防腐败体系实施纲要》51 300册、相关辅导报告电教片1 050盘，下发试题集28 500册；举办全市学习宣传《实施纲要》的知识竞赛，组织测试活动640余次，12.7万名党员干部参加，其中厅局级1 934人、处级2.57万人，获得中央纪委颁发的“《实施纲要》学习知识竞答活动组织奖”。市委关于贯彻《实施纲要》的意见下达以后，全市各单位按照市委的部署和要求，结合实际，突出特色，深入抓好惩防体系建设的宣传教育，推进惩防体系建设的贯彻落实。

2006年，市纪委召开部分区县、委办参加的推进惩防体系建设理论研讨会，统一思想，统一认识，坚持标本兼治、综合治理、惩防并举、注重预防的反腐倡廉工作思路，建立健全与社会主义市场经济体系相适应的教育、制度、监督并重的惩防体系，使党风廉政建设和反腐败斗争走上制度化、规范化的道路。

2007 年,在贯彻落实《实施纲要》工作中,全市各级党组织采取报告会、研讨会、座谈会和编写辅导读本、制作辅导光盘、印制宣传挂图,开展知识竞赛等多种形式,广泛深入宣传《实施纲要》的重要意义,明确《实施纲要》的战略任务,增强贯彻执行《实施纲要》的自觉性。

2008 年 5 月 12 日,中共中央印发《建立健全惩治和预防腐败体系 2008—2012 年工作规划》。5 月 23 日,中央纪委召开全国贯彻落实《工作规划》电视电话会议。市纪委认真组织收听收看,进行学习宣传,编印下发 3 000 册《工作规划学习材料》,供广大党员干部学习了解《工作规划》的内容,明确《工作规划》的任务,进一步认识到惩防体系是一项宏大的系统工程,也是一项长期的战略任务,要有目标、有计划、分阶段、分步骤地扎实推进。7 月 11 日,市纪委组织贯彻落实《工作规划》专题学习报告会。报告会以加强党的先进性建设和执政能力建设为主线,就中共中央制订颁发的《工作规划》的重大意义、基本原则、工作目标、主要内容、重点任务等进行深入的讲解。为了巩固学习教育的成果,市纪委组织全市 7.2 万余名党员和干部参加中央纪委组织的《工作规划》知识测试,全市有 14 位部级干部、1 330 名局级干部参加测试,进一步推进《工作规划》的学习贯彻。9 月 27 日,经市委同意,市纪委向全市印发《关于贯彻落实〈上海市贯彻落实建立健全惩治和预防腐败体系 2008—2012 年工作规划的实施办法〉分工方案》。按照分工,由市纪委、市委宣传部牵头,市委组织部、市级机关党工委、市人事局、市委党校、市行政学院等协助,深入推进反腐倡廉宣传教育、加强面向全党全社会的反腐倡廉宣传教育、加强廉政文化建设,制定《关于加强领导干部反腐倡廉教育的意见》《关于本市加强廉政文化建设的指导意见》等。

四、廉政准则教育

1997 年,中共中央颁布《中国共产党党员领导干部廉洁从政若干准则(试行)》,中央纪委印发《〈中国共产党党员领导干部廉洁从政若干准则(试行)〉实施办法》。市纪委会同有关部门对全市各级党政机关处级以上领导干部和国有企事业单位中层以上干部开展大规模的轮训工作。全市处级以上领导干部 39 700 余人参加集中轮训,参训率达到 95%以上。

2010 年 1 月 18 日,中共中央印发《中国共产党党员领导干部廉洁从政若干准则》后,市纪委对学习贯彻《廉政准则》提出要求,以贯彻《廉政准则》为契机,着力解决突出问题,切实促进党员领导干部廉洁从政,以党风廉政建设和反腐败工作的新成效取信于民。市纪委成立由分管常委任团长、10 名市纪委厅室主任和市委党校教师担任讲师的《廉政准则》宣讲团。全市共有市区两级 463 名宣讲人员。市纪委宣讲团主要抓好各区县、委办局的宣讲,各区县委办局宣讲团具体负责各自地区和系统的宣讲,一级抓一级,层层抓落实,确保宣讲工作横向到边、纵向到底、全面覆盖。全市共组织专题宣讲 1 069 场,党委中心组专题学习 2 676 场,有 8 万多人次听课。

同年 5 月 16 日,中共中央政治局委员、市委书记俞正声主持召开市委学习辅导报告会,邀请中央纪委副书记干以胜作《廉政准则》专题辅导报告。市委、市人大、市政协、市政府、市纪委领导出席会议,市委常委和市管干部 1 000 多人参加。俞正声指出,贯彻实施《廉政准则》,各级领导班子的主要负责同志是关键,各级党员领导干部要以身作则,发挥表率作用,全面掌握《廉政准则》的基本要求和主要内容,自觉做到要求更高一些、标准更严一些,切实增强廉洁从政的自觉性。

同年 6 月,市纪委、市监察局分片召开部分区县、委办局学习贯彻《廉政准则》工作情况汇报会,总结交流学习宣传《廉政准则》情况,部署下一阶段的工作。6 月 29 日,市纪委在市委党校举办“学习贯彻《廉政准则》座谈会暨图文宣传手册首发式”，市纪委书记董君舒出席并讲话，市委政法委纪检组、市国资委纪委、闸北区纪委、嘉定区纪委等单位在会上作交流发言。会议举行《廉政准则图文宣传手册》首发仪式，共向全市市管干部、处以上领导干部和重要岗位党员干部赠送6万册。该图文宣传手册以四格漫画形式宣传《廉政准则》“52个不准”，推动《廉政准则》的深入学习宣传。7月，市纪委在《上海纪检监察》网站上开设“中国共产党党员领导干部廉洁从政若干准则测试题库”板块，设置50题单选、多选和判断题，全市有16.2万人参加廉政准则知识测试。全市共组织廉政知识测试1 408场，参加22.2万人次；下发13.3万册学习宣传资料，编制204种廉政教育读本，全市实施876次案例通报。

第三节　“讲党性、重品行、作表率”系列教育

2009年以来，为配合开展“讲党性、重品行、作表率”主题教育活动，在全市举办“忠诚、敬业、道德、廉洁”系列报告会，各级领导干部亲自动手写廉政党课材料，带头上廉政党课，结合思想和工作实际，讲认识、谈体会、提要求、出思路，引导党员干部以更加坚定的信念，更加自觉的行动，锐意进取，开拓创新，扎实工作，奋发图强，克难奋进，带领广大人民群众为上海加快推进“四个率先”、加快建设“四个中心”作出贡献。

2009年5月26日，市纪委、市委组织部、市委宣传部、市委党校在市委党校联合举办首场“忠诚、敬业、道德、廉洁”系列报告会。市管干部、区县和委办局领导及有关单位负责人约1 000余人出席会议。中共中央政治局委员、市委书记俞正声作报告，报告的主题是：切实加强领导干部党性修养，树立和弘扬优良作风。报告要求各级领导干部必须高举旗帜、坚持宗旨、严守纪律、相信依靠群众、自觉加强党性修养，以良好的党性修养和工作作风，保证上海改革发展各项目标的实现。报告强调，党员领导干部自觉加强党性修养，首先就要高举旗帜，不断加强理论修养，真心实意坚持和遵循党的纲领与章程，坚定不移地走中国特色社会主义道路。要增强宗旨意识，坚持党和人民的利益高于一切。要真正以最广大人民群众的根本利益为出发点，把人民群众特别是困难群众的利益放在心上；要正确对待个人利益，不为私心所扰，不为名利所累，不为物欲所惑，努力实践共产党人高尚的人生价值。要坚持原则，勇于批评和自我批评，敢于讲真话；要有正确的政绩观，努力做出经得起实践、人民、历史检验的实绩。要严守纪律，特别要严守党的政治纪律，坚持民主集中制，自觉同党中央保持高度一致，坚决贯彻党的路线、方针、政策，坚决执行中央和市委各项政策措施；严格执行廉洁从政规定，模范遵守各项制度。要自觉加强党性修养，领导干部要经常反思工作中的不足，在实践中不断加强；要相互取长补短，在工作的磨合中不断加强；要努力学习，在思考中不断加强；要弘扬先进，在榜样的影响中不断加强；要以错误观点、丑恶现象为戒，在反思中不断加强。

同年11月25日，市纪委、市委组织部、市委宣传部、市委党校在市委党校联合举办“忠诚、敬业、道德、廉洁”第二场系列报告会。市管干部、区县和委办局领导及有关单位负责人约800余人出席会议。市纪委书记董君舒作“自觉筑牢拒腐防变思想道德防线”的专题报告。报告指出，领导干部要正确对待权力、正确对待利益、正确对待交友、正确对待监督，始终保持共产党人的清廉本色，做一个组织和群众信赖的人、一个同事和朋友敬重的人、一个亲属子女可以引以为荣的人、一个回顾人生能够问心无愧的人。报告要求，领导干部要做到清正廉洁，要过好思想关，把“立党为公、执政为民”写到人生信念的旗帜上，融入肩负的职责和使命中，坚定理想信念，提升精神境界，以服务

人民、造福社会为己任;要过好责任关,对权力深怀敬重之心、敬畏之心,把权力作为一种责任,体现在立业、敬业上,体现在工作态度和工作作风上,体现在克己奉公、勤勉敬业、秉公用权、公道办事上。正确对待利益,不能用公权力为个人谋取不正当的利益和特权,要学会算政治账、经济账、家庭账,常怀律己之心,不取不义之财,在名利上多一些满足感,在本领上多一些危机感。正确对待交友,要交友有数,多交良友、益友、净友,不交酒友、赌友、滥友;要交往有度,对于涉及原则的事情、公权的方面、清廉操守的问题,要有清醒的头脑,始终保持警惕。正确对待监督,习惯在监督的环境下开展工作,把组织的监督看做是一种约束也是一种爱护,是一种警诫也是一面镜子。

同年12月14日,市纪委、市委组织部、市委宣传部、市委党校在市委党校联合举办"忠诚、敬业、道德、廉洁"第三场系列报告会。市管干部、区县和委办局领导及有关单位负责人约1 000余人出席会议。市委副书记殷一璀作"加强领导干部党性修养、树立社会主义核心价值观"专题报告。报告指出,上海党员领导干部在新形势下要进一步加强党性修养,增强宗旨意识,扎实践行社会主义核心价值观。要经得起复杂严峻的执政考验、改革开放考验、市场经济考验和外部环境考验,充分认识新形势下加强党性修养的重要性和紧迫性,把握好党性修养的重点,进一步坚定理想信念、增强宗旨意识、加强理论修养、加强道德修养、加强纪律修养、严守职业操守。党员领导干部加强党性修养重在实践,要"常自省、读好书、交好友",清清白白做官、堂堂正正做人、干干净净做事。要求真务实,从自己做起,从眼前做起,从点滴小事做起,不断加强党员领导干部的党性修养,在实践中锤炼党性,牢固树立社会主义核心价值观。

2010年7月21日,市纪委、市委组织部、市委宣传部、市委党校在市委党校联合举办"忠诚、敬业、道德、廉洁"第四场系列报告会。市管干部、区县和委办局领导及有关单位负责人约1 000余人出席会议。市委副书记、市长韩正就政府管理创新与加强反腐倡廉建设作专题报告。报告指出,要充分认识推进政府管理创新在反腐倡廉建设中的重要作用,反腐倡廉的新形势迫切需要加快推进政府管理创新。结合上海自身实际,深刻认清在工作效率、工作公开透明、依法行政、思想工作作风和工作能力五个方面存在的问题和不足。这些问题和现象如不及时采取有力措施加以解决,就会直接损害人民群众的利益,破坏党与人民群众的血肉联系,损害政府的威信和形象。报告强调在新形势下,要持之以恒地加快推进政府管理创新,促进反腐倡廉建设,加强政府部门勤政廉政建设,以满足人民群众不断增长的物质文化需求。当前主要抓好四项工作:一是深化行政审批制度改革,要落实加快推进网上审批、推进标准化建设;二是推进政府信息公开,重点聚焦群众关注度高的信息和政府财政性资金信息的公开;三是着力规范行政执法,进一步提高行政执法人员的依法办事、依法执纪的自觉性;四是继续清理规范行政事业性收费,重点把好收费事项的清理关、设立关、收取关。在发展转型的关键时期,立足上海政府改革的具体实际,上海要率先走出一条转型发展的新路。

同年11月19日,市纪委、市委组织部、市委宣传部、市委党校在市委党校联合举办"忠诚、敬业、道德、廉洁"第五场系列报告会。市管干部、区县和委办局领导及有关单位负责人800余人出席会议。市委常委、组织部长沈红光作"新形势下进一步加强干部教育、管理和监督"的专题报告。报告阐述,当前上海干部教育的核心问题是宗旨意识问题。各级党组织要根据不断变化的形势特点,切实抓好党员领导干部的教育管理监督工作,围绕增强教育的针对性和实效性,引导党员领导干部讲理想、讲奉献,同时要按政策扎实做好关心干部工作。各级党员领导干部要树立崇高理想,在工作中体现先进性,在实践中接受教育,在化解基层各类复杂矛盾中体现宗旨意识。加强干部管理的关键是正确处理好组织与个人关系问题。党员领导干部要把个人发展寓于党和国家的事业发展中，当个人发展与党和国家的事业发展产生冲突时，要服从于党和国家的事业，在服务党和国家事业中发挥个人聪明才智。报告指出，各级党委和组织干部部门在干部管理中要坚持科学管理，坚持公道正派，坚持民主、公开、竞争、择优原则，将严格落实制度与关心干部发展结合起来。抓好干部监督的根本在于建立惩防并举的体制，探索建立对权力的制衡机制，强调制度执行的刚性，努力将预防和惩治腐败工作落到实处。

第二章　反腐倡廉典型教育

充分利用正反典型进行示范教育和警示教育，是上海反腐倡廉建设中重要和有效的教育方式。伴随着改革开放的不断深入，面对不断发展的形势和任务，从1987年起，市纪委采取多种形式，宣传勤政廉洁的先进事迹，弘扬与时俱进、艰苦奋斗、勤政廉政的精神，用先进典型树立榜样，起到示范教育作用；选择典型案例，深入剖析，以案释纪，以案释法，警钟长鸣，用反面典型作为鉴戒，起到警示作用。在各个不同时期、不同阶段，结合反腐倡廉的形势任务，针对党员的思想实际，全市纪检监察机关将典型教育贯穿于整个反腐倡廉教育过程中，通过正反面典型的教育，帮助党员和干部提高思想素质和道德素质，树立正确的人生观、道德观、价值观，筑牢反腐倡廉思想防线，增强遵纪守法和廉洁自律的自觉性。

第一节　先进典型示范教育

一、先进典型教育活动

1987年8月，市纪委召开全市加强党风建设经验交流会，区县和委办局领导及有关单位负责人约1 000余人出席会议。会上介绍9个局级单位坚持原则、敢抓敢管、端正党风、加强反腐倡廉建设的先进经验；2名局级干部廉洁奉公、艰苦奋斗、拒腐蚀、永不沾的事迹。会议要求，在改革开放新时期，要大力宣扬先进典型，推进党风廉政建设和反腐败斗争。

1993年6月，为迎接建党72周年，根据中央纪委的要求，市纪委印发《关于纪念“七一”推荐报送党风廉政先进典型的通知》，经各单位选拔推荐，市纪委向中央纪委报送朱志毫、苏培基、高寿成三名党风廉政先进典型。9—11月，为贯彻中央纪委二次全会精神，市纪委和市委组织部、市委宣传部共同组织“高举党风廉政旗帜宣传教育月”活动，举办报告会、演讲会和党风廉政建设先进事迹演讲竞赛，大力宣传党风廉政建设先进单位和先进个人的事迹。在全市范围内组织勤政廉政先进事迹演讲比赛，推出陆管处安亭站运政管理员任国忠、黄浦区大观园浴室郑芬芬、建设银行上海市分行房地产信贷部主任张文忠、上海探矿机械厂厂长张国兴等11名先进典型个人及东视报道部1个先进集体，以反腐倡廉的先进典型和先进事迹引导党员坚定理想信念，坚持党的宗旨，倡导勤政为民的精神。

1997年，市纪委在全市开展以“廉洁勤政、艰苦创业、拒腐防变”主题活动，推选“廉洁勤政、艰苦创业、拒腐防变”百名先进人物，组织“廉洁勤政、艰苦创业、拒腐防变”百人事迹巡讲活动。132名先进人物组成“廉洁勤政、艰苦创业、拒腐防变”百人事迹报告团，在各地区、各系统巡讲1 241场次，党员干部24万人参加听讲。这些活动使党员干部学习先进事迹，发扬廉洁勤政、艰苦创业的优良传统。

2005年11月，市纪委、市监察委向中央纪委报送上海市勤政廉政先进人物：上海音乐学院终身教授周小燕，上海市洋山同盛港口建设有限公司党委书记、上海市五一劳动奖章荣誉称号获得者归墨，原上海市公安局浦东分局、全国公安系统一级英雄模范、金杨新村警察署民警陈卫国的事迹材料，树立先进典型，发挥典型示范作用，加强党风廉政建设。

二、先进典型宣传

1997 年，市纪委和东方电视台联合拍摄的各类电视教育录像共 23 集。其中《廖有全、范庆国、苏培基艰苦创业故事》，在全市加强党风廉政建设大会上播放；以 15 位党员干部廉洁勤政事迹的真人真事为原型、反映新时期党员干部廉洁自律、带领群众艰苦创业的 15 集电视系列片《当家人》，在党的十五大召开前夕由东方电视台连续播出。

2001 年 11 月，市委在市委党校召开优秀党员领导干部汪洋湖同志先进事迹专题报告会，开展向中国共产党优秀党员、忠诚的共产主义战士、吉林省人大常委会原副主任汪洋湖学习的活动，全市 1 500 余名在职局级党员领导干部接受教育。

2001 年 4 月—2004 年 1 月，市纪委、市监察委和上海师范大学人文学院合作编辑出版《高风歌——中国历代廉洁勤政故事》彩色绘画本、连环画，以 80 个中国古代贤达的廉洁勤政故事为蓝本，配上彩色插图和小故事，在全市发行。

2003 年 1 月起，市纪委组织拍摄的 80 集电视专题片《高风歌——中国历代廉洁勤政故事》，在上海教育电视台陆续播出。该片用一组画、一首诗、一个故事来表现一个历史人物的高风亮节，旨在教育党员干部继承中华民族优秀传统，弘扬浩然正气。该片荣获 2003 年度全国纪检监察电教片第三届“卫士杯”艺术片三等奖。

2004 年 7 月，市委、市政府召开全市党风廉政建设大会，播放市纪委组织拍摄的专题片“百姓春牛　时代楷模”，反映市委原副秘书长、办公厅主任赵为民的先进事迹。会议要求，党员领导干部要牢固树立拒腐防变的意识和能力，切实做到立党为公、执政为民，牢记自己的第一身份是共产党员，第一职责是为党为人民努力工作，从思想源头上筑牢反腐倡廉防线。12 月，中央纪委、中央组织部、中央宣传部组织的“牛玉儒先进事迹”报告团在上海市委党校大礼堂举行专题报告会。报告会上，内蒙古自治区政府办公厅、内蒙古日报社记者、牛玉儒的秘书、呼和浩特市民代表、呼和浩特交通台台长(牛玉儒妻子报告代讲人)分别作报告，引起全场强烈共鸣。会议要求，全市党员干部要以牛玉儒同志为榜样，进一步树立和增强党的意识、执政意识、宗旨意识、大局意识，在各自岗位上努力争创新业绩。

2005 年，市纪委组织拍摄反映崇明县瀛东村党支部先进事迹的教育片《组织》，作为上海市保持共产党员先进性教育活动的宣传片，制作 4 000 多盘分发到全市各农村基层党组织。该片获得市委组织部第七届党建电视片观摩评比活动特别奖。

2008 年 8 月，在上海开展“讲党性、重品行、作表率”主题教育活动中，市纪委和市委组织部、市委宣传部、上海电视台，组织拍摄电教片《牵挂》，反映上海湖南路街道充分整合社区的党建资源、行政资源和社会资源，在各方共同推进旧区改造这一重要民生工作中，把改善广大群众的居住条件和生活质量牢记心头，牵挂百姓，关注民生。上海电视台播放《牵挂》，全市有 30 万党员干部组织收看。该片被评为 2008 年度第十届全国电教片观摩特等奖。

2009 年，结合在党员干部中开展的学习实践科学发展观活动，市纪委和市委组织部、市委宣传部、上海电视台联合制作宣传优秀共产党员朱践耳先进事迹的电教片《唱支山歌给党听》，从大家熟悉的《唱支山歌给党听》到《朱践耳管弦作品全曲》，颂扬这位在音乐创作道路上孜孜不倦地追求着、默默地奉献着的音乐大师。同年，市纪委会同市委组织部、市委宣传部、上海电视台联合拍摄制作电教片《本色》，通过四个小故事，反映杨浦区实施“一线工作法”，全区领导干部和机关干部走进定点联系点，与社区干部群众、企业职工面对面交流，一线倾听民意，一线了解民情，一线解决民忧，践行为人民服务的本色。

第二节　反面典型警示教育

一、警示教育活动

1999 年,市纪委开展"以案说法,以纪论理"活动。市纪委宣教室与市检察院反贪局、市监狱管理局联合编印狱中服刑人员的《忏悔录》2 万册;编印、发行党纪政纪条规学习资料 10 万册;编印中央纪委 1998 年《案例通报集》,组织发行中央纪委编印的《典型案例剖析》3.8 万册,发至全市处级以上领导干部。与农村系统党委宣传处、纪委联合组织"上海市农口典型案例剖析演示会",以文艺作品形式,开展案例教育。全市各区县委办纪检监察机关结合单位或系统的典型案例,开展"以案说纪,以纪论理"专项教育,共举办活动 8 374 场(次),40.5 万人次参加活动。

2000 年 8 月,中共中央政治局委员、市委书记黄菊要求全市以上海凤凰日用化学品有限公司的"群蛀"案为"乡土教材",集中开展全市性的警示教育,并联系实际,举一反三。全市各级党政组织运用"乡土教材"和集中办班、集中培训、集中观看、集中讨论、集中宣传、集中交流"六个集中"等方式,开展警示教育活动。不少单位通过计算机内部局域网,滚动播放警示教育片。

2001 年初,市纪委编印《"拒腐防变经受执政考验"学习辅导材料》10 万余册,组织发行警示教育专题片《厦门特大走私案》《宠妻纵子谋家财的悲剧》。全市各系统、各单位运用乡土教材开展警示教育,共剖析各类违纪违法典型案件 1 256 件,发出案例通报 800 篇,编撰警示教育教材 227 本,拍摄案例教育片 18 部。同时,市纪委和市委组织部、市委宣传部共同举办"警钟声声——反腐倡廉漫画巡展",6 套展板在市图书馆和各区县轮流展出。展览内容分"自律自勉、警钟长鸣"、"贪必被斩、捞必自焚"、"省身律己、防微杜渐"等三个部分。一些单位在巡展中把漫画展办到商业街和居民小区。市纪委组织正在服刑的原党员领导干部现身说法,让 800 多名新提任的处级以上党员领导干部受到警示教育。

2002 年,市纪委配合案例警示教育,组织编写出版《不应逾越的界限——违犯党纪错误析解与案例》一书,对《中国共产党纪律处分条例(试行)》中的 170 种错误的名称逐一解析,配以相应案例说明,全书 40 万字,为广大党员干部提供一本党纪教育的生动简明教材。

2010 年 3 月,市纪委、市人民检察院、市监察局联合印发《关于 2009 年查处党员干部违纪和职务犯罪案件情况的通报》,通报查处的 11 起违纪违法案件。通报要求,全市广大党员干部要从这些案件中汲取深刻教训,以此为鉴,警钟长鸣,筑牢拒腐防变的思想道德防线。5 月 11 日,市纪委和市委组织部组织 2010 年第一批新任局级领导干部集体廉政谈话。会上,新任局级领导干部集体观看关于普陀区原区长蔡志强案件的《贪欲之害》系列警示教育片《蜕变》。会议要求,新任局级领导干部要勤奋工作、不断学习、清正廉洁,要牢记《廉政准则》的要求,珍惜自己的历史和荣誉,珍惜党和人民的培养和信任,切实把握好人生的每一个关键点,走好人生的每一步,清清白白做人,踏踏实实干事,干干净净为官。

二、"社保资金案"警示教育

2007 年 4 月 25 日,市纪委印发《关于在全市集中开展警示教育的通知》,确定 5—9 月底,在全市集中开展警示教育,以剖析社保案为重点,集中开展"五个一"活动:全市召开一次动员会,观看一部警示教育片,参观一次警示教育基地,组织一次专题讨论,有条件的单位编写一本警示教育案例读本，结合党员领导干部违纪违法的典型案例进行深入剖析，用身边的事教育身边的人。通过集中开展警示教育，使广大党员干部进一步认清上海当前党风廉政建设面临的严峻形势和反腐败斗争的长期性、艰巨性、复杂性，进一步提高加强作风建设和思想道德建设的自觉性，遵守党纪国法，筑牢抵御腐败的思想道德防线，从源头上预防腐败。同时，向人民群众宣传我们党坚定不移反腐败的决心和反腐败斗争的成果，增强人民群众的信心与参与意识。

7月12日，按照市委要求，市纪委、市委组织部、市委宣传部联合召开"上海开展警示教育活动动员大会"，对集中3个月时间，利用"社保资金案"及相关案例在全市范围内深入开展警示教育活动作出部署。各区县、部委办局纪检、组织、宣传部门负责同志，中央在沪企业、市管国有企业、大专院校、科研院所负责同志约250人参加大会。会议指出，集中开展"社保资金案"警示教育，是推进党风廉政建设工作的重要举措。上海作为我国改革开放的前沿，经济比较发达、市场比较活跃，领导干部面临的诱惑更多，腐蚀与反腐蚀的斗争也更加激烈。在这种情况下，通过"社保资金案"等相关典型案例加强警示教育，就显得尤为重要和迫切。

8月7日，市纪委新闻发言人、市纪委副书记程志强就市委办公厅《关于进一步加强对局级领导班子主要负责人监督的若干意见(试行)》《关于党委(党组)实施"三重一大"制度的若干意见(试行)》的起草制定情况和主要内容等回答记者的提问。按照市委的统一部署，针对"社保资金案"发生的主要问题，深入警示教育，认真吸取教训，对照检查，查找体制机制制度和管理上的薄弱环节，举一反三，建章立制，堵塞漏洞。在此基础上，市委印发"两个若干意见"，进一步强化对领导班子、领导干部的监督制约，具有很强的针对性。市纪委新闻发言人详细讲解"两个若干意见"的主要内容，阐述"两个若干意见"是适应上海党风廉政建设和反腐败斗争新形势、新任务和新要求的客观需要，把局级领导班子及其主要负责人作为监督的重点，做到用制度管权、用制度管事、用制度管人，进一步推进党的建设和党内生活制度化、规范化。

10月31日，市纪委常委会讨论《关于在上海市党员干部中开展警示教育活动的情况汇报》。会议认为，在市委、市政府领导下，市纪委牵头，市委组织部、市委宣传部共同负责，全市各级党政组织有重点、分层次、多形式，扎实开展警示教育活动，取得明显成效。3个月来，市警示教育活动办公室编发警示教育活动学习资料50 000份，简报23期，调研报告28篇；全市各级党政机关、企业、大专院校和科研院所共组织学习15 780次，参加学习的党员干部481 814人，其中局级领导干部2 997人、处级领导干部37 934人；召开专题学习交流会8 373次，参加的党员干部327 624人，交流发言10 316人。组织观看《贪欲之害》警示教育片121 840人次，其中局级领导干部2 997人、处级领导干部39 990人；观看其他警示教育片312 488人。组织党课教育5 854次，其中一把手上党课2 894次，其他辅导讲座778次。

同年11月22日，市纪委、市委组织部、市委宣传部联合召开全市党员干部警示教育活动总结大会。会上，杨浦区委作"突出重点，建立警示教育长效机制"的发言，卢湾区委作"紧密联系卢湾实际，深化警示教育"的发言，市建设交通党工委作"以'清、查、算、改'为抓手，增强警示教育实效性"的发言。会议指出，这次全市性的警示教育活动是在深入查处和反思"社保资金案"的背景下进行的。在各级党委、纪委的高度重视和精心组织下，经过动员学习、对照检查，整改总结，警示教育活动全面展开，扎实推进，取得实效，积累经验，达到预期目的。

三、警示教育片

1989年，市纪委和市高级人民法院等单位，选择15个典型案例为主要内容拍摄《沉溺》《浊流》

两部录像片，在全市党员干部中播放，加强警示教育。片中不仅有机关企业的党员干部，还有农村中的乡镇干部，尤其是知法犯法的公检法干部，其中有的对象曾有过光荣的昨天，有的还是功臣或先进分子，但在改革开放形势下，经不起考验，导致私欲恶性膨胀，走上犯罪道路。市委组织部与上海电视台合办的《党的生活》节目播放这两部片子，进一步扩大教育面。

1990 年，在党风党纪教育中，重视典型案例警示教育。市纪委和各级纪委以发生在身边的违纪违法案件为素材，摄制党风党纪教育录像片 22 部，组织放映 9 724 场次，各级党员和干部 105 万多人次观看。

1991 年，市纪委和市文化艺术工作者协会合作拍摄的党纪教育电视片《生死存亡》，下发到基层进行警示教育，增强党员干部拒腐防变能力。

1994 年，市纪委和市委宣传部、市监察委、上影影视艺术制作中心联合拍摄电视教育片《大潮下的泥沙》，以上海电力安装二公司住宅办原主任许荣良贪污受贿案、市百一店二楼时装部原主任方莉芳受贿案、市医保进出口公司单证科原运输业务员王飞帆特大受贿案为原型。各单位组织党员、干部观看，认真讨论，吸取教训。该片参加中央纪委电教片首届"卫士奖"评选，获得鼓励奖。

1996 年，市纪委和市监狱管理局组织拍摄反映上海市 4 名原局级干部违纪违法案件的警示教育片《大墙内的反省》，以案释纪、以案释法，在局级干部中播放后反响强烈，大家表示要从中吸取深刻教训，慎用手中权力。

2000 年，市纪委把影片《生死抉择》作为"七一"期间党课教育的重要内容及推动反腐败斗争的生动教材，认真组织观看和讨论。市纪委为配合影片公映，与东方电视台一起制作谈话节目，6 月下旬在东方卫视《法律与道德》栏目中播出。

2004 年，市纪委和市检察院联合拍摄"晚年悲剧——杨忠万案件启示"警示教育片，在全市党风廉政建设大会上播放。该片以上海市华申电力核电公司原总经理杨忠万案件为原型，剖析杨忠万贪污受贿、职务侵占、潜逃柬埔寨 7 年之久，在国外落入法网，被押解回沪的历程，揭露犯罪的根源，总结教训，使广大党员干部深受警示教育。

2007 年，市纪委和市委宣传部、市委组织部、上海电视台以上海"社保资金案"为题材，组织拍摄警示教育片《贪欲之害》(第一集)。警示教育片以这起社会关注度高、涉案金额巨大、牵涉人员众多的上海社保资金及相关案件为原型，分析涉案人员祝均一、孙路一、秦裕、王成明、韩国璋、王国雄、韩方河、吴鸿枚、凌宝亨、陈超贤等人违纪违法的发展轨迹。《贪欲之害》(第一集)警示教育片在 2007 年全市开展的三个月集中警示教育中，组织处级以上党员领导干部集中观看，全市观看《贪欲之害》警示教育片 12.2 万人次。同年，一些区县为配合警示教育，选择本单位的反面典型案例，拍摄一批警示教育片，组织广大党员观看。如闵行区的《警钟长鸣》、闸北区的《反腐倡廉警钟长鸣》、虹口区的《王金和受贿警示录》等，进一步推进警示教育的深入开展。

2008 年，市纪委和市委组织部、市委宣传部、上海电视台组织拍摄反映市房地局原副局长殷国元案件的警示教育片《贪欲之害》(第二集)，全市有近 9 万党员干部观看。

2009 年 2 月，市纪委和市委组织部、市委宣传部、市检察院、上海电视台组织拍摄反映上海华谊集团原副总裁、轮胎橡胶(集团)股份有限公司原董事长范宪案件的《贪欲之害》系列警示教育片《蛀虫》。9 月，市纪委和市委组织部、市委宣传部、市检察院、上海电视台组织拍摄反映浦东新区原副区长康慧军案件的《贪欲之害》系列警示教育片《悔恨》。全市 25.8 万人次观看。

2010 年，市纪委和市委组织部、市委宣传部、市检察院、上海电视台组织拍摄反映普陀区原区长蔡志强案件的《贪欲之害》系列警示教育片《蜕变》，全市党员干部有 21.8 万人次观看。

第三节　反腐倡廉成果展

一、“为民、务实、清廉”专题档案展

2007年10月，由市纪委、市委组织部、市委宣传部联合主办，市级机关工作党委、市委党史研究室、市档案局(馆)承办的“为民、务实、清廉——上海市加强作风建设推进反腐倡廉档案文献图片展”在上海市档案馆外滩新馆四楼展厅开展。展览采用专题展览的形式，以170多幅照片，近60份文献、实物，突出宣传党中央对上海的关怀，反映上海腐败案例的警示教育意义。图片展内容分“殷切期望、光辉榜样”、“加强建设、注重预防”、“贪欲之害、警钟长鸣”、“时代先锋，继往开来”四个部分，通过有关档案文献的展示，教育和引导党员干部牢固树立马克思主义的世界观、人生观、价值观和正确的权力观、地位观、利益观，立党为公、执政为民，加快推进“四个率先”，努力开创“四个中心”和社会主义现代化国际大都市建设的新局面。该展览作为2007年全市集中开展警示教育活动中的一项重要内容，组织参观的重点对象是处级以上党员干部。全国各地党员干部也纷纷来上海参观，展演延期至12月底闭幕。图片展参观踊跃，社会关注度极高，参观人数达5.5万人次。

同月30日，中共中央政治局委员、市委书记俞正声，市委副书记、市长韩正和其他市委市政府领导参观“为民、务实、清廉——上海市加强作风建设推进反腐倡廉档案文献图片展”。俞正声强调，我们要牢固树立正确的世界观、人生观、价值观，全市的党员干部都应该到这里来看一看，接受教育。

二、纪念改革开放暨纪检机关恢复重建30周年

2008年，市纪委下发《关于在上海市举办纪念改革开放暨党的纪律检查机关恢复重建30周年活动的通知》，对上海市纪念改革开放30周年和党的纪律检查机关恢复重建30周年作工作部署，开展一系列纪念活动。5—8月，市纪委《清风》杂志开设专栏，在上海媒体组织一些专题宣传文章，大力宣传党的纪律检查机关恢复重建的重大历史意义，宣传30年来反腐倡廉建设所取得的理论成果和实践成果，宣传在党风廉政建设实践中涌现出来的勤廉兼优先进典型。市纪委面向各级纪检机关和全社会开展“改革开放与反腐倡廉建设”理论研讨会征文活动，围绕改革开放30年党风廉政建设和反腐败斗争的重大意义、发展历程、重要成果和基本经验，组织撰写论文，开展优秀论文评选工作。并将优秀论文报送中央纪委纪念党的纪律机关恢复重建30周年工作领导小组办公室。

12月19日，上海召开纪念改革开放暨党的纪律检查机关恢复重建30周年座谈会，来自上海各级纪律检查战线的负责同志和离退休老领导欢聚一堂，市纪委书记董君舒参加座谈。20日，市纪委、市监察局机关举办“纪念党的纪律检查机关恢复重建30周年图片展”。展览内容分为八个部分：“历史回眸”、“领导关怀”、“历届领导班子成员”、“组织机构历史沿革”、“工作成效”、“学习实践科学发展观”、“群星璀璨”、“友好往来”等，回顾30年来上海市纪检机关认真履行党章赋予的职责，围绕中心，服务大局，坚定不移地推进党风廉政建设和反腐败斗争，为上海改革开放和现代化建设作出重要贡献。

同日，中共中央政治局委员、市委书记俞正声，市委副书记、市长韩正和市委市政府其他领导观看市纪委、市监察局机关“纪念党的纪律检查机关恢复重建30周年图片展”，并会见出席“上海市纪

念党的纪律检查机关恢复重建30周年座谈会”的与会代表,勉励纪检监察干部发扬成绩、开拓进取、求真务实,坚定不移地推进党风廉政建设和反腐败斗争,为上海改革开放和现代化建设作出重要贡献。

在纪念活动中,市纪委组织各单位开展廉政书画创作、廉政歌曲大家唱、廉政灯谜大家猜、廉政文化作品展示等一系列活动,回顾党的纪检监察工作所走过的光辉历程,集中展示纪检监察工作的丰硕成果,传播廉洁理念,弘扬新风正气。

第三章　廉政文化建设

廉政文化从根本上反映政党的执政理念、执政目的和执政方式，是廉洁从政行为在文化和观念上的客观反映。市纪委十分重视廉政文化建设。2003年，上海召开“廉政文化研讨会”，在全国首次提出“廉政文化”的概念。廉政文化以先进的理论为指导，以先进的廉政思想为核心，以先进的廉政制度为基础，以先进的廉政文学艺术为载体，促进党风廉政建设和反腐败斗争。2009年，市委办公厅印发《上海市加强廉政文化建设的实施意见》，为进一步加强廉政文化建设，积极推进廉政文化进机关、企业、社区、学校、农村、家庭、“两新”组织，构建廉政文化建设的长效机制，使廉政文化建设走上科学化、制度化、规范化的轨道，形成党风廉政建设良好的社会氛围。

第一节　廉政文化制度建设和理论研讨

一、廉政文化制度建设

2008年4月24日，市纪委召开全市区县、部委办有关负责人会议，传达中央纪委召开的《关于制定推进廉政文化建设的指导意见》的会议精神，部署上海市有关调研起草工作，下发《上海市关于推进廉政文化建设的指导意见基本框架及研讨任务分工方案》，要求有关单位按照要求完成调研，并向中央纪委上报专题报告。4月25日，中国社科院课题组受中央纪委委托，来上海进行关于制定推进廉政文化建设的指导意见的专项调研，先后在上海社科院召开上海市社科院专家学者座谈会、区县纪委书记座谈会，广泛听取意见建议，为起草好《指导意见》打下良好基础。5月，为进一步落实中央纪委关于起草《指导意见》的精神，成立上海市《关于推进廉政文化建设的指导意见》调研起草小组。按照分工，市委宣传部、浦东新区等35家区县委办局参与调研，如期完成中央纪委交给上海的起草《全国廉政文化建设指导性意见》总体框架的任务。5月30日，市纪委将《关于加强廉政文化建设的指导意见(送审稿)》报送中央纪委。

同年10月，根据《上海市贯彻落实〈建立健全惩治和预防腐败体系2008—2012年工作规划〉的实施办法》，市纪委牵头制定上海市加强廉政文化建设的指导意见，提出加强机关廉政文化建设和重点推进廉政文化进校园、进企业、进社区活动。落实好《上海市学校廉洁教育行动指南》，编制廉洁教育读本，创建有上海特色的校园廉洁教育品牌。制定廉政文化进企业的工作意见，树立一批先进典型，积极培育依法经营、廉洁从业和诚实守信的企业文化。围绕“迎世博600天行动计划”，积极开展弘扬家庭美德和争做“文明上海人”社区廉政文化创建活动。实施廉政文化精品工程，创作一批影视、戏剧、歌曲和公益广告等廉政文化精品。

2009年，市委印发《中共上海市委常委会深入学习实践科学发展观整改方案》，提出关于制定加强廉政文化建设的指导意见，明确市纪委、市委宣传部、市委组织部为责任部门，明确责任分工，加强协作配合，发挥整体合力，推进廉政文化建设。4月，市纪委召开惩治和预防腐败体系宣教工作牵头部门负责人会议，对起草廉政文化建设分类推进办法提出意见和建议。会议按照《中共上海市委常委会深入学习实践科学发展观整改方案》要求，部署起草上海市加强廉政文化建设分类推进办法。会议对有关文件起草的框架结构、总体要求和时间节点提出具体要求。12 月，市委办公厅印发市纪委会同市委组织部、市委宣传部共同起草的《上海市加强廉政文化建设的实施意见》。《实施意见》进一步明确了上海廉政文化建设的主要目标：经过一段时间努力，使廉洁价值理念更加深入人心，党员干部廉洁从政的思想基础更加扎实，廉洁从政行为规范和制度更加落实，廉政文化建设的工作格局更加完善，廉政文化的社会舆论和氛围更加浓厚，人民群众对党员领导干部廉洁从政的满意度明显上升，形成具有时代特征、上海特点的廉政文化建设体系。

2010 年 9 月，为贯彻落实市委关于加强廉政文化建设的实施意见，全面反映廉政文化建设工作的落实情况，正确评价廉政文化建设的实际效果，市纪委在杨浦区召开廉政文化建设推进会，纪检、监察、宣传部门干部 100 余人参加会议。会上，新江湾城街道、杨浦区教育局、殷行街道就廉政文化进网络、进学校和进社区作现场观摩交流发言，有 6 个单位作书面交流。市纪委以杨浦区为试点，调研并制定《廉政文化建设评估办法》，明确廉政文化建设评估的目标要求、评估标准和分值和评估方法。评估结果纳入每年的“惩防体系绩效测评”和党风廉政建设责任制、纪检监察工作年度考核。

二、廉政文化理论研讨

2003 年 8 月，市纪委、市建设和管理党工委、纪工委在上海图书馆联合举办“廉政文化建设理论研讨会”，市纪委副书记顾国林，全市各委办、区县宣教干部和建设交通系统各单位纪委领导近 200 人参加研讨。上海大学社会学系教授邓伟志、华东师范大学历史系教授盛邦和、上海社科院法学研究所研究员尤俊意等 3 位专家学者作专题演讲，建设交通系统 12 家单位就“关于廉政文化建设的思考和实践”作交流发言。

12 月，中央纪委中国方正出版社编印《廉政文化建设研究》一书，收录上海市建设系统多年来对廉政文化的研究成果，廉政文化建设的理念在全国得到推广。市委副书记、市纪委书记罗世谦为该书作序。序言指出：上海建设系统提出了廉政文化建设的命题，并认真组织开展了廉政文化建设的时间和研究；廉政文化是社会主义先进文化的重要内容，加强廉政文化建设是发展社会主义先进文化的重要组成部分，积极倡导廉政文化，积极推进廉政文化建设是党风廉政建设和反腐败斗争在新的历史阶段的必然要求。

2004 年 2—7 月，市纪委开展廉政文化建设专题调研，并形成《积极开展廉政文化建设，推进党风廉政建设——上海纪检监察系统开展廉政文化建设的实践与思考》报告。报告分三个部分：廉政建设呼唤廉政文化，开展廉政文化建设活动给我们的启示，进一步加强廉政文化建设的设想。

2005 年 10—11 月，市纪委印发《关于积极参加廉政文化建设征文活动的通知》。要求全市各单位从理论和实践的结合上对廉政文化建设这一课题进行深入的思考和探索，积极参加征文活动。市纪委会同闵行区纪委、监察委和区监察学会召开“廉政文化研讨会”。会上，5 家基层单位介绍对加强廉政文化建设重要意义的认识、推进廉政文化建设的主要做法及体会。

2007 年 3 月，市纪委、市委党史研究室编纂《作风百典》一书，由中央纪委中国方正出版社正式出版，全国公开发行。中央纪委副书记刘峰岩和市纪委书记沈德咏为《作风百典》作序。全书 17 万字，以中央倡导的良好风气八个方面为架构，以 100 个党史上的老领导、老前辈、老革命家在作风建设方面的党史故事为叙述方式，分为八个章节，真实地还原历史，展示革命前辈优良作风的风范，达到可读、可知、可感、可学、可思的效果。

2008 年 4 月，市纪委组织第 43 期纪检监察干部进修班全体学员，按照分工到全市 19 个区县、14 个委办局和大型企业进行廉政文化建设情况专题调研。经调研，学员们撰写 33 份廉政文化调研报告，进一步总结工作经验，为市纪委起草廉政文化建设指导意见提出意见建议。

2010 年 7 月，市纪委领导出席市科技纪工委组织召开的"市科技系统廉创文化建设研讨会"。会上，听取上海科学学研究所介绍的《市科技系统加强廉创文化建设研究》课题主要内容，市科技纪工委介绍的《市科技系统加强廉创文化建设若干意见》初步设想。会议就市科技系统廉政文化建设课题及加强市科技系统廉政文化建设的实施意见等进行认真深入地研讨。

9 月 27 日，中央纪委副书记李玉赋在市纪委办公厅上报的信息《上海市大力推进廉政文化创新工程》上批示：上海市委、市政府和市纪委、监察局高度重视廉政文化建设，认真贯彻中央精神，紧密结合实际，大力推进廉政文化创新，开展丰富多彩的廉政文化创建活动，着力打造廉政文化精品佳作，建立健全长效机制，各项工作取得了明显成效，营造了良好的社会氛围。

10 月，市纪委在全国廉政文化建设工作会议上作题为《从上海实际出发，推进廉政文化创新工程》的交流发言，介绍上海注重理念创新，体现海派特色和时代特点，努力培育廉洁价值理念，增强廉政文化的渗透力和影响力的做法。

第二节　廉政文化"七进"活动

一、廉政文化进机关

2008 年 9 月，为推进廉政文化进机关，市纪委、上海法院、最高人民法院纪检组、青浦区领导同志参加青浦区法院召开的廉政文化建设现场会，实地参观廉政文化图片展，听取四位法官的廉政演讲，观看《清风扑面》电视专题片。同月，市纪委机关各厅室负责人参加市财税局举办的系统廉政文化建设成果展，并参与投票评选。同年，中央纪委副书记李玉赋、市纪委和市高院领导到青浦区法院调研廉政文化建设。在观看廉政文化图片展及青浦法院廉政文化建设情况的专题片《清风扑面》、听取青浦法院廉政文化建设和上海法院党风廉政建设情况汇报后，李玉赋指出，上海法院系统廉政文化建设抓得很有效果很有特色。法院的廉政文化建设，要把公正文明司法、树立自身良好形象，同党风廉政建设和反腐败工作紧密地结合起来，把软约束和硬约束结合起来，把内控机制和外部监督结合起来，全面推进廉政文化建设。

2009 年 6 月，在推进廉政文化进机关活动中，市纪委领导参加黄浦区委、区政府举办"唱响廉政歌，颂歌献给党"廉政歌曲歌咏大赛。这次廉政歌曲歌咏大赛是黄浦区作为推进廉政文化进机关的一项重要举措，在南京路世纪广场举行。区领导和全体机关干部同唱廉政歌曲，颂扬清廉理念，共同表达"勤政廉洁、执政为民"的决心。同月，市纪委领导出席在金山区法院召开的机关廉政文化建设推进会。与会人员现场观摩金山法院廉政文化建设巡礼片，听取金山区法院有关推进廉政文化建设工作情况的介绍。

同年 12 月，市委办公厅印发《加强机关廉政文化建设的推进办法》，明确机关廉政文化建设要坚持"为民、务实、清廉"，以加强机关党员干部党性锻炼、改进机关作风为重点，经过扎实工作，建立健全机关廉政文化建设的领导体制和工作机制，以"秉公用权、廉洁从政"为主题，以党员干部、公务员为重点,树立正确的权力观、地位观、利益观,建立健全廉洁从政行为规范,加强机关廉政文化阵地建设,不断增强机关干部廉洁从政意识,使人民群众对机关和公务员队伍满意度不断提高。

图 7-3-1　2010 年 12 月 2 日,上海市纪委组织的廉政文化进机关系列活动虹口区廉政文化进机关

2010 年 10—12 月,为推进廉政文化进机关活动,市纪委参加长宁区举办的“弘扬新风正气·共襄世博盛举”机关廉政文化创意大赛总结推进会;参加虹口区凉城新村街道机关展示的每周一次“读书心得 15 分活动”。推进活动把廉洁元素融入机关队伍建设之中,通过丰富多彩的文化艺术形式,不断打造廉政文化建设精品,不断营造廉政文化的氛围,不断提升廉政文化的水平。读书心得活动标志着上海市廉政文化系列展示活动正式拉开序幕。

二、廉政文化进企业

2006 年 3 月,市纪委召开廉政文化进企业研讨会。会上,华为技术有限公司党委书记就构建企业核心价值观的运作体系、宝钢集团党委书记就诚信体系建设与反腐倡廉工作作主题发言,电气集团、上航集团作书面交流。中央在沪企业、市管国有企业、民营企业、中外合资企业党政负责人以及部分区县、委办局的纪委书记等共 80 余人参加会议。会议指出,上海要深入地思考,积极地探索,把廉政文化进企业不断推向深入。4 月,市纪委召开市国资委、宝钢集团、中远集运、电气集团、港务集团、上海移动等单位纪委书记座谈会,中心议题是“学习华为企业文化理念,推进廉政文化进企业”。座谈中,各企业畅谈学习华为企业文化理念的体会,结合各自企业实际和特点,交流进一步推进企业廉政文化建设的设想,将廉洁意识变为廉洁制度,将廉洁制度变为廉洁机制,将廉洁机制变为廉洁行为,将廉洁行为变为生产力。

2008 年 8 月,为推进廉政文化进企业,市纪委参加黄浦区召开的廉政文化建设推进会暨新世界诚信文化建设现场会,携手创建“南京路诚信廉洁一条街”。会上,新世界集团向南京路商业企业发

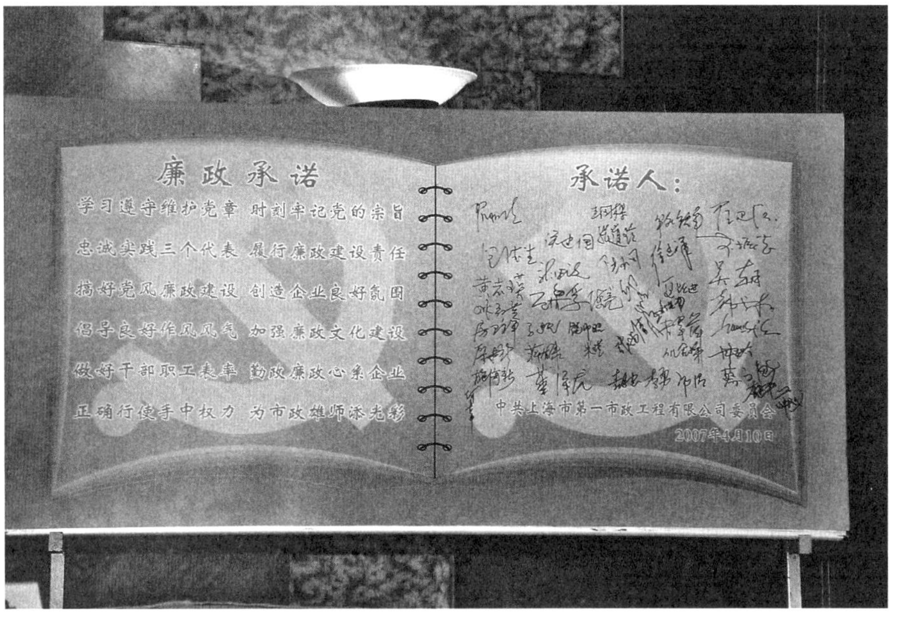

图 7-3-2　2007 年 4 月 10 日，上海市纪委组织的廉政文化进企业系列活动上海第一市政工程公司廉政承诺

起倡议，携手创建“南京路诚信廉洁一条街”，为奥运、世博共同营造良好的商业环境。10 月，中央纪委副书记李玉赋到黄浦区视察廉政文化建设情况，先后听取黄浦区委书记和区纪委书记工作汇报，观看南京路商业企业诚信文化建设宣传片和图片展，参观新世界商场，实地感受新世界商城廉政文化氛围。李玉赋指出，黄浦区委在推进廉政文化建设进企业中，已经进行有益的探索，要加以总结提高，为全市、全国推进廉政文化建设提供经验。

2009 年 3 月，市纪委会同市经济和信息化纪工委联合召开“中央在沪企业廉政文化建设座谈会”，市纪委领导出席会议并讲话。会上，华东电网有限公司、中国电信上海公司、上海船舶工业公司、上海烟草(集团)公司、上海航天局等 10 家企业纪委书记交流开展企业廉政文化建设的一些经验和做法。会议指出，上海在企业廉政文化建设方面起步较早，要按照中央纪委和市纪委的要求，在已有基础上继续深化、巩固、提高、拓展，总结经验，提炼做法，树立典型，以点带面，争取形成具有上海特色的企业廉政文化。4 月，市纪委、市经信纪工委、市国资委纪委在华东电网有限公司召开“企业廉洁文化建设座谈会”。25 家中央在沪企业和上海国有企业纪检监察部门负责人参加会议，总结交流企业廉洁文化建设工作的理论成果和实践经验，研讨企业廉洁文化建设的价值理念和发展思路。会上，华东电网有限公司纪检组、上海市电力公司纪委、中国电信上海公司纪委、中石化上海石化股份公司纪委、上海纺织控股(集团)纪委和上海国际港务(集团)纪委介绍加强组织领导、培育核心理念、推进制度创新、引导群众参与、营造反腐倡廉氛围等方面积极探索的做法和经验。

同年 12 月，市委办公厅印发上海市《加强企业廉洁文化建设的推进办法》，明确企业廉洁文化建设的目标：围绕企业生产经营，积极培育“依法经营、廉洁从业、诚实守信”的价值理念，建立健全企业领导人员廉洁行为规范，把廉洁文化融入企业规章制度和经营管理领域。经过努力，初步建成与现代企业相适应，与企业经营管理制度体系相融合，与企业宗旨和企业经营理念相协调的企业廉洁文化体系。

2010年8月,为进一步推进企业廉政文化建设,市纪委参加上海市经济和信息化纪工委召开的廉政文化建设推进会。会前,与会同志观摩市经济和信息化工作系统廉政文化成果展示,这些展示包括:上海烟草集团公司"规范履权"情况,中石化高桥石化公司开展"诚信、崇廉、律己、敬业"活动情况,中国石油西气东输管道(销售)公司开展"诚信守法、廉洁敬业"情况,中国联通上海分公司开展廉洁文化建设情况,中石化上海石化公司开展廉洁文化"五进"活动情况等。会上,华东电网公司、中国电信上海公司、中国移动上海公司、上海市电力公司和市工商外国语学校先后介绍如何创新内容与形式、推进廉洁文化建设的做法。

三、廉政文化进学校

2006年3月,市纪委向全市推介闸北区推进廉洁文化进校园的工作,把廉洁文化教育的主要对象确定为学生,努力搭建廉政教育平台的实践,针对不同年龄段青少年的心理特点和认知水平,科学把握教育活动的目标定位。通过学科课堂主渠道和日常教学挖掘廉洁、勤俭、诚信的思想内涵,组织语文、历史、政治和心理教师组成廉政文化校本课程研究组,在编写校本教材的同时,挖掘并利用教材中蕴涵的廉洁、诚信等教育内容,将廉政文化引入日常课堂教学。

图7-3-3 2006年3月2日,上海市纪委组织的廉政文化进学校系列活动金山区教育局印制廉洁教育系列读本

同年,为推进廉政文化进学校活动,金山区组织编撰"廉政文化进学校系列教材"三本小学、中学、高中《廉洁教育读本》(试用本),在全区所有中小学开设廉洁教育课程,初步形成具有金山特色的廉政文化进学校的教育体系。3月2日,金山区被国家教育部选定为首批十个廉政教育进学校的试点地区之一。市纪委参加金山区召开的"廉政文化进学校"启动大会,并进行调研,总结推广经验。8月,市纪委组织市科教党工委、华师大"廉洁文化进校园"课题组,到金山区教育局召开廉政文化进学校试点工作座谈会,探索廉政文化进学校工作的思路和对策。

2007年11月,上海市科教党工委、市教委参加国家教育部在广东省佛山市召开的全国青少年廉洁教育工作交流会，并作题为《清风吹盛世，廉洁育英才——上海市扎实推进青少年廉洁教育工作》的交流发言，介绍2005年下半年以来，上海作为教育部选定的首批十个廉政教育进学校的试点省市之一，启动大中小学廉洁教育试点工作；制定《关于在上海学校中加强廉洁教育和廉政文化建设的实施意见》，明确将廉洁教育和廉政文化建设纳入学生德育体系中，统筹规划、分类指导，积极推动廉洁教育进教材、进课堂、进头脑，取得一定成效。

2008年3月，市纪委调研组参加金山区召开的廉政文化进学校全面推进大会，观看廉政文化进学校专题片《关注》。会上，金山中学、教院附小和山阳中学进行交流发言。会议指出，在深入推进学校廉政文化建设过程中，一定要把握廉政文化的个性和特色，在具体工作中要体现特色性、多样性、实效性，在设计廉政文化进学校活动载体时，要从实际出发，因地制宜，推出自己的特色项目，努力达到一校一品；要让廉政文化渗透到工作、学习和生活的方方面面，使广大师生时时处处感受到廉政文化，接受廉政文化的熏陶；要虚功实做，真抓实干，找准廉政文化建设的重点。

2008年5月，市纪委、市科教党工委、市教委、团市委、市委党史研究室、市文广局、市文管会、市旅游委、静安区委、市文广集团等10个部门联合举办“红色经典小故事讲演活动”，旨在推进廉洁文化进学校。以“从小知荣辱，参与讲廉洁，共同创和谐”为主题，举办第四届“红色经典小故事讲演活动”。以宣传基本道德规范为目的，通过红色经典故事讲演比赛，营造文明、诚信、和谐的校园氛围。12月13日，在上海教育电视台举行活动决赛，市纪委、市教委的领导为获奖小选手颁奖。

2009年7—9月，市委办公厅印发《加强学校廉洁文化建设的推进办法》。市纪委组织开展以“知荣辱讲廉洁，共建和谐校园”为主题，举办第五届“红色经典小故事讲演活动”。12月，在上海教育电视台举行活动决赛，市纪委、市委党史办、市教卫、团市委等领导为获奖小选手颁奖。赛后，活动组委会汇编各区县提交的影像资料与决赛的现场视频，制作“上海市红色经典小故事讲演活动”纪念影碟，组织“上海市红色经典小故事巡回讲演团”，赴全市中小学校、社区、机关等进行巡讲和展演。

2010年6月，以“文明节俭，廉洁修身，与世博同行”为主题，市纪委举办第六届“红色经典小故事讲演活动”。结合上海世博会，探索推进校园廉洁文化建设的有效载体，体现社会主义核心价值观，培养守法、诚信、文明的现代合格公民。9月18日，在教育电视台举行活动决赛，市纪委、市委党史办等领导为获奖小选手颁奖。

同年6月3日，国家教育部在成都召开“2010年全国青少年廉洁教育工作经验交流会”，总结交流三年来开展青少年廉洁教育工作的做法和经验，上海市教委作书面发言。

四、廉政文化进社区

2000年，市纪委、市监察委召开社区党风廉政大会，提出社区党风廉政建设与创建文明社区、文明单位、文明家庭活动相结合，加强社区精神文明建设。

2006年6月，市纪委与静安区委、区纪委、区委宣传部联合在静安公园和静安寺下沉式广场召开“廉政文化进社区”系列展示会，市纪委组织各区（县）纪委宣教室主任现场观摩。8月，市纪委在宝山区召开上海市廉政文化进社区推进会。会上，播放宝山区纪委制作反映宝山区廉政文化建设工作成效的纪实电教片《清风化雨润滨江》，宝山、青浦、普陀和静安区纪委围绕“廉政文化进社区”作交流发言。会后，与会人员参观宝山区推进《实施纲要》图片展，观看在宝山区顾村镇举办的社区廉政文化专场演出。全市各区县纪委领导、宣教室主任及宝山区各镇、街道纪委书记等参加会议。

2007 年 8 月,市纪委参加杨浦区纪委召开的“杨浦区廉政文化推进会”,并对进一步推进杨浦区廉政文化工作提出具体要求。会上,殷行街道党工委、区教育局党委、区经委党委领导分别就寓教于乐开展廉政文化建设探索作交流发言。会议编排一台文艺演出,反映杨浦区加强领导、整合资源,创新载体、积极探索,将无形的廉政文化融入有形的日常工作之中,搭建廉政文化建设平台。

2009 年 4 月,市纪委、市文明办、市妇联在浦东新区花木社区(街道)文化中心联合召开“上海市加强社区廉政文化建设推进会”。会上,浦东新区纪委介绍浦东新区社区廉政文化工作情况,浦东新区花木社区(街道)党工委、闵行区纪委、宝山区纪委等作交流发言。各区县纪委分管领导、宣教室主任等 70 多人参加会议。与会同志实地考察浦东新区花木社区(街道)锦绣家园小区廉政文化建设,并观看“浦东新区花木社区(街道)廉政文化建设巡礼——清风拂面”电视片。

同年 5 月,市纪委到闵行区七宝镇调研“一路两翼”廉政文化建设情况,观摩体育公园“莲池”、新镇路廉政文化景观艺术围墙、七宝老街廉政文化皮影戏和张充仁纪念馆,听取闵行区纪委“一路两翼”廉政文化建设情况的汇报。

2010 年 10 月,市纪委,长宁区委领导到长宁区周家桥街道参观廉政景观带、示范小区等展示场点,观看社区居民的文艺表演。总结推广长宁区周家桥街道以“苏河老印象,清风新周桥”为主题系列活动,在虹桥河滨公园、虹桥万博花园居民区展示苏州河廉政文化景观带和虹桥万博花园小区居委会廉政文化进社区的经验。

图 7-3-4 2010 年 12 月 20 日,上海市纪委组织的廉政文化进社区系列活动长宁区周家桥社区廉政文化展示

同年 12 月,市纪委和虹口区纪委联合举办廉政文化系列展示活动,在中共四大史料陈列馆门前广场举行“上海市虹口区红色旅游线路首发式”,宣布虹口区红色旅游线路正式启动,作为面向大众的廉政文化传播基地,为上海的廉政文化建设和党风廉政建设作出贡献。市纪委、市旅游委、虹口区领导出席活动,为上海鲁迅纪念馆、中共四大史料陈列馆、左联纪念馆、李白烈士故居等四个景点单位授予虹口区廉政文化教育基地铜牌。与会同志还参观中共四大史料陈列馆。

图7-3-5　2010年12月2日,上海市纪委组织的廉政文化进社区系列活动虹口区红色旅游线路首发式

五、廉政文化进家庭

2006年起,市纪委在各区县纪委推进"家庭助廉"活动,探索廉政文化进家庭的思路和做法,总结推广廉政文化进家庭典型经验。2009年,市委办公厅印发上海市《加强家庭廉洁文化建设的推进办法》,明确推进家庭廉洁文化工作目标:以"倡导文明风尚、树立清廉家风"为主题,以领导干部家庭为重点,开展"家庭助廉"教育实践活动,提高家庭成员的廉洁意识、法律意识和自律意识,创造良好的家庭廉洁文化氛围。至2010年,市纪委总结推广各区县纪委坚持开展的家庭助廉活动的好做法,并在上海纪检监察网站上陆续刊登。

2006年3月,市纪委宣传长宁区开展"家庭助廉"活动。长宁区纪委同区妇联在周家桥街道开展"廉政文化进家庭、平安幸福滚滚来"家庭助廉系列活动,同时街道组建20位妇女参加的"廉政妈妈行动团",在居民区中广泛宣讲反腐倡廉的知识,进一步弘扬人人倡廉的良好氛围。长宁区在东方广播电台"成长嘉年华"节目中开展家庭助廉的讨论,在区工商分局向全体干部家属发出《家庭助廉倡议书》,得到干部家属的良好反响。

同年6月,市纪委推广黄浦区廉洁文明进家庭的做法。黄浦区纪委同区妇联向全区处级领导干部家庭发出创建"廉洁文明家庭"倡议书,倡导领导干部从家庭这个"小社会"着手,八小时之外自觉接受来自家庭内部的监督,共同教育配偶、子女模范遵守相关纪律法规;常吹家庭"廉洁风",勤算家庭"廉政账",自觉把好"家门关",筑牢家庭反腐倡廉防线;积极参加"廉洁文明家庭"创建活动,开展家庭成员同读一本廉洁勤政题材书籍,同观一部反腐倡廉教育片。结合社会主义荣辱观教育,黄浦区纪委、妇联和广场街道联合召开家庭助廉座谈会,请领导干部家属代表交流"讲廉洁、知荣辱、树新风"心得体会,共同营造健康、廉洁的家庭环境。

2007年,市纪委宣传青浦区创廉洁之家活动的经验。青浦区纪委制定《关于开展廉政文化进家庭活动的实施意见》,要求全区各级党政组织要加强领导,落实责任,积极开展内容丰富、形式多样、独具特色的活动,在全区营造廉政文化进家庭的良好社会氛围。发出“创廉洁之家、建和谐青浦”倡议书,号召全区广大家庭特别是领导干部家庭要积极行动起来,进一步树立助廉意识,常吹廉政风,管好廉政账,时刻做到自重、自醒、自警、自励。11月,区纪委会同区委组织部举办“廉内助、贤内助”培训班,全区党政领导干部家属600余人参加培训。培训要求,全区领导干部家属要切实增强反腐倡廉的使命感和责任感,正确处理好“内助”和“参政”的关系、“公事”与“家事”的关系、“利益”与“利害”的关系,使家庭真正成为拒腐防变的重要防线,成为预防和抵制腐败的重要阵地。

2008年,市纪委总结松江区开展“廉内助”活动的做法。松江区纪委会同区委组织部、区妇联,坚持数年以处级领导干部家属为重点,每年开展“廉内助”教育系列活动,努力让家庭成为廉政的港湾的经验。连续三年组织新提任处级领导干部家属参观新收犯监狱或青浦监狱,接受警示教育;组织部分处级领导干部家属参观南京、嘉兴等地爱国主义教育基地,接受革命传统教育。在春节、三八节等特殊时段,及时编发廉政短信,提醒督促领导干部家属用亲情构筑家庭反腐倡廉防线。

同年6月,市纪委宣传徐汇区“百万家庭学礼仪”活动。徐汇区纪委和区妇联把廉洁家庭建设纳入《上海市家庭文明建设“十一五”指导计划》评估、“五好文明家庭”评比、家庭教育先进评比等活动中,同步部署,同步考核,夯实家庭助廉工作的基础;并将廉洁家庭要求编入全区“五进社区五到家”小册子,利用家庭文化节、家庭教育宣传周、“百万家庭学礼仪”等活动载体,以群众喜闻乐见的宣传教育形式,广泛开展针对家庭成员特别是党员领导干部家庭成员的反腐倡廉教育。

2010年,市纪委宣传闸北区开展廉内助工作的经验做法。闸北区纪委会同区妇联召开全区正处级领导干部家属廉内助座谈会,全区50余名各单位、部门党政主要领导干部家属参加会议。座谈会上,领导干部和与会家属一起观看廉政教育警示片《底线失守的代价》,区纪委、区妇联联合发出《争当廉内助,树立好家风》的倡议书。

图7-3-6　2010年7月16日,上海市纪委组织的廉政文化进农村系列活动《金山农民画廉政作品集》授书仪式

六、廉政文化进农村

2006年,市纪委、市监察局总结宣传金山区结合郊区实际,在漕泾、山阳、枫泾等镇积极推动廉政文化进农村试点,以廉政文化进农村为契机,要求村干部带头成为廉政文化建设的组织者、实践者和推动者,在农村形成文明向上的社会风尚。

2008年,按照市纪委要求,区县推进廉政文化进农村活动,建立农村廉政文化示范点。奉贤区先后在南桥镇、海湾镇建立农村廉政文化示范点,形成文艺倡廉、案例警廉、书画颂廉、氛围促廉的农村廉政文化建设格局。松江区为推进农村廉政文化示范点工作,由区纪委和区文广局举办"松江区廉政文化进社区、进农村文艺巡演"活动,在11个镇巡回演出。

2009年,市委办公厅印发上海市《加强农村廉洁文化建设的推进办法》,明确推进农村廉洁文化的工作目标:以"清风润乡村、美德在农家"为主题,以乡镇、村领导班子和领导成员为重点,培育清廉乡风民俗,开展一镇一村一品牌廉洁文化创建活动,推进社会主义新农村建设。

2010年,市纪委宣传推广金山区开展廉政文化进农村系列活动的经验,开展以"以廉为荣、以贪为耻"为主题的金山农民画廉政作品征集大赛,从全区百余名作者创作的作品中挑选出63幅优秀作品,汇编成《金山农民画廉政作品集》。7月,市纪委参加金山区举办的"以廉为荣、以贪为耻"金山农民画廉政征集大赛颁奖暨《金山农民画廉政作品集》仪式。10月,市纪委和金山区领导出席"金廉杯——华东六省一市廉政故事征集大赛"颁奖仪式,并与中国故事委员会领导和专家一起为获奖的故事员颁奖。这项活动由金山区纪委发起,上海故事家协会、上海民间文艺家协会、金山区文广影视局等共同举办,自2010年3月启动以来,历时半年,得到华东六省一市广大故事作者的积极响应,大赛组委会共征集原创故事作品819篇。通过民间故事这一具有历史文化传统、群众喜闻乐见的载体,把廉政题材故事融入反腐倡廉宣传教育之中,为推进廉政文化建设的方式方法创新提供有益借鉴。

10月,市纪委总结奉贤区纪委"关于推进农村廉政文化建设的调查与思考"工作,并在上海纪检监察网站发表该论文,强化"村官"廉政意识,提高村民监督能力,推进农村反腐倡廉建设。提出加强农村廉政文化建设,要形成合力,建立上下联动机制,汇聚区县、村镇、村民三方面的力量,区负责主导,给足条件全方位支持,镇村要担当主体,自主抓建全方位落实,群众要唱好主角,积极投入全方位参与,努力创新方法举措,促进农村廉政文化建设的发展。

七、廉政文化进"两新"组织

市纪委根据上海"两新"组织发展迅速的情况,提出推进"两新"组织的反腐倡廉建设。2008年6月,市纪委总结宝山区积极探索廉政文化建设向新经济组织和新社会组织延伸的工作经验,并在上海纪检监察网站刊登"宝山区廉政文化建设向'两新'组织延伸"一文。该文介绍宝山区纪委从2008年初起,向区内"两新"组织发放廉政读物,供经营管理人员学习、了解有关廉政方面的规定,组织"两新"组织人员观看反腐倡廉警示教育片、参观反腐倡廉图片展、听取廉政形势报告和法律法规知识讲座,加强反腐倡廉教育。宝山区委组织部在其主办的"两新"组织党建工作专刊《红帆港》上,专门开辟"滨江清风"栏目,宣传"两新"组织中廉洁从业单位和先进个人的事迹,定期刊登警言警句和解读法律法规、廉洁从业规定的文章,推荐优秀的廉政文学作品。

2009年,市委印发《上海市加强廉政文化建设的实施意见》和上海市《加强"两新"组织廉洁文化建设的推进办法》,明确“两新”组织廉洁文化建设的工作目标为:以“诚实守信、廉洁从业”为主题,健全“两新”组织廉洁从业的制度规范,把廉洁要求寓于行业公约、职业规范等自律性管理制度之中,探索“两新”组织开展廉洁文化建设的途径和方法,形成崇尚廉洁的舆论环境和文化氛围。

2010年,各区积极探索廉政文化建设向“两新”组织延伸的渠道和方式,增强“两新”组织从业人员依法经营、廉洁从业的意识,加强“两新”组织反腐倡廉建设。在推进廉政文化进“两新”组织中,市纪委总结宣传长宁、闸北、黄浦等区通过“两新”组织互联网编印廉政宣传资料、反腐倡廉宣讲团、举办反腐败斗争展览等形式,开展“两新”组织廉洁文化活动,营造良好的廉洁高尚社会氛围的做法和经验。

第三节　廉政文化宣传

一、廉政文化专刊专栏

【《上海纪检》】

《上海纪检》是一本由市纪委主办,以宣传党风党纪为主要内容的综合性月刊。办刊的主要任务:宣传党的路线、方针、政策,贯彻党中央、中央纪委和市委、市纪委加强党风建设和纪检工作的指示精神,研究党风建设和纪检工作的理论,交流改革开放形势下纪检工作和党委抓党风的经验;运用正反两方面的典型事例对党员干部进行党性党风党纪教育;为纪检干部的理论、政策、业务学习提供辅导材料;传播兄弟省、市、区纪检工作信息、经验。

1984年12月7日,市纪委主办的《上海纪检》杂志正式创刊。试刊出版,印数1 000份,发至各部委办和区县局纪检组织。

1985年4月20日,正式出版《上海纪检》,印数为28 400份,发至全市县团级单位。

1986年1月,《上海纪检》首次采用彩色封面。

1987年,市纪委成立编辑室,进一步加强办刊力量。

1989年7月,《上海纪检》改为正式期刊,内芯32页,国内统一刊号:CN31－1556/D。由市纪委原书记王尧山题写刊名。历任主编是赵积善、李英辰、李恒华、张莲宝。1993年4月1日,市纪委召开《上海纪检》创刊100期座谈会。座谈会上,与会同志探讨新形势下如何进一步加强党风廉政建设,更好地发挥党风党纪刊物的作用。市委宣传部部长金炳华和市纪委书记张惠新出席会议并讲话。出席座谈会的有市纪委常委、市监察委委员、各室主任、有关新闻单位、部委办局、区县纪委领导和部分通讯员。在1993年出版的《上海纪检》杂志第4期(总100期)上刊登中共中央政治局委员、市委书记吴邦国题词:“激浊扬清,扶正祛邪”和市委副书记、市长黄菊贺词:“希望全市纪检组织和纪检干部在惩治腐败、加强党风廉政建设、促进上海经济进一步发展方面再接再厉,努力工作,上一个新台阶。希望《上海纪检》充分发挥党刊的宣传、教育和指导作用,为建设具有国际水准的、功能齐全的新上海再作贡献。”从1984年至1993年《上海纪检》创办9年来,共编辑出版108期。

【《监察与廉政》】

1988年11月,市监察局主办的《监察与廉政》杂志正式创刊。《监察与廉政》于1988年6月申请创刊,经过五个多月的努力,在各方的支持下,《监察与廉政》第一期(试刊)正式出版。《监察与廉政》杂志是市监察局主办的综合性、普及性刊物,是上海行政监察的宣传舆论阵地。16开本,32页,双月刊;刊号:沪期字第133号。《监察与廉政》创刊的宗旨和任务:以党的基本路线为指针,结合上海实际,宣传监察工作，增强政治透明，实行舆论监督，运用正反典型，涤浊扬清，廉洁从政。市监察局成立《监察与廉政》编辑室。主编：周关东；副主编：徐经川；编辑、记者：李富昌、陈幼杰、穆忻、徐雪芬、王建国。

1992年，《监察与廉政》杂志被评为全国优秀监察期刊，并获装帧设计一等奖。《监察与廉政》杂志以"宣传监察廉政，进行工作指导，歌赞清风亮节，抨击腐朽丑恶"为办刊宗旨，坚持"严肃的刊物活泼地办"、"以监察对象为第一读者"和"批评要显示正义，表扬要激励正气"的编辑方针，创办五年来发行量逐年上升，水平逐步提高。1993年发行量为6.4万份。

【《清风》】

1993年3月，市纪委、市监察局合署办公后，市纪委常委会决定《上海纪检》和《监察与廉政》合二为一，出版新刊，定名为《清风》。同时成立编辑室。第一任主编：周关东，副主编：张莲宝、徐经川；第二任主编：张莲宝，副主编：徐经川、张惠、顾崇峰、陈幼杰；文字编辑：冯光大、穆欣、陆政一、沈永良、徐晓东、张敏洁；美术编辑：汪子平、王建国。

1994年1月，《清风》正式出版，月刊，对外发行，印刷为黑白加彩色，刊号CN31－1674/D。刊名由市委书记吴邦国题写。办刊宗旨和编辑方针：以党的基本路线为指导，以发扬正气，抨击邪气，积极履行党的纪律检查机关和国家行政监察机关的宣传教育职能，坚持思想性与可读性结合、通俗宣传与理论探索并重的编辑方针，努力宣传"在整个改革、开放过程中都要反腐败"、"要两手抓，两手都要硬"和"廉政建设既要靠教育，更要靠法制"的思想，提高党员干部的自约自律、廉洁勤政意识，团结全体党员、干部和社会各界力量，为加强党风党纪和廉政勤政意识，团结全体党员、干部和社会各界力量，为加强党风党纪和廉政勤政建设而共同奋斗。

1993年至2004年，《清风》公开出版发行共120期，杂志被新闻出版总署评为"社会效益好、经济效益好"的"双效"期刊。

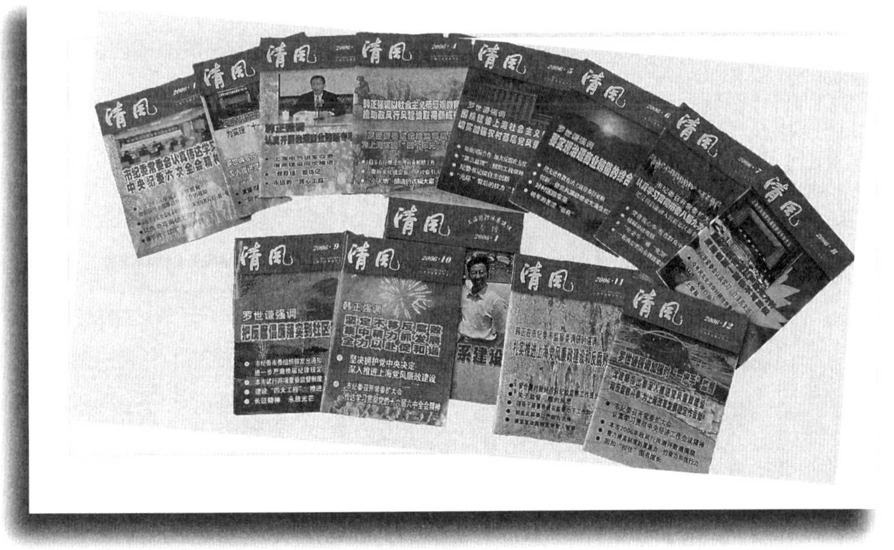

图7－3－7　1993—2004年，上海市纪委市监察局主办的《清风》杂志公开发行120期

【《清风》】（内刊）

2003年8月，按照中央精神，市纪委常委会决定停办原征订发行的《清风》，与《上海纪检监察工作》合二为一，转为连续性内部出版物，刊名沿用《清风》。总编：陈幼杰；美术编辑：王建国；文字编辑：徐晓东、张敏洁。

2004 年 1 月起，《清风》内刊正式出版，发行 21 000 册，免费在一定范围内赠阅，由市纪委办公厅编辑处负责编发。《清风》杂志转型后，继续围绕中央和上海市党风廉政建设和反腐败工作的重要部署和重点工作，建立健全每月举行一次信息新闻工作例会和《清风》杂志组稿会议，及时宣传上海党风廉政建设和反腐败工作的好经验和好做法，在编辑思路上，在报道重点上，在运作机制上取得新的进步，进一步形成“大家的清风大家办”的良好氛围，做到思想不散、工作不乱、平稳过渡、有序衔接。全年累计发稿 600 多篇，80 余万字。

2010 年 12 月，《清风》改为全彩页。2004—2010 年，《清风》共编辑出版 84 期，主要固定栏目：卷首语、清风要讯、专题报道、工作交流、反腐视野、专版等，每年还围绕市纪委、市监察局重点工作，策划特色栏目。同时，根据反腐倡廉宣传工作的重点，不定期地出版全彩版《清风》专刊。

【《上海纪检监察工作》】

1995 年 1 月，为加大宣传力度，市纪委、市监察委编辑室出版内部资料《上海纪检监察工作》月刊，刊登政策法规文件等资料，供纪检监察干部学习。

【“笔谈廉政之路”专栏】

2002 年 6 月 14 日，市纪委与人民日报社华东分社磋商，在《人民日报》华东版开设“笔谈廉政之路”专栏，邀请一些党政干部、专家、学者就加强党风廉政建设和反腐败工作的理论和实践问题撰写文章。至 2010 年先后发表《制度创新 源头治腐》《负起“绝对的责任”》《廉政经验的结晶》《行政许可法：堵住腐败源头》《树立正确的权力观》《作风与惯例》《从制度和文化层面入手》《严格制度惩治司法腐败》《科学设立权力运行机制》等重要文章。

【《倡廉文摘》】

2008 年 12 月，根据中央纪委关于各省市主要媒体都要设置反腐倡廉专栏和专刊的要求，在市

图 7-3-8　2009 年 1 月，上海廉政研究会协办的《倡廉文摘》创刊

纪委的支持下，经国家新闻出版总署、上海市委宣传部批准，解放日报报业集团创办全国首家反腐倡廉文摘类专刊《倡廉文摘》月刊。2008年12月试刊，2009年1月第一期正式出版发行。开辟“高层声音”、“倡廉在线”“忏悔录”、“干部视线”“青莲采风”等栏目，聚焦当前反腐败斗争的社会热点问题，解读党和国家有关重大方针政策，集纳反腐倡廉建设领域的丰富信息，反映预防和惩治腐败最新动态。

【“海上清风”专栏】

2008年12月，市纪委与上海市委机关刊物《支部生活》合作，创办《支部生活》“海上清风”反腐倡廉宣传专栏，定期刊登时评文章或杂文，反映上海的清风正气，交流上海市反腐倡廉好的做法和经验，用多种形式为党员和干部说纪说法、解疑释惑。第一期“海上清风”刊登时评“清心与清水”，并选登入选全国优秀廉政公益广告的部分作品。

【《中国纪检监察报》上海记者站】

2000年10月19日，经中国纪检监察报社研究，成立《中国纪检监察报》上海记者站，市纪委副秘书长、办公厅主任刘纪舟任站长，市纪委办公厅副主任王玉任副站长。《中国纪检监察报》上海记者站是中国纪检监察报社的派出机构，在市纪委、市监察委和中央纪检监察报社双重领导下开展工作。

至2010年，《中国纪检监察报》上海记者站主要报道上海市党风廉政建设和反腐败斗争的工作动态、典型经验，大力宣传和倡导社会主义精神文明，弘扬正气，抨击不正之风；指导并管理中国纪检监察报社驻上海记者、通讯员的采访等业务活动，组织记者、通讯员的工作与培训；协助中国纪检监察报社做好《中国纪检监察报》在上海的征订、发行工作，了解《中国纪检监察报》的宣传效果和读者反映，做好读者来信来访工作，并及时向中国纪检监察报社反映有关情况、意见和建议；完成中国纪检监察报社交办的其他任务。

二、“廉洁办博”专题宣传

2010年8月24日，市纪委会同解放日报报业集团《倡廉文摘》编辑部共同策划编辑出版《廉动世博》特刊。《倡廉文摘“廉动世博”特刊》内容：从“廉洁世博”、“民生世博”、“阳光世博”、“低碳世博”、“廉接未来”五个层面，演绎“廉洁办博”这篇大文章。《廉动世博》特刊在世博会开展100天之际，共印制2万册，赠送全市处级以上干部。

5—10月，《中国纪检监察报》刊登“廉洁办博”系列报道16篇，内容包括：世博场馆建设、资金物资使用，世博会组织运行、重大活动监管等“廉洁办博”重点工作。积极组织稿源，撰写专题文章，先后刊登“监督护航”、“制度为范”、“教育先行”、“责任如山”等报道，反映上海市“廉洁办博”加强监督的做法和经验。

10月，在中央纪委宣教室、中央宣传部新闻局的具体指导下，人民日报、新华社、光明日报、中央人民广播电台、中央电视台、中新社以及《解放日报》、《文汇报》、东方网、《中国纪检监察报》、中国监察杂志等记者来沪，对“廉洁办博”工作进行实地采访。记者们采访世博工程建设、世博资金使用和物资采购、世博运营、世博演艺活动的监督检查情况，以及世博监督保障预警预防、廉洁办博制度建设等工作做法和经验。市纪委书记董君舒专程会见各中央媒体前方报道组负责人，介绍“廉洁办博”的工作目标、进展情况，并就“廉洁办博”宣传报道的把握重点等与媒体进行沟通。10月27—29日，中央和上海主要媒体集中刊发有关“廉洁办博”的新闻报道13篇，为“廉洁办博”营造良好的社会舆论氛围。

同年12月，市纪委会同解放日报报业集团《倡廉文摘》编辑部，编辑反映“廉洁办博”的专刊——《廉博184》，以大事记形式，全面记录。上海始终绷紧“廉洁办博”这根弦，充分发挥党的政治优势、组织优势和群众工作优势，以严密的防范和监管措施、严格的工作流程和标准、严肃的纪律规范和要求，寓监督于服务，用规范促效率，以廉洁保成功，努力使场馆建设优质安全、资金物资使用规范、组织运行节俭高效、重大活动阳光透明，举办了一届廉洁、高效、经得起历史和群众检验的世博会。

三、廉政公益广告

2004年，为面向全党全社会开展反腐倡廉教育，中央纪委宣教室与中央纪委、监察部电教中心举办“全国反腐倡廉公益广告大赛”，上海推荐46件作品参加大赛评选，有31件作品分获金、银、铜奖和优胜奖，市纪委获得组织奖。

2008年，市纪委和市委宣传部、市文明办、市工商局、市新闻出版局、市文广局等部门就廉政公益广告征集活动联合下发通知，在全市广泛开展。全市共收到各类作品889件，遴选出54件作品报送中央纪委参加评选。有10件作品获奖，其中特等奖3件：廉吏篇(影视类，市纪委宣教室选送)、尊重自己尊重他人(影视类，上海市工商局广告处选送)、英雄印象篇(平面类，长宁区纪委选送)；同时，市纪委和市委宣传部、市工商局、市广电局荣获优秀组织奖。2008年9月，市纪委宣教室协调上海影视广告有限公司，拍摄名为《廉吏篇》的廉政公益广告，10月报送中央纪委参加“扬正气，促和谐”全国廉政公益广告创作评选，获得全国评选的特等奖。《廉吏篇》廉政公益广告以“国本岂容憾，民意大于天”为主题，从著名现代历史京剧《廉吏于成龙》引出，将剧中经典台词融入广告“无病休嫌瘦，奉公莫怨贫；非吾之有莫伸手，非分之财不进门”等，从而使于成龙的形象深入人心，给广大观众带来心灵的启示。

2009年4月，根据中央纪委文件精神，市纪委协调上海市主要媒体开展“扬正气，促和谐”全国优秀廉政公益广告展播活动。上海市各大主要媒体陆续展播第一轮全国优秀廉政公益广告作品。市纪委协调有关区县有线电视台，逐步推进展播，不断扩大优秀廉政公益广告的影响力和渗透力。

四、廉政文化展览

2008年10月13日，“全国廉政文化大型绘画书法展上海巡展”正式开展。此次展览邀请著名书法家欧阳中石、著名画家刘大为、著名雕塑家吴为山等200余位艺术家进行专题创作，展览分为“神圣使命”、“时代风范”、“古韵正声”、“高远境界”、“海上清风”五个部分，巡期6天，分期分批组织党员和干部集中参观。中共中央政治局委员、市委书记俞正声，中央纪委副书记、展览组委会主任李玉赋，市委副书记、市长韩正，中央纪委驻文化部纪检组组长李洪峰，以及市区和委办局领导参加开展式并观看展览。上海巡展期间，中央纪委《纪检监察报》刊登“天地正气　海上清风——全国廉政文化大型绘画书法展在上海巡展引起强烈反响”的专稿；上海主要媒体全程报道，并选登部分展览精品，新华网上海频道作《上海各界争睹全国廉政文化大型绘画书法展》报道。

2009 年 1 月，为进一步推进廉政文化建设，市纪委和嘉定区纪委一起为“翰墨正气——嘉定区廉政文化书法绘画作品展”开幕式揭幕。这次展览以“翰墨正气”为主题，展出嘉定区廉政文化精品奖评选活动征集的近 80 件书法绘画作品，运用中华传统书法绘画的文化艺术形式，宣传廉洁理念，传播廉政文化，弘扬清风正气。展品主题深刻、精品荟萃、风格多样，透过艺术语言的形象魅力，让参观者在美的享受中得到启迪和教育。

7 月，市委政法委书记吴志明、市纪委书记董君舒为“上海公安廉政文化书画展”开幕式揭幕并致辞。展览展示上海市公安系统以党风廉政教育基地建设为载体，以基层所队廉政文化建设为重点，涌现出一大批像南京东路派出所那样的群众满意的勤廉双优的基层单位，围绕“四个确保”、“三大建设”和“三项管理”等公安中心工作开展廉政文化建设，努力使公安廉政文化建设朝着系统化、规模化、整体化的方向发展。

9 月，市纪委和青浦区领导共同为青浦区纪念新中国成立 60 周年“扬正气、促和谐——反腐倡廉书画展”揭幕。此次展览向社会各界征集反腐倡廉书画绘画作品 298 幅，经过认真遴选，参展的作品创意新颖、生动形象、寓意深刻、富有哲理，凸显反腐倡廉的主题，展示青浦区干部群众“思廉倡廉、勤政廉政”的精神风貌，表达建设“绿色青浦”的美好愿望和坚定信心。同时，市纪委到青浦毓秀学校、青浦朱家角工商所考察廉政文化建设情况。

12 月，市纪委与光明食品(集团)有限公司将画家杨秋宝的 80 幅“高风歌”宣纸画稿选择装裱后，在“上海农垦博物馆”联合举办“高风歌——中国历代廉洁勤政故事画展”作品展览，展示历史人物刚正不阿、可歌可泣的故事，弘扬民族优良传统。

五、廉政文化创作演出

【电视短剧《当家人》】

1997 年，市纪委与东方电视台联合摄制 15 集电视系列短剧《当家人》，以 15 位上海各系统模范共产党员事迹为素材，讴歌他们在改革开放和建设事业中的廉政勤政、艰苦创业、拒腐防变、无私奉献的精神风貌。

【电视短片《高风歌》】

2001 年 4 月起，市纪委与上海师范大学人文学院委托画家杨秋宝以中国 80 个廉政小故事为蓝本，创意绘制“高风歌”原画，拍摄成电视系列短片。2003 年 1 月 4 日起，80 集电视系列短片《高风歌——中国历代廉洁勤政故事》在上海教育电视台陆续播出。短片用一个故事、一组画、一首诗来表现一个历史人物高风亮节的故事，旨在教育党员干部继承中华民族优秀传统，保持高尚道德情操。《高风歌》短片获得全国纪检监察系统第三届“卫士杯”艺术片三等奖。

【京剧《廉吏于成龙》】

2004 年 12 月 31 日，市纪委、市宣传部指导，上海京剧院创排的京剧《廉吏于成龙》在中南海怀仁堂演出，胡锦涛、江泽民等中央领导同志观看演出，胡锦涛说：《廉吏于成龙》“编得很好、唱得也好，有警示作用”，“这台戏有教育作用，要多演”。该剧获得很多荣誉：被评为 2005—2006 年度国家舞台艺术精品工程十大精品剧目；获得第四届中国京剧艺术节剧目金奖、第九届中国戏剧节优秀剧目奖、第十届“五个一工程奖”优秀作品、第八届中国艺术节“文华大奖”、中国戏曲学会奖。

2009年6月11日,市纪委、市委宣传部指导,上海电影集团和上海京剧院联合拍摄的京剧电影《廉吏于成龙》举行首映式。中共中央政治局委员、市委书记俞正声发来贺信,称赞将经典剧目《廉吏于成龙》搬上银幕是向新中国成立60周年献上的一份厚礼,希望创作更多思想性、艺术性、观赏性相统一的优秀作品。中央纪委副书记李玉赋出席并观看演出,称赞“演的是一台廉政戏,唱的是一曲正气歌”。市委副书记殷一璀、市纪委书记董君舒、市委宣传部部长王仲伟、中国文联副主席丁荫楠、国家广电总局电影局副局长张宏森及中央纪委有关负责同志参加首映式,并会见电影主创人员和演员。京剧电影《廉吏于成龙》主演尚长荣获得梅花奖。

【话剧《谁主沉浮》】

2005年1月18日,由市纪委与市总工会、市工人文化宫共同策划创排的原创话剧《谁主沉浮》(又名:道拉斯先生到来之前)举行首演。该话剧由上海市工人文化宫剧作家贺国甫和上海市作家协会剧作家宗福先联合创作,展示一个老劳模和他的妻儿在改革大潮中的阵痛、苦恼以及对改革的希望与期盼,内容涉及国企改革中国有资产流失、职工权益维护等深层次问题,塑造新时期共产党员新形象。公演两轮共35场,近3万人次观看演出。该剧荣获“全国舞台艺术精品工程优秀剧本奖”。

【歌曲《正气清风一路行》】

2005年,中央纪委在全国范围内组织开展反腐倡廉歌曲创作评选和演唱活动。6—9月,市纪委动员全市力量,开展廉政歌曲创作评选活动,全市19个区县和8个委办共推荐155首歌曲参加评选。市纪委从中遴选8首歌曲参加全国评选。《正气清风一路行》(作词:陈念祖;作曲:左翼建)荣获“全国反腐倡廉歌曲创作评选活动”三等奖,另外7首歌获优秀奖。市纪委选送的获奖作品,在中央纪委、监察部、人民网、中央人民广播电台和中央电视台举办的《唱响正气歌——全国新创廉政歌曲文艺晚会》中播出。

【动漫《糊涂的故事》】

2008年9月,市纪委在华东电网有限公司召开动漫廉政公益作品《糊涂的故事》创作研讨会。会上,华东电网有限公司纪检组介绍动漫廉政公益作品《糊涂的故事》创作的起因、过程以及传播情况。与会同志观看10集《糊涂的故事》,并对上海如何加大廉政文化宣传力度进行深入的研讨。复旦大学新闻学院广告系主任程士安等专家作精彩的点评。会议肯定动漫《糊涂的故事》在创作题材上有新的突破,在创作的形式上是与时俱进的,为廉政文化建设拓宽工作思路;要继续打造动漫作品系列化品牌和技术化平台,利用网络、电视、报刊等媒体形成宣传组合拳。

【滑稽戏《今朝睏不着》】

2009年11月,市纪委、市委宣传部、市文广影视集团指导创排的反腐倡廉大型滑稽戏《今朝睏不着》开演。《今朝睏不着》由上海滑稽剧团和上海市人民滑稽剧团联手,以反腐倡廉为题材,以生动的故事情节、典型的人物形象抨击丑恶的腐败现象,在笑声中发人深省,催人泪下。大型滑稽戏《今朝睏不着》作为科学发展观学习教育的内容,各区县、委办局积极组织观看演出。该剧开创滑稽戏演反腐倡廉题材的先河，首轮三周演出 27 场，场场爆满，获得社会各界好评。该剧被评为“2008 年上海市重大文艺题材创新奖”。

图 7-3-9　2008 年 10 月 31 日，上海市纪委会同市委宣传部、市文广影视集团指导创排反腐倡廉大型原创滑稽戏《今朝睏不着》

【沪剧《红叶魂》】

2009 年 3 月 12 日，中央纪委、中央组织部、中央宣传部联合主办的王瑛同志先进事迹报告团在上海举行报告会。上海各界 1 000 多人聆听王瑛同志的先进事迹。为宣扬王瑛的先进事迹，由市纪委、宝山区纪委带领沪剧《红叶魂》主创人员一行，远赴四川省巴中市南江县，沿着王瑛生前工作和生活的足迹进行现场采风，摄取创作素材。7 月 30 日，根据王瑛同志先进事迹改编的大型现代沪剧《红叶魂》举行首演式。10 月 27 日，沪剧《红叶魂》正式公演。中央纪委副书记李玉赋和市纪委、市委宣传部领导观看演出，会见主创人员并合影。李玉赋指出，《红叶魂》用沪剧这样一种表演形式，弘扬王瑛精神，提升这部戏的思想和艺术价值，不仅党员干部受到教育，受到启迪，精神得到升华，老百姓也喜欢看，发挥道德的教化作用，心灵得到净化。该剧连演 82 场，场场爆满，受到广大观众的喜爱和好评。主演华雯获得第 20 届“上海白玉兰表演艺术主角奖”；该剧被评为“2009 年上海市重大文艺题材创新奖”；剧组被评为“上海市劳模集体”。

图 7-3-10　2009 年 3 月 12 日，王瑛同志先进事迹报告团在上海市开展巡回报告

2010 年 4 月，大型现代沪剧《红叶魂》在王瑛生活和工作过的四川省巴中市公演，引起强烈反响。10 月，沪浙两地开展廉政文化精品交流。浙江省纪委和绍兴市纪委携浙江绍兴小百花越剧团的新编反腐倡廉越剧《一钱太守》来沪演出，上海大型现代沪剧《红叶魂》在绍兴市演出。通过演出交流活动，进一步加强互相学习，共同推进廉政文化建设。

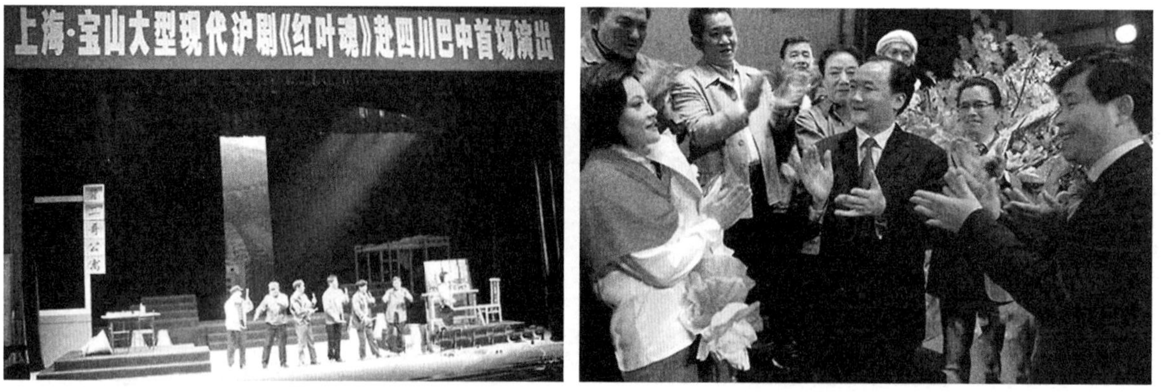

图 7-3-11　2010 年 4 月 14 日,上海市纪委参与的大型现代沪剧《红叶魂》在四川巴中市公演

六、廉政文化示范点

2009 年上半年,市纪委先后召开全市社区、中央在沪企业、地方国有企业、农村廉政文化建设 4 个层面的座谈会,以浦东新区花木社区、嘉定区马陆镇、黄浦区新世界商场为廉政文化联系点,逐步辐射到全市,建立 10 个农村、20 个社区、26 个企业的廉政文化示范点。10 月,市纪委和徐汇区在龙华烈士陵园廉政文化教育基地召开"龙华魂、民族志——廉政文化教育基地共建签约和揭牌仪式"。仪式上,市纪委和徐汇区领导共同为教育基地揭牌。10 月,市纪委和松江区纪委树立的上海市廉政文化教育基地——松江区方塔园廉政文化教育示范点正式对外开放。至 2010 年,全市各区县委办创建 192 个廉政文化示范点,以点带面,开展"一区一县一单位一品牌"的廉政文化创建活动,推进廉政文化建设,为在全市范围评选和命名"上海市廉政文化示范点"打下良好的工作基础。

2010 年 12 月 22 日,中央纪委在人民大会堂举行"第一批全国廉政教育基地座谈会暨授牌仪式",中共中央书记处书记、中央纪委副书记何勇出席会议并讲话。会上命名 50 个全国廉政教育基地,上海"中国共产党一大会址纪念馆"、"陈云纪念馆"被命名并授牌为第一批"全国廉政教育基地"。

第四章　反腐倡廉网络宣传

在互联网高速发展的新形势下，网络宣传和网上舆情引导已成为反腐倡廉建设的重要组成部分。2001年9月，市监察委建立“上海监察网”，作为“中国上海”门户网站的子网站，以适应政府机构改革，进一步抓好网上政务公开信息工作。2005年，市纪委提出要整合网络宣传教育资源，组建网络评论员队伍，要推进反腐倡廉网络宣传领导体制和工作机制建设。2008年4月起，市纪委组建第一支50人的网络评论员队伍，全市纪检监察系统建立反腐倡廉网站和专栏。到2010年底，上海已建立28个市区县纪检监察网站、58个依托各类媒体网站的反腐倡廉专栏，有一支500多人的网络信息员队伍，在一些重要事故、重大案件的处置中发挥积极作用。尤其是2010年上海世博会期间，市纪委、市委宣传部共同策划的“廉洁办博”网上行，扩大上海“廉洁办博”的影响力。

第一节　反腐倡廉网络宣传机制

2004年12月，为做好反腐倡廉新闻宣传工作，健全网络宣传机制，正确引导舆论导向，建立市监察委员会新闻发言人制度。新闻发言人的主要职责是，主持召开市监察委员会发布会，代表市监察委员会发布重大新闻。对网络关注的重要案件的查处、重大事故的处理以及群众反映的热点问题的舆情，建立舆情汇集分析和反馈机制，邀请市主要新闻单位参加新闻通气会，沟通相关情况，统一思想认识，统一新闻内容，正确引导舆论导向，防止恶意炒作，维护社会稳定，增强舆情信息工作的主动性和针对性。

2006年8月，为加强网络宣传工作，推进反腐倡廉建设，市纪委、市监察委印发《市纪委、市监察委机关网络宣传工作管理办法（试行）》，进一步加强网络宣传工作的管理，维护、保证网络信息安全，推进网络宣传工作，促进信息资源的交流与共享，实现网络信息工作的规范化和制度化管理。

2008年，根据中央纪委办公厅《关于反腐倡廉舆情网络信息和网络评论报送的办法（试行）》，市纪委对委局机关信息化工作领导小组成员进行调整，由市纪委办公厅、监察综合室、案管室、研究室、宣教室、纠风室、干部室、信访室等部门作为委局机关信息化工作领导小组成员，共同参与管理，各部门在反腐倡廉网络宣传工作中各负其责；同时，根据中央纪委宣教室要求，明确反腐倡廉网络评论工作由市纪委宣教室统一负责，做好全市纪检监察系统网络宣传工作。

同年，市纪委、市监察委制定印发《市监察委机关贯彻〈上海市政府信息公开规定〉实施办法》和《机关信息化应用情况测评表》，对网络信息的报送、考核提出明确要求，完善网络信息报送的工作流程，加强网络信息工作的考核和管理，对全市网络评论员实行定期考核和激励机制。为了调动网络评论员的积极性，市纪委对全市各区县、委办局报送的网络评论报送及采纳情况建立统计制度，每季度全市纪检监察宣教室主任会议上予以通报外，年末将优秀网络评论文章编辑成册，对优秀网络评论员给予奖励。

2010年1月，建立由市纪委、市委宣传部、市委组织部组成的反腐倡廉宣传教育联席会议制度，明确市纪委、市委宣传部按照“制度加科技”的要求，建立反腐倡廉网络宣传工作“信息互通、引导互助、及时处置”的协调机制。市纪委、市委宣传部、市网宣办通过上海“网络信息管理智能决策辅助平台”，搜集、检索、分析反腐倡廉网络舆情，分析研判后定期报送中央纪委和市纪委领导。同时，市纪委及时将反腐倡廉网络宣传工作重点、工作要求提供给市委宣传部和网宣办。市纪委对反腐倡廉的重大活动、重要文件出台加强宣传的同时，组织网络舆论引导，市委宣传部、市网宣办组织全市社会各阶层网评员队伍对相关话题发帖共同引导。市纪委、市委宣传部、市网宣办对发现涉及反腐倡廉方面内容的不良信息，由市纪委提出处理建议，市委宣传部、市网宣办及时处置。

同年 4 月，市纪委印发《关于进一步加强反腐倡廉网络舆情工作的通知》，建立全市纪检监察系统的舆情搜集、研判、引导和报送机制，要求各区县、部委办局指定专人担任网络舆情联络员，负责网络舆情工作，组织和管理网络评论员队伍，切实做好反腐倡廉网络舆情工作。

第二节　反腐倡廉网站建设

一、网站管理

2001 年 9 月，市监察委设立“上海监察网”，作为“中国上海”门户网站的子网站，与“中国上海”门户网站同时开通，抓好政务公开信息工作。开设网上举报、市纪委书记信箱、市监察局局长信箱、网上调查、网上咨询、网上大家谈等六个常设栏目，发挥监察机关的职能作用，开展行政监察，推进依法行政，促进政府机关廉政勤政建设，树立良好的政风，密切同人民群众的血肉联系。

2004 年，为扩大上海市纪检监察网站的社会影响，市纪委、市监察委制定《全市纪检监察业务专网建设方案》，加强内部网、系统网、外部网、公务网 4 个网络系统的技术管理工作，确保网络系统及各类软件系统的正常运行。

2005 年，市纪委组织制定《上海市纪检监察系统信息化建设规划(2005—2007 年)》，对委机关信息化改造工程《项目建议书》和《可行性研究方案》组织专家评审，加强对内部网、公务网和监察网的管理和“上海监察网”的改版，做好政府信息公开工作和网站的自查评比工作。

2006 年，市纪委、市监察委制定《市纪委、市监察委机关网络宣传工作管理办法》，完成机关信息化重大工程建设和内部网改造，实现机关无纸化办公。市纪委、市监察委机关各厅室开发和推广一批应用软件，通过建设“部门主页”和运用“机关目标管理软件”，不断探索机关内部管理新方法，实现无纸化办公，工作质量和效率得到进一步提高。

2007 年，市纪委、市监察委改造机关计算机网络系统，推进“全市纪检监察系统业务专网”建设，基本建成加密宽带专网，信息化硬件设备处于全国省(市)纪检监察机关领先水平。完成 1 306 项行政审批事项的梳理和复核，推进网上行政审批和管理应用系统的建立。

2008 年，市纪委、市监察委积极推进网络信息化建设工作，制定《上海市纪检监察系统信息化建设 2009—2013 年规划》。2009 年，“上海监察网”荣获 2009 年度上海市政府网站“互动交流”专项特色奖。

2009 年，对“上海监察网”进行改版，更名为“上海纪检监察网”，主要设立信息公开、要闻动态、清风时评、纪律审查、法律法规、图片新闻等栏目。同年，对“上海市纪检监察信息网”进行改版，主要设立“信访管理”、“执纪审查”、“全市案件查询”、“巡视信息管理”、“干部查询”、“网上阅文”、“办公自动化”等栏目。

2010 年，“上海纪检监察网”荣获上海市政府网站“世博贡献奖”。上海世博会期间，中央纪委历届领导尉健行、吴官正、贺国强在市纪委、市监察局视察期间，对“上海纪检监察网”的工作都给予充分肯定。

二、网站宣传

2002年，市纪委注重网络宣传，总结开展反腐倡廉教育、促进领导干部廉洁自律、纠正不正之风、查处违纪违法案件、加强制度建设等方面网络宣传的经验。先后撰写《上海金融系统——廉政教育“网路”宽》《密切联系群众架设新桥——青浦开展“清风”公众网》等文章，在《纪检监察报》进行宣传推广。

同年12月，市纪委副书记、市监察委主任、中共十六大代表李梅在东方网上，以“十六大归来话廉政”为题在线直播，并与网民进行交流。“上海纪检监察网”以《市纪委领导网上话廉政》《网上互动话“廉政”》为题报道相关内容，宣传十六大提出的党风廉政建设的任务和措施。

2004年5月，“上海监察网”通过两次改版，在“中国上海”门户网站上增设“网上评议”等多个互动栏目。市纪委、市监察委组织全市24个部门和行业进行政风行风建设“公开承诺”，并在“上海监察网”上开展“网上测评”，4个月内共有4 773人上网参测。

2006年，市监察委制定《贯彻上海市政府信息公开规定实施办法》，加强“上海监察网”管理，组织协调机关各室共同做好政府信息公开工作。属于公开的内容，按照规定程序，在规定的时间内及时公布，接受市民的信息咨询。同年“上海监察网”在市政府网站综合评议中被评为优秀。

2008年，全市纪检监察系统利用“制度加科技”预防腐败，在网络上对土地交易、产权交易、政府采购、医药购销、行政审批、资金监管等领域，进行信息化管理，做到内容公开、程序公开、结果公开，从源头上治理和预防腐败，推进反腐倡廉建设。

2010年，市纪委、市监察委设立“纠风在线”网站，搭建与民沟通的桥梁。网站开设以来，抓诉求处理、网上测评和信息工作的动态分析和常态管理，确保网站健康运行；抓职责分工，重视网站功能开发，完善工作方法和流程。5—9月，为深入推进“廉洁办博”工作，市纪委、市监察局、新民晚报社、东方网联合发出征文启事，举办“廉洁办博清风行”主题征文活动。征文内容：联系亲身经历，写自己经历、体验、感受的“廉洁办博”、“勤俭办博”，突出上海特色、时代特征，注重反映创新实践，具有启发和借鉴意义。“廉洁办博清风行”网上征文活动共收到征文300余篇。征文在东方网刊登180篇，并被人民网、新华网、凤凰网等境内外网站转载。此次征文活动共评出一等奖2名、二等奖5名、三等奖10名。

同年12月，上海第一个社区廉洁文化建设的专业网站——新江湾城社区(街道)“荷”网正式开通。开通仪式上宣读市纪委书记董君舒为网站撰写的“寄语”：努力把“荷”网建设成为一个展示社区反腐倡廉建设的窗口、服务社区和谐稳定的平台、联系人民群众的纽带、连接千家万户的桥梁。截至年底，市纪委在“上海纪检监察网”上开设“廉政准则知识测试”版块，组织廉政知识测试1 408场，参加22.2万人次，学习宣传廉政准则，弘扬反腐倡廉的正能量，加强反腐倡廉建设。截至12月21日，网站共收到诉求650件，其中投诉493件，意见咨询157件，办结率达95.8%。

第三节　反腐倡廉网络评论

2008年4月，根据中央纪委部署和要求，市纪委对全市纪检监察系统的网评员队伍进行调整，充实政治敏锐、文字功底好、熟悉网络工作的同志，组建一支50人的网络评论员队伍，由市纪委宣教室直接管理。4—12月底，市纪委与市网宣办沟通合作，借助力量、整合资源，充分利用市网宣办已有数百人的网络评论员队伍，组织共同撰写反腐倡廉网络评论文章。上海纪检监察系统共发布网络评论文章1 100多篇，市纪委宣教室共收到网络评论文章260余篇，向中央纪委报送140篇，入选中央纪委宣教室的反腐倡廉网络评论专辑中的有5篇：《板书的领导人和领导人的板书》《设立哀悼日，责重大如天》《做〈工作规划〉的坚定执行者》《"12388"热线说明了什么》《请还一片净土给网络》。各区县、委办局在市级媒体发表反腐倡廉评论文章130篇，区级媒体评论文章410篇，在互联网发表评论文章808篇。

2009年3月，为进一步提高全市纪检监察干部反腐倡廉宣传和舆论引导能力，市纪委邀请市委宣传部主管新闻出版工作的领导在市委党校为网络评论员讲课，内容为"深刻把握新闻传播规律，积极主动做好突发事件新闻处置"。各区县、委办分管宣教工作的领导、宣教室主任和网络评论员及第45期纪检监察进修班学员约120人参加听课。通过讲座，提高纪检监察干部对意识形态领域斗争的长期性、尖锐性和复杂性的认识，掌握新闻宣传、舆论引导、网络应对、舆情研判的新知识和新技巧，进一步增强主动做好舆论引导和突发事件新闻处置的意识。

4月，市纪委、市监察局、市委宣传部领导赴市网宣办和市文广传媒集团电视新闻中心调研。调研重点了解上海市反腐倡廉网络宣传、舆情引导、网络评论等工作情况和成效，听取关于如何提高反腐倡廉网络宣传和舆论引导管理的建议，商讨在原有合作的基础上，如何进一步完善反腐倡廉网络宣传和舆论引导协调会商机制，在舆情沟通、信息共享、网络宣传、网络评论等方面加强协作配合，进一步提高上海市的反腐倡廉网络宣传和舆论引导管理的总体水平，建立健全形成网络反腐联动机制，进一步发挥好各自的专业优势，加强沟通合作，形成反腐倡廉网上宣传和网络舆论工作的整体合力，使网络成为反腐倡廉宣传教育的重要阵地。

2009年上半年，市纪委有2人被中央纪委评为反腐倡廉网上宣传工作先进个人，4篇文章被评为反腐倡廉优秀网络评论文章。1—6月，市纪委向中央纪委报送网络评论文章和跟帖243篇。全市共有357名网络评论员，初步形成反腐倡廉网上舆论宣传阵地。至12月，上海纪检监察系统形成市、区县委办两级501人的网络评论员骨干力量，加强纪检监察网络评论员队伍建设，依托市网宣办建立网络舆情报送制度，主动追踪涉贪(腐)、涉沪等网上热点问题。

2010年，市纪委向中央纪委选送200余篇网络评论文章，被中央纪委《纪检监察系统网络评论》选登近20篇。至12月底，全市共有纪检监察干部为主的网络评论员骨干力量555人，在互联网上刊登纪检监察网评文章2 003篇。全市纪检监察系统已形成28个市区县纪检监察网站、58个依托各类媒体网站的反腐倡廉专栏(其中：在门户网站上开设反腐倡廉专栏27个，在报纸、电台、电视台、刊物及其他网站开设专栏31个)。

第五章　纪检监察干部培训

在改革发展的新时期，反腐倡廉工作涉及的领域越来越广，对纪检监察干部的理论素养、知识结构、业务水平和工作能力提出新的更高要求，迫切需要加强学习培训。1979年6月—1983年，市委纪委筹备组自办纪检干部培训班。从1987年起，市纪委与市委党校合作，每年举办两期纪检监察干部进修班，纪检监察干部初任培训已成为一项制度。从1991年起，上海的纪检监察干部培训工作，五年制定一个规划，每年制定一个年度计划，每个培训班有目标和要求。紧紧围绕党风廉政建设和纪检监察中心工作需要，开展信访举报、案件检查、案件审理、党风廉政、行政监察、纠风工作业务培训和出国（境）等培训，努力建设一支政治坚强、公正廉明、纪律严明、业务精通、作风优良的高素质的纪检监察干部队伍。

第一节　培 训 规 划

一、总体安排

1991年，市监察局制定《上海市行政监察干部岗位培训五年规划》，首次提出行政监察干部培训的目标、要求、方法、措施和保障，使监察干部掌握监察专业的基本知识，依法执纪、依法办案，提高监察工作水平和能力。

2002年3月，市纪委制定《关于2002—2007年上海市纪检监察干部教育培训工作实施意见》。《实施意见》提出，2002—2007年，上海纪检监察干部脱产参加纪检监察业务教育培训的时间，累计不得少于1个月；重点抓好纪检监察领导干部，特别是处级干部的教育培训，市纪委、市监察委每年举办2期纪检监察处级干部培训班，着重进行政治理论、市场经济知识、纪检监察综合业务的脱产学习培训；新任职的处级纪检监察干部必须在1年内接受脱产培训。

2005年9月，市纪委制定《关于开展纪检监察干部在职自学活动的通知》，对纪检监察干部在职自学的目标、途径、方法和保障措施提出明确要求，拓展自学内容，加强对社会主义市场经济理论和纪检监察业务知识的学习，提高纪检监察干部队伍整体素质。

2006年4月，市纪委、市监察委制定并印发《关于加强纪检监察干部培训工作管理的实施意见》，提出对纪检监察干部培训工作加强管理的具体要求和管理办法，有计划、分步骤地对纪检监察干部进行分类培训，建立健全干部培训档案管理制度。把干部参加学习培训情况列入干部年度考核内容，作为干部奖惩和使用的重要依据。

2008年4月，市纪委制定《关于加强市纪委、市监察委反腐倡廉教育培训师资库建设和管理的意见》，以实现“五年内将局级、处级专职纪检监察干部培训一遍”为目标，建立健全反腐倡廉教育培训师资库，为全面提升纪检监察干部的政治素养、思想水平和工作能力，创造条件，提供保证。按照“结构合理、素质优良、相对稳定”的原则，反腐倡廉教育培训师资库将选聘思想素质优秀、实践经验丰富、理论水平较高的党政领导干部、专家学者和纪检监察干部作为授课教师，为各级纪检监察组织开展干部教育培训提供服务。师资库由市纪委办公厅、干部室和宣传教育室共同管理。

同年5月,市纪委、市监察委制定《上海市监察委出国(境)培训有关管理办法》,要求严格履行审批审核程序,严格要求,严格把关,严格控制,杜绝无目的出国(境)培训及不符合要求的人员参加培训;努力提高出国(境)培训效果,认真制订培训计划,科学设置课程,确保培训成果在实际工作中得到应用。切实加强培训团组在境外的管理,团组赴境外培训前,要认真制订相应的管理措施和安全保障方案,严格执行培训计划,坚决杜绝不按培训计划和培训方案等现象发生。

2009年2月,市纪委印发《上海市纪检监察干部2008—2012年教育培训工作规划》。文件明确五年工作目标:经过五年的扎实工作,实现将纪检监察干部轮训一遍的要求,使各级纪检监察干部的党性修养、政治素质和反腐倡廉的专业水平进一步提高。文件明确加强培训工作机制,提出在市纪委、市监察局领导下,建立由市纪委牵头,市委组织部、市委宣传部、市委党校、行政学院等有关部门共同参与,各级纪检监察机关上下联动、分级管理的工作机制。文件提出五个培训方法。按照干部教育分级管理和新上岗干部优先培训原则,市纪委、市监察局每年选送一批区县、委办局及市管企事业单位纪委、纪检组领导班子成员和业务骨干参加中央纪委有关业务知识培训;联合市委党校每年举办两期纪检监察干部进修班,培训新上岗的处级纪检监察干部;每年举办两期赴国(境)外的专项业务学习培训班;每年协助案件管理室会同市检察院举办一期"预防党员干部违纪违法职务犯罪"培训班;每年组织重点岗位、关键领域的党员干部和纪检监察业务骨干参加的反腐倡廉建设专题讲座或业务培训班。

二、培训会议

2002年12月,市纪委参加中央纪委在上海召开的贯彻《2001—2005年纪检监察干部教育培训规划》调研座谈会,上海、广东、河南、湖南、福建、内蒙古和武汉、盐城市纪委宣教室主任参加。会上,市纪委对贯彻《规划》情况作了汇报,交流工作经验,分析当前工作中存在的问题,对开展培训工作提出意见和建议。

2009年1月,中央纪委调研组来沪,了解上海纪检监察系统干部培训情况。调研组肯定上海纪检监察干部五年教育培训规划制定工作起步早、思路新,走在全国前列,做了很多有效的探索,推进了纪检监察干部队伍建设。3月,市纪委、市监察局在中央纪委全国宣教工作会议上作"加大改革创新力度,扎实推进教育培训工作"的交流发言,介绍上海围绕"增强党性锻炼,精通业务规范,充实科技知识,拓展宏观思路,树立世界眼光,提升实战能力"的培训工作目标,结合实际,创新形式,不断加大纪检监察干部培训力度的做法。

2010年1月,市纪委召开全市纪检监察干部教育培训工作会议,传达全国纪检监察干部教育培训工作座谈会精神。会议强调,要统一思想,提高认识,切实增强做好纪检监察干部教育培训工作的责任感和使命感。要进一步做好干部教育培训工作,帮助纪检监察干部加强党性修养,掌握科学理论和履行岗位职责所必需的知识,优化知识结构,增强工作本领,改进工作作风,努力成为德才兼备的干部,要坚持突出重点,争创品牌,区分不同培训对象,突出针对性,统筹抓好各类培训工作;要坚持夯实基础,形成特色,扎实推进"三库"(师资库、案例库、基地库)、"一网"(纪检监察业务知识统一测试网)建设,提高纪检监察干部教育培训的水平。

三、组织实施

1980—1983年,市委纪委筹备组组织纪检监察干部学习《关于建国以来党的若干历史问题的决议》《三中全会以来重要文献选编》和《邓小平文选》等重要文件和理论著作，开办纪律检查工作业务讲座和读书班。到1983年底，全市各级纪检干部经过轮训及参加读书班培训，参训率达到90%以上。

1984—1992年，市纪委、市监察局组织纪检监察干部学习《中共中央关于党和国家机关必须保持廉洁的通知》以及《党章》《准则》和市纪委编印的《党纪规定选编》。市纪委先后举办各类培训班313期，培训纪检领导干部46 287人次。全市纪检监察组织举办各类骨干培训班3 400多期，培训纪检干部和教育骨干9.4万人次。

1993—1997年，市纪委、市监察委主要学习《中国共产党党员领导干部廉洁从政若干准则(试行)》以及中央纪委编写的《反腐倡廉讲话》和《反腐倡廉教育领导读本》，组织全市纪检干部参加培训。同时，会同有关部门对处级以上领导干部和国有企事业单位中层以上干部开展轮训，全市处级以上领导干部39 700人次参加集中轮训，参训率达到95%以上。

1998—2000年，市纪委、市监察委组织纪检监察干部学习党的十五大文件、邓小平理论、"三个代表"重要思想和《中国共产党纪律处分条例(试行)》，开展"三讲"教育。全市纪检监察系统举办党风廉政建设培训班615期，培训干部20 905人次，全市纪检监察干部参加各种培训班523期，参训30 316人次，其中局级单位纪委书记研究班1期，41人参加。

2001—2006年，市纪委、市监察委组织纪检监察干部学习《"三个代表"重要思想反腐倡廉理论学习纲要》和《江泽民文选》《保持共产党员先进性教育读本》。全市纪检监察系统举办处级以上党员领导干部党风廉政轮训班521期，18 286人参加。举办各类学习班、讲座和研讨班7 000余期，参加党员干部近20万人次，纪检监察干部参加各类培训班16 012人次。

2007—2010年，组织纪检监察干部学习十七大精神，贯彻落实《建立健全教育、制度、监督并重的惩治和预防腐败体系实施纲要》，纪检监察干部参加各类培训4 779人次。加大选送纪检监察干部参加中央纪委培训的力度，参加中央纪委和委托中央纪委培训中心培训41个班次，1 707人次参加。

第二节　教育培训

一、纪检监察干部任职培训

【纪委领导干部培训】

1994年，根据中央纪委《1994—1998年纪检监察干部培训规划》的要求，市纪委选送部分部委办局领导，区纪委副书记、常委、委员分别参加中央纪委培训，学习社会主义市场经济理论和基本知识、《中国共产党纪律检查概论》《行政监察概论》等内容，增强纪检监察领导干部的政治和业务素质。

1996年4月，市纪委、市委组织部、市委党校举办第一期局级单位纪检领导干部专业研讨班，培训各单位纪委书记41名。学习纪检监察信访、审理、案件检查等业务工作，掌握纪检监察工作的基本知识，提高纪检监察干部专业知识素养。

2007年3月，市纪委举办新任纪委书记培训班，19个区县新任纪委书记、监察委主任和部分市纪委派出机构新任纪工委书记参加培训。市委副书记罗世谦、市纪委书记沈德咏出席开班式并讲话。市纪委副书记、市监察委主任李梅，市纪委副书记唐周绍、顾国林、程志强和市纪委常委分别就行政监察、纠风工作、办信查案、治理商业贿赂等专题举办辅导讲座,与新任纪委书记和各区县新老纪委书记进行互动式交流。通过培训,加强纪检监察干部队伍建设,全面履行党章赋予纪委的职责,适应新形势新任务,推进党风廉政建设和反腐败斗争。

2008年9—10月,市纪委与市委党校合作举办第44期纪检监察干部进修班,培训学员46名,主要是新上岗纪委书记。进行纪检监察专业知识、基本工作流程的培训和学习新的科学知识,组织学员去浦东新区、松江、土地交易市场等进行现场教学,了解上海加强公共权力监督管理的现状,探索纪检监察工作的着力点。其间,市纪委书记董君舒参加学员座谈会,学员们围绕“坚持科学发展,推进反腐倡廉,服务‘四个率先’”作交流发言。

2010年6月,市纪委选送15名区县委办纪委书记参加中央纪委全国市(地、州、盟)新任纪委书记培训班。市纪委召开培训班行前动员会,市纪委书记董君舒到会作动员讲话,提出具体要求。这次培训针对新任纪检监察领导干部的特点,安排丰富的学习内容,既有“三个代表”重要思想理论的学习,又有纪检监察干部业务的学习,还有开阔视野的国际形势和国内经济形势的专题学习。通过培训,增强纪检监察领导干部的责任感和使命感,提高领导水平和工作能力。

【处级纪检干部培训】

2003年,市纪委与市委党校合作举办第33、34期纪检监察系统处级干部培训班,培训干部120人。学习邓小平党风廉政建设和反腐败理论、江泽民党风廉政建设和反腐败斗争重要思想,举办纪律检查和行政监察业务知识讲座,提高理论素养和业务知识。

2004年,市纪委与市委党校合作举办第35、36期纪检监察处级干部进修班,培训干部93人。学习社会主义市场经济理论和纪检监察业务知识,举办反腐败斗争形势、国际国内形势和纪检监察的基本技能讲座,适应新形势新任务的需要。

2009年,市纪委、市监察局举办第45期纪检监察干部进修班,培训新任处级纪检干部43人。学习纪检监察理论和业务知识,组织学员对上海市各区县的廉政文化资源进行调研。通过挖掘和梳理,提出进一步突出廉政内涵、创新廉政教育形式、发挥廉政教育作用的可行性建议,为上海廉政教育基地建设提供依据。

2010年3—4月,市纪委会同市委党校举办第47期纪检监察干部进修班,培训新任处级纪检干部42人。学习惩治和预防腐败体系纲要和纪检监察、行政监察基本知识,举办专题业务讲座。学习结束后,学员以班级学习小组为单位形成4篇“领导干部反腐倡廉教育实践和思考”调研报告。

同年9—10月,市纪委会同市委党校举办第48期纪检监察干部进修班,培训新任处级纪检干部47人。主要培训社会主义市场经济和纪检监察基本理论,举办纪检监察业务知识讲座,提高纪检监察干部理论水平、领导素养、业务能力。其间,市纪委书记董君舒与第48期纪检监察干部进修班学员座谈并讲话。

【纪检干部岗位培训】

1979年6—12月,市委纪委筹备组根据纪检部门恢复重建的情况,为尽快提高纪检干部的政策水平,使之熟悉纪检业务,以适应新形势下开展纪检工作的需要,编印《党的纪律检查工作学习资料》,举办纪律检查工作业务讲座,进行“党的纪律检查工作的基本任务”、“严肃党纪,做好纪检工作”、“发扬密切联系群众的优良传统,认真做好来信来访工作”等4次培训,每次听讲的专职和兼职纪检干部 1 000 余人。

1987—1995 年，每年 3 月、9 月，市纪委与市委党校合作举办两期纪检监察干部进修班，主要培训内容为学习党的十三大、十四大精神，邓小平关于党风廉政建设和反腐败斗争的论述、纪检监察基本知识、纪检监察法规与政策等。其间，举办 1—18 期培训班，共培训学员约 1 600 人。

1996—2001 年，市纪委与市委党校合作举办纪检监察干部进修班，主要学习党的十五大精神，贯彻"三个代表"重要思想，围绕中央提出的反腐倡廉三项工作任务，进行政治理论、市场经济理论和纪律检查、行政监察、纪检干部职业道德的培训等。其间，举办 19—30 期培训班，共培训学员 529 人。

2002—2010 年，市纪委与市委党校合作举办纪检监察干部进修班，主要学习党的十六大、十七大精神，贯彻落实科学发展观，围绕惩防体系建设纲要和规划，开展纪检监察和岗位知识培训，举办信访工作、案件检查、案件审理、行政监察专题讲座，采取专家授课、组织参观学习、进行调查研究、座谈交流发言、专业知识测试等形式，着力提高五个能力：有效监督能力、依纪依法查办案件的能力、发展党内民主和维护党员权利的能力、协助党委加强党风建设和组织协调反腐败斗争的能力、惩治和预防腐败开拓创新的能力。其间，举办 31—48 期培训班，共培训学员 668 人。

二、财务审计金融知识培训

1994 年，市纪委与交通大学成人教育学院联合举办计算机培训班，培训 243 名纪检监察干部。学习计算机原理和运用，参加全市计算机应用能力（初级）考试，学习新的知识和办公自动化，提高纪检监察干部的综合素质。

1997 年，市纪委、市监察委依托财贸管理干部学院、立信会计专科学校，举办 5 期会计基础知识培训班，学习审计工作的基本知识，举办领导干部经济责任审计专题讲座，积极探索经济责任审计管理模式和审计的方式方法，以适应反腐倡廉新形势、新任务的需要。5 期培训班培训纪检监察干部 291 人。举办会计审计知识培训试点班 1 期，培训 43 人。

1998 年，市纪委、市监察委组织纪检监察干部参加全国纪检监察干部会计专业知识函授培训（上海班），系统学习会计专业知识，掌握会计技能，提高纪检监察干部审计工作的能力。通过培训，全市有 265 名纪检监察干部获得结业证书和会计上岗证书。

1999 年，市纪委先后举办两期会计上岗证书班、两期会计电算化培训班，重点帮助纪检监察干部学习会计基础知识，提高纪检干部经济责任审计工作能力，加强对权力的监督制约。

2003 年 7—8 月，市纪委举办纪检监察干部审计基础知识培训班。各区县、委办局和有关单位纪检监察干部参加培训，学习经济责任审计知识，了解经济责任审计的主要内容，审计的方法和步骤，增强经济审计的业务水平，为党委、政府领导宏观决策提供依据。

2004 年 7—8 月，市纪委举办纪检监察干部审计基础知识培训班。培训班邀请立信会计学校等单位学者专家，结合审计案例，讲解审计基础知识和审计过程中碰到的主要问题，解决的办法和措施，规范审计行为，提高审计质量。各区县、委办局和有关单位纪检监察干部 97 人参加培训。

2005 年 7—8 月，市纪委举办纪检监察干部审计基础知识培训班。培训班学习有关党政领导干部任期经济责任审计、国有企业领导人员任期经济责任审计的有关规定，邀请专家学者讲授审计工作课程，了解经济责任审计的程序和重点，结合经济责任审计查处的违纪违法案件，探讨加强权力监督和制约，从源头上预防和治理腐败的对策和措施。各区县、委办局和有关单位纪检监察干部共

61人参加培训。

2010年11月,市纪委在中欧陆家嘴国际金融研究院举办第一期纪检监察干部高级金融法律培训班。学员共有30人,研究生以上学历10人,均为副处级以上干部。市纪委书记董君舒出席培训班开班仪式并讲话,上海市政协副主席、中欧国际工商学院执行院长朱晓明致欢迎词。培训内容分为六个模块:宏观金融、银行法、证券法、保险法、金融创新法律问题、信托理财及案例讨论。邀请中欧陆家嘴国际金融研究院学术委员吴敬琏、中国政法大学财税金融法研究所所长刘少军、上海财经大学副校长周仲飞等专家作专题辅导报告,使纪检干部掌握更多金融知识,拓宽纪检监察工作领域,加强金融监管,防范金融领域腐败问题,为上海国际金融中心建设发挥重要作用。

三、网络评论和舆情研判培训

2008年8月,市纪委为积极探索媒体宣传和网络舆论引导工作,对上海市纪检监察系统正式组建的网络评论员队伍加强业务指导,组织45名网络评论员参加培训。培训班邀请市网宣办专家授课,分析网络舆情特点,讲授网评工作要点和技巧,提高网络评论员撰写、发表反腐倡廉网评文章的水平。同时转发中央纪委宣教室网络信息处的《网上舆论引导要点通报》,结合当前热点问题下发网络评论工作要点,进行座谈讨论,树立正确的舆论导向。

2009年,全市举办纪检监察系统各层面网络评论员培训班24次,共有615人(次)参加培训。培训班主要是讲述网络舆情信息的方针原则、网络舆情信息工作的基本要求,网络舆情评论的主要内容、网络舆情评论的写作要领与技巧,采取听辅导报告、座谈研讨等方法,提高网络舆情评论员的思想水平和业务能力。

2010年9月,市纪委、市网宣办、市宣传党校联合举办全市纪检监察网络舆情信息员和网络评论员培训班,共有90名培训网络评论骨干和网络宣传工作领导参加培训。培训班邀请中央纪委宣教室网宣处、市纪委、市网宣办、市公安局网安总队等领导,结合网络反腐倡廉宣传工作形势任务、网络舆情信息收集研判、网络舆情引导及网络评论实践进行授课,提高网络宣传和评论工作能力、网络舆情分析研判能力。

同年,市纪委与市网宣办协商建立网络评论员力量互助机制、反腐倡廉网络评论员协作培训机制。各基层也举办网络宣传和网络评论员培训班43期,参加培训555人次。

四、“两新”组织纪检干部培训

2006年,市纪委、市委组织部、市社会工作党委根据“两新”组织党员队伍日益壮大的新情况、新问题,依照《党章》的要求,加强教育和监督管理。10月,市纪委举办第1期非公有制企业纪检干部培训班,18个区县及市社会工作党委归口单位50余名非公有制企业党委、纪委干部参加培训。培训班主要从纪检工作基本知识、纪检干部工作能力和加强反腐倡廉教育、制度建设等方面内容授课,提高非公有制企业纪检干部的自身素质。

2007年10月,举办第2期上海市非公有制企业纪检干部培训班,各区县及市社会工作党委归口管理单位的近40名非公有制企业党组织纪检干部参加培训。培训班围绕加强“两新”组织反腐倡廉建设,引导企业依法经营为主题进行培训,促进企业健康发展。

2008年10月,举办第3期上海市非公有制企业纪检干部培训班,50名非公有制企业纪检工作负责人参加培训学习。市纪委领导为培训班作反腐倡廉形势报告，要求认清反腐败工作面临的形势和任务，增强做好“两新”组织反腐倡廉建设的责任感和使命感。

2009年6—9月，先后举办2期归口管理单位纪检干部培训班，市社会系统归口管理单位纪委的书记、委员和纪检干部50余人参加培训。培训班邀请市纪委厅室领导作专题辅导报告，学习党纪条规，剖析案例，总结办案经验，掌握政策规定，探讨“两新”组织执纪办案的特点和规律，提高纪检干部执纪办案的能力和水平。

同年11月，举办第4期上海市非公有制企业纪检干部培训班，区县及市社会工作党委归口管理单位近30名纪检干部参加业务培训。主要对“两新”组织办案方法和措施、对违纪党员的处理的规定和要求进行研讨交流。

2010年6月，举办第3期归口管理单位纪检干部培训班，社会系统各归口单位纪委书记、副书记、委员共30余人参加培训。会上，华东电器集团纪委、永达集团纪委、三毛集团纪委等单位就“两新”组织开展反腐倡廉工作情况进行发言，共同交流“两新”组织做好反腐倡廉工作的思路和对策。

同年12月，举办第5期上海市非公有制企业纪检干部培训班，13个区县及市社会工作党委归口管理单位近60名纪检干部参加培训。培训班对《上海市推进“两新”组织反腐倡廉建设的若干意见(试行)》进行解读，理解《若干意见》的主要精神，明确《若干意见》的基本内容，抓好《若干意见》的贯彻落实，推进“两新”组织反腐倡廉建设。

五、对口支援地区纪检干部培训

2006年5月，根据中央纪委要求，市纪委组织对口支援地区——重庆万州地区纪委纪检干部来沪2周培训，共有20人参加培训。培训期间，采取授课辅导、外出参观学习、座谈交流发言等方法，帮助学员增强党性观念党性修养，提高纪检监察工作业务能力，拓宽工作视野。

2007年5月，市纪委组织对口支援地区——重庆万州地区纪委第二批纪检干部来沪2周培训，共有20人参加培训。培训期间，讲授《马克思主义科学发展观与方法论》《干部的创新思维和实践》《上海“十一”五发展规划》等课程。组织学员到金山、南汇、静安、嘉定、浦东等区纪委现场教学，介绍推进惩防体系建设、开展廉政文化教育、加强派驻(派出)机构建设情况等内容。安排学员参观党的一大会址、陈云故居、闵行紫竹高科园区、浦东新区市民中心等。

2008年，市纪委组织对口支援地区——重庆万州地区纪委第三批纪检干部来沪2周培训，共有20人参加培训。培训班落实市纪委提出的“学习培训好、参观考察好、生活安排好、民族团结好”的培训要求。在教学培训内容上采取课堂培训、参观考察、现场教学与互动交流相结合的教学方式，重点放在实地考察、探索思考、相互交流上，促进两地纪检监察工作。

2009年6月，市纪委根据市政府安排，对新疆、云南、重庆、四川、湖北等5省(市)12个民族54名纪检监察干部进行培训。市纪委领导和机关厅室主任及浦东新区纪委书记先后为学员作“当前上海纪检监察工作面临的形势和任务”、“构建惩治和预防腐败体系工作的思考”、“党风廉政建设的实践和思考”、“发挥宣传教育基础性作用的思考与探索”、“上海世博建设专题讲座”等8个专题报告；安排学员到浦东新区、上海市土地交易市场等单位进行现场教学；组织学员们参观考察党的一大会址等。

同年6月11日，中央纪委副书记李玉赋来沪考察期间，亲切看望正在市委党校培训的上海对口支援地区纪检监察干部培训班全体学员，市纪委书记董君舒陪同。李玉赋指出，上海各方面都处在全国前列,大家要把在上海学到的好的经验和做法带回去,推动各自地区纪检监察部门建设,推进地区经济、社会、文化建设。

2010年5月17—31日,市纪委根据市政府安排,对新疆、云南、重庆、宁夏、湖北等5省(市)9个民族54名纪检监察干部进行培训。培训期间,采取专题授课、现场教学、讨论交流相结合,安排“提高领导干部媒体沟通能力”、“当前上海纪检监察工作的形势和任务”、“上海构建惩治和预防腐败体系工作”、“上海反腐倡廉宣传教育新领域”等7场专题报告;组织学员到浦东新区等8个基层单位进行现场教学,参观世博会和城市规划馆、一大会址。培训班为各地纪检监察同行搭建起一个相互交流、相互学习的平台。

第三节　出国(境)培训

一、赴德国培训

2002年8—9月,市纪委组织培训团一行19人赴德国培训,学习廉政制度建设情况。听取德国政府对公务员的廉政管理、德国公共行政管理部门中惩治与预防腐败的具体措施的介绍,借鉴德国公共财政的监督和透明管理、德国政府采购团的运作模式、德国经济审查和预防腐败的做法。

2004年2—3月,市监察委组织上海廉政建设培训团一行20人赴德国培训。培训中,了解国际透明组织中德国部门的事务、德国腐败的衡量和腐败指数的变化、培养高层行政管理人员的反腐意识;了解德国腐败案件中刑事追捕机关的工作、德国刑事追捕的有效性和预防腐败的量刑尺度;了解有效控制德国腐败和经济犯罪现象、德国腐败现象对计划经济转向市场经济产生的影响,预防领域防止腐败情况和反腐败措施。

2006年8—9月,市监察委组织培训团一行19人赴德国进行培训。培训中,听取海涅大学助教艾卡特的《欧洲反腐斗争,介绍欧洲反腐机构OLAF》、北威州议员鲁道夫的《州议会及议员的工作任务:北威州关于反腐斗争的立法情况》、慕尼黑检察院总检察官汉克的《关于慕尼黑监察院的反贪工作》、波茨坦城市管理局审计部门负责人艾尔德曼的《公共事业管理中的反腐败及防范腐败的情况》等课程。通过课堂学习与交流,深入检察院、议会、企业等地,培训团的成员了解德国反腐败现状、特点及措施,对德国反腐败的基本情况有所了解。

2007年11—12月,市监察委组织培训团一行20人赴德国进行“加强公共资金监管”培训。在培训中听取勃兰登堡州立刑事警察局、柏林总检察院、联邦司法部、波茨坦市政府和慕尼黑高等专科学院等有关人士关于反腐败工作的情况介绍和讲座,学习德国法律体系和制度规范、反腐败机构和措施、引入专家反腐败情况、政府资金的监管情况、防治商业贿赂手段以及对公务人员的选拔、教育和管理方法,了解德国在反腐败工作中形成的有效做法和措施。

2009年11月,市监察局组织培训团一行20人赴德国进行“内部廉政制度建设”培训。在培训中,学习德国和欧洲对反腐败的概念、德国国际透明组织的结构和工作任务、德国司法部关于经济腐败和经济犯罪的法律条款、德国总检察院专门监管腐败部门的工作任务和职权范围、德国州法院针对反腐败的法律条文,介绍德国在公共行政管理中防范腐败并与腐败斗争、德国法兰克福市政府有效的预防腐败措施和具体工作内容以及德国在经济和媒体领域制止腐败的产生,并结合现场教学,了解德国惩治和预防腐败中的做法和措施。

二、赴英国培训

2008年12月,市监察局组织培训团一行19人赴英国进行培训。培训期间,英国大法官布莱恩、英国议会和公务员事务培训咨询专家休姆·威廉姆、西蒙·考瑞奇、英国政府和商业财政经理培训专家安东尼·费里、普华永道国际财务咨询公司财务法律服务部董事托尼·巴敦、英国新闻媒介投诉委员会公用事务部总监威廉·高尔、英国皇家检察署、英国重大欺诈犯罪办公室、柏辛斯图克地方政府等部门的专家、学者及官员分别为培训团作讲解,使培训团了解英国反腐败法律制度、反腐败文化传统、各监督主体的独立运作方式以及英国反腐败工作与国家利益间关系,了解英国廉政预防制度建设情况,学习借鉴英国在预防及治理腐败方面好的做法。

三、赴新加坡培训

2009年11—12月,市监察局组织培训团一行19人赴新加坡进行培训。培训考察主题为"公共资金监管和反贪经验交流"。培训期间,分别考察参观新加坡市区重建局、新加坡财政部、新加坡国会大厦、高等法院等相关部门。学习了解新加坡经济管理成功经验,新加坡财政部的组织结构,新加坡的公共资金构成、管理、使用审批制度及监督机制,新加坡公务员操行手册及执行,新加坡公务员体制,新加坡对于公务员的培训、考核、奖惩、监督与任免,新加坡廉政建设的法治保障,新加坡反贪与廉政建设,新加坡的法律体系、特点和应用等课程,系统了解新加坡的反腐败体系建设。

四、赴中国香港特别行政区培训

2008年10—11月,市监察局组织培训团一行24人赴香港特别行政区进行培训。培训期间,听取香港公务员制度及管理、香港政府的公共财政管理等10次课程,实地考察香港廉政公署、审计署、申诉专员公署等6家部门,了解香港反腐败和行政监察工作的情况和特点、香港廉政建设情况、香港法律制度、香港廉政公署防止贪污处工作、香港申诉专员公署、香港土地交易体系、香港的公共财政管理、香港公务员制度与管理、香港新闻媒体对政府行为的监督与制衡,学习香港在反腐败和廉政监察工作中的有益做法。

第八篇

监督工作

加强对权力运行的监督制约，是纪检监察机关的重要职责和任务。从20世纪80年代开始，上海市纪检监察机关不断探索发展巡视、民主生活会、廉政谈话、党务公开、领导干部报告个人有关事项、述职述廉、党委工作部门评议等党内监督的实现形式和途径，积极发挥权力机关、民主党派、新闻舆论的监督作用，强化对领导干部行使权力的监督和制约。

巡视工作。1998年，市纪委建立巡视制度，首批成立2个巡视组，开展试点工作。2004年，上海正式启动巡视工作。2010年，市委印发《中共上海市委关于贯彻〈中国共产党巡视工作条例（试行）〉的实施办法》，进一步完善巡视工作制度，有效促进上海党风廉政建设和反腐败斗争。

民主生活会。80年代初，上海市各级党组织恢复党员领导干部民主生活会，把开好党员领导干部民主生活会作为党内政治生活中一项重要制度来执行。1993年以后，市纪委、市委组织部积极协助市委做好对民主生活会的指导和督促检查，将党风廉政建设和领导干部廉洁自律纳入民主生活会，增强领导干部党风廉政建设和廉洁自律的意识。

廉政谈话。2003年，上海开始建立廉政谈话制度。2004年以后，市纪委会同市委组织部对全市每年新提任的局级干部进行党风廉政教育集体谈话。市纪委常委在全市各单位每年民主生活会期间，开展同区县和部委办局党政主要负责人谈话、与有问题的局级干部诫勉谈话、向领导干部函询等，加强对领导干部的监督制约。

党务公开。2005年，市纪委会同市委组织部等部门，在黄浦区等部分区县进行党务公开工作试点。2008—2009年，市纪委、市委组织部统一部署，对12个区县、3个委办局开展党务公开试点工作。2010年，成立市党务公开工作领导小组，全面推进上海党务公开工作。

领导干部报告个人有关事项。1997年，上海全面推行领导干部报告个人重大事项制度。2000年起，市纪委和市委组织部开展执行领导干部报告个人重大事项制度情况的专项治理，增强领导干部报告个人重大事项制度的针对性和有效性。2004—2005年，市纪委和市委组织部专门开发“上海市领导干部报告个人重大事项信息管理系统”，在全国率先建立局级领导干部报告重大事项信息库。2006年以后，市纪委会同市委组织部，结合上海实际，开展全市领导干部个人有关事项年终集中报告工作。

领导干部述职述廉。2001年，市纪委对区县加强领导干部监督工作情况进行调查研究，掌握了解一些区县开展领导干部述职述廉情况。2003—2005年，市纪委会同市委组织部积极试行领导干部述职述廉制度。2006年，市委办公厅印发《上海市党员领导干部述职述廉的实施办法（试行）》，对开展述职述廉提出明确要求，全面推进领导干部述职述廉工作。

党委工作部门评议。2004年，市委成立“市委工作部门评议试点工作领导小组”，对市委组织部、市委宣传部、市委统战部、市委政法委、市建设党工委、市金融党工委、市级机关党工委等7个部门开展评议试点工作。2006年4月17日，市领导小组办公室印发《2006年市委工作部门评议试点工作实施方案》，对市委办公厅、市社会工作党委、市合作交流工作党委开展评议，加强党委工作部门的作风建设。

党风责任制专项检查。2008—2010年，市四套班子主要领导和市委常委带队，每年对全市各区县及各单位党风责任制专项检查，推进惩防体系建设。

办理市人大代表意见和市政协委员提案。1987—2010 年，在市人大历届会议和市政协历届会议期间，市纪委、市监察局重视代表意见和委员提案的办理工作，认真研究答复代表、委员所提的问题，注意将意见、提案中的有关建议，积极吸纳和落实到纪检监察工作中去，注重从源头上治理突出问题，促进党政机关工作作风的转变和工作效能的提高。

重视新闻舆论监督。1980 年以来，对新闻媒体披露的党风廉政方面的问题，主要领导亲自批示，责成有关部门调查处理，并反馈给有关新闻媒体进行公开报道。同时，开通上海纪检监察网，主动接受群众的批评和意见。2008—2010 年，对于网络反映的涉贪涉腐等热点问题编辑“反腐倡廉网上舆情”简报，及时处置相关问题，主动接受人民群众监督。

第一章 巡视工作

巡视工作，是中共中央《中国共产党党内监督条例（试行）》中规定的一项重要的党内监督工作。1998年，上海市建立巡视制度，开始试行巡视工作，进行巡视工作试点，探索巡视工作的对策和方式方法。2004年，市纪委、市委组织部正式联合启动巡视工作，建立巡视工作机构，加强巡视工作的指导，开展对区县、部委办局和国有企业巡视。2010年，市委进一步提高巡视工作制度化、规范化水平。从1998年巡视试点工作开始，至2010年深入推进巡视工作的过程中，不断完善巡视制度，改进巡视方式方法，扩大巡视成果，促进领导班子建设和干部队伍建设。全市共巡视40个（次）区县、39个（次）部委办局、27个大型国有企业；巡视"回头看"12个区县、7个部委办局。

第一节 巡视机构和专职巡视队伍

一、巡视组

【首批巡视组】

1998年5月6日，市纪委印发《中共上海市纪律检查委员会关于建立巡视制度的试行办法》，经与市委组织部协商并报市委同意，市纪委首批2个巡视组正式建立。巡视组成员由已退出领导岗位的正局级干部组成。自此，标志着上海巡视工作试点正式开始。

【市委巡视组】

2004年3月2日，市编办根据中央纪委《关于抓紧设立省、自治区、直辖市党委巡视工作机构有关问题的通知》，向市委报送《关于设立市巡视机构有关问题的请示》。3月19日，市委同意设立4个市委巡视组。巡视工作在市纪委、市委组织部具体领导下开展，对市委负责。

2008年9月，根据中共中央《建立健全惩治和预防腐败体系2008—2012年工作规划》，为贯彻落实全国巡视工作会议精神和市委主要领导的要求，市纪委、市委组织部向市委报送《关于全国巡视工作会议精神的汇报和本市贯彻意见的请示》。市委同意增设2个市委巡视组。

2010年9月，根据《市委巡视组工作规则（试行）》，市委设立若干个巡视组，承担巡视任务，向领导小组负责并报告工作。巡视组实行组长负责制，副组长协助组长工作。巡视组的职责是：组织实施对被巡视单位党组织领导班子及其成员进行巡视监督。在对被巡视单位巡视的基础上，形成巡视报告和专题报告，向市委或领导小组报告。按照领导小组的意见，撰写巡视反馈报告，向被巡视单位反馈巡视情况。对被巡视单位整改落实情况和向有关部门移送事项进行督办。配合有关部门，对巡视组成员进行监督和管理。承办市委、领导小组交办的事项。

二、巡视工作领导小组

【市巡视工作领导小组】

2002年7月，根据党的十五届六中全会通过的《中共中央关于加强和改进党的作风建设的决定》的要求，市委研究决定在上海开展巡视试点工作。7月15日，市纪委常委会听取在上海开展巡视工作的汇报，明确巡视日常工作由市纪委一室负责，巡视组织形式由市纪委和市委组织部两家联合负责。

同年8月16日，市委印发《关于成立上海市巡视工作领导小组及组成人员的通知》，市委决定成立上海市巡视工作领导小组，由市委副书记、市纪委书记罗世谦担任组长，市委组织部部长王安顺担任副组长。上海市巡视工作领导小组下设办公室，市纪委副书记何卫国兼任办公室主任。市巡视工作领导小组办公室设在市纪委。

【市委巡视工作领导小组】

2010年9月，市委决定，成立市委巡视工作领导小组。由市纪委书记董君舒担任组长，市委组织部长沈红光担任副组长。市委巡视工作领导小组下设办公室，市纪委副书记唐周绍兼任办公室主任。市委巡视工作领导小组办公室设在市纪委。

根据《市委巡视工作领导小组工作规则（试行）》，领导小组的职责是：贯彻中央、市委有关巡视工作的决议、决定；研究决定全市巡视工作年度和阶段计划，部署巡视工作；听取巡视工作汇报，审议巡视反馈意见，研究巡视成果运用，提出相关意见和建议；向市委报告巡视工作情况；对巡视组进行管理和监督；研究决定有关巡视工作的其他重要事项。根据巡视工作需要，由领导小组组长或副组长召开有市纪委、市委组织部有关领导同志参加的联席会议，研究协调有关重大事项，加强工作指导。

三、巡视工作联席会议

2003年4月7日，市巡视工作领导小组召开市纪委、市委组织部第一次联席会议，审议《关于本市开展巡视工作的意见》，明确上海巡视工作的指导思想、主要任务、组织领导和工作机构、主要方法和纪律要求。会议提出，根据中央纪委和中央组织部的模式，巡视工作由市纪委和市委组织部联席会议组织开展。7月，市委建立4个巡视组开展巡视工作。

2003年8月6日，市纪委向市委报送《关于上海市巡视工作领导小组更名及调整其组成人员的请示》。14日，市委印发《关于上海市巡视工作领导小组更名及其组成人员的通知》。该《通知》明确，市委决定上海市巡视工作领导小组更名为上海市巡视工作联席会议。上海市巡视工作联席会议召集人：罗世谦、王安顺，成员有王乐齐、冯小敏、许伟国、李梅、陆凤妹、邵正平、顾国林、唐周绍、程志强等。上海市巡视工作联席会议下设办公室，市纪委副书记程志强兼任办公室主任。该《通知》明确今后上海市巡视工作联席会议成员的职务如有变动，由该成员单位的分管领导自然替补。

四、巡视办

【市巡视办公室】

2004年3月2日，市编办向市委报送《关于设立市巡视机构有关问题的请示》，设立市巡视工作办公室。市巡视工作办公室与市巡视工作联席会议办公室合署,实行"两块牌子、一套班子",作为常设办事机构,设在市纪委。

【市委巡视办公室】

2010年9月,市委决定成立市委巡视工作领导小组,下设巡视工作领导小组办公室,为领导小组的日常办事机构。巡视办设在市纪委。巡视办主任由市纪委副书记兼任,设专职副主任和兼职副主任若干名。巡视办的职责是:负责与被巡视单位和市纪委、市委组织部职能部门及其他有关单位的沟通协调,负责与中央和其他省区市巡视工作机构的沟通联系。拟定巡视工作政策性文件;制定巡视工作计划、方案,汇总分析巡视工作情况;起草向市委、领导小组的工作报告;承担有关文件材料的综合工作等。制定巡视工作相关的配套制度。向领导小组报告巡视工作中的重要情况;向巡视组传达中央、市委以及领导小组决策、部署和有关指示精神。配合市纪委、市委组织部等有关单位对巡视工作人员进行培训、考核、调配、任免、监督和管理。对巡视中发现的问题按规定分类移送;配合巡视组对被巡视单位落实整改情况和向有关单位移送事项进行督办;落实巡视工作中有关后勤保障工作;办理领导小组交办的其他事项。

第二节　巡视工作任务和程序

一、巡视工作任务

根据巡视工作的有关规定,结合党风廉政建设和反腐败斗争的形势,市委巡视工作领导小组在不同阶段对巡视工作的内容不断完善和拓展,提出巡视工作的任务和要求。

1998年5月,市纪委印发《中共上海市纪律检查委员会关于建立巡视制度的试行办法》,提出巡视工作阶段性的工作任务,主要是了解区县和部委办局领导班子及其成员贯彻执行党的路线、方针、政策的情况,尤其是严格遵守党的政治纪律,在思想上,与党中央保持高度一致情况和廉洁自律情况。巡视组了解的重要情况以及意见和建议向市委报告。

2005年,根据反腐倡廉的工作任务,结合上海的实际情况,对巡视工作的内容进行充实和完善,进一步明确巡视工作的目标。5月,市委办公厅印发《中共上海市委巡视工作实施办法》,提出巡视工作的主要任务:了解区县和部委办局领导班子及其成员贯彻落实"三个代表"重要思想,执行党的路线、方针、政策和决议、决定和市委工作部署的情况;落实党的作风建设的情况;执行民主集中制的情况;廉政勤政和落实党风廉政建设责任制的情况;选拔任用干部的情况;处理改革发展稳定有关问题的情况;市委要求巡视的其他事项。重点是了解党政领导班子主要负责人廉洁从政和落实党风廉政建设责任制以及选拔任用领导干部的情况。巡视组了解的重要情况以及意见和建议向市委报告。

2010年8月,为贯彻落实中央巡视工作条例,市委印发《中共上海市委关于贯彻〈中国共产党巡视工作条例(试行)〉的实施办法》,进一步明确巡视对象和内容,提出新的任务和要求,推进巡视工作的深入开展。明确规定:巡视组负责对下列党组织领导班子及其成员进行巡视:各区县党委和同级政府党组领导班子及其成员;各区县人大常委会、政协党组领导班子及其成员;市各部、委、办、局党组织领导班子及其成员;市属企事业单位党组织领导班子及其成员;市委要求巡视的其他单位党组织领导班子及其成员。同时,明确规定内容:了解领导班子及其成员贯彻执行党的路线方针政策和决议、决定的情况,特别是贯彻落实邓小平理论、"三个代表"重要思想、科学发展观及市委工作部署的情况；执行民主集中制的情况；执行党风廉政建设责任制和自身廉政勤政的情况；开展作风建设的情况；选拔任用干部的情况；市委要求巡视的其他事项。巡视组了解的重要情况以及意见和建议向市委报告；纪检机关把巡视中有关情况纳入领导班子和领导干部廉政档案；组织部门把巡视中有关情况作为干部考评、任免、奖惩的重要依据。

二、巡视工作程序

从1998年巡视工作试点，至2010年巡视工作全面推进时期，根据中央、市委的要求和巡视工作的任务，研究新情况，解决新问题，增强工作的主动性和针对性，逐步形成巡视工作一套完整的基本程序及工作方式，推动巡视工作健康深入发展，保证巡视工作的有序推进。

【巡视准备阶段】

巡视办与被巡视单位进行沟通，交换意见，统一思想，协调安排巡视组进驻的有关事宜；制定本组巡视工作实施方案，并在进驻前送巡视办备案；收集被巡视单位的有关材料和信息资料，熟悉掌握基本情况；听取市纪委、市委组织部职能部门和市委、市政府有关部门对被巡视单位相关情况的介绍；做好问卷调查和民主测评及进驻前的其他准备工作；召开进驻动员会。

被巡视单位在巡视准备阶段，组织学习，统一思想，提高对巡视工作的认识；提供巡视材料；准备巡视进驻事宜；通过本地区、本单位主要新闻媒体或局域网站等渠道，公布巡视工作的监督范围、时间安排及巡视组的通信地址、联系电话和电子邮箱，设立“市委巡视组联系信箱”。

【巡视期间】

巡视组在巡视期间，听取被巡视单位党组织的工作汇报和有关部门的专题汇报；根据工作需要，列席被巡视单位有关会议；受理反映领导班子及其成员问题的来信、来电、来访等；召开听取意见座谈会、个别谈话；调阅、复制有关文件、档案、会议记录等资料；在一定范围内，进行问卷调查和民主测评；以适当方式对被巡视单位的下属单位或部门进行走访调研；对反映领导班子及其成员的重要问题，进行深入了解。

被巡视单位在巡视期间，应自觉接受巡视监督，积极配合巡视组开展工作，真实反映情况，提供有关文件资料；做好组织协调、会议准备、调研安排、情况沟通等工作；听取巡视组对本单位巡视情况的反馈报告；制定整改方案，分解责任和任务；对巡视组反馈的情况不扩散、不传播。

【巡视结束后】

巡视组应形成书面报告，向领导小组汇报巡视情况，同时，形成对被巡视单位党组织领导班子问卷调查和领导干部民主测评分析报告。对需要移送的事项，依据干部管理权限和归口管理、各司其职的原则移送交办。通过回访等方式，了解掌握落实整改和移送事项办理情况，将被巡视单位整改方案、有关单位整改情况汇总，向市委、领导小组报告。

三、巡视工作纪律

在整个巡视过程中，坚持以党章、党内监督条例和巡视工作条例为依据，对巡视干部提出严格要求,加强组织纪律观念,坚持不承办具体案件,不干预被巡视单位日常工作,不处理被巡视单位的具体问题,对涉及的紧急情况和重大问题不做个人表态的“四不原则”,依纪依法,开展巡视工作。

巡视工作人员应履行如下纪律责任:正确履行巡视职责,自觉遵守党的纪律、工作纪律,自觉接受群众监督;深入实际、联系群众,实事求是、严谨细致,认真听取意见和建议,不拒绝干部群众的来信、来电、来访等,不隐瞒、不歪曲、不捏造巡视中了解的情况和事实;严格遵守保密规定,不泄露、不扩散巡视情况;严格执行廉洁自律有关规定,不利用巡视工作便利谋取私利或为请托人谋取不正当利益。严格执行请示报告制度,及时汇报重要情况和重大问题。

巡视组对被巡视单位干部群众反映强烈、属于巡视工作职责范围内的重要问题,疏于职守,应了解而没有了解的,应报告而没有报告的,按照有关规定追究责任人的纪律责任。对于巡视工作人员利用巡视工作便利谋取私利或为请托人谋取不正当利益;隐瞒或歪曲、捏造事实;泄露、扩散巡视工作秘密;有违反巡视工作纪律的其他行为,都要给予责令书面检查、通报批评或调整、免职、降职等组织处理,构成违纪的,按照有关规定给予纪律处分,涉嫌犯罪的,移送司法机关依法处理。对于巡视单位及其工作人员隐瞒不报或故意向巡视组提供虚假情况,无正当理由拒不纠正存在的问题或不按照要求整改,暗示、指使、强令有关单位或人员干扰、阻挠巡视工作以及有其他干扰巡视工作的,都要给予责令书面检查、通报批评或调整、免职、降职等组织处理,构成违纪的,按照有关规定给予纪律处分,涉嫌犯罪的,移送司法机关依法处理。

第三节　巡视工作组织实施

一、试点探索

1998—2003年期间,根据中央纪委的要求,上海派出巡视组开展巡视工作,主要是试点探索,总结试点工作的具体做法和经验,提出巡视工作的意见和建议,为巡视工作开展创造条件。

【首批试点】

1998年5月,上海建立首批巡视组。全年,市纪委共派出两批4个市纪委巡视组,选派13位已退出领导岗位的正局级干部参加巡视工作,分别于6月和10月对杨浦区、虹口区、黄浦区、青浦县等三区一县进行巡视,对每个单位巡视的时间为一个月,对有关区县提出25个问题,向市委、市政府有关部门提出4条建议意见。通过开展巡视工作试点,掌握被巡视单位贯彻落实党风廉政建设责任制和党政领导班子成员廉洁自律的情况;对巡视中发现的党风廉政方面一些问题,如群众反映强烈的问题和带有苗子性、倾向性的问题等,及时向被巡视单位提出解决问题的建议;促进被巡视单位党风廉政建设,特别是党风廉政建设责任制的贯彻落实。

【深化试点】

2002年,根据党的十五届六中全会通过的《中共中央关于加强和改进党的作风建设的决定》关于“中央和各省、自治区、直辖市党委要逐步建立巡视制度,把下一级领导班子特别是主要负责人的廉政勤政情况作为重要内容,进行监督检查”的要求,市委研究决定在上海进一步开展巡视试点工作。

2002年11月，市巡视工作领导小组派出市巡视组对闵行区、市城市交通管理局、市体育局等3个单位进行巡视。12月底，完成巡视工作，向被巡视单位提出问题12个，向市委市政府有关单位部门提出建议13个。通过巡视试点，进一步了解掌握被巡视单位党政领导班子贯彻党的路线方针政策以及落实中央和市委市政府要求的情况，使监督、教育、预防融为一体；对被巡视单位的党政领导班子作出较全面客观的评价，为市委对区县委办局换届和有关干部调动任免提供依据，巡视成果得到重视和运用。

2003年7—10月期间，上海共建立4个市巡视组，分两批对徐汇区、奉贤区、嘉定区、市水务局、市药品监督局、市房地资源局、市卫生局、市民防办等8个单位进行巡视。巡视期间，共个别访谈了750余人，召开35个座谈会，实地考察135个基层单位，发放巡视调查问卷1 230份，回收1 149份，接待来信来电来访119人次。共向被巡视单位提出问题52个，提出建议21个。通过巡视试点，探索巡视工作的规律和特点，明确巡视工作的任务和内容，规范巡视工作的程序，为开展巡视工作奠定良好基础。

二、全面展开

2004—2007年期间，根据党的十六大提出的建立和完善巡视制度精神，有组织有计划有步骤地全面开展巡视工作，巡视工作形成制度化、规范化。

2004年1月6日，市巡视办根据市巡视工作联席会议意见，结合巡视工作试点的经验和做法，形成《关于加强本市巡视工作的设想与建议》，对上海下一步巡视范围、组织建设、巡视方式提出建议。

2004年4月1日，市巡视工作联席会议召开工作会议，对开展巡视工作进行动员部署，提出任务要求和工作要求，标志上海巡视工作全面展开。同年，对松江区、杨浦区、宝山区、金山区、长宁区、普陀区、市环保局、市民政局、市外经贸委、市新闻出版局、市城市规划局、市质监局等12个单位进行巡视，对试点巡视过的闵行区、奉贤区、嘉定区、市卫生局等4个单位进行“巡视回头看”工作。在巡视和“回头看”期间，共个别访谈1 557位干部群众，听取40个专题汇报，召开67个座谈会，进行20个专题调研，发放2 709份调查问卷，回收并统计分析2 676份，接待群众来信来电来访220件次，比较深入地了解被巡视单位全面情况，提出加强领导班子和领导干部建设意见和建议。

2005年上半年，对南汇区、虹口区、卢湾区、闸北区4个区开展集中巡视，每个单位历时两个半月。下半年，分3批对12个单位进行“回头看”：第一批单位松江区、徐汇区、市民防办、市交通局；第二批单位市水务局、宝山区、金山区、市食品药品监督管理局；第三批单位市体育局、市房屋土地资源管理局、长宁区、杨浦区。“回头看”主要了解原巡视期间发现的该单位主要问题整改的情况；了解巡视后该单位党政领导班子及其成员出现的新情况新问题；了解有关乡镇、街道班子的重要情况，选择解剖一个单位进行深入了解。巡视期间，4个市委巡视组共个别访谈1 437位干部群众，听取48个专题汇报，召开62个座谈会，发放903份调查问卷，回收并统计分析893份，接待群众来信来电来访214件次，列席被巡视单位有关会议125次，实地走访基层单位98个，开展16项专题调研，查阅有关资料621件。

2006年，市委巡视组分四批完成对16个单位的巡视和巡视“回头看”。同年，先后对浦东新区、青浦区、静安区、黄浦区、崇明县、市机管局、市工商局、市市容环卫局、市司法局、市发展改革委、市科委、解放日报社、上海同盛投资(集团)公司共 13 个单位进行巡视,对南汇区、虹口区、闸北区进行巡视"回头看"。巡视期间,四个巡视组共个别访谈 2 263 位干部群众,听取 47 个专题汇报,召开 48 个座谈会,发放 1 874 份调查问卷,接待群众来信来电来访 143 件次,列席被巡视单位有关会议 63 次,实地走访基层单位 184 个(其中暗访 10 次),查阅有关资料 1 045 件,向被巡视单位提出整改建议 75 条,向市有关部门提出工作建议 7 条,涉及局级领导干部信访件移送 7 件,案件线索移送 2 件。每批巡视反馈后,各巡视组按照"两个固定"(固定人员、固定地区)工作原则,对被巡视单位整改落实情况进行跟踪监督。

图 8-1-1　2006 年 4 月 14 日,上海市委巡视组进驻徐汇区见面会

图 8-1-2　2006 年 6 月 29 日,上海市委巡视组进驻金山区巡视

三、深入推进

2007—2010 年期间，中央纪委印发《关于加强和改进巡视工作的若干意见》后，上海加大巡视力度，突出工作重点，拓宽巡视范围，创新工作方法，运用巡视成果，提高巡视质量，深入推进巡视工作的开展。

【加大巡视力度】

2007 年 3 月，按照中央、市委关于对领导班子换届工作加强监督的要求，四个市委巡视组对部分区县、乡镇换届工作进行专题督查，主要了解有无违反组织人事纪律、有无跑官要官、带病上岗提拔等六方面问题，选拔一批为民、务实、清廉的优秀领导干部，为地方党委换届和配好班子、选好干部提供重要的参考依据，营造换届的清风正气。

同年，市委巡视组分三批对 12 个单位开展集中巡视，前两批为国有企业，第三批为市经济委员会、市市政工程管理局、市信息化委员会、市绿化管理局 4 家单位。巡视期间，共个别访谈干部群众 1 545 人次，听取 57 个专题汇报，召开 53 个各类座谈会，发放并回收 1 874 份调查问卷，接待群众来信来电来访 216 件(次)，列席被巡视单位有关重要会议 40 次，实地走访基层单位 88 个，开展专题调研 38 项，查阅有关资料 692 件(卷)，进行 10 多次暗访，并对 12 个单位开展民主测评。巡视结束后向被巡视单位提出建议 48 条，向市有关部门提出建议 14 条，向有关部门移送案件线索 9 件。被巡视过的单位按照要求认真组织整改，加强领导班子思想建设，促进领导干部廉洁自律。

2008 年，根据市委加大巡视工作力度的要求，市委巡视组分三批对南汇、松江、奉贤、嘉定、徐汇、闵行、普陀、杨浦、金山、青浦、宝山、崇明等 12 个区(县)开展集中巡视工作。全年共进行个别访谈 2 871 人次，发放调查问卷 2 142 份，发放民主测评表 2 029 份，听取专题汇报 67 次，召开座谈会

图 8-1-3　2008 年 4 月 7 日，上海市委巡视组进驻奉贤区见面会

图 8-1-4　2008 年 6 月 30 日，上海市委巡视组进驻崇明县巡视动员会

57 次，列席领导班子会议 52 次，进行专题调研 55 次，查阅有关资料 1 001 卷，对 12 个区县近两年选拔任用干部备件材料全部进行审查。巡视过程中反映涉及民生方面的问题比较集中，主要体现在旧区改造、动迁、医保等方面。4 个市委巡视组共受理来信来电 1 068 封(个)，接待来访 99 批 564 人次，妥善处理有关问题。市巡视办还制定巡视移送制度，加强巡视整改催办。2008 年三批巡视先后共向市纪委、市委组织部及其他单位移送 30 件具体事项和部分案件线索。

2009 年，市委决定，新增 2 个市委巡视组。市委巡视组由原来的 4 个增加到 6 个；巡视批次由原来每年二至三批，增加到五批；巡视的覆盖面由原来每年 8 到 12 个单位，增加到五批 29 个单位，其中包括区县、委办局、政法、党校、国企等多个系统和部门。全年，6 个市委巡视组分五批对 29 家单位开展巡视。第一批：浦东新区、市公安局、市教委、市安全监管局、市科委、市卫生局；第二批：市工商局、市发展改革委、市国资委、市审计局、市计生委；第三批：市高法院、市检察院、市司法局、市委党校、市民政局、市政府合作交流办；第四批：上汽集团、交运集团、上港集团、百联集团、建工集团、化工区公司；第五批：长宁区、闸北区、虹口区、静安区、黄浦区、卢湾区。通过巡视，向市委报送 5 份巡视综合报告，向市委、有关单位部门和领导报送专题报告及典型分析材料 38 份，有的案件线索和重要问题，及时移送相关单位部门处理。其中，向市纪委及有关部门移送有关党风廉政建设和违纪线索 14 件，部分案件线索由市纪检监察机关立案查处。向市委组织部提供班子建设和干部选拔任用方面的情况材料 5 份，提供 73 名市管后备干部的情况材料。加强跟踪督办。2009 年，市巡视办共向有关单位部门移送事项 74 件，巡视成果不断扩大。

2010 年，市巡视机构继续保持较快的巡视节奏，全年共完成对 24 家单位的巡视。其中，完成对上海银行、浦发银行、农村商业银行、国泰君安证券公司、太平洋保险集团公司等金融机构，以及电气集团、东方国际集团、光明集团、市供销合作总社、申能集团、衡山集团、城投公司等市管国企的巡视，对市财政局、市人力资源和社会保障局、市城乡建设和交通委员会、市环境保护局、市规划和国土资源管理局、市知识产权局等 6 个公权力大的市属委办局进行巡视检查，并开始对奉贤区、嘉定区、松江区、闵行区、普陀区、徐汇区等本届市委任期内区县的第二遍巡视。全年，市委巡视组共向被巡视单位提出存在的问题 123 个，提出需要整改的建议 77 条。在此基础上，及时移送巡视中了解的案件线索和重要问题，共向有关单位部门移送事项 8 件。积极开展巡视回访，督促整改事项得到落实，并在对区县的第二遍巡视中，加大对第一遍巡视整改意见落实情况的监督检查力度。

【对国有企业开展巡视】

2007 年，根据中央领导关于“对大型国有企业也要逐步开展巡视工作”的指示精神，上海以巡视市属国有大型企业为主，市委巡视组对上海华谊(集团)公司、上海仪电控股(集团)公司、上海广电(集团)有限公司、锦江国际(集团)有限公司、上海航空股份有限公司、上海城建(集团)公司、上海地产(集团)有限公司、海通证券股份有限公司等 8 家国有企业进行巡视。巡视期间，4 个市委巡视组听取专题汇报 45 次，个别访谈 1 108 人次，举行座谈会 33 个，接到信访电 206 件(次)，列席各类会议 25 次，回收调查问卷 1 359 份，专题调研 34 个，查阅记录、材料 491 件(卷)，暗访 13 次，发现违规违纪案件线索 6 件，向被巡视单位提出建议 30 条，向市相关机构提出建议 10 条。

2009 年，继续开展对国有大型企业进行巡视，扩大巡视的范围，选派熟悉国有企业情况的市国资委处级干部参与市委巡视组的有关工作，对上汽集团、交运集团、上港集团、百联集团、建工集团、化工区公司开展巡视，掌握国有企业贯彻市委、市政府 2008 年制定的国资国企改革发展“三十条”政策的落实情况，开展对企业领导班子和领导干部依法经营、廉洁从业、勤勉敬业等情况的监督检查。

2010 年，继续开展对国有大型企业进行巡视。市委巡视组先后对电气集团、东方国际集团、光明集团、市供销合作总社、申能集团、衡山集团、城投公司等市管国企开展巡视。同时对上海银行、农村商业银行、国泰君安证券公司、太平洋保险集团公司等金融机构进行巡视。组织召开巡视工作研讨会，对加强国有企业巡视工作进行专题研讨。

【对世博会工作加强巡视】

2010 年是世博会召开之年，在举办世博期间进行巡视，加强对“廉洁办世博”的情况进行巡视监督。全年，市巡视机构共向市委及有关单位部门和领导报送专题报告及典型分析材料 10 份，向市委及有关单位部门提出意见和建议 33 条，对重点部门、重点岗位、重点对象、重点人员加强监督检查，确保不发生有影响的腐败案件、不发生损害群众利益的突出问题，确保中央和市委、市政府重大决策部署的贯彻落实，保证“廉洁办世博”目标的圆满实现，为加快上海社会主义现代化国际大都市建设提供坚强保障。

第二章 党内监督

民主生活会、廉政谈话、党务公开、领导干部报告个人有关事项、述职述廉、党委工作部门评议、责任制检查等是党内监督的重要组成部分。1985年以来，上海党组织每年召开的民主生活会把党风廉政建设和反腐败工作作为主要内容，强化对领导班子和领导干部的监督。1997—2010年，上海市先后贯彻落实领导干部报告个人重大(有关)事项制度、廉政谈话制度、述职述廉制度、党委工作部门评议和党务公开工作，不断完善规章制度，采取多种形式，加强各级领导干部廉洁自律建设。2008—2010年，加强党风廉政责任制检查的力度，每年由市四套班子主要领导同志和市委常委带队，对全市各区县及各单位落实党风廉政建设责任制、推进惩防体系建设情况进行专项检查，进一步促进党风廉政建设和反腐败斗争。同时，对违反党风廉政责任制的案件进行查处，严格责任追究，进一步落实党风廉政责任制。

第一节 领导干部民主生活会

一、明确民主生活会内容

2004年8月，市委办公厅印发《上海市党和国家机关党员领导干部民主生活会实施办法(试行)》，要求召开领导干部民主生活会，要坚持邓小平理论和"三个代表"重要思想为指导，以加强党内监督和领导班子思想作风建设为重点，根据会议主题，就自身存在的问题以及党员、群众反映的问题和意见，负责任地作出检查或说明，开展批评与自我批评，并有针对性地制定措施进行整改。同时，开展对领导干部德、能、勤、绩的民主评议，突出廉政勤政的重点，强化党员领导干部廉洁自律。通过民主生活会，统一思想，改进作风，加强监督，增进团结，不断提高领导班子依靠自身力量解决问题和矛盾的能力，保证党的路线、方针、政策和决议的贯彻执行。

二、规范民主生活会程序

从80年代恢复领导干部民主生活会以来，不断完善民主生活会的制度，着力提高民主生活会的质量，形成民主生活会一套完整规范的程序，主要包括会前准备、召开会议、落实整改三个阶段程序要求。

【会前准备】

确定主题。根据本地区、本单位领导班子中存在的主要问题，特别是廉洁自律方面的问题，按照上级党组织的要求，确定民主生活会的主题，并提前半个月报告上级党委、纪委、组织部门。

组织学习。针对存在的问题，组织领导干部学习马列主义、毛泽东思想和中国特色社会主义理论体系有关内容，学习党的有关文件，为开好民主生活会奠定思想基础。

征求意见。党委(党组)委托纪检机关和组织部门征求党内外干部群众对领导班子成员的意见，于会前由党委（党组）主要负责人如实反馈给本人，并向上级党组织报告。上级党委、纪委、组织部门要事先有组织地收集和掌握群众和干部的反映，对有关领导成员需要在民主生活会上说明或检查的问题，可在会前同主要负责人或领导成员本人沟通。

撰写发言提纲。领导班子每个成员都要根据民主生活会的主题和群众所提意见，认真撰写发言提纲，着重检查在党性党风方面和工作中存在的主要问题，检查廉洁自律情况，剖析思想根源，同时对其他成员提出批评意见，对领导班子存在的突出问题提出整改建议。

互相谈心。领导成员之间互相沟通情况，交换意见。党委（党组）主要负责人要同领导班子的每个成员分别谈心，对其思想、工作情况作出适当评价，着重指出存在的问题。

【会中要求】

认真开展批评与自我批评，确保民主生活会质量。突出主题，围绕会前确定的主题进行。做好会议记录，尽可能原汁原味。因故缺席的人员可以提交书面发言。列席会议的人员可以对领导班子及其成员提出批评和建议。党委（党组）主要负责人在会议结束时，对民主生活会情况作出评价和总结。

【会后事宜】

根据民主生活会上检查和反映出来的问题，制定整改措施。民主生活会后15天内，向上级纪委和党委组织部门报送民主生活会情况报告和会议记录。实行民主生活会情况通报制度，对民主生活会召开情况、查找的主要问题和落实整改措施，及时向本单位、干部群众和下一级党组织通报，接受干部群众监督。

三、健全完善领导干部民主生活会

【恢复领导干部民主生活会】

80年代初，上海市各级党组织开始恢复党员领导干部民主生活会。1989年8月，中共中央《关于加强党的建设的通知》和1990年5月《关于县以上党和党员领导干部民主生活会的若干规定》下发后，上海各级党组织把开好党员领导干部民主生活会作为党内政治生活中一项重要制度来执行，市纪委、市委组织部积极协助市委做好对民主生活会的指导和督促检查。

1985年，按照中央纪委、中央组织部《关于开好整党后第一次民主生活会的通知》的精神，市纪委、市委组织部印发《关于开好整党后第一次民主生活会的通知》，要求各级党组织在整党结束后，为了巩固和发展整党的成果，要建立正常的民主生活会制度，增强党性，加强纪律，促进和保证改革顺利进行，巩固和发展整党的成果。

1987年，市纪委在对市直属机关29个党委（党组）的民主生活会情况进行调研的基础上，向区县局以上党组织发出通知，提出过好民主生活会的意见。意见明确要求市纪委书记、常委参加部委办局党委和区县党委的民主生活会；部委办局、区县纪委领导参加下级党委的民主生活会。

1988年7月16日，为使党委、党组的民主生活会正常化、制度化，通过民主生活会增强党性，端正党风，严格纪律，市纪委、市委组织部印发《关于区、县、局以上党委（党组）民主生活会制度化的意见》，对民主生活会进行规范，要求民主生活会及整改情况在适当范围内通报，以利于党内监督。

【突出领导干部廉洁自律主题】

1990年6月,根据市委五届十次全会部署,市纪委、市委组织部联合印发《关于县以上党政机关领导班子过好一次以党风和廉政为内容的民主生活会的通知》,要求以整风的精神,围绕党风廉政这一主题,对照检查领导班子成员自身党风廉政、领导班子抓党风廉政建设、制定今后的整改措施等三方面情况,认真开展批评与自我批评,促进领导班子的党风廉政建设。

1991年12月14日,市纪委、市委组织部、市级机关党工委印发《关于今年下半年本市局级以上党政领导班子民主生活会内容安排的意见》,要求领导班子和领导干部,对照检查廉政勤政、办事公正、密切联系群众的情况,增强领导干部廉洁自律自觉性。全市232个局级单位党政领导班子召开民主生活会,局级干部出席率93%。

1992年,全市局级单位党政领导班子按照中央《关于今年县以上党和国家机关党员领导干部民主生活会的若干规定》的要求,在党风廉政建设方面,围绕遵守廉洁自律的规定、发扬党内民主、弘扬优良作风、勤政廉政等方面进行对照检查,提高领导班子思想、作风建设,增强领导班子战斗力。全市上半年255个局级单位党政领导班子召开民主生活会,局级干部出席率98%;下半年197个局级单位党政领导班子召开民主生活会,局级干部出席率90%。

1993年12月12日,市纪委、市委组织部印发《关于党政机关县处级以上干部在年底前通过民主生活会认真检查领导干部廉洁自律执行情况的通知》,明确要求党政机关县处级以上领导干部在民主生活会上,认真学习中央纪委、中央组织部、监察部《关于党政机关县(处)级以上领导干部廉洁自律新"五条规定"的实施意见》,并逐条进行对照检查,并将对照检查情况向所在单位的干部群众进行通报,接受监督。

1994年3月22日,按照中央纪委、中央组织部关于召开领导干部廉洁自律专题民主生活会的要求,市纪委、市委组织部印发《关于今年上半年党政领导班子民主生活会安排的通知》,明确要求党政机关县处级以上领导干部在民主生活会上,着重逐条对照检查廉洁自律新的五条规定,对老五条规定落实情况也要进行对照检查,认真自查自纠。市纪委结合上海实际,提出关于小汽车、房屋、喜庆婚丧大操大办等三个问题,制定贯彻中央纪委廉洁自律五条规定实施细则的三项补充意见,作为民主生活会自查自纠的依据。全市有1 503个县(处)以上单位领导班子召开民主生活会,其中165个市级领导班子和厅局级领导班子;参加民主生活会的县处级以上干部8 992名,占应参加民主生活会干部总数的96.7%。

1995年3月1日,市纪委、市委组织部印发《关于今年上半年党政领导班子专题民主生活会的通知》,主要对照中央提出的廉洁自律规定、维护民主集中制、执行政治纪律等五方面重点内容,开好领导班子专题民主生活会,进行自查自纠。11月3日,市纪委、市委组织部印发《关于1995年下半年党政领导班子专题民主生活会的通知》,要求以领导干部廉洁自律和民主集中制建设为主题,在廉洁自律方面,着重对照中央提出的"不准接受可能对公正执行公务有影响的宴请"和"不准参加用公款支付的营业性歌厅、舞厅、夜总会等娱乐活动"的两项规定,以及"个人收入申报"、"礼品登记制度"的执行情况,联系本人及分管部门的情况,进行认真自查自纠。全市3 423个处级以上单位按时召开领导班子民主生活会,占98%;12 983名处级以上干部参加了民主生活会,占93.8%。

1996年5月6日,市纪委、市委组织部印发《关于1996年上半年党政领导班子专题民主生活会的通知》,主要检查领导班子及其成员政治方向、政治立场、政治观点、政治纪律、政治鉴别力、政治敏锐性的问题。在廉洁自律方面,重点检查中纪委二次全会以来,特别是中纪委六次全会提出的领导干部廉洁自律中关于制止公款吃喝玩乐、清理违反规定乘坐小汽车和领导干部住房等有关规定的贯彻执行情况。对照检查中，对个人执行有关纪律和规定的情况、班子成员和分管部门的情况以及自己的配偶、子女、身边工作人员的情况进行自查自纠。全市党政机关有98.7%以上的处级以上领导干部参加民主生活会，进行对照检查和整改。

1997年5月和12月，市纪委、市委组织部分别发出党政机关领导班子廉洁自律专题民主生活会的通知，围绕《廉政准则》和中央纪委八次全会提出的领导干部廉洁自律各项具体内容，召开民主生活会，联系个人思想认识、工作作风、廉洁自律、遵纪守法以及党风责任等内容，进行对照检查，开展积极的思想斗争，弘扬正气，反对歪风，以良好的党风影响带动社会风气好转。上半年全市2 288个单位召开民主生活会，有11 525名领导干部参加，26人自查问题得到纠正；下半年全市2 437个单位召开民主生活会，有12 434名领导干部参加，29人自查问题得到纠正。

1998年5月25日，市纪委、市委组织部印发《关于1998年上半年党政领导班子专题民主生活会的通知》，突出对照检查领导班子和成员带头遵守和自觉执行中共中央、国务院厉行节约制止奢侈浪费行为的若干规定和党政领导干部个人重大事项报告制度落实情况，增强遵纪守法意识，提高拒腐防变能力。全市434个局级领导班子召开民主生活会，2 801名局级干部参加民主生活会，自查或互查出问题的有4人，已纠正问题的有24人；4 325个处级领导班子召开民主生活会，23 627名处级干部参加民主生活会，自查或互查出问题的有40人，已纠正问题的有344人。

1999年5月26日，市纪委、市委组织部印发《关于1999年上半年党政领导班子专题民主生活会的通知》，主题内容是检查领导班子和领导干部落实廉洁自律规定情况。重点对照检查，严格控制会议庆典活动、严格接待标准、严格公费出国(境)管理、严禁党政机关到12个风景名胜区开会等领导干部廉洁自律的落实情况。开展自查自纠和专项检查，纠正存在的问题，制定整改措施，做好领导班子和领导干部廉政勤政工作。

【提高领导干部民主生活会质量】

2000年6月8日，市纪委、市委组织部转发《中共中央纪律检查委员会、中共中央组织部印发〈关于改进县以上党和国家机关党员领导干部民主生活会的若干意见〉的通知》，严格执行中央纪委、中央组织部的要求，将县以上党和国家机关党员领导干部民主生活会，由原来的一年召开两次改为一年召开一次，提高党员领导干部民主生活会质量。并对全市2000年度党政领导班子民主生活会作出统一安排，开展“三讲”教育“回头看”活动，对照《廉政准则》的有关规定，进行检查贯彻落实情况，针对存在的突出问题进行自查自纠，认真地加以解决和改进。同时，要求各级党政领导班子把“三讲”教育的成功经验运用到对民主生活会的指导和管理中，切实提高民主生活会的质量。

2001年6月18日，市纪委、市委组织部印发《关于召开2001年度党政领导班子民主生活会的通知》，要求党政领导班子和领导干部要对照检查贯彻执行中央和市委的有关制度、规定，对贯彻执行党风廉政建设责任制、禁止处级以上领导干部配偶子女经商办企业、不准收受与公务有关的礼金礼券、领导干部出国访问不得接受国内企业以及境外中资企业的赞助和邀请规定等情况，联系实际进行明示，进行自查自纠。同时要求国有企业领导人员要按照中央纪委有关领导干部廉洁自律的规定和市纪委《关于进一步加强本市国有企业领导人员廉洁自律工作的若干意见》，联系实际自查自纠，切实解决党性党风党纪方面存在的突出问题。全市各级党政领导班子认真抓好会前广泛征求群众意见、会中严肃开展批评和自我批评、会后切实进行整改和反馈等重要环节，保证民主生活会的质量。

2002年，市纪委、市委组织部印发《关于召开2002年度党政领导班子民主生活会的通知》，规定民主生活会抓好5个环节：要认真组织学习、广泛征求意见、认真填写领导干部个人重大事项报告单、普遍开展谈心活动、拟好发言提纲。普遍开展批评与自我批评、规范民主生活会程序、提高民主生活会质量。同时，对2002年民主生活会作了部署安排，主要内容是加强和改进党的作风建设，研究解决党的思想作风、学风、工作作风、领导作风和干部生活作风方面存在的问题，不断提高领导班子的领导能力和执政水平。全市各级党政领导班子在民主生活会前，市委领导和市纪委、市委组织部领导与19个区县、9个部委办局党委书记开展谈心活动；领导干部认真填写领导干部个人重大事项报告单，并将有关变化情况在民主生活会上明示，接受党组织监督。

2003年7月30日，市纪委、市委组织部印发《关于召开2003年度党政领导班子民主生活会的通知》，认真对照党风廉政建设责任制、廉洁从政准则、个人重大事项报告的规定，检查领导班子执行党和国家有关政策和法律法规情况以及领导干部廉洁自律情况。民主生活会前，领导干部认真填写领导干部个人重大事项报告表，按照有关制度和规定向党组织报告个人的重大事项，严格要求，严格管理，严格监督。

2004年7—8月，为学习贯彻《中国共产党党内监督条例(试行)》，市委印发《上海市党和国家机关党员领导干部民主生活会实施办法(试行)》，对提高民主生活会质量，加强党内监督提出具体要求。市纪委、市委组织部印发《关于召开2004年度党政领导班子民主生活会的通知》，提出2004年民主生活会主要内容加强和改进党的作风建设，发扬党的优良传统和作风，开展"'让人民高兴，让党放心'的好班子、好干部标准"讨论，联系思想和工作实际，查找存在的主要问题，研究整改的措施，提高领导班子和干部队伍整体素质。市委常委和市纪委、市委组织部领导分别参加28个区县、部委办局民主生活会，了解领导班子领导干部情况，指导开好民主生活会；市纪委、市委组织部选派51名联络员列席149个局级单位的民主生活会。全市共有408个局级以上党政领导班子召开民主生活会，2 079名局级领导干部参加民主生活会。

2005年3月21日，市纪委、市委组织部印发《关于开好2005年度党政机关党员领导干部民主生活会的通知》，结合开展的保持共产党员先进性教育活动，针对领导班子建设和党员领导干部个人存在的突出问题，确定民主生活会主题。市纪委和市先进性教育活动领导小组办公室共同指导，4月上旬至5月上旬，上海市第一批参加先进性教育活动的19个区县、257个局级党政领导班子相继召开先进性教育专题民主生活会，树立廉洁勤政的良好形象，保持党员的先进性和纯洁性。15位市委常委、5位党员副市长和9位市纪委常委参加下级党政领导班子民主生活会。全市各区县、部委办局结合保持党员先进性教育活动，严格按照《实施办法》开好民主生活会，提高民主生活会的针对性和有效性。

2006年7月21日，市委办公厅转发《市纪委、市委组织部关于召开2006年度党政机关党员领导干部民主生活会的通知》；8月16日，市纪委、市委组织部印发《关于召开2006年度党政机关党员领导干部民主生活会的补充通知》，明确领导干部在民主生活会上对照检查各级领导班子尤其是党政"一把手"要把贯彻落实重大问题决策、重要干部任免、重大项目投资决策、大额资金使用的"三重一大"集体决策制度情况，列入民主生活会对照检查的重要内容，查找薄弱环节，完善工作程序，实行决策要科学民主、执行要规范有序、监督要有力有效"三个环节"。凡是还没有建立"三重一大"集体决策制度的单位，要根据市委的要求，抓紧制定整改措施，明确责任人和完成时间。各单位在民主生活会前，对本单位填写局级干部个人重大事项专项登记不够规范的同志，做好解释工作，重新填写《领导干部个人重大事项专项登记表》，切实加强对领导干部的监督制约。市委常委和市纪委、市委组织部领导参加32个区县、部委办局和基层单位的民主生活会，保证民主生活会的质量。全

图 8-2-1　2006 年 12 月 29 日，上海市纪委参加区县换届考察工作会议

市共有 40 275 名处级以上领导干部参加民主生活会，自查自纠问题 12 715 个；其中 282 个局级党政领导班子召开民主生活会，1 367 名局级领导干部参加。

2007 年 2 月 11 日，市纪委、市委组织部印发《关于认真贯彻中纪委、中组部〈关于以加强领导干部作风建设为主题开好县以上党和国家机关党员领导干部专题民主生活会的通知〉的通知》，主要针对中央纪委第七次全会提出的解决领导干部在作风建设和廉洁从政方面存在的突出问题，提出领导干部民主生活会具体要求。全市各级党政机关领导干部民主生活会，逐一对照检查，深刻剖析思想根源，开展批评与自我批评，提出整改措施。市纪委、市委组织部 36 位同志列席 134 个单位民主生活会，加强监督检查。全市 280 个局级党政领导班子召开民主生活会。

2008 年 7 月 28 日，市委办公厅转发《市纪委、市委组织部关于以"学习和实践科学发展观"为主题，开好 2008 年度党政机关党员领导干部民主生活会的通知》，要求党员领导干部认真对照检查自身在贯彻落实科学发展观和发扬艰苦奋斗、勤俭节约优良传统方面存在的突出问题，纠正解决领导干部在住房、配车、出国(境)、公务接待、办公用房等方面存在的突出问题，深入开展批评与自我批评，认真进行整改。市纪委、市委组织部选派 51 名联络员列席 149 个局级单位的民主生活会。

2009 年，市委办公厅转发《市纪委、市委组织部关于召开 2009 年度党政机关党员领导干部民主生活会的通知》，主题是：加强领导干部党性修养、树立和弘扬良好作风。对照检查在贯彻落实科学发展观、落实廉洁自律规定和落实党风廉政建设责任制方面存在的突出问题，按照中央政治委员、市委书记俞正声在九届市纪委全会上提出的"要在增强宗旨观念上见成效、要在振奋精神上见成效、要在求真务实上见成效、要在艰苦奋斗上见成效、要在严守党的纪律上见成效"的要求，开好民主生活会，加强党员干部党性修养和作风建设，提高党组织的战斗力。市纪委、市委组织部 39 位同志列席 138 个单位民主生活会。

2010 年，为学习贯彻《党员领导干部廉洁从政若干准则》，市委办公厅转发《市纪委、市委组织部关于召开 2010 年度党政机关党员领导干部民主生活会的通知》，主题内容是贯彻落实廉洁从政准则,加强领导干部作风建设。民主生活会对照《党员领导干部廉洁从政若干准则》规定的52个“不准”和党政领导干部选拔任用工作四项监督制度,重点检查各单位的执行情况和各单位违反上述规定的查处情况。在廉洁从政方面,重点检查党员领导干部是否利用职权和职务上的影响谋取不正当利益;是否违反规定干预和插手市场经济活动谋取私利;是否在公务活动中讲排场、比阔气、挥霍公款、铺张浪费,增强廉洁从政的自觉性。市纪委、市委组织部选派45名联络员列席142个局级单位的民主生活会。

第二节 廉政谈话

一、廉政谈话对象及内容

廉政谈话是为加强党风廉政建设、推动反腐倡廉工作所建立的上级对下级、组织对个人的一种党内沟通制度。廉政谈话主要包括:日常谈话、任职廉政教育谈话、信访谈话、诫勉谈话。根据《中国共产党党内监督条例(试行)》,加强对党员领导干部的党内监督,实行领导干部谈话制。2004年,市委办公厅印发《关于建立健全领导干部谈话制度的实施办法》,市纪委、市监察委制定落实领导干部谈话制度的具体实施细则,规定谈话对象、谈话内容、谈话形式和具体要求。

【日常谈话】

日常谈话制度是纪检机关和组织(人事)部门负责人以关心爱护干部为目的,与下级党政主要负责人及领导班子成员交流思想、沟通情况、交换意见的制度。日常谈话对象:是各区县,市委、市政府各部门党政主要负责人。谈话由纪检机关和组织(人事)部门实施。主要内容为:贯彻执行党的路线方针政策的情况;贯彻执行民主集中制的情况;学习贯彻《中国共产党党内监督条例(试行)》《干部任用条例》的情况;执行党风廉政建设责任制和廉洁自律有关规定的情况;密切联系群众,实现、维护、发展人民群众根本利益的情况;其他需要沟通交流的情况。

【任职廉政教育谈话】

任职谈话制度是领导干部因工作需要提任或调任领导职务,经党委(党组)讨论同意后,由党委(党组)及其组织(人事)部门或纪检机关对其进行任职前组织谈话和任职廉政教育谈话的制度。任职廉政教育谈话对象:处级干部新提任领导职务的局级干部,新担任区县及市委、市政府各部门党政主要负责人的干部。谈话由纪检机关实施。主要内容为:执行党风廉政建设责任制的规定及新任职岗位党风廉政建设的要求;遵守党纪政纪、执行《中国共产党党员领导干部廉洁从政若干准则(试行)》和领导干部廉洁自律的规定及有关廉洁从政的要求;新任职单位党风廉政建设的情况;听取谈话对象对廉政建设的意见和建议;其他需要谈话的内容。

【信访谈话】

信访谈话制度是纪检机关和组织(人事)部门根据群众举报反映领导干部问题的信访件,对其中确需要提醒注意或因匿名等原因无法查实的,与本人谈话的关心干部、了解情况的制度。信访谈话对象是《关于建立健全领导干部谈话制度的实施办法》第十二条规定的干部中的局级干部。谈话由收到信访件的纪检机关或组织(人事)部门实施。主要内容为:要求谈话对象说明情况;听取谈话对象的意见；根据需要，要求谈话对象就信访件反映的问题作出解释，必要时可要求谈话对象作出书面说明并署名。

【诫勉谈话】

诫勉谈话制度是党委（党组）、纪检机关和组织（人事）部门发现领导干部在政治思想、履行职责、工作作风、道德品质、廉政勤政等方面的苗头性问题及时对其谈话的制度。诫勉谈话对象是《关于建立健全领导干部谈话制度的实施办法》第十八条规定的干部中的局级干部。诫勉谈话由纪检机关或组织（人事）部门按照干部管理权限实施。主要内容为：向谈话对象指出所存在的问题；要求谈话对象就有关问题作出解释或说明；区别不同情况，对谈话对象进行批评教育或诫勉，提出整改意见和建议；根据具体情况，可要求谈话对象限期作出对问题的认识及整改措施的书面报告，并送纪检机关或组织（人事）部门。

二、新任局级领导干部廉政谈话

2003 年 7 月，根据中央纪委第二次全会提出的建立健全领导干部谈话制度的精神，市纪委、市委组织部举办党风廉政教育培训班，市委领导作“牢记两个务必，坚持执政为民”的报告，对换届后新进入区县党政班子的 87 名局级干部进行集体谈话，增强廉政勤政意识，提高立党为公、执政为民的自觉性。全市 59 个局级单位制定谈话制度，纪委负责人同下级党政主要负责人谈话 3 406 人次，领导干部任前谈话 2 847 人次，各级纪委与领导干部诫勉谈话 11 278 人次。

2004 年 10 月，市委办公厅印发《关于建立健全领导干部谈话制度的实施办法》，积极推行领导干部任前谈话制度，对新任职的干部要有针对性地提出廉洁自律要求。4—8 月，市纪委、市委组织部组织对新提任的 99 名局级干部进行党风廉政教育集体谈话。谈话的主题为立党为公、执政为民，始终保持同人民群众的血肉联系。会上，组织观看电影《郑培民》，市委副书记、市纪委书记罗世谦，市委组织部部长姜斯宪出席会议并讲话。会议要求新任职领导干部，要牢固树立正确的权力观，始终把坚定正确的政治方向放在第一位；大力弘扬求真务实的精神，始终保持蓬勃向上的工作热情；自觉遵守“四大纪律、八项要求”，努力培养过硬的思想和工作作风。全市有 157 个局级和 955 个处级党政机关按照《关于建立健全领导干部谈话制度的实施办法》的要求，结合实际制定具体的实施办法；全市开展党政领导、纪委负责人同下级党政主要负责人日常谈话 15 780 人次，领导干部任前廉政谈话 4 229 人次，信访谈话 1 457 人次，诫勉谈话 499 人次。

2005 年，市纪委、市委组织部组织两批 132 名新提任局级领导干部开展廉政教育集体谈话。第一批新任局级领导干部集体廉政谈话于 4 月 7 日在上海龙华烈士陵园举行，主题为“缅怀革命先烈，发扬光荣传统”。组织参观《丹心碧血为人民——上海革命烈士先驱英雄事迹展览》《党旗下的心声——著名革命英烈遗言、遗诗、遗文展》，市委副书记、市纪委书记罗世谦，市委组织部部长姜斯宪出席会议并讲话。会议要求新任职领导干部，要继承革命先烈遗志，坚定共产主义理想信念；不辜负先烈期望，牢记“两个务必”，为人民掌好权，用好权；要像先烈那样，谦虚谨慎，严于律己，自觉锤炼执政品质。第二批新任局级领导干部集体廉政谈话于 10 月 17 日在上海电影集团举行，主题为“牢记‘两个务必’，坚持立党为公，执政为民”。组织观看电影《生死牛玉儒》，市委副书记、市纪委书记罗世谦主持会议并讲话。会议要求新任职领导干部，要以牛玉儒为榜样，坚定共产主义理想信念；学习牛玉儒，牢记“两个务必”，努力为人民掌好权，用好权；要严于律己，防微杜渐，自觉锤炼执

图 8-2-2　2005 年 10 月 17 日,上海市举行新任局级领导干部集体廉政谈话

政品质。全市有 1 415 个处级以上单位按照《关于建立健全领导干部谈话制度的实施办法》的要求,结合实际制定具体的实施办法;全市开展纪委负责人同下级党政主要负责人谈话 28 997 人次,处级以上干部开展日常谈话 12 609 人次,领导干部任前廉政谈话 6 701 人次,信访谈话 1 057 人次,诫勉谈话 528 人次。

2006 年 4 月 12 日,市纪委、市委组织部组织对 2006 年新任局级领导干部进行廉政集体谈话。组织参观中共二大会址,井冈山博物馆原馆长毛秉华作关于井冈山精神的报告。市委副书记、市纪委书记罗世谦出席会议并讲话。会议要求新任职领导干部,要继承革命传统,坚定共产主义理想信念;保持共产党员的先进性,努力为人民掌好权、用好权;树立社会主义荣辱观,自觉锤炼执政品质。全市开展纪委负责人同下级党政主要负责人谈话 39 388 人次,领导干部任前廉政谈话 9 494 人次,各级党委、纪委与领导干部诫勉谈话 6 523 人次。

2007 年 6 月 19 日,市纪委、市委组织部组织对 160 名新任局级领导干部进行集体廉政谈话,结合观看警示教育片等活动,进行廉洁勤政教育。市纪委书记沈德咏、市委组织部部长沈红光出席会议并讲话。会议要求新任局级领导干部,要牢记"为民、务实、清廉"的要求,在加强学习、改进作风、努力工作、廉洁自律四个方面上下功夫,在新的领导岗位上肩负起更加重要的责任,为党和人民的事业做出新的贡献。全市领导干部任前廉政谈话 15 251 人次,各级党委、纪委与领导干部诫勉谈话 2 888 人次。

2008 年 6 月 25 日,市纪委、市委组织部组织对新任局级领导干部进行廉政集体谈话。谈话活动结合观看警示教育片《贪欲之害(二)》和宣传教育片《牵挂》,以正反两面的案例来教育新任干部。市纪委书记董君舒、市委组织部部长沈红光出席会议并讲话。会议要求新任局级领导干部,要紧盯理想信念,决不能丧失灵魂;要正确对待权利,决不能淡忘责任;要常怀律己之心,决不能放纵欲望;要坚持立场原则,决不能为情所累;要自觉接受监督,决不能目空一切。全市开展纪委负责人同下级党政主要负责人谈话 18 525 人次,领导干部任前廉政谈话 19 137 人次,各级党委、纪委与领导干部诫勉谈话 1 197 人次，各级纪委向领导干部函询 265 人次。

2009 年 5 月 7 日，市纪委、市委组织部组织对 180 余名新任局级领导干部廉政集体谈话，并组织观看警示教育片。市纪委书记董君舒、市委组织部部长沈红光出席会议并讲话。会议要求新任局级领导干部，要切实增强宗旨意识，过好思想关；要切实增强责任意识，过好权利关；要切实增强自律意识，过好利益关；要切实增强自省意识，过好社交关；要切实增强道德意识，过好生活关；要切实增强接受监督意识，过好诚实关。全市开展纪委负责人同下级党政主要负责人谈话 18 230 人次，领导干部任前谈话 23 037 人次，各级纪委与领导干部诫勉谈话 1 175 人次，各级纪委向领导干部函询 369 人次。

2010 年，市纪委、市委组织部于 5 月 11 日、7 月 7 日、7 月 28 日分三批组织对新提任的局级领导干部开展廉政教育集体谈话。市纪委书记董君舒出席会议并讲话。会议要求新任局级领导干部要正确认识反腐倡廉的形势，进一步增强政治责任感；要坚持党性原则，为政要廉，办事要公，作风要实，用人要当。全市开展纪委负责人同下级党政主要负责人谈话 19 172 人次，领导干部任前谈话 22 381 人次，诫勉谈话 940 人次，各级纪委向领导干部函询 258 人次。

第三节　党务公开

一、工作机制

【领导小组】

党务公开是中国共产党在改革开放新时期加强党内监督和民主建设的一项新举措，旨在进一步提高党组织决策民主化、科学化水平，加强党务工作的透明度。

2008 年，上海部分区(县)、部委办局试行党务公开，成立党务公开领导小组，形成党委(党组)统一领导、纪检、组织等部门参与的党务公开领导小组和办事机构，制定各单位开展党务公开的实施意见和方案，把党务公开试点工作当作党委(党组)的重要工作加以落实。

2009 年，上海有 12 个区(县)制定关于开展党务公开工作的具体制度，占全部区(县)的 67%，并在党建工作中对党务公开工作进行部署，确定党务公开工作试点单位。

2010 年 12 月，为进一步推进上海市基层党组织党务公开工作，经市委批准，成立市党务公开工作领导小组，市委副书记任组长，市纪委书记、市委组织部部长任副组长，领导小组成员参照中央党务公开领导小组架构，由市纪委、市委办公厅、市委组织部、市委宣传部、市委研究室、市级机关工作党委分管领导组成。领导小组办公室设在市纪委。

【工作制度】

预公开制度。党支部在决定公开内容前，召开党员、群众代表座谈会，在充分讨论、听取意见和建议的基础上进一步修改完善公开内容，之后再予以公开。

监督员制度。聘请党员、群众为支部党务公开监督员。主要职责是对党务公开的内容、形式、时限等提出合理化建议，当好参谋助手；及时收集、反馈党员、群众的意见和建议；向党员、群众宣传党务公开的内容，促进党员、群众知情权和监督权的落实。

意见收集处理反馈制度。对党员、群众围绕党务公开内容提出的意见和建议，支部落实专人搜集整理，提交班子成员认真研究处理，进而修改、制定和完善党务公开工作。

档案资料收集登记制度。将党务公开工作的文件资料及相关活动,包括文字材料及照片资料都及时地加以收集整理和登记存档,以利于回头看,总结提高和考核检查。

二、工作会议

2009年,上海市各级党组织贯彻落实党的十七届四中全会和中央纪委第四次全会精神,加强党务公开工作的探索实践,构建民主、开放、规范的党务公开工作机制。10月,全国党务公开工作座谈会后,市纪委常委会专门听取全国党务公开工作座谈会情况的汇报,进行专题研究,并就上海贯彻落实会议精神、深入推进党务公开工作向市委报送专题报告,提出结合上海实际,研究制定具有上海特点的党务公开工作指导性意见,使上海的党务公开工作制度化、规范化。

2010年初,市纪委、市委组织部召开党务公开工作会议。会议明确任务分工和工作机制,由市委组织部牵头负责面上工作推进,市纪委重点抓好党务公开联系点建设,总结推广闵行区党务公开的经验和做法。3月,中央纪委召开全国党风建设工作座谈会以后,市纪委根据会议精神,制定《上海市2010年党风建设工作要点》,明确将党务公开工作作为2010上海党风建设工作的重点内容,提出开展党务公开工作的具体要求。12月14日,中央召开全国党的基层组织实行党务公开工作电视电话会议,在上海分会场,中共中央政治局委员、市委书记俞正声对学习贯彻电视电话会议精神提出明确要求。

三、工作做法

2005年,市纪委牵头,会同市委组织部等部门,在黄浦区等部分区县进行党务公开工作试点,探索党务公开工作的思路和对策,总结推广经验和做法。

2008年,市纪委、市委组织部统一部署,对12个区(县)、3个委办局开展党务公开试点工作,加强党内民主建设。通过党务公开工作,试点单位找准规范党务工作的新抓手,拓宽党内监督的新渠道,搭建密切党群关系的新平台,架设促进干部廉洁自律的新屏障。

2009年,全市各级党组织围绕加强党内民主建设,以改革创新精神,推进党务公开工作。市纪委总结和宣传一些单位经验做法:闵行区在整体推进党内民主的过程中,实行党代会常任制试点,推行"年会主题化、报告规范化、审议有效化、询问制度化、表决民主化、提案优质化"的改革创新。闵行区实行党务公开的工作经验,受到习近平、贺国强等中央领导的批示肯定。黄浦区南京东路街道作为全国党务公开工作基层联系点试点,街道党工委创设党内主要情况通报会、党员民主议事会、党建工作民主评议会等制度,实现从侧重结果公开向注重过程公开发展、从侧重党内公开向社会和党内公开并重、从向党员群众单向公开注重与党员群众的双向互动的转变。浦东新区运用信息技术作为主要载体,建立区委党务公开专网,公开内容包括综合信息、纪检工作、组织工作等8个大的栏目,基本覆盖区委党务工作的各个方面,让党员群众了解和参与,加强监督制约。

第四节　领导干部报告个人有关事项

一、有关事项报告内容

个人有关事项报告制度,是指领导干部根据廉洁从政有关规定要求,定期或不定期向党组织报告个人的有关情况，接受组织和群众的监督。2005 年前中央定为领导干部个人重大事项报告制度，2006 年改为领导干部个人有关事项报告制度。2005 年 8 月，市委办公厅印发《上海市领导干部报告个人重大事项的实施办法》；2010 年 10 月，市委办公厅印发《关于上海市领导干部报告个人有关事项的实施意见》，对报告人的范围、报告的内容、报告时间、报告程序作出具体规定。

个人有关事项报告制度，要求领导干部按规定及时向党组织报告本人及配偶、子女在工作、生活中可能与该领导干部正确履行职责的有关事项。主要内容：领导干部本人婚姻变化情况，本人持有因私出国（境）证件情况，本人因私出国（境）情况，子女与外国人、无国籍人通婚情况，子女与港、澳、台居民通婚情况，配偶、子女移居国（境）外情况，配偶、子女出国（境）留（求）学情况，配偶、子女从业情况，配偶、子女被司法机关追究刑事责任情况，本人收入情况，本人、配偶、共同生活的子女房产情况，本人、配偶、共同生活的子女投资或者以其他方式持有有价证券、股票（包括股权激励）、期货、基金、投资型保险及其他金融理财产品情况，配偶、共同生活的子女投资非上市公司、企业情况，配偶、共同生活的子女注册个体工商户、个人独资企业或者合伙企业的情况，本人认为需要报告的其他事项。

个人有关事项报告制度要求，领导干部应当于每年集中报告一次上一年度相关事项，在事后 30 日内填写《领导干部个人有关事项报告表》，并按照规定报告。新任领导干部应当在符合报告条件后 30 日内按照规定报告个人有关事项。领导干部辞去公职的，在提出辞职申请时，应当一并报告个人有关事项。

二、有关事项报告程序

领导干部报告个人有关事项工作在党委统一领导下进行，组织（人事）部门负责日常管理，纪检机关履行监督检查职责。

报告个人有关事项的领导干部和企业领导人员，范围是担任副处级以上领导干部。个人重大事项报告程序：报告人向组织（人事）部门领取《上海市领导干部个人有关事项报告单》及有关登记表。如实填写《报告单》及有关登记表。属于本单位管理的报告人，需填写《报告单》及有关登记表一份，送交所在单位组织（人事）部门；属于上级管理的报告人，需填写《报告单》及有关登记表一式两份，其中一份处理方式同前，另一份由所在单位组织（人事）部门报送上级组织（人事）部门。

所在单位组织（人事）部门将《报告单》及有关登记表送党委（党组）主要领导审阅，并做好登记存档等工作。所在单位已实行网上申报模式的，报告人可按有关要求进行网上申报。

三、有关事项报告方式

【信息化管理】

建立信息化管理系统。与传统的申报模式相比，在领导干部个人有关事项报告中应用计算机信息系统（尤其是以网络为平台的系统）进行管理具备申报即时化、内容规范化、数据电子化、统计高效化、资源共享化，信息透明化等几个方面的优势。

2002 年，市纪委宣传推广浦东新区应用“领导干部廉洁自律信息系统”，进行领导干部个人重大事项在线申报，该系统获得 2003 年市信息化应用优秀项目提名奖。2002 年 10 月，市公安局在金山分局试点运行“领导干部廉政信息系统”，该分局共有 300 余名警（探）长以上领导干部输入基本信息,网上报告重大事项信息600余条,信息管理员录入廉政信息1 400余条。黄浦区用软件系统对该区的廉政档案进行信息化管理。2003年7月,奉贤区使用"廉政档案管理信息系统",将500多名处级以上干部相关信息输入电脑,对包含重大事项报告信息在内的廉政档案实现信息化管理。

2005年,市纪委制定《上海市领导干部个人重大事项报告信息化管理实施方案》,会同市委组织部联合开发"上海市领导干部报告个人重大事项信息管理系统"。经市委同意,在全市局级干部中开展个人重大事项报告专项登记工作,并在此基础上,在全国率先建立局级领导干部个人重大事项报告信息库,对重大事项报告信息实现信息化管理。库内涵盖2 233名局级领导干部的基本信息、住房情况和配偶、子女及其配偶的从业就学信息,并提供查询检索功能和初步的统计分析功能。年内,全市有14 647名处级以上领导干部向组织报告个人重大事项,实现信息化管理,其中有1 850名处级以上领导干部在职务变动后及时向组织报告本人配偶、子女从业就学情况。

2006年,上海继续推进领导干部个人有关事项网上申报试点工作。在2005年开展的局级领导干部住房、配偶子女从业就学情况专项登记的基础上,建立全市2 255名市管局级领导干部个人有关事项报告信息库。

2008年,上海启动市管局级领导干部个人有关事项报告信息库二期建设,进一步健全完善领导干部个人有关事项报告信息库的内容,提高查询检索功能和初步的统计分析功能,加强信息化管理。

【集中报告】

2006年12月,市纪委会同市委组织部,结合上海实际,组织开展全市领导干部个人有关事项年终集中报告工作。30日,市纪委、市委组织部联合召开市党员领导干部报告个人有关事项工作会议。对全市党员领导干部报告个人有关事项工作进行部署,并对2007年1月开展的集中报告工作提出要求。全市科级以上领导干部报告个人有关事项23 253人次。

2007年6月,中央纪委印发《关于禁止利用职务上的便利谋取不正当利益的若干规定》后,全市纪检机关按照集中报告的要求,统一部署对各级领导干部个人有关事项进行报告。全市领导干部报告个人有关事项50 022人次。市纪委对2 197名局级领导干部个人有关事项报告进行抽查,对发现报告内容存在疑问的9名局级领导干部进行函询和谈话了解。6月10日,市委书记习近平在听取市纪委关于传达贯彻中央纪委《若干规定》工作意见后作出批示,要求贯彻中央纪委文件精神首先从市级领导做起,市纪委要结合上海实际,尽快提出贯彻落实的具体措施。全市各级党委(党组)要充分认识贯彻《若干规定》的重要意义,把贯彻落实《若干规定》作为当前一项重要任务抓紧抓好。

2008年,扩大申报范围和对象,强化监督制约,在全市党政机关、事业单位科级以上领导干部和国有企业领导人员开展集中申报工作。全市科级以上领导干部报告个人有关事项52 000人次。市纪委在上年对局级领导干部个人有关事项报告内容进行抽查、对发现报告内容存在疑问的局级领导干部进函询和谈话了解的基础上,运用核查手段,严格报告制度。

2009年,继续抓好领导干部个人有关事项申报报告工作,对各级领导干部的配偶子女从业、出国方面的情况开展集中申报。全市报告配偶子女从业情况2 348人次,报告配偶子女因私出国(境)969人次,报告配偶子女到国(境)外定居104人。

2010年,根据反腐倡廉形势和任务,规范廉洁从政行为,全市各级纪检机关对党政机关、事业单位科级以上领导干部和国有企业领导人员开展个人有关事项报告工作。全市共有29 349人次集中申报个人有关事项，其中报告住房情况 12 307 人次，报告投资情况 7 943 人次，报告配偶子女从业情况 9 542 人次；共纠正 35 人违规问题，其中纠正 1 人住房问题，纠正 34 人投资问题。

四、专项监督检查

1999 年，开展对领导干部报告个人重大事项制度情况的专项检查，全市党政机关、企事业单位领导干部报告个人重大事项 7 021 人次，对没有报告个人重大事项的 7 人，作重新报告处理；已执行收入申报制度的单位 4 873 个，参加收入申报 39 128 人。

2000 年起，开展执行领导干部报告个人重大事项制度情况的专项治理，解决个人重大事项报告制度不规范、执行制度不严格的问题，增强个人重大事项报告制度的针对性和有效性。同时，按照中央纪委的工作部署，市纪委对全市局级领导干部的配偶子女从业情况进行登记清理。

2001 年 6 月，根据中央纪委、市委的要求，市纪委、市委组织部以报告个人重大事项的形式，对领导干部不准收受现金、有价证券的规定情况和持有因私出国(境)护照、本人及其配偶持有港澳通行证和外国长期居留证的情况进行清理，建立相关的纪律规定，列入今后领导干部报告个人重大事项的内容，进一步增强报告制度的针对性和权威性。8 月，根据中央纪委、中央组织部的统一部署，市纪委会同市委组织部组织协调，完成省(部)级现职领导干部家庭财产报告工作，并向中央有关部门作了报告。同时，把报告制度延伸到党政机关和事业单位的处级干部，每年专门进行登记、审核、上报、汇总，落实个人重大事项报告制度。

2002 年，按照中央纪委七次全会提出的“关于不准省(部)、地(厅)、县(处)级领导干部配偶、子女在异地注册登记后，到该领导干部管辖范围内从事可能与公共利益发生冲突的经商办企业活动”的新规定，市纪委组织对 1 748 名局级干部和 25 839 名处级干部进行审核甄别，重点核实甄别 246 名局级干部涉及配偶、子女经商办企业的情况；对新提拔和任职岗位及配偶、子女就业情况发生变化的 239 名局级领导干部重新进行填表登记审核，市纪委对其中 38 名局级领导干部涉及配偶、子女经商办企业和在外商企业任职的情况进行重点审核。各区县、部委办局分别对 25 839 名处级干部按照“五不准”规定进行审核甄别，其中新提拔的 3 157 名处级干部，没有发现不符合规定的情况。

2003 年，在市纪委、市委组织部的指导下，各单位不断拓展领导干部个人重大事项报告内容，除报告制度规定的事项外，很多单位新增加收受现金、有价证券、企业兼职、投资入股、子女出国留学、国内考察、外出旅游以及房屋的买卖、置换和租赁等事项。报告的形式不断创新，用计算机网络技术，加强对领导干部报告个人重大事项的动态管理和监督检查，全市有 130 个局级单位、1 182 个处级单位制定礼品、礼金登记上交管理办法。全市有 59 个局级单位建立谈话制度，把执行报告制度列为领导干部谈话教育的一项重要内容，有 7 个局级单位的领导干部在 2003 年党的全委会上报告个人重大事项，625 名处级以上党政领导班子成员在民主生活会前报告个人重大事项。

2004 年 3—9 月，市纪委、市委组织部对 18 个区县、9 个部委办局工作党委、21 个市政府组成部门、24 个市政府直属机构和单位的 95 名正局级党政主要领导干部家庭住房情况和配偶、子女从业就学情况开展专项检查。检查采取“三个一”方式，即给领导干部写一封信，说明这次专项检查的意义和要求；送一份表，由市纪委、市委组织部专门派人把专项检查登记表交给干部本人；谈一次话，由市纪委和市委组织部领导根据分工与填表人谈心，沟通思想。各区县、委办局党政主要领导填写专项检查登记表，报告家庭住房情况和配偶子女从业就学情况。抽样调查显示，副处级以上领导干部主动报告个人重大事项在95%以上。

2005年10月底,市纪委、市委组织部印发《关于在局级领导干部中开展个人重大事项报告专项登记的通知》,提出专项登记的内容、范围和要求。市纪委、市委组织部统一部署,各区县、部委办局党委协助落实,全市党政机关、事业单位、人民团体的局级领导干部以及市管企业领导人员2 138名(2004年已登记的区县委办局党政主要领导除外)专项登记,保证领导干部个人重大事项报告制度的落实。

2008年,全市开展对领导干部个人有关事项报告情况进行专项检查,是否按规定要求、实事求是报告有关事项。市纪委在检查中,重点核查2名局级领导干部的报告资料,查实瞒报相关真实情况,对1名局级领导干部作诫勉谈话处理,对另1名局级领导干部的违纪线索作进一步调查。

2009年,在领导干部个人有关事项报告情况中,把局级干部住房列为专项检查内容,核查领导干部本人及配偶、子女购买商品房的报告资料,监督领导干部向党组织如实报告个人有关事项,促进领导干部廉洁自律。

第五节 述职述廉

一、要求

2001年,市纪委对一些区县领导干部述职述廉进行调研。卢湾、杨浦、黄浦、金山、崇明等区县为进一步规范领导干部的从政行为,增强领导干部的廉洁自律意识,试行领导干部述职述廉制度,规定处级以上领导干部(崇明县规定正科级以上领导干部)每年一次就执行中央、市委、区县委关于领导干部廉洁自律规定的情况向党组织作出报告,并在领导班子民主生活会上述廉,听取班子成员和干部代表的意见,自觉接受监督。

2003年,按照市委关于进一步完善领导干部述职述廉制度的要求,市纪委会同市委组织部多次研究推进领导干部述职述廉工作,对述职述廉内容、时间和组织实施提出要求,加强监督检查力度,推进领导干部述职述廉制度的落实。全市有131个局级单位开展领导干部述职述廉活动,有11个区县制定有关规定,7名局级党政领导干部在党的全会上进行述职述廉。

2004年,区县、委办局开展对领导干部述职述廉制度的监督检查,结合各单位的实际情况,研究制定措施,完善规章制度,采取多种形式,有针对性地开展领导干部述职述廉工作。全市有963个处级以上单位制定述职述廉制度,共有9 092名处级以上党政领导干部进行述职述廉。

2005年初,市纪委召开全市领导干部廉洁自律工作会议,要求各区县、委办局要利用保持共产党员先进性教育活动的契机,开展领导干部述职述廉工作,加强党内监督制约,增强领导干部廉洁从政意识。全市有15 688名科级以上领导干部在不同范围内述职述廉。

2006年,市委办公厅印发《上海市党员领导干部述职述廉的实施办法(试行)》后,各区县、委办局按照市纪委、市委组织部的部署和要求,针对领导干部的思想和工作情况,采用结合领导班子民主生活会、年度考核等多种形式,强化监督制约,有计划、有步骤、有序地开展领导干部述职述廉工作。2006年全市各级领导干部述职述廉25 753人次;2008年全市各级领导干部述职述廉56 599人次;2009年全市各级领导干部述职述廉61 308人次;2010年全市各级领导干部述职述廉54 702人次。

二、内容

述职述廉，是指党的组织和领导干部在一定时间、一定范围内，向党的委员会和干部群众，报告自身履行职责和廉政勤政等方面的情况，接受民主评议或民主测评，并针对评议或测评反映出来的问题进行整改的制度。2006年，市委办公厅印发《上海市党员领导干部述职述廉的实施办法（试行）》，对述职述廉的内容、程序、方式方法提出具体要求。

述职的主要内容：学习贯彻邓小平理论、“三个代表”重要思想、科学发展观和党的路线方针政策情况，及落实市委有关决议、决定和要求情况；执行民主集中制情况；遵守和执行组织人事法规、纪律情况；履行岗位职责情况；贯彻落实党风廉政建设责任制情况等。

述廉的主要内容：贯彻执行党员领导干部廉洁从政相关制度规定情况；执行领导干部个人重大事项报告（包括领导干部收入申报）制度情况；执行收受礼品礼金登记制度情况；领导干部本人在上一次述职述廉中查找出的突出问题的整改情况；本单位干部群众要求说明的有关廉政方面情况等。

《办法（试行）》规定述职述廉在一个届期中至少进行两次，可结合领导班子民主生活会、干部年度考核等工作进行，党委（党组）负责本地区、本系统党员领导干部述职述廉工作的组织实施，明确述职述廉的主要程序。

三、方式方法

纪律检查机关和组织（人事）部门履行对领导班子和领导干部开展述职述廉工作的组织协调和管理的职责。

述职述廉前，党委（党组）要广泛征求干部群众对领导班子成员的意见，并由领导班子主要负责人向领导班子成员本人反馈意见；上级纪律检查机关和组织（人事）部门征求干部群众对领导班子主要负责人的意见，并将意见反馈其本人。领导干部本人也要通过谈心等形式，充分听取意见。领导干部根据要求和组织反馈的意见撰写个人述职述廉报告。

党委（党组）组织召开述职述廉会议。会议由党委（党组）主要负责人主持，领导班子成员分别进行述职述廉。领导班子成员的述职述廉报告，可在述职述廉会议上口头报告，也可视情况在述职述廉会议期间以书面形式报告。

领导班子主要负责人受上级纪律检查机关和组织（人事）部门委托，向领导班子成员反馈民主评议或民主测评的结果，其本人的结果由上级纪律检查机关和组织（人事）部门反馈。领导班子召开专题组织生活会，落实整改措施。

第六节 党委工作部门评议

党委工作部门评议是市委在改革开放新时期加强党内监督的新探索。2004年，为深入贯彻《中国共产党党内监督条例（试行）》，发展党内民主，加强党内监督，改进党的作风，上海开展市委工作部门评议试点工作。

一、工作机制

2004 年,市委成立“市委工作部门评议试点工作领导小组”,分别由市纪委、市委政法委、市委宣传部、市委组织部、市级机关党工委等有关单位领导担任领导小组成员。市领导小组下设评议工作办公室。5 月,市委工作部门评议试点工作领导小组印发《关于在市委工作部门开展评议试点工作的通知》和《市委工作部门评议试点工作实施方案》,明确建立由市委领导小组统一领导,各部门自主评议,市纪委负责督促检查、综合协调和情况汇总的工作机制。

2005 年,建立健全市委工作部门评议制度。市委办公厅印发《中共上海市委关于建立对市委工作部门开展工作评议制度的通知》,对市委工作部门开展工作评议的范围、内容和方式方法提出要求。评议工作分前期准备、调查征询和总结整改三个阶段进行。评议的内容为思想作风、工作作风,履行职责、推进工作,廉洁自律、自身建设等方面。评议的方法是个别访谈、问卷调查和征询意见。

2006 年,对原市委工作部门评议试点工作领导小组组成人员进行调整,评议办公室设在市纪委,负责评议试点工作的日常工作。调整后的市委工作部门评议试点工作领导小组组长由市委副书记担任。

图 8-2-3　2006 年 6 月 10 日,上海市纪委调研市委工作部门评议试点工作

二、听取意见

2004 年 6—10 月,市委工作部门评议试点工作领导小组对市委组织部、市委宣传部、市委统战部、市委政法委、市建设党工委、市金融党工委、市级机关党工委等 7 个部门开展评议试点工作。

7 月 15 日，市纪委召开市委工作部门评议员大会，对评议员工作提出要求。市纪委在评议过程中，对 101 名评议员进行培训，对 40 名市委委员、候补委员，市纪委委员，各区县委办主要负责人及各民主党派、市工商联负责人进行个别访谈，广泛征求意见和建议。8—9 月，共对 816 名党员干部及民主党派人士进行个别访谈，发放调查问卷 3 069 份，回收 2 690 份，回收率为 87.65%。市纪委还统一组织 7 个被评议部门对市委委员、市纪委委员、各区县委办负责人的问卷调查，共向 147 名领导干部发放调查问卷 588 份，回收 464 份。

2006 年 4 月 17 日，市委工作部门评议试点工作领导小组印发《2006 年市委工作部门评议试点工作实施方案》，对市委办公厅、市社会工作党委、市合作交流工作党委等 3 个部门开展评议。征询意见范围从 2004 年的党内为主调整为以服务对象为主，更贴近市社会工作党委等部门履行职责的实际。5 月 18 日，召开评议工作动员会，部署评议工作的方法步骤和具体要求。3 个被评议部门参与评议的人员包括党员领导干部、"两新"组织人士、外省市驻沪办领导等，个别访谈 393 人，问卷调查 1 160 人，其中市纪委集中个别访谈 45 人。

三、落实整改

2004 年经过梳理汇总，对被评议部门提出的意见和建议，市委组织部 71 条，市委宣传部 71 条，市委统战部 32 条，市委政法委 58 条，市建设党工委 46 条，市金融党工委 35 条，市级机关党工委 20 条。各部门对照意见和建议，认真进行整改。

2005 年，对 2004 年评议试点的 7 个市委工作部门评议后整改的情况进行督促检查。各被评议部门结合保持共产党员先进性教育活动，完善和深化整改措施，增强履职能力和提高廉洁自律意识。

2006 年经过梳理汇总，对被评议部门提出的意见和建议，共计 194 条，其中，市委办公厅 48 条，市社会工作党委 95 条，市合作交流工作党委 51 条。各部门对照征集的意见和建议，深入分析和研究，提出改进的措施。

2006 年以后，党委工作部门评议不再单独实施，纳入正常工作考核评议中。

第七节 责任制检查与责任追究

一、责任制检查

2000 年 9—10 月，市纪委、市监察委会同有关部门组成专项检查组，对 14 个区县、9 个委办共 23 个单位贯彻落实党风廉政建设责任制和领导干部廉洁自律工作的进展情况进行专项检查。这是 1998 年党中央、国务院下发《关于实行党风廉政建设责任制的规定》以后，首次进行的大范围、较全面的专项检查。通过检查，党风廉政建设责任制工作逐步落实。

2001 年 10 月，市纪委、市监察委会同有关部门，组织 7 个检查组，对 5 个区 4 个委办贯彻落实党风廉政建设责任制和领导干部廉洁自律工作的情况进行专项检查，对进一步加强党风廉政建设责任制和领导干部廉洁自律工作提出要求。

2002 年 11 月，市纪委会同市委组织部组成 16 个联合检查组，对 16 个区县、委办局贯彻落实党风廉政建设责任制和学习贯彻中央《党政领导干部选拔任用工作条例》的情况进行专项检查，促进党风廉政建设责任制的落实。

2003年,市纪委会同市委组织部组成联合检查组,对浦东新区、闸北区、虹口区、卢湾区、南汇区、崇明县、市高法院、市建委、市财政局、市司法局党委(党组)等10个单位贯彻落实党风廉政建设责任制和《党政领导干部选拔任用工作条例》情况进行专项检查,采取有效措施,解决党风廉政建设责任制工作中存在的问题。

2004年11月,市纪委会同市委组织部组成联合检查组,对黄浦区、静安区、青浦区、市农委、市人口计生委、市旅游委、市劳动保障局、市环卫局、华东师范大学、中国船舶集团七〇八研究所等10个单位贯彻执行党风廉政建设责任制和《干部选拔任用条例》的情况开展专项检查。对党风廉政责任制落实不够的问题,提出整改意见。

2005年11月,由市委、市纪委领导带队,邀请民革、民盟、九三学社、台盟、致公党、民进、民建、农工党等8个民主党派负责人,组成7个专项检查组对市总工会、团市委、市经委、市统计局、市文广影视局、市知识产权局、市市政局等7个单位开展专项检查。为了加强民主党派的监督,第一次由党外人士担任其中一个检查组的组长参与检查,形成邀请民主党派负责人参加责任制专项检查的工作制度。

2007年3—8月,市党风廉政建设责任制领导小组办公室对全市19个区县逐一进行督促检查,采取随机确定被检查单位、随机确定访谈对象、随机调阅日常工作书面材料的方式,重点检查局、处两级党政主要领导履行"一岗双责",推进落实反腐倡廉各项任务的情况,并将检查中发现的问题向区(县)委书记反馈,提出整改意见。

同年12月,市纪委组织协调成立8个检查组,对市建设交通委、市教委、市财政局、市房地资源局、市国资委、市外经贸委、市质量技监局、市水务局等8个单位贯彻落实《关于实行党风廉政建设责任制的规定》的情况进行为期5天专项检查,对发现的问题和薄弱环节,提出加强党风廉政建设责任制意见和建议,并将情况报告市党风廉政建设责任制领导小组。

2008年11月17日—12月5日,由中共中央政治局委员、市委书记俞正声,市委副书记、市长韩正等市四套班子主要领导和市委常委带队,分别对长宁区、杨浦区、闸北区、卢湾区、宝山区、市司法局、市财政局、上海文化广播影视集团、上海建工(集团)总公司、市民族宗教委、市建设交通委、市食品药品监管局、上海世博局、浦东新区劳动保障局等14个单位贯彻落实《关于实行党风廉政建设责任制的规定》的情况进行专项检查,进一步推进责任制的贯彻落实,加强本市党风廉政建设和反腐败工作。

2009年11—12月,由市四套班子主要领导和市委常委带队,对徐汇区、普陀区、闵行区、嘉定区、松江区、青浦区、奉贤区、市建设交通工作党委、市金融工作党委、市经济信息化工作党委、市人力资源社会保障局、市规划国土资源局、市交通港口局、上海世纪出版集团等14个单位落实党风廉政建设责任制、推进惩防体系建设和加强基层党建工作的情况进行专项检查。对检查发现的责任意识不强、廉洁自律不严等问题,责成有关部门限期整改,落实党风廉政建设责任制。

2010年12月13日—2011年1月12日,由市四套班子主要领导和市委常委带队,分别对黄浦区、虹口区、崇明县、市工商局、市民政局、市科技工作党委、市教卫工作党委、上海电气集团、市合作交流工作党委、金山区、解放日报报业集团、市社会工作党委、市地税局、市农委等14个单位落实党风廉政建设责任制、推进惩防体系建设情况进行专项检查。对检查发现的责任落实不到位、制度执行力不强等问题,督促有关单位采取有效措施,认真进行整改。

图 8－2－4　2009 年 12 月 17 日，上海市党风廉政建设责任制专项检查汇报会

二、责任追究情况

市纪委、市监察局（委）对发生的违纪违法案件和重大事故，坚持做到处理违纪人员的同时进行责任分析，对负有“失察、失管、失教”责任的领导严格进行责任追究。

1999 年，全市纪检监察系统对 88 起违反党风廉政建设责任制规定的案件进行查处，99 人受到责任追究。

2000 年，全市纪检监察系统对 27 起违反党风廉政建设责任制规定的案件进行查处，47 名领导干部受到责任追究，其中处级领导干部 30 人。

2001 年，全市纪检监察系统对 21 起违反党风廉政建设责任制规定的案件进行查处，36 名领导干部受到责任追究，作出纪律处分或组织处理，其中受党纪政纪处分共有 27 人，免职、责令辞职、通报批评等组织处理的有 9 人。

2002 年，全市纪检监察系统对 15 起违反党风廉政建设责任制规定的案件进行查处，20 名干部受到责任追究，其中处级干部 12 名，其他 8 名；有 9 人受到党纪处分，11 人受到政纪处分，3 人受到组织处理。

2003 年，全市纪检监察系统对 28 起违反党风廉政建设责任制规定的案件进行查处，59 人受到责任追究，其中 4 人受到党纪处分，44 人受到政纪处分，4 人受到组织处理，7 人受到其他处理。

2004 年，全市纪检监察系统对 34 件违反党风廉政建设责任制规定的案件进行查处，49 人受到责任追究，其中党纪政纪处理 45 人，组织处理 3 人，通报批评 1 人；局级干部 1 人，处级干部 14 人。

2005 年，全市纪检监察系统对 27 起违反党风廉政建设责任制规定的案件进行查处，54 名党员干部受到责任追究，其中处级干部 21 名。

2006 年，全市纪检监察系统对 43 起违反党风廉政建设责任制规定的案件进行查处，83 人受到责任追究，28 人受到党纪处分，39 人受到政纪处分，16 人受到组织处理；党政机关领导干部 46 人，其中局级干部 6 人，处级干部 20 人。

2007年,全市纪检监察系统对29起违反党风廉政建设责任制规定的案件进行查处,61人受到责任追究,其中党政机关领导干部23人,局级干部1人,处级干部11人。

2008年,全市纪检监察系统对35起违反党风廉政建设责任制规定的案件进行查处,72人受到责任追究,其中党政机关领导干部24人。

2009年,全市纪检监察系统对30起违反党风廉政建设责任制规定的案件进行查处,63人受到责任追究,其中党政机关领导干部29人、基层干部2人、企业人员32人。

2010年,全市纪检监察系统对违反党风廉政建设责任制规定的67名领导干部实施责任追究,其中党政机关县处级3人、乡科级8人,企事业单位56人。

第三章　党外监督

市纪委、市监察局(委)拓宽监督工作的形式和途径,积极发挥权力机关、民主党派、新闻舆论的监督作用,强化对领导干部行使权力的监督和制约。1987—1992年,市纪委、市监察局分别办理市人大代表意见和市政协委员提案。1993年以后,市纪委、市监察局(委)合署办公后,根据市人大代表提出的意见和市政协委员提案反映突出问题和主要情况认真分析研究,将意见和提案中的有关建议,积极吸纳和落实到纪检监察工作中去,不断提高办理工作的解决率和满意率。在新闻舆论监督方面,1980—2010年,市纪委、市监察局(委)根据新闻媒体报道以及网络舆情反映的相关内容,及时了解人民群众关心和反映有关党风廉政建设、反腐败斗争方面的问题和批评建议,并通过新闻媒体公开有关问题的调查处理情况,接受新闻媒体和人民群众监督。

第一节　市人大代表意见和市政协委员提案办理工作

市人大代表意见和市政协提案是人民群众行使参政议政权利的重要方式,也是政府职能部门接受人大、政协监督的重要渠道,对推进"服务政府、责任政府、法治政府"建设具有重要的作用。

一、工作程序

【工作准备】

在"两会"前夕,市纪委、市监察局(委)领导召集有关职能处室负责人和办理人员,专题研究部署办理工作,在总结以往办理工作经验和教训的基础上,做好事前预测,注意收集、整理、分析代表和委员在"两会"中可能提出的意见,积极主动地做好会前准备。

根据"两会"期间提出的意见、提案,及时召开提案办理工作会议,明确任务,落实责任,对所涉及的单位、部门,分头协调,明确目标,落实到人。

【调查研究】

对市人大代表意见和市政协委员提案进行专题研究,深入基层,掌握第一手资料,做好与其他主(合)办、会办单位的沟通工作,加强政府各部门之间办理工作的协调配合,为做好办理工作打好基础。

主办件,抓好与市人大代表、市政协委员的联络与走访;合办件,抓好与合办单位的协调、对市人大代表、市政协委员的联络与走访;会办件,抓好与主办单位的联络与协商。在各承办处室提出答复意见后,按照规范标准和程序完成办理工作。

【起草答复】

根据调查研究情况,起草回复代表的意见。对有难度的答复件,市纪委、市监察局(委)再次召开办理工作会议，听取有关承办职能部门拟办意见的基本思路，进行具体研究和指导。拟写答复时，重视走访期间代表、委员提出的意见和建议，充分吸收到答复意见中，并将意见和提案中的有关建议，积极吸纳和落实到纪检监察工作中去。

【征求意见】

为保证办理质量，市监察局(委)要求各承办部门在认真拟办答复件时，必须坚持事先走访，注意倾听市人大代表和市政协委员的意见，征求对意见或提案的办理要求。尤其是对民主党派提出的团体提案，以及一些重要的意见和提案，市纪委、市监察委领导直接上门走访，当面听取意见和建议，把办理过程作为主动接受民主监督和改进工作的过程。

【答复意见】

市纪委、市监察局(委)对每一件意见和提案的答复意见都层层审核，严格把关，做到“三审”：先由承办部门室主任初审，再由市纪委、市监察局(委)办公室复审，最后由分管常委审定签发。

在办理工作中，每一份答复意见都采用两下两上的审核程序。即承办部门在拟出答复意见后，报分管领导审核同意；办理书面意见和提案的职能部门在正式答复前，报市监察委主任审核同意。严格的办理程序使答复工作规范有序进行，办理质量进一步提高。

二、办理情况

【合署前市纪委办理】

1987 年，市人大八届六次会议、市政协六届六次会议期间，市纪委收到市人大代表意见 1 件，市政协委员提案 4 件。按照规定的时间和要求，市纪委作出答复和处理，完成意见和提案的办理工作。

1988 年，市人大九届一次会议、市政协七届一次会议期间，市纪委收到市人大代表意见 2 件、市政协委员提案 4 件。按照规定的时间和要求，完成意见和提案的办理工作。

1989 年，市政协七届二次会议期间，市纪委收到市政协委员提案 6 件。按照规定的时间和要求，完成提案办理工作。对市政协委员的提案《建议规定上海市主要党政干部直系亲属不经商，在全国廉政工作中起带头作用》，市纪委提出工作建议，由市委办公厅统一答复。其他提案，或经调查处理作答复或转交有关部门处理。

1990 年，市政协七届三次会议期间，市纪委收到市政协委员提案 1 件。按照规定的时间和要求，完成提案办理工作。

【合署前市监察局办理】

1988 年，市人大九届一次会议、市政协七届一次会议期间，市监察局收到市人大代表意见 3 件(会办 1 件)、市政协委员提案 2 件。市人大代表的意见主要是加强对执法人员的监督，加强立法克服官僚主义；市政协委员的提案主要是加强行政监察部门工作，开展各种检查，纠正不正之风，并向群众公布行政监察情况。按照规定的时间和要求，市监察局如期完成意见和提案的办理工作。

1989 年，市人大九届二次会议、市政协七届二次会议期间，市监察局收到市人大代表意见 3 件(会办 1 件)、市政协委员提案 20 件。这些意见、提案的主要内容是关于反对腐败、加强廉政建设的建议，对市人大代表提出的“市监察局应向大会作一次会议以来的监察工作报告”、“应在全社会形成廉政、节约的风气”；市政协委员提出的“党政机关克服官僚主义，反对腐败现象”、“对群众举报的案情要认真清查”等。按照规定的时间和要求，市监察局如期完成意见和提案的办理工作。

1990年，市人大九届三次会议、市政协七届三次会议期间，市监察局收到市人大代表意见5件、市政协委员提案18件。市人大代表的意见主要是关于深入开展反腐败斗争、加强廉政建设的建议，如“完善和加强监察体制”、“健全各级廉政监督机构”问题等；市政协委员的提案主要是关于深入开展反腐败斗争、加强廉政建设的建议，如“把反腐败斗争作为稳定大局的根本措施抓紧抓好”问题等。市监察局在办理过程中反复研究、反复听取意见。办理结果拟定后，市监察局走访9位市人大代表，向代表汇报办理情况，征求代表的意见，在此基础上，做出正式书面答复；书面答复市政协委员36人次。

1991年，市人大九届四次会议、市政协七届四次会议期间，市监察局收到市人大代表意见7件、市政协委员提案7件。市监察局领导高度重视意见和提案反映的热点问题。如市政协委员提出“刹奢筵公费宴请风”的提案，市监察局领导亲自了解情况，研究解决问题，检查办理进度。承办人员主动上门征询市人大代表、市政协委员的意见。按照市政府的要求，市监察局按时完成意见和提案的办理工作。

1992年，市人大九届五次会议、市政协七届五次会议期间，市监察局共收到市人大代表书面意见2件，接受现场咨询1件；收到市政协委员提案27件，接受现场咨询6件。这些意见和提案的主要内容是关于加强廉政建设的建议。在现场咨询中，市监察局领导对委员反映的问题，不仅现场认真答复，事后组织人员进行调查。在办理“彻底查清儿童福利院问题”的过程中，市监察局主要领导先后召开通报调查情况座谈会，五次向市人大代表专题通报调查情况，听取意见。按照规定，市监察局完成全部意见和提案的办理工作。

【合署后办理】

1993年，市人大十届一次会议、市政协八届一次会议期间，市纪委、市监察委共收到市人大代表意见10件、市政协委员提案7件。这些意见和提案的主要内容是关于反腐败、加强廉政建设的建议。在“两会”期间，市纪委、市监察委领导带队到现场答复市人大代表书面意见3件，现场处理代表提出咨询7件；答复市政协委员提案3件，现场处理委员当场提出的咨询7件。在现场办理时，市纪委、市监察委领导对人民群众反映强烈的对礼券、回扣、公费旅游等热点问题，听取代表的意见和建议，认真负责地解答有关问题。市纪委、市监察委按期完成意见和提案的办理工作。

1994年，市人大十届二次会议、市政协八届二次会议期间，市纪委、市监察委共收到市人大代表意见3件，市政协委员提案10件。这些意见和提案的主要内容是对当前反腐倡廉工作提出的意见和建议。其中，市政协委员提出的提案有显著特点：对反腐倡廉必须加强法制建设的建议多，占提案的60%以上。这些提案从健全制度、完善法制、强化监督等方面进行阐述，强调标本兼治、综合治理，对市纪委、市监察委工作很有参考价值。为此，市纪委、市监察委专门出了一期《监察情况综合》，将市政协委员的建议归纳成六个方面、十个问题，提出解决的措施和对策，并报市委、市政府、市人大、市政协、中央纪委和监察部。

1995年，市人大十届三次会议、市政协八届三次会议期间，市纪委、市监察委共收到市人大代表书面意见7件、市政协委员提案20件，其中团体提案3件(民建、民革、农工)，联名提案2件。这些意见和提案既肯定了市委、市政府重视反腐倡廉工作所取得的成绩，又指出当前存在腐败现象的严重性、艰巨性，提出解决问题的具体建议。对市人大代表提出的“关于解决军警牌照问题”、“要求查处公车送子女上学”、“公车扫墓”等问题，市政协委员提出的“购买豪华车”、“吃喝玩乐”、“以权谋私”、“令不行、禁不止”、“礼券、购物卡”等问题，市纪委、市监察委高度重视，市纪委书记、市监察委主任张惠新作出批示，专门召开工作会议，明确任务要求，落实责任制，组织力量进行专项办理。同时，市纪委、市监察委连续印发三期简报，发给各区县监察委、部委办局监察室，做好办理工作。5月12日，市政协副主席石祝山带领20多位市政协委员到市监察委检查提案办理工作，对市监察委办理工作表示满意。

1996年，市人大十届四次会议、市政协八届四次会议期间，市纪委、市监察委共收到市人大代表书面意见3件，市政协委员提案20件(包括政协团体提案2件，联名意见、提案3件)。这些意见和提案归纳为：关于加强领导干部廉洁自律、关于纠风工作、关于加强法制建设、关于加强党风廉政宣传、关于加强纪检监察队伍建设六个方面的建议。市纪委、市监察委将意见和提案编辑成《监察情况综合》，送市纪委领导和机关各室，并召开专题会议研究，把每件意见、提案分解落实到相关室。抓住重点、难点问题，主动走访市人大代表和市政协委员，听取对办理工作的意见。主动沟通其他部门，联系协商，认真答复代表和委员们的意见和提案，达成办理意见的共识，按期完成办理工作。

1997年，市人大十届五次会议、市政协八届五次会议期间，市纪委、市监察委共收到人大代表书面意见4件、市政协委员提案13件。这些意见和提案归纳为：关于加强领导干部廉洁自律、关于纠风工作、关于加强党风廉政宣传、关于加大监督力度五个方面的建议。市纪委、市监察委将意见和提案编辑成《监察情况综合》，送给市纪委领导和有关处室，召开专题会议，明确任务，落实责任，严格把关答复件。相关室主动走访市人大代表和市政协委员，征求他们对办理工作的意见和建议，做好书面答复工作。

1998年，市人大十一届一次会议、市政协九届一次会议期间，市纪委、市监察委共收到市人大代表书面意见3件、市政协委员提案14件。市纪委、市监察委针对规范征收私营企业协会会费、禁止有偿新闻等问题，到市工商局、解放日报、文汇报等单位了解有关的政策和情况，主动会同相关部门联手办理，提出整改意见，加强监督、管理和服务工作。同时，共同上门走访代表，全面答复代表，认真做好办理工作。

1999年，市人大十一届二次会议、市政协九届二次会议期间，市纪委、市监察委共收到市人大代表书面意见3件，市政协委员提案14件。其中，市纪委、市监察委主办15件，会办2件，已按规定全部如期办复，共答复代表、委员36人次。市纪委、市监察委在办理结束后，认真吸纳意见和提案的建议，加大党风廉政建设和反腐败工作力度。针对市政协委员提出的领导干部的廉洁自律方面的提案，市纪委、市监察委组织开展对全市公费住宅电话和手机进行清理，严格党政机关公务活动接待标准，查处领导干部以权谋房违纪案，建立健全规章制度，加强监督检查。

2000年市人大十一届三次会议、市政协九届三次会议期间，市纪委、市监察委共收到市人大代表书面意见1件，市政协委员提案11件。根据市人大代表、市政协委员的意见和建议，编发“‘两会’反腐倡廉意见提案的特点与话题”的专题简报，整理归纳为：抓好对领导干部的廉政教育、加强对公务用车的管理；推进政务公开工作、对各类学校乱收费现象进行治理、规范公费出国旅游管理制度、抵制执纪执法办案中“说情”的干扰；改进和加强纪检监察工作等七个方面问题，送给市纪委、市监察委领导和机关各厅、室，做好办理工作。2月25日，市纪委、市监察委专门召开意见提案办理工作会议，提出落实好办理工作责任制，对“两会”休会期间转办的意见、提案，坚持随提随办的原则，进行办理跟踪目标考核的具体要求。会后，各承办室将办理工作责任落实到人，查阅相关文件、资料，以及有关部门的工作信息，走访代表、委员，认真全面答复，积极采纳落实代表、委员的意见和提案。

2001年市人大十一届四次会议、市政协九届四次会议期间，市纪委、市监察委收到市人大代表书面意见2件、市政协委员提案19件。这些意见和提案的主要内容是对当前反腐倡廉工作提出的意见和建议，市人大代表从加强基层党风廉政建设上遏制腐败现象，提出"对村官腐败现象，政法部门要有一定力量及时查处的建议"，市政协委员提出"应注意防止乡镇干部腐败"等问题，市纪委、市监察委进行分析研究，组织开展调研工作，深入社区、农村基层了解党风廉政建设情况，提出加强基层干部作风建设的对策和措施，制定加强社区、农村基层党风廉政建设的意见。

2002年市人大十一届五次会议、市政协九届五次会议期间，市纪委、市监察委收到市人大代表书面意见4件、市政协委员提案8件。市委副书记、市纪委书记罗世谦认真听取"两会"意见、提案办理工作汇报，提出明确要求。市纪委、市监察委召开办理工作专题会议，对意见和提案提出的小学违反规定收费、代币购物券"回潮"、药品招标回扣、国有资金监督、政务公开工作等问题，沟通联系有关单位，明确工作责任，落实整改方案，坚持从源头治理，建立规章制度，纠正行业和部门不正之风。

2003年市人大十二届一次会议、市政协十届一次会议期间，市纪委、市监察委收到市人大代表书面意见4件、市政协委员提案6件(其中民革、民进党派提案2件)。对意见和提案提出的完善政务公开、深化行政审批制度改革、推进政府采购工作、企业商务用车改革等问题，召开市纪委书记办公会议，听取意见提案办理工作汇报，提出做好意见提案办理工作的具体要求。为解决市人大代表提出的网上查询审改情况不方便的问题，与"中国上海"网站协商，尽快对网页进行改进，解决查询审改情况不方便的问题。为落实市人大代表提出关于"推进企业商务用车改革，改善市区道路拥挤状况"的意见，市纪委、市监察委前期做了大量的调查研究工作，走访和了解市工业党委、宝钢、上海机场、电气集团公司等企业，听取公务用车制度改革情况，收集相关资料，汇总情况后提出整改的意见，进行复件答复。市人大代表、市政协委员对"办理结果"和"办理态度"都表示满意。

2004年市人大十二届二次会议、市政协十届二次会议期间，市纪委、市监察委收到市人大代表书面意见1件、市政协提案11件。市纪委书记办公会专门听取人大意见、政协提案情况和办理工作意见汇报。为做好相关意见和提案如期办复，制订《2004年意见提案任务分解表》《2004年意见提案办理工作流程》《2004年提案(主办)办理情况反馈》《2004年意见提案办理工作完成情况表》。在办理中，编发"'两会'廉政建设意见提案的主要内容"专题简报，做好信息上网工作，共发布上网信息26条，通报办理工作情况。同时，组织特邀监察员监督并参与提案的办理工作。

2005年，市人大十二届三次会议、市政协十届三次会议期间，市纪委、市监察委共收到市人大代表书面意见3件、市政协提案2件(主办1件，合办1件)。市纪委书记办公会专门听取人大意见、政协提案情况和办理工作意见汇报。2月18日，市纪委、市监察委召开办理工作会议，明确承办部门对意见和提案的办理要求，邀请部分市特邀监察员监督并参与意见和提案的办理工作。对书面意见、提案中目前不能解决的问题，如实反映和说明情况，取得代表、委员的理解。组织召开办理工作汇报会，交流、检查办理工作，对加强党风廉政建设有参考价值的意见和建议，积极向市人大、市政协推荐。

2006年，市人大十二届四次会议、市政协十届四次会议期间，市纪委、市监察委共收到市人大书面意见会办1件、市政协提案6件(主办4件，会办2件)。内容包括：加强政务公开，改善上海投资环境、解决市场准入与审批后置问题,创造良好环境,为经济社会发展服务;建立官员问责制度、加强政府工作人员监督、追究行政责任等综合性的建议和意见,要求政府工作人员依法、依章办事,提高服务质量。市纪委书记办公会专题听取办理工作情况汇报。市纪委、市监察委加强与政府有关部门的沟通,建立联系机制,互相沟通,加强协作,共同研究,落实整改,使办理工作顺利进行。

2007 年,市人大十二届五次会议、市政协十届五次会议期间,市纪委、市监察委收到市政协委员提案 6 件(主办 3 件,合办 1 件,会办 2 件)。市纪委召开常委会,专题听取关于 2007 年人大书面意见和政协提案办理工作情况的汇报,市纪委书记沈德咏对办理工作提出明确要求。在办理过程中,积极与委员沟通,介绍办理工作情况,听取意见和建议,做到答复率 100%,走访率 100%。

2008 年,市人大十三届一次会议、市政协十一届一次会议期间,市纪委、市监察委共收到人大代表书面意见 4 件(主合办 1 件,会办 3 件)、市政协委员提案 8 件(主合办 5 件,会办 3 件)。这些书面意见集中反映纠风、政府职能转变、政务(企务)公开、公务用车管理等方面的问题。市纪委常委会专题听取 2008 年人大书面意见和政协提案办理工作情况的汇报。市纪委、市监察委专门召开办理工作会议,对办理工作提出指导意见和具体要求。各承办室加强与各主会办单位联系,研究加强政府部门职能转变,纠正不正之风,提高办事效率和质量的措施,与代表委员沟通,协调答复意见,共同做好办理工作。

2009 年,市十三届人大二次会议、市政协十一届二次会议期间,市纪委、市监察局共收到市人大代表书面意见 6 件(主合办 5 件,会办 1 件)、市政协委员提案 5 件(主合办 3 件,会办 2 件)。这些意见和提案的内容集中反映加强对政府公职人员职业规范、加强对各类社会监督员管理、加强对政府政策落实、资金和民生工程的监督管理等问题。市纪委常委会和书记办公会专题听取办理工作情况的汇报。在办理过程中,市纪委、市监察局沟通协调政府职能部门,研究加强监督检查的力度,保证政府政策落实,促进廉政勤政建设。同时,走访代表委员,听取意见和建议,充实到答复中,按时间节点完成办理工作。

2010 年"两会"期间,市纪委、市监察局共收到市人大代表书面意见 6 件(主合办 3 件,会办 3 件)、市政协委员提案 9 件(主合办 8 件,会办 1 件)。这些意见和提案的内容主要集中反映行政执法监督等方面,对建设责任政府、服务政府、法治政府、廉洁政府提出新的要求。市纪委常委会和书记办公会专题听取办理工作的情况,研究办理工作的意见和措施。市监察局领导带队到市城市交通执法总队、区建设局、区执法大队等进行深入了解和调研,加强与政府职能部门之间协调与协商,研究解决行政执法问题整改方案,提出依法行政的意见,并上门与代表沟通,完成办理答复工作。通过办理市人大代表意见和市政协委员提案,推动政府工作作风转变,提高政府工作效能。

第二节 新闻舆论监督

新闻舆论监督是一种重要的社会监督形式。它是人民群众通过新闻媒体对党务、政务活动和党政工作人员包括各级党政机关领导人员实施的民主监督。随着时代的进步,社会的发展,新闻舆论监督在国家政治和社会生活中的地位、作用越来越突出。

一、新闻媒体监督

1980 年 4 月 29 日,《解放日报》《信访摘编》第 36 期刊登群众来信,反映奉贤县公安局有的干警不依法办事、侵犯群众利益的问题。市委纪委筹备组领导对此作批示，要求有关部门进行查处。经查，情况基本属实，奉贤县委对县公安局相关人员进行严肃处理。

同年6月13日，《文汇报》《情况反映》第153期刊登记者调查《进口设备睡码头每天损失七千多》。市委纪委筹备组领导对此作批示，要求有关部门进行查处。市进出口办公室进行调查处理，并向市委、市政府作了专题报告。经协调，相关设备已安装。6月28日，《文汇报》对上海县纪王公社干部挥霍集体资金游山玩水进行揭露。市委纪委筹备组对此事进行彻查，经查。情况基本属实，并查明相关干部用公款请客、大吃大喝，利用职权、谋取私利等问题。经市委纪委筹备组同意，上海县委决定撤销相关人员党内一切职务。

1981年9月9日，《解放日报》《情况简报》第205期反映上海某轻工电子材料厂不顾财经纪律导致重大经济损失的问题。市委纪委筹备组领导作批示，要求作重点查处。市经委纪检组责成市轻工业局纪委和玻璃、钟表两个公司联合调查整顿，财政、检察部门派人参加调查。经查实后，对该厂进行全面改组转产，对有关人员经济问题分别立案审查，转为经济犯罪案件查处。

1982年8月23日，上海人民广播电台《上海电台情况反映》(增刊第5期)反映上海某分公司套用银行贷款放高利贷。市委纪委筹备组领导作出批示，并亲自与有关领导研究，组织力量进行查处。经查实后，对该分公司党支部书记、副经理2人分别给予党内严重警告处分，并免去职务。

1984年4月21日，上海人民广播电台《上海电台情况反映》(第38期)反映上海某药厂滋补药品大批霉变的问题。市委纪委筹备组领导作了批示，要求有关部门认真查处。市医药局纪委和市药材公司纪委组成工作小组，进行专题调查。经查实后，逐步调整该厂领导班子，并采取有力措施，加强企业管理特别是质量管理，对有关问题进行纠正处理，对相关领导进行批评教育。

1985年8月7日，《新民晚报》《情况简报》第18期反映上海某重要工厂失窃案件。市纪委领导对此作出批示。公安部门侦破失窃案后，该厂全面加强企业管理和安全生产，主要领导到每个车间逐项检查整改措施落实情况，防止事故发生。有关部门对相关领导和责任人员进行严肃处理。

1987年8月8日，《上海环境报》刊登松江污水厂建成两年不能正常运转的报道。8月15日，新闻报又刊登松江污水厂超标准排污的报道。市纪委领导对此专门作了批示，要求有关部门认真了解情况。11月2日，市纪委向市政府报告《关于松江污水处理厂一期工程两年不能正常运转的情况反映》，并提出工作建议。

1990年1月27日，《新民晚报》刊登《公车进香 净土不净》的报道。市监察局组织力量从速查实，对违反规定的有关单位驾驶员和管车部门负责人作出严肃处理，并于3月9日将查处结果公开登报。3月19日，《新民晚报》刊登《廉政规定竟作耳边风 公车扫墓人赤膊上阵胆不小》的报道后，市监察局调查处理29起“使用公车扫墓”的问题。4月27日，市监察局就公车扫墓问题通过上海电视台公开查处结果。

1996年6月15日，《解放日报》的《信访摘编》第10期反映上海某厂领导超标购房等问题。市纪委领导作出批示。市工业系统纪委对来信情况进行调查处理，要求将该干部住房个人产权改为单位产权，并追缴其超面积房款。

1997年7月31日，《解放日报》的《信访摘编》第13期反映崇明县村干部赌博问题，市纪委领导对此作出批示。崇明县委、县政府和县纪委对参赌人员进行调查处理，决定给予相关人员党内警告处分，并重申禁赌规定，严格党风责任制，防止类似问题的发生。

1998年2月16日，《解放日报》的《信访摘编》第3期反映上海某企业转制方案欠妥问题。市纪委领导作出批示，市纪委纪检监察二室会同有关部门进行调查处理，经市总工会等有关部门指导，该企业作了纠正，并对企业改制方案重新进行设计。

2000年4月5日，《解放日报》记者以个人名义向市纪委书记写信反映普陀区某公司职工举报董事长经济问题遭到打击报复问题。市纪委领导对此作出批示，要求对此事进行彻查。普陀区对该企业董事长进行严肃调查，并移送司法部门处理。

2008年4月28日，北京《财经》杂志报道上海徐汇区帝景苑商品房有关问题。4月30日，《上海商报》以特别报道方式进行转载。市委领导就媒体反映有关问题作了重要批示，市纪委高度重视，立即组织专门力量进行调查。经查实，对帝景苑项目建设过程中，涉及市规划局2名干部收受贿赂、合谋造假、擅自少报超规划面积的问题，移送司法机关处理；并有12名干部利用职务影响低价买房问题，对其中9人作了严肃处理，有3人移送司法机关处理。

2009年10月14日，浦东新区原南汇城市交通管理行政执法大队对驾驶员非正常取证事件，引起社会广泛质疑，新闻媒体进行报道。10月26日，市政府常务会议要求市监察局依照有关规定对相关责任人进行调查处理。市监察局对有关责任人员进行责任追究，给予相关人员行政警告处分。浦东新区交通行政执法非正当取证事件，被评为上海2009年度十大有影响的事件之一。

二、网络舆论监督

市纪委高度重视网络舆情工作，对网络上反映的涉贪、涉腐、涉沪事件和线索，建立快速反应、高度灵敏的网络舆情发现和预警机制，并采取相应的舆情处置措施，对经核实的贪腐线索，移交相应部门，做进一步处理。

【网络舆情协调机制】

2010年，市纪委、市委宣传部、市网宣办建立反腐倡廉网络舆情联络沟通机制，坚持统筹规划、集中管理、分级负责的原则，加强涉贪、涉腐、涉沪网络舆情发现和预警机制。各区县委办局纪委也组建舆情网络信息联络员队伍，搜集、汇总重要舆情线索，建立覆盖广泛、反应灵敏的舆情信息工作网络。

同年，市纪委与“人民网”、“中国共产党新闻网”等中央网络媒体及东方网等本市媒体建立网络评论协同机制；市纪委与市网宣办建立舆情信息工作会商交流机制，由市纪委宣教室落实专人定期到市网宣办收集、交流情况，整理出近期反腐倡廉网络热点话题，并依托市网宣办“网络信息管理智能决策辅助平台”系统，搜集、检索、分析反腐倡廉舆情信息，进行舆情信息发展态势综合研判。

【网络舆情内刊】

2009年9月，市纪委创办“反腐倡廉网上舆情”内部简报。28日编发第一期“反腐倡廉网上舆情”，开设“专题聚焦”、“网络热点”、“涉沪舆情”、“重大案件”等栏目，重要网络舆情及时上报，为市纪委领导决策提供参考。至2009年底，市纪委宣教室主动追踪涉贪、涉腐、涉沪等网上热点问题，编报“反腐倡廉网上舆情”简报9期。

2010年6月8日，市纪委编发的“反腐倡廉网上舆情分析报告”正式试刊，编报“涉腐舆情”以及处置情况，主要报送中央纪委网络宣传处，为上级部门和领导了解情况、掌握动态、进行决策提供信息服务。9月20日，中央纪委到上海就反腐倡廉网络宣传工作进行调研，市纪委介绍不断加强反腐倡廉网络舆情队伍建设、努力推进反腐倡廉网络舆情引导的情况。至 2010 年底,先后编报“反腐倡廉网上舆情”20 期,向中央纪委报送网络舆情信息 46 篇,得到中央纪委和市纪委领导的肯定。

【网络舆情处置】

2009 年,市纪委根据中央和市委工作部署,适时下发舆情需求和舆情提示,做好网络舆论引导工作。对一些重点案件的披露及时做好突发舆论事件的处置预案。

2010 年,市纪委对重大事故案件,根据市委、市政府统一部署和要求,对有关责任人给予党纪政纪处分,网上公布处理结果,做好舆情引导。市纪委对上海市查办的重要案件,及时下发舆情提示,加强有针对性的舆情监测。对发现涉及反腐倡廉方面的谣言和有害信息,及时通知有关部门依法处置。有关职能部门也将其在工作中发现的涉嫌反腐倡廉的谣言和有害信息,及时通报市纪委依法妥善处置。

第九篇

信访举报

纪检监察信访举报工作是纪检监察机关联系人民群众的桥梁和纽带，是纪检监察机关获取信息、发现腐败线索的重要来源。

1979年4月，纪委恢复重建以后，纪检监察信访举报工作不断健全和完善。全市纪检监察机关设立专门的信访接待机构，建立领导接访制度、市特邀监察员接访制度等，配备专职信访干部，开展纪检监察信访举报工作。合署办公后，信访举报工作进一步完善。至2010年，上海各级纪委受理党员、群众检举控告2 474 241件。

1982年，市委纪委筹备组始终把控告申诉工作作为保障群众充分行使民主权利，对党员、党组织特别是党员领导干部进行监督的重要渠道，并配备专职信访干部，受理申诉。上海各级纪委受理“文化大革命”期间历史老案的申诉、对党纪处分不服的申诉，按照“分级负责、分工归口处理检举、控告和申诉”的原则，加快办理进度。至1984年，一些久拖不决的申诉信访得到有效解决。

1987年，市纪委采用信息化手段，对信访工作进行管理。通过自主开发信访系统程序。至2010年，完成三版《信访信息统计系统》，实现信访工作办公自动化，加强对信访举报件办理的即时、动态、全程管理和监督，确保办信质量。

1994年，市纪委根据群众的来信来访情况，提出群众来信来访统一归口管理的责任、对象、处理办法和要求，全面准备、动态掌握信访信息。

1995年后，市纪委对信访举报件进行分类处理，区分案件的轻重缓急，保证有关案件检查室突出重点，集中精力查办案件和重要线索。

1998年，全市纪检监察机关通过定期召开信访分析例会，开展信访排摸，加强信访举报线索管理，筛选案件线索，挖掘信访反映的苗头性问题和典型案件，汇编成信访分析简报，为查办案件工作服务，为纠正不正之风、查处违纪违法行为提供有力支撑。

2007年，纪检监察开展信访排查工作，对重点信访人员实行动态排摸，进行信访疏导，化解矛盾纠纷，做到责任单位、责任人和稳控措施“三落实”，加强信访监督，维护社会稳定。

2008—2010年，为进一步提高信访工作的管理水平和工作效率，市纪委对信访举报进行目标管理、信息化管理、分类处理和质量管理，使信访举报工作步入规范管理的轨道。市纪委加强信访工作目标管理，通过考评手段，对信访工作提出管理要求，促进信访工作制度化、规范化，使信访问题解决在基层和萌芽状态，增强信访处理的综合能力。

第一章　受理检举控告和申诉

1979 年 4 月，市委纪委筹备组设立来信来访处。1993 年，市纪委和市监察局合署办公后设立信访室。纪检监察机关通过接收群众来信、接待群众来访、接听举报电话等渠道，受理对党员、党组织及行政监察对象的检举控告以及纪检监察对象的申诉。1979—2010 年，全市各级纪检监察机关共受理来信来访 2 474 241 件(次)，其中检举控告类 1 530 575 件(次)，申诉类 182 945 件(次)，其他类 760 721 件(次)。对来信来访涉及党风党纪问题的检举控告以及反映党的路线、方针、政策执行中的问题，认真分析研究、综合整理，为领导分析形势、部署工作提供决策依据。各级信访部门围绕查办案件工作部署，甄别分析，去伪存真，筛选案件线索，为查办案件服务。1998—2010 年，提供案件线索 22 775 件，转立案 3 095 件。按照纪检监察机关的职能和规定的程序处理解决信访举报问题。

第一节　受理检举控告

一、处理原则

根据中央纪委《关于处理控诉、申诉案件的规定》和《中国共产党纪律检查机关控告申诉工作条例》，市纪委制定执行《细则》，规范受理控告和申诉工作。

工作范围：受理对党员、党组织违反党章和其他党内法规，违反党的路线、方针、政策和决议，利用职权谋取私利和其他败坏党风行为的检举控告；受理党员、党组织对所受党纪处分或纪律检查机关所作的其他处理不服的申诉；受理其他涉及党纪党风的问题。市纪委要求纪检信访工作人员树立全心全意为人民服务的思想，热情接待来访群众，认真细致处理人民来信，正确执行党的方针、政策和国家法律法令，实事求是，坚持原则，秉公办事，敢于向不良倾向和违纪违法作斗争。

处理原则：对党员干部的检举控告，按照干部管理权限，分级归口处理。属上级党委管理干部的问题，报上级纪委处理。同级管理干部的问题，由纪委直接处理。下级管理干部的问题，转下级党委、纪委办理。不属纪检范围的问题，转有关部门处理。

保护检举控告人和申诉人的控告申诉权利。党内外群众对党员或党的组织进行检举控告和党员向党组织提出申诉，都是党员的权利，必须受到尊重和保护。不准将检举控告信件转给被检举控告人处理，不得泄露检举控告内容和检举控告人，不得对检举控告人和申诉人进行压制刁难。对压制批评、打击报复检举控告人的，必须严肃处理。对确属诬告的，应追究责任。

正确对待匿名检举控告。提倡实名举报，但对匿名信不能一概不予理睬，必须具体分析，区别对待。对检举控告内容具体、有线索可查的，按规定转办或直接处理；对检举的一般性问题，可找被反映人调查了解，弄清情况；对检举的重要问题，必须查明事实、认真处理；对于没有具体内容、空扣帽子的，不予处理。对匿名举报人，除诬告者外，同样应予保护，不准擅自核对笔迹、追查写信人。对擅自追查写信人、打击报复的，要严肃处理。

建立纪检信访工作程序和岗位责任。做好来信来访登记、摘录、审批、转办、催办、审查、统计和归档工作，做到来信来访案案有结果、件件有着落。

二、受理渠道

【信访机构】

1979 年 4 月,市委纪委筹备组设立来信来访处,专管控告、申诉工作。

1987 年,市监察局设立信访处,专管控告、申诉工作。

1988 年 11 月 5 日,市纪委、市监察局联合设立举报中心,受理群众对市委、市政府各部门及其工作人员,区县党政机关及其工作人员,市属企业事业单位由国家行政机关任命的领导干部,机关、团体、企业事业单位中的党组织和党员贪污、行贿受贿、弄权勒索等违纪违法行为的检举控告。同时,受理违纪违法人员的坦白交代。

1989 年 4 月,市纪委信访处改为来信来访室。

1993 年,市纪委、市监察局合署办公,设立信访室。并通过报纸、电台 4 次公布举报电话。

【委局领导接访】

1996 年起,市纪委建立书记、副书记、常委等委领导周五接待群众来访制度、每周信访阅批分析研究制度和每季度信访案件线索办理情况分析研究制度,由分管副书记、常委、信访室等有关部门参加。有的区县纪委建立常委督办制度,提高信访件的办结时效和办理质量。

【市特邀监察员接访】

1994 年 10 月起,市监察委每月安排一个周五下午为特邀监察员接待日,由市特邀监察员轮流值班接待群众来访。市特邀监察员可在接待群众来访件上提出处理意见,并可参与协调、研究、处理。市特邀监察员在来访件上的批示,作为与委领导批示同等对待。市特邀监察员对其所提出的处理意见或反映和转递的检举、控告、申诉件等,要求了解和查询处理结果的,有关职能处室一般应在三个月内反馈办理情况和处理结果。

【网上受理】

2001 年起,市监察委在"中国·上海"政府网站开设主题网页,内容涉及机构介绍、工作范围、

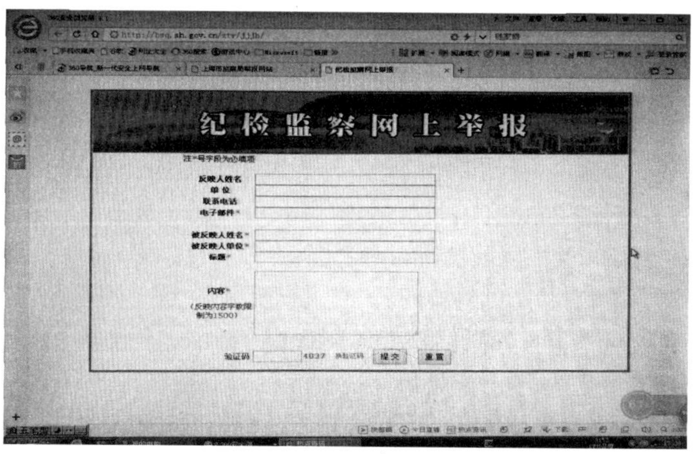

图 9-1-1　2001 年,上海市纪委市监察委开通网上举报

法规选登、监察工作动态、案例报道、联系信箱等，陆续收到群众电子举报信。

【举报热线】

1993年，上海市纪检监察机关公布举报中心电话：4371448。

2008年6月26日，上海在市和区县两级开通纪检监察机关举报电话“12388”，便于群众反映问题，畅通信访举报渠道。

三、受理情况

【市委纪委筹备组信访受理】

1979—1983年，市纪委恢复重建后，来信来访数量骤增，受理党员、群众检举控告较多反映主要问题是：领导干部利用职权搞特殊化，通过“关系”安插子女、亲属工作，多分房分好房，侵占集体建筑材料、耕地建私房，用公款大吃大喝、游山玩水，收受礼品不上交；违反财经纪律，挪用生产资金兴建楼堂馆所，以协作为名非法倒卖国家紧缺物资，弄虚作假私分紧缺商品；作风霸道，欺压群众，压制民主，打击报复；严重官僚主义，经营管理混乱，造成国家物资财产严重损失浪费；一些基层党员干部损公肥私，贪污受贿，违法乱纪。市委纪委筹备组面对大量的来信来访，按照分级负责、归口处理的原则，重要信访件由市委纪委筹备组直接办理，其他检举控告交有关纪委办理，不属纪检范围的信访件转有关部门办理，信访结案率达90%以上。全市各级纪委共受理来信来访242 771件(次)，其中检举控告类78 026件(次)、申诉类59 898件(次)、其他类104 847件(次)。

【合署办公前信访受理】

1984—1992年，市纪委成立后，随着市场经济体制的建立，检举控告党员干部在经济方面以权谋私、违纪违法的问题增多，检举控告领导干部的问题增多，反映主要问题是：有些机关、企业滥发奖金实物；领导干部公款吃请，公费旅游，乱拉赞助；利用职权和影响经商办企业，以权谋私；贪污受贿，腐化堕落。为做好信访工作，提高办结的效率和质量，1984年，市纪委提出加快检举控告信访的处理，贯彻多办少转，加强对反映领导机关和领导干部问题的处理，加强县和县级企业事业单位纪检信访工作。1989年，召开全市纪检信访工作会议，提出为维护社会安定团结，加强信访的综合分析和信息反馈，重视解决群众关心的热点问题，运用舆论工具发挥监督作用。1990年，市纪委印发《关于认真处理举报信访，切实保护举报人的通知》，要求各级党委、纪委以对党和人民负责的精神，认真处理举报信访，切实保护举报人的安全，保护举报人的民主权利不受侵犯。全市纪检系统受理群众信访451 283件(次)，其中检举控告类272 784件(次)、申诉类23 470件(次)、其他类154 999件(次)。

【合署办公后信访受理】

1993—1996年，市纪委、市监察局合署办公后，全市纪检监察系统受理信访举报呈现总量上升；检举控告信访比例增大，反映经济问题突出；匿名信、电话举报比例大；联名集体上访和反映局处级领导干部问题的信访上升等特点。反映领导干部的问题主要是：利用职权贪污受贿，用公款炒股、炒房产，挪用公款经商，频繁更换豪华轿车，私设小金库，挥霍享受，生活腐化等。针对检举控告信访发展的趋势,市纪委加强来信来访的综合分析,加强信访的查办督办,根据群众来信举报提供的线索,查处一批重大案件。同时,全市纪检监察系统认真履行职责,聚焦反映的突出问题,突出工作重点,进行分类分级办理,对于信访反映市政建设、土地批租中动拆迁、职工下岗待业的问题,一方面坚决查处存在的腐败问题,同时注意引导,缓解矛盾,维护社会稳定。全市纪检监察系统受理群众信访 161 015 件(次),其中检举控告类 130 988 件(次)、申诉类 1 685 件(次)、其他类 28 342 件(次)。

1997—2002 年,针对少数党员干部经不起改革开放的考验、违纪违法案件和问题增多的趋势,市纪委印发一系列文件,规范制度落实,加强党内监督制约,提高党员干部遵纪守法的自觉性。1997 年上半年,市纪委根据中央纪委第六次全会和《中央纪委关于重申和建立党内监督五项制度的实施办法》文件精神,结合上海的实际,印发《中共上海市纪委关于建立对下级党委(党组)成员的检举和控告向上一级纪委报告制度的实施意见》,以加强纪委对党政干部的监督作用。1997 年下半年,市纪委印发《关于使用〈纪检监察信访反映通知书〉的意见》,提出对信访反映领导干部党风廉政方面的一般问题,可采用《纪检监察信访反映通知书》的办法,直接对领导干部进行监督。2000 年,各级纪检监察机关结合机关“三讲”教育,通过“信访通知书”、“信访谈话”等形式,对一些既不成案、但又必须严肃处理解决的举报问题,积极开展信访监督,教育挽救一些党员干部。全市纪检监察系统受理群众信访 224 765 件(次),其中检举控告类 185 777 件(次)、申诉类 3 372 件(次)、批评建议类 6 732 件(次)、其他类 28 884 件(次)。

2003—2010 年,全市信访举报呈现一些新情况、新问题,全市纪检监察系统信访举报总量有所减少,但市纪委、市监察委(局)受理的信访件有所增加;内容上检举控告类减少,纪检监察业务范围外增加;渠道上来信减少,来访来电和网络举报增加;形式上一般性信访减少,越级、重复、集体、非正常信访增加。信访举报反映问题除集中在经济、作风建设方面外,反映房屋拆迁、土地征用、企业改制、涉法涉诉、环境保护、社会管理等方面涉及群众切身利益的问题日趋增多。全市纪检监察系统受理群众信访 211 980 件(次),其中检举控告类 141 621 件(次)、申诉类 3 174 件(次)、批评建议类 8 864 件(次)、其他类 58 321 件(次)。

2003 年,全市各级纪检监察机关认真学习贯彻《上海市信访条例》《市纪委、市监察委信访举报工作若干规定》《关于贯彻〈上海市信访条例〉正确处理共产党员和党政机关工作人员上访问题的若干意见》等法规文件,积极引导群众依法合理信访举报,进一步提高自身依法开展信访举报工作的意识和水平,促进信访举报工作法制化、规范化进程。

2006 年,市纪委转发中央纪委《关于纪检监察信访举报工作办事公开的意见》,结合上海实际,积极探索完善相关制度,在区县一级纪检监察机关探索推行信访举报办事公开工作,在各街道、乡镇全面推行信访举报工作办事公开。认真调研总结全市基层信访举报办事公开情况,在松江区召开现场经验交流会,专题介绍交流并现场观摩松江区方松街道推行信访举报公开办理的做法及成效,对全市广大基层纪检组织推行信访举报办事公开工作起到引领、示范作用。

2008 年,全市纪检监察信访举报工作坚持全面贯彻落实科学发展观,按照上海市《惩治和预防腐败体系实施纲要 2008—2012 年工作规划实施办法》的部署,围绕中心,服务大局,着眼打基础、利长远,着力抓基本职能、抓基础工作、抓基层建设,进一步强化提供案件线索、查纠不廉洁行为和不正之风、维护社会稳定、服务领导决策四项功能,继续保持健康、平稳、深入发展的态势。

图 9-1-2　2008 年 8 月 6 日，上海市纪检监察信访举报工作会议

2010 年 5—10 月，市纪委、市监察局坚持把服务保障世博会，确保“廉洁办博”、“平安办博”作为年度信访举报工作重中之重来抓。建立健全“涉博”信访举报快速受理和处理机制。明确“涉博”信访举报处置“早发现、早报告、早控制、早解决”，“优先接收、优先分流、优先办理、优先回复”；印发《关于加强上海世博会期间信访举报工作的通知》《世博会期间信访维稳工作实施方案》等规章制度；做到“涉博”信访举报“两个 24 小时”、“三个 100%”，即 24 小时受理群众来访、24 小时接听群众来电，100%提交委局领导阅批、100%交办督办、100%即刻将扬言类信访举报内容通报主管单位；确保“涉博”信访举报工作优质、高效。

第二节　受 理 申 诉

一、处理原则

党员、党组织对所受党纪处分不服的申诉，由批准处分的党的委员会或纪律检查委员会承办。原批准处分的党的委员会已经撤销的，由申诉人现在的相当于原批准处分一级的党的委员会或纪律检查委员会承办。

党员、党组织对纪律检查机关所作的其他处理不服的申诉，由作出处理决定的纪律检查机关承办。

对党员、党组织的申诉，需要复议、复查的，按照党的纪律检查机关案件审理工作的有关规定办理。不需要复议、复查的，由承办的纪律检查机关或有关党组织对申诉人说明理由，做好工作。

经过复议、复查。如果原结论或处理决定是正确的，应作出维持原结论或处理的决定，并报原批准的党的委员会或纪律检查委员会批准结案；需要改变原结论或处理决定的，应作出新的处理决定，并经原批准的党的委员会或纪律检查委员会批准执行。如果复议、复查结论和决定是由原批准的党的委员会或纪律检查委员会作出的，则不必办理上述批准手续。

对党员、党组织的申诉,上级纪律检查委员会认为需要时可以直接复议、复查,也可以责成有关的党的委员会或纪律检查委员会复议、复查。

对申诉的问题复议、复查后,由承办的党的委员会或纪律检查委员会将处理意见或复议、复查结论同申诉人见面,听取其意见。复议、复查的结论和决定,应交给申诉人一份。

申诉人如果对复议、复查结论仍然不服,由批准的党的委员会或纪律检查委员会,将申诉人的意见及复议、复查的结论和有关材料,一并报上一级党的委员会或纪律检查委员会审查决定。

二、对历史老案的申诉

在复查"文化大革命"案件、落实党的干部政策过程中,"文化大革命"前处理的其他历史老案的申诉越来越多。市委纪委筹备组在基本完成复查"文化大革命"冤假错案、改正右派案件、纠正"四清"运动错案后,着手复查"文化大革命"前的其他历史老案。

1982年4月9日,市委纪委筹备组召开部委办、区县局及大专院校、科研单位党委纪委复查工作干部会议,部署对其他历史老案的复查工作。9月8日,市委发出关于复查历史老案工作的通知,强调对历史老案的复查,要严肃认真,积极稳妥,"文化大革命"前处理的历史老案,同"文化大革命"期间在林彪、江青反革命集团严重干扰破坏下造成的大批冤假错案,有原则地区别处理,如果对历史老案不作历史分析,再重新翻腾一遍,以现行的政策进行普遍复查和处理,势必造成是非不清,引起不必要的思想混乱,影响安定团结。要求严格按照中央和中央纪委、中央组织部的规定复查历史老案,确属冤假错案的,都应当纠正。

至1984年6月30日,全市各级纪检监察机关受理"文化大革命"前处理的历史老案的申诉20 457件,改正了7 286件。主要复查了"胡风反革命集团"错案和潘汉年、扬帆错案等一批历史老案的申诉,澄清历史是非,为受迫害的党员干部平反昭雪。

三、对党纪处分不服的申诉

上海各级纪律检查委员会受理党员对党纪处分不服的申诉,党员申诉信访大量集中在粉碎林彪、江青反革命集团后拨乱反正时期。1979—1981年,党员申诉信访为50 120件,平均每年16 700余件,绝大多数是"文化大革命"案件复查遗留问题和历史老案的申诉。经过复查复议,纠正错误处分或处分过重的案件。

全市各级党委和纪委加强对党员申诉信访工作的领导,坚持实事求是、有错必纠的原则,全错全改,部分错的部分改,不错的不改。对有申诉的案件,逐个认真进行复查。本人虽然没有申诉,但过去明显处分错了的,主动进行复查。对历史上处理过的重大案件,进行一次检查,错了的认真予以改正。对错定为敌我矛盾、开除党籍、开除公职和定性处理主要依据失实的,都予以认真复查。受一般党纪处分,主要依据没有变化,定性处理基本恰当,一般不再改变。对经济案件,除确实搞错了应予纠正外,一般不进行复查。至1984年底,市委纪委筹备组协同有关部门处理多次重复申诉282件,解决一批"老、大、难"的党员申诉案件。

1988年以后,党员申诉信访逐年下降,1989—1995年申诉信访平均每年为590余件,1996—2010年申诉信访平均每年为450余件,其中有历史老案遗留问题的申诉,也有改革开放以后处理案件的申诉。按照《中国共产党纪律检查机关控告申诉工作条例》"分级负责、分工归口处理检举、控告和申诉”的基本原则，加强督办查办工作，加快办信进度，使一些久拖不决的申诉信访得到解决。

1979—2010 年，全市纪检监察系统共受理来信来访 2 474 241 件(次)，其中控告类 1 530 575 件(次)、申诉类 182 945 件(次)、其他类 760 721 件(次)。

表 9－1－1　1979—2010 年上海市纪检监察系统受理控告、申诉情况统计表　　单位：件(次)

项目 年份	来信来访	其中		
		控告	申诉	其他
1979	28 117	6 070	10 724	11 323
1980	78 704	24 844	24 741	29 119
1981	62 231	26 405	14 655	21 171
1982	40 577	10 727	4 796	25 054
1983	33 142	9 980	4 982	18 180
1984	57 844	25 320	8 254	24 270
1985	71 335	34 241	7 912	29 182
1986	59 763	36 252	2 062	21 449
1987	48 727	30 632	1 300	16 795
1988	35 239	20 151	1 128	13 960
1989	59 534	42 253	755	16 526
1990	46 766	33 958	602	12 206
1991	43 840	31 267	792	11 781
1992	28 205	18 710	665	8 830
1993	45 749	33 981	608	11 160
1994	37 708	31 314	441	5 953
1995	37 402	31 504	319	5 579
1996	40 156	34 189	317	5 650
1997	40 360	34 839	266	5 255
1998	41 088	35 831	438	4 819
1999	35 789	31 005	575	4 209
2000	36 210	30 644	609	4 957
2001	34 700	29 057	732	4 911
2002	29 886	24 401	752	4 733
2003	27 622	21 863	684	5 075
2004	26 787	20 521	686	5 580
2005	25 357	17 873	421	7 063
2006	24 107	18 242	297	5 568
2007	28 249	19 724	285	8 240

(续表)

年份＼项目	来信来访	其中		
		控告	申诉	其他
2008	23 701	16 687	347	6 667
2009	22 814	14 073	231	8 510
2010	24 479	12 638	223	11 618
总计	2 474 241	1 530 575	182 945	760 721

第三节　信访举报件的查办

一、工作机制

【信访分析例会】

根据群众的来信来访,信访部门定期召开信访情况分析例会,分析信访主要特点,筛选信访反映的主要问题,挖掘信访反映的苗头性问题和典型问题,及时汇编成“信访分析”供领导参阅。部分区县委办局纪委不定期进行阶段性的信访情况分析,对社会上的热点、难点问题排摸分析,及时汇总上报,为纠正不正之风、查处违纪违法行为,提供有力支撑。

1998—2001 年,各级纪检监察机关信访部门提供各种信息 5 802 条,为领导决策提供依据,将有些信访问题解决在萌芽状态。

2004 年,全市各级纪检监察机关加大信访举报件办理工作的力度。市纪委加强对集体上访和重要信访件办结情况的综合分析,并坚持每月集体上访、每季度重要信访件分别通报相关区县委办党委、纪委主要负责同志的制度,提高信访举报事项办理的时效和质量,有力促进基层处理、化解集体上访的工作。

【信访排查】

市纪委、市监察委对信访老户等重点对象在重要节点实行动态排摸,做到责任单位、责任人和稳控措施“三落实”。

2007 年,纪检监察系统集中开展排查、化解矛盾纠纷工作,共排查出 139 个重点问题,并逐一加大处理、化解力度。承办领导下访活动的组织协调工作。市和区县委办两级纪委共有 123 名领导干部进行下访,接待、约谈来访群众 149 人(次),当场化解信访突出问题和矛盾 20 例。对一时没有化解的,进一步落实、完善工作方案。

深入推进重信重访专项治理,落实奥运会、“两会”等重要时点和节假日维护稳定工作。市和区县两级纪检监察组织实行领导接访、下访、包案举措,处级以上领导干部全年接访 1 266 人(次),化解矛盾纠纷 489 件(次)。妥善处置、成功化解一些突出的信访问题和集体访事件,做到信访突出矛盾纠纷存量减少、新量受控。

2008 年,建立信访举报线索集体分析、排查机制,加强信访举报线索管理,完善与检察、公安等机关信访举报信息沟通、举报线索移送工作。

【信访“四合一”】

2009年，市纪委、市监察局印发领导干部接访、包案、机关干部下访、预防和处置群体性事件四项工作“四合一”通知，在全市纪检监察系统建立相关工作机制，处理化解一批疑难、复杂的信访问题，确保国庆六十周年等重要节点的稳定、安定。同时，制定《信访举报工作应急处置预案》，加强对信访举报突出问题、突发事件的应对、处置。开展信访积案和重信重访专项治理，加大处理化解信访举报问题和矛盾的力度。

【信访疏导分流】

2010年，市纪委、市监察局在办理信访举报件和督办工作中，坚持立足纪检监察机关的职责，区分不同情况，发挥好三种作用：对业务范围内的信访举报案件，切实发挥“主办、主导”作用，主要是对涉及党员干部违纪违法的案件线索，采取请上来汇报、走下去指导、调案卷审阅等方式，及时跟踪督办，必要时会同下级机关一起查办；对业务范围内外交叉的信访举报案件，积极发挥“协调、协同”作用，做到按照分工、各负其责，按照规定、组织协调，按照关联、增强合力；对业务范围外的信访举报件，认真发挥“疏导、监督”作用，通过疏导，将有关信访举报件及时分流到有关部门，通过监督特别是效能监察、执法监察，督促有关单位履职尽责，妥善处理、解决信访问题和矛盾。

【信访监督】

1998—2001年，全国纪检监察信访工作会议之后，市纪委、市监察委先后印发《关于使用〈纪检监察信访通知书〉的意见》和《关于采用谈话方式处理信访件的实施意见》。对党员干部、监察对象反映思想、道德、作风、廉洁自律等方面的一般问题，情节简单，不构成违纪，但需要被反映人作出说明解释的；反映的问题经初步核实，有轻微违纪行为，不需要追究党纪、政纪责任，但需要提醒、诫勉的，采取直接谈话的方式进行处理。其间，实施信访监督共13 402件(次)。

二、信访举报件的处理

1998—2001年，市纪委、市监察委针对信访举报量比较大、反映党员干部以权谋私问题相对集中，加大信访办理力度，提供案件线索11 771件，督办、催办16 609件，直接查办15 834件。在各级纪检监察机关查处的案件中，有80%以上直接或间接来源于信访部门提供的线索。坚持实事求是原则，1999年，对934名党员干部进行包括诫勉谈话在内的适当处理，为685名受到不实举报的干部澄清事实。2000年，对691名党员干部进行包括诫勉在内的适当处理，为578名受到不实举报的干部澄清事实。

2002—2005年，根据市纪委印发的《关于建立对下一级党委(党组)成员的检举和控告向上一级纪委报告制度的实施办法》，办理中央纪委、市委领导等上级要求报情况、报结果的信访举报件共494件(次)，办结率为99.6%；市纪委下转交办报情况、报结果信访举报件342件(次)，办结率为100%。2005年，转立案2件，组织处理2件，纠正问题12件，谈话批评教育6件，属于非业务范围、帮助群众协调问题79件。通过认真督办，切实维护国家、集体和群众的合法权益，共挽回经济损失约1 500万元。

2007—2008年，全市各级纪检监察机关办结信访举报件12 158件(次)，属实率为21.4%；开展信访谈话1 147人(次)，诫勉谈话145人(次)，纠正问题417件(次)。全市纪检监察机关对9 206件

(次)信访举报件在了解核实的基础上,澄清问题。配合组织、统战等部门,提供人大、政府、政协班子有关人员以及巡视、先进模范评比信访举报情况,在市人大、市政协和市政府换届改选中,候选名单中的7人被终止提名,市级先进评选2人被取消资格。2008年,根据信访举报对中央纪委、市委、市政府交办的100多件重要信访举报件进行调查和处理,立案查处土地、环保、动拆迁等重点领域违纪违法案件61件,处分涉案人员60人,移送司法机关18人。

2010年,市纪委、市监察局以服务保障世博会为重点,对重要信访举报问题进行查纠,注重突出信访矛盾的化解。市纪委共受理"涉博"信访举报335件(次),都做到即时输入信息管理系统、即时报批转处,全部得到妥善处理,确保政府民心工程落到实处。

图9-1-3　2010年9月7日,上海市纪委调研杨浦区化解信访突出矛盾工作情况

第四节　信访举报案件线索移送

1998—2010年,市纪委、市监察委(局)精心筛选案件线索,为查办案件工作服务。各级纪检监察机关围绕查办案件工作部署,认真甄别分析,去伪存真,提供信访信息及案件线索,共受理信访举报380 789件(次),其中初核(查)15 717件(次),转立案3 095件(次)。

表9-1-2　1998—2010年上海市纪检监察系统信访举报情况统计表　　单位:件(次)

年份	初核(查)件来源为信访举报				立案件来源为信访举报		
	受理信访举报总数	信访举报初核(查)件数	全市初核(查)件数	占初核(查)件比例	信访举报立案数	全市立案件数	占立案件数比例
1998	41 088	1 978	2 773	71.33%	99	1 411	7.02%
1999	35 789	1 851	2 609	70.95%	162	1 413	11.46%
2000	36 210	1 342	2 083	64.43%	375	1 402	26.75%
2001	34 700	1 498	2 270	65.99%	389	1 371	28.37%

（续表）

年份	初核(查)件来源为信访举报				立案件来源为信访举报		
	受理信访举报总数	信访举报初核(查)件数	全市初核(查)件数	占初核(查)件比例	信访举报立案数	全市立案件数	占立案件数比例
2002	29 886	1 369	2 064	66.33%	369	1 303	28.32%
2003	27 622	1 265	1 799	70.32%	294	1 140	25.79%
2004	26 787	1 165	1 696	68.69%	251	1 030	24.37%
2005	25 357	1 088	1 580	68.86%	220	1 015	21.67%
2006	24 107	898	1 302	68.97%	228	1 015	22.46%
2007	28 249	1 090	1 434	76.01%	201	1 021	19.69%
2008	23 701	845	1 233	68.53%	182	901	20.20%
2009	22 814	784	1 115	70.31%	180	867	20.76%
2010	24 479	544	817	66.59%	145	810	17.90%
总计	380 789	15 717	22 775	69.00%	3 095	14 699	21.06%

第二章　信访举报管理

1985—2010年，市纪委、市监察局(委)对信访举报进行目标管理、信息化管理、分类处理和质量管理，使信访举报工作规范化、制度化。1985年起，信访举报工作实行目标管理，提高信访管理质量，适应反腐倡廉的需要。2009年以后实行目标管理办法，建立起信访工作的新机制、新举措。1987—2010年，开展信访信息化管理，实现中央纪委信访室到市纪委和区县、部委办的联网。同时，统一归口管理，分类处理，按级负责，严格依纪依法处理信访件，提高信访工作的管理水平和工作效率。2009—2010年，市纪委、市监察局印发《关于信访举报件分类处理办法(试行)》后，各区县、委办局纪检监察机关按照有关规定，采取信访了解、信访谈话等形式，认真办理市纪委的交办件。为提高信访质量，开展信访举报件办理质量检查和优质信访件评选活动，不断提高信访工作的效率和水平。

第一节　目 标 管 理

一、"五项要求"和"四项指标"

1985年，中央纪委提出用三年时间，同年信访结案率和初信初访办结率达到90%，重复信访率下降到15%以下的要求。全市各级纪委加强信访机构，充实信访干部，提高办信质量和效率。到1987年底，全市纪律检查系统信访件同年结案率达到97.7%，办结率达到97.8%，重复信访率下降到4.1%，实现三年达标的要求。

1993年，中央纪委召开第三次全国纪检监察信访工作会议，会议提出"五项要求"和"四项指标"。"五项要求"是：领导重视、队伍适应、制度完善、充分发挥职能作用、密切配合中心工作。"四项指标"是：控告申诉件同年结案率在90%以上；信访问题的同年办结率在90%以上；同年结案控申件的按期结案率在70%以上，优质结案率在80%以上。4月，市纪委、市监察委全面贯彻会议精神，制订三年目标管理计划，要求经过三年的努力，逐步扩大达标的覆盖面，使全市绝大多数基层单位纪检监察信访工作实现达标。各级纪委、监察委对实施计划定期进行检查；各部委办局、区县纪委、监察委定期对所属基层纪检监察信访工作目标的落实情况进行检查指导；市纪委、市监察委信访室组织抽查，保证目标管理计划落实。

1994年10月，市纪委、市监察委对全市部委办局、区县和信访工作联系点及基层60余个单位进行检查和抽查。检查采取"听、看、问、议"相结合的方式，确保检查的客观公正与效果。

1996年5月下旬至6月上旬，市纪委组成5个小组对部委办、区县贯彻纪检监察信访工作目标管理情况进行检查，进一步加强基层信访工作和信访基础工作。5个小组通过检查、评议，推荐信访工作先进集体、优秀信访工作领导干部和优秀信访工作者。在总结全市三年来开展目标管理工作的基础上，形成《以抓目标管理为契机，加强基层信访工作》的报告，并在全国纪检监察基层信访工作会议上作经验交流。

二、考评办法

2009年，市纪委、市监察局制订《信访举报工作目标管理考评办法(试行)》(以下简称《办法》)，把信访举报工作的重点任务进一步细化、措施实化、考评量化。

《办法》规定，考评对象为各区、县纪检监察机关，市纪委、市监察局各派驻(派出)机构及有关委办局纪检监察组织。考评内容分为加强信访举报工作组织领导情况、处理群众信访举报情况、信访信息工作情况、信访管理情况及其他情况等五大项。考评方法为："听"，即听取参加考评单位自查情况汇报；"查"，即根据考评办法，日常检查与集中检查相结合；"评"，即按照附表要求评分、评议；"报"，即考评工作结束后，向参加考评单位通报、反馈考评情况，肯定成绩，指出不足，提出建议；向市纪委、市监察局领导报告、报批考评结果；在全市纪检监察系统通报考评情况。

《办法》规定，各单位于每年1月上旬，完成对上年度目标管理开展情况的自查、自评和总结，并将自查自评情况报市纪委、市监察局信访室。3月，市纪委、市监察局信访室根据各单位自查自评情况，从各有关单位抽调人员，组成考评小组，分组抽查、考核。对区县和委办考评分各位列前5名的单位，由市纪委、市监察局予以通报表扬。

2010年，市纪委在卢湾区纪委、市建设交通纪工委等单位进行目标管理考评试点，为在全市推开考评工作探索路子、积累经验。通过考评工作检验，试行办法体例清、项目明、内容全、操作性强。同时也明确了需要进一步优化的方面。

三、归口管理

1994年，市纪委加大督办查办的力度，拟订《中共上海市纪委、监察委关于群众来信来访统一归口管理的意见》，提出统一归口管理的责任、对象、处理办法和要求。1996年2月，信访部门根据《关于印发〈关于加强机关内部群众来信来访统一归口管理的意见〉的通知》精神，提出信访归口管理"四个坚持"：坚持信访举报件一个口子进出，确保不缺、不丢、不以权谋私；坚持信访过程全程跟踪检查，确保发得出、收得回；坚持定期分析受理情况，确保全面、准确、动态掌握相关信息。

四、分类处理

2009年4月，市纪委、市监察局制定《关于信访举报件分类处理办法(试行)》，推进信访举报件分类处理。将信访举报件分为重要信访举报件、一般信访举报件和暂不具有可查性的信访举报件三类：

重要信访举报件是指，中央纪委监察部等领导机关，市委市政府、市纪委主要领导批办或交办的要求报结果或报情况的信访举报件；反映内容具体，涉嫌违反党纪政纪，具有可查性的局级(市管)干部(单位)信访举报件(以下简称局级信访举报件)；反映各区县、部委办局(直属委办局)党政(含区县人大、政协)和纪委主要负责人的信访举报件；市纪委市监察局认为应当直接办理的信访举报件。

一般信访举报件是指，反映工作作风、工作方法、廉洁自律等方面情节轻微的一般问题的局级

图9-2-1 2009年6月30日,上海市纪委举办信访举报办理优质件交流讲评会

信访举报件。

暂不具有可查性的信访举报件是指,反映问题抽象、笼统、无实质性内容或线索不清、不具备查处条件的局级信访举报件。

第二节 信息化管理

1987年,市纪委完成第一版"信访信息统计系统"软件的编制。

1998年,市纪委与市信息中心合作,完成第二版信访信息系统程序的编制。这套程序能够较直观地显示每件信访件的流转处理过程,按照需要自动生成统计报表,随时提供各类信访数据,便于把握群众信访反映较集中的热点问题,为信访分析、调研、答复咨询提供材料,在客观上规范信访工作程序,为提高信访工作的时效创造良好的条件。

2000年8月11日起,在全市纪检监察系统推广使用纪检监察机关信访信息系统。

2002年,市纪委开发第三版信访信息系统。该系统将计算机管理流程从信访室扩展到其他相关处室,信访信息的输入容量增加,实现对信访信息的输出和再加工。信访件可以进行网络传输,实现资源共享。有关领导可以在计算机上批阅、查询、统计。查办、督办同志可以随时掌握工作进度,按照领导要求及时完成各项任务。

同年12月21日起,在全市纪检监察系统推广使用第三版信访信息系统。

2002—2008年,市纪委、市监察委坚持做好第三版信访信息系统的改进、推广和运用工作。按照加强对信访举报件受理、办理工作流程管理的需要,设计、提升信访举报管理软件的管理功能,突出信访举报件"全委办信横向管理"功能,使市纪委机关受理办理的信访举报件的每一个工作环节,都在信访信息管理系统中登记、体现。

2004年4月1日—7月2日,市纪委、市监察委派员参加中央纪委信访室、信息中心专题小组的工作,在参与编写的《纪检监察机关信访举报管理系统需求说明》中,吸收了上海信访信息横向管理的做法。

2006年12月13日,中央纪委、监察部召开全国纪检监察信访信息管理系统推广应用工作电视会议，对纪检监察信访信息管理系统 3.0 版的推广应用作出部署。按照要求，市纪委、市监察委结合机关计算机系统改造工程项目积极部署，购置安装计算机设备和操作系统，与县委办纪委实现宽带联网。

2007 年 11 月，根据上海“全委办信”实际情况，中央纪委信访室、信息中心经过研究论证，同意上海市纪委开发研制信访管理系统。

纪检监察信访信息管理系统上海版依托纪检监察专网，在信访举报信息处理流程上，纵向实现从中央纪委信访室到上海市纪委再到各区县委办纪委信访部门的联网；横向实现使用单位内部各个办信部门间的联网。形成“纵向到底、横向到边”的网格化格局，使信访举报件在处理程序上做到“事事有回音，件件有着落”。

2008 年 1 月起，市纪委、市监察委信访室开始通过纪检系统专用网络接收、处理由中央纪委信访室下转的信访件。

为了做好区县、委办纪委的系统上海版推广应用工作，10 月 27—30 日，分两批进行集中培训。按照委领导对系统试运行工作要求，市纪委信访室、办公厅信息技术处、中科软科技股份有限公司组成巡访组，走访 30 个参训单位，实地了解情况，指导联网工作，解答操作疑问，有效推动系统试运行工作开展。

市纪委在系统正式运行后，与各使用单位保持联系沟通，及时发现并解决运行中存在的网络联通、系统软件程序设计等问题。检查检验各使用单位操作的有效性、规范性。根据中央纪委的要求和系统上海版研制、推广、应用工作中遇到的情况，2008 年 12 月和 2009 年 10 月，市纪委先后印发《纪检监察信访信息管理系统 3.0 版(上海版)运行管理办法(试行)》和《纪检监察信访信息管理系统 3.0 版(上海版)运行管理细则(试行)》，作为系统上海版的安全、规范运行的管理制度。

截至 2010 年 12 月，市纪委、市监察局机关录入、办理各类信访举报信息 9.8 万余条。

图 9-2-2　2010 年 11 月 10 日，上海市纪检监察重要信访举报件办理工作座谈会暨 2010 年信访举报业务培训班

第三节　质 量 管 理

一、质量检查

1998 年 3 月,市纪委办公厅印发《关于处理反映局级以上干部信访件工作责任制的规定》。要求认真把好信访举报件报结关。要坚持“四看”:看调查内容是否完整,即对举报信中所反映的主要问题在调查过程中有无遗漏;看方法选择是否得当,即调查过程中所采取的方式方法是否妥当,突破口选择是否恰当;看初核是否到位,即应找的证人和应取的证据有无错误,是否齐全,能否说明问题;看结论是否正确,即根据调查材料对反映的情况能否作出已得出的结论。

2001 年 9 月,市纪委信访室对工业系统和静安区纪委等部分单位的重要信访件办理情况进行检查。大多数单位以此为契机进行有计划、有组织的自查,促进基层信访件办理质量的提高。

2002—2009 年,市纪委信访室连续 8 年开展对全市区县委办、中央在沪单位及其所属部分单位的信访举报件办理质量检查,每年抽查单位数量占 25%。受检单位参照市纪委、市监察委做法组织开展办信质量检查,提高办信效率和质量。

由于目标管理考评内容包含办信质量要求,从 2010 年开始,市纪委办信质量检查工作纳入目标管理考评工作。

图 9-2-3　2008 年 10 月 27 日,上海市纪委举办信访信息管理系统培训班

二、优质信访件评选

2005 年 1 月 19 日,市纪委办公厅印发《关于开展评选奖励信访优质办理件活动的通知》。《通知》明确，经市纪委书记办公会研究决定，在机关年度工作总结中开展评选、奖励信访举报优质办理件活动。

2006 年 11 月 17 日，市纪委、市监察委认真总结开展信访举报优质办理件评选、表彰活动的成功经验，制订《市纪委、市监察委机关评选表彰信访举报优质办理件办法(试行)》。

2008 年，市纪委、市监察委以评选的优质件为蓝本，编订并在全市推广《信访举报模拟案卷》，为开展案例教学提供范本。

2005—2010 年，市纪委、市监察委(局)机关开展的信访举报办理优质件评选工作，共评选出《关于对新闻媒体报道有关沪宁高速公路收费问题调查核实的办理件》等 61 件信访举报办理优质件。通过评选、表彰信访举报优质办理件活动，树立典型，鼓励先进，推广经验，促进工作，不断提高信访举报工作质量和效率。

第十篇

案件查处和审理

上海市各级纪检监察机关根据党中央反腐败斗争的部署，依纪依法查办案件，开展违纪案件审理、申诉复查、案件质量检查和业务指导，维护党纪政纪严肃性，坚决惩治腐败，保持党的纯洁性。

1976年10月，全市开展大规模揭批林彪、江青反革命集团的斗争，清查同林彪、江青反革命集团篡党夺权阴谋活动有牵连的人和事。市委成立运动办公室，各级党委也相应成立清查组织，全市立案审查同林彪、江青反革命集团有牵连的人员共有5 388人。

1977年以后，全市纪检系统以平反冤假错案、复查历史老案为重点工作，先后平反“文化大革命”错案、复查改正右派、复查“四清”运动错案、复查历史遗留老案，使蒙受冤屈的同志恢复名誉，沉冤昭雪。至1982年底复查工作基本结束，遗留问题转入经常性工作。

1982年，市委成立打击经济领域中违法犯罪活动领导小组，领导小组办公室设在市委纪委筹备组，负责日常工作。针对出现走私贩私、贪污受贿、投机诈骗、盗窃国家和集体财产等经济领域的犯罪活动，以“经打”为中心，严肃查处经济违法犯罪案件。

1989年，市委批转市纪委《关于对参加非法集会游行示威活动的共产党员给予党纪处分的意见》，规定共产党员不准参加旨在反对党的基本路线和方针政策的非法集会、游行、示威活动；对党员违反党的政治纪律和组织纪律的行为，应给予党的纪律处分。至1991年1月，市纪委和各级纪委处理在政治风波中犯有严重错误的党员干部19人，其中给予开除党籍13人、留党察看6人，维护了党的政治纪律。

1989年8月，市委、市纪委分别印发《从严治党，惩治腐败的意见》《贯彻〈中共中央、国务院关于近期做几件事的决定〉的意见》，开展惩治腐败的工作。市纪委多次召开案件检查工作会议，重点查处重大贪污受贿、权钱交易、以权谋私的案件以及处级以上党员干部的违纪案件。

1990—1992年，加强审理工作，审核证据，把好定性关，确保查办案件的质量。全市各级纪检机关处分违纪党员共6 786人，其中开除党籍2 067人。

1993年3月，市纪委、市监察局合署办公后，重点查处领导干部以权谋私、贪污受贿、干扰阻碍改革开放等案件，保持党的先进性和纯洁性；查处房地产、土地批租转租、工程建设等领域的案件，维护市场经济秩序；查处执法犯法、权钱交易、徇私枉法等案件，维护司法公正和社会正义；查处严重官僚主义、玩忽职守、失职渎职、违法乱纪、造成重大损失的案件，加大责任追究力度，发挥警示和震慑作用。加大审理力度，规范办案程序，严格依法依纪查办案件。至2010年全市纪检监察机关处分违纪党员共17 117人，其中开除党籍8 749人，受行政处分6 922人。

1994—2003年，先后制定《案件检查工作若干规定》《关于加强案件管理工作的意见》等规定，形成严密、管用、顺畅的办案运行机制。

1997年，开展探索审理方式改革，对受党纪政纪处分人员进行回访教育、开展案件质量检查和业务指导，促进案件审理工作顺利进行。

2000年5月，建立上海市执纪执法机关领导办案协调会议制度。2003年8月，建立上海市执纪执法监督部门业务处（局）长联席会议制度。2004年8月，成立上海市反腐败协调小组，发挥执纪执法监督部门职能，不断增强反腐败整体合力。

2006年，上海各级党组织和纪检监察机关坚决拥护中央查处“社保资金案”的决定，自觉与党中央保持高度一致，积极配合中央工作组、中央纪委专案组对“社保资金案”进行调查，对祝均一等10多名涉案党员和干部作出党纪政纪处分，涉嫌犯罪的移送司法机关依法处理，违规使用的社保资金依法全额收回。

2007年9月，市纪委、市监察委增设案件管理室，履行对案件线索管理、组织协调、监督检查等，坚持依法依纪办案。2008—2010年，市纪委每年召开办信查案和案件监督管理会议，坚持以事实为依据，以法律为准绳，严格执法，文明办案，确保查办案件工作的质量。

2009年7月，案件管理室更名为案件监督管理室。

1979—2010年，全市各级纪委共受理群众检举控告809 196件，立案23 249件，给予党纪处分43 283人，其中开除党籍14 153人，给予政纪处分6 922人。

第一章　案 件 查 处

查办违纪违法案件，严厉打击腐败分子，是惩治腐败最有效的措施，是贯彻从严治党方针的重要体现，也是纪检监察机关的基本职责。1976年10月至1992年，上海各级纪检监察组织主要进行处理与林彪、江青反革命集团有牵连人员的党纪案件，打击严重经济犯罪活动，查处官僚主义失职渎职案件，查处干扰、阻碍改革开放案件和违反政治纪律案件。1993—2010年，着重查处党政机关领导干部贪污受贿、以权谋私、腐化堕落案件，查处执法执纪人员徇私舞弊、贪赃枉法案件，查处土地批租、违规审批房地产开发项目或擅自变更规划获取利益的案件，查处隐匿、侵占、转移国有资产案件，以及“社保资金案”等。通过查办案件，及时对违纪行为进行纠正，对违纪的党员干部进行处理，将腐败分子清除出党，维护党纪的严肃性。2007年9月，市纪委、市监察委增设案件管理室。2009年7月，案件管理室更名为案件监督管理室。对重要案件线索统一管理，规范办案程序，先后制定《上海市纪委、市监察委关于加强案件管理工作的意见》等规定，完善案件监督管理制度。加强办案工作的组织协调，充分发挥反腐败协调小组的作用，加强与司法机关和有关部门的相互协作配合，形成查办案件的整体合力，推动反腐败斗争的深入开展。

第一节　市纪委恢复重建后案件查处

一、处理与林彪、江青反革命集团有牵连人员党纪案件

1976年10月，中共中央派工作组到上海，宣布组建中共上海市委，撤销张春桥、姚文元、王洪文在上海的党内外一切职务。市委根据中央“既要解决问题，又利于大局稳定”的指示，在全市开展大规模揭批林彪、江青反革命集团的斗争，清查同林彪、江青反革命集团篡党夺权阴谋活动有牵连的人和事及林彪、江青反革命集团在上海的帮派体系。同年11月11日，市委成立运动办公室，各级党委也相应成立清查组织。1977年1月，市委决定对江青反革命集团在上海的余党马天水、徐景贤、王秀珍等立案审查。

1979年12月21日，市委批准市委运动办公室、市委纪委筹备组、市委组织部《关于做好受审人员的定性处理和工作分配的意见》，确定对受审人员的定性和工作分配，由市委运动办公室、市委纪委筹备组、市委组织部三家共同负责，分别办理。根据中央“两案”审理工作会议精神，鉴于受审人员的问题，都是在“文化大革命”特定的历史条件下发生的，对受审人员的定性处理，采取“从宽、从缓”的方针。对于说了错话做了错事的，只要把问题说清楚，不作结论；对于犯错误包括犯了严重错误的，只要真诚拥护十一届三中全会以来的路线、方针、政策，认识自己的错误，接受教训，给予从宽处理；对阴谋家、野心家、定为敌我矛盾性质的，一律开除党籍。对江青反革命集团在上海的余党马天水、徐景贤、王秀珍等人积极参加反革命集团、阴谋颠覆政府、策动武装叛乱和诬告陷害的罪行，分别作出党纪处分和司法处理。1978年6月16日，市委决定并经中共中央批准，开除马天水的党籍（后因病，依法中止起诉和审判）。1980年5月21日，市委决定开除徐景贤的党籍。1982年8月21日，依法判处徐景贤有期徒刑18年，剥夺政治权利4年。1980年5月21日，市委决定开除王秀

珍的党籍。1982 年 8 月 21 日，依法判处王秀珍有期徒刑 17 年，剥夺政治权利 4 年。

至 1987 年 6 月 3 日，全市作出党纪处理的共有 1 801 人，其中开除党籍 136 人，留党察看 54 人，撤销党内职务 47 人，其他党纪、政纪处分 1 157 人，免予处分 407 人。依法判处有期徒刑 57 人。在立案审查的“文化大革命”前原局级以上 65 名干部中，党纪处理 27 人，其中开除党籍 8 人，留党察看 4 人，撤销党内外职务 6 人，严重警告 3 人，警告 2 人，免予纪律处分 4 人，其余 38 人视为政治上犯了错误，作出“说错话做错事”的结论。

二、打击严重经济犯罪活动

1982 年 1 月 4 日，中共中央、国务院连续发出《中央紧急通知》《关于打击经济领域中严重犯罪活动的决定》，指出全党一定要抓住不放，坚决打击严重破坏经济的犯罪分子。党的各级纪律检查委员会应当成为党委领导这场斗争的坚强有力的办事机构。

同年 3 月 27 日，市委成立打击经济领域中违法犯罪活动领导小组，领导小组办公室设在市委纪委筹备组，负责日常工作。各区委、县委和委办局党委建立相应机构。4 月 15 日，市委印发《关于认真学习中共中央、国务院〈关于打击经济领域中严重犯罪活动的决定〉的通知》，部署“经打”工作。各级党政主要领导亲自组织力量，认真调查研究，掌握方针政策，把“经打”斗争作为一项重大任务。各级纪委以“经打”为中心，查处经济犯罪案件。

“经打”斗争坚持实事求是的原则，既依靠和发动群众，又不搞群众运动。对广大党员干部和职工深入进行反腐蚀教育、法制教育，发动群众查疑点、排漏洞，揭露严重经济犯罪活动。在经济领域进行犯罪活动的，大都是社会上的不法分子，也有少数党政机关内部的腐化变质分子。1984 年以后，“经打”斗争进一步向深度、广度发展，挖出一批现行经济罪犯，依法从重惩处严重经济犯罪分子，加快大案、要案工作，加强基层单位“经打”斗争。1986 年，结合查处余铁民等受贿、行贿案件，市纪委、市委政法委联合召开干部大会进行反面典型教育。

经过五年打击经济领域严重犯罪活动的斗争，至 1986 年底，全市查处各类经济违法、犯罪案件 21 274 件（大案要案 1 589 件），其中走私贩私 470 件，贪污受贿 9 260 件，盗窃国家和集体财产 3 814 件，投机诈骗 6 257 件，其他 1 473 件。党员违法犯罪受到党纪处分 1 441 人，其中开除党籍 632 人，给予其他党纪处分 809 人，党纪处分以后追究刑事责任 294 人。依法判处经济罪犯 13 590 人，其中判处死刑 10 人，死刑缓刑 10 人，无期徒刑 37 人，5 年以上有期徒刑 2 140 人，追缴赃款赃物折合人民币 5 056 万元，打击经济犯罪的嚣张气焰。

1987 年 3 月 14 日，市委决定将市、区县纪委“经打”办公室移交市、区县检察机关，各部委办和局以下单位的“经打”机构划归行政领导。

三、查处官僚主义失职渎职案件

1983 年 10 月，市委根据《中共中央关于整党的决定》，把对党对人民不负责任的官僚主义作为整党的重要内容，检查领导机关、领导干部的官僚主义，特别注意检查追究官僚主义失职、渎职造成严重后果的事件。

1984 年 4 月，市委指示市委整党办公室和市纪委，对各界人士关注的市果品公司 23.5 万公斤苹果变质事故进行检查。1983 年 11 月，该公司将购进的 23.5 万公斤苹果储存冷库，因药物熏蒸不当,苹果受到溴甲烷污染。市有关部门领导得知后,采取官僚主义态度,贻误抢救时机,致使23.5万公斤苹果全部变质销毁,经济损失16万余元。市委责成有关领导作出深刻检查,吸取教训,直接责任者受到处分。7月,市委整党办公室和市纪委组织力量,对经济工作中官僚主义的问题进行检查。在工业、交通、财贸、外经贸、建设五个系统,因领导官僚主义、经营管理不善、盲目生产采购造成物资积压价值9.55亿元,物资霉烂变质报废损失1.63亿元,商品运输中野蛮装卸损失578万元,外贸理赔、外转内销损失1 244万元,发生国家企业物资被盗窃案件4 366起,价值394万元。有关领导进行深刻检查,认真整改;对直接责任者,严肃批评,作出党纪政纪处理。

1987年6月,国务院、中央纪委就大兴安岭特大森林火灾事故发出指示,要求各地坚决反对严重不负责任和做官当老爷的官僚主义恶劣作风,对于一切重大责任事故,都必须严肃处理,追究有关人员的行政和法律责任。7月18日,市委、市政府召开局以上负责干部会议,动员和部署反对官僚主义的斗争。全市开展"四查"工作,查近一两年发生的事故是否查清并严肃处理了,查对尚未查清的案件和事故是否在抓紧查处,查是否总结经验教训、采取预防措施,查是否建立明确的责任制度。至9月17日,区、县、局以上单位检查清理出严重官僚主义失职、渎职和重大责任事故296起,分别给予党纪政纪处分50人。市纪委和有关委局纪委对近两年来发生的市禽蛋公司、科灵电子无线电厂等6起严重官僚主义失职、渎职案件进行检查,对犯有严重官僚主义错误的领导人和直接责任者作出党纪政纪处理,触犯刑律的移交司法机关依法处理。

四、查处干扰、阻碍改革开放案件

1984年10月,中共十二届三中全会作出《关于经济体制改革的决定》,中央纪委第四次全会通过《加强纪律检查工作,保证经济体制改革顺利进行》的文件。市纪委和各级纪委学习中央和中央纪委会议精神,树立在改革开放中纪律检查工作支持、促进改革,为改革开放排除障碍,保证改革开放顺利进行的指导思想。在查处改革开放中的案件时,注意从实际出发,区别对待,对于改革中因经验不足、工作失误的,帮助改正错误,总结经验教训;对于改革中既有成绩又有错误的,肯定成绩,指出错误,帮助继续前进;对于"借改革"为名,钻改革空子,进行违法乱纪活动的,坚决按党纪进行检查处理。

在改革开放新的形势下,有些党员干部经不起改革开放的考验,利用职权,谋取私利,违反党的纪律。1985年4月,市委指示由市纪委、市公安局、市检察院、市外经贸党委和普陀区委联合组成案件领导小组,对上海海关和普陀公安分局乘改革之机开办的华谊综合贸易中心进行检查。这个"贸易中心"滥用执法机关权力,违法经商,投机倒把,非法牟利,行贿受贿,严重损害公安机关和海关的声誉。经市委批准,停办华谊综合贸易中心,对普陀区公安分局、上海海关相关领导及有关责任者分别作出党纪、政纪处分。

1985年4月、8月,市纪委先后印发《关于确保生猪等副食品和农村油粮价格调整工作的通知》《关于确保机关、事业单位工资改革工作顺利进行的通知》,要求党组织和党员认真执行规定的改革原则和政策,遵守纪律,确保改革工作的顺利完成。1988年7月,市纪委会同市审计局,对价格改革中烟酒调价工作进行检查。在市商业二局系统和区县商业部门,检查出违反调价纪律的烟酒批发零售商店115家,抢购、套购调价烟93 295条、名酒356 425瓶,造成国家经济损失32.2万元。有关单位对严重违反调价纪律的党员、干部作出党纪政纪处分。市纪委对静安区烟糖公司烟酒调价领导小组成员违反调价纪律的案件,在全市进行通报,要求党员严守纪律,自觉执行价格改革中的各项政策。

1988年9月28日，市委印发《各级党组织和党员在稳定经济深化改革中要严守纪律的通知》，要求党员、干部同党中央保持高度一致，顾全大局，令行禁止。凡共产党员在整治经济、深化改革中有拒不执行重大改革措施等17种错误行为的，都要按照情节轻重，给予党纪处分，直至开除党籍。1990年11月26日，市纪委、市监察局印发《关于防止在〈上海市住房制度改革实施方案〉出台前突击分房的通知》。各级纪检、监察机关加强监督，对借机突击分房的党员干部进行检查处理。1991年1月，市纪委、市监察局会同市农村工作党委，对市蔬菜领导小组办公室"菜篮子"工程建设中的问题进行检查。原市蔬菜办负责人及相关人员借向乡镇企业提供贷款之机进行补偿贸易，利用职权损害国家利益，索贿受贿，造成国家经济损失达500余万元。10月14日，市农村机关党委对原市蔬菜办负责人及其他有关人员分别作出党纪政纪处理。

五、查处违反政治纪律案件

1986年下半年，受坚持资产阶级自由化的人的挑动，北京等地高校发生学潮。11月，上海一些高校学生罢课、上街游行，极少数歹徒趁机捣乱，严重阻碍交通，影响社会生产和生活秩序。上海市作家协会原理事王若望，自1979年以来，经常在一些大学、文化团体鼓吹资产阶级自由化，公开反对党的四项基本原则，煽动大学生和青年"跟着自由化走"。1987年1月13日，市纪委对王若望给予开除党籍处分。1月14日，市委印发《关于开除王若望党籍的通报》，要求全市党员旗帜鲜明地反对资产阶级自由化，既要坚持改革开放，又要坚持四项基本原则，旗帜鲜明地同资产阶级自由化思潮作斗争。1989年3月，市委批转市纪委《关于对参加非法集会游行示威活动的共产党员给予党纪处分的意见》，规定共产党员不准参加旨在反对党的基本路线和方针政策的非法集会、游行、示威活动；对党员违反党的政治纪律和组织纪律的行为，应给予党的纪律处分。

1989年春夏之交，北京发生政治风波。市委根据中央指示，开展清查和清理工作，查清政治风波的策划者、组织者、幕后指挥者，以及一系列严重事件。全市绝大多数党组织和党员立场坚定，旗帜鲜明，经受考验。一些不明真相有过偏激言行的党员，作了批评与自我批评，吸取教训；对犯有严重错误的党员，区别情况，给予党纪处分。至1991年1月，市纪委和各级纪委处理在政治风波中犯有严重错误的党员干部19人，其中开除党籍13人、留党察看6人，维护了党的政治纪律。

六、查处贪污受贿、以权谋私案件

1989年6月，中共中央十三届四中全会提出大力加强党的建设，坚决惩治腐败。8月，市委、市纪委印发《从严治党，惩治腐败的意见》《贯彻〈中共中央、国务院关于近期做几件事的决定〉的意见》，坚持"两手抓"、"两手都要硬"，开展惩治腐败的工作。市委建立惩治腐败领导小组，指导惩治腐败工作。各级设举报箱、举报电话，广泛发动群众举报腐败行为。要求党员犯有贪污受贿、以权谋私、侵犯国家集体利益错误的，主动交代，彻底退赔。在规定期限内主动交代、彻底退赔的，从宽处理；超过期限，一经查出，按法纪、党纪、政纪处理。至10月31日，全市共有837名党员、干部向党组织或检察机关交代贪污、受贿等经济违纪违法问题，其中贪污101人，受贿535人，投机倒把4人，挪用公款8人，其他不正当经济收入189人。市纪委多次召开案件检查工作会议，部署办案工作，组织力量，查处违纪违法案件，重点查处重大贪污受贿、权钱交易、以权谋私的案件，以及处级以上党员干部的违纪案件。长宁区新泾乡原党委书记姚贵桃等人在土地批租中集体受贿案，受贿金额320万元，挪用公款400万元，涉及党员干部12人，分别被给予党纪、政纪处分，9人被依法判刑。龙华、大场肉联厂党员领导干部集体侵吞国家财政补贴案，贪污金额18.6万元，厂党委原副书记张永和被开除党籍、开除公职，被依法判处有期徒刑10年，其他有关人员分别被给予党纪、政纪处分。1990—1992年，全市各级纪律检查机关处分违纪党员共6 786人，其中开除党籍2 067人，依法受到刑事处理1 195人。

1979—1992年，全市各级纪律检查机关处分违纪党员共26 166人，其中开除党籍5 404人。

表10-1-1　1979—1992年上海市纪检监察系统案件查处情况统计表

年　份	来信来访件数(件)	来信来访中控告件数(件)	党员受党纪处分总人数(人)	其中开除党籍人数(人)
1979	28 117	6 070	1 330	195
1980	78 704	24 844	1 415	255
1981	62 231	26 405	1 451	192
1982	40 577	10 727	1 744	270
1983	33 142	9 980	1 707	345
1984	57 844	25 320	2 048	459
1985	71 335	34 241	2 316	400
1986	59 763	36 252	2 826	379
1987	48 727	30 632	1 634	191
1988	35 239	20 151	1 126	217
1989	59 534	42 253	1 783	434
1990	46 766	33 958	2 896	928
1991	43 840	31 267	2 188	638
1992	28 205	18 710	1 702	501
总计	694 024	350 810	26 166	5 404

第二节　纪检监察机关合署办公后案件查处

1993年，纪检监察机关合署办公后，上海市各级纪检监察机关根据党中央反腐败斗争的部署，把依纪依法查办案件、坚决惩治腐败作为反腐败斗争的重点工作，着重查处领导干部贪污受贿、以权谋私案件，执法执纪人员徇私舞弊、贪赃枉法、执法犯法、执纪违纪案件，失职渎职案件，以及法人违纪违法案件。

一、查处党政机关领导干部违纪违法案件

党的十四大以后，我国正处在经济转型时期，一些党政领导干部经不起物质和金钱的诱惑，贪

赃枉法，中饱私囊，走上违纪违法的道路。1993—1998 年，上海市各级纪检监察机关根据《中共中央国务院关于反腐败斗争近期抓好几项工作的决定》，把查处领导干部违纪违法案件作为从严治党、惩治腐败的重要措施来抓。1993 年 10 月，市纪委、市监察委查处卢湾区原副区长祝文清利用职务便利，在购买商品房和卢湾区土地开发业务等方面为他人提供帮助，谋取不正当利益，非法收受贿赂共计人民币 13.5 万元的案件，给予祝文清开除党籍、开除公职处分，依法判处有期徒刑 15 年。1994 年 6 月，查处上海市规划管理局原副局长李坚生利用职务之便，在审批项目公务活动中受贿美金 2 万元、港币 7 000 元的案件，给予李坚生开除党籍、开除公职处分，依法判处有期徒刑 8 年。1997 年 7 月，查处上海市园林管理局原副局长陆锦龙利用职务便利，为他人获得无息贷款等业务活动谋取私利，先后多次收受钱、物共计人民币 10.2 万元的案件，给予陆锦龙开除党籍、开除公职处分，依法判处有期徒刑 9 年。1998 年 3 月，查处嘉定区原副局级巡视员、工业开发区管理委员会原常务副主任邵汉荣利用职务便利，在招商引资过程中为中介方谋求利益，先后多次非法收受贿赂共计人民币 9.3 万元的案件，给予邵汉荣开除党籍、开除公职处分，依法判处有期徒刑 4 年。

随着改革开放不断深入，反腐败斗争形势依然严峻，党内违纪违法案件呈上升趋势。党的十六大以后，上海各级纪检监察机关突出以党员领导干部为重点，加大对腐败案件的查处力度。2007 年 7 月，查处浦东新区原副区长康慧军利用职务便利，为他人在项目承包、土地转让等方面谋取利益，单独或伙同妻子收受他人给予的钱款和以明显低于市场价格购房等，受贿金额总计 590 万余元，有价值 1 211 万余元的财产不能说明合法来源的案件，给予康慧军开除党籍、开除公职处分，依法判处无期徒刑，剥夺政治权利终身，并处没收个人全部财产。2008 年 3 月，查处普陀区原副区长张克明利用分管财政、税务等工作的便利，为他人谋取利益，收受他人贿赂 187 万余元的案件，给予张克明开除党籍、开除公职处分，依法判处有期徒刑 13 年，剥夺政治权利 3 年。2009 年 10 月，查处普陀区原区长蔡志强利用职务便利，在人才引进、工程建设项目、商务区开发等业务中，为他人谋取利益，收受他人贿赂共计人民币 284 万余元的案件，给予蔡志强开除党籍、开除公职处分，依法判处有期徒刑 14 年，剥夺政治权利 3 年。

二、查处重要领域与关键环节案件

1993—1997 年，我国正处于经济转轨时期，旧的制度体系被打破，新的与市场经济体制相适应的制度体系尚未建立完善，这种制度“真空”和漏洞，给腐败滋生以可乘之机。市纪委、市监察委重点查处金融、房地产、土地批租、工程建设、物资采购等重点领域的腐败案件。1995 年 11 月，市纪委查处中国国际信托投资公司上海公司原总经理高孔谅利用职务便利，将本公司参建的商品房委托给美国沪美联合投资公司代为销售，收受贿赂美元 3.7 万元，折合人民币 21.2 万余元的案件，给予高孔谅开除党籍、开除公职处分，依法判处无期徒刑，剥夺政治权利终身。1998 年 11 月，查处上海航空工业公司原总经理景德元与外商在国内企业进行业务合作过程中，非法索取和收受他人钱物，受贿 13.5 万元的案件，给予景德元开除党籍处分，依法判处有期徒刑 12 年。

2006 年以后，全市纪检监察机关根据改革开放的新形势、新特点，协调公安、检察、司法等部门，加大重点领域和重要环节违纪违法案件的查处力度，保证改革开放的顺利进行，营造良好的经济运行环境。2006 年 4 月，查处上海远程教育集团原副主任、上海电视大学原副校长周文彪利用分管工程建设、设备采购等职务便利，为他人谋取利益，非法收受他人送给的钱款共计人民币 200 万元的案件，给予周文彪开除公职处分，依法判处有期徒刑 13 年，没收个人财产 20 万元，违法所得的财物予以追缴。2007 年 3 月,查处市土地资源管理局原副局长殷国元利用分管房地资源行业规划和房屋拆迁、旧区改造等职务便利,收受贿赂 3 555 万余元,有价值 397 万余元和美元 4.785 2 万元的财产不能说明合法来源的案件,给予殷国元开除党籍、开除公职处分,依法判处死刑,缓期 2 年执行,剥夺政治权利终身。2009 年 2 月,查处市环保局原副局长严舜钧利用分管环境监督管理、建设项目管理等职务便利,为他人谋取利益,收受他人贿赂 100 余万元的案件,给予严舜钧开除党籍、开除公职处分,依法判处有期徒刑 11 年,剥夺政治权利 2 年。2010 年 9 月,查处市住房保障和房屋管理局原副局长陶校兴利用分管土地管理等职务便利,为他人谋取利益,收受他人贿赂 1 045 万余元的案件,给予陶校兴开除党籍、开除公职处分,依法判处无期徒刑,剥夺政治权利终身。

三、查处国企领域侵吞国有资产案件

1993 年,随着国有企业改革不断深入,国有企业党风廉政建设和反腐败斗争进入不断深化的重要时期,十四届中央纪委二次会议强调结合国有企业改革揭露和查处腐败的问题。上海市各级纪检监察组织重点查处国有及国有控股企业领导人员在企业改制、产权转让、资产评估中发生的贪污受贿、挪用公款、侵占国有资产等案件。1998 年,市纪委查处中国浦发机械工业股份有限公司原董事长王竹祥利用职权,为他人贷款提供担保和将本单位资金拆借他人,收受贿赂 15 万元的案件,给予王竹祥开除党籍、开除公职处分,依法判处有期徒刑 12 年。2001 年 1 月,查处东方国际集团原副总裁张士翔利用职务之便,以非法占有为目的,伙同他人贪污公款 94 万余元,挪用公款 166 万元的案件,给予张士翔开除党籍、开除公职处分,依法判处有期徒刑 18 年,剥夺政治权利 5 年。

2007 年,市纪委、市委组织部、市监察委、市国资委印发《关于进一步加强国有企业党风廉政建设和反腐败工作的若干意见》,全市各级纪检监察组织把反腐倡廉融入企业的生产经营管理中,加强国有企业领导人员廉洁从业工作。2007—2010 年,国有企业违纪违法案件逐年上升,大案要案时有发生,市纪委依纪依法,加大查处案件力度,重点查处国有资产流失、工程招投标和国有控股企业领导人员贪污受贿、挪用公款等违纪违法案件,共 750 余件。2008 年 4 月,查处上海华谊(集团)公司原副总裁、双钱集团股份有限公司原董事长范宪利用职务便利,伙同他人在国有企业改制中,故意隐匿国有资产,共同侵吞 1 027 万余元,收受巨额贿赂 702 万元的案件,给予范宪开除党籍、开除公职处分,依法判处无期徒刑,剥夺政治权利终身。2009 年 9 月,查处长江计算机(集团)公司原董事长焦自纯利用职务便利,为他人谋取利益,收受贿赂 200 余万元,侵吞公共财物 147.6 万元的案件,给予焦自纯开除党籍、开除公职处分,依法判处有期徒刑 17 年,剥夺政治权利 5 年。2010 年 7 月,查处上海医药(集团)有限公司原总裁吴建文利用职务便利,为他人谋取利益,收受贿赂 1 187 万余元,伙同他人侵吞公款 500 万余元,挪用公款 3 355 万余元,隐瞒不报境外存款 110 余万港元的案件,给予吴建文开除党籍、开除公职处分,依法判处死刑,缓期 2 年执行,剥夺政治权利终身。

四、查处司法领域违纪违法案件

1993 年 8 月,上海市召开深入开展反腐败斗争、推进党风廉政建设大会,提出重点查处党政领导机关和司法机关、行政执法机关、经济管理部门的违纪违法案件。根据党中央、中央纪委反腐败斗争的部署,市纪委、市监察委在查处"三机关一部门"案件中,把查处司法领域违纪违法案件作为反腐败工作的重要内容,加大司法机关执法部门案件的查处力度,主要查处徇私舞弊、敲诈勒索、贪赃枉法、权钱交易等重要案件，纯洁政法干部队伍，维护司法公正和社会正义。1996年7月，查处徐汇区人民法院原院长商启明利用职务之便，在公务活动中接受他人委托，为他人谋取利益，收受他人财物5.5万元的案件，给予商启明开除党籍、开除公职处分，依法判处有期徒刑5年。2000年5月，查处上海海关调查局原局长季永珍执法犯法，利用职务便利，侵吞、贪污公款3万元，为他人谋取私利，非法收受他人财物899万元，172万元巨额财产来源不明的案件，给予季永珍开除党籍、开除公职处分，依法判处无期徒刑，剥夺政治权利终身。2000年6月，查处上海市监狱管理局原副局长朱崇武利用职务便利，在负责下属公司出租转让车辆中，多次擅自决定从转让款中挪用资金1 080万元给私营业主进行营利活动的案件，给予朱崇武开除党籍、开除公职处分，依法判处有期徒刑5年。2009年9月，查处上海市司法局原副局长史秋波利用职务便利，将市司法局部分出国考察业务交由关系人参股的公司承接，收受他人钱物共计人民币190万余元的案件，给予史秋波开除党籍、开除公职处分，依法判处有期徒刑11年，剥夺政治权利3年，并处没收财产人民币20万元。

五、查处失职渎职案件和重大事故案件

1993年，市纪委、市监察委合署办公后，重点查处严重官僚主义、玩忽职守、失职渎职、违纪违法的案件。1999年4月，市纪委、市监察委查处浦东新区社会发展局原局长张庆龙违反财政有关规定，擅自同意出借基建资金1 200万元给他人，并受贿5万余元，致使出借的资金被骗的案件，给予张庆龙开除公职处分，依法判处有期徒刑6年。2003年3月，查处上海市水利局原副局长顾士龙利用职务上的便利，将水利工程发包他人，受贿7万余元，违反国家规定，将工程结余款57万元转入局小金库，并集体私分，造成国有资产流失的案件，给予顾士龙开除党籍、开除公职处分，依法判处有期徒刑5年。

市纪委、市监察委在查处官僚主义、失职渎职案件的同时，加强对重大事故调查处理，查处违纪违法案件，加大对重大事故的责任追究，严肃惩治腐败，发挥警示和震慑作用。2002—2010年，这类案件涉及轨道交通4号线管涌事故、复兴路隧道急性金属烟热事故、莲花河畔景苑倒楼事故、胶州路公寓特大火灾事故、徐汇和长宁两区九所学校食物中毒事故、浦东新区交通行政执法人员非法调查取证等重大事故案件的调查处理，维护社会稳定。同时依纪依法对有关责任人给予党纪政纪处分。

合署办公后，1993—2010年，市纪委、市监察委初核线索40 698件，立案总数23 249件。全市受到党纪处分17 117人，政纪处分6 922人，其中双重处分2 196人。

表10-1-2 1993—2010年上海市纪检监察系统案件查处情况统计表

年份	受理信访总数(件次)	检举控告总数(件次)	初核线索(件)	立案总数(件)	党纪处分(人)	政纪处分(人)	双重处分(人)
1993	45 749	33 981	3 750	951	918	168	146
1994	37 708	31 314	5 448	1 719	1 113	482	56
1995	37 402	31 504	3 485	2 031	1 435	517	114
1996	40 156	34 189	2 885	1 992	1 410	545	110
1997	40 360	34 839	3 148	1 857	1 339	468	95
1998	42 514	35 831	2 773	1 411	1 071	450	172

(续表)

年份	受理信访总数(件次)	检举控告总数(件次)	初核线索(件)	立案总数(件)	党纪处分(人)	政纪处分(人)	双重处分(人)
1999	37 413	31 005	1 615	1 413	1 013	485	160
2000	37 530	30 644	2 083	1 402	1 043	477	163
2001	35 910	29 057	2 270	1 371	1 018	443	169
2002	31 038	2 441	2 064	1 303	1 051	471	162
2003	29 128	21 863	1 799	1 140	849	380	146
2004	28 387	20 521	1 696	1 030	779	345	104
2005	26 404	17 873	1 580	1 015	694	318	95
2006	25 051	18 242	1 302	1 015	767	316	116
2007	29 372	19 724	1 434	1 021	709	339	134
2008	24 666	16 687	1 434	901	681	226	85
2009	23 635	14 073	1 115	867	631	275	85
2010	25 337	12 638	817	810	596	217	84
总计	597 760	436 426	40 698	23 249	17 117	6 922	2 196

第三节 “社保资金案”查处

2006年，在党中央、中央纪委的部署下，市委、市纪委、市监察委积极配合中央工作组、中央纪委专案组对“社保资金案”进行调查，依纪依法对涉案党员干部给予党纪政纪处分，涉嫌犯罪的移送司法机关依法处理，维护党纪国法的严肃性。

一、支持配合中央工作组查处“社保资金案”

2006年9月24日，中央决定对原政治局委员、上海市委原书记陈良宇严重违纪问题立案调查。上海各级党组织和纪检监察机关坚决拥护中央决定，自觉保持与党中央高度一致。9月28日，根据中央要求，上海市委成立市专案工作领导小组和市专案组，从全市纪检、监察、组织、法院、检察、公安、审计等系统抽调一批干部参加专案工作，配合中央工作组彻查“社保资金案”。市专案组按照中央关于“彻底查清问题、严惩腐败分子、挽回经济损失、维护大局稳定、促进改革发展”和市委提出的“坚定不移推进发展，坚定不移反对腐败”的要求，全力以赴支持配合中央工作组做好调查取证工作，全力以赴做好中央工作组交办的有关涉案人员的查处工作，依纪依法查清“社保资金案”。12月31日，根据中央纪委、中央工作组要求，市纪委、市监察委对“社保资金案”涉案人员移送司法机关后，提出党纪政纪处理意见。至2007年2月，市纪委、市监察委对祝均一等10多名涉案人员分别给予党纪、政纪处分，并配合有关部门追回社保违规资金和相关涉案资金95.83亿元。

2008年4月3日，召开上海市专案工作总结大会，市纪委书记、市专案领导小组组长沈德咏，有关部门领导和专案组全体同志出席大会。会议总结近两年来，在党中央、中央纪委和市委的直接领导下，市专案工作领导小组和市专案组坚决贯彻中央和市委部署要求，圆满完成配合中央工作组彻查上海“社保资金案”和陈良宇案件、王维工案件的各项任务，为深入推进反腐倡廉建设、维护上海改革发展稳定大局做出突出贡献，以出色的工作向党中央和市委、向广大人民群众交上一份满意的答卷，得到中央纪委和市委领导的充分肯定和高度评价。2008 年以后，各级党组织和纪检监察机关针对“社保资金案”反映出来的一些党员干部经不起改革开放的考验，与不法企业经营者相互勾结，理想信念丧失、以权谋私、贪污受贿、骄奢淫逸，严重违反党纪国法的问题，认真吸取教训，开展典型案例教育，采取拍摄警示教育片、进行案例剖析、以案释纪、以案释法。通过“社保资金案”的教育，使广大党员干部牢记“两个务必”，坚持权为民所用、情为民所系、利为民所谋，常修为政之德、常思贪欲之害、常怀律己之心，自觉抵制拜金主义、享乐主义和奢靡之风，提高自觉拒腐防变的意识和能力。

二、对“社保资金案”涉案人员处理

党中央、中央纪委对“社保资金案”涉案人员依纪依法进行处理。2006 年 9 月 24 日，中央决定对原政治局委员、上海市委原书记陈良宇严重违纪问题立案调查，免去陈良宇上海市委书记、常委、委员职务，停止其担任的中央政治局委员、中央委员职务。2007 年 7 月 26 日，对陈良宇给予开除党籍、开除公职处分，移送司法处理。2008 年 3 月 25 日，陈良宇因受贿罪、滥用职权罪被判处有期徒刑 18 年。2007 年 7 月 12 日，中央决定对上海申能(集团)有限公司原副总经理王维工涉嫌严重违纪违法问题进行立案调查。2008 年 3 月 20 日，中央纪委决定给予王维工开除党籍处分，监察部决定给予王维工开除公职处分。2009 年 4 月 17 日，王维工因犯受贿罪，被判处死刑，缓期 2 年执行。

2006 年 12 月 31 日，根据中央纪委、中央工作组对“社保资金案”涉案人员移送司法机关后，抓紧党纪政纪处理意见的要求，市纪委、市监察委依据《中国共产党纪律处分条例》《中华人民共和国公务员法》和《企业职工奖惩条例》，对上海市劳动和社会保障局原局长祝均一、上海市委原副秘书长孙路一、上海市宝山区原区长秦裕、上海市劳动和社会保障局社保基金监管处原处长陆祺伟、新黄浦集团原董事长吴明烈、上海电气(集团)股份有限公司原董事长王成明、上海电气(集团)股份有限公司原副总裁韩国璋、上海工业投资(集团)有限公司原总裁王国雄、上海市国资委原副主任吴鸿玫、华安基金原总经理韩方河、上海电气资产管理有限公司原副总裁徐伟、上海广电房地产公司原总经理陆天明，上海电气资产管理有限公司投资部原副部长程彦敏等 10 多名涉案人员分别给予党纪、政纪处分，并移送司法机关处理。

表 10-1-3 “社保资金案”涉案人员处理情况一览表

姓　名	性别	原单位及职务	错误事实	党纪处分	政纪处分	司法处理
祝钧一	男	市劳动和社会保障局局长	受贿 165 万、挪用公款 13 亿	开除党籍	行政开除	判有期徒刑 18 年
陆祺伟	男	市劳动和社会保障局社保基金监管处处长	受贿 134.14 万	开除党籍	行政开除	判有期徒刑 8 年
王成明	男	上海电气(集团)股份有限公司董事长	伙同他人贪污 3.07 亿、受贿 21 万	开除党籍	行政开除	判死刑缓期 2 年执行
陆天明	男	上海广电房地产公司总经理	共同贪污 3.07 亿	开除党籍	行政开除	判有期徒刑 15 年

(续表)

姓　名	性别	原单位及职务	错误事实	党纪处分	政纪处分	司法处理
韩国璋	男	上海电气(集团)股份总公司副总裁	受贿688万、挪用公款5 000万	开除党籍	行政开除	判无期徒刑
吴明烈	男	新黄浦集团董事长	受贿1 000万	开除党籍	行政开除	判无期徒刑
秦　裕	男	宝山区区长	受贿682.16万	开除党籍	行政开除	判无期徒刑
孙路一	男	市委副秘书长、市委办公厅主任	受贿529万	开除党籍	开除公职	判有期徒刑15年
王国雄	男	上海工业投资(集团)有限公司总裁	受贿530万	开除党籍		判无期徒刑
韩方河	男	华安基金总经理	受贿440万、操纵证券交易价格	开除党籍	行政开除	判有期徒刑18年
吴鸿玫	女	市国资委副主任	受贿195万	开除党籍	行政开除	判有期徒刑11年
程彦敏	男	上海电气资产管理有限公司投资部副部长	受贿13.2万、港元5万	开除党籍	行政开除	判有期徒刑3年,缓刑5年
徐　伟	男	上海电气资产管理有限公司副总裁	受贿39.62万	开除党籍	行政开除	判有期徒刑7年

说明:此表社保资金涉案人员是中央纪委、中央工作组移交给市纪委、市监察委党纪政纪处理情况。王国雄已于2003年9月案发前退休,故未作政纪处理。

第四节　案件管理工作

一、办案协调机制

2000年5月11日,根据中央纪委第四次全会精神,市纪委、市监察委、市委政法委建立上海市执纪执法机关领导办案协调会议制度。协调会议由市纪委、市监察委、市委政法委、市高级法院、市检察院、市公安局等部门组成,市纪委牵头组织召开。至2008年,共召开14次案件查处和预防工作联席会议,沟通重大案件线索,协调查办重要案件,研究复杂案件定性处理及需要研究的重要问题,加强执纪执法机关在案件查处工作中的协作和配合。

2003年8月11日,市纪委办公厅印发《上海市执纪执法监督部门业务处(局)长联席会议制度》的通知,切实加强上海各执纪执法监督部门在反腐败斗争中的协调配合。联席会议由市纪委、监察委、公安、检察、法院、司法、安全、海关、工商、审计、银监、证监、国资、金融等35个单位组成,由市纪委牵头组织,每年召开1—2次。通过联席会议发挥执纪执法监督部门职能,沟通重要案件线索的信息,协调查办重要个案,交流查办典型的违纪违法案件情况,探讨在办案中急需协调解决的问题,分析研究反腐败斗争中的新情况新问题,提出建设性建议和对策,不断增强反腐败整体合力,保障反腐败办案工作的顺利进行。

2004年8月27日,按照中央的要求,结合上海的实际,加强党风廉政建设和反腐败工作的组织协调,市委决定成立上海市反腐败协调小组,由罗世谦任组长,吴志明、姜斯宪任副组长。2007年,市委决定调整上海市反腐败协调小组组成人员,由沈德咏任组长,吴志明、沈红光任副组长。2008

年9月，市委决定调整上海市反腐败协调小组组成人员，由董君舒任组长，吴志明、沈红光任副组长。市纪委、市委组织部、市委政法委、市高级法院、市检察院、市公安局等作为上海市反腐败协调小组成员单位，在市委的领导下，负责协调处理党政领导干部的重大腐败案件和反腐败工作的重大问题，严格按照《党章》、宪法和法律及党内有关规定履行各自职责。按照反腐败协调小组工作规则，不断规范工作程序，加强党风廉政建设和反腐败工作的组织协调。反腐败协调小组办公室设在市纪委，负责上海市反腐败协调小组的日常工作。

2010年3月，市纪委、市检察院、市监察局联合印发《关于建立党员干部违纪违法和职务犯罪预警机制的指导意见(试行)》，着力建立信息收集分析机制、风险点评估机制、预警报告发布反馈机制和案件预防机制，加强分析、评估、预测、预警和预防一体化，提高重点领域案件预防工作的科学化水平。

二、办案协作配合

1999年，市纪检监察机关先后与司法机关、行政执法机关加强执纪执法工作配合，相互提供案件信息，移送案件材料。3月16日，市纪委、市监察委与市委政法委、市高级法院、市检察院、市公安局联合印发《关于纪检监察机关与法院、检察院、公安局在查办党员和干部违纪违法案件中相互提供案件信息移送案件材料的通知》。3月26日，市纪委、市监察委与上海海关联合印发《关于纪检监察机关与海关在查处党员和干部走私案件中相互提供案件信息移送案件材料的通知》。4月20日，市纪委、市监察委与市工商局联合印发《关于纪检监察机关与工商行政管理机关在查处党员和干部违反工商行政管理法律、法规案件中相互提供案件信息移送案件材料的通知》。6月1日，市纪委、市监察委与市审计局联合印发《关于纪检监察机关与审计机关在查办案件和审计中相互配合提供案件信息的通知》。市纪委、市监察委与司法机关、行政执法机关通过相互提供案件信息、移送案件材料，为办案工作发挥积极的作用。

2003年9月1日，市纪委、市检察院、市监察委根据《中国共产党纪律检查机关案件检查工作条例》《中华人民共和国刑事诉讼法》和《中华人民共和国行政监察法》的规定，印发《上海市纪委、上海市人民检察院、上海市监察委关于查办案件中加强协作配合的若干意见(试行)》，对本市纪检监察机关和检察机关在办案工作中充分发挥各自的职能作用，进一步加强协作，形成合力，适时介入案件调查，规范办案程序等有关问题提出若干意见，建立和完善案件(线索)移送机制。

2006年，市监察机关加强与有关行业和监管机构之间的协作配合，充分调动各方的力量，形成查办案件的整体合力。9月14日，市监察委、市检察院、市安全生产监督管理局印发《关于加强监察机关、检察机关及安全生产监管部门在事故调查处理中联系和配合的若干意见的通知》。9月28日，市监察委、市房屋土地资源管理局印发《关于贯彻监察部、国土资源部〈关于监察机关和国土资源部门在查处土地违纪违法案件中加强协作配合和通知〉的意见》。9月28日，市监察委、市环境保护局印发《关于贯彻监察部、国家环境保护总局〈关于监察机关和环境保护部门在查处环境保护违纪违法案件中加强协作配合的通知〉的意见》。市监察委分别与市安全生产监督管理局、市房屋土地资源管理局、市环境保护局建立查办违纪违法案件的协调小组和案件移送、联合办案、协调配合机制。

2007年4月，为进一步加强协作配合，建立预防党员干部违纪违法和职务犯罪工作的长效机制，推动反腐倡廉工作的深入开展，市纪委、市检察院、市监察委印发《关于协作开展预防党员干部违纪违法和职务犯罪工作的若干意见》。从指导思想、工作原则、工作内容、工作机制和工作方法五个方面作出具体规定，促进全市各级纪检监察机关和检察机关间更好地协作开展预防活动，为有效预防和遏制党员干部违纪违法和职务犯罪进行探索和实践。

2008年8月13日,市纪委、市监察委以完善办案组织协调、案件监督机制和安全办案监督管理机制为重点,充分发挥案件监督管理在服务领导决策、服务办案、促进依纪依法办案中的重要作用。市纪委、市监察委与市检察院联合制定《关于进一步加强案件查处和预防工作协作配合的若干意见(试行)》,加强在案件线索移送、调查取证、协同办案以及信息交流、案件预防等方面的协调配合,完善市纪委机关内部、全市纪检监察系统、纪检监察机关与司法机关和执纪执法机关三个层面查办案件组织协调网络。

2009年4月16日,市纪委、市检察院、市监察局联合印发《关于案件线索通报和重要案件线索联合研判的暂行规定》,明确对上级机关或市委主要领导批办的,以及涉及局级干部可能涉嫌职务违纪违法的重要线索和拟使用"两规"、"两指"调查措施,且有可能移送检察机关的重要线索,进行联合评估、分析和研判,提高办案的能力水平和办案的质量效率。市纪委、市监察局案管室和市检察院反贪局为具体联络部门。

2009年7月1日,市纪委、市检察院、市监察局联合印发《市纪委 市检察院 市监察局关于进一步加强基层案件查处和预防工作协作配合的若干意见》,明确建立健全基层案件查处和预防工作平台,不断深化协作配合机制;加强案件查处和预防工作信息沟通,实现资源共享;加强案件线索通报和研判,规范案件移送程序;加强重大疑难案件协作调查力度,有效突破大案要案;加强案件预防协作配合,有效整合监督资源;加强队伍协作配合,提高业务能力和水平;积极探索创新协作配合方式方法,不断提升规范化水平。同时,结合案件查处开展警示教育,并督促有关单位堵漏建制。加强基层办案的指导服务,接受基层纪委办案的咨询,完善区域办案联席会议制度,为基层交流办案经验开展工作探讨搭建平台。

2010年3月19日,为贯彻落实建立惩治和预防腐败体系建设2008—2012工作规划,市纪委召开党员干部违纪违法和职务犯罪预警机制试点单位工作交流会,提出开展党员干部违纪违法和职

图10-1-1 2010年3月19日,上海市纪委举办党员干部违纪违法和职务犯罪预警机制试点工作交流会

务犯罪预警机制工作，作为推进惩治和预防腐败体系建设的一项重要工作任务。4月16日，市纪委印发《关于建立党员干部违纪违法和职务犯罪预警机制的指导意见（试行）》，明确建立党员干部违纪违法和职务犯罪预警机制，加强和职能部门的协调配合，切实履行纪委的组织协调职能，依靠各个方面的力量，发挥各个职能部门的作用；建立起信息收集分析机制、风险点评估机制、预警报告发布反馈机制和案件预防机制，最大限度减少违纪违法案件的发生，提高预警工作的科学性、协调性和可操作性。

2002年以来，在查办案件的协调配合中，协助配合中央纪委和兄弟省市纪委来沪办案，每年协查在100批次以上。积极构建长三角跨区域协作办案的长效机制，定期召开案件协作工作会议，拓展合作内容和层次，探索新的协作方式，健全合作工作机制。

三、办案监督管理

1992年4月22日，市纪委印发《加强案件管理的几项规定（试行）的通知》，对案件经办时限、案件督办协调、案件立案时机、党纪处理时机、未结案件报告作出明确规定，提出加强案件管理、提高办案质量和效率的措施和要求。

1993年6月，全市纪检监察机关合署办公后，为进一步加强案件管理，发挥查案工作中的综合、协调、参谋作用，市纪委、市监察委提出关于加强案件管理工作的意见，明确管理部门和管理人员。经市纪委、市监察委决定，市纪委第五纪检监察室承担案件管理的职能，建立健全立案审批手续和重大案件备案制度，严格办案程序，加强案件督办协调和案件的综合分析，提高办案质量和效率，为领导决策提供依据。

2001年7月13日，市纪委、市监察委印发《市纪委、市监察委关于严格依纪依法使用“两规”、“两指”措施的通知》，提出使用“两规”“两指”的审批程序、严格“两规”“两指”工作人员的工作制度和工作纪律，保障被审查人员的合法权益，“两规”“两指”场所安全防范措施等规定。2003年4月—2006年6月，为了进一步规范使用“两规”“两指”措施，依纪依法查处违纪违法案件，市纪委、市监察委先后印发关于使用“两规”、“两指”措施建立报告备案制度、加强管理确保“两规”安全工作、规范使用“两规”措施报批程序的通知等文件，从政治的高度，以对党、对人民、对干部高度负责的态度，加强对使用“两规”、“两指”措施的管理，对突破大案要案、惩治腐败起到重要作用。

2003年4月21日，为加强案件管理，规范办案程序，提高办案质量和效率，市纪委办公厅印发《市纪委、市监察委机关案件检查工作若干规定》，明确案件检查的工作原则、工作领导、归口管理部门、承办的职责；对受理与初步核实、立案、调查、“两规”“两指”措施的使用及案件移送、办案人员的要求等一系列办案程序都作出明确的规定，加强指导案件管理工作。2006年6月7日，市纪委办公厅印发《市纪委市监察委机关初步核实和初步审查工作若干规定（试行）》，规范初核、初查工作的对象、程序、可采取的措施及工作方式和处理办法等具体事项。8月4日，市纪委办公厅印发《市纪委市监察委信访件、举报线索和案件督办工作若干规定（试行）》，明确督办工作的对象、明确督办主体和督办工作的内容及程序，使查办案件的监督管理工作程序化、规范化、制度化，保证查办的案件经得起历史检验。

2007年11月27日，为适应反腐倡廉形势和任务的需要，加强本市纪检监察案件管理工作，市纪委、市监察委增设案件管理室。明确案件管理室主要职能是：负责重要案件线索、重要案件和市纪委机关自办案件的综合管理，负责全市纪检监察系统重要案件信息的管理；负责与有关执纪执法机关案件移送和线索移交归口管理工作;监督检查全市纪检监察系统依纪依法办案情况,监督检查“两规”、“两指”措施使用情况;承担市纪委向市反腐败协调小组请示报告的有关事项等7项职能。2009年7月,市纪委、市监察委案件管理室更名为案件监督管理室。

2008年4月28日,市纪委召开上海市纪检监察办信查案和案件监督管理工作会议,要求全市纪检监察机关案件监督管理部门全面履行案件监督管理工作线索管理、组织协调、监督检查、督促办理和统计分析的职能,促进依纪依法办案,更好地为党风廉政建设和反腐败斗争服务。会后,区县纪委、部委办局纪委和市纪委、市监察委派出、派驻机构,明确分管案件监督管理工作的领导,承担案件监督管理工作的部门,负责案件监督管理工作的人员,形成全市纪检监察案件监督管理工作网络,为查办案件工作发挥重要的保障和促进作用。2008—2010年,市纪委每年召开办信查案和案件监督管理工作会议,把案件监督管理工作贯穿于办信查案的全过程,建立科学严密、制约有效的工作程序和业务流程,提高依纪依法办信查案的能力,改进工作作风,使案件监督管理工作更加有力、有序、有效。

2009年7月1日,针对基层纪检监察组织查办案件工作存在与形势任务不相适应的问题,为加强对基层办案工作的领导,完善基层办案工作机制,增强基层办案工作力量,改善基层办案工作保障,市纪委印发《上海市纪委市监察局关于进一步加强基层办案工作的若干意见》,明确基层办案工作领导体制、工作机制、办案责任制和办案队伍建设等规定,加强基层办案工作指导和监督检查,规范基层依纪依法办案。同年,市纪委建立由办案骨干、专业人员、专家学者组成的办案人才库,整合办案力量和资源,实行统一管理和统一使用,发挥办案骨干、专业人员在协助基层单位查办重大复杂案件中的作用,加强对基层办案队伍的示范和带教,给予对基层办案的人才支持,提高基层办案工作水平。

第二章　审理工作

依纪依法审理违纪案件，是纪检监察工作的重要组成部分。纪检监察机关坚持以事实为依据，以法纪为准绳，认真开展违纪案件审理、申诉复查工作，确保所办案件经得起历史的检验。合署办公前，1978—1982 年，以平反冤假错案、复查历史老案为重点工作，先后平反"文化大革命"冤假错案、复查改正右派案件、复查"四清"运动错案、复查历史老案，使蒙受冤屈的同志恢复名誉，沉冤昭雪。其间审理政治案件、经济案件、领导干部特殊化等案件，1979—1992 年，市纪委共审理受党纪处分的 26 166 人。市监察局主要审理政府部门及工作人员的违纪违法和不正之风等有关案件，1989—1993 年，共审理受政纪处分的 1 052 人。合署办公后，认真贯彻《党的纪律检查机关案件审理工作条例》《监察机关审理下级案件的暂行规定》，1993—2010 年，主要审理党政机关领导干部违纪违法案件、经济领域中的违纪违法案件、司法领域中的违纪违法案件、领导干部失职渎职案件和"社保资金案"等违纪违法案件，共审理受党纪处分的 17 117 人，审理受政纪处分的 6 754 人。加强对受党纪政纪处分人员的回访教育、开展案件质量检查和业务指导，保证案件审理工作的质量。

第一节　平反冤假错案

一、平反"文化大革命"冤假错案

"文化大革命"中，林彪、江青反革命集团为实现篡党夺权的阴谋，在上海制造大批冤假错案。粉碎林彪、江青反革命集团后，市委进行全面拨乱反正，开展平反"文化大革命"冤假错案的工作。1977 年 4 月，市委设立复查小组。11 月，市委决定成立市委复查办公室，要求严肃认真、尽快妥善地处理过去审查干部中的遗留问题。至 1978 年 6 月，全市复查结案 24 000 余人。

1978 年 7 月 24—26 日，市委复查办公室召开复查工作座谈会，通过《全市复查工作座谈会纪要》。规定复查的范围和对象是："文化大革命"中混淆了敌我矛盾的；不该出党而出党的；受到党纪、团纪、政纪处分不当的；长期未作结论或未恢复党的组织生活的；在受审查期间非正常死亡的；未受处分但做了错误结论、政治上被强加了诬蔑不实之词的，都应进行认真复查，作出恰当的结论或处理。林彪、江青反革命集团蓄意制造的"叛徒集团"、"特务集团"、"反革命集团"等冤案、假案，也应妥善处理。冤案、假案必须平反昭雪，恢复名誉，错案必须纠正，强加的一切诬蔑不实之词，应予推倒。1978 年 12 月，党的十一届三中全会提出，解决历史遗留问题必须遵循实事求是、有错必纠的原则，只有坚决地平反假案，纠正错案，昭雪冤案，才能够巩固党和人民的团结，维护党的崇高威信。三中全会精神传达后，进一步解放思想，加快复查工作。

至 1979 年 10 月，复查工作基本结束。全市共复查"文化大革命"中受处理的干部、党员 105 515 人，其中，局级以上干部 919 人，处级干部 3 961 人，科级和科级以下干部 54 857 人，知识分子 32 950 人，一般党员 12 828 人。复查结果：属于冤假错案 63 556 件，部分错 13 614 件。撤销原定敌性 2 729 人，撤销原受开除党籍处分 3 965 人，撤销其他党纪处分 4 906 人，减轻处分 790 人，恢复党的组织生活 220 人，撤销原作结论 43 984 人，重作结论 12 824 人，原未结案作出结论 4 289 人。

复查非党群众案件191 000余件。

二、复查改正右派案件

1978年4—9月,中共中央决定全部摘掉右派分子帽子,并按照"有错必纠"的原则,对过去错划的右派案件,实事求是予以改正。1978年11月17日,市委批转市委组织部、市委统战部、市公安局、市劳动局、市民政局联合提出的关于贯彻中央决定的《实施意见》,要求做好摘掉右派帽子人员的安置工作,落实党的政策。1979年8月12日,市委批准《关于错划右派改正后若干具体问题处理意见的请示报告》。在党委领导下,各级设立右派摘帽办公室,专门负责此项工作。摘掉尚未摘帽的右派分子帽子的做法是,由单位的党组织向群众讲解中央关于摘掉右派分子帽子的决定的意义,宣传党的政策,向右派分子宣布摘掉他们的右派帽子,鼓励他们继续努力学习,为社会主义建设贡献力量。摘掉右派帽子的人员名单向本单位群众公布。全市摘掉最后一批1 471名右派分子的帽子,至此,全市原划右派分子16 328人,全部摘掉帽子。右派分子摘帽以后,不再称他们为"右派分子"或"摘帽右派",在提职、提级、调资、奖励、授予职称等问题上,与其他人员一样对待,不得歧视。接着,各级党组织对原划右派分子的问题普遍进行复查,凡被错划为右派的,实事求是地予以改正。全市错划改正的有16 297人,其中错划改正的党员干部1 246人。原局级党员干部划为右派24人,原处级党员干部划为右派78人,全部改正,恢复名誉,恢复党籍。在错划右派改正后,对于工作使用不当或本人要求重新分配工作的,根据工作能力、业务专长,重新安排工作,发挥所长;仍在下放劳动或没有工作的,分配适当工作。被遣送外地的人员,由当地组织、人事、劳动部门安置工作。情况特殊的,回沪安排工作。所有改正的人员,恢复原工资待遇。由于划为右派没有分配工作的原大专院校、中专学生改正后,分配工作,评定工资级别。年老体弱,丧失工作能力,符合退休条件的,办理退职退休。已经死亡的,补发抚恤金。

1979年12月31日,市委批准市委统战部、市委组织部、市公安局、市人事局、市劳动局、市民政局《关于对"中右分子"审改安置问题的请示报告》,对在反右派斗争中,虽未戴右派帽子,但被定为"中右分子"或因"右派言论"而受处分的党员、干部,进行复查改正。全市复查改正的有7 064人,并落实安置工作。

1983年11月14日,市委统战部、市委组织部、市委纪委筹备组印发《关于解决错划右派改正结论中"尾巴"问题的通知》。各级党委对错划右派改正结论进行一次复议,删去改正结论中留有"有错误言论"、"类似右派言论"、"言论偏激"、"可不划为右派"、"不宜划为右派"等"尾巴"。修改的结论与本人见面后存入档案,原结论作废。

三、复查"四清"运动错案

1980年5月18日,市委批准市委纪委筹备组《关于复查"四清"运动中错案若干问题的请示报告》,部署对"四清"错案的复查工作。

"四清"错案的复查工作,市委不设专门班子,在各级党委领导下,由纪委和组织、人事、保卫等部门共同负责,分头进行。复查案件由原处理单位负责,所在单位配合;原单位撤销的,由所在单位负责。复查主要解决清政治、清思想方面的问题。经济案件除确实被搞错的以外,不进行复查。对政治、思想方面的案件,重点复查被错误定为敌我矛盾,错误开除党籍,错误开除公职的案件。复查工作采取具体案件具体分析，区别情况，分别对待的办法。对于政治历史问题，凡“四清”运动前，已有正确结论或结论基本正确，“四清”运动中没有发现新的问题的，维持原来结论。对于言论方面的问题，按中央组织部1978年8月10日关于认真清理被指控为“恶攻”（指恶毒攻击党、攻击社会主义制度、攻击毛主席和毛泽东思想）的案件的精神，区分是认识问题还是政治问题，是偶然犯错误还是对党对人民有仇恨，分别予以处理。如没有问题，就予以彻底平反。对于“四清”运动中被作“暂缓登记”、“不予登记”、“劝退”处理的党员的党籍问题，按中央组织部1979年7月18日《关于历史遗留问题中有关党员党籍问题的处理意见》的精神，分别作出恢复组织生活、恢复党籍或不予恢复的处理。对于因错误批斗自杀死亡的，予以恢复名誉，被错误开除党籍的，恢复党籍。对于“四清”运动中“补订”为地主、富农的，除极少数明显漏划的外，按土改时的成分对待，予以纠正。对“四清”运动中被划为资产阶级分子的，按市委1979年3月16日批准市委统战部《关于文化大革命中划为资产阶级分子的人的复查处理意见》，除发现有隐瞒重大问题外，一般不划为资产阶级分子，予以纠正。对于刑满释放、解除管制的人员，在“四清”运动前不作“四类分子”监督改造，以后没有重新犯罪，没有发现隐瞒重大罪行，在“四清”运动中又戴了“帽子”的，予以纠正。

至1982年6月，全市列入复查31 033件案件，完成97%；党员案件16 805件，改正10 105件，复查工作告一段落，遗留问题转入经常工作。

四、复查历史老案

市委纪委筹备组在基本完成复查“文化大革命”冤假错案、改正右派案件、纠正“四清”运动错案后，着手复查“文化大革命”前的其他历史老案。1982年4月9日，市委纪委筹备组召开部委办、区县局及大专院校、科研单位党委纪委复查工作干部会议，部署对其他历史老案的复查工作。至1984年6月30日，复查“文化大革命”前处理的其他历史老案20 457件，改正7 286件。这些案件的复查改正，有利于分清历史是非，增进党内团结。

1980年，中共中央批转中央公安部、最高人民检察院、最高人民法院党组关于“胡风反革命集团”案件复查报告的通知，宣布“胡风反革命集团”一案，是在当时历史条件下，混淆两类不同性质矛盾的一件错案，中央决定，予以平反。要求有关部门、地区做好思想工作和组织工作，保证中央决定及时得到落实。3月，市委纪委筹备组、市委组织部、市委宣传部和市公安局党组分别对涉及上海的人员进行复查，确认他们有的与胡风虽有某些往来，但属于私人之间的关系；有的在文艺理论方面倾向胡风观点，是属于思想认识和不同观点的问题，没有进行其他阴谋活动；有的与胡风根本不相识，仅同与胡风相识的人员交往而受株连。对他们逮捕审查，作为“胡风反革命集团分子”处理是错误的，决定撤销原处理决定，恢复名誉。4月9日，市委批准撤销原定市委宣传部原部长彭柏山为“胡风反革命集团一般分子”、开除党籍的决定，予以恢复党籍，恢复政治名誉（“文化大革命”中彭柏山在河南农学院被迫害致死）。市委批准撤销原定市文艺工作委员会文学组组长王元化为“胡风集团骨干分子”、开除党籍的决定，予以恢复党籍，恢复政治名誉。

党的十一届三中全会后，1981年3月，中共中央责成中央纪律检查委员会对潘汉年案件进行复查。1982年8月23日，中共中央发出通知，向全党郑重宣布：把潘汉年定为“内奸”，并将其逮捕、判刑、开除党籍都是错误的。这是建国以来的一个大错案，应予彻底纠正，为潘汉年平反昭雪，恢复党籍，追认历史功绩，公开恢复名誉。1982年10月21日，市委成立“潘案落实政策清理小组”。1983年2月28日，市委、市政府召开“怀念潘汉年同志座谈会”，缅怀深受上海人民爱戴的潘汉年同志。

对扬帆(因潘案同案被判处有期徒刑16年,剥夺政治权利终身)案件的复查表明,扬帆长期从事革命保卫工作,对党忠诚,对革命事业卓有贡献。在上海市公安局任职期间,出色地完成各项公安保卫任务,在打击敌人、保护人民方面作出显著成绩。原定扬帆"内奸"、"反革命分子"、"包庇重用大批特务、反革命分子",使用敌特电台给台湾敌人提供情报,引起"二六轰炸"等均不是事实,应予否定,对扬帆隔离、逮捕、判刑都是错误的。市委决定为扬帆平反,恢复名誉,恢复党的组织生活。

市委"潘案落实政策清理小组"对受潘汉年、扬帆案件株连应由上海进行复查的686人进行复查平反,恢复名誉,在工作、生活上作了妥善安置。

第二节　审理违纪案件和处分党员

一、合署办公前市纪委案件审理

1979年4月至年底,根据中央纪委和市委领导批示和党员群众的检举揭发,市委纪委筹备组共办结11件案件,其中,属于领导干部特殊化的3件,弄虚作假、走后门安排子女的2件,因官僚主义造成严重损失的1件,违反财经纪律、铺张浪费的2件,在"文化大革命"中迫害干部群众的3件。各区、县、局纪检组织也重点调查处理一批案件。

1984年,《案件审理工作条例》贯彻执行以后,普遍反映,实事求是的精神得到发扬,办案质量有所提高。全年受党纪处分总人数为2 048人,比前几年有所上升,主要是经济案件和整党核查"三种人"和"文化大革命"犯严重错误的案件定性增加。

1987年初,市纪委和各级纪检组织认真学习中央纪委下达的关于共产党员必须严格遵守党章的通知,把严肃党的政治纪律作为一项重要工作来抓。在中央纪委和市委的领导下,严肃查处王若望鼓吹资产阶级自由化、反对四项基本原则的案件,开除王若望的党籍。集中查处以权谋私和严重官僚主义等违纪案件。区、县、局以上单位共清理出官僚主义问题和责任事故296件,对45人分别作出党纪、政纪处分和司法处理。

1989年,政治风波平息以后,市纪委和各级纪委积极参与清查清理工作,立案查处一批在政治风波中严重违反政治纪律的案件。市纪委立案查处5名局级干部违反政治纪律的案件。各级纪委也抓了一批这方面的案件。年底,共对6名违反政治纪律的党员作出开除党籍处分。

1990年,市纪委和各级纪委认真查处并纠正群众反映强烈的党政干部住房方面不正之风问题。对农村系统的党政干部住房情况开展清查,共计对5 191名乡、镇、局以上党政干部住房情况进行检查,373名有违纪违法问题的干部作补交钱款或罚款,退出多占的造房基地,退出多分的公房,21名党员干部受到党纪处分。对城市党政干部住房情况开展清查,重点是查处在住房上搞敲诈勒索、动用外汇购买商品房、公款装修住房、弄虚作假骗取超面积住房以及违纪违法建私房等五类案件,查实党政干部在住房上有各类问题1 151人,其中局级干部103人;已对618人作出处理,其中局级干部48人。

1991年,市纪委按照中央纪委要求,认真清理违纪违法建私房和用公款超标准装修住房问题,并对县处级以上党政机关干部超标准分配住房、差房调好房、动用公款(外汇)购买住房等问题一并进行清理。有30名党员干部受到党纪处分,9人受到行政处分,8人被依法惩处,退出住房369平方米,购买债券或补交钱款27.4万元。

1979—1992年，全市受到党纪处分共26 166人，其中受到警告处分10 157人，严重警告5 895人，撤销党内职务475人，留党察看4 235人，开除党籍5 404人。

表10-2-1　1979—1992年上海市纪检监察系统党纪处分情况统计表　单位：人

年　份	受党纪处分总人数	警　告	严重警告	撤销党内职务	留党察看	开除党籍
1979	1 330	420	361	31	323	195
1980	1 415	472	333	58	297	255
1981	1 451	586	350	40	283	192
1982	1 744	699	401	47	327	270
1983	1 707	700	366	39	257	345
1984	2 048	863	412	46	268	459
1985	2 316	925	538	15	438	400
1986	2 826	1278	706	17	446	379
1987	1 634	815	375	29	224	191
1988	1 126	474	271	13	151	217
1989	1 783	770	346	24	209	434
1990	2 896	898	565	50	455	928
1991	2 188	691	497	36	326	638
1992	1 702	566	374	30	231	501
总计	26 166	10 157	5 895	475	4 235	5 404

二、合署办公前市监察局案件审理

1987年，市监察局设立审理处。1990年，市监察局审理处更名为案件审理处，负责审理政府部门及工作人员的违纪违法案件。

1988年，上海清查涉外经济合同。据统计，全市有清查任务的1 715个单位，共抽调干部和专业技术人员3 026人，清查1984年以来涉外经济合同329 578份，总金额为2 800 956万美元。在清查中，全市共查出外商由于违背合同规定而索赔的90件，挽回和减少经济损失达1 273万美元；发现有疑点线索的涉外经济合同共80件，经组织力量进行重点审查，1988年查明属贪污受贿性质的有10件。

1989年，市监察局直接受理查办的案件中，有241名监察对象违纪违法受到政纪处分。

1990年，各级监察机关在查处大案要案的同时，注意抓住群众反映强烈的违纪案件，严肃查处，并将查处结果公之于众，取信于民。市监察局会同市财贸办监察室查处市饲料公司私设小金库达50余万元、滥发钱物达29万余元的违纪问题，给予公司两位正副经理行政处分，并予以公开登报批评。

1991年，各级监察机关严肃查处行政执法部门、经济监督部门工作人员的违纪违法案件，共有

191 名行政执法监督人员受到政纪处分。各级监察机关加强对执行《上海市企业事业单位领导干部保持廉洁的若干规定》情况的监督检查。全年,全市监察机关查处的案件中,有 101 名厂长、经理被立案,其中有 61 人受到政纪处分。

合署办公前,1989—1992 年,全市受到政纪处分共 1 293 人,其中警告 375 人,记过 323 人,记大过 193 人,降级 40 人,降职 29 人,撤职 108 人,开除留用察看 91 人,开除 134 人。

表 10-2-2 1989—1992 年上海市纪检监察系统政纪处分情况统计表

单位:人

年份	受政纪处分总人数	警告	记过	记大过	降级	降职	撤职	开除留用察看	开除
1989	241	83	71	25	2	5	20	13	22
1990	426	125	94	69	14	13	39	24	48
1991	350	86	84	49	12	7	33	36	43
1992	276	81	74	50	12	4	16	18	21
总计	1 293	375	323	193	40	29	108	91	134

三、合署办公后案件审理

1993—1998 年,根据中央纪委反腐败斗争三项工作任务要求,突出以领导干部为重点,着重加强对贪污受贿、以权谋私案件,执法执纪人员贪赃枉法、执法犯法案件,官僚主义、失职渎职案件的审理。其间,经过审理,全市受到党纪处分 7 286 人,其中警告 1 481 人,严重警告 1 284 人,撤销党内职务 114 人,留党察看 884 人,开除党籍 3 523 人。1994—1998 年,全市受到政纪处分 2 462 人。

1999—2005 年,随着市场经济建立,经济领域的违纪违法问题突出,加大对金融、房地产、土地批租、工程建设、政府采购等重点领域的腐败案件的查处审理。其间,经过审理,全市受党纪处分 6 447 人,其中警告 1 505 人,严重警告 1 010 人,撤销党内职务 91 人,留党察看 523 人,开除党籍 3 318 人;受到政纪处分 3 369 人。2003 年"非典"期间,市纪委案件审理室共审理、指导、处理与"非典"有关的违纪党员 8 人。

2006—2007 年,市纪委案件审理按照"达到司法判决标准"的要求,重点做好"社保资金案"的审理工作,对"社保资金案"的 10 多个案件进行审理,全部审结。并根据市委、市政府的指示,对"社保资金案"涉案人员宣布执行党纪政纪处分。

2008—2010 年,国有企业违纪违法案件逐年上升,大案要案时有发生,重点查处和审理国有资产流失、工程招投标以及国有企业领导人贪污、侵吞国有资产,挪用公款违纪违法行为。其间,经过审理,全市受党纪处分 1 908 人,其中警告 434 人,严重警告 259 人,撤销党内职务 35 人,留党察看 107 人,开除党籍 1 073 人;受到政纪处分 718 人。

合署办公后,1993—2010 年,全市受到党纪处分共 17 117 人,其中警告 3 746 人,严重警告 2 748 人,撤销党内职务 264 人,留党察看 1 610 人,开除党籍 8 749 人。全市受到政纪处分 6 754 人,其中警告 1 494 人,记过 1 021 人,记大过 1 068 人,降级 215 人,降职 36 人,撤职 826 人,开除留用察看 634 人,开除 1 469 人。全市受党纪政纪双重处分共 2 050 人。

表 10-2-3　1993—2010 年上海市纪检监察系统党纪处分情况统计表　单位：人

年　份	受党纪处分总人数	警　告	严重警告	撤销党内职务	留党察看	开除党籍
1993	918	262	184	12	135	325
1994	1 113	247	219	17	141	489
1995	1 435	281	257	25	152	720
1996	1 410	265	198	22	174	751
1997	1 339	243	235	19	155	687
1998	1 071	183	191	19	127	551
1999	1 013	231	187	14	104	477
2000	1 043	207	169	18	94	555
2001	1 018	211	162	13	81	551
2002	1 051	228	158	17	86	562
2003	849	229	127	11	59	423
2004	779	225	116	12	62	364
2005	694	174	91	6	37	386
2006	767	191	120	10	50	396
2007	709	135	75	14	46	439
2008	681	154	100	13	34	380
2009	631	137	80	9	42	363
2010	596	143	79	13	31	330
总计	17 117	3 746	2 748	264	1 610	8 749

表 10-2-4　1994—2010 年上海市纪检监察系统政纪处分情况统计表　单位：人

年份	受政纪处分总人数	警告	记过	记大过	降级	降职	撤职	开除留用察看	开除	双重处分
1994	482	96	81	99	14	0	40	62	90	56
1995	517	109	59	76	23	0	68	87	95	114
1996	545	104	84	101	15	0	80	61	100	110
1997	468	81	87	75	16	0	55	36	118	95
1998	450	84	59	72	14	0	68	107	46	172
1999	485	101	84	86	26	0	61	104	23	160
2000	477	110	77	82	12	5	63	28	100	163
2001	443	104	53	78	21	3	56	30	98	169
2002	471	99	77	88	12	5	54	25	111	162
2003	380	90	47	59	13	7	43	18	103	146

(续表)

年份	受政纪处分总人数	警告	记过	记大过	降级	降职	撤职	开除留用察看	开除	双重处分
2004	345	110	53	35	9	0	31	13	94	104
2005	318	88	39	37	6	3	29	15	101	95
2006	316	74	47	45	11	4	51	11	73	116
2007	339	75	51	36	2	2	33	13	127	134
2008	226	54	32	27	9	4	37	6	57	85
2009	275	64	52	37	4	1	30	13	74	85
2010	217	51	30	35	8	2	27	5	59	84
总计	6 754	1 494	1 012	1 068	215	36	826	634	1 469	2 050

第三节 申 诉 复 查

市委纪委筹备组和市纪委成立之初,以复查历史老案为申诉复查工作的重点。市委纪委筹备组自 1979 年 4 月成立至年底,已审理结案的 98 件中,除 1 件是新的违纪案件外,其余均是复查和申诉复议的案件,其中"文化大革命"46 件,与反右派有关联 33 件,反右倾 9 件,历史老案 9 件。通过复查复议,除 3 件维持原处分外,其他都撤销或减轻处分,使原来处理错了或处分过重的问题得到纠正。"文化大革命"前处理的 100 名原部、局级干部案件中,属于反右派、反右倾的问题均于 1979 年复查结案。复查处理历史老案,1980 年 1 617 件,1984 年 628 件,1986 年 1 125 件,1987 年 601 件。

图 10-2-1 2007 年 6 月 21 日,上海市纪检监察案件审理申诉复查和行政复议行政应诉工作会议

1998—2010年，全市共受理申诉案件100件，其中党纪申诉67件，政纪申诉27件，双重申诉6件，共办结87件，维持原决定73件，变更原决定8件，撤销原决定6件。

表10-2-5　1998—2010年上海市纪委、市监察委(局)党政纪申诉情况统计表　单位：件

年份	受理申诉案件数	党纪申诉	政纪申诉	双重申诉	办结	维持	变更	撤销
1998	11	9	2	0	8	5	3	0
1999	9	6	3	0	8	6	0	2
2000	15	13	2	0	13	12	0	1
2001	14	4	10	0	12	9	1	2
2002	9	5	3	1	7	7	0	0
2003	5	4	1	0	5	3	2	0
2004	11	9	2	0	11	9	1	1
2005	6	2	3	1	4	3	1	0
2006	13	8	1	4	13	13	0	0
2007	1	1	0	0	1	1	0	0
2008	3	3	0	0	2	2	0	0
2009	0	0	0	0	0	0	0	0
2010	3	3	0	0	3	3	0	0
总计	100	67	27	6	87	73	8	6

第四节　回 访 教 育

市纪委、市监察局(委)从1997年开始，坚持每年对受党纪政纪处分的原市管干部进行回访教育，了解受处分人的思想状况、表现情况和生活状况，听取意见和要求，在政策允许的情况下，帮助解决实际困难，并于回访工作结束后形成专题报告。

2008年，以“社保资金案”涉案人员为重点开展回访教育工作。5月5—17日分别到上海、吉林、安徽所管辖的有关监狱，对10多名“社保资金案”涉案人员进行回访教育。2010年，制定回访教育预案，全年先后对关押在安徽、吉林等地的“社保资金案”涉案人员进行回访教育。

2010年，针对回访教育随意性的问题，开展调查研究，形成专题调研报告，提出改进措施，并印发《关于对受处分人员进行回访教育的办法(试行)》。

1997—2010年，共对受党纪政纪处分原市管干部124人进行回访教育。

表10-2-6　1997—2010年市纪委、市监察委(局)案件审理回访教育情况统计表　单位：人

年　份	回访人数	年　份	回访人数
1997	6	1999	5
1998	9	2000	6

(续表)

年　份	回访人数	年　份	回访人数
2001	6	2006	9
2002	7	2007	5
2003	7	2008	21
2004	6	2009	9
2005	6	2010	22
—	—	总计	124

第五节　案件质量检查

1997—2000 年,案件质量检查主要以各委办、区、县纪委自查为主,市纪委、市监察局(委)案件审理室参与部分单位的质量检查指导,并对部分基层案卷进行抽查。

图 10-2-2　2010 年 8 月 26 日,上海市纪委调研松江区执纪监督和执纪办案工作情况

2001 年,根据中央纪委《关于开展处分决定执行情况检查的通知》要求,市纪委与市委组织部、市人事局印发《关于开展处分决定执行情况检查工作的通知》,并于 2001 年 10 月底前,对全市纪检监察机关 1997 年 10 月—2000 年 12 月查结的给予党纪、政纪处分共 4 623 人(含双重处分 626 人)的案件的处分决定执行情况进行一次全面检查。针对处分决定执行情况检查中发现的问题,自 2001 年起,纪律处分决定执行情况的检查工作,列入审理部门每年案件质量检查中,以确保处分决定的执行工作落到实处。

2005 年 4 月,中央纪委、监察部召开全国纪检监察案件审理和申诉复查工作年会,要求"上级纪检监察机关及其案件审理部门,对下级纪检监察机关在一定时间内所处理的案件,采取自查、互查、抽查等形式，进行有组织、有计划地检查，以衡量所办案件的质量”。2005年，上海开始全市性的案件质量检查，并于检查后形成案件质量抽查情况报告。7—8月，市纪委、市监察委对6个区、6个委办所属系统2004年办理的209个案卷进行质量检查，并形成工作报告。

2006年，市纪委、市监察委对案件质量开展自查、检查、抽查、通报、督查工作，对2002—2005年上海所办案件进行全面检查。各级纪检监察组织自查和检查4 013个案件的质量，市纪委直接参与13个单位的案件质量的检查工作。在抽查阶段，市纪委在对南汇区的案件质量进行试点抽查的基础上，分三个抽查小组，对12个区县、8个委办局、3个直管企业357个案件进行案件质量抽查。9月5日，召开全市案件质量检查和抽查通报会，并于会后对12个委办区县整改情况进行集中督查。

市纪委、市监察局(委)坚持开展案件质量检查工作，1997—2010年，共检查2 895个案件。

表10-2-7　1997—2010年市纪委、市监察委(局)案件审理质量检查情况统计表　单位：个

年　份	检查案卷数	年　份	检查案卷数
1997	187	2004	120
1998	145	2005	209
1999	107	2006	357
2000	128	2007	123
2001	180	2008	400
2002	274	2009	361
2003	158	2010	146
—	—	总计	2 895

第六节　业务指导

市纪委、市监察局(委)对各区县、委办局纪检监察机关认真开展审理工作业务指导，指导方式包括答复咨询，编写业务手册，规范审理工作程序、制度以及文书，等等。1998—2004年，市纪委、市监察委接受并指导咨询案件707件(次)。2005—2010年，市纪委、市监察委(局)接受并指导咨询案件873人(次)。

1995年，市纪委案件审理室编写《模拟案卷》一书，该书共176页，内容分为两部分：第一部分是违纪案件的模拟案卷，第二部分是案件查处过程中常用文书的撰写及注意事项。2004年，市纪委案件审理室着手对《模拟案卷》进行修订，在广泛征求意见后，2005年最终定稿并于11月底正式出版。

1996年，作为处理党内违纪行为的基础性法规《中国共产党纪律处分条例(试行)》颁布后，由于纪律处分条例实施细则还未公布，执纪时对党员犯有经济类错误数额界限问题出现标准不一的情况。1997年，市纪委案件审理室根据中央纪委中纪法复〔1997〕2号规定，制定上海市《关于贯彻中纪法复〔1997〕2号文精神，对犯有经济类错误的党员给予党纪处分数额界定掌握的几点意见》，报市纪委常委会通过，对一些经济类错误案件的查处、定性量纪起到指导作用。

1999年，中共中央印发《关于共产党员不准修炼“法轮大法”的通知》，中央组织部、中央纪委印

发《关于对共产党员修炼“法轮大法”等问题的若干处理意见》，人事部、监察部印发《关于对国家公务员修炼“法轮大法”等问题的若干处理意见》。为严格掌握政策，稳妥做好对参加“法轮功”邪教活动的个别党员、干部的纪律处分和协助组织处理的工作，市纪委案件审理室负责实施对全市“法轮功”问题中党纪政纪处分的工作，指导和帮助基层进行调查取证、审核证据，把好定性关，督促办理有关手续，并制定《本市国家公务员修炼“法轮大法”行政处分的若干意见》。

2001年，为配合纪律处分执行情况检查工作，市纪委案件审理室编印《纪律处分决定执行有关法律法规汇编》1万册，印发基层纪检、组织人事部门。

2002年，针对基层纪委提出审理业务中的共性问题，市纪委案件审理室对21个区、委办局、集团公司开展调研并进行综合分析，印发《关于案件审理业务中几个需要说明和重申的问题》。

2004年，市纪委案件审理室根据静安区纪委咨询疑难案件处理问题，召开专题会议进行分析指导，研判分析，加强业务指导，将静安区纪委的经验以《审理业务参考》的形式印发，对全市审理这类案件起到指导作用。

2005年，市纪委案件审理室起草《关于审理工作的若干问题》，回答基层在业务工作中的一些疑难问题。同年，市纪委案件审理室制定《关于对参与“法轮功”活动党员的党纪处分和组织处理的党纪运用、操作程序》。

2008年，市纪委案件审理室对协助审理工作进行调研，广泛听取各方面意见。调研结束后，形成对《关于对违纪案件实行协助审理的指导意见(试行)》修改的调研报告，重新修订《关于对违纪案件实行协助审理的指导意见(草案)》，报市纪委常委会审议通过并印发各单位。

2010年，针对越级咨询、多头咨询现象突出的情况，市纪委案件审理室制定《关于进一步规范案件审理咨询工作的办法》。针对审理工作程序性要求高且复杂的特点，市纪委案件审理室制定委局机关自办党政纪案件审理和申诉案件办理工作流程图，并编辑《审理业务手册》，该书共分三部分，分别是工作流程、实体规范和程序规范，指导各单位做好案件审理工作。

第十一篇

行政监察

加强行政监察工作，是促进政府廉政勤政建设的重要途径。自1987年5月14日上海市设立监察局以来，按照市委、市政府和监察部的部署和要求，重点抓好领导机关和领导干部、行政执法和经济监督部门为政清廉工作，不断加强行政效能监察，认真落实反腐倡廉各项任务，有力推进政府机关廉政勤政建设。

1988年，市监察局探索开展执法监察，积极参与市政府统一部署和组织的财政、税务、物价、清理整顿公司、清理固定资产投资项目等大检查，保证政令畅通。从1989年起，加强对执法部门和经济监督部门的监察，对一些执法违法、贪赃枉法的干部进行严肃查处，维护执法机关的权威。

1991—1992年，全市各级监察机关加大执法监察、廉政监察和效能监察的力度，加强对严重官僚主义、工作失职造成问题的监督检查，开展对浦东开发、发展农业经济、政府实事项目和城市基础建设项目的监督检查，加强对企业监察工作的支持、指导，保障经济建设和深化改革的顺利进行。

1993—2002年，全市各级监察机关认真贯彻《行政监察法》，围绕领导干部廉洁自律、查办大案要案、纠正部门和行业不正之风三项任务的格局，积极推进从源头上预防和治理腐败工作和重大决策，不断加强政府部门及其工作人员的廉政和勤政建设。围绕政府中心工作，加强监督检查，对建筑工程、“菜篮子”工程、三峡移民资金、财政专项补贴、旧区改造等一大批市政府实事项目进行专项执法监察。认真解决涉及群众切身利益的问题，对面大量广的特困户解困、居民动拆迁等进行全过程的参与和监督，密切党和政府与人民群众的联系。发挥行政监察优势，积极参与军队、武警和政法机关不再经商、党政机关与所办企业脱钩等重要工作。与有关行政主管部门密切协作，组织实施行政审批制度改革工作，推行财务委派、落实“收支两条线”和罚缴分离等制度，清理和查处私设“小金库”和银行账户，加大从源头上防治腐败的力度。

2003—2007年，全市各级监察机关进一步拓展行政监察领域，不断完善行政监察工作机制。对超标准超编制配备使用小汽车和借用车辆进行清理清退，在部分区县推行公务用车制度改革试点。严格控制党政机关新建办公楼等楼堂馆所。围绕工程建设、土地出让、产权交易、医药购销、政府采购等重点领域，开展治理商业贿赂专项工作。对节能减排、动迁安置、征地补偿、经营性土地使用权招标拍卖挂牌出让等进行执法监察。对世博工程、轨道交通建设质量安全、重大工程配套商品房和中低价经济适用房建设等实施效能监察。深化行政审批、财政管理、干部人事、政府投资等四项改革，推行建设工程招投标、经营性土地使用权出让、产权交易和政府采购等四项制度，采用项目化管理的方式加以推进，促进要素市场建设的健康、规范、有序发展。

2008—2010年，积极推进“制度加科技”预防腐败工作，加强对财政性资金和社会公共资金监管，推进因公出国(境)综合管理信息系统的实施和应用，建立政府采购信息管理平台，完善土地交易市场，运用信息技术强化建筑有形市场监管，提升预防腐败效能。以确保办好世博会为头等大事，全力以赴做好“廉洁办博”工作，对世博动迁安置、工程建设、资金监管、物资采购、招商布展、园区运行、演艺活动以及特许产品经营等重点领域和关键环节实行全方位、全透明、全过程监管，确保实现“场馆建设安全优质、资金物资使用规范、组织运行节俭高效、各项重大活动阳光透明、不发生有影响的腐败案件、不发生损害群众利益的突出问题”的廉洁办世博目标。

为充分发挥人民群众对国家行政机关及其工作人员的监督作用,1988年,市监察局制定《上海市特邀监察员工作暂行办法》,建立健全行政监察与民主监督、群众监督相结合的监察机制。至2010年,市纪委、市监察局(委)连续组织8届150名特邀监察员开展监察工作,先后组织特邀监察员参加反腐败工作调查和党风廉政建设责任制检查,参加各种反腐倡廉工作的专项检查和政风行风评议,参与接待群众信访举报等,积极建言献策,并根据特邀监察员专业特长和丰富理论水平的优势,组织参与各项课题研究,提出加强党风廉政建设思路和对策,发挥参政议政和民主监督作用。

第一章　执法监察

执法监察是监察机关依据行政监察法等法律法规赋予的职能、职责和权限，针对监察对象在履行职责方面贯彻执行党和国家的方针政策、党内法规和国家法律、行政法规及政府的决定、命令的情况进行的监察活动。1993年，市纪委、市监察局合署办公后，执法监察具有纪检、监察两项职能，主要履行监察职能。自1987年5月14日上海市监察局成立之日起，执法监察便是市监察局的一项重要工作。2004年3月23日，经市编制委员会同意，设立市纪委、市监察委执法监察室，专门承担起执法监察工作。1988—2001年，执法监察工作主要以贯彻中央、市委和市政府重大决策部署和要求，开展安全生产、食品安全、环境保护等专项执法监察；2002—2004年，开展重大事故事件调查处理和开展查信办案工作，查处违纪违法案件成为执法监察工作的一项重要内容，进一步加大反腐败斗争的力度。

第一节　专项执法监察

一、安全生产监察

【安全事故责任追究检查】

2002年，为贯彻落实监察部等四部委《关于开展特大安全事故责任追究落实情况检查的通知》，市监察委会同市司法局、市人事局、市安全生产监督管理局等部门按照通知要求，认真对照检查。通过深入学习国务院《关于特大安全事故行政责任追究的规定》，制定印发《上海市安全事故防范和重大安全事故行政责任追究的规定》。通过建立安全责任体系、督查考核和实施警示、黄牌警告制度，健全安全监管网络，狠抓安全专项整治，确保责任追究落到实处。

2006年，根据中央纪委《关于对重特大安全事故责任追究落实情况开展检查的通知》的精神和要求，市监察委会同市安全生产监督管理局、市检察院、市法院和市司法局对上海2003年10月以来已经结案的重特大安全事故的调查处理及责任追究落实情况进行全面检查。通过梳理，2003年10月—2006年5月，上海共发生重大生产安全事故10起。其中，轨道交通4号线工程事故1起，一次死亡3人以上的重大生产安全事故9起。这10起事故，共追究有关责任人员44人，其中，追究刑事责任17人；追究党纪政纪责任27人。行政处罚共计68.1万元，企业内部经济处罚10人，共计2.45万元。同时，市监察委和市检察院、市安全生产监督管理局制定《关于加强监察机关、检察机关及安全生产监管部门在事故调查处理中联系和配合的若干意见》，为规范事故调查处理工作提供制度保证。全年，各级监察机关参与调查责任事故8起，责令和建议有关部门追究党纪政纪处分6人，其中，党纪处分4人，政纪处分2人。根据监察部、国家安全生产监督管理总局《安全生产领域违纪违法行为处分暂行规定》的要求，市监察委和市安全生产监督管理局制定《关于贯彻实施〈安全生产领域违纪违法行为处分暂行规定〉的意见》，建立安全生产案件移送制度、联合办案和查办案件协调配合制度。

【危险化学品安全整治】

2002 年，为贯彻落实国家经贸委、国家安全生产监管局、监察部等九部委《关于开展危险化学品安全管理专项整治工作的通知》，市监察委和市经委、市安全生产监管局等部门联合印发《关于本市开展危险化学品安全专项整治工作的通知》，围绕上海危险化学品生产、储存、经营、运输、使用和废弃物处置等各环节，重点对剧毒化学品和液化气体从业单位、不具备安全生产基本条件以及不符合有关资质要求的危险化学品从业单位和存在重大安全事故隐患的从业单位开展安全整顿治理。通过开展专项整治工作，规范危险化学品安全管理工作和经济秩序，建立健全和全面落实危险化学品安全管理制度，加强防范措施，消除事故隐患，有效遏制危险化学品重大、特大事故的发生，促进危险化学品安全管理工作的稳定和好转。

2006 年 1 月 24 日，市安委办牵头，市监察委参与，开展打击非法经营液化石油气联合整治行动。全年各级部门共出动执法人员 6 830 人次，开展区域性集中整治 103 次，立案查获案件 162 起，查获液化钢瓶 9 236 只，取缔非法经营窝点 184 处，有 14 名违法当事人被治安拘留。

2007 年 4 月，鉴于硫化氢中毒事故多发，市安委办印发《关于开展防范有毒有害危险作业场所中毒事故专项整治工作的通知》。市安委办、市监察委认真落实排查摸底、安全培训、施工资质条件审查、专用器具配置、加强现场监护管理等措施，摸清全市有毒有害危险作业场所 583 680 个、施工队伍 986 支、作业人数 46 770 人等基本情况。经过治理，全年未发生硫化氢中毒较大以上死亡事故，发生一般事故 2 起，死亡 3 人，同比 2006 年 8 起 18 人死亡，分别下降 75％和 83％，硫化氢中毒事故多发态势得到一定遏制。

【公共场所安全整治】

2005 年，全市范围内开展闲置厂房租赁场所安全专项整治。9 月 28 日，市政府办公厅转发《市闲置厂房租赁场所安全专项整治工作小组办公室关于本市开展闲置厂房租赁场所安全管理专项整治工作意见的通知》。市安委办、市监察委等单位组成检查组，集中性检查 11 660 组次，查清闲置厂房租赁场所 13 043 处，面积 2 665 余万平方米，涉及承租人 26 432 家，消除隐患 12 240 处，停产停业 172 家，依法取缔 111 家。

2006 年 7 月 24 日，市安委办、市监察委等单位组织全市开展地下空间安全管理专项整治工作。在近 4 个月的专项整治期间，各级部门共出动 9 887 人次，先后对 3 268 家单位进行检查，发现隐患 3 116 处，消除隐患 2 860 处。明确 653 家整治重点单位，其中已整改 553 家，关闭 16 家，停业 36 家，取缔 14 家。发整改通知书 1 481 份，对 85 家使用单位进行行政处罚，罚款 138 450 元。

【安全生产整治】

2008 年是国务院安委会确定的全国“隐患治理年”。根据市政府办公厅《本市开展安全生产隐患排查治理工作实施方案》，市安委办、市监察局等单位组织全市认真开展隐患治理专项整治。全年共检查单位 303 488 家(处)，排查出一般隐患 500 465 项，完成整改 491 255 项，整改率 98.2％；排查出重大隐患 873 项，完成整改 858 项，整改率 98.3％，有力保障世博安全。

同年，市监察局会同有关部门积极开展安全生产法律法规贯彻执行情况的监督检查，督促落实安全生产责任制，加大安全事故防范和责任追究力度。全市纪检监察机关参与安全事故调查 303 起，给予党纪政纪处分 93 人，移送司法机关 31 人。

2009 年 4 月，市政府办公厅印发《上海市安全生产执法、治理、宣传教育“三项行动”实施方案的通知》,明确总体要求和责任分工。市安委办、市监察局等单位组织开展安全生产专项治理。全年对各类违法建设、生产、经营的安全生产违法行为进行 9 828 次检查,整顿关闭和取缔不符合安全生产条件的企业 275 家。排查各类企业 301 914 家,查处一般隐患 372 564 项,已整改 364 283 项,整改率 97.8%;重大隐患 187 项,已整改 165 项,整改率 88.2%。全市安全生产新闻宣传报道 2 300 多篇,宣传教育活动 1 735 次,参与人数近 140 万人次。

【消防安全督查】

2010 年 11 月,上海"11·15"特大火灾事故发生后,根据市委、市政府的要求,市安委会、市监察局等成员单位组成 10 个联合督查组,对全市范围内落实消防和安全生产大检查情况开展突击督查,坚决消除安全隐患。

二、食品安全监察

【"菜篮子工程"执法监察】

1995 年,针对群众多次反映在猪肉供应中有"卖大户"或倒卖平价肉、个别干部违纪违法行为的问题,市监察委立项并报市政府同意,成立执法监察工作组,对市食品(集团)公司 1994 年度猪肉专项财政补贴使用和管理情况开展执法监察。通过调查,发现 10 余起疑点和案件线索,破获龙华、大场、吴淞三家肉联厂 6 起经济案件。针对财政专项补贴使用和管理中存在的问题,执法监察工作组向市食品(集团)公司提出五个方面的改进意见和建议。

同年,为确保市政府新一轮"菜篮子工程"建设的顺利实现,市监察委会同市农委、市财政局开展新一轮"菜篮子工程"建设专项执法监察。通过对近 3 年中涉及"菜篮子工程"建设的 27 个乡镇、48 个村资金管理等方面审核检查,找出四个方面的薄弱环节,提出改进意见和建议,同时查处 3 起发生在菜篮子工程承发包中的违纪违法案件,取得较好成效。

1997 年,为保证"菜篮子工程"建设这项实事工程顺利推进,市监察委制定《关于开展九七年菜篮子工程执法监察工作的意见》,继续对这项工作开展执法监察,并专门召开会议部署工作,重点对全面整治生猪屠宰点、5 个集市和菜场入室的改造工程、增设 100 家大众化早点供应网点等三项工作进行执法监察。通过检查,发现普陀区桃浦镇新桃肉类批发市场一起屠宰出售死猪肉事件,提出处理意见。

2009 年,市监察局对"瘦肉精"阳性肉品事件迅速组织力量开展事件调查。在对两起瘦肉精案件责任追究的基础上,对全市肉类食品安全进行全面调查,深入养殖、屠宰、批发各个环节,进行监督检查,形成有质量的调研报告,促使各管理部门严格依法履职,创新监管办法,促进肉类食品安全。

【乳粉、乳制品专项整治】

2004 年,为贯彻落实监察部办公厅、质检总局办公厅《关于对劣质奶粉案件进行督查的通知》的要求,市监察委会同市质量技术监督局、市食品药品监督管理局、市工商局、市卫生局等部门,组织专门人员进行深入调查,发现问题严肃处理,对有关部门 2 名责任人给予行政警告处分。未发现在上海有生产劣质婴幼儿配方奶粉的场地和设备。

2009 年,市监察局积极参与奶业整顿、打击添加非食用物质和滥用食品添加剂等食品安全专项整治。督促有关部门落实管理措施，强化监管责任，确保群众安全。加大食品药品安全突发事件调查处理和责任追究的力度，对失职渎职、监管不力造成重大影响的，严肃处理并追究有关领导的责任。为做好问题乳粉彻底清查工作，进一步规范食品添加剂生产、使用和市场秩序，市食品安全联席会议办公室牵头成员单位，开展为期 4 个月的打击违法添加非食用物质和滥用食品添加剂专项整治行动。先后开展乳制品行业专项整顿、元旦春节期间食品质量安全专项执法检查、迎国庆 60 周年食品质量安全百日专项监督检查，以及蜂蜜产品、糕点、淀粉制品、可可制品等 14 项专项整治和执法检查行动，累计出动监管人员 1.2 万人次，专项检查企业 5 879 家次，严厉查处熊猫乳品有限公司三聚氰胺检测超标等大案，及时向社会通报相关情况。

2010 年 7 月，卫生部印发《关于进一步加强乳品和含乳食品监督管理工作的紧急通知》，全面开展问题乳粉彻查工作。上海由市食安办牵头，市监察局等单位参与开展专项整治。全市共出动监督执法人员 4 万多人次，对全市所有乳粉生产企业、使用乳粉生产食品的生产经营企业等进行全覆盖清查，检查各类乳粉相关企业 52 000 余户次。及时向社会发布清缴公告，各区县和监管部门及时公布举报电话，各级政府逐级签订工作责任状，全面落实定点包厂的责任人，所有乳粉和乳制品生产企业都签订质量承诺书。通过清查清缴工作，全市未发现尚未销毁的 2008 年问题乳粉和 2008 年 9 月 14 日之前生产的未经检验三聚氰胺的乳粉。

【地沟油、食品添加剂等专项整治】

2010 年，市监察局等市食品安全联系会议成员单位组织全市开展食品安全专项整顿工作，对元旦春节和“两会”期间食品安全专项检查，并对蜜饯、地沟油、烤鱼片、大米等产品开展 20 余项专项整治和执法检查行动，妥善处理瘦肉精、熊猫奶粉、“鱼专家”烤鱼片、假冒大白兔奶糖三聚氰胺超标、地沟油等一些突发食品安全事件或社会关注的食品安全事件；严厉打击使用非食品原料、滥用食品添加剂等违法行为，有效防范行业性食品安全风险。

同年 7 月，市政府办公厅印发《关于进一步加强本市地沟油整治和餐厨废弃物管理工作的意

图 11－1－1　2010 年 8 月 13 日，上海市行政监察专项工作座谈会

见》,市监察局等市食品安全联系会议成员单位组织全市开展为期两个月的地沟油专项整治工作,对重点地区、重点单位进行全面排查,并进行集中整治,共出动27 715人次监督检查人员,对25 068家企业、经营单位和餐饮服务单位进行检查。经过整顿,全市相关企业餐厨垃圾收运工作意识进一步提高,按合同规范收运规定进一步落实,索证索票工作进一步加强。

同年,市政府印发《2010年上海世博会食品安全保障工作方案》,市食品安全联席会议各成员单位对园区食品加强监管。7月,为全面了解各区县政府组织实施全国整顿办开展的为期两年的食品安全整顿工作进展情况,进一步保障世博食品安全,市食品安全联席会议办公室印发《关于开展本市食品安全整顿督导检查工作的通知》,市监察局等成员单位对全市各区县食品安全整顿工作和世博食品安全保障工作进行督导检查,保障食品安全。世博园区共接待游客7 308万余人次,在园区享用食品(包括餐饮和食品零售)的游客与入园游客的比例超过75%,工作人员用餐850万人次。园区内未发生集体性食物中毒事故,未接到重大食品安全投诉,全市食品安全总体平稳可控。

三、环境保护监察

【严重污染企业专项整治】

1997年,根据监察部、国家环保局《关于监督检查〈国务院关于环境保护若干问题的决定〉贯彻执行情况的通知》精神和市政府的要求,市监察委会同市环保局对苏州河综合整治、关停国务院明令禁止生产的15种严重污染企业的情况等工作开展监督检查。

1998年,市监察委会同市环保局对上海环境保护工作开展监督检查。根据《"九五"期间上海市主要污染物排放总量控制计划》,开展污染物排放总量控制工作,以保证到2000年所有工业污染源排放的污染物都达到国家或上海规定的排放标准,主要污染物的排放总量控制在计划指标之内。同时,参与对环境保护工作的执法检查,对1997年取缔、关闭的15类严重污染环境的企业进行全面跟踪检查。

2005年,为贯彻落实国家环境保护总局、监察部《国家环境保护总局、监察部关于对企业违法排污损害群众利益突出问题开展专项检查的实施意见》,市监察委会同市环保局联合制定印发《上海市环境保护局、上海市监察委员会关于对企业违法排污损害群众利益的突出问题开展专项检查的实施意见》,对违法企业的整治情况、解决群众投诉的热点、难点问题情况以及对违纪违法行为的查处情况等方面开展专项检查,及时纠正一批损害群众环境权益的突出问题,查处一批环境违法行为。

2006年,市监察委会同市环保局认真梳理和分析辖区企业违法排污的现状和问题,有针对性地对违法排污的重点企业、重点区域和重点问题,开展监督检查。全市各级监察和环保部门共联手查处违法企业数467家,其中取缔或关闭25家,停产治理88家,限期治理37家,责令停止违法行为14家。同时,在专项环保行动中,市监察委重点参加对水源保护和管理的检查,并对4家市级监管企业进行直接督办。

2008年,根据环境保护部、监察部等八部委《关于继续深入开展整治违法排污企业保障群众健康环保专项行动的通知》的精神,市监察委与市环保局等部门制定《上海市2008年继续深入开展整治违法排污企业保障群众健康环保专项行动实施方案》。通过对重点区域扬尘污染控制联合执法、重点区域建筑施工噪声、交通噪声专项执法和饮用水源保护区专项整治的后督察等方式,推进落实整治违法排污企业保障群众健康环保专项行动。全年,共调查处理环保案件3件,办结2件,处分企业干部 20 人。

同年，根据监察部和市政府的统一部署和安排，市监察局积极参与全市统一的节能减排责任制落实情况的监督检查工作，协助有关部门对重点区域和行业节能减排工作落实情况进行监督检查，推进关停和淘汰落后产能工作。

2009 年，根据环境保护部、监察部等八部委《关于继续深入开展整治违法排污企业保障群众健康环保专项行动的通知》的精神，市监察局与市环保局等部门制定《上海市 2009 年继续深入开展整治违法排污企业保障群众健康环保专项行动实施方案》，通过参与饮用水源保护区后督察、开展城镇污水处理厂专项检查和打击"两高一资"行业重污染企业的环境违法行为等方式，具体推进落实第四轮"环保三年行动计划"和"整治违法排污企业保障群众健康环保专项行动"。同时，市监察局会同环保部门，对社会影响大、群众意见集中的环境污染问题，实行联合挂牌督办，跟踪限期整改；强化水源保护，消除水源环境隐患，保证群众饮用水安全；继续加大查办环保违法违规案件和责任追究的工作力度，对失职渎职、监管不力等造成重大环境事故的，严肃处理并追究有关领导的责任。

2010 年，市监察局收到反映两家村办工业企业排放有毒烟尘污染环境、危及村民身体健康等有关情况后，会同市环保局环境监察总队到实地进行调查了解。经现场调查，发现情况基本属实，要求 2010 年 9 月底前关闭两家企业，彻底解决环境污染问题。

【公交车冒黑烟专项整治】

2007 年，市监察委把治理公交车冒黑烟列为环保执法监察工作的一项重要内容。6 月，市监察委和市环保局、市交通局、市国资委、市总工会五部门联合印发《关于开展公交车冒黑烟专项整治工作的实施意见》，对公交车尾气冒黑烟问题集中开展专项整治，并提出"年底前内环线内公交营运车辆冒黑烟情况基本消除，外环线内冒黑烟情况有较大改善，公交营运车辆尾气排放达标率 90%以上"的工作目标。7 月，市监察委等五部门专门成立公交车冒黑烟专项整治工作联席会议，并抽调专门人员组成办公室，负责专项整治工作的具体实施。通过制定下发工作意见，研究确定专项整治工作的目标任务和总体安排，全面开展公交车冒黑烟专项整治工作。专项整治工作联席会议各成员单位各司其职，通过宣传发动、行业管理、责任考核和严格执法、督促整改、社会评价等方法，有力地推动专项整治工作的深入开展。截至 2007 年底，执法部门检查和群众路况监测两项指标均已达标，集中整治工作目标基本实现，公交车尾气排放超标情况大为好转，超标车辆比例、严重超标数据明显下降。上海电视台"新闻透视"栏目先后两次作专题报道。通过对千人进行调查，结果显示市民对公交车冒黑烟专项整治工作满意率达 94%。

【制定责任追究制度】

2001 年 3 月 5 日，市环保局、市监察委联合印发《关于对违反环保法规人员追究行政纪律责任的若干规定(试行)》，对因不依法履行环保职责或弄虚作假或失职、渎职等违法行为造成严重后果的行政机关，国有、集体企事业单位及其工作人员作出行政处分规定。

2006 年，市监察委围绕损害群众利益的突出问题开展环保专项执法监察。市监察委和市环保局印发《关于贯彻实施环境保护违纪违法行为处分暂行规定的意见》和《关于监察机关和环境保护部门在查处环境保护违纪违法案件中加强协作配合通知》。根据监察部、国家环保总局《环境保护违纪违法行为处分暂行规定》要求，市监察委和市环保局制定印发《关于贯彻实施〈环境保护违纪违法行为处分暂行规定〉的意见》，建立环境保护案件移送制度、联合办案和查办案件协调配合制度。

2008年,市监察局根据《上海市2008年继续深入开展整治违法排污企业保障群众健康环保专项行动实施方案》的要求和具体职责分工,重点督促环保部门对挂牌督办案件的后督察开展检查,同时履行行政监察职能,做好有关案件的查处和责任追究工作。要求区县监察委主动与区县环保部门沟通,了解2005年以来环保专项行动中列入挂牌督办案件整改的落实情况,环保部门对列入挂牌督办(已上报市环保局)的案件逐一进行检查。在此基础上,对问题严重的企业,采取联合检查的方式,督促整改情况的落实,对环境违法行为查处不力,甚至包庇、纵容违法排污企业,致使群众反映强烈的问题得不到长期解决的,依纪依法追究相关负责人的责任。重点对96家挂牌企业进行检查,纠正违法违规问题24项,提出监察建议10项,促进挂牌企业增强遵守国家能源管理和环境保护法律法规的自觉性,督办任务顺利完成。

四、社会治安监察

1996年,市监察委参与上海市社会治安综合治理工作,把社会治安综合治理领导责任制纳入市社会治安综合治理三年规划,并建立党政领导政绩考核制、一票否决权制、目标管理考核制加以配套实施。同时,积极参与市综治委的决策和重大活动,抓好社会治安综合治理领导责任制试点工作,抓好组织机构建设,推动领导责任制的落实,并坚持对领导责任制的落实情况进行监督检查,查处社会治安综合治理领域各类违纪违法案件。

2000年,根据中央纪委和监察部的要求,市监察委参与社会治安综合治理工作。全年,共接待处理集体上访39批632人次,并直接参与被列为影响全市社会稳定十件疑难事件之一的鸿福新村违章建筑的责任调查和追究工作。同时,市监察委和市公安局等部门联合制定《关于加强娱乐场所管理,严厉打击卖淫嫖娼赌博吸毒贩毒等社会丑恶现象专项治理工作方案》,对娱乐场所打击社会丑恶现象的专项治理。全年共立案查处党员干部嫖娼180人、赌博98人。

五、贯彻法规文件

【贯彻落实监察部和两院《通告》】

1989年8月19日—10月31日,上海市各级监察机关积极贯彻落实监察部《关于有贪污贿赂行为的国家行政机关工作人员必须在限期内主动交代问题的通告》(以下简称《通告》)和法院、检察院两院《通告》,采取多种形式,广泛宣传《通告》。10月7日,市政府专门召开市监察工作会议,对贯彻落实《通告》作进一步动员和部署。市监察局印发宣传提纲,通过新闻舆论,宣传政策,坚决惩治腐败,加强反腐倡廉建设。

【统计执法大检查】

1989年,市监察局配合市统计局,开展统计法规大检查。通过开展统计法规大检查,发现并查处一些单位对统计法规执行中的有令不行、有禁不止等违纪行为,维护统计法规的权威性,确保统计法律法规的贯彻执行。

1997年,根据监察部、国家统计局、国务院法制局《关于开展全国统计执法大检查的通知》精神,市监察委会同市统计局、市法制办开展统计执法大检查。在大检查中,全市共有7万个单位开展自查,自查面超过95%,从中发现问题单位2 914个,并重点抽查部分单位。在此基础上,市统计执法大检查领导小组办公室组织9个检查组，直接检查116家统计综合单位和基层单位。

【贯彻落实营业性文化娱乐业管理办法】

1993年4月，根据市委、市政府领导关于对上海营业性娱乐场所情况进行调查的指示，市监察委会同市委宣传部、市文化局、市公安局、市工商局等单位组成调查组，明察暗访28家文化娱乐场所，就上海营业性文化娱乐场所及有关部门贯彻《上海市营业性文化娱乐业管理办法》的情况进行监督检查。针对存在的问题，市监察委制定《关于本市营业性娱乐场所的情况调查和进一步加强管理的意见》，经市委、市政府同意，转发至各区县和部门参照执行，促进全市文化娱乐场所的管理和健康发展。

【贯彻执行《中华人民共和国行政监察法》】

1998年5月9日，《中华人民共和国行政监察法》颁布一周年。根据监察部的部署，市监察委专门印发《关于深入学习贯彻〈中华人民共和国行政监察法〉的实施意见》，提出学习、宣传、贯彻的四点意见。同时对部分区县和单位就《行政监察法》的贯彻情况进行调研。各级监察机关开展多种形式的学习、宣传活动，认真贯彻实施《行政监察法》，提高各级政府和监察机关依法行政和依法监察的水平。9月，全国人大内务司法委员会检查组到上海检查贯彻执行《行政监察法》情况，对上海贯彻《行政监察法》给予充分肯定。

【贯彻执行《行政许可法》】

2005年，为贯彻落实《关于监察机关对行政许可法贯彻执行情况开展监督检查的意见》，市监察委和市政府法制办、市审改办制定印发《关于对本市贯彻执行行政许可法情况进行执法检查的意见》，并对上海实施《行政许可法》一年来贯彻执行情况开展执法检查。通过检查，发现上海总体情况较好，完成对上海法规、规章创设的203项行政许可事项的清理，保留100项，取消103项；完成创设行政许可事项涉及的政府规章的清理，废止11件，修改34件；完成行政许可实施主体的清理，被确认具有主体资格的市级机构205家，区县级机构837家。通过规范行政许可实施流程、法律文书设计与制作、建立内部考核和责任追究机制，规范行政许可实施行为，落实监管措施，探索对行政许可事项的后续管理。

第二节　经济类执法监察

一、对外经济合同清查

1988年1月，市政府召开市监察工作会议，部署全市清查对外经济合同的工作。这项工作历时一年，全市有清查任务的单位1 715个，参加清查的人员3 000余人，共清查1984年以来的涉外经济合同近33万份，涉及金额280亿美元，挽回损失1 200万美元，使115台长期闲置的进口设备重新产生效益，建立和健全有关制度188项。对清查中揭露出来的贪污受贿、失职渎职、违反外事纪律和涉外经济工作规定等违纪违法行为，有关部门根据问题的性质和情节轻重，分别作出处理，受纪律处分5人，被判刑4人。

二、企业整顿改革

1987年7月,根据中央办公厅和国务院办公厅的通知,市委成立整顿公司领导小组。

1989年,根据国务院治理整顿公司的工作要求,市监察局参加市政府统一部署和组织的清理整顿公司和固定资产投资项目的大检查。通过执法监察,发现并查处一些单位和领导干部有令不行、有禁不止等违纪行为,保证政令畅通,维护政府权威,保障治理整顿措施的贯彻执行。

1990年,根据全国监察工作会议精神,市监察局继续围绕治理整顿公司开展执法监察。6—10月,市监察局会同市工商局重点对全市9个区、县,市政府委办局下属约20个公司的撤并情况进行抽查。通过检查,查处一批单位领导干部投机倒把行为和一些执法部门在清理整顿公司中违纪违法行为,并对撤并公司善后工作中存在的问题,提出改进建议,从而维护社会经济秩序。

1992年,市监察局对影响生产发展和经济效益的突出问题开展监督检查。通过对基本建设、物资、经营、财务、质量、合同管理以及联营活动等方面开展检查,有效推动企业管理工作,促进企业经济效益的提高,增强干部的廉政勤政意识。

1993年,围绕贯彻落实《企业转换经营机制条例》,开展监督检查。市纪委、市监察委把贯彻落实《条例》列为1993年监督检查重点工作之一,会同有关部门召开10多个座谈会,邀请40多位企业的厂长、经理、纪委书记参加,调查了解《条例》在企业的贯彻落实情况,并进一步研究分析,确定监督检查的突破口。各工业局(公司)深化企业改革普遍突出以贯彻《条例》、落实企业自主权为重点。据市经委对13个工业局(公司)130户国有大中型企业抽样调查,14项经营自主权中,基本落实的有7项:生产经营决策权;产品、劳务定价权;产品销售权;物资采购权;留用资金支配权;劳动用工权;工资分配权。部分落实的有3项:联营兼并权;内部机构设置权;人事管理权。难以落实的有4项:进出口自主权;投资决策权;资产处置权;拒绝摊派权。

2004年,开展中小企业改制重组监督检查工作。市监察委会同市国资委、市总工会就《关于进一步坚持和完善国有企业改制工作民主程序的若干意见》和《关于推进本市中小企业改制重组工作的指导性意见》的实施情况开展监督检查,坚决纠正企业重组改制和破产侵害职工合法权益问题,并督促市国资委建立每周对群众信访以及群众利益受损的情况进行分析的制度,积极查处在企业改制重组和破产中违规操作而造成企业利益和职工利益受侵害的案件,确保维护职工利益的措施落实到位。

三、监督检查股票认购证发行

1993年,为配合股票认购证发行工作,市监察委会同市证管委、市金融系统成立“上海市股票认购证发行纪律监察组”,制定印发《关于在股票发行工作中若干纪律问题的规定》,对全市股票认购证发行工作开展监督检查。在两次发行股票认购证期间,市监察委通过明察暗访、实施“地毯式”监察和召开上市公司负责人座谈会、公布举报电话、及时查处违纪行为等方式,保证股票发行健康有序。

四、粮食流通体制改革监管

1998年,市监察委会同市计委、市财政局、市粮食局等部门,组织对上海粮食流通体制改革情况开展执法监察。重点检查1998年6月1日以来上海各县、乡镇政府和有关部门落实粮食工作行政首长责任制，国有粮食收储企业执行粮食购销政策，各级工商行政管理部门履行管理粮食市场职责，粮食收购资金封闭运行以及粮食风险基金和财政拨补款到位等的情况。

1999年4月，市监察委牵头并会同市计委、市粮食局等7个部门，组成市粮改执法监察联席会议，制定印发《上海市开展粮食流通体制改革情况执法监察的安排意见》，开展粮改执法监察。组成3个检查组对上海有粮食购销任务的6区、4县的粮改工作进行重点抽查，抽查面达到100％。在对上海粮改执法监察重点单位检查的同时，市粮改执法监察联席会议办公室要求上海没有粮食购销任务的10个区，从抓好粮食市场管理入手，加强对粮食市场的监督检查，并重点围绕1998年6月1日以来上海各区县、乡镇政府和有关部门加强粮食市场监管的情况开展专项检查。通过检查，督促粮改工作行政首长责任制的落实，确保收购农民余粮政策的执行，粮食购销企业做到按保护价敞开收购农民余粮，不压级压价、不限收拒收，没有出现打白条现象。在贯彻粮食收购资金封闭运行政策方面，没有发现挤占挪用粮食收购资金问题，发现并查处两起伪造收购凭证、骗取财政补贴的违纪行为。

2000年，为贯彻落实监察部《关于进一步做好今年粮食流通体制改革情况执法监察工作的通知》，市监察委会同市财政局、市农委制定印发《关于继续开展粮食流通体制改革情况监督检查的通知》，并牵头召开市粮改执法监察联席会议，明确对2000年粮改情况监督检查的工作重点。在布置区县开展自查自纠基础上，由市监察委牵头计划、财政、审计、工商、粮食、农发行、农委、商委等九部门，组成三个检查组，对崇明、南汇、奉贤三个县进行重点抽查。从检查的情况看，粮食工作行政首长责任制基本落实，除少数财政较困难的县区外，大部分县区政府积极筹措资金，努力消化粮食财务挂账任务。坚持按保护价敞开收购农民余粮，做到不打“白条”，没有发现有压级压价、停收限收行为。对能实现顺价销售的入库粮食积极促销，没有发生新的财务挂账。粮食销售款归行率和收购资金贷款收回率均达到100％。粮食行政管理部门和粮食企业基本实现政企分开，购销企业加大减员分流力度，基本达到分流节点目标。加强对粮食市场的监管，郊区农作物生产结构调整有新的进展。

五、全面落实中央宏观调控措施

2004年6月2日，市长韩正主持召开市政府常务扩大会议，分析上海当前经济形势，进一步贯彻落实国务院总理温家宝在上海考察时的重要讲话精神，部署全面落实中央宏观调控措施。

2005年，为贯彻落实全国整顿和规范市场经济秩序办公室的统一部署和要求，市监察委和市整规办联合印发《关于进一步加强本市整顿和规范市场经济秩序工作责任制建设的意见》，并重点参与食品安全监管工作专项检查、整治虚假违法广告专项行动和打击非法行医三项主要专项行动。

截至2009年，中央已下达资金12.64亿元，涉及107个项目，114个子项目。市纪委、市监察局会同市发展改革委、市财政局、市审计局成立监督检查工作领导小组，协助中央检查组完成对上海市扩内需促增长政策落实情况的监督检查。制定《关于上海市加强扩大内需促进经济增长政策落实监督检查工作方案》。在确保新增中央投资项目建设政策落实的监督检查中，强化领导责任制，明确项目单位负责人对新增投资项目的质量、进度、安全负总责；完善各项制度，建立项目联络员制度、项目进度情况旬报制度；通过召开项目通气会、举办业务培训班、签订《承诺书》、开展项目自查、加强项目跟踪检查与分类指导等，确保中央新增投资项目建设的顺利推进。

图 11-1-2　2009 年 2 月 17 日,上海市扩大内需促进经济增长政策落实监督检查工作领导小组会议召开

图 11-1-3　2009 年 10 月 27 日,上海市工程建设领域突出问题专项治理工作会议召开

2010 年,市扩大内需促进经济增长政策落实监督检查领导小组和有关部门在国家发展改革委投资计划下达后,进一步前移管理监督关口,实施事前告知、信息月报、项目跟踪等制度,举办 6 期项目建设单位负责人和财务负责人培训班,参加人数达 700 多人次;推进扩内需促增长中央投资项目管理、监督、检查和整改落实等各项工作,对涉及改善民生、环境保护、科技自主创新、产业振兴和基础设施建设 5 个领域,总投资 449.9 亿元的 292 个项目实行跟踪检查。对检查中发现的项目前期工作深度不够、个别项目缺少节能评估手续、部分项目设备或货物采购应招标而未招标等问题及时督促整改。

第三节　重点领域监管

一、规范有形建筑市场

【建立上海有形建筑市场】

针对在建设工程承发包中，违反规定程序办事、不讲公平竞争、“暗箱操作”、私相授受等严重违背市场经济要求的突出问题，市建委、市监察委及有关职能部门，按照市委、市政府的要求，在“机制、体制、法制”三位一体上，积极探索和实践从源头上遏制建筑业腐败现象产生的措施和办法。1996年，上海市建设工程交易管理中心建立。1998年，结合上海特点，建立工程总包、专业分包、中介监理、建筑材料四个层次25个有形建筑市场体系。2002年，上海市对有形建筑市场和招投标管理进行改革，实行管办脱钩，进一步理顺市场服务与行政管理的关系。

截至2010年，上海基本形成四个层次、立体的有形建筑市场框架体系，建成工程总包、专业分包、中介监理、建筑材料四个层次的有形建筑市场体系，由市交易中心及3个派出分中心、9个市郊区县分中心、6个专业分中心、1个监理分中心、5个建筑材料分中心组成。市建筑工程交易中心先后建立工程项目信息库、材料价格信息库、会员资料信息库、建设法规信息库，所获信息采取四种方式实行公开发布。通过电脑联网，经“上海热线”向社会发布；每月三次向社会印发《招投标信息》；通过商务中心提供书面信息资料；通过交易大厅大屏幕定期向会员或网络单位举行信息发布会。有形建筑市场体系的建立，使建筑市场基本实现从无形到有形、从无序到有序、从隐蔽到公开的转变，改变上海建设工程交易有市无场、交易不规范的状况。

【召开有形建筑市场工作会议】

1998年7月16日，在全市加强党风廉政建设负责干部大会上，市纪委书记、市监察委主任张惠新传达全国有形建筑市场现场会精神，并代表市委、市政府就贯彻全国有形建筑市场现场会精神提出措施和要求：建立若干分市场，扩大项目报建覆盖面，提高招投标率；规范各方市场行为，不得转包、违法分包；加大监督查处力度。

1999年11月26日，市监察委和市建委联合召开上海市有形建筑市场工作会议，传达贯彻全国有形建筑市场建设工作座谈会精神，总结交流上海有形建筑市场工作，对下一阶段进一步推进上海市有形建筑市场的建设和完善，深入开展建筑领域的反腐败斗争，进行动员和部署。市建设工程交易管理中心及松江区分中心、建筑门窗分中心、商品砼分中心在会上作交流发言。各委办局、区县分管领导、监察委负责人、各级建筑业和建材业管理部门领导以及各交易市场的领导等近500人参加会议。

【整顿规范市场主体行为】

1998年，市监察委和市建委、市建筑业管理办公室分别对建筑市场经营行为和工程承发包情况进行专项检查。开展建筑市场经营行为大检查，共查工程项目1 237个，检查覆盖面为在建工程的30%。对32家违纪违规企业予以通报批评并责成整改。开展建设工程承发包专项检查，共查项目1 043个，发现违章项目196个，依法处以罚款17.8万元。检查中发现的主要问题有：设计勘察招标应招未招情况较为严重；施工招标中“少招多建”普遍存在；无施工许可证擅自施工现象依然存在；偏远区县管理较为薄弱，法制意识淡薄；管理部门之间脱节现象时有发生，形成管理上的漏洞。

1999年10月，市监察委组织对各区县及市政府各委办纪检监察机关选定的58个住宅工程和公共建筑的建设工程质量进行重点抽查。对检查出的问题，采取措施，认真进行整改，提高工作质量。

2000年，上海从全面推行报建制度、强化招标人资格管理、严格招标方式的管理、实行施工合同备案管理、推行施工许可制度、抓好查处等6个方面着力规范市场主体行为。此外，从资质、行为和人员素质入手，加强对招标代理机构的考核监督，规范其招标代理行为，切实维护招标的公正性。通过推广廉洁协议、试行自律公约，确保施工企业(投标人)规范竞争行为。

同年，上海通过挂牌(管理机构和人员)、上墙(办事依据、办事程序和时限、办事纪律、岗位职责等)、发告知单(明示办事所须提供的材料清单)、编书(《上海市建设工程承发包实用手册》等)、印刊(《招投标信息》)和进互联网("上海热线")等形式实现"两公开一监督"，建立健全监督网络。按建设部统一口径统计，2000年1—8月份，上海建设工程市场应招标工程项目1 939个，应公开招标工程项目685个，实际完成"两个必须"的要求均达到百分之百，中标总价达274.7亿元。

2001年以后，市监察委继续开展建筑领域腐败案件易发和高发部位执法监察，整顿和规范建筑市场秩序有序开展，加大整治力度，完善建设工程规章制度，从源头上预防建筑领域的腐败问题。1993—2005年，上海检察机关共查处建筑领域职务犯罪案件1 406件，占同期检察机关所查处职务犯罪案件的13.8%。

2006年8月，市纪委、市检察院、市监察委、市建设交通工作党委和市建设交通委等五家单位联合印发《关于全面推广重大建设工程争创"双优"活动的意见》。《意见》总结全市在重大建设工程中积极开展"工程优质、干部优秀"活动的经验，针对自1993年至2005年底，上海建设工程总投资额达1.2万余亿元及腐败问题多发易发的状况，提出争创"双优"的措施，形成以开展"双优"活动为载体，将工程建设与廉政建设一起抓的制度机制。

【完善招投标机制】

市纪委、市监察委、市建设交通委探索推行工程量清单招标。通过采取施工费用单列、综合评估法和回标分析办法，推进工程量清单招标。2003年起，上海进行工程量清单招标试点，试点项目50个。为了开展工程量清单招标工作，市招投标办与市交易中心合作开发电子开标、评标系统，并选择一批项目进行试点。

推行招投标公正度评价。制定《建设工程招标投标活动公正度评价工作的实施意见(试行)》，以行政监督与社会监督相结合，对全市招投标项目开展公正度评价。同时，在招投标工作中全面推行"两审四备案"制度("两审"是：建设单位自行发包资格审核、施工许可证发放审核；"四备案"是：招标文件备案、评标委员会备案、中标通知书备案、承发包合同备案)和"经评审最低价中标法"。

改革管理方式。对招投标管理部门与交易中心职能分离进行可行性研究，改革建筑建材业管理体制；精减37项涉及建筑建材业管理的行政审批事项，全面推行并联审批；重点扶持市建筑业联合会、市建筑装饰协会等行业协会。截至2002年6月，市招投标办公室和市建筑工程交易中心已实现职能、人员、财务、场所的彻底分离。区(县)招投标办公室和建设工程交易分中心也已实施分离。建设部、监察部、国家计委联合检查组在检查上海建筑有形市场管办分离工作时给予肯定。

【建设工程评标专家语音通知系统】

1998年起，在规范公开招标程序、推行"无标底招标"办法的同时，上海建立评标专家库，并研制专家抽取软件。分设勘察、设计、监理、施工、经济等5个子库，共29大专业，提高评标质量。

2003年1月，成立上海市建设工程评标专家管理委员会，并制定《上海市建设工程评标专家守则》《上海市建设工程评标专家管理办法（试行）》《资深专家管理办法》《关于进一步开展建设工程招标标后评估的实施意见》等四个文件，进一步规范建筑工程评标工作。

2004年4月，印发《关于填报〈评标专家专业水平等情况反馈表〉的通知》，进一步完善对评标专家的动态管理和评标情况监督；同时，专家管理委员会通过《关于进一步开展建设工程招标标后评估的实施意见》，明确对评标专家的事中、事后动态管理制度，从源头上规范建设工程招投标专家评标行为。

2009年，市纪委、市监察局协调市建设交通委建立上海"建设工程评标专家语音通知系统"。该系统的工作流程可概括为"电脑随机抽取，语音自动通知，短信发送确认，名单密封打印"，通过信息化手段尽可能地杜绝评标信息泄密情况。此外，该系统具有综合考核评标专家的功能。该系统已实现招标阶段全覆盖、市区两级全覆盖、专业类别全覆盖。自2009年2月试运行以来，取得良好效果，体现简便、安全、准确、稳定、易维护和可扩展的特点，有效提升监管水平。

【推行信息化管理】

1998年8月起，上海利用网络推行建设工程IC卡制度，将业主所有承发包活动按管理要求内设成控制节点，对规避招标、违反法定建设程序行为，起到有效的制约作用。

1999年，上海推行IC卡制度。在有形建筑市场体系中推行四种IC卡，以业主为重点，规范市场各方主体行为。这四种卡分别为项目IC卡、企业IC卡、执业人员IC卡和管理人员IC卡。截至2001年，上海市已发放工程项目IC卡11 797张，企业IC卡7 000余张。1999年11月底，上海市建成全市建筑业管理信息系统，有形市场信息网络系统作为其中一个主要子系统发挥很大的作用。

2001年，上海在已建成有形建筑市场信息网络系统的基础上，与建设部信息中心联网，定时报送上海工程项目信息；并通过发放工程项目IC卡，企业IC卡，杜绝人为因素的干扰。通过采取一系列措施，市纪委、市监察委在体制机制方面，加大建筑领域的规范建设和综合治理力度，规范有形建筑市场的建设市场主体行为，提高承发包交易的透明度，防止"暗箱操作"，维护市场秩序。

二、规范土地交易市场

【建立上海土地交易市场】

20世纪80年代中期，上海在全国率先推行国有土地有偿使用和使用权批租出让，并不断拓展土地有偿供应方式，为上海房地产市场的兴起和发展奠定基础。

2001年，上海开始实行经营性土地招标拍卖挂牌出让。在城市总体规划的指导下，按照用地计划预审、计划立项、规划选址、用地审批的程序进行土地使用权出让；实行统一基准地价，把基准地价作为指导价格，向全社会公布；实行统一出让金标准，实行公开标价，政府统一收取，维护国家利益。在此基础上，促进土地招投标市场建设。全市商业、旅游、娱乐、金融、服务、商品房等六类用地使用权出让，除保留住房改造协议外实行公开招标拍卖，进一步防止土地使用权出让中的腐败问题。

2003年，上海抓住国有土地使用权出让招标、拍卖这个关键环节，推出国有土地使用权出让招标、拍卖工作廉政建设规定。该规定在设置廉政"警戒线"以及加大监督、查处力度的同时，还在确定责任主体、明确工作原则、实施保密、回避制度、加强收费管理等诸方面作出严格的规定。

2007年,上海按照“国内领先、国际一流”定位,制定《上海市土地交易市场管理办法(试行)》。市监察委相继印发《上海市土地出让入市交易操作规范》等配套业务文件,从制度上规范土地交易市场,强化对土地交易行为的监管。

2008年3月,上海建立起土地交易市场,对经营性土地使用权出让市场的管理不断完善。通过科学的制度设计、完善的配套措施和先进的技术手段,充分运用和发挥市场机制的作用,保障土地交易的公开、公平、公正,实现土地资源的合理优化配置。

2008—2010年,市监察委(局)协调有关部门在土地市场入市交易工作利用制度加科技,进行网络化监管,基本实现“权力在阳光下运行,资源在市场中配置,资金在网络上监管”的初步目标。

【完善经营性土地招标机制】

上海从2001年开始实行经营性土地招标拍卖挂牌出让。此后,经营性土地招标拍卖挂牌出让方式和制度不断完善。

完善经营性土地招标出让办法。明确地块申报、公告、底价确定、文本格式、开评标程序、信息公示的规范化运作程序,强化土地一级市场供应,改原来由区县分头供地的模式为市房地资源局集中统一供地。

调整招标出让评标标准。综合考虑投标报价、企业资质、资信、规划设计和可行性方案等因素确定中标人。同时,最大限度降低评标人为因素。

实行“非价高者得”的评标机制。以合理报价的均值为价格标准,中标地价更接近真实的市场地价水平。

推行土地公开招标信息化。2004年1月起,市监察委会同有关部门建立全市统一的土地交易平台,全面推行“土地交易子系统”,土地交易信息实时录入、即时公布,做到土地出让过程公开和透明。

【开展经营性土地执法监察】

2003年6月20日,上海各区县相继成立经营性土地使用权招标拍卖挂牌出让执法监察联席会议,并下设办公室。全市19个区县共有197名领导参加联席会议和办公室工作,并确定监察委主任、房地局局长为召集人,房地局分管局长和监察委综合监察室领导为办公室主任、副主任,根据工作需要明确各自的分工和职责,抓好工作落实。

2003年,按照监察部和国土资源部的要求,上海开展经营性土地使用权招标拍卖挂牌出让情况执法监察。通过执法监察,摸清全市经营性土地使用权出让情况,查处7起案件。加大土地集中公开招标的力度,全年全市共推出土地184幅,面积1 600公顷。总体来看,上海土地市场整顿措施有效,经营性土地交易规范。

同年,上海围绕加大经营性土地出让制度建设,采取一系列措施:统一土地招标计划管理、统一土地出让信息公示、统一时间段现场踏勘、统一中标结果公示;加大政府对土地供应的宏观调控;扩大土地公开招标的范围,明确规定,凡是新增的六类经营性项目用地,工业园区、科技园区、开发区内的六类经营性用地,工业用地、教育用地等原非经营性项目用地,转变为六类经营性用地的,小城镇开发建设、郊区片林建设中,涉及六类经营性用地范围的,都必须纳入公开招标范围,严禁采用协议或邀请招标方式;明确旧区改造地块也要实行公开招标。

2005年，在严格规范和管理土地市场方面，上海结合贯彻国家宏观调控措施和落实市委、市政府提出的“两个1 000万”重大举措，加强从土地供应、制度设计、资金管理、农民征地补偿安置和土地执法监察等五个重点环节的工作。同时，对工业项目用地推行“批项目、核土地”办法，建立土地交易网上监控和审核系统等。

2007年，根据监察部和国土资源部的要求，市监察委会同市房地资源局开展对未批先用、少批多用、以租代征和非法低价出让国有土地等案件的专项查处工作。先后查处一批典型案件，督促有关区查处一批案件。共查办土地案件25起，涉及有关责任人员20人，至11月立案18人，党政纪处分15人，另有1人被诫勉谈话。

2008年3月1日，上海土地交易市场建立以来，共发布54期出让公告，推出地块总数328幅，总成交面积18 030亩，总成交金额164亿元，没有接到一封举报反映信件。国土资源部党组书记、部长徐绍史来沪视察时认为，上海土地交易市场依法规范、公开透明、监管有力，充分体现市场机制配置土地资源、节约集约利用土地的理念。

2010年，市监察局、市房地资源局针对土地使用审批不够精细化、对随意改变容积率行为的监管缺乏、农村土地交易分散易产生信息不对称和交易不公等问题，上海通过实行土地出让预申请制度，构建土地规划和容积率综合监管系统，以及逐步尝试将农村集体土地流转等交易活动纳入市土地交易市场规范操作，进一步促进“国有建设用地使用权出让以及集体建设用地使用权流转”工作的公开、公平、公正。

三、规范产权交易市场

【建立上海产权交易市场】

1994年，上海组建城乡产权交易所。1996年3月，成立市产权交易管理办公室，并将原上海城乡产权交易所改组为上海产权交易所。1996年起，以产管办为联结点，建立起市场直接监管和政府间接监管相结合的监管体系，并加大对违反产权交易管理规定行为的处罚力度。1999年，组建上海技术产权交易所。2003年，为适应经济体制改革和我国加入WTO的形势，成立上海联合产权交易所，于12月18日正式挂牌。上海技术产权交易所和上海联合产权交易所共同组成上海产权交易的有形市场。2003年8月，制定出台《关于外资并购国有企业若干意见的实施细则》。上海有形产权交易市场在交易规模和活跃程度上，都居全国首位。

【产权交易联席会议】

为进一步形成产权交易市场的监管合力，建立两个层面的产权交易联席会议：政府层面的联席会议。由市国资办、市监察委、市审计局、市工商局、市财政局等部门组成，主要是加强各职能部门之间的相互协调，对产权交易市场进行执法性监督。国资系统层面上的产权交易联席会议。由市国资办、市产管办和两个交易所组成，主要是对市场内的交易运行进行监督和协调，并对产权市场的发展动态和发展方向进行研究和探讨。

2000年，市国资办、市监察委、市审计局、市法制办等部门组成产权交易市场建设联席会议，通过制定规章和完善入场交易的措施，加大对产权交易市场的监管力度。交易范围从原来主要从事城乡集体企业产权交易试点扩大到国有企业产权、“三资”和私营企业产权；交易品种从原来局限于企业整体产权的转让发展到企业部分产权、有限责任公司和非上市有限公司的股权的转让，跨地区、跨国界的产权交易也不断出现。产权交易在上海经济发展中发挥越来越突出的作用,不仅促进国有经济的结构性调整和企业重组,推动公有制形式的多样化,而且有效防止国有资产的流失,在产权流动中提高国有经济的竞争力。

【加强市场监管】

2001 年 7 月,市监察委、市国资办、市工商局、市审计局和市财政局联合组成检查组,对上海产权交易所和上海技术产权交易所运行情况进行检查。上海产权交易所上半年完成产权交易额 323 亿元,成交合同 1 448 宗。其中,国有资本有序进退较为显著,达 109.34 亿元,同比增加 2.18 倍;利用外资实施并购有新的突破,达 5.64 亿元,同比增加 10 倍;促进高新技术产业化的产权交易与技术嫁接的桥梁作用进一步显现,交易额达到 10.43 亿元。上海技术产权交易所上半年完成产权交易额 303 亿元,合同成交 759 宗,举办各类项目推介会 156 场。

第四节　重大事故案件查处

一、重大事故查处

【上海沪东造船厂“7·17”特大事故】

2001 年 7 月 17 日,上海沪东造船厂龙门吊坍塌,造成特大事故。2002 年,市监察委对上海沪东造船厂“7·17”特大事故进行检查,严格责任追究,共追究相关责任人员 19 人,包括国家有关部门建议处理 14 名责任人,上海电力建设有限公司、沪东中华造船厂 5 名责任人。

【轨道交通 4 号线工程重大事故】

2003 年 7 月 1 日,上海市轨道交通 4 号线浦东南路站至南浦大桥站隧道发生管涌,造成隧道受损及周边地区地面沉降等危险事故。事故发生后,市政府成立市建设委、市监察委等部门组成的轨道交通 4 号线工程事故调查组。经认定,该起事故属于一起特别重大工程责任事故,主要原因是施工单位未经程序规定调整施工方案,且调整后的施工方案存在欠缺,在险情征兆出现后又未及时采取有效措施,现场管理人员违章指挥,擅自凿洞,直接导致事故发生。总包单位现场管理失控,监理单位现场监理失职。根据调查处理意见,共依法追究事故责任人员 14 人,其中党纪处分 2 人,政纪处分 6 人,移送司法机关 6 人。

【虹口区“怡泉浴室”锅炉爆炸重大事故】

2003 年 12 月 3 日,市监察委参与虹口区“怡泉浴室”锅炉爆炸 7 人死亡事故的调查处理工作。经查,“12·3”重大伤亡事故是由于投资人黄某某要求华云炉具制造有限公司违规将常压热水锅炉改造为承压蒸汽锅炉并使用;华云炉具制造有限公司生产、销售不符合安全标准产品且直接从事常压热水锅炉改造而导致的重大责任事故。此次事故共追究事故责任人员 7 人,全部移送司法机关。

【复兴路隧道急性氧化锌金属烟热事故】

2004 年 8 月 2 日,上海复兴路隧道急性氧化锌金属烟热事故,19 人被医院诊断为金属烟热病。根据市委副书记、市纪委书记罗世谦关于复兴路隧道事故的批示要求,由市监察委牵头的事故调查组，对事故发生的经过、中毒人数、事故原因和责任追究等情况开展调查。通过调查，对事故负有主要责任的三河闸钢结构防腐公司和重要责任的市政二公司给予通报批评，对 4 名责任人员进行处理。

【浦三路油气站爆炸重大事故】

2007 年底，根据中央领导和市委书记俞正声的批示要求，市监察委落实浦三路油气站爆炸造成 4 人死亡的重大事故责任追究工作，共对 23 人给予党政纪处分，其中局级干部 2 人，另有 3 人被追究刑事责任。

【沪东中华造船(集团)有限公司"5·30"龙门吊倒塌重大事故】

2007 年，市监察委参加造成 3 人死亡的沪东中华造船(集团)有限公司"5·30"龙门吊倒塌重大事故等 3 起重大安全生产责任事故的查处工作，共处分相关责任人员 38 人，其中局级干部 5 人，另有 4 人移送司法机关。

【"6·27"莲花河畔景苑楼房倾倒事故】

2009 年 6 月 27 日，位于闵行区莲花南路、罗阳路在建的"莲花河畔景苑"商品房小区发生一幢 13 层楼房整体倒塌事故，1 名安装工人逃生不及被压致死。市委书记俞正声、市长韩正高度重视，均作出重要批示。市纪委副书记、市监察局局长顾国林率队参加事故调查。事故调查组对"莲花河畔景苑"项目的勘察设计、项目审批、施工许可、招投标、资质管理、施工图审查、工程监理等方面开展事故责任调查和分析，对 13 名相关责任人采取适当有效的控制措施。经调查，事故调查组认定"6·27"莲花河畔景苑楼房倾倒事故是一起重大责任事故。事故共处理责任单位 6 家；处理责任人员 16 人，其中，刑事拘留 6 人，取保候审 7 人，行政处罚 1 人，内部解聘 2 人；处理行政机关工作人员 6 人，其中，行政处分 5 人，停职检查 1 人。同时，查明该项目建设单位上海梅都房产开发有限公司在转制时，有关主管部门以不符合规划、存在拆除风险等不实理由，使梅都公司转制资产获得折扣优惠，置换金明显降低的案件线索，移送检察机关进一步核查。经检察机关进一步调查，发现梅都公司股东、梅陇镇原镇长助理阙敬德在企业转制中涉嫌贪污集体资产 3 000 万元。

【上海市静安区胶州路公寓大楼"11·15"特别重大火灾事故】

2010 年 11 月 15 日，上海市静安区胶州路公寓发生特别重大火灾事故，造成 58 人死亡，71 人受伤，建筑物过火面积 12 000 平方米，直接经济损失 1.58 亿元。事故发生后，党中央、国务院高度重视，胡锦涛、吴邦国、温家宝作出重要指示和批示，要求全力组织灭火，千方百计搜救被困人员，千方百计做好伤员救治工作，妥善做好善后处理。2010 年 11 月 17 日，成立由国家安全监管总局、监察部、公安部、住房城乡建设部、全国总工会和上海市人民政府及有关部门负责同志组成的国务院上海市静安区胶州路公寓大楼"11·15"特别重大火灾事故调查组。事故调查自 2010 年 11 月 17 日起，至 2011 年 5 月 18 日形成调查报告报国务院。上海市静安区胶州路公寓大楼"11·15"特别重大火灾事故是一起因企业违规造成的责任事故。通过调查，对事故负有主要责任的建设单位、施工单位、监理单位有关人员和相关政府部门工作人员 26 人移交司法机关依法追究刑事责任；给予对事故负有重要领导责任的 28 名领导干部党纪、政纪处分。

二、重大事件查处

【4起失职渎职给国家造成巨大经济损失案件】

1991年,市监察局会同有关委办局、区县监察部门重点对4起因严重官僚主义、失职渎职给国家造成巨大经济损失案件进行严肃查处,对直接责任人的失职渎职行为,有的移送司法机关处理,有的给予政纪处分,有的予以通报批评。通过查处,使广大干部特别是领导干部认清官僚主义、疏于职守的危害性、严重性,从中吸取教训,增强勤政意识。

【"10·17"食物中毒重大事件】

2002年10月16日,上海市徐汇、长宁两区九所学校的学生在食用上海潇湘食品有限公司盒饭后,陆续有人感到不适,出现高热、呕吐、腹痛等毒素中毒症状。共有390余名学生发生食物中毒,初步判定为细菌性食物中毒。事件发生后,国务院副总理李岚清作出批示,要求对有关行政管理人员追究责任。根据中央和市领导的指示,市监察委会同市公安局、市卫生局、市工商局组成联合调查组。经查,"10·17"食物中毒重大事件是一起由于盒饭生产原料黄瓜受痢疾杆菌污染、加工过程处置不当而引起的食物中毒事件。根据调查结论,市监察委提出处理责任建议,追究责任7人,其中给予政纪处分5人、移送司法机关2人。

【非法采供血液和单采血浆事件】

2004年7月26日,中央电视台《新闻调查》播出"血液安全背后的隐患"。副市长杨雄作出批示,要求彻查事件,追究责任。市监察委立即组织相关区监察委进行集中调查和处理;市血液管理办公室、普陀区公安分局立即成立专案组进行立案调查。发现全市涉及非辖区(单位)人员参加献血的有10个单位,其中,有4个街道办事处、4个企业、1个事业单位、1个行政村,涉案的行政监察对象共有直接经办人员6人、分管领导7人。根据调查情况,市监察委同意普陀区监察委、长宁区监察委对涉案人员的责任处理建议,分别给予相关人员通报批评、调离岗位和经济处罚等处理。

为贯彻落实国务院办公厅《非法采供血液和单采血浆专项整治工作方案》和卫生部、公安部、监察部和国家食品药品监督管理局联合召开全国打击非法采供血液和单采血浆专项整治工作电视电话会议精神,2004年,市监察委会同市卫生局、市公安局、市食品药品监督管理局联合印发《上海市非法采供血液和单采血浆专项整治工作实施方案》,对辖区内的采供血机构、医疗机构和生物制品单位进行专项检查和整治。在非法采供血液和单采血浆专项整治工作中,对涉嫌雇人献血10个单位作出行政处罚;对2个单位有关责任人员作出处分。抓获涉嫌组织他人卖血的血头10人,其中检察机关提起公诉7人,批捕1人,取保候审1人,刑事拘留1人。

【浦东新区交通行政执法人员非正常取证事件】

2009年10月14日,浦东新区发生交通行政执法人员非正常取证事件。10月17日,市政府明确要求对此事进行全面调查,并将调查结果向社会公开。10月20日,浦东新区政府公布"10·14"执法事件存在调查结果不清、结论错误、公布草率的问题。根据市政府常务会议的要求,市纪委、市监察局对浦东新区两名局级干部追究责任,给予行政警告处分。浦东新区交通行政执法非正当取证事件案件,被评为上海2009年度十大有影响的事件之一。

三、重要信访件查处

【关于规划系统收取建设工程竣工档案保证金等问题的信访件】

2007年，市监察委收到监察部举报中心转来的匿名反映“上海市规划系统违法收取建设工程竣工档案保证金”等问题的信访件。针对该信访件反映的问题涉及金额巨大，时间跨度大以及问题有点有面的特点，市监察委把该项信访办理工作作为一项专项清理工作来抓，专题布置19个区县监察委会同各区县规划局对信访反映“区县规划系统违法收取档案保证金”的问题进行清查。通过调查发现，部分区存在竣工档案保证金的管理不规范、监管不到位、未按规定及时停收档案保证金、违规使用档案保证金等问题。根据清查结果，市监察委会同市财政局、市规划局、市审计局联合制定《关于进一步加强本市建设工程竣工档案保证金规范化管理的意见》，印发到各区县政府执行，保证上海加强档案保证金及其利息的管理、使用和清退规范化工作的各项措施落到实处。

【关于利用农村集体建设用地违规进行房屋买卖的信访件】

2009年，市监察局对某区某镇中心村将建成在农村集体建设用地上的房屋外卖给不具备资格购房人的举报材料进行调查。经核实后，督促某区将19名不符合条件违规购房的相关人员作退房处理。同时，积极协调上海规划土地、房屋管理等职能部门开展工作，进一步明确政策界限，对存在问题比较突出的地区和项目进行规范和调查处理，加大对全市此类利用农村集体建设用地违规进行房屋买卖现象的监管力度，严格执行土地用途管制制度、严格规范使用农民集体所有土地进行建设。

【关于来沪旅游被诱导购物的信访件】

2010年，市监察局收到市委书记俞正声批转来关于马来西亚华人反映在沪参观期间被诱导购物等问题的信访件。通过明察暗访，市监察局查清诱导游客高价购物、所售物品为假货、不开发票的事实。会同市工商局、市税务局、市公安局等有关部门，责令不法商家停止营业。市工商局会同税务、公安等部门，对旅游商品购物点的经营管理和收益等情况进行检查，并对存在的违规违法行为进行调查处理。由市工商局牵头，在世博会举办前，对全市旅游商品购物点进行一次专项整治。

第二章 廉政监察

廉政监察是监察机关依法对国家行政机关和国家公务员的各种腐败行为进行监督、纠举和惩戒的职能活动。1984年起，市监察局(委)开展专项清理党政机关办企业、清理规范评比表彰和庆典会议活动、清理党政机关楼堂馆所建设项目、清理“小金库”、治理商业贿赂。2000—2010年，围绕政府重大决策和民生问题，对国债资金、社会保障资金、财政资金、移民安置资金和对口支援资金进行监管。

第一节 专项治理

一、党政机关与经济实体脱钩

1984年下半年起，市委对党政机关经商办企业问题，先后多次进行清理。12月30日，市委、市政府印发《关于贯彻〈中央、国务院关于严禁党政机关和党政干部经商办企业的决定〉的通知》，要求各级党政机关按照中央、国务院的《决定》，对各部门、各单位经商办企业的情况认真进行检查，凡有违背《决定》精神的，坚决纠正。

1985年3月6日，市委印发《关于贯彻执行中央纪委〔1985〕7号文件〈令必行、禁必止〉的通知》，迅速果断地刹住党政机关和党政干部以权经商、办企业。市委重申党政领导机关一律不得经商办经济实体，凡已办的，应立即限期在经济上脱钩；党政机关一律不得以公款、贷款向经济实体投资入股。1985年，各级党政机关集中进行清理整顿，全市清理出党政机关所办的企业662家。

1988年4月29日，市委书记江泽民在上海市九届人大一次会议上宣布，党政机关和机关干部不得以权谋私；党政机关一律不得经商办企业。8月16日，市委、市政府召开各部委办、区县局党政领导干部会议，部署清理整顿政企不分、官商不分的问题。各部委办、区县局普遍进行自查，由市纪委、市监察局、市工商局、市审计局等8个单位组成联合检查组进行重点抽查。全市清理出党政机关所办的企业394家，决定停办的88户，人财物“三脱钩”的187户，属于政策允许可以继续办的119户。

1989年，市纪委为市委起草《关于清理整顿党政机关和党政干部经商办企业的若干意见》文件，提出清理的任务、范围、原则和具体要求，强调各级党政机关要令行禁止，立即停止经商办企业。

1993年3月19日，市委办公厅、市政府办公厅印发《关于党政机关兴办经济实体和机关干部从事经营活动必须坚持政企分开的原则的通知》，宣布工商部门一律停止审批机关新办的经济实体。1993年底前先解决六种情况：党政机关的处室一律不得经商办企业；党政机关一律不得经营特种行业，如KTV包房等：党政机关已办的经济实体，一律不得承包给个体户；党政机关一律不得从事垄断性经营；机关一律不得从事股票、证券及房地产的炒买炒卖活动；所有企业一律不得以党政机关名义经商，取得优惠和特权。截至11月底，上海已解决党政机关办的经济实体486户，占总数的27.97%。

1994年底，全市党政机关所办750个经济实体，已脱钩、划转702户，占总数的93.6%。

1999年8月底，全市党政机关所办经济实体和所管企业的调查摸底工作以及政策研究工作基本完成。印发《关于上海市党政机关与所办经济实体脱钩工作的实施意见》和《关于上海市党政机关与所办经济实体脱钩分类处理的实施方案》。市纪委分别召集市级党政机关各部委办局和各区县座谈会听取意见。在此基础上，印发《关于市党政机关报送对所办经济实体分类处理意见报告的通知》。截至12月15日，审批处理412户党政机关所属企业。

2000年，继续开展对党政机关与所办经济实体脱钩工作。市级党政机关和区县党政领导机关所办593户企业脱钩的后续处理工作基本结束。区县所属委办局所办经济实体770户的脱钩工作顺利完成，除经批准保留的6户外，全部作出撤销、解除挂靠和划转处理。

二、清理党政机关楼堂馆所建设项目

1999年，市纪委、市监察委配合市计划委员会开展党政机关新建、购买和装修办公楼的清理工作，搞好组织协调。上半年组织各地区、各部门自查1997年5月25日以来新建、购买和装修办公楼的情况；对几个重点项目进行专项检查。情况表明，各单位、各部门建立健全各项制度，严格把好新建办公楼立项审批、建设标准和资金来源等三关，全市党政机关新建、购买和装修办公楼的情况得到严格控制。自1997年5月25日以来，全市共停建、缓建办公楼项目28个，建筑面积27.41万平方米，投资概算总额9.76亿元。

2007年，根据中央纪委等七部委《关于开展党政机关办公楼等楼堂馆所建设项目清理工作的通知》，市委办公厅和市政府办公厅下发清理通知，并由市纪委、市发展改革委、市监察委、市财政局、市房地资源局、市规划局、市建设交通委、市政府机管局、市审计局等9个部门成立联合工作组开展检查。全市共有127个区县、部门和单位开展自查，梳理出清理范围内的项目25个，其中16个项目基本符合国家要求，9个项目经整改基本符合国家要求，对清理中发现的越权审批等问题，市纪委对有关责任人予以处理。

三、治理党政部门报刊散滥和利用职权发行

2003年，为贯彻落实中共中央办公厅、国务院办公厅《关于进一步治理党政部门报刊散滥和利用职权发行，减轻基层和农民负担的通知》的精神，进一步治理上海市党政部门报刊散滥和利用职权摊派发行，切实减轻基层负担。上海各级党政机关根据中办、国办文件和有关会议精神，严格按照调整方案和时间节点的要求，做好清理工作。该停办的坚决停办，该划转的坚决划转，该分离的坚决分离。各级纪检监察机关在专项治理中，紧密配合宣传、新闻出版等部门，认真履行职责，充分发挥监督检查的职能作用，坚决查处各种违规违纪行为。

四、清理、规范评比表彰庆典会议活动

2001年，《上海市人民政府办公厅关于清理和改进政府系统各类评比活动的通知》印发后，市政府各部门对举办的273项评比活动进行大幅度的撤并，只保留其中的42项，推动各类评比活动的改进，加强廉洁勤政建设。

2006年12月24日，针对近几年来评比达标表彰过多过滥的现象有所上升、社会影响不好、群

众意见很大的问题,全市各部门按照"全面清理、逐级负责、严格审核、大幅减少、统一规范"的原则,对行政机关和社团组织的各类评比达标表彰项目进行清理和规范。

2007年2月15日,为贯彻落实《国务院办公厅转发监察部等部门关于清理评比达标表彰活动意见的通知》和监察部等9部委印发的《关于落实〈通知〉的实施方案》的要求,上海市印发《上海市人民政府办公厅转发市监察委等十部门关于本市清理评比达标表彰活动实施意见的通知》,由市纠风办具体组织开展清理评比达标表彰专项治理活动。此次清理规范评比达标表彰活动的范围主要包括:国务院各部委、市政府及其各部门、各区县举办的面向各系统、基层和企业的各类评比达标表彰活动。具有行政管理职能的事业单位和社团组织举办的评比达标表彰活动,参照上述范围进行清理。清理工作采取自上而下、条块结合,双向核查、逐项审核,自查自纠与重点抽查相结合等方式进行。按照中央部署,上海行政等系统开展评比达标表彰活动清理规范工作。2006年12月—2007年,市、区县政府及其部门、所属的事业单位、主管的社团组织(统称行政等系统)共举办各类评比达标表彰活动1 243项,其中市级机关等共509项,区县共734项。经审核并报市政府批准,确定市级机关等拟保留83项,撤销426项,撤销率为83%;区县的所有项目734项全部撤销,撤销率为100%。

2008年,中央纪委印发《关于落实〈中共中央办公厅关于进一步清理规范党委、人大、政协和法院、检察院系统评比达标表彰活动的通知〉的实施方案》的通知。上海市成立由市纪委、市委组织部、市委宣传部、市委政法委、市人大常委会办公厅、市政协办公厅、市高级法院、市检察院、市财政局等部门和单位组成的清理规范评比达标表彰工作联席会议,联席会议设在市纪委,具体工作由纠风室承担全市开展清理规范评比达标表彰活动。此次清理规范工作的范围是:市、区县党委直属机关、人大机关、政协机关和法院、检察院系统,以及所属事业单位、社会团体举办的各系统、基层和企业的各类评比表彰活动。工会、共青团、妇联等人民团体参照执行。坚决予以撤销的项目是:没有法律、行政法规依据和中央文件明确规定的项目;要求基层、企业、群众出钱出工或以各种名目收费的项目;以开展活动为由违反有关财经制度滥发钱物的项目。重点抓好制定实施方案、深入开展自查自纠、严格进行项目审核三个环节,扎实推进清理规范工作的落实。

2009年,上海对党群等系统评比达标表彰活动进行清理。全市党委、人大、政协和法院、检察院系统以及人民团体、群众团体等共举办各类评比达标表彰活动1 911项,其中市级机关等338项,区县1 573项。经审核上报,全国清理办批复确定上海市级机关等保留"上海市保密工作系统先进集体先进个人"等62项,撤销276项,撤销率81.65%;区县的1 573项全部撤销,撤销率100%。上海市清理规范评比达标表彰工作联席会议办公室要求各单位认真按规定开展评比达标表彰活动,加强监督检查,发现问题及时纠正。清理之后,基层、企业减少财政支出5 800多万元。

2010年1月4日,全国清理规范评比达标表彰工作联席会议办公室印发《关于公布上海市评比达标表彰活动保留项目的通知》,对上海上报的拟保留项目(包括党群等系统和行政等系统)作出正式批复。2010年,上海市清理规范评比达标表彰工作联席会议办公室印发《上海市党群等系统评比达标表彰活动保留项目目录(62项)》《上海市行政等系统评比达标表彰活动保留项目目录(82项)》,公布清理规范情况和保留项目,要求各单位严格按照保留项目范围开展评比达标表彰活动。

同年7月,中央纪委印发《关于对党政机关举办庆典、研讨会、论坛活动开展清理摸底的通知》,全市各部门贯彻上级文件精神,对部分区县和单位开展庆典、研讨会、论坛活动的情况进行摸底,并在此基础上印发《上海市关于对党政机关举办庆典、研讨会、论坛活动开展清理摸底的通知》。市纪委、市监察局、市财政局、市纠风办组织实施清理摸底工作，涉及市、区县两级党委、政府及其部门以及人大、政协、法院、检察院、人民团体、群众团体、有关事业单位和社会团体等各相关单位。各单位认真开展自查自纠、摸底统计并上报结果。市纠风办向国纠办上报《2010年上海市党政机关庆典研讨会论坛活动清理摸底情况报告》。据18个区县、79个市级单位等共97个单位上报材料，2010年已举办和拟举办庆典、研讨会、论坛活动共385项，其中庆典活动52项、研讨会171项、论坛162项，涉及经费总计1.58亿元。

五、清理固定资产投资项目

2004年，根据国务院办公厅《国务院办公厅关于清理固定资产投产项目的通知》和全国部署清理固定资产投资项目工作电视电话会议精神，市监察委会同市发改委、市建设委对钢铁、电解铝、水泥以及党政机关办公楼、培训中心等项目和2004年以来所有新开工项目，开展固定资产投资项目专项清理工作。对小钢铁、小水泥、电解铝、高尔夫球场、物流园区、会展中心、党政机关办公楼和培训中心、城市快速轨道交通、大型购物中心9类项目进行严格清理，对其中不符合上海城市布局、产业规划，对环境有污染的项目坚决停止建设或取消立项；暂停审批新建党政机关办公楼和培训中心项目；在前阶段国家专项清理工作的基础上，对已形成处理意见的高尔夫球场项目，采取措施，狠抓落实。通过清理，保证固定资产投资运行健康、投资结构合理，投资管理规范。

六、治理“小金库”

1990年，市监察局参与财税、物价大检查。会同市财贸办公室查处市饲料公司私设小金库、滥发钱物的违纪问题，正副两位经理分别受到行政处分，并予以公开登报。经市政府批准，市监察局对市政府有关委办局向市饲料公司以低价付款的形式购买农副产品的不廉洁行为，给予内部通报批评。全年，重点查处一批单位领导干部投机倒把的行为，对私设小金库的七个典型案件进行严肃处理。

2001年9月3—21日，由市纪委、市监察委、市财政局、市审计局和中国人民银行上海分行联合组成检查组，对19个党政机关、11个市管企业及其所属64个单位清理银行账户和“小金库”的情况开展专项检查。检查反映，94个单位在自查自纠中上报银行账户8 082个，清理后撤销919个，撤销的银行账户已得到落实。94个单位自查自纠“小金库”760个，上报金额4 077.43万元，已全部转入财务管理。检查组对存在管理不规范等问题的14个单位，分别采取予以没收和纳入财务统一管理的措施。

同年，市纪委、市监察委印发《关于对违反财经纪律设立“小金库”行为的纪律处分暂行规定》，针对近年来少数领导干部私设“小金库”，贪污、挥霍国家集体资金的案件，以及对截留国家和单位收入、由个人保管或以私人名义储存、由少数人控制和支配等三种形式的“小金库”进行重点查处。截至2001年底，上海市党政机关和事业单位共取消2 098个设置不规范的银行账户，清理“小金库”2 962个，涉及金额1.56亿元；同时，严肃处理违反财经纪律、设立“小金库”的问题。

2009年5月20日，上海成立由市纪委、市监察局、市财政局、市审计局牵头的上海市治理“小金库”工作领导小组，下设上海市治理“小金库”工作领导小组办公室，办公室人员由市纪委、市监察局、市财政局、市审计局派员组成。5月27日，上海市治理“小金库”工作领导小组召开第一次工作会议，会议讨论通过《关于在本市党政机关和事业单位开展“小金库”专项治理工作的实施方案》。《实施方案》从开展“小金库”专项治理工作的必要性、总体要求、基本原则、治理范围和内容、实施步骤以及政策要求等方面进行阐述和明确，全面指导、规范全市“小金库”专项治理工作。

同年6月2日，上海召开“小金库”专项治理工作动员部署大会。各区县政府领导、市各部委办局、事业单位和人民团体有关负责人及财务负责人共350多人参加大会。大会之后，组织开展自查自纠，全市自查率100%，自查出“小金库”问题117户，有问题率1.29%，涉及金额3 154.01万元。8月，由市纪委、市监察局、市财政局、市审计局、市税务局组成10个检查组，对执收执罚相对集中和有群众举报的70家市级预算单位进行检查。全市共对733户党政机关和事业单位开展重点检查，重点检查面为8.14%，发现存在问题的单位有55户，带有“小金库”性质的问题65个，涉及金额3 074.51万元，其中被查发现的有17户，金额为309.99万元，主动上报的有38户，金额为2 764.52万元。

图11-2-1　2009年6月2日，上海市“小金库”专项治理动员部署大会召开

市纪委在“小金库”治理工作中，发布举报公告，设立举报电话和网上举报邮箱，并在网站上设立“小金库”专项治理工作网专栏，自觉接受社会监督。

七、治理商业贿赂

2006年，市纪委、市监察委贯彻落实《关于上海市组织开展不正当交易行为自查自纠的实施意见》和《关于上海市依法查处商业贿赂案件的实施意见》，会同有关职能部门抓住重点问题和主要环节，认真开展自查自纠。市建设交通委对9 725个在建项目，市房地资源局对512个土地开发项目，市国资委对957个产权交易项目分别进行摸底调查、梳理分析；市食品药品监督管理局对590家医疗器械生产和经营企业进行专项检查；市卫生局对自查中发现的问题，及时采取措施，停药567种，涉及停药企业193个。各区县共对106 641个企事业单位进行排摸梳理分析。自查自纠阶段，共查找出突出问题111类260个，已收到单位和个人主动上交金额1 115余万元。全年全市共查处商业贿赂案件912件，涉案金额17 195万元。市治贿办对6个重点领域治理商业贿赂工作进行3次督查和集中调研，做好自查自纠评估验收工作。在重点推进社区卫生综合改革和加强植入性医疗器械管理中，针对查找出来的问题，认真督促搞好整改，探索建立防治商业贿赂的长效机制，6 个重点领域和各区县已修改和完善各项制度 348 项。

2007 年，市纪委、市监察委会同市检察、公安、工商等有关部门，开展各种形式的宣传教育活动 20 906 次，编发宣传材料 29.47 余万份，开展教育培训 3 140 次。对工程建设、土地出让、产权交易、医药购销、政府采购等六个重点领域进行集中调研和督促检查，各单位围绕项目招投标、承发包、物资采购、资产管理以及行政许可等环节，开展以查制度、查程序、查资金为内容的自查自纠工作。截至 2007 年 11 月，共查处商业贿赂案件 270 件，涉案金额 6 093.08 万元。商业贿赂案件高发态势得到有效控制，涉及国家公务员商业贿赂案件有所下降。为深化长效机制建设，市治贿办以项目化推进方式，开展防治商业贿赂长效机制建设项目申报活动。全市 19 个区县和重点部门全部进行申报，共形成 64 个长效机制建设项目。专项治理工作开展以来，全市各区县、各部门共修改和完善各项制度 1 163 项。特别是针对重点领域存在的问题和薄弱环节，通过引入信息技术，积极构建防治商业贿赂的长效机制。市房地资源局借助信息化的手段，积极推进土地审批系统建设，实行"流程规范化、数据标准化、审批落地化、文档统一化"的长效管理机制。市食品药品监管局针对植入性医疗器械的管理和使用不透明、不规范的情况，推行以条码为基础的"植入性医疗器械追溯管理系统"，实行"产品编码化、数据标准化、管理信息化、监管全程化、信息透明化"，科技监督管理。中央治贿办来沪检查指导工作时指出，上海治理商业贿赂工作领导高度重视，组织协调有力，工作务实到位，实际效果明显。

2008 年 1 月，召开上海市治理商业贿赂领导小组会议，总结开展治理商业贿赂工作情况，提出改进措施，推进治理商业贿赂工作深入开展。

图 11－2－2　2008 年 1 月 5 日，上海市治理商业贿赂领导小组第五次会议召开

第二节　专 项 监 管

一、国债资金监管

2000 年，为贯彻落实监察部、财政部、国家计委《关于联合开展国债资金管理使用情况监督检查的意见》，确保国债资金的合理有效使用，市监察委会同市财政局、市计委对上海有关项目使用 1999 年和 2000 年发行国债专项资金的有关情况进行监督检查。主要从立项、审批、资金拨付、管理使用和工程质量等方面，对上海市 1998 年以来 10 个市政基础设施项目涉及的中央和地方国债资金 50.7 亿元的管理使用情况开展督查。为了顺利开展督查工作，上海建立市国债资金监督检查工作协调小组，督促组织有关部门和区县对国债资金项目普遍进行一次自查自纠，并组成两个检查组，用三周时间对苏州河综合治理一期、同三国道(上海段)等 4 个国债资金重点工程项目以及涉及国债资金项目的杨浦、松江等 4 个区和市水务局、市政局、市苏建公司进行重点检查。对监督检查中发现的问题,当场提出整改要求和整改时限。这次重点检查从总项目开始,到有关区的分项目,直至乡镇相关单位,实行纵向到底的办法,国债资金下拨到哪一层就检查到哪一层,不留空白点。对被检查单位基础、原始的资料都作详细查阅,特别是对财务账目进行严格查验。通过督查,促使有关单位切实负起国债资金管理使用、项目建设和监督检查工作的责任,落实地方配套资金,完善国债资金管理的具体办法和措施。

2002 年,为贯彻落实监察部、国家计委和财政部《关于继续联合开展国债资金管理使用情况监督检查的安排意见》,市监察委会同市计委、市财政局联合召开会议,贯彻国家三部委会议精神,部署全市国债资金监督检查工作,并联合印发《上海市关于继续联合开展国债资金管理使用情况监督检查的安排意见》。围绕在建重大国债项目资金管理使用情况、重大续建项目资金管理使用情况、国债项目建设任务和工程质量责任书落实情况和整改措施落实情况等方面,开展监督检查。通过检查,加强监管力度,防止挤占、截留和挪用国债资金。

二、社会保障资金监管

【国有企业下岗职工社保资金监管】

2000 年,市监察委会同市财政局、市劳动保障局和市民政局等部门联合印发《关于对国有企业下岗职工基本生活保障资金、失业保险基金、基本养老保险基金和城市居民最低生活保障资金管理使用情况开展专项检查的意见》,对 1998 年以来四项社会保障资金的管理使用情况开展专项检查。市监察、财政、劳动保障、民政四部门联合组成两个检查组,对上海 7 个区县的再就业中心、社会保险事业管理中心、劳动服务公司、民政局和 3 个委办局集团公司再就业中心、1 个中央在沪企业以及 14 个街道、镇进行重点检查,抽查面达 36.8%。检查情况表明,上海国有企业下岗职工基本生活保障资金拨付率足额及时;城市居民最低生活保障资金按实发放专款专用;养老保险、失业保险基金的监管机制逐步完善。在专项检查中,市监察委加大对社会保障资金使用管理中违纪违法案件的查处力度,先后处理 6 名责任人员。通过开展检查,确保国有企业下岗职工基本生活费、离退休人员基本养老金和城市居民最低生活保障金按时足额发放到位,维护人民群众的切身利益。

【社保基金网上实时监管系统】

2007 年,市纪委、市监察委探索运用“制度加科技”的理念,协调有关职能部门,推行建立“社保基金网上实时监管系统”。以计算机信息网络为支撑,构建一个信息平台,将银行系统、社保经办机构、财政管理部门业务经办系统的相关业务数据集中至统一的信息平台,进行数据整合。设立基金收支情况、基金专户现金流量和结存资金情况、预算执行情况等多项监管指标,确保将每一笔资金都纳入监管范围。建立三个机制：数据核对机制,将各基金开户银行的资金信息与社保经办机构的相关业务数据和财务数据进行实时校验比对;资金管理机制,对社保基金专户资金流向、流量、流速以及资金沉淀量等信息设定相关预警指标,监督社保经办机构和管理部门的资金划拨和使用管理;预算监管机制,按照基金预算计划,细化预算分类,及时跟踪掌握各项基金预算执行情况,对超预算的支付等异常情况实施重点监督。实现三项功能：预警功能,根据社保基金各项制度规定,设立大额资金支付、现金支付、基金偿付能力等预警指标,对社保基金、资金流向信息所反映的异常资金流动路线和资金数额等事项进行自动识别,并实时发出预警信号;跟踪功能,根据预警信号,可实时搜索、查询到每一笔社保资金的来龙去脉，以便及时采取措施；分析功能，通过对社保基金实际流动与标准模式的对比分析，判断可能发生风险的主要专户和重点流动环节，加强重点监控，采取有效措施加以防范，提升监管质量。

2008 年 7 月 1 日前，完成"社保基金网上实时监管系统"的一期开发，正式上线试运行。一期监管已纳入财政专户的城镇养老保险、医疗保险等 7 个险种的资金流向、流量、流速集中反映到统一的信息平台，进行数据比对，对异常情况设置预警提示，从而实现对社保基金进行实时、有效的全程监控。9 月，该系统被列为《上海市建立健全惩治和预防腐败体系 2008—2012 年工作规划的实施办法》的具体项目之一。

2009 年，继续对"社保基金网上实时监管系统"一期工程进行维护、完善，通过工作调研，完善管理措施，提升系统管理效能以及运行质量。推进系统二期开发，将医疗保险支出户纳入监管系统平台，拓展系统监管覆盖面。加强该系统与银行间的数据比对，有效提高比对成功率。启动财政专户纳入监管系统工作，逐步实现对社保基金更完整、更有效的实时监控。

2010 年，按照市纪委、市监察委深化"'制度加科技'十项重点工作项目化推进方案"要求，深化社保基金网上实时监管系统建设。完成社保基金财政专户纳入网上实时监管系统的工作，健全系统监管内容；细化医保、失保、综保基金监管指标，提高系统数据比对率，完善监管系统建设；完成社保基金预算管理开发工作，拓展系统监管功能。

三、住房公积金监管

2008 年，根据国家住房城乡建设部等七部委《关于印发〈关于开展加强住房公积金管理专项治理工作的实施意见〉的通知》的要求，上海成立由市建设交通委、市纠风办、市监察委、市财政局、人民银行上海分行、市审计局、上海银监局、上海市公积金管理中心等部门共同组成的上海市加强住房公积金管理专项治理工作领导小组，按照《实施意见》的要求全面推进此项工作，制订具体工作方案，明确工作任务和时间节点。9 月形成《关于上海市开展加强住房公积金管理专项治理工作自查自纠的情况报告》，由市领导小组成员单位进行督促检查，抓好工作落实。

2009 年，上海住房公积金管理专项治理工作领导小组按照《实施意见》要求，全面推进住房公积金管理专项治理工作，深入剖析住房公积金在政策执行、内部管理、业务操作和窗口服务等方面存在的不足和薄弱环节，并在此基础上查纠结合，边查边改，重在纠正。截至 2009 年 8 月，全市住房公积金累计归集突破 2 000 亿元，上海成为全国首个归集突破 2 000 亿元的城市。

四、财政资金监管

2007 年，上海制定《关于进一步加强上海市财政资金和社会公共资金监管的若干意见》，并在市级委办局层面，以市食品药品监管局的财政资金管理系统和市劳动保障局的社保基金网上监管系统进行试点；在区级及乡镇层面，以松江区财政性资金和公共资金监管系统和浦东新区金桥镇财政监管系统进行试点。

2009 年，市监察局对市安全生产监督管理局下属的市安全生产科学研究所用虚假合同骗取财政专项资金等严重违反财经纪律问题，发出《监察建议书》，责令将骗取的财政专项经费全部上缴市财政。市安全生产监督管理局根据市监察局的《监察建议书》，依照《财政违法行为处罚处分条例》

等有关规定,给予相关负责人问责处分。因市安全生产监督管理局对安科所发生的违纪问题有失察失管之责,负有领导责任,市监察局给予通报批评。

五、移民安置资金监管

2001年,根据中央纪委七室《关于协调配合有关部门搞好外迁移民资金监管工作的函》的精神,依照《上海市三峡库区农村移民外迁安置资金使用和财务管理办法》,市监察委会同市农委对上海有关区县的移民安置资金使用和管理情况开展监督检查,确保专款专用,提高移民资金的使用效率。监督检查主要围绕三峡库区农村移民外迁安置资金的使用范围、拨付程序和三峡移民安置工作实施过程中,有关乡镇和单位的组织领导、工作进度、资金使用和管理、执行纪律等内容,确保三峡移民资金专户存储、专款专用,专人负责。2001年上海共接受安置三峡移民750户3 000人。通过开展同步执法监察工作,上海使用和管理移民安置资金情况规范,监督制约措施有力,未发现大的违规现象和违反纪律的行为。

六、社会捐赠监管

2003年,为贯彻市政府办公厅《关于加强本市防治非典型肺炎社会捐赠款物管理工作的通知》,加强对防治非典型肺炎社会捐赠款物的管理,市监察委印发《关于对防治非典型肺炎社会捐赠款物管理工作开展专项执法监察的通知》,对上海防治非典型肺炎社会捐赠款物(含抗非典专项援助资金)管理工作开展专项执法监察。专项执法监察以自查为主,专项检查和重点抽查相结合,对捐赠工作组织落实情况、捐赠工作制度建立情况、捐赠工作纪律执行情况和捐赠工作责任制落实情况进行专项检查,确保上海防治非典型肺炎社会捐赠款物管理工作规范有序。

七、对口支援监管

2008年5月27日,市纪委书记董君舒主持召开市纪委、市监察委、市民政局、市财政局和市审计局等单位参加的支援灾区资金物资监管工作会议,研究制定共同发挥监管职能,确保本市每一笔抗震救灾捐赠资金物资全部到位,支援灾区的具体方案和措施,按照《政府信息公开条例》等规定,建立救灾款物信息披露制度,提高救灾款物管理的公开透明度,主动公开救灾款物的来源、数量、种类和去向,自觉接受社会各界和新闻媒体的监督。会议要求纪检监察、民政、财政、审计等部门要认真履行监督职能,全面介入抗震救灾捐款物资的收、交(转)、用的全过程,以实际行动支援灾区建设。会议决定成立由市纪委、市监察委、市民政局、市财政局和市审计局组成的抗震救灾资金物资监督检查领导小组,各单位的有关负责同志为领导小组成员,领导小组办公室设在市监察委。

同年6月,市纪委切实抓好抗震救灾资金物资“四公开”工作落实:一是通过社区公开。对街道、居委会、单位组织发动缴付的专项捐款,由街道、居委会、单位负责,在缴付捐款后在社区、单位内张榜公布捐款清单,并附缴付捐款收据和捐款证书,集中捐赠一次就公布一次,确保接受捐款个人和单位的监督。二是通过媒体公开。通过《解放日报》《新民晚报》等媒体公布救灾款物情况。三是通过内网公开。指定专人将每日捐款物情况录入“上海市民政局救灾业务管理系统”,接受来自内部的监督。四是通过互联网向社会公开。通过东方网、市民政局、市慈善基金会官方网站对社会公布全部捐款信息。

图 11-2-3　2008 年 9 月 22—23 日，上海市纪委赴都江堰开展灾后重建对口支援资金物资调研和监督检查

2009 年，市纪委、市监察局围绕抗震救灾捐款资金的收、交、转、用及对口支援都江堰灾后重建项目的管理、工程招投标、资金使用、物资采购等事项，建立上海与成都"两地五方"（即上海市纪委市监察局、成都市纪委市监察局、都江堰市纪委市监察局、上海市对口援建指挥部和都江堰市援建办公室）监管工作体系，制定资金物资监管联席会议、办信查案、监督检查等"三项制度"，对灾后恢复重建资金的筹集、拨付、分配、管理和使用情况进行全程监督。同时，深入灾区和有关单位开展监督检查，对援建单位加强宣传教育，与援建单位签订项目建设廉政责任书，未收到关于违规使用救灾资金的举报。

2010 年 8 月 12 日，市纪委书记董君舒听取对口支援都江堰灾后恢复重建资金物资监管工作汇报。市审计局、市发改委、市财政局、市民政局等上海市抗震救灾资金物资监督检查领导小组成员单位负责同志分别汇报阶段性工作情况。会议指出，两年来上海对口援建都江堰资金物资监管工作稳步推进，取得良好成效，得到中央和上海市委领导的充分肯定。会议强调，要本着对历史负责的态度，站在未来的视点上做好援建工作，向党中央、国务院，向市委、市政府，向人民群众交出一本明白账、放心账、满意账。通过检查，都江堰市聚源中学、医疗中心等涉及"交钥匙"的 70 个项目全部按规定标准竣工并交付使用，涉及联建共建的 40 个项目在 9 月底前全部完成，涉及"交支票"的 7 个项目全部按计划落实，援建项目做到质量、进度、安全、廉洁和节俭五个方面的统一，得到都江堰市人民群众的高度肯定。

第三章　行政效能监察

行政效能监察，是监察机关以提高行政效能为目的，对监察对象在履行法定职责中行政效率、效果、效益等方面进行监督检查的活动。1996年以来，围绕政府的中心工作，开展对政府实事项目监管，加强对欠费工作、动拆迁、城乡规划等效能监察。2010年，市监察局突出做好党政领导干部问责工作，建立党政领导干部问责统计报告制度，全市共问责24名党政领导干部，其中局级1人，处级16人，科级7人。通过效能监察，提高行政效率、行政效果、行政效益，创造良好的社会经济发展环境，推动勤政廉政建设。

第一节　行政效能监察会议

一、行政效能监察工作会议

2003年3月17日，市纪委、市监察委召开推进行政效能监察工作会议，总结全市开展行政效能监察工作的情况，推广虹口区的工作经验，对进一步推进和加强上海行政效能监察工作作出部署。市委副书记、市纪委书记罗世谦，副市长冯国勤出席会议并讲话。市纪委副书记、市监察委主任李梅回顾总结近年来上海开展行政效能监察的情况。虹口区介绍推进行政效能监察工作的经验。各区县和部分局的分管领导，市纪委、市监察委派驻(派出)机构负责人，市特邀监察员出席会议。

2006年4月20日，市纪委、市监察委召开行政效能监察工作会议，市纪委副书记、市监察委主任李梅出席会议并讲话。会议对世博工程、400公里的轨道交通建设和市区400万平方米成片二级旧里以下房屋改造的效能监察工作作出部署，确保市委、市政府重大决策落到实处。

同年7月5日，市监察委、市建设交通委和市轨道交通建设指挥部联合召开市轨道交通建设质量安全效能监察大会，市纪委副书记、市监察委主任李梅出席会议并讲话。

2009年5月7日，市监察局、市建设交通委和市轨道交通建设指挥部联合召开2009年市轨道交通质量安全效能监察工作会议，市纪委副书记、市监察局局长顾国林出席会议并讲话。会上，上海隧道股份有限公司、上海轨道交通申松线发展有限公司、中铁二局股份有限公司城通公司作经验交流。会议部署2009年上海轨道交通质量安全效能监察工作重点，宣读2008年下半年度上海市轨道交通工程质量安全效能监察样板工程命名决定，并对样板工程单位授奖。

二、行政效能监察工作座谈会

2002年10月15日，市纪委、市监察委召开全市区县行政效能监察工作座谈会。会议传达中央纪委、监察部行政效能监察工作座谈会精神。会上，浦东新区、卢湾区、宝山区、闸北区监察委等交流工作做法、经验和下一步工作思路。

同年10月16日，市纪委、市监察委召开各委办派驻机构行政效能监察工作座谈会，传达中央纪委、监察部行政效能监察工作座谈会精神。会上，市工业纪工委监察室、市建设纪工委监察室、市公安局纪委监察室等部门，结合各自工作实际交流开展行政效能监察工作的做法和经验。

2003 年 2 月，市纪委、市监察委召开部分区县监察综合室主任座谈会。研究部署 2003 年在区县全面推进行政效能监察工作。会议要求各区县结合自身实际，使行政效能监察工作逐步走上制度化、规范化、法制化的轨道。着重加强“三个结合”：即行政效能监察与建立责任制相结合，行政效能监察与廉政监察相结合，行政效能监察与政务公开相结合。长宁、徐汇、浦东、嘉定、黄浦、普陀、虹口、杨浦、静安等区县监察综合室主任出席会议并作交流发言。

三、行政效能监察工作调研会议

2002 年 12 月 4 日，市委副书记、市纪委书记罗世谦，副市长冯国勤等对虹口区行政效能监察工作进行调研。虹口区相关领导分别汇报虹口区开展行政效能监察工作情况。罗世谦、冯国勤详细了解虹口区开展行政效能监察的人员力量、立项监察以及奖惩机制等情况，对虹口区的行政效能监察工作给予充分肯定。市纪委副书记、市监察委主任李梅等有关同志参加调研。

2007 年 8 月 30 日，市纪委副书记、市监察委主任顾国林到市轨道交通 7 号线 8 标段浦江南浦站施工工地调研轨道交通质量安全效能监察工作。调研中，顾国林深入地铁隧道施工现场，察看和了解工程进展情况，听取市建设交通委和市申通地铁集团有限公司关于轨道交通工程质量安全效能监察工作情况的介绍，对市建设交通委和市申通公司开展质量安全效能监察工作给予肯定。

第二节　行政效能监察主要工作

一、清理拖欠费用监管

2001 年，市监察委会同市总工会、市医疗保险局、市政府督查室等部门联合对职工医疗费清欠工作开展行政效能监察。市监察委以落实“四个不”规定（未完成清欠计划进度的，企业领导干部不得出国、不得购买汽车、不得购买住房、不得安排非生产性消费支出）和清欠责任制为抓手，先后制定印发《市纪委、市监察委关于对违反有关职工医疗费清欠工作规定的党纪政纪处理规定》《关于对清欠工作中落实“四个不”规定开展行政效能监察的工作意见》等文件，加强对清欠工作的落实。各区县、委办监察委（室）会同各有关部门，通过严格审批手续、加强资金监控等方法，保证“四个不”规定的落实。通过检查，共发现全市有 2 162 名职工因各种原因被遗漏清欠的，涉及资金 158.16 万元，经协调，已全部解决；处理有关清欠的群众来信来访 63 件，做到“事事有着落，件件有回音”；与有关部门组成 123 个工作小组，深入企业，认真督办，协调解决清欠中出现的困难和矛盾。市监察委在各单位清欠任务基本完成后，协调各有关部门并组织人大代表、政协委员和特邀监察员共 136 人开展查遗补漏工作。共召开 177 个座谈会，电话征询 6 625 个职工家庭的清欠情况，有 2 397 名职工的医疗费在查遗补漏中得到落实，涉及金额 238 万余元。

2002 年，为进一步推进清理企业拖欠职工医疗费问题，市监察委认真贯彻市政府关于清欠工作的各项部署，以落实“四个不”规定和清欠责任制为抓手，在全市范围内开展清欠行政效能监察工作。组织进行监督检查，摸清基本情况，制定下发文件，督促各企业及其主管部门认真履行清欠责任制，严格执行“四个不”规定。全市企业拖欠职工医疗费总人数为 125.7 万余人，涉及企业 5 891 家，欠费金额达 17.03 亿元。通过对企业拖欠职工医疗费开展落实“四个不”规定开展行政效能监察,有效地保证清欠任务的完成和全市城镇职工医疗保险制度的平稳实施。

二、城乡规划效能监察

2006年,根据建设部和监察部《关于开展城乡规划效能监察的通知》要求,市监察委会同市城市规划局制定城乡规划效能监察实施方案,并成立城市规划效能监察领导小组及办公室,对2003年10月以来的城市规划管理执行情况开展效能监察。城乡规划效能监察围绕城市规划编制、审批情况,城市规划行政许可事项的清理、实施、监督情况,城市规划政务公开、信息公开情况和城市规划信访工作情况以及涉及城市规划工作的依法行政情况等五方面开展效能监察。通过检查,及时纠正一些违规违纪行为和损害群众利益的问题,提升上海城市规划管理水平。

三、政府实事项目监管

1991年5月,市监察局组织力量对"龙华港水闸、泵站工程"进行监督检查,找出工程工期延缓两年的原因,分清责任,并要求有关部门从中吸取教训,举一反三,采取切实措施,增强勤政意识,提高工作效率,加快工程的进度。同时,市监察局对"科技天文馆工程"开展监督检查,针对工程大部分资金未落实的问题,向市政府有关职能部门发出监察建议书,要求对该项目尽快决策,以免造成更大损失。同时各区县监察局紧紧围绕政府实事项目开展监督检查。

1992年,市监察局开展对市政府实事项目"人均居住面积2.5平方米以下居住困难户解困工作"的专项监察,维护人民群众的切身利益,保证该实事项目如期完成。

1993年,市纪委、市监察委、市建委和市政局共同研究,决定把市政府实事项目之一——内环线工程列为监督检查的重点,通过监督检查,保证该工程如期按质完成。全年,建委系统涉及市政府实事的有:内环线工程,新建、改建150座城市公共厕所,改善12万户居民用水质量,发展居民燃气新用户20万,改善浦东浦西越江交通,新辟三条公交路线,搬迁10家污染严重的工厂等。市建委要求所属各局、直属单位结合各单位实际,围绕市政府年内要完成的实事开展专项监督检查。市监察委对在完成市政府实事工程中是否自觉遵守党和国家的有关政策法令,有无有令不行、有禁不止,有无严重官僚主义、失职渎职行为,对内环线(浦西段)工程进行专项检查,督促有关部门把实事办好。同时及时向市工程指挥部、市重大办反映情况,督促协调,采取措施,加以解决。通过开展专项检查,有效推动实事工程的顺利实施。

1996年,市监察委抓住平价房征购这个环节,组织检查组到全市有征购任务的55个单位开展解决4平方米以下特困户工作专项执法监察。截至11月,全市完成32万平方米的征购任务。

1999年,为确保市政府提出的在2000年完成全市"365"危棚简屋改造任务,市监察委会同市建设委等部门,对"365"旧区改造开展执法监察。通过抓好制度建设、办事公开和内外监督制约机制等工作,保证政令畅通,确保"365"危棚简屋改造任务顺利完成。

2009年,市监察局会同市住房保障房屋管理局等部门印发《关于推进落实2009年廉租住房工作目标的通知》,对各区县落实应保尽保、实物配租、房源筹措和资金落实等情况进行专项检查;印发《关于加强行政监察确保经济适用住房工作顺利开展的通知》,加强对经济适用住房的监管,防止侵害人民群众利益的违纪违法问题的发生。

四、动拆迁安置监管

1992 年，市监察局组织协调卢湾、长宁、静安等区监察机关，分别对淮海路改造工程、江苏路拓宽前期动迁工作、昌化路煤饼工厂动迁工作等开展监督检查。

1993 年，市监察委对内环线(浦西段)工程进行专项检查，帮助解决动迁居民子女转学、入托难的问题，建议有关部门牵头会同有关单位制订相应的配套措施，共同研究妥善解决问题。闸北、卢湾等区监察委对成都路高架路工程开展监督检查，推进动迁工作顺利进行，保证实事工程按时按质完成。

1994 年，根据市政府统一部署和要求，市监察委制定《关于在动迁安置工作中加强执法监察的意见》，要求各区县监察委和各委办监察室，重点对负责动迁安置的单位及其工作人员是否严格执行有关规定、与动迁安置工作相关的部门和工作人员是否严格执行有关规定、被动迁单位和被动迁居民中的有关监察对象是否严格执行有关规定开展监督检查。同年 6 月，市监察委组织各方力量，对动迁安置工作开展监督检查。通过执法监察，推进动迁安置工作的规范化、制度化，确保在动迁安置工作中行政机关及其工作人员廉洁自律。

1995 年，市监察委与市建委联合对延安路高架(西段)工程进行全过程的执法监察。通过制定实施《关于对延安路高架(西段)工程进行执法监察的意见》和《关于对延安路高架(西段)工程承包施工管理的若干纪律规定》，对工程前期的动拆迁、地面道路工程招投标等进行监督检查，确保工程建设的顺利实施和如期完成。市监察委按照市政府的要求，把动迁安置工作的执法监察作为重点工作，督促有关职能部门和动迁安置工作人员依法行政，廉政勤政，保证现房一次安置率不低于 60%，临时过渡期不超过 12 个月，以化解在动迁工作中的不安定因素，维护社会稳定，确保市委、市政府对动迁安置工作目标的实现，使人民放心，让居民满意。

2003 年 8 月，市房地局在全市推行“拆迁管理五项制度”，即拆迁公示制度、信访接待制度、投诉举报制度、拆迁承诺制度和拆迁监管制度。市建设委、市房地局和市监察委三家联手，各区县的建设、房地、监察等部门联合行动，密切配合，抓好落实。通过检查，五项制度得到较好的贯彻执行，依法拆迁、文明拆迁的意识得到加强，规范拆迁工作的基本氛围已经形成。据统计，到 2003 年底，全市 248 户、268 名拆迁上访重点对象中，没有反映一起以权谋私、贪赃枉法问题。

2004 年，市监察委把城镇动拆迁中全面落实动拆迁管理五项制度作为 2004 年执法监察工作重点，并会同市建委、市房地局联合制定印发《关于开展本市城镇房屋拆迁五项制度落实情况专项检查的实施意见》，加强监管检查，规范动迁工作。

2005 年，市监察委、市房地资源局、市建设交通委联合印发《关于开展房屋拆迁巡查工作的通知》，对上海动拆迁安置工作实施专项执法监察。通过实地查看、查阅资料、检查信访件处理情况、走访被拆迁居民户等形式，对动拆迁工作中的重点、难点问题提出解决方案和措施，切实保障居民合法权益。为保证世博会工程建设顺利进行，市监察委会同市房地资源局、市世博局制定印发《关于推进世博园区拆迁事务公开的意见》，在完善五项制度的基础上，确定“九公开、三一致、两参与”的动拆迁政策，加快推进动迁进程，保障居民利益。通过工作推进，浦东、卢湾和黄浦三个世博重点区的动拆迁工作规范，公开、公平、公正，有效化解动迁矛盾，解决历史遗留问题。

2005 年 6 月，经市政府同意，市监察委决定对两个“1 000 万”建设，即配套商品房和中低价普通商品房各建设 1 000 万平方米，开展行政效能监察，确保市委、市政府重大决策落到实处。市纪委副书记、市监察委主任李梅带队到市房地局等单位调研,主动了解两个“1 000 万”的建设特点、时间节点和工作重点;进行分析梳理,确定工作重点,形成效能监察的总体设想和基本思路。6 月 15 日,市监察委召开执法监察工作会议,对两个“1 000 万”建设效能监察工作作出具体部署。6 月底,全市两个“1 000 万”行政效能监察的工作网络基本建立并开始运行,各区县都成立由分管副区长牵头的效能监察联席会议,细化有关要求,提出工作方案。通过开展动拆迁效能监察,上海两个“1 000 万”建设取得明显进展,形成全市各级行政监察机关上下联动、左右呼应的工作格局,有效地发挥行政监察的职能作用。

2006 年,市监察委把世博工程、轨道交通站点拆迁和成片二级旧里以下房屋改造实施效能监察列为一项重要工作。经市政府同意,市监察委制定印发《关于对“世博工程”、“轨道交通”、“成片二级旧里以下房屋改造”开展行政效能监察的实施意见》,要求各区县监察委、市委办局监察室紧紧围绕世博工程、轨道交通站点动拆迁和“400 万成片二级旧里”建设的任务目标,以“公开、一致、规范”的拆迁机制为抓手,推进动拆迁工作,按照时间节点完成任务;以工程质量安全责任制为抓手,推进工程质量安全体系建设,确保工程质量安全优良,推动落实市重大建设工程项目又快又好完成,切实做到“工期、进度、质量、安全”四个保障。通过开展动拆迁效能监察,使拆迁行为规范化,推动旧区改造工作的顺利实施,同时强化房地、建委等主管部门审核批准和督促落实的责任,提高工作效率。

图 11-3-1　2006 年 3 月 3 日,上海市纪委参加普陀区建设系统和轨道交通动迁工作“争双优”签约仪式

2008 年,为更好地发挥监察机关在动拆迁工作的监督作用,加强动拆迁机制和制度建设,市监察局组织各区县监察机关开展动拆迁中新情况、新问题的专项调研。调研围绕当前动拆迁中新情况、新问题的主要表现形式、动拆迁政策执行中的难点、对策和典型事例、推进动迁安置结果公开的情况和动拆迁监管机制流程再造、机制创新的思路和做法,对 19 个区县动拆迁工作进行全面调查。调查发现并查处违纪违法案件 9 件,同时形成一批动拆迁专题调研报告,对建立相关机制,提高动拆迁过程的规范透明程度、促进社会公平公正起到重要的推动作用。

2010 年,市监察局会同有关部门进一步完善和创新动拆迁监督机制,扩大群众有效参与渠道,推进动迁安置结果公开,及时纠正和严肃处理动拆迁工作中以权谋私、损害群众利益等问题。会同市住房保障和房屋管理局制定《关于房屋拆迁补偿安置结果公开的实施意见》,开展全市房屋拆迁补偿安置结果公开检查,深入推进"阳光拆迁",规范拆迁行政管理,增强房屋拆迁的透明度和公信力。11 月,市监察局会同市住房保障和房屋管理局,对动迁基地开展房屋拆迁补偿安置结果公开进行联合检查。

五、轨道交通建设质量安全效能监察

2006 年,市监察委会同市建设交通委、市轨道建设指挥部联合制定《关于轨道交通工程建设质量安全效能监察工作的实施意见》,在全市范围内开展轨道交通工程建设质量安全效能检查工作。同时成立由三家单位组成的市轨道交通工程建设质量安全效能监察工作协调小组,具体负责对轨道交通工程建设期间工程质量安全效能监察工作的指导、协调、情况分析和重大问题的决策、调处。市轨道交通建设工程建设质量安全效能监察小组构建横向到边、纵向到底的责任体系,突出重点抓全过程,构建全覆盖、同步化的监控体系,坚持抓制度规范,以建立和落实质量安全责任制为重点,以安全和质量为中心,落实工程安全质量责任制,参与项目竣工验收以及依法查处和追究责任的方式,对轨道交通工程建设开展全方位、立体化的工程质量安全效能监察。市监察委会同相关部门对 36 个在建基地进行现场检查,检查数占轨道交通已开工项目的 55%。通过开展效能监察,有力构建轨道交通工程建设质量安全责任保障体系,推动和健全工程质量安全监督责任网络,有效防范重大安全事故的发生,确保施工安全和工程质量。

2007 年,上海轨道交通在建项目 12 项,共 184 个车站,总里程 260 公里。轨道交通建设规模达到极限,所面临的工程风险前所未有。市监察委会同市建设交通委、市轨道交通建设指挥部继续开展轨道交通工程质量安全效能监察。以加强工地现场高危风险点、重大危险源控制和提升现场突发事件应急处置能力为重点,以责任制落实为核心,积极开展轨道交通样板工程命名活动和实施"黄牌警示"制度,不断完善效能监察日常工作机制。全年先后召开 2 次全市动员部署的大会,召开 9 次工作会议,印发各类文件 11 份,组织各类大检查 5 次,整改 200 多个各类隐患和问题。进一步完善监管工作机制。为加强轨道交通工程质量安全管理,提高工程风险的控制力,从 4 月开始,实施效能监察黄牌警示制度,共开出 5 张警示黄牌和 3 张效能监察建议书。这项举措对整个轨道交通建设行业产生很大触动,促使参建各方进一步强化责任主体意识,不断完善管理机制。

2008 年,市监察局会同建设主管部门,以安全质量责任制为抓手,加强风险防控,深化监督检查,有效防止重大建设事故的发生。全年共召开轨道交通建设安全质量效能监察会议 12 次,制定印发各类文件 10 件;通过排摸梳理风险点,整改 120 个各类隐患和问题;开展重大危险源等专项检查 9 次,有效推动安全质量责任制的落地。通过在关键环节引入专家资源,加强对风险源的预控管理和开展突发事故应急演练,提高应急处置能力,得到建设部安全生产专项检查组的肯定。同时,为了深化监督检查的力度,对责任落实到位、风险防范有力的 15 个建设项目命名为"样板工程",对管理松懈造成责任事故的 2 个建设单位给予黄牌警示,处理 3 个责任单位,处理企业管理人员 8 人。

第四章　特邀监察员

为充分发挥人民群众对国家行政机关及其工作人员的监督作用，市监察局根据监察部和中央有关部委文件，制定《上海市特邀监察员工作暂行办法》。1988—2010年，市纪委、市监察局(委)连续八届特邀150名监察员，在反腐倡廉建设中，先后组织特邀监察员参加反腐败工作调查和党风廉政责任制检查，参加各种反腐倡廉工作的专项检查和政风行风评议，参与接待群众信访举报等，积极建言献策。市纪委、市监察局(委)根据特邀监察员专业特长和丰富理论水平的优势，组织参与各项课题研究，提出加强党风廉政建设责任制思路和对策，发挥参政议政和民主监督作用。

第一节　工作机制

一、特邀监察员工作办法

1988年，根据《监察部聘请特邀监察员办法》和中央统战部等七部门《关于加强特约人员工作的意见》的规定，市监察局制定《上海市特邀监察员工作暂行办法》，使特邀监察员工作制度化、规范化，更好地发挥特邀监察员的职能作用，建立和健全行政监察与民主监督、群众监督相结合的监察机制。2001年、2007年，根据形势的发展变化，市监察委对《办法》进行两次修订。《办法》明确特邀监察员的条件、职责、权利和义务；规定特邀监察员聘任工作的推荐、审定和期限等程序；强调加强特邀监察员工作的领导及监察机关发挥特邀监察员双重监督职能的意见；提出保障特邀监察员职能履行的措施。同时对特邀监察员了解参与行政监察工作，确立一系列工作制度。全市各区县结合各自实际参照制定《特邀监察员工作办法》及相关制度，为全市范围内特邀监察员制度建设打下扎实的基础。

自1994年10月起，市监察委根据《监察机关举报工作办法》和《上海市信访条例》，制定《上海市特邀监察员信访接待值班制度》，每月安排一个周五下午为特邀监察员接待日，由市特邀监察员轮流值班接待群众来访，市特邀监察员可在接待群众来访件上提出处理意见，并可参与协调、研究、处理；市特邀监察员在来访件上的批示，同市纪委、市监察局(委)领导批示同等对待。市特邀监察员对其所提出处理意见或反映和转递的检举、控告、申诉件等，要求了解和查询处理结果的，市监察委有关职能处室一般应在三个月内反馈办理情况和处理结果。

每年市纪委全会、党风廉政建设和反腐败工作会议、行政监察工作会议及相关纪检监察工作，都邀请特邀监察员参加，做到让特邀监察员知情，以利于对纪检监察机关的工作提出意见和建议。年底，由市纪委、市监察局(委)主要领导向特邀监察员通报该年度行政监察工作情况并进行座谈交流。

市监察局(委)为特邀监察员订阅《中国纪检监察报》《倡廉文摘》等报刊，寄送有关行政监察情况简报、信息、通讯等资料，使特邀监察员充分了解纪检监察机关工作内容和性质，明白自身的权利和职责，使他们能更积极地参与到各项工作中去，“在参与中监督，在监督中参与”。

纪检监察机关对特邀监察员提出的意见和建议及转来的人民来信，高度重视，积极办理，做到事事有答复，件件有反馈。

二、特邀监察员职责

特邀监察员主要职责：了解并反映国家行政机关和法律、法规授权的具有管理公共事务职能的组织以及国家行政机关依法委托的组织及其工勤人员以外的工作人员遵守和执行国家法律、法规、政策和决定、命令的情况。

反映、转递或按照监察机关的安排接待公民、法人和其他组织对国家行政机关和法律、法规授权的具有管理公共事务职能的组织以及国家行政机关依法委托的组织及其工勤人员以外的工作人员违反行政纪律行为的检举、控告，以及法律、法规规定的应由监察机关受理的申诉。

参与有关行政监察工作理论、法规、政策的讨论、研究，为监察工作提供咨询。参与监察机关安排组织的执法监察、监督检查和案件调查工作。反映人民群众对行政监察工作和行政监察机关自身建设的意见和建议。承担监察机关委托的其他工作。

三、特邀监察员队伍建设和管理

特邀监察员人选由统战部门与各民主党派、工商联及有关委办局、党委协商提名统一归口推荐，市纪委常委会和各区县纪委常委会讨论确定聘任名单。聘任后，报统战部门统一备案、统一管理，使特邀监察员工作融入全市的改革开放、经济发展和社会稳定总体工作要求中，形成合力，发挥民主党派、无党派人士在政府行政管理中参政议政和民主监督作用。每一届特邀监察员的推荐、聘任，都严格按照规定程序实施，即听取意见、拟定聘任人员名单；考察审核报批。推荐聘任工作都是由市和区县纪委、监察局(委)组织实施，并经书记办公会和常委会的集体讨论研究决定，并由各级党委、政府及纪检监察机关领导向新一届特邀监察员颁发聘书。聘任期满后，根据工作需要，符合条件，征得本人和推荐组织或所在单位的同意，可以续聘。续聘一般不超过一届。注重特邀监察员的代表性，使特邀监察员队伍真正体现来自社会各界，更能体现人民群众的意志，更准确、及时地反映群众的呼声和意愿，在实践中不断加大民主党派和无党派人士的比例，所占比重从第一届的 25%上升到第八届的 90%。为更好地体现人大、政协的监督作用，不断提升各级人大代表和政协委员在特邀监察员中的比例，2010 年，全市特邀监察员中，人大代表和政协委员共 175 名，占近 48%。

第二节　工 作 内 容

一、参与专项监督检查

市监察局(委)针对特邀监察员层次较高的特点，组织特邀监察员参与重要专项工作的检查和有关项目的执法监察，注意发挥他们的督查作用。1988—2010 年，市监察局(委)先后组织特邀监察员共 120 余人次参加专项监督检查工作。先后参加市委、市政府反腐败工作调查和党风廉政建设责任制检查；领导干部廉洁自律工作专项检查；行政审批制度改革工作落实情况检查；党政机关公车使用情况专项检查；重大工程建设项目专项检查；政府政务公开情况检查；政府信息公开情况检查；对国债资金和社会保障资金等重点项目、工程建设项目招标投标的执法监察等。在检查中，特邀监察员们不仅了解监督有关工作，而且积极建言献策，促进上海市党风廉政建设和反腐败斗争的深入开展，推动行政监察工作的有序进行，保障重点工程项目的顺利实施。

图 11－4－1　2008 年 9 月 25 日，上海市特邀监察员专项检查市政府投资工程招投标情况

各区县纪委、监察局(委)积极组织特邀监察员开展轨道 11 号线、世博配套工程项目、动拆迁工作等监督检查活动，对检查中发现的问题，提出改进意见和建议。全市各届各级特邀监察员共有 1 100 余人次参与各项执法监察和效能监察项目的检查工作，有 320 余人次参与各类听证会，提出建议 500 余条。加强特邀监察员工作，有助于把专门机关的监督与社会监督、群众监督更好地结合起来，对推进党风廉政建设和反腐败工作的深入开展，促进行政监察机关的自身建设发挥重要作用。

二、参与政风行风评议

市监察局(委)针对特邀监察员社会联系面广的特点，每年都组织特邀监察员参与政风行风评议和政务公开查评。特邀监察员先后参与全市 24 个部门和行业的评议和政务公开查评工作。2009 年，全市共有 300 余人次的特邀监察员参与政风行风测评和政务公开查评工作。对安全生产监管、农业、民防、市政供气管理、交通管理、电信管理等 6 个部门及上述部门所管理的供气、出租车、公交、电信等 4 个行业的政风行风开展重点评议。同时，围绕“迎世博”、落实“两高一少”等重点工作，深入到被测评部门和行业的服务对象中征求意见和建议。督促各部门和行业针对群众反映强烈的突出问题，加大整改工作力度，建立长效管理机制。

在参与政风行风评议和政务公开查评中，特邀监察员通过召开各类座谈会、个别访谈、明察暗访等，掌握大量的第一手材料，能够从方针政策以及机制、体制的高度和深度分析问题。为了做到本职工作和社会工作两不误，特邀监察员们经常把评议和查评工作安排在晚上进行，经常在星期六、星期天带领评议代表深入被评议系统和各基层单位，在调查研究的基础上，撰写评议专题报告，提出要加强纠建并举，形成长效管理机制，有力促进上海政风行风建设。

三、参与法规制定与理论研讨

市纪委、市监察局(委)根据特邀监察员专业特长和擅长理论研究的特点，组织参与法规制定与理论研讨，发挥参谋咨询作用。发挥特邀监察员精通法律专业知识的优势，组织参与《监察法》中"监察机关职责和权限"课题的专项调研工作；参与《中国共产党党内监督条例（试行）》的座谈讨论；承担《关于实行政务公开制度，深入开展政务公开工作的决定》《廉政准则》等法规论证工作。2008—2010 年，市监察局邀请华东师范大学的教授、市社科院的研究员牵头开展各项课题研究，为上海各委办局开展"行政效能监察工作机制"、"政风行风建设突破口及其路径"、"行政审批制度标准化建设"、"开展效能监察，提高政府行政效能"、"行业协会自律建设"、"行政诉讼案例分析"等专项课题研究。各级特邀监察员撰写各种理论文章 100 余篇，参与纪检监察理论研讨，获得诸多奖项。

四、参与群众信访举报接待处理

市纪委、市监察局（委）根据特邀监察员身份特殊的特点，组织特邀监察员参与群众信访举报接待处理，发挥桥梁纽带作用。特邀监察员通过信访举报接待，协助监察机关积极做好疏导、协调和化解矛盾的工作。自 1994 年 10 月起，市监察委（局）建立市特邀监察员接待日制度，由市特邀监察员轮流值班接待群众来访。2009 年全市特邀监察员共接待群众来访 600 余人次，耐心做工作，尽心帮助解决问题。

特邀监察员队伍中，许多是各级人大代表、政协委员，市监察局（委）积极加强与他们之间的工作情况通报。1998—2010 年，组织特邀监察员参加有关的党风廉政建设和反腐败工作会议，召开特邀监察员座谈会，由市纪委领导通报市纪委、市监察局（委）的工作情况，听取特邀监察员的意见和建议。特邀监察员在信访举报接待中，积极与有关单位和部门协调，为人民群众排忧解难，为加强监察机关与人民群众的联系做了大量的工作，成为监察机关联系群众的桥梁和纽带。

第三节　历届特邀监察员名单

上海市自 1988 年 10 月至 2010 年底，已连续聘请八届共 164 名特邀监察员。

第一届上海市特邀监察员：何宇珍、李杰、姜培彬、黄履中、曹冠五、方学武、诸尚一、蒋家祥、王洪昌、张叔英、朱宽民、张克毅、李桦林、陈浩。

第二届上海市特邀监察员：诸尚一、蒋家祥、王洪昌、张叔英、黄茂福、桑秀敏、杨良骐、周群、邱峰、金友成、叶松亭、吴妙华、尤俊意、孙叶才、周乐飞、庄传霖。

第三届上海市特邀监察员：黄履中、王洪昌、张叔英、蒋家祥、顾朝旭、尤俊意、叶松亭、庄传霖、桑秀敏、李洪、张建会、王京潘、江健元、辛益德、杨银汉、蔡体铨、严诚忠。

第四届上海市特邀监察员：毛增滇、庞延斌、蔡体铨、彭镇秋、顾朝旭、严诚忠、徐迪民、王慧敏、尤俊意、叶松亭、桑秀敏、辛益德、杨银汉、王中、姚俭建、纪勇、董鼎荣、张世祥、张延平、吴力坚、沈功玲、章黎明。

第五届上海市特邀监察员：毛增滇、庞延斌、彭镇秋、王慧敏、姚俭建、尤俊意、徐迪民、王中、吴力坚、鲍均贤、徐海清、郭建、程霄玉、陈汝作、朱传琪、徐静琳、陈宁、邹德礼、万国森、陈小鸿、傅新华、王新奎、李瑞祥、李慧英、张世祥、章黎明、沈功玲。

第六届上海市特邀监察员：王卓贤、左端午、冯希平、庄振文、李慧英、沈一基、沈调娣、吴力坚、陈宁、陈代杰、陈强努、邱永明、张重华、赵旭、郭建、唐仡俊、钱序、顾国柱、徐静琳、秦曦、黄文、游伟、傅新华、蒋健、程霄玉、彭镇秋、薄海豹。

第七届上海市特邀监察员：李世耀、蒋健、薄海豹、殷啸虎、王曦、查锡良、李清娟、郭翔、冯希平、张佩国、张培莉、沈一基、李定国、陈代杰、高美琴、庄振文、傅新华、黄文、邱永明、孔祥瑞、唐曙建。

第八届上海市特邀监察员：万建军、马丽华、王曦、方建安、关国光、牟振英、李荣森、李清娟、吴敏、邱爱莲、张启琴、张培莉、胡翊群、俞亮鑫、施雷、徐国强、殷啸虎、高照宇、郭翔、董波。

第五章　廉 洁 办 博

上海世博会期间，市纪委、市监察委(局)与上海世博局及各参博牵头单位坚持把“廉洁办世博”作为推进惩治和预防腐败体系建设的实践，构建起反腐倡廉的制度屏障和长效机制，为廉洁办博提供重要保证。2004—2010年，健全业务运作管理制度。抓住招投标、项目委托、采购、资金运作等重点环节，制定预算、合同、资金、财务和人员管理等廉洁自律、业务管理和监督保障3大类共150多项制度，形成凭制度用权、按制度办事、靠制度管人的监管制度体系。围绕“权、钱、物”等重点领域、重要岗位、重点人员和容易发生问题的关键环节，加强对权力运行的监督。采用介入式、巡察式、全程审计、媒体舆论、信访调查、制度加科技监管等方式，形成分权制约、公开透明、风险防范、程序监控、预警预测、滚动督查、“创双优”活动、特事特办审核等监督工作机制。参博单位把“廉洁办博”作为全体办博人员全过程教育的主题，夯实廉洁办博的基础，筑牢防腐的思想屏障。“廉洁办世博”工作达到“建设工程安全优质、资金物资使用规范、组织运行节俭高效、重大活动阳光透明”的预期目标。

第一节　组 织 领 导

一、中央纪委指导与检查

2009年10月，中共中央政治局常委、中央纪委书记贺国强在上海考察工作时，明确提出要切实加强对世博会资金使用、世博会园区场馆工程建设质量、世博会运行情况、世博会园区征地拆迁和居民安置情况的监管，切实构建“廉洁办世博”的制度屏障和长效机制。

2010年2月20日，中央纪委书记办公会明确把抓好“廉洁办世博”工作的监督检查作为2010年中央纪委监察部机关25项重点工作任务之一，并明确监督检查工作主要由中共上海市委、市政府和市纪委、市监察局负责实施，中央纪委要做好指导、支持、配合工作，具体工作由中央纪委七室负责。

同年3月22日，中央纪委印发《关于进一步做好“廉洁办世博”监督检查工作的通知》。10月20日，中央纪委办公厅印发《关于善始善终做好“廉洁办世博”监督检查工作的通知》。

在世博会开幕前，中央纪委支持、指导、协调市纪委、市监察局和有关方面开展工作，对“廉洁办博”情况进行全面了解，与市纪委、市监察局建立工作联系机制和信息报送机制。世博会运营阶段，中央纪委督促市纪委把保障世博会平稳运行作为监督检查的重点，切实加强纠风专项巡查，密切关注网络舆情，做好信访举报工作，及时回应社会关切。并就发现的以证以车带人入园区等问题，要求有关部门严肃工作纪律和加大纠风巡察力度，及时有效解决工作人员提前排队入园、世博会假冒伪劣产品等群众反映强烈、易激化矛盾的问题。针对网络反映“世博会公款消费”问题，及时指示市纪委、市监察局摸清情况，妥善处理，疏导舆情，消除影响。派员参加世博会特许商品依法诚信经营工作大会，指导市纪委、市监察局督促有关单位加强对产品开发、网点开设、安全生产、质量检测、打假维权等各方面的监督。世博会运行后期，中央纪委要求善始善终做好“廉洁办博”监督检查工作，继续加强对世博会运行情况、资金使用情况、建设工程竣工验收备案情况、资产处置工作的监督检查。

二、市委、市政府领导有关要求

2004 年 8 月 20 日,市委副书记、市纪委书记罗世谦在上海世博会建设第一次监督保障工作会议上强调,要从战略和全局的高度抓好世博会建设监督保障工作。

2005 年 4 月 30 日,市委副书记、市纪委书记罗世谦在上海世博会建设第二次监督保障工作会议上强调,要把构建惩防体系的要求贯穿于世博会建设的全过程。

2006 年 12 月 4 日,市委副书记罗世谦和市纪委书记沈德咏到世博局工作调研时强调,要全面推进上海世博系统党风廉政建设,做到依法办博、廉洁办博、节俭办博。

2007 年 5 月 22 日,市纪委召开常委会,专门听取和讨论上海世博局纪委《关于 2007 年上海世博会党风廉政建设和监督保障工作的建议》。市纪委书记沈德咏强调,要以全面落实党风廉政建设责任制为抓手,履行监督检查职责。

同年 5 月 24 日,市委书记习近平在上海市第九次党代表大会上强调,要精心筹备好世博会,坚持科学办博、勤俭办博、廉洁办博、安全办博。

2008 年 1 月,市纪委书记沈德咏在市纪委二次全会上强调,要共同推进世博会反腐倡廉建设,确保工程优质、资金安全、干部廉洁。

同年 10 月 23 日,上海世博会执委会常务副主任、常务副市长杨雄要求,要加强对办博人员的党风廉政教育,加强对世博会承办工作的监督力度。

2009 年 5 月 8 日,常务副市长杨雄在加强世博会党风廉政建设和监督保障工作会议上提出,大力开展廉政纪律和法制教育;继续加强机制制度建设;不断强化内外部监督制约,及时查处各种违纪违法行为;充分发挥联席会的作用。

2010 年 1 月,市委书记俞正声在市纪委九届五次全会上指出,要进一步增强廉洁办博意识,努力办出一届廉洁、高效、经得起历史和群众检验的世博会。市委副书记、市长韩正在市政府专题会议上指出,要认真学习廉洁办奥运的经验,坚决落实中央和市委的要求,做到“廉洁办博”、“节俭办博”。市纪委书记董君舒在市纪委九届五次全会工作报告中明确,要切实加强对世博会资金使用情况、园区场馆工程建设质量、运行情况的监督检查。

三、组织机构

【上海世博会建设监督保障联席会议】

2004 年 8 月 4 日,由市纪委副书记顾国林主持,召开上海世博会建设监督保障联席会议第一次会议。会议明确,世博会建设监督保障联席会议由世博局、市检察院、市公安局、市审计局、市财政局、市建设交通委、市房地局、浦东新区、黄浦区、卢湾区为成员单位。世博会建设监督保障联席会议的主要职责是加强对动拆迁行为的监督,维护群众合法利益,确保干部廉洁、资产资金安全;加强世博工程(包括世博园区、世博迁建和安置基地工程)建设监督,保障建设工程优质、干部廉洁。联席会议围绕世博会建设,形成目标一致、资源共享、各司其职、优势互补、协同配合的监督工作载体和机制,保障办博工作顺利进行。根据动拆迁和世博工程建设进展情况和任务,每年组织召开全市性的世博会建设监督保障会议，市委、市政府领导罗世谦、周禹鹏、杨雄、屠光绍等先后主持召开五次会议，部署有关工作。

【上海世博会党风廉政建设和监督保障工作联席会议】

2008年5月12日，市委办公厅、市政府办公厅转发《市纪委、上海世博局关于在上海世博会承办中加强党风廉政建设和监督保障工作的意见》，明确提出建立上海世博会党风廉政建设和监督保障工作联席会议。联席会议在上海世博会执委会的领导下，加强对世博会承办中党风廉政建设和监督保障工作的组织协调。《意见》明确上海世博会党风廉政建设和监督保障工作联席会议的性质、任务、工作机构、工作分工、会议制度等。

图11-5-1　2010年4月2日，参加上海世博会各省区市(城市)、央企和民企廉洁办博工作推进会

同年6月20日，市纪委、上海世博局印发《关于建立上海世博会党风廉政建设和监督保障工作联席会议的通知》和上海世博会党风廉政建设和监督保障工作联席会议成员名单。联席会议的成员单位为：市纪委、市检察院、市监察委、上海世博局、市公安局、市审计局、市发改委、市财政局、市建设交通委。联席会议由市纪委、上海世博局召集。联席会议下设办公室，作为日常工作机构。联席会议每季度召开一次。

上海世博会党风廉政建设和监督保障工作联席会议建立后，先后召开5次工作会议，分析和研究"廉洁办世博"的新情况和新问题，推进和落实阶段性工作；每年组织召开全市性会议，总结经验及时推广，根据不断出现的新情况提出新要求；每季度组织开展专项检查，对发现的问题及时督促整改。

【上海世博会党风廉政建设和监督保障工作领导小组】

2010年2月27日，市委同意成立上海世博会党风廉政建设和监督保障领导小组，由市纪委书记董君舒任组长，副市长屠光绍，上海世博会执委会专职副主任、世博局党委书记钟燕群任副组长。下设办公室，由市纪委副书记、市监察局局长顾国林任办公室主任。领导小组充分发挥职能作用，建立七个工作小组，分工负责制度建设、预警预防、资金使用、日常运行、演艺活动、工程项目的监督检查和综合协调工作，保证工作有力有序有效。上海世博会党风廉政建设和监督保障工作领导小组成立后先后召开4次工作会议。

四、责任体系

2005年4月,市建设交通委、市监察委、上海世博局印发《上海世博会工程建设监督办法(试行)》,明确建设单位的主管部门对建设单位及其人员在世博会工程建设中履行职责的行为和廉政情况负有监管职责。建设参与各方的企业法人、管辖单位对派出机构及所管辖人员的廉政建设负有监管责任。

2008年5—6月,市纪委、上海世博局在《关于在上海世博会承办中加强党风廉政建设和监督保障工作的意见》和《关于建立上海世博会党风廉政建设和监督保障工作联席会议的通知》中明确参

图11-5-2 2010年2月22日,上海世博会参展服务供应商廉政协议签约大会召开

图11-5-3 2010年3月5日,上海世博局与参博服务供应商廉政签约仪式举行

图 11-5-4　2010 年 4 月 16 日，上海世博会外国馆中方参建企业廉洁办博工作推进会召开

与世博会各项工作部门、单位的职责分工和党政职能部门对世博项目的监督责任。

世博会筹办、运行和撤展拆馆阶段，上海世博局先后与所有参博的 648 家服务供应商和团队签署《廉政协议》，组织 42 个国家机关和市属单位向社会公开作出廉洁办博承诺，组织 74 家省区市（城市）参展机构和中央企业、民营企业，以及 65 家参建外国馆的中方企业签订廉洁办博承诺书，作出廉洁承诺，进一步明确和落实廉政责任，构建廉洁办博责任体系。

第二节　制 度 预 防

一、制度建设

市纪委、市监察局与上海世博局党委及相关部门紧密结合世博会动拆迁、工程建设、布展运行以及撤展拆馆等各个阶段的特点，以人、财、物监管为重点，抓住招投标、项目委托、采购、资金运作等环节，制订预算、合同、资金、财务和人员管理等廉洁自律、业务管理和监督保障三大类共 150 多项内部管理制度。

【动拆迁监督制度】

在世博会动拆迁阶段，市政府、市纪委及政府有关职能部门制定涉及世博动拆迁房屋评估和补偿、安置资金使用管理、维护社会稳定、实施拆迁事务公开、实施效能监督等五项制度。上海世博局、有关区制定涉及动拆迁纪律、廉洁自律制度规定等十余项。

【工程建设监督制度】

世博会工程建设阶段，市人大、市纪委、市委宣传部、市委办公厅、市政府办公厅、市检察院、市政府相关职能部门制定涉及有关制度规定十余项。上海世博局、世博工程建设指挥部制定涉及党建联建、决策事项、工作纪律、工程建设管理制度规定十余项。

【资金物资监督制度】

上海世博会筹办、举办过程中，在资金、物资使用管理方面，市委宣传部和市政府职能部门制定资金管理制度二项。上海世博局制定资金、物资使用管理监督制度三十余项。

【布展和运行监督制度】

在上海世博会布展运行阶段，上海市委、市纪委、市委宣传部、市检察院、市委办公厅、市政府办公厅颁布纪律、制度规定十项。上海世博局制定布展运行制度规定十余项。

【演艺活动监督制度】

在上海世博会演艺活动过程中，市委宣传部和世博局演艺活动部先后形成十四项制度和九个方面的操作流程，并且规定不允许跨越或缺少，严格进行程序监督。

【特许产品经营监督制度】

在上海世博会特许产品经营过程中，市商务委员会和特许经营办公室共制定颁布特许产品生产经营管理制度二十余项，其中涉及廉洁办博的有十余项。

【后续阶段监督制度】

上海世博会后续阶段的监督管理工作，市纪委、市委宣传部、上海世博局制定六项管理制度规定。

表 11－5－1 “廉洁办博”工作制度有关文件一览表

发文时间	文 件 名 称	发 文 单 位
2004.8.12	关于印发《上海世博会征地房屋拆迁监督保障和维护稳定工作的规定》的通知	市纪委、市监察委、市国资委、市房地局、市信访办、世博局
2005.1.6	关于推进世博园区拆迁事务公开的意见	市房地局、市监察委、市世博局
2006.4.19	关于对“世博工程”、“轨道交通”、“成片二级旧里以下房屋改造”开展行政效能监察的实施意见	市监察委
2006.8.1	上海世博会事务协调局工作人员外事出访活动廉政提示	世博局机关纪委、世博局监察审计部
2005.4.28	关于印发《上海世博会工程建设监督办法(试行)》的通知	市建交委、市监察委、市世博局
2006.12.27	关于印发《上海世博会工程项目党风廉政建设第一责任人职责》的通知	市纪委办公厅、市监察委办公室、世博局、市建交委
2008.6.20	关于建立上海世博会党风廉政建设和监督保障工作联席会议的通知	市纪委、世博局
2008.6.13	关于进一步加强上海市建设工程招标投标监督管理工作的意见	市建设交通委、市监察委
2009.7.31	关于印发《参与办博单位相关支出的审核管理办法》的通知	世博局、市发改委、市财政局、市审计局、市监察局

（续表）

发文时间	文件名称	发文单位
2010.4.2	参博各省区市(城市)、央企、民企作出廉洁办博承诺	市纪委、世博局
2010.4.6	关于加强上海世博会期间信访举报工作的通知	市纪委办公厅
2010.4.12	关于印发《上海世博会党风廉政建设和监督保障工作责任分工方案》的通知	市纪委办公厅
2010.4.16	65家外国馆参建中方企业作出廉洁办博承诺	市纪委、世博局
2010.4.27	第十八次案件查处和预防工作联席会议第十九次会议纪要	市纪委、市检察院、市监察局
2010.4.28	关于做好世博会期间案件查处和预防工作的通知	市纪委办公厅
2010.12.10	上海世博会撤展拆馆廉洁办博和依法监管告知承诺书	市纪委、世博局

【纪律规定】

2004年12月31日，上海世博局党组、上海世博局印发《上海世博会事务协调局工作人员纪律规定》，对工作人员提出廉政要求，并对违反纪律行为提出处理意见。2006年9月14日，上海世博局党组、上海世博局印发《上海世博系统部门以上领导干部必须带头遵守“三个不准”的规定》：不准以任何名义索取或收受与其行使职权有关系的单位、个人的现金、有价证券、支付凭证、贵重物品或其他形式的好处；不准利用职权违反规定干预和插手世博会市场开发，工程建设招投标、承发包，服务采购、物资采购，资金运作，运营等活动，给亲友特殊照顾，为个人和亲友谋取私利；不准违反科学民主决策程序擅自决定“三重一大”(重大决策、重要干部任免、重大事项安排和大额度资金使用)事项。

2010年3月5日，市委、市政府办公厅印发《关于严肃纪律确保2010年上海世博会顺利举办的通知》。4月30日，市委、市政府办公厅转发《市纪委、市监察局关于党员干部参观上海世博会带头遵守纪律的规定》等文件，要求党员干部带头执行世博园区入园及参观管理规定，带头执行上海世博会公务接待规定，带头遵守园区各项规定，带头遵守世博园区和交通管控区域车辆通行、停放和查验等规定，带头维护世博园区参观、交通、安保、管理等秩序，带头教育身边工作人员和亲属自觉遵守参观上海世博会的各项规定，坚决抵制各种不正之风。

二、科技支撑

把各项规章制度落到实处，除人的因素外，科学技术保障至关重要。在整个世博会举办期间，上海充分运用信息技术手段，通过开发建设项目投资控制与合同管理信息系统，引进先进项目管理软件，对各种项目实施智能化的动态管理和效能监控，以科技手段确保制度落实到位，有效减少暗箱操作、虚假招标、违法分包、监管缺位等廉政风险。把早发现、早报告、早控制、早解决，关口前移，防患未然、预防在先的工作理念引入廉洁办博工作并贯穿始终。

三、廉政教育

市纪委、市监察局、上海世博局针对世博会筹办工作特点，明确提出廉洁办博教育的内容：深入开展以警示教育为重点的反腐倡廉教育,增强反腐倡廉的自觉性。运用“社保资金案”以及相关典型案例,以案释纪、以案释法,切实从“社保资金案”中吸取教训。对参与世博会工作的各级领导干部和人员加强热爱世博、贡献世博的职业理想和敬业精神教育,依法办博、遵纪守法的法制和纪律教育,廉洁办博、恪守职业道德的廉洁从业规范教育,节俭办博、高效办博的艰苦创业教育,筑牢干部、职工拒腐防变的思想道德防线,使“廉洁办世博”成为全体人员的共同追求。同时,市纪委、市监察局和市委宣传部会同新闻媒体开展“廉洁办世博清风行”系列宣传活动,加强舆论宣传和引导,积极推进廉政文化建设,打造世博廉政文化氛围,努力做到以文“化”人,在全社会形成“廉洁办世博”的共识。

图 11-5-5　2009 年 3 月,上海世博会演艺中心开展廉政专题教育

第三节　监督保障

一、动拆迁监督

2004 年 8 月 4 日,由市纪委、市监察委牵头建立世博会建设监督保障联席会议机制,统筹协调相关工作。世博动拆迁涉及的浦东新区、黄浦区、卢湾区三区分别派出纪检监察干部进驻区世博动拆迁指挥部。市国资委系统各级纪检监察部门对动拆迁涉及的企业职工合法权益、国资是否流失等问题展开效能监督,推动建立拆迁补偿资金使用管理、预算审批、审计和监察监督等监督保障工作制度和工作机制。

【阳光动迁机制】

世博动拆迁实行动拆迁法律文书、咨询、政策口径、动拆迁工作人员情况、被拆迁人的基本情况、评估结果、安置房源、房源使用情况、特殊困难群体认定条件及安置结果等九项内容公开。通过公开，主动接受动迁居民、动迁单位和社会各界的监督，有效保障动迁对象的合法权益。

【创新监管方式】

世博动拆迁实施动迁安置费与动拆迁公司劳务费相分离，对动拆迁资金采取分户管理和专户监控措施，割断动迁安置费与动拆迁公司收益的利益纽带，有效防止克扣居民动迁款、以权谋私等问题的发生。同时，创新拆房工作程序，采取通过招投标确定拆房腾地队伍，避免暗箱操作及权钱交易行为的发生。坚持用以工代料方式回收残值利润，合理确定每平方米的实际拆除费用，并公开回收利润资金账号和举报电话，广泛接受社会监督。

二、工程建设监督

世博工程建设的监督保障工作，主要围绕项目建设程序、工程招投标、资金运作、建设合同、质量与安全、党风廉政等六个方面展开。2006 年 6 月 11 日，由市纪委、市监察委牵头成立世博工程建设监督保障工作联席会议。2008 年 5 月，经市委批准联席会议更名为上海世博会党风廉政建设和监督保障工作联席会议。在世博工程建设期间，联席会议先后五次召开专门会议，听取联席会议办公室工程建设情况汇报，分析研究和部署世博工程建设的监督保障工作，并组织三次监督检查，督促参与世博项目建设、实施、主管、承包及有关项目部的单位整改有关问题。

【工程承发包公开】

按照国家和市的有关规定，将有关项目勘察、设计、施工总承包、施工监理以及重要的分包项目全部采用公开招投标方式。通过世博网、招标网、政府采购网等发布招标信息。通过招标信息公开和结果公开，广泛接受社会监督，确保工程承发包的阳光透明。

【内部分权制约】

上海世博局、市纪委、市监察委(局)通过制定一系列内控制度，将世博工程建设权力分解到各职能部门。凡涉及工程建设“三重一大”的事项，坚持贯彻集体决策制度，避免个别人决定重大事项。上海世博局领导带头不干预职能部门职权内的工作，严格实施内部分权制约。通过会签、会审、会商，进行层层分工把关，强化内控，实行相互监督。通过邀请各类专家参与世博工程招投标评标，引入第三方中介机构，使工程建设每项工作、每道程序均在监督下进行。

【开展“创双优”活动】

2009 年 4 月 28 日，市检察院与上海世博局举行世博会建设工程深化创“双优”活动签约仪式。负责承办、承建世博会工程项目的近二十个单位领导，与市检察院签订世博会工程建设深化争创“工程优质、干部优秀”活动协议书。通过争创活动，预防工程建设中的违纪违法和职务犯罪，强化工程项目的监督管理，为工程建设顺利进行提供监督保障。

【建立滚动督查机制】

建立对 220 个单位项目滚动式综合督查机制，加大对项目随机抽查的综合督查力度。将项目廉洁风险管理系统列出决策、发包、采购、资金、道德 5 个风险源，落实防控的应对措施。通过建立滚动督查机制,加强对项目动态监督。

三、资金物资监督

上海世博会资金投入由动拆迁、工程建设项目和布展运营三部分组成。世博会动拆迁资金由市政府另行筹措。围绕资金流管理和控制这条主线,上海抓住预算制定、采购控制、收入管理、支出控制、结算控制五个环节,加强内审、外审和监督检查三方监管。通过严密的制度设计,严格管理,实时监督,确保资金使用的安全、规范。

2009 年 7 月,上海世博局、市发改委、市财政局、市审计局、市监察局决定成立世博资金审核小组,建立审核工作联席会议制度,并建立世博资金联合审核机制。2010 年 3 月,在世博会主运行指挥部下成立世博会资金保障监管组,由副市长屠光绍担任组长。资金保障监管组下设资金保障管理专项工作小组和资金监督审计专项工作小组。资金保障管理专项工作小组负责世博会日常经费支出的总量平衡、审核拨付、政府采购的监督管理。资金监督审计专项工作小组负责对世博运营资金和建设资金的跟踪审计。

在世博会筹办、举办期间,市委和世博会党风廉政建设和监督保障工作领导小组加强对廉洁办博工作的监督检查。2008 年 11 月,市委秘书长丁薛祥率领党风廉政建设责任制落实专项检查组,对上海世博局党政领导班子及其成员落实党风廉政建设责任制的履职情况和反腐倡廉建设各项任务落实情况进行综合检查。2010 年初,上海世博会党风廉政建设和监督保障工作领导小组成立后,专门成立监督检查二组负责对世博资金使用、物资采购情况实施监督检查。7 月 15 日,市纪委书记、上海世博会党风廉政建设和监督保障工作领导小组组长董君舒主持召开廉洁办博专题工作会议,听取检查组对世博资金使用和物资采购监督检查情况汇报。

【强化财会内控】

上海世博局为加强财务资金管理,制定财务会计内部控制管理办法,对货币资金、实物财产、暂付款、经费支出、拨入经费和其他收入规定内控管理办法,对货币资金的内控管理,强调严格执行授权批准权限和资金支付规定程序。强调世博系统各单位财务主管、会计、出纳必须分设,实行相互牵制和制约。对实物财产规定管理部门、管理岗位和采购部门、人员必须相分离,禁止财产采购与管理为同一部门。规定资产报废应具备的条件和审核程序,资产报废前,固定资产管理部门应派技术人员对报废设备进行现场鉴定,作出技术鉴定报告。非正常原因或管理不善造成固定资产报废损失的,对责任人进行批评教育,并根据保险理赔后的净损失追究其责任。对暂付款规定经办人需填制预付(借)款申请表,提供项目合同(协议),经审核同意支付预付(借)款,经办人须取得对方单位的收款凭证等内控规定。

【设置分权制约】

上海世博局在业务活动中,通过多部门参与,实行对外分权,通过整合社会资源参与世博资金使用管理监督。在世博工程项目建设中,通过投资咨询、投资监理、项目管理;聘请有关方面专家参与工程项目招投标;在演艺活动中,通过聘请有关专家参与节目遴选、演艺设备采购、演艺资金监管等方法,引入社会第三方中介机构及专家参与世博资金监管实施对外分权,从机制上避免权力过分集中,防范关键部门和重点岗位少数人决定重大事项。

【运用信息手段强化监管】

在世博会门票制作和销售过程中,上海世博局采用具有我国自主知识产权的RFID芯片技术,使每张门票具有唯一的号码。通过对门票的生产、物流、销售、入园、核销等流程实施全程数字化、信息化监控。在特许产品经营中,建立特许产品经营管理信息系统,在企业申领特许产品防伪标识工作中,通过对系统事先进行设定,防止工作人员擅自向企业发放防伪标识。在特许权费收缴方面,在信息系统中设置警示功能,对未足额缴纳特许权费的经营企业进行警示,确保特许权费的足额收缴。在资金支付管理中,充分运用信息技术,实现对资金预算、资金审核、资金流向等方面的全程化、全方位监控。

【跟踪审计强化内外监督】

世博会的审计监督从内外两个层面展开。市审计局从外部对世博会筹办、举办资金进行审计监督。自2005年3月起至2011年3月底止,开展对世博会筹建和运行资金的跟踪审计工作,形成对资金使用管理的同步体外监督。

上海世博局监察审计部分别以"两发"(市场开发、项目发包)、"两选"(采购比选、征集比选)、"两管"(资金管理、合同管理)为重点,组织对局内设部门的合同管理、财务收支、援助资金、赞助收入、非现金赞助收入、资产管理、VIK管理等进行专项审计。内外结合的全程审计监督,确保世博资金使用安全、规范。

四、布展运行监督

上海世博会布展、运行工作,涉及展示、活动、论坛、宣传、市场推广、招展服务、信息化、安保保障、科技应用、园区运行维护十个大类,包括参展者服务、参观者服务、主题演绎、商业管理、特许经营、志愿者服务、交通组织、布展、设施和环境保障、票务、物流、培训等涵盖经济、外交、文化、科技、安保、交通、环保等众多领域。

根据党中央对世博会布展、运行期的有关工作要求,在市委、市政府的领导下,成立世博会主运行指挥部,统筹协调世博会布展、运行期的各项筹办工作。市委办公厅、市政府办公厅下发严肃纪律的有关规定,并转发市纪委、市监察局有关纪律规定。

市纪委对廉洁办博领导小组成员单位的监督责任进行分工。市纪委办公厅专门印发三个文件,加强世博会运行期间的信访、案件查处和预防工作。世博会党风廉政建设和监督保障工作领导小组成立后,专门设立防止职务犯罪的预警预防组。世博局党委在园区各场馆、片区和部门建立20个临时党委。世博局纪委任命20名由党委副书记兼任的临时纪委书记。不设临时党委的世博局22个内设部门,明确由第一副部长分管纪检工作,形成纵向到底、横向到边的"廉洁办世博"责任网络体系。通过签署《廉政协议书》、作出廉洁办世博公开承诺,加强证、券、票检查,强化巡察监督,组织媒体开展舆论监督,对布展、运行形成监督全覆盖。

五、演艺活动监督

世博演艺活动与展览、论坛一起,并列为上海世博会三大基本内容。2010年5月1日至10月31日,共举办22 925场演艺活动;来自176个国家、13个国际组织、36个城市、4个企业的1 200余支团队,共演出 1 172 个节目,各类运营人员 1 400 余人,各类演职人员近 9 万人次。

上海世博会执委会专门成立世博文化演艺工作领导小组,在国家文化部、市委宣传部的支持领导下开展工作。为加强世博演艺活动资金的监管,市委宣传部印发《关于实施〈2010 年宣传系统文化活动资金监管办法〉的通知》。上海世博会党风廉政建设和监督保障工作领导小组成立后,专门成立由市委宣传部牵头的监督检查四组,负责对世博会演艺活动的监督检查。通过公开、透明遴选节目,改革传统舞美设备采购模式,首创集成平台租赁舞美设备,实施分权制衡,开展程序监控,有效预防腐败,贯彻节俭办博方针。

六、特许产品经营监督

2009 年 11 月,由市商务委牵头,会同上海世博局、市经济信息化委员会、市工商局等单位共同组建上海世博会特许产品经营领导小组,下设特许产品经营办公室(以下简称:特许办)。特许办受上海世博局委托,实施世博会特许产品生产商、特许零售商招募、授权、管理,特许产品审批、管理,以及特许经营政策制定、发布等各项特许经营工作。

图 11-5-6 2010 年 8 月 5 日,上海世博会特许产品依法诚信经营工作大会

特许办是唯一在世博局外部开展世博会运营工作的组织机构,无法直接通过世博局的监督保障体系运行。2010 年,市纪委会同市商务委纪检组对世博会特许产品经营展开调研,确定世博会特许产品经营的监督保障工作方案及监督的重点。特许办与市商务委签订党风廉政责任书,并在各部门设立纪检监察员,协助部门负责人落实“廉洁办博”要求。在特许产品经营过程中,市审计局派员全程参与,对特许经营工作进行全程跟踪审计。市检察院委托静安区检察院派员直接参与特许办各项业务活动,全程指导开展预防职务犯罪工作。特许办专门开通世博会特许商品服务热线 021-62716005,由特许办安排专人进行接听处理。在为特许产品经营提供服务的同时,受理广大参展者对特许经营工作者廉洁情况的监督。

【特许经营权力运行公开】

特许办在第一时间将入门资质、权利义务、联系方式、特许产品应征流程、产品申报、零售商审批、价格审核、防伪标申领等工作流程，通过各大主流媒体、世博官方网站和特许经营信息管理系统对外公开，让特许产品生产和销售企业知晓。同时印制招募工作手册，为企业提供一个公平竞争的平台，避免暗箱操作。

【实行流程监控】

特许办加大重要岗位、关键环节的内控管理力度。先后形成"特许产品申报审批流程"、"特许零售商审批工作流程"、"防伪标申领流程"，对业务工作操作作出规范。通过设置业务工作办理流程，实行程序监控。在资金管理方面，明确分级审批的权限。在机制上防范权力过分集中，形成不同部门和不同操作人员之间的相互监督。

【强化经营风险防范管理机制】

特许办会同相关部门制定《世博特许产品经营"廉洁办世博"风险点防范管理工作方案》，覆盖特许生产企业招募、特许零售商招募、零售点审批管理、资金管理、信息管理、法务监察、公章管理等关键部门、主要环节和重点岗位。通过实行经营风险管理，有效防范特许产品经营中不廉洁不规范问题的发生。

【运用信息手段强化监督】

特许办成立初期，建立上海世博会特许产品经营与管理信息系统。在企业申领防伪标识方面，通过预先对系统进行设定，保证企业生产上市的特许产品与其申报审批的标识保持一致。在特许权费收缴方面，根据许可协议的规定，在信息系统中预设警示功能，既提高工作效率，降低资金运行风险，又对工作人员的履职行为监督提供渠道。

七、后续阶段监督

世博会闭幕后，是世博会撤展、拆馆期。世博园区拆馆工作共涉及国家、国际组织或企业展馆120个，城市案例馆21个。除少量展馆保留外，大量展馆需拆除。撤展、拆馆期同样存在廉政风险。

2010年12月10日，市纪委会同上海世博局、市检察院、市公安局、市监察局、市建设交通委，联合召开上海世博会撤展拆馆党风廉政建设和依法监管工作会议暨签署告知承诺书仪式。展馆业主单位、园区撤展拆馆实施单位、监管职能部门和世博局有关部门，就严格遵守发包、承包、分包规定，依法依规处置拆除资产，严格遵守廉洁自律要求和纪律规定，严格管理和监督撤展拆馆工作，落实党风廉政建设和依法监管责任制等五个方面作出承诺。对资产处置的监督，坚持贯彻公开透明、集体议决；对涉及有偿转让的资产，坚持通过第三方评估，通过监管部门共同参与加强监督。

八、审计监督

市审计局组织对中国2010年上海世博会运营财务收支情况和世博会园区主体项目建设情况进行全过程跟踪审计。2010年前，针对世博会筹备阶段工作特点，市审计局采用全面跟踪与阶段性审计相结合的方式,每年定期实施跟踪审计 1 至 2 次,加强对世博会运营资金使用和项目建设管理情况的审计监督,分年度、分项目(建设单位)出具审计报告。2010 年 1 月起,市审计局组织市、区县审计机关审计人员,聘请部分社会中介机构专业人员组成世博运营资金审计组、世博工程项目审计组、相关办博支出审计组进驻相关单位开展现场跟踪审计。市审计局跟踪审计 6 年共出具审计报告、审计建议函等 31 份,提出审计意见和建议 1 504 条,审计建议全部采纳,被审计单位根据审计意见和建议制订、完善制度等 117 项,做到有问题早发现、早提示、早整改,促进上海世博会建设项目安全优质,资金物资使用规范,组织运行节俭高效,重大活动阳光透明。世博会运营收支基本做到制度健全完善、预算控制有效、收支程序规范、监督管理严格,资金使用效益总体较好。审计过程中发现的问题基本落实整改。

第十二篇

纠风工作

纠正部门和行业不正之风工作，事关改革发展稳定大局和人民群众的切身利益。上海市纪检监察机关始终把纠正不正之风、实现维护发展人民群众的根本利益，作为反腐倡廉的重要任务和重要职责。市纪委在建立之初，按照中央和市委的精神，坚决制止各种不正之风。1981年10—11月，市委纪委筹备组先后集中查处退伍军人接收安置和高校招生、分配工作中的不正之风，维护群众利益。

1990年8月，国务院召开全国电话会议，统一部署开展纠风工作。1991年7月5日，市委决定：建立市纠正行业不正之风联席会议制度和市加强廉政建设、纠正行业不正之风办公室（简称市纠风办），办公室设在市监察局。各级监察机关在纠正行业不正之风工作中，主要负责监督、检查、协调、办案，积极协助政府和各部门、各行业领导抓好纠风工作。同年，针对菜场行业、公用行业以及执法部门存在的不正之风进行专项整治。

1993年2月，国务院批转国务院纠风办《关于1993年纠正部门和行业不正之风工作要点的报告》，明确提出纠风工作要以集中开展专项治理为重点。8月，中央纪委第二次全会把纠风工作纳入反腐败斗争的总体部署，作为反腐败工作三项任务之一。随后，市纠风办结合实际，开展对教育、医疗卫生、公路交通等部门和行业"乱收费、乱罚款、乱摊派"等不正之风的专项治理，取得阶段性成效。

1995年以来，市纠风办在全市范围内，对工商、税务、公安、公共服务等系统开展政风行风评议工作，形成"全面测"、"重点评"、基层站所评议等有效工作手段，促进各级政府部门和行业切实转变工作作风。

1997年，市纠风办在不放松刹风整纪和大力开展纠风专项治理的同时，从过去的侧重于"纠"发展到"纠"、"建"并举，从过去的侧重于治标发展到在不放松治标的同时，逐步加大治本力度，从体制、机制、制度上抓源头治理，加强行风建设，创建文明行业。

2004年1月，中央纪委第三次全会将过去长期沿用的"纠正部门和行业不正之风"的提法改为"切实纠正损害群众利益的不正之风"；将过去对部门和行业提出任务改为对各级党委和政府提出要求，责任主体更加明确；把解决群众反映的突出问题作为反腐倡廉的重点，使纠风工作更加关注民生、体察民情、反映民意。市纠风办以问题为导向，注重"制度加科技"，针对群众反映强烈的环保、物业、电力等领域行业存在的不正之风，开展一系列专项治理，从源头防治腐败，坚决铲除滋生不正之风的土壤环境。

2007年，市纠风办协调开通"62780990"政风行风热线，在解决群众的"急、难、愁"问题、促进政风行风建设方面发挥积极作用。2010年5月，市纠风办协调开通"962114"政风行风监督电话，更直接便捷地接受群众投诉，维护群众举报投诉的合法权益。2010年8月23日，上海"纠风在线"网站开通试运行，从而建立起集广播、电话、网络、报刊等各种媒介于一体的群众诉求反映与收集系统，极大方便群众的各类服务诉求。

在纠正不正之风的同时，上海各级纪检监察机关围绕转变政府职能、改善行政管理、提高行政效能，不断拓宽从源头上预防和治理腐败的渠道，积极推进政府管理改革。1988—2010年，上海市积极推进政务公开，通过建立行政服务中心、开通政务公开网、实行政务公开查评等，增强行政管理和社会公共事务的透明度，实行收支两条线、部门预算、国库集中支付、会计委派制度等举措，推进财政管理制度改革，加快行政审批制度改革，促进服务政府、责任政府、法治政府和廉洁政府建设，确保人民群众的知情权、监督权，做到让权力在阳光下运行，减少贪腐行为的发生，使上海成为全国“行政透明度最高、行政效率最高、行政收费最少”的地区之一。

第一章　纠风专项治理

1990年开始，在市纠风办的协调组织下，针对教育、医疗领域和企业、公路交通、物业管理、行业协会、中介组织等行业中存在的不正之风，开展一系列专项治理，切实解决群众反映强烈的突出问题，纠正这些领域行业的不正之风。1992年起，上海市卫生系统的纠风工作逐步着眼于综合治理，将纠风工作与医德医风建设紧密结合，提高患者对医疗卫生服务质量的满意度。1993年以来，把治理教育乱收费列入纠风工作的重点，在体制、机制、法制等方面从源头上深入治本，使教育收费逐步规范，义务教育阶段公办学校招收“择校生”问题得到一定遏制，违反规定的收费得到有力查处。1995年着力整治公路乱设卡、乱收费、乱罚款问题，连续多年开展专项治理，同时注重加强日常监督检查，进一步巩固公路“三乱”治理成果，使上海成为全国首批基本无“三乱”市。1996年，开展减轻企业负担工作，加强监督检查，纠正乱收费、乱摊派问题。2002年，开展深化规范物业管理监管工作，充分发挥“962121”物业服务平台优势，切实加强物业行业监管，有效解决一批群众反映突出的物业管理热点、难点问题。2008年，组织对行业协会、市场中介组织开展专项治理，推进政企分开、政事分开、政社分开，规范服务和收费行为，促进上海行业协会和市场中介组织健康发展。

第一节　清理教育乱收费

一、工作机制

1993年7月，上海先后召开分管教育的区(县)长会议和制止中小学校乱收费的专题会议，市纪委、市纠风办、市科教党委、市教委、市财政局、市物价局、市审计局等单位参加会议，会议对纠正本市中小学乱收费工作作出部署，提出乱收费专项治理的要求。

2003年，上海市成立治理中小学乱收费联席会议办公室，由市纠风办、市科教党工委、市教委、市财政局、市物价局、市审计局、市新闻出版局等7个单位负责，统筹协调全市治理教育乱收费工作。同时，加大对教育的投入。据初步统计，区县政府对教育的投入比上年增长11.49%。

2007年6月，上海召开规范教育收费联席会议。成员单位为市纠风办、市科教党工委、市教委、市财政局、市物价局、市审计局、市新闻出版局等7个单位。会议审议当年规范教育收费工作意见。7月，召开2007年上海市规范教育收费工作会议，全面部署规范教育收费工作，并决定由市规范教育收费联席会议成员单位每年抽调人员开展联合检查。

2009年6月，召开上海市规范教育收费工作会议。会议决定，由市教委、市物价局、市财政局联合制定管理文件，规范收费项目和标准，加强管理。

二、规范收费

1993年以来，上海治理中小学乱收费联席会议，采取措施，开展专项治理，逐步形成“五统一”和“五不准”要求，即：统一学校收费管理，不准收取规定之外的任何费用；统一招生计划管理，不准违反规定招收“择校生”；统一班额与学额管理，不准随意增加班额和学额；统一代办项目管理，不准强制学生订购自愿选择外的代办物品；统一各类办班管理，不准违反规定举办未经批准的特色班、文化补习班。

1995 年，上海建立中小学收费联系册制度，将收费项目、标准、是否自愿等原则以及监督电话等印发给每位学生家长，进一步规范中小学收费管理。

1999 年，市教委和物价部门先后三次将收费标准等向社会公布，接受社会监督。2000 年，上海将收费有关规定上网公布，进一步规范中小学收费行为。2002 年，全面推行教育收费向社会公示制度。

2005 年，上海全面实施义务教育公办学校“一费制”收费办法，即在严格核定杂费、课本费和作业本费标准的基础上，一次性统一向学生收取费用，形成规范的收费制度体系。

2006—2007 年，进一步完善教育收费公示制度，学校收费工作按要求实行公开、公示。同时，免除全市所有义务教育公办学校学生学杂费小学生每人每学期 50 元、初中生每人每学期 80 元；提高义务教育阶段学校最低生均公用经费标准，小学生由 420 元提高到 520 元，初中生由 560 元提高到 720 元。严控教材价格，2006 年秋季中小学教材价格比去年同期下降 10%。2008 年，全市义务教育阶段免除学生课本和作业本费，共减轻学生家长经济负担近 3.5 亿元。

2010 年，上海出台三个文件，分别规范义务教育阶段、高中阶段和高校代办服务性收费行为。明确规定任何代办服务性收费必须坚持学生自愿和非营利原则，即时发生、即时收取、即时据实结算，不得与学费合并统一收取。严禁学校采取强制或变相强制手段收取代办服务性费用；严禁强制服务并收费，或只收费不服务；严禁强行统一收取代办费。

三、专项检查

【自查抽查】

1993 年，上海开展治理教育乱收费工作。全市各中、小学校对收费情况进行自查，凡属乱收费的限期清退。截至 8 月 7 日，各区县教育部门已清退乱收费总额 222 万余元。

1994 年，全市先后组织 18 个检查小组分 4 批深入到区县教育局、市区重点中学、部分小学，对 81 所单位的收费情况进行重点检查。共查出各种违反规定的收费 191.73 万元，其中涉及 14 个区，金额 180.13 万元；6 个郊县，金额 11.60 万元。1997 年，查出与入学挂钩的赞助费及其他违纪金额 81.92 万元，其中已清退 67.34 万元，占收取的 82%，捐资助学款 9 200 万元按规定由区县教育局统一管理。1999 年，查出违反规定的收费 424.74 万元，已清退 361.29 万元，并将 2.7 亿元社会捐资助学款全部交由区县教育行政部门按规定统一管理。2000 年，全市共查处 191 起乱收费的违规事件，清退违规收费 1 387.57 万元。

2002 年，市纠风办、市教委与市物价、市财政部门，组织对治理教育乱收费情况的专项检查，抽查 19 个区县 150 所中小学。从抽查情况看，学校收费公示制度基本落实，公办高中扩招生“三限”政策执行较好，公办初中、小学收取与入学挂钩赞助费的学校比上年下降 25.6%，绝大部分学校代办项目乱收费现象有所好转。

2004 年，市纠风办、市教委与市物价、市财政部门，对全市 6 所高校和 15 个区县的 128 所中小学收费专项检查表明：收取与入学挂钩赞助费行为得到比较明显遏制；公办高中招生执行“三限”（限人数、限分数、限钱数）政策情况良好；制定义务教育阶段学校实施“一费制”收费办法、高等学校收费管理意见等，教育收费制度进一步健全，市民对教育乱收费问题的投诉明显下降，中小学收费规范优秀和基本达标区县进一步增加，治理教育乱收费成果得到巩固和提高。

【联合督查】

1995年,市纠风办聘请200名特邀监察员,对上海义务教育阶段的学校乱收费问题,开展明察暗访,加大督查力度,实施集中治理,进一步遏制乱收费现象。全市各级中小学共取消各类违反规定的收费办班298个,清退各类乱收费199.6万元。

2003年,市纠风办聘请20名政风行风监督员,对教育收费工作进行专项调查,共查处学校违规收费2 368.06万元,其中封存待处理1 775.29万元,收缴8.7万元,清退584.07万元。下半年,市纠风办、市教委、市物价局、市财政局等部门组成联合调查组,邀请市政风行风监督员参加,对19个区县154所中小学的收费、高中择校生的"三限"规定及收费公示情况开展专项检查。通过检查,中小学乱收费现象大为减少。在109所义务教育阶段公办学校中,只有1所学校收取与入学挂钩的赞助费,占0.92%,比上年下降10.98个百分点。公办高中招收择校生执行"三限"政策的成果得到巩固。被抽查的可以招收择校生的33所学校(其中18所是完全中学的高中部),没有一所学校招生超过规定比例或超标收费。代办收费行为逐步规范。

图12-1-1　2008年7月22日,上海市政风行风测评教育系统迎评大会

2008年,市纠风办、市教委等部门开展规范教育收费联合检查,中小学校违规代办、违规补课收费等行为得到纠正。检查的9所公办高校,未发现在招生中有违规收取与入学挂钩的赞助费行为,教育部规定的禁止性收费项目得到较好执行,教育收费公示制度执行情况良好。

2009年,市纠风办、市教委、市物价局等部门组成11个检查组,对18个区县和15所高校的规范教育收费工作情况开展联合检查。另外,还清理借用校舍违规举办的收费补课班。先后对8个区23所学校组织6次暗访检查,将查实的中小学校、青少年活动中心将校舍出租给社会力量办学单位,违规办班补课收费的情况进行通报。

2010年,根据全国治理教育乱收费部际联席会议办公室要求,上海市规范教育收费联席会议办公室研究决定,由市纠风办、市物价局、市教委、市发改委等部门组成两个联合检查组,对32所高校进行检查,其中公办高校20所(本科11所、专科9所),民办高校12所。检查未发现严重的违规行为,但发现某些民办学院在资金来往等方面存在问题,需要加强对民办教育资金的监管。同年,由市纠风办、市教委、市物价局、市财政局、市审计局以及市行风监督员一行12人组成联合检查组,对黄浦、徐汇、静安、长宁、闸北、闵行、嘉定、浦东、崇明等9个区县进行教育规范收费的检查。2010年以来,全市义务教育阶段择校乱收费问题已基本实现"零投诉"。

【违规处理】

1996年,查出与入学挂钩的赞助费及其他违纪金额530万元,其中大部分作出清退,对有严重乱收费行为的学校,作出通报批评和取消评选先进资格的处理。

1998年,对43所学校违反规定的乱收费行为作出处理,对17位校长或责任人进行批评或责成书面检查,有6人受到免职调离岗位处理,2人受到党纪政纪处分,共查出违规收费金额115.14万元，清退 104.69 万元。同年起，对全市 111 所民办学校从校舍、师资、管理、收费等方面进行全面评估，先后取消一批不符合条件的民办学校的办学资格。

1993—1999 年，根据全市教育乱收费专项治理的总体要求，先后共对 41 人作出处理，其中被撤职降职 7 人，取消晋升高一级技术职称的 1 人，取消晋升工资的 1 人，受到其他纪律处分 5 人。查处违反规定的收费 2 731 万元，清退 2 057 万元。

2002 年，继续开展对中小学乱收费治理，落实公办高中扩招生"三限"(限录取分数、限招收人数、限收费钱数)规定、学校财务集中管理等措施，收缴违规收费 1 126.7 万元，清退 1 682 万元，封存 13 513 万元，对违规收费情节严重的 13 名校长取消职级晋升和特级、一级校长的评审资格，对 4 名校领导作出免职处理，对收费较规范的卢湾、青浦、奉贤、黄浦、南汇、崇明 6 个区县进行奖励。

2003 年，对少数有"乱收费"行为的学校和责任人作出严肃处理。全市共处理责任人 21 名，其中受到党纪政纪处分 3 人，被免去职务 6 人，受到其他处理 12 人。

2004 年，全市查处义务教育阶段学校乱收费共 1 751.1 万元，查处高等学校乱收费共 112 万元。向学生退还各种乱收费 1 242 万元，处理责任人 29 人(其中校长 17 人)。2005 年，共查处违规收费 1 138.80 万元，处理责任人 20 人。

2006 年，全市教育系统全面清理、规范教育收费项目和标准。全年查处学校各类违规收费问题 30 个，涉及金额 3 163.17 万元，8 人受到党纪政纪处分和其他处理；查处在教材、教辅材料订购或代收费中发生的商业贿赂案件 12 起，涉及金额 152.6 万元，13 人受到处理。

2007 年以后，对教育乱收费问题，在经济、纪律、荣誉资格上综合惩处，除按规定予以清退、上缴和组织处理、纪律追究外，还明确规定：凡有违规收费行为的人员，一律取消两年内评选个人综合先进和提升校长职级或专业技术职务的资格；凡有违规收费的学校，一律取消两年内评选综合性先进和示范性学校的资格。

第二节　纠正医药购销和医疗服务不正之风

一、治理"红包"、"回扣"

1993 年开始，上海连续开展"红包"专项治理，不断加大查处力度，严肃处理查有实据的收受"红包"不正之风。1995 年 2 月，根据卫生部《关于严禁向患者收取"红包"的通知》和《关于禁止医务人员收受"红包"的补充规定》要求，结合开展医院文明规范服务行业达标工作，组织上海各医院积极开展行风考核验收，严厉查处收受"红包"问题。同年底，对 93 所医院 1—10 月调查统计，拒收红包 5 052 次，金额达 102 万元；上交红包 1 673 次，金额达 46 万余元；拒吃请 932 次。

1996 年，市纠风办、市卫生局根据国务院全国整治药品回扣违法行为专项检查的电视电话会议精神，成立专项检查领导小组，认真开展药品回扣整治工作。经过层层动员，专题部署，各单位认真自查自纠，边清理边整改，不断完善制度，对个人收受回扣构成犯罪的，主动联系检察院立案侦查，有 10 余名医务人员因收受药品回扣受到法律制裁。各区对 100 多所医院进行重点检查，针对薄弱环节建立健全药品采购、验收、存放、审批等环节的规章制度，建立起各个环节的岗位责任制，健全监督制约机制。

2004 年，市纠风办、市卫生局针对"红包"、回扣现象，开展新一轮专项治理，制定《关于本市医务人员收受"红包"、回扣问题的处理规定》，进一步完善制止"红包"、回扣的制约措施，建立和完善与医务人员签约承诺、医德档案、诫勉提醒谈话、与药品生产经销企业签订廉政购销协议等一系列制度规定。上海市卫生系统8位院士发出“维护医学圣洁,倡扬廉洁医风”倡议,希望全市15万医务工作者拒绝“红包”、“回扣”、“提成”,远离冷漠、生硬、推诿,杜绝任何以医谋私的不洁行为,树立行业新风。全年拒收“红包”2 911人次,上交“红包”金额135.24万元。对被查实的收受“红包”、回扣的个别医务人员,坚决按规定做出严肃处理。

2005年,集中整治医药购销和医疗服务中收受回扣、“红包”、“开单提成”等不正之风,查处各类问题44个,金额134.96万元。2006年,上海医务人员全年上交“红包”、开单提成费共1 395人次,金额167.34万元。

2009年,上海加强医德医风建设,医务人员拒收“红包”3 107人次,上交“红包”2 811人次、金额363.4万元(其中退还316.11万元)。2006—2009年,医务人员累计上缴现金570余万元。

二、规范医药购销

1988年、1992年,上海先后开展药品打假治劣专项治理。共组织近500名药品监督员,以查处伪劣药品为重点,对全市药品经营企业、医疗卫生单位进行药品质量大检查。对发现的过期劣药均予以销毁,确保人民群众用药安全;对个别药品经营使用混乱的情况,发文重申有关规定,实行制剂批准文号制度以保证制剂质量;对发现的无证经营药品和制剂单位依法处罚和教育。1992年检查结果明显好转,共发现不合格药品1 887种次,比1988年6 252种次明显减少,未发现假药。

1993年,上海开展“以物代药”专项治理工作。共组织237人次,对各级各类64家医院进行暗访,查实数家医院“以物代药”问题,分别给予没收非法收入、罚款、停业整顿等处罚。11月,市卫生局明确提出“十不准”:不准搞“以物代药”;不准擅自提高收费标准或巧立名目乱收费;不准利用医疗活动发放开单费、手续费、介绍费;不准聘用非医务人员从事医疗活动或为无证行医提供场所;不准将自费项目作为公费、劳保医疗记账;不准采购无批准文号、无厂家的伪劣药品与医疗器械;不准擅自委托加工未经批准的制剂;不准使用未经批准的一次性医用消耗材料并收费;不准违反首诊负责制,借故推诿;不准包庇、隐瞒违法违规事件。

1995年10月,卫生部、国家医药管理局、国家中医药管理局、解放军总后卫生部联合下发《关于坚决纠正医药购销活动中不法行为的通知》,市卫生局、市医药管理局联合制定下发实施意见,规范医药购销活动中购销双方的行为,并对购销活动中出现的不法行为明确处理办法。

2000年,在纠正医药购销中的不正之风工作中,共查处医药购销中的违纪违法案件82起,涉案金额905万元;对218种药品实行降价,降价金额4.8亿元。

2001年,市纠风办、市卫生局、市医药管理局推进医药购销领域纠风专项治理。组织508家医保定点医院参加药品集中招标采购,招标总额5.82亿元,中标药价平均降幅21%;对未纳入集中招标采购的42个大类的常用药品,组织区县实行集中公开采购,涉及金额16亿元。查处医药购销中违纪违法案件124起,涉案金额288万元。在全市医疗机构推行医药分开核算、药品费用收支两条线管理和门急诊实行明细账制度,在部分二、三级医院试行住院费用“一日清单”制度。

2002年,继续推进药品集中招标采购。组织协调和推进落实药品集中招标采购计划,对药品集中招标采购的公告发布、投标受理、大会开标、专家评标、定标公布等运作过程的各个重要环节进行现场监督,对区县“药品配置中心”集中采购行为进行规范。全市共分5期实施总额为30.9亿元、322个品种的药品招标采购计划,是前两年招标额总和的5倍,占上年全市医保用药额的50%。

推进住院费用明细账单“一日清”制度的实施，全市二、三级医院“一日清”实施率达 97.6%。

2003 年，医药购销行为进一步规范，全市集中招标采购药品金额约 44 亿元。2005 年，医疗卫生系统集中招标采购药品总金额 89.87 亿元，让利患者 9.89 亿元。查处非法行医、假劣药品和医疗器械、违规广告等问题 3 823 件，有 44 人受到党纪政纪和其他处分。

2006 年，在自查自纠、查办商业贿赂案件、建立防控商业贿赂长效机制等阶段工作中，市纠风办会同市卫生局，组织全市各级卫生行政部门及医疗卫生机构开展各类政策宣传教育活动 901 次，宣传教育受众 164 312 人次；对重点岗位、重点部门、重点人员教育引导谈话累计 5 226 人次；对问题轻微的人员批评教育 909 人次。推进药品采购公共信息技术服务管理平台建设，规范医疗机构药品集中招标采购。全年集中招标采购药品总金额 107 亿元，让利患者 11.04 亿元；集中采购高值医用耗材和大型医用设备总金额 13.5 亿元，节约资金 7 675 万元。

2007 年，在全市卫生系统建立医德档案制度，集中采购药品总金额 139.5 亿元，查处医药购销领域商业贿赂问题 11 个，涉及金额 252.1 万元，8 人受党纪政纪处分和其他处理。2008 年，对药械集中招标采购进行全程监管，全年集中采购药品总金额 162.49 亿元。2009 年，针对医药购销和医疗服务领域中的不正之风，积极推进医药集中采购，全年集中采购药品总金额 257.4 亿元。在治理医药购销领域商业贿赂专项工作中，因收受贿赂被司法机关判刑的有 47 人。2006—2007 年，卫生部、国家中医药管理局督导组 3 次来上海督导检查工作，充分肯定上海卫生系统专项治理取得的成效。

三、纠建并举

1993 年，上海制定《关于加强卫生监督机构廉洁执法的若干规定》《上海市纠正医疗机构行业不正之风监督处罚若干规定》《上海市医疗单位制剂外加工的规定》《上海市医院工作人员行为规范》，明确规定，对违反规定的单位和个人，将视性质和情节分别给予行政处分、经济处罚、停业整顿等处理。1995 年，上海转发卫生部《关于严禁向患者收取“红包”的通知》和《关于禁止医务人员收受“红包”的补充规定》。2002 年，制定《上海市医疗机构药品集中招标采购实施办法》。

2004 年，市纠风办组织协调有关职能部门连续采取 9 次全市性的“纠建行动”，共出动 1 960 人(次)，对 627 家(次)各级医疗机构、40 家卫监所等开展专项督查，查实投诉乱收费案件 9 件，涉案单位 6 家，个人 3 人，违规乱收费金额 4 421 元。除返还违规所得外，违规单位和个人均受到严肃处理，有的违纪违规人员被责令辞退。全市医疗单位停用违规经营的 59 家药厂的 64 个药品，并通过新闻媒体进行曝光。各医疗单位实行门急诊收费明细账单制和住院费用“一日清”制，公开收费标准，完善收费查询系统，重申有关纪律规定，加大责任追究力度，较好地杜绝收费上的漏洞，收费逐步规范。

2007—2010 年，上海出台一系列医疗监督管理制度。在规范医院内部管理方面，制定《上海市医疗机构执业许可校验管理暂行办法》《关于在全市卫生系统建立医德档案制度的通知》等；在严格规范医疗服务行为方面，制定《关于重申医疗保健服务中严禁推销相关产品行为的通知》等；在推行政(院)务公开方面，制定《关于深化上海市卫生事业单位院务公开工作的意见》等；在加强源头治理方面，制定《关于进一步规范本市药品集中招标采购工作的通知》等，建立健全长效监督管理机制。2007 年，制定《上海市医疗机构不良执业行为积分管理暂行办法》，为医疗机构不良执业行为档案的建立提供依据，自实施以来，已有 598 家次医疗机构因存在不良执业行为受到记分处理，其中 7

家民营医疗机构被吊销执业许可证。制定《上海市"医疗广告证明"发放管理暂行办法》,在执行后的6个月内,全市医疗广告违规率从60.63%下降到1.41%。

第三节 减轻企业负担

一、减负会议

1999年12月,国务院减轻企业负担部际联席会议检查组来沪检查。上海市召开减轻企业负担工作会议,市政府副秘书长周太彤代表上海市减轻企业负担协调小组向检查组汇报1999年治乱减负工作情况,提出进一步做好减负工作的意见和措施。

2005年,市减负协调小组改为联席会议,由市纠风办、市经委、市发改委、市建设交通委、市农委、市公安局、市国资委、市财政局、市审计局、市工商局、市质监局、市交通局、市市政局、市物价局等14家成员单位组成,市纠风办主要承担组织协调的职能。5月,召开减轻企业负担联席会议第一次会议,对各系统治乱减负工作推进情况进行交流,讨论并通过《关于做好今年本市企业治乱减负工作的意见》。常务副市长冯国勤、副市长胡延照出席会议并讲话。

2008年底,市政府成立由市纠风办等28个委办局组成的推进政策落实服务企业办公室,覆盖18个区县和200多个街镇,形成服务企业的工作网络,并开通"企业呼声直通车"网站,搭建推进政策落实服务企业的平台,确保减负工作落到实处。

2010年6月24日,全国召开减轻企业负担专项治理工作电视电话会议。会后,上海成立由市经济信息化委、市发展改革委(市物价局)、市农委、市公安局、市监察局、市民政局、市财政局、市建设交通委、市审计局、市国资委、上海出入境检验检疫局、市工商局、市质量技监局、市政府法制办、市纠风办等15个部门组成的减轻企业负担专项治理工作小组,负责减负工作的总体部署和推进落实。成立由市发展改革委、市经济信息化委、市建设交通委、市监察局、市纠风办、市审改办、市民政局(市社团局)、市审计局、市财政局、市规划国土资源管理局、市住房保障房屋管理局等11个部门组成的涉企收费专项治理工作联席会议,负责涉企收费治理工作的督查和审核工作。各区县和成员单位也建立相应机制,认真细化方案、落实减负任务。市发展改革委等11个部门联合印发《关于本市开展治理和规范涉企收费工作的通知》,明确取缔8类乱收费,加强行政事业性收费、经营服务性收费和社团收费的规范管理。

二、清理检查

1997—1998年底,由市纠风办牵头,组织减负工作清理检查,共向社会公布取消各种收费项目214个,降低收费标准13个,减少金额14.6亿元。1999年,上海共取消收费项目20个,降低收费标准2个,共减少金额10.184亿元。2001年,取消涉企收费项目34项,减少金额1.9亿元。

2002年,由市纠风办牵头,严格审批涉及企业行政事业性收费目录,清理整顿一批不合理收费项目,在2001年编制的涉及企业行政事业性收费目录的基础上,对全市立项的55个收费项目进行再梳理,共取消22项涉及企业收费的项目,涉及金额180 833.22万元,降低收费标准共9项,涉及金额10 300万元。

2003年,由市纠风办牵头,开展对建筑企业收费专项治理,全面清理并完成市行政事业性收费项目的编制工作，编制《上海市涉及企业负担的行政事业收费项目目录》。经清理，全年共取消收费项目 45 项，减轻企业负担金额 6 500 万元，其中涉及乡镇企业的收费项目 21 项，涉及金额 3 500 万元。

2004 年，由市纠风办牵头，贯彻实施《行政许可法》，进一步减轻企业负担，优化企业生产和经营环境。共取消 34 项行政性收费项目；降低 17 项行政事业性收费项目的收费标准；改变 14 项行政事业性收费项目性质；另外，出台的政策中免收 6 项相关的行政事业性收费项目，共涉及 30 多个部门。

2005 年，由市纠风办牵头，继续开展清理对企业乱收费问题，取消向企业收费项目 61 个，减少收费 9 773 万元，其中涉及乡镇企业的取消收费项目 10 个，减少收费 198 万元。全市免收登记费 52.35 万元，免收管理费 4 156.08 万元。

2007 年，上海公布行政事业性收费项目目录，大幅度核减执收主体，又清理一批收费项目，市工商部门对 10 454 户个体工商户免收个体登记费、个体管理费和市场管理费，累计免收各项费用共达 2 620.19 万元，有力地促进全市个体经济发展。

2008 年 7 月 1 日起，市纠风办协调有关职能部门，对全市 30 个政府部门取消和停收 148 项行政事业性收费，其中涉企收费 97 项，占取消和停收行政事业性收费项目总数的 65.5%；减少涉企收费金额 17 亿元，占取消和停收行政事业性收费总额的 85%。首批五类收费清理是：执收依据已失效或者被废止的收费；无法律、行政法规依据或者相对应的许可事项已被取消的行政许可类收费；履行行政管理职责而收取的管理类收费；不适应当前上海经济社会发展需要和转变政府职能要求的收费；不合理的证件证书工本费。

2009—2010 年，全市共取消、停止征收涉及企业行政事业性收费近 150 项，全年减轻企业负担约 10 亿元。其中 2010 年，市财政局取消和停止征收行政事业性收费 38 项；降低收费标准 7 项；涉企收费专项治理工作联席会议取消经营服务性收费和社团收费 32 项，涉及证照工本费、品牌产品评选等。上述取消、停征和降标的项目，每年可减轻企业负担约 9 000 万元。

三、社会监督

2002 年，由市纠风办协调，下发《关于印发〈乡镇企业负担监督管理办法〉的通知》，加大治理向乡镇企业乱收费、乱罚款、乱摊派的力度。印发《关于进一步落实改制企业收费减免政策的通知》，对改制企业实施减免的收费目录向社会公布，接受监督。

2003 年，市纠风办推动治乱减负工作，积极做到“四个推行”，建立“四项制度”，并向社会公开。即：全面推行行政事业性收费、罚款、集资和资金项目收支两条线管理；推行各区“行政服务中心”模式，集中各职能部门为企业“一门式”快捷服务；推行各职能部门和各区县建立企业减负的监督举报电话；推行政府部门和行业的政风行风测评活动，制止行政部门对企业的乱收费和吃拿卡要行为。建立“企业缴费登记卡”制度、“收费许可证”制度、“收费员证”制度、业务培训制度。

2006 年，市纠风办推动组建社会、企业、行政、舆论四个减负工作监督网络。向社会公布市、区减负工作监督电话，在企业办事大厅内醒目标示投诉电话号码和服务公约，接受社会监督等，形成涉企收费网络的监测和举报制度，初步建成社会监督网络。形成“企业治乱减负监测点和监督员”制度，初步建成企业监督网络。形成减负工作例会和调研制度，对存在的苗头性、倾向性问题进行调研，共同采取对策，协调推进减负工作，初步建成行政监督网络。形成与新闻媒体定期沟通的制度,初步建成舆论监督网络。

四、规范执法

2002 年,市减负协调小组开展治乱减负大检查,各区、县按照抽查比例不低于三分之一的要求,对执收执罚部门进行检查。在各区县自查的基础上,12 月上中旬,由市减负办、市纠风办牵头,市有关部门组成的检查组对黄浦、卢湾、闸北、松江、南汇、金山等区县进行重点检查。市财政局、市物价局以及市审计局等结合对执收执罚部门的年检、年审,对是否存在向企业乱收费、乱罚款作为其年度检查的一项重要内容,仅市物价系统反馈,共查处涉及企业的"三乱"问题 13 件,追回乱收、乱罚金额 1 211 万元。

2003 年,市减负协调小组开展减负工作"三查"、"回头看"和治乱减负大检查活动,重点检查执收执罚部门乱收费问题。发现和查处乱收费案件 21 件,18 人受到处理,其中涉及乡镇企业的乱收费案件 7 件,6 人受到处理。

2004 年,市减负协调小组组织市财政局、市物价局、市审计局、市纠风办等 8 个部门,开展执法大检查,确保企业治乱减负工作取得实效,中心区侧重检查物业公司收费情况,郊区侧重检查工业园区和乡镇企业的收费情况,并对嘉定、宝山等区进行重点抽查。全市查处乱收费情况 170 起,受处理人员 49 人,其中涉及乡镇企业的 44 起,受处理人员 15 人。

2005 年 9 月,市减负协调小组各成员单位、各区县减负办共派出调查组 45 个,参加调查 210 人次,举办座谈会 77 个,参加座谈的企业 813 家,发放调查问卷 630 份。10 月,组织全市企业治乱减负大检查,规范执法,加强监督制约。重点对松江等区进行检查。检查结果表明,松江等区政府高度重视优化企业生产经营环境,设立"一门式"受理、"一条龙"服务的企业办事大厅,试行企业年检申报备案制,受到企业欢迎。全年已申报年检的 4.6 万户企业中,有 3.8 万户当场备案,免交审计费近 4 000 万元。

2006 年,为规范全市企业减负工作,市减负协调小组依法治理乱收费、乱摊派不正之风,共开展专项检查 106 次;执收部门人员培训 2 419 人次;召开企业减负座谈会 135 次。严格控制执收单位,面向社会公示收费项目,将《企业交费登记卡》发放范围扩大至外省市来沪投资、发展的企业,并写进上海《关于进一步服务全国扩大对内开放若干意见》。出台劳动保障政策,惠及国有企业近 61.98 万人次。

2007 年,为减轻企业负担,在全市推行年检申报备案制度,根据企业的守法情况予以区别分类,对无违法记录的企业免予审查、当场备案,对公司制企业免予提交年度审计报告。在全市参加年检的 54.6 万余户企业中,有 26.07 万户守法企业通过申报备案的方式通过年检,占参检企业总数的 47.75%,以平均每户企业审计费 1 000 元计算,共免除企业约 2 亿余元审计费,切实减轻企业负担。同年,先后发布三批《简易审批的计量器具目录》共 150 项,对目录内的计量器具制造实行简易审批。全年减轻企业负担 5.3 亿元。

2008 年,市减负协调小组建立健全减轻企业负担工作机制,采取加大政策宣传力度、加大财税支持力度、给予社会保险费补贴和岗位补贴、减免相关行政事务收费、推动重大项目落地、建立扶持资金支持企业结构调整、协调解决企业诉求等七大举措,确保服务企业各项政策落实。协调落实企业通过网站、热线、座谈反映的财税、融资、项目等政策诉求和建议 700 余项,解决率在 80%以上。

2010 年,市纠风办进一步规范涉企收费工作。市纠风办会同市价检所组成联合检查组,分两个阶段成立 6 个组，检查卫生、食药监、经信委、科委、质量监督、环保、商务委等 7 个部门下属 50 家单位，涉及收费依据、财务报表等，对收费依据不足、重复收费、票据不规范等问题提出整改意见。市纠风办、市经济信息化委对化工行业评比名优产品收费的做法进行规范。市纠风办协调市审计局在市区(县)两级审计机关开展的 94 个审计项目中，把涉企收费作为重点审计内容，未发现其他涉企违规收费行为。

第四节　治理公路“三乱”

一、综合治理

1995 年，市纠风办、市公安局、市交通局、市市政局等单位对国道、市道和乡镇道路上存在的乱设卡、乱收费、乱罚款问题，开展集中综合整治。共组织 12 次较大规模明察暗访、49 次不定期检查，出动 398 人次，其中局以上领导干部参加检查 21 人次，总行程 18 560 公里。对原设在国道、市道上的 31 个收费站、检查站、稽查站进行清理，撤掉廊下、娄塘两个收费站；对擅自设立的 25 个乡镇道路收费站停止收费；对检查中发现的葛隆机动车服务中心和金泽洗车场强行拦车清洗的问题，给予曝光、通报、停业整顿和经济罚款等处理；对违章的安亭锦发机动车服务中心，与江苏省联手，注销其洗车经营执照；设置在国道上的机动车清洗站，由 8 个减为 6 个。通过治理，强行洗车现象得到遏制，各类站点的工作逐步规范。

1996 年，通过重点治理，强行洗车、上路乱设卡、乱罚款和乱收费等问题得到较好解决。经交通部、公安部、国务院纠风办和林业部、建设部明察暗访、督促检查，上海被评为全国首批公路基本无“三乱”市。

1999 年，市纠风办、市公安局、市交通局、市市政局等单位组织 30 多人，由 3 名局级领导带领 3 个组，对 30 多个公路检查站、收费站、汽车站的收费、执勤、服务等情况作全面检查，还对部分乡村道路作检查，对发现的一些乱设卡收费问题进行处理。同时摸清 375 个水上检查收费站(点)的有关情况。

2001 年，上海市开展公路基本无“三乱”争创达标活动。坚持实行公路“三乱”易发区域包干责任制。在全市 31 个公路收费道口开展基本无“三乱”争创达标活动，重新制作规范性卡牌 2 164 张(块)；对争创达标工作进行检查，组织各类明察暗访活动 53 次，出动检查人员 678 人次，检查行程 9 700 多公里。经国家治理公路“三乱”工作检查组来沪实地检查考核，上海市被国务院纠风办、交通部、公安部正式公布为全国首批实现所有公路基本无“三乱”的省市。

2005 年，上海成立由市市政局牵头，市纠风办、市公安局、市交通局、市市容环卫局、市农委参与的治理公路“三乱”联席会议，建立由上而下的综合治理网络。以检查全市涉及机动车辆、驾驶员收费情况为抓手，强化机动车监测站的日常监管，规范涉车收费行为。同时，加强公路巡视，全市联合整治 32 次，出动 2 068 人次，检查 7 586 辆车辆，查处违章 578 起，处理多起公路“三乱”反弹事件。

二、专项检查

2000 年，根据国务院纠风办下发的《关于加强春运期间治理公路“三乱”监督检查的紧急通知》要求，市纠风办、市建委、市交办、市公安局共同研究贯彻意见，开展专项监督检查工作，切实做好春运期间公路无“三乱”工作,严防公路“三乱”反弹。

2002 年,上海开展治理向机动车辆乱收费和整顿道路站点专项工作。共取消道路收费站 7 个,包括浦东国际机场、吴淞大桥、蕴川路大桥、江杨路大桥、沪太路塘桥、沪宜公路、嘉黄公路的收费站。至 2002 年 12 月底,上海共有 35 个道路收费站,其中公路收费站 28 个、高速公路收费站 6 个、延安西路高架收费站 1 个,并对全市 6 条高速公路实行联网收费,分段结算,受到驾驶员欢迎。

2003 年,上海开展“加强机动车辆收费管理,严禁各种摊派行为”的专项整治,对全市 500 多家出租汽车公司及运输单位进行调查。调查结果表明,上海机动车收费管理符合规定,由于加强自查自纠,措施得力,全市交通系统没有发现扩大罚款范围和提高罚款标准,以及违反规定乱设公路运政检查站等重大问题。

同年,围绕防止“非典”,全市认真贯彻落实《交通部、公安部、国务院纠风办关于严防公路“三乱”,确保道路畅通的紧急通知》精神,加强公路道口检查,保障防止“非典”,确保蔬菜运输“绿色通道”畅通快捷。同时,督促公路道口执法工作人员严格规范执法行为,对公路“三乱”多发的路段,进行重点监控。

2004 年,上海对全市运输代理中的强制代理、强制服务、强制收费的“三强”问题进行专项清查,主动取消“道路货物运输代理企业缴纳事故赔偿保证金”的缴纳,清理整顿机动车辆检测收费,不得对机动车重复检验、重复收费和机动车定期检验搭车收费。开展定点年检开放试点,市公安局在金山、奉贤、青浦、松江、徐汇、卢湾 6 个区推行跨区域放开机动车辆定点年检的便民措施,改善检测站的服务态度,方便车主就近检测,受到车主的欢迎。全市查处涉车乱收费 4 起,涉及金额 12.5 万元。

2005 年 1 月 31 日,上海取消最后一个市区道路收费站(延安西路高架收费站),余下公路收费站 28 个,高速公路收费站 6 个。这 34 个收费站严格执行国家收费标准,相关信息在政府网站上公示。

2009 年,市纠风办协调市绿化市容环卫局对公路道口的清洗场进行专项治理,杜绝乱设点、乱收费的情况。原来存在的道口清洗场现已全部关闭,全市无道口清洗场。

三、收费监管

2003 年,为帮助受“非典”影响较严重的行业克服困难,上海制定对旅馆、公共交通、出租汽车等行业予以暂免征收有关收费政策。如:免收养路费、贷款道路通行费及客票附加费等。市、区两级政府共减免收费、基金 7 842.48 万元,其中通过全市财政部门清算减免的资金 3 492 万元,包括河道修建维护管理费 245 万元,养路费 2 051 万元,贷款道路通行费 520 万元。全市取消向机动车辆收费项目 4 个,减少收费 600 万元。2005 年,全市降低部分多轴大型车高速公路通行费标准,取消机动车照相费、固封装置费约 360 万元。

2006 年,针对国际油价上涨过快等因素,根据国家总体要求,上海对出租汽车行业涉及的相关收费进行规范管理。取消“车辆营运资格证工本费”、“驾驶员营运资格证工本费”、“无人看守铁路道口监护费”等 3 项行政事业性收费,减轻负担 154 万元。取消“出租汽车驾驶员营运实习培训费”、“出租汽车驾驶员从业资格考试费”等 2 项经营服务性收费,减负金额 450 万元。出租车企业营业税缴纳基数下调,每位驾驶员平均每月减轻负担约 200 元。建立运价油价联动机制,完善驾驶员承包经营制度,对公交等运输企业在服务不提价情况下给予适当补贴,并减免收费,全年查处、取缔“黑车”等非法运营车辆 16 728 辆。

2007 年，按照“政府统一领导、部门加强监管、依法规范征收、杜绝违规减免”的总体要求，对减免车辆通行费的机动车辆进行规范管理。收缴违规发放的各种车辆通行费减免卡 854 张，涉及金额 950 万元。清理涉及出租车行业的行政事业性收费和经营性收费，取消针对出租汽车的收费项目 3 个，涉及金额 874 万元。

2009 年，市建设委下属公路署对鲜活农产品实行绿色通道，免征通行费。1—11 月全市地面道口共减免运输鲜活农产品车辆 6.7 万辆次，减免金额 587 万。市农委取消所有防疫检查收费项目，仅保留行政处罚罚款权。

第五节　规范行业协会和中介组织

一、管理办法

2007 年，根据国务院办公厅《关于加快推进行业协会商会改革和发展的若干意见》，上海对促进行业协会培育发展提出四条建议：建立以直接登记制为核心的行业协会监督管理体制；取消市社会服务局在涉及行业协会上的相应审批权及事后监管权；逐步规范，适时调整优化现有行业协会组织和人员结构体系；结合落实《国务院关于第四批取消和调整行政审批项目的决定》，推动一些政府审批工作转移和委托行业协会承担。

同年，上海制定关于推进政府职能转移到行业协会的具体工作建议。明确宜由行业协会行使的政府职能转移的内容为：不涉及重大公共利益的行业管理方面的审批；提供行业服务，代替有关行业内部事务方面的审批；一些技术性、专业性的审批工作。明确转移到行业协会的方式为：直接转交、委托、授权、购买服务等。明确推进政府职能转移到行业协会的工作步骤：由市社团管理局确定管理规范、能够承接政府转移职能的行业协会名单，组织对应的相关委办局，把宜由行业协会行使的职能转移过去。

2009 年，针对企业协会政社不分而导致的公务员在企业协会兼职、企业协会财务不独立、搭车收费等突出问题，上海成立由市政府分管副市长牵头，市纠风办、市财政局等多家单位为成员的“市企业协会政社分开工作联席会议”。市委办公厅、市政府办公厅转发市民政局(社团局)、市纠风办、市财政局、市公务员局《关于推进本市企业协会政社分开工作的实施意见》，明确 2010 年 6 月底以前，全市企业协会要基本实现与党政机关人员、机构、财务、资产“四分开”。市纠风办推动工商部门按照“四分开”工作目标，在全市范围完成个体劳动者协会、私营企业协会等政社分开工作，减少对协会的行政干预，从源头上解决搭车收费等问题。

2010 年，市工商局会同市纠风办等部门，起草《关于进一步促进本市中介服务业发展的若干意见》，由市政府转发，重点推进咨询服务、信用服务、融资担保、会计税务服务、法律和仲裁服务、贸易和运输相关服务、会展服务、知识产权服务、人力资源服务、广告服务等 10 个领域，进一步放宽中介服务业市场准入，进一步完善中介服务机构收费政策，建立健全诚信管理体系，加大财政支持力度。

二、监督检查

2008 年，为贯彻落实国家政策，上海对行业协会和市场中介组织服务和收费行为开展专项治理。行业业务主管部门首先开展自查自纠,市纠风办与有关部门加强监管,纠正行业协会和市场中介组织强制入会、摊派会费、强行服务等行为,严肃查处擅自扩大收费项目、提高收费标准以及违规设立“小金库”、乱收乱支等问题,引导行业协会和市场中介组织制订和完善规范服务和收费的管理意见,加强自律。

图 12-1-2　2008 年 5 月 13 日,上海市建立健全行业自律性管理制度研究座谈会

2009 年,市政府办公厅转发市纠风办、市发改委、市民政局、市工商局等六部门《关于规范本市行业协会、市场中介组织服务和收费行为专项治理工作实施意见的通知》,明确治理范围和各部门分工,分自查申报、审核阶段、重点检查阶段、建章立制四个阶段实施,市纠风办牵头规范政府行政行为,继续推进政府与行业协会、市场中介组织在机构、人员、财务、资产等方面彻底脱钩。根据通知要求,市发展改革委、市纠风办、市民政局(社团局)、市工商局等部门对全市行业协会和会计、税务、律师、工程造价、房地产评估、资产评估、专利代理 7 类经济鉴证类市场中介组织的收费和服务情况进行清查。12 月,市纠风办联合市发改委、市民政局、市工商局等部门,分别对上海琳方会计事务所、上海东方投资监理公司等 10 个中介服务机构和上海市保险同业工会、上海市银行同业工会等 10 家行业协会落实政策情况进行联合重点检查,对业务主管部门与行业协会、经济鉴证类市场中介组织在职能、机构、人员、资产和财务等方面分开情况进行监管。

2010 年,市推进企业协会政社分开联席会议办公室印发《本市企业协会政社分开进展工作检查方案》。由市社团局牵头,联合市纠风办、市财政局、市委组织部、市公务员局、市国资委等成员单位,对全市 18 个区县、4 个部门政社分开情况全面摸底督促检查,确保政社分开工作落实到位。截至 2010 年 3 月底,全市有 89 个企业协会完成政社分开改革,有 72 名公务员退出企业协会。

第二章　政风行风评议

从20世纪90年代中期起，上海开始在全市范围内开展政风行风评议工作，不断完善评议方法，不仅对政风行风实行“全面测评”，而且对与人民群众生产、生活密切相关的行政部门和公共服务行业开展“重点评议”，促进各级政府部门和行业切实转变工作作风。1995年以来，市纠风办每两年向人大代表、政协委员、社会团体和老干部中聘请60—120名行风评议代表，每年连续分批集中对政府部门和行业开展政风行风评议，探索用制度性量化的办法来全面测定政府部门、司法机关及公共服务行业的风气。1998年起，上海提出并试行行风评议向社区延伸，对基层科、所、队、站开展行风评议，组织各区县纠风办聘请1 900名调查员开展实例调查，全年共调查收集政风行风问题实例2 215个。1999年，从对44个政府部门和公共服务行业开展政风行风测评，延伸到127个街道、镇在社区内开展行风评议，评议对象从社区内的警署、工商、税务、环卫、市容监察拓展到自来水、邮电、法律服务所等单位。2000年以来，通过持续测评，反映人民群众的评价和要求，找到政风行风存在问题的突出表现和突出部位，经过督促整改，进一步推动部门和行业的政风行风建设。

第一节　全 面 测 评

1995年以来，市纠风办每年连续分批集中对涉及民生的政府部门和行业开展政风行风全面评议。在此基础上，探索用制度性量化的办法来全面测定政府部门、司法机关及公共服务行业的风气。根据市纪委、市监察委1995年底的党风廉政建设万人问卷调查统计，认为14个与人民群众生活关系密切部门的行业风气有明显好转和略有好转的平均值为67.1%，比1994年高出9个百分比。评价居前三位的供水、邮电、煤气三个部门，达到72.35%、72.14%和71.97%，与1994年相比，分别上升10—11个百分点。评价最低的部门，与1994年同比也上升7个百分点。

1999年，市纠风办为了解掌握全市行风建设现状，作出客观评价，为行业主管部门提出预警，探索建立行风建设测评体系，进一步完善监督网络。2000年，在六区一县开展行风测评的试点工作，涉及全市22个部门行业。按照“履行职能和办事效率”、“依法办事和公正执法”、“公开办事制度和收费标准”、“文明接待和服务质量”、“有无乱收费、乱摊派、乱罚款”等五大类情况，通过固定测评点进行调查和统计分析，对每个部门行业作出评价。

2001年9月起，组织近2 000名测评员对15个政府部门和司法机关、10个公共服务行业进行政风行风测评。全市共设立1 900个测评点(每个区县100个测评点)。走访调查6万余人次，形成450多万个数据。从测评看，群众和企事业单位对政风行风状况的平均满意率为77分；对被测评部门(行业)的廉政状况和政务公开评价相对较好，但对办事效率、服务质量和态度还不够满意。教育、医疗行业的乱收费现象是测评中反映较为突出的问题。

2002年，市纠风办对26个部门和行业与企事业和群众办事关系密切的64项职责，在全市19个区县1 900个测评点上组织群众开展政风行风测评。测评调查历时4个月，收集整理群众意见2 459条。26个部门和行业总体评价分为79.40分，满意度为94.91%。其中，“清正廉洁”和“政务公开”得分较高，“窗口形象”和“执法公正”得分其次，“服务意识”和“办事效率”得分较低。反映的突出问题是，群众对学校的教育乱收费、医药购销和医疗服务中的回扣、“红包”，物业管理中的服务不到位、少数部门的特权思想和作风等现象表示不满。

2003年，市纠风办对与企事业和群众办事关系密切的26个部门和行业的64项职责，在全市19个区县2 650个测评点组织群众开展测评，收集群众意见7 177条。全市26个部门和行业的总评分达82.50分，满意率为83.15%。

2004年，市纠风办对24个民生部门和行业开展政风行风测评。在全市19个区县设3 600个测评点，共听取10.18万人的意见。24个部门和行业的总体评价分为85.77分，满意率为89.90%。测评对管理服务不到位、办事拖拉推诿、态度粗暴不文明问题的反映仍然较为突出。

2005年，在全市19个区县4 550个测评点，继续对24个部门和行业的政风行风状况开展测评。在测评调查中共接触群众26.28万人。全市24个被测评部门和行业的总评分为89.15分，比上年提高3.38分。群众对政务公开的评价最高，反映管理服务不到位、办事推诿拖拉等问题仍然比较突出。

图12-2-1　2005年11月21日，上海市政风行风监督员向市公安局反馈政风测评情况

2006年，市纠风办对29个民生部门和行业的政风行风状况开展测评。按照群众评判、社会评价、科学评定的要求，不断改进和完善测评方法。同时委托中介机构开展调查，直接听取部门、行业服务对象的评价和意见。全年测评调查共接触群众近30万人次。全市29个部门和行业测评的总评分为83.98分，群众对“政务公开”的评价最高。但“管理服务不到位”、“办事推诿拖拉”等问题仍然比较突出。

2008年，市纠风办组织聘请1 900名调查员开展实例调查，委托专业调查机构直接访问28个

图12-2-2　2008年12月，上海市纠风办对房地系统和环保系统政风行风民主评议情况反馈

政府部门和公共服务行业的服务对象，共听取5.74万人的意见和建议。在发挥监督员、调查员作用的同时，加强与新闻媒体的合作，拓宽发现不正之风的渠道。测评显示，群众对“规范收费”的评价最高，对“办事效率”的评价最低。

2009年，市纠风办对44个政府部门和公共服务行业开展政风行风测评。依托各区县组织1 900名政风行风调查员深入开展实例调查，听取11.33万人次的评价、意见和建议。测评显示，对30个部门的满意度总体比较平衡。但还存在服务不到位、清正廉洁不够等问题。对14个行业的测评情况为，服务对象的总体满意度尚好，但是有些问题反映还比较强烈，如医疗行业“方便病人不够”、银行行业“营业网点排长队”等。

2010年，市纠风办采取“问题测评”与“满意度测评”相结合、“市民测评”与“监督员测评”相结合的办法，依托“纠风在线”开展网上测评。参与测评人数有60多万，30个政府部门和13个行业的综合满意度为84.2分，同时也提出各类问题996个。为保障世博会的顺利召开，上海组织市、区县政风行风监督员、调查员紧紧围绕世博会和落实“两高一少”要求，深入开展实例调查。5—11月，市政风行风监督员提供实例数总计594个，主要涉及进出园区交通、园区卫生环境、参观秩序、餐饮服务等方面的问题，并及时向部门、行业反馈，督促整改。

第二节　重 点 评 议

一、行政执法部门评议

1992年，市纠风办对全市执法部门开展纠风工作，发放《行风状况千人问卷调查》。群众对公安、工商、财税三个重点部门的行风状况评价为“有很大好转”、“有好转”的，公安占48.2%，工商占40.3%，财税占37.4%。

1995—1997年，市纠风办连续三年对公安、工商、财税三个系统进行行风万人问卷调查，群众满意率有较为明显的上升。1995年评议工商系统行风时，群众认为有“明显好转”和“有好转”的为80.95%；1996年评议公安行风时，认为“有明显好转”和“有好转”的为85.83%；1997年评议财税系统时，认为“有明显好转”和“有好转”的为89.6%，认为税务系统必须重点抓的行风问题，列首位的是“办事中政务不公开”、“便民措施不落实”，其次是“税务人员直接参与税务咨询（中介机构）事务”、“办事推诿拖拉不负责任”。

1999年，市纠风办对公安、税务等5个部门巩固行风评议成果的情况进行检查。检查结果表明，评议以后，这些部门都能把政风行风建设放在重要位置，采取有力措施，对代表提出的问题进行整改。评议反映的公安系统找民警难问题、税务系统的咨询服务不规范问题已纠正，群众满意度有较大幅度提高。公安系统的群众满意率1998年比1996年上升13个百分点。但也发现，评议中提出的问题，有的仍然存在，有些在行风评议中已经纠正的不正之风问题又有反弹。2000年，组织开展对环保、环卫两个系统的“行风评议成果回头看”活动，进一步巩固评议成果。

2001年，市纠风办对市质量技术监督系统行风开展重点评议。全市共聘请319名社会各界代表，围绕依法行政、监督管理、政务公开和服务收费等开展行风评议，走访企事业单位1 693家，召开各类座谈会325个，参加座谈2 595人，个别访谈2 174人次，向服务对象发放调查问卷5 800份。通过调查，评议代表指出质监系统存在的6个方面24个突出问题。质监部门对可以立时解决的11个问题即知即改，对需要建立制度落实的13个问题分别制定推进整改的计划和措施。评议代表又对整改情况进行为期一个月的检查。

2002年,市纠风办对劳动保障系统开展行风重点评议。组织全市312名行风评议代表,明察暗访427个窗口单位,走访调查企事业单位2 100个,召开座谈会400多个,个别访谈和座谈的服务对象6 502人次,发放调查问卷9 500份,指出劳动保障系统在窗口服务、劳动监察执法、政企关系等方面存在的问题。市劳动保障部门研究确定30项措施进行整改。

2004年,市纠风办把环保部门纳入"重点评"范围。环保部门认真贯彻国家环保总局的6条禁令,健全有关规章制度,工作中存在的行政处罚不规范等问题得到进一步整改。

2005年,市纠风办对市税务系统的政风行风开展重点评议。评议组听取市税务局主要领导和有关部门负责人对政风行风建设情况的介绍,走访2个市税务分局、19个区(县)税务局;共听取介绍和汇报22次,涉及税务系统科、所长以上干部近800人;明察暗访办税窗口和基层税务所43个;查阅各类口卡资料近1 000份。召开以户管企业财务部门负责人、被处罚对象、协税办负责人、协税员、基层税务所负责人、测评点上的测评员、市区(县)税务部门聘请的特邀监察员为主要对象的各类座谈会49个,共600多人参加;广泛听取注册税务师管理中心和负责网上电子报税的7家网站负责人及社会各方面的意见和建议。通过评议,监督组认为,税务系统政风行风治理突出问题成效明显,纳税服务水平明显提高。

2006年,绿化部门首次列入"重点评"单位,市纠风办组织市政风行风监督员开展实例调查。向人大、媒体、12319投诉中心和网格化管理中心等了解情况;召开座谈会38个,与会者370余人,会上提出意见建议近300条,发放问卷300余份,查阅信访件及有关资料3 900余件。评议组认为,群众对绿化部门行风政风基本满意,但是政务信息公开特别是发挥网上公开的功能有待提升,信访受理处置有待进一步规范,对零星绿地、公共建筑配套绿地以及街道绿化和高架道路绿化的协调监管力度有待加强。

2007年,市纠风办对劳动保障部门开展重点评议。评议组听取市和19个区县劳动保障局以及社保中心等单位的有关介绍;分别召开63个企事业单位、就业援助员、各行业的职工及外来从业人员等参加的座谈会,共计420人次参加;收集各类意见建议147条;走访电话咨询中心,了解"12333"服务投诉热线的运作情况;明察暗访61个就业促进中心、社保中心等窗口;查阅570件台账和资料,并进行电话回访。评议组认为,劳动保障部门工作有力,措施扎实,尤其通过对"社保资金案"的深刻反思,进一步强化对政风行风建设重要性的认识,在履行职能、强化管理和解决损害人民群众利益的突出问题等许多方面取得比较明显的成效,得到群众的认可。

2009年,市纠风办在评议工作中把着力点放在发现和推动解决问题上。共检查出26类问题124个实例,引起被评部门的重视,加强整改。在对交通港口部门评议中,发现有少数出租汽车驾驶员利用计价器作弊"宰客"的问题,交通港口部门领导高度重视,在加大执法检查力度的同时,通过"更换顶灯"等技术措施从根本上解决这一问题。

二、教育系统评议

1995年底,市纠风办协调市教委对全市中小学及幼儿园教育收费进行专项调查评议。调查结果表明,广大家长认为1995年所在学校执行收费情况总体是好的,认为能执行规定的满意率达调查总人数的93%,比1994年的89.5%提高3.5个百分点。

2000年,市纠风办组织403名行风评议代表对市普教系统的收费情况开展调查和民主评议。

共走访各类中小学与有关单位 1 425 所(个);召开各类座谈会 725 个,6 714 人次参加;个别访谈 4 390 人次;各区县发放行风调查问卷 1 万份。8 月 11 日召开评议大会,对普教系统的收费情况进行面对面的评议。评议代表提出的 269 个问题中有 217 个得到纠正;强行征订书报学习用品基本遏制,截留捐资助学款问题得到有力查处;全市共查处 191 起乱收费的违规事件,清退违规收费 1 387.57 万元;并提出进一步改革教育收费制度、加强长效管理的思路和设想。

2001 年,市纠风办组织对普教系统行风评议开展"回头看",共检查 489 所中小学,召开各类座谈会 320 个,涉及对象 2 561 人次,走访学生家长 684 人次。清退违规收费 367.3 万元,6 名学校行政领导受到免职处分。市教育系统针对评议意见进行整改,会同市财政、物价和纠风部门,制定对违规收费的整改处理意见,推动对中小学乱收费的治理工作。

2002 年,市纠风办对教育系统行风开展重点评议。据评议反馈,全市绝大多数中小学(含民办学校)的收费行为进一步规范,收取与入学挂钩赞助费的问题得到有效遏制;公办高中招收择校生实行"三限"(限分数、限人数、限钱数)规定较好地得到执行;少数学校的乱收费行为得到严肃查处。10 月 10—23 日,部分市人大代表、市政协委员、市纠风检查员、民主党派成员和人民团体代表等 20 名评议代表参加由市纠风办、市教委、市物价局、市财政局组成的 10 个检查小组,对全市 19 个区县 150 所中小学校治理乱收费工作和教育收费公示制度执行情况进行检查,召开座谈会 71 次,共 760 余人参加,并查阅有关的账册和资料。总体上看,2002 年全市治理中小学乱收费工作有较明显的成效。行风评议和"回头看"中评议代表提出的有些问题已经得到解决,学校收费行为渐趋规范,中小学乱收费问题在一定程度上得到遏制。

2006 年,市纠风办、市教委联合开展中小学收费问题调查,了解学生家长对子女就读学校当年执行教育收费规定的情况,并听取他们对教育收费工作的意见和建议。调查问卷发放面覆盖到全市每一所中小学(不包括中专、职校、技校、聋哑学校等)的每一个班级。共发放调查问卷约 65 000 份,约占全市中小学学生总数的 5%。在规定时间内回收有效问卷 47 068 份,回收率 72.41%。调查问卷显示:学生家长认为子女所在学校当年执行收费规定"好"和"较好"的占 90.42%,比上年提高 1.39 个百分点;认为"较差"和"很差"的占 0.45%,比上年下降 0.11 个百分点。据市纠风办组织的政风行风测评,2006 年社会各界对教育行政部门测评分为 83.17 分。对学校行业测评分为 83.03 分,教育行政部门和学校行业的测评平均得分为 83.10 分,与全市 29 个部门和行业政风行风测评平均得分基本持平。

2007 年,市纠风办组织开展的政风行风建设测评数据反映,社会各界对教育部门的测评分为 83.99 分,比上年增加 0.82 分,在 11 个综合管理类部门中排名第 8 位,与上年相同;学校行业的测评分为 82.96 分,比上年略降 0.07 分,在 10 个行业中排名第 6 位,与上年相同。全市教育系统(包括教育部门和学校行业)政风行风测评平均分为 83.48 分,比上年增加 0.38 分,与全市 29 个部门和行业政风行风测评平均得分基本持平。10 月,市教委、市纠风办联合开展教育收费调查,问卷发放到全市每一所中小学校每一个班级,共回收有效问卷 47 068 份,调查结果显示,学生家长认为子女所在学校当年执行收费规定总体评价"好"和"较好"(即"满意率")的占 90.36%,连续两年保持在 90%以上的高满意率,"较差"和"很差"的仅占 0.50%,连续多年控制在 1%的范围内。

2008 年,市纠风办组织市政风行风监督员对教育系统开展重点评议。先后听取市教委领导和有关业务处室的情况介绍,参加市教委召开的重要会议,到 7 个区县教育局、3 所高校听取情况介绍,召开中小学校长、学生以及学生家长等参加的座谈会 20 个,共有 300 多人与会,向 450 人次作电话访谈,查看市教委和区县教育局、高校的有关信访投诉处理情况资料。此外,还开展问卷调查。

据调查统计,认为子女所在学校按规定执行教育收费公示的占 93.39%;认为子女所在学校执行收费规定总体评价为“好”和“较好”(即“满意率”)的占 93.51%,比上年增加 3.15 个百分点。全市 19 个区县教育部门政风行风测评平均分为 82.03 分、学校行业政风行风测评平均分为 80.52 分。

2009 年,市纠风办对教育系统政风行风建设情况开展“回头看”。据市纠风办测评,上海教育部门的综合满意度得分为 84.52 分,在全市 22 个综合管理类部门中排第 7 位。据市教委、市纠风办联合开展的全市中小学收费情况调查问卷统计,学生家长认为子女所在学校执行教育收费规定“好”和“较好”的比例之和为 94.76%,认为子女所在学校按规定进行收费公示的占 95.03%,反映学校收取过赞助费之类的费用占 1.14%。开展创建规范教育收费达标区县活动,经评估,奉贤、金山、青浦、闸北、松江、虹口、闵行、南汇、普陀区教育局被评为 2008 年度上海市规范教育收费优秀达标单位,其他 9 个区县教育局被评为达标单位。“回头看”反馈评议认为,上海教育收费问题已不再是群众反映的热点问题。

2010 年,上海学校行业行风测评综合满意度为 84.20 分,在全市 13 个行业中排第 2 位。根据教育收费问卷调查统计显示,学生家长对教育收费的评价为“好”和“较好”的达 96.31%。

三、医疗卫生系统评议

1994 年,市纠风办协调组织对二级以上医疗机构卫生行风进行万人问卷调查,病人对医院的综合满意率保持在 90%以上。此外,据市文明办对全市 35 个窗口行业组织社会公众服务满意率测评,卫生行业排名在 20 位左右。

1997 年,市纠风办将卫生系统列入重点评议单位,组织 5 支督查队明察暗访,对各级医疗卫生机构的行风、收费、医疗质量及卫生监督等情况进行督查,并对多所地段医院、企业职工医院及社会办医、中医坐堂等进行全面清理督查,在全市 20 个区县进行万人问卷调查,发放问卷 10 000 份,回收问卷 9 881 份。调查显示,认为卫生系统行风“好”的占 25.29%,“较好”的占 37.84%,“一般”的占 29.80%,“较差”的占 4.85%,“差”的占 1.94%。认为卫生系统行风“明显好转”的占 31.20%,“略有好转”的占 51.86%,“没有好转”的占 14.23%,认为“更差”的占 1.22%。认为当前卫生系统必须重点抓的行风问题排前三位的是“服务态度生冷硬顶推”、“卫生监督执法部门办事效率低”和“违反规定乱收费、乱罚款”。

1999 年,市纠风办对医药购销行风开展专题评议。50 名市行风评议代表以及各区县的 241 名代表,用三个多月时间,对医药购销中的生产、经营、执法、管理等环节,选择人民群众反映强烈的热点问题开展专题调查。召开各类座谈会 416 个,与会者 3 088 人,个别访谈 1 211 人次,明察暗访 1 207 人次。在区县评议反馈的基础上,8 月 5 日召开市医药购销行风评议大会,对市工商、物价、卫生、医药等部门在市场准入把关不严、药价虚高、药品配置中心及药品管理上存在的问题进行评议。经过 8 个月的行风评议与治理,纠正医药购销不正之风工作取得较为明显的成效。药价虚高问题得到较好整治,在年初降低 103 种规格的药价、降价金额达 1 亿元的基础上,又先后 3 次降价,降价金额达 5.4 亿元。2001 年,卫生政风总评分为 74.95 分,卫生行风总评分为 70.72 分。

2004 年,市纠风办把医疗卫生系统纳入“重点评”范围。卫生医疗系统加大纠风力度,组织开展 9 次“纠建行动”,使收受“回扣”、“红包”以及“开单提成”等问题有明显减少,医疗服务质量有新的提高。药监部门加强药品和医疗器械生产、流通的监督管理,提高服务质量。2004 年,卫生政风总体评价分为 84.04 分,同比增加 3.72 分,满意率为 88.42%,同比增加 10.02%。卫生行风总体评价分为81.40分，同比增加4.20分，满意率为83.17%，同比增加13.28%。增长幅度居全市各行业第二位。2007年，卫生政风总评分提高到83.01分；卫生行风总评分提高到80.22分。

四、物业管理行业评议

2001年5月，市纠风办对社区居住物业管理开展行风评议。全市154个街道、镇聘请2 970名评议代表，评议辖区内居住物业企业1 999家，占全市居住物业企业总数86.3%。在历时半年多的评议中，代表共召开座谈会2 531个，组织明察暗访16 000人次，走访居民家庭25 643户，查阅有关物业资料19 156份，发放调查问卷42 845份。通过听取工作汇报、查阅台账资料、察看服务窗口、访问办事对象等方式，调查梳理出意见8 726条。针对反馈意见，各居住物业企业举一反三，认真整改，全市为小区居民解决"急、难、愁"事累计投入资金3.1亿元，明确512个小区多家管理或无人管理的治理责任；对管理、服务和收费方面存在的问题及时落实整改7 079条，整改率为80.79%，受到居民群众的好评。

2003年，市纠风部门推动市房地部门认真解决市民反映较为强烈的三大顽症"维修不及时、服务不到位、收费不规范"。据2003年测评反映，三大顽症状况得到改善，市行风测评总分为76.37分，比2002年上升6.12分。

2007年，市房管局联合市文明办，委托社会中介机构，在全市开展物业服务满意度测评工作。运用定性与定量相结合的评价方法，直接面向住宅小区居民，开展覆盖全市所有住宅小区的物业行业社会公众满意度季度测评工作。从2007年的测评结果来看，物业管理社会公众满意度从一季度的77.577分，逐步提高至四季度的80.346分，总体呈稳步上升态势。同时，深入120个住宅小区进行物业服务专项检查，对存在问题的物业服务企业出具整改通知单，并在整改期限到期后，对相关小区的整改情况进行复查。2008年上半年度的测评结果显示，全市物业管理行业的总体公众满意度分值为80.052分，继续保持在80分以上。

2009年，物业行风测评工作采取问卷调查和案例调查相结合的方式，对全市物业管理的行风状况作出评价。问卷调查结果显示，全市19个区县物业行业行风满意度指数总分为84.66分。其中静安区以87.24分名列第一，其次是卢湾区和长宁区，分别为87.09分和86.47分。

2010年，市纠风办在"纠风在线"网站组织开展政风行风测评，物业管理行业行风测评群众综合满意度为80.95分，测评反映问题62个。从总体上看，2010年全市物业管理工作情况平稳有序，各项工作稳步推进。

五、公共服务行业评议

1997年，市纠风办组织对公用事业四大行业（自来水、煤气、公交、出租车）开展测评，共计发放调查问卷1万份，回收有效卷9 866份。认为"好"和"较好"的相加依次分别为58.6%、57.11%、40.15%、47.52%；认为"一般"的分别为33%、33.38%、44.9%、41.15%；认为行风"差"的比例平均为2%以下；认为行风好转（"明显好转"和"略有好转"相加）的比例分别为：自来水80.25%、煤气79.32%、公交73.10%、出租77.13%；仍有15%—20%的受访者认为公用各业的行风近年里并未好转，尤其是对公交行业的反映较为强烈，达20.84%。

2002年，市纠风办组织对旅游行业开展行风评议。全市112名行风评议代表走访听取182个旅行社、93名导游、26个景点、72家星级宾馆、3个集散中心点从业人员的意见，向698名上海游客、625名外地来沪游客、53名境外游客发放1 376份调查问卷,以普通游客身份暗访17家旅行社的19条旅游线路。通过调查,向旅游主管部门反馈旅游市场监管中存在的问题:旅行社未签订规范合同的比例达12.1%,旅行社未按合同提供旅游行程的占7.1%,未按合同标准提供食宿的占7.8%,导游私受回扣的占9.4%。针对评议代表提出的意见建议,市旅游委梳理需要整改的4个方面18个问题,制订出60项整改措施。通过评议,推进以诚信旅游市场为目标的行风建设,400多家国际及国内旅行社、旅游汽车公司和旅游消费场所按行业自律要求签订《诚信公约》,使旅游行业的满意度达75%,认可率达95.8%。

2003年,市纠风办聘请社会各界23名代表,针对旅游行业行风建设上存在的问题,组织行风评议后的专项检查,重点检查整改落实的情况。暗访60家旅行社服务窗口,访问200多名中外游客和30名导游。向111名上海本地游客、97名外地来沪游客、19名国外和境外游客发放227份调查问卷,并以普通游客身份暗访13条旅游线路。在检查中发现部分旅行社窗口服务不规范、部分导游人员服务不到位和旅游行业管理部门监管不够和执法功能存在削弱趋势等问题,市旅游委及时制订整改措施,督促落实,促进旅游市场的整治和行业的规范化管理。

2004年,市纠风办组织对市级新闻媒体的行风开展专项评议。评议组对解放、文新、文广传媒三大集团及所属报刊、电台、电视台等媒体的行风进行检查评议。重点评议职业精神、职业道德和工作作风,纠正有偿新闻等不正之风。评议由宣传部门牵头,纠风部门积极做好配合和监督工作。评议组听取文汇报、新民晚报、新民周刊、东方早报、外滩画报行风建设及自查自纠情况的汇报,并到文广新闻传媒集团下属的频道、频率去抽查调看节目。评议员在解放日报报业集团、文新报业集团、文广新闻传媒集团召开3个座谈会,邀请各区县、委办、部委办局分管新闻工作的23名宣传部(处)长,听取对上海主要新闻单位行风建设情况的意见和建议。同时召开座谈会,听取17名新闻界老前辈的意见和建议。针对评议组提出的问题、意见和建议,被评议媒体单位认真纠正问题,改进行风。

同年,根据监察部、国务院纠风办的要求,市纠风办对广电系统组织专项评议,有10位市政风行风监督员参与实例调查,重点评议广电系统贯彻执行党和国家的有关方针政策和遵守职业道德、杜绝有偿新闻和虚假广告等情况。同时,市纠风办与市通信管理局对电信行业收费、服务等方面存在问题的整改情况实施检查,进一步推动电信行业的行风建设,建立和健全长效管理机制。电信行业加强网络信号深度覆盖工作,提高通信质量。

第三节 基层单位评议

1998年,上海提出并试行行风评议的延伸工作,对基层科、所、队、站开展行风评议。1998—1999年,行风评议的对象向社区延伸,全市已有127个街道、镇在社区内开展行风评议,评议对象从社区内的警署、工商、税务、环卫、市容监察拓展到自来水、邮电、法律服务所等单位;行风评议的区域向街道乡镇延伸,1998年在杨浦、静安、宝山、南汇三区一县进行试点;行风评议的内容向评议政风延伸,在松江、卢湾、徐汇、黄浦三区一县作了探索。经过一年的试点实践,行风评议向街道乡镇社区延伸取得一定成效,静安、杨浦、闵行等区都普遍开展社区评议;杨浦、徐汇还将全区所有的物业管理部门放在社区内进行评议;闸北区北站街道通过建立党风廉政监督站的做法,对社区的警署、物业管理及街道办事处的两个科室进行评议;浦东新区南码头街道通过设立居民代表大会常设委员会,对社区的日常管理包括行风进行监督、管理;静安区江宁街道通过建立督导员制度,对社区的党风、政风、行风进行监督评议，均取得较好的效果。社区行风评议坚持与巩固纠风成果相结合、与解决社区居民反映强烈的突出问题(诸如社区环境，违章建筑整治，地区医院的服务，自来水、煤气供应，菜场集市管理)相结合，与社区精神文明建设相结合，以为民、便民为目的，评议的是人民群众日常生活中最关心的问题，解决的是人民群众迫切想解决的问题，受到广大人民群众的欢迎。

1999年，社区行风评议在试点基础上向全市推开。截至2000年底，全市共有189个街道、镇开展社区行风评议。评议范围涉及警署、工商、税务、环卫、市容监察、邮电、自来水、法律服务、物业管理以及街道、镇政府办事机构等三类组织(行政执法组织、公共服务组织、基层政府组织)10多个基层单位。社区行风评议以解决群众反映的热点问题为切入点，以创建文明社区为目标，通过街道、镇的党风廉政监督站等载体，纠正一些行政部门和公共服务行业基层单位存在的行风问题，受到广大群众的称赞。

2002年，市纠风办印发《关于对本市街道、乡镇行政机关开展政风评议的实施意见》，明确从2002年4月起，用二至三年时间对全市街道、乡镇普遍进行一次政风评议。2002—2004年，各区县纠风办共聘请评议代表2 172人，通过听取汇报、查阅资料、发放问卷、暗访窗口、开座谈会、个别访谈等形式，全面、深入、系统地对全市234个街道、乡镇开展政风评议。评议期间，共召开各类座谈会4 780个，参加座谈人员30 037人次，走访有关领导干部、居(村)民21 215人次，走访各类企事业单位、居(村)委会3 039个次，暗访服务窗口2 610个次，查阅资料3 942次，发放调查问卷33 096份，查找各类问题、提出相关意见建议3 335个(条)。通过评议，促进各街道、乡镇加强和改进作风建设。据统计，三年来各街道、乡镇制定和完善各类制度达350项。这些制度的形成，使基层政权机关的政风建设进一步制度化、规范化，深化和强化执政意识，热点难点问题得到进一步解决，扶贫帮困解决群众就业难，建设卫生站解决群众看病难，修路筑桥解决群众出行难，治理水质解决群众用水难，开设"一门式"服务解决群众办事难，综合治理改善群众生活环境差。政风评议帮助社区居民群众办了不少实事好事，成为拓展群众参与基层政权建设和社区民主管理的有效渠道。

2005年，市纠风办组织各区县对街道、乡镇的政风测评，通过开展"回头看"活动等形式，加强民主监督，促进基层政风建设，并逐步探索建立长效管理机制。2008年，市纠风办组织对19个区县134个街道乡镇开展政风评议，进一步推进基层党政机关的政风建设。

2010年，根据国务院纠风办《关于加强民主评议基层站所工作的指导意见》精神，市纠风办制定《上海市民主评议基层站所工作实施意见》，从2010年开始，用3年时间对全市2 257个基层站所普遍开展一次评议。评议重点为：公安派出所、工商所、税务所、司法所、房管办事处、绿化市容管理所、城管分队、社区事务受理服务中心、社区文化活动中心、社区卫生服务中心。2010年，全市3 000多名评议代表用4个多月的时间，对工商所、社区卫生服务中心等基层站所的政风行风情况开展深入调查，共评议500个基层站所(工商所148个，社区卫生服务中心224个，其他站所128个)。

第三章　纠风热线网络

20 世纪 90 年代初，上海在广播电台开设有听众直接参与的互动性“热线”直播节目。2007 年，由市纠风办和市委宣传部主办、上海人民广播电台提供平台，在上海人民广播电台开设上海市“62780990”政风行风热线电话，主要就党和政府的大政方针政策，以及群众关心的热点、难点问题提供咨询，解难释疑；接听群众“急、难、愁”问题特别是损害群众利益突出问题的投诉；听取群众对加强政风行风建设的意见和建议。2008 年，市纠风办与市委宣传部建立定期互动会商机制，将行政监督与舆论监督有机结合。2010 年 5 月，市纠风办与上海电信公司集中整合全市部门与行业监督投诉电话，建立并开通“962114”市政风行风监督电话，统一接受群众投诉举报，更直接、更便捷地接受群众投诉、倾听群众呼声，引导群众依法表达合理诉求，维护群众举报投诉的合法权益。现代媒介网络的传播功能日趋强大，广大群众特别是年轻群体更习惯于借助网络反映问题。8 月，市纠风办开通上海市“纠风在线”网站，运用网络积极开展纠风工作，促进政风行风建设。上海已建立起集广播、电话、网络、报刊等各种媒介于一体的群众诉求反映与收集系统。

第一节　“62780990”政风行风热线

20 世纪 90 年代初，上海在广播电台开设有听众直接参与的互动性“热线”直播节目。

2007 年，根据国务院纠风办和国家广电总局的部署和要求，经市委、市政府同意，由市纠风办和市委宣传部主办、上海人民广播电台提供平台，在上海人民广播电台开设上海市“62780990”政风行风热线，主要就党和政府的大政方针政策，以及群众关心的热点、难点问题提供咨询，解难释疑；接听群众“急、难、愁”问题特别是损害群众利益突出问题的投诉，由有关部门和行业、区县进行现场解答或在规定的期限内进行处理，并及时向投诉人反馈；听取群众对加强政风行风建设的意见和建议，及时向有关部门、行业和单位反映，促进整改，推动工作。1 月 27 日，市纠风办、市委宣传部在广播电台举行“政风行风热线”开通仪式，市纪委书记沈德咏主持开通仪式，市委副书记罗世谦出席并讲话，常务副市长冯国勤与听众进行在线交流。

自 2007 年开通以来，每周六“上线”1 次，同时连续几年增设“夏令热线”。听众在节目播出时间可以拨打热线电话反映诉求，非节目播出时间也可致电广播电台栏目组留言。各区县、各部门和行业对“热线”反映的问题高度重视。列入市政风行风测评的部门和行业的主要领导和分管领导分别走进“热线直播室”，与群众直接对话交流。主要接听群众关于部门、行业及其工作人员乱收费、乱罚款、乱摊派、办事推诿拖拉、态度粗暴冷漠等明显违纪违法违规、损害群众利益突出问题的投诉。2007 年，共有 48 名(次)部门和行业领导走进直播室。直播中，各部门、各行业的领导与群众直接对话，接受咨询和投诉。对群众投诉的问题，能当场答复的给予当场答复，不能当场答复的，作出限时答复和处理的承诺。处理完成后及时反馈给听众和“热线”栏目组，并将处理报告报市纠风办。市纠风办适时进行抽查，必要时进行督办，做到有询必答、有诉必受、有查必果、有果必复。2007 年，热线受理咨询 611 件，投诉 492 件，投诉件办结 466 件，办结率 94.7%，通过“热线”为群众解决各种实际问题 1 424 个。

图 12-3-1　2007 年 7 月 25 日，上海市"政风行风热线"工作座谈会

2008 年，市纪委、市监察局与市委宣传部探索建立舆论监督与纠风工作联动会商机制，发挥新闻舆论监督作用。针对新闻媒体提供的政风行风问题，进行调查处理，做到件件有着落，切实纠正损害群众利益的不正之风。以关注民生、改进作风为主线，从解决具体问题入手，继续抓好"政风行风热线"工作。为进一步规范"热线"，建立完善规章制度，市纠风办专门制定《关于部门和行业领导"上线"若干注意事项》《关于上海市广播电台"政风行风热线"工作若干规定》，规定每半年制定一次"上线"安排。建立完善领导"上线"制度、"上线"后情况分析制度、"首接"责任制度、群众投诉处理"反馈"制度、定期通报制度等，保证"热线"工作稳步推进。2008 年，共有 46 名(次)部门和行业领导走进直播室。市纠风办对"热线"反映的问题认真督办，切实解决一批群众反映的"急、难、愁"问题。2008 年，热线为群众解决物业居住、环境卫生等急难愁问题 657 个。

图 12-3-2　2008 年 9 月 26 日，上海市加强舆论监督推进政风行风建设工作会议

2010 年 4 月以来，市纠风办依托上海科技情报研究所，对境内 49 种媒体就上海 46 个部门和行业政风行风的各种问题报道进行收集、分析。根据媒体监测情况，市纠风办加强纠风舆情研判，对群众反映的突出问题加强监督和处理。通过广泛收集和充分利用新闻媒体对政风行风问题的报道，加强社会监督，及时解决群众反映的实际问题。从 2010 年下半年起，"热线"调整为每周 2 次，周六、周日各 1 次。

第二节　"962114"政风行风监督电话

2010 年 5 月，市纠风办与上海电信公司集中整合全市部门与行业监督投诉电话，建立并开通

“962114”市政风行风监督电话，主要任务是集中受理群众投诉，由有关部门和行业在规定的期限内予以处理，及时向投诉人反馈处理情况，进一步推动各部门和行业改进工作，提高群众满意度。该监督电话与市政、供水、燃气、电力、环保、公安等18个部门及行业实现对接，并实现市区联动，成为统一接受群众投诉举报的重要途径。投诉人拨打“962114”投诉热线，电信平台接线后分类记录，并将投诉人的诉求记录转由有关部门处理，有关部门调查处理完成后将处理结果反馈给投诉人。电信平台同时提供人工接听服务，接线员根据投诉种类提供号码及其他相关服务。通过“962114”一口接听，可以更直接、更便捷地接受群众投诉、倾听群众呼声，引导群众依法表达合理诉求，维护群众举报投诉的合法权益。

“962114”监督电话自2010年5月试运行至2010年12月31日，来电总数为2 165个，转接成功数为1 572个，转接率为72.6%；部门接通总数为1 112个，接通率为70.7%；政风行风投诉件为261个，投诉率为23.5%。接电较多的主要有公安、人力资源社会保障、绿化市容城管等部门。在群众来电诉求中，涉及政风行风投诉类629个，主要反映服务态度、服务规范、办事效率等方面的问题。

市纠风办专门召开工作推进会，建立和完善工作流程与机制，将受理政风行风投诉工作纳入部门、行业的管理之中，制定操作规范，完善工作流程，并逐月形成受理、处理的统计报表。对群众通过“962114”来电反映的问题，快速高效解决，及时为群众排忧解难，有力推进政风行风建设。为切实做好政风行风监督热线“962114”的受理工作，各部门、各行业分别采取有力措施。市人保局、市绿化市容局、市建交委等部门针对工作中存在的问题，加强分析研究，切实解决群众反映的实际问题。市税务部门对纳税服务热线“12366”设备进行扩容，提高接通率。市供水行业提出优质服务无缝链接，强化供水服务保修联动机制和应急处理机制，不断提高服务水平。市人保局制定《962114监督电话转接处理办法(试行)》《市政风行风监督热线962114电话接听模板》等规范性文件；市房管局印发《962114政风行风投诉热线来电处置流程(试行)》；12319城建热线对下属7条热线电话，统一《来电记录单》格式；市交通港口局制定《服务热线处置工作绩效考评办法(试行)》等，规范工作流程，提高工作质量。

第三节 “纠风在线”网站

2010年8月，市纠风办开通上海市“纠风在线”网站，主要任务是顺应广大群众特别是年轻群体更习惯于借助网络反映问题的潮流，及时解决群众反映的热点难点问题，运用网络积极开展纠风工作，促进政风行风建设。2010年8月23日，“纠风在线”网站开通试运行，网址是：www.shjfzx.gov.cn。市纪委书记董君舒、副市长屠光绍出席开通仪式，共同点击开通。同时，为规范网站运行，加强诉求管理，市纠风办印发《关于建立上海“纠风在线”网的通知》，运用制度加科技理念，主要对群众诉求的受理、处理及考核作出要求，在方便群众诉求、快捷解决问题、加大公开力度等方面下功夫。对群众的一般诉求，规定在15个工作日内办结。网站还设置用红、黄、绿三种色灯标示办理进度的预警系统，实现动态监管。群众只要上网投诉，就会立即收到系统随机分配的密码，凭此密码诉求人可以查询其诉求处理进度及结果，并可对处理结果是否满意作出评价，市纠风办可以根据评价，督促有关区县和部门切实解决好群众的诉求。网站还将不涉及个人隐私的诉求公开在网上，并将处理结果同时公布，接受舆论监督和社会监督。

至2010年底，网站访问量378万人次，网上有效诉求694件，处理率91.6%；45.2万人次参加网上测评。网站较好发挥受理群众诉求、开展政风行风网上测评、进行纠风工作信息发布等多种功能，及时解决一批群众反映的诉求，取得较好的社会反响。

第四章　政府管理改革

上海各级纪检监察机关围绕转变政府职能、改善行政管理、提高行政效能，积极推进政府管理改革，不断拓宽从源头上预防和治理腐败的渠道。1988 年，上海建立“两公开一监督”制度，即“公开办事制度，公开办事结果，依靠群众监督”。1996 年，上海市全面部署动员推行政务公开工作。1998 年以来，针对财政管理中容易滋生腐败的部位和环节，重点抓“收支两条线”等工作。1999 年，上海制定《关于本市乡镇企业全面推行会计委派制度的若干意见》，在全市 2 088 个乡镇全资和控股企业全部推行会计委派制度，企业的财务管理体制和监督机制得到进一步完善。2008 年，上海深化部门预算和政府收支分类改革，扩大国库集中支付制度范围，保障财政资金安全有效地运行。通过实施政务公开，实行收支两条线、部门预算、国库集中支付、会计委派制度等举措，促进服务政府、责任政府、法治政府和廉洁政府建设。

第一节　政 务 公 开

一、公开机制

1988 年，上海建立“两公开一监督”制度，即“公开办事制度，公开办事结果，依靠群众监督”。根据中央部署，首先在黄浦区、松江区进行试点。黄浦区试点情况，由区政府主要负责人到国务院作了汇报。8 月，市委、市政府召开“公开办事制度，廉洁为民”教育活动动员大会。旨在解决一些基层行政管理部门、执法部门、公用行业“吃、拿、卡、要”、以权谋私、以业谋私等不正之风，范围涉及公安派出所、税务所、工商行政管理所、房管所、粮管所、银行信贷所、供电所、计量所、交通管理所、电话营业所、煤气管理所、土地管理所、物价管理所、环卫所、交警中队、液化气站、卫生防疫站等 40 类基层所(队、站)。至 1989 年底，全市 2 593 个基层所(队、站)共 16 万余名公职人员参加“公开办事制度，廉洁为民”教育活动。绝大多数基层所(队、站)建立“两公开一监督”制度，过去那种“没有好处不办事，有了好处乱办事”、“脸难看，话难听，事难办”的现象有所转变。查处少数公职人员弄权渎职、敲诈勒索、徇私枉法等违纪违法案件 210 余起，分别进行政纪处分或移送司法机关处理。1994 年，中共中央政治局委员、中央纪委书记尉健行到黄浦区对“两公开一监督”情况进行视察。

1996 年，市委、市政府召开加强廉政勤政建设、推行政务公开工作会议，全面动员部署推行政务公开工作。大会总结 1988 年以来全市开展“两公开一监督”工作的经验，对政务公开的范围、实行政务公开的部门和组织、政务公开的对象和内容、推行的工作步骤和要求提出意见。

1997 年，市委、市政府召开政务公开会议，市委副书记王力平到会讲话，市政府秘书长周慕尧作工作部署，上海海关、南市区政府、市民政局和市建委交流经验，现场参观上海浦东海关报关厅的政务公开情况。同年，上海从国家管理事务、社会公共服务事项、群众自治组织的公共事务三个方面，在 20 个区县、26 个市级行政执法部门、综合经济管理部门、司法部门及系统中推行政务公开，在 4 个社会公共服务系统中实施公共服务事项公开，在 2 902 个行政村中开展村务公开。至 1997 年底，全市已有 43 个市级委办局及其 469 个处室、434 个区县所属的委办局、4 928 个基层站队所、101

个街道办事处、187个乡镇实行政务公开。公开办事项目12 894项,建立窗口3 044个,设立监督箱2 889个,设立监督电话1 740个。

1998年,市委、市政府印发《关于实行政务公开制度,深入开展政务公开工作的决定》,规定上海市各级行政机关,法律、法规授权的组织,行政机关委托的组织都要实行政务公开。政务公开的内容是与公民、法人和其他组织直接接触、利益相关的双方权利义务的规定(依法不应公开的除外)。同时,明确政务公开的形式和方法,以及监督检查、考核奖惩的措施。全市43个委办局、518个区县所属委办局、5 841个基层站所队、110个街道办事处、189个乡镇政府实行政务公开,公开的项目总计达12 894个。全市90%以上的行政村实行村务公开制度,1998年底达到100%。一些区将政务公开向居委会延伸。

1999年7月7日,上海召开深入开展政务公开工作大会,部署具体工作。同时建立上海市政务公开联席会议制度,联席会议下设办公室,作为办事机构,设在市纠风办。至1999年底,全市应开展政务公开工作的55个市属委办局已全部实行政务公开;中央在沪的12个有关单位政务也已公开;20个区县政府主要职能部门均已实行政务公开;自来水、煤气、邮政和供电等公用事业单位结合各自特点将公共服务事务向社会公开。全市两级25个法院、28个检察院都已实行审判事务公开、检察事务公开。各区县政务公开向街道居委延伸。村务公开质量有所提高,村务公开率已达100%,财务公开实现率100%,"五规范一满意"的达标村占95%。

2005年,市委办公厅、市政府办公厅印发《关于本市贯彻〈中共中央办公厅、国务院办公厅关于进一步推行政务公开的意见〉的实施意见》。上海各级行政机关全年主动公开各类信息56 111条,依申请公开信息12 974条。发放政府公报24期20万份。举行市政府例行新闻发布会25场,发布重要信息47项,回答记者提问300多个,海内外新闻媒体对市政府新闻发布会的相关报道有3万多篇。全市行政执法部门实行行政检查、行政强制、行政处罚112项,执法总数934万多件(次),其中以书面和口头告知行政相对人786万多件(次)。全市各类中小学校教育收费公示率达到100%;全市470家医院全部公开药品收费价格,二、三级医院全部实行住院费用"一日清"制度。7月19—25日,全国政务公开督查组到沪进行专项督查,对上海政务公开的保障机制、监督机制及制度化和法制化建设给予充分肯定。

2007年,上海认真实施《上海市政府信息公开规定》,进一步完善领导体制和工作机制,基本形成"党委统一领导、政府主抓、政府办公厅(室)组织协调、纪检监察机关监督检查"的工作格局。在浦东新区开展行政权力公开透明运行试点工作,完成行政权力清理界定,确定权力实施主体,编制权力流程再造,建立电子政务平台,初步形成"权力责任、运作规范、网上运行、监督问责"4项机制。

2008年,市纠风办把浦东新区作为权力公开透明运行试点单位,建立具有网上公开、网上办公、网上服务和网上监督4项功能的权力公开透明运行专网。围绕专网的建设,开展基础性的清权确权工作,建立与新区专网相衔接的试点部门信息平台。环境保护和市容卫生管理局对梳理出的915项权力事项进行流程优化和再造,针对每项权力运行中的不同环节,制定岗位责任说明书,注明行使职权的条件、办理时限、相对人的权利等内容,在新区权力公开透明运行专网上进行公布。研发具有"社会服务、网上流转、网上监管、电子监察、绩效评估、数据交换"6项功能的行政许可网上审批系统,全局43项行政许可事项全部实现网上流转审批。至年底,共办理行政许可事项1 503件,没有发生过一起违规或超期审批现象。同时,积极探索建立在互联网上实施网上申请、网上办理的远程审批模式。

二、公开渠道

1998年，市监察委与市信息港办公室联合开发上海市公众信息服务网，并印发《上海市政务公共信息上网服务管理办法(试行)》。市科委等16个单位将政务公开的内容输入网络，不仅方便群众查询，而且便于群众进行有效监督。1999年1月14日，举行上海市政务公开上网仪式，上海市“公众信息服务网”(网址：http//www.spis.sh.cn)正式开通。市政府所属有关55个委办局和4个公用事业单位全部实现政(事)务公开信息上网。

2000年，结合市政府机构改革，市政务公开办公室对1999年市政府原来55个上网单位的网上信息等情况进行梳理分析，重新确定52个市政府行政机构、5个公共服务单位和6个中央在沪的行政机构作为上海市政务公开上网的单位。根据网上存在的问题，市政务公开办公室提出调整、规范的意见，进一步完善政务公开上网的内容。

2002年，市纠风办在全市行政执法部门推进行政检查、行政强制、行政处罚告知制度的落实，要求将执法身份、执法依据、执法对象的权利、执法纪律、投诉渠道等内容公示到执法现场，告知到行政管理相对人，融入执法文书中，以规范行政执法行为，提高行政执法透明度。全市50个市级行政执法部门，除3个部门在试点外，有47个部门全面推行告知制度，实施率达94%，比上年提高24%。在实施告知的形式中，以执法文书和书面方式告知的有17个部门，占36.2%；既有执法文书或书面方式告知，又有口头形式告知的部门有30个，占63.8%。中央在沪行政机构中有8个部门也推行了行政执法告知制度。

2007年，以网上办事为重点，推进“中国上海”门户网站提供包括“在线受理、状态查询、结果反馈、表格下载、办事指南、办理机构、相关法规、网上咨询、监督投诉、便民问答”等10项内容的“一站式”服务。依法、有序、逐步推行审计结果公开，向本级人大、政府报告预算执行等情况的审计结果，向政府有关部门以及社会公众公布重要审计事项的审计结果。做好行政机关及有关公用事业单位电话号码公开，将上海市47个部门、19个区县、6个公用事业单位的3 000多个信访、投诉、咨询等电话号码通过上海电信“114”热线系统、“中国上海”门户网站向社会公开，印制《上海市便民电话号码手册》3万份，免费向群众发放。截至2007年10月，上海市各级行政机关主动公开各类政府信息40 295条，依申请公开5 082条。2007年8月，市审计局受市政府委托，向市十二届人大常委会第三十八次会议报告上海2006年度本级预算执行和其他财政收支的审计工作报告。对17个市级政府部门及其所属单位、20个政府投资建设项目资金、13家市管企业及下属子公司涉及违规和管理资金方面存在的问题进行报告。同时，通过媒体向社会公开审计结果的基本信息。

2010年，重点加强行政服务中心建设，组织各区(县)、市政府各部门，对现有的21个区(县)行政服务中心和80个市政府委办局受理窗口的基本情况作全面梳理，对部分区(县)行政服务中心的办事功能、咨询电话等进行协调落实，对部分委办局受理窗口过于分散、数量较多的情况进行整合。在此基础上，形成上海行政服务中心和受理窗口的基本情况，并在“中国上海”门户网站上对外集中公布，确保企业和市民来政府办事找得到部门、找得到人。

三、公开查评

1999年，上海市选择工商、规划和房地三个系统政务公开工作试行查评，内容主要是组织领导和监督考核机制等方面的落实情况、政务公开的“三个率”(即公开率、合格率、实现率)以及运用政务公开解决行风问题的情况,并制定具体实施方案。查评聘请社会各界人士,通过随机抽样、实地调查的方式,对政务公开具体实行情况进行查评及反馈。三个系统均把与社会接触面广、掌握一定审批、执法权力的部门作为实行政务公开的重点。按照政务公开的要求,以印制告知单或告知册、安置触摸式电脑和电子显示屏、上互联网、开辟168声讯电话、设置IC卡查询等方式予以公开,公开的内容和程序比较规范。根据查评调查统计,办事对象认为政务公开后上述三个系统办事机构的工作效率“有明显提高”和“有提高”的均占80%以上;两次受理率和按时办结率都在84%以上,其中工商系统按时办结率达到95%以上。

2000年,市政务公开办公室聘请280名查评代表,对民政、公安、海关的政务公开进行查评。查评代表随机抽样调查1 220名办事对象,据市查评组对其中257名行政许可办事对象的调查结果统计,认为这三个部门的办事效率有明显提高和有提高的平均为88.3%,两次受理率平均为80.9%,按公开内容能办妥事情的平均为91.4%,公开内容看得清楚的平均为84.4%,按规定收费的平均为82.7%,有受理告知单的为76.3%,实行人员、场地、程序“三分离”的为73.9%,对“有否吃拿卡要行为”持否定态度的为98.7%。

2001年,市政务公开办公室聘请272名查评代表,对税务和电力系统进行政务(事务)公开查评。共明察暗访办事窗口270多家,召开各类座谈会220多个,走访企事业单位2 000余家,访问办事对象2 500多名,发放回收专项调查表2 254份。查评反映,办事对象认为税务和电力系统政务(事务)公开后办事效率“明显提高”和“有提高”的分别为90.2%和95.1%,是查评开展三年来评价最高的一次。

2003年,上海建立民主评议行政审批机关和窗口单位机制。由各区县“一门式”服务中心负责、区县监察机关参与,组织开展评选“最佳服务窗口”、“明星公仆”、“星级服务标兵”等先进典型的活动,组织行政审批相对人对各部门的工作作风、办事效率、服务质量等进行无记名填写评议表,集中公布,定期反馈,督促整改;对企业或公民投诉的,由监察机关及时查核,属实的将严肃处理。有条件的区县,邀请地区的人大代表、政协委员、社区干部及企业代表以明察暗访、座谈会等各种形式,了解社会各界对政府部门工作的情况的意见和建议。

第二节 财政监管

一、“收支两条线”监管

1998年,中央召开落实“收支两条线”规定电视电话会议,中央六部门联合制定《关于加强公检法工商部门行政性收费和罚没款收入收支两条线管理工作的规定》。会后,上海召开分会场会议认真学习会议精神,对全市公检法工商部门行政性收费和罚没款收入实行收支两条线管理。按照中央的部署和要求,市纪委专门制定《1996、1997年银行账户情况表》《1996、1997年年收支情况表》《1996、1997年底行政事业性收费项目基本情况表》,并到有关部门调研,了解公检法、工商四部门执行“收支两条线”管理工作的情况,对进一步推进全市公检法、工商四部门执行规定的专项检查工作提出明确要求和实施意见方案。在检查过程中,共取消收费项目205项,涉及金额15亿元;确认行政事业性收费154项;取消或合并银行账户565个;罚没收入约6亿元全部足额上缴国库,行政性收费约8.22亿元纳入财政专户管理。市、区两级政法机关所属1 210户企业全部实行脱钩。

1999年,监察部、财政部等五部门联合召开落实“收支两条线”规定全国电视电话会议。会后,市纪委书记、市监察委主任张惠新在上海分会场就贯彻落实“收支两条线”规定作出具体部署。随后，上海召开落实“收支两条线”规定工作会议，建立由市纪委牵头，市财政局主抓，人民银行上海市分行、市物价局、市审计局、市法制办等部门参加的“联席会议制度”。上海市落实“收支两条线”规定工作办公室设立在市监察委，承担日常工作。市纪委、市监察委会同有关部门开展对全市落实“收支两条线”工作专项检查，制定落实“收支两条线”工作的九条纪律规定，围绕清理收费项目、清理银行账户、清理收费票据、推行罚缴分离(三清一分离)四个重点环节推进“收支两条线”工作落实。经过全面清理，市级22个重点部门单位共清理行政事业性收费项目569个，取消40个；各区县共清理收费项目12 519个，取消237个；全市共取消银行账户1 075个；市级22个执收执罚部门上缴财政专户311 324万元；上海市代收罚款银行点已有383个，罚缴分离入库额11 629万元。

2000年6月，市监察委、市政府法制办、市财政局联合印发《关于对落实“收支两条线”规定开展专项检查的通知》，将“收支两条线”工作横向扩展到全市78个执收执罚部门，纵向延伸到基层所有的科队站所。7月，市监察委、市法制办、市财政局、市审计局、市物价局和中国人民银行上海分行等单位联合组成专项检查小组，分别对市房屋土地资源管理局、市住宅发展局、市司法局、市公安局、市卫生局、市劳动和社会保障局、市民政局、市规划局、市环卫局等10个部门的“收支两条线”执行情况进行重点检查。共清理项目1 267项，撤销28项；清理各类票据692种，废止违规票据5种；清理各类账户9 183个，撤销违规账户853个，取消收入过渡账户23个；普遍实行罚缴分离项目620项，罚缴分离率为100%。严厉查处金山区规划局及其所属部分事业单位违反“收支两条线”规定，违规发放奖金、福利费等问题，追究有关主管人员的责任。全年纳入财政管理的行政性收费和罚没收入总计70亿元。

2002年，市落实“收支两条线”规定工作办公室把市公安局、市法院、市工商局、市环保局、市人口计生委5家单位列为深化“收支两条线”改革试点单位，各项行政事业性收费全额纳入预算管理，实行收支脱钩。9—10月，市监察委等四部门对上海市公安局、市法院、市工商局、市环保局、市人口计生委5家单位进行专项督查，对市房地资源局、市社团局、市工商局、市文广局、市民防办、市商委、市档案局、市市容环卫局、贸促会上海市分会、市质监局10家单位进行重点检查。从检查结果看，全市514项行政事业性收费中，行政性收费已全部实行“收支两条线”管理。2003年1月1日起，全市59项行政事业性收入纳入国库管理。

2004年，市落实“收支两条线”规定工作办公室深化“收支两条线”管理，制订《预算外资金收缴管理制度改革方案》，继续推进收缴分离改革，督促有关单位认真落实“收支两条线”检查中问题的整改措施。规定从2004年7月1日起，所有市级行政事业性收费直接汇缴国库或财政专户；2004年10月1日起，全面实施行政事业性收费收缴分离。

图12-4-1　2005年12月14日，上海市公用事业单位推进办事公开制度电视电话会议

2005年，市落实“收支两条线”规定工作办公室公布《上海市行政事业性收费项目目录》，明确凡收费目录中没有的收费项目，任何单位和个人有权拒绝支付；全面换发《收费项目登记和票据购买证》；全面推行行政事业性收费收缴分离制度,采取直接缴库和集中汇缴两种收缴方式替代目前实行的分级分散收缴制度,并建立收缴管理信息系统,全面实施分离管理模式。2006年,将清理过的全市行政事业性收费项目目录向社会公示,对执收单位全面换发准收证,从原来1 000多家单位减少到328家。

2006年,市落实"收支两条线"规定工作办公室对"以收定支"、"收支挂钩"进行全面检查。检查结果表明:市级单位行政事业单位收费已全面完成收缴分离改革,"收支两条线"管理制度执行较好。全市没有"以收定支"、"收支挂钩"的乱收费情况。

2007年,市监察委和市财政局、市发展改革委、中国人民银行上海分行、市审计局印发《关于本市开展市级行政事业性收费收缴分离改革落实情况专项检查的通知》。在全面自查的基础上,对市城市交通局、市建设交通委、市市政局等10个主管部门及下属单位行政事业性收费收缴分离改革落实情况实施专项检查。通过检查,纠正并规范执收单位在收缴分离改革的实施、收费票据的使用、过渡账户的开设和使用、"收支两条线"管理的财政专项资金的使用等方面存在的问题。10家被检查的重点单位已全部完成收缴分离改革。12月,在市政府统一部署下,市政府法制办会同市减负办、市审改办等部门,对上海各政府部门及其下属事业单位执收的531项行政事业性收费项目进行清理。

2008年,市政府召开全市行政事业性收费清理工作电视电话会议。市委副书记、市长韩正要求,要在行政事业性收费清理取得阶段性成果的基础上,进一步加强行政事业性收费的长效管理。紧紧围绕政府职能转变这条主线,做好三项工作:加大后续清理力度。加强对收费合法性、正当性的定期审查,对不符合改革方向、不适应发展需要的收费事项,及时发现,及时清理。加大依法、从严控制新增收费力度。今后所有新设收费事项都要有法律、法规和规章支撑,都要按照严格的程序报市政府批准。特别是在设定关系到公众切身利益的收费项目时,要有科学规范合理的程序。加大规范透明力度。把收费纳入预算管理,严格实行"收支两条线",彻底杜绝收费与支出挂钩的情况。进一步健全收费公示以及使用专用票据等制度,杜绝"黑箱操作"。

二、部门预算、国库集中支付监管和会计委派

1999年,上海制定《关于本市乡镇企业全面推行会计委派制度的若干意见》,按照"行得通、管得住、效果好"的原则,针对不同的委派对象、不同的投资主体,采取不同的委派形式。在全市2 088个乡镇全资和控股企业全部推行会计委派制度,企业的财务管理体制和监督机制得到进一步完善。

2001年,上海稳步推进部门预算,实行国库集中支付制度,强化对全市65项行政事业性收费(基金)项目的预算管理,继续推行财务总监和会计主管委派制度,加强对《会计法》的执法检查。

2003年,上海政法、行政执法部门全面推行部门预算,加快完善部门预算管理制度。认真执行《预算法》和《上海市市级预算审查监督规定》,做到先有预算后有支出,提高预算的权威性和严肃性。优化支出结构,加强专项资金管理;同时,进一步深化对公共支出项目标准的调查研究,逐步建立全市公共支出项目的最低财力保障制度。要求所有行政事业性收费都必须实行"收支两条线"管理,逐步做到将预算外资金纳入预算内管理。强化收缴管理,试行预算外资金收缴分离、票款分离制度。扩大国库集中收付的试点范围,进一步清理预算单位的银行账户,严禁设立"小金库"。加强对会计队伍的管理,依法严惩"做假账"行为;进一步推进上海市上市公司和行政事业单位的财务委派制度。

2008年,上海深化部门预算和政府收支分类改革,扩大国库集中支付制度范围,保障财政资金

安全有效地运行，从源头上预防腐败，增强政府的调控能力。

2009 年，在 2008 年取消和停止征收 148 项收费的基础上，对 100 项行政事业性收费中涉及本市的项目进行清理，取消和停止征收 43 项行政事业性收费。全年取消和停止征收行政事业性收费项目以及降低收费标准约 50 项，涉及金额约 2.7 亿元。各部门对涉及企业的收费严格按照物价部门核定的收费项目、收费标准和收费范围执行，并通过市财政局非税收入网上收费系统进行收取，全部收入直接上缴国库。

第五章　行政审批制度改革

2000年以来，上海围绕“建设全国行政效率最高、行政透明度最高、行政收费最少的行政区之一”的目标，推进行政审批制度改革。2000年12月，成立上海市行政审批制度改革领导小组，市监察委为牵头单位，抓好市政府对行政审批制度改革工作的落实。2001年6月，市政府印发《上海市人民政府关于本市行政审批制度改革的通知》，提出在全面清理的基础上，使现有的行政审批事项减少50%左右。2001年，市政府按照依法设定的行政审批原则，对全市的2 027项行政审批项目逐一开展清理，分批向社会公布第一批、第二批行政审批清理结果，共取消、不再审批622项，调整审批方式136项，建议国务院改革43项。2003年，上海第三批取消、调整行政审批事项共243项。2009年，市政府决定第四批取消和调整952项行政审批事项。2009年7月，市监察局增设效能室，外挂“上海市行政审批制度改革领导小组办公室”牌子，承担行政审批制度改革的职能。加大对行政审批的监管力度。2010年，市政府印发《上海市行政审批目录管理办法》，规定上海行政审批实行目录管理，基本形成行政审批标准化管理的基本思路和操作路径，实行并联审批、行政审批告知承诺、网上行政审批等制度和措施，把上海行政审批制度改革推向深入。

第一节　组 织 领 导

2000年，市委、市政府决定，成立上海市行政审批制度改革领导小组，由市委、市政府主要领导任组长，常务副市长及市委分管宣传、政法、纪检工作的副书记或常委任副组长。领导小组成员由市委办公厅、市政府办公厅、市监察委、市委宣传部、市委政法委、市政府研究室、市政府法制办、市体改办、市编办、市财政局领导组成。

2001年3月，市政府召开上海行政审批改革动员工作会议。会议决定把行政审批制度改革作为2001年上海集中力量抓好的重要工作，由市委副书记、市长徐匡迪负责牵头，设立市行政审批制度改革领导小组及办公室，切实加强组织领导，确保行政审批制度改革工作顺利进行。随后，市政府召开行政审批制度改革工作会议。市委副书记、市长徐匡迪出席会议并讲话。10月，国务院召开行政审批制度改革工作电视电话会议，上海汇报开展行政审批制度改革的情况，已确认第一批取消和不再审批的行政审批事项523项，占现行行政审批事项的25.8%。

2002年，市委、市政府决定，市政府主要领导兼任市行政审批制度改革领导小组组长，由市委副书记、市纪委书记罗世谦，常务副市长蒋以任兼任上海市行政审批制度改革领导小组副组长。同年，召开市行政审批制度改革工作会议，总结和推广上海前一段时间开展行政审批制度改革的经验和做法，同时对下一步全市审改工作作进一步部署。常务副市长蒋以任出席会议并讲话。

2003年，市委、市政府决定，市行政审批制度改革领导小组更名为市行政审批制度改革工作领导小组，由市委副书记、市长韩正任组长，市委副书记、市纪委书记罗世谦，常务副市长冯国勤任副组长。8月，召开全市行政审批制度改革工作电视电话会议，市委副书记、市长韩正，常务副市长冯国勤出席会议并讲话。会议要求进一步增强行政审批制度改革的自觉性；突出重点，加大力度，在深化行政审批制度改革的重要环节上取得突破；加强领导，加强协调，确保行政审批制度改革各项任务的落实。11月，召开行政审批制度改革工作专题会议，市委副书记、市纪委书记罗世谦，常务副市长冯国勤出席会议。会议就以实施《行政许可法》为契机，坚持不懈地推进行政审批制度改革；多层次、全方位推行“告知承诺”制度等作出部署。

2005年4月，国务院召开行政审批制度改革工作电视电话会议。市委常委、常务副市长冯国勤出席上海分会场会议。会后，上海认真贯彻会议精神，要求下一步审改工作切实做到“三个继续深化”和“三个继续推进”，即继续深化规范审批行为，继续深化社团、行业组织和社会中介组织规范建设，继续深化审改试点工作；继续推进年检事项改革，继续推进建立行政许可电子监察系统，继续推进对《行政许可法》贯彻实施情况的监督检查。7月，市政府召开市审改工作汇报会，市委常委、常务副市长冯国勤听取浦东新区前三轮审改工作简要情况和第四轮审改方案主要措施的汇报，提出下一步要着重在政府功能的重组和整合上下功夫，在政府职能转变和创新上下功夫。

2006年3月，市政府召开市审改工作专题会议，常务副市长冯国勤听取市审改办关于浦东新区第四轮审改措施协调情况的汇报，以及2006年深化行政审批制度改革工作建议的汇报。会议同意市审改办提出关于2006年审改工作的意见。8月，市政府召开市行政审批制度改革工作会议。常务副市长冯国勤出席会议并讲话。冯国勤通报一年来上海审改工作的进展情况，肯定上海审改工作取得的成绩，并对下一步的审改工作进行部署。

2008年，召开市政府全体会议，市委副书记、市长韩正主持，常务副市长杨雄就深化行政审批制度改革工作进行部署。会议要求，按照提高效率、增强透明度的目标，抓住改善投资项目审批管理、整合建设工程审批、建立网上审批平台三个突破口，从清理审批事项、改进审批方式、再造审批流程、创新管理方式、加强监督制约五个环节入手，力争点上突破、片上拓展、面上推进，进一步减少审批事项和收费项目，简化审批程序，优化审批环节。

2009年，市委、市政府决定，调整市行政审批制度改革工作领导小组领导成员及其办公室主任，由市委副书记、市长韩正任组长，市纪委书记董君舒、常务副市长杨雄任副组长。3月，市政府召开行政审批制度改革工作会议，常务副市长杨雄出席会议并讲话。会议要求，从体制、机制、法制方面对各部门现有的行政审批运作过程做全面检查，集中力量把目录管理、业务手册、办事指南、网上审批、信息共享、电子监察等六项重点工作落到实处。12月，召开2009年行政审批制度改革工作电视电话会议，市委副书记、市长韩正出席会议并讲话，常务副市长杨雄作工作部署，市纪委书记董君舒主持会议并讲话。会议要求，做好行政审改工作，以政府信息公开、行政审批制度改革和行政事业性收费清理为重点，全力打造“行政透明度最高、行政效率最高、行政收费最少”的行政区之一。

2010年3月，市政府召开2010年第一季度全市行政审批制度改革工作会议，常务副市长杨雄出席会议并讲话。会议要求，按照“三个一”（一项基础性工作、一本审批业务手册、一个工作机制）和“五个统一”（统一专业底版、统一受理口径、统一审查内容、统一审理时限、统一文档模板）的要求，进一步优化审批流程。有步骤、有计划地推进网上审批平台建设，实现各部门内网与市政府网上审批平台互联互通。对涉及企业设立并联审批的事项率先实施电子监察。加大区县行政审批事项清理力度，推进并联审批和告知承诺。市纪委副书记、市监察局局长、市审改办副主任顾国林部署区（县）行政审批清理工作。12月，市政府召开行政审批制度改革工作专题会议，常务副市长、市审改工作领导小组副组长杨雄出席会议并讲话。会议听取市审改办关于2010年上海行政审批制度改革工作进展情况的汇报。与会单位进行讨论，反映存在的问题，并对下一步审改工作安排提出建议。

第二节 清理检查

一、审批事项清理

2001年,市政府印发《上海市人民政府关于本市行政审批制度改革的通知》,提出在全面清理的基础上,使现有的行政审批事项减少50%左右。经统计,2001年上海市级政府部门的行政审批事项共有2 027项,涉及53个部门。其中中央设定的有1 168项,占总数的58%;上海市级设定的有859项,占总数的42%。按照依法设定行政审批的原则,对全市的2 027项行政审批项目逐一开展清理,重点清理由上海设定的859项行政审批事项。对没有明确法律、法规、规章依据的审批事项作取消;对由市政府各委办局自行设定的审批事项实行重新核定,对84项由地方性法规设定的行政审批事项,市政府严格履行法定程序,提请市人大作出"中止执行"、暂停审批的决定;对国务院部门规章以上依据设定的行政审批事项,根据上海实际提出相应的改革建议。经过清理,市政府分批向社会公布第一批、第二批行政审批清理结果,共取消、不再审批622项、调整审批方式136项、建议国务院改革43项。

2002年,市审改办组织力量对424项地方性审批事项进行清理,对涉及的44个单位进行分工,对424个审批事项的事由、依据、单位清理意见等逐一审验和复核,重点分析清理112项委办局文件以下的审批事项,并与事项集中的各单位逐一面对面地沟通和协商。对达成共识的清理结果,与44家单位逐一进行确认,力求规范化。

2003年,经市行政审批制度改革工作领导小组审核,上海第三批取消、调整行政审批事项共243项,其中包含59项拟不作为行政审批的事项。2001—2003年,上海取消、调整的行政审批事项总计达到1 044项,总体改革率达到51.5%。

2009年,按照"两高一少"的要求,市行政审批制度改革工作领导小组对市政府部门的行政审批事项进行第四批集中清理。总的要求是:对现有的行政审批事项进行全面清理,该取消的一律取消,该调整的一律调整。其中市政府原55个部门共上报清理出的事项1 852项,经审核认定不属于行政审批的有325项。对属于行政审批的1 527项,各部门逐项分析其设立的背景、管理目标及必要性、有效性,开展自我清理,提出初步处理意见。市审改办对各部门上报的自查情况和清理意见,作出汇总、分析、审核、论证,并与各单位进行沟通、协调、核对和书面确认。市政府法制办对拟取消、调整的事项进行复核。12月25日,市政府决定第四批取消和调整952项行政审批事项。其中取消的行政审批事项207项,调整的行政审批事项745项。在取消和调整的行政审批事项中,有60项属于涉密事项。

二、许可事项清理

2004年2月,市政府召开全市贯彻实施行政许可法动员大会,市委副书记、市长韩正出席会议并讲话。会议要求,要把贯彻落实《行政许可法》作为2004年全市各级政府的一件头等大事,切实加快政府职能转变,更加注重加强政府的社会管理和公共服务功能,努力创造良好的发展环境、社会环境。在贯彻《行政许可法》过程中,市审改办协助市法制办完成对上海创设的203项行政许可事项的清理,共决定取消102项,占上海创设许可项目的50.2%。市人大常委会决定停止执行由

《上海市产品质量监督条例》等22件现行地方性法规设定的36项行政许可事项。市政府决定取消“消费品展销会的核准登记”等66项由市政府规章和市政府规范性文件设定的行政许可事项。

三、审批收费清理

2003年,市审改办组织开展清理、规范行政审批收费工作。通过发放调查表,与财政、物价部门核对,摸清50项涉及国务院已取消和以委办局文件设定审批项目的收费性质、依据、标准,以及近两年收费情况,经报请市政府同意,以市政府名义公布这50项行政审批事项,明确审批过程中不准收费,共取消实际收费金额150多万元。会同有关部门对上海行政事业性收费项目及管理状况进行调查分析,初步掌握涉及全市55个部门的381项收费的基本情况,尤其了解与行政审批有关的收费情况,按照行政许可法的要求,对清理和规范行政性收费提出建议。结合落实“收支两条线”管理情况专项检查,对各单位行政事业性收费情况和涉及行政审批的收费项目的执行情况进行检查,推动行政事业性收费分离改革顺利进行。

2004年,市审改办推动行政审批和政府服务“零收费”改革。自2004年1月1日起,浦东张江高科技园区率先开展行政审批和政府服务“零收费”的改革,通过取消高科技企业和软件企业认定登记类等收费项目、新区财政和园区办代缴市级以上的收费项目等方式,共取消61个收费项目,95%的注册园区企业享受“零收费”政策。

2007年,市政府开展行政事业性收费清理工作。根据“少收费、不收费”的目标,按照“地方性法规以及规章、规范性文件设定的收费项目,原则上取消或者停止征收,包括收费依据已经失效或者行政管理事项已经取消的收费,违反行政许可法设定的许可类收费,履行行政管理职责而向被管理对象征收的管理费,不合理的服务类收费,以及明显不合时宜的收费”的标准,共取消和停止征收148项行政事业性收费,占清理总数的27.9%,涉及30个政府部门,据市财政局按照2007年收费金额匡算,约近20亿元。

四、专项执法检查

2002年上半年,市政府先后公布两批801项取消和调整的审批事项。为加强监管,市审改办对前阶段取消和调整事项落实情况进行专项执法检查。检查分为自查和抽查,在全市53个部门开展自查的基础上,会同市政府法制办等部门,分成5个小组,对市经委、市外经贸委、市科委、市计委等15家单位涉及审批事项比较多的单位进行审批改革工作落实情况检查。这次检查,涉及15家单位原审批事项895项,占全市原有行政审批事项2 027项的44%;涉及市政府公布取消和不再审批的事项328项,占全市公布取消和不再审批事项622项的52%;涉及市政府公布调整的事项68项,占全市公布调整事项136项的50%。

第三节　专项建设

一、标准化管理

2001年,市审改办协调设计“上海市行政审批事项管理系统”,建立内部局域网和审批事项数据库,包括每个审批事项的名称、审批部门、依据及具体条款规定、设立年份、2000年实际发生的审批次数、各部门的改革意见、专家意见、审改办意见、改革理由及具体措施等内容。

2008年,市委、市政府印发《关于进一步深化本市行政审批管理制度改革工作的意见》,提出认真总结和推广实施标准化审批、格式化审批经验。对每个审批事项统一专业底版、受理口径、审查时限、文档模版,固定审批内容、审批条件、审批环节、审批流程,实现具体化、数值化。探索和建立上海行政审批ISO9001质量管理体系认证。

2009年,全市行政审批制度改革工作电视电话会议要求,推进行政审批标准化建设。建立行政审批手册制度,根据部门职责和审批事项的性质、特点和复杂程度,细化审批业务,优化审批流程,明确各个环节的职责和权限,减少自由裁量权,规范行政审批的行为。同时,要加快调研,制定行政审批手册的标准模板,形成标准化审批的管理办法,确保行政审批标准化建设有章可循,成为政府的一项基本管理制度。

2010年,上海基本形成行政审批标准化管理的基本思路和操作路径,主要包括目录管理、业务手册、办事指南、网上审批、数据共享、电子监察六方面内容。同年,市政府印发《上海市行政审批目录管理办法》,建立行政审批目录管理制度,并印发《上海市政府部门行政审批目录(2009年版)》,包括年检事项、收费事项、中介机构和行业协会、企业登记注册前置审批目录,形成行政审批标准的整体框架。制定《行政审批标准化管理办法》《行政审批工作标准》《行政审批业务手册和办事指南编制指引》等多项行政审批标准。同时,在市交通港口局、市规土局、市药监局、市工商局、市绿化市容局、闵行区进行行政审批标准化管理试点。开展网上办事工作。对现有各区县的20个行政服务中心和市政府委办局的80个受理窗口的基本情况进行全面梳理,落实有关服务功能,并在“中国上海”门户网站上对外集中公布。稳妥推进行政审批电子监察工作。现已形成行政审批电子监察八个方面486项数据,并设计开发电子监察业务系统。

二、并联审批

2001—2002年,市审改办积极推进“并联审批”工作。2001年7月,市政府印发《上海市企业注册登记“并联审批”办法》,对涉及企业设立的所有前置性审批全部纳入并联审批范围,明确并联审批的部门、责任人、工作时限以及工作程序;其他依法需要前置审批的项目要积极推行“并联审批”办法,主管部门根据“一口受理,抄告相关,并联审批,限时完成”的原则,主动与相关部门联系,提出“并联审批”的具体项目。实施户外广告网上并联审批制度,进一步改进前置审批。开展企业设立登记审批机制改革试点,实现“一表受理、一网运作、一次发证”的工作方式。截至2002年,全市各区、县的企业登记注册已基本实现“并联审批”。

2009年,市政府召开常务会议,市委副书记、市长韩正主持。会议审议并原则通过《上海市并联审批试行办法》《上海市行政审批告知承诺试行办法》。市政府办公厅转发市工商局、市商务委《上海市企业设立并联审批实施办法(试行)》,市审改办印发《本市企业登记注册并联审批第一批事项目录》,确定上海市企业登记注册并联审批第一批事项,共涉及14家单位44项内容。10月下旬在卢湾区、长宁区和闵行区开展内资企业设立并联审批试点。通过试点,营业执照、税务登记、组织机构代码三项行政审批的办理时间,由法定办理期限的43天,缩短为最快仅需2天。

2010年,根据“提前服务、一口收件、分送相关、同步审查、综合协调、限时办结”的要求,市审改办对涉及14个部门的44项行政审批,在市级层面和18个区县实施内资企业设立并联审批试运行。9月1日，正式开通中国上海网上政务大厅，开发完成并联审批一口收件的网上预申请服务，向公众开放企业设立并联审批e站通服务。截至2010年10月31日，全市新设立企业中的50%实施并联审批，共有23 747户，审批时限平均6.7天，比法定时限提速6倍。

三、告知承诺

2001年10月，市审改办推动“告知承诺”制度作为专项改革，首先在浦东新区试点。列入“告知承诺”试点范围的内容包括6项：种子经营许可；人才中介服务许可；科技经营许可；食品销售卫生许可；酒类商品零售许可；公共场所卫生许可。截至11月19日，已有50个企业通过“告知承诺”方式领到营业执照，其中26个是科技型企业。审批时间大为缩短，申领执照的时间由30天缩短到7天，科技型企业基本上当天就能拿到许可证。浦东新区适时把“告知承诺”制度扩展到卫生、烟草专卖、酒类零售、包装食品等企业。

2003年，市审改办会同市政府法制办，在浦东新区推行“告知承诺”经验的基础上，制定《关于本市行政审批实施告知承诺制度的意见（试行）》，对实行“告知承诺”的原则、适用范围、操作程序、事后监管等进行规范。同年，市审改办印发《关于报送拟实施“告知承诺”制度的行政审批项目的通知》。根据市政府关于扩大告知承诺范围的三条原则，要求市政府各委办局，在对现有审批项目进行梳理的基础上，提出拟实施“告知承诺”的行政审批事项，市审改办将各单位提出的拟实施“告知承诺”的行政审批事项加上原浦东新区实施的告知承诺行政审批事项，提请市政府法制办根据《行政许可法》精神进行审核，再与有关委办局进行确认，最后确定拟在全市实施的“告知承诺”事项38项。

2004年，市政府同意并公布《本市实行“告知承诺”行政审批事项目录（共38项）》，市政府办公厅转发市审改办《关于本市行政审批实行告知承诺制度的意见（试行）》，对实行“告知承诺”的原则、适用范围、操作程序、事后监管等进行规范。明确从2004年4月1日起，在全市范围内实行告知承诺制度。同时，制定《浦东新区企业设立、开业试行告知承诺审批方式的细则》和《关于印发〈浦东新区企业设立、开业试行告知承诺审批方式的细则〉和〈浦东新区企业注册登记实行并联审批制度的细则〉的通知》，在南汇区试行“告知承诺”事项，为全市实行积累经验。第一批已于2004年2月1日试行，共有22项，涉及14个委办局。第二批实施“告知承诺”的审批事项，共有27项，涉及10个部门。

2009年，市审改办制定并由市政府印发《上海市人民政府关于印发〈上海市行政审批告知承诺试行办法〉的通知》。明确七大类审批事项应加大实施告知承诺力度。在此基础上，印发《上海市人民政府公布本市实行“告知承诺”第二批行政审批事项目录及格式文本（样本）》，确定39项行政审批事项实施告知承诺，自2010年1月1日起正式实施。至此，在全市范围内实施行政审批告知承诺的事项达到62项，只要申请人签订“告知承诺”格式文本，当场就发给许可证，但审批机关作出行政审批决定后2个月内，必须对被审批人是否符合其承诺内容进行检查，把工作转移到事后监管上。

2010年，市审改办协调推行“告知承诺网上并联审批制度”。逐步对涉及13个部门的20个审批事项，建立各部门之间事前、事后信息交流机制，使审批条件、标准、要求等更加透明。同时，市审改办组织相关部门，根据市政府行政审批告知承诺文件规定，对全市实施的62项告知承诺事项的格式文本进行全面修订，重新再造审批办理和监督检查的业务流程，并向社会予以公开。1—10月，62项告知承诺事项已当场办理43 819件。

四、网上审批

2008 年,根据市政府意见,市审改办拟定《上海市网上行政审批管理办法》(征求意见稿),并征求各区县、各委办局意见。同时,筹建上海网上行政审批服务管理平台。该平台对内使用统一标准和规范,连接区县审批平台和市级部门审批系统,实现协同审批、信息共享、电子监察和审批事项长效管理;对外通过网上办事大厅,实现行政审批统一受理、统一查询、统一反馈。

2010 年,市纪委、市监察局、市审改办印发《关于进一步推进网上审批有关工作的通知》,对各部门开展网上审批情况进行全面摸底调研。现有 53 个有审批事项的部门中,有 36 个部门拥有 70 套审批业务系统,涉及行政审批 577 项,网上办理的行政审批业务达到 52%,其中 17 个系统达到 100%;网上审批的实现程度达到 50%,其中 14 个系统达到 100%。同时,开展行政审批信息资源共享比对业务需求调研,确定可供共享的审批信息共 2 229 类,其中涉及审批证件信息 930 类,涉及项目信息 697 类,涉及批后监管信息 539 类,涉及黑名单信息 63 类。在此基础上,由市审改办制定,并由市政府印发《上海市行政审批信息资源共享管理办法》,基本完成网上审批平台主体功能建设。工商、税务、质监、规土、建交、经信 6 个委办局的审批业务系统实现互联互通,行政审批信息资源共享业务系统、行政审批目录网上管理系统和行政审批电子监察系统等已完成软件开发并进行相应调试。同年,市审改办召开审改专题会议,与市人大法工委、市经信委、市高院、市政府法制办、市档案局及市政府公众网管理中心有关负责人,就电子签章的法律、技术和应用等问题进行研讨。

第十三篇

调查研究与理论研讨

理论是对实践的总结和提炼，对实践具有重要的指导作用。市纪委、市监察局(委)紧紧围绕党和国家工作大局，聚焦反腐倡廉中心任务，对工作中面临的新形势、新情况、新问题，深入开展调查研究，不断加强理论建设，形成一批有价值的调研报告，为推动党风廉政建设和反腐败斗争深入开展提供重要的理论指导。

加强对重大理论和实践问题的探索研究。1979年开始，市纪委结合问题调研，开展社情民意调查，了解掌握基层单位和干部群众对党风廉政建设和反腐败的看法及关注的问题。先后开展关于历史问题、党风问题、廉洁自律、提高执纪能力、体制机制等专题调研。每年深入到基层开展调查，通过与街道、社区、村镇、企事业单位、科研单位、学校、中央在沪单位以及外省市驻沪机构各领域、各层面的人员广泛接触，了解社情民意，倾听意见建议。

1986年起，在全市开展党风廉政建设问卷调查，采用等距抽样、直接入户的方法进行，根据问卷调查反馈结果，作定量分析，成为领导部署反腐败工作的决策依据。1995年开始，市纪委在全市范围内，先后选择30多个单位建立调查研究联系点，包括机关、高校、企业、街道、乡镇等，通过定期集中活动和个别联系、沟通和交流情况，了解工作中遇到的新情况和新问题，汇集干部群众对突出问题的反映，加强对基层工作的指导。

不断充实理论研究的力量。从20世纪90年代开始，全市纪检系统的调查研究工作深入开展，注重提高调研工作的针对性、科学性、预见性、时效性。同时，市纪委先后在高校、新闻单位、社科院和有关研究机构，聘请10余位专家学者为特邀研究员，聘请专家学者参与理论研究和咨询工作，听取他们对全市反腐倡廉工作的建议，邀请他们参与市纪委的重大课题研究。根据工作需要，还邀请不同领域的专家学者参与党建、行政审批制度改革、财政制度改革、完善企业监督制约机制等方面的咨询工作，探索形成关于党风廉政建设和反腐败斗争理论研究的专家库。

为了适应形势的发展和工作需要，加强反腐倡廉理论研究，1992年市纪委、市监察局(委)设立上海市监察学会，2009年设立上海廉政研究会。两个学会自成立以来，充分发挥自身优势，紧紧围绕纪检监察机关中心任务和反腐倡廉重大理论问题，积极开展理论研究和政策研究，认真总结反腐倡廉实践经验，切实加强学会自身建设，成为反腐倡廉理论研究的重要力量、纪检监察机关联系社会的重要桥梁和纽带，为服务纪检监察工作和促进反腐倡廉理论研究作出贡献。

注重将研究成果纳入工作的决策体系，作为纪检监察机关民主决策、科学决策的重要依据。1995—2010年，市纪委研究室建立内部信息资料管理制度，由专人负责收集各省区市和上海有关党风廉政建设和反腐败的理论文章、工作研究、工作经验、调查报告等资料，建立内部资料库，并在此基础上编辑整理《纪检监察信息摘编》。通过编辑《互联网摘报》和《境外报刊摘报》，向领导提供境内外主要中文网站和境外中文报刊，对国际国内重大新闻事件、对国内反腐败问题的报道及评论、热点问题的最新报道、评论及相关的背景资料提供宏观面的信息。与此同时，还将部分理论成果汇编成册，并召开全市纪检监察理论研讨会进行研讨和表彰。

第一章　调查研究

市纪委自1979年以来，重视抓好调查研究工作，先后参加二十余年的全国党风廉政问卷调查。调研的项目从开始的14个题目95项，增加到21个题目近300项，基本涵盖党风廉政建设和反腐败斗争的主要方面。1979—1980年，市委纪委筹备组重点对历史问题进行调研；1981—2005年，市委纪委筹备组、市纪委重点对党风问题进行调研；1985—2002年，市纪委重点对廉洁自律问题进行调研；1986—1988年，市纪委主要在县团级以上党政机关和企事业单位、领导干部、民主党派负责人等中开展党风建设问题调研。1986—2009年，市纪委重点对提高执纪能力问题进行调研。1988—2008年，市纪委重点对体制机制问题进行调研；1989—2006年，市纪委重点对基层反腐倡廉问题进行调研；1990—1995年，市纪委主要分层次、分行业开展党风党纪系列调研。1992—2009年，市纪委重点对服务经济建设问题进行调研。从1995年起，市纪委重点选择部分机关、学校、企业、街道、乡镇等设置调查研究联系点，开展定点调研。1996—2010年，市纪委试点主要在区县社区农村开展党风廉政建设问卷调查。1999—2005年，市纪委重点对纠正不正之风问题进行调研。对调研的成果，有的全文或摘要向市委、市纪委汇报，给领导决策提供参考。

第一节　问卷调查

一、领导干部问卷调查

1986年10—11月，市纪委按照中央纪委的调查要求，在全市9个部委办局和黄浦、杨浦、长宁、卢湾4个区的纪委系统，对部分县团级以上单位，就党风建设问题进行问卷调查研究。召开包括各级机关、企事业的党政领导干部、纪检干部和文艺、新闻、出版、理论界人士等参加的各种类型座谈会342次，共有2 683人参加，广泛认真地听取各方对党风建设的意见。多数同志认为，上海市的党风已经取得明显好转，但是发展不很平衡。据市属9个系统和4个区，对所属200个局级机关、1 168个县团级单位共1 368个单位的党风状况分析，认为好的有391个，占28.6%；比较好的有659个，占48.2%；一般的276个，占20.2%；差的42个，占3%；党风好的和比较好的合计76.8%。调研总结改革和端正党风关系方面的主要经验和做法，对如何理顺党纪、政纪、法纪三者的关系做深入探讨，提出意见和建议。

1987年12月—1988年1月，市纪委组织安排各系统纪委和4个区、2个县纪委，对上海党风状况进行问卷调查，发放问卷2 000份。在此基础上，召开8次各级领导干部座谈会。调查表明：经过整党，坚持在改革开放中加强党风建设，查处党内严重不正之风和违纪案件，使党的优良传统不断恢复和发扬，上海的党风在逐步好转，主流是好的。据回收的1 370份问卷统计，各系统党员、群众认为上海党风好的和比较好的有730人，占总数的53.3%；28个驻沪单位认为上海党风好的和比较好的有23个，占82.1%。调查认为，在改革开放新旧体制交替过程中，法制不健全、政策不配套、调节机制不完善、机会不够均等；一部分党员素质不高；处于执政党地位，权力缺乏监督、执纪不严等，都是滋生党内不正之风的重要原因。调查探讨发展社会主义商品经济中与党风有关的一些政策界限问题,对新旧体制转变过程中出现的新问题、新情况进行研究。

1988年,市纪委开展部分单位和地区党风现状的调查。对10个区县和委办局进行问卷调查,召开座谈会,广泛听取党政机关和领导干部对加强党风建设的意见,认为本单位党风好和比较好的占56.4%。调研对改革开放的新形势下加强党员思想教育、筑牢拒腐防变的思想道德防线进行探讨。

二、分层次分行业问卷调查

1990年,开展分层次、分行业的党风党纪系列调查研究。全市纪检监察系统共组织了482人,深入到560个单位,通过座谈会和个别访谈,向5 389名不同层次、不同职业的党内外人士进行调查,对1 649名干部、群众、知识分子、民主党派、无党派人士进行问卷调查。多数同志认为十三届四中全会以来,上海党风有所好转,搞好党风的信心增加。当前存在的突出问题是贪污受贿、以权谋房和严重官僚主义。调查分析产生党内消极腐败现象的主要原因,并对克服党内消极腐败现象提出相应措施,共写出51篇调查报告。市纪委在此基础上综合整理调查研究资料16篇,包括《局以上党员干部党风问题的综合分析》《市直机关处级干部党风状况》,为市委、市纪委决策发挥重要作用。

1992年,市纪委以问卷调查形式,在全市12个系统、5个区、3个县向万余名党内外干部群众就上海党风状况作抽样调查,共发出问卷调查表11 900份,回收有效答卷10 289份。调查表明:97.6%的问卷认为上海在加速经济建设、加快改革开放步伐方面取得进展,比上年上升近3个百分点。但请客送礼、形式主义、以权谋私仍然是群众意见最多的"三大"热点问题,分别占57.8%、56.3%、49.2%;认为党政机关干部廉洁状况好的和比较好的占49%;认为上海党风状况好的和比较好的占55.2%。

1994年,市纪委对上海党风廉政建设进行问卷调查,向不同层次、不同职业的群众投放调查问卷12 100份,回收11 420份。调查显示:88.4%的调查对象认为单位领导对反腐败工作是重视的,81.4%的认为消极腐败现象已经在一定范围内得到遏制,73%的认为对反腐败斗争有信心和比较有信心,对纪检监察机关反腐败工作满意率为75.1%。

1995年12月,市纪委在全市党员干部、工人、农民、职工、知识分子和民主党派人士中开展党风廉政建设万人问卷调查。结果表明:81%的问卷对上海反腐败工作感到满意和比较满意;88.3%的问卷认为,同1994年相比上海的党风廉政建设有所进步;90.8%的问卷认为,所在单位领导对反腐败斗争和党风廉政建设重视和比较重视,比1994年上升2.4个百分点;77.2%的问卷对反腐败斗争有信心和比较有信心,比1994年上升4.2个百分点。干部群众对消极腐败现象反映最突出的问题仍然是以权谋私、贪污受贿、弄虚作假等,分别占67.7%、37.7%、29.1%。

三、区县、社区、农村问卷调查

1996年,市纪委在静安区南京西路街道和徐汇区田林街道的13个居委会中,试行社区党风廉政建设问卷调查,投放调查问卷2 000份,回收率为94.77%。调查结果表明:66.87%被调查者对上海党风廉政建设和反腐败工作满意和比较满意;85.07%被调查者对反腐败斗争有信心和比较有信心。对消极腐败现象反映排在前列的是:贪污受贿;弄虚作假、报喜不报忧、欺上瞒下;执法人员违纪违法。

1997 年 5 月，在中央纪委的部署下，市纪委在浦东、南市、宝山、静安和南汇 4 区 1 县开展党风廉政建设问卷抽样调查。调查以 11 个街道和镇的 31 个居委会、村委会为投放点，共发放问卷 1 400 份，回收率 100%。认为近年来上海党和政府开展党风廉政建设和反腐败斗争所取得的成效，满意和较满意的占 43.84%；认为逐步遏制和克服腐败现象，有信心和比较有信心的占 71.1%；认为近年来消极腐败现象得到有效遏制和在一定范围内得到遏制的占 64.87%；认为所在地区党政领导对党风廉政建设和反腐败斗争重视和比较重视的占 50.07%。消极腐败现象位列前三的突出问题是：以权谋私、以业谋私；贪污受贿；用公款请客送礼、游山玩水。12 月，在全市开展党风廉政建设万人问卷调查，共向 37 个单位投放问卷 12 500 份，回收有效问卷 12 041 份，占 96.33%。调查显示：对上海的党风廉政建设总体评价是满意和比较满意的为 82.33%；对所在单位党风廉政建设和反腐败斗争重视和比较重视的为 82.65%；对通过开展反腐败斗争逐步克服腐败现象表示有信心和比较有信心的为 91.08%。认为消极腐败现象最为突出的问题排在前三位的分别是：以权谋私、以业谋私，占 56.06%；贪污受贿，占 37.14%；弄虚作假、欺上瞒下，占 34.76%。

1998 年，市纪委在区县党政机关和社区、乡镇基层共投放社会公众卷 1 200 份。调查结果：认为所在地区党政领导对反腐败和党风廉政建设重视和较重视的占 41.90%；认为近年来通过反腐败斗争，消极腐败现象得到有效遏制和在一定范围内得到遏制的占 68.76%；对近年来党和政府开展党风廉政建设和反腐败斗争取得的成效满意和比较满意的占 40.04%；对通过开展反腐败斗争逐步遏制和克服腐败现象有信心和较有信心的占 63.66%；认为消极腐败现象突出问题列于前三位的分别是：以权谋私、以业谋私，占 65.66%；弄虚作假、报喜不报忧，占 41.62%；贪污受贿，占 36.93%。

1999 年，中央纪委继续在部分省区市开展党风廉政建设问卷调查，上海继续进行问卷调查。11 月 13—17 日，问卷调查在黄浦、杨浦、徐汇、嘉定、奉贤等区县进行，共投放 2 000 份问卷，回收有效问卷 1 971 份。调查结果分析如下：被调查者对上海的党风廉政建设和反腐败工作以及取得成效认为满意和比较满意的为 46.27%，比 1998 年提高 6.23 个百分点；认为近年来通过开展反腐败斗争，消极腐败现象得到有效遏制和在一定范围内得到遏制的占 70.07%，比 1998 年提高 1.31 个百分点；认为所在单位党政领导重视和比较重视党风廉政建设和反腐败工作的占 46.09%，比 1998 年提高 8.62 个百分点；认为通过开展反腐败斗争逐步遏制和克服腐败现象有信心和比较有信心的占 68.09%，比 1998 年提高 3.43 个百分点；认为消极腐败现象最为突出的问题排在前三位的分别是：贪污受贿、以权谋私，占 63.22%；弄虚作假，占 32.62%；人事工作上的不正之风、任人唯亲，占 30.59%。

2000 年 12 月 1—4 日，市纪委在黄浦、虹口、闵行、普陀、奉贤等区县进行党风廉政建设问卷调查，共投放 2 000 份问卷，回收有效问卷 1 977 份。调查结果分析：被调查者对上海的党风廉政建设和反腐败工作以及取得成效认为满意和比较满意的为 50.33%，比 1999 年提高 4.06 个百分点；认为近年来通过开展反腐败斗争，消极腐败现象得到有效遏制和在一定范围内得到遏制的占 70.87%，比 1999 年提高 0.8 个百分点；认为所在单位党政领导重视和比较重视党风廉政建设和反腐败工作的占 45.58%，比 1999 年下降 0.5 个百分点；认为通过开展反腐败斗争逐步遏制和克服腐败现象有信心和比较有信心的占 74.30%，比 1999 年提高 6.2 个百分点；认为消极腐败现象最为突出的问题排在前三位的分别是：贪污受贿、以权谋私，占 78.89%；领导干部利用职权私自经商或为配偶子女谋利，占 36.57%；收受礼品、礼金等灰色收入，占 31.41%。

2001 年 10 月 26—31 日，市纪委在卢湾、闸北、长宁、金山、崇明等区县进行党风廉政建设问卷调查。此次问卷调查选择四区一县的20个街道(乡镇)80个居民(村民)委员会为抽样点,采取等距抽样、直接入户的调查方式进行。共投放2 000份问卷,回收有效问卷1 990份,占99.5%。接受调查人员中:共产党员占30.05%,机关干部占4.57%,国有和集体企业人员占57.34%,务农人员占13.17%,离退休人员占33.87%,下岗及待业人员占11.46%。调查结果显示:被调查者中对上海党风廉政建设和反腐败工作所取得的成效认为满意和比较满意的占49.15%,比2000年下降1.18个百分点;认为近年来通过开展反腐败斗争,消极腐败现象得到有效遏制和在一定范围内得到遏制的占77.09%,比2000年提高6.12个百分点。认为当前消极腐败现象最为突出的前三位依次为:贪污受贿,以权谋私,占68.29%;收受礼品、礼金等灰色收入,占32.51%;人事工作上的不正之风、任人唯亲,占30.75%。

2002年,市纪委开展社情民意的调查,着重了解党风廉政建设苗头性、倾向性以及群众关注的热点问题,起草《社会人士谈社情》《企业老总谈政风》《驻沪机构看上海》《上海市民看党风》等调研信息。根据中央纪委有关部署,上海选择浦东、静安、徐汇、虹口、松江、青浦6个区县参加全国党风廉政建设问卷调查,共发放调查问卷2 400份。调查显示:对上海的党风廉政和反腐败工作,认为满意和比较满意的占50.21%。认为当前消极腐败现象最为突出的问题是公款吃喝、收受礼品、礼金、利用职权为配偶子女谋私。

2003年10月8—25日,市纪委在黄浦、普陀、浦东和松江等4个区开展党风廉政建设问卷调查。调查按照等距抽样、工作人员直接进入居民户、所有答卷均无记名的方式进行。每个区投放500份问卷,其中每个区选择5个街道(镇),每个街道(镇)选择4个居(村)委会。全市共投放2 000份问卷,回收率达100%。问卷内容主要是依据中央纪委全国问卷样本。调查结果显示:反腐倡廉工作成效的满意率为54.15%,比2002年提高4.01%;党政机关领导干部廉洁自律满意率为58.1%,比2002年上升2.76%;对腐败遏制程度满意率为72.9%,比2002年提高0.26%;纠风工作的满意率为54%,比2002年提高1.84%。反腐败工作评价好于2002年。问卷首次对反腐败监督问题进行比较集中的调查,多数群众认为要加强上级对下级监督,加强新闻舆论监督。

2004年8月23日—9月8日,市纪委在卢湾、徐汇、杨浦、奉贤等区开展党风廉政建设问卷调查。调查按照等距抽样、入户调查、无记名的方式进行。全市共发放问卷2 000份,每个区500份,收回有效问卷1 997份,回收率达99.85%。对反腐倡廉工作成效的满意率为59.80%,比2003年提高5.65%。75.26%的群众认为党的十六大以来腐败现象在一定范围内得到有效遏制或一定范围内得到遏制,比2003年提高2.36个百分点。群众反映所在地区和单位党政领导对党风廉政建设和反腐败斗争的重视程度有所上升,认为重视的人数从2003年的56.45%上升到2004年的63.04%。腐败问题排在前三位的分别是:贪污受贿(占43.46%)、接收礼品礼金(29.84%)、领导干部利用职权为配偶子女经商谋福利(28.34%)。不正之风和腐败问题比较突出排在前五位的领域依次是:国企改革(70.30%)、工程建设(59.14%)、土地批租(46.02%)、行政审批(32.20%)、融资贷款(30.55%)。农村消极腐败现象排在前三位的分别是:村干部公款吃喝(30.15%)、财务管理混乱(22.03%)、乱收费乱集资(20.68%)。

四、联合专业机构问卷调查

2005年9月,市纪委联合市统计局、国家统计局上海调查总队在闵行、静安、长宁、南汇4个区开展党风廉政建设问卷调查。问卷调查工作由市纪委与市统计局共同承担。市纪委负责组织协调，市统计局提供人员培训、统计录入等技术方面的支持。问卷调查严格按照等距抽样、工作人员直接进入居民户、所有答卷均无记名的方式进行。全市共投放2 000份问卷，回收率达到100%。问卷调查的主要统计结果显示：群众对反腐倡廉工作成效的满意率为56.2%。77.8%的群众认为党的十六大以来腐败现象在一定范围内得到遏制，这一结果比2004年提高2.54个百分点。群众反映所在地区和单位党政领导对党风廉政建设和反腐败斗争的重视程度持续上升，由2004年的63.04%，上升到2005年的68%，同时也比全国高出3.25%。46.7%的群众认为今后一段时期，发生在领导干部中的不正之风和腐败现象有所减少。贪污受贿仍是消极腐败现象中的突出问题。排在前三位分别是：贪污受贿、弄虚作假、接受礼品和礼金，各占41.50%、35.90%和32.80%。

2006年，市纪委与市统计局联合开展调查，以中央纪委2006年度全国问卷为样本，并根据上海实际略作调整。全市19个区县全部参加问卷调查，每个区选择4个街道(镇)的20个居委会(村委会)，每个居委会(村委会)10份，共计3 800份。问卷发放仍然按照等距抽样、无记名的方式进行，保证问卷的科学性和客观性。问卷调查显示：群众对反腐倡廉工作成效的满意率为67.31%，比2005年上升6.55个百分点，比2002年上升17.17个百分点。80.29%的群众认为党的十六大以来腐败现象在一定范围内得到遏制，比2005年提高1.53个百分点。群众反映所在地区和单位党政领导对党风廉政建设和反腐败斗争的重视程度持续上升，2006年比2005年上升3.2个百分点。群众认为排在前三位的腐败现象分别是：贪污贿赂(46.32%)、干部利用职权为配偶子女提供便利(36.32%)、接受礼品礼金(31.84%)。腐败问题比较突出的领域分别是：工程建设(70.45%)、土地批租(63.37%)和医药购销(46.74%)。

2008年11月3—27日，市纪委和国家统计局上海调查总队联合开展上海党风廉政建设民意调查工作。调查范围为全市19个区(县)，共发放调查问卷3 800份。调查显示：被调查者对党风廉政建设和反腐败斗争所取得成效的满意率为76.42%，比2007年增长9.11个百分点。78.5%的被调查者对反腐败斗争的前景有信心，比2007年增长3.7个百分点。不正之风和腐败现象排在前三位的是：贪污贿赂(61.47%)、干部利用职权为配偶、子女经商提供便利(32.68%)、弄虚作假(24.40%)。不正之风和腐败问题排在前三位的领域：工程建设、土地批租、国企改制。损害群众利益的突出问题排在前三位的是：看病贵、食品药品安全缺乏保障、城镇拆迁中侵害居民利益。

2009—2010年，市纪委印发《2009年上海市党风廉政建设民意调查实施方案》，联合市统计局、国家统计局上海调查总队，开展2009年全市党风廉政建设民意调查。2010年10月，市纪委、市统计局、国家统计局上海调查总队联合开展上海党风廉政建设民意调查。调查范围为全市18个区县，总样本量为3 600个，其中国家样本1 200个，地方样本2 400个。全市共随机抽取街道(镇、乡)72个、居(村)委会360个。每个居(村)委会等距抽取10户居民家庭，调查对象为抽中家庭中18周岁及以上的家庭成员。77.6%的群众对党风廉政建设和反腐败斗争的成效满意，比2009年提高1.5个百分点。85.5%的群众认同腐败现象得到有效遏制和在一定范围内得到遏制，比2009年上升2.1个百分点。82.3%群众表示有信心逐步遏制和克服腐败现象，比2009年上升0.7个百分点。80.7%的群众认为党政领导重视党风廉政建设和反腐斗争，比2009年上升2.5个百分点。不正之风和腐败现象最突出的三个问题是：索贿受贿、贪污挪用和利用职权为配偶、子女经商提供便利。

五、联系点调研

1995年开始，市纪委在全市范围内先后选择30多个单位，包括机关、高校、企业、街道、乡镇等，建立调查研究联系点,按照"纪检工作有生气,调查研究有基础,成员构成照顾面,布局设点较合理"的原则,开展调查研究工作。通过定期集中活动和个别联系,沟通和交流情况,了解工作中遇到的新情况和新问题,汇集干部群众对突出问题的反映。经试运行和研究后,共有 24 个单位被确立为市纪委调查研究联系点,其中党政机关 8 个,乡镇街道 4 个,科研院校 3 个,工厂企业 9 个。联系点设在单位的纪委或监察室,其中有 7 个单位属非纪检监察部门,分别是:上海市精神文明建设办公室、上海市总工会、上海市委市政府信访办、上海社科院法学所、上海社科院社会学所、上海市级机关沪办工作部、上海延安中路公安派出所。

1996 年 4 月 5 日,市纪委召开调查研究联系点工作会议,认真开展自觉遵守党的政治纪律、建立领导干部廉洁自律机制、容易产生权钱交易部位的内部制约机制和国有资产流失问题等 4 个专题的研讨,探索反腐倡廉工作的思路和对策。

1997 年上半年,联系点开展领导干部廉洁自律、党的政治纪律、权钱交易部位的防腐斗争和国有资产流失等 4 个课题的调查研究,形成《试论社会主义市场经济条件下的党的政治纪律》《加强企业领导干部的思想作风建设是防止国有资产流失的重要措施》《试论权钱交易易发部位的防腐斗争》《领导干部廉洁自律的有效途径和方法初探》4 篇论文。下半年开展专题调研。主要是对 1996 年反腐败斗争和党风廉政情况及 1997 年的工作思路进行调查研究。形成《基层党员干部反映今年党风廉政建设和反腐败斗争有声有色、成效明显》《部分单位对明年党风廉政建设和反腐败工作提出建议》两篇调查信息,为市纪委评估 1996 年工作成效,安排新一年工作提供有益的意见和建议。为更好地发挥市纪委调查研究联系点的作用,本着求真务实的精神,市纪委对原来的联系点进行调整,调整后 12 个单位分别是:上海烟草集团公司、上海百联集团公司、上海宝钢集团公司、徐汇区天平街道、闵行区七宝镇、南京西路警署、市委市政府信访办、市统计局、市市级机关工委沪办工作部、市卫生局、市总工会、上海交通大学。

第二节 专题调研

一、历史问题调研

1979—1980 年,市委纪委筹备组对上海"四清"案件进行调研。上海的"四清"运动始于 1964 年,共进行了三批,全市参加"四清"的约有 80 万人,运动中立案审查的有 32 424 人,其中属于政治问题 10 048 人,占 30.9%;思想和其他问题 2 301 人,占 7.2%;经济问题 20 075 人,占 61.9%,需要退赔的款项 1 100 余万元。由于党纪申诉中"四清"运动时的案件不断增加,为掌握有关情况,市委纪委筹备组案件审理处对医药采购供应站、缝纫机二厂、黄浦区饮食二公司、川沙县黄楼公社等 4 个单位进行调查。调研显示,清政治案件问题较多,清经济案件情况复杂。根据调研情况,市委纪委筹备组研究复查"四清"中错案的问题,开展平反工作。

二、党风问题调研

【关于党风状况的调研】

1981 年,市委纪委筹备组对上海党风状况进行调研。调研认为,十年内乱,党风遭到严重破坏,党的纪律松弛,党的威信下降。粉碎江青反革命集团后,由于党中央一系列拨乱反正的措施,上海党风状况有较大进步。但是，党风还没有根本好转，在政治思想、经济领域等方面问题比较突出。党风没有好转的主要原因是：对搞好党风的必要性、紧迫性认识不足，责任感不强；一些领导涣散软弱，自身存在问题；有的领导干部严重脱离群众，不自觉接受群众监督；各级党委的工作未能适应新形势带来的新问题，在一些方面放松党的领导和党的政治思想工作。因此，必须端正党风，严肃党纪，把党风问题作为加强党的建设的一件大事，抓紧抓好。

1982 年 2 月，市委组织 30 个调查组，分别到工业、交通、基建、财贸和地区等 29 个单位调查党风问题。据调查反映，29 个单位中领导班子党风比较端正的有 3 个单位，占 10.3%；问题比较突出的有 4 个单位，占 13.3%。调查组提出加强党风建设的意见和建议。

1986 年，市纪委书记张定鸿带队到市委宣传部、市委统战部和社科院等单位和部门调研，召开 10 个党风调查座谈会，向近百名理论界文艺界的知名人士、民主党派负责人以及社会科学工作者等征求对党风建设和纪检工作的意见。

1987 年 12 月，市纪委开展党风问题专题调研。党风调查的主要内容是：党风的科学涵义是什么，需要划清哪些界限；党风的现状如何；党内存在不正之风的主客观原因是什么；纠正党内不正之风，在政策上需要划清哪些界限；怎样进行综合治理。为此，市纪委邀请民主党派负责人就上海党风建设等问题提出意见和建议。调研认为，上海党风确实比过去有好转，但也存在不少问题。不正之风得以滋生的原因，主要是体制上不完善、管理上不完善、以纪代法、执纪不严、需要加强对党风监督的透明度。

【关于党风廉政建设的调研】

1993 年，根据中央纪委的要求，市纪委重点对经济建设、改革开放和党风廉政建设存在“一手硬、一手软”的情况进行调查研究。调研发现，“一手硬、一手软”的情况主要表现为：层次上不平衡，区县局以上党政领导绝大多数是重视“两手抓”的，越往基层，对两手抓的重视程度越差；行业不平衡，党政机关的党风廉政建设抓得比较紧，要求比较严，经济、业务部门、基层企业党风廉政工作则抓得少，重经济、重业务，轻党风廉政建设，把党风廉政建设当作可抓可不抓的软任务；工作上不平衡，各单位对制定党风廉政建设的制度比较重视，但对制度的监督执行、检查落实差，有的流于形式。调研认为，改变“一手硬、一手软”状况的对策是：要进一步统一思想，不断深化对“两手抓”方针的认识，提高加强党风廉政建设的自觉性；党风廉政建设要适应市场经济发展的需要，重视建立和完善制约机制；继续加强思想政治工作，扩大党风廉政建设的宣传工作等。

2002 年，市纪委就当前党风廉政建设面临的政策性、倾向性、苗头性问题开展调研。共召开 7 个座谈会，42 个区县和委办局以及企业(集团)公司纪委的领导参加座谈。内容涉及领导干部廉洁自律，兼职取酬、投资入股、住房买卖置换、收入申报等问题；党政机关勤政廉政，公车私用、公款吃请、公费旅游、设立小金库、收受礼金礼券等问题；损害群众利益，乱收费、乱摊派、动迁拆不公正等问题；工程建设领域，以权谋私、收受贿赂、滥用职权等问题。针对这些问题，与会同志从纪检监察组织的职能定位、更好地发挥行政监察工作、廉政制度和法规建设的角度，提出意见和建议。

【关于构建社会主义和谐社会的调研】

2005 年，为认真贯彻中央关于构建社会主义和谐社会的精神，市委确定十三项重点调研课题，其中，市纪委承担“加强党风廉政建设，为推进和谐社会建设提供保证”的课题。课题组围绕理清基本情况、找准瓶颈问题、明确突破性思路和提出可操作性对策的要求，坚持把认真完成市委调研课题工作与贯彻中央和市委各项要求结合起来，与逐步推进党务公开、治理商业贿赂、社情民意调研等日常工作结合起来，组织召开座谈会，听取有关专家、实际工作者的意见，形成课题报告。调研认为，当前必须重点解决的影响和谐社会建设的突出问题是：如何进一步解决损害群众切身利益的突出问题；如何进一步解决市场不规范的问题；如何进一步推进依法行政的问题；如何进一步推进党内民主建设的问题。调研提出，加强党风廉政建设，推进和谐社会建设，可从六个方面进一步加强：更加注重解决损害群众利益的突出问题，更加注重维护和规范市场秩序，更加注重发挥行政监察职能，更加注重党内民主政治建设，更加注重社会监督体系建设，更加注重纪检监察组织自身建设。

三、廉洁自律调研

【关于党政机关和党政干部经商办企业问题的调研】

1985 年，市纪委对全市党政机关和党政干部经商办企业情况开展调研。据调查统计，截至 3 月底，上海党政机关新办各种企业 643 户。市级党政机关所办企业有五种类型：为适应物资供应体制改革和简政放权需要而建立的物资供应公司和供销公司，其中大部分是在原物资处、供销处基础上办起来的。为本部门基建和职工住宅建设需要，在原机关基建处和住宅办基础上办的投资开发、工程承包和住宅建设公司。为发展第三产业兴办的科技咨询和各种服务性企业。为适应对外经济技术合作需要而建立的对外开发、服务公司。区、县党政机关所办企业在经济利益上与主办机关都有不同程度的挂钩现象。根据中共中央、国务院 27 号文件精神，市调查组初步提出清理和纠正的政策界限。按照市委部署，各级党政机关对此作了检查和清理。

1992—1993 年，市纪委针对一些党政机关干部到经济实体兼职问题开展调研。调查发现，上海区县和局以上党政机关兴办经济实体(有工商登记并获批准)共 329 户。其主要特点是发展迅速；资金来源和收益分配不一；经营类型多样；绝大多数人员未脱钩；多数以社团名义申办。调研认为，上海市党政机关兴办经济实体，在兴办的 329 户经济实体中，绝大部分属于第三产业范畴，这对于改善地区经济结构，促进市场发育，以及提高服务的社会化、专业化水平，为机关机构改革，解决机关富余人员的去向，弥补行政经费不足，适当提高和改善机关人员的福利待遇，以稳定机关干部队伍，发挥了一定的作用。但党政机关兴办经济实体和党政机关干部到经济实体兼职，是深化改革中出现的新情况，当时正处于起步发展阶段，政策还不配套、不同步，有关问题应结合实际，具体分析，认识研究，提出纠正解决的措施。

2002 年，市纪委对党政机关领导在企业兼职的情况开展专题调研，先后召开 4 个座谈会，邀请各区县、部分部委办局和宝钢、中海、东方国际、华谊、新世界等集团公司纪委有关负责同志进行座谈研讨。调研发现，党政机关领导在企业兼职呈现 4 个特点：党政机关领导干部在企业兼职的人数从总体看所占比例较小，但各区兼职情况很不平衡；党政机关领导干部在企业兼职的人数近两年呈上升趋势；经济部门和街道、乡镇干部在企业兼职的较多；党政机关领导干部兼任企业董事长(董事)、监事长(监事)的较多。同时，调研了解国有企业领导人员在下属企业兼职情况和取酬情况。分析党政机关领导干部在企业兼职的主要问题：分散领导精力；不利于干部监督和领导干部廉洁自律；不利于企业的管理。并提出几点建议：加大改革力度，进一步深化政企分开的管理体制；加强政策研究，规范管理党政机关领导干部到企业兼职和企业领导人员到下属企业兼职行为；加强监督检查，坚决纠正和严肃查处违规兼职的行为。

【关于党政机关干部投资入股问题的调研】

1987年，市纪委向中国人民银行上海市分行纪检组、金融行政管理处和市工商局，就党政机关干部能否购买股票一事进行初步调查，并参照外省、市及国家有关部委对干部购买股票的一些具体规定作相关调研。

1993年，随着股份合作制企业的迅速发展，党政机关和一些部门的人员投资股份制企业的现象逐渐增多。对此，市纪委开展专题调研，综合分析党政机关干部的主要看法，并对规范党政机关干部在股份合作制企业入股提出建议与思考。调研提出五点建议：禁止党政机关干部个人投资股份合作制企业。郊区乡的机关干部在本乡股份合作制企业中入股，应规定最高限额，不得利用职权谋取不正当利益。由党政机关兴办的经济实体以法人股投资股份合作制企业，应严格遵照中央和市委有关文件精神，不得向主管业务的所属企业投资，不得利用职权谋取不正当利益。金融和水、电、煤等部门，应根据上述精神，对本部门人员投资股份合作制企业的问题作出相应规定。市、区(县)主管部门、银行、工商局等要进一步加强对股份合作制企业试点的领导和管理，不允许权钱交易，侵犯股份合作制企业的合法权益。

2002年，针对领导干部在企业投资入股问题反映较多，市纪委对上海市领导干部在企业投资入股问题开展专题调研，召开19个区县和商委、教委、科委、工业等8个部委办局的纪委领导座谈会，同时分别走访市国资办、市体改办等职能部门。通过调研，摸清上海领导干部在企业投资入股问题的主要特点，查找存在问题，进行原因分析，对进一步规范领导干部在企业投资入股行为提出对策建议。领导干部在企业投资入股问题主要有以下几个特点：虽未成为社会热点问题，但有增多趋势；街道和乡镇领导干部居多；科技系统增幅较大；国企领导人员持股比例逐年上升；部分党政机关领导干部投资入股是历史原因所致。调研分析存在问题及原因：利用权力运作获取超额利润；趁企业改制之机侵占国有资产；借行政执法之际，在企业参股牟利。调研建议：重申党政机关领导干部在企业投资入股的禁令；规范国企或国有参股企业领导人员的投资入股行为；坚决查处领导干部违规投资入股行为；实行公开透明，接受组织和社会监督。

【关于党员领导干部廉洁自律的调研】

1987年，市纪委会同市工业系统纪委认真调研分析党员在经济领域中违法乱纪逐年增多的原因和教训。上海工业系统因犯经济错误受处分的比例在不断上升，1981年为32.9%，1982年为38.9%，1983年为44.8%，1984年为45.3%，1985年为36.3%，1986年为47.2%。党员犯经济错误呈现出“五多”的特点：五十岁以上的人相对来说比较多；老党员比较多；党员干部和担任一定领导职务的多；政工干部和技术人员犯经济错误的比过去增多；犯贪污、受贿性质错误的比较多。犯错误的主要原因是金钱至上，以权谋私。调研提出，在改革开放新形势下，党员领导干部必须保持坚定的政治方向，加强党性锻炼，认真改造世界观；在用权问题上要保持十分清醒的头脑；在开拓创新的同时，不能松绑纪律；要加强党内监督，预防党员犯错误。

1996年4月，市纪委书记张惠新带队到区县、委办局以及企业、街道等单位，对全市贯彻中央纪委六次全会精神、深入开展反腐败斗争情况进行调查研究。调研中发现问题主要分为新旧两类：6个老问题主要是领导干部住房、公款吃喝玩乐、代币购物券和礼仪储蓄存单、公款出国(境)旅游、领导干部乘坐豪华汽车以及三项制度的落实。对于存在的老问题，市纪委重申已有的规定，坚决贯彻执行,对明显违反规定的,给予严肃查处。新出现的6个问题是:公费信用卡的管理、合资企业中方高级管理人员收益的管理、党政机关领导干部离退休后到外资机构任职、领导干部接受奖励、国有企业单位领导干部个人经商办企业、国有企事业单位用公款捐赠赞助等。对于新出现的问题,市纪委提出处理意见和纠正解决的措施。经过市委党风廉政联系会议研究通过,进行纠正解决。

2001年,市纪委就如何加大治本工作力度开展调查研究。市纪委从上海市党政机关干部通信工具管理及费用报销问题入手,抽样调查部分区县和委办局2000年1月至6月通信工具配备及费用支出的情况。在此基础上,结合上海实际,提出上海市通信工具管理制度改革的意见,形成《关于党政机关干部职务消费问题的调查报告》,提出从制度上规范党政机关干部职务消费行为,从源头上遏制职务消费过度膨胀。

2002年,为保证住房制度改革的顺利进行,防止领导干部利用权力在住房买卖中谋取不正当利益,静安、长宁、金山、闵行等区相继制定实行领导干部买卖住房的报告和审核的有关制度,加强对领导干部买卖住房行为的监督。市纪委对几个区的做法开展调研,总结实行领导干部买卖住房申报审核制度,与实行领导干部个人重大事项报告制度有机结合起来。突出机关、人民团体、事业单位处级领导干部以及国有企业、区属企业主要领导人员及其配偶和共同生活的子女买卖住房,都要向组织报告。经审核,认为买卖住房价格明显偏高或偏低的,有关部门首先要求领导干部本人进一步作出说明,如不能说明理由或说明的理由不能成立,由受理审核部门决定采取市场评估的办法进行核查。对领导干部在住房买卖中,有违纪问题的要视其情节轻重给予批评教育或党纪政纪处分;对利用职权或职务影响,故意压低或抬高房价谋利的,要坚决纠正;对非法所得,应责令退出;涉及触犯刑律的要追究其法律责任。

【关于党政机关廉洁自律的调研】

1988年,中央纪委、市纪委联合开展“保持党政机关廉洁”课题调研活动。调研中,对当时影响党政机关廉洁的积极影响和消极因素进行分析。党的十一届三中全会以来,上海市正处在由产品经济向商品经济、内向型经济向外向型经济转换过程中。大力发展社会主义商品经济给党风政风建设注入新的生机和活力,奠定着日益丰富的物质基础,其积极影响是主要的,但也出现新情况新问题,包括不可避免地带来某些消极因素。吃拿卡要现象,在少数党员、干部中时有发现;巧立名目,搞所谓“有偿服务”;名目繁多的摊派;五花八门的滥罚款。这些反映在党政机关和基层监督制约、执法部门中的不廉洁现象,虽然只占极少数,但是直接损害党和群众的关系,败坏政府的声誉。调研提出对策与思考:上海市在发展和繁荣经济的同时,为防止商品经济运行中对党政机关的消极影响,保持党政机关的廉洁,要采取四条措施:既坚持运用价值规律发展社会主义商品经济,又防止把等价交换原则移植到党的政治生活中来;既倡导增收节支,又将官与商严格分开;既让机关干部履行职责,又对其权力进行有效的监督和制约;既强调“俭以养廉”,又逐步改善物质待遇。

1994年,市纪委就党政机关“小金库”问题,走访市财税大检查办公室、市财税局行财处、预算处进行商讨,并形成《党政机关“小金库”问题反映不突出》调研报告。调研认为,党政机关“小金库”问题反映不突出,但是有必要重申有关规定,并加强宣传教育,严格监督管理。

同年,市纪委走访市计委、市政府机管局车管处、市控购办、市交警总队车管所等单位,对上海市级党政领导机关使用轿车的情况作初步调查,并撰写调研报告。调研认为,市级党政领导机关使用轿车情况正常,豪华轿车数量极少,且仅用于接待,但也存在少数党政机关动用企业和下属单位的轿车。根据调查情况，建议上海在领导干部用车问题上，把禁止县以上党政机关用各种方式接受、借用下属单位或企业的轿车，尤其是豪华轿车，作为领导干部廉洁自律的重点之一。

【关于先进人物违纪违法问题的调研】

1991年，市纪委对先进人物违纪违法问题进行调查，发现少数先进人物走向犯罪深渊的重要原因是居功自傲，放松监督。调研认为，避免先进人物发生违纪违法问题，必须注意严格要求，加强监督，特别要加强党性教育，遵纪守法教育和荣誉观的教育，使他们牢记自己的党员身份，要把一切荣誉归功于党和人民，谦虚谨慎，在改革开放中保持清醒的头脑，增强拒腐防变的能力。要扭转对先进人物只评不管的状况，敢于监督，严格要求，在爱护和帮助上下功夫。在评选先进人物时，要坚持先进标准，严格评选程序，注重群众基础，增加评选工作的透明度，防止一些“先天不足”的人混入先进行列。

四、提高执纪能力调研

【关于队伍建设的调研】

1986年，市纪委对上海纪检队伍的组织建设、思想业务建设以及纪检工作面临的新课题进行调查。据对区、县、局以上1 305名专职纪检干部分析，素质好或比较好的有1 285人，占98.5%。在1 305名专职纪检干部中，正、副纪委书记、委员或常委有434人，其中40岁以下56人，占12.9%；41—50岁130人，占30%；51岁以上248人，占57.1%；文化程度大专以上150人，占34.6%；高中197人，占45.4%；初中87人，占20%。调研认为在区、县、局以上纪委的专职纪检干部中，绝大多数同志能严格要求自己，按《准则》办事，表率作用比较好。调研报告就加强纪检干部队伍建设提出意见和建议。

2004年，市纪委、市监察委对上海党员干部队伍思想作风建设情况进行调查分析。调研充分肯定上海党员干部队伍思想作风建设取得的成效，但也指出当前全市党员干部队伍思想作风方面存在的主要问题，建议进一步加强党员干部队伍思想作风建设，坚持不懈，把作风建设与长效管理机制结合起来；加强引导，把作风建设与开展共产党员先进性教育活动结合起来；重点下移，把作风建设与解决损害群众利益的突出问题结合起来；落实责任，把作风建设与严格党风廉政建设责任制结合起来。

【关于加强执纪工作的调研】

1997年6月，市纪委对部分党政机关、商业系统、建筑行业、医院和银行等单位和部门的执纪情况进行调查，发现在党纪处分中，重视重处分、轻视轻处分的问题比较普遍。调研分析重处分和轻处分的比例，造成轻重处分比例倒置的原因，以及克服党纪处分中的重“重处分”轻“轻处分”现象的对策。在查处大案要案的同时，严厉查处损害人民利益的一般案件，以维护党纪、政纪和法纪的严肃性。既打老虎，又打苍蝇，向一切违纪现象作斗争；既要抓大，又不放小，对任何违纪行为都不姑息迁就；切实采取措施，密切关注党员的一般违纪问题；研究政策界限，为处理一般违纪问题创造条件。

2002年，市纪委开展办信办案工作调研。调研组先后对全市各区县、部分委办局和宝钢、中海、电气三个大型企业（集团）公司的办信办案工作进行摸底调查。通过两个多月的调研，对全市纪检监察系统的办信办案工作有了客观系统的评价。调研分析存在的问题,提出进一步发挥执纪办案工作职能的几点思考和建议:面对新形势、任务和挑战,纪检监察机关的执纪办案工作要更加体现“发展是第一要务”的指导思想;要充分发挥执纪办案在反腐败工作中的基本职能,继续贯彻标本兼治、重在治本、重在建设的工作思路;反腐败斗争是项系统工程,纪检监察机关的执纪办案工作要加强与执纪执法部门的协调与沟通,增强反腐败工作整体合力;要重视加强执纪办案的制度建设,使办案工作不断制度化、规范化和程序化;要依据客观形势和任务,加强对办案人员的强化训练,不断提高办案工作的科技含量。

2004 年,市纪委书记、副书记分别带队,到浦东新区、闵行区、静安区、宝山区、徐汇区、市委宣传部、市金融工作党委、市科教工作党委、市经济工作党委、市建设工作党委进行调研。调研对加强对党风廉政建设的领导,推进廉政法制建设、深化党务公开和政务公开工作的现状进行分析,提出意见与建议:要从加强党的执政能力建设的高度,进一步加强对党风廉政建设和反腐败工作的领导。党委要把反腐倡廉工作纳入上海经济社会发展的总体规划,建立健全适合上海市场经济体制改革、民主政治和文化发展进程的惩治和预防腐败体系。党委要把建立健全惩治和预防腐败体系作为当前和今后一个时期的一项重大任务,以贯彻落实惩防腐败体系的实施纲要为契机,进一步推进廉政法制建设。党委要进一步拓展民主监督渠道,积极探索党务公开和深化政务公开工作。党务公开要与党的思想建设、组织建设、作风建设和制度建设结合起来。政务公开要围绕建设服务政府、责任政府、法治政府的目标不断深化。

2007 年,市纪委围绕提高纪检监察调研工作水平的课题进行专题调研,并在全国纪检监察调研工作会议上作《适应新形势 研究新问题 拓展新领域 不断提高纪检监察调研的质量和水平》的汇报。调研报告认为,当前我国正处于经济体制深刻变革、社会结构深刻变动、利益格局深刻调整、思想观念深刻变化的改革发展关键时期。党风廉政建设和反腐败斗争面临许多新的挑战和考验,纪检监察调研工作只有与时俱进,开拓创新,不断研究新情况、探索新经验、解决新问题,才能努力增强工作的针对性、预见性和创造性,切实为领导决策和指导工作当好参谋和助手。要不断拓展工作领域,加强对反腐倡廉工作融入经济建设、政治建设、文化建设、社会建设和党的建设等“五个融入”重要战略问题的研究。要进一步加强对案件特点的分析和研究,进一步加强对党员干部特别是领导干部警示教育有效性问题研究,进一步加大从源头上防治腐败问题的研究。

2009 年 4 月 28 日、30 日,市纪委分别在奉贤区、静安区召开纪检监察调研工作座谈会,交流 2009 年以来调研工作的进展情况。全市各区县和委办局纪委、派驻单位及中央在沪单位纪委共 39 个单位的调研工作负责人参加会议,统一思想认识,交流经验做法,推进纪检监察系统调研工作。

五、体制机制调研

【关于纪检系统自身改革的调研】

1988 年,市纪委开展关于纪检系统自身改革的调研。调研的主要内容是:党组织属地化后,区县和委办局机关纪检组织的工作内容,工作量有什么变化;纪检机构如何设置;配备纪检干部的依据和要求;纪检组织的纵向机构层次,以及与行政监察系统机构的横向联系。在调研基础上,形成《在改革开放中加强和改进党的纪律检查工作》。调研认为,纪检系统自身改革要从五个方面着手:理顺职能,集中力量管好党纪,协助党委管好党风,保证党的路线、方针、政策的贯彻执行;转变观念,以社会主义初级阶段理论为指导,进一步解放思想,走出纪检工作的新路子,深入研究行业在改革中面临的新情况、新问题；调整机构，随着部分职能的转移，纪检系统的组织形式和工作机构要作相应调整，纪检机构的设置要本着精干的原则，不搞一刀切，建立与地区、行业相适应的机构；转变工作方式，建立与党内外同志民主协商对话制度，通报党风建设和纪检工作状况，听取对党组织和党员的意见，接受监督；加强制度建设，加强党内立法，建立完善相关的党纪党规制度，使制度真正落到实处。

【关于改革和完善党的纪律检查体制的调研】

2001年2月13—19日，中央纪委副书记傅杰带调研组来沪就反腐败机制问题进行调研。市委有关领导，市纪委领导，市公、检、司、法、安主要负责同志，部分市经济管理部门党政领导，专家理论学者以及国有大型企业、区纪委、街道社区等基层代表参加座谈，对构建反腐倡廉工作机制提出意见和建议。

2002年，根据中央纪委的统一部署，市纪委就改革和完善党的纪律检查体制进行调研。调研组听取各方面的意见，形成《关于改革和完善党的纪律检查体制的调研报告》，从总体上肯定现行的党的纪律检查体制的优势，分析现行体制在运行中存在的不相适应的问题，提出进一步完善工作思路，进一步强化上级纪委及同级党委对纪委的领导，进一步调整纪委的基本职能，进一步改革和完善国家反贪体制的意见。

【关于从体制、机制和制度上推进党风廉政建设的调研】

2002年7—9月，根据市委要求，由市委副书记、市纪委书记罗世谦牵头的市委党风廉政建设和反腐败工作调研组，先后到部分委办局、区县以及大型国有企业等13家单位开展调研。调查组走访静安区、闵行区、青浦区、金山区、浦东新区等5个区，工业系统及下属的电气集团、仪电集团，建设系统及下属的建工集团，上海通用汽车、宝钢集团、市高院、市财政局和市审计局等单位，召开部分纪委书记、专家学者座谈会。调研认为，上海在不同时期采取的治本工作方法，体现五个方面的

图13-1-1　2002年7月25日，上海市纪委到静安区调研

特点：将促进市场发育与规范市场秩序相结合；将规范行政行为与转变政府职能相结合；将制度建设与思想建设相结合；将加强社会主义民主政治建设与完善反腐败的民主监督体系相结合；将职能部门的主导作用与纪检监察组织的协调作用相结合。党风廉政建设和反腐败工作将面临更加复杂的情况，"重在建设"将成为今后贯穿反腐倡廉工作各个层面的重要理念。调研提出党风廉政建设和反腐败工作重在治本、重在建设方面的基本思路。继续加大改革力度、加强廉政制度建设、严格教育、管理和监督，提高治本工作的科技含量，发挥基层和人民群众在治本工作中的创造性。

【关于建立提醒谈话(谈心)机制的调研】

2008年，按照中央纪委二次全会精神和市第九次党代会有关要求，市纪委就局级领导班子经常性提醒谈话(谈心)机制问题开展调研。调研了解谈话(谈心)工作的现状，对存在的问题及原因进行分析，并提出建立机制的具体措施：加强宣传教育，营造有利于局级领导班子成员之间经常性提醒谈话(谈心)机制建设的氛围；结合党风廉政建设责任制，形成明确有效的责任体系；规范经常性提醒谈话(谈心)的内容和形式；建立规范化的经常性提醒谈话(谈心)制度和程序；建立经常性提醒谈话(谈心)的协调机制和保障机制。

【关于推广运用"制度加科技"模式的调研】

2009年，为深入推广运用"制度加科技"模式，市纪委把推广运用"制度加科技"模式有效预防腐败作为重点课题，组织力量进行专题调研。调研分析市纪委推广运用"制度加科技"模式有效预防腐败的背景，总结推广运用的主要做法，分析主要内涵以及着力解决的重点问题，提出有效预防腐败的对策建议。

六、基层反腐倡廉调研

【关于企业反腐倡廉建设的调研】

1989年，市纪委经过广泛调查研究，从上海实际出发，提出《关于加强本市企业纪检组织建设的若干意见》，要求进一步完善企业的纪检机构，抓紧选配得力干部充实企业纪检队伍，健全和加强企业的纪委，认真搞好纪检工作机构的设置和纪委领导干部的配备，切实加强纪检组织的自身建设。

1991年2月，市纪委书记张定鸿带队进行调研，召开由40家单位的企业厂长、党委书记、纪委书记、供销处(科)长等152人参加的18个座谈会。同时，各部委办局纪委、区县纪委也开展调查研究。调研提出，坚持为经济建设中心服务，全面履行纪检职能。为增强企业活力服务，要注意解决四个关系：支持搞活企业，履行监督职能；查处违纪案件，做好保护工作；搞好企业内部管理，改善企业外部环境；坚持原则性，注重策略性。围绕增强企业活力，纪检组织要做好如下工作：认真贯彻执行《企业纪检工作条例》；协助企业加强领导班子建设；支持和促进企业改善内部管理；认真查处违纪案件，保证企业生产和经营的健康发展；协助和推动企业加强对横向联营的管理；企业上级纪委要加强对企业纪检工作的指导；加强联系，通力协作，为企业搞活创造良好的外部环境。

1997年，中央纪委会同市纪委，对浦东新区实行乡镇企业会计统管统聘制度的经验进行总结，重点考察浦东新区外高桥镇的乡镇企业。调研认为，乡镇企业会计管理制度促进乡镇经济的发展，也为从源头上解决腐败问题提供不少可供资鉴的经验，对会计实行统一管理后，提高会计的思想和业务素质，增强会计的工作责任心；建立会计监督机制，减少贪污贿赂、挪用公款等职务犯罪案件的发生；严格财经纪律，抑制用公款大吃大喝、挥霍浪费等不正之风。

1998年，中央纪委组织国家经贸委纪检组和辽宁、河北、山东、上海、广东、四川等省市纪委研究室，共同承担“关于企业改制与党风廉政建设相关问题研究”的课题研究。为此，市纪委专门制定关于“企业改制与党风廉政建设相关问题研究”的课题计划，确定“国有企业转制过程中的企廉工作”为研究选题。通过深入各类改制的企业，实地进行调查研究，抓住典型企业进行专题解剖分析，广泛收集面上情况、资料，征求专家学者及各有关方面的意见和建议。调研对企业生产经营情况，党建和廉政建设总体情况，企廉工作要求的落实情况，面临的困难及存在的问题，企廉工作对转制进程中的国资运作的监督作用和效果，新形势下企业民主监督和管理形式的变化及发展趋势，作了深入分析。

同年5月，市纪委对国有企业改制过程中的企廉工作作专题调研。调研梳理国有企业改制过程中的企廉工作现状，查找企业改制过程中的企廉工作存在的主要问题，分析产生这些问题的原因：监督上的软弱和工作滞后；许多政策法规不配套、不健全，界限不清楚；企业中纪检监察部门力量弱化。调研报告提出相应对策和建议，认为思想观念的转变仍然是当务之急；改革中出现问题要通过加快改革的进程解决；企业改制中遇到资产经营和生产经营等各方面问题要通过加强管理和管理的规范化来解决；要进一步改进和加强企业纪检监察干部队伍建设。

1999年，为进一步摸清国企党风廉政建设的现状和存在的主要问题，中央纪委组织开展《国有企业党风廉政建设的现状及对策》调研工作。市纪委根据中央纪委的要求进行调研，形成《从国有企业与合资企业内部管理机制的比较分析看加强国有企业内部监督管理机制》，提出加强国有企业党风廉政建设的工作思路和方法途径。

2009年，市纪委对非公有制企业反腐倡廉建设开展专题调研。调研了解当前非公有制企业反腐倡廉建设和实践途径，进行分析思考，并提出对策与建议：以改革创新的精神拓宽非公企业反腐倡廉建设要进一步加强调查研究，分析规律，理清思路；进一步挖掘非公企业反腐倡廉建设典型事例，总结推广，形成示范；进一步引导非公企业建立反腐倡廉长效机制，积极实践，不断完善；进一步建立健全上海加强“两新”组织反腐倡廉建设的组织领导工作机制；进一步推动形成上海加强对非公企业反腐倡廉建设的工作网络。

【关于下岗党员管理教育情况的调研】

1992年起，上海下岗党员人数逐年增多，1996—1997年进入高峰，1998年有大批量党员持续下岗。为此，市纪委对下岗党员进行专题调研。调研了解下岗党员的基本状况，分析其中原因，了解下岗党员管理教育遇到的难点，提出对下岗党员的管理教育措施：统一思想，确立下岗党员是财富不是包袱的观念；因地制宜，灵活多样地组织下岗党员活动；强化责任，避免出现被遗忘的角落。需要进一步研究和解决的问题是：要注重防范下岗党员违纪违法的隐患；要进一步明确对下岗党员管理教育的责任制；要形成社会共同协作的管理教育机制。

【关于区县反腐倡廉建设的调研】

1999年，由市纪委牵头，会同市委办公厅市区处、市纠风办、闸北区有关部门，对闸北区北站社区党风廉政监督站进行一个多月的调研，通过听取北站社区的汇报、走访16家单位、召开5个座谈会,形成《关于北站社区党风廉政监督站工作经验的调研报告》。该报告通过总结北站社区党风廉政监督站的经验,解答如何解决好在基层所存在的大量问题:在特大城市管理模式中,通过有效的载体和机制将党的中心工作下移,加强社区的党建工作,增强党组织在基层的影响力和渗透力,将党风廉政建设的工作落实到基层。该调研报告得到市委领导和有关部门的重视。市委副书记孟建柱批示:“北站街道在社区管理中,加强党风廉政建设,通过设立党风廉政监督站,依托社区,条块结合,依靠群众,开展行风评议,这是新形势下扩大社区基层民主、加强民主监督的有效形式,对于建立党风廉政建设新的工作体制以至对加强整个社区党的建设,都是一项有益的探索。建议对此不断总结,逐步完善,加以推广。”随后,市纪委在闸北区召开上海市推进评议行风民主监督工作现场会,在全市推进这项工作。

2005年,黄浦区纪检监察机关共查办4起“两新”组织党员违纪案件,占全区纪检监察机关查办案件总数的三分之一。为此,2006年,市纪委到黄浦区调研有关“两新”组织党员违纪案件上升的情况和问题。从调研情况看,“两新”组织纪律检查工作无论从理论,还是到实践,都处于起步阶段,许多问题需要研究和解决。随着国企转制范围的扩大,“两新”组织的党员人数增长很快,“两新”组织党员管理遇到的问题明显增多,要加强对“两新”组织纪律检查工作的政策研究、理论研究和工作研究。要平稳推进“两新”组织纪律检查工作。对“两新”组织纪律检查工作既要从战略上高度重视,又要从战术上稳步推进,坚持从实际出发,因地制宜,加强分类指导,逐步建立和完善纪检工作的组织体系,逐步形成制度规范、配套的运作机制,形成与企业的业务工作相互促进、共同发展的工作格局。

2005年,青浦区在全市首次引入社会中介机构对该区党政机关的服务质量进行测评,在社会上引起积极反响。2006年5月,市纪委对青浦区的做法开展调研。调研分析青浦区引进中介机构进行机关公众满意度测评的动因,分析中介机构进行测评的优势和不足,对引入中介机构进行机关公众满意度测评作了一些思考:引入社会中介机构测评机关公众满意度是今后的发展方向,但需要进一步完善测评体系,需要和其他测评手段一起并用,需要政府部门加强各方面的协调与监管。

2006年,市纪委对闵行区实行集中招标投标管理进行调研,了解闵行区建立集中招标投标管理体制改革的基本情况。调研认为,把建设工程纳入招投标统一平台,有利于促进管办分离,加强对招投标全过程的监督和资源的整合。调研提出思考和建议:要进一步加强调查研究,解决目前改革中遇到的实际问题;结合治理商业贿赂专项工作,从登高的角度进一步研究完善规范招投标管理的举措。

七、服务经济建设调研

【关于服务基层经济建设的调研】

1992年,市纪委书记张定鸿带队到基层就纪检工作如何进一步为经济建设服务开展调查研究。1月8日—2月20日,先后到杨浦区、川沙县、南汇县和财贸系统等一些基层单位开展调研,同区、县和市、区财办、市商业一局、商业二局、水产局等党政领导,以及百货公司、针织公司、文教公司、果品公司、中百一店、华联商厦、食品一店、全市五大明星商店等经理、书记座谈,认真听取意见,探讨纪检工作如何进一步坚持为经济建设这一中心服务。座谈会认为,党的纪检工作要紧紧围绕经济建设和改革开放,坚持为党的基本路线服务。不论是查处违纪案件还是纠正不正之风,加强党风建设，都要支持改革，促进经济发展。

【关于加强证券经营机构监督管理的调研】

1995年，市纪委、市监察委、市证券管理办公室、市金融系统监察专员办公室联合调研小组在上海证券经营机构开展调研。调研分析困扰证券业的两大顽症，即：透支交易和挪用公款，提出建议：对证券经营机构的监管是一项系统工程，要各方面的配合，多管齐下，标本兼治。要尽快建立一个统一、协调的证券机构监督管理网络，各职能部门通过履行自己的职责互相补位、减少空隙；要尽快完善证券机构的党团组织和建立同业工会，进一步加强证券机构的全方位监管；要通过加强对“红马夹”的法制教育、建立“红马夹”档案、加强与券商的沟通等措施，进一步加强对“红马夹”的管理；在电脑技术不断改进的过程中，要充分考虑对一些多发的违纪违法行为的监控制约功能。

【关于加强房地产市场监督机制的调研】

1994年下半年开始，市纪委用近一年时间，对上海市房地产市场的基本情况与监督机制的现状进行调研。调研认为，上海房地产业的发展对活跃市场经济，扩大招商引资、吸引国际资本、调整优化产业结构，促进城市基础设施建设、加快旧区改造，缓解城市住房难矛盾等方面起到积极作用。调研分析房地产市场监管存在的诸多问题，并就加强房地产市场监管机制提出6条对策：尽快建立和完善房地产业的法律体系；积极推行土地批租，工程发包等招投标、拍卖制度；逐步完善房地产交易市场，规范交易行为；强化房地产经营开展商业协会的职能，逐步形成行业自控约束机制；加强房地产开发经营公司内部监督机制；加强行政机关、监督监察机关和司法机关的监督力度，推动房地产市场的健康发展。

【关于市重大工程建设创“双优”的调研】

2006年3月，市纪委、市检察院、市建设交通委等单位联合建立市重大工程创“双优”活动联席会议制度。经过多年实践，形成以创“双优”活动为载体、推进重大工程反腐倡廉的工作格局。对此，市纪委专门开展调研。调研摸清市重大工程现状，分析重大工程建设中存在的问题和不足，并提出相应的对策和建议：进一步拓展创“双优”活动的广度和深度，加强对工程建设参与各方的管理；进一步完善招投标制度，规范重大工程招投标行为；突出重点环节，探索加强项目分包监管的有效办法；开展重大工程廉政风险排查和防控工作，形成《廉政风险排查和防控手册》，从源头上防范和控制重大工程建设中的腐败问题。

【关于加强资金监管的调研】

2009年，市纪委、市监察局会同有关部门，重点选取与政府履行公共职能及人民群众切身利益密切相关、社会关注程度高的资金监管工作进行深入调研。调研对资金监管现状作了评估，认为基本形成较为系统的管理制度。调研分析存在的主要问题：管理制度存在薄弱环节，相关制度建设亟待完善；部分资金管理制度的框架体系建设亟待加强；对部分资金管理的关键环节控制亟待规范；管理机制较为滞后，管理水平亟待提高。调研对加强资金监管提出建议：进一步建立健全各类资金管理制度。抓紧梳理现有生效的法律、法规、规章和其他规范性法律文件。从规范财政性资金和社会公共资金管理流程入手，进一步细化和完善收入征收归集、收支票据、银行账户、预算管理等关键控制环节的制度建设。进一步加强和完善资金管理体制机制建设。以整合资源、形成合力、强化监管为目标,建立和完善宏观层面的社会公共资金监督协调机构。进一步健全完善各类资金预算管理机制。进一步健全多方位、全过程的监督机制。完善由内部监督、社会监督和国家有关部门监督构成的立体化监督体系。进一步建立健全对资金管理人员的监督制约机制。健全和完善责任追究制度。健全对财务人员的激励和约束机制。

八、纠正不正之风调研

【关于上海药品购销情况的调研】

1999年,市委、市政府把纠正药品购销中的不正之风作为纠风工作专项治理和行风评议的重点。市纪委到相关部门、单位进行调研,主要对上海医院和药品经营单位的药品购销情况及特点进行总结,对药品购销中有关问题进行分析和思考。调研总结上海医院和药品经营单位的药品购销及特点是:药品收入占医院收入的比重大,药品实际采购成本价与零售价的差额大,药品销售渠道和推销手段多样化。调研分析药品市场中无序竞争问题产生的原因有:常用药品生产的低水平重复建设,导致生产能力过剩,产品供大于求;药品的生产成本和零售价格之间的获利空间圈套,造成以价格为中心的市场竞争愈演愈烈;竞争的不公平性;存在着销售渠道的多样化与行业规范不健全的矛盾,行业管理相对滞后。医院自身发展中存在的问题是:国家财政投入不足,医技劳动价格低,医院硬件投入大。调研提出加强药品购销管理的对策与建议:成立"药品采购服务中心",采取招投标方法,集中采购药品,规范药品采购行为,防止不正当竞争;实行医院业务收入总量控制,防止医疗费用不合理增长;实行医药分开核算、分别管理,提高医技劳务收入、降低药品收入的比例,改变"以药养医"状况。该调研报告得到市纪委领导和市政府有关部门的重视和肯定,为具体部署医药购销领域不正之风的专项治理和行风评议提供重要参考。

【关于上海商业贿赂问题的调研】

2005年10月,市纪委就"商业贿赂"有关问题开展专题调研,走访市公安局、市检察院、市高级人民法院、市工商局等行政执法部门和司法机关,听取各单位意见,与中美上海施贵宝制药有限公司、上药集团、上海医药股份有限公司、上海妇女用品商店、东方国际创业股份有限公司6家企业主管销售的领导进行座谈。调研认为,上海商业贿赂的主要情况有:商业贿赂存在普遍性和复杂性,商业贿赂查处具有艰巨性和长期性。商业贿赂带来的危害严重,且具有国际性。调研认为,当前商业贿赂治理的难点是:社会上对商业受贿的危害性认识不够;相关法律法规的严密性和操作性不够;执法中发现和查处的力度不够;各相关部门在认识和行动上协同不够;一些企业对商业贿赂的内控和自律不够。调研对上海开展商业贿赂专项治理行动提出建议:按照中央要求,组成专门的治理商业贿赂工作机构,加强对专项治理行动的组织领导和协调。以商品服务购销、工程承发包、项目审批等环节为重点,着力查处发生在医药卫生、建设、交通、电信、商贸等领域、部门和行业的商业贿赂案件。加强宣传教育工作,积极营造依法经营、有序竞争、廉洁守信的良好市场环境。进一步完善企业内控机制建设,加强企业反腐倡廉建设。

1998—2010年,市纪委、市监察局(委)开展党风廉政建设和反腐败工作调研课题共106项内容,其中参加中央纪委调研课题14项内容,市纪委、市监察局(委)部署安排的调研课题92项内容。

表 13-1-1　1988—2010 年市纪委、市监察局(委)调研课题一览表

序　号	年　份	调　研　课　题
1	1988	党风的科学含义初探
2		生产力标准与党的纪检工作——新时期纪检工作指导思想的思考
3		在商品经济条件下党风建设中的政策思想探讨——新时期纪检工作有关政策的思考
4		依靠制度建设搞好党风建设
5		寓党风建设于改革和建设之中
6		纪委在党风监督中的地位、作用和职责
7		三资企业中纪检工作的特点
8		党员雇工情况的初步调查
9	1996	从体制、机制、法制上加强党风廉政建设
10		股份制企业内部监督与制约的现状与思考
11		社会主义市场经济条件下的党的政治纪律
12		加强企业领导班子思想作风建设,防止企业国有资产流失
13		权钱交易的产生与预防
14		领导干部廉洁自律的有效途径和方法
15	1997	1997 年党的十四大以来党风廉政建设和反腐败工作回顾和形势分析
16		经济发达地区反腐败斗争的认识和实践
17		试评新形势下反腐败斗争的发展
18		关于加强党内管理监督的思考
19		防止国有资产流失问题的对策
20		关于今后五年工作思路的调研
21	1998	加大治本力度 不断从源头上治理腐败
22		经济较发达地区反腐败斗争特点初探
23		领导责任的追究势在必行
24		反腐败斗争实践中某些制度不落实的原因分析及思路对策
25		国有企业改制过程中的企廉工作调查与思考
26		社区干部群众对当前党风廉政和反腐败斗争的看法
27	1999	关于保证反腐败五年目标实现问题的调研
28		充分发挥社会评价的作用,积极探索反腐败工作评价机制
29		建立完善约束机制,推进企业廉政建设
30		当前国有企业党风廉政建设存在的主要问题分和建议
31		闸北区北站社区党风廉政监督站的工作经验
32		关于药品购销情况的调研

(续表)

序号	年份	调研课题
33	1999	从严治党和加强纪律
34		加强经济工作纪律
35		关于基层社情民意的调查反映
36	2000	党政监督机制问题研究
37		反腐败五年目标评价指标体系研究
38		进一步理顺纪检监察两项职能问题研究
39		从严治党、从严执政问题研究
40		加强基层党风廉政建设的思考
41		加大从源头上治理腐败力度问题研究
42		关于规范党政机关干部 MBA 课程学习的意见
43		国有企业纪检监察组织机构设置问题调研
44		行政监察与 WTO 课题调研
45		关于党政机关干部购买股票问题调研
46		关于群众对腐败问题感知渠道的调研
47	2001	二十世纪九十年代以来上海反腐倡廉经验总结
48		探索与建设现代化国际大都市要求相适应的反腐倡廉新路子
49		党的作风建设课题研究
50		关于“七一”重要讲话提出的重大理论和实践问题的调研
51		反腐败五年目标测评课题研究
52		加强党委政府工作部门党风廉政建设的课题研究
53		关于进一步加强社区党风廉政建设课题研究
54		全市 1993 年以来查办案件情况调研分析
55		贯彻落实中央关于国有企业领导人员廉洁自律情况的调研
56		关于发展党内民主的课题研究
57		关于反腐败机制问题的课题研究
58		党政机关通信费管理制度改革课题研究
59		关于社情民意的调研
60	2002	参加市委党风廉政建设和反腐败课题调研
61		关于加入世贸组织后给党风廉政建设带来影响问题的研究
62		按照中纪委要求开展关于纪检监察体制问题的研究
63		关于进一步发挥行政监察职能问题的研究
64		关于规范领导干部投资入股问题的研究

（续表）

序号	年份	调研课题
65	2002	关于领导干部兼职取酬问题的研究
66		关于领导干部住房买卖、置换问题的研究
67		关于信访件处理制度化、规范化、程序化问题的研究
68		关于案件查办工作制度化、规范化、程序化问题的研究
69		关于领导干部职务消费逐步实行货币化问题的研究
70		关于进一步加强和完善党风廉政巡视工作的研究
71		关于当前党风廉政建设面临的政策性、倾向性、苗子性问题调研
72	2008	新形势下预防党员干部违纪违法和职务犯罪的实践与思考
73		预防党员干部违纪违法和职务犯罪课题研究
74		域外预防职务违法犯罪的经验启示
75		我国三十年反腐对策的回顾与思考
76		抓住重点环节　完善监督机制　切实加强动拆迁领域同步预防
77		规范行为　优化流程　净化环境　促进发展
78		建设工程领域贿赂案件分析及预防对策
79		企业改制中隐匿资产手段浅析
80		试论警示教育在企业预防职务犯罪中的作用
81		新形势下防止土地出让领域党员干部违纪违法的实践与思考
82		新形势下预防和减少民警职务性违纪违法的思考
83		市金融系统预防党员干部违纪违法的实践与思考
84		关于预防党员领导干部违纪违法行为的实践与思考
85		构建“三级预控网络”　保障权利规范运行
86		案件预防工作的成效问题及对策
87		医药卫生领域药品采购环节贿赂犯罪情况调查与预防对策研究
88		“银行询证函”管理制度的漏洞及治理对策
89		社会救助管理环节的职务犯罪预防
90		上海市容环卫管理中的资金使用和招投标规范
91		上海房地产交易环节职务犯罪情况分析和风险防范机制研究
92		浦东新区纪委组织委派制的实践与思考
93		农村征地拆迁领域职务犯罪分析及其预防
94		南汇区建立行政执法自由材料基准制度的实践
95		沪浙检察机关联防联创　共筑深水港工程防腐长堤
96		预防国企改制中因职务违法犯罪导致国资流失的若干问题研究
97		本区小城镇保险领域存在的职务犯罪风险及控制

(续表)

序号	年份	调研课题
98	2009	“科学分析和判断当前反腐倡廉形势”课题研究
99		“新形势下加强和改进领导干部作风建设”课题研究
100		“庆祝中华人民共和国建国60周年,深入探索共和国廉政之路”理论研究
101		围绕《2009年全市纪检监察重点课题调研参考题》开展重点课题调研
102	2010	“反腐倡廉形势分析”课题研究
103		“完善制度+科技预防腐败途径研究”课题研究
104		参与廉洁办博经验总结、社区党风廉政建设调研报告及国有企业风险防控课题研究
105		与上海师范大学合作完成商业贿赂课题
106		与上海社会科学院合作对“十二五”期间上海反腐倡廉形势与任务开展前瞻性研究

第二章 理论建设

市纪委、市监察局(委)建立三十余年来,纪检监察理论研究始终聚焦纪检监察中心工作,在继承中发展,在发展中创新。1987—2008年,市纪委围绕中心工作,先后组织122次理论研讨会议,编成7本理论研讨论文集。1987—2009年,市纪委先后就11个热点难点问题做专题研究。通过引导和发布有关热点问题和重大问题的理论课题,开展深入调研、撰写理论文章、举办理论研讨会、评选优秀论文、汇编理论文集等,产生一批重要的理论研究成果,形成具有上海纪检监察特色的理论研究风格,有力促进反腐倡廉工作的深入开展。

图13-2-1 1999—2010年,上海市纪委市监察局(委)部分理论研究成果

第一节 交流研讨

1986年5月,市纪委围绕在改革开放、搞活经济的形势下如何做好党的纪律检查工作召开理论研讨会。市纪委书记张定鸿主持研讨会并讲话。部分部委办局、区县纪委书记,理论、新闻、教育工作者以及处于改革第一线的有关部门干部,共计100余人出席会议。与会人员从多层次、多角度探讨新形势下党风建设和纪检工作面临的新情况、新问题,认为在新形势下,不仅要查处严重不正之风和违法乱纪的问题,而且要熟悉经济工作,懂得经济体制改革,了解企业搞活经济的途径和手段。要深入改革实际,调查研究,克服封闭式的思想方法和工作方法,加强纪检工作方面的政策研究,建立完善相应的管理制度。

1987年7月,市纪委召开上海市纪检理论讨论会。各系统、区县、部分局、高校纪委,交流论文的作者以及宣传、新闻、理论、研究等部门的代表,共171人参加会议。讨论会着重从党风建设与社会主义商品经济、党性教育的重要性、纪检干部职业道德、党内监督、纪检部门如何成为一支促进改革的重要力量、厂长(校长、所长)负责制下的纪检工作等方面进行交流。讨论七个方面的主要课题: 党风监督,特别是纪委监督同级党委的问题;吃喝送礼之风产生的根源及对策,吃喝之风与社会主义商品经济究竟有没有必然联系;在社会主义初级阶段中怎样开展党的纪检工作;党风的内涵和外延,党风与社会风气的关系;纪检干部应该具有什么样的作风;怎样理解和做到纪检工作"要成为支持促进改革的重要力量";厂长(经理、校长、所长)负责制下怎样开展党的纪检工作。

1988年9月,根据党的十三大提出的社会主义初级阶段理论,市纪委召开第二次纪检理论研讨会,研究新形势下的纪检理论和实践。会议研讨从严治党、加强党内监督;发展商品经济与党风建设的关系;纪检部门如何坚持生产力标准和支持促进改革;党的纪律建设;纪检工作中若干政策问题。在研讨的基础上,选出20篇论文,进行大会交流。通过研讨,对从严治党、加强党内监督、发展商品经济与党风建设关系、纪检部门如何坚持生产力标准、党纪政纪法纪三者的关系、党的纪律与改革开放的关系、党性原则与现行政策的关系等7个方面的问题的认识有提高和深化。这次纪检理论研讨在全市纪检系统和社会上产生积极的反应,1988年9月28日,《解放日报》《文汇报》分别以"广征博采丰富纪检理论"、"纪检理论研究多些勇气少些禁忌"为题予以报道。

1989年12月,市纪委举办加强党风建设研讨班。各部委办、区县和市纪委干部20多人参加研讨班。市纪委书记张定鸿作开班讲话。这次研讨班着重讨论四个方面的问题: 加强党风建设的重要意义,党风建设与防止和平演变、惩治腐败与改革开放、发展经济的关系,以及在党风建设上需要澄清的其他认识问题;对党风工作进行反思,正确评价当前党风状况,总结近几年来党风建设中的经验教训,分析目前党风建设上急需解决的问题;研究党风建设有关的政策;讨论党风建设的工作部署,党风建设的近期和远期目标,明年党风建设的重点,以及如何加强同有关监督部门的协作,共同搞好党风建设。

1991年7月,为纪念建党70周年、纪念毛泽东同志1951年5月16日关于"必须重视人民的通信"重要批示发表40周年,市纪委召开全市第三次纪检理论研讨会。此次研讨会的主题是: 纪检工作必须牢固树立为经济建设这个中心服务的指导思想,通过全面履行三项任务,充分发挥四项职能,为经济建设服务。与会同志就党风监督以及纪检信访工作展开讨论。会上,市纪委书记张定鸿作题为《加强纪检理论研究,提高纪检工作水平》的总结发言。8月1日,《解放日报》《文汇报》分别以"纪检要为经济建设服务"、"纪检服从服务于经济建设"为题进行报道。

1992年9—10月,市纪检系统以"纪委如何更有效地履行保护职能"为主题,先后进行4次专题理论研讨活动。研讨分别围绕"保护职能的内涵、外延,保护职能与惩处、监督、教育职能之间的相互关系,保护职能在纪检工作中地位、作用"、"纪检机关履行保护职能的现状,当前突出保护职能的重要意义以及需要解决的问题"、"履行保护职能的途径和方法"等三个专题展开,形成《关于纪委履行保护职能若干问题的意见》和《纪委如何履行保护职能理论研讨观点综述》。

1993年10月,市纪委、市监察学会以"社会主义市场经济条件下,如何加强党风廉政建设"为主题召开理论研讨会,市社科院、党校、高等院校、报社等社会科学工作者、党建理论工作者以及纪检监察系统干部共30多人出席会议。会议围绕党的十四大提出的建立社会主义市场经济体制的目标,讨论以下问题: 纪检监察工作如何从理论上弄清在社会主义市场经济条件下,正确认识党风廉政建设新的特点和规律;如何强化和完善监督制约机制;纪检监察工作如何适应新形势、新要求,探索新的方法和途径,更有效地为改革开放和经济建设服务等。

1995 年 9 月，市纪委、市监察委以“从机制、体制、法制方面加强党风廉政建设调查研究”为主题，召开理论研讨会。此次研讨会是根据中央纪委、监察部在部分省市进行《开展反腐斗争要标本兼治综合治理》课题调研工作的要求组织开展的。市纪委、市监察委专门印发《关于开展从机制、体制、法制方面加强党风廉政建设调查研究的通知》，要求全市各单位积极开展调研活动，认真组织撰写论文。市纪委副书记、市监察委副主任韩坤林作讲话。与会代表分别作《从体制、机制、法制三位一体进一步反腐败》《正确认识机制、体制、法制三者关系进一步搞好反腐倡廉》《运用管理手段强化监督制约》《反腐败与法制建设刍议》《从六个环节入手建立房地产行业的监督机制》《试论从机制、体制、制度结合上妥善解决运输企业“小费”问题》的发言。各部委办，区县纪委负责同志和论文作者参加研讨会。

1997 年，上海召开深化“企廉”工作理论研讨会。会议认为，建立有效的国有资产管理、监督和营运机制，保证国有资产的保值增值，防止国有资产流失，既是党的十五大提出的现代企业改革大课题，又是巩固和完善社会主义公有制经济的需要。市纪委研究室在研讨会上交流《加强企业领导干部的思想作风建设是防止国有资产流失的重要措施》的论文。

1999 年 9 月，复旦发展研究院与加拿大文化更新研究中心在上海联合举行“中国和加拿大廉政文化及经验”学术研讨会和座谈会。市监察委副主任洪林珍出席会议，并作题为《中国现代化进程中的反腐败》的交流发言。

2000 年 5 月，市纪委、市委组织部联合召开从严治党理论研讨会，旨在深入学习贯彻江泽民关于从严治党的重要讲话精神、进一步推动上海的党建工作。市委副书记孟建柱、刘云耕出席会议并讲话，市纪委书记张惠新，市委组织部部长罗世谦分别主持上午、下午两场会议。来自复旦大学，市委党校，区、部委办局党委，以及新闻媒体等单位的 12 位同志在大会上作交流发言。

2008 年 9 月，上海举办“上海市纪念党的纪律检查机关恢复重建 30 周年暨改革开放与反腐败建设理论研讨会”。此次研讨会是在“改革开放与反腐倡廉建设”理论研讨征文活动基础上召开的。为确保会议质量，2008 年 5—8 月，市纪委面向全市各级纪检机关和全党、全社会组织开展“改革开放与反腐倡廉建设”理论研讨征文活动。

第二节　课 题 成 果

一、党风涵义研究

1987 年 12 月，市纪委根据中央领导同志关于对党风问题的认识，结合实践中遇到的情况，组织市委宣传部、市委及区县局党校、高等院校、新闻出版单位、社会科学研究部门等 25 家单位研究党建理论的专家，举行三次理论座谈会，开展对党风涵义的探讨，形成《党风涵义的探讨和建议》。在此基础上，进一步形成《在改革开放中加强和改进党的纪律检查工作》的研究报告。关于党风的概念，报告形成一个确切的表述：党风是指党的作风，是党的组织和党员在思想、工作、生活等方面的一贯态度和行为，是党的性质和世界观在党的组织和党员行动上的表现。在理论和实践上要处理好几种关系：党风与路线、方针、政策的关系；党风要求的统一性与党风表现层次性的关系；党的优良作风的继承与发展的关系；党风与社会风气的关系。需要划清“风”与非“风”的界限，不能把党内属于个别的、局部的而不是普遍的现象说成是整个党风问题。对党风应作全面的、实事求是的估计，要分清主流和支流。党风中存在的问题，必须靠加强和深化改革来解决，通过经济体制改革，发展社会主义商品经济，通过政治体制改革，建设社会主义民主政治，逐步减少产生不正之风的土壤。

同时,需要从严治党,重点管好中央和省市两级党政机关和领导干部的党风。

二、党风状况研究

1989年,上海在中央纪委办公厅、研究室座谈会作题为《关于党风现状的分析及几点思考》的报告。报告肯定上海党风的主流是好的,但也存在不正之风,分析党员违纪的特点及其原因,提出加强党风建设的对策:党要管党,形成全党抓党风的局面;坚持两手抓,把物质文明与精神文明建设紧密结合起来;抓住重点,点面结合,把党风建设和廉政建设紧密结合起来;把加强制度建设和加强思想政治工作紧密结合起来;逐步建立完善的监督机制,把加强党内监督与加强党内民主建设结合起来,把党内监督与党外监督结合起来;认真查处严重不正之风和违纪案件,严肃执纪;深化改革,在改革中加强党风建设,通过改革逐步减少和铲除产生党内不正之风和腐败现象的土壤。

三、体制、机制、法制“三位一体”研究

1993年4月,市委副书记、市长黄菊在全市纠风工作会议上明确提出,要从体制、机制、法制三位一体上深入开展纠风工作,使纠风工作逐步走上规范化、法制化的轨道。此后,市委又多次强调,要从体制、机制、法制三位一体上加强党风廉政建设,使党风廉政建设逐步走上规范化、法制化的轨道。根据市委要求,上海各级党政领导和纪检监察机关进行积极的探索,从纠风工作逐步拓展到整个党风廉政建设和反腐败工作中。

1996年,为从理论上弄清体制、机制、法制与党风廉政建设的内在联系,市纪委、文汇报社、社科院等开展广泛深入的调研,形成《试论从体制、机制、法制的结合上加强党风廉政建设》的研究报告。文章从反腐倡廉面临新挑战;对体制、机制、法制的总体理解;建立科学合理的体制是党风廉政建设的重要条件;确立切实有效的机制是党风廉政建设的基本手段;加强社会主义法制是党风廉政建设的根本保障等五个方面进行阐述分析。

2001年,市纪委撰写《探索与建设现代化国际大都市要求相适应的反腐倡廉新路子》的研究报告,全面回顾分析1990年以来上海党风廉政建设和反腐败工作情况,以及上海在“三制”建设上的探索过程,具有重要的理论意义和实践意义,被评为中央纪委、监察部纪念建党80周年理论研讨会优秀论文。

四、加强党的政治纪律研究

1996年,市纪委在对社会主义市场经济条件下的政治纪律进行调研的基础上,形成《试论社会主义市场经济条件下的党的政治纪律》的研究报告。文章认为,社会主义市场经济条件下的党的政治纪律,依然具有不可削弱的刚性;社会主义市场经济条件下的党的政治纪律,仍然强调党的集中统一;当前加强党的政治纪律,重要的是切实贯彻民主集中制等方面,阐述在社会主义市场经济条件下加强党的政治纪律的重要性、必要性和紧迫性,指出加强党的政治纪律的手段及其措施。

五、股份制企业内部监督制约机制研究

1996年,市监察学会、市纪委研究室在大量调研的基础上,形成《试论股份制企业内部监督制

约机制》的研究报告。该文以1984年新中国第一股的上海飞乐音响股份有限公司的创建为始，截至1996年12月上海建立股份有限公司131家，涉及工业、商业、交通运输、房地产、金融、科技等各主要行业，针对在股份制企业产生、发展到逐步成熟的过程中出现的问题，分析问题背后的原因，指出建立科学完善的监督制约机制是顺利实现现代企业制度的重要条件，阐述如何构建股份制企业内部监督制约机制，对建立现代企业制度具有借鉴和启示作用。

六、国有企业监管研究

1996年，针对国有资产流失严重的问题，市纪委调研撰写《加强企业领导干部的思想作风建设是防止国有资产流失的重要措施》。文章指出，国有资产的流失是当前各方面十分关注的严重问题。切实加强企业领导干部思想作风建设，防止国有资产流失，要采取以下措施：牢固树立国有资产保值增值是企业领导干部重要职责的观念；坚持重大问题必须集体讨论决定的重要原则；强化对权力的监督和制约；提高企业领导干部的思想政治素质。

1998年，市纪委调研撰写《新形势下国有企业经济违纪违法的特点、表现及对策》。文章分析当前国有资产流失的主要表现形式和产生原因，提出，为有效防范和杜绝国有企业经济违纪违法现象和隐患，必须从探索建立企业立体化、全方位监控机制入手，逐步建立分类分层管理体制，创造公开、公平、竞争、择优的用人环境；进一步完善企业内部制约机制，加大监督力度；大力发展社会中介和社会团体机构，加强对企业的社会监督；加强法制建设，提高查处力度。

1998年，市纪委调研撰写《建立和完善国有企业财务监管机制的思考》。文章分析上海国有企业财务监管的现状与问题。归纳起来，主要有以下几个方面：账外账、“小金库”现象突出；兴办三产实体，无偿占用国有资产；在企业经营活动中，盲目投资、盲目担保屡见不鲜；企业缺乏有效的财务监管机制，给贪污、受贿、挪用公款等违纪违法行为提供可乘之机。文章指出上海国有企业尚未形成有效的财务监管机制的主要原因：企业领导者的思想认识和经营管理方式跟不上建立现代企业制度的要求，使国有企业建立和完善财务监管机制缺乏有力保障；财务会计基础工作规范化管理薄弱，使国有企业建立和完善内部财务监管约束机制缺乏良好条件。文章提出对建立和完善国有企业财务监管机制的思考与对策，认为要大力推行财务总监委派制，进一步加强国有企业外部财务监督力度，确保财务监管工作的有效开展；积极加强财会基础工作规范化管理，进一步完善国有企业内部约束机制，确保财务监管工作的有效开展；从经营管理模式上探索，为建立和完善国有企业财务监督机制创造条件。

七、预防腐败研究

1996年，市纪委调研撰写《试论权钱交易易发部位的防腐斗争》。文章认为权钱交易的易发部位主要存在于以下四个地方：新的经济增长点。新经济增长点是市场经济活动极为活跃的部位。大量人才和资金向这里聚集，各种权力和影响力向这里倾斜、渗透。建筑工程项目承发包的供需矛盾日益突出。全国各地的施工队伍纷纷加入上海的基本建设，项目承发包竞争趋于白热化。群众利益密切相关的部门。一些与群众、基层单位直接接触，掌管着涉及群众和集体切身利益“生杀”权的基层科、场、站、所等，是群众反映强烈的产生权钱交易的部位。一些权力集中的岗位。在计划经济向市场经济转变过程中，以自主经营为由，独揽职权、个人拍板的情况逐渐增多。不少法人代表、高级管理及业务经营人员，视公共权力为私人财产，滥用职权。文章认为，这四个领域的特征是部位多变、过程隐蔽、思想贪婪、社会杀伤力强。可以从公开办事制度、规范权力运用、实行权力分解、开展岗位轮换、落实监督检查等方面入手预防权钱交易。

1997年,市纪委调研撰写《试论经济较发达地区反腐败斗争的认识和实践》。文章认为,要防止经济发达地区的腐败应当注意以下几点:构建思想防线;千方百计求发展,不以精神沦丧为代价;廉政也是重要投资环境。

1998年,市纪委调研撰写《经济较发达地区反腐败斗争特点初探》。文章认为,经济较发达地区反腐败斗争环境的特点是开放程度高,防止外来消极影响的问题比较突出;市场竞争激烈,维护公平公正秩序的要求较高;消费水平相对较高,享乐主义对干部队伍的侵蚀较重;新经济领域不断出现,带来许多新的情况和问题。经济较发达地区消极腐败现象的特点是:深层次问题比较多;纵向与横向牵连面比较广;谋取非法利益的贪婪性大;界限有时难以识别。经济较发达地区反腐败斗争策略的特点是:加速经济体制改革,在解决深层次问题上先行一步;加强民主、法制建设,强化对权力的制约和监督;发挥人才资源优势,加快干部队伍的更新;发挥地方财政优势,合理解决干部收入偏低的现象;适应形势发展的需要,增加对反腐败斗争的投入;加强对新领域、新问题的研究,提高政策与管理的配套能力。

八、党员领导干部监督管理研究

1997年,市纪委调研撰写《领导干部廉洁自律的有效途径和方法初探》。文章认为,在社会大变革、经济大发展、利益大调整的特定历史发展阶段,领导干部能否经得起改革和执政的双重考验,能否保持清醒头脑,把握正确的政治方向,自觉抵制各种错误思想的侵蚀,是一种严峻的挑战。领导干部廉洁自律是项综合性的系统工作,思想政治教育是培育人、塑造人、感染人的基础,也是从根本上增强领导干部免疫力的一条比较有效的途径和方法。在开展思想教育的同时,要加强制度建设,遏制权力的滥用,促使领导干部保持廉洁从政的优良传统和作风。近年来,反腐倡廉实践在这方面探索一些比较有效的途径和方法,主要是坚持民主集中制,实行党风廉政责任制,推行专项制度和规定。此外,还必须通过严明纪律,民主评议,实施奖惩等方式,为领导干部廉洁自律工作的开展创造良好的环境,真正营造起廉洁自律的良好氛围,从根本上解决领导干部廉洁自律的问题。

1998年,市纪委调研撰写《领导责任的追究势在必行》。文章认为,腐败现象滋生蔓延与缺乏对权力实行有效的监督密切相关。近几年,上海处以上党员干部因违纪违法受到党纪重处分和"双重"处分的人数逐年上升。这些违纪违法的发展势头和特点从反面证明,加强对党员领导干部的有效监督的重要性和紧迫性。权力的运行必须受到监督,这是防止腐败现象蔓延的关键。接受监督是领导干部应尽的义务。对领导责任的追究是当前反腐败斗争的客观需要,是加强执政党建设的重要内容,是严明纪律的具体体现。推行领导责任的追究,要从完善制度建设着手。要贯彻"谁主管,谁负责"领导责任制度;对领导责任追究的监督要与日常的管理有机结合,形成必要的规范;领导责任追究的监督机制要不断完善,充实新的内容。

九、预防党员干部违纪违法和职务犯罪研究

2007年,市纪委以"社保资金案"为主要反面素材,对当前违纪违法问题的新情况新特点做系统的梳理和归纳,形成专题调研材料,在此基础上,又对一段时期上海党员干部违纪违法和职务犯

罪的特点和规律作进一步深入研究。

2008年3月，市纪委与市检察院联合启动“新形势下预防党员干部违纪违法和职务犯罪的实践与思考”专题调研。通过召开纪委书记、党委分管副书记座谈会和纪委与检察院联席会议、走访基层单位、剖析典型案例、组织研讨审改、听取有关专家学者意见等多种方式开展调研，共形成26篇调研报告。调研报告以上海近五年来信访举报及立案查处的案件为基础数据，并结合与上海有可比性的重点城市的有关数据的比较分析，概括当前党员干部违纪违法和职务犯罪的现状及成因。在分析归纳上海有关地区、系统多年来践行案件预防模式的基础上，借鉴国际社会尤其是发达国家和地区的有效实践经验，提出要加强完善案件查处和预防、法律监督、舆论监督、专业监督、廉政文化、道德约束等六个方面机制的建议。

十、惩防体系建设研究

2004年，市纪委调研撰写《关于建立健全惩治和预防腐败体系中加强制度建设的几点思考》。文章认为，坚持标本兼治、综合治理、惩防并举、注重预防的方针，抓紧建立健全教育、制度、监督并重的惩治和预防腐败体系，是党中央在新的形势下对反腐倡廉工作作出的重大战略决策。惩治和预防腐败体系的内涵包括三方面的内容：国家法律法规中关于反腐倡廉的制度；党内法规中关于反腐倡廉的制度；从中央到地方各级党组织、国家机关和其他单位一般规范性文件中关于反腐倡廉的制度。惩治和预防腐败体系有四个特征：科学性、系统性、应用性和开放性。进一步加强制度建设必须把握的几个原则是：坚持社会主义政治方向的原则；坚持继承与创新相结合的原则；坚持当前与长远相结合的原则；坚持层级构建的原则。建设惩治和预防腐败体系，需要把握几个方面：加强制度建设要讲求科学高效；加强制度建设要不断提升体系化、法制化水平；加强制度建设要广泛发扬民主，坚持走群众路线；加强制度建设要把制度的理念渗透到人的行为准则、价值观念、道德标准等多种文化的表现形态之中；加强制度建设要提高制度的执行力。

十一、“制度加科技”研究

2009年，市纪委把推广运用“制度加科技”模式有效预防腐败作为重点课题，组织力量进行专题调研。调研分析市纪委推广运用“制度加科技”模式有效预防腐败的背景。主要基于以下几方面考虑：深刻吸取“社保资金案”教训的需要。加大预防腐败工作力度的需要，把“制度加科技”有机融入权力监督、市场监管、资金监控的各个方面，通过信息技术优化业务流程，固化管理要求，减少制度落实过程中人为因素的干扰。改善政府行政管理方式的需要。调研总结市纪委按照“权力在阳光下运行，资源在市场中配置，资金在网络上监管”的工作思路，努力探索一套“制度加科技”的预防腐败模式。调研分析“制度加科技”模式有效预防腐败的主要内涵以及着力解决的重点问题：贯穿刚性约束的理念，着力解决制度和程序不落实的问题；贯穿公开透明的理念，着力解决信息不对称、“暗箱操作”等问题；贯穿标准化管理的理念，着力解决行政管理中自由裁量权过大的问题；贯穿动态监控的理念，着力解决监督不全面不及时不深入的问题；贯穿精细化管理的理念，着力解决管理方面手段落后的问题；贯穿管理监督一体化的理念，着力解决纪检监察与政府职能部门两张皮的问题。面临的主要难点和障碍，有思想认识上的障碍；部门利益的障碍；工作管理机制的障碍；经费、技术和人才的障碍。调研提出推广运用“制度加科技”模式有效预防腐败的对策建议：进一步明确运用“制度加科技”有效预防腐败工作的目标是运用“制度加科技”,建设一个纵向贯通市区(县),横向涵盖行政审批、资源交易、资金监管等重点领域的预防腐败网络信息系统。主要任务是抓紧构建全市统一的信息化行政审批平台;继续完善土地交易市场;加快推进以采购管理、电子集市和决策支持三大模块为主要内容的全市一体化政府采购信息管理平台建设;进一步推进全市“金财工程”建设;建立健全以应用为导向的网络舆情预警监测系统;加大反腐倡廉网络宣传平台建设力度;完善党员领导干部报告个人有关事项信息系统;加快建设上海因公出国(境)审批、管理、监督为一体的全市因公出国(境)综合管理信息系统;完善信访举报受理、办理、归档等模块为主要内容的信访举报信息管理平台;建立全市统一的政风行风投诉平台;大力推进廉政风险防范和案件预防信息平台建设。

第三节 理论文集

一、《党风建设论文集》

1987年7月,市纪委召开上海市纪检理论讨论会。此次研讨会共收到论文206篇,会上交流38篇,从中选择30篇汇编成《党风建设论文集》。内容涉及党风建设与商品经济的关系、端正党风与改革开放的关系、共产党员党性的时代特征、党性教育的重要性、党的纪律、党内监督、厂长(校长、所长)负责制下党的纪检工作、纪检工作要成为促进改革的重要力量、纪检干部的职业道德等方面的课题。这是对上海党风建设和纪检工作实践进行的一次理论性阐述、总结和探讨。

二、《从严治党论文摘编》

1988年9月,市纪委召开第二次纪检理论研讨会。共征集论文176篇,内容涉及从严治党、严格党的纪律、加强党内监督等7个方面。市纪委从中遴选出42篇论文,汇编成《从严治党论文摘编》并推荐参加全市“在改革开放中加强党的建设理论研讨会”。

三、《纪检工作与经济建设论文专辑》

1991年7月,市纪委召开全市第三次纪检理论研讨会。此次研讨会共收到论文258篇。汇编成《纪检工作与经济建设——上海市第三次纪检理论研讨会论文专辑》(《上海纪检》增刊),市纪委书记张定鸿为专辑作“为更富有成效的工作 我们需要理论的指导”的题词。这些论文大致分为六类:关于纪检工作指导思想的理论基础以及如何依照指导思想开展纪检工作的;关于党风廉政建设与经济工作、增强企业活力关系的;关于党内监督的;关于纪检信访理论的;关于严肃执纪的;还有论述有关党风党纪教育、制度建设和纪检工作、纪检队伍建设的内容。

四、《纪委保护职能论文选》

1992年,上海市纪检系统召开专题理论研讨会。会议共收到论文及论文提纲118篇,在此基础上,选取20篇论文,汇编成《纪委保护职能论文选——上海市纪检系统保护职能研讨会交流论文》,内容涉及纪委如何履行保护职能等三个方面。

五、《社会主义市场经济与纪检监察工作论文集》

1993年，市纪委、市监察委召开全市纪检监察理论研讨会。会议共收到论文212篇，内容涉及社会主义市场经济条件下党风廉政建设的特点规律、纪检监察工作如何更好地为改革开放和经济建设服务等3个方面。从中遴选出70余篇文章，于1993年12月编纂《社会主义市场经济与纪检监察工作论文集》，反映纪检、监察理论研究取得的新成果。

六、《从体制、机制、法制方面加强党风廉政建设论文集》

1995年，市纪委、市监察委召开专题研讨会。截至1995年8月31日，市纪委、共收到论文66篇，内容涉及体制、机制、法制与党风廉政建设关系等各个方面。市纪委将论文汇编成《从体制、机制、法制方面加强党风廉政建设研讨会论文集》。

七、《纪念党的纪律检查机关恢复重建三十周年理论研讨优秀论文集》

2008年5月至8月，市纪委开展"改革开放与反腐倡廉建设"理论研讨征文活动，经评选，有38篇入选《纪念党的纪律检查机关恢复重建三十周年理论研讨优秀论文集》。其中，《以科学发展观指导上海反腐倡廉建设的初步实践与思考》等3篇论文获中央纪委优秀论文奖，《积极探索具有时代特征区域特色的反腐败道路》等5篇论文获一等奖，《关于上海构建预防腐败体系的思考》等10篇论文获二等奖，《维护党规党法　切实搞好党风》等20篇论文获三等奖。

表13-2-1　2008年上海市获中央纪委论文奖一览表

奖类	论文题目	单位	作者
优秀论文奖	以科学发展观指导上海反腐倡廉建设的初步实践与思考	市纪委	董君舒
	廉政文化建设是新时期实党风廉政建设的基础性工程	上海社科院当代中国政治研究中心	刘　杰
	运用"项目化推进法"构建惩防体系	闵行区纪委	何义正
一等奖	问题与出路：我国反腐败现状实证研究——基于上海反腐败专业人士和领导干部的调查	市委党校	吴海红
	当代中国反腐：启动反腐倡廉的体系化时代	上海社会科学院当代中国政治研究中心	张树平
	积极探索具有时代特征区域特色的反腐败道路——浦东开发开放18年来推进反腐倡廉建设的体会和思考	中共浦东新区纪委	徐文雄
	权利异化与权力制约——司法廉洁保障制度的理性思考	静安区人民法院	邱　联　李林波
	惩治和预防腐败体系测评机制的探索与研究	杨浦区纪委 杨浦区委党校	刘惠元　王术静

(续表)

奖类	论文题目	单位	作者
二等奖	切实加强检验检疫权力的制约和监督——检验检疫过程中自由裁量权控制的探讨	上海出入境检验检疫局	陈永平
	关于上海构建预防腐败体系的思考	市委党校党史党建教研部	刘宗洪
	实行制度反腐　从根本上治理腐败	上海社会科学院邓小平理论研究中心	周罗庚
	社会价值观引导与反腐倡廉——写在党的纪律检查机关恢复重建30周年之际	奉贤区纪委、监察委	郑　毅
	非公企业纪委发挥组织协调作用研究	市社会纪工委课题组	
	关于在党风廉政教育中进一步提升领导干部心理健康水平与心理调适能力的思考	虹口区纪委调研组	
	实现党员监督主体地位的制约性因素及渠道探析	普陀区委党校	于萌苗
	新时期加强纪检监察机关建设的思考	市教卫纪工委	阮显忠
	改革开放三十年来中国反腐倡廉制度建设的基本经验及前景思考	闸北区纪委	赵伟明　龚少青
	运用网络理论探索“三级预控网络”建设的针对性、有效性和实时性	上海集装箱码头有限公司纪委课题组	
三等奖	政治参与视角下的公民信访：1978—2008	复旦大学纪委	彭　辉
	上海市构建反腐倡廉长效机制研究	市委党校	徐学通
	试论纪检监察工作与网络传媒结合的逻辑必然性	上海社会科学院哲学所	计海庆
	维护党规党法　切实搞好党风——纪念党的纪律检查机关恢复重建30周年	上海社会科学院哲学研究所	汪致钰
	论30年来党内监督历史实践的特征	上海对外贸易大学	邬思源
	着力打造“诚信工商”努力提升社会形象——纪念改革开放30周年上海工商系统政风行风建设工作回顾	市工商局	王广志
	关于加强法院内部监督形成防范机制的思考	上海市高级法院纪检组	莫立明　汪宏志 刘喜华
	对检察机关自身反腐倡廉建设引入预警预控机制的思考	宝山区检察院纪检组、监察科	
	从“两权”监督入手　强化源头治理的对策研究	市财税局监察室	
	强化执纪办案工作　推进惩防体系建设	市公安局纪委	裘祖雄
	关于本系统执法岗位干警违纪违法案件的分析与思考	市司法局纪委、监察室	
	新时期纪检工作的发展与创新	徐汇区监察学会	郑长埠
	以改革构筑国有企业领域职务犯罪预防屏障	长宁区人民检察院	叶佩颖　虞其仁
	政务公开与基层政府机关建设	黄浦区南京东路社区(街道)党工委、街道办事处	

（续表）

奖类	论文题目	单位	作者
三等奖	关于廉政制度建设的思考——试论制度反腐败	上海市经纬(集团)有限公司	蔡森林
	浅论有效预防腐败	宝山区纪委、监察委	范金平
	以人为本在反腐倡廉中的方法论意义	青浦区纪委	翟必槐
	建设工程领域贿赂案件分析及预防对策	南汇区纪委、监察委课题组	
	廉政文化研究	崇明县纪委、监察委	陆艳琍　刘　斌　宋　波

第三章　学 会 建 设

市纪委、市监察局(委)在开展理论研究的同时，建立起一支专职(以纪检干部和党校教师为主)与兼职(其他理论工作者和关心纪检工作的同志)相结合的理论研究队伍，并在市纪委、市监察局(委)领导下，成立上海市监察学会和上海廉政研究会，为理论研究的顺利开展提供有力的智力支撑。学会每年根据中国监察学会、市社联下达的理论研究课题，本着“学术立会，创新强会，服务聚会，活动兴会”的理念，结合纪检监察工作的重点、难点和热点问题开展研究。1992—2010 年，市监察学会围绕 40 多个课题，召开各类研讨会 70 余次，收到会员研究论文 3 770 余篇，创办两本刊物。市监察学会推荐给市社联、中国监察学会、市党建征文评审委员会的论文，分别获得 20 余项各类奖项。2009 年，成立上海廉政研究会。两个学会自成立以来，坚持以马克思列宁主义、毛泽东思想、邓小平理论、“三个代表”重要思想和“科学发展观”为指导，以服务纪检监察工作实践为宗旨，积极开展理论研究、扩大内外交流、加强自身建设，各方面工作都取得长足发展。自 1995 年开始，市纪

图 13-3-1　1992 年 1 月 5 日，上海市监察学会组织团体会员单位课题研讨

图 13-3-2　2002 年 9 月 3 日，上海市监察学会举办党的作风建设研讨会

委先后在高校、新闻单位、社会科学院和有关研究机构，聘请10余位专家学者为特邀研究员，邀请他们参与市纪委的重大课题研究，还建立30多个调查研究的联系点，为开展党风廉政建设和反腐败斗争理论研究提供一手资料，为上海的纪检监察工作提供情况、酝酿思路、帮助决策，积极推进上海的党风廉政建设和反腐败斗争。

第一节　组织建设

一、上海监察学会

【学会成立】

1991年1月30日，中国监察学会成立。根据国家监察部和中国监察学会理事会领导关于各省市监察厅局要建立监察学会的要求，1991年上半年，市监察局决定成立上海市监察学会筹备小组。6月5日，学会筹备小组向上海社会科学联合会提交“关于建立上海市监察学会的报告”。12月16日，市社联批复同意成立上海市监察学会。1992年1月11日，根据《社会团体登记管理条例》，学会筹备小组向上海市民政局提出社团登记申请。1月24日，市民政局批复准予登记，发给上海市监察学会社会团体法人登记证。

1992年11月24日，学会筹备小组在上海社会科学学会联合会礼堂召开上海市监察学会成立大会暨首届监察理论研讨会。市纪委书记张定鸿，市社联副主席武克全到会祝贺并讲话。在市监察学会成立大会上，审议通过学会章程。民主推举学会理事87名，通过学会第一届理事会，选举产生常务理事22名。选举张定鸿、吴德让为市监察学会名誉会长，韩坤林为会长，郁明、史济才、钱富兴、陈孝卿、王松、李宗兴为副会长。

1994年1月26日，市监察学会召开第一届理事会第二次全体会议。根据市纪委与市监察局实施合署办公的新领导体制，理事会一致推举市纪委书记、市监察委主任张惠新为市监察学会名誉会长。

1996年10月16日，学会常务理事会审议通过市纪委副书记、市监察委副主任沈红光增补为学会常务副会长。

图13-3-3　1992年12月24日，上海市监察学会成立

【历次换届】

2002年11月22日，市监察学会向市社联提出学会换届报告。11月29日，市社联批复同意市监察学会进行换届。12月26日，学会召开第二届会员大会。中央纪委原副书记、中国监察学会名誉会长徐青应邀到会并讲话。市委副书记、市纪委书记罗世谦，市社联副主席、党组书记潘世伟出席会议并讲话。中国监察学会专门发来贺电表示祝贺。会议审议通过学会第一届理事会工作报告，审议通过经修改的学会章程。经第二次会员大会选举，王家栋等41人为学会理事。通过第二届理事会第一次会议，选举尤俊意等15人为常务理事。会议推举韩坤林为学会名誉会长，选举李梅为会长,杨天欣、史济才、尤俊意、邱永明为副会长。

2009 年 5 月 20 日,市监察学会向上海市社联提交“关于上海市监察学会申请换届的请示”。10 月,上海廉政研究会、市监察学会在上海市展览中心召开上海廉政研究会监察学会大会暨上海市监察学会第三次会员代表大会。市纪委书记董君舒,市委宣传部副部长、市社联党组书记潘世伟出席会议并讲话,市委组织部副部长冯小敏到会祝贺。会议审议通过学会第二届理事会的工作报告,审议通过对学会章程的修改,会议组织理论研讨。经第三次会员代表大会选举,于钢明等 46 人为学会理事。通过第三届理事会第一次会议,选举顾国林等 13 人为常务理事。选举顾国林任学会会长,杨天欣任常务副会长,成作民、尤俊意、邱永明任副会长。

表 13-3-1　1992 年 11 月—2002 年 12 月上海市监察学会第一届负责人任职表

名誉会长	张定鸿　吴德让
会　　长	韩坤林
副 会 长	郁　明　史济才　钱富兴　陈孝卿　王　松　李宗兴
秘 书 长	钱富兴(兼)
副秘书长	王知行
常务理事 (以姓氏笔画为序)	王　松　王云敏　王安生　王知行　史济才　仲伟安　许伟国　陈孝卿　李宗兴　李震宝　吴鳌陀　杨庆福　邵伯兴　郁　明　周关东　俞子清　钱富兴　诸尚一　黄履中　黄关从　韩坤林　董炳涛

表 13-3-2　2002 年 12 月—2009 年 10 月上海市监察学会第二届负责人任职表

名誉会长	韩坤林
会　　长	李　梅
副 会 长	杨天欣　史济才　尤俊意　邱永明
秘 书 长	黄建平
副秘书长	吴鳌陀　李世英
常务理事 (以姓氏笔画为序)	尤俊意　叶恩光　史济才　冯济时　李　梅(女)　李树林　杨天欣　吴鳌陀　陈　群(女)　陈天宝　邱永明　周关东　房忠桥　施福民　黄建平

表 13-3-3　2009 年 10 月—2015 年 5 月上海市监察学会第三届负责人任职表

会　　长	顾国林
常务副会长	杨天欣
副 会 长	成作民　尤俊意　邱永明
秘 书 长	王　玉
副秘书长	王振华
常务理事 (以姓氏笔画为序)	王　玉　王　群　王正泉　尤俊意　邓帅萍　成作民　邱永明　阮显忠　林云存　杨天欣　赵　汶　高金平　顾国林

二、上海廉政研究会

2009年10月19日，市纪委、市监察局召开上海廉政研究会成立大会。大会宣读市社联同意成立上海廉政研究会的批复，以举手表决方式通过上海廉政研究会章程，选举产生理事，成立第一届理事会。在第一届理事会第一次会议上，选举产生上海廉政研究会第一届常务理事会，通过理事会会长、常务副会长、副会长、秘书长名单。

图13-3-4　2009年10月19日，上海廉政研究会成立暨监察学会大会

会议要求上海廉政研究会要做好三个结合：坚持注重理论性研究与应用性研究相结合，在应用性研究上下更多功夫；坚持发挥纪检监察机关作用与整合社会研究力量相结合，在整合社会研究力量上下更多功夫；坚持以研究出成果和以工作带研究相结合，在成果转化上下更多功夫。切实发挥反腐倡廉工作“参谋部”、“智囊团”的作用，为推进上海科学发展、推进上海反腐倡廉建设、推进上海建设“四个中心”实现“四个率先”贡献力量。

表13-3-4　2009年10月—2015年5月上海廉政研究会第一届负责人任职表

会　长	董君舒
常务副会长	唐周绍
副 会 长	赵增辉　刘纪舟　冯小敏　潘世伟　吕　贵　桑玉成　胡　伟　刘　杰
秘 书 长	刘纪舟(兼)
副秘书长	林云存　邓帅萍

三、特约研究员

1996—2010年，市纪委从上海理论界、新闻界、高等院校和党校等系统中聘请知名学者和教授担任特约研究员,组成纪检监察特约研究员队伍。特约研究员的主要任务是:参加有关会议,了解全市党风廉政建设和反腐败斗争情况;参加有关调研,协助市纪委、市监察委开展理论研讨和实践经验总结;给纪检监察干部介绍有关学术研究和理论探讨情况,讲授有关方面的知识;提供党风廉政建设和反腐败斗争的信息,沟通纪检监察与社会各界的广泛联系;撰写理论文章,开展对策研究,为党风廉政建设和反腐败斗争献计献策。

第二节　主 要 工 作

一、创办刊物

【《监察学会通讯》】

市监察学会第一届理事会的十年间(1992—2002 年),会刊定名为《监察学会通讯》。会刊设置学会计划安排、工作要点、小结、回顾、学会动态、简讯等栏目。主要登载中国监察学会和市社联对学会工作的要求;学会会长办公会、理事、常务理事会议纪要;颁布学会制度;批准团体会员单位;登载有质量的理论研讨文章;介绍团体会员单位开展理论研讨活动的做法和经验等。在第一届理事会期间,学会共编辑 53 期会刊。

【《上海监察研究》】

2002 年 12 月,市监察学会根据第二届会员大会的建议,将会刊改名为《上海监察研究》。学会坚持以"正确导向、理论创新"为办刊宗旨,以推进理论研讨活动和展示高质量研究成果为主要任务,设置理论研讨、实践与思考,论坛、领导讲话、它山之石、史海钩沉、域外监察、案例分析、经验交流、学会动态、纪委书记谈学会工作等栏目。市监察学会第二届理事会七年间(2003—2009 年),共编辑会刊《上海监察研究》25 期。第三届理事会一年间,编辑会刊 5 期。监察学会根据专题内容和工作需要,不定期地编辑《2005 年度理论研讨会暨年会》《治理商业贿赂问题理论研讨》《加强党的先进性建设理论研究》《特邀监察员工作研讨》《2006 年度理论研讨会暨年会》《在构建社会主义和谐社会中,如何充分发挥行政监察工作的作用理论研讨》《2007 年中国监察学会华东地区学术联络组工作交流暨理论研讨会》《特邀监察员工作》《预防腐败试点工作座谈会》《企业效能建设研讨》《加强效能监察,积极探索效能评估》《行政审批制度改革实践和行政审批标准化建设研究》《上海市监察学会第三次会员代表大会》《上海市监察学会第三届常务理事会第三次(扩大)会议暨年会》等十余期专刊。会刊的编辑,为会员和外省市监察学会信息沟通提供重要载体,为理论研究搭建交流平台,也进一步扩大上海市监察学会的影响。

【《上海廉政研究》】

2009 年,上海廉政研究会成立,并以内刊《上海廉政研究》为平台,整合纪检监察机关和社会理论研究力量,通过设置研究指南、理论前沿、理论争鸣、专题聚焦、案件剖析、境外视窗等栏目,刊发上海反腐倡廉理论性和应用性研究论文,交流反腐倡廉理论,推进上海反腐败治理体系和治理能力现代化。2009—2010 年,共出版《上海廉政研究》6 期,组织发表论文 50 余篇。

图 13-3-5　2010 年 9 月 13 日,上海廉政研究会工作会议

二、理论研究

【理论征文活动】

市监察学会根据市纪委、市监察局(委)有关职能部门的要求以及市社联、中国监察学会安排,通过征文的形式组织会员开展理论研究。学会先后组织开展“纪念邓小平诞辰 100 周年”、“马克思主义中国化与上海改革发展”、“纪念改革开放三十周年”、“‘三个代表’重要思想与上海现代化”、“执法监察理论”、“关于我国加入世贸组织后,行政监察在内容、方式方法需作何改进”、“监察机关加强对行政执法行为监督研究”、“加强廉政法制建设”、“纪检监察机关全面贯彻落实科学发展观”、“纪检监察机关加强监督检查,促进解决征收征用土地、城镇房屋拆迁、企业重组改制和破产中损害群众利益,以及拖欠农民工工资”、“责任政府与行政问责问题研究”、“政府绩效管理问题研究”、“构建社会主义和谐社会”、“科学发展观与上海发展”、“利用信息化手段反腐问题研究”、“健全对中央重大决策部署执行情况定期检查和专项督查制度以及纪律保障机制问题”、“共产党员先进性教育活动和党的先进性建设”、“学习党章,推进反腐倡廉工作”、“治理商业贿赂”、“纪念党的纪律检查机关恢复重建 30 周年”、“巡视工作专题理论研究”等二十余个研究课题的征文活动。

【专题研究】

市监察学会把深入开展反腐倡廉和纪检监察重大理论与实践问题研究作为首要任务,根据每年上级下达的理论研究课题,在调研的基础上,选题立项,确定选择一至两个重点研究课题,以书面通知的形式告知学会会员,创立“五个一”的理论研究模式,即:坚持每年年初拟订一个工作计划,确定一个理论研究主题,组织一次优秀论文评审,年终集中开展一次学术交流,最后形成一批理论研究成果的模式。会员根据学会的统一部署,联系各自的实际,分别围绕重点课题开展专题研究。十八年来,市监察学会组织开展“社会主义市场经济与党风廉政建设”、“房地产市场监督机制”、“股份制企业内部监督制约机制”、“建筑市场监督制约机制”、“从体制、机制、法制三位一体上探索加强党风廉政建设”、“从世界观、人生观、价值观入手加强领导干部从政道德建设”、“加强廉政建设、完善监督机制”、“落实党风廉政建设责任制”、“从源头上预防和治理腐败”、“加强和改进党的作风建设”、“社会主义市场经济与发扬艰苦奋斗精神”、“执法监察，效能监督”、“廉洁勤政，艰苦奋斗，拒腐防变”、“深化企廉工作”、“反腐倡廉创新研究与实践”、“新形势下企业监察地位、作用和监察方式”、“企业效能建设”、“在新形势下，反腐倡廉工作与时俱进、开拓创新”、“以科学发展观为统领，推进惩治和预防腐败体系建设”、“惩治和预防腐败，构建社会主义和谐社会”、“推进惩防体系建设研究与实践”、“推进惩防体系制度建设”、“行政审批制度改革”、“加强监督，推进惩防体系建设”、“以制度建设为重点，努力提高上海反腐倡廉制度建设的科学化水平”等二十余个课题的研究。

图 13-3-6　1998 年 10 月，上海市监察学会举办《上海企廉工作实践》发行座谈会

【决策咨询研究】

2006 年以来，市监察学会接受市监察局、市容环卫局、市城管执法队、市环境保护局、市港口交通局的委托，开展“市容环卫、城管执法部门效能监察研究”、“政风行风建设突破口研究”、“提高政风行风建设群众满意度的研究”、“行政效能监察的模式”、“行政审批标准化建设”等课题研究。课题研究成果得到评审小组和委托单位的好评。决策咨询研究强化学会服务社会的功能，推动研究成果的应用转化。

三、研讨交流

市监察学会通过年会、理论研讨会座谈会、推进会等方式进行研讨交流，并将质量较高的论文在会刊上发表，在编纂的论文集上进行展示和交流。监察学会重视学习外省市监察学会的经验。通过走出去和请进来的方式，以及定期互赠会刊、互寄理论研究论文集等形式，与兄弟省市研讨交流工作经验和研究成果。

2002 年 3 月下旬，根据中国监察学会安排，市监察学会接待英国剑桥政府和商业道德研究中心代表团一行。2004、2005、2008年曾三次接待国际透明组织考察团来沪交流考察。学会在接待国外考察团组的过程中，通过座谈交流，沟通相关信息，学习借鉴国外好的做法经验。

2005年，上海、浙江、江苏、福建、山东、江西、安徽等华东六省一市成立中国监察学会华东地区学术联络组。上海市监察学会积极参加华东地区学联组每年召开的工作交流会暨理论研讨会。在学联组会议上，上海市监察学会分别作"利用高校理论资源优势，推进党风廉政理论研究"、"充分发挥团体会员作用，推进党风廉政理论研究"、"努力提高纪检监察机关在构建社会主义和谐社会系统工程中的能力"、"上海市治理商业贿赂理论研究和专项工作基本情况"、"以制度建设为重点，努力提高上海反腐倡廉制度建设科学化水平"、"监察机关应着力增加监督的主动性"等交流发言。

2007年3月，根据华东地区学联组安排，上海市监察学会作为东道主承办在上海举办的年度工作交流会暨理论研讨会。市纪委书记沈德咏到会致辞。中国监察学会秘书长王从海到会并作讲话。会议组织理论研讨和参观考察。

图13-3-7　2007年3月29日，中国监察学会华东地区学术联络组工作交流会暨理论研讨会在上海召开

"两会"联合研究，实现优势互补。自2009年上海廉政研究会成立后，市监察学会开始与上海廉政研究会联合开展理论研究。市监察学会成立已有十几年历史，已建立一支团体会员队伍和稳定研究力量。廉政研究会虽然成立时间短，但层次更高，联系面更广。"两会"联合开展理论研究，进一步体现研究理论的整合，实现优势互补，推动理论研究的深入开展。2010年，上海廉政研究会共组织专家学者20多人次参加座谈，为上海反腐倡廉积极建言献策。

2010年12月，上海廉政研究会和上海市监察学会联合举办首届"浦江清风论坛"——上海市反腐倡廉制度建设研讨会。论坛主题为以制度建设为重点，努力提高上海反腐倡廉建设的科学化水平，分设"权力在阳光下运行，资源在市场中配置，资金在网络上监管"、"'廉洁办博'在制度中实现，制度建设在深化中推进"等五个专题开展理论研讨。会上，20多个政府部门和国有企业领导，北京、上海地区10多位专家学者作研讨交流发言，对上海反腐倡廉建设建言献策，对推进上海党风廉政建设和反腐败工作发挥智力支持和基础性作用。市纪委书记、上海廉政研究会会长董君舒出席会议并讲话。会后，精选66篇文章，编印《首届"浦江清风"反腐倡廉制度建设研讨会论文汇编》。

四、自身建设

【队伍建设】

监察学会坚持积极慎重、确保质量、自愿加入的原则发展会员队伍。1998年3月，市监察学会常务理事会议审议通过《上海市监察学会发展团体和个人会员具体办法》，规范会员发展工作。市监察学会在会员队伍发展上突出三个侧重：侧重在纪检监察一线工作单位、个人中发展；侧重在高等院校、社科领域理论研究机构的专家学者中发展；侧重在区县监察机构、高等院校、社科领域研究单位及大中型企业中发展团体会员。上海市监察学会自成立以来，通过编印《上海市监察学会简介》《关于区县成立监察学会有关工作的解答》《区县成立监察学会筹备工作步骤示意图》，印发区县成立监察学会情况通报，召开筹建监察学会工作推进会等形式，指导和推进区县建立监察学会工作。学会通过向有关单位发出发展团体会员邀请书，并附《加入上海市监察学会团体会员有关工作示意图》等形式，推进在高等院校、社科领域研究机构、大中型企业中发展团体会员。学会在发展个人会员中，注重发展党政机关中年纪轻、学历高，并有较好理论研究基础的会员入会，并对会员的会籍进行规范管理。市监察学会自成立至2010年底，共发展团体会员50个，个人会员164名。

在理论研究过程中，市监察学会通过整合各类资源，形成理论研究三支骨干力量：纪检监察一线部门的纪检监察干部，高等院校、社科研究机构的专家、学者和团体会员。纪检监察一线部门的纪检监察干部熟悉了解反腐倡廉工作重点、难点和热点；高等院校、社科研究机构的专家、学者有扎实的理论功底；团体会员有单位团队的优势。在组织《论房地产市场的监督制约机制》课题研究过程中，市监察学会邀请华东师大、上海大学、上海社科院法学研究所有关专家学者，还邀请市政府职能部门市建委、市房地局并会同市检察院，杨浦、闸北、闵行区纪委，市纪委研究室、三室等职能部门共同参加。在《论股份制企业的监督与制约机制》研究过程中，邀请复旦大学、华东师大的专家学者；邀请市政府职能部门市经委、市财办、市外经贸委、市科委、市二轻局；邀请部分股份制公司等单位；并会同市纪委研究室等职能部门共同参与课题研究。通过力量整合，充分发挥高等院校、研究

图13-3-8　2005年9月27日，上海市监察学会成立论文评审专家小组

机构专家学者在理论研究中的作用。邀请政府职能部门和纪检监察机关一线的同志共同参与，充分发挥一线部门对业务熟知和纪检监察工作情况熟悉等优势，使研究成果在理论与实际工作结合上更紧密。市监察学会同时注重发挥团体会员单位在理论研究中的团队作用，形成理论研究的基础骨干力量。

【制度建设】

为了提高依法办会的能力和水平，市监察学会重视加强制度建设，坚持用制度规范学会的办会行为。学会章程是学会建立和运行的根本性制度，在第二次和第三次会员大会上，市监察学会分别对章程结构和内容进行相应修改，使之更符合形势和任务的需要。市监察学会自成立以来，先后制定出台《会长办公会制度》《理事、常务理事会议制度》《重大事项请示汇报制度》《工作交流联系制度》《秘书处岗位职责》《财务管理制度》《上海市监察学会发展团体和个人会员具体办法》《上海市监察学会会费收缴管理办法》《上海市监察学会论文评审专家小组暂行工作办法》《关于开展学会团体会员活动的意见》。自 2005 年起，市监察学会每年组织研讨论文评审工作。2005 年 9 月，市监察学会成立论文评审专家小组。初期聘请 7 位专家学者担任评审小组成员，后随论文评审数量的增加，评审专家增至 12 位。市监察学会制定《上海市监察学会论文评审专家小组暂行工作办法》，规范论文评审工作。随着形势发展和任务变化，市监察学会不断对制度加以修订和完善，至今已形成包括章程、有关会议、发展会员、重大事项请示、工作联系、财务管理、会费收缴等一整套 13 项制度。

【依法办会】

在办会指导思想上，始终把“管思想、把方向”放在首位，正确处理学术自由、百家争鸣与坚定政治信念的关系。市监察学会自觉服从市纪委、市监察局(委)、中国监察学会和市社联的领导，认真贯彻上级对学会工作的各项要求，积极参加上级组织的各类会议和培训。市监察学会认真贯彻执行国家、市社联、市社团局对民间组织管理的规定，按照章程赋予的宗旨和职责开展业务活动。坚持依法办会、按章办事，规范学会工作运作，确保学会健康有序发展。市监察学会在开展理论研究、发展会员、会刊编辑发行、对外交流、会费收缴等方面，严格执行法律法规和学会章程赋予的职责。自觉配合市社联、市社团管理局对社团组织的年检、年审和财务审计等各项工作。1997—1998 年，根据中共中央办公厅、国务院办公厅《关于党政机关领导干部不得兼任社会团体领导职务的通知》精神，对在职局级干部在学会兼任的领导职务，认真进行对照清理。对确需兼任学会领导职务的按照规定办理报批手续。2000 年，为了加强党对社会团体的领导，根据中共中央组织部、民政部《关于在社团中建立党组织有关问题的通知》，市监察学会建立党的工作小组。学会换届后，因人事发生变动，市监察学会及时调整党的工作小组成员。市监察学会领导重视对基层学会工作的联系和指导，积极为基层学会服务。应区县和委办监察学会邀请，学会和秘书处领导经常出席区县、委办监察学会举行的年会、理论研讨会，支持和指导基层监察学会工作。

【达标创优】

1997 年以来，市监察学会与市纪委、市监察局(委)有关部门先后组织过多次论文评审。通过每年召开理论研讨会或年会，宣布评审结果，组织评审专家对论文进行点评，对于质量较高的论文，分别评为特等奖、一、二、三等奖和优秀奖，提高会员参与理论研究的积极性，促进论文质量的提高，论文撰写数量呈现逐年上升的趋势。

上海市监察学会成立以来,多次受到中国监察学会和市社联的表彰奖励。2003 年起,市社联试行学会达标创优活动,市监察学会连续多年被评为上海市达标学会。2005 年 9 月,市社联组织的“构建社会主义和谐社会”理论研讨征文评选中,学会获优秀论文组织奖。2006 年 9 月,在中国监察学会三届二次理事会暨理论研讨会上,获中国监察学会颁发的“学会工作先进单位奖”。10 月,市社联召开的市第六次哲学社会科学学术团体工作会议上,市监察学会副会长邱永明被评为 2003—2005 年度优秀社会科学学会工作者,市监察学会被市社联列为理论研究重点学会。2007 年 9 月,在市社联“马克思主义中国化与上海改革发展”理论研讨征文评选中,市监察学会获优秀论文组织奖。2009 年,市监察学会会员关保英被市社联评为 2006—2008 年度优秀学会工作者。2012 年 11 月,市监察学会副秘书长王振华被市社联评为 2009—2011 年度上海市优秀社会科学学会工作者。

第三节　研 究 成 果

1996—2010 年,市监察学会向市社联和中国监察学会推荐的论文,经市社联和中国监察学会组织的专家评审,有 26 篇论文获奖。其中,一等奖 3 篇,二等奖 7 篇,三等奖 4 篇,优秀奖 12 篇。

图 13-3-9　2005—2010 年,上海市监察学会和上海廉政研究会部分获奖成果汇编

表 13-3-5　1996—2010 年市监察学会理论研究获奖论文一览表

年份	奖类	论文题目	作者	授奖单位
1996	一等奖	试论从体制、机制、法制的结合上加强党风廉政建设	市监察学会	市党建征文评审委员会
	二等奖	浅论新时期党风廉政建设中的几个关系问题	顾仁根	市党建征文评审委员会
	三等奖	世界观、价值观、人生观与领导干部的从政道德	市监察学会	市党建征文评审委员会
2003	优秀奖	学习党的十六大精神与加强党风廉政建设	市监察学会	上海市社联
2004	二等奖	关于加入世贸组织后，行政监察在内容、方式方法需作如何改进	市监察学会	中国监察学会
2005	一等奖	行政执法监察的理论和实践问题研究	关保英、贾东艳	中国监察学会
	二等奖	惩治和预防腐败、构建社会主义和谐社会	市监察学会	中国监察学会
	二等奖	建立“操作规程”，提高行政执法行为监察的效能	邱永明、陈露	中国监察学会
	优秀奖	关于国有企业党组织加强对领导干部监督的思考	顾　群	中国监察学会
	优秀奖	监察机关加强行政执法行为监督的法制、体制、机制研究	刘　平、王松林	中国监察学会
2005	优秀奖	实行厂务公开构建企业监督约束机制	沪东中华造船公司纪委	中国监察学会
	优秀奖	积极探索勇于实践努力推进上海移动的“廉政文化”建设	张新康	中国监察学会
2006	二等奖	我国廉政法制建设的趋势探讨	关保英	中国监察学会
	二等奖	加强廉政法制建设研究	刘　平	中国监察学会
	三等奖	把握科学发展观，指导“惩防体系”建设中的三个关系	邱永明	中国监察学会
	三等奖	关于上海市坚决纠正拖欠和克扣农民工工资问题调研报告	市监察学会课题组	中国监察学会
	优秀奖	关于上海市坚决纠正企业改制重组中侵害职工合法权益问题的调研报告	市监察学会课题组	中国监察学会
	优秀奖	关于上海市坚决纠正征地中侵害农民合法权益的调研报告	市监察学会课题组	中国监察学会
2007	优秀奖	十六大以来上海党风廉政建设成效、经验和特点	关保英、肖　峰	中国监察学会
	优秀奖	深入推进廉政文化建设	上海市宝山区课题组	中国监察学会
	2007 年十佳学会学术活动奖	马克思主义中国化与上海改革发展	市监察学会	市社联

(续表)

年份	奖类	论文题目	作者	授奖单位
2009	二等奖	论腐败的社会心理因素及法律规则	殷啸虎	中国监察学会
	三等奖	论反腐倡廉机制的科学化构建	关保英	中国监察学会
2010	一等奖	信息化反腐的法律构建研究	关保英	中国监察学会
	优秀奖	运用网络监察系统努力提高预防腐败制度的科学性和实效性	嘉定区纪委、监察局	中国监察学会
	优秀奖	"廉政敏感期"推进反腐倡廉建设科学化的理念和路径	刘　杰	中国监察学会

1993—2010年,市监察学会、市廉政研究会和机关有关室共编辑出版刊物28部。其中,公开发行11部,内部编印17部。

表13-3-6　1993—2010年市纪委、监察系统专著和论文集编辑出版物一览表

序号	书刊名	编印者	出版社	出版时间
1	《社会主义市场经济与纪检监察工作论文集》	市纪委研究室、市监察学会	内部编印	1993.12
2	《论房地产市场的监督机制》	市纪委研究室、市监察学会	内部编印	1995.9
3	《略论建筑市场监督制约机制》	市纪委研究室、市监察学会	内部编印	1997.2
4	《试论股份制企业内部监督制约机制》	市纪委研究室、市监察学会	内部编印	1997.6
5	《执法监察实践与研究》	市监察委、市监察学会	内部编印	1997.6
6	《上海企廉工作实践》	市监察学会、市企廉领导小组办公室	内部编印	1998.10
7	《论艰苦奋斗》	市监察学会、市纪委宣教室	内部编印	1998.6
8	《论廉政监督》	沈红光任主编	上海教育出版社	2000.5
9	《源头治理实践与研究》	市纪委、市监察委、市监察学会	上海教育出版社	2002.8
10	《领导干部廉洁自律规范》	市纪委	上海教育出版社	2003.3
11	《企业效能建设研讨会交流材料》	市监察学会	内部编印	2003.10
12	《反腐倡廉创新研究与实践》	市纪委、市监察委、市监察学会	内部编印	2004.11
13	《2004年度理论研讨会暨年会研讨交流资料》	市监察学会	内部编印	2004.11
14	《新形势下企业监察工作的地位、作用和监察方式》	市纪委、市监察委、市监察学会	上海教育出版社	2005.11
15	《惩治腐败,预防腐败,构建社会主义和谐社会》	市纪委、市监察委、市监察学会	上海教育出版社	2006.8
16	《学习贯彻党章保持党的先进性建设》	市监察学会、市纪委宣教室	内部编印	2006.8
17	《2006年度理论研讨暨年会交流材料》	市监察学会	内部编印	2006.8

（续表）

序号	书 刊 名	编 印 者	出版社	出版时间
18	《学习贯彻党章保持党的先进性建设》	市监察学会	内部编印	2006.8
19	《推进惩防体系建设研究与实践》	市纪委、市监察委、市监察学会	上海教育出版社	2007.11
20	《上海市治理商业贿赂课题研究》	市纪委、市监察委、市监察学会、市治理商业贿赂领导小组办公室	上海教育出版社	2007.12
21	《以科学发展观为统领推进"惩防"体系制度建设》	市纪委、市监察委、市监察学会	上海教育出版社	2008.11
22	《加强监督，推进惩防体系建设》	市监察学会	内部编印	2008.12
23	《提高行政效率和政府工作透明度》	市监察学会	内部编印	2008.12
24	《惩治腐败，预防腐败，构建社会主义和谐社会》	市监察学会	上海教育出版社	2008.12
25	《加强权力监督，提高政府行政效能》	市纪委、市监察委、市监察学会	上海教育出版社	2009.9
26	《推进惩治和预防腐败体系机制建设》	市监察学会	上海教育出版社	2009.12
27	《提高行政效率和政府工作透明度》	市监察学会	内部编印	2009.12
28	《首届"浦江清风"反腐倡廉制度建设研讨会论文汇编》	上海市廉政研究会、市监察学会	内部编印	2010.12

第十四篇

对外交流

随着改革开放的不断深入，市纪委、市监察局(委)与许多国家和地区的纪检监察机构以及国际组织建立友好关系，相互来往交流不断增多。通过接待外国和地区代表团来访、出国访问、参加国际论坛等方式，交流纪检监察和监督工作经验，学习借鉴对方的有益做法，增进互相合作与交流，开拓反腐倡廉工作思路。

1983—2010 年，市纪委、市监察局(委)共接待来访外国和地区代表团 116 个。1995—2010 年，出国访问 36 个团组，出访 17 个国家和地区。最初的对外交流主要是对苏联和东欧的社会主义国家。通过互访，了解这些国家在社会主义建设中开展行政监察工作的一套做法。同时注意考察了解西方国家的监察制度。1993 年纪检监察机关合署办公后，顺应对外开放和交流需要，开展对周边国家和地区在反腐败领域工作交流，先后与越南监察署、新加坡贪污调查局、泰国反腐败委员会、香港申诉专员公署等机构，建立友好关系，加强反腐败工作合作。同时，与美国、德国、澳大利亚、英国、新西兰等监察机关交往，吸取有益经验，为我国反腐倡廉建设服务。

2003 年，中国加入联合国反腐败公约后，成立国家预防腐败局，推进反腐败国际交流合作。2004—2010 年，市纪委、市监察局(委)多次接待国际透明组织、亚太经合组织来沪访问考察。通过交流，对我国反腐倡廉建设有了更客观、更全面的认识，对我国反腐倡廉工作给予高度评价。

第一章　对 外 接 待

1983 年起，市纪委、市监察局（委）适应改革开放的新形势，与国际组织建立友好关系，接待外国和地区代表团来沪访问。1993 年纪检监察机关合署办公后，相互交流不断增多。1996 年，市纪委、市监察委制定《接待外国监察代表团的暂行办法》，提出接待工作的要求，保证接待工作的有序开展。至 2010 年，先后接待亚洲、欧洲、非洲等国家和港澳特别行政区代表团 116 个，交流反腐败工作情况，借鉴有益做法和经验。

第一节　接待亚洲国家和地区代表团

一、韩国

1995 年 12 月 11—15 日，韩国釜山市监查代表团来上海参观访问。这是韩国釜山市监查机构首次派团访沪。市纪委书记、市监察委主任张惠新会见代表团。市监察委领导与代表团进行工作会谈。

1996 年 12 月 3—11 日，韩国监查院监查委员申相斗率代表团访华。韩国监查院是韩国负责行政监察和财政审计的最高机构。此次来访，旨在深入了解中国监察工作情况，相互交流在监察领域的工作经验，增进中韩两国监察机关之间的友谊与合作。12 月 9—11 日，韩国代表团到上海参观访问。市纪委书记、市监察委主任张惠新会见代表团。市监察委领导与代表团进行工作会谈。

1997 年 5 月 19—24 日，韩国釜山市监查代表团来沪访问。釜山市与上海市互为友好城市，釜山市监查室与上海市监察委员会建立友好关系。釜山市监查代表团此次来沪访问，旨在深入了解上海市监察情况，交流在监察领域的工作经验，增进中韩两国监察机关之间的友谊与合作。市纪委书记、市监察委主任张惠新会见代表团。市纪委副书记、市监察委副主任沈红光与代表团进行工作会谈。

同年 10 月 7—11 日，韩国监查院院长李时润率代表团来华访问。10 月 10—11 日，监察部部长曹庆泽陪同代表团来沪访问。市纪委书记、市监察委主任张惠新与代表团进行工作会谈。市政府领导会见代表团。

1999 年 5 月 24—29 日，韩国釜山广域市监查官朴英林为团长的代表团来沪访问。市纪委书记、市监察委主任张惠新会见代表团。

2001 年 10 月 29 日—11 月 4 日，韩国釜山广域市监查官室监查官金润坤为团长的代表团来沪访问。市领导会见代表团。市监察委领导与代表团进行工作会谈。

2002 年 5 月 9—16 日，韩国监查院事务总长黄炳基率代表团来华进行工作访问。代表团此次来访，旨在深入交流行政监察和反腐败工作的经验，增进双边友谊。5 月 15—16 日，代表团在沪访问。市委副书记、市纪委书记罗世谦会见代表团。市监察委领导与代表团进行工作座谈。

2003 年 11 月 10—16 日，韩国釜山广域市监查官裴泰守率代表团来沪访问。市监察委领导与代表团进行工作交流。

同年 11 月 14 日，韩国腐败防止委员会常任委员李相焕一行 3 人访问市监察委。市纪委副书记、市监察委主任李梅会见代表团并进行工作座谈。

2004年10月15—19日,韩国监查院院长田允喆率代表团来华访问,旨在进一步交流行政监察和反腐败工作的经验,增进了解和友谊。10月17—19日,代表团访问上海。市委副书记、市纪委书记罗世谦会见代表团。

2005年3月28日—4月3日,韩国监查官李钟守率釜山广域市监查代表团访问上海。上海市和釜山广域市结为友好城市,有着传统的友谊,2005年又逢两市监察机构建立友好合作关系10周年。釜山广域市监查代表团访问上海,进一步加强两市在廉政建设和反腐败方面的工作交流,促进两市行政监察机关友好合作关系。副市长冯国勤会见代表团。市纪委副书记、市监察委主任李梅与代表团进行工作座谈。

同年10月13—19日,韩国监查院监查委员卢钰燮率代表团来华访问,旨在与中国深入交流行政监察和反腐败工作经验,增进双方友谊。10月17—19日,代表团来沪访问。市委副书记、市纪委书记罗世谦会见代表团。市纪委副书记、市监察委主任李梅与代表团进行工作座谈。

2006年5月18—24日,韩国监查院事务总长吴正熹率代表团来华访问。5月23日至24日,代表团来沪访问。市纪委副书记、市监察委主任李梅会见代表团。

同年9月11—16日,韩国监查院院长田允喆率团来华参加在上海举行的第十届亚洲审计组织大会。在沪期间,市监察委领导会见代表团,并介绍上海经济社会发展情况和开展纪检监察工作有关情况。

2007年4月23—30日,韩国监查院事务总长金照源率代表团来华访问。4月28日至30日,代表团来沪访问。市委副书记罗世谦会见代表团。市纪委副书记、市监察委主任顾国林与代表团进行工作会谈。

同年10月22—26日,韩国监查官李圭浩率釜山广域市监查官室代表团来沪访问,旨在进一步加强两市行政监察机关之间在廉政建设和反腐败方面的工作交流,促进双方友好合作关系。市纪委书记沈德咏会见代表团一行。市纪委副书记、市监察委主任顾国林与代表团进行工作座谈。

2009年10月26—30日,韩国监查官金荣焕率釜山广域市监查代表团来沪访问。市纪委书记董君舒会见代表团。市纪委副书记、市监察局局长顾国林与代表团进行工作座谈。

二、越南

1994年5月7—17日,越南共产党中央政治局委员、书记处书记、越共中检委主任杜光胜率代表团来华访问。越共中央检查委员会是负责党的纪律检查工作的领导机关。此次访华,旨在了解中国改革开放和经济发展的情况,了解中共纪检体制和工作情况。5月13—15日,中央纪委常委王光陪同代表团到上海进行友好访问。市委领导会见代表团。市纪委书记、市监察委主任张惠新与代表团进行工作会谈。

1997年6月25日—7月3日,越南国家监察总署总监察长谢友青率代表团来华访问。越南国家监察总署是越南政府负责行政监察工作的职能部门。越南国家监察总署代表团此次访问,旨在进一步加强中越两国及两国行政监察机关之间友好关系,深入交流双方开展监察工作和反腐败斗争经验。代表团于6月30日—7月2日来沪访问。市纪委书记、市监察委主任张惠新会见代表团。

1998年11月24日—12月1日,越南共产党中央政治局委员、中央检查委员会主任阮氏春美率越共中检委代表团来华访问。越共中检委代表团此次来访,旨在与中共交流纪律检查工作经验,了解中共加强党风廉政建设有关情况,促进中越两党关系的发展。11月27—29日,中央纪委常委、秘书长袁纯清陪同代表团来沪访问。市委主要领导会见代表团。市纪委书记张惠新与代表团进行工作会谈。

2004年3月14—22日,越南共产党中央书记处书记、中检委主任阮文芝率越共中央检查委员会代表团来华访问。此次是越共中检委主任阮文芝上任后首次率团来访,旨在进一步促进中越两党纪律检查机关之间友好合作关系的发展,交流近年来两党廉政建设和反腐败工作经验。3月18—21日,代表团来沪访问。市委副书记、市纪委书记罗世谦会见代表团。市纪委领导与代表团进行工作座谈,交流近年来各自在廉政建设和反腐败工作方面经验。

2005年3月19—25日,越南国家监察总署总监察长郭黎清率代表团来华访问。中越两国监察机关自1994年建立友好关系以来,双方进行富有成效的业务交流。此次访问是郭黎清总监察长上任后首次访华,旨在加强与中国在廉政建设和反腐败方面的工作交流,促进双方友好合作关系的发展。3月22—24日,代表团来沪访问。市委副书记、市纪委书记罗世谦会见代表团。市纪委副书记、市监察委主任李梅与代表团进行工作座谈。

同年10月1—3日,越南国家监察署副总监察长陈国丈一行3人在参加北京亚太地区监察大会结束后访问上海。市委副书记、市纪委书记罗世谦会见代表团,市纪委副书记、市监察委主任李梅参加会见。

2006年10月22—29日,越南共产党中央委员、中检委常务副主任阮氏缘率越共中央检查委员会代表团来华访问。代表团此次来访,旨在进一步促进中越两党纪律检查机关之间友好合作关系的发展,相互交流近年来两党廉政建设和反腐败工作经验。10月24—26日,代表团访问上海。市委副书记、市纪委书记罗世谦会见代表团。市纪委副书记、市监察委主任李梅与代表团进行工作座谈。

2007年8月30日—9月2日,越南社会主义共和国河内市监察署主任、市委常委陈重弋率河内市监察署代表团来沪访问。8月31日,代表团专程访问市监察委。市纪委副书记、市监察委主任顾国林受常务副市长冯国勤的委托会见代表团。市纪委、市监察委领导与代表团就防治腐败工作进行会谈。

图14-1-1　2007年8月31日,上海市纪委市监察委与越南河内市监察署代表团交流

2009年4月8—19日，越共中央委员、越南中央防治腐败指导委员会常委兼办公厅主任武进战率代表团来华访问。越南中央防治腐败指导委员会成立于2006年10月，主要职责是指导、协调、检查和监督全国防治腐败工作，在越南预防腐败工作中发挥着重要作用。此次代表团来访，旨在与中国国家预防腐败局建立工作关系并考察了解中国预防腐败工作经验。4月11—14日，代表团在沪访问。市纪委书记董君舒会见代表团。

2010年7月16—23日，越南政府监察总署副总监察长阮文产率代表团来华访问，旨在了解中国开展行政监察和反腐倡廉工作情况，促进中越两国监察机关友好关系的发展。7月16—19日，代表团在沪访问。市纪委书记董君舒会见代表团。市监察局领导与越南政府监察总署代表团举行工作座谈。

同年11月26—27日，以越共中央委员、中检委副主任梅世阳为团长的越南共产党中央检查委员会代表团来沪访问。市纪委书记董君舒会见代表团。市纪委副书记徐文雄与代表团进行工作座谈。

三、泰国

1990年12月20日，泰国反贪污委员会秘书长差猜·颂吞披特率代表团来华访问，旨在进一步加强中泰友谊，促进两国监察机关之间相互了解。12月23—25日，代表团到上海访问。市政府领导会见代表团。市监察局领导与代表团座谈，介绍上海监察局有关情况。

1993年6月8—17日，泰国反贪污委员会主席沙迪·宋差梯率代表团对中国进行友好访问。这是泰国反贪污委员会对尉健行同年2月率团访问泰国的回访。6月12—14日，监察部副部长李至伦陪同代表团来沪访问。副市长孟建柱会见代表团。市监察委领导向代表团介绍有关情况。

1994年5月28日—6月7日，泰国反贪污委员会主席斯安·查荣瓦塔那率代表团来华访问。这是该委员会领导成员1993年更换后第一次访华，旨在相互交流情况，促进双边关系，考察中国改革开放和经济发展情况，了解中国反腐败斗争和廉政建设情况。6月2—4日，监察部副部长何勇陪同代表团到上海进行友好访问。市纪委书记、市监察委主任张惠新会见代表团。市监察委领导向代表团介绍上海行政监察工作情况。

1996年6月20—29日，泰国反贪污委员会主席斯安·查荣瓦塔那率代表团访华。6月27日下午，监察部副部长李至伦陪同代表团从苏州抵上海，转乘航班赴广州参观访问。市纪委副书记、市监察委副主任沈红光迎送代表团。

2001年4月19—26日，泰国国家反贪污委员会专员卡莫·帕查默率代表团来华访问。泰国国家反贪污委员会成立于1999年，其前身是泰国反贪污及不正当行为委员会。代表团此次来访，旨在深入交流中泰两国廉政建设和反腐败工作经验，增进两国行政监察机关之间友好关系。4月23—24日，代表团在沪访问。市纪委书记、市监察委主任张惠新会见代表团，并进行工作会谈。

2002年8月18—24日，泰国国家反贪污委员会考察团来华访问，旨在了解中国打击和预防腐败，监督检查财会、固定资产、债权债务等方面的情况，增进两国监察机关之间友好关系。8月21—24日，考察团在沪访问。市纪委副书记、市监察委主任李梅与考察团进行工作会谈。

2003年2月20—27日，泰国国家反贪污委员会主席欧帕率代表团来华访问。此次访华，旨在与中国深入交流监察工作经验，进一步发展中泰两国及两国监察机关之间友好关系。2月26—27日，代表团在沪访问。市委副书记、市纪委书记罗世谦和副市长冯国勤会见代表团。市纪委副书记、市监察委主任李梅与代表团进行工作会谈。

2004年6月6—12日，泰国反贪委财产调查三局处长瓦齐拉·沙诺攀率泰国国家反贪污委员会代表团来华访问。此次访华，旨在加强中泰两国行政监察机构业务交流，促进两国政府和人民之间友好关系的发展。6月9—12日，代表团来沪参观访问。市监察委领导与代表团进行工作座谈。

同年10月27日—11月5日，泰国监察专员提拉德·米平率泰国监察专员公署代表团来华访问。此次访华，旨在加强中泰两国监察机关在监察领域以及在廉政建设和反腐败方面的交流与合作，促进两国政府和人民友好关系的发展。11月3—5日，代表团来沪访问。市委副书记、市纪委书记罗世谦会见代表团。市纪委副书记、市监察委主任李梅与代表团进行工作会谈。

2007年4月25—29日，泰国反腐败委员会委员帕迪·坡提施里率代表团来华访问。此次来访，旨在巩固中泰两国机构的友好合作关系，加强双方在廉政建设和反腐败方面的交流与合作，推动中泰关系全面、深入发展。4月27—29日，代表团访问上海。副市长冯国勤会见代表团。市纪委副书记、市监察委主任顾国林与代表团举行工作座谈。

四、柬埔寨

2004年3月23—29日，柬埔寨联络议会与监察部国务秘书凯昆杭率代表团来华访问。柬埔寨联络议会与监察部成立于1999年5月，由柬王国政府领导，负责政府与国民议会和参议院的联络事务，监督检查王国所有公共事务领域的工作以及惩治腐败。2002年，中柬两国监察机构正式建立友好关系。此次来访，旨在加强双边交流，促进两国政府和两国人民间友好关系的发展。3月27—29日，代表团访问上海。市委副书记、市纪委书记罗世谦会见代表团。市纪委副书记、市监察委主任李梅与代表团进行工作座谈。

五、老挝

1992年7月11—13日，老挝人民革命党中央政治局委员、党政监察委员会主任迈占丹·森玛尼率老挝人民革命党监察委员会代表团来沪访问。老挝监察委是老挝最高党政纪律检查机关，这是自1989年中老关系全面正常化以来老方纪检部门首次派团访华。在沪期间，代表团就监察保护干部和防止干部贪污腐化问题、培训监察干部和整顿党政机构问题以及双方纪检部门合作交流问题同我方交换意见。市委副书记倪鸿福会见代表团。市纪委书记张定鸿、市纪委副书记韩坤林与代表团交换意见。

1997年3月23—30日，老挝党政监察委员会主任翁佩率代表团来华访问。3月28日，中央纪委副秘书长赵洪祝陪同代表团从无锡到上海转乘航班去昆明，市监察委领导迎送代表团。

2008年5月26日—6月2日，老挝人民革命党中央政治局委员、书记处书记、中央纪委主任、政府副总理阿桑·劳里率老挝人民革命党中央纪委代表团来华访问。此次来访，旨在加强两党纪检机关在党风廉政建设和反腐倡廉领域的交流与合作，学习借鉴彼此的成功经验，促进两党两国关系的全面发展。5月29—31日，代表团由监察部外事局局长王拥军陪同访问上海。市纪委书记董君舒会见代表团。市纪委副书记唐周绍与代表团举行工作座谈。

六、巴基斯坦

1998年5月9—14日,巴基斯坦信德省监察专员公署监察专员萨拉胡丁·米尔扎率代表团来华访问。此次来访,旨在与中国交流监察工作情况,进一步发展中巴两国监察机构的友好关系。5月12—13日,代表团来沪访问。市纪委书记、市监察委主任张惠新会见代表团。市监察委领导与代表团进行工作会谈。

2001年2月9—15日,巴基斯坦监察专员穆罕默德·巴希尔·杰罕吉里率巴基斯坦监察专员公署代表团来华访问。此次来访,旨在深入了解中国行政监察工作和反腐败斗争的情况,交流监察工作经验。2月11—13日,代表团在沪访问。市纪委书记、市监察委主任张惠新会见代表团。市监察委领导与代表团进行工作会谈。

七、哈萨克斯坦

2008年9月1—9日,哈萨克斯坦共和国反经济与腐败犯罪署署长卡尔姆尔扎耶夫率代表团来华访问。卡尔姆尔扎耶夫署长是首次率团来访,旨在了解中国开展行政监察和反腐倡廉工作情况。9月4—7日,代表团在沪访问。市纪委书记董君舒会见代表团。市纪委副书记唐周绍与代表团进行工作座谈。

2010年10月17—25日,哈萨克斯坦反经济与腐败犯罪署署长卡扎姆扎罗夫率代表团来华访问,旨在了解中国开展行政监察和反腐倡廉工作情况。10月18—20日,代表团在沪参观访问。市纪委书记董君舒会见代表团。市纪委副书记、市监察局局长、市预防腐败局局长顾国林与代表团进行工作会谈,介绍上海市运用"制度加科技"有效预防腐败的工作情况。

八、沙特阿拉伯

2008年9月24—30日,沙特阿拉伯王国监察署署长萨利赫·阿勒阿里率代表团来华访问。萨利赫·阿勒阿里系首次应监察部邀请访华,旨在了解中国行政监察和反腐倡廉工作情况,建立和发展中沙两国监察机构的友好关系。9月27—29日,代表团在上海访问。市纪委书记董君舒会见代表团一行。市纪委副书记、市监察委主任顾国林与代表团进行工作座谈。

九、伊朗

1995年10月5—12日,伊朗国家监察组织负责人赛义德率代表团来华参加第七届国际反贪污大会。这是伊朗国家监察机构首次派团访华。10月11—12日,代表团参观访问上海。市政府领导会见代表团。市监察委副主任洪林珍与代表团进行工作座谈。

2005年12月6—8日,伊朗国家监察组织主席罕默德·尼亚兹为团长率伊朗国家监察代表团在上海访问。市纪委副书记、市监察委主任李梅与代表团进行工作座谈。

十、土耳其

2007 年 1 月 17 日，土耳其考察团访沪。市纪委书记沈德咏会见土耳其考察团，介绍上海行政监察情况。

十一、中国港澳地区

1997 年 9 月 18—24 日，香港申诉专员公署考察团来内地访问。此次来访，旨在进一步加强交流与合作。9 月 23—24 日，考察团来沪访问。市监察委副主任沈红光会见考察团，介绍上海行政监察情况。

1999 年 11 月 3 日，香港特别行政区廉政公署新任专员率团访问市纪委。市监察委副主任何卫国会见代表团，并介绍上海行政监察机构情况。

2003 年 9 月 22 日，香港廉政公署代表团来市纪委机关考察交流工作情况。市纪委副书记、市监察委主任李梅会见代表团。

2006 年 11 月 6—10 日，澳门廉政公署助理专员杜慧芳率代表团来内地进行业务交流。11 月 6—8 日，代表团在沪访问。市纪委副书记、市监察委主任李梅与代表团进行工作座谈。

第二节　接待美洲及大洋洲代表团

一、美国

1999 年 3 月 25—31 日，美国国务院监察长杰奎琳·布雷吉斯女士率代表团来华访问。美国国务院监察长办公室是美国务院负责行政监察的职能部门。近年来，监察部与美国国务院监察长办公室和联邦廉政署进行业务交流，取得良好效果。此次来访，主要是就公务员廉洁问题同监察部进行业务交流，并于 3 月 26—27 日参加在京召开的“中美行政监察机关廉政建设研讨会”。3 月 29—31 日，代表团在沪访问。市纪委书记、市监察委主任张惠新会见代表团。

2000 年 11 月 15—22 日，美国国务院监察长杰奎琳·布雷吉斯女士率美国监察代表团来华访问。此次来访，就廉政建设和反腐败工作进行深入探讨。11 月 20—22 日，代表团在沪访问。市纪委书记、市监察委主任张惠新会见代表团。市监察委领导与代表团进行工作会谈。

二、加拿大

1998 年 5 月 31 日—6 月 6 日，加拿大国库委员会秘书长皮特·哈德率加拿大国库委员会代表团来华访问。加拿大国库委员会是加中央政府监督机构。此次来访，旨在了解中国的行政监察体制及其运作情况和中国开展反腐败斗争的情况，交流工作经验。6 月 4—6 日，代表团来沪访问。市纪委书记、市监察委主任张惠新会见代表团。市纪委副书记、市监察委副主任沈红光与代表团进行工作会谈。

2001 年 5 月 21—27 日，加拿大国库委员会副总监察长理查德·内维尔率加拿大国库委员会代表团来华访问。加拿大国库委员会是负责政府财政、人事以及行政管理的部门。此次来访,旨在与监察部举行第三次业务研讨会,并探讨新一轮合作备忘录的签署。5月25—27日,代表团在沪访问。市纪委书记、市监察委主任张惠新会见代表团。市纪委副书记、市监察委副主任何卫国与代表团进行业务研讨。

三、古巴

2004年4月4—12日,古巴监察审计部第一副部长雷依诺尔·佩雷斯率古巴监察审计部代表团来华访问。此次来访,旨在学习借鉴中国政府在监察监督和反腐败工作中采取的有效做法,共同探讨在改革开放形势下,加强对公务员管理和监督的有效措施。4月7—9日,代表团在沪访问。副市长姜斯宪会见代表团。市纪委副书记、市监察委主任李梅与代表团进行工作座谈。

2006年5月11—15日,古巴监察审计部部长利娜率代表团来沪访问。古巴监察审计部与中国监察部有着良好的交流合作关系。市纪委副书记、市监察委主任李梅与代表团进行工作会谈。

2007年6月6日,古巴代表团来沪访问。市纪委书记沈德咏会见古巴代表团,并进行工作会谈。

四、秘鲁

1998年9月20—25日,秘鲁共和国总审计长维克托·恩里克·卡索·赖和夫人率秘鲁监察审计代表团来华访问。此次来访,是为加强两国监察监督机构之间友好合作关系,进行业务交流。9月22—23日,代表团来沪访问。市纪委书记、市监察委主任张惠新会见代表团。市纪委副书记、市监察委副主任沈红光与代表团进行工作会谈。

五、哥伦比亚

2007年9月9—17日,哥伦比亚总监察长埃德加多·玛雅率监察代表团来华访问。哥伦比亚总监察院为该国最高监察机构。此次来访,旨在考察了解中国行政监察体制和开展反腐倡廉工作情况,探讨两国监察机关之间合作事宜。9月15—16日,代表团访问上海。市纪委书记沈德咏会见代表团,市纪委副书记、市监察委主任顾国林陪同。

2008年3月24日,哥伦比亚代表团来沪访问。市纪委书记沈德咏会见代表团,并进行工作会谈。

六、澳大利亚

2007年12月,澳大利亚昆士兰州议会议长迈克·雷诺兹率代表团来沪访问。上海市与昆士兰州自1989年结为友好市州以来,两市州在经济、教育、文化、环境保护等方面开展多方面的交流与合作,取得可喜成果。此次访问的目的是进一步增进双方了解,扩大合作。12月6日,迈克·雷诺兹一行访问上海市监察委员会。市纪委副书记、市监察委主任顾国林会见代表团。

第三节　接待欧洲代表团

一、苏联、俄罗斯

1989年10月19—28日，苏联人民监察委员会主席根纳季·瓦西耶维奇·科尔宾率代表团对华进行友好访问。此次来访，旨在了解中国行政监察体制及开展监察工作的情况，增进两国监察机关之间友好合作关系。10月23日，代表团来沪访问。市监察局局长吴德让会见代表团。市监察局领导与代表团进行工作座谈。

1990年5月26—28日，以普戈为团长的苏联共产党中央监察委代表团来沪访问。市纪委书记张定鸿会见代表团，并与代表团举行纪检监察工作座谈，介绍上海市纪委的组织、办事机构、领导体制和履行保护、监督、惩处、教育四项职能的情况；普戈介绍苏共监督工作的情况。

1992年9月17—24日，以俄罗斯联邦共和国总监察员、监察署署长尤·尤·波尔德列夫为团长的俄罗斯联邦监察署代表团对中国进行友好访问。俄罗斯联邦监察署是国家最高行政监察机关。此次来访，旨在增进中俄两国人民的传统友谊，促进两国监察机关之间相互了解，加强友好合作。9月19—21日，监察部副部长李至伦陪同代表团在沪参观访问。市政府领导会见代表团。市监察局局长韩坤林与代表团举行工作座谈。

1997年7月17—24日，俄罗斯联邦总统监察总署第一副署长雷巴科夫率代表团来华访问。此次来访，旨在了解中国的行政监察体制及其运作情况和我国开展反腐败斗争的情况，交流工作经验。7月22—23日，代表团来沪访问。上海市政府领导会见代表团。市监察委领导与代表团进行工作座谈。

2002年4月22—27日，俄罗斯联邦总统监察总署第一副署长伊万诺夫率代表团来华访问。此次来访，旨在增进两国监察机关合作与交流。4月24—26日，代表团在沪访问。市委副书记、市纪委书记罗世谦会见代表团。市纪委副书记、市监察委副主任何卫国与代表团进行工作座谈。

2004年9月22—29日，以副署长库里巴为团长的俄罗斯联邦总统监察署代表团来华访问。此次来访，旨在与中国交流开展监督监察工作的经验，增进了解，加深友谊。9月27—28日，代表团访问上海。市委副书记、市纪委书记罗世谦会见代表团。

2006年6月19—24日，俄罗斯总统助理、总统监察署署长别格洛夫率俄罗斯总统监察署代表团来华访问。此次来访，旨在了解中国改革开放以来政治、经济和社会等各方面的发展情况，深入考察中国行政监察体制和开展反腐倡廉工作的情况。6月21—23日，代表团来沪访问。市委副书记、市纪委书记罗世谦会见代表团。市纪委副书记、市监察委主任李梅与代表团进行工作会谈。

2008年12月15—20日，俄罗斯总统助理、总统监察署署长楚先科率代表团来华访问。此次来访，旨在了解中国近年来反腐败和行政监察工作情况，进一步巩固和发展中俄监察机关友好关系。12月18—20日，代表团来沪访问。市纪委书记董君舒会见代表团。市纪委副书记、市监察局局长顾国林与代表团进行工作座谈，交流近年来反腐败和行政监察工作。

图 14-1-2　2008 年 12 月 19 日,上海市纪委市监察局陪同俄罗斯总统监察署代表团参观土地交易市场、有形建筑市场

2010 年 5 月 25—28 日,俄罗斯总统助理、总统监察署署长楚先科率代表团来华访问。5 月 26—28 日,代表团在上海访问。市纪委书记董君舒会见代表团。市纪委副书记、市监察局局长顾国林与代表团进行工作会谈。

二、白俄罗斯

2000 年 4 月 3—9 日,白俄罗斯国家监察委员会副主席索茨率代表团来华访问。此次来访,旨在了解中国的行政监察体制及其运作情况和我国开展反腐败斗争的情况,交流工作经验。4 月 5—7 日,代表团在沪访问。市纪委书记、市监察委主任张惠新会见代表团。市纪委副书记、市监察委副主任何卫国与代表团进行工作会谈。

三、捷克、斯洛伐克

1988 年 9 月 24—25 日,捷共中央检查和监察委员会主席雅罗斯拉夫·哈因率代表团,由中央纪委委员陈达之陪同来沪访问。市委副书记杨堤会见代表团。市纪委副书记朱达人介绍上海党组织和纪检工作等情况。

1991 年 2 月 13—15 日,捷克和斯洛伐克联邦共和国监察部代表团团长马丁·赫沃兹迪克哈因率团,由监察部副部长何勇陪同在沪参观访问。副市长赵启正会见代表团。市监察委领导与代表团进行工作会谈。

1992 年 2 月 9—16 日,捷克和斯洛伐克联邦共和国监察部长克维耶托斯拉娃率领代表团来华进行友好访问。2 月 13—15 日,代表团由监察部副部长何勇陪同在沪参观访问。市政府领导会见代表团。市监察局领导与代表团举行工作会谈。

1995 年 6 月 5—12 日，捷克最高监察院院长鲁・沃列尼克率最高监察院代表团对我国进行友好访问。这次来华访问，旨在了解中国行政监察体制，交流工作经验并考察中国改革开放的情况。6 月 10—12 日，监察部副部长冯梯云陪同代表团到上海进行访问。市纪委书记、市监察委主任张惠新会见代表团。

1999 年 5 月 10—16 日，斯洛伐克最高监察院长史蒂芬・巴列伊克率最高监察院代表团来沪访问。这是斯洛伐克最高监察院首次派团访华。近年来，监察部同斯最高监察院进行友好交往。此次访华，旨在了解中国现行的监察体制和当前开展反腐倡廉工作的情况，交流工作经验。5 月 13—15 日，代表团来沪访问。市纪委书记、市监察委主任张惠新会见代表团。

2003 年 10 月 20—25 日，斯洛伐克最高监察院副院长博里索娃率代表团来华访问。此次来访，旨在深入探讨双方在对公务员的监督和防止腐败方面的合作，交流工作经验，进一步推动中斯两国关系的发展。10 月 22—24 日，代表团在沪访问。市委副书记、市纪委书记罗世谦会见代表团。市纪委副书记、市监察委主任李梅与代表团进行工作会谈。

四、波兰

2000 年 10 月 8—15 日，波兰最高监察院院长亚努什・沃伊切霍夫斯基率波兰最高监察院代表团来华访问。此次来访，旨在了解中国监察机构在反腐败中的作用，以及行政监察工作情况。10 月 9—10 日，代表团在沪访问。市纪委书记、市监察委主任张惠新会见代表团。市纪委副书记、市监察委副主任何卫国与代表团进行工作会谈。

五、保加利亚

2007 年 6 月 13—15 日，保加利亚行政和行政改革部部长尼科拉伊・瓦西列夫率代表团来华访问。此次来访，旨在了解中国改革开放以来政治、经济和社会等方面的发展情况，考察中国行政管理、监察和政府廉政情况。6 月 14 日，代表团访问上海。市委副书记、市长韩正会见代表团，市纪委书记沈德咏陪同。市纪委副书记、市监察委主任顾国林与代表团进行工作座谈。

2008 年 3 月 13 日，保加利亚民主研究中心代表团来沪访问。市纪委副书记、市监察委主任顾国林与代表团进行工作座谈。

2009 年 9 月 12 日，保加利亚民主研究中心代表团来沪访问。市纪委领导与代表团进行工作座谈。

六、匈牙利

2007 年 10 月 29 日，匈牙利国会数据保护和信息自由监察专员奥迪拉・彼得福尔维来沪访问。市纪委领导会见奥迪拉・彼得福尔维专员。

七、阿尔巴尼亚

2005 年 6 月 19—25 日，阿尔巴尼亚监察专员署监察专员埃尔米尔・多比亚尼率阿监察专员署代表团来华访问。此次系阿监察专员署首次派团访华，旨在了解和借鉴中国在监督政府机关与公务员方面的经验,开展业务交流。6月21—23日,代表团在沪访问。副市长冯国勤会见代表团。市监察委领导与代表团进行工作座谈。

八、希腊

2006年5月26—30日,希腊内政和权力下放部部长普洛科彼斯·巴夫洛普洛斯率代表团来华访问。此次是巴夫洛普洛斯首次率团来访,旨在了解中国改革开放以来政治、经济和社会等各方面的发展情况,深入考察中国行政监察体制和开展反腐倡廉工作的情况,并与中国监察部签署《合作备忘录》。5月29—30日,代表团来沪访问。市委副书记、市纪委书记罗世谦会见代表团。市纪委副书记、市监察委主任李梅与代表团进行工作会谈。代表团回国后,专门通过希腊驻上海总领事馆采用外交照会的形式给上海发来感谢信。

九、德国

1998年2月22日—3月5日,德国北莱茵威斯特法伦州监察代表团来华访问。3月2—5日,代表团来沪访问。市监察委领导会见代表团,并与代表团进行工作会谈。

2004年4月19日,德国科隆市副市长抵沪参观访问。市纪委副书记顾国林会见德国客人。

十、英国

2002年3月17—24日,英国剑桥政府和商业道德研究中心主任罗莎蒙德·托马斯博士率代表团来华访问。此次来访,旨在与监察部行政监察研究所就从政道德和反腐败等问题进行业务交流,加深双方机构间的了解,增进友谊,为今后的合作发展奠定基础。3月20—23日,代表团在沪访问。市监察委领导会见代表团。市监察学会会长韩坤林与代表团进行座谈交流。

十一、荷兰

1996年6月9—16日,荷兰监察专员署署长马滕·伍斯廷率团来华访问。此次来访,旨在了解中国行政监察体制,交流工作经验并考察中国改革开放的情况。市纪委书记、市监察委主任张惠新会见代表团。

十二、瑞典

1999年11月7—14日,瑞典议会宪法委员会主席皮尔·昂科尔率瑞典监察代表团来华访问。此次来访,旨在了解中国行政监察体制及其运作情况和中国开展反腐败斗争的情况。11月10—11日,代表团来沪访问。市纪委书记、市监察委主任张惠新会见代表团。市纪委副书记、市监察委副主任何卫国与代表团进行工作会谈。

2006年5月21—27日,瑞典议会宪法委员会主席高岚·莱恩马柯率代表团来华访问。此次来访,旨在了解中国近年来政治、经济、社会等各方面的发展情况,深入考察中国监督监察体制,交流监督监察和反腐败工作经验。5月25—27日，代表团来沪访问。常务副市长冯国勤会见代表团。市纪委副书记、市监察委主任李梅与代表团进行工作会谈。

十三、丹麦

2001年6月24—30日，丹麦议会监察专员汉斯·加梅尔托夫特·汉森夫妇来华访问。此次来访，旨在了解中国行政监察体制及其运作情况和我国开展反腐败斗争的情况，进行业务交流。6月28—29日，汉森夫妇在沪访问。市纪委书记、市监察委主任张惠新会见监察专员夫妇。市纪委副书记、市监察委副主任何卫国与监察专员进行工作会谈。

第四节 接待非洲代表团

一、埃及

1992年4月15—27日，埃及行政监察署署长艾哈迈德·阿布德尔·拉哈曼率代表团来华进行友好访问。此次来访，旨在增进中埃两国人民的传统友谊，促进两国行政监察机关之间的相互了解和友好合作。4月19—21日，代表团在沪参观访问。副市长赵启正会见代表团。市监察局领导与代表团进行工作会谈。

1999年3月16—21日，埃及行政监察署署长希特尔·艾哈迈德·坦塔维率代表团来华访问。此次来访，旨在深入交流监察工作经验，进一步发展中埃两国及两国行政监察机关之间友好关系。3月18—19日，代表团到沪访问。市纪委书记、市监察委主任张惠新会见代表团。市监察委领导与代表团进行工作会谈。

2003年10月10—22日，埃及行政监察署第一国务秘书、署长助理穆罕默德·阿里·贾辛·阿里菲率考察团来华考察访问。此次来访，旨在了解中国行政监察工作和反腐败斗争的情况，交流监察工作经验。10月19—22日，考察团在沪访问。副市长冯国勤会见考察团。市监察委领导与考察团进行工作会谈。

2004年5月6—12日，埃及行政监察署第一国务秘书伊拉尔率埃及行政监察署代表团访问上海。代表团此次来访，旨在深入了解中国地方行政监察工作和反腐败斗争的情况，交流监察工作经验。市委副书记、市纪委书记罗世谦会见代表团。市纪委副书记、市监察委主任李梅与代表团进行工作座谈。

2005年4月14—27日，埃及行政监察署第一国务秘书阿明·扎卡利亚率代表团来华考察访问。2002年中埃两国监察机关续签新的业务交流协议。此次访华，旨在执行业务交流协议，加强与中方在廉政建设和反腐败方面的深入交流，促进双方友好合作关系的发展。4月25—27日，代表团在沪访问。市委副书记、市纪委书记罗世谦会见代表团。市纪委副书记、市监察委主任李梅与代表团进行工作座谈。

二、坦桑尼亚

1983年3月28—30日，坦桑尼亚革命党中央委员、书记处书记、纪律监察委员会书记波罗·索齐格瓦率坦桑尼亚革命党纪律监察委员会代表团来沪访问。市委纪委筹备组组长王尧山会见代表团。

2004年5月16—24日,坦桑尼亚良政部部长马西林吉率代表团来华访问。此次来访,旨在深入了解中国行政监察工作和开展反腐败斗争的情况,交流监察工作经验。5月21—24日,代表团来沪访问。市政府领导会见代表团。市纪委副书记、市监察委主任李梅与代表团进行工作座谈。

2006年10月22—29日,坦桑尼亚良政部部长菲利普・马尔莫率坦桑尼亚良政部代表团访问上海。市纪委副书记、市监察委主任李梅会见代表团。

三、乌干达

2000年9月10—17日,乌干达政府监察署署长图穆韦西杰率代表团来华访问。乌干达政府监察署是乌政府反腐败的专门机构,负责对各类官员和国有企业负责人进行监督,接受举报并对腐败案件进行调查。代表团此次来访,旨在深入了解中国行政监察工作和反腐败斗争的情况,交流监察工作经验。9月13—15日,代表团在沪访问。市纪委书记、市监察委主任张惠新会见代表团。市纪委副书记、市监察委副主任何卫国与代表团进行工作会谈。

2004年7月10—18日,乌干达政府监察署署长图穆韦西杰率代表团来华访问。7月17—18日,代表团在沪访问。市委副书记、市纪委书记罗世谦会见代表团。市纪委副书记、市监察委主任李梅与代表团进行工作座谈。

四、尼日利亚

2005年10月2—4日,尼日利亚行为规范署秘书长萨姆・萨巴率代表团,参加北京亚太地区监察大会后,来上海参观访问。市委副书记、市纪委书记罗世谦会见代表团,市纪委副书记、市监察委主任李梅陪同会见。

2010年4月19—24日,尼日利亚独立防治腐败及其他犯罪委员会主席阿尤拉率代表团来华访问。4月21—23日,代表团来沪访问。市纪委书记董君舒会见代表团。市纪委副书记、市监察局局长顾国林与代表团进行工作会谈。

五、苏丹

1993年11月29日—12月13日,苏丹共和国行政监察与行政改革部第一副部长卡英尔・穆罕默德・辛恩博士率监察代表团对中国进行友好访问。根据中苏两国监察机关领导人达成的协议,辛恩博士率团来访,旨在增进两国监察机关之间的深入了解,促进两国政府之间友好关系。12月3—6日,监察部李至伦副部长陪同代表团来沪访问。市纪委书记、市监察委主任张惠新会见代表团。市监察委领导与代表团进行工作座谈。

六、赞比亚

1998年9月12—17日,赞比亚反贪污委员会主席阿里・哈米亦率代表团来华访问。代表团此次访问,旨在了解中国行政监察工作和反腐败斗争的情况,开展业务交流。9月16—17日,代表团来沪访问。市纪委书记、市监察委主任张惠新会见代表团。市纪委副书记、市监察委副主任沈红光与代表团进行工作会谈。

七、毛里塔尼亚

1998 年 10 月 9—15 日，毛里塔尼亚公职、劳动、青年与体育部部长巴巴·乌尔德·西迪率毛里塔尼亚公职部代表团来华访问。10 月 14—15 日，代表团来沪访问。市纪委书记、市监察委主任张惠新会见代表团。

八、加纳

2000 年 9 月 3—9 日，加纳廉政委员会主席埃米尔·弗朗西斯·肖特率代表团来华访问。9 月 5—7 日，代表团在沪访问。市纪委书记、市监察委主任张惠新会见代表团。市监察委领导与代表团进行工作会谈。

九、加蓬

2003 年 3 月 23—31 日，加蓬反贪部部长马巴拉率加蓬反贪部代表团来华访问。3 月 28—31 日，代表团来沪访问。市委副书记、市纪委书记罗世谦会见代表团。市纪委副书记、市监察委主任李梅与代表团进行工作会谈。

十、南非

2004 年 8 月 23—29 日，南非监察专员穆什瓦纳率南非监察专员公署代表团来华访问。此次访华，旨在深入了解中国行政监察工作和反腐败斗争的情况，交流监察工作经验。8 月 27—29 日，代表团访问上海。市委副书记、市纪委书记罗世谦会见代表团。市纪委副书记、市监察委主任李梅与代表团进行工作座谈。

十一、喀麦隆

2006 年 12 月 19—21 日，喀麦隆国家最高监察事务部部长及代表埃塔姆·马索马·大卫—西格弗里德率代表团来沪访问。喀麦隆国家最高监察事务部是喀国家最高监察机关。代表团此次访问，旨在了解中国改革开放以来政治、经济、社会等方面的发展情况，深入考察中国行政监察体制和反腐倡廉工作情况。市纪委书记沈德咏会见代表团。市纪委副书记、市监察委主任李梅与代表团进行工作座谈。

十二、突尼斯

1991 年 10 月 8 日，突尼斯共和国审计法院院长侯赛因·谢里夫一行 3 人来沪访问。市监察局局长吴德让会见客人,宾主双方进行友好交谈。

十三、埃塞俄比亚

2007 年 3 月 19 日,埃塞俄比亚代表团来沪访问。市纪委书记沈德咏会见代表团,并进行工作会谈。

第二章　对外出访

1995年后，市纪委、市监察局(委)开展对周边国家和中国港澳特别行政区的互访活动，先后与韩国监察院、新加坡贪污调查局、泰国反腐败委员会等组织建立友好关系，互相交流，加强反腐败工作合作。1994—2010年，先后对德国、澳大利亚、新西兰、俄罗斯、瑞典等欧洲国家进行考察访问，拓宽反腐败工作视野，在学习国外经验的同时，积极介绍上海的经济社会发展、反腐倡廉情况，维护中国形象。

第一节　出访亚洲国家

一、韩国

1995年9月15—29日，上海市监察代表团应邀赴韩国等地进行访问考察。韩国监查院事务总长会见代表团，并与代表团进行会谈。代表团先后到韩国国会听取国会副秘书长关于立法和监察工作的介绍。

1996年11月，上海市监察代表团赴韩国釜山市进行访问考察。代表团考察了解韩国行政监察体制，包括中央政府、地方政府的监察机构和政府派出监察机构的设置、人员情况；了解了韩国行政监察机构的职责，开展工作的主要方式及效果；同时，考察韩国行政监察机构开展工作的法律根据和工作制度。

1998年10月13日，上海市监察代表团访问韩国，与釜山市监察机构交流行政监察工作，考察

图14-2-1　1998年10月13日，上海市监察代表团访问韩国与釜山市监察机构交流

韩国行政监察机构职责和工作制度。

2000年11月,上海市监察代表团访问韩国。考察了解韩国近期行政监察机构开展工作的情况、韩国近期廉政法规制度建设情况,进一步加强国际间行政监察机关的交往,了解国外行政监察业务,学习并借鉴经验,促进廉政勤政建设。

2002年7月8—14日,上海市监察代表团访问韩国。考察韩国近期行政监察机构开展工作的法律依据和工作制度、韩国近期廉政法规制度的建设和效果反映情况。

2004年9月16—29日,上海市监察代表团赴韩国等地开展考察访问活动。韩国釜山与上海是友好城市,釜山监查官室与上海市监察委已有10年交往历史,双方隔年访问一次。在韩国期间,代表团分别前往釜山和汉城交流、考察。

2006年11月10—13日,上海市监察代表团访问韩国。在韩国期间,代表团前往釜山交流、考察。

2009年7月2—11日,上海市监察代表团访问韩国等地,交流行政监察和反腐败工作经验。

2010年10月27日—11月5日,上海市监察代表团出访韩国等地,围绕政府监督和预防腐败机制、公用资金和财政性资金监管、财产申报、反贪立法以及政府廉政建设等方面内容进行学习考察。

二、泰国

1995年9月15—29日,上海市监察代表团应邀赴泰国等地进行访问考察。在泰国访问期间,泰国肃贪委员会主席、秘书长分别同代表团进行交流。肃贪委员会副秘书长率领各部门有关负责人同代表团进行正式会谈,并邀请代表团参观访问文官委员会。

三、日本

1996年10月,上海市监察代表团赴日本大阪等地进行访问考察。代表团与日本当地官员进行交流,了解日本行政监察体制的总体情况、行政监察体制的变化情况、日本中央政府和地方各级政府监察机构的设置人员情况、日本行政监察机构的职责、日本行政监察机构履行职责的主要方式和手段(如对工程如何进行土木、建筑等方面的监察,以及如何对出资团体、财政援助团体进行监察等)、日本行政监察机构开展工作的有关法律依据、政策规定和制度、日本行政监察机构内部的工作制度以及日本行政监察机构开展工作所取得的效果。

2000年11月,上海市监察代表团应邀访问日本长崎县政府。考察期间,代表团了解长崎县政府对国家公务员的监督情况,以及长崎县政府对建筑业的管理情况。

四、新加坡

1995年9月15—29日,上海市监察代表团应邀赴新加坡等地进行访问考察。代表团先后到新加坡贪污调查局、总理公署公共服务署、证券交易所、金融管理中心、港务局、总审计署、总检查长公署等单位和部门听取介绍和进行考察。

2002 年 7 月 15—17 日，上海市监察代表团应邀访问新加坡，了解新加坡廉政监督制度以及廉政监督工作开展情况。

第二节　出访美洲及大洋洲国家

一、巴西

1994 年 3 月 21—30 日，上海市监察代表团对巴西进行工作访问。巴西审计法大法官、圣保罗州议会秘书长分别会见代表团，并进行友好交谈。圣保罗州监察局长、圣保罗州坎皮纳斯地区税务监察专员等与代表团进行工作会谈，双方交流各自开展监察工作的情况。考察期间，代表团访问圣保罗州、巴西利亚市、里约热内卢市，了解巴西监察体制、圣保罗州监察局的职能和机构设置、圣保罗州检查制度和廉政立法、圣保罗州监察工作情况以及巴西官员贪污受贿处理情况。

二、澳大利亚

2001 年 11 月 3—16 日，上海市监察代表团应邀出访考察澳大利亚等地，旨在了解国外反腐败机构情况、反腐败学术团体情况和民营企业管理情况。代表团访问昆士兰州廉政公署，并与昆士兰州独立机构刑事司法委员会（简称 CJC）反腐败机构的官员举行座谈。代表团会见格里弗斯大学人文学院“道德法律司法与行政中心”的学者，双方就共同感兴趣的反腐败话题进行学术交流。代表团参观澳方的 AIR 公司墨尔本研发中心，考察澳方企业 GRM 国际有限公司，听取该公司项目协调部主任对项目管理、运作和监控情况的工作介绍。

2004 年 9 月 16—29 日，上海市监察代表团赴澳大利亚等地考察访问。在澳大利亚期间，代表团听取昆士兰州政府官员介绍反腐败机构工作开展情况，并考察新南威尔士州的反腐倡廉工作等。

2010 年 1 月 18—27 日，上海市监察代表团到澳大利亚昆士兰州进行访问。昆士兰州政府详细介绍行政监察和开展预防腐败工作的情况。昆士兰反犯罪和反不正当行为委员会执行主席安·吉默参加会议，廉政处处长戴安娜·迈克弗莱介绍反犯罪和反不正当行为委员会的特点、工作职责和任务。昆士兰州反犯罪与渎职委员会主席保罗·胡里根介绍反犯罪与渎职委员会的设置，工作职能和任务。代表团考察了解澳政府监督和预防腐败机制、公共资金和财政资金监管、财产申报、反贪立法以及政府廉政建设等情况。

三、新西兰

2001 年 11 月 3—16 日，上海市监察代表团出访考察新西兰等地。

2004 年 9 月 16—29 日，上海市监察代表团赴新西兰等地考察访问。代表团访问奥克兰市政府负责监察的部门和达尼丁市反腐败机构，并在惠灵顿和基督城参观交流。

2010 年 1 月 18—27 日，上海市监察代表团应邀到新西兰达尼丁市进行访问考察。达尼丁市政府详细介绍行政监察和开展预防腐败工作的情况。达尼丁市长陈永豪参加会议，政务执行官詹妮弗·拉姆、财政控制专员玛丽·克拉克分别介绍政府信息公开、财政内外审计和加强资金监管的有关情况。

第三节　出访欧洲国家

一、俄罗斯

2006年11月14—20日,上海市监察代表团访问俄罗斯圣彼得堡。俄罗斯圣彼得堡与上海是友好城市。访问期间,圣彼得堡市审计监察局接待代表团,并进行工作会谈。

2009年7月2日—11日,上海市监察代表团访问俄罗斯。通过访问,增进友好城市的交往,加强反腐败工作国际间的交流与合作。

二、捷克、斯洛伐克

2006年9月16—27日,上海市监察代表团对捷克等地进行考察访问。捷克最高监察院副院长杜桑·泰斯纳与代表团举行工作会谈,分析部主任玛丽亚·赛伯托瓦、防御与安全部主任斯坦尼斯拉夫·库克向代表团介绍相关部门的工作情况。

2007年12月4—14日,上海市监察代表团访问斯洛伐克的布拉迪斯拉发州等地。2003年11月,上海与斯洛伐克州首都布拉迪斯拉发州结为友好城市。上海监察代表团此次访问斯洛伐克,主要是学习斯洛伐克最高检察院以及布拉迪斯拉发州监察工作的经验和做法,学习如何贯彻《公务员法》《公共资金法》《反洗钱法》《公开采购法》等。

三、波兰

2006年9月16—27日,上海市监察代表团对波兰等地进行考察访问,旨在了解波兰的监察体制和工作职责,借鉴波兰社会各方面专家参与监察工作、对政府财政预算资金的监督以及维护公民利益方面的有益经验。波兰最高监察院院长塞库瓦会见上海市监察委代表团,并介绍波兰国家与社会基本情况及最高监察院工作情况。团长李梅转达监察部部长李至伦对塞库瓦先生的问候。波兰最高监察院主任格涅先生与代表团进行工作座谈。代表团与克拉科夫监察局进行工作会谈,互相介绍各自工作情况。

四、匈牙利

2006年9月16—27日,上海市监察代表团对匈牙利等地进行考察访问。在匈牙利访问期间,议会监察专员办公室主任沃尔夫与代表团进行工作会谈,介绍各自的工作性质和职责,政府监察办公室丝桑托向代表团介绍政府监察办公室的任务和工作。

2007年12月4—14日,上海市监察代表团访问匈牙利布达佩斯,学习考察开展行政监察的有关情况。

2010年10月27日—11月5日,上海市监察代表团出访匈牙利等地。代表团考察匈牙利议会专员办公室在推行政府廉政建设、议会监督和公共资金监督、官员收入申报制度等方面的经验,学习匈牙利在廉政建设方面的具体做法和有效措施。

五、德国

1999年10月17—30日,上海市监察代表团访问德国等地,旨在考察德国北莱茵威斯特法伦州及巴伐利亚州两地监察工作情况及反腐败工作情况。代表团先后访问北莱茵威斯特法伦州申诉委员会和巴伐利亚申诉委员会,旁听北莱茵州申诉委员会召开的全体委员会议。

六、瑞典

2005年10月,上海市监察代表团赴瑞典等地考察。上海市与瑞典哥德堡市为友好城市。考察期间,双方进行反腐败工作交流,加强双方监察部门的友好交往。

七、瑞士

1999年10月17—30日,上海市监察代表团访问瑞士等地。在瑞士期间,代表团访问瑞士监察部,并进行工作会谈。瑞士联邦政府监察部部长葛罗特会见代表团全体成员,并介绍工作机构及工作情况。

八、挪威

2005年10月,上海市监察代表团赴挪威等地考察。上海市与挪威奥斯陆市为友好城市。考察期间,双方进行反腐败工作交流,加强双方监察部门的友好交往。

第四节　出访非洲国家

一、埃及

2003年12月11—14日,上海市监察代表团前往埃及进行工作访问,旨在进一步加强行政监察工作国际间的交流,学习他国长处,促进双方合作。埃及行政监察署在ACA总部和ACA伊斯梅利亚监察官办公室安排两次工作座谈,对ACA工作作了全面介绍,并安排代表团参观ACA总部大楼,了解埃及行政监察工作的概况以及在体制、机制和队伍建设三个方面的成功经验。

2007年8月28日—9月5日,上海市监察代表团对埃及等地进行工作访问,旨在了解埃及监察机构工作特点,借鉴埃及在强化监察机构职能作用、重视监察机构与其他部门之间相互协作、重视公民投诉、注重建设监察官队伍等方面的经验。埃及国家行政监察署署长穆罕默德·图哈米会见代表团。国家行政监察署副署长谢里夫·尤素福等官员与上海市监察代表团进行工作座谈。

二、南非

2007年8月28日—9月5日，上海市监察代表团对南非等地进行工作访问。南非监察专员公署监察专员穆什瓦纳与代表团进行会谈。通过交流，代表团宣传上海改革开放和反腐倡廉的成果，了解南非监察和反腐败工作的基本情况和新的进展，增进上海与南非监察机构之间的合作交流。

第三章　反腐败国际交流

上海市纪委、市监察局(委)不仅与一些国家和中国港澳地区开展对外交流，而且还与国际组织加强反腐败工作交流。2004—2010 年，国际透明组织、亚太经合组织分别来沪访问，进行实地考察、座谈交流，了解我国反腐败工作情况。通过与国际反腐败组织的交流与合作，进一步提升上海反腐败工作研究水平，拓宽国际视野，同时也增强上海反腐败工作的国际影响力。

图 14-3-1　2010 年 9 月 17 日，上海市监察局和第三届发展中国家预防腐败研讨班开展交流

第一节　国际透明组织来沪访问

2004 年 9 月 3—10 日，国际透明组织腐败指数总负责人约翰・兰斯多夫、大中华区主任廖燃一行来华进行工作访问。国际透明组织是一个旨在推动全球反腐败工作的国际民间组织。9 月 6—8 日，兰斯多夫一行访问上海。市纪委副书记、市监察委主任李梅会见兰斯多夫一行。

2005 年 11 月 28—29 日，国际透明组织主创始人之一、前主席彼得・艾根，亚太区主任彼得・卢克和项目官员廖燃一行 3 人对上海进行工作访问，并于 12 月 1—2 日在上海参加联合国"全球契约"中国峰会。国际透明组织代表团此次来访，旨在深入了解我国反腐败工作情况，增进相互了解和信任。11 月 29 日，常务副市长冯国勤会见彼得・艾根一行。中国监察学会副会长滕少华，市纪委副书记、市监察委主任、市监察学会会长李梅分别会见彼得・艾根一行。

2008 年 1 月 30 日—2 月 2 日，国际透明组织亚太部东亚暨南亚区高级主任廖燃等在上海等地就有关建设领域反腐败情况和经验作进一步了解和考察。市监察委领导与他们进行工作座谈交流。

同年3月23—29日,国际透明组织建设领域反腐败专家尼尔·斯坦斯伯里和亚太部东亚暨南亚区高级主任廖燃来华进行考察,旨在进一步做好由中国监察学会、清华大学廉政与治理研究中心和国际透明组织具体承办的"总结推广透明采购经验和提高企业社会责任"合作项目成果手册的编写工作,以进一步了解我国在建设领域反腐败的工作情况和经验。市监察委员会领导与国际透明组织官员进行工作会谈。

第二节　亚太经合组织来沪访问

2008年5月19—25日,亚太经济合作与发展组织(以下简称经合组织)反腐败处处长帕特里克·穆莱特率代表团来华访问。经合组织代表团此次访问,旨在考察了解中国治理商业贿赂、打击国际商务交易中的贿赂行为和开展国际司法协助等工作情况,深化双边交流与合作。5月22—25日,代表团在沪访问。市纪委副书记、市监察委主任顾国林会见代表团。

第十五篇

队伍建设

建立一支能够担当重任、经得起考验的高素质纪检监察队伍，是党和国家纪检监察事业不断建设发展的关键。上海纪检监察机构自筹建起，始终把加强队伍建设放在突出位置，按照政治坚强、公正清廉、纪律严明、业务精通、作风优良的标准要求，不断加强纪检监察机关自身建设，为推进党风廉政建设和反腐败斗争作出重要贡献。

1979—1986 年，市纪委按照市委和市直机关党委的部署，组织学习和贯彻党的全国代表会议精神，开展学习党章、党性教育、创先进党支部和争当优秀共产党员等活动，对机关党员干部在执行党的路线、方针、政策以及思想、作风等方面进行教育监督。

1987—1992 年，根据中央纪委提出的要做“党的忠诚卫士”、建设一支“党性强、自身硬、能战斗”的纪检队伍的要求，市纪委、市监察局加强自身思想建设、组织建设和作风建设，通过举办进修班、岗位培训班、业务讲座和开展纪检理论研讨等活动，使纪检干部了解经济建设全局，开阔视野，扩大知识面，提高理论、政策水平和业务能力。

1993—1997 年，市纪委、市监察委坚持教育为本，努力提高干部队伍的思想政治素质。在以讲学习、讲政治、讲正气为主要内容的党性党风党纪教育中，通过党纪知识测试、党课教材征集等方式，组织党员干部认真学习贯彻《中国共产党党员领导干部廉洁从政若干准则（试行）》《中国共产党纪律处分条例（试行）》等党内法规，自觉地把政治上的坚定性和思想道德上的纯洁性统一起来。注重弘扬先进，抓好剖析反面典型的教育和对领导干部上岗时、在岗中、离岗前的“三岗”教育，加强舆论宣传工作，教育和引导党员干部自重、自省、自警、自励，提高各级干部保持廉洁自律、抵御腐朽思想侵蚀的能力。

1998—2002 年，市纪委、市监察委坚持教育、管理、监督并重，把从严治党要求贯穿到党的建设全过程。开展“三讲”教育和“三个代表”重要思想学习教育活动，增强党员干部的拒腐防变能力。深化党性党风党纪教育，根据干部的不同思想和工作特点，增强教育的针对性和有效性。结合党员干部思想实际开展党风廉政建设主题教育，重视纪检监察干部的纪律、作风和道德建设，严肃纪检工作纪律尤其是办案纪律，保证严格依纪依法、公正履行职责。重视对经济、金融、法律、科技、管理等方面新知识的学习，加快纪检干部的培养。

2003—2008 年，市纪委、市监察委机关干部队伍自身建设进一步加强。市纪委常委会坚持把加强思想政治建设放在班子建设的首位，不断增强围绕中心、服务大局，推进反腐倡廉工作的自觉性。机关结合保持共产党员先进性教育活动，深入开展“做党的忠诚卫士、当群众的贴心人”主题实践活动，围绕提高干部素质、提高工作质量的要求，切实加强对纪检监察干部的教育和培训，完善内部管理，严格组织纪律，树立和维护纪检监察机关、纪检监察干部的良好形象。坚定理想信念，不断提高思想政治素质，增强履行职责的自觉性。认真组织学习纪检监察业务知识和法律、经济、金融、科技及社会管理等方面知识，不断改善知识结构。加强调查研究，努力探索和把握反腐倡廉工作规律，不断提高执行政策和处理疑难复杂问题的能力和水平。

2009—2010 年，市纪委、市监察局以提高对党的事业忠诚度、岗位职责胜任度、人民群众满意度为目标，大力推进纪检监察机关自身建设。围绕“坚持科学发展，推进反腐倡廉，保障‘四个率先’”的主题，开展深入学习实践科学发展观活动，积极推进创先争优。制定进一步加强和改进上海纪检监察干部队伍建设的实施意见。加强干部教育培训，注重岗位锻炼，建立健全干部考核机制，加大内部管理监督力度，营造干事创业的良好氛围。

第一章　政治思想建设

1979—2010年，市纪委、市监察局(委)把政治思想建设放在纪检监察队伍建设的首位，高举中国特色社会主义伟大旗帜，以马克思列宁主义、毛泽东思想、邓小平理论、“三个代表”重要思想、科学发展观为指导，带领机关全体党员干部认真学习党中央历届全会、中央纪委重要会议以及上海市委历届全会精神等，从“四个方面”凝聚人心。1980—2006年相继开展学习贯彻执行《准则》、理想信念和党性纪律、革命传统、反“法轮功”、党群关系等专题教育活动，1985—2010年相继开展纪念“七一”、“八一”“十一”以及迎世博等纪念学习活动，向先进人物学习活动、“三讲”活动、保持共产党员先进性教育活动、深入学习实践科学发展观等先进性教育活动，激励机关干部向老一辈无产阶级革命者学习，向先进人物学习，坚定机关党员干部的理想信念和政治立场，提高干部素质和执纪执法能力，在思想上、政治上、行动上始终与党中央保持高度一致。

第一节　政 治 建 设

1991年1月24日，市委书记朱镕基对上海纪检队伍提出三点要求：党性强、自身硬、能战斗。市纪委书记张定鸿指出，所谓“党性强”，就是在党性原则上毫不含糊；所谓“自身硬”，就是要经得起干扰，经得起挫折，具有一种抗干扰的本领；所谓“有战斗力”，关键是掌握政策，发挥政策的威力，专门与损害党的纪律的不良行为作斗争。张定鸿要求，在抓好纪检工作的同时，要抓好纪检队伍的思想作风建设。加强马克思主义理论学习，保持和发扬我们党密切联系群众的优良传统，深入基层，深入实际，扎扎实实地开展工作。加强机关党支部建设，进一步巩固和发展党员重新登记工作的成果，充分发挥党支部的战斗堡垒作用。

1995年1月，市纪委书记张惠新在机关党员干部大会上作题为《适应形势需要，搞好机关自身建设》的报告，提出“政治上信任，工作上放手，思想生活上关心，相互间诚心来凝聚人心”四个方面的要求。张惠新强调，要进一步加强纪检队伍的自身建设，坚持以科学的理论武装人；要了解人、关心人，在机关内部开展凝聚力工程；要加强组织生活制度，不断提高组织生活质量。只有把纪检队伍自身建设搞好，才能适应新形势的要求，才能完成党和人民赋予纪检监察机关的任务。

2002年3月7日，市委副书记、市纪委书记罗世谦在市纪委第六次全会扩大会议上，提出“提高”的要求。罗世谦强调，要坚持抓好纪检监察干部队伍自身建设，努力提高纪检监察干部思想素质。从培养、交流和管理等各个方面，全面加强队伍建设。建立合理的富有活力的干部流动和管理机制，选调和培养一批熟悉财经、金融、法律等专业知识的干部，逐步改善纪检监察干部队伍的结构，提高执纪执法能力。全面制定干部培训的计划，注重干部培训的系统化和有效性。拓宽各种途径，加强对纪检监察干部多种岗位的使用和锻炼。特别是要加快对年轻干部的培养，加强党内生活锻炼，完善内部监督机制，严肃工作纪律特别是办案纪律和保密纪律，提高纪检监察干部的拒腐防变能力。继续倡导“以事业留人、以感情留人、以适当的待遇留人”，在机关中形成良好的工作氛围，形成有效的激励机制，不断发扬纪检监察队伍蓬勃向上的革命精神。

2007年5月31日，市纪委书记沈德咏代表中共上海市纪律检查委员会向中共上海市第九次代表大会作报告时，对纪检队伍建设提出“严肃执纪、公正待人，严以律己、宽以待人，严格管理、取信于人”的“三严”要求。沈德咏强调，各级纪检监察机关和广大纪检监察干部要严肃执纪、公正待人，做到纪律面前人人平等，切实维护党纪政纪的严肃性；要严以律己、宽以待人，带头严格执行党纪国法，自觉接受党组织和人民群众的监督；要严格管理、取信于民，加强和规范纪检监察机关内部管理，不断提高工作效率和质量；要带头转变作风，弘扬新风正气，抵制歪风邪气，树立良好的作风和形象。

2009 年 7 月 21 日，市纪委书记董君舒在全市纪检监察工作会议上对纪检队伍建设提出“提高忠诚度、满意度和胜任度”的“三个度”要求。董君舒强调，“提高忠诚度”，就是要忠于职守，坚定不移地做党的忠诚卫士。“提高满意度”，就是要坚决维护人民群众的根本利益，做群众的贴心人。“提高胜任度”，就是要提高胜任纪检监察工作的能力，做依法办事的模范、规范服务的模范、开拓创新的模范、廉洁从政的模范、促进发展的模范。

第二节　理论学习

一、学习党的路线方针政策

1978 年，党的十一届三中全会胜利召开。1980—1981 年，市委纪委筹备组学习邓小平关于“目前的形势和任务”的讲话精神和党的十一届五中全会精神，回顾三中全会以来执行党的路线方针的情况，肯定成绩，指出不足，总结经验教训，通过召开民主生活会，开展批评与自我批评，研究改进方法，明确工作方向。

1982 年，党的十二大胜利召开。市委纪委筹备组向机关全体党员传达胡耀邦、邓小平、陈云在党的十二大、中央顾问委员会和中央纪律检查委员会第一次全体会议上的报告，分别召开部委办、区县局纪检座谈会，开展精读学习，切实解决思想认识问题。

1983 年，市委纪委筹备组抓好党员干部对十二大文件、中央领导同志的重要讲话的学习辅导、宣讲，组织两次轮训班，深入学习十二届六中全会决议和新党章，加强共产主义思想和党性、党风、党纪的教育，进一步提高同党中央在政治上保持一致的自觉性。

1984 年，市委纪委筹备组对机关党员和领导干部在执行党的路线、方针、政策以及思想、作风等方面进一步加强监督，组织机关党员学习中央关于调整国民经济的重要部署、关于打击经济领域中严重犯罪活动等重要文件，保证纪检任务的顺利完成。

1985 年，市纪委组织全体党员学习和贯彻全国党代表会议文件精神，重点围绕三个问题开展讨论：对形势的正确认识；研究和领会“七五规划”的奋斗目标；社会主义精神文明建设和物质文明建设的关系，以及如何实现党风根本好转等。

1986 年，市纪委组织全体党员认真学习党在改革开放中的方针政策和理论知识，传达和贯彻十二届六中全会决议、全国六届人大四次会议、上海市第五次党代会、市人代会有关文件精神，座谈讨论党和国家在“七五”期间的基本任务、主要方针，明确“两个文明”建设一起抓的重要性。

1987 年，党的十三大胜利召开。市纪委、市监察局组织机关党员全面学习党的十三大会议精神，在市委党校举办纪检系统领导干部学习党的十三大文件短期读书班，举办 4 期读书班对机关党员进行“坚持四项基本原则，反对资产阶级自由化”的正面教育，邀请上海工业大学、上海海运学院党委书记来机关作报告，并播放录像辅导报告。

1988年，市纪委、市监察局继续抓好党的十三大文件的学习，尤其是加强对社会主义初级阶段的理论和党的基本路线的学习，统一思想意识，增强执行党的路线方针政策的自觉性。

1989年，市纪委、市监察局组织机关党员学习中央十三届三中、四中、五中全会精神，围绕党的基本路线，深入开展形势和任务教育，牢牢把握“一个中心、两个基本点”，弄清“坚持四项基本原则同坚持改革开放”的关系，“坚持改革开放与治理经济环境、整顿经济秩序”的关系，用三中全会的精神来统一全体党员的思想。

1990年，市纪委、市监察局组织党员学习毛主席“为人民服务”、邓小平关于坚持党的基本路线的论述和关于党的作风的论述，观看录像《世纪行》，着重抓好党的自身建设。市纪委书记张定鸿专门给机关党员作东欧形势报告，并邀请部队同志介绍东欧国家演变情况。

1991年，市纪委、市监察局巩固发展党员登记成果，组织党员认真学习贯彻党的十三届七中全会文件和江泽民、李鹏的重要讲话以及市委五届十一次全会精神，每季度看一次《党的基本知识》电教系列片或请领导讲党课，采取请进来作报告、走出去参观学习的方式，继续搞好党的基本路线教育。

1992年，市纪委、市监察局组织机关全体党员通读学习《中共党史》和《马克思主义党的建设理论》，举办经济形势讲座、国际形势报告、证券价格体制政策报告，组织机关干部观看电视录像片，做好思想宣传教育和引导工作。

二、学习邓小平建设有中国特色社会主义理论

1992年，邓小平视察南方的重要谈话发表后，市监察局组织全体机关人员学习传达，组织局处级干部开展专题讨论。召开全市监察工作会议，组织全市各区县、委办局监察部门负责人，认真学习邓小平视察南方的重要谈话，深刻理解加快改革开放“思想再解放一点，胆子更大一点，步子更快一点”的重要指导思想。党的十四大胜利召开后，市纪委、市监察局认真学习江泽民的报告，组织讨论，分别举办机关纪委委员、支部书记和处级以上的干部学习班，认真学习领会党的十四大文件精神。

1993年，市纪委、市监察委认真学习贯彻党的十四大和市第六次党代会精神，举办市纪委常委、市监察委委员和各部委办、区县纪委书记参加的《邓小平文选》读书班，组织党员干部认真学习《邓小平文选》第三卷、江泽民讲话精神和中央纪委二次全会文件，结合反腐败斗争的实际进行重点学习和专题讨论，帮助机关同志进一步解放思想、更新观念。

1995年，市纪委、市监察委组织机关党员认真研读《邓小平文选》一、二、三卷，学习中央十四届五中全会文件和市委六届四次会议文件，邀请《文汇报》理论部主任周锦尉作辅导报告，以《纲要》为线索，搞清楚什么是社会主义、怎样建设和发展社会主义，提高党员贯彻执行党的基本路线的自觉性和坚定性。

1996年，市纪委、市监察委为贯彻落实十四届四中全会提出的“从现在起，用三年的时间，在全体党员中有计划、有步骤地开展一次建设有中国特色社会主义理论和党章的学习活动”，完成市委党建三年规划中党员学习理论的要求，分期分批组织党员进各类党校培训，并委托市委党校先后组织2期轮训班，轮训党员、干部85人。此外，组织全体党员学习中央十四届五中、六中全会文件和市委六届四次、五次会议文件，组织录音辅导报告，并下发有关辅导材料，帮助机关党员加深理解。

1997年，党的十五大胜利召开。市纪委、市监察委组织党员干部认真学习党的十五大文件精神，把邓小平经济理论学习纲要和社会主义精神文明建设等有关文章作为主要内容，认真研读江泽民的报告和新党章，认清“十五大”的历史地位和重大意义，播放“十五大”系列讲座辅导录像报告，

全面深刻地领会邓小平理论精神实质，组织播放12集大型纪录片《邓小平》，缅怀伟人的丰功伟绩。

1998年，市纪委、市监察委认真贯彻落实党的十五大和市第七次党代会精神，组织全体党员学习江泽民在学习邓小平理论工作会议上的重要讲话、黄菊在上海市学习邓小平理论工作会议上的讲话，深刻理解党的十五大把邓小平理论确立为党的指导思想并写入党章的重大意义，在机关中掀起进一步学习邓小平理论的新高潮。向市级机关工委选送学习论文5篇，其中研究室撰写的《领导责任的追究势在必行》获市级机关优秀论文一等奖，撰写的《学习运用邓小平理论探索经济较发达地区反腐败斗争的特点》获市级机关优秀论文提名奖。

1999年，市纪委、市监察委组织部分处级干部参加市级机关办的“双学”轮训，在党员干部中推行述学制度，加强学习考核，交流学习体会，提高学习效果，掀起新一轮“学习邓小平理论、学习党章”的“双学”高潮。

三、学习“三个代表”重要思想

2000年，市纪委、市监察委以学习邓小平理论、学习党章为主线，组织机关党员干部学习中央十五届五中全会、市委七届七次全会等会议精神，认真学习“三个代表”重要思想，深刻领会“三个代表”的思想内涵以及重大的现实意义和深远的历史意义。

2001年，市纪委、市监察委认真贯彻中央十五届五中全会、六中全会，中央纪委第五次、六次全会和市委七届八次全会精神，组织全体机关干部收看中央纪委副书记傅杰关于中央十五届六中全会《决定》的辅导报告，继续组织好邓小平理论和“三个代表”重要思想的学习。

2002年，党的十六大胜利召开。市纪委、市监察委机关掀起学习、宣传、贯彻“十六大”精神的热潮，在通读、专题学习基础上，组织宣讲辅导，观看《阔步迈向新世纪》展览，继续抓好“三个代表”重要思想学习。

2003年，市纪委、市监察委认真学习贯彻党的十六大精神，把掀起学习贯彻“三个代表”重要思想新高潮作为首要政治任务，组织机关广大党员干部深入学习领会“三个代表”重要思想和胡锦涛“七一”重要讲话精神，通过举办报告会、“三个代表重要思想专题学习报告会”、“凝聚力工程建设报告会”，安排20名干部参加由市级机关工委举办的机关党员干部学习贯彻“三个代表”重要思想轮训班，组织党员观看《东方之光——“三个代表”与理论创新》展览等，从不同角度加深对“三个代表”重要思想的认识。

2004年，市纪委、市监察委按照武装头脑、指导实践、推动工作的要求，认真组织学习中央十六届三中和四中全会精神、中央纪委四次全会精神、市委八届四次全会精神、中央领导关于党风廉政建设和反腐败斗争方面的重要论述，坚持理论武装与推动工作相统一，积极推进学习贯彻“三个代表”重要思想新高潮。

2005年，市纪委、市监察委围绕加强执政能力建设，把学习贯彻“三个代表”重要思想进一步引向深入。组织党员干部学习中央十六届五中全会精神、《建立健全教育、制度、监督并重的惩治和预防腐败体系实施纲要》《“三个代表”重要思想反腐倡廉理论学习纲要》、胡锦涛在省部级主要领导干部提高构建社会主义和谐社会能力专题研讨班开班式上的讲话以及《中共上海市委关于深入贯彻〈中共中央关于加强党的执政能力建设的决定〉的意见》等，坚持每季报告会制度和机关党支部每月一次的集中学政治、学理论制度，收看中央电视台“理论热点面对面”形势报告会，增强理论学习的自觉性、有效性。

四、学习科学发展观

2006年，市纪委、市监察委深入学习贯彻中央十六届三中、四中、五中、六中全会和市委八届八次、九次全会精神，认真学习《中国共产党党章》、胡锦涛在中国共产党成立85周年暨总结保持共产党员先进性教育活动大会上的讲话等。通过举办集体上党课、收看学习资料片、在机关党建网上开辟网上党校等形式，拓展学习交流的平台。

2007年，党的十七大胜利召开。市纪委、市监察委认真落实科学发展观和构建社会主义和谐社会重大战略思想，举办"十七大"精神辅导报告会、党支部书记学习"十七大"精神交流会等，学习领会党的十六大以来党中央提出的科学发展观和构建社会主义和谐社会重大战略思想。各党支部在认真学习、全面领会党的十七大精神的基础上，组织党员以集中学习与个人自学、通读文件与专题讨论、群学群议与主题发言结合起来的形式，有重点地进行专题学习。

2008年，市纪委、市监察局分四批组织机关处级干部参加市级机关党工委组织的党的十七大精神培训班，继续深入学习和贯彻党的十七大精神，深刻领会科学发展观的精神实质，指导党风廉政建设和反腐败斗争。

2009年，市纪委、市监察局组织党员干部认真学习中央十七届四中全会精神、十七届中央纪委三次和四次全会精神、九届市委九次全会精神，深刻领会构建社会主义和谐社会的战略思想，增强做好反腐倡廉工作的自觉性。各党支部通过举办学习会、座谈会、联组学习交流等形式，将集中学习和个人自学相结合，通读文件与主题发言相结合，学习理论与思考工作相结合，用马克思主义最新理论成果武装头脑。

2010年，市纪委、市监察局组织党员干部学习"十二五"规划、《七个怎么看》《廉政准则》《四项监督制度》等，深入开展世情、国情和党情教育，深入贯彻落实科学发展观，推进学习型机关建设，强化机关党员干部的全局意识和大局观念。

第三节　主题教育活动

一、教育活动内容

【理想信念教育】

1981—1983年，市委纪委筹备组积极开展坚定理想信念、增强党性观念教育，组织党员学习刘少奇《论共产党员修养》、邓小平《谈端正党风的问题》、陈云《要讲真理，不要面子》，增强宗旨意识和先锋意识，保持党员的先进性。组织党员干部到宝钢、嘉定县封浜公社参观学习，开阔视野，增强感性认识。

1985年，市纪委机关深入开展理想和纪律教育，增强党员的党性观念。7月—9月，组织党员系统学习邓小平、陈云等中央领导有关理想和纪律教育的讲话。配合整党活动，组织全体党员观看电影《高山下的花环》，听取老山、者阴山自卫反击战中英雄事迹报告录音，对党员进行党性教育。

1989年，市监察局加强思想政治工作，进行"四个教育"，即热爱监察、奉献监察的教育；忠于职守，严于律己的教育；顾全大局，艰苦奋斗的教育；依法办案，秉公执纪的教育，使广大监察干部牢固树立"以党的事业为重，以两袖清风为荣"的观念，发扬一心为公、无私奉献的精神，努力做维护政府机关廉洁的忠实卫士。

1995 年，市纪委、市监察委机关开展“严肃党的纪律，维护和坚持党的民主集中制”的主题教育。在各支部学习有关民主集中制论述的基础上，组织全机关人员观看《留村察看》《周恩来在大连》等电影、录像，并组织处级以上干部对民主集中制基本知识的测试。

2004 年，市纪委、市监察委机关组织党员干部认真学习《中国共产党党内监督条例（试行）》《中国共产党纪律处分条例》《中国共产党党员权利保障条例》，引导和激励广大党员干部牢记宗旨，坚定理想信念，树立马克思主义的世界观、人生观、价值观，坚持正确的权力观、地位观、利益观。

2008 年，市纪委、市监察局印发《关于当前集中开展严格政治纪律教育安排的通知》《关于在本委机关党员干部中开展“讲党性、重品行、作表率”活动的通知》《关于认真学习贺国强同志在湖南考察时讲话的通知》《关于学习贺国强同志在全国纪检监察干部工作会议上讲话的通知》，加强党性修养，发挥党员先锋模范作用。

2009 年，市纪委、市监察局机关坚持开展理想信念教育。组织观看市委书记俞正声所作的“加强党性修养，弘扬优良作风”党课报告和俞正声就上海党建接受媒体专访的录像；组织机关党员干部参加市纪委书记董君舒所作的“自觉筑牢拒腐防变思想道德防线”报告会。根据中央纪委书记贺国强提出的纪检监察干部“四个对”的要求，在机关党员干部中开展党风党纪、理想信念、权力观和艰苦奋斗教育。

2010 年，市纪委、市监察局以“党性党规党纪”为主要内容，集中开展忠诚度教育系列活动。组织“学习陈云革命思想，提高党性锻炼修养”学习报告会、“忠诚、为民、履职”主题演讲会。组织学习贺国强 2010 年 4 月 23 日在全国纪检监察系统主题实践活动暨加强自身建设电视电话会议上作的重要讲话，对照讲话中提出的“五严守、五禁止”（严守政治纪律，禁止发表与党的路线方针政策和决定相违背的言论；严守工作纪律，禁止越权批办、催办或干预有关单位的案件处理、干部人事等事项；严守办案纪律，禁止以案谋私、违纪违法办案；严守保密纪律，禁止泄露信访举报内容、案件情况的秘密；严守廉政纪律，禁止利用职权和职务上的影响谋取不正当利益），召开专题组织生活会，进一步增强党员意识、勤廉意识和自律意识。

【革命传统教育】

1981 年，市委纪委筹备组机关组织革命传统教育，请温仰春、石裕田介绍我党的光荣传统和刘少奇的好思想、好作风；组织党员瞻仰参观革命烈士陵园、宋庆龄墓地和故居、周公馆等。

1986 年，市纪委机关组织全体党员瞻仰中共一大会址、周公馆、孙中山故居等，进行革命传统教育，组织座谈讨论，增强党性观念，做合格的共产党员。

1992 年，市纪委组织机关青年党员和团员开展采访革命前辈、接受传统教育的活动。离休支部组织老同志开展“回忆一件难忘的事”的组织生活会，提供大量富有教育意义的生动素材，经青年党员、团员上门采访，编辑整理回忆文章，继承发扬革命传统。

2001 年，市纪委、市监察委组织机关党员干部参观雷锋事迹展，以支部为单位组织祭扫烈士陵园、寻访革命历史旧址、参观爱国主义教育基地。

2004 年，市纪委、市监察委组织机关党员干部参观好八连连史展览、中共一大会址、南湖纪念馆、上海烈士陵园；观看《井冈山精神》《西柏坡精神》大型展览，歌剧《江姐》，电影《信天游》《郑培民》等主旋律影片。

2005 年，市纪委、市监察委组织机关党员干部参观党的二大会址、中共地下党斗争史陈列馆、纪念陈云诞辰 100 周年书画展；组织党员干部收看《党在我心中》资料片、情景朗诵剧《红色箴言》

《一个士兵的日记》等。机关团支部以“爱我市纪委、做文明纪检人”为主题,向委机关干部职工发出倡议,共同遵守十条文明约定;组织团员青年参观团中央旧址“渔阳里”、革命老区溧阳和沙家浜,进行革命传统教育。

图 15-1-1　2005 年 3 月 25 日,上海市纪委机关在龙华烈士陵园举行专题组织生活

2006 年,市纪委、市监察委组织机关党员参加“红船杯”党章知识竞答、参观红军长征胜利 79 周年展览、观看“红星照耀中国”等活动,学习老一辈革命家崇高的精神和政治品质。

2008 年,市纪委、市监察局组织机关干部参加市级机关党工委举办的“讲党性、重品行、作表率”报告会。组织机关干部祭扫宝山烈士陵园和参观抗震救灾图片展、廉政文化书画展等。

2009 年,市纪委、市监察局组织机关党员干部祭扫上海高桥烈士陵园;采取现场观看和观看录像相结合的方式,组织党员干部观看大型多媒体诗歌朗诵会《红色箴言》。

【改革开放形势教育】

1985 年,市纪委组织机关党员去农村参观学习,深入调查经济领域的改革问题。参观上海嘉定县乡村建设,从农村的变化、乡镇的发展、农民生活的提高,认识到十一届三中全会以来的路线、方针、政策的正确性。为进一步扩大机关党员的视野,增加对经济体制改革的了解,市纪委先后邀请市委研究室、市经委、农委研究室负责人、国棉十二厂、江南造船厂厂长来机关作关于工业、商业、农业经济体制改革开放的形势报告。组织党员参观上海石化总厂、宝山钢铁厂、闵行电机厂、闵行开发区、上海无线电工厂、华亭宾馆、新火车站、“长征四号火箭”和“航天牌电冰箱流水线”,加深机关党员对改革开放的了解,并探索在新形势下如何积极主动地做好纪检工作。

1986 年,在以经济建设为中心的改革开放新形势下,市纪委积极引导机关党员更新观念。组织观看电影《上海的明天》,使大家了解上海的经济体制改革和建设的情况,明确努力方向。举办《经济体制改革和社会主义商品经济》的讲座,使机关全体党员干部进一步认清改革和建设的新形势，加深对商品经济的认识。

1993 年，市纪委、市监察局机关围绕九十年代上海改革和建设的目标任务，积极开展形势任务和经济政策教育。利用每月一期黑板报、观看录像、举办讲座和参观杨浦大桥、市郊农场、星火工业开发区等形式，介绍上海和全国经济发展的情况，宣传改革的意义和目的，帮助机关干部进一步解放思想，更新观念，适应社会主义市场经济建立和发展。

【反“法轮功”教育】

1999 年，针对以李洪志为首的“法轮功”，市纪委、市监察委在全机关进行一个月的专题学习教育，集中学习中央和市委有关文件精神，请专家作马克思主义唯物论和无神论的辅导报告，深刻揭露“法轮功”反科学、反人类、反社会、反政府的反动本质。

2000 年，先后组织党员参观法轮功罪行和真相展览。

2001 年，围绕揭批“法轮功”邪教本质，组织全体机关干部观看《宇宙和人》等科教片，组织民族宗教问题报告会，使广大党员干部提高思想觉悟和政治鉴别力。

2002 年，组织机关党员干部收看中央有关新闻媒体对黑龙江省伊春市发生的一起“法轮功”痴迷者“杀女案”和原法轮功痴迷者王进东醒悟的专题报道，观看电影《走出死亡陷阱》，深入揭批“法轮功”灭绝人性的罪行。

【党群关系教育】

2004 年，为贯彻落实《关于在本市纪检监察系统深入开展“让人民高兴、让党放心”活动的实施意见》精神，市纪委、市监察委机关开展“立党为公、执政为民”主题教育活动，进一步加强思想政治建设。以过一次专题组织生活会、开展一次讨论、组织一次学习参观、帮助一户困难学生为形式，开展“立党为公、执政为民”主题教育活动。查找思想观念和精神状态上的差距，做到思想到位，心中有党；做到工作到位，以工作的高质量和高效率回报社会；做到作风到位，深入基层，了解实际，真正做到“让人民高兴、让党放心”。

2005 年，市纪委、市监察委机关认真开展“党在我心中”主题实践活动，进一步深化“双结对”活动。为认真贯彻中央、市委关于“在全党开展保持共产党员先进性教育活动”的有关精神，按照“高兴、放心、凝聚、覆盖”主题活动的要求，5 月，机关党委与青浦区金泽镇党委建立“双结对”工作机制，密切党群关系、干群关系。

2006 年，市纪委、市监察委机关开展学习贯彻党章、树立社会主义荣辱观、“做党的忠诚卫士、当群众的贴心人”主题实践活动，围绕服务基层、服务群众的目标，坚持开展机关党委与基层党委结对，党支部与困难学生结对的“双结对”活动。通过座谈交流、书信往来、上门走访、电话联络、扶贫帮困等方式，了解社情民意，知察群众冷暖。

二、纪念学习活动

【纪念“七一”建党活动】

1985 年，市纪委为配合形势教育和节日活动，先后组织机关党员观看陈赓“遇难”、陈赓“脱险”电影和大型革命历史舞蹈片及抗日战争、解放战争、英雄事迹录像片等。机关组织 7 名同志参加“上海市七一读书竞赛”活动。

1990年,市纪委举行机关“七一”歌咏比赛,共有10个党支部参加比赛。

1991年,市监察局机关党总支在全体党员中开展“党在我心中”为主题的纪念活动。组织收看十集电视系列片《中流砥柱》、观看《上海革命历史遗址介绍》、“七一”献礼片《开天辟地》,举办《党在我心中》《歌颂党,歌颂社会主义》为主题的宣传专摘,召开市监察局优秀党员表彰大会,开展“党在我心中”专题发言和大组交流。邀请全国劳模、上海市优秀党员包起帆作报告,进一步加强对党员的思想教育,增强党性观念,以实际行动迎接建党70周年。

1993年,市纪委、市监察委在“七一”活动中组织机关党员观看电影《蒋筑英》,并组织讨论,学习发扬先进人物、爱岗敬业、艰苦奋斗、无私奉献的精神。

1997年,市纪委、市监察委机关举办“庆七一、迎回归、喜团圆”联欢会,热烈庆祝建党76周年和香港回归。

2001年,市纪委、市监察委机关组织学习江泽民在中国共产党成立80周年大会上的讲话、《新世纪党的建设的伟大纲领——学习江泽民总书记“七一”讲话辅导》,收看中央宣讲团成员许志功关于“七一”讲话的辅导报告录像。组织机关在职党员113人参加党建80周年知识竞赛活动。

2003年“七一”期间,市纪委、市监察委机关举办“与时代同步,为党旗增辉”主题系列活动。组织“十六大”党章知识测试、青年党员座谈会、青年党员宣誓活动、挂职锻炼同志心得交流会等活动。

2004—2005年“七一”前夕,市纪委、市监察委召开机关纪念“七一”党员干部座谈会。在纪念中国共产党建党85周年之际,机关编排以市纪委退休干部、获上海市优秀共产党员称号的韩坤林先进事迹为内容的小品《唱支山歌给党听》,获得市级机关小品展演铜奖。市纪委、市监察委机关组织“迎七一,党在我心中”的主题实践活动。市纪委副书记顾国林等委领导与机关19个党支部的40多位党员干部分别走访慰问10名受助学生家庭,给每个学生送上慰问金、暑期课外读物、学习用品及生活用品。

2007年6月29日,市纪委、市监察委机关召开纪念中国共产党诞辰86周年座谈会。机关各党支部书记、全国纪检监察先进个人、市级机关优秀共产党员代表、共青团员代表、新进大学生代表共25人参加座谈会。大家结合工作实际和个人成长经历,畅谈86年来中国共产党领导全国人民进行革命、建设和改革事业所取得的辉煌成就,以及纪检监察干部如何保持共产党员先进性的体会。

【纪念“十一”国庆活动】

1979年,市委纪委筹备组机关组织学习叶剑英在庆祝中华人民共和国成立三十周年大会上的讲话,着重讨论如何完整、准确地认识毛泽东思想的科学体系和实事求是地评价毛泽东的功绩;讨论“文化大革命”的性质和犯错误的原因;明确现阶段的任务是团结全国各族人民,同心同德,建设现代化社会主义强国。

1984年,为庆祝国庆35周年,市纪委机关与市委组织部、市人事局、市委宣传部等机关开展联欢,共庆国庆。

1989年是新中国成立和上海解放40周年。根据中央和市委的要求,市纪委机关认真抓好党员教育,通过各种形式的活动来增强全体党员的党性党纪观念,增强凝聚力。组织机关歌咏队参加市直系统国庆40周年歌咏比赛,获得鼓励奖。在治理、整顿、深化改革中充分发挥党组织的战斗堡垒作用和共产党员的先锋模范作用,以优异的成绩迎接新中国成立40周年。

1999 年，市纪委、市监察委举办机关“庆国庆 50 周年歌咏比赛”、“团员青年欢乐之夜”和参加市级机关工委举办的“祖国颂”歌咏比赛等活动。

2006 年，市纪委、市监察委机关举办“庆祝中华人民共和国成立 57 周年”摄影作品评比活动，反映身边人物的先进事迹和干部职工奋发向上的精神面貌，歌颂党和祖国改革开放以来取得的丰硕成果。

2009 年，市纪委、市监察局组织机关党员干部认真学习胡锦涛在庆祝中华人民共和国成立 60 周年大会上的重要讲话。组织党员干部观看“上海解放 60 周年主题展”、“新中国成立 60 周年大型图片展”。组织机关 50 名党员干部参加市级机关系统庆祝新中国成立 60 周年大型歌会。

【纪念“八一”建军节活动】

2003 年是中国人民解放军建军 76 周年，根据市纪委、市监察委转业、复员、退伍军人较多的特点，6 月，市纪委、市监察委机关组织“我是一个兵”的征文活动，共收到 31 篇征文。“八一”前夕，机关党委将征文汇编成集，取名为《我是一个兵》，由市委副书记、市纪委书记罗世谦作序。7 月 29 日，举行《我是一个兵》首发座谈会，罗世谦、顾国林等委领导出席会议，和 30 多位军转干部欢聚一堂，畅叙心曲。

2004—2006 年，市纪委、市监察委组织机关庆祝“八一”建军节座谈会及“八一”感言征集活动，并在机关党建主页上交流学习体会。

图 15-1-2　2006 年 7 月 28 日，上海市纪委机关举办“八一”建军节座谈会

2007 年，为纪念中国人民解放军建军 80 周年，市纪委、市监察委组织机关转业、复员、退伍军人参观吴淞海军部队东海舰队军史馆。7 月 30 日，举行“牢记革命传统，争取更大光荣”主题座谈会，并在机关党建主页上，开辟纪念建军 80 周年专栏。

2010 年“八一”节前夕，市纪委、市监察局开展机关转复退军人慰问工作，激励纪检监察干部在新的工作岗位上作出新的成绩。

【纪念纪委恢复重建30周年活动】

2008年,市纪委、市监察局为纪念市纪委恢复重建30周年活动。邀请市委纪委筹备组有关机关同志、历届纪委领导、部分室主任、党支部书记、青年干部参加纪念市纪委恢复重建30周年座谈会。举办“我与改革开放30周年”征文、“走进新时代”歌咏比赛30周年图片展和摄影作品展等活动。

【纪念世界反法西斯战争和抗日战争胜利50周年等活动】

1995年,市纪委、市监察委积极参加市级机关组织纪念世界反法西斯战争和抗日战争胜利50周年知识竞赛、“最佳组织生活实例”征选以及妇联组织的《妇女权益保障法》知识竞赛,获得两项优秀组织奖。在“最佳组织生活实例”征选中,研究室支部《一次小型研讨会的尝试》获二等奖;审理室党支部《爱心永驻》、信访室党支部《评上先进后如何使工作更上一层楼》、三室党支部《话党的优良传统,看上海三年大变样》等获鼓励奖。

【迎世博活动】

2009年,在“世博有我更精彩”主题实践月中,市纪委、市监察局机关51人参加世博知识网上在线测试,64人参加社区清扫家门、清洁家园活动,征集到“我为世博献一策”良策感言45条。

2010年,市纪委、市监察局机关积极开展“立足本职廉洁办博,积极行动奉献世博”世博先锋行动主题活动。组织党员干部认真学习《文明观博200问》等世博知识。动员组织党员干部积极投入迎世博岗位行动、家园行动、志愿行动、文明行动和应急行动。机关151位党员参加“世博先锋行动”党员文明承诺网上签名活动,111位机关干部参加地铁值守,3位同志参加社区维稳巡逻,30位同志参加文明路口交通执勤,29位同志参加世博园区极端高峰日、应急接待、志愿者服务。

图15-1-3　2010年9月26日,上海市纪委机关世博志愿者开展志愿服务

图 15－1－4 2010 年 12 月 3 日，上海市纪委机关举办世博先锋行动座谈会

三、先进人物学习活动

1981—1984 年，市委纪委筹备组机关组织学习先进人物罗健夫、蒋筑英、张海迪以及华山抢险等先进事迹，并进行座谈讨论，交流学习体会，以先进人物为榜样，为加强党风廉政建设和反腐败斗争作贡献。

1985 年，市纪委机关以先进模范人物为榜样，开展党性教育。邀请"赴南极科学考察队"南大洋副队长、三等功臣、共产党员花俊岭，优秀共产党员、全心全意为人民服务的标兵杨怀远、安根娣及部分市劳动模范来机关作报告；播放全国优秀共产党员、战斗英雄华怡等先进事迹的录像录音。学习《解放日报》《文汇报》刊登的《革命理想在烈火中闪光》《面对二十岁的人生》《最宝贵的是党和人民的事业》等文章，学习扑灭上海造漆厂恶性火灾的勇士们、共产党员提琴制作大师戴洪祥等人的先进事迹，以支部为单位认真组织学习和讨论，联系思想实际和工作实际进行逐人对照检查，增强党员党性，加强事业心和责任心。

1996 年，市纪委、市监察委围绕"让人民高兴，使人民放心，争当好公仆"的活动，组织机关人员学习徐虎、吴天祥的先进事迹，收听徐虎事迹报告会，观看电影《孔繁森》等，牢固树立全心全意为人民服务的思想，保持与人民群众的血肉联系。

2002 年，市纪委、市监察委结合《公民道德建设纲要》教育，组织机关党员观看"百姓英雄——上海市见义勇为先进事迹展"，弘扬中华民族见义勇为、惩恶扬善的光荣传统。

同年，《人民日报》《光明日报》《解放日报》《中国纪检监察报》等新闻媒体报道湖南省委原副书记、省人大常委会副主任郑培民的先进事迹。市纪委、市监察委机关结合学习"三个代表"重要思想，开展向郑培民学习的活动。

2003 年，根据中央纪委、监察部关于在全国纪检监察系统开展向山西省运城市纪委常务副书记、监察委副主任梁雨润学习活动的通知精神。市纪委、市监察委把学习梁雨任的先进事迹作为加强党的思想政治建设、推进机关党建的一项重要任务抓紧抓好。各党支部把学习梁雨润，与学习赵为民以及系统内优秀纪检监察干部的先进事迹结合起来，通过学习讨论、专题组织生活会等多种形式，教育党员干部树立正确的世界观、人生观、价值观，做政治坚强、公正清廉、纪律严明、业务精通、作风优良的高素质的纪检监察干部。

2004 年，市纪委、市监察委组织机关党员参加牛玉儒先进事迹报告会，认真学习牛玉儒先进事迹，坚定理想信念，践行根本宗旨，加强党性修养。

2009 年，市纪委、市监察局机关先后印发《关于开展向王瑛同志学习的通知》《关于开展向吴大观同志学习的通知》和《关于开展向钟世才同志学习的通知》，并组织观看现代沪剧《红叶魂》、电影《情暖万家》。

第四节　专题教育活动

一、"三讲"教育活动

1997 年，市纪委、市监察委认真学习贯彻党的十四届六中全会有关精神，根据市级机关工委《关于开展以讲学习、讲政治、讲正气为主要内容的党性党风教育的意见》，制定市纪委、市监察委机关《关于深入开展"讲学习、讲政治、讲正气"党性党风教育的安排》，对深入开展"三讲"教育活动进行广泛动员和认真部署。市纪委、市监察委开展"读原著、听报告、上党课、观影视"的系列教育活动，组织机关干部研读江泽民关于"讲学习、讲政治、讲正气"一系列论述；请市纪委领导作廉政工作报告；请有关市领导为处以上干部授课；请优秀民警陈瑜作"艰苦奋斗、清正廉洁做好公仆"的报告等。

1999 年 10 月 15 日，市纪委、市监察委机关建立市纪委、市监察委"三讲"教育领导小组和办公室，市纪委书记张惠新任组长，市纪委副书记、市监察委副主任洪林珍、沈红光、何卫国任副组长。11 月 9 日，市纪委、市监察委机关召开领导班子和领导干部"三讲"教育动员大会，开始在市纪委、市监察委领导班子、领导干部中开展"三讲"教育活动，市纪委书记张惠新作动员报告，市委"三讲"教育巡视组组长谢如方出席并讲话。市纪委、市监察委领导班子和领导干部通读中央关于"三讲"教育的必读篇目，精读毛泽东、邓小平的有关论述、江泽民关于"三讲"的论述，组织三次专题辅导和三次集中交流，邀请市委宣传部副部长尹继佐、上海港务局纪委书记左端午分别为市纪委全体机关干部做"讲学习、讲政治、讲正气"的专题辅导报告。市纪委、市监察委领导班子、领导干部通过书面征求意见、集中座谈和个别谈访的形式，发出征求意见表 101 份，召开各种类型座谈会 13 次，个别访谈 25 人，市委巡视组个别访谈 69 人，共计听取意见达 308 人次，共征集到 429 条意见，并接受市纪委委员、委办区县纪委书记、市纪委厅室正副主任和部分机关离退休老同志共 111 人的民主评议，在反馈和对照反思的基础上，经常委会通过，形成《市纪委、市监察委领导班子"三讲"教育整改方案》。

2000 年，按照市委的部署和要求，市纪委、市监察委按照《市纪委、市监察委领导班子、领导干部"三讲"教育"回头看"活动的实施意见》和《市纪委、市监察委"三讲"教育"回头看"活动计划》，组织学习江泽民系列重要讲话、胡锦涛在全国第三次"三讲"教育工作会议上的讲话以及市委领导一系列讲话精神。认真听取干部群众意见，召开专题民主生活会，认真检查存在的问题。召开总结大会，通报两委班子"三讲"教育"回头看"活动情况，并对进一步深化"三讲"教育落实整改工作，提出意见。

2001 年 1—5 月，市纪委、市监察委开展机关处级干部"三讲"教育以及"回头看"活动。机关处级干部通读中央关于"三讲"教育的 9 篇必读材料和 34 篇选读材料。邀请中共上海市委党校袁秉达教授作《“三个代表”与“三讲”教育》学习辅导报告。采取发放征询意见表和召开座谈会等形式，实行“开门”整风，共收到意见建议465条。召开民主评议会，对机关各厅室正副主任剖析材料进行评议，共发出评议表89份，收回评议表89份，回收率达到100%，共提出109条意见。各厅室领导干部结合评议意见，进行对照反思，召开专题民主生活会开展批评与自我批评，针对群众意见较为集中的突出问题，认真制定个人和部门的整改方案，进一步改进工作作风。

二、保持共产党员先进性教育活动

2005年12月—2007年4月，市纪委、市监察委在全体党员中开展保持共产党员先进性教育活动。在学习教育活动中，常委班子每位成员均以普通党员身份参加所在支部的先进性教育活动，认真落实常委会每周集中学习制度，参加双重组织生活。机关干部以《保持共产党员先进性教育读本》为主要教材，组织党员对党章进行深入学习，结合实际开展共产党员先进性标准大讨论，形成3个层面的具体标准。集中学习教育期间，机关先进性教育活动领导小组办公室共编发《专报》19期、《简报》44期，出宣传板报8期。市纪委内部局域网上开设的先进性教育活动专栏共有学习图片30幅，支部学习动态信息192条，为学习教育营造良好的氛围。在分析评议阶段，领导班子带头查摆问题，在各支部的专题组织生活会上，厅室领导带头进行深刻的自我批评，与在职的176名党员累计谈心1 115人次，人均谈心6.3人次。机关将征求到的140条意见和建议分为即知即改、近期整改、需要长期重视和解决的三个方面问题，明确牵头及配合厅室，落实整改责任，在理论学习、作风建设、领导能力建设、制度建设、干部队伍建设等方面，制定和推行一系列举措。在教育活动中形成理论学习、谈心交流、组织生活会、结对帮困助学等好做法，各支部健全完善思想建设、作风建设及各类相关业务工作制度56项，制定《关于市纪委、市监察委机关学习贯彻党章，树立社会主义荣辱观，深入开展“做党的忠诚卫士、当群众的贴心人”主题实践活动，永葆共产党员先进性的意见》，将先进性教育活动中创造的成功经验和做法形成制度。

图15-1-5　2006年2月17日，保持共产党员先进性教育活动上海市纪委常委专题民主生活会

三、深入学习实践科学发展观活动

2002年2月—2008年10月，市纪委、市监察委组织开展深入学习实践科学发展观活动。市纪委、市监察委机关集中学习《毛泽东邓小平江泽民论科学发展》《科学发展观重要论述摘编》，市委书记俞正声有关上海如何深入学习实践科学发展观活动的讲话，举办深入学习实践科学发展观经济形势报告会，邀请专家作当前国际、国内以及上海经济形势报告，加深对科学发展观科学内涵、精神实质、根本要求的理解。市纪委常委突出实践特色，深入基层开展调研22次，分别召开座谈会11次，广泛征求社会各界对市纪委常委班子以及市纪委机关的意见；机关党员干部重点就"纪检监察工作如何围绕市委市政府扩大内需，促进上海经济平稳较快发展的政策措施，发挥职能作用"等五方面的问题开展解放思想大讨论，开辟"纪检监察工作论坛"，制定出市纪委、市监察局围绕中心、服务大局、履行职责落实科学发展观的十项具体举措。市纪委常委会召开专题民主生活会，带头查找个人和班子在贯彻落实科学发展方面存在的不足，撰写市纪委常委会分析检查报告，确定贯彻落实科学发展观的主要思路和加强市纪委常委班子自身建设的具体措施。机关各党支部围绕"提高履职能力，服务科学发展"主题，相继召开专题组织生活会，广泛征求意见建议，研究形成5个方面36项119条整改措施。组织市纪委委员、区县委办、派驻(出)机构、中央在沪单位纪检监察组织、机关各厅室，全程参与委机关学习实践活动。

第二章　能力建设

市纪委、市监察局(委)注重加强队伍的能力建设,组织干部参加各类业务培训,开展岗位锻炼,在实践中培养干部的工作能力。1979—2010年,采取自训、合训、送训以及组织研讨班、研修班等形式,普遍开展业务培训。1994—2010年,采取轮岗锻炼、挂职锻炼、交流任职等形式,开展岗位锻炼。1991—2010年,结合普法教育,每五年为一个阶段加强法律法规学习,强化干部队伍法制观念和依法执纪、执法监察意识。1986—2006年,针对不断发展变化的形势任务要求,建立健全各项工作规范和制度规定,扎紧制度的笼子,增强干部队伍依法廉洁规范的工作能力。

第一节　业务培训

一、信访举报业务培训

1991年,市纪委举办部委办、区县和部分局纪检信访干部业务培训班,并会同有关部委和区县纪委组织学员对64个公司、企业、合资单位和6个区县、11个街道乡镇的纪检信访情况进行调查研究,认真开展信访理论研讨。

2002年10月,市纪委在市委党校举办纪检监察信访业务知识培训班,参加培训的有各部委办、区县局纪委、监察委(监察室)、市纪委派驻、派出机构纪委(纪检组)信访干部共40余人。培训期间,中央纪委信访室领导讲授"纪检监察信访案件工作"和"纪检监察信访信息工作",市检察院讲授"信访管理工作",市委、市政府信访办讲授"信访工作的形势和任务",培训班还安排"心理学在信访工作中的运用"课程。

2004年1月,市纪委举办机关联络员培训班,参加对象为市纪委机关二、三、四室全体人员和部分有关室人员,重点提高办信、办案工作实用性、操作性、规范性。市委副书记、市纪委书记罗世谦看望学员并讲话。培训期间,市纪委领导讲授《办案的程序和基本思路》,信访室主讲《如何提高办信质量和时效》《与信访当事人的谈话艺术》《接待集体访后处理重要信访件的体会》《如何在办信过程中挖掘案件线索》《信访微机操作中的几个问题》。

2005年,市纪委组织3次信访干部培训班,贯彻落实《中国共产党纪律检查机关控告申诉工作条例》《市纪委、市监察委信访举报工作若干规定》。围绕提高纪检监察信访干部的业务水平和办信能力,采取专家授课、专题研讨、座谈交流等形式,探讨办信接访中的谈话沟通、分析判断、发现问题、组织协调的业务要求。

2006年8月,市纪委、市监察委在上海国家会计学院举办"信访举报工作业务培训班暨经验交流会",各区县委办信访举报工作部门负责人等70余人参加培训。培训期间,中央纪委信访室领导对信访举报工作法制化建设几个问题作解读,嘉定区纪委信访室、长宁区纪委信访室和市检察一分院纪检组、市委宣传部纪检组的6位同志在大会上交流参加培训的感想和体会,市纪委领导对交流发言作了点评。培训班全体学员还现场观摩、考察松江区中山街道信访举报办事公开工作。

2007年8月,市纪委、市监察委举办"纪检监察信访举报业务培训班",各区县纪委、市纪委市监察委各派驻(出)机构信访举报工作负责人以及委机关有关职能室共70余人参加培训。培训班邀请中央纪委信访室领导专题辅导信访案件查办工作,市检察院介绍检察系统信访举报工作的做法和经验,培训班对"信访举报模拟案卷(讨论稿)"展开学习讨论和集中修改。

2009年11月,市纪委、市监察局举办"全市纪检监察信访举报工作业务培训班",区县、市纪委监察局派出(派驻)机构、中央在沪单位纪委、各直管单位纪委、市纪委信访工作联系点信访工作负责人以及信访干部共80人参加培训。此次培训采取理论阐述和业务讲授相结合,领导、专家授课与学员经验交流、专题讨论相结合,基础性课程和拓展性课程相结合的形式,中央纪委信访室领导讲授当前信访举报工作形势和主要工作任务,市委党校教授专题讲授群体性事件的成因、发展趋势、预测、防范、处置等问题,市纪委信访室着重讲解处理信访举报要着力抓好的5个基本环节,卢湾区纪委信访室等6个单位结合工作实际作交流发言。

二、案件检查业务培训

2001年3月,市纪委在市委党校举办纪检监察办案业务培训班,主要内容是学习《中国共产党纪律处分条例(试行)》和中央纪委制定颁布的关于严重官僚主义、经济方面违纪违法、违犯外事纪律、违反社会主义道德等八个方面的党纪处分规定,进一步规范处理党内违纪案件定性量纪标准,提高惩戒工作的法制化水平。培训办案干部100人。

2004年,市纪委举办查案培训班、案管培训班,围绕案件线索排查管理,案件检查规程,案件查办组织协调等内容,加强办案指导和业务培训,促进依纪依法办案,提高办案工作的制度化、程序化和规范化。培训办案人员300余人。

2007年7月,市纪委举办全市纪检监察系统办案业务培训班,邀请中央纪委五室、中央纪委法规室、中央纪委案件管理局综合协调处、吉林省检察院、上海市检察院、上海市高级人民法院等单位领导和专家讲授查办案件的方法和谋略、办案的证据和定性、案件管理的职能和做法等业务知识,加强反腐败理论、案件新特点、办案工作新机制的研究,创新工作机制,提高查办案件工作能力和水平。市纪委机关有关厅室负责人及各区县、部委办局纪委共140余人参加培训。

同年10—11月,市纪委和市检察院举办预防党员干部违纪、违法和职务犯罪业务培训班,邀请专家讲授、交流发言、座谈讨论,探索新形势下违纪、违法和职务犯罪的工作思路和对策。市纪委书记沈德咏出席总结大会并讲话。市纪委、市检察院、市检察一、二分院,各区县纪委书记,市纪委、市监察委派出(派驻)机构等领导和有关室(处)负责人以及参加培训班的学员200多人参加总结大会。

2008年11月,市纪委与检察院联合举办预防职务犯罪培训班,对市纪委制定的《上海市反腐败协调小组工作规则》《关于进一步加强案件查处和预防工作协作配合的若干意见(试行)》等一系列工作制度进行座谈讨论,进一步明确履行线索管理、组织协调、督促办理、监督检查、统计分析等案件监督管理基本职责。纪检监察干部200余人参加培训。

2009年12月,市纪委、市检察院、市监察局联合举办预防党员干部违纪违法和职务犯罪业务培训班,对加强纪检监察系统与检察机关的协作配合,不断提高案件预防工作的整体合力进行座谈研讨,提出预防工作的机制和措施。市纪委、市监察局、区县委办、各级检察机关等预防部门负责人和业务骨干近100人参加培训。

2010年9月,市纪委举办为期四天的全市纪检监察系统案件检查和案件审理业务培训班,学习纪律检查工作条例和办案工作业务知识。采取理论阐述和业务讲授相结合,领导、专家授课与学员经验交流相结合，增强案件职能意识和依纪依法办案意识，努力实现查办案件政治、社会和法纪效果的统一。区县纪委、委办局纪委、派驻（派出）机构纪工委、直管单位纪委、中央在沪单位纪委分管副书记及部分局级单位纪委书记共150余人参加培训。

三、案件审理业务培训

2004—2005年，市纪委连续两年举办全市纪检监察审理和法规干部参加的审理法规业务培训班。学习《中国共产党处分条例》《行政机关公务员处分条例》和《党的纪律检查机关案件审理工作条例》，增强党纪政纪意识，健全完善法规制度，坚持有法可依、有章可循，全面履行纪检监察两项职能，做到审理工作"事实清楚、证据确凿、定性准确、处置恰当、手续完备"的要求。

2006年3月，市纪委在市国资委党校举办全市审理法规干部培训班，参加培训的审理法规干部90余人。培训班紧密围绕当前的工作任务来安排审理法规干部培训内容，邀请国家人事部专家辅导《公务员法》，使审理法规干部认真学好《公务员法》，切实提高依法执政的能力，加强对《公务员法》执行的研究，把握好重点条款，履行惩戒职能，保证所办的案件经得起实践、群众和历史的检验。

2008年9月，市纪委组织全市50名审理干部赴北戴河培训中心，参加中央纪委举办的纪检监察案件审理业务培训班。学习纪律处分条例、案件检查工作条例，参加案件审理工作基本知识的辅导讲座，交流案件审理工作的经验。培训期间，市纪委50名学员组成的培训班被评为优秀班级，市纪委提交的案件审理室经验材料被评为优秀经验。市纪委领导到北戴河培训中心看望全体学员。

2009年10月，市纪委举办加强和规范案件审理工作培训班，组织学习《中共中央纪委关于进一步加强和规范办案工作的意见》，加强对案件审理工作的调查研究和实践创新，提高案件审理干部依纪依法审理案件的能力。培训班结束前，对全体学员学习情况进行测验。全市各区县纪委、部委办局纪委（纪工委）、监察室，市直管单位纪委（纪检组）、监察室的审理干部共80余人参加培训。

2010年9月，市纪委举办2010年全市纪检监察系统案件检查和案件审理业务培训班。通过培训提高新时期研判案件线索、突破重大疑难案件、有效运用法纪法规和科技手段查办案件、正确引导舆论和有效处置网络舆情等能力；进一步规范和完善案件线索管理、移送受理、初核、立案、调查取证、审理等方面的工作程序，建立健全内部管理制约机制，努力形成一整套科学、严密、有效的长效工作机制，确保办案安全，不断提高办案质量。各区县纪委、各委办局纪委、派驻（派出）机构纪工委、直管单位纪委、中央在沪单位纪委分管副书记和案件检查室、案件审理室负责人，以及部分局级单位纪委书记共150余人参加培训。

四、行政监察业务培训

1988年，市监察局选送13名监察干部参加国家监察部举办的业务培训班。培训班学习《行政监察法》和行政监察基本知识，研讨新形势下如何履行行政监察职能，提高执法监察的能力和水平，促进依法行政，提升行政效能，推进行政机关廉政行政建设。

1991年11月—1992年底，市监察局先后举办四期监察干部岗位培训班，每期两个月，区县和委办局等单位260余名监察干部参加培训。培训班学习小平视察南方的重要谈话，开设法学理论和监察专业知识课程，采取授课辅导、参观教学、座谈讨论等方式方法，提高监察干部的思想理论水平和业务水平。

1998年5月,市监察委举办监察干部培训班,区县和委办局等单位45名监察干部参加培训。着重学习《行政监察条例》,研讨如何查处行政机关和工作人员违纪违法案件,参加重特大生产安全事故调查处理,提出加强行政管理的建议,建立长效监督管理机制,强化对行政行为的监督和制约,保证政令畅通。

2003年10月,市监察委会同市房地局举办区县监察委主任、监察综合室主任培训班,传达杭州会议精神,贯彻国务院下发的《关于加大工作力度进一步治理整顿土地市场秩序的紧急通知》,进行经营性土地出让执法监察业务培训,研究落实重点检查方案,加大治理整顿土地市场力度,规范土地交易市场秩序,从源头上预防腐败,为经济社会的全面发展营造良好的环境。

2004年4月,为进一步提高行政监察工作水平,市纪委、市监察委在市委党校举办市监察领导干部专题培训班。邀请中国监察学会常务副会长滕少华、监察部副部长李玉赋和国务院纠风办分别就贯彻《行政监察法》、加强执法监察、效能监察、廉政监察、深入开展反腐败斗争、深化纠风工作等专项工作作四个专题辅导报告。这次专题培训班是纪检监察机关合署办公以来,举办的规模最大、参加人数最多的一次监察领导干部培训班。各区县监察委主任、监察综合室主任、纠风室主任,市监察委派出机构监察室主任,市政府有关委办局纪检监察组织等单位负责人共230人参加培训。

2006年7月,市纪委、市监察委在市委党校举办区县监察委和市委办局监察委(室)主任培训班。浦东新区监察委、闵行区监察委、黄浦区监察委、市建设交通委监察室和市科教纪工委监察室作交流发言。培训班邀请市高级人民法院、市政府法制办作关于行政诉讼和行政复议工作辅导报告。市委副书记、市纪委书记罗世谦出席会议并讲话。共180人参加培训。

五、纠风工作业务培训

2005年4月,市纠风办召开工作培训会议,对全市19个区(县)纠风室主任、被测评部门和行业纠风机构负责人进行培训。培训主题是加强政风行风建设,推进反腐倡廉工作。市纠风办对《2005年上海市纠风和政务公开工作意见(征求意见稿)》和《2005年上海市政风行风测评工作实施意见(征求意见稿)》作了说明,进行座谈讨论,听取意见和建议,探索加强政风行风建设的新思路新措施。

图15-2-1　2006年7月10日,上海市纠风办组织市政风行风监督员培训

2007 年 4 月，市纠风办召开市政风行风监督员培训会。培训的主要内容是贯彻落实全国纠风工作会议、市纠风和政务公开工作电视电话会议精神。根据政府部门和公共服务行业的实际情况，明确纠风和政务公开工作重点、评议测评的方式方法，发挥政风行风监督员的作用，把对政风行风建设的知情权、评判权和监督权交给群众，保证人民群众直接行使民主监督的权利，探索依靠人民群众参与纠风工作的机制。

同年 4 月，市纠风办、市政务公开办举办 2007 年市纠风和政务公开工作干部培训班，传达全国纠风工作会议精神和中央纪委副书记何勇在全国政务公开领导小组第七次会议上的讲话，邀请市政府法制办领导主讲行政许可和行政执法“三告知”，市政府门户网站领导主讲网上办事的专题辅导，做好《政府信息公开条例》实施工作，促进服务政府、责任政府、法治政府建设。各区县、各部门和有关单位纠风和政务公开工作干部 200 余人参加培训。

2008 年 7 月，市纠风办、市政务公开办举办 2008 年市纠风和政务公开工作干部培训班，传达全国纠风工作会议、全国政务公开领导小组第八次会议精神，就如何做好当前的纠风和政务公开工作作专题辅导。市食品药品监管局、浦东新区、市水务局、宝山区大场镇分别就网上行政审批、行政权力公开透明运行推进、办事公开及乡镇政务公开等工作作交流发言。各区县纠风室、政务公开办公室主任，市政府各部门纠风、政务公开机构等单位负责人共 180 余人参加培训。

六、党风廉政业务培训

2006 年 4 月，为了适应新形势的发展，更好地履行职责，切实做好党风廉政建设，市纪委在国家会计学院举办全市党风室干部培训班。市纪委领导作“深入学习贯彻党章，全面推进党风廉政建设”专题辅导，市委组织部干部监督室作“干部任用的管理、监督及工作要点”的辅导，市人事局介绍公务员工资制度改革的有关情况，江苏省纪委介绍江苏省实行职务消费改革及领导干部廉洁自律重点工作情况，徐汇区党风室、闸北区党风室围绕“如何做好党风室主任”进行交流发言，为大家提供互相学习、交流的平台。各区县纪委、部委办局纪委党风室主任和分管党风工作领导 70 余人参加培训。

图 15－2－2　2006 年 4 月 19 日，上海市纪委举办党风室干部培训班

2008 年 3 月，市纪委在徐家汇社区文化中心举办党风廉政建设统计工作培训班，部署党风统计工作，讲解党风统计工作内涵，提出具体要求。学员进行座谈交流，提出重点难点问题，研讨解决办法和措施，确保党风统计工作报送及时、准确。各区县纪委、部委办局纪委等有关人员 38 人参加培训。

七、其他业务培训

1993 年，市纪委、市监察局合署办公后，举办 2 期机关处级以上纪检监察领导干部培训，按照《国家公务员培训暂行规定》的要求，对机关全体工作人员实施培训，完成率为 99%。

1995 年，市纪委、市监察委对新录用的人员进行初任培训，完成率为 100%。

1996 年下半年，市纪委专门在市委党校举办两期学习班，组织机关全体党员深入学习邓小平建设有中国特色社会主义理论，学习党章。

1997 年，市纪委组织机关干部 154 人次参加上海市第一次现代科技知识考试，成绩全部合格。根据市委组织部的安排，1996—1997 年，组织 5 名局级干部参加市委党校全脱产理论进修。

1998 年，市纪委组织机关 17 人次参加中央党校、市委党校举办的半年以上学习培训。组织 5 名处级干部参加业务岗位培训班。

1999 年，市纪委组织机关 47 人次参加半年以上的学习培训，其中毕业、结业人数有 10 人，在校人数有 4 人；参加初任培训 4 人；参加处级干部任职培训 2 人；参加专门业务培训 2 人；参加更新知识培训 3 人；提高学历培训 3 人；参加党校培训 11 人；参加其他培训 3 人。选送 1 名干部参加市委党校第 18 期中青年干部培训班；1 名局级干部参加市委党校第 60 期领导干部进修班；2 名干部参加党群机关处级领导培训班；1 名干部参加上海第 26 期纪检监察干部进修班。

2000 年，市纪委组织机关 63 人次参加半年以上的学习培训，其中毕业、结业人数有 12 人，在校人数有 10 人；参加处级干部任职培训 3 人；提高学历培训 15 人；参加党校培训 16 人；参加其他培训 6 人。此外，选送 1 名干部参加专门业务培训。

2001—2005 年期间，市纪委组织机关干部参加各类培训共有 483 人次，其中参加市委党校举办的各类中青班、青干班、处级干部轮训班、处级领导职务任职培训班等政治理论培训 46 人次；参加市委组织部干教中心、市人事局干培中心举办各类更新知识培训 162 人次，其中 MPA 核心课程培训 24 人次，初任、军转培训 38 人次，电子政务 39 人次，双休日讲座 61 人次；参加出国出境培训 68 人次，其中市纪委自行组团赴德国培训 5 人次；参加学历学位教育 40 人次。

2006 年，市纪委组织机关 171 人次参加中央纪委、党校等举办的各类业务培训。其中有 6 人参加全国纪检监察案件检查培训班；2 人参加全国纪检监察系统研究室主任培训班；4 人参加全国纪检监察系统网上评论员培训班；2 人参加中纪委法规业务培训班；1 人参加中国监察学会秘书长培训班；3 人参加全国纪检监察系统案件管理部门负责人培训班。另外，有 2 人参加政治理论培训，51 人进行更新知识培训，14 人参加学历学位教育，11 人参加初任培训，1 人参加任职培训，35 人参加出国出境培训等。

2007 年，市纪委组织机关干部全年参加各类培训 58 人。其中参加市委组织部举办的各类培训班 14 人，参加市人事局要求的 MPA 核心课程培训班 13 人，参加初任培训班 3 人，参加军转干部培训班 3 人，参加中央党校在职研究生班 2 人；参加上海市第 41 期、第 42 期纪检监察干部进修班 4 人。另外，有 19 人参加中央纪委举办的各类培训班。

2008 年，市纪委安排机关干部参加各类培训 99 人。其中有 2 人参加中纪委在北戴河培训中心举办的省纪委常委培训班；2 人参加上海市第 43 期纪检干部进修班；推荐 1 名干部报考中央党校在职研究生班；同意 2 名干部参加在职学历学位教育。组织 27 名局级干部参加上海市干部教育中心春季、秋季招生班学习；组织 15 人参加 MPA 核心课程培训；组织干部参加中青班、处级干部任职培训班；组织 50 人参加 2008 年度“上海干部在线学习城”学习等。

2009 年，市纪委组织机关干部 101 人参加 2009 年度公务员“世博知识与公共服务能力培训”；50 人参加“上海干部在线学习城”学习；9 人参加 MPA 核心课程报名培训；1 人参加市委党校举办的中共十七届四中全会精神专题研修班；1 人参加外事部门领导干部培训班；1 人参加第 4 期组织部门领导干部进修班；8 人参加领导干部选学报名；协助做好上海市干部教育中心春季、秋季招生工作；选派 3 名干部参加市委党校举办的领导干部进修班；选派 3 名干部参加处级领导职务任职培训班；选派 1 人参加第 2 期公开选拔与招聘方式方法专题研修班；选派 4 名机关干部参加上海纪检监察干部进修班；组织 2 人参加中纪委在杭州培训中心举办的全国纪检监察系统干部工作座谈会暨干部室主任培训班。

2010 年，市纪委机关共组织 13 批 29 人赴中央纪委参加培训；选派 2 名干部参加上海纪检监察干部进修班；选派 1 人参加市管领导干部提高应对国际局势和处理国际事务能力专题研讨班；选派 6 名机关干部参加市纪委与中欧陆家嘴国际金融研究院联合举办的第 1 期纪检监察干部金融法律高级培训班；组织干部参加中青班、处级干部培训班等；推荐 2 名干部参加 2010 年中央党校在职研究生班学习；组织 5 名新录用公务员参加初任培训；组织机关干部 50 人参加“上海干部在线学习城”学习；组织 20 人参加市委组织部开展的 2010 年干部选学班；组织机关干部 174 人次学习观看“上海世博会与创新意识高级研究班”课程。此外，以“提升领导力”为主题，每月安排 1—2 节课，举办室主任培训班，邀请中国浦东干部学院、市委党校老师现场讲课，采取集中授课与互动交流相结合、讲授式培训与讨论式交流相结合的方式，研究和探讨领导干部如何提升能力素质，更好地履职。

第二节　岗位锻炼

1994—2000 年，市纪委机关内部轮岗 10 名（其中局级干部 5 名，处级干部 3 名），挂职锻炼 9 名，全市机关范围横向交流 2 人。

2001 年，市纪委机关干部内部轮岗 37 人，在全市机关范围内横向交流 2 人，在全市范围内事业、企业单位交流 3 人。安排市委组织部选派的 6 人至市纠风办挂职锻炼。

2002 年，市纪委制定《选派年轻干部到基层挂职锻炼的暂行办法》。机关干部在全市机关范围内横向交流 5 人，其中局级干部 1 人，处级干部 1 人，科级干部 3 人；到企业单位有 1 名局级干部。安排市委组织部选派的 6 人到市纠风办挂职锻炼。

2003 年，市纪委机关提拔交流干部 2 人，挂职锻炼 4 人，转任 2 人，轮换 6 人。安排 2 名干部至区街道办事处参加 3—6 个月的挂职锻炼。

2004 年，市纪委机关向外交流干部 1 人。机关内部轮岗交流 28 人次，调任 2 人，转任 3 人，挂职锻炼 2 人。安排市委组织部选派的 7 人至市纠风办挂职锻炼。从 1990 年至 2004 年，已有 124 名处级干部参加挂职锻炼。

2005 年，市纪委机关调任 2 名干部，转任 2 名干部，内部轮岗 10 人，内部交流 10 人。根据市委组织部、市人事局《上海市新录用公务员基层实习锻炼试行办法》,安排5名新录用公务员赴杨浦区殷行街道基层实习锻炼。根据市委组织部《关于选送和组织青年干部参加部队、农村、党校学习锻炼的通知》,选派1名干部参加学习锻炼。安排西藏自治区第四批纪检监察干部2名副处级干部来上海挂职锻炼。安排市委组织部选派的7名副处以上后备干部到市纠风办挂职锻炼。

2006年,市纪委机关有1名局级干部转任,内部轮岗3人。安排新录用的7名公务员在殷行街道实习锻炼。安排市委组织部选派的7人到市纠风办挂职锻炼。

2007年,市纪委机关干部交流共计58人。其中机关内部交流8人,向外交流3人,任国有企业监事1人,此外,委机关有46名干部参加查处"社保资金案"专案组,办案能力得到很大锻炼和提高。根据充实办案力量的要求,从公、检、法等部门抽调办案骨干,并抓好委派机关干部到公安部门培训锻炼的工作。

2008年,市纪委制定了《市纪委、市监察局机关挂职锻炼暂行办法》等制度。全年干部交流共计17人,其中人员调出3人,内部交流5人,选调交流调入2人,挂职锻炼2人。安排2名机关干部分别至闵行区古美街道、长宁区新华街道挂职锻炼半年。选派1名干部参加上海对口支援都江堰市灾后重建工作。安排市委组织部选派的7名副处以上后备干部到市纠风办挂职锻炼。

2010年,市纪委为加强制度建设,创新工作机制,制定出台关于加强和改进干部队伍建设的实施意见,并以项目化方式推进落实。安排1名机关干部至徐汇区田林社区(街道)基层锻炼。选调商借干部6人参加世博会工作。安排市委组织部选派的7名副处以上后备干部到市纠风办挂职锻炼。

第三章 作风建设

市纪委、市监察局(委)注重作风建设,教育党员干部继承和发扬党的优良传统,不断改进工作作风。1981—2010年以“创先争优”活动为契机,鼓励机关各党支部和党员干部争当先进集体和优秀个人,向先进看齐,弘扬先进精神,营造积极向上的工作氛围。1983—1985年,开展为期16个月的整党活动,基本完成统一思想、整顿作风、加强纪律、纯洁组织的任务。1984—2010年,连续开展党风廉政教育,保持队伍廉洁。1986—2009年,重点加强工作作风建设,提高工作效率,改进机关效能。1991—2010年,重点开展党纪条规教育,增强干部队伍廉洁自律意识。1993—2010年,注重对党员干部加强教育引导,积极开展扶贫帮困送温暖活动,增强机关干部的社会责任感,激励党员干部切实做到“廉洁、高效、求实、为民”。

第一节 党风建设

一、整党活动

1983—1985年,在市委领导下,市委纪委筹备组、市纪委机关开展为期16个月的整党活动。1983年11月—1984年5月为学习阶段。着重学习整党文件,联系实际,统一对整党的认识,端正态度,提高参加整党的自觉性。1984年6—9月为对照检查阶段。市纪委书记王尧山代表市纪委常委会向机关全体党员进行集体对照检查。每个常委和党员按照党章和《准则》要求,结合思想和工作实际,进行个人对照检查,并针对存在的问题和差距,提出改进措施和努力方向。1984年10月—1985年1月为集中整改阶段。围绕党的十二大制定的总任务、总目标,制定和完善措施维护和保证改革顺利进行,统一思想认识。同时,结合中央纪委部分省市纪检工作座谈会与第十二届中央纪委四次全会的传达学习,贯彻会议精神。1985年1—2月为党员登记阶段。通过党员登记,进行党员标准和党的纪律的教育,提高党员的思想政治素质和组织纪律性。全机关135名党员中,除3名预备党员和1名党员去世外,实际参与登记的131人,全部准予登记。

1990年,根据中央〔1989〕10号文件精神和市委的部署,全市开展党员重新登记工作。市纪委从6月初开始党员重新登记工作,经过学习教育、个人总结、民主评议、审批总结四个阶段,到11月1日顺利结束。全机关共有156名党员,应办的153名党员都办理重新登记手续。为巩固发展党员登记成果,市纪委还制定《关于加强机关党的建设的措施》。

二、廉政勤政教育

1989年,市纪委把保持纯洁作为机关建设的一项重要工作来抓,认真贯彻中共中央《关于党和国家机关必须保持廉洁的通知》,坚决执行市委关于党政机关廉洁的五条规定和市委关于改善政风的八条规定。要求机关每个共产党员,在改革开放搞活经济的新形势下,保持清醒的认识,经得起考验。对在廉洁、高效中表现好的党员及时表扬,对有违反廉洁行为的党员轻者批评教育,重者追究责任,并给予纪律处分。

1990年,市纪委抓党风促廉政,保持廉洁奉公形象。组织机关党员学习中央有关指示和市委、市政府“两个廉洁规定”。通过党员登记,结合机关实际,重新修订加强党风和廉政建设的“六个不准”,注意督促检查,确保落实。

1991年,市纪委继续学习贯彻中央《关于加强党风和廉政建设的意见》和市委、市政府“两个廉洁规定”,要求机关党组织加强监督,经常检查分析廉政和党风状况,对表现好的给予表扬,发现问题及时弄清,认真处理。要求机关每个党员率先垂范、严于律己、遵纪守法、廉洁奉公。

1992年,市纪委坚持每月对党员进行党风廉政教育,经常进行电化教育、案例分析、党风廉政建设信息交流等。及时表扬机关同志中廉洁勤政的好事迹;对发现违反党风廉政规定的问题,坚持以事实为依据,以条规为准绳,及时调查、及时批评教育和处理。

1993年,市纪委、市监察委结合反腐败斗争的实际,对党员进行党风党纪教育,组织观看电影《新中国第一大案》,召开民主生活会,要求机关处以上干部对照廉洁自律5条内容进行认真检查,提高党员遵纪守法、廉洁自律的自觉性。机关党员深入基层和经济建设的前沿阵地开展土地批租、房地产市场、文化娱乐场所管理等方面的调研,撰写调研报告,为领导决策献计献策。

2000年,机关认真落实中纪委四次全会精神,落实中央、市委对领导干部提出廉洁自律各项规定,对领导干部公费配备电脑及局级领导干部配偶、子女个人经商办企业或在外商独资企业、中外合资企业任职等情况进行自查自纠。发动机关党员干部推荐廉政警言,加强对党员的自律与监督。

2001年,市纪委、市监察委认真学习贯彻中共中央《关于加强和改进党的作风建设的决定》。根据“两不准”规定,对机关74名在职处级干部进行登记并审核;对机关“小金库”作清理、自查;对领导干部接受、上交礼金或有价证券的情况进行核查;对领导干部持有因私出国(境)护照进行摸底调查和核实。

2002年,市纪委、市监察委认真贯彻党的十五届六中全会精神,落实《关于加强本市党委政府部门党风廉政建设的若干意见》,以“转变作风年”为契机,结合“三讲”教育整改措施,贯彻“八坚持、八反对”要求,进一步推动机关作风建设。编印下发《中共上海市纪律检查委员会上海市监察委员会机关工作人员守则》。对委机关处以上干部配偶、子女个人经商办企业或在外商独资企业、中外合资企业任职情况进行登记复核,对新提任的4名局级、10名处级干部进行登记。

2003年,市纪委、市监察委把教育活动与学习先进典型结合起来,加强党员干部的自身修养,增强反腐倡廉的自觉性。组织机关党员开展牢记“两个务必”的学习,组织参观《党风楷模周恩来》《血染的丰碑》展览;观看《一心为民的好书记郑培民》、戏剧《好爹好娘》《枫叶红了》《贞观盛事》《廉吏于成龙》等。8月,组织党员干部参加廉洁从政知识测试,参加率为100%。按时间节点完成《关于对领导干部辞职或提前退(离)休后经商问题的调研》《处级以上领导干部配偶、子女经商办企业情况调查》《领导干部廉洁自律情况统计表》。

2004年,市纪委、市监察委组织机关党员干部学习《江泽民同志论党风廉政建设和反腐败斗争》、中央领导有关党风廉政建设和反腐败斗争的重要讲话,教育党员干部做一个“勤廉兼优”的纪检监察干部。截至2004年底,共收到机关党员上交的讲课费、有价证券等15 532元。按照市级机关纪工委的统一部署,认真组织纪检监察干部专业知识测试,共有135名干部参加测试,合格率100%,优秀率99%。完成《处级以上领导干部配偶、子女经商办企业情况调查》《用公款为个人购买商业保险统计》《2004年纪检监察宣传教育工作情况汇总表》《2004年领导干部廉洁自律情况统计表》等。

2006年,市纪委、市监察委组织机关党员干部认真学习胡锦涛关于牢固树立社会主义荣辱观的讲话、江泽民关于党风廉政建设的有关论述以及中央纪委六次全会精神、《关于加强中央纪检监察机关工作人员廉洁自律工作的意见》《中共上海市委关于贯彻〈建立健全教育、制度、监督并重的惩治和预防腐败体系实施纲要〉的意见》等。

三、改进工作作风

1986年,市纪委组织7个处室进行工作交流,促进机关干部在新形势下开创纪检工作新局面,改进作风,克服官僚主义,提高机关办事效率,受到市直机关党委的肯定和好评。

1992年,市纪委将民主评议工作和机关整顿思想工作作风结合起来,把机关作风、工作效率、为基层服务作为评议重点,提高党员的"先锋模范"意识,争做党性强、业务精、服务好、效率高的纪检干部。

1998年7月,市纪委、市监察委机关开展加强机关作风建设系列教育活动。通过召开机关思想政治工作大会、专题讨论会、报告会等,对机关党员干部严格要求、严格管理、严格监督,提高机关干部的整体素质,确保机关各项任务圆满完成。

2001年,市纪委、市监察委机关组织学习中央十五届六中全会通过的《中共中央关于加强和改进党的作风建设的决定》,加强和改进机关作风建设。组织观看"在邓小平理论旗帜下——新世纪党员风采"党建电视片,对照学习六中全会《决定》提出的"八个坚持、八个反对",查找自身存在的不足,落实整改措施,集中解决机关内部的思想作风、学风、工作作风、领导作风和干部生活作风方面的突出问题。

2009年4—9月,市纪委、市监察局机关开展"改进工作作风,服务'四个确保'"的实践活动。重点学习中央办公厅《关于党政机关厉行节约若干问题的通知》和市委办公厅《关于减少开支制止浪费推进节约型机关建设的通知》精神。组织观看中国延安精神理事会理事郝凤年作的"弘扬延安精神"报告会录像和"王瑛同志先进事迹报告会"上海专场录像。大力倡导和落实勤奋好学、学以致用,心系群众、服务人民,真抓实干、务求实效,艰苦奋斗、勤俭节约,顾全大局、令行禁止,发扬民主、团结共事,秉公用权、廉洁从政,生活正派、情趣健康等八个方面良好风气,夯实机关作风建设的思想基础。开展提高机关效能建设活动。在市级机关"四个确保"工作实例的征集活动中,监察综合室撰写的《推进扩内需保增长政策落到实处》案例被编入"破题之策——上海市市级机关服务'四个确保'工作实例选编"。

第二节　创 先 争 优

1985年,市纪委把开展创先进党支部、争做优秀共产党员活动作为机关思想政治工作的一项重要内容,与开展精神文明建设、转变作风相结合,制定"争"、"创"计划,进一步加强党支部的战斗堡垒作用和党员的先锋模范作用。

1985—1988年,市纪委有42名党员被评为机关先进工作者,获立功嘉奖,近80余名党员受到领导表扬。其中,1985年,研究室主任王雅丽被评为上海市"三八"红旗手、四处副处长杨仲兴家庭被评为市"五好"家庭、信访处干事王芳芝被评为市直机关"三八"红旗手。1987年,市纪委政策研究室副主任黄毓芳被评为市"三八"红旗手。

图 15-3-1　1986 年 4 月,上海市纪委机关表彰大会召开

图 15-3-2　1988 年 6 月,上海市纪委机关纪念"七一"表彰优秀党员大会召开

1986 年,在纪念建党 65 周年前夕,评选办公室主任周中兴、干部处纪检员顾琳云为市直机关优秀党员,并在全体党员中交流经验。

1988 年,市纪委干部处副处长张永潮、研究室副科级纪检员王玉、纪检一处副处级纪检员周春发、案件审理处张更生、《上海纪检》编辑部杨剑飞、司机王关龙被评为市直属机关优秀党员。

1989 年,为响应全市百名优秀党务工作者倡议,机关开展"团结群众迎挑战,振兴上海作贡献"活动,向优秀党务工作者学习,做到"坚定信念、履行宗旨、严守纪律、清正廉洁、争先创优"。市纪委常委、秘书长孙卫国被评为市优秀党务工作者。

1991年,市纪委案件审理室党支部被评为上海市市级机关先进党支部。案件审理室副主任、党支部书记孟庆钟,案件检查室正处级纪检员、党支部书记许承兴被评为上海市市级机关优秀共产党员。机关党委副书记、干部管理室副主任张永潮被评为上海市市级机关优秀机关党务工作者。市监察局副局长郁明被评为全国监察系统先进工作者,市监察局检查联络处干部穆文华被评为上海市监察系统先进工作者。

1992年,市纪委副处级纪检员徐子文、驾驶员杨德富的事迹被市级机关党工委评为"精神文明百件好事"。

1993年,市纪委、市监察委注重宣传好人好事,树立机关良好作风。市纠风办金长荣、邵东麟等"两手抓纠风有成效";二室冯鲁林、万静芳等"深入股票认购证发售点加强监督检查";四室程殿卿、方树坤"深入娱乐场所调研,促进文化市场管理";研究室顾仁根、潘寿珍"围绕热点深入调研"四件好事获1993年度市级机关系统双文明百件好事。在"创先争优"活动中,信访室主任孟庆钟、市纪委办公厅仇必银被市级机关党工委评为优秀党员。

1994年,市纪委、市监察委五室主任邵伯兴获市级机关系统"我最佩服的共产党员"称号。市纪委、市监察委"纪检干部不畏难,批租领域挖蛀虫"获1994年度市级机关系统双文明十佳好事。市纠风办金长荣、邵东麟等"团结努力,纠建结合,纠风取得阶段成果";二室主任扈清聚、赵岳清等"加强执法,规范监察,出售公房,健康有序";研究室潘寿珍、王玉等"深入新经济领域调研,探索监督管理新机制"获1994年度市级机关系统双文明百佳好事。

1995年,市纪委、市监察委"新泾乡土地批租案"调查组作为中央纪委二次全会以来查处一批在全国有影响的重大案件的有功集体以及作出优异成绩和突出贡献的个人,受到中央纪委、监察部表彰,获得集体一等功。市纪委、监察委信访室荣获上海市先进信访工作集体。五室党支部被市级机关党工委评为先进党支部,干部室唐惟明、四室主任张永潮被评为优秀党员。此外,向市级机关推荐九件"双文明"百件好事,其中市纪委市监察委宣教室"围绕主题抓教育,廉政清风拂人心"获1995年度市级机关系统双文明十佳好事;市纠风办"积极开展行风评议,有效促进行风建设";市纪委干部室蒋忠敬"坚持八年如一日,倾注浓浓同志情";市纪委研究室"体制、机制、法制三位一体,探索反腐倡廉有效途径"获1995年度市级机关系统双文明百佳好事。

1996年,市纪委宣教室"全力拍摄《局级干部狱中反省》教育片"、市纪委一室"实施延安高架工程执法监察,促进市政府一号工程优质完成"、市纪委六室"组织行风评议,促进行风建设"获1996年度市级机关系统双文明百佳好事。

1997年,在市级机关党工委开展的"高兴、放心"活动和"双文明百佳好事评选"等活动中,市纪委、市监察委一室"抓企业领导廉洁自律,促国有资产保值增值"获1997年度市级机关系统双文明百佳好事。

1998年,经市级机关党工委批准,市纪委六室党支部被评为先进党支部;三室副主任唐惟明、四室主任张永潮被评为优秀党员;机关党委专职副书记刘锡鹏被评为优秀党务工作者。五室党支部的《理想信念在这里升华》被市级机关评为"最佳组织生活实例"二等奖,并被《组织人事报》《机关动态》和《清风》杂志采纳刊登。

1999年,市纪委、市监察委机关团支部获市级机关团工委系统"先进团支部"光荣称号。档案室沈秀宝获上海市档案系统先进工作者。

2000—2001年在开展争先创优活动中,市纪委、市监察委信访室被评为2000—2001年度上海市文明信访室,信访室沈卫星被评为2000—2001年度上海市先进信访干部。五室焦其亮被评为

2000—2001年度全国纪检监察案件管理工作先进个人。

2002年,市纪委、市监察委机关深入开展党支部"达标创先"活动,加强党支部的凝聚力、战斗力。信访室的组织生活实例《一次别开生面的网上组织生活》荣获市级机关一等奖。

2003年,市纪委六室党支部被评为市级机关系统先进党支部;监察室主任黄建平、干部室副主任左武龙被评为优秀党员;研究室党支部书记韩静芳被评为优秀党务工作者;审理室副主任汪审理被评为纪检监察先进个人。宣教室党支部被评为上海市第五届"三学"先进集体。

2004年,市纪委、市监察委机关文明创建活动取得新成效。信访室被市精神文明办、市委市政府信访办授予市"文明信访室"称号,信访室叶家智被评为市"先进信访干部"。案管室徐新华被中央纪委办公厅评为全国案件管理先进个人。二室王宝生连续两年被授予市政重大工程优秀组织奖。机关不少党员干部热心社区工作,四室张为民一家被评为五好家庭。

2005年,市纪委、市监察委注重增强机关党组织的生机活力和党员的先进性,加强支部建设,进一步修改完善党支部"达标创先"的考核标准。六室党支部被评为市级机关系统先进党支部;市纪委常委李芬华、四室副主任唐惟明被评为市级机关系统优秀党员;机关党委专职副书记左武龙被评为市级机关系统优秀党务工作者。

2006年,市纪委、市监察委以提高工作质量和加强队伍建设为目标,积极开展文明处室创建活动。五室路新畅被评为"全国纪检监察系统先进个人"。信访室被评为市"文明信访室"。办公厅行政处被评为市级机关后勤服务"三优一满意"优胜单位。研究室荣获全国纪检监察调研成绩突出单位特别奖。

2007年,市纪委办公厅秘书处李学锋被评为市级机关系统优秀共产党员,市纪委常委、市纪委秘书长、机关党委书记刘纪舟被评为市级机关系统优秀党务工作者,市纠风办被评为市级机关系统先进党支部,机关党委张息琴被评为市级机关系统优秀职工之友、优秀工会工作者,机关工会被评为2005—2006年度合格职工之家。此外,组织机关干部积极参加社区"与文明同行"交通志愿者活动,全年上岗值勤40人次。

2008年,市纪委、市监察局机关涌现出一批先进集体和先进个人。办公厅行政处被评为2007—2008年度"三优一满意"优胜A级单位;信访室被评为全国纪检监察信访举报工作先进集体;法规室被评为2003—2008年度全国纪检监察法规工作先进单位;案管室王洪青荣获市专案工作二等功;市纪委常委、秘书长刘纪舟、办公厅综合处谢卫东、案管室陈建鸣、一室王艇、二室王育辉、二室郁俊、三室赵月妹、四室归伟平、宣教室吴士和等9人获市专案工作三等功;办公厅龚红星等32人获市专案工作嘉奖;执法监察室顾佩菲获国家环保总局、监察部等七部委"惩治违法排污企业,保障群众健康专项行动"先进个人;信访室黄德智获全国纪检监察信访举报先进个人;四室陈雄在参与北京奥运会、残奥会上海赛区监督工作中受到表彰。

2010年,根据全国纪检监察系统主题实践活动总结暨加强自身建设电视电话会议精神,以及市级机关工作党委的要求,3—10月,市纪委、市监察局开展"为群众做表率,为世博做贡献"世博先锋行动。积极动员组织机关党员干部积极投入迎世博岗位行动、家园行动、志愿行动、文明行动和应急行动。机关党委张息琴、研究室王旭杰获评市创先争优"五带头"优秀共产党员;在世博立功竞赛活动中,市纠风办获评优秀集体,市纠风办陈学恩、党风室李明政、监察综合室张楼楼、办公厅陈宏宇、执法监察室陈静洁、机关党委毛莉、预防腐败室王华萍、案管室张翔、信访室庄伟林、四室左丽珍、办公厅龚红星等11位同志获评三等功;车队江宝春获评市级机关系统上海世博工作优秀个人;监察综合室张志良获评2010年上海世博会徐汇区优秀志愿者。

第三节　扶贫帮困

1993年，市纪委、市监察委积极响应市委市政府号召，开展“迎东亚运动会”宣传集资活动，机关干部职工向东亚运动会捐款2 128元。

1996—2000年，市纪委、市监察委组织开展帮困送温暖活动，机关干部职工捐款33 260元，捐衣被3 659件。其中1997年上半年开展“帮困一日捐”活动，179人次捐款5 960元；下半年向重庆、云南灾区募捐，160余人次捐衣被668件(套)。1998年，长江沿线发生特大洪水后，机关干部职工捐款人民币26 060元，衣被1 471件。

2001年，市纪委、市监察委机关干部职工为云南、江西贫困地区捐赠衣被771件(条)；开展帮困送温暖百余人，慰问救助总金额人民币2万余元。

2003年，市纪委、市监察委机关工会开展“一日捐”活动，共收到捐款19 000余元，建立机关爱心帮困基金。积极开展“冬衣暖人心”募捐工作，为云南、安徽、江西等地捐赠衣被824件(条)，捐款人民币3 100元。

2004年，市纪委、市监察委机关发起“点亮心灯，温暖人生”活动，19个党支部走进申城19户困难家庭，开展结对帮困助学活动。机关干部职工向受灾地区募集衣被826件(条)、捐款2 400元。《文汇报》于2004年12月12日在头版头条新闻《150个党支部和151个困难家庭的春天》中报道市纪委、市监察委六室党支部帮困助学的事迹。

2005年，根据中央和市委关于“在全党开展保持共产党员先进性教育活动”的精神，市纪委、市监察委机关与青浦区金泽镇党委建立“双结对”工作机制。机关干部职工向海啸灾区捐款26 396元(包括离退休干部)，“一日捐”捐款15 085元，向云南、四川等受灾地区捐款16 270元，捐赠衣被1 352件(条)，向希望小学捐款22 000元。

2006年，市纪委、市监察委坚持开展与基层党委结对，党支部与困难学生结对的“双结对”活动。机关党员干部(包括各支部)坚持每季度与结对学生联系，向结对困难学生捐赠助学款16 000余元，向青浦区金泽镇困难群众送慰问款7 600元，向云南、江西等灾区捐款34 360元，募集衣被461件(条)。此外，还向希望工程捐款22 000元。

2007年，市纪委、市监察委积极开展为灾区“送温暖、献爱心”捐款活动，机关全体党员群众为灾区捐款30 950元，募集衣被681件(条)。市纪委、市监察委领导分10个组分别走访慰问青浦区金泽镇10户困难群众，送慰问金、慰问品11 856元。根据市委《关于中心城区和市委各部委办局工作党委与远郊区县及经济薄弱村开展结对帮扶的实施意见》的精神，市纪委、市监察委与崇明县绿华镇绿湖村签订城乡结对帮扶协议，向绿湖村捐助村广播器材2万元，消化农产品1.5万元。机关党员干部向结对助学的学生捐赠助学款35 000余元。

2004年秋季至2007年春季期间，市纪委、市监察委机关党委、各党支部共与32位困难学生结对，走访慰问177人次，捐助助学金121 250元，送慰问品价值人民币38 948元。收到感谢信45封、锦旗4面。向井冈山希望小学捐款2万元。

2008年，市纪委、市监察局组织机关干部职工在“一日捐”活动中捐款28 270元；为汶川地震灾区捐款413 690元；为都江堰市“职工书屋”捐书860册；向社会送温暖献爱心捐款41 750元；慰问青浦区金泽镇困难群众10 390元；帮扶崇明经济薄弱村绿湖村、慰问崇明绿华镇困难群众83 143元；组织机关各党支部认真开展结对助学活动，自筹助学金26 000余元。机关团支部开展为灾区儿童奉献爱心,制作爱心信封等活动。

图 15-3-3　2008 年 10 月 24 日,上海市纪委机关为汶川特大地震灾区捐款

2009 年,市纪委、市监察局机关干部职工在"一日捐"活动中捐款 31 200 元。继续做好与困难学生结对助学、与青浦区金泽镇、崇明县绿湖村结对帮扶等工作。全年共与 22 个困难学生结对,走访慰问 90 余人次,资助慰问金 66 900 元,慰问品 7 000 余元,资助经济薄弱村及困难群众 43 000 元。

2010 年,市纪委、市监察局机关干部职工在"慈善一日捐"活动中捐款 32 900 元,为青海玉树地震灾区捐款 55 100 元,为甘肃舟曲灾区捐款 45 900 元,为上海"11·15"火灾受灾群众捐款 41 500 元。继续做好与崇明县绿化镇绿湖村、青浦区金泽镇结对帮扶工作,资助帮扶慰问金(慰问品)53 050 元。机关党委和各党支部资助帮扶 24 位困难学生,资助助学金(慰问品)37 000 元。

第四章　纪 律 建 设

市纪委、市监察局(委)把纪律建设作为加强队伍建设的重要内容来抓。1986—2010 年,根据形势和任务,结合纪检监察队伍自身情况,先后制订了《中共上海市纪委加强机关思想政治工作的规定》《市纪委、市监察委机关工作人员守则》《市纪委、市监察委机关文明处室管理办法》,健全完善监督管理机制,严格要求,严格管理,严格监督。1990—2010 年,开展普法和法规教育。组织纪检监察干部学习《宪法》《行政监察法》《公务员条例》等法律法规,增强法规意识,提高依法执纪的自觉性。2000—2010 年,通过观看警示教育片、参观警示教育基地、举办教育专栏等形式,进行党的纪律教育,加强修养,恪守尽责,遵纪守法,筑牢思想道德防线。

第一节　法律法规学习

一、普法教育

1990 年 7 月,市监察局组织局机关全体工作人员专题学习《行政诉讼法》,做好行政诉讼法实施前的准备工作。

1991 年 11 月—1992 年 1 月,市监察局举办第一期监察干部岗位培训班,系统学习国家监察部编写的《基本法教程》(包括宪法、刑法、刑事诉讼法、民法、民事诉讼法、行政诉讼法)、《综合经济法教程》《行政监察基础》和市监察局编写的《行政监察的检查、调查工作》,共 46 人参加培训。

图 15-4-1　2009 年 6 月 5 日,上海市纪委机关签订保密协议

1992年,市监察局重点学习、宣传《行政监察条例》,增强依法监察意识,并开展监察干部业务培训工作。

1996—2000年,市纪委、市监察委组织机关党员干部重点学习《邓小平关于社会主义民主与法制建设》理论,组织学习《社会主义法制建设基本知识》,《中共中央法制讲座汇编》,新法选编第五、第六集等教材,配合开展法制讲座,组织党员干部参加《行政监察法》等7部法规和《公务员条例》《保密法》《香港基本法》《土地管理法》和"三五"普法考试。

2001—2005年,市纪委、市监察委机关先后举办《行政许可法》《宪法》、学习型组织管理、保密形势教育报告会,市纪委撰写《行政监察法实施条例》解读报告。

2006—2010年,市纪委、市监察局(委)向机关干部统一发放《上海市公务员法律知识读本》培训教材,通过阅读教材、收看专家讲座的方式,学习深入推进社会主义法治国家建设、依法行政与我国行政法的新发展、民事法律制度与法治政府建设、经济法律制度与法治政府建设、社会法与法治政府建设等内容。

二、党内法规学习

1996—2000年,市纪委、市监察委结合纪检监察业务工作实际,安排学习《中国共产党纪律处分条例(试行)》《中国共产党党员领导干部廉洁从政若干准则(试行)》《关于领导干部报告个人重大事项的规定》等法规、条例。

2001—2005年,市纪委先后撰写《党员权利保障条例》解读报告,邀请中纪委法规室主任侯通山来沪作学习《党员权利保障条例》的辅导报告,组织党员干部认真学习《中国共产党党内监督条例(试行)》等三个条例。在领导干部中开展以"五个不准"、"四大纪律、八项要求"为主要内容的纪律

图15-4-2 2010年5月7日,上海市纪委机关学习讨论《廉政准则》

教育，在全体党员干部中开展先进典型教育和警示教育。2004 年组织党内法规知识竞赛复赛，承办全国党内法规知识竞赛复赛（上海赛区）的组织落实工作，受到中央纪委领导和兄弟省纪委领导的好评。

2006—2010 年，市纪委、市监察局（委）组织党员干部认真学习《廉政准则》《四项监督制度》等党内法规，组织开展各类辅导报告。以“党性党规党纪”为主要内容，集中开展忠诚度教育系列活动。组织部分党支部书记参加《条例》学习辅导和党支部书记培训。围绕学习宣传《廉政准则》，大力加强党员干部廉洁从政教育。2010 年 12 月，组织机关处级及以下干部 175 人参加考试，成绩全部合格。

第二节 党的纪律教育

1991 年 9—10 月，根据市级机关纪工委《关于市级机关开展党纪条规教育的意见》，市监察局机关组织观看党纪条规教育有关录像片，开展党纪条规教育。各支部以组织生活形式讨论党纪条规，机关处级以上干部以普通党员身份参加学习和考试。

2000 年，市纪委、市监察委机关组织观看《生死抉择》《胡长清案件警示录》《代号 9898》等教育片，教育机关党员干部对当前党风廉政和反腐败的形势保持清醒认识，自重、自省、自警、自励，树立正确的世界观、人生观、价值观，兢兢业业，恪尽职守，当好党风廉政建设的忠诚卫士。

2003—2004 年，市纪委、市监察委机关坚持开展警示教育。组织机关党员干部观看《扭曲的人生——李真贪污受贿案剖析》专题教育片，认真学习中央领导对常德市纪委原书记彭晋镛贪污、收受巨额钱财案件的重要批示，通过剖析反面典型，加强党员干部的自身修养，增强反腐倡廉的自觉性。

2005 年，市纪委、市监察委机关根据中央纪委、监察部转发的海南省纪委、省监察厅《关于张庆严重违纪违法案件的通报》，要求机关党员干部认真从张庆的案件中吸取教训，引以为戒，查找漏洞，防微杜渐。各党支部结合全党开展的保持共产党员先进性教育，学习郭峰、赵德尊等老同志的高风亮节事迹，进行专题讨论，以实际行动自觉维护纪检监察机关和纪检监察干部的良好形象。

2007 年，市纪委、市监察委机关利用“社保资金案”及相关反面典型案例，认真开展警示教育。通过观看警示教育片、参观警示教育基地、发放警示教育学习资料、在机关党建网上开设警示教育专栏、召开专题民主生活会、健全机关内部管理制度等，对党员干部进行理想信念、党的优良传统和党性党风党纪教育，要求机关干部遵守党纪国法，筑牢抵御腐败的思想道德防线。

2007 年，市纪委、市监察委机关认真学习中央纪委《中共中央纪委严格禁止利用职务上的便利谋取不正当利益的若干规定》，结合学习贯彻市第九次党代会精神，深入开展“做党的忠诚卫士、当群众的贴心人”主题实践活动，自觉遵守各项党纪条规。

2008 年，市纪委、市监察委机关认真学习中央纪委办公厅《关于曾锦春违纪违法问题及利用“两规”敛财情况的剖析报告》，运用反面典型开展警示教育，增强机关干部遵纪守法和廉洁自律意识。

2009 年，市纪委、市监察局机关组织观看廉政教育片《唱支山歌给党听》和警示教育片《贪欲之害（二）》，教育党员“讲党性、重品行、作表率”，自觉筑牢拒腐防变的思想道德防线。

2010 年，市纪委、市监察局机关为配合开展“五严守五禁止”学习教育，机关在“七一”前播放《贪欲之害（四） 悔恨——原浦东新区副区长康惠军案》、《贪欲之害（五） 蜕变——普陀区原区长

图 15-4-3　2010 年 12 月,上海市纪委举办反腐倡廉展览

蔡志强案》,电视专题片《铲除“小金库”——全国“小金库”专项治理阶段性工作纪实》等,对党员干部开展党纪党规警示教育。

第三节　规 范 管 理

1986 年,市纪委制定《中共上海市纪委主要任务和职责范围》《中共上海市纪委常委会职责范围和会议制度》《中共上海市纪委常委职责》《中共上海市纪委各处、室的主要任务和职责》《中共上海市纪委加强机关思想政治工作的规定》《中共上海市纪委关于加强调查研究改进机关作风的规定》《中共上海市纪委关于信息反馈制度》等九方面的规章制度,并将制度汇编成册,于 1986 年 7 月 15 日起执行。市纪委常委会和机关建立和健全理论学习、党小组生活、常委民主生活会等制度,以加强思想政治教育。

1988 年,市监察局制订《上海市监察局工作规则》《上海市监察局领导民主生活会制度》《上海市监察局秘书工作若干规定》《上海市监察局关于行政经费开支的有关规定》《上海市监察局关于介绍信和公章的使用规定》《上海市监察局机关工作人员请假制度》《上海市监察局复印机使用制度》《上海市监察局关于机关工作人员及亲属非公用车的办法和收费标准》,并汇编成册,要求机关人员严格遵守制度。

1989 年,市监察局建立健全内部管理制度,陆续制定岗位责任制度、业务经费管理制度、秘书工作制度、保密保卫工作制度等,对机关干部严格要求,严格管理。

1990 年,市纪委制订《关于加强机关党的建设的措施》。建立思想政治工作责任制,坚持周六学习制度,半年召开一次思想政治工作分析汇报会。严格执行市级机关党工委印发的《上海市级机关党支部工作条例》《上海市级机关党内生活的若干制度》《上海市级机关工委关于加强党内监督的意见》等三个制度规定,坚持“三会一课”制度、党员领导干部双重组织生活制度。建立退休人员党支部和机关团支部。

1992 年，市监察局制定并实施《上海市监察局领导干部谈话制度》，加强思想政治工作和领导班子思想作风建设。

1997 年，市纪委、市监察委制定《中共上海市纪委市监察委机关关于开展“凝聚力工程建设”的实施意见》，并建立包括谈心制度、思想分析制度、疗休养制度、探望慰问制度、办实事制度、帮困制度、教育培训制度等在内的相关工作制度。

1998 年，市纪委、市监察委制定《关于加强机关思想作风建设的几点意见》《市纪委、市监察委机关工作人员守则》和《市纪委、市监察委关于开展创建文明处室的实施意见》。各厅室边学习，边提出整改措施，重申、完善考勤、用车、介绍信使用、办案时限、每季度汇报自学情况、办文“双对双查”、定期听取基层意见等制度。

2000 年，市纪委、市监察委在“三讲”教育中形成并制订以下有关制度：《市纪委常委会议事决策规则》《市纪委常委会、市监察委会关于进一步加强督促检查工作的规定》《市纪委常委会、市监察委会关于进一步加强调查研究工作的规定》《市纪委、市监察委关于重大活动和重大会议的报告制度》《市纪委、市监察委关于两委领导班子成员工作安排预报制度的暂行办法》《市纪委、市监察委关于各类会议的若干规定》。

2006 年，按照市纪委领导提出的“提高工作质量，要有制度意识，提高按制度办事的自觉性的要求”，对《机关文明处室管理办法》《机关工作人员守则》等制度进行梳理，制定《机关党委思想政治工作制度》。

第十六篇

人　物

人物篇由人物传略、人物简介、先进单位和先进个人组成。对象为在上海纪检监察战线上涌现出的优秀纪检监察干部。他们在革命战争年代、新中国成立以后社会主义建设时期、改革开放时期，为党和国家、为纪检监察事业作出应有的贡献。本篇谨选取 1978—2010 年历任市委纪委筹备组组长、市纪委书记、市监察局(委)局长(主任)等老领导的生平经历，予以介绍，其中人物传略 13 人，人物简介 7 人。同时，收录受全国、上海市表彰的纪检监察系统先进单位 189 个，受全国、上海市表彰的纪检监察系统先进个人共 504 人。

第一章　人 物 传 略

杨心培(1915.4—1989.6)

山东日照人。1935年考入北平大学数学系，在北大学习期间参加“一二·九”学生爱国运动。1936年春参加中华民族解放先锋队。抗日战争爆发后，毅然中断大学学业，奔赴陕北延安进入抗日军政大学学习。1938年5月加入中国共产党。1938年12月被党组织派往山东抗日，担任中共日照县委宣传部长。1941年后，任中共莒南县委书记、莒南县抗日民主政府县长、中共滨海地委宣传部长。1949年初，随军南下浙江，任中共浙江台州地委副书记。新中国成立后，任中共浙江省台州地委书记、浙江省委委员、组织部副部长。1957年7月任中共浙江省温州地委书记。1960年11月为支援山东，调任中共聊城地委第一书记。1961年7月恢复中共德州地委时改任德州地委第一书记。1962年8月任中共华北局组织部副部长。“文化大革命”时期遭受错误批判，较长时期受审查，被下放劳动。1972年12月恢复工作后，先后担任上海市郊区组领导成员、中共上海奉贤县委副书记、书记及县革委会副主任、主任。粉碎江青反革命集团后任上海市农办主任、党组书记。1978年5月起，历任上海市革委会副主任、中共上海市委常委、市委组织部长兼市委纪委筹备组组长、中共上海市委顾委会筹备组组长。第五届全国人大代表。十一届三中全会当选为中央纪委委员。1989年6月30日逝世。

张　祺(1910.10—1993.1)

浙江浦江人。曾用名张世迟、张范、张志杰、张文斌、张斌、王一民。1933年3月参加革命工作。1934年在苏联莫斯科列宁学院学习。1936年1月加入中国共产党。1937年8月至1940年12月任中共江苏省委上海工人运动委员会干事、委员兼宣传部部长、组织部部长。1942年10月任中共江苏省工人运动委员会书记。1943年1月任中共上海市工人运动委员会书记。1945年8月任中共上海市委委员、工委书记。1949年2月任上海市总工会筹备委员会副主任兼组织部部长。1950年2月任上海市总工会(后改工会联合会)副主席、党组副书记。1958年2月任中共上海市长宁区委第一书记。1961年4月任上海市总工会主席。1963年12月任中共上海市委常委、上海市总工会主席。1966年6月至1972年10月在“文化大革命”中受冲击。1972年10月下放上海市直属机关“五七”干校劳动。1973年9月参加中共上海市静安区委领导工作，后任上海市民政局党的核心小组组长。1978年6月任上海市总工会副主席。1979年2月任中共上海市委常委、上海市总工会副主席、上海市委纪律检查委员会筹备组组长。1979年12月任全国总工会书记处书记、副主席。1981年10月任全国总工会副主席。1982年4月至1985年6月任中共上海市顾问委员会委员。第一届、第三届全国人大代表。政协第三届、第五届全国委员会委员。十一届三中全会当选为中央纪委委员。1983年以后，任上海市委党史资料征集委员会副主任和上海工人运动史料委员会主任。晚年指导编纂工运史专著《上海工运

纪事》,该书是上海工人运动的一部重要史料。1993 年 1 月 10 日逝世。

石裕田(1908.1—2000.1)

安徽金寨人。1929 年 12 月加入中国共产主义青年团。1932 年 7 月加入中国共产党,同年 8 月至 1934 年 4 月任中共赤城县二区区委书记。1934 年 5 月至 1937 年 9 月任工农红军第 28 军 82 师政治部主任,在鄂豫皖大别山区顽强坚持 3 年多游击战争。1937 年 10 月至 1939 年 10 月任新四军 4 支队政治部组织科长、司令部参谋。1939 年 10 月至 1940 年 7 月,先后在东线兵团 7 纵队 20 师任副政委兼政治部主任、2 纵 4 师政委,参加益林战役。1948 年 11 月调华东军区政治部。曾参加淮海战役和解放上海战役。上海解放后,历任闸北区接管专员、中共沪北区委书记、中共华东局组织部办公厅副主任、中共上海市委办公厅副主任、市委监察委员会常委。"文化大革命"期间遭受迫害。1977 年 9 月任上海市人民政府机关事务管理局顾问、中共上海市委纪律检查委员会筹备组成员。1983 年 4 月离职休养。2000 年 1 月逝世。

王尧山(1910.7—2005.11)

江苏溧阳人。原名宋书模。1931 年 10 月加入中国共产党。1934 年至 1935 年担任上海"左翼作家联盟"党团成员、组织部长。1935 年至 1936 年任上海"教联"党团书记。1936 年至 1937 年任中共上海临时工作委员会书记、群众团体工作委员会书记。1937 年至 1943 年任中共江苏省委委员、组织部长。1943 年至 1945 年任中共华中局组织部干部科长、组织科长。1945 年至 1949 年任中共华东局城工部副部长。1949 年至 1952 年任中共上海市委组织部副部长、部长。1952 年至 1955 年任中共上海市委常委、秘书长。1955 年受潘汉年冤案牵连停职审查,1959 年被开除党籍,下放到淮海中学任副校长。"文化大革命"中遭受迫害,1974 年被迫退休。1979 年至 1985 年,经复查平反恢复党籍,任中共上海市委纪律检查委员会筹备组成员、副组长、组长、市纪委书记、中央纪委委员,为拨乱反正、平反冤假错案做了大量工作。1983 年,任中共上海市委党史资料征集委员会主任。先后任《中国共产党上海史(1920—1949)》顾问、中共上海市组织史资料编审领导小组副组长等。出版著作《王尧山文稿选》(上海科学普及出版社 2000 年 7 月出版)。1985 年 3 月离职休养。2005 年 11 月 10 日逝世。

冯北达(1914.11—2006.3)

江西永新人。曾用名马凤降。1933 年 8 月参加革命,同年 12 月加入中国共产党。1933 年 8 月至 1937 年 10 月任江西安福、莲花、吉安等县保安队游击队战士、班长、特派员。1937 年 10 月至 1941 年 9 月任新四军军部特务团保卫部特派员、科长。其间,他参加了留守根据地的三年游击战。1941 年皖南事变中,冯北达随部队英勇突围,历尽艰辛返回部队。之后,他转战苏北、山东等地。1941 年 9 月至 1945 年 8 月任苏北阜东、灌云、涟东等县保卫处长、公安局长。1945 年 8 月至 1948 年 8 月任新四军华东军区、华野保卫部、2 纵保卫部科长、保卫部长。1948 年 8 月至 1955 年 1 月任华东财办、中共华东局机关党委保卫部长、纪检处长。1955 年 2 月至

1966年12月任中共上海市委直属机关党委副书记兼监察委书记。"文化大革命"中，冯北达受到错误审查。1972年5月任上海自然博物馆顾问。平反昭雪后，冯北达在中共上海市委纪律检查委员会筹备组工作，1979年5月任中共上海市委纪律检查委员会筹备组成员。1983年5月离职休养。2006年3月11日逝世。

王子阳(1914.1—2007.1)

山东莱西人。原名王荣春。1934年10月加入中国共产党。1937年至1938年，任中华民族解放先锋队莱阳县队部秘书及中共莱阳县第九区区委书记。1938年至1942年任八路军山东纵队第5支队62团政治委员及5旅政治部锄奸科副科长等职。1942年至1947年任胶东南海地委敌工科科长、南海军分区政治部敌工股股长、青岛工委敌工委员、南海军分区政治部联络科、组织科科长。1947年至1950年任华东野战军第9纵队政治部副部长、部长。1950年至1957年任中国人民志愿军27军组织部部长、27军80师政治部主任、志愿军干部部一处处长。1957年至1964年任上海警备区干部部部长、政治部副主任。1964年至1967年任中共上海市委工业政治部副主任。1967年至1968年任上海市革委会工交组领导成员。"文化大革命"中受到错误审查。1972年至1976年任六机部第七研究院第八研究所党委书记。1977年至1978年任上海市革委会工交组干部学习班支部书记。1978年2月至1979年12月任中共上海市委复查办领导成员、副主任。1980年任中共上海市委纪律检查委员会筹备组成员、副组长。1984年离职休养。2007年1月8日逝世。

宋星路(1919.12—2009.9)

山东乳山人。原名宋福奎，曾用名宋耀东、宋醒鲁。1936年秋至1939年12月在山东省乳山县任小学教员，其间接受进步思想。1938年7月加入中国共产党，任山东省乳山县三区地下党支部书记、区委委员、区委书记。1940年初参加武装起义，任起义部队一中队指导员。1940年4月至1945年7月在山东荣城、胶东、乳山等区任"各界抗日救国会"会长、党团书记等职。1945年8月至1949年2月在山东胶东区、乳山县委任宣传部科长、县委书记。1949年4月至1949年7月任山东东海地委委员、宣传部长。1949年8月至1954年12月任山东分局干校、党校校委委员、教务处长。1955年1月至1958年10月任山东青岛四方机车车辆厂厂长。1956年当选为中共八大候补代表。1958年11月至1961年6月任中共山东省青岛市市委书记。1961年7月至1964年1月任山东省冶金厅党组书记、厅长、省委候补委员。1964年1月至1981年11月任上海第一钢铁厂副厂长、梅山工程指挥部党委书记、指挥。1981年12月至1984年12月任上海冶金局局长、党委副书记、市委人事安排小组成员。1984年4月至1992年12月任中共上海市纪律检查委员会副书记、中共上海市顾问委员会筹备组组员、中共上海市顾问委员会常委。1992年12月离职休养。2009年9月7日逝世。

季梅先(1923.11—2010.8)

江苏南通人。原名季龙瑞，曾用名丁子修、丁克。1938年8月至1942年10月在上海通州中学、松江女中、爱国女中、华东女中读书，参加"学协"。1938年8月加入中国共产党，参加支部工作，任党支部书记、女中区委委员。1942年10月至1943年2月，在淮南抗日民主根据地直属区委工

作，并参加上海干部训练班学习。1943 年 2 月至 1945 年 9 月，去延安中共党校学习。1945 年 9 月至 1946 年 2 月，自延安回华东根据地。1946 年 2 月至 1947 年 8 月，在上海大夏大学读书，从事党的地下工作，任党总支书记。1947 年 8 月至 1949 年 5 月上海解放前，在上海圣约翰大学读书，先后任党总支委员、书记、教会大学区委副书记和上海新成、静安、长宁地区区委副书记、书记。1949 年 6 月至 1949 年 9 月任上海市总工会文教部劳工教育科科长。1949 年 9 月至 1951 年 10 月任中共上海市徐汇区、长宁区、北四川路区委委员、宣传部长。1951 年 10 月至 1954 年 10 月任中共上海市委宣传部教育处、干部处副处长、处长、国棉九厂党委副书记、上海市中等学校(筹建)党委副书记。1954 年 10 月至 1963 年 9 月任中共上海市江宁区委、静安区委副书记、书记。1963 年 9 月至 1964 年 12 月在中央党校学习。1964 年 12 月至 1966 年 1 月任中共上海解放日报委员会副书记。1966 年 1 月至 1967 年 1 月任上海市钢铁研究所、国棉二十二厂"四清"工作队副队长、队长。1967 年 1 月至 1972 年 11 月，在"文化大革命"中受迫害。1972 年 11 月至 1973 年 2 月任上海市革委会文教组调查组组长。1973 年 2 月至 1977 年 2 月任上海纺织工学院党委常委、政宣组组长。1977 年 2 月至 1978 年 7 月任华东师范大学党委副书记。1978 年 7 月至 1979 年 3 月，在中共中央党校学习。1979 年 3 月至 1983 年 12 月任中共上海市委纪委筹备组成员。1983 年 12 月离职休养。2010 年 8 月 23 日逝世。

盛志明(1921.1—2011.7)

江苏镇江人。曾用名盛邦彦。他出身于城市贫民家庭，父母早亡，靠亲属接济读书求学，少年时期受进步书籍的影响而走上革命道路。1937 年 11 月至 1938 年 8 月，在延安参加中国抗日军政大学第三期、第四期军事政治学习。1938 年 4 月加入中国共产党。1938 年 8 月至 1941 年 4 月，在苏鲁皖八路军南进支队任指导员、团政委。1941 年 4 月至 1945 年 12 月任新四军 9 旅政治部总务科长，卫生部政治协理员。1946 年 2 月至 1946 年 11 月任华东军第三野战军组织部行政副科长、秘书。1946 年 11 月至 1948 年 12 月任华东军区荣军总校政治部副主任、兼荣军干部学校校长、政委。1948 年 12 月至 1949 年 4 月任华东南下大队部委员、总支副书记。1949 年 4 月至 1956 年 3 月任上海市新成区接管会专员、区长、区委书记。1956 年 3 月至 1966 年 8 月任上海市宗教局局长兼党组书记。1966 年 8 月至 1976 年 4 月，在"文化大革命"中受冲击，下放梅山水厂、"五七"干校、上无二十六厂劳动，1976 年 4 月至 1979 年 4 月任上海市委组织部复查组专案办组长。1979 年 4 月至 1983 年 12 月，任中共上海市委纪委筹备组成员。1983 年 12 月离职休养。2011 年 7 月 5 日逝世。

汪　吉(1922.8—2013.8)

湖北沔阳人。原名万季先。1935 年 8 月至 1937 年 10 月，在济南市立中学、浙江建德中学读书。1938 年 3 月至 9 月，在武昌从事抗战救亡宣教工作。1938 年 5 月加入中国共产党。1938 年 9 月经武汉八路军办事处介绍到延安。1938 年 11 月至 1939 年 5 月，先后在中共中央组织部训练班、中共中央党校学习。1939 年 5 月至 1940 年 7 月，在中央妇女工作委员会秘书处任秘书。1940 年 7 月至 1942 年 2 月，在中共中央党校 45 班和 55 班任学员。1942 年 2 月至 1943 年 9 月，参加整风审干学习。1943 年 9 月至 1945 年 7 月，在中央社会部西北公学文娱科工作。1945 年 10 月至 1948

年12月，在东北局社会部、公安总处二处任科员，1948年12月至1953年1月，在东北人民政府公安部一处任内勤科长，1953年1月至1954年10月，在东北行政委员会公安局政保处任副处长。1954年10月，选调到中央公安部任一局情况室副主任。1958年11月25日，调上海市公安局工作，任技术工作处处长。在“文化大革命”期间，受江青反革命集团诬陷和长期迫害。1977年1月至1977年11月，在中共上海市委落实中央23号文件办公室调查组任组长。1977年11月至1979年6月，在中共上海市委复查工作办公室三组任组长。1979年6月至1983年12月，担任中共上海市委纪委筹备组信访处处长。1982年5月至1983年2月任中共上海市委经打办副主任。1983年12月离职休养。2013年8月29日逝世。

沈　讴(1925.5—2013.12)

浙江嘉兴人。曾用名林加敏、陈莲英、沈洪，是著名爱国民主人士沈钧儒的堂侄女。1937年春至1941年，在正行女中读书。其间参加中国共产党领导的外围组织上海市学生救亡协会，在校内开展抗日救亡工作。1940年8月加入中国共产党，继续在学协参加革命工作，并参加新四军上海办事处的工作。1941年10月跟随党组织到苏中新四军根据地，后因“清乡大扫荡”又撤回上海。1942年2月至1943年6月，在上海新本女中读书，并担任党支部委员、党支部书记。1943年7月在上海交通大学运输管理系读书，其间担任交大地下党支部委员、党总支副书记。先后参加抗暴斗争、护校斗争、“反饥饿、反内战”斗争等一系列革命斗争运动。毕业后，先后在上海学生界交通部门、上海华模中学工作和任职。1948年7月，沈讴在与党组织交通员联络时被特务逮捕，以所谓“危害国家”罪判刑一年。在狱中，面对敌人的审问，始终坚持革命气节，没有让党组织和其他党员受到任何损失。新中国成立后，先后担任上海铁路团工委宣传部副部长、部长；上海铁路报社第二社长、副总编；上海铁路局政治部党委宣传部副部长、部长、局党委委员、常委。“文化大革命”期间，遭受长时间迫害。粉碎江青反革命集团后，先后担任上海市工交办干部处复查组组长、市经委纪检组副组长、市经委副主任、党组成员、市工业党委委员、纪委书记。1984年5月任中共上海市纪委常委。1985年4月离职休养。2013年12月9日逝世。

张定鸿(1927.2—2017.4)

浙江慈溪人。他出生于工人家庭，少年时期就进工厂当学徒，1946年进美商中国电气公司(解放后为上海有线电厂)做汽车修理工。解放初，他是党培养的对象，先后被选派到团校、党校和企业管理学习班进行学习。1950年当选为榆林区第一届人大代表。1951年8月至1952年10月任上海有线电厂工会副主席。1952年8月加入中国共产党。1952年10月至1954年6月任上海有线电厂车间主任。1954年6月至1958年1月任上海有线电厂工会主席。1958年1月至1959年6月任上海有线电厂党支部书记。1959年6月至1959年8月任上海有线电厂计划科科长。1959年8月至1961年4月任上海有线电厂副厂长。1961年4月至1966年7月任中华造船厂副厂长。“文化大革命”中受到迫害。1966年7月至1977年

11月,下放到中华造船厂船体车间劳动。1977年11月至1978年4月任中华造船厂革委会副主任。1978年4月至1980年10月任中华造船厂党委副书记、厂长。1980年10月至1983年1月任中华造船厂党委书记、厂长。1983年1月至1983年3月任中华造船厂党委书记。1983年3月至1985年3月任中共上海市委常委、市交通工作委员会书记。1985年3月至1992年12月任中共上海市委常委、市纪律检查委员会书记。1985年9月,中共全国党代表会议增选为第十二届中央纪委委员。1987年10月,中共第十三次全国代表大会当选为第十三届中央纪委委员。1992年12月退居二线,在中央组织部帮助工作,1998年8月退休。2017年4月27日逝世。

罗世谦(1943.3—2020.9)

安徽望江人。中国科技大学无线电电子学系无线电技术专业毕业,大学学历,工程师。1966年9月参加工作。1968年2月至1981年9月任上海无线电二十一厂车间装配工、调试工、技术员、车间副主任、技术科副科长、技术办公室副主任、副厂长。1973年12月加入中国共产党。1981年9月至1985年3月任上海市仪表电讯工业局企业管理处副处长、党委副书记,其间兼任上海市工业整党办公室副主任。1985年3月至1987年4月任上海市外经贸工作党委书记。1987年4月至1992年12月任上海市委组织部副部长、部长。1992年12月至2001年4月任上海市委常委、组织部部长。2001年4月至2007年5月任上海市委副书记,先后兼任市委组织部部长,市委党校校长、校务委员会主任,市纪委书记。曾任中共十四大、十五大代表。中共第十六次全国代表大会当选为中央纪委委员。2009年5月退休。2020年9月23日逝世。

第二章　人物简介

吴德让(1930.6—　)

山东陵县人。1944年至1949年，任村抗日政府文书、大关家联防队指导员、陵县县委组织部干部。1945年7月加入中国共产党。1945年7月参加工作。1950年至1955年任山东土改队支援皖北队长、上海十月印刷厂厂长、闸北区民政工作队中队长。1956年至1966年任上海自行车公司人事科科长、上海协昌缝纫机厂自行车三厂厂长。1966年至1978年任江西9396厂厂长、江西9394厂主任、江西国防工办驻沪办负责人。1979年至1982年任上海自行车公司经理。1982年至1987年任上海市轻工业局党委书记。1987年10月至1992年2月任上海市监察局局长、党组书记。1992年2月至1996年2月任市人大法制委员会副主任。1996年4月任上海轻工控股(集团)公司老干部工作领导委员会副主任。

韩坤林(1935.9—　)

江苏南通人。江苏南通农业学校保植专业毕业。1954年7月参加工作，任江苏省农林厅保秋工作组组员。1954年12月任南汇县农业科(局)技术员。1958年7月任南汇县农业大学教师。1959年7月任南汇县农业局技术员。1968年5月任南汇县革委会生产组秘书。1972年10月任南汇县农业局办事组副组长、县革会农办秘书。1973年5月加入中国共产党。1978年2月任南汇县委农工部秘书、县委会办公室副主任。1983年1月任南汇县农业局党组书记、局长。1984年2月任中共南汇县委副书记兼县长。1987年3月任中共川沙县委副书记兼县长。1991年，韩坤林被评为全国优秀领导干部。1992年4月任上海市监察局局长、市纪委副书记。

张惠新(1944.1—　)

江苏海门人。上海同济大学铁道工种专业毕业，大学学历，铁道工程学士。1962年进入上海同济大学路桥系学习。1965年11月加入中国共产党。1968年12月参加工作。1968年8月至1974年6月，在辽宁阜新矿务局运输部工作，任技术员。1974年6月至1975年2月任辽宁阜新矿务局运输部供电段革委会副主任。1975年2月至1980年2月任辽宁阜新矿务局运输部供电段党总支书记。1980年2月至1982年1月任辽宁阜新矿务局运输部科长。1982年1月至1983年4月任辽宁阜新矿务局运输部副主任。1983年4月至1984年7月任中共辽宁阜新市委常委、副市长。1984年7月至1985年4月任中共辽宁阜新市委副书记。1985年4月至1986年12月任中共辽宁阜新市委副书记、市长。1986年12月至1989年2月任中共辽宁阜新市委书记。1989年2月至1990年1月任中共上海市闸北区委副书记。1990年1月至1991年11月任中共上海市闸北区委书记。1991年11月至1992年12月任中共上海市

纪委副书记。1992年12月至1993年5月任中共上海市委常委、市纪委书记。1993年5月至2002年1月任中共上海市委常委、市纪委书记、市监察委主任。中共第十四次、十五次全国代表大会当选中央纪委委员。2002年1月中央纪委第七次全会补选为中央纪委常委、副书记。中共第十六次、十七次全国代表大会当选中央纪委委员、常委、副书记。

董君舒(1949.1—)

浙江奉化人。杭州大学经济系政治经济学专业毕业,大学学历,经济学学士。1969年2月参加工作,1969年2月至1971年3月,为浙江省奉化县城关公社东风大队知青。1971年3月任浙江省奉化县城关第二学校民办教师。1978年3月至1982年2月,在杭州大学经济系政治经济学专业学习。1981年1月加入中国共产党。1982年2月任浙江省计经委综合处干部。1984年4月任浙江省计经委计划综合办公室副主任、主任。1991年1月任浙江省计经委委员。1992年1月任浙江省计经委副主任。1997年3月担任中共浙江省绍兴市委常委、副市长。1997年11月任中共浙江省绍兴市委副书记、代市长。1998年6月任中共浙江省绍兴市委副书记、市长。1998年12月任中共浙江省绍兴市委书记。2001年10月任中共江西省委常委。2001年12月任中共江西省委常委、组织部部长。2006年11月任中共江西省委常委。2006年12月任中共江西省委常委、省纪委书记。2008年5月任中共上海市委常委、市纪委书记。中共第十七次全国代表大会当选中央纪委委员。

李　梅(1950.12—)

河南淮阳人。上海大学管理工程专业毕业,研究生学历,工学硕士。1968年11月参加工作,1968年11月至1973年7月,为上海机床修理厂工人、团支部副书记、书记。1973年加入中国共产党。1973年7月至1977年9月,在上海机床公司保卫组工作。1977年9月至1978年6月,在上海机床公司"清查运动"材料组工作。1978年6月任上海机床公司团委书记。1982年3月任上海第二机床厂党委副书记。1982年9月任上海第二机床厂党委副书记、上海机电一局团委副书记。1983年2月至1983年5月,参加团市委常委会工作。1983年5月任团市委常委、组织部部长。1984年2月任团市委副书记。1984年9月至1986年7月,参加中央党校培训部党政专业研究生班学习。1986年8月至1990年1月任中共上海市闸北区委常委、区纪委书记。1990年1月至1990年4月任中共上海市闸北区委常委。1990年4月至1992年12月任中共上海市闸北区委常委、副区长。1992年12月至1993年4月任中共上海市闸北区委副书记、副区长。1993年4月至1995年12月任中共上海市闸北区委副书记。1995年12月至1996年6月任中共上海市闸北区委副书记、副区长(主持区政府工作)。1996年6月至1996年8月任中共上海市闸北区委副书记、代理区长。1996年8月至1997年3月任中共上海市任闸北区委副书记、区长。1997年3月至2002年5月任中共上海市闸北区委书记。2002年5月至2002年6月任中共上海市纪委副书记。2002年6月至2006年11月任中共上海市纪委副书记、市监察委员会主任。2006年11月至2007年1月任中共上海市纪委副书记、市监察委员会主任、浦东新区人大常委会党组书记。2007年1月至2007年4月任中共上海市纪委副书记、市监察委员会主任、浦东新区人大常委会主任、党组书记。2007年4月至2007年5月任中共上海市纪委副书记、

浦东新区人大常委会主任、党组书记。2007年5月至2012年1月任浦东新区人大常委会主任、党组书记。

沈德咏(1954.2—　)

江西九江人。中国政法大学诉讼法学专业毕业，研究生学历，法学硕士，博士生导师。1971年12月加入中国共产党。1974年至1977年，在江西师范大学外语系学习。1977年12月参加工作，1977年至1980年，在江西师大外语系任助教、年级主任、系团总支书记。1980年至1983年，在中国政法大学研究院学习，获法学硕士学位。1983年至1988年任中共江西省委政法委调研室副主任。1988年至1996年，先后任江西省高级人民法院刑一庭庭长、审判委员会委员、副院长。1997年至1998年任中共江西省纪委常委、副书记。1998年10月任最高人民法院党组成员，同年12月任最高人民法院副院长、审判委员会委员、二级大法官。中共第十六次全国代表大会当选中央纪委委员、常委。2006年11月至2008年4月任中共上海市委常委、市纪委书记。中共第十七次全国代表大会当选中央纪委委员。2008年4月任最高人民法院党组副书记。同年4月24日，在十一届全国人大常委会第二次会议上被任命为最高人民法院副院长、审判委员会委员、审判员。

顾国林(1955.2—　)

上海人。中央党校研究生毕业。1973年7月至1975年12月，就读于上海第五钢铁厂技校。1975年12月至1981年12月，为上海第五钢铁厂十车间热处理工段工人、团总支副书记。1979年12月加入中国共产党。1981年12月至1983年2月任上海第五钢铁厂十车间机修副工长、党支部书记。1983年2月至1984年2月任上海第五钢铁厂十车间党总支副书记。1984年2月至1984年11月，为上海第五钢铁厂干部高复班学员、党支部书记。1984年11月至1987年9月，在上海冶金专科学校企管班学习。1987年9月至1988年5月任上海第五钢铁厂机动能源处党委副书记。1988年5月至1990年2月任上海第五钢铁厂机动处副处长。1990年2月至1992年12月任上海第五钢铁厂机动处分党委副书记。1992年12月至1994年7月任上海第五钢铁厂机动处分党委书记兼处长。1994年7月至1996年10月任上海第十钢铁厂厂长。1996年10月至1997年2月任上海十钢公司董事长、党委书记、上海五钢(集团)公司董事、党委委员。1997年2月至2002年5月任中共上海市崇明县委副书记、县长。2002年5月至2002年6月任中共上海市纪委常委、崇明县委副书记、县长。2002年6月至2003年7月任中共上海市纪委常委、市纪委机关党委书记。2003年7月至2004年6月任中共上海市纪委副书记。2004年6月至2007年4月任中共上海市纪委副书记。2007年4月至2008年10月任中共上海市纪委副书记、市监察委主任。2008年10月至2010年12月任中共上海市纪委副书记、市监察局局长、市预防腐败局局长。

第三章　人物名录

第一节　先进单位

一、全国先进纪检监察单位

1990 年全国先进纪检组织

上海市松江县纪律检查委员会

上海第三钢铁厂纪律检查委员会

1990 年全国监察系统先进集体

上海市松江县监察局

1996 年全国监察系统先进集体

上海市闸北区纪委、监察委

2002 年全国纪检监察系统先进集体

上海市闸北区纪委、监察委

上海市公安局纪委

2006 年全国纪检监察系统先进集体

上海市纪委驻市委宣传部纪检组

上海市杨浦区纪委、监察委

2010 年全国纪检监察系统先进集体

上海市浦东新区纪委、监察局

上海世博会事务协调局纪委

二、上海市先进纪检监察单位

1987 年全市先进纪检组织

上海市纺织局纪委

上海市化工局纪委

上海华通开关厂纪委

上海第十七棉纺织厂纪委

上海手表厂纪委

上海炼油厂纪委

上海杨树浦发电厂纪委

上海港务局纪委

上海宝山钢铁总厂纪委

上海第四建筑工程公司纪委

上海市上海县纪委
上海市嘉定县马陆乡纪委
上海市金山县张堰镇纪委
上海市星火农场纪委
上海科技大学纪委
上海市文化局纪委
七一一研究所纪委
上海市审计局党组纪检组
上海海关党组纪检组
中国工商银行上海市分行纪委
上海市长宁区纪委
上海市黄浦区机管局纪委
上海市公安局普陀分局党组纪检组
上海市南市区人民检察院党组纪检组
上海市公安局长宁分局党组纪检组
上海市徐汇区漕溪北路街道纪委
上海市劳改局纪委

1990 年全市监察系统先进集体

上海市对外经济贸易委员会监察室
上海市第二轻工业局监察室
上海市化学工业局监察室
上海市财政局、税务局监察室
上海市新闻出版局监察室
上海市黄浦区监察局
上海市徐汇区监察局
上海市宝山区监察局监察室
上海市普陀区监察局
上海市川沙县监察局
上海市崇明县监察局
上海市公安局南市分局监察科

1994 年全市纪检监察系统先进集体

上海市化工局纪委、监察室
上海电机(集团)公司纪委、监察室
上钢五厂纪委
上海仪表(集团)公司纪委、监审室
上海船厂纪委、监审处
上海药材公司纪委、审监室
中纺机股份有限公司纪委、监审室
上海烟草(集团)公司上海卷烟厂纪委、监察科

上钢三厂纪委、监察处
上海远洋运输公司纪委、监察处
上海铁路局纪委、监察处
上海港务局纪委、监察室
上海市市政工程管理局纪委、监察室
上海市煤气公司纪委、监察室
上海市松江县纪委、监察委
上海市金山县松隐乡纪委、监察室
复旦大学纪委、监察处
上海市卫生局纪委、监察室
七一一研究所纪委、监察处
上海有机化学研究所纪委、监察室
上海市粮食局纪委、监察室
上海华联商厦股份有限公司纪委、监察室
上海市外经贸系统纪委、监察室
上海市纪委驻金融系统纪检组
上海国际信托投资公司党组纪检组、监察室
上海市文化局纪委、监察室
上海市公安局纪委、监察室
上海锦江(集团)公司纪委、监察室
上海市浦东新区公安局纪委、监察室
上海市长宁区周家桥街道纪工委
上海市闸北区纪委、监察委
上海市杨浦区财贸纪委、监察科
上海市嘉定区南翔镇纪委
上海市南市区公安局纪委、监察科
上海市卢湾区教育局纪委、监察科

1999 年全市纪检监察系统先进集体

上海市东湖(集团)公司纪委、监察室
上海市卫生局纪委办公室、监察室
上海海关党组纪检组、监察室
上海市高级人民法院党组纪检组、监察室
上海市公安局纪委、监察室
上海银行纪委、监察室
上海市工业系统纪委、监察室
上海仪电控股(集团)公司纪委、监察室
上海烟草(集团)公司纪委、监察室
上海汽轮机厂纪委、监察室
上海大众汽车有限公司纪委、监察室

上海第一钢铁(集团)公司纪委、监察室
上海铁路局纪委、监察处
上海市邮电管理局纪委、监察处
上海市建设系统纪委、监察室
上海建工(集团)总公司纪委
上海市松江区纪委、监察委
上海市奉贤县纪委、监察委
上海市青浦县徐泾镇纪委、监察室
上海市工商行政管理局监察处
中国抽纱上海进出口公司纪委、监察室
上海市新闻出版局纪委、监察室
上海电视大学纪委、监审处
中科院上海分院党组纪检组、监审处
上海锦江(集团)有限公司纪委、监察室
上海市浦东新区纪委、监察局
上海市闸北区纪委、监察委
上海市普陀区纪委宣教室
上海汇成(集团)有限公司纪委
上海市长宁区华阳街道纪工委
上海豫园(集团)有限公司纪委
上海市闵行区纪王镇纪委
上海市宝山区纠风办

2006 年全市纪检监察系统先进集体

上海海关监察室
上海市建设和交通纪工委、监察室
上海市市政工程管理局纪检监察室
上海市邮政局纪检监察处
东方证券股份有限公司监察室
上海师范大学纪委、监察处
上海市工商局纪委、监察室
上海市审计局党组纪检组、监察室
上海汽车工业(集团)总公司纪委、监察室
上海市公安局纪委、监察室
上海文广新闻传媒集团纪委
上海市浦东新区北蔡镇纪委
上海市徐汇区康健社区(街道)纪工委
上海市普陀区纪委、区监察委宣教室
上海市闸北区教育局纪委
上海市公安局虹口分局纪委、监察室

上海市杨浦区建设交通纪工委

上海市黄浦区南京东路社区(街道)纪工委

上海市卢湾区教育纪工委

上海市公安局静安分局纪委、监察室

上海市闵行区纪委、区监察委

上海市闵行区浦江镇纪委

上海市宝山区顾村镇纪委

上海市嘉定区江桥镇纪委

上海市金山区漕泾镇纪委

上海市松江区岳阳社区(街道)纪工委

上海市青浦区朱家角镇纪委

上海市南汇区纪委、区监察委

上海市南汇区航头镇纪委

上海市奉贤区青村镇纪委

上海市崇明县公安局监察室

上海宝山钢铁股份有限公司宝钢分公司纪委、监察部

2010 年全市纪检监察系统先进集体

上海市浦东新区金桥镇纪律检查委员会

上海市徐汇区建设和交通纪律检查工作委员会

上海市长宁区新华路街道纪律检查工作委员会

上海市普陀区宜川社区(街道)纪律检查工作委员会

上海市闸北区大宁社区(街道)纪律检查工作委员会

上海市虹口区凉城社区(街道)纪律检查工作委员会

上海市杨浦区教育局纪律检查委员会

上海市黄浦区南京东路社区(街道)纪律检查工作委员会

上海市卢湾区人民法院监察室

上海市公安局静安分局纪律检查委员会

上海市闵行区纪律检查委员会、上海市闵行区监察局

上海市闵行区七宝镇纪律检查委员会

上海市宝山区纪律检查委员会、上海市宝山区监察局

上海市宝山区月浦镇纪律检查委员会

上海市嘉定区建设和交通纪律检查工作委员会

上海市金山区枫泾镇纪律检查委员会

上海市松江区财政局纪律检查组

上海市工商行政管理局青浦分局纪律检查委员会

上海市奉贤区纪律检查委员会、上海市奉贤区监察局案件检查室

上海市崇明县人民检察院党组纪律检查组

上海市工商行政管理局纪律检查委员会、上海市工商行政管理局监察室

上海海关监察室

上海市委办公厅机关纪律检查委员会

上海市总工会党组纪律检查组

上海市绿化和市容管理局党组纪律检查组

上海市邮政公司监察室

东方证券股份有限公司纪律检查委员会

上海科学院党组纪律检查组

交通大学纪律检查委员会、交通大学监察处

华东电网有限公司党组纪律检查组、华东电网有限公司监察部

上海三毛企业(集团)股份有限公司纪律检查委员会

上海市公安局纪律检查委员会

上海市纪律检查委员会驻市高级人民法院纪律检查组、上海市高级人民法院监察室

上海世纪出版集团纪律检查委员会

上海市国有资产监督管理委员会纪律检查委员会、上海市监察局驻上海市国有资产监督管理委员会监察室

上海国际港务(集团)股份有限公司纪律检查委员会

上海电气(集团)总公司纪律检查委员会、上海电气(集团)总公司监察室

上海市农业委员会监察室

上海市地方税务局宝山区分局监察室

中国东方航空股份有限公司工程技术公司纪律检查委员会

第二节 先 进 个 人

一、全国优秀纪检干部、监察系统先进工作者

1990 年全国优秀纪检干部

杜年玲(女) 交通大学纪委书记

吴正才 上海市畜产进出口公司纪委副书记

陈荣华 上海市公安局刑事侦查处纪委副书记

陈瑞根 上海港务局张华浜集装箱装卸公司纪委书记

茅志昌 上海市第二轻工业局纪委主任科员

徐荣生 上海市南市区城建办纪委书记

1990 年全国监察系统先进工作者

郁 明 上海市监察局副局长

蒋永生 上海市化学工业局监察室主任

朱世玲(女) 上海市长宁区监察局副局长

顾应龙 上海市奉贤县监察局副局长

孙必玲 上海市公路管理处行政监察室主任

薛根仓 上海市宝山区监察局审理室主任科员

1996年全国监察系统先进工作者

李芬华(女)　上海市金山县纪委书记、监委主任
徐桂兴　上海市青浦县赵巷镇纪委书记、监察室主任
彭秋萍(女)　上海市徐汇区纪委、监委宣传教育室副主任
唐森奎　上海市联合木材工业公司纪委书记

2002年全国纪检监察系统先进工作者,以及受中央纪委、监察部嘉奖人员

全国先进工作者

左端午　上海市港务局原纪委书记、监察室主任
瞿照月(女)　上海市虹口区纪委常委、监察委副主任
施福民　上海市工业纪工委副书记、监察室主任

中央纪委、监察部嘉奖

邱家明　上海市科技纪工委副处级检查员
夏鸿忠　上海海洋渔业公司纪委副书记、监察室主任
林文光　上海市外经贸纪工委副书记、监察室主任
胡栽仁　上海市卢湾区纪委书记、监察委主任
居　洁(女)　上海市青浦区纪委书记、监察委主任
朱良沪　上海市长宁区纪委常委、监察委副主任
崔明华　上海市杨浦区纪委原书记、监察委主任
郑仁勇　上海市浦东新区环保局纪检组副组长
陆光明　上海市纪委、监察委纪检监察五室主任

2006年全国纪检监察系统先进工作者,以及受中央纪委、监察部嘉奖人员

全国先进工作者

路新畅　上海市纪委、监察委纪检监察五室主任科员
邱家明　上海市科教纪工委副书记、监察主任
应　妹(女)　上海市闸北区城市管理监察大队党委副书记、纪委书记

中央纪委、监察部嘉奖

陈荣华　上海市公安局纪委纪律检查室副主任
何以琴(女)　上海市宝山区纪委副书记、监察委主任
黄金铭　上海市徐汇区纪委常委、监察委副主任、案件检查室主任
刘学明　上海市黄浦区纪委副书记、监察委主任
鲁荣裕　上海航天局纪委副书记
朱　敏(女)　上海市嘉定区纪委常委、监察委副主任、信访室主任

2010年全国纪检监察系统先进工作者,以及受中央纪委、监察部嘉奖人员

全国先进工作者

周正清　上海市纪委驻市委政法委纪检组副组长
宋荣华　上海市第七建筑有限公司纪委书记
施亦前　上海市崇明县纪委、监察局信访室主任

中央纪委、监察部嘉奖

柏永明　上海市嘉定区纪委副书记、监察局局长

盛　军　　上海市奉贤区纪委、监察局案件检查室主任
李荣森　　上海市杨浦区纪委副书记、监察局局长
沈金云　　同济大学纪委、监察处正科级纪检监察员
李学智　　上海永达控股(集团)有限公司党委副书记、纪委书记
罗伟坚　　上海市纪委、监察局信访室副处级纪检监察员

二、上海市优秀纪检干部、监察系统先进工作者

1987年全市优秀纪检干部

梅雪根　　上海电机厂纪委副书记
袁永兴　　上海三菱电梯有限公司纪委副书记
邹义焕　　上海先锋电机厂纪委书记
李国平　　上海造纸机械总厂纪委专职委员
赵少卿　　上海化工机械厂纪委副书记
莫子敏　　上海机床公司纪委书记
张宏欣　　上海针织厂纪委副书记
吴士明　　上海第二十一棉纺织厂纪委书记
郭葆荪　　上海色织茶巾厂专职纪检委员
翁炳华　　上海灯芯绒总厂纪委书记
顾　敏　　上海化纤公司纪委书记
叶培英　　上海第一毛纺织厂纪委书记
黄荣弟　　上海第七纺织机械厂纪委书记
魏静媛　　上海市纺织科学研究院纪委书记
吴美玲　　上海市轻工业局电影照相器材行业基层工作处纪检组副组长
李永富　　上海打字机厂纪委副书记
严耀良　　上海缝纫机一厂纪委书记
严纪辛　　上海钟表元件厂纪委副书记
奚鸿模　　上海牙膏厂纪委副书记
李惠国　　上海市燃料公司纪委专职委员
陈家茂　　上海无线电十七厂纪委书记
顾一帆　　上海一〇一厂纪委书记
高　潮　　上海无线电四厂纪委书记
倪雪湘　　上海电子管厂纪委书记
陈松棠　　上海化工厂纪委书记
金德明　　上海联合化工厂专职纪检干部
周幼芒　　上海大中华橡胶厂纪委副书记
任基础　　上海第五钢铁厂纪委副书记
朱文军　　上海冶金专科学校纪委专职委员
周忠荣　　上海电力安装第一工程公司纪委书记

陈鑫奎	上海电业纪委副书记
陈翠英	上海市第二轻工业局纪委审理科科长
黄平生	上海新中华机器厂纪委副书记
龚霞芬	上海医药采购供应站纪委副书记
詹　龙	上海梅山冶金公司机修厂纪委副书记
黄善才	上海高桥石油化工公司化工二厂纪委副书记
张林祥	沪东造船厂纪委副书记
王景温	中国物资储运总公司上海公司纪委副书记
倪文璋	上海石油化工总厂运输場纪委书记
曹　湧	上海第二冶炼厂纪委书记
孙德华	上海铁路分局纪委副书记
孙义江	上海海运管理局外轮修理厂纪委书记
陈瑞根	上海港张华浜集装箱装卸公司纪委书记
周宇芳	交通部第三航务工程局第二工程公司纪委书记
王焕腾	上海化工物品汽车运输公司纪委书记
傅雷彪	上海远洋运输公司纪委书记
丁金芳	上海花木公司纪委书记
赵怀今	上海第八建筑工程公司纪委书记
刘福康	上海住宅建设总公司材料供应处纪委干部
管春惠	上海公共交通公司纪委专职干部
陈桂荣	上海玻璃机械厂纪委专职委员
孙家庆	上海市政工程设计院纪委书记
王德根	上海市上海县颛桥镇纪委副书记
蔡　群	上海市嘉定县纪委专职委员
张振亚	上海市宝山县农业银行纪检组负责人
须绍宗	上海市川沙县东沟乡纪委副书记
储洪根	上海市南汇县新场乡纪委书记
路妙官	上海市奉贤县头桥乡纪委副书记
朱静华	上海市松江县纪委常委
张坤云	上海市青浦县练塘乡纪委书记
施纪萍	上海市崇明县纪委副书记
曹树民	上海市新海农场纪委书记
开顺心	华东化工学院纪委调研员
杜年玲	交通大学纪委副书记
朱根富	原上海市教育卫生系统纪委副书记、现任第二工业大学党委副书记
赵铿娣	上海第一人民医院纪委书记
许雪华	上海市电影局纪委干部
夏小邦	上海市科技系统材料所纪委副书记
陈应杰	上海市科技系统纪委副处级纪检员

项炎根　上海市财政局纪检组副组长
高云钟　上海五金机械公司纪委副书记
姚保瑞　上海食品公司纪委干部
邱根林　上海粮食储运公司纪委书记
黄仁尧　上海果品公司纪委书记
陈苏明　上海纺织品进出口公司纪委书记
蔡致安　上海市闸北区保险公司副经理、党支部书记、兼职纪检委员
陆勇华　上海市公安局卢湾分局纪检组副组长
盛洪寿　上海市闸北区纪委常委
徐炳忠　上海市杨浦区纪委审理科科长
孟忠伟　上海市吴淞区纪委书记
俞小弟　上海市公安局闵行分局纪检组副组长
黄盛如　上海市虹口区集体事业管理局纪委副书记
尤启龄　上海市静安区城建工作委员会副书记兼纪委书记
黄汉文　原上海市纪委常委、第一商业局党委书记
顾洪福　上海市总工会纪检组副组长
陈荣华　上海市公安局刑事侦察处专职纪检干部

1990年全市监察系统先进工作者

金龙章　上海市松江县监察局局长
姚美娟(女)　上海市青浦县监察局信访股股长
沈永明　上海市高等教育局行政监察室干部
汪志敏　上海市人民政府教育卫生办公室监察室干部
刘进远　上海市劳改局军天湖农场监察科科长
仲伟安　上海市卢湾区监察局局长
张　佳　上海燎原农场监察室主任
孙广有　上海茶叶进出口公司监察室负责人
许业泉　上海化工进出口公司监察室主任
王明华　上海市松江县监察局干部
李荣森　上海市杨浦区监察局监察科副科长
陈翠珠(女)　上海市黄浦区房产管理局监察科科长
严鹤林　上海市国家安全局监察室干部
张玉奇　上海市物资局监察室主任
毛德胜　上海市卢湾区监察局监察科科长
殷成龙　上海市轻工业局监察室主任
吴剑刚　上海市纺织局毛麻公司监察室主任
戴敏嘉　上海市公用事业管理局监察室干部
卜光中　上海市科学技术委员会监察室主任
瞿为强　上海市徐汇区房产管理局监察科副科长
李顺根　上海市港务局监察室干部

邱永和　　上海市青浦县财政局监察股股长
柯　宏　　上海市静安区监察局监察科副科长
陈肖南　　上海市南汇县监察局局长
窦长彦　　上海市上海县监察局监察科科长
陈　荣　　上海市嘉定县监察局监察股负责人
陈振邦　　上海市川沙县监察局局长
陈天宝　　上海市闸北区监察局监察科副科长
朱秀伟　　上海市宝山区监察局局长
潘华英　　上海市虹口区监察局副局长
潘维鸣　　上海日用杂品公司监察室干部
侯良根　　上海市粮食局监察室干部
忠　良　　上海市南市区监察局干部
史国新　　上海市建筑工程管理局第一建筑工程公司监察干部
钱文祥　　上海市崇明县监察局局长
陆决云　　上海市金山县监察局监察科科长
穆文华(女)　上海市监察局监察联络处干部
钱寿林　　上海市闵行区监察局局长

1994年全市纪检监察系统先进工作者

周玉嵩　　上海柴油机股份有限公司纪委专职委员、监察处副处长
胡富强　　上海工具厂纪委副书记、监察室主任
许锡章　　上海市机电设计院纪委副书记、监察室主任
陶美霞(女)　上海电器股份公司纪委副书记、监察处处长
袁佐才　　上海钢铁研究所纪委书记
张　豫　　上海第一钢铁厂纪委、监察室纪检科科长
周子渭　　上海氯碱化工股份有限公司党委副书记、纪委书记
孙仁高　　上海天原化工厂工业局纪委、监察室案件检查室副主任
唐伟春　　上海市化工局纪委、监察室案件检查室副主任
冯仪如　　上海无线电十八厂纪委书记、监察室副主任
殷云盛　　上海电表厂纪委书记、监察室主任
马美丽(女)　上海调节器厂纪委书记、监察室主任
朱福贵　　上海远东制药机械总厂纪委书记
倪顺法　　上海海鸥照像机(集团)公司纪委书记兼上海照像机总厂纪委书记
唐森魁　　上海联合木材工业公司纪委书记
印惠昌　　上海市轻工业局纪委、监察室案件审理室主任科员
徐炳坤　　上海第二纺织机械股份有限公司纪委书记
陈安水　　上海服装总公司纪委书记、监察审计室主任
喻建定　　上海嘉丰股份有限公司党委副书记、纪委书记
顾惠良　　上海色织五厂纪委书记
张智红　　上海市第二轻工业局纪委、监察室副主任科员

马莉莉(女) 上海皮革公司纪委副书记
贾雷震 上海市物资局纪委、监察审计室专职委员
杨玲娣(女) 上海闵行发电厂纪委专职纪检员、监察科副科长
储一飞 上海电力机械厂纪委副书记、监察员
沈树藩 江南造船厂纪委副书记、监察处长
盛双红 上海高桥石油化工公司工程建设指挥部纪委办公室主任、监察科科长
吴志奎 上海石油化工股份有限公司塑料厂纪委书记
缪龙清 上海汇众汽车制造公司纪委书记、监察审计室主任
陆　雄 宝山钢铁(集团)公司设备部纪委书记
朱　斌 上海海运(集团)公司纪委书记、监审部部长
陈瑞根 上海市港务局监察员、张华浜集装公司纪委书记
沈水祥 交通部第三航务工程局纪委副书记
王秀芳(女) 上海市交通运输局纪委委员、办公室主任
陆思钧 上海市邮电管理局纪委副书记、监察室主任
赵金龙 上海长江轮船(集团)公司纪委纪检处副处长、监察处副处长
孙德华 上海铁路分局纪委书记
王家席 上海虹桥国际机场纪委书记
周德霖 上海建筑材料(集团)总公司监察室副主任
刘鸿宝 上海住益建设发展总公司纪委副书记、监察室主任
韩培德 上海市公用事业管理局纪委副书记、监察室主任
裘惠水(女) 上海市房产管理局纪委科员
黄友云 上海市市政工程管理处纪委书记、监察室主任
李伯铭 上海市农科院纪委副书记、监察室主任
胡柳亭 上海市南汇县公安局纪委书记、监察室主任
徐桂兴 上海市青浦县赵巷乡纪委书记、监察室主任
陈宗礼 上海新海农场纪委副书记、监察室副主任
王士林 上海市奉贤县邬桥乡纪委书记
陈惠芳(女) 上海市崇明县合兴乡纪委书记
胡迪生 同济大学纪委书记、监察处处长
韩树金 上海师范大学纪委副书记、监察室主任
曹蓉蓉(女) 胸科医院党委副书记、纪委书记
夏小邦 上海材料研究所纪委副书记、监察处处长
吴建明 七〇四研究所纪检监察员
石　敏(女) 上海科技情报研究所纪委副书记
凌鸿琴 上海时运物业(集团)公司纪委书记、监察室主任
朱　卫 上海水产总公司纪委、监察室主任科员
金铁炎 上海市审计局纪检组专职纪检员
张海军 上海市金山税务局监察科科长
吴正才 上海畜产进出口公司纪委书记、监察室主任

李忠树　　中国外运上海公司监察室主任
吉扣宝　　中国银行上海分行监察室副主任
戚志清　　上海印刷器材制造厂总支副书记
徐道萌　　文汇报社监察室副主任
仇泽群　　上海市市级机关纪工委副书记
王小玲(女)　上海海关监察室副科级监察员
黄步洲　　上海市政府机管局监察室副主任
梁慧玲(女)　上海市民防办纪检组副处级纪检员
崔良民　　上海市高级人民法院纪检组纪检员
石宏祥　　上海市检察院纪检组副组长、监察室副主任
周正清　　上海市检察院纪检办公室主任
彭秋萍(女)　上海市徐汇区纪委、监察委宣教室副主任
方海国　　上海市长宁区纪委、监察委案件审理室主任
徐世华　　上海市普陀区财贸委纪工委副书记
朱登和　　上海市黄浦区纪委常委、教育室主任
徐福秀(女)　上海市浦东新区凌桥乡纪委书记
张宏根　　上海市南市区纪委、监察委纪检监察室副主任
张金生　　上海市静安区公安局副科长(正科级)
朱金明　　上海市闵行区马桥镇纪委副书记
刘育涛　　上海市宝山区卫生局党委副书记、纪委书记
黄仁兴　　上海市嘉定区封浜镇纪委副书记
朱永裕　　上海市虹口公安局纪委副书记、监察科科长
金长荣　　上海市监察委员会副主任
邵伯兴　　上海市纪委、监察委纪检监察五室主任

1999年全市纪检监察系统先进工作者

顾明坤　　上海市市级机关纪工委案件检查室主任
赵国柱　　上海市民防办党组纪检组副组长、监察室主任
史雅民　　上海市民政局监察室副主任
纪光宇　　上海市体委纪委副书记、监察室主任
胡玲珍(女)　上海市总工会党组纪检组副组长、市总工会直属机关纪委书记
李　键(女)　上海第一人民医院纪委副书记
李　平　　上海市公安局交巡警总队监察室副科级干部
王　平　　上海市国家安全局纪委副处级纪检员
徐信莉(女)　上海市劳教局纪委副处级纪检员
陈全益　　上海市人民检察院第一分院党组纪检组副组长
吴文娟(女)　上海市统计局党组纪检组正处级纪检员
施慈燕(女)　上海市税务局杨浦分局监察科科长
孔庆华　　上海浦东发展银行纪委副书记
吴敖忠　　上海华谊(集团)公司纪委书记

张松华　　上海高桥石油化工公司纪委书记
吴良福　　上海航天局纪委副书记
李光伦　　中国华东电力集团公司党组纪检组副组长、监察处处长
侯凤妹(女)　上海有色金属(集团)公司纪委副书记、监察室主任
孙江华　　上海压力仪表总厂纪委副书记
肖素华(女)　上海工具公司纪委副书记
曹耀忠　　上海冠生园(集团)有限公司监察室副主任
韩　霞(女)　上海太平洋机电(集团)有限公司纪委副书记
曹联妹(女)　上海纺织控股(集团)公司纪委正科级干部
周嘉琦　　上海液压气动总公司党委副书记、纪委书记
屈金娣(女)　上海电站辅机厂党委副书记、纪委书记
孙昌明　　上海轮胎橡胶(集团)股份有限公司纪委副书记、监审部部长
林锦敏　　上海化工轻工总公司纪委副书记
方家文(女)　上海广电金星电子有限公司纪委副书记、监审室主任
程声华　　上海药材公司纪委副书记、监察室主任
季锦良　　上海电力检修工程公司纪委书记
鞠玲园(女)　宝钢集团公司纪委纪检一室主任
徐道广　　上海钢铁研究所纪委副书记
林璧人　　上海石油化工股份公司纪委审理室副主任
唐耀根　　江南造船(集团)公司纪委副书记、监察部部长
左端午　　上海市港务局纪委书记、监察室主任
姜武强　　上海海运(集团)公司纪委副书记、监察室主任
虞友根　　上海长途汽车运输公司纪委书记
张友军　　东方航空集团公司纪委正科级纪检员
李平文　　中远集装箱运输有限公司纪委副书记、监察处处长
韩迪先(女)　上海海事局纪委副书记、监察处处长
周　容(女)　中国港湾建设总公司第三航务工程局纪委副书记、监察处处长
李振琪　　上海煤气制气(集团)有限公司纪委书记
叶林福　　上海隧道股份有限公司纪委副书记、监察室主任
蒋广才　　上海废弃物处置公司纪委副书记、监察室主任
范宝妹(女)　上海市环保局纪委正科级干部
王锦冠　　上海市建筑科学研究院监察室副主任
李梅君(女)　上海市农村系统纪委副书记、监察室主任
居　洁(女)　上海市青浦县纪委书记、监察委主任
陆儒忠　　上海市崇明县监察委副主任
陆稚男　　上海农工商东风总公司纪委副书记
刘　锐(女)　上海市气象局党组纪检组副组长、监审处处长
王　字　　上海市南汇县公安局纪委书记
盛永泉　　上海良友(集团)有限公司纪委副书记、监察室主任

陆银福　上海鱼品厂纪委书记、监察室主任
张　荣　上海食品(集团)公司纪委副书记
边风尧　上海华联商厦股份有限公司党委副书记、纪委书记
郑国君　东方国际集团上海市丝绸进出口有限公司监察室主任
孔祥豹　上海市外经贸系统纪委、监察室副主任科员
李珠明(女)　上海戏曲学校党总支副书记、纪检委员
余解民　上海电影电视(集团)公司纪委副书记、监察室主任
王俊伟　上海图书馆上海科技情报所纪委副书记、监察室主任
胡迪生　同济大学纪委书记、监察处处长
朱菊瑛(女)　上海铁道大学纪委副书记
高永才　七一一研究所监察处处长
夏小邦　上海材料研究所纪委副书记、监察处处长
邱家明　上海市科技系统纪委副处级纪检员
马凯南　上海衡山(集团)公司纪委书记、监审室主任
金勇谋　上海市旅游事业管理系统纪委副书记
黄松年　上海市浦东新区纪工委委员、农村纪工委书记
金以钰(女)　上海市闸北区北站街道党工委副书记、纪工委书记、监察室主任
瞿照月(女)　上海市虹口区纪委常委、监察委副主任
刘金辉　上海市杨浦区殷行街道党工委副书记、纪工委书记
刘俊祥　上海市公安局黄浦分局纪委书记
周浑秋(女)　上海市卢湾区纪委常委、审理室主任
华中炎　上海市静安区经贸委纪委副书记
沈庆明　上海市嘉定区戬浜镇党委副书记、纪委书记
时吉明　上海市金山区纪委副书记、监察委副主任
程殿卿　上海市纪委、监察委副秘书长兼一室主任
王振华　上海市纪委、监察委六室主任

2006年全市纪检监察系统先进工作者

陈永平　上海出入境检验检疫局监察审计室主任
吕与荣　上海市政府机管局监察室主任
朱　灵(女)　上海机场(集团)有限公司纪检监察室主任
孙曙光　上海铁路局纪委副书记、监察处处长
高向东　民航华东地区管理局纪委副书记、纪检监察处处长
严永康　上海市绿化管理局纪委副书记、监察室主任
徐兰英(女)　上海市市容环境卫生管理局纪委副书记、监察室主任
徐杭苏(女)　上海申通地铁集团有限公司纪检监察室副主任
舒祝钦　上海银行纪委副书记、纪检监察室主任
常　懿(女)　国泰君安证券股份有限公司纪检监察室主任助理
傅成文　上海市人口和计划生育委员会纪委副书记、监察室主任
倪伟庆　东华大学纪委副书记、监察审计处处长

吴建明	中国船舶重工集团公司第七〇四研究所纪委办公室主任
张秀凤(女)	复旦大学监察处副处长
许定贵	上海市经济纪工委副书记
魏信义	上海电力公司市区供电公司党委书记(原任纪委书记)
沈一波	上海高桥石化公司纪委副书记、监察处处长
徐　方(女)	上海市信息委监察室副主任
房建新	上海市民政局纪委副书记、监察室主任
金　伟	上海市国资委监察室副主任
徐坤鸿	上海华谊(集团)公司纪委副书记、监察室主任、监审部经理
王秀芳(女)	上海交运(集团)公司纪委副书记、监察室主任
钱山明	上海建工(集团)总公司纪委干部
戚仲华	上海百联集团有限公司购物中心事业部党委副书记、纪委书记
魏玉琦	上海市人民检察院纪检组副组长、监察处处长
莫立明	上海市高级人民法院纪检组副组长、监察室主任
朱国清	上海市劳动教养收容所副政委、纪委书记
王文雄	上海市国家安全局纪委纪检室主任
潘允冲	上海市文化广播影视管理局纪委副书记、监察室主任
谈小薇(女)	解放日报报业集团纪委副书记
方柏芹(女)	上海社会科学院纪委委员、监察室副主任
徐恒昌	国药控股有限公司纪委副书记
管玉明	大众出租汽车公司纪委书记兼人力资源部主任
董　旭(女)	上海市政府驻海南办事处秘书处处长
葛定强	上海市浦东新区社会事业纪工委副书记
潘月莲(女)	上海市浦东新区纪委、区监察委监察综合室副主任
薛良豪	上海市徐汇区经济纪工委副书记
王晓军	上海市长宁区国家税务局监察科科长
姚玉香(女)	上海市长宁区新泾镇党委副书记、纪委书记
沙　建(女)	上海市普陀区绿化管理局党委副书记、纪委书记
王卫国	上海市普陀区甘泉路社区(街道)党工委副书记、纪工委书记
陈　捷	上海市闸北区纪委、区监察委办公室主任助理
戴根荣	上海市虹口区建设和交通委员会主任科员(专职纪检监察干部)
虞国樑	上海市虹口区经济党工委书记、纪工委书记
陈贵兰(女)	上海市杨浦区原江浦路社区(街道)纪工委副书记、纪检监察室主任
郭明亮	上海市杨浦区经济党工委副调研员(借区巡察办)
王瑞英(女)	上海新世界(集团)有限公司原党委副书记、纪委书记
刘　浩	上海市公安局卢湾分局政治委员、党委副书记、纪委书记
许灯宝	上海市卢湾区教育党工委副书记、纪工委书记
卜　缨(女)	上海市静安区江宁路社区(街道)党工委副书记、纪工委书记
张锡豹	上海市静安区教育党工委副书记、纪工委书记

李　晶(女)　上海市闵行区纪委、区监察委办公室副主任
朱建民　上海市闵行区科技党委副书记、纪委书记
朱永其　上海市宝山区罗店镇党委委员、纪委书记
黄正德　上海市嘉定区建设交通党工委副书记、纪工委书记
庄　莉(女)　上海市金山区纪委、区监察委纠风室副主任
李达林　上海市金山区区级机关党工委副书记、纪工委书记
孙月芳　上海市松江区纪委副书记、区监察委主任
吴桂英(女)　上海市松江区车墩镇纪委书记
李成芳(女)　上海市青浦区原华新镇纪委书记
姜其志　上海市青浦区盈浦社区(街道)纪工委书记
陈　其　上海市南汇区六灶镇纪委委员、监察室主任
邱林祥　上海市南汇区芦潮港镇党委副书记、纪委书记
孙鸿萍　上海市奉贤区原纪委常委、区监察委副主任、监察综合室主任(兼)
朱世林　上海市奉贤区纪委常委、区监察委副主任、案件检查室主任(兼)
龚　军　上海市崇明县卫生局原党委委员、纪委书记
黄德昌　上海市崇明县陈家镇党委委员、纪委书记
王长太　上海市财政局第一监督局人事教育(监察)科科长
张伟庆　上海世博局监察审计部副部长(党组纪检组纪检员)
姚有宝　中国海运(集团)总公司监审部正科级专职纪检监察员
徐远洲　宝钢开发总公司党委副书记兼纪委书记

2010年全市纪检监察系统先进工作者

何建忠　上海市浦东新区纪委、监察局综合监察室主任
顾文雅(女)　上海市浦东新区芦潮港镇纪委委员、监察室主任
汪　洁(女)　上海市浦东新区北蔡镇纪委副书记
周忠妹(女)　上海市浦东新区教育局纪工委监察审计室主任科员
朱德林　上海市浦东新区花木社区(街道)纪工委副书记、监察审计科科长
蔡国良　上海市徐汇区纪委常委、上海市对口支援新疆工作前方指挥部纪委副书记、监察室主任
羊圣祥　上海市徐汇区田林社区(街道)党工委办公室主任、纪工委副书记
郑　凌(女)　上海市徐汇区区级机关纪工委副书记
王秀红(女)　上海市长宁区机关党工委副书记、机关纪工委书记
梁卫东　上海市长宁区华阳社区(街道)纪工委副书记、监察科科长
赵惠萍(女)　上海市长宁区卫生局纪工委副书记
吴　翊(女)　上海市普陀区国有资产监督管理委员会党委副书记、纪委书记
聂恩珍(女)　上海市普陀区卫生局专职纪检干部、纠风办主任
陆荣根　上海市普陀区长征镇纪委副书记
陆正明　上海市闸北区天目西路社区(街道)党工委副书记、纪工委书记
邱永春　上海市闸北区纪委、监察局监察综合室副主任
周嘉斌　上海市闸北区教育纪工委副书记、监察室主任

张　宁(女)　上海市虹口区纪委、监察局审理法规室主任
沈嗣全　上海市虹口区纪委、监察局监察综合室副主任
韦海滨(女)　上海市虹口区卫生局纪工委副书记
束锡萍(女)　上海市杨浦区卫生局纪委副书记
丁　琳(女)　上海市杨浦区四平路社区(街道)纪工委副书记、纪检监察室主任
赵伟馨(女)　上海市黄浦区监察局副局长
简永清　上海市黄浦区市政管理委员会纪工委副书记
施炳焕　上海新世界股份有限公司党委副书记、纪委书记
王肖剑　上海市卢湾区纪委副书记
王　笏　上海市卢湾区教育纪工委委员、纪检监察科科长
田美娟(女)　上海市卢湾区瑞金社区(街道)纪检监察科主任科员
姚铭铭　上海市静安区纪委常委,区委专项巡察办副主任
刘佩英(女)　上海市静安区石门二路社区(街道)党群工作部主任科员
周国奋　上海市工商局静安分局监察科科长
俞文虎　上海市闵行区虹桥镇纪委书记
邵红霞(女)　上海市闵行区莘庄工业区纪工委副书记
刘明秋　上海市闵行区纪委、监察局办公室副主任
陶宝忠　上海市宝山区纪委常委、监察局副局长,教育研究室主任
黄德亭　上海市宝山区绿化和市容管理局纪委副书记、监察室主任
王美丽(女)　上海市宝山区大场镇纪委副书记、监察室主任
尉　军　上海市嘉定区南翔镇纪委纪检干事
郑爱华(女)　上海市嘉定区国有资产监督管理委员会党委委员、纪委副书记
钟美龙　上海市金山区纪委副书记、监察局局长
沈园东　上海市金山区人力资源和社会保障局监察室副主任
包　辉　上海市金山区亭林镇纪委副书记、监察室主任
李小燕(女)　上海市松江区佘山镇党委委员、纪委书记
王　骏　上海市松江区纪委、监察局信访室副主任
张天文　上海市松江区纪委、监察局党风室副主任
姜其志　上海市青浦区盈浦社区(街道)党工委委员、纪工委书记
何海龙　上海市青浦区练塘镇纪委主任科员
杜伟云　上海市青浦区纪委、监察局案件检查室副主任
钱　群(女)　上海市奉贤区卫生局纪委副书记、纪监科科长
谢品泉　上海市奉贤区青村镇纪委委员
顾佩红(女)　上海市崇明县水务局党委委员、纪委书记
茅卫东　上海市崇明县公安局纪委副书记、监察室主任
陈永平　上海出入境检验检疫局监察审计室主任
宁　可　上海市民政局党组纪检组副组长、监察室主任
朱耀国　上海市人力资源和社会保障局纪委副书记、监察室主任
柳　琍(女)　上海市审计局监察室主任

夏志勇	上海市政府侨办机关党委专职副书记、机关纪委书记
丁小平	上海市交通港口局党组纪检组副组长、监察室主任
孙晓娟(女)	上海市建设交通委纪工委主任科员
朱舜晔(女)	上海市水务局(市海洋局)纪检监察室科员
徐建华	上海铁路局纪委案件检查室主任
殷继俊	中国建筑第八工程局有限公司纪委副书记、监察室主任
杨　炯	上海远洋运输有限公司纪检监察室检查科科长
邱建庆	中国太平洋保险(集团)股份有限公司监察室副主任
杨庆忠	海通证券股份有限公司纪委书记
陈　刚	核工业第八研究所党委副书记、纪委书记
蒋亚东	中国科学院上海有机化学研究所监察审计室主任
刘晋元	上海市科技纪工委、监察室主任科员
龙根勇	上海电力学院纪委副书记、监察处处长
张　琛	上海申康医院发展中心正科级纪检监察员
李趣翎(女)	复旦大学附属华山医院纪委书记
许建明	上海航天局纪委副书记、纪检监察部部长
金剑铭	上海市工业合作联社纪委书记
周建钢	上海电力修造总厂有限公司纪委书记
金慧卿(女)	中国电信上海公司浦东局党委副书记、纪委书记
马骁赟	中建二局有限公司上海公司党委副书记、纪委书记
钱　卫	上海市安全局纪委副书记、监察室主任
孙则阳	上海市公安局纪委驻市公安局交警总队监察室副主任
雍卫东	上海市未成年犯管教所监审室主任
高逸华(女)	上海市人民检察院第二分院党组纪检组副组长、监察处处长
谷锦虹(女)	上海市杨浦区人民法院纪检监察室纪检员
杨晓平(女)	上海文化广播影视集团监察室主任
丁燕萍(女)	上海市文广影视局纪委监察室主任科员
朱　灵(女)	上海机场(集团)有限公司纪委副书记、纪检监察室主任
叶　明	上海锦江国际(集团)有限公司监察室副主任
梁锦山	上海纺织控股(集团)公司纪委委员、监察室副主任
孙昌明	上海华谊(集团)公司纪委副书记、监察审计部总经理、案件检查室主任
顾小根	上海交运(集团)公司纪委科长
沈敏惠	上海光明食品(集团)有限公司纪委副书记、监察部经理
李佩珍(女)	上海汽车工业(集团)总公司纪委副书记、监察室主任
金建敏	上海城市建设投资开发总公司纪委副书记、纪检监察室主任
沈琴琴(女)	上海市财政局监察室主任
陈　荣	上海市农业科学院纪委副书记、监察室主任
王长元	上海市地方税务局第二分局监察室主任
周　煦(女)	上海临港产业区管理委员会党组纪检组主任科员

张伟庆　　上海世博局机关党委副书记、纪委书记，监察审计部副部长
孙　刚　　中国商飞上海飞机设计研究院党委副书记、纪委书记
俞秉权　　宝钢集团有限公司纪检监察高级专员
李　斌　　中国海运(集团)总公司党组纪检组秘书、监审部纪检监察干部
翟伟蓉(女)　东方航空公司客舱服务部纪检监察高级主管
朱勇祥　　上海市纪委、市监察局案件审理室主任科员

附 录

一、党风廉政建设和反腐败斗争有关文件选编

市委、市政府印发《关于实施中共中央、国务院印发的〈关于实行党风廉政建设责任制的规定〉的办法》的通知

（1999 年 4 月 14 日）

各区、县党委和人民政府，市委、市人民政府各部、委、办、局，各市级机关，各人民团体：

现将《关于实施中共中央、国务院印发的〈关于实行党风廉政建设责任制的规定〉的办法》印发给你们，请认真贯彻执行。

关于实施中共中央、国务院印发的《关于实行党风廉政建设责任制的规定》的办法

为了更好地实施中共中央、国务院印发的《关于实行党风廉政建设责任制的规定》（中发〔1998〕16 号，以下简称《规定》），同时继续实施好《中共上海市委、上海市人民政府关于党风廉政工作责任制的规定》（沪委〔1996〕11 号），使本市各级党政领导班子和领导干部切实担负起抓好党风廉政建设和反腐败斗争的责任，特制订本办法。

一、组织领导

（一）贯彻落实《规定》，要坚持党委统一领导，党政齐抓共管，纪委组织协调，部门各负其责，依靠群众的支持和参与。

（二）各级党委要把贯彻落实《规定》作为党委的重大工作研究、安排，由党委讨论、决定贯彻执行党风廉政建设责任制的重大事项，部署和组织实施贯彻落实《规定》的各项工作。

（三）各级政府和其他部门要在党委的统一领导下，结合各自的职责，认真履行职能，积极发挥作用，认真做好贯彻落实《规定》的各项工作。

（四）完善党风廉政建设责任制的制度建设，制订贯彻落实中共中央、国务院和市委、市政府党风廉政建设责任制规定的具体实施办法，进一步明确领导班子和领导干部党风廉政建设的责任范围、责任考核、责任追究的办法和措施。

二、责任考核

（一）本市各级组织人事部门要把各级领导班子和领导干部执行党风廉政建设责任制的情况列为对领导班子和领导干部考核、工作目标考核、年度考核的重要内容。通过考核，要对责任制执行情况作出评价，提出考核意见。

本市各级纪检监察机关要把党政领导班子和领导干部执行党风廉政建设责任制的情况作为监督检查的重要内容，定期或不定期地组织检查，并及时将检查的结果报告党委、政府，通报组织人事部门。

（二）对执行党风廉政建设责任制情况进行考核的内容是：

1.《规定》第一章第三条中有关党风廉政建设组织领导工作的规定，第二章中有关各级党政领导班子、领导干部在党风廉政建设中应当承担的七项领导责任的落实情况。

2.《规定》第三章中提及的有关制度、规定、办法的落实情况：

(1) 考核、报告制度；

(2) 考核与民主评议、民主测评相结合的办法；

(3) 把考核结果作为对领导干部的业绩评定、奖励惩处、选拔任用的重要依据的规定；

(4) 把执行责任制的情况列为民主生活会和述职报告重要内容的规定；

(5) 党委负责领导、组织组织人事部门实施考核，纪检监察机关进行监督检查的规定。

3. 对《规定》第三章和本办法规定的对应当追究责任的行为进行追究的情况。

4. 其他应予考核的内容。

(三) 要把执行党风廉政建设责任制的情况作为衡量一个地区、一个部门、一个单位党风廉政建设总体情况的依据之一。对执行责任制好的集体和个人应予表彰；对执行责任制不好的单位和个人应予批评，并督促其落实，同时该领导班子不能评为先进单位、先进集体，该领导干部不能提拔重用，也不能被评为优秀干部。

三、责任追究

(一) 领导干部有《规定》第十二条所列六种情形之一的，必须按照《规定》分别给予党纪、政纪处分，责令辞职或者予以免职；有违反《规定》第六条规定的行为，情节较轻的，给予批评教育，或者责令作出检查，情节较重的，给予相应的党纪、政纪处分；涉嫌犯罪的，移交司法机关追究刑事责任。

(二) 责任范围的组织和个人发生违反政治纪律、组织纪律、经济工作纪律、群众工作纪律和其他纪律现象，造成较大损失或引起重大不良影响，经查实，党政领导班子和领导干部负有领导责任的，参照前项规定作出处理。

(三) 发生需追究责任的问题时，事发组织和个人要按责任管辖关系向上级组织写出书面报告，讲清事发的情况、原因、责任和处理意见等。上级组织应当按照责任制规定的分工负责范围，由责任组织和人员负责查清情况，并按照《规定》和本办法追究有关人员的责任。属于纪检监察机关立案调查处理范围的事项，移送纪检监察机关调查处理；需要进行组织处理的，由组织人事部门处理；情节较轻，需要谈话诫勉、批评教育、责成检查的，由分管的党政领导负责。

(四) 追究责任时，应当依据事实和造成的后果，实事求是地确定责任。需注意听取本人意见和申辩，严格按照规定进行处理。

领导干部对负有责任的问题，敢于揭露、主动查处、挽回损失、认真整改的，应当酌情从轻或免于处理。对有责任的问题进行掩盖、袒护，不予追究的，应当从重处理。

四、其他事项

(一) 本办法适用于本市各级党的机关、人大机关、行政机关、政协机关、审判机关、检察机关。

人民团体和国有企业、事业单位参照执行本办法。

(二) 本办法由本市各级党政组织负责实施，纪检监察机关负责监督检查。

(三) 本办法由中共上海市纪律检查委员会、上海市监察委员会负责解释。

市委印发《关于纪委协助党委组织协调反腐败工作的实施办法(试行)》的通知

（2006 年 5 月 2 日）

各区、县党委，市委各部、委，市人民政府各委、办、局党组（党委），各市级机关党组，各人民团体党组：

市委同意《关于纪委协助党委组织协调反腐败工作的实施办法（试行）》，现印发给你们，请认真贯彻执行。

关于纪委协助党委组织协调反腐败工作的实施办法(试行)

第一章 总　　则

第一条 为了切实保障纪委履行协助党委组织协调反腐败工作的职责，充分发挥有关部门在反腐败工作中的职能作用，形成反腐败合力，促进反腐败工作深入开展，根据《中国共产党章程》、中共中央纪委印发的《关于纪委协助党委组织协调反腐败工作的规定（试行）》（中纪发〔2005〕10 号）和其他有关党内法规，结合本市实际，制定本实施办法。

第二条 本市各级纪委在同级党委的领导下，按照同级党委和上级纪委的总体部署和要求，协助同级党委研究、部署、协调、督促检查反腐败各项工作。

纪委的派驻机构在派出纪委的领导下，协助驻在单位党组织开展组织协调反腐败工作。

第三条 反腐败工作应坚持党委统一领导、党政齐抓共管、纪委组织协调、部门各负其责的原则。纪委开展组织协调工作，应坚持党要管党、从严治党，坚持标本兼治、综合治理、惩防并举、注重预防，坚持依照党内法规和国家法律，各司其职。

第二章 组织协调的主要任务

第四条 全面贯彻落实中共中央印发的《建立健全教育、制度、监督并重的惩治和预防腐败体系实施纲要》（中发〔2005〕3 号）和《中共上海市委关于贯彻〈建立健全教育、制度、监督并重的惩治和预防腐败体系实施纲要〉的意见》（沪委〔2005〕12 号），根据《实施纲要》和《意见》，主要围绕以下几个方面组织协调反腐败工作：

（一）领导干部廉洁从政；

（二）纠正损害群众利益的不正之风；

（三）查办违纪违法案件；

（四）从源头上预防和治理腐败；

（五）反腐败体制、机制、制度建设等。

第五条 根据同级党委和上级纪委的要求和实际情况，研究反腐败工作的重要问题，及时向同级党委提出意见和建议，主要包括：

（一）根据本地区、本部门、本系统实际，研究分析反腐败斗争形势，探索教育、制度、监督并重的惩治和预防腐败工作思路，提出反腐败工作的总体目标和要求；

（二）研究提出反腐败工作的总体规划、制度建设计划和阶段性工作任务等，做到体制建设同

步设计、政策措施同步实施、突出问题同步治理;

(三)针对苗头性、倾向性问题,研究提出解决方法和策略。

第六条 根据同级党委和上级纪委关于反腐败工作的总体部署和要求,制定工作计划和实施方案,按照谁主管、谁负责的原则,将反腐败工作任务分解落实到有关职能部门,明确分工和责任,提出要求,加强组织协调和推动各项工作任务的落实。

第七条 加强与各方面的联系和沟通,协调有关部门的关系,及时解决反腐败工作中的矛盾和问题。

第八条 按照党风廉政建设责任制和反腐败工作的责任分工,对有关部门承担的反腐败任务落实情况进行督促检查。

第三章　组织协调的机制

第九条 按照上下基本对应、有关各方参与、组织协调有力、注重实际效果的工作要求,逐步完善多种形式的反腐败工作协调机制。

第十条 市、区县两级党委建立反腐败协调小组,由纪委和组织、政法等部门的主要负责人组成,全面负责反腐败工作的组织协调工作。纪委承担协调小组的日常工作。

第十一条 加强查办案件的组织协调工作,建立由市、区县两级纪委牵头,同级政法委、法院、检察、公安等执纪执法部门参加的案件查办协调会议制度,负责协调查办重要案件,研究复杂案件定性处理及其他重要问题。

第十二条 建立健全由纪委组织协调,组织、宣传等部门参加的反腐败宣传教育协调机制。定期研究部署反腐倡廉宣传教育工作。坚持和完善加强党风廉政建设干部大会制度。

第十三条 建立健全由纪委组织协调,检察、监察部门参与的案件预防工作机制。加强对案件发生原因和规律的研究,运用警示教育、建章立制、强化监督等多种形式,增强案件预防工作的效果。

第十四条 根据信访举报、纠风和专项整治、源头治理等有关专项工作的需要,可按照工作分工,建立由相关部门牵头,纪委参加的专项联席会议制度,研究、协调和推进有关工作。

第十五条 建立健全纪委与法院、检察、公安等执纪执法部门案件及案件线索移送制度;建立完善纪委与组织、人事等部门处理违纪干部协作制度。

第四章　组织协调的程序

第十六条 纪委进行组织协调工作应遵循以下步骤:

(一)确定需要组织协调的事项;

(二)召集有关部门研究、制定实施方案,分解工作任务;

(三)组织实施;

(四)督促检查有关部门承担任务的进展情况;

(五)要求有关部门书面报告承担任务的落实情况;

(六)向同级党委报告组织协调事项的完成情况。

第十七条 纪委组织协调的事项按下列方法确定:

(一)同级党委和上级纪委交办的组织协调事项,由纪委直接组织实施;

(二)纪委认为重要的组织协调事项,应报同级党委或党委主要负责人批准后组织实施,并报上一级纪委备案；

（三）其他需要组织协调的事项，由纪委常委会或纪委分管领导确定后组织实施；

（四）有关部门认为需要纪委组织协调的事项，可向纪委提出建议，由纪委根据本条第二、三项规定确定实施。

第十八条　列入纪委组织协调的事项，应以实施意见、实施方案、工作安排意见、会议纪要等书面形式交有关部门实施；有关部门应以书面形式向纪委报告组织协调事项的落实情况。

第十九条　在查办案件中需要组织协调的事项，因紧急或保密等特殊情况，经纪委分管办案工作的领导同意，也可采取当面通知或电话通知等方式向有关部门提出，但应作好记录，留案备查，事后应及时补办相关手续。

第二十条　实施意见、实施方案、工作安排意见、会议纪要等文件内容，一般应包括：部署或确定的事项、牵头部门和参与部门、工作任务分工、目标要求、工作落实措施和应把握的政策界限及注意事项等。

第二十一条　纪委对有关部门承担的反腐败任务和组织协调事项落实情况，可采取下列方式，定期或不定期进行督促检查：

（一）听取工作情况汇报；

（二）按规定调阅有关党组织会议记录及作出的决定、民主生活会记录、内部规章制度等有关材料；

（三）听取有关人员意见；

（四）实地调查了解情况；

（五）组织民主评议；

（六）要求书面报告等。

对在督促检查中发现的问题，纪委应采取相应的措施帮助解决或及时纠正，重要问题应及时向同级党委报告。

第二十二条　有关部门在落实所承担的反腐败任务中遇到的问题，应及时向纪委报告，并提出解决问题的意见和建议。纪委应根据实际情况，采取相应措施，必要时可召开由有关部门参加的协调会议加以解决；经协调不能取得一致意见的，由纪委提请同级党委决定。

第五章　组织协调的保障

第二十三条　党委应按照反腐败领导体制和工作机制，加强对纪委组织协调工作的领导，明确任务和要求，研究解决反腐败工作中遇到的问题，支持纪委履行组织协调职责。

第二十四条　纪委应严格依照党内法规和国家法律，主动开展组织协调工作，正确处理与有关部门在反腐败工作中的关系，支持、配合有关部门的工作，保证反腐败各项任务的落实。

第二十五条　有关部门应支持、配合纪委履行组织协调职责，按照纪委确定的任务和要求，依照法定职责和程序各司其职、各负其责，加强协作配合，认真抓好落实，并按要求向纪委汇报反腐败任务和组织协调事项的落实情况，自觉接受纪委的督促检查。

第二十六条　有关部门党政领导班子和领导干部应按照中共中央、国务院印发的《关于实行党风廉政建设责任制的规定》（中发〔1998〕16号），对本部门承担的反腐败任务切实负起领导责任，负责抓好各自职责范围内的反腐败工作。

第二十七条　巡视工作机构应把纪委组织协调事项落实情况作为巡视工作的一项重要内容，

加强监督,并及时向同级纪委通报有关情况。

第二十八条 组织、人事部门应把有关部门落实所承担的反腐败任务情况作为对领导班子和领导干部考核的重要内容。

第二十九条 违反《关于纪委协助党委组织协调反腐败工作的规定(试行)》(中纪发〔2005〕10号)和本实施办法,不履行或不正确履行职责的,由党委或纪委对责任人给予批评教育或予以组织处理,并责令限期改正;情节严重或造成严重后果的,依纪依法追究纪律责任;涉嫌犯罪的,移送司法机关依法处理。

第六章 附 则

第三十条 本市各委、办、局纪委(纪检组)协助党委(党组)组织协调反腐败工作,结合各自实际,参照本实施办法执行。

第三十一条 本实施办法由中共上海市纪律检查委员会负责解释。

第三十二条 本实施办法自发布之日起施行。

市委关于贯彻《建立健全教育、制度、监督并重的惩治和预防腐败体系实施纲要》的意见

(2005年7月29日)

为全面贯彻落实中央《建立健全教育、制度、监督并重的惩治和预防腐败体系实施纲要》,深入推进党风廉政建设和反腐败工作,结合上海实际,制定以下意见。

一、建立健全上海惩治和预防腐败体系的总体要求

(一)指导思想。以马克思列宁主义、毛泽东思想、邓小平理论和"三个代表"重要思想为指导,围绕全面落实科学发展观、加强党的执政能力建设和构建社会主义和谐社会的要求,在大力实施科教兴市主战略,实现"两个率先"和建成"四个中心"的过程中,不断增强党员干部坚持立党为公、执政为民、清正廉洁的自觉性,坚持标本兼治、综合治理、惩防并举、注重预防的方针,建立健全符合上海实际的教育、制度、监督并重的惩治和预防腐败体系,为上海改革发展稳定提供强有力的政治保障。

(二)基本原则。坚持惩治和预防腐败体系建设从上海实际出发,做到切实可行、具体管用、便于操作。坚持以改革统揽预防腐败的各项工作,把反腐倡廉要求寓于各项改革和重要政策措施中,做到体制建设同步设计、政策措施同步实施、突出问题同步治理。坚持和完善党委统一领导、党政齐抓共管、部门各负其责、纪委组织协调、依靠群众支持和参与的反腐败领导体制和工作机制,增强惩治和预防腐败工作的整体合力。

(三)工作目标。建立健全惩治和预防腐败体系是一项系统工程,必须坚持总体规划、突出重点、循序渐进、分步实施。2005年至2007年,按照责任分工,制定年度工作目标,夯实构建惩治和预防腐败体系的各项基础;2008年至2010年,拓展和深化各项工作,建成惩治和预防腐败体系的基本框架;2011年至2020年,建立起思想道德教育的长效机制、反腐倡廉的制度体系、权力运行的监控机制,建成完善的符合上海实际的惩治和预防腐败体系。

二、加强反腐倡廉教育,筑牢拒腐防变的思想道德防线

(四)完善反腐倡廉教育工作格局。健全党委领导下的反腐倡廉宣传教育工作领导体制,不断

完善反腐倡廉“大宣教”工作格局。2005年起，建立由纪委和组织、宣传等部门参加的反腐倡廉宣传教育协调机制，定期研究和部署反腐倡廉教育工作。党委宣传部门负责把反腐倡廉教育纳入党的宣传教育总体规划，抓好党报党刊、主要新闻媒体和网站的反腐倡廉宣传报道；党委组织部门结合领导干部的培养、选拔、管理、使用，有针对性地开展反腐倡廉教育；党校、行政学院负责实施对党员和领导干部的反腐倡廉培训；纪委加强对反腐倡廉宣传教育规律的研究，做好组织协调工作。坚持每年召开两次加强党风廉政建设干部大会制度，发挥两次大会在推动全市反腐倡廉教育中的导向作用；建立党政主要负责人每年至少作一次廉政报告和定期上廉政党课的制度，完善新任局级干部任前集体谈话制度。

（五）重点加强对领导干部的反腐倡廉教育。以党员领导干部为重点，以树立马克思主义的世界观、人生观、价值观和正确的权力观、地位观、利益观为根本，深入开展党的基本理论、基本路线、基本纲领和基本经验教育，进行理想信念和从政道德教育、党的优良传统和作风教育、党纪条规和国家法律法规教育，不断增强领导干部坚持立党为公、执政为民，努力实践“三个代表”重要思想的自觉性。把反腐倡廉理论作为各级党委中心组学习的重要内容，建立定期专题学习制度。2005年至2007年，重点围绕全面落实科学发展观、加强党的执政能力建设和构建社会主义和谐社会，组织开展强化党的意识、执政意识和廉洁从政意识的专题教育。

（六）丰富和拓展反腐倡廉宣传教育的内容和形式。认真研究和把握反腐倡廉宣传教育的特点和规律，坚持传统方法与现代教育手段相结合、自我教育与灌输教育相结合、示范教育与警示教育相结合，不断提高教育的针对性和有效性。2005年至2006年上半年，结合以实践“三个代表”重要思想为主要内容的保持共产党员先进性教育活动，把反腐倡廉教育作为党的先进性建设的一项重要内容；2006年至2007年，继续深化“高兴、放心”活动，针对本市党员干部思想作风方面存在的突出问题，每年集中一段时间开展反腐倡廉主题教育。把反腐倡廉教育纳入公务员上岗培训和日常培训中。2005年起，把廉政政策法规纳入新录用公务员初任培训，建立和完善公务员廉政教育培训制度。2006年起，健全新闻发言人制度，适时通报本市反腐倡廉工作情况。主要新闻媒体要开设党风廉政教育专栏或专题节目，开展经常性的宣传教育，坚持以正面宣传为主，正确引导社会舆论特别是网上舆论。

（七）推进廉政文化建设。把反腐倡廉教育与社会公德、职业道德、家庭美德和法制教育相结合，在全社会形成以廉为荣、以贪为耻的良好风尚。2006年起，结合迎世博文明行动，开展“诚信上海”主题活动。推进廉政文化进社区、进家庭，运用各种载体和形式把反腐倡廉教育与创建文明社区、文明家庭活动相结合。推进廉政文化进学校，培养青少年正确的价值观念和高尚的道德情操，把廉洁教育作为青少年思想道德教育的重要内容，纳入上海市学生民族精神教育体系。推进廉政文化进企业，把反腐倡廉教育与提高企业经营者整体素质相结合，大力开展依法经营、廉洁从业、诚实守信教育。推进廉政文化进农村，把反腐倡廉的要求融于村规民约中，大力倡导文明健康的思想观念和生活方式。

三、加强反腐倡廉制度建设，充分发挥制度在惩治和预防腐败中的作用

（八）完善对权力制约和监督的制度。2005年起，逐步完善党务公开相关制度，健全党内情况通报、情况反映、重大决策征求意见等制度，完善党委工作部门评议办法。积极探索党代会闭会期间发挥代表作用的途径和形式，2005年，开始在乡镇试点；2006年至2007年，进一步扩大试点范围，建立和完善相关制度。继续研究制定本市贯彻《中国共产党党内监督条例（试行）》的配套制度，探索建立重大决策责任制、质询制、问责制和罢免制。围绕落实《中国共产党党员权利保障条例》，进一步健全保护检举、控告人制度。

（九）完善规范国家工作人员从政行为的制度。2005年，制定《上海市领导干部报告个人重大事项的实施办法（试行）》；2006年，制定《上海市党政领导干部述职述廉实施办法（试行）》。进一步完善领导干部收入申报制度、民主生活会制度、谈话制度以及党委工作部门民主评议制度等。根据《公务员法》，制定上海市国家公务员行为准则。制定上海市行政效能投诉办法和上海市行政过错责任追究办法。研究制定党政领导干部待岗制办法和调整不称职、不胜任现职干部的相关制度。

（十）完善对违纪违法行为的惩处制度。2006年至2007年，修订《关于违纪违法财物没收追缴责令退赔暂行办法》，制定违反建设工程招投标规定责任追究办法、违反国有资产产权交易规定责任追究办法、国有资产流失责任人责任追究实施细则、违反教育收费规定责任追究办法、违反医药购销和医疗服务规定责任追究办法，完善违纪违法干部辞职、免职、降职等有关规定。

（十一）完善反腐败领导体制和工作机制的制度。2005年起，进一步完善本市贯彻《关于实行党风廉政建设责任制的规定》的配套制度，制定本市纪委协助党委组织协调反腐败工作的具体意见，制定上海市纪检监察派驻机构统一管理办法。

四、强化对权力运行的监督制约，保证权力的正确行使

（十二）切实加强党内监督。全面贯彻《中国共产党党内监督条例（试行）》。2005年起，抓紧制定落实各项配套措施，重点加强对领导机关、领导干部特别是各级领导班子主要负责人的监督。严格执行民主集中制的各项具体制度.进一步落实对重大决策、重要干部任免、重大项目安排和大额度资金使用等决策规则和程序执行情况的监督。切实加强巡视工作，提高巡视工作成效。实行纪检监察机关对派驻机构的统一管理，加强对驻在部门领导班子及其成员的经常性监督。进一步发挥干部监督工作联席会议制度的作用。

（十三）支持和保证人大监督。切实发挥人大及其常委会的依法监督作用。认真听取和审议有关工作报告。加强对审议意见落实情况的监督。加强执法检查，保证反腐倡廉相关法律法规得到全面实施。完善对政府规章的备案审查工作。加强对财政预算和执行情况的审查，发挥人大代表在预算审查和监督中的主体作用。加强对选举和任命干部的监督，提高干部述职评议工作的质量。逐步建立人大监督审判和诉讼工作的长效机制，推进司法监督工作的制度化和规范化。

（十四）支持和保证政府专门机关监督。进一步强化行政监察职能，加强对行政机关和国家公务员的廉政监察，促进廉洁从政。围绕政府工作的重点和群众关心的热点，组织开展执法监察和效能监察，进一步发挥特邀监察员作用，推进依法行政，提高行政效能，保证政令畅通。落实监察机关向本级政府和上一级监察机关报告工作制度。

加强审计监督。2005年起，继续强化本市经济责任审计工作联席会议制度的作用。加强对重点领域、重点部门、重点资金的审计，强化对财政资金分配权和使用权、国有资产经营决策权和运营处置权的监督，揭露违法违规问题。2005年，制定对市管企业领导人员经济责任追究的相关文件和《上海市关于将党政领导干部经济责任审计范围扩大到地厅级的实施意见（试行）》。2006年起，积极稳妥地推进市管党政领导干部任期经济责任审计，实行经济责任审计问责制。加强对社会中介组织审计业务质量的监督，发挥社会审计机构的作用。

（十五）支持和保证司法监督。审判机关要依法审理行政案件，维护和监督行政机关依法行使行政职权。建立健全审判监督机制。检察机关要完善立案监督机制，改革和完善对诉讼活动的法律监督制度，依法加强对公安机关立案侦查活动、法院审判活动和判决生效后执行活动的监督。健全公安、审判、检察机关相互配合和制约的工作机制，实现权力运行的有效制衡。建立健全职务犯罪惩治和预防机制。

(十六) 支持和保证政协及民主党派的民主监督。发挥政协民主监督的优势,通过政协建议案、提案、视察、调研、反映社情民意和担任特邀监督员等形式,加强对国家宪法、法律法规的实施,重大方针政策的贯彻执行,国家机关及其工作人员工作的监督。

进一步发挥民主党派和无党派人士的民主监督作用,坚持和完善邀请民主党派负责人参加党风廉政建设专项检查和执法监督工作的制度。坚持和完善市委、市纪委定期向政协及民主党派、无党派人士通报党风廉政建设和反腐败工作情况并听取意见的制度。

(十七) 切实加强社会监督。依法支持和保证群众监督。认真贯彻《信访条例》,依法保障人民群众对党和国家机关及其他工作人员批评、建议、控告、检举等权利。畅通信访举报渠道,设立专用举报电话,逐步推广网上举报,进一步健全受理群众举报的长效工作机制。2005 年起,在总结经验的基础上,按照民主、科学、公正、客观的要求,进一步完善政风行风测评体系。

依法支持和保证工会、共青团、妇联等人民团体的监督,扩大群众有序的政治参与,拓宽对施政行为的监督渠道。2005 年起,企事业单位要全面实行厂务公开、民主管理制度,实现厂务公开、民主管理的规范化和制度化。2007 年,探索将厂务公开、民主管理向非公有制企业延伸。完善村务公开制度,规范村级事务民主决策程序,建立村干部民主评议、经济责任审计和责任追究制度。

加强和改进新闻媒体的舆论监督。切实发挥舆论监督在反腐倡廉中的作用。各级党政组织要重视和支持舆论监督。2005 年起,建立完善媒体批评报道收集反馈机制,通过舆论监督加强和改进党和政府工作。新闻媒体要坚持党性原则,注重舆论监督的社会效果。

五、以改革统揽预防腐败各项工作,从源头上预防和治理腐败

(十八) 深化干部人事制度改革。认真贯彻《党政领导干部选拔任用工作条例》,从制度和程序上扩大党员和群众在干部选拔任用上的知情权、参与权、选择权、监督权,进一步健全干部选拔任用监督机制。2006 年,研究制定党政领导干部实绩考核评价标准和用人失察失误责任追究办法;2007 年,建立和完善干部职务与职级相结合的制度,探索建立多种形式的干部激励机制。探索建立干部正常退出机制及配套措施,畅通干部退出渠道。2007 年,制定有关干部职务任期、任职回避和交流制度,完善干部任职试用期制度、干部辞职和退(离)休制度、党政机关部分领导职务聘任制等办法。

贯彻落实《公务员法》,健全公务员管理制度。稳步推进公务员分配制度改革。2005 年至 2007 年,在继续完善集中收付、规范管理、总量调控的基础上,统一工资外发放项目,加大绩效考核力度,推进市级机关财政统一支付试点。进一步规范职务消费。

(十九) 深化行政审批制度改革,推进依法行政。加快转变政府职能,继续清理、减少和规范审批事项,优化审批方式和流程,推行一门受理、并联审批、网上审批、告知承诺等制度;推进年检改革,推行年检申报备案制度。2006 年至 2007 年,根据《行政许可法》,实施临时设定行政许可、行政许可办理和被行政许可活动监督检查等配套政府规章,研究和探索行政许可评估、相对集中行政许可权实施办法,进一步规范行政许可行为。2005 年,对《行政许可法》实施一年来的情况开展执法检查。2006 年至 2007 年,建立行政许可电子监察系统。

完善和规范政府共同行为的有关制度。2005 年至 2006 年,完善行政处罚听证制度,研究建立政府抽象行政行为和具体行政行为听证制度,完善罚款、没收违法所得的决定与收缴分离制度。推进行政执法责任制工作,建立健全行政执法评议考核机制,落实行政执法责任追究。完善行政效能投诉网络和效能投诉处理机制,建立行政过错责任追究机制。规范并加强对社团、行业组织和社会中介组织的管理,促进社会中介组织和行业协会自律。建立中介组织诚信记录公示和淘汰机制,提高人员素质、服务水平和社会诚信度。

进一步落实《上海市政府信息公开规定》,推进政府信息公开工作。2005年至2006年,建立健全政府信息分类界定、政府信息更新维护、重大决定草案公开情况备案和政府信息公开申请处理、统计分析、评议监督、争议处理等工作机制,完善政府网站、政府公报、政府新闻发布会等政府信息公开渠道。2007年,建立政府信息公开业务信息系统和具有统一标准的全市政府信息公开数据库,加强对公开信息的整合。进一步完善区县、街道乡镇的政务公开工作。

(二十)深化财政、金融和投资体制改革。加快部门预算改革步伐,2005年起,逐步将部门所有收入纳入综合财政预算编制范围。推进分类核算的预算支出管理,实行经常性支出定额、定标准管理;改革专项支出管理,逐步建立专业主管牵头、规划先行、专项评议、财政审核、政府审定的专项预算审核制度。建立健全财政预算和执行情况的评价标准体系,加强对财政预算的审计,强化对财政资金运行的监管。加快推进以国库单一账户体系为内容的国库集中收付制度改革,进一步扩大国库直接支付范围,提高专项经费国库直接支付的比重。推进市区两级行政事业性收费项目收缴分离改革。

加强对地方金融机构的监管,制定本市金融机构管理办法,进一步明确管人、管事、管资产的职责。落实上海市金融安全工作总体框架,完善金融安全工作体系。健全现代金融企业制度,强化内控机制,完善金融企业风险监管、预警、处置机制,确保金融资产运营安全。

贯彻《国务院关于投资体制改革的决定》,深化投资体制改革。2005年,出台地方配套的企业投资项目核准和备案制,进一步落实企业投资自主权,推进公共领域的社会投资;制定市级建设财力项目管理办法,完善政府投资项目决策机制。制定政府投资项目代建制管理办法,逐步推行非经营性政府投资项目代建制。2006年至2007年,进一步完善政府投资管理制衡机制,健全重大项目稽查制度。实施政府投资项目咨询评估程序,逐步实行政府投资项目公示、专家评估制度和后评估制度,加强政府投资项目审计监督和社会监督。

(二十一)推进司法体制改革。2005年起,按照有关法律法规,落实司法干部队伍分类管理、考核培训、晋升监督等措施,实行法官、检察官逐级遴选制度。完善诉讼程序,实行审判流程各个环节跟踪管理和监督制度,完善人民陪审员的选任、培训、考核、保障和管理工作制度。完善执行工作机制,实行执行裁决权与执行实施权分离行使的管理机制。完善检察机关的法律监督职能。完善审判、检务、警务和狱务、所务公开制度。健全司法工作规范,建立违法司法行为责任追究制度。

(二十二)推进国有资产监管体制改革。不断完善国有资产管理体制和监管方式,建立以战略、预算、契约管理为支撑的出资人监督与企业法人治理相衔接的国资监管体系。2005年,在国有及国有控股企业中推行外派监事长、党建督察员的试点工作;2006年至2007年,国有及国有控股企业外派监事长、党建督察员基本到位。建立健全企业内部审计制度。完善国有企业经营者激励约束机制。

深化垄断行业和公用事业管理体制改革。2005年起.依据发展公益事业和经营性产业的不同要求,推进垄断行业和公用事业管办分离,逐步开放垄断行业和公用事业经营性产业领域,推进投资多元化,形成竞争格局。进一步理顺和完善垄断行业价格形成机制,完善公开统一的市场准入规则和监管办法,加强对自然垄断行业和垄断业务的有效监管。

(二十三)完善各项市场监管制度。推进建筑市场管理体制改革,进一步完善建设工程招投标制度。2005年至2006年,全面推行工程量清单招标,加强评标专家管理,全面推行建设工程招投标活动公正度评价制度。完善建设工程招标代理机构管理制度，建立健全代理机构行业自律机制。加强分包市场监管和制度建设。2007年，修订上海市有关建筑市场管理的地方性法规，进一步提高依法管理建筑市场的水平。

依法规范土地市场的管理。2005年，进一步完善六类经营性土地使用权招标、拍卖、挂牌出让制度，增强市场运作的透明度。2006年，进一步扩大土地公开出让范围，全面实行经营性土地使用权招标、拍卖、挂牌出让制度，探索和完善非经营性项目用地市场化配置方式。2007年，完成土地管理法规的修订工作。不断完善房产市场运行机制和监管体系。2005年至2007年，建立和完善房产市场运行情况的动态监测机制，推行和完善新建商品房售前公告、商品房网上交易登记备案、房产登记资料公开查询和商品房销售价格公示等制度。

进一步完善产权交易市场。不断完善产权交易公开挂牌、信息披露、竞价交易办法。2005年起，国有产权转让必须全部进入产权交易机构交易，进一步提高竞价交易比例。2006年至2007年，进一步完善产权交易监督管理体系和信息发布网络平台，建立产权交易全过程的监控体系。

全面实行政府采购制度。2005年起，进一步扩大政府采购的范围和规模。完善管理职责与执行职责分离的政府采购管理体制和运行机制，健全政府采购目录管理、招投标管理、指标控制和质量考核管理制度，实行政府采购资金以财政直接拨付为主的制度。进一步完善政府采购监管体系，形成以财政监管为主，审计和监察等共同负责，依法进行监督的监管机制。完善政府采购专家评审行为的监督管理制度，健全政府采购投诉制度、供应商资格管理和诚信制度，加强社会对政府采购的监督。

加强社会诚信体系建设。建立和完善信用信息采集、加工、使用及失信惩戒、守信受益等相关制度。2007年，在完善联合征信系统对消费人群信用管理的基础上，形成对市场准入、退出环节的企业法人代表及金融、中介、企业等领域的高级管理人员社会化信用管理机制。

六、完善惩处腐败机制，建立严密的党纪国法防线

（二十四）惩治腐败必须从严。重点查处发生在领导机关和领导干部中滥用权力、谋取私利的违纪违法案件，严肃查处违反政治纪律的案件，着力查办经济领域、重点行业的违纪违法案件和严重侵害群众利益的案件。对顶风作案的要依纪依法从严惩处。对领导干部违反规定收钱送钱和买官卖官、参加赌博及利用职权和职务影响为配偶、子女和身边工作人员谋取非法利益等不正之风和腐败现象，要采取有效措施认真解决。

（二十五）坚持依纪依法办案。严格执行党内纪律和国家法律法规，坚持实事求是，做到事实清楚、证据确凿、定性准确、处理恰当、手续完备、程序合法。坚持惩治腐败与保护党员干部权利并重。严格按照法定权限使用办案手段和措施，做到严格执法、公正执法、文明执法。不断强化办案内部监督制约机制。形成科学严密的案件质量评估体系。综合运用法律、纪律、经济处罚、组织处理、限制从业资格等方式和手段，增强办案的政治、经济和社会效果，切实提高执纪执法水平。

（二十六）加强查办案件制度建设。从实体上和程序上完善对违纪违法行为的惩处制度。建立主要领导负总责，分管领导、有关办案部门和人员分级负责的办案工作责任制。试行案件主办人制度。建立执纪办案过错责任追究制度。完善办案流程管理制度，强化对办案活动的动态管理。完善查办重大案件通报制度。

（二十七）形成办案合力。进一步发挥市反腐败协调小组的重要作用，加强纪检、审判、检察、公安、监察、审计等执纪执法机关间的协调配合。明确相应的职责、权限和工作关系，规范案件举报、立案调查、线索移交、案件移送、证据转换、性质认定、审判处理等方面的工作程序，解决好党纪、政纪、法律的衔接问题。探索建立共同开展预防职务违纪违法行为发生的工作机制。

(二十八) 重视和发挥查办案件的治本功能。认真实行“一案两报告”制度,深入剖析案件发生的体制机制制度方面的原因,对案件中暴露出的苗头性问题及时制定规范、明确纪律,对带有倾向性的问题开展集中治理、堵漏建制,做到案件原因没查清、案件责任没追究、整改措施没落实不放过。加强对案件发生规律的研究,增强预防腐败措施的针对性和预见性。

七、加强领导、齐抓共管,确保惩治和预防腐败体系建设各项任务落到实处

(二十九) 加强领导。党委和政府要把建立健全惩治和预防腐败体系纳入经济社会发展总体规划,列入党委和政府的重要议事日程,根据形势发展,及时完善各项配套制度和实施细则,推进惩治和预防腐败体系建设工作。

(三十) 组织协调。纪委要全面履行党章赋予的职责,协助党委抓好惩治和预防腐败体系建设各项任务的分解和落实。加强分类指导和监督检查,督促各牵头单位按照责任分工履行职责。

(三十一) 建立机制。建立评估机制,分阶段对惩治和预防腐败体系建设任务的落实情况和效果进行评估,以提高工作绩效。建立督查机制,采取多种形式加强检查,确保阶段性目标任务的完成。

(三十二) 落实责任。各级党政主要领导对本地区、本单位惩治和预防腐败体系建设工作负总责。把惩治和预防腐败体系建设的落实情况纳入领导干部考核的重要内容,对惩治和预防腐败体系建设落实不力、在党风廉政建设方面出现重大问题的,严格实行问责制,严肃追究有关领导和责任人的责任。

市委印发《上海市贯彻落实〈建立健全惩治和预防腐败体系2008—2012年工作规划〉的实施办法》的通知

(2008年9月23日)

各区、县党委,市委各部、委,市人民政府各委、办、局党组(党委),各市级机关党组,各人民团体党组:

市委同意《上海市贯彻落实〈建立健全惩治和预防腐败体系2008—2012年工作规划〉的实施办法》,现印发给你们,请认真贯彻执行。

上海市贯彻落实《建立健全惩治和预防腐败体系2008—2012年工作规划》的实施办法

为认真贯彻落实中共中央印发的《建立健全惩治和预防腐败体系2008—2012年工作规划》(中发〔2008〕9号,以下简称“《工作规划》”)的要求,扎实推进上海惩治和预防腐败体系建设,制定本实施办法。

一、总体要求和工作目标

(一) 总体要求。

今后5年是上海全面贯彻党的十七大精神,加快实现“四个率先”,加快建设“四个中心”和社会主义现代化国际大都市,筹办中国2010年上海世博会的关键时期。在新起点、新水平上攀登新高峰,必须高举中国特色社会主义伟大旗帜,以邓小平理论和“三个代表”重要思想为指导,深入贯彻落实科学发展观,以党的执政能力建设和先进性建设为主线,坚持党要管党、从严治党,全面坚持标本兼治、综合治理、惩防并举、注重预防的方针,充分认识反腐败斗争的长期性、复杂性、艰巨性,把反腐倡廉建设放在更加突出的位置,在坚决惩治腐败的同时,更加注重治本,更加注重预防,更加注重制度建设,把改革的推动力、教育的说服力、制度的约束力、监督的制衡力、惩治的威慑力结合起来，扎实推进惩治和预防腐败体系建设各项工作，不断取得反腐倡廉建设新成效，为实现党的十七大和市第九次党代表大会提出的目标任务提供有力保证。

（二）工作目标。

惩治和预防腐败体系建设要立足当前、着眼长远，既要有战略思考，又要有具体要求；既要有长期目标，又要有近期安排。2008年，制定贯彻落实《工作规划》的实施办法，明确任务分工，细化工作措施，在坚决惩治腐败的同时，按照权力在阳光下运行、资源在市场中配置、资金在网络上监管的工作思路，总结和推广"三个更加注重"试点工作经验，夯实工作基础；2010年前，围绕《工作规划》确定的任务，以领导干部为重点，以规范和制约权力为核心，以容易滋生腐败的重点领域和关键环节为突破口，建立健全落实《工作规划》任务的工作机制、工作标准、考核办法，形成重点突出、整体推进的工作格局。经过5年的努力，基本建成与上海经济社会发展水平相适应的惩治和预防腐败体系框架，拒腐防变教育长效机制初步建立，反腐倡廉法规制度比较健全，权力运行监控机制基本形成，从源头上防治腐败的体制改革继续深化，党风政风明显改进，腐败现象进一步得到遏制，人民群众的满意度有新的提高。

二、深入推进反腐倡廉宣传教育

（一）加强以领导干部为重点的党风廉政教育。

深入开展理想信念和廉洁从政教育。学习中国特色社会主义理论体系，开展深入学习实践科学发展观活动，打牢领导干部廉洁从政的思想基础。制定本市《关于加强领导干部反腐倡廉教育的意见》，建立以党校集中培训为主、各种专题教育并举的领导干部廉政教育培训机制。把反腐倡廉教育纳入党员领导干部任前和在岗培训的重要内容，落实培训计划、教材和课时，提高教育效果。进一步完善党委（党组）理论学习中心组反腐倡廉理论学习制度。建立党政主要领导上廉政党课制度，增强领导干部主动抓好反腐倡廉教育的自觉性。

加强党的作风和纪律教育。重点加强党的政治纪律教育和廉政法规教育，以案说纪，以案释法。继续开展以讲党性、重品行、作表率为主要内容的主题教育活动，组织开展忠诚教育、警示教育和人文教育，教育领导干部坚持为民、务实、清廉，带头弘扬八个方面良好风气，着力解决思想作风、学风、工作作风、领导作风和生活作风方面存在的突出问题。加强对国有企业、高校领导人员和街道社区、农村基层干部的反腐倡廉教育，切实解决干部队伍中存在的突出问题。

（二）加强面向全党全社会的反腐倡廉宣传教育。

建立健全党委统一领导，纪委和组织、宣传、党校等分工协作的反腐倡廉宣传教育工作机制，把反腐倡廉宣传教育纳入全党宣传教育总体部署，充分发挥反腐倡廉宣传教育在惩治和预防腐败体系建设中的基础性作用。

进一步落实《关于加强党员经常性教育的意见》，创新教育形式，注重教育效果。丰富"三会一课"内容，组织开展优秀组织生活实例评选活动。加强反腐倡廉教育基地建设，命名一批廉政教育基地；加强反腐倡廉宣传阵地建设，办好党报党刊、电台电视台和政府网站的专版、专栏、专刊，建立完善反腐倡廉新闻发布制度，做好反腐倡廉对外宣传工作；加强反腐倡廉网络平台建设，开展网上宣传，加强热点问题引导。拓展反腐倡廉宣传形式，营造良好的社会舆论氛围。

（三）加强廉政文化建设。

围绕建设社会主义核心价值体系，结合社会公德、职业道德、家庭美德、个人品德和法制教育，全面推进廉政文化建设。

制定本市加强廉政文化建设的指导意见。加强机关廉政文化建设，重点抓好廉政文化进校园、进企业、进社区活动。落实《上海市学校廉洁教育行动指南》,编制廉洁教育读本,创建有上海特色的校园廉洁教育品牌。制定廉政文化进企业的工作意见,树立一批先进典型,积极培育依法经营、廉洁从业和诚实守信的企业文化。围绕“迎世博600天行动计划”,积极开展弘扬家庭美德和争做“文明上海人”社区廉政文化创建活动。实施廉政文化精品工程,创作一批影视、戏剧、歌曲和公益广告等廉政文化精品。

三、完善反腐倡廉制度体系

(一)完善党内民主和党内监督制度。

健全党政领导班子议事规则和决策程序。进一步完善《关于党委(党组)实施“三重一大”制度的若干意见(试行)》。积极推行党委(党组)讨论决定重大问题和任用重要干部票决制。推进基层党组织领导班子成员由党员和群众公开推荐试点,逐步扩大基层党组织领导班子公推直选范围。推进党代表大会常任制试行工作,落实《中共上海市委关于贯彻〈中国共产党全国代表大会和地方各级代表大会代表任期制暂行条例〉的实施办法(试行)》。研究制定实行党务公开的意见,拓宽党员参与党内事务的渠道。

进一步完善和规范市委和区县委全委会、常委会工作机制,明确常委会向全委会报告工作的时间、形式和内容,明确全委会监督常委会及其成员的方式、途径和内容,从制度上加大全委会对常委会的监督力度。完善《关于进一步加强对本市局级领导班子主要负责人监督的若干意见(试行)》。制定贯彻落实《地方党委委员、纪委委员提出罢免或撤换要求处理办法(试行)》的实施办法和配套规定,增强监督措施的操作性和有效性。

(二)完善有关预防腐败的重要制度。

围绕解决领导干部廉洁自律方面存在的突出问题,制定领导干部在住房方面保持廉洁的有关纪律规定,明晰政策界限,严格申报制度,纠正和查处违纪行为。围绕强化财政性资金和社会公共资金监管,制定落实《上海市人民政府关于进一步加强本市财政性资金和社会公共资金监管的若干意见》的实施细则。围绕加大巡视工作力度,制定贯彻落实《中国共产党巡视工作条例》的实施办法,进一步发挥巡视对领导班子和主要负责人的监督作用。围绕深化行政审批制度改革,制定《上海市行政审批电子监察办法》等制度。

(三)完善违纪行为惩处制度。

根据《中国共产党纪律处分条例》和《行政机关公务员处分条例》,制定相关配套制度。制定贯彻落实《中央纪委、中央组织部关于在查处违犯党纪案件中规范和加强组织处理工作意见(试行)》的实施办法,充分发挥组织处理在惩治和预防腐败、加强党员干部管理和监督中的作用。修订《违纪违法财物没收追缴和责令退赔暂行办法》。制定纪检监察机关与检察机关进一步加强案件查处和预防工作协作配合制度。

(四)完善反腐败领导体制和工作机制的具体制度。

修订贯彻落实《关于实行党风廉政建设责任制的规定》的实施办法,进一步明确各级党政组织主要领导和领导班子成员在党风廉政建设中的责任范围、履职要求、监督考核和责任追究办法。制定和完善本市加强国有企业、社区、农村基层党风廉政建设若干意见,制定加强高校党风廉政建设若干意见和“两新”组织反腐倡廉建设若干意见。

四、进一步强化监督制约

(一)加强对领导机关、领导班子和领导干部特别是主要负责人的监督。

把加强对遵守党的政治纪律的监督放在更加突出位置,切实维护党章和其他党内法规,维护中央权威和党的集中统一，坚决查处有令不行、有禁不止的行为。加强对贯彻落实科学发展观情况的监督，重点加强对节能减排、生态环境保护和节约集约利用土地等政策措施落实情况的监督检查，防止和纠正违背科学发展观要求的行为。

加强对执行民主集中制情况的监督。重点检查重大问题集体领导、民主集中、个别酝酿、会议决定的民主决策程序执行情况。加强上级党委和纪委对下级党委及其成员的监督，落实对上级党委和纪委领导班子成员与下级领导班子成员谈话制度和领导班子成员联系基层单位制度等的经常性监督措施。

加强对落实领导干部廉洁自律规定情况的监督。重点加强对领导干部住房方面有关规定执行情况的监督，加强申报和核实工作，及时发现和纠正问题，坚决查处以权谋房、以房敛财等违纪违法行为。继续加强对领导干部违反规定收送现金、有价证券和支付凭证等问题的监督和查处，完善礼品礼金统一登记管理制度。加强对领导干部配偶、子女个人从业有关规定执行情况的监督检查。加强对领导干部身边工作人员的管理和监督。严格领导干部出国（境）管理，建立领导干部出国（境）信息平台，探索建立公示制度。逐步实行乡镇公务用车改革，稳妥推进区县公务用车改革。进一步完善党员领导干部报告个人有关事项信息系统，探索建立领导干部廉洁从政情况信息库。

加大巡视工作力度，5 年内对 19 个区县和市政府委办局巡视 1 遍，重点单位巡视 2 遍；对市管大中型国有企业开展巡视的面达到 50%；根据需要，开展对其他单位的巡视。做好巡视延伸试点工作。加强对巡视整改措施落实情况的监督。把巡视与领导班子调整、干部提拔使用结合起来，充分运用巡视成果。

落实领导干部述职述廉工作，探索区县、委办局主要领导干部述职述廉办法。进一步改进民主生活会的方式方法，加强对领导干部参加双重组织生活会的监督检查。积极做好党委委员、纪委委员党内询问和质询办法的试点工作，落实领导干部信访谈话、诫勉谈话和函询等制度，加强对领导干部的及时提醒和监督。

积极推进党务公开，规范党务公开的内容和程序，落实党员在党内监督中的责任和权利。认真贯彻《中国共产党党员权利保障条例》，切实保障党员批评、建议、检举等权利。完善纪检监察机关派驻机构管理体制和工作机制，加强对驻在部门领导班子及其成员的监督，协助驻在部门党委（党组）和行政领导班子落实党风廉政建设责任制和组织协调反腐倡廉工作。

（二）加强对重要领域和关键环节的监督。

加强对干部人事权行使的监督。强化对推荐、提名、考察考核、讨论决定等重点环节的监督。完善干部选拔任用前征求同级纪委意见的制度和程序。进一步完善干部监督工作联席会议制度。

加强对司法权行使的监督。完善纪委和党委政法委、组织部等部门在对司法机关党组织和党员干部监督工作中的协作配合机制。加强检察机关的法律监督。强化公安、检察、审判机关在刑事诉讼中的分工负责、互相配合和互相制约。

加强对财政性资金和社会公共资金的监管。结合“金财”工程建设，以财政性资金为重点，以公开为关键，充分运用网络等现代信息技术，逐步建立财政性资金和社保基金、住房公积金、扶贫救灾资金等社会公共资金网上运作和实时监控机制。

加强对国有资产的监管。参照上市公司监管办法，建立透明、规范、高效的国资监管制度，逐步形成全面覆盖、权责明确、分类监管、流转顺畅的国资监管和运营体系。建立健全国资监管信息系统，加强对企业重大事项的动态监管，定期披露企业财务情况、审计结果等重要信息，提高国资运作的透明度。

加强世博会筹办中的党风廉政建设和监督保障工作。建立规则公正、程序规范、运行透明、制约有效、责任明确、组织有力的反腐倡廉制度体系,进一步强化承办单位的内控机制,着力加强对工程建设、市场开发、采购比选、征集评选、资金管理、合同管理的监督。认真落实党风廉政建设责任制,形成项目主体单位负总责、职能部门监管、园区共建的协同配合工作机制,确保项目优质、资金安全、干部廉洁。

(三)积极发挥各监督主体作用。

支持和保证人大监督。通过听取和审议人民政府、人民法院、人民检察院的专项工作报告,严格审查和批准决算,听取和审议国民经济和社会发展计划、预算执行情况和审计工作报告,切实加强监督。进一步加强对专项资金、重大建设项目预算执行情况的监督,加大对超预算收入、政府非税收入的监督力度。加强人大对行政机关、审判机关、检察机关的监督。加强对人大选举和任命的干部的监督,探索被任命人员接受监督的有效途径。

支持和保证政府专门机关的监督。充分发挥行政监察职能作用,积极开展执法监察、廉政监察和效能监察。加强对行政执法责任制落实情况的监督检查,推行政府绩效管理和行政问责制度。进一步加强市管领导干部任期经济责任审计,推行审计结果公开。对涉及民生的教育、卫生、社会保障、住房等专项资金和涉及经济社会发展的科技、环保、土地出让、新农村建设等专项资金进行审计,加大对政府投资和以政府投资为主的重大工程项目的审计,促进审计结果的落实。

支持和保证司法监督。支持人民法院依法受理、审理和执行行政诉讼案件,监督和维护行政机关依法行政。进一步完善人民检察院依法查办和预防职务犯罪工作机制,强化对刑事诉讼、民事审判活动和行政诉讼的法律监督。

支持和保证政协民主监督。把政治协商纳入决策程序,完善民主监督机制。通过会议、专题调研、委员视察、提案、反映社情民意等形式开展民主监督。支持政协对重大政策执行中及执行后的情况开展评议。不断完善向政协、民主党派和无党派人士通报党风廉政建设和反腐败工作情况并听取意见的制度。

支持和保证群众监督。进一步完善政府信息公开机制,大力推进政务公开、厂务公开、村务公开和公共企事业单位办事公开。发挥工会、共青团、妇联等人民团体的监督作用。建立健全重大决策公示和听证制度。建立和完善领导干部接访下访制度,加强网上信访工作,畅通信访渠道。落实人民群众的知情权、参与权、表达权、监督权。

加强和改进舆论监督。重视和支持新闻媒体正确开展舆论监督。建立全市舆论监督联动机制。建立健全主要新闻媒体舆论监督的工作机制。建立和完善舆论监督整改情况的反馈机制。

五、深化体制机制制度改革

(一)推进干部人事和司法体制改革。

完善干部选拔任用制度,规范初始提名、民主推荐、民主测评等做法,进一步完善公推公选、公推直选、竞争上岗等制度。推行党委(党组)讨论任用重要干部无记名投票表决制度,提高干部选拔任用工作的民主性、科学性和公信度。落实领导干部职务任期、回避和交流制度,完善领导干部综合考核评价体系,发挥考核结果在干部任用和监督管理中的作用。

完善人民检察院对诉讼活动实行法律监督的工作机制。运用市、区县两级行政执法与刑事司法信息共享平台,促进立案监督。健全司法人员执法过错、违纪违法责任追究和领导干部失职责任追究等制度。健全涉法涉诉信访工作机制。探索庭审网络直播和录音录像制度,完善检务公开告知制度,健全警务公开网络信息平台。完善法律统一适用制度,规范司法人员自由裁量权的行使,保证严格、公正、文明执法。

（二）推进行政管理体制改革。

以改善投资项目审批管理、整合建设工程审批流程、建立网上审批平台为突破口，进一步减少审批事项和收费项目，简化审批程序，优化审批环节，提高审批效率。建立市、区县两级行政审批电子监察系统，对行政审批行为进行实时监控、预警纠错、绩效评估、责任追究。

深化浦东综合配套改革试点，推进权力公开透明运行试点，加快转变政府职能。推进电子政务建设，建立健全具有网上公开、网上办公、网上服务和网上监督功能的电子政务平台。加强权力责任机制、运作规范机制、网上运行机制、监督问责机制建设。

（三）推进财税、金融和投资体制改革。

深化分类核算的预算支出管理，推进综合预算，探索实施预算外资金分类管理，加快形成统一规范的转移支付制度，推行公务卡制度。完善国库单一账户体系，推进国库集中支付工作，将市级全额拨款事业单位、差额预算单位逐步纳入改革范围。推行非税收入集中收缴改革，将土地出让金收入、罚没收入纳入非税系统管理。

健全现代金融企业制度，积极推进地方金融企业健全内部控制和风险防范机制。健全支付监管体系，完善账户管理系统，依法落实金融账户实名制。完善反洗钱合作机制，加强对大额资金和可疑交易资金的监测。完善防范和查处上市公司信息虚假披露和市场操纵等行为的制度。

完善本市固定资产投资项目管理信息系统，实现跨部门网上协同项目管理。制定市级建设财力项目管理暂行办法，完善政府投资项目信息公开制度。健全政府投资项目决策机制，完善重大项目专家评议和论证制度、公示和责任追究制度，推行非经营性政府投资项目代建制。

（四）深化国有企业改革。

完善分级分类的国资监管体系，深化国有企业股份制改革。分类完善公司法人治理结构，加强董事会建设，增加外部董事，实行决策层和执行层分离；加强监事会建设，强化监事会监督。完善以财务监督为重点的国资监管制度，指导和督促企业加强内控管理，提高企业的管控能力。深化企业经营者选聘机制改革。完善企业领导人员的考核评价体系，把考核评价结果作为薪酬激励和领导人员选拔任用的重要依据。

（五）推进现代市场体系建设及相关改革。

完善土地交易市场建设。认真执行《上海市土地交易市场管理办法》，探索将土地二级市场纳入全市统一规范的土地交易市场。

推进政府采购制度创新。建立全市一体化政府采购信息管理平台，完成以“电子集市”为重点的电子化政府采购目标，实现通用产品网上采购。

推进建筑有形市场建设。重点推进市场标准化建设、招投标监督管理和分包规范化管理，制定《关于进一步加强建设工程招投标监督管理工作的意见》和《上海市建设工程项目分包管理办法》，逐步推行中标合同、分包合同、专家评标意见网上公开，建成全市统一、开放、规范的建筑有形市场。

推进产权交易市场建设。完善上海产权交易信息化监管平台，建立产权交易、交割变更、场内结算、中介机构数据库，健全公开挂牌、信息披露、竞价交易办法，实现国有产权转让全部进入市场交易。

推进医药购销市场建设。完善本市医药集中采购公共信息技术服务平台建设，拓展平台功能，扩大公开采购范围，逐步实现全市医疗机构药品集中网上采购。

加强社会诚信体系建设。加快构建以建筑工程、土地交易、产权交易、政府采购、医药购销等领域为重点的市场诚信体系,完善个人和企业联合征信系统,建立社会信用信息公共服务平台。

促进行业协会、中介机构规范发展。规范行业协会和市场中介组织服务和收费行为,推进行业自律性管理制度建设,加强行业管理。

六、纠正损害群众利益的不正之风

(一)加强对改善民生政策落实工作的监督检查。

认真开展土地专项执法监察,严肃查处在征用土地中侵害群众利益的案件和案件背后的腐败问题,切实维护被征地农民的合法权益。

严肃查处房屋动拆迁中的违规违纪行为,规范动拆迁补偿制度,建立健全动拆迁管理工作责任制和责任追究制,着力化解动拆迁矛盾,切实保护被拆迁人合法权益。

坚决纠正在环境保护、食品药品安全、廉租住房和经济适用房、惠农政策落实、安全生产、企业改制重组、签订和履行劳动合同方面损害群众利益的突出问题,加强和完善相关监管制度。

(二)扎实开展专项治理。

健全教育收费制度,规范教育收费,坚决纠正和严肃查处各类违规收费行为。大力纠正医药购销和医疗服务中的不正之风,全面推进医疗机构医德医风建设,全面实行医疗服务费用清单制和费用查询制,进一步提高医疗服务质量。继续规范物业管理行为,建成全市物业管理招投标平台、物业服务呼叫平台和物业服务市场化平台,进一步提高物业服务质量和群众满意度。

(三)建立政风行风建设长效机制。

不断完善政风行风民主测评机制,注重实例调查。建立主管部门与新闻媒体定期沟通机制,进一步发挥新闻媒体在政风行风建设中的监督作用。完善政风行风建设整改机制,抓好整改措施的落实。

七、保持惩治腐败的强劲势头

(一)坚决查处违纪违法案件。

以查处发生在领导机关和领导干部中的违纪违法案件为重点,严厉查处滥用职权、官商勾结、贪污贿赂、腐化堕落、以权谋私、失职渎职的案件,严重侵害群众利益的案件和发生在工程建设、土地出让、产权交易、金融等领域的案件,使重点领域和关键岗位的腐败现象得到有效遏制。

(二)深入开展治理商业贿赂工作。

继续推进自查自纠和专项治理。坚决纠正不正当交易行为,规范交易活动。认真查办商业贿赂案件,既要惩处受贿行为,又要惩处行贿行为。建立和完善跨地区行贿档案查询系统信息共享平台,建立行贿者市场禁入和退出机制,形成防治商业贿赂的长效机制。

(三)提高执纪执法水平。

严格履行办案程序,按照规定权限正确使用办案措施。司法机关依法履行侦查、批捕、起诉、审判等职责。完善办案工作规定,加强对案件线索的发现、分析、研判,强化对办案工作的监督管理。建立和完善实名举报人及证人保护奖励制度,严肃查处诬告陷害行为,澄清是非。保障涉案人员的合法权益。

改进办案方式和手段。加强对新形势下办案工作特点和规律的研究,严格区分违纪与违法的界限,正确把握政策和策略,综合运用法律、纪律、行政和经济处罚、组织处理、限制从业资格等方式和手段,提高办案水平。

加强办案能力建设,提高办案科技含量。强化办案装备保障建设。推进办案人才库建设,建立一支高素质、专业化的办案工作队伍。

（四）健全查处案件的协调机制。

加大查处案件的组织协调力度。各区县委要建立由纪委书记担任组长的反腐败协调小组，加强对重大案件的协调、指导和督办。完善案件线索移送和办案协作的机制，探索构建执纪执法机关案件信息共享平台，健全跨区域及境外协作办案和防逃、追逃、追赃机制。

（五）发挥查处案件的综合效应。

认真落实"一案两报告"制度，深入剖析案发原因，抓好警示教育、建章立制工作，做到案件原因没查清不放过、案件责任没追究不放过、整改措施没落实不放过，提高办案的政治、社会和法纪效果。积极推进系统和行业案件预防工作。建立健全本市执纪执法机关共同预防案件的协调配合机制。

八、切实抓好《工作规划》实施办法的贯彻落实

（一）加强组织领导。

各级党委是反腐倡廉建设的责任主体，必须切实担负起全面领导惩治和预防腐败体系建设的政治责任。建立以市委和区县委主要领导为组长的市、区县两级惩治和预防腐败体系建设领导机构和工作机构，做好部署推进、综合协调、调查研究、政策指导和督促检查。

（二）抓好工作落实。

各区县要按照《工作规划》实施办法，结合实际，突出重点，整体推进。各牵头单位和协办单位要按照任务分工，明确每项工作的时间进度、工作要求和具体责任，自上而下地抓好工作推进，确保工作落到实处。要创新工作思路，抓住重点领域和关键环节，深入了解《工作规划》实施办法在贯彻落实中的新情况，针对重点、难点问题，提出新思路、新举措，探索新途径、新方法，扎实推进惩治和预防腐败体系建设。

（三）加强监督检查。

各级党委要对贯彻落实《工作规划》实施办法情况加强督查，每年对工作进展情况开展专项检查。要把贯彻落实《工作规划》实施办法的情况纳入巡视和党风廉政建设责任制检查的重要内容，列入领导班子和领导干部考核评价范围，作为工作实绩评定和干部奖惩的重要内容。各级纪检监察机关要协助党委和政府建立健全督查、考核、奖惩等工作机制，加强工作指导，确保各项工作按目标要求推进。

市纪委关于印发《关于贯彻落实〈上海市贯彻落实建立健全惩治和预防腐败体系 2008—2012 年工作规划的实施办法〉分工方案》的通知

（2008 年 9 月 27 日）

为贯彻落实中央《建立健全惩治和预防腐败体系 2008—2012 年工作规划》（以下简称《工作规划》）和《上海市贯彻落实〈工作规划〉的实施办法》（以下简称《实施办法》），现制定任务分工方案。

一、深入推进反腐倡廉宣传教育

（一）加强以领导干部为重点的党风廉政教育。

1. 建立健全党委统一领导，纪委和组织、宣传、党校等分工协作的反腐倡廉宣传教育工作机制，把反腐倡廉宣传教育纳入全党宣传教育总体部署。（牵头单位：市纪委、市委宣传部，协办单位：市委组织部、市级机关党工委）

2. 深入开展理想信念和廉洁从政教育。学习中国特色社会主义理论体系，开展深入学习实践科学发展观活动，打牢领导干部廉洁从政的思想基础。(牵头单位：市委宣传部，协办单位：市纪委、市委组织部、市人事局、市委党校、市行政学院、市级机关党工委)

3. 制定本市《关于加强领导干部反腐倡廉教育的意见》。(牵头单位：市纪委，协办单位：市委组织部、市委宣传部)

4. 建立以党校集中培训为主、各种专题教育并举的领导干部廉政教育培训机制。把反腐倡廉教育纳入党员领导干部任前和在岗培训的重要内容，落实培训计划、教材和课时，提高教育效果。(牵头单位：市委组织部，协办单位：市委党校、市行政学院、市人事局、市纪委、市监察委)

5. 进一步完善党委(党组)理论学习中心组反腐倡廉理论学习制度。(牵头单位：市委宣传部，协办单位：市纪委、市委组织部)

6. 建立党政主要领导上廉政党课制度，增强领导干部主动抓好反腐倡廉教育的自觉性。(牵头单位：市委组织部，协办单位：市纪委、市委宣传部)

7. 加强党的作风和纪律教育。重点加强党的政治纪律教育和廉政法规教育，以案说纪，以案释法。(牵头单位：市纪委，协办单位：市委组织部、市委宣传部、市级机关党工委)

8. 继续开展以讲党性、重品行、作表率为主要内容的主题教育活动，组织开展忠诚教育、警示教育和人文教育，教育领导干部坚持为民、务实、清廉，带头弘扬八个方面良好风气，着力解决思想作风、学风、工作作风、领导作风和生活作风方面存在的突出问题。加强对国有企业、高校领导人员和街道社区、农村基层干部的反腐倡廉教育。(牵头单位：市纪委、市委组织部、市委宣传部，协办单位：各区县委办局党委)

(二) 加强面向全党全社会的反腐倡廉宣传教育。

9. 进一步落实《关于加强党员经常性教育的意见》，创新教育形式，注重教育效果。丰富“三会一课”内容，组织开展优秀组织生活实例评选活动。(牵头单位：市委组织部，协办单位：市委宣传部、市纪委、市级机关党工委)

10. 加强反腐倡廉教育基地建设，命名一批廉政教育基地。(牵头单位：市纪委、市委宣传部，协办单位：有关区县党委)

11. 加强反腐倡廉宣传阵地建设，办好党报党刊、电台电视台和政府网站的专版、专栏、专刊。加强反腐倡廉网络平台建设，开展网上宣传，加强热点问题引导。拓展反腐倡廉宣传形式，营造良好的社会舆论氛围。(牵头单位：市委宣传部、市纪委，协办单位：市信息委、各区县委办局党委)

12. 建立完善反腐倡廉新闻发布制度，做好反腐倡廉对外宣传工作。(牵头单位：市纪委、市监察委，协办单位：市委宣传部、市政府新闻办)

(三) 加强廉政文化建设。

13. 制定本市加强廉政文化建设的指导意见。加强机关廉政文化建设，重点抓好廉政文化进校园、进企业、进社区活动。围绕建设社会主义核心价值体系，结合社会公德、职业道德、家庭美德、个人品德和法制教育，全面推进廉政文化建设。(牵头单位：市纪委，协办单位：市委宣传部、市委组织部、市文明办)

14. 落实《上海市学校廉洁教育行动指南》，编制廉洁教育读本，创建有上海特色的校园廉洁教育品牌。(牵头单位：市教委，协办单位：市文明办、市新闻出版局、团市委、市纪委)

15. 制定廉政文化进企业的工作意见，积极培育依法经营、廉洁从业和诚实守信的企业文化。(牵头单位：市国资委，协办单位：各区县委办局党委、市总工会、市纪委)

16. 围绕“迎世博600天行动计划”，积极开展弘扬家庭美德和争做“文明上海人”社区廉政文化创建活动。（牵头单位：市委宣传部、市文明办、市妇联，协办单位：上海市家庭文明建设协调小组成员单位）

17. 实施廉政文化精品工程，创作一批影视、戏剧、歌曲和公益广告等廉政文化精品。（牵头单位：市委宣传部，协办单位：市文广局、市纪委、市监察委）

二、完善反腐倡廉制度体系

（一）完善党内民主和党内监督制度。

1. 健全党政领导班子议事规则和决策程序。进一步完善《关于党委（党组）实施“三重一大”制度的若干意见（试行）》。积极推行党委（党组）讨论决定重大问题和任用重要干部票决制。（牵头单位：市委办公厅，协办单位：市委组织部、市纪委）

2. 推进基层党组织领导班子成员由党员和群众公开推荐试点，逐步扩大基层党组织领导班子公推直选范围。（牵头单位：市委组织部，协办单位：市委办公厅）

3. 推进党代表大会常任制试行工作，落实《中共上海市委关于贯彻〈中国共产党全国代表大会和地方各级代表大会代表任期制暂行条例〉的实施办法（试行）》。（牵头单位：市委组织部，协办单位：市委办公厅）

4. 研究制定实行党务公开的意见。（牵头单位：市纪委，协办单位：市委组织部、市委办公厅）

5. 进一步完善和规范市委和区县委全委会、常委会工作机制，明确常委会向全委会报告工作的时间、形式和内容，明确全委会监督常委会及其成员的方式、途径和内容，从制度上加大全委会对常委会的监督力度。（牵头单位：市委办公厅，协办单位：市委组织部、市纪委）

6. 完善《关于进一步加强对本市局级领导班子主要负责人监督的若干意见（试行）》，制定贯彻落实《地方党委委员、纪委委员提出罢免或撤换要求处理办法（试行）》的实施办法和配套规定，增强监督措施的操作性和有效性。（牵头单位：市纪委、市委组织部）

（二）完善有关预防腐败的重要制度。

7. 制定领导干部在住房方面保持廉洁的有关纪律规定。（牵头单位：市纪委，协办单位：市委组织部、市监察委）

8. 制定落实《上海市人民政府关于进一步加强本市财政性资金和社会公共资金监管的若干意见》的实施细则。（牵头单位：市纪委、市监察委，协办单位：市财政局、市发改委）

9. 制定贯彻落实《中国共产党巡视工作条例》的实施办法，进一步发挥巡视对领导班子和主要负责人的监督作用。（牵头单位：市纪委、市委组织部）

10. 制定《上海市行政审批电子监察办法》。（牵头单位：市监察委，协办单位：市政府办公厅、市信息委、市审改办、市政府法制办）

（三）完善违纪行为惩处制度。

11. 根据《中国共产党纪律处分条例》和《行政机关公务员处分条例》，制定相关配套制度。（牵头单位：市纪委、市监察委，协办单位：市委组织部、市人事局）

12. 制定贯彻落实《中央纪委、中央组织部关于在查处违犯党纪案件中规范和加强组织处理工作意见（试行）》的实施办法。（牵头单位：市纪委、市委组织部）

13. 修订《违纪违法财物没收追缴和责令退赔暂行办法》。（牵头单位：市纪委、市监察委）

14. 制定纪检监察机关与检察机关进一步加强案件查处和预防工作协作配合制度。（牵头单位：市纪委，协办单位：市检察院、市监察委）

(四)完善反腐败领导体制和工作机制的具体制度。

15. 修订贯彻落实《关于实行党风廉政建设责任制的规定》的实施办法,进一步明确各级党政组织主要领导和领导班子成员在党风廉政建设中的责任范围、履职要求、监督考核和责任追究办法。(牵头单位:市纪委、市监察委)

16. 制定和完善本市有关加强国有企业、社区、农村基层党风廉政建设若干意见。(牵头单位:市纪委)

17. 制定加强高校党风廉政建设若干意见。(牵头单位:市科教工作党委、市教委)

18. 制定加强"两新"组织反腐倡廉建设若干意见。(牵头单位:市社会工作党委)

三、进一步强化监督制约

(一)加强对领导机关、领导班子和领导干部特别是主要负责人的监督。

1. 把加强对遵守党的政治纪律的监督放在更加突出位置,切实维护党章和其他党内法规,维护中央权威和党的集中统一,坚决查处有令不行、有禁不止的行为。(牵头单位:市纪委)

2. 加强对贯彻落实科学发展观情况的监督,重点加强对节能减排、生态环境保护和节约集约利用土地等政策措施落实情况的监督检查,防止和纠正违背科学发展观要求的行为。(牵头单位:市纪委、市监察委,协办单位:市发改委、市环保局、市房地资源局)

3. 加强对执行民主集中制情况的监督。重点检查重大问题集体领导、民主集中、个别酝酿、会议决定的民主决策程序执行情况。加强上级党委和纪委对下级党委及其成员的监督,落实对上级党委和纪委领导班子成员与下级领导班子成员谈话制度和领导班子成员联系基层单位制度等的经常性监督措施。(牵头单位:市纪委,协办单位:市委组织部、市委办公厅)

4. 加强对领导干部住房方面有关规定执行情况的监督,加强申报和核实工作,及时发现和纠正问题,坚决查处以权谋房、以房敛财等违纪违法行为。(牵头单位:市纪委,协办单位:市委组织部、市监察委)

5. 继续加强对领导干部违反规定收送现金、有价证券和支付凭证等问题的监督和查处,完善礼品礼金统一登记管理制度。(牵头单位:市纪委、市监察委)

6. 加强对领导干部配偶、子女个人从业有关规定执行情况的监督检查。加强对领导干部身边工作人员的管理和监督。(牵头单位:市纪委、市监察委,协办单位:市委组织部、市委办公厅、市政府办公厅)

7. 严格领导干部出国(境)管理,建立领导干部出国(境)信息平台,探索建立公示制度。(牵头单位:市纪委、市监察委、市政府外办)

8. 逐步实行乡镇公务用车改革,稳妥推进区县公务用车改革。(牵头单位:市发改委,协办单位:市纪委、市监察委、市政府机管局、市财政局)

9. 进一步完善党员领导干部报告个人有关事项信息系统,探索建立领导干部廉政情况信息库。(牵头单位:市委组织部、市纪委)

10. 加大巡视工作力度,5年内对19个区县和市政府委办局巡视1遍,重点单位巡视2遍;对市管大中型国有企业开展巡视的面达到50%;根据需要,开展对其他单位的巡视。做好巡视延伸试点工作。加强对巡视整改措施落实情况的监督。(牵头单位:市纪委、市委组织部)

11. 完善领导干部述职述廉工作,探索区、县委办局主要领导干部述职述廉办法。(牵头单位:市纪委,协办单位:市委组织部)

12. 进一步改进民主生活会的方式方法,加强对领导干部参加双重组织生活会的监督检查。

(牵头单位：市委组织部，协办单位：市纪委)

13. 落实领导干部信访谈话、诫勉谈话和函询等制度，加强对领导干部及时提醒和监督。积极做好党委委员、纪委委员党内询问和质询办法的试点工作。(牵头单位：市纪委，协办单位：市委组织部)

14. 积极推进党务公开，规范党务公开的内容和程序。(牵头单位：市纪委，协办单位：市委组织部、市委办公厅)

15. 认真贯彻《中国共产党党员权利保障条例》，切实保障党员批评、建议、检举等权利。(牵头单位：市纪委，协办单位：市委组织部)

16. 完善纪检监察机关派驻机构管理体制和工作机制。(牵头单位：市纪委、市监察委，协办单位：市委组织部、市人事局)

(二) 加强对重要领域和关键环节的监督。

17. 加强对干部人事权行使的监督。强化对推荐、提名、考察考核、讨论决定等重点环节的监督。(牵头单位：市委组织部，协办单位：市纪委、市监察委、市人事局)

18. 完善干部选拔任用前征求同级纪委意见的制度和程序。进一步完善干部监督工作联席会议制度。(牵头单位：市委组织部，协办单位：市纪委)

19. 加强对司法权行使的监督。完善纪委和党委政法委、组织部等部门在对司法机关党组织和党员干部监督工作中的协作配合机制。加强检察机关的法律监督。强化公安、检察、审判机关在刑事诉讼中的分工负责、互相配合和互相制约。(牵头单位：市委政法委，协办单位：市纪委、市委组织部)

20. 加强对财政性资金和社会公共资金的监管。逐步建立财政性资金和社保基金、住房公积金、扶贫救灾资金等社会公共资金网上运作和实时监控机制。(牵头单位：市纪委、市监察委，协办单位：市财政局、市发改委、市社保局、市房地资源局、市建设交通委、市民政局)

21. 加强对国有资产的监管。参照上市公司监管办法，建立透明、规范、高效的国资监管制度，逐步形成全面覆盖、权责明确、分类监管、流转顺畅的国资监管和运营体系。建立健全国资监管信息化管理系统，加强对企业重大事项的动态监管，定期披露企业财务情况、审计结果等重要信息，提高国资运作的透明度。(牵头单位：市国资委，协办单位：市审计局)

22. 加强上海世博会筹办中的党风廉政建设和监督保障工作。进一步强化承办单位的内控机制，着力加强对工程建设、市场开发、采购比选、征集评选、资金管理、合同管理的监督。认真落实党风廉政建设责任制，形成项目主体单位负总责、职能部门监管、园区共建的协同配合工作机制。(牵头单位：市纪委、市监察委、市世博局，协办单位：市发改委、市建设交通委、市财政局、市审计局、市委宣传部、市检察院、市公安局)

(三) 积极发挥各监督主体作用。

23. 支持和保证人大监督。进一步加强对专项资金、重大建设项目预算执行情况的监督，加大对超预算收入、政府非税收入的监督力度。加强人大对行政机关、审判机关、检察机关的监督。加强对人大选举和任命的干部的监督，探索被任命人员接受监督的有效途径。(牵头单位：市人大内司委、市人大财经委、市人大常委会法工委、市人大常委会预算工委、市人大常委会办公厅)

24. 推行政府绩效管理和行政问责制度。(牵头单位：市人事局、市监察委)

25. 进一步加强市管领导干部任期经济责任审计，推行审计结果公开。(牵头单位：市委组织部，协办单位：市审计局、市纪委、市监察委)

26. 对涉及民生的教育、卫生、社会保障、住房等专项资金和涉及经济社会发展的科技、环保、土地出让、新农村建设等专项资金进行审计,加大对政府投资和以政府投资为主的重大工程项目的审计,促进审计结果的落实。(牵头单位：市审计局,协办单位：市监察委)

27. 支持人民法院依法受理、审理和执行行政诉讼案件,监督和维护行政机关依法行政。(牵头单位：市高级人民法院,协办单位：市委政法委、市人大内司委)

28. 进一步完善人民检察院依法查办和预防职务犯罪工作机制,强化对刑事诉讼、民事审判活动和行政诉讼的法律监督。(牵头单位：市检察院,协办单位：市委政法委、市人大内司委)

29. 支持和保证政协通过会议、专题调研、委员视察、提案、反映社情民意等形式开展民主监督。支持政协对重大政策执行中及执行后的情况开展评议。不断完善向政协、民主党派和无党派人士通报党风廉政建设和反腐败工作情况并听取意见的制度。(牵头单位：市政协办公厅,协办单位：市委统战部、市纪委)

30. 进一步完善政府信息公开机制,推进政务公开。(牵头单位：市政府办公厅,协办单位：市信息委、市监察委)

31. 推进厂务公开。(牵头单位：市总工会,协办单位：市国资委、市纪委、市委组织部)

32. 推进村务公开。(牵头单位：市民政局、市农委、市纪委)

33. 建立和完善领导干部接访下访制度,加强网上信访工作,畅通信访渠道。发挥工会、共青团、妇联等人民团体的监督作用。(牵头单位：市信访办、市总工会、团市委、市妇联)

34. 建立全市舆论监督联动机制。建立健全主要新闻媒体加强和改进舆论监督的工作机制。建立和完善对舆论监督进行整改的情况反馈机制。(牵头单位：市委宣传部,协办单位：市纪委、市监察委)

四、深化体制机制制度改革

(一) 推进干部人事和司法体制改革。

1. 规范初始提名、民主推荐、民主测评等做法,进一步完善公推公选、公推直选、竞争上岗等制度。推行党委(党组)讨论任用重要干部无记名投票表决制度。落实领导干部职务任期、回避和交流制度,完善领导干部综合考核评价体系,发挥考核结果在干部任用和监督管理中的作用。(牵头单位：市委组织部,协办单位：市人事局)

2. 完善人民检察院对诉讼活动实行法律监督的工作机制。(牵头单位：市检察院,协办单位：市人大内务司法委、市人大常委会法工委)

3. 运用市、区县两级行政执法与刑事司法信息共享平台,促进立案监督。健全司法人员执法过错、违纪违法责任追究和领导干部失职责任追究等制度。完善法律统一适用制度,规范司法人员自由裁量权的行使,保证严格、公正、文明执法。(牵头单位：市委政法委,协办单位：市高法院、市检察院、市公安局)

4. 健全涉法涉诉信访工作机制。(牵头单位：市委政法委,协办单位：市人大内务司法委、市人大常委会法工委、市高法院、市检察院、市公安局)

5. 探索庭审网络直播和录音录像制度。完善检务公开告知制度。健全警务公开网络信息平台。(牵头单位：市高法院、市检察院、市公安局)

(二) 推进行政管理体制改革。

6. 以改善投资项目审批管理、整合建设工程审批流程、建立网上审批平台为突破口,进一步减少审批事项和收费项目,简化审批程序,优化审批环节,提高审批效率。(牵头单位：市监察委(市

审改办），协办单位：市政府办公厅、市发改委、市建设交通委、市政府法制办、市信息委）

7. 建立市、区县两级行政审批电子监察系统，对行政审批行为进行实时监控、预警纠错、绩效评估、责任追究。（牵头单位：市监察委，协办单位：市政府办公厅、市审改办、市信息委）

8. 深化浦东综合配套改革试点，推进权力公开透明运行试点，加快转变政府职能。推进电子政务建设，建立健全具有网上公开、网上办公、网上服务和网上监督功能的电子政务平台。加强权力责任机制、运作规范机制、网上运行机制、监督问责机制建设。（牵头单位：浦东新区，协办单位：市发改委、市纪委、市监察委）

（三）推进财税、金融和投资体制改革。

9. 深化分类核算的预算支出管理，推进综合预算，探索实施预算外资金分类管理，加快形成统一规范的转移支付制度，推行公务卡制度。完善国库单一账户体系，推进国库集中支付工作，将市级全额拨款事业单位、差额预算单位逐步纳入改革范围。推行非税收入集中收缴改革，将土地出让金收入、罚没收入纳入非税系统管理。（牵头单位：市财政局，协办单位：市纪委、市监察委）

10. 健全现代金融企业制度，积极推进地方金融企业健全内部控制和风险防范机制建设。健全支付监管体系，完善账户管理系统，依法落实金融账户实名制。完善反洗钱合作机制，加强对大额资金和可疑交易资金的监测。完善防范和查处上市公司信息虚假披露和市场操纵等行为的制度。（牵头单位：市金融服务办，协办单位：市纪委、市财政局、市公安局、市监察委）

11. 完善本市固定资产投资项目管理信息系统，实现跨部门网上协同项目管理。制定市级建设财力项目管理暂行办法，完善政府投资项目信息公开制度。健全政府投资项目决策机制，完善重大项目专家评议和论证制度、公示和责任追究制度，推行非经营性政府投资项目代建制。（牵头单位：市发改委，协办单位：市纪委、市监察委、市建设交通委、市财政局、市规划局、市房地资源局、市环保局、市审计局）

（四）深化国有企业改革。

12. 完善分级分类的国资监管体系，深化国有企业股份制改革。分类完善公司法人治理结构，加强董事会建设，增加外部董事，实行决策层和执行层分离；加强监事会建设，强化监事会监督。完善以财务监督为重点的国资监管制度，指导和督促企业加强内控管理，提高企业的管控能力。深化企业经营者选聘机制改革。完善企业领导人员的考核评价体系，把考核评价结果作为薪酬激励和领导人员选拔任用的重要依据。（牵头单位：市国资委，协办单位：市委组织部、市纪委、市监察委）

（五）推进现代市场体系建设及相关改革。

13. 完善土地交易市场建设。认真执行《上海市土地交易市场管理办法》，探索将土地二级市场纳入全市统一规范的土地交易市场。（牵头单位：市房地资源局，协办单位：市建设交通委、市纪委、市监察委）

14. 推进政府采购制度创新。建立全市一体化政府采购信息管理平台，完成以"电子集市"为重点的电子化政府采购目标，实现通用产品网上采购。（牵头单位：市财政局，协办单位：市纪委、市监察委）

15. 推进建筑有形市场建设。重点推进市场标准化建设、招投标监督管理和分包规范化管理。逐步推行中标合同、分包合同、专家评标意见网上公开。（牵头单位：市建设交通委，协办单位：市纪委、市监察委）

16. 推进产权交易市场建设。完善上海产权交易信息化监管平台。建立产权交易、交割变更、场内结算、中介机构数据库，健全公开挂牌、信息披露、竞价交易办法，实现国有产权转让全部进入

市场交易。(牵头单位：市国资委，协办单位：市纪委、市监察委)

17. 推进医药购销市场建设。完善本市医药集中采购公共信息技术服务平台建设，拓展平台功能，扩大公开采购范围，逐步实现全市医疗机构药品集中网上采购。(牵头单位：市卫生局，协办单位：市食品药品监管局、市纪委、市监察委)

18. 加强社会诚信体系建设。加快构建以建筑工程、土地交易、产权交易、政府采购、医药购销等领域为重点的市场诚信体系。完善个人和企业联合征信系统，建立社会信用信息公共服务平台。(牵头单位：市信息委，协办单位：市纪委、市监察委)

19. 促进行业协会、中介机构规范发展。规范行业协会和市场中介组织服务和收费行为，推进行业自律性管理制度建设，加强行业管理。(牵头单位：市社会服务局，协办单位：市纪委、市监察委)

五、纠正损害群众利益的不正之风

(一) 加强对改善民生政策落实工作的监督检查。

1. 认真开展土地专项执法监察，严肃查处在征用土地中侵害群众利益的案件和案件背后的腐败问题，切实维护被征地农民的合法权益。(牵头单位：市房地资源局，协办单位：市监察委)

2. 严肃查处房屋动拆迁中的违规违纪行为，规范动拆迁补偿制度，建立健全动拆迁管理工作责任制和责任追究制，着力化解动拆迁矛盾，切实保护被拆迁人合法权益。健全落实廉租住房和经济适用房政策监管制度。(牵头单位：市房地资源局，协办单位：市监察委)

3. 坚决纠正在环境保护方面严重损害群众权益的行为，完善监管工作机制。(牵头单位：市环保局，协办单位：市监察委)

4. 健全食品药品安全监管制度，严肃处理重大质量安全事件。(牵头单位：市食品药品监管局，协办单位：市监察委)

5. 加强对惠农政策落实情况的监督检查，坚决纠正损害农民利益的行为。(牵头单位：市农委，协办单位：市纠风办)

6. 开展对安全生产法律法规执行情况的监督检查，进一步加大责任事故调查处理力度，坚决查处事故背后的失职渎职行为和腐败问题。(牵头单位：市安监局，协办单位：市监察委)

7. 坚决纠正企业改制重组、签订和履行劳动合同方面损害群众利益的突出问题，加强和完善相关监管制度。(牵头单位：市国资委，协办单位：市劳动保障局、市总工会)

(二) 扎实开展专项治理。

8. 健全教育收费制度，规范教育收费，坚决纠正和严肃查处各类违规收费行为。(牵头单位：市教委，协办单位：市纠风办)

9. 大力纠正医药购销和医疗服务中的不正之风，全面推进医疗机构医德医风建设，全面实行医疗服务费用清单制和费用查询制，进一步提高医疗服务质量。(牵头单位：市卫生局，协办单位：市食品药品监管局、市纠风办)

10. 继续规范物业管理行为，建成全市物业管理招投标平台、物业服务呼叫平台和物业服务市场化平台。进一步提高物业服务质量和群众满意度。(牵头单位：市房地资源局，协办单位：市建设交通委、市纠风办)

(三) 建立政风行风建设长效机制。

11. 不断完善政风行风民主测评机制，注重实例调查。建立主管部门与新闻媒体定期沟通机制，进一步发挥新闻媒体在政风行风建设中的监督作用。完善政风行风建设整改机制。(牵头单

位：市纠风办，协办单位：市委宣传部）

六、保持惩治腐败的强劲势头

（一）坚决查处违纪违法案件。

1. 以查处发生在领导机关和领导干部中的违纪违法案件为重点，严厉查处滥用职权、官商勾结、贪污贿赂、腐化堕落、以权谋私、失职渎职的案件，严重侵害群众利益的案件和发生在工程建设、土地出让、产权交易、金融等领域的案件。（牵头单位：市纪委，协办单位：市高法院、市检察院、市公安局、市监察委、市审计局）

（二）深入开展治理商业贿赂工作。

2. 继续推进自查自纠和专项治理。坚决纠正不正当交易行为，规范交易活动。认真查办商业贿赂案件，既要惩处受贿行为，又要惩处行贿行为。建立和完善跨地区行贿档案查询系统信息共享平台，建立行贿者市场禁入和退出机制，形成防治商业贿赂的长效机制。（牵头单位：市纪委，协办单位：市监察委、市检察院、市公安局、市工商局、市审计局）

（三）提高执纪执法水平。

3. 坚持依纪依法办案。严格履行办案程序，按照规定权限正确使用办案措施。司法机关依法履行侦查、批捕、起诉、审判等职责。完善办案工作规定，加强对案件线索的发现、分析、研判，强化对办案工作的监督管理。建立和完善实名举报人及证人保护奖励制度，严肃查处诬告陷害行为，澄清是非。保障涉案人员的合法权益。（牵头单位：市纪委，协办单位：市委政法委、市高法院、市检察院、市公安局、市监察委）

4. 改进办案方式和手段。加强对新形势下办案工作特点和规律的研究，严格区分违纪与违法的界限，正确把握政策和策略，综合运用法律、纪律、行政和经济处罚、组织处理、限制从业资格等方式和手段，提高办案水平。（牵头单位：市纪委，协办单位：市委组织部、市高法院、市检察院、市公安局、市监察委）

5. 加强办案能力建设，提高办案科技含量。强化办案装备保障基础建设。推进办案干部人才库建设，建立一支高素质、专业化的办案工作队伍。（牵头单位：市纪委，协办单位：市委政法委、市监察委）

（四）健全查处案件的协调机制。

6. 加大查处案件的组织协调力度。各区县委要建立由纪委书记担任组长的反腐败协调小组，加强对重大案件的协调、指导和督办。完善案件线索移送和办案协作的制度机制，探索构建执纪执法机关案件信息共享平台，健全跨区域及境外协作办案和防逃、追逃、追赃机制。（牵头单位：市纪委，协办单位：市委政法委、市委组织部、市高法院、市检察院、市公安局、市监察委）

（五）发挥查处案件的综合效应。

7. 认真落实“一案两报告”制度，深入剖析案发原因，抓好警示教育、建章立制工作，做到案件原因没查清不放过、案件责任没追究不放过、整改措施没落实不放过，提高办案的政治、社会和法纪效果。积极推进系统和行业案件预防工作。建立健全本市执纪执法机关共同预防案件的协调配合机制。（牵头单位：市纪委，协办单位：市委政法委、市委组织部、市高法院、市检察院、市公安局、市监察委）

七、切实抓好《工作规划》的贯彻落实

1. 建立以市委和区县委主要领导为组长的市、区县两级惩治和预防腐败体系建设领导机构和工作机构，做好部署推进、综合协调、调查研究、政策指导和督促检查。（牵头单位：市纪委，协办单

位：市委组织部、市委宣传部、市委办公厅、市政府办公厅）

2. 各区县要按照《工作规划》实施办法，结合实际，突出重点，整体推进。（牵头单位：各区县党委）

3. 各级党委要对贯彻落实《实施办法》情况加强督查，每年对工作进展情况开展专项检查。各牵头单位和协办单位要按照任务分工，明确每项工作的时间进度、工作要求和具体责任，自上而下地抓好工作推进，确保工作落到实处。（牵头单位：市纪委，协办单位：市委办公厅、市政府办公厅）

4. 要把贯彻落实《实施办法》的情况纳入巡视和党风廉政建设责任制检查的重要内容，列入领导班子和领导干部考核评价范围，作为工作实绩评定和干部奖惩的重要内容。（牵头单位：市纪委、市委组织部）

5. 各级纪检监察机关要协助党委和政府建立健全督查、考核、奖惩等工作机制，加强工作指导，确保各项工作按目标要求推进。（牵头单位：市纪委，协办单位：市委组织部、市委宣传部、市委办公厅、市政府办公厅）

二、1986—2007年市纪委向市党代会作的工作报告

市纪委向市第五次党代会作的工作报告

（1986年）

一、目前上海党风建设的形势

几年来，在市委和中央纪委的领导下，上海各级纪委按照党章规定的任务，在协助党委争取实现党风根本好转和提高党员政治素质方面，在纠正不正之风、惩治违法乱纪、反对党员中的错误思想倾向等方面，做了大量工作，起了积极作用。

党的十二大提出争取在五年内实现党风根本好转的目标后，上海各级党组织普遍加强党性教育和纪律检查工作，分期分批进行整党，党的思想建设和组织建设都有所加强。广大党员和干部在贯彻马克思主义的实事求是思想路线，执行改革、开放政策和实现党内生活正常化等方面作出了努力，涌现出许多克己奉公、埋头苦干、勇于创新的优秀党员、优秀干部，出现了一批党性强、党风正、能自觉抵制不正之风、发挥战斗堡垒作用的党支部。实践证明：上海的党员、干部绝大多数是好的和比较好的，上海的党组织是有战斗力的，上海的党风确有明显好转的方面。

一、恢复和贯彻马克思主义的实事求是思想路线。党的十一届三中全会以来，本市各级党组织和广大党员、干部认真克服长期以来存在着的“左”的错误影响，全面落实党的各项政策。全市各级纪委会同组织部门进一步复查平反了“文化大革命”中的冤假错案十一万五千六百零五件；认真复查和纠正了“文化大革命”前处理错了的历史案件一万六千七百九十三件。通过平反、纠正这些案件，使大批在“文化大革命”中受迫害的、在“文化大革命”前被处理错了的干部，恢复了名誉。这对于肃清林彪、江青反革命集团的流毒，清除“左”的思想影响，分清原则是非，起了积极作用，极大地调动了党内外广大干部、群众的积极性和创造性。几年来，广大党员、干部逐步提高了在政治上同党中央保持一致的自觉性；全市党的工作重点已经转移到社会主义现代化建设上来。各级党组织认真贯彻执行了改革、开放的方针、政策，经济建设取得了显著成绩，各条战线出现了生机勃勃的局面。

二、党内政治生活日趋正常，民主空气日见活跃。各级党委和纪委认真进行了坚持四项基本原则的教育，清理“左”的思想影响，反对资产阶级自由化倾向。《关于党内政治生活的若干准则》公布以后，各级纪委用主要精力协助党委抓《准则》宣传教育和贯彻执行，促进党内政治生活逐步正常化。党的十二大以后，各级党委组织广大党员学习贯彻十二大文件和党的全国代表会议文件，结合整党继续开展彻底否定“文化大革命”的教育，端正业务指导思想，深入进行理想、纪律教育，党员的党性观念和组织纪律性有了增强，党员的政治素质有了提高。各级党政领导班子在贯彻执行民主集中制，坚持集体领导，健全民主生活制度，开展批评和自我批评，倾听党内外群众意见等方面有了进步，党群关系有较大改善。几年来，一批经验丰富、年事已高的老同志，带头废除实际存在的领导职务终身制，推进了干部制度的改革，保证了本市党政机关领导班子新老交替的顺利进行。广大老

干部发扬党的优良传统，带头端正党风，继续为四化建设贡献力量。绝大多数中青年干部走上各级领导岗位后，严于律己，努力创新，朝气蓬勃地开展工作。新老干部互相尊重，密切合作，团结奋斗，保证了党的事业不断胜利前进。

三、开展“经打”、核查工作，查处违纪案件，严肃党的纪律，纯洁党的组织。一九八二年以来，各级党委、纪委和政法部门认真贯彻执行中央《紧急通知》，在全市范围内开展打击经济领域中严重犯罪活动的斗争，保证对外开放、对内搞活经济政策的贯彻。截至一九八五年底的统计，全市立案的经济犯罪案有一万七千二百七十七件，已经结案的有一万二千八百三十五件。在这些案件中，涉及党员二千三百五十六人，其中党员副处长以上领导干部有二十五人。近两年来，在整党的过程中，有计划、有步骤地全面开展核查“三种人”的工作，效果明显，进一步纯洁了党的组织。已查处了在“文化大革命”中造反起家、搞打砸抢和坚持帮派思想的“三种人”共三百五十五名，犯有严重错误的二千二百五十九名。一九八〇年到一九八五年十二月底，全市各级纪委在检查处理的党员违纪案件中，受到党纪处分的党员共一万零三十二人(年平均约占党员总数的百分之零点二)，其中开除党籍一千八百六十人，留党察看一千七百二十一人，撤销党内职务二百四十四人，严重警告二千二百二十一人，警告三千九百八十六人，严肃了党纪，伸张了正气，打击了歪风，教育了广大党员和干部。

四、纠正不正之风，保证经济体制改革的顺利进行。几年来，各级党委揭露和制止一些党员干部利用职权谋取私利的行为，不断纠正建房、分房和招工、招生、转干中的歪风。开展了查禁淫秽物品工作，健全了有关的管理制度。一九八四年第四季度以来出现的几股新的不正之风，如党政机关、党政干部以权经商，滥发奖金、补贴、实物，利用公款请客送礼，以赞助为名乱摊派，乱涨物价，向基层单位索要钱物，销售不健康小报等，经过努力，多数已经刹住，并得到清理和纠正，有的则大为收敛。一些影响较大、群众反映强烈的，包括领导干部和高干子女的严重不正之风和违法犯罪的大案要案，已经得到严正处理，或者正在严肃查处。

几年来，全市各级纪委围绕党的总任务、总目标，对广大党员进行党性教育，切实纠正不正之风，为加强党的建设，严肃党的纪律，促进改革、经济建设和其他各项工作的发展作出了努力，工作是有成绩的。绝大多数的纪检干部以身作则，刚正不阿，秉公办事，发挥了应有作用。

这几年来，上海党风确有明显好转的方面，这是主流和主导的方面，应该充分肯定。同时，我们也要清醒地看到，目前在党风方面还存在不少问题，党风还没有根本好转，端正党风的任务还很重。中央指出的不正之风，在有些部门和单位，在一些领导干部和党员身上，都不同程度地存在，有的还比较严重，突出的表现是：

(一)工作上的官僚主义。有的精神不振，缺乏上进心、事业心和责任感，对改革、开放中出现的新情况、新问题不调查、不研究，脱离实际，脱离群众；有的工作不讲实效，摆花架子，搞形式主义，讲假话、空话，听喜不听忧；有的不是全心全意为基层、为群众服务，而是要基层和群众为自己服务，对下颐指气使，发号施令，官气十足；有的遇事推诿、扯皮，作风拖拉，办事效率很低。个别人甚至有失职守，在政治上经济上造成重大损失。

(二)政治上的自由主义，组织纪律松弛。有的任意散布同党的方针、政策相违背的错误言论，个别人在思想和行动上同四项基本原则格格不入，搞资产阶级自由化；有的对别人的错误缺点，津津乐道，动辄上纲上线，对自己要求不严，听不得半点批评意见；有的不讲原则讲情面，对各种歪风邪气和错误倾向不揭露、不反映、不批评、不制止，而是好人主义，甚至包庇纵容；有的传播小道消息，甚至任意泄露党和国家机密；有的组织观念薄弱，纪律松弛，长期不过组织生活，成了“特殊党员”;有的把党的纪律置之脑后,不执行党的决定,有令不行,有禁不止,我行我素,搞“上有政策,我有对策”,以实用主义态度对待党的方针、政策,合乎胃口的就执行,不合乎胃口的就拖着不办,甚至加以抵制。

(三) 个人主义思想膨胀。有的比地位、待遇,计较名利,闹不团结;有的伸手要官,只能上不能下;有的不服从组织调动,只要组织照顾,不要组织纪律;有的讲排场、图享受,争换高级豪华轿车,接受基层请吃和礼物;有的热衷于为儿孙“造福”,对家属、子女要求不严,甚至说情、护短;有的利用职权,多占住房,牟取不正当的收入和好处;有的以参观、学习为名,利用公款游山玩水;有的假借各种理由出国,重复考察,轮番出访,擅自延长出访时间;有的在外事方面违反财务、礼品制度,假公济私。

(四) 本位主义严重。有的缺乏全局观点,以邻为壑,互相扯皮,不能正确处理国家、集体、个人的关系,只顾本单位的狭隘利益,以致许多急需解决而又不难解决的问题,长期议而不决,决而不行;有的截留利润,化大公为小公;有的把国家给予他们的一部分物资分配、经营管理等权力,视为小团体和个人的资本,搞歪门邪道。

(五) 用人不讲原则。有的选拔干部不按“四化”标准,不按组织程序,不讲党性,而凭个人好恶、恩怨、亲疏,甚至重用坏人;有的把干部职位做人情、搞交易,封官许愿,拉拉扯扯;有的不按德才标准,任意安排子女、亲友任职,违反组织人事纪律。

此外,少数人见利忘义,贪污盗窃、索贿受贿、投机诈骗,已经发展到严重违法犯罪的地步。

以上这些问题,虽然发生在少数党员干部身上,但它败坏了党风,损害了党和政府的形象,影响了党和人民群众的关系,削弱了党的战斗力,也给某些别有用心的人和社会上的不法分子以可乘之机。

在经济体制改革的新形势下,许多问题处在探索、试验之中,有些规章制度一时难以健全,有空子可钻。随着对外开放、对内搞活经济的深入发展,资本主义腐朽思想对我们队伍的侵袭有所增加,商品交换原则也会渗透到我们党的政治生活中来。在一个伟大的变革时期,出现某些消极现象是难以避免的。问题在于我们领导机关、领导干部对于精神文明建设和思想政治工作,还没有引起认真的重视,没有把端正党风作为党的思想建设的一个重要组成部分来抓,存在党不管党、治党不严的状况。有些领导机关、领导干部则对不正之风的严重性和危害性认识不足,解决这方面的问题说得多,做得少,在执行纪律上失之于宽,有的领导干部明哲保身,或者自己也搞不正之风,对一些明显的违法乱纪案件不敢抓、不敢管,久拖不决,致使某些部门、单位、地区的歪风没有得到及时制止。只要领导干部对此有清醒的认识,采取切实有效的措施,那么,这些问题也是不难解决的。

我们党处于执政党的地位,在长期的和平环境中,在资本主义腐朽思想的侵蚀和封建残余思想的影响下,一些党员、干部容易滋长以权谋私的错误思想和沾染官僚主义的恶习。一些党员、干部的马克思主义理论水平不高,党纪、法纪观念淡薄,在复杂的国际环境和社会环境中,分不清是非界限,缺乏免疫力。一些党员、干部的党性不纯,政治素质差。有的同志组织上入了党,思想上并未完全入党。有的人挂着共产党员招牌,心里却向往资本主义,追求剥削阶级没落腐朽的生活方式。从根本上说,则是这些党员、干部的世界观有问题。这些都同我们共产党人的党性、党的宗旨格格不入,同社会主义精神文明背道而驰,是为党性原则和党的纪律所不容的。

从市纪委工作来说,还未能适应改革、开放的新形势,对社会主义有计划的商品经济条件下出现的新情况、新问题估计不足,调查研究不够,对全市纪检工作的指导和对纪检干部的培训不够,对有的大案要案检查处理不及时、不果断，运用典型案件，对党员进行党性党风党纪教育也不够。我们一定要认真吸取这些教训。

二、实现党风根本好转的任务和措施

尽快实现党风根本好转，是党的十二大和全国党代表会议向全党提出的一项庄严任务。市委要求，认真落实党中央的指示，扎扎实实地做好工作，下决心在今明两年内实现全市党风的根本好转。为此，全市各级党组织要努力做到：

（一）领导班子坚强团结，能够坚决地、正确地贯彻执行党的路线、方针、政策，在政治上同党中央保持高度一致，坚持四项基本原则，坚持两个文明一起抓，使本单位的生产和工作得到发展和提高，保证改革和四化建设顺利进行。

（二）党的组织能够坚持民主集中制原则，实现党内政治生活正常化，正确开展批评和自我批评，严格按照党章和《准则》办事。

（三）党员干部真正能够坚持和发扬党的优良传统，廉洁奉公，以身作则，严于律己，全心全意为人民服务，带动广大党员模范地遵守党纪国法，敢于同歪风邪气作斗争。

（四）党内的不正之风能够及时得到纠正，对于影响大、党内外群众反映强烈的违法乱纪问题能够及时得到处理，党群、干群关系得到明显改善，党在群众中的威信进一步提高。

（五）建立起党风责任制，能够经常开展党性党风党纪教育，加强思想政治工作，党员的政治素质进一步提高，能够发挥先锋模范作用。

根据党的全国代表会议和党中央最近关于端正党风、纠正不正之风的指示精神，我们对今后一个时期端正党风的任务和措施，提出如下建议：

一、充分认识端正党风的极端重要性和紧迫性，进一步明确端正党风的指导思想。

执政党的党风问题，是关系到党的生死存亡的问题，是关系到社会主义事业兴衰成败的大事。中央领导同志在全国党代表会议和中央机关干部大会上的重要讲话中，都充分阐明了端正党风的极端重要性、紧迫性和艰巨性，提出了明确的方针、政策和部署，采取了一系列有力的措施，为我们指明了方向。最近，邓小平同志强调指出："关于精神文明建设，我们在一九八二年九月'十二大'时，讲五年实现党风和社会风气的根本好转，现在已经过去三年四个月了，剩下一年八个月可能时间来不及。必须狠狠地、一天不放松地抓，光是今年一年是不够的。""真正抓紧大有希望，不抓紧就没有希望。""这件事抓好了，就可以真正促进改革和建设。"陈云同志在全国党代会上指出："整顿党风这件事，不可掉以轻心。"我们必须按照党中央的指示精神，下最大决心，采取果断有力的措施去实现党风的根本好转。

党风建设和改革、开放是统一的。我们抓紧端正党风，纠正不正之风，清除党内的腐败现象，是为了保证党的路线、方针、政策的正确贯彻执行，促进改革和四化建设。经济体制改革越深入，对外开放越扩大，经济越搞活，越要有好的党风和严明的纪律作保证。纠正不正之风，正是为改革、开放扫除障碍，创造良好的条件，而绝不是放松或放弃改革，绝不是搞闭关自守，把经济搞死。在改革的探索和试验的过程中，由于经验不足，难免会出现一些失误或差错，不要把它与以权谋私混为一谈。而应该及时总结经验，吸取教训，在实践中不断改进工作，保护干部群众的改革热情。有的同志一说纠正不正之风，就不敢想方设法去搞活经济，不敢大胆把改革推向纵深发展。不求有功，但求无过，这种明哲保身的处世哲学是不对的。我们应该坚持社会主义方向，坚定不移又慎重稳妥地进行经济体制的全面改革，不断地探索前进。同时，也要认真查处那些借改革、搞活之名而行谋私之实的不正之风。全市各级党组织和党的领导干部一定要克服那些忽视社会主义精神文明建设，忽视思想政治工作的倾向，克服那些把经济体制改革和社会主义建设，切实地把端正党风的工作搞好。邓小平同志还深刻地指出："经济建设这一手我们搞得相当有成绩，形势喜人，这是我们国家的成功。但风气如果坏下去，经济搞成功又有什么意义？会在另一方面变质，反过来影响整个经济变质。"抓端正党风、纠正不正之风的工作，必须认真贯彻"一要坚决，二要持久"的方针，既要依靠群众，又不要大轰大嗡；既要查清问题，又不搞人人过关。要实事求是，讲究实效，有什么问题就查处什么问题，正确掌握政策，不要随便上纲上线，保证这项工作真正按照中央的部署顺利进行。

二、从党政领导机关和领导干部做起，形成全党抓党风的局面。

端正党风，必须从党政机关和领导干部做起，党政领导机关和领导干部要作出表率。这是实现党风根本好转的关键。市委已经明确提出，要把端正党风的注意力和重点，放到县团级以上党政领导机关和领导干部上面。市级领导干部要带头端正党风，市级党政机关要率先实现党风根本好转。坚决贯彻在党纪、法律面前人人平等的原则，对于发生在各级党政领导机关、领导干部中的败坏党风和违法乱纪案件，必须坚决查处。要健全和加强党的组织生活制度，认真地正确地开展批评和自我批评。各级党政领导干部必须身体力行，并加强对家属、子女的教育，注意倾听党内外群众的意见，自觉地接受党和群众的监督。要重视信访工作，保护群众揭发不正之风的积极性。

端正党风要坚持从严、务实的原则。各级党委要致力于党的思想建设、作风建设和组织建设，建立党风责任制，切实把端正党风工作列入重要议事日程，一级带一级，一级抓一级，层层抓，抓出成效。党委书记和分管书记要亲自抓党风，其他党委成员和党员行政领导干部也要结合自己所分管的工作抓党风。在党委统一领导下，组织和协调各方面力量，形成全党抓党风的新局面。党委要加强对端正党风工作的领导，经常分析党风状况，检查规划、措施的落实情况，不说空话，多干实事。对于存在严重不正之风和违法乱纪问题，而又长期得不到纠正和严肃查处的单位，不仅要追究当事人的责任，而且要追究有关党组织和有关领导人的责任，包括纪委的责任。上级党委应该把党风建设有否成效，作为考核下级党委、党书记工作的一个重要依据。无论已经经过整党的单位，还是正在整党或尚未整党的单位，都应该把整顿党风、整顿纪律放在十分突出的位置上，抓紧抓好，形成一个党要管党、从严治党的好风气。

三、抓紧查处大案要案，严格整顿纪律。

端正党风，纠正不正之风，一定要从具体案件查起，一定要狠抓大案要案。要着重抓县团级以上领导机关和领导干部的违法乱纪案件，对那些情节严重、影响恶劣的案件，必须坚决按照党纪国法，严肃查处。邓小平同志尖锐地指出："越是高级干部子弟，越是高级干部，越是名人，越要抓紧查处，抓住典型。因为这些人犯罪危害大，抓了、处理了效果也大，表明我们下决心克服一切阻力抓精神文明建设"。中央领导同志的讲话精神，我们必须坚决贯彻执行。同时，还要按照中央书记处的指示，要严厉打击那些投机诈骗、走私贩私、贪污受贿等严重经济犯罪活动。要重视意识形态领域里的问题，对于违反四项基本原则，违反十一届三中全会路线，搞资产阶级自由化，以及其他屡教不改的问题，必须坚决查明情况，作出处理。要结合人事纪律、财经纪律、外事纪律、保密纪律、宣传纪律的整顿，把党的纪律整顿好。在党委统一领导下，有关部门要通力合作，纪检、政法、整党办、组织和宣传部门以及审计、工商、财政、税务、银行、物价、海关、外事、人事、劳动等行政管理监督部门要加强联系，互通信息，共同研究，分工协作，提高办事效率。

四、加强党性教育，提高党员的政治素质。

加强党性党风党纪教育，是增强党组织战斗力和实现党风根本好转的带根本性的措施。各级党委要组织党员、干部认真学习党章、《准则》,认真学习中央有关党风的指示和规定,加强马克思主义理论教育,加强理想、纪律教育和革命传统教育,提高共产主义思想觉悟,提高组织纪律性。要继续对党员进行广泛的、分层次的、多种形式和方法的教育,首先要抓好县团级以上领导机关的党员领导干部的教育。这一层党员干部的教育搞好了,对加强党的思想建设,实现党风根本好转,具有决定意义。教育工作一定要联系实际,经过充分调查研究,有针对性、有说服力地进行,领导干部要亲自做教育工作,并逐渐形成风气。同时,要选择和运用好坏典型,对广大党员、干部开展党性党风党纪教育。大力表彰先进模范事迹,发扬积极因素,克服消极因素。在新形势下,特别要警惕和防止商品交换的原则侵入我们党的政治生活,要充实和健全规章制度,不断增强党员、干部的党性观念和政治素质。要善于运用报刊、广播、电影、电视、展览等宣传工具和其他形象化的宣传教育手段,加强对党员的教育。

五、为实现党风根本好转,纪委要加强自身建设,充分发挥作用。

党章规定,纪委的主要任务之一是协助党委整顿党风。各级纪委要切实做好党委的助手,认真履行自己的职责。

各级党委要按规定落实纪委的机构设置和干部配备。党委要选调党性坚强、作风正派、懂得党的政策、敢于和善于同违法乱纪行为作斗争的干部充实纪检队伍,迅速改变当前力量与任务不相适应的状况。纪委要按照胡耀邦同志关于纪检干部要解决好表率作用、精神状态和工作方法的指示,加强自身建设,做好对纪检干部的培训教育工作,不断提高政策和业务水平,增强党性,振奋精神,团结奋斗。广大纪检干部要进一步发扬党的优良传统,努力学习马克思主义理论和党的方针政策,认清改革、开放的新形势,支持改革,促进改革,加强政策研究,改进工作方法,提高工作效率,以高尚的精神面貌和优良的工作作风,在实现党风根本好转中做出应有的贡献。

在今明两年内实现上海党风的根本好转,虽然时间紧迫,任务艰巨,但应该看到我们有非常有利的条件和一定的工作基础。首先,党中央对端正党风下了很大决心,在去年党的全国代表会议上再次重申了坚决纠正不正之风,争取尽快实现党风的根本好转,进而带动整个社会风气根本好转的目标。最近,党中央又作出了端正党风的重大决策和部署。实践证明,我们党对于自己身上存在的某些阴暗面和消极现象,有勇气公开揭露它,并且能够依靠自身的力量去克服它、战胜它。第二,市委根据中央的要求,对端正党风,纠正不正之风,查处大案要案,作出了具体部署,采取了有力措施。上海出现了全党抓党风的大好形势。全市大多数党组织,对党风问题的极端重要性的认识有了较大提高,对本单位端正党风工作抓得较紧,有一定的工作经验。几年来,全市已涌现了一批党风正、改革好、生产发展快或工作有成效的单位。这些党风抓得好的地区和单位的经验说明,一个地区或单位党政领导干部从我做起,以身作则,做出表率,依靠群众,敢抓、敢管,就能带动整个地区和单位的党风好转。第三,上海是我们党的诞生地,有着光荣的革命传统。广大党员、干部和群众对于不正之风是深恶痛绝的,并坚决与之作斗争。全市各条战线都涌现出一大批党性强、作风好、敢于抵制和揭露不正之风的党员、干部,党和群众的联系得到加强,党的威信日益提高,党中央每一项端正党风、纠正不正之风的决策和部署,都代表了党心、民心,得到了党内外群众的拥护和支持。

我们深信,在市委和各级党委的领导下,全党动员,领导带头,层层负责,各方配合,密切协作,扎扎实实地搞好党风工作,就一定能够尽快实现上海党风的根本好转,一定能够保证党的路线、方针、政策的顺利贯彻执行,一定能够把上海逐步建设成为开放型、多功能、产业结构合理、科学技术先进,具有高度文明的社会主义现代化城市!

市纪委向市第六次党代会作的工作报告

（1992年）

一、六年来的主要工作

六年来，各级纪委坚持纪检工作必须保证党的基本路线贯彻执行的指导思想，积极为党的中心工作服务。围绕发展经济端正党风，对新时期纪检工作面临的新情况、新问题进行了探索。配合治理整顿，大力加强党风和廉政建设。会同政法部门开展反腐败、反贿赂斗争，坚决惩治腐败。今年以来，各级纪委认真学习贯彻邓小平同志视察南方的重要谈话和中央政治局全体会议精神，进一步拓宽了工作思路，以更鲜明的态度积极支持改革开放和经济建设。

保护和支持改革开放，为经济建设服务

各级纪委不断增强把经济建设搞上去的紧迫感和责任感，增强参与意识和服务意识，把支持保护改革、促进经济发展作为纪检工作的出发点和归宿，积极开拓为经济建设和改革开放服务的内容和途径。

注重调查研究，理解经济建设和改革开放全局。深入经济建设和改革开放的实际，发现新情况、研究新问题，为经济工作排忧解难。加强与经济部门的联系，了解经济工作中的困难和要求，增进互相理解和支持，监督检查改革开放方针政策的执行情况，提出建设性建议，对违反政策规定的，督促改正。

明确政策界限，支持党员干部大胆工作。根据新形势下出现的新情况，在深入调查研究的基础上，市纪委先后制定了《关于各级党组织和党员在稳定经济、深化改革中要严守纪律的通知》《围绕增强大中型企业活力进一步发挥纪检工作作用的若干意见》《关于纪检工作贯彻落实邓小平同志重要谈话精神的若干意见》等文件，要求广大党员干部在改革开放中解放思想，勇于实践，严守党的纪律。帮助企业用好自主权，建立健全企业内部的制约机制，分清正当的经营手段和不正当的经营行为、合理报酬与非法所得等界限。对勇于改革、敢于创新的坚决支持；对因经验不足或政策界限不清，在改革开放中出现失误的，帮助总结经验教训；对改革中既有成绩，又有缺点错误的，肯定成绩，指出问题，热情帮助其继续前进。

排除干扰和阻力，为经济发展创造良好的环境。积极参与纠正行业不正之风的工作，纠正对企业“乱收费、乱摊派、乱罚款”和向企业“吃、拿、卡、要”的不正之风。对中饱私囊、贪污受贿、投机诈骗等违纪违法问题，进行严肃处理。剖析非正常亏损企业，帮助企业改善经营管理，堵塞漏洞，协助部门主管整顿企业领导班子，发现违纪问题进行查处。近两年来共剖析非正常亏损企业1 100余家，查处违纪案件800余起，对违纪违法的党员干部作了严肃处理，挽回了经济损失。

坚持从严治党，严肃查处违纪案件

少数党员受各种腐朽思想的侵蚀，经不起考验，违法乱纪，腐化堕落，不仅严重损害了党的形象和党群关系，而且直接干扰了改革开放和经济建设。各级纪委把查处党员违纪案件、惩治腐败，作为从严治党、维护党组织先进性和纯洁性的重要问题来抓。1986年1月至1992年6月，全市共处分违纪党员13 323人，其中开除党籍3 015人。在受处分的党员中，处级干部427人，局级以上干部42人。

各级纪委在党委领导下坚持四项基本原则，旗帜鲜明地反对资产阶级自由化，为维护党的政治纪律，巩固安定团结的政治局面，履行自己的职责。1989年3月，市委批转了市纪委《关于对非法参

加集会游行示威活动的共产党员给予党纪处分的意见》,明确规定共产党员不准参加非法集会游行。各级纪委积极参加了清理工作,对少数反对四项基本原则、严重违犯政治纪律的党员作出了严肃处理。六年来,全市处分严重违犯政治纪律的党员83人,其中开除党籍23人。

各级纪委在查处违纪案件中,坚持党性原则,正确掌握政策,注意工作方法。对违纪党员本着"惩前毖后,治病救人"的精神,区别情况,慎重处理,化消极因素为积极因素。对严重经济犯罪分子、腐化堕落分子,则坚决开除党籍。对涉及企业的经济案件,在查处中注意保持企业生产和经营的正常进行,帮助企业从案件中吸取经验教训,建章立制,堵塞漏洞,加强经营管理。各级纪委加强了与执法监督部门的协调配合,查处涉及党纪、政纪、法律相互交叉的案件,纪委与有关部门密切配合,形成合力。

加强党风和廉政建设,认真纠正党内不正之风

六年来,市委重视党风建设,一再强调要抓党风促廉政,大力发扬党的优良传统和作风。各级纪委根据实际情况,开展了党风检查,总结交流经验,表彰党风建设先进单位和个人。针对群众反映强烈的问题,进行专项治理和整顿,切实解决影响党群关系的突出问题。

1988年下半年至1991年底,按照中央纪委和市委的要求,并配合住房制度的改革,对处以上干部的住房情况进行调查了解。经过调查表明,绝大多数党政机关干部自觉遵守党的纪律,按正常途径和手续解决住房的困难。但也有少数党员干部在建房、住房问题上违犯纪律,在群众中造成不良影响。通过清理,退出了多占的住房,严重违犯纪律的受到了党纪处分。各级纪委还对滥用公款请客送礼、游山玩水、挥霍浪费、滥发钱物和拖欠公款等问题,进行清理,得到群众的支持。

在党风廉政建设中,各级党委建立健全党风责任制,坚持从领导机关、领导干部做起,一级带一级,一级抓一级,层层负责。在市委、市政府相继发布《局以上领导干部发扬艰苦朴素作风的若干规定》和《关于党政机关工作人员保持廉洁的规定》《上海市企业事业单位领导干部保持廉洁的若干规定》后,各级纪委协助党委和行政结合本地区、本单位的实际,制订相应的规定,并进行督促检查。各级党政领导班子通过定期召开民主生活会,对照检查党的路线方针政策、民主集中制和廉洁规定的执行情况,发现问题,及时纠正。市纪委每年进行万人问卷调查,广泛听取党内外群众对党风和廉政建设的反映和建议,研究改进措施,推进了党风建设。

深入开展党风党纪教育,加强党内监督

加强党风党纪教育,增强党员的党性观念,是抵御各种腐朽思想侵蚀的根本措施。各级党委、纪委把抓好党风党纪教育列入重要议事日程。

根据纪检机关的特点,通过上党课、办讲座、表扬先进事迹、剖析典型案例、举办廉政展览等多种形式,把党风党纪教育和党的基本路线教育结合起来,开展了以党章、《准则》和党纪条规为内容的规范教育,以全心全意为人民服务、加强党同人民群众密切联系为内容的党的宗旨教育,以坚持四项基本原则、反对资产阶级自由化倾向为内容的政治纪律教育,以廉洁奉公为内容的反腐蚀教育。去年,按照中央纪委统一部署,在党员中广泛开展了党纪条规教育。从市委领导到普通党员都参加了学习,增强了广大党员组织纪律观念和遵纪守法的自觉性。近两年来,各级纪委回访了4 900余名受党纪处分的党员,关心他们的思想、工作和生活,鼓励他们改正错误,积极工作,使他们在各项工作中继续发挥作用。

建立和完善监督制度,使党员干部置于党组织和群众的监督之下。各级纪委按照干部分级管理的原则,明确监督责任。市纪委把局以上党员干部作为监督的重点,对群众反映的问题,认真核实,慎重处理。部委办局和区县局纪委积极参与干部考察,认真听取对党员干部思想、作风方面的

意见。通过信访渠道，加强群众监督。六年来，各级纪委共受理群众来信来访 32.6 万余件次，对其中反映党员干部不正之风和违纪违法的问题，区别不同情况，实事求是地予以处理，起到了监督作用。对反映失实或受到错告的同志，严肃认真地予以澄清事实，正了名声，保护了广大党员干部勇于探索的积极性。不少纪委聘请党性强、作风正的党员担任党风监督员，形成群众性监督网络。

加强纪委组织建设，提高纪检队伍素质

各级纪委根据中央和市委领导同志提出的要做"党的忠诚卫士"，建设一支"党性强、自身硬、能战斗"的纪检队伍的要求，加强自身的思想建设、组织建设和作风建设。为适应不断深入发展的改革开放新形势，市纪委先后举办了《经济体制改革和社会主义商品经济》《经济形势和政策》等系列讲座。市委、市政府领导为纪检干部作了报告。在第一次系列讲座时，江泽民同志就纪检工作在实现上海"三个蓝图"中充分发挥监督保证作用的讲话，给全市纪检干部很大鼓励和教育。市纪委和各部委办局、区县局纪委通过举办进修班、岗位培训班、业务讲座和开展纪检理论研讨等活动，使纪检干部了解经济建设全局，开阔视野，扩大知识面，提高理论、政策水平和业务能力。

党的十三届四中全会以后，在各级党委重视下，健全了纪检组织。选拔了一批党性强、作风正、熟悉经济工作、年富力强的干部，充实加强了纪检队伍，各级纪委班子的文化结构、年龄结构都有了改善。同时，也输送了一批纪检干部到其他部门担任领导工作。这几年来，各级纪委在党委领导下，认真贯彻执行党的路线方针政策，坚决同党内腐败现象进行斗争，为加强党的建设，密切党群关系，维护社会稳定，促进改革开放和经济发展，做了大量艰苦的工作，涌现出一批先进纪检组织和优秀纪检干部。有 30 个先进纪检组织和 94 名优秀纪检干部受到中央纪委和市纪委的表彰。

六年来，经过全党的努力，上海的党风和廉政建设是有成效的，党的队伍主流是好的。各级党组织和广大党员认真贯彻党的基本路线，以经济建设为中心，解放思想，转变观念，在实现"开发浦东，振兴上海"的战略目标和各级任务中，在重大建设工程和抗洪救灾中发挥了战斗堡垒作用和先锋模范作用。广大党员干部深入基层，扎扎实实地为人民群众办实事。一些群众反映强烈的问题得到基本遏制，使中央和市委惩治腐败、取信于民的措施见了成效，党群关系进一步改善，促进了政治稳定，社会安定，经济发展。这是上海党风的基本方面。但是，我们也要清醒地看到，当前党内不正之风和腐败现象诸如以权谋私、贪污受贿、腐化堕落等问题仍在不时发生，讲阔气、摆排场、挥霍浪费、形式主义有所发展，有的地方还比较严重，有的问题又以新的形式表现出来。从工作上来说，对党风建设"一要坚决、二要持久"的方针，认识不够深刻，存在时紧时松的现象，对某些不正之风纠正的措施不够有力。在加快改革开放步伐、力争经济尽快地上一个新台阶的形势下，我们的思想认识和工作方法，都还有不够适应的一面，有待于不断提高和改进。

二、六年工作的几点体会

必须坚持纪检工作保证党的基本路线贯彻执行的指导思想

保证党的基本路线贯彻执行，必须紧紧围绕集中力量把经济建设搞上去来严肃执纪，加强党风廉政建设，这是做好纪检工作的根本经验。

加快改革开放，加速经济发展，是贯彻党的基本路线的重要内容。对党的基本路线的态度，是衡量一个共产党员和党组织的组织纪律性的主要标志，纪律监督就是要保证全党齐心协力地贯彻党的基本路线。几年来，实践使我们体会到：纪检机关必须把监督党的改革开放、发展经济决策的贯彻作为一项基本任务，抓住这项工作，也就是抓住了为党的基本路线服务的关键。紧紧围绕经济建设这个中心，进行党风廉政建设，努力为改革排除障碍，为经济建设创造一个良好的环境，纪检工作路子就会越走越宽。

必须贯彻“两手抓”的方针，维护党的纪律的严肃性

纪检工作必须坚决贯彻“两手抓”的方针，做到两手都要硬。既要积极地支持改革开放，促进经济发展，又要坚决惩治腐败，纠正各种党内不正之风，严肃执行党的纪律，只有这样才能保证经济建设和改革开放的顺利进行。如果听任消极腐败现象的滋生蔓延，必将影响党群关系，危害社会主义现代化建设的大业。六年来，在市委领导下，各级纪委始终坚持把坚决惩治腐败，取信于民，作为重要措施，保证上海的经济建设和改革开放顺利进行。

坚定不移地贯彻从严治党的方针，坚持党纪面前人人平等的原则，不允许有不受党纪约束的特殊党员。对损害党群关系、败坏党风的行为，必须受到查处。对腐败分子，必须坚决予以清除出党。同时，在新的形势下，纪检工作面临着新情况、新问题，从实际出发，实事求是地处理各类问题，才能更有成效地发挥纪检机关在惩治腐败、保证经济建设中的作用。

必须加强党风和廉政建设，密切党同人民群众的联系

改革开放和经济建设为党风廉政建设提供有利条件，同时又要求以好的党风、严明的纪律作保证。党风建设的核心是加强党同人民群众的血肉联系。维护和发扬党的优良传统和作风，全心全意为人民服务，这是密切党群关系的根本。对党的路线贯彻不力，经济建设搞不上去，就会从根本上脱离群众，这不仅是重大的经济问题，也是重大的政治问题。同时，党内不正之风和消极腐败现象，往往与经济活动密切相关，危害经济建设的顺利进行。因此，党风和廉政建设一定要围绕经济建设中心来开展，着力于动员全市党的各级组织和广大党员发扬党的优良传统，积极投身到经济建设与改革开放中去。

党委重视，坚持全党抓党风，充分发挥领导机关和领导干部的表率作用，是党风廉政建设取得成效的关键。搞好党风廉政建设，反对腐败，必须坚持“一要坚决，二要持久”的方针，既要立足当前，认真解决紧迫的问题，取得人民群众看得见的效果；又要加强教育，提高党员的素质，实行预防为主，把工作做在前头。

纪委在协助党委加强党风建设工作中，必须发挥主动性和积极性，对不正之风和腐败现象，加强调查研究，摸清情况，同时开展教育预防，制订有关制度、政策界限和具体措施，依靠各方面的力量，综合治理。对于群众反映强烈、涉及面广或倾向性的问题，必须在党委的统一领导下，实行专项整顿，才能抓出成效。

必须全面履行四项职能，发挥纪检工作支持保护改革开放和经济建设的重要作用

“保护、惩处、监督、教育”四项职能是改革开放新形势下对纪检机关职责的科学概括。四项职能是相辅相成不可分割的统一体，只有全面履行四项职能，才能从整体上提高纪检工作的水平，更好地担负起党章赋予纪检机关的任务。

必须十分重视保护党员的民主权利和合法权益，保护党员在四化建设中的积极性和创造性。改革开放需要勇于探索、开拓创新的精神，鼓励干部解放思想，大胆工作，有利促进改革开放和经济发展。查处危害改革开放的案件是对改革的一种保护；帮助干部明确政策界限解除顾虑，鼓励干部开拓创新也是一种保护。

查处违纪案件是严肃党纪的中心环节，是纪检机关经常性的重要工作。既要集中力量查处党内违纪案件，又要把着眼点放在防范上，通过教育、监督、规范党员行为，实行预防为主，增强党员在发展社会主义商品经济中拒腐防变的能力。必须坚持做到，凡是有利于促进生产力发展的，就积极支持、保护；对妨碍甚至破坏生产力发展的，就坚决制止和严肃查处。实践证明，这样做就能更好地发挥纪检工作支持、保护改革开放和发展经济的重要作用。

三、今后工作建议

党的十四大向全党和全国人民提出了坚定不移地贯彻党的基本路线，加快改革开放和现代化建设的步伐，夺取社会主义事业更大胜利的宏伟目标。市委要求全体党员和干部解放思想，把握机遇，为把上海建设成为社会主义现代化国际城市而奋斗。按照新的形势和任务，对今后的纪律检查工作提出如下建议：

围绕党的基本路线，加强党风和廉政建设

各级党委和纪委必须紧紧围绕党的基本路线，坚持"两手抓"的方针。要警惕右，但主要防止"左"。在继承和发扬党的优良传统和作风的基础上，树立思想解放、开拓创新、实事求是、廉洁高效、民主务实的具有时代特征的优良党风。

党风廉政建设要与上海建设成为现代化国际城市和所处的地位相适应，与上海文化、经济发展的基础相适应。浦东的开发开放，起着带动长江三角洲经济发展的"龙头"作用。当前，经济体制正在进行深刻的变革。经济政策也在作出调整，大批国有企业正在推向市场。这都给党风廉政建设提出了新的更高的要求。越是改革开放，越要加强党风廉政建设，在改革开放的整个过程中都要坚持反腐败，保证党的基本路线贯彻执行。

党风廉政建设要抓住密切党群关系这一根本问题，把中央和市委各项措施落到实处，抓出成效，取信于民。党员领导干部要严于律己，勤政廉洁，深入调查研究，听取群众批评，关心群众疾苦，扎扎实实解决群众关心的问题，把党的根本宗旨、优良作风和群众路线落实到实际行动中去。

要以党政机关和党员领导干部为重点，坚决克服官僚主义。力戒形式主义，纠正以权谋私、挥霍浪费和弄虚作假的不正之风。采取切实措施，认真纠正行业不正之风。要反对自由主义，反对无组织无纪律、有令不行、有禁不止、各行其是的行为。必须按照要靠教育，更要靠纪律、靠法制的要求，深入持久地进行党风和廉政建设，把纠正党内的不正之风与弘扬正气结合起来，为经济建设创造良好的政治环境和社会环境。

坚持从严治党方针，严肃执行党的纪律

坚持从严治党的方针，严肃党的纪律，是维护党的队伍的纯洁性，提高党组织战斗力的可靠保证。要牢牢抓住查处违纪案件这一中心环节，严肃查处违背党的基本路线的案件，查处贪污受贿、危害社会主义市场经济的案件，查处严重以权谋私、道德败坏、腐化堕落的案件，查处严重官僚主义、失职渎职的案件。坚决清除党内腐败分子。发现大案要案，要集中力量查处，提高办案质量和效率。

坚持民主集中制原则，健全党内民主生活，建立和完善监督机制。要健全对领导干部自上而下、自下而上的监督制度，拓宽党内外监督渠道。加强纪检信访工作，密切党群关系。每个共产党员，尤其是各级领导干部应自觉地接受党组织和群众的监督。要组织党员学习党章、《准则》和有关党纪条规，增强党员的党性和纪律观念，切实保障党组织和党员的民主权利和合法权益。对侵犯党员民主权利，压制党员批评，进行打击报复或诬告陷害的人和事，必须严肃查处。

党委要加强对纪检工作和党风廉政建设的领导

党风廉政建设是全党的任务，要作为一件大事来抓。当前少数党员干部中的一些不良作风和违法乱纪行为，严重败坏了党的声誉，危害了党群关系。要按照两手都要硬的精神，继续完善和坚持党风责任制。坚持全党抓党风，各级党委要切实加强对党风廉政建设和纪检工作的领导，并根据各个阶段的中心工作，对纪检工作提出要求，明确任务。定期分析党风廉政方面出现的问题，采取有效的防范措施，对于涉及党风和廉政建设全局性的工作和重大违纪案件，党委要及时讨论，抓紧部署，督促检查。各级领导干部既要严格要求自己，率先垂范，又要对本单位、本系统存在的问题敢

抓敢管。各级党委、纪委既要保护大胆试、大胆闯，把经济建设搞上去的积极性，又要保护惩治腐败、严肃执纪的积极性。

纪律检查工作只能加强，不能削弱。各级党委必须按照中央和市委的有关规定，配备好各级纪委的领导班子和办事机构，建立一支精干、高效、有战斗力的纪检队伍，做到相对稳定，适当交流。要关心纪检干部的思想、工作和生活。积极支持纪检机关全面履行四项职能，并为纪检干部熟悉经济、了解全局创造必要的条件。

各级纪检机关要在同级党委和上级纪委的双重领导下，积极主动地开展工作，努力当好党委的参谋和助手，对党风和廉政建设方面的倾向性问题和重大案件，要及时报告同级党委和上级纪委。

在改革开放中加强纪检队伍建设

党的十四大全面总结了十一届三中全会以来的实践经验，确定了九十年代以来的主要任务。新的形势和任务对党的建设提出了更高的要求，纪检工作是党的建设的重要组成部分，纪检机关担负着保证和促进改革开放、经济建设的重任。各级纪委要以十四大精神为指导，以邓小平同志建设有中国特色社会主义的理论武装纪检干部，加强纪检队伍的建设。

纪检干部要有坚强的党性观念，高度的政策水平和敢于实事求是的精神，牢固树立纪检工作必须保证党的基本路线贯彻执行的指导思想。要解放思想，转变观念，增强改革开放意识，增强全局观念，增强把经济建设搞上去的紧迫感和责任感。坚持深入基层调查研究，参与经济活动，熟悉经济工作。要加强纪检理论研讨，研究社会主义市场经济条件下，党风和廉政建设的特点和规律，探索和创造新的工作方式和方法，为党风廉政建设和纪检工作积累新的经验。增强纪检工作的主动性和预防性，自觉地为改革开放和经济建设服务。

全市各级纪检机关和广大纪检干部，要积极贯彻党的十四大和市第六次党代表大会的精神，在上海市委和中央纪委的领导下，振奋精神，脚踏实地，努力工作，为加强党风廉政建设，促进上海经济繁荣和社会主义现代化建设作出新的贡献！

市纪委向市第七次党代会作的工作报告

(1997 年)

一、市第六次党代表大会以来党的纪律检查工作的基本情况

1993 年以来，根据市第六次党代表大会提出的目标，上海的经济和社会发展进入了一个新阶段。五年来，市委在带领全市人民加快经济建设步伐的同时，始终坚持两手抓、两手都要硬的方针，按照党中央关于反腐败斗争的部署，对上海的党风廉政建设和反腐败斗争实行了坚强有力的领导。市纪委和各级纪检组织认真贯彻中央和市委的要求，依靠各级党政组织，积极发挥纪检监察合署办公的优势，不断推进党风廉政建设和反腐败斗争，努力为经济发展创造良好的社会和政治环境。五年来，上海的党风廉政建设和反腐败斗争保持了健康发展的势头；各项工作取得了阶段性成效；初步探索和实践了在社会主义市场经济条件下，从体制、机制、法制三位一体加强党风廉政建设和深入推进反腐败斗争的工作路子；党员干部队伍的思想作风建设明显加强，保障和促进了上海两个文明建设的健康发展。

五年来，主要做了以下工作：

(一) 坚持以领导干部为重点，不断加强廉洁自律工作。

领导干部廉洁自律是党风廉政建设和反腐败斗争取得成效的关键。市委历来坚持高标准和严

要求，广大党政领导干部严以律己，以身作则，形成了上海领导干部廉洁自律的良好传统和基础。中央纪委二次全会以来，市委十分重视贯彻落实中央提出的关于领导干部廉洁自律的各项规定，认真研究上海领导干部在廉洁自律方面出现的新情况、新问题，每年提出有针对性的要求。各级党委和纪检组织从实际出发，建立完善廉洁自律各项规定，从制度上约束和规范领导干部的从政行为；坚持和不断完善民主集中制，加强党内监督；认真抓好党政领导班子廉洁自律的专题民主生活会，要求自查自纠；着力开展专项整治，及时解决廉洁自律中的突出问题。清理领导干部住房中的问题成效明显，全市有 666 名处级以上干部因住房超标补偿金额 1 093.9 万元，退出住房 1 400 多平方米；清理领导干部违反规定用车问题态度坚决，全市共清理超标准和占用部门、企业小汽车 152 辆，清退违反规定使用军警车牌照 891 副；通过认真贯彻"两不准"的规定，遏制了用公款"吃喝玩乐"蔓延的势头。今年 5 月，《中共中央、国务院关于党政机关厉行节约制止奢侈浪费行为的若干规定》发布后，各级党政机关认真贯彻落实，取得初步成效。至 10 月底，全市停建、缓建办公楼 41 栋，停止装修、降低建造标准以及降低装修标准 272 项，共节约建设和装修资金 6.7 亿元；精简各类会议 1 483 个，节约资金 1 728 万元；精简各种庆典活动 401 个，节约资金 4 430 万元。廉洁自律工作始终坚持以党政机关和处级以上干部为重点，同时逐步向国有企业、事业单位的领导干部和基层站队所干部延伸，推动了领导干部廉洁自律工作的深入和发展。

（二）坚持从严治党，严肃查处各类违纪违法案件。

查处党员干部违纪违法案件是从严治党、惩治腐败的重要环节。各级党委加强对查案工作的领导，各级纪检组织紧紧依靠人民群众，加强与各执纪执法机关的协调与合作，坚持以党政机关、行政执法机关、司法机关和经济管理部门以及处级以上干部为重点，着力查处发生在建筑工程承发包、城区改造、土地批租、房地产、金融、证券、期货等重点领域的违纪违法案件；重视查办国有资产流失中的失职渎职和贪污贿赂案件；严肃惩处滥用职权、以权谋私、挥霍和侵吞国有资产等腐败行为。1993 年至 1997 年 11 月，全市各级纪检监察机关共立案查处各类案件 8 603 件。其中贪污贿赂等经济案件 5 723 件，万元以上大案 2 275 件；涉及处级以上干部的有 774 件。共处分违纪党员、干部 7 952 人，其中受到撤销党内职务或撤销行政职务以上重处分的有 4 493 人，同时受到刑事处分的有 2 158 人。五年中，共立案查处了局级干部违纪违法案件 40 件，其中已经结案受到党纪政纪处分的有 33 人。通过查办案件，惩处了违纪者，维护了党纪国法的严肃性。

在查处案件中，各级纪检组织坚持实事求是的原则，为 3 263 名受到失实举报的党员干部澄清了事实；坚持"惩前毖后，治病救人"的方针，对 4 733 名属于有一般性问题的党员干部及时进行了批评教育，督促其检查和纠正；对 3 536 名受处分的党员进行了回访，取得了较好的效果。

（三）坚持纠建结合，推动纠正部门和行业不正之风工作不断深入。

纠风工作是反腐败斗争三项任务的重要组成部分。五年来，先后对行业和部门的行政事业性乱收费等 9 个突出问题进行了专项治理。共取消 1 003 项行政事业性收费项目；清退中小学校乱收费 1 295.7 万元；制止和查处公费出国（境）旅游 2 211 人（次），收缴费用 265.7 万元，为国家节约费用 4 489.5 万元；清退部门和行业违反规定办班的收费 2 400 万余元，个别收费不办班、滥发文凭的单位和领导干部受到严肃处理；清退党政机关占用企业资金 209.1 万元，清退各类交通工具、通信设备等 1 600 余件；全市 29 个公路桥梁收费稽查站经治理全部符合规定，并被评为全国首批"公路无三乱"省市之一；减轻农民负担工作取得了实效。各单位结合实际，广泛开展了有行业特点的纠风专项治理工作，取得了积极的社会效果。

1995 年以来，先后对工商、房地、公安、电力、邮电、公用、卫生、税务等 8 个系统进行了行风评议,得到社会的普遍关注和充分肯定。行风评议已经成为依靠社会各界对行风建设实行群众监督和民主监督的有效机制。先后有2 500多名各界代表直接参加了行风评议,涉及被评行业干部职工53万余人,督促解决了群众意见集中的一批突出问题,对这些系统的行风建设起了重要的推进作用。同时,纠风工作已逐步纳入了各部门、各行业的内部管理。通过推广邮电、公用、卫生三个系统职业道德建设的经验和推行社会服务承诺制,促进了行风建设。

(四)严格政治纪律,保证政令畅通和各项改革措施的顺利实施。

严格政治纪律,保证党的路线、方针、政策的贯彻实施,是纪检机关的根本任务之一。根据党中央对省(部)级领导干部提出的四项政治纪律规定,市委明确了上海各级领导干部必须严格遵守党的政治纪律的三条要求。广大党员干部自觉地在思想上、政治上同以江泽民同志为核心的党中央保持高度一致,牢固树立党的观念、全局观念和群众观念,主动维护大局,关心群众疾苦,确保党中央、国务院和市委、市政府各项重大决策的顺利实施。五年来,各级纪检监察机关在股票发行、居民住房动拆迁、重大市政项目建设、公有住房出售、"菜篮子工程"建设、财政专项补贴项目等方面,开展了专项监督检查,推动勤政廉政工作,查办违纪案件,为国家和集体挽回经济损失2.95亿元,为保障上海的经济发展和城市建设起到了重要作用。

(五)坚持教育为本,努力提高干部队伍的思想政治素质。

教育为本、防范在先,是加强党风廉政建设、深入开展反腐败斗争的基础性工作。在改革开放的新形势下,市委坚持以邓小平理论武装各级干部的思想,结合上海实际,每年召开两次全市党政负责干部大会,在部署反腐败工作的同时,对局级以上干部进行集中教育,提出有针对性的要求,起到了重要的警示和引导作用。

在以讲学习、讲政治、讲正气为主要内容的党性党风党纪教育中,市纪委会同市委组织部和市委宣传部,每年确定一个主题,共同开展党风廉政主题教育活动。先后以"严格党的纪律、维护和坚持党的民主集中制"、"立党为公、从政为民、接受监督、做人民好公仆"和"廉洁勤政、艰苦创业"等为主题,在全市各级党组织中开展了学习教育活动。通过党纪知识测试、党课教材征集等方式,组织党员干部认真学习贯彻《中国共产党党员领导干部廉洁从政若干准则(试行)》《中国共产党纪律处分条例(试行)》等党内法规,自觉地把政治上的坚定性和思想道德上的纯洁性统一起来。各级纪委还注重弘扬先进,抓好剖析反面典型的教育和对领导干部上岗时、在岗中、离岗前的"三岗"教育,加强舆论宣传工作,教育和引导党员干部自重、自省、自警、自励,提高各级干部保持廉洁自律、抵御腐朽思想侵蚀的能力。

(六)重视制度建设,着力推进党风廉政建设的制度化、规范化。

制度建设是党风廉政建设不断深入的重要保证。市委十分重视党风廉政的制度建设,对中央颁布的党风廉政各项规定,要求结合上海实际及时制定具体实施意见,保证中央的规定在上海贯彻实施。同时,还制定了一系列适合上海情况的规定和制度,主要有:《中共上海市委、上海市人民政府关于党风廉政工作责任制的规定》《上海市关于党政机关工作人员在土地使用权出让、房地产开发交易和建设工程承发包中必须遵守工作规则,保持廉洁的规定》《关于出售公有住房工作的若干纪律规定》《关于在股票发行中若干纪律的规定》等。五年来,全市各地区、各部门共制定各种规定和制度2 095件。这些规定和制度,对保护各级干部、预防可能出现的问题以及保障各项改革的健康发展,起到了重要作用。

许多单位还试行了领导干部廉政档案制度、重大事项集体决策制度、干部交流和重要岗位轮换制度、离任审计制度、财务委托代理制度等一系列有针对性、可操作的规章制度,对从体制、机制、法制三位一体推进党风廉政建设进行了有益的探索和实践。

通过这五年党风廉政建设和反腐败工作的实践，主要有以下认识和体会。

（一）必须从全面贯彻党的基本路线的高度把握反腐败工作，为改革、发展、稳定的大局服务。

进入九十年代，特别是1992年以来，在邓小平同志视察南方的重要谈话和党的十四大精神指引下，上海起步实施“一个龙头、三个中心”的发展战略，进入了振兴发展的新阶段。五年来，上海各级党组织和纪检组织坚持在这样的背景下来认识和把握反腐败斗争，坚持两手抓、两手都要硬的方针，全面贯彻党的基本路线；坚持以“三个有利于”为工作着眼点，服从服务于经济建设这个中心。注重从改革、发展、稳定的大局出发把握工作力度，注重保护和调动广大党员干部的工作积极性。对一些关系经济建设和社会稳定全局的问题，在处理上既，坚持原则，又审慎稳妥。坚持从严治党，严肃党纪和党规，强调没有党纪管不到的党员，也没有法律管不到的角落。在上海经济总量增大、干部接触经济活动增多的形势下，各级党组织和广大党员干部保持了清醒的头脑，及时提出“经济发展了，风气不能变坏；生活富裕了，干部不能腐败”的要求。坚持上海的党风廉政建设要与“一个龙头、三个中心”的历史地位相适应，以良好的党风和政风保证上海国民经济和社会各项事业的健康发展。

（二）必须深入改革开放的前沿，做到关口前移，掌握反腐败的主动权。

近几年，随着改革开放和现代化建设步伐的加快，对党风廉政建设和反腐败工作提出了新的要求。反腐败工作要掌握主动权，必须同改革开放和经济发展的重大措施紧密结合起来，做到防范在先。根据市委要求，各级党委和纪检组织主动介入证券、房地产、建筑、生产资料交易、资产经营和管理等新领域，及时抓住可能影响社会主义市场经济规范发展的，在党风廉政方面的苗子性、倾向性问题，作出规定，提出要求。针对股票市场发展初期规范尚不严密容易出问题的新情况，首先对党员领导干部作出纪律规定，并加强监督。针对土地批租、房地产、建筑工程承发包等领域案件多发的新情况，与有关业务主管部门共同进行综合治理。各级纪检组织还围绕全市人民关心的市政动迁、居民安置和公有住房出售等一些涉及群众切身利益的重大举措，及时提出相应的纪律要求，实施执法监察，维护了群众利益，保证了这些工作的顺利开展。这种做法，不仅使反腐倡廉工作在社会主义市场经济条件下更加富有朝气和活力，也使社会主义市场经济的发展能够在党风廉政建设的有力保障下逐步做到规范有序。

（三）必须加强对领导干部的教育、管理和监督，注重从根本上治理消极腐败现象。

反腐败斗争，既要坚持对干部中的突出问题进行集中治理，抓一件成一件，取得阶段性成效；同时，又要从反腐败斗争的根本目的出发，增强各级干部拒腐防变的能力，保持干部队伍的先进性和纯洁性。必须对党员制度干部严格要求、严格管理、严格监督，注重从源头抓起。各级党委坚持把惩治腐败同加强思想政治建设结合起来，引导广大党员干部用邓小平理论武装头脑，不断对党员干部进行思想政治教育和法制教育。坚持把惩治腐败同加强监督管理结合起来，探索有效的监督制约机制。以加强党内监督为重点，健全党内生活，提高民主生活会质量。推进干部交流、重要岗位轮换等工作。积极探索组织考核和群众评议相结合的干部考核方法，对党政领导干部和企业领导干部进行民主评议，并把干部的廉政状况作为提拔、任用的重要标准。推行政务公开制度，增强权力运作程序的透明度，防止滥用权力等腐败行为的发生。

（四）必须加强党的领导，依靠全社会的力量，形成反腐败斗争的合力。

顺利进行反腐败斗争，必须有强有力的组织保证。几年来，党风廉政建设和反腐败斗争初步形成了由党委统一领导、党政齐抓共管、纪委组织协调、部门各司其职、群众积极参与的领导体制和工作机制。为了切实加强对反腐败斗争的领导,市委建立了党风廉政建设联席会议,对贯彻落实市委提出的反腐败斗争的部署和要求起到了重要的组织保证作用。各级党政组织根据市委、市政府制定的关于党风廉政工作责任制的规定,结合本地区、本部门的实际,建立明确的责任制度,加强考核,督促落实。各职能部门特别是行政业务部门各负其责,密切配合,提高了工作的整体效能。随着全市民主法制建设的加强,各级人大加强了对廉政建设的法律监督。

反腐败斗争要取得成效,必须依靠全社会的力量,把专门机关的监督和群众的监督紧密结合起来。人大代表、政协委员、各民主党派、群众团体和离退休的老同志通过参加监督检查、执法监察、行风评议等活动,积极参与反腐败斗争,并发挥了重要作用。各新闻机构加强了反腐倡廉的舆论监督和宣传力度,扶正祛邪,形成了良好的舆论氛围。人民群众参与反腐败斗争的积极性不提高,1993年至1997年11月,全市各级纪检组织共受理群众信访举报194万余件(次),其中反映处、局级问题的有36万余件(次),群众的积极举报对遏制消极腐败现象和查处违纪违法案件起到了重要作用。

二、当前党风廉政建设和反腐败斗争的形势及今后工作的建议

江泽民同志在党的十五大的报告中指出:"高举邓小平理论伟大旗帜,实现这次大会确定的任务,把我们的事业全面推向二十一世纪,关键在于坚持、加强和改善党的领导,进一步把党建设好。"江泽民同志还强调反腐败是关系党和国家生死存亡的严重政治斗争,明确在整个改革开放过程中都要反对腐败,警钟长鸣,要求各级党委务必做到旗帜鲜明,态度坚决,工作锲而不舍。党中央为党风廉政建设和反腐败斗争的深入推进提出了更为明确的方向。在党的十五大精神指引下,市委要求上海走出一条具有中国特色、时代特征、特大城市特点的发展新路。要求各项工作紧紧扣住上海当前经济建设和社会发展中的突出矛盾和问题,着眼新的实践,提出新的思路,制定新的措施,谋求新的发展。这也对上海的纪律检查工作,特别是对党风廉政建设和反腐败斗争提出了更高的要求。

上海的党风廉政建设和反腐败斗争取得了阶段性成效,并继续健康、深入地发展,但面临的形势依然严峻,任务十分艰巨。当前,党政领导机关、行政执法机关、司法机关、经济管理部门和处级以上干部的违纪违法案件在上升;贪污贿赂、失职渎职、腐化堕落等违纪违法行为向党政领导干部、执纪执法干部渗透的情况比较突出;侵吞国有资产的案件增多;以权谋私、铺张浪费、作风浮夸等消极腐败现象远未根治,有的仍在滋长;一些党员干部经不起新的历史性变革的考验,经不起拜金主义、享乐主义、极端个人主义思想的侵蚀;人民群众对党风、政风、社会风气的意见还比较多。这些问题如不认真解决,将影响党群关系和干群关系,影响上海经济发展和改革开放的顺利进行。对此,我们必须保持清醒的头脑和高度的警觉。另外,上海经济和社会的进一步发展,改革的进一步深入,既为党风廉政建设和反腐败斗争创造了有利条件,同时也带来一些新的情况和问题。上海的纪律检查工作,特别是党风廉政建设和反腐败斗争将面临新的考验。

党风廉政建设和反腐败斗争也存在着一些工作上的不足。有些部门和单位还没有将两手抓、两手都要硬的方针真正落到实处,对反腐败形势的严重性和反腐败斗争的长期性缺乏思想准备;对中央和市委提出的反腐败各项任务和要求贯彻不扎实,措施不得力,反复性大;对本系统、本单位的突出问题缺乏分析研究,工作缺乏针对性、主动性;对干部缺乏严格要求、严格监督和严格管理,民主生活会的质量还不高,有的甚至走过场,对存在的问题自查自纠不力。纪检工作和纪检队伍建设同经济发展和改革开放的要求还有不适应的地方。市纪委对贯彻市委提出的从体制、机制、法制三位一体推进党风廉政建设的要求进行分类指导不够有力,特别是从源头上治理腐败的办法不多。对于这些不足,我们必须在今后的工作中认真加以解决。

在新的形势下，加强党风廉政建设和开展反腐败斗争有许多有利条件，党的十五大的召开又为反腐败斗争提供了强大的动力和思想武器。我们要坚决贯彻党的十五大精神，高举邓小平理论伟大旗帜，坚持全面贯彻党在社会主义初级阶段的基本路线和纲领，坚持从严治党方针，坚持中央和市委确定的反腐败斗争的指导思想、基本原则、领导体制和工作格局，坚持紧紧围绕上海改革、发展、稳定的大局，进一步加大工作力度，标本兼治，综合治理，进一步从体制、机制、法制三位一体推进党风廉政建设和反腐败斗争。力争在今后五年内使党政机关和干部队伍中的消极腐败现象蔓延的势头得到遏制；对于党风廉政的苗子性、倾向性问题做到及时发现，努力解决在萌芽状态；廉政机制建设有较大的推进，努力做到对干部和党员有效教育，有章可循，有序管理，有力监督，使党风廉政建设和反腐败斗争取得新的成效，使人民群众的满意度和信心得到进一步提高和增强，以良好的党风政风推动上海各项事业的发展和创新，保证市第七次党代表大会确定的各项目标和任务顺利完成。

今后的工作建议如下：

（一）进一步统一和提高认识，切实加强各级党委对党风廉政建设和反腐败斗争的领导。

领导重视是党风廉政建设和反腐败斗争取得成效的关键。各级党委要切实加强对党风廉政建设和反腐败斗争的领导，进一步提高对反腐败斗争重要性、艰巨性和长期性的认识。进一步树立依靠党的自身力量和人民群众的支持，就一定能取得反腐败斗争胜利的信心。各级党委要把党风廉政建设和反腐败斗争纳入两个文明建设的全局，统一部署、统一落实、统一检查、统一考核。要完善党风廉政建设联席会议制度和其他有利于反腐败斗争合力的组织领导制度。要切实抓好党风廉政工作责任制的全面落实，坚持谁主管谁负责的原则，分解任务，明确职责，工作到位，一级抓一级，一级对一级负责。各级纪委要积极协助党委抓好党风，切实担负起组织协调的责任，加强监督和检查，保证党风廉政建设和反腐败各项任务和制度的贯彻落实。

（二）全面履行职能，坚持不懈地抓好反腐败三项任务的落实。

各级纪委必须充分发挥作用，全面履行党章赋予的各项任务和职能。要把维护党的政治纪律作为首要任务。坚决维护党的纲领和章程，坚决维护党中央的权威，自觉地在思想上、政治上同以江泽民同志为核心的党中央保持高度一致，认真检查贯彻执行党的路线、方针、政策的情况，保证党中央、国务院和市委、市政府的政令畅通。

既要全面履行职能，又要突出重点，进一步加大党风廉政建设和反腐败工作的力度。要继续着力抓好中央和市委部署的领导干部廉洁自律、查处违纪违法案件、纠正部门和行业不正之风三项任务的落实，并根据情况的变化适时赋予新的内容。要以《中国共产党党员领导干部廉洁从政若干准则（试行）》为核心内容和基本要求，坚持不懈地抓好领导干部廉洁自律工作，确立从政道德规范，强化廉洁从政意识。积极推进国有企业领导干部廉洁自律工作。近期内要狠抓《中共中央、国务院关于党政机关厉行节约制止奢侈浪费行为的若干规定》和市委、市政府实施意见的落实。大力加强查办案件工作，集中力量查处“三机关一部门”和领导干部违纪违法案件，重点查处贪污贿赂、严重违反财经纪律、失职渎职造成国有资产严重流失的大案要案，认真查处以权谋私、仗权勒索、严重侵犯群众利益的案件，严肃查处在资产重组、产权交易、投资入股中的违纪违法案件。要加强对查办案件工作的领导，加强协调，密切配合，提高办案效率和质量，坚持在法律和党纪面前人人平等的原则，排除各种阻力，坚决维护法律和党的纪律的尊严。深入开展纠正部门和行业不正之风工作，重点解决一些部门和行业滥用权力，以权以业谋取小团体或个人利益的行为。对于社会和群众反映强烈的突出问题和倾向性问题，要集中力量进行专项治理。要深化行风评议，把纠风工作纳入部门和行业管理之中。

(三)以廉政机制建设为重点,加快从体制、机制、法制三位一体推进党风廉政建设的步伐。

党风廉政建设和反腐败必须切实贯彻标本兼治的方针,对群众反映强烈的突出问题必须集中力量继续进行整治。同时,要认真研究改革开放和社会主义市场经济条件下腐败现象产生的特点和规律,加快从体制、机制、法制三位一体推进党风廉政建设的步伐,逐步加大反腐败斗争治本的力度,着力于综合治理,从源头上遏制腐败现象的产生。体制、机制、法制三位一体,体制是根本,法制是保证,机制是关键。加强廉政机制建设,就是要研究制约权力、防范腐败、保持廉洁的制度、措施和办法。要以廉政机制建设为重点,加快从体制、机制、法制三位一体推进党风廉政建设的步伐。

要建立和完善领导干部廉洁自律机制。以严格执行领导干部个人重大事项报告制度为抓手,继续全面落实领导干部收入申报、礼品登记、专题民主生活会自查自纠等制度,增强领导干部廉洁自律的意识,推进《中国共产党党员领导干部廉洁从政若干准则(试行)》的全面贯彻。

要建立和完善党内监督机制。以严格执行中央批准的关于党内监督的五项制度为抓手,加强党委会内部的监督、党内组织生活的监督和纪委的监督,尤其要加强对各级党政机关主要负责人的监督。坚持和完善民主集中制,积极推进重大决策、重要干部任免、重要建设项目和大额度资金使用的集体讨论制度。

要建立和完善民主监督机制。以推行政务公开和民主评议为抓手,充分发挥人大代表、政协委员、民主党派、群众团体和广大人民群众的民主监督作用,积极发挥新闻媒体的舆论监督作用,充分发挥信访举报的作用。在全市继续推行政务公开(包括村务公开和社会公共事务公开)制度,坚持对各行业进行行风评议,并逐步扩展到对政府部门的政风评议。

要建立和完善权力约束机制。努力通过改革和完善管理体制,做到依法行使权力,防止权力过分集中,防止滥用权力、以权谋私。要推进干部定期交流、重点岗位轮换、任职回避、权力分解等制度的建设。

廉政机制建设要同深化改革、加强管理有机地结合,通过社会主义市场经济体制的完善,有效地解决金融、建筑、房地产市场等领域中暴露出来的深层次的消极腐败问题。要推行收支两条线,完善审计制度,加强财务的监督和管理。廉政机制建设是一项系统工程,要在市委、市政府的统一领导下,各部门各司其职,依靠全社会的力量,努力实践,坚持数年,抓出实效。

(四)加强党性党风党纪教育,继续发扬党的优良传统和作风。

加强党风廉政建设,教育是基础。要有计划地在党员和干部尤其是处级以上领导干部中深入开展学习马克思主义、毛泽东思想特别是邓小平理论的活动,继续开展以讲学习、讲政治、讲正气为主要内容的党性党风党纪教育,开展廉政法规教育,开展主题教育活动。要在干部和党员中牢固树立经济越发展、改革越深入就越需要发扬党的优良传统和作风的思想,坚持全心全意为人民服务的根本宗旨。教育广大干部和党员在新的实践中,继续大力发扬理论联系实际的作风,密切联系群众的作风,批评与自我批评的作风,廉洁奉公、勤政为民的作风,艰苦奋斗、勤俭节约的作风和开拓创新、求真务实的作风。通过教育,使广大党员特别是领导干部牢固树立正确的人生观、价值观,提高抵制和反对腐败的能力,保持政治上的坚定性和思想道德上的纯洁性,身体力行共产主义道德。要认真总结和坚持实践证明行之有效的教育形式和方法,注重教育的针对性。要建立党校、政校培训教育和日常教育相结合的教育制度并制订实施计划。要定期检查领导干部接受党风廉政教育的情况,使之成为选拔任用干部的重要依据和标准。

（五）加强纪检机关和纪检干部队伍建设，更好地发挥纪检机关的职能作用。

为适应新时期党风廉政建设和反腐败斗争的需要，党的纪律检查工作及其工作机构只能加强，不能削弱。各级党委要继续加强对党的纪检工作的领导。要健全和完善各级纪检机构。在深化改革过程中，尤其要重视国有企业中的纪检组织建设，发挥其应有的作用。各级党委要关心纪检组织领导班子和干部队伍建设，对纪检干部严格要求，加强培训，积极选拔优秀中青年干部在纪检机关与其他机关部门之间进行双向交流。各级党委和政府要为纪检机关履行职能创造必要的工作条件。

上海各级纪检监察机关和广大纪检监察干部认真履行党和人民赋予的职责，努力工作，乐于奉献，为维护上海的改革、发展、稳定的大局作出了积极的贡献，得到了党和人民的信赖。在新的历史条件下，纪检监察干部面临着新的严峻挑战和考验，必须切实加强自身建设。各级纪委领导班子要严格执行民主集中制，既要加强政治理论学习和本职业务学习，又要学习上海经济发展和改革开放中的新知识，不断提高政策水平和业务水平。要深入到改革开放和经济建设的新领域调查研究，了解新情况，研究新问题，提高工作的预见性和针对性，努力探索新时期党风廉政建设和反腐败斗争的规律，更好地为上海的改革和发展服务。

在党的十五大精神的指引下，市第七次党代表大会将明确上海迈向新世纪的历史任务，把上海的改革开放和社会主义现代化建设推向新阶段。全市各级党组织、纪检组织和广大党员、干部要紧密团结在以江泽民同志为核心的党中央周围，高举邓小平理论伟大旗帜，在市委的领导下，同心同德，努力奋斗，树立优良的党风和政风，为实现市第七次党代表大会提出的各项任务作出新的贡献！

市纪委向市第八次党代会作的工作报告

（2002 年）

一、市第七次党代表大会以来党的纪律检查工作的基本情况

市第七次党代表大会以来，市纪委和各级纪检组织在中央纪委和市委的领导下，以邓小平理论和“三个代表”重要思想为指导，认真贯彻党的十五大精神，紧紧围绕党的工作大局，切实履行纪检工作职能，以党风廉政建设和反腐败斗争为重点，抓住影响改革、发展、稳定的重大问题，坚持开创性、坚韧性和操作性的有机统一，着力从体制、机制、法制的结合上积极探索与建设社会主义现代化国际大都市要求相适应的反腐倡廉的新路，各项工作深入推进并取得明显成效，实现了市第七次党代表大会提出的目标任务，为上海的两个文明建设作出了积极贡献.

（一）坚持反腐败三项工作格局，全面推进反腐倡廉各项任务。

坚持领导干部廉洁自律、查办违纪违法案件、纠正部门和行业不正之风三项工作格局，结合实际，突出重点，着重治理影响全市重大改革实施和人民群众反映集中的问题，取得了新的成效。

在领导干部廉洁自律工作中，立足于教育，着眼于防范，加强管理和监督，规范领导干部从政行为。按照《廉政准则》要求，认真落实制止奢侈浪费八项规定和领导干部配偶、子女从业“两不准”规定等中央确定的重点工作。对党政机关的通信工具进行全面清理，实行了个人自费购置、限额报销的管理制度改革。认真监督领导干部执行不准利用职权职务影响收受有关单位和个人的现金、有价证券和贵重物品的规定。加强了公务出国（境）管理，纠正了一批利用旅游渠道公费出国（境）的人和事。针对不同时期群众反映比较突出的问题，及时开展专项整治，增强了干部的自律意识。

在领导干部住房问题上，结合住房分配制度改革，明确了纪律要求，一些违纪行为得到查处。

对截留国家和单位收入、由个人保管或以私人名义储存、由少数人控制和支配等三种形式的“小金库”进行重点清理,共取消不规范设置的银行账户 2 098 个,查处“小金库”2 962 个,涉及金额 1.56 亿元。根据新的情况,不断完善廉洁自律有关规定。努力探索市场经济条件下预防和解决腐败问题的新思路,有的地区和单位采用货币化、市场化的办法,较好地解决了领导干部在一些职务消费领域中的不廉洁问题。国有企业领导人员廉洁自律工作不断向纵深发展。

坚持从严治党方针,加大办案力度,突出办案重点,集中力量查办一批有影响的大案要案,不断取得新的进展。1998 年至 2001 年,全市纪检组织查结案件 5 432 件,给予党纪政纪处分 5 344 人,628 人受到刑事处理。在受处分的人员中,处级干部 583 人,局级干部 29 人。在案件查办中,共挽回经济损失 4.1 亿元。各级纪检组织积极加强对查办案件工作新情况、新问题的研究,不断拓宽办案工作思路,主动深入到房地产、金融等重点领域和部门,运用各种监督检查手段,及时发现和揭露问题。建立和完善办案协调机制和制度,加强与各执纪执法部门的合作,发挥了纪委在查办大案要案中的组织协调作用,查办案件的整体合力得到较好体现。逐步完善案件查办的内部监督程序,加强了对案件查办质量及落实处分决定等方面的监督。同时,讲究政策和策略,注重分析发案特点,摸索发案规律,针对薄弱环节,强化查处和防范措施,力求做到政治、经济和社会效果的统一。对发现的倾向性、苗子性问题,及时与当事人进行诫勉谈话或采取适当的组织处理,并有针对性地向广大干部提出要求。对反映失实又造成一定影响的问题,适时予以澄清,保护了一批干部。对受到党纪政纪处分的干部进行回访,起到了积极的教育作用。

在纠风工作中,坚持纠建并举的方针和谁主管、谁负责的原则,实行纠、评、建一体的纠风工作机制,进一步促进了政风和行业风气的好转。减轻企业负担和农民负担工作得到进一步落实。全市制止乱收费、乱罚款、乱集资工作进一步深入,先后取消和停止 301 项对企业的不合理收费项目,降低收费标准 15 项,涉及金额 28.4 亿元;查处了部分单位以中介服务机构名义乱收费以及中小学违规收费的行为。治理公路、水路“三乱”成果得到巩固,上海成为全国第一批实现所有公路基本无“三乱”的省市之一。1998 年以来,先后在环卫、环保、质监等部门和行业开展了行风评议,对医药购销和普教系统收费情况开展了专项评议。民主评议逐步在街道、乡镇基层站所和政府部门展开,民主监督的覆盖面进一步扩大。同时,逐步建立行风测评体系,努力推动行风长效管理机制的形成。

紧紧围绕经济建设、改革开放和政府重大决策、实事项目,加大执法监察力度,不断推进政府机关廉政勤政建设,促进依法行政,提高行政效能。1998 年以来,共开展执法监察 541 项,查出违纪违法金额 5 038.3 万元,挽回经济损失 15.9 亿元。

(二) 坚持反腐倡廉与改革发展要求相适应,着力从源头上预防和治理腐败。

坚持服从和服务于经济建设这个中心,适应社会主义市场经济的要求,紧密结合改革开放和经济建设重大措施的实施,会同各职能部门,标本兼治、重在治本,从源头上预防和治理腐败工作取得了积极成效。依靠体制和机制创新,重点从权、钱、人等方面入手,逐步铲除腐败现象滋生的土壤和条件。在权力的规范和制约上,全市清理党政机关所办企业 2 563 户,实行了政企脱钩;推行行政审批制度改革,取消和调整 801 项行政审批项目,减少了行政审批的自由裁量权;全面推行政务公开和社会公共事务公开,提高了权力运行的规范化程度和透明度。在财务管理上,采取推行执收执罚部门行政性收费、罚没收入“收支两条线”管理和罚缴分离制度,改革部门预算管理,试行国库集中支付,健全会计委派制度,规范银行账户管理等措施,建立适应社会主义市场经济需要的公共财政体制。在干部任用上,深化干部人事制度改革,按照民主、公开、竞争、择优的原则,普遍实行了民主推荐、民主测评和民主评议;推行了党政机关干部竞争上岗、任前公示、考察预告、差额考察等制度;对领导干部推荐提名、考察考核、讨论决定等环节加强了监督检查,逐步建立选贤任能的选人用人机制。

根据建立社会主义市场经济体系的目标和党风廉政建设的要求,这些年来,通过政府职能的转变,以培育和规范市场为重点,充分发挥市场机制在资源配置中的基础性作用,对遏制腐败产生了积极效果。有形建筑市场进一步完善;产权交易市场形成了一套比较有效的监管机制;土地使用权出让的市场运作机制逐步建立;政府采购工作不断规范。以公开、公平、公正为目标的市场机制正在形成。

党风廉政制度建设取得新进展。各级党委和纪检组织逐步建立适应新形势需要的领导干部从政准则和纪律规范;从加强党内管理、惩戒违纪行为、完善党风廉政工作机制等方面,制定了一系列规章制度。各职能部门在相关领域对从政行为、行业行为和市场交易行为,同步制定相应的监督防范制度,力求做到有法可依、有章可循。这些做法,对于加强党的纪律建设、规范社会主义市场经济秩序起到了重要的作用。

(三)坚持教育、管理、监督并重,把从严治党要求贯穿到党的建设全过程。

深入推进党风廉政建设,教育是基础。近年来,党内教育活动民主不断深入,"三讲"教育和农村、国有企业"三个代表",重要思想学习教育活动增强了党员干部的拒腐防变能力。党风廉政建设教育与这些教育活动紧密结合,在广度和深度上有了新的拓展和开掘。党性党风党纪教育不断深化,根据干部的不同思想和工作特点,增加了强教育的针对性和有效性。党风廉政建设主题教育紧贴形势,注重结合党员干部思想实际,收到了比较好的效果。在教育中,始终把重点放在党员领导干部特别是"一把手"上,市委每年组织局级以上领导干部的党风廉政建设教育,全市对国有企业领导人员的党风廉政建设教育轮训,对干部队伍建设产生了重要影响。案例警示教育深入开展,通过剖析问题,堵漏建制,发挥教育在反腐败治本方面的重要作用。多媒体和互联网技术得到广泛应用,教育的途径和手段不断丰富。

对党员干部队伍的监督和管理得到加强,党内监督机制不断完善。通过总结"三讲"教育的成功经验和做法,进一步健全了领导干部民主生活会制度、个人重大事项报告制度、述职述廉制度和民主评议领导干部制度。对部分区县的领导班子进行党风廉政巡视试点,加强了对领导班子和成员贯彻执行党的路线、方针、政策和廉洁自律情况的监督检查。对党政机关县处级以下领导干部开展经济责任审计,并在县处级以上领导干部中进行试点,加强对党员干部的审计监督。纪检派驻机构的管理体制逐步完善,纪检组织党内监督的职能作用不断增强。

随着社会主义民主政治建设的深入,对党组织和党员干部的民主监督和社会监督不断加强。1998年至2001年,各级纪检组织共受理人民群众信访举报126 537件,从中发现了大量违纪违法的重要线索。人大代表、政协委员以及社会各方面的人士积极参与民主监督。近年来,有3 000多位同志被聘请为行风评议员,参加了全市的行风评议;近千位同志参加了党风检查、执法监察等监督工作;市人大代表、政协委员提出的83件有关反腐倡廉的提案和建议得到认真办理;舆论监督力度不断加大。

(四)坚持分类指导、整体推进,增强反腐倡廉工作的有效性。

根据中央的统一部署,坚持走出一条符合上海实际、具有上海特点的反腐倡廉工作路子。为了真正掌握实情,坚持深入基层,把解决人民群众反映的突出问题作为密切党群、干群关系的基础工作;坚持发挥督促检查和组织协调的职能作用,注意协调解决工作中的困难和问题,推进中央和市委部署的反腐败工作任务的落实;坚持理论和实践创新,围绕新时期加强和改进党的建设等一系列重大课题开展调查研究,不断拓展工作思路,指导工作实践,把握工作主动权。

在实践中,结合不同地区、领域的具体情况,提出有针对性的措施。在社区,根据“两级政府、三级管理”的城市管理体制,社区党风廉政监督站、行风监督员队伍、投诉受理中心等各种模式的党风廉政建设工作机制正在形成。在农村,实行了村务公开,不断加大民主管理、民主监督的力度,着重解决农村基层干部廉洁自律中存在的突出问题,促进农村干部队伍整体素质的提高。在国有企业,以建立现代企业制度为基础,以厂务公开为抓手,以职代会为载体,把对企业领导人员廉洁自律的要求融入经营管理之中,企业的监督制约机制逐步完善。在党委和政府工作部门,对抓好部门自身建设、管好系统和行业、履行部门反腐败工作职能等方面提出了具体要求。由于加强了分类指导,工作要求和工作措施更加切合地区和部门实际,成效日益显现。

同时,通过总结和推广一些好的经验做法并不断加以完善,以点带面,逐步深化。这些年来,在“两公开、一监督”的基础上逐步形成的政务公开、行风评议,在会计委派基础上逐步形成的财务监管机制,在建设有形建筑市场的基础上逐步形成的市场监管体系,都是基层实践经验的结晶,在工作中起到了重要作用。

(五)坚持全党动手、齐抓共管,努力增强反腐倡廉工作的整体合力。

党风廉政建设和反腐败斗争是全党全社会的大事,必须全党动手、齐抓共管,形成整体合力。市委总揽全局、协调各方,不断完善反腐败工作领导体制。市委常委会每年两次专题研究反腐倡廉工作,全市每年召开两次党风廉政建设干部大会,牢牢把握反腐败工作的大方向。市党风廉政建设联席会议着重抓总体规划、工作部署,协调解决工作推进中的重大政策性问题。市人大、市政府、市政协在加强立法监督、规范行政行为和拓宽民主监督渠道等方面,都发挥了重要作用。市纪委协助市委,通过抓组织协调推进工作。地方纪委书记由同级党委副书记担任的要求正在逐步落实,党委对纪检工作的领导得到了进一步加强。

党风廉政建设责任制在全市不断得到落实,按照“一把手”负总责、分管领导各负其责的原则,明确责任目标,加强责任考核,加大责任追究的力度。自实施《关于实行党风廉政建设责任制的规定》以来,全市有132名干部按规定受到党纪政纪处分和组织处理。各级党政组织对党风廉政建设和反腐败工作的要求思想重视、态度坚决、贯彻有力,党政领导班子成员认真落实责任分工,把反腐倡廉的要求纳入地区和部门的各项工作中。各部门按照谁主管、谁负责的原则,认真履行工作职责。全市有60多个部门相继承担了反腐倡廉工作的牵头和参与任务。在这样一种领导格局下,反腐倡廉的政治、经济、法律等各种手段得到有效运用,产生了综合效应;党风廉政建设与党的建设、经济建设和精神文明建设紧密结合、互相推动、协调发展,把各项工作不断推向前进。

市第七次党代表大会以来,在中央和市委的正确领导下,在全市各级组织和全社会的共同努力下,通过反腐倡廉工作的深入开展,党风政风在不断好转,领导干部拒腐防变能力有了新的提高。全市连续五年的问卷调查表明,2001年群众对腐败现象已经或在一定范围内得到遏制的认可度达到77.09%,比1997年提高了近22个百分点,党风廉政建设和反腐败斗争呈现了健康发展的良好势头。

同时,也要清醒地看到,本市党的纪律检查工作离中央、市委和全市人民的要求还有差距和不足,主要是:反腐倡廉工作的发展不平衡,有的工作成效还不够巩固,党风廉政建设责任追究的工作有待进一步推进和落实。纪检组织对新形势下腐败问题的成因、特点、规律及对策的探索和研究不够,在反腐败工作中的组织协调和指导作用有待进一步加强。纪检干部队伍建设的机制还需要不断完善，队伍素质有待进一步提高。对此，在今后的工作中要切实采取措施，认真加以解决。

二、今后五年党的纪律检查工作的建议

今后五年，是上海改革开放和现代化建设承前启后的关键时期。我国加入世贸组织，为上海实现生产力跨越式发展，加快“四个中心”建设，率先基本实现现代化创造了新的发展空间。同时，随着上海改革开放力度的不断加大，社会经济成分、组织形式、就业方式、利益关系和分配方式的日益多样化将表现得更为充分和直接。这些都对纪检工作提出了更新、更高的要求。党的纪律检查工作要顺应新的形势和任务，坚持以邓小平理论和“三个代表”重要思想为指导，按照江泽民同志提出的纪律检查工作必须与时俱进的要求，围绕市第八次党代表大会提出的任务，认真履行职能，全面推进党的建设新的伟大工程。要通过今后五年的工作，使各级党组织和党员干部具有更加严明的纪律和良好的作风，腐败现象蔓延的势头得到进一步遏制，党风廉政建设的体制、机制和制度更加完善，为上海经济、社会的全面发展和进步提供强有力的保障。

（一）深入开展反腐败斗争，大力推进党风廉政建设。

党风廉政建设和反腐败工作是新时期全面加强党的建设的重要任务。要继续坚持党中央反腐倡廉工作的指导思想、基本原则、领导体制和工作机制、工作格局，贯彻从严治党的方针，大力推进党风廉政建设和反腐败斗争。要根据新的形势和新的情况，不断解决群众反映的突出问题和改革进程中出现的深层次问题，进一步深化反腐倡廉的各项措施，加强党风廉政建设责任制，形成全党的工作合力。要继续加强对党员领导干部的党性党风党纪教育，树立正确的权力观、地位观、利益观。要继续把惩治腐败作为当前和今后一个时期的重要工作抓紧抓好，尤其对贪污贿赂、以权谋私等腐败行为必须坚决惩处，绝不允许党内有腐败分子藏身之地，以反腐倡廉的实际成果取信于民。

要把反腐倡廉与大力推进党的作风建设紧密结合起来。纪检组织要协助党委及有关部门，按照“八个坚持、八个反对”的要求，结合实际，抓住重点，讲求实效，有针对性地解决党的思想作风、学风、工作作风、领导作风和干部生活作风方面的突出问题，并抓好督促检查。反腐倡廉各项工作都要贯彻作风建设的要求。在坚持按照民主集中制的原则，努力推进党内民主决策的科学化、制度化进程方面；在力戒形式主义和官僚主义方面；在坚持艰苦奋斗、清正廉洁，保持共产党员的高风亮节等方面，都要有新的作为、新的成效。要通过大力推进党的作风建设，使党员干部队伍的作风进一步改进，思想观念进一步转变，廉洁自律意识进一步提高，干群关系进一步改善，党的执政基础进一步巩固。

在反腐倡廉工作中，必须大力加强思想道德建设。按照依法治国、以德治国的要求，结合党风廉政建设和反腐败斗争的实际，不断探索和构建与新时期党员标准相适应的道德行为体系，教育干部以信仰树德、以宗旨扬德，坚定政治信念，提高从政道德水准，自觉筑牢拒腐防变的思想道德防线，从而使党的肌体始终保持纯洁和健康。

（二）全面加强党的纪律建设。

具有严密的组织性和铁的纪律，是我们党取得胜利的一个重要优势。而发挥这个优势，又是实现全党的统一意志、统一行动，使其他各方面优势充分发挥的一个重要保证。面对新形势下的各种严峻考验和巨大挑战，我们尤其需要发挥这个优势。这对于加强党的自身建设，进一步提高领导水平和执政能力，具有十分重要的意义。严肃党纪，最根本的是要做到严格按照党章办事，按照党内政治生活准则和党的各项规定办事。这个总的要求，必须落实到党的纪律建设的各个方面，切实发挥纪律对执行党的路线、方针、政策的保证作用。在党的各项纪律中，政治纪律是最重要的纪律。全市各级党组织和全体共产党员要毫不动摇地坚持党的基本理论和基本路线，自觉与以江泽民同志为核心的党中央保持高度一致,认真实践"三个代表"重要思想;要严格遵守国家法律,严格执行中央和市委的各项决策,保证政令畅通;要坚持重大事项和重要情况报告制度。要在遵守政治纪律的同时,继续加强经济工作纪律、组织纪律和群众工作纪律等各项纪律建设。要注重体现纪律的时代特征,不断完善纪律规范,提高纪律要求的针对性、有效性和操作性。纪律监督是纪检机关的重要职能,各级纪检组织要充分发挥职能作用,建立健全有效的纪律监督机制,加强对执纪情况的监督检查,认真查处违纪行为,维护纪律的严肃性。

(三)继续深化体制、机制和制度建设。

适应新形势下党风廉政建设和反腐败斗争的需要,继续从体制、机制和制度上推进反腐倡廉工作,标本兼治,以治本为主,用改革和创新的精神,加大从源头上预防和解决腐败问题的力度。党风廉政建设和反腐败斗争要与经济建设、民主法制建设、精神文明建设等各项工作紧密结合,做到体制建设同步设计、政策措施同步实施、突出问题同步治理。在完善党的领导体制、推进政府职能转变、深化各项体制改革的进程中,在制定经济、社会、文化发展政策,推行重大改革措施,制定法规、规章和制度时,都要体现反腐倡廉的要求。通过体制创新,逐步建立结构合理、配置科学、程序严密、制约有效的权力运行机制。加快政府职能转变,减少行政权力对微观经济行为的干预,通过法律、政策和经济等手段,解决经济、社会发展中的深层次问题,规范市场运行,铲除权钱交易的土壤。要针对腐败现象易发多发的重点领域、重要部门和关键环节,通过改革体制、完善机制和健全制度,加强对权力运行的监督和制约。要继续深化行政审批制度、财政管理制度和干部人事制度改革。要进一步完善政府采购和有形建筑市场、产权交易市场、土地交易市场等市场运作机制。积极培育和规范中介组织。要继续推进领导干部经济责任审计工作。逐步规范党政机关的收入分配和职务消费。按照建设社会主义民主政治的要求,发挥民主监督在党风廉政建设中的重要作用。继续完善政务公开、厂务公开、村务公开以及民主评议、质询听证等民主形式,使人民群众在民主选举、民主决策、民主管理、民主监督中发挥更加积极的作用,保证权力的正确行使。进一步拓宽监督渠道,把党内监督同法律监督、社会监督、群众监督、舆论监督结合起来,切实使领导干部在有效的监督之下依法履行职责。按照依法治国的要求,推进党风廉政建设的制度化、法制化。通过健全制度和党纪规定来促进党内生活的规范化。以坚持和完善民主集中制为重点,进一步健全新的历史条件下党的领导工作制度、党内生活制度和权力监督制度,使党的各项制度更加完善。要严格按照中央规定的领导干部从政准则,结合各地区、各部门的实际情况,加以细化和具体化,以制度的形式作出明确规定,做到界限明确、便于操作,使党纪真正起到约束和导向作用。逐步完善预防和惩治腐败的政策法规,提高反腐败斗争的法制化水平,把反腐倡廉工作纳入法制化轨道。

(四)切实加强纪检队伍建设。

新的形势和任务对党的纪律检查工作提出了新的要求。各级党委要切实加强对纪检组织的领导,把纪律检查工作作为党的建设的重要工作,重视纪检干部队伍的思想、政治、组织和作风建设,配备强有力的领导班子,关心纪检干部的选拔和培养,为纪检工作的开展创造有利条件,保证纪检组织更好地依纪依法履行职责。要进一步改进和完善纪律检查工作体制和机制,全面履行党章赋予纪检组织的职责,强化纪律检查工作职能,将纪委的主要力量放在执行党的纪律上,协助党委从更高的层面上推进党的建设和反腐倡廉工作,保持党的先进性和纯洁性,增强党的凝聚力和战斗力,保证党的路线、方针、政策和决议得到正确的贯彻落实。

各级纪检组织必须解放思想、与时俱进、开拓创新,努力提高纪检干部队伍的整体素质和工作水平。要深入到改革开放和现代化建设的第一线,不断深化对客观实际的认识,积极探索和把握纪检工作和反腐败斗争的规律，总结新经验，拓展新思路，增强工作的预见性、创造性和有效性，使纪检工作与改革、发展、稳定的各项工作更好地结合起来。要用改革的思路和办法不断改进纪检工作的方式、方法和手段，使纪检工作进一步适应新形势，求得新发展。要坚持按照“政治坚强、公正清廉、纪律严明、业务精通、作风优良”的标准和要求，重视纪检干部的纪律、作风和道德建设，严肃纪检工作纪律尤其是办案纪律，保证严格依纪依法、公正履行职责；重视对经济、金融、法律、科技、管理等方面新知识的学习，加快纪检干部的培养；重视纪检干部的人员配备，加强纪检干部交流工作，逐步形成出好进强的良性循环机制。进一步完善纪检干部队伍管理，重视对信访举报、案件检查、案件审理等工作岗位和重要环节的监督，把纪检队伍建设成为政治上坚定、作风上过硬、忠于党的纪律检查神圣使命的高素质队伍，为反腐倡廉工作提供重要的组织保证。

在充满机遇和挑战的新时期，我们肩负着光荣而艰巨的使命。让我们更加紧密地团结在以江泽民同志为核心的党中央周围，高举邓小平理论伟大旗帜，按照“三个代表”要求，在中央纪委和市委领导下，进一步振奋精神，同心同德，锐意进取，求真务实，以党风廉政建设和反腐败斗争的新成绩，为实现市第八次党代表大会提出的各项任务作出新的贡献！

市纪委向市第九次党代会作的工作报告

（2007年）

一、五年来的主要工作

市第八次党代表大会以来，在党中央、中央纪委和市委的正确领导下，全市各级纪委坚持以邓小平理论和“三个代表”重要思想为指导，认真贯彻落实党的十六大和十六大以来历次中央全会、中央纪委全会精神，把推动贯彻落实科学发展观和构建社会主义和谐社会作为党风廉政建设的重要内容，认真履行党章赋予的职责，加强监督检查，确保政令畅通。紧紧依靠全市各级党政组织、广大党员干部和人民群众，坚持标本兼治、综合治理、惩防并举、注重预防的反腐倡廉战略方针，积极推进教育、制度、监督并重的惩治和预防腐败体系建设，按照党风廉政建设责任制的要求，通过责任分解和专项检查，推动反腐倡廉工作深入开展，为促进上海经济社会又好又快发展提供了重要保证。

中央查处“社保资金案”和作出对陈良宇同志严重违纪问题立案检查决定以来，全市各级纪检监察机关和广大纪检监察干部坚决拥护中央决定，自觉与党中央保持高度一致。按照市委提出的坚定不移推进发展、坚定不移反对腐败的工作基调，在全力以赴配合中央工作组彻查“社保资金案”，全力以赴做好中央工作组移交案件查办工作的同时，做了大量查摆问题、总结教训、统一思想的工作，努力消除“社保资金案”造成的负面影响。在党中央，中央纪委和市委的领导下，“社保资金案”查处工作取得了重大进展，增强了广大党员干部和人民群众反腐倡廉的信心，全市党风廉政建设和反腐败斗争各项工作呈现良好发展态势。

（一）深入开展反腐倡廉教育，党员干部廉洁从政的自觉性进一步增强。

各级党委和纪委坚持把加强教育作为党风廉政建设的一项重要基础性工作，紧密联系党员干部队伍实际，运用正反两方面典型，层层开展反腐倡廉教育。广大党员干部结合开展保持共产党员先进性教育活动，认真学习对照党章和党纪条规，查找和解决党风方面存在的突出问题。通过主题教育、党课、干部培训等，对党员干部开展理想信念、勤政廉政、党纪国法、案例警示等方面的教育。会同市委组织部对382名新任局级领导干部进行集体廉政谈话。发挥反腐倡廉大宣教工作格局的作用，组织开展社会主义荣辱观等宣传教育活动，以各种形式推进廉政文化进机关、社区、家庭、学校、企业和农村,积极营造反腐倡廉的良好社会氛围。

认真贯彻执行“四大纪律、八项要求”和中央关于领导干部廉洁从政各项规定,重点清理领导干部收受现金、有价证券和支付凭证等五方面问题。党员干部主动上交现金、有价证券和支付凭证共6 151万元。清理和纠正党政领导干部兼任企业领导职务问题。进一步落实领导干部配偶、子女从业规定。加强对领导干部申领、持有因私出国(境)护照的管理。党政机关、事业单位共清退用公款为干部职工购买的商业保险4 350万元。开展局(处)级领导干部报告个人有关事项专项登记,积极推进网上申报试点,建立局级领导干部个人有关事项报告信息库。开展对党员领导干部诫勉谈话,各级领导干部以各种方式述职述廉。

(二)大力推进政风行风建设,人民群众利益得到进一步维护。

各级纪检监察机关坚持把实现好、维护好、发展好人民群众的根本利益作为反腐倡廉的重点工作,会同有关部门针对教育收费、医药购销、医疗服务、物业管理、集体土地征用、城镇房屋动拆迁、企业重组改制和破产中损害群众利益以及拖欠工程款和农民工工资等群众反映突出的问题集中开展专项治理。清理各种教育违规收费1.84亿元。认真实行义务教育“一费制”收费办法,严格实行公办高中招收择校生“三限”政策,实施高校招生收费“阳光工程”。推行医院收费公示、病人住院费用“一日清”等制度,规范医疗收费行为。药品集中招标采购总金额433.35亿元,减轻了患者负担。围绕医德医风建设,连续开展对医疗机构的专项检查,认真解决医务人员收受“红包”、回扣问题。积极探索物业管理体制改革,认真纠正物业管理中存在的问题。在重大工程建设和旧区改造中,大力推行“阳光动迁”,严肃查处麦琪里动迁地块“1·9”放火案等严重损害群众利益的案件,依纪追究有关领导责任。认真解决征地农民补偿费不到位问题,建立土地补偿费直接划拨到村的制度,通过实施和完善小城镇社会保险解决失地农民后顾之忧,目前已有140多万农民加入镇保。积极开展国有企业党风建设和反腐倡廉工作,认真查处企业重组改制中国有资产流失和侵犯职工利益的问题。加强农村、社区基层党风廉政建设,认真解决公款吃喝、与民争利、作风不实等问题,不断改进基层干部工作作风。

不断完善政风行风测评体系,扩大测评工作的社会参与度,开通政风行风热线。对29个政府部门和公共服务行业在普遍测的基础上进行重点评,被测单位的工作作风和服务质量明显改善,群众满意率明显提高。

(三)依纪依法查办案件,惩治腐败力度进一步加大。

2002年5月至2007年4月,全市各级纪检监察机关共受理群众信访举报13.963 5万件(次),立案5 336件,其中局级干部案件44件,处级干部案件461件;结案5 512件,给予党纪政纪处分5 257件,其中局级干部42人,处级干部488人;移送司法机关546人;在查办案件中,共挽回直接经济损失7.65亿元。坚持依纪依法办信查案,制定和完善有关信访举报、案件检查、案件审理以及加强纪检监察机关与行政执法机关、司法机关协作办案和开展案件预防工作等方面的制度10余项,进一步规范办案程序,完善办案协调机制。切实保障党员权利,为一批干部澄清了反映失实的问题。

2006年7月以来,在党中央、中央纪委和市委的领导下,积极配合中央工作组对“社保资金案”开展调查,依据党纪政纪对祝均一等10多名涉案党员干部作出开除党籍、开除公职等处分,涉嫌犯罪的移送司法机关依法处理。违规使用的社保资金已依法全额收回。

认真开展治理商业贿赂专项工作。2006年以来,围绕工程建设、土地出让、产权交易、医药购销、政府采购等重点领域,认真开展自查自纠,完善有关制度,全市共查找问题111类、260个,上缴不正当所得1 704万元;查处商业贿赂案件1 266件,涉案金额4.87亿元。

(四) 积极推进惩治和预防腐败体系建设,制度创新和源头治本工作进一步深化。

根据《中共上海市委关于贯彻〈建立健全教育、制度、监督并重的惩治和预防腐败体系实施纲要〉的意见》,落实任务分工,明确牵头和配合单位。各区县结合实际制定实施意见,通过总结经验、分类指导、督促检查,推进落实惩治和预防腐败体系建设的各项工作。

坚持改革和制度创新,不断推进反腐败治本抓源头工作。会同有关部门认真贯彻行政许可法,以转变政府职能为重点,大力推进行政审批制度改革,取消和调整行政审批项目1 044项,进一步创新审批方式,规范审批程序,提高审批效率。以深化部门预算和完善国库单一账户体系为重点,积极推进财政管理体制改革,实施市级行政事业性收费收缴分离。进一步规范政府投资行为。加强对贯彻落实《党政领导干部选拔任用工作条例》情况的监督检查。

大力推进要素市场建设。在工程建设领域推行工程量清单招标、专家后评估、公正度评价三项制度,提高工程建设项目招标投标的公正性和透明度。进一步完善产权交易和经营性土地使用权公开出让制度,全市公开转让国有产权2 000多亿元,实行招标、拍卖、挂牌出让土地面积1.112 9万公顷。全面实行政府采购制度,市、区县两级政府采购金额达642.78亿元。加强和规范行业组织和社会中介机构管理,大力推进社会诚信体系建设。

(五) 加强对领导干部的监督,权力运行制约机制进一步完善。

认真贯彻落实《中国共产党党内监督条例(试行)》,建立和完善市巡视机构和工作制度。对19个区县和19个市政府委办局进行巡视,并对其中17个单位开展了“回头看”,发挥巡视对领导班子和主要领导干部监督的重要作用。制定领导干部诫勉谈话、函询和述职述廉等方面的实施意见,提出党政机关党员领导干部民主生活会10个环节规范性要求,促进民主生活会质量的提高。2002年以来,新制定有关制度53项,并对纪检监察机关合署办公以来制定的260余项制度规定进行全面梳理和完善。各区县普遍对处以上党政领导干部进行经济责任审计。积极推行党务公开,先后对10个市委工作部门开展评议试点。政府信息公开工作走在全国前列,政府部门政务公开行为不断规范,厂务公开、公共事务公开、村务公开进一步深化,全市国有企业和村级组织以及与群众生产生活关系密切的事业单位普遍实行办事公开制度。

积极推进市纪委、市监察委对派驻(派出)机构实行统一管理工作,先后对8个双派驻(派出)和9个单派驻(派出)机构实行统一管理,探索和完善统一管理的工作机制。定期向市政协和本市各民主党派通报党风廉政建设和反腐败工作情况,153名民主党派人士参加党风廉政建设责任制专项检查和政风行风测评工作,324名民主党派和无党派人士被聘为特邀监察员和政风行风监督员。重视发挥舆论监督作用,建立媒体批评报道整改反馈制度。

(六) 全面履行纪检监察两项职能,行政监察工作范围进一步拓展。

围绕筹办世博会、轨道交通建设和成片旧区改造、社会主义新农村建设等重点工作,市监察委和各级监察机关按照市政府的部署和要求,认真开展执法监察和效能监察。建立世博会建设监督保障联席会议制度,加强对重点环节的监督,会同有关部门重点对清理整顿开发区、经营性土地使用权出让、征用农民集体所有土地补偿费管理使用等开展执法监察,对清理固定资产投资项目、治理企业违法排污行为等开展专项检查。积极参与整顿和规范市场秩序工作,配合有关部门开展整治虚假违法广告、打击非法行医和非法采供血液等专项检查。清理各种过多过滥的评比达标活动。参与对轨道交通四号线工程事故等重特大事故的责任调查处理工作,追究有关责任人的责任。结合浦东综合配套改革试点,积极推进浦东新区依法监察试点工作。

（七）适应新形势、新任务的要求，纪检监察机关和纪检监察干部队伍自身建设进一步加强。

各级纪检监察机关认真履行党章和行政监察法赋予的职责和任务，努力适应新形势、新要求，加强队伍自身建设。市纪委常委会坚持把加强思想政治建设放在班子建设的首位，不断增强围绕中心、服务大局，推进反腐倡廉工作的自觉性；按照民主集中制要求，完善议事规则，加强作风建设，注重调查研究，不断提高科学决策、民主决策的水平。各级纪检监察机关结合保持共产党员先进性教育活动，深入开展“做党的忠诚卫士、当群众的贴心人”主题实践活动，围绕提高干部素质、提高工作质量的要求，切实加强对纪检监察干部的教育和培训，完善内部管理，严格组织纪律，树立和维护纪检监察机关、纪检监察干部的良好形象。

五年来，我们在党风廉政建设和反腐败斗争中取得了一定成绩，制度建设、源头治理、纠风和政务公开等工作得到了中央纪委、监察部的充分肯定。这些成绩的取得是党中央、中央纪委和市委正确领导的结果，也是全市各级党政组织、纪检监察机关和广大干部群众共同努力的结果。同时，我们也清醒认识到，过去五年上海党风廉政建设和反腐败工作还存在一些薄弱环节和突出问题，特别是“社保资金案”的发生和查处，给我们留下了深刻的教训和体会。市纪委常委会多次召开会议，从正反两方面进行认真总结和反思。

（一）必须清醒认识反腐败斗争的长期性、复杂性、艰巨性和现实紧迫性，才能不断增强抓好反腐倡廉工作的责任感、紧迫感和使命感。科学分析和正确判断反腐败斗争形势，是做好反腐倡廉各项工作的基础和前提。“社保资金案”的发生，说明我们在思想上对反腐败斗争的长期性、复杂性、艰巨性和现实紧迫性认识不足。一段时间以来，我们对上海各项工作基础比较扎实、制度比较健全、干部做事比较谨慎规范看得比较多，思想警觉有所放松，对干部抵御腐蚀和诱惑的能力估计过高，对市场经济和文化多样性带来的负面影响估计不足，对上海数量巨大的国有资产和公共资金在运行过程中可能出现的失范、失察、失控认识不足，对新形势下反腐倡廉的新情况、新问题、新特点深入研究和有效应对不够。彻查“社保资金案”使我们深刻认识到，上海处于改革开放的前沿，越是加快发展，越要同步推进党风廉政建设；越是取得成绩，越要保持清醒的政治头脑，反腐倡廉工作在任何时候都不能放松。只有深刻认识反腐败斗争的长期性、复杂性、艰巨性和现实紧迫性，始终坚持常抓不懈，才能切实增强责任感、紧迫感和使命感，牢牢把握反腐倡廉工作的主动权，不断取得反腐败斗争的新成效。

（二）必须全面贯彻反腐倡廉战略方针，才能有效惩治和预防腐败。坚持标本兼治、综合治理、惩防并举、注重预防的反腐倡廉战略方针，建立健全符合上海实际的惩治和预防腐败体系是一项长期而紧迫的任务。“社保资金案”的发生，暴露出我们在惩治和预防腐败体系建设中还存在不少薄弱环节和突出问题。主要是教育的针对性、有效性不强；对制度执行的监督检查不够，有些制度在少数领导干部面前苍白无力，一些单位“三重一大”集体决策制度形同虚设；对有的党政主要负责人以及“能人”、“名人”、领导身边工作人员的监督要求不严格、措施不得力、工作不到位；发现和研判违纪违法案件线索能力不强、深挖腐败分子力度不够。实践证明，建立健全惩治和预防腐败体系需要付出艰辛的努力。只有全面贯彻落实反腐倡廉战略方针，把教育、制度、监督、改革和惩处有机结合起来，才能从根本上预防腐败问题的发生。

（三）必须把维护广大人民群众的根本利益作为出发点和落脚点，才能使反腐倡廉工作取信于民。维护广大人民群众的根本利益是反腐倡廉工作的出发点和落脚点，是检验党风廉政建设和反腐败斗争取得成效的根本标志。“社保资金案”的发生，反映出极少数党员领导干部与不法企业经营者相互勾结，信念丧失、以权谋私、骄奢淫逸，他们的行为严重违背党的宗旨，严重损害人民群众的根本利益，严重影响群众对党和政府的信任。此外，少数党员领导干部脱离群众，官僚主义、形式主义、铺张浪费等现象还比较突出；少数干部中还存在用公款请客送礼、参与赌博、公车私用、作风霸道等一些群众不满意的问题，严重损害了党同人民群众的血肉关系。实践证明，只有始终把群众放在心里，自觉践行立党为公、执政为民的宗旨，坚持把实现好、维护好、发展好人民群众的根本利益作为反腐倡廉工作的根本出发点，坚决清除腐败这个最大的不和谐因素，坚决纠正和解决各种损害群众利益的不正之风，才能以反腐倡廉工作的实际成效取信于民。

（四）必须坚持和完善反腐败领导体制和工作机制，才能形成防治腐败的强大合力。坚持和完善党委统一领导、党政齐抓共管、纪委组织协调、部门各负其责、依靠群众支持和参与的反腐败领导体制和工作机制，严格执行党风廉政建设责任制，形成一套行之有效的规范和秩序，是落实反腐倡廉各项任务的根本制度保证。“社保资金案”的发生，说明一些地方和部门少数党政主要负责人抓党风廉政建设责任意识不强、自觉性不高，有的甚至带头违反有关规定，带坏了风气，给经济社会发展全局带来极其严重的后果；有的地方工作责任制不落实，职能部门责任分工流于形式，责任追究难以到位；纪检监察机关监督检查力度不够，内部机构职能配置和组织协调能力还不能完全适应反腐败形势发展的要求。实践证明，只有坚持和完善反腐败领导体制和工作机制，不断加大党风廉政建设责任追究力度，全面增强各级领导班子特别是主要领导干部的责任意识，大力提高各级纪检监察机关的组织协调能力和水平，充分发挥各级党政部门的职能作用，不断拓宽群众参与反腐败的途径和渠道，才能进一步形成全党全社会共同防治腐败的合力，深入推进党风廉政建设和反腐败斗争。

二、今后五年工作的意见和建议

今后五年是上海坚定走科学发展之路，加快推进“四个率先”，加快建设“四个中心”和社会主义现代化国际大都市，承办好 2010 年世博会的关键时期。深入开展党风廉政建设和反腐败斗争，对保证和促进上海经济社会又好又快发展具有重大意义。当前，我国经济体制深刻变革，社会结构深刻变动，利益格局深刻调整，思想观念深刻变化。一些体制、机制、制度和管理上的空隙和漏洞不可避免，滋生消极腐败现象的土壤和条件难以在短期内消除，反腐倡廉任务仍然艰巨。全市各级党政组织、纪检监察机关和广大党员干部要不断增强政治意识、大局意识、责任意识和忧患意识，坚持党要管党、从严治党的方针，始终把党风廉政建设和反腐败斗争放在更加突出的位置，旗帜鲜明、毫不动摇、持之以恒地抓紧、抓实、抓出成效。

今后五年，上海党风廉政建设和反腐败工程的指导思想和总体要求是：坚持以邓小平理论和“三个代表”重要思想为指导，全面贯彻落实科学发展观，加快构建社会主义和谐社会，紧紧围绕加快推进“四个率先”、加快建设“四个中心”和社会主义现代化国际大都市，把反腐倡廉工作融入经济建设、政治建设、文化建设、社会建设和党的建设之中，坚持标本兼治、综合治理、惩防并举、注重预防的反腐倡廉战略方针，加大查办案件力度，拓展从源头上防治腐败工作领域，进一步建立健全教育、制度、监督并重的惩治和预防腐败体系，深入推进党风廉政建设和反腐败斗争，为全面贯彻落实即将召开的党的十七大精神和实现市第九次党代表大会提出的目标和任务提供坚强有力的政治保证。经过努力，各级党员干部特别是主要领导干部廉洁从政的自觉性和拒腐防变的能力进一步增强，对权力运行的有效监督制约机制进一步完善，党风政风的社会风气进一步好转，查处和预防违纪违法案件的力度进一步加大，惩治和预防腐败体系的框架基本建立并取得明显成效，广大人民群众对党风廉政建设的满意度进一步提高。

（一）加强监督检查，发挥党风廉政建设和反腐败工作在贯彻落实科学发展观、构建社会主义和谐社会中的重要保证作用。

努力维护改革发展稳定大局，确保国家宏观调控、经济结构调整和经济增长方式转变、自主创新能力提升、资源节约和环境保护等重大战略决策和措施落到实处。教育引导广大党员干部特别是领导干部牢固树立科学发展观和正确政绩观，增强以科学发展观指导各项工作的自觉性和坚定性，坚决纠正违背科学发展观、违背和谐社会建设要求的行为。加强对各级党组织和党员领导干部执行党的政治纪律的监督，发现党组织和党员发表与党章、党的决议相违背的言论要严肃进行批评教育，构成违反政治纪律的要严肃查处，坚决维护中央和市委权威，确保政令畅通。

坚决纠正和治理严重损害人民群众切身利益的突出问题，维护社会公平正义与和谐稳定。高度关注民生，把解决好人民群众最关心、最直接、最现实的利益问题作为一切工作的出发点和落脚点。加强对解决民生问题有关政策措施落实情况的监督检查，继续重点解决群众反映强烈的看病难、看病贵、环境污染和食品药品安全等方面的突出问题。严肃查处不顾群众生命安全的失职渎职行为以及土地征用、房屋拆迁、企业转制改制过程中以权谋私、办事不公、作风不实等侵害群众利益的问题。按照依法办博、节俭办博、廉洁办博，办成一届成功、精彩、难忘世博会的要求，加强对筹办世博会全过程的监督。围绕轨道交通等重大项目建设，加强执法监察和效能监察。

坚持和完善反腐倡廉领导体制和工作机制，认真落实党风廉政建设责任制，形成齐抓共管的工作局面。各级党委要加强领导，统筹规划，党委(党组)书记负总责，党政领导各负其责，职能部门按照分工抓好落实。纪委协助党委抓好组织协调的督促检查，加强责任考核，对落实党风廉政建设责任制不力造成严重后果的，要严肃追究领导责任。

(二) 增强“三个意识”，扎实推进领导干部作风建设。

认真按照胡锦涛同志提出的大力倡导八个方面良好风气的要求，带头增强忧患意识、公仆意识和节俭意识，协助党委把加强领导干部作风建设作为深入推进反腐倡廉的重要任务来抓，从制定规划、组织领导、制度保障和督促检查等方面采取有力措施，深入推进思想作风、学风、工作作风、领导作风和干部生活作风建设，以优良的党风促政风带民风。

通过专项治理，切实解决领导干部作风方面存在的突出问题。坚持贯彻民主集中制原则，严格执行“三重一大”集体决策制度，反对搞“一言堂”和独断专行，防止搞“小圈子”和选人用人上的不正之风；坚持党的群众路线，反对官僚主义、形式主义、办事推诿、脱离群众；坚持实事求是、求真务实，反对阳奉阴违、弄虚作假、搞脱离实际的“形象工程”和“政绩工程”，力戒浮躁浮夸、急功近利、劳民伤财；坚持廉政勤政，严格执行领导干部廉洁自律各项规定，反对铺张浪费、生活奢靡、追求享乐，坚决查处各种收送现金、有价证券等违纪行为，使各级领导干部始终牢记“两个务必”，不断推动各项事业蓬勃发展。

各级纪委要加强对领导干部作风建设情况的监督检查，及时发现和纠正苗头性、倾向性问题，使领导干部不犯或少犯错误；对因作风问题造成严重后果或恶劣影响的，必须坚决查处。

(三) 坚持教育、制度、监督并重，深入推进《实施纲要》的贯彻落实。

加快建立思想道德教育长效机制，着力提高教育的针对性和有效性。加强理论学习，引导党员干部牢固树立马克思主义世界观、人生观、价值观和正确的权力观、地位观、利益观。巩固和深化先进性教育活动的成果，不断增强党员的先进性意识，坚定理想信念。始终把学习党章、遵守党章、贯彻党章、维护党章作为一项重要任务抓紧抓好，把广大党员的思想统一到党章上来，自觉按照党章办事。加强警示和法制教育，以案释纪、以案释法，使领导干部常修为政之德，常思贪欲之害，常怀律己之心，筑牢拒腐防变的思想道德防线。

加快健全反腐倡廉制度体系,着力提高制度的严密性、系统性、科学性和操作性。按照坚持、恢复、完善、创建的要求,深化体制改革和制度创新,建立健全一整套制约有力、便于操作的党风廉政建设制度体系,做到用制度管权、按制度办事、靠制度管人。各级领导干部尤其是主要领导干部要带头学习制度,严格执行制度,自觉维护制度,决不允许成为制度的破坏者、逾越者和规避者。要加强对制度执行情况的监督检查,提高制度的执行力,坚决维护制度的权威性和严肃性。

加快完善对权力运行的有效监督制约机制,着力提高监督的权威性和有效性。全面落实《中国共产党党内监督条例(试行)》,完善巡视等制度,加强对领导机关、领导干部特别是领导班子主要负责人的监督,建立和完善对局级单位主要领导干部的监督制度和干部交流制度。加强对公权力大、公益性强、公众关注度高的部门和资金、资产、资源相对集中的领域的监管,切实加强审计、财务监督,严格财经纪律,严明审计责任。以提高公开性和透明度为目标,强化对权力运行的全方位、全过程监督,把党内监督、人大监督、政府专门机关监督、政协民主监督、民主党派监督、司法监督、群众监督、舆论监督等有机结合起来,根据各自职能,加强协调配合,增强监督合力,提高监督效能。

(四) 加大查办案件工作力度,维护党纪国法的严肃性。

把查办案件作为惩治和预防腐败的重要手段,强化办案职能,坚持有案必查、有查必果,对任何腐败行为和腐败分子都必须一查到底,依纪依法严肃处理,始终保持惩治腐败的高压态势。突出办信查案重点,把握新形势下违纪违法案件的新情况、新特点,牢牢抓住腐败案件易发多发的重点领域和容易滋生腐败现象的重点部位,坚决查办党员领导干部贪污贿赂、腐化堕落、失职渎职、徇私枉法等案件。

完善办信查案机制。充分发挥纪委在查办重大案件中的组织协调作用,有效整合纪检监察机关内部、纪检监察系统和执纪执法机关的资源,增强办信查案工作的整体合力。切实保障举报人的合法权益。加强对办信查案的人力、物力、财力保障,大力加强办信查案队伍建设,提高突破重大疑难案件的能力。

强化案件管理工作。把严格依纪依法的要求贯穿于办信查案工作全过程。按照规定程序和要求,正确使用案件检查措施,保障被审查人员的合法权利。正确运用政策和策略,做到宽严相济、区别对待,综合运用法律、纪律、组织处理、经济处罚、限制从业资格等多种方式和手段,增强办案的法纪效果和政治、经济、社会效果。

(五) 加大改革和制度创新力度,拓展从源头上防治腐败的工作领域。

坚持用发展的思路和改革的办法,以浦东综合配套改革试点为引领,加大制度创新力度,充分发挥各职能部门作用,把反腐倡廉工作融入经济建设、政治建设、文化建设、社会建设和党的建设中,不断铲除腐败滋生扮演的土壤和条件。

在经济领域,进一步发挥市场在资源配置中的基础性作用,健全建设工程招投标、经营性土地使用权出让、产权交易、政府采购等制度,强化监督管理。建立健全财政资金和社会公共性资金监管体系,建立对资金流动的实时监控体系。加强对国有企业改革过程和国有资产运行的监管。继续深入开展治理商业贿赂专项工作,加大防治力度,建立长效机制。

在政治领域中,紧紧抓住权限界定的清晰度和权力运行的公开性,深入推进干部人事制度、司法体制和工作机制、行政审批制度等方面改革,切实推进政府职能转变,扩大政府信息公开。大力发展党内民主,不断推进党务公开。推进科学执政、民主执政、依法执政和廉洁施政。

在文化领域,牢牢把握先进文化的前进方向,确立社会主义核心价值体系,牢固树立社会主义荣辱观,大力推进廉政文化建设,努力营造全社会抵制腐败的良好氛围。

在社会领域中,积极创新社会管理体制,整合社会管理资源,推进社会诚信体系建设,进一步规范市场主体、中介机构和行业组织的行为,形成群众支持和参与反腐倡廉的有效机制。

(六)全面履行党章赋予的职责,进一步加强纪检监察干部队伍自身建设。

按照政治坚持、公正清廉、纪律严明、业务精通、作风优良的要求,努力打造一支高素质纪检监察干部队伍。坚持用马克思主义中国化的最新成果武装头脑,坚定理想信念,不断提高思想政治素质,增强履行职责的自觉性。认真组织学习纪检监察业务知识和法律、经济、金融、科技及社会管理等方面知识,不断改善知识结构。加强调查研究,借鉴国际反腐败经验,努力探索和把握反腐倡廉工作规律,不断提高执行政策和处理疑难复杂问题的能力和水平。

各级纪检监察机关和广大纪检监察干部要严肃执纪、公正待人,做到纪律面前人人平等,切实维护党纪政纪的严肃性;要严以律己、宽以待人、带头严格执行党纪国法,自觉接受党组织和人民群众的监督;要严格管理、取信于民,加强和规范纪检监察机关内部管理,不断提高工作效率和质量;要带头转变工作作风,弘扬新风正气,抵制歪风邪气,树立良好的作风和形象。

各级党委要进一步加强对党风廉政建设和反腐败工作的领导,支持纪检监察机关全面履行党章和行政监察法赋予的职责,重视纪检监察干部队伍建设,保证各项工作顺利开展。

新的历史时期,面对前所未有的机遇和挑战,上海党风廉政建设和反腐败工作任重道远。我们一定要紧密团结在以胡锦涛同志为总书记的党中央周围,高举邓小平理论和"三个代表"重要思想伟大旗帜,全面贯彻落实科学发展观,努力构建社会主义和谐社会,站在上海改革开放和现代化建设新起点,在中央纪委和市委的领导下,振奋精神、求真务实,与时俱进、开拓创新,不辜负党的期望和人民的重托,以党风廉政建设和反腐败斗争的新成绩取信于民,为上海加快推进"四个率先"、加快建设"四个中心"和社会主义现代化国际大都市而努力奋斗!

索　　引

一、主 题 索 引

0～9

5·30 龙门吊倒塌重大事故　453
6·27 莲花河畔景苑楼房倾倒事故　453
7·17 沪东造船厂特大事故　452
10·17 食物中毒重大事件　454
11·15 胶州路公寓大楼特别重大火灾事故　453
12·3 重大伤亡事故　452
365 旧区改造执法监察　468
2010 年上海世博会食品安全保障工作　440
962114 政风行风监督电话　517、518
62780990 政风行风热线　492、516

A

安全生产　436～438
安全事故责任追究检查　436
案件管理　191、416
案件监督管理室　405、406、419
案件检查　419、628、629
案件审理　190、403、425、426、432、629
案件线索通报和重要案件线索联合研判暂行规定　418

B

八项要求　292
百万家庭学礼仪活动　314
办公厅主要职能　83
办信办案工作调研　545
帮困送温暖活动　641
保持党政机关廉洁课题调研活动　544
保持共产党员先进性教育活动　625、641
保持廉洁自律,发扬艰苦奋斗作风主题教育活动　286
《笔谈廉政之路》专栏　318
不正之风治理　6

C

财务审计金融知识培训　333
财务总监和财务主管委派制度　244
财政监管　463、522
采用谈话方式处理信访件实施意见　190
菜篮子工程执法监察　438
查办案件协调配合　419
拆迁管理五项制度　469
产权交易市场　451
厂务公开　203
《倡廉文摘》　318
超编汽车、借用汽车问题清理工作　212
超标准车辆清理使用工作　212
撤二建一　106
城市社区党风廉政建设　11、236
城乡产权交易所　451
城乡规划效能监察　468
城镇住房制度改革若干纪律规定　181
惩防并举　13
惩治和预防腐败体系　13、174～178、404、409、688、694、701
惩治和预防腐败体系建设　195、197、293
惩治和预防腐败体系建设研究　563
诚信守法集中教育培训　246

重申不准违反规定发放、购买和使用代币购物票券通知 185
重申领导干部不准收受与公务有关现金和有价证券通知 185
重申严禁发售使用各类代币购物券和严格规范消费类票券通知 185
重信重访专项治理 392
出售公有住房工作若干规定 181
处分决定执行情况检查工作 430
处分违犯党纪的党员批准权限具体规定 190
处级纪检干部培训 332
创先争优 637
《从体制、机制、法制方面加强党风廉政建设论文集》 565
从严治党 5、180、559、564
村级财务管理规范化试点工作 260
村级组织财务民主管理 259
村务公开 258
村账委托镇代管财务管理新模式 260
错划右派改正后若干具体问题处理意见请示报告 422

D

答复意见两下两上审核程序 374
打击经济领域违法犯罪活动领导小组 4、407
《大湖下的泥沙》电视教育片 302
大学生诚信、勤俭原创短信大赛 270
《当家人》电视短剧 321
党的纪律检查工作基本情况 722
党的纪律检查机关恢复重建30周年座谈会 303
党的纪律检查体制改革和完善调研 547
党的纪律教育 645
党的路线方针政策学习 613
党的政治纪律研究 560
党风 131、271、340、536、540、541、559
党风建设 535、558、564、635
党风廉政建设 5、11、12、130、147～151、155、162、174、236、245、246、249、255、266、299、352、534～541、546、547、610、631、632、683
党风廉政建设责任制 8、174～177、268、371、372、683
党风廉政教育 283、284、636、359
《党风现状分析及几点思考》报告 560
党风状况 535、536、540、560
《党纪规定选编》 291
党纪教育 291、290、292
党纪政纪处分 193、432
党内法规 292、644
党内监督 9、186、352
党群关系教育 619
党外监督 9、373
党委(党组)实施三重一大制度若干意见 196
党委工作部门评议 340、367～369
党委政府工作部门党风廉政建设意见 181
党务公开工作 340、361、362
党性党风党纪教育 246、284～287
党要管党,从严治党 13
党员、党组织违犯党纪案件立案暂行规定 190
党员重新登记工作 635
党员处分 424
党员负责干部会议 6、135、148、149、271
党员领导干部 5、187、206、233、300、388、424、542～545、562
党员领导干部警示教育活动 301
党员领导干部违纪违法和职务犯罪预警机制 418
党员领导干部民主生活会 186、340、355、357
党员申诉信访工作领导 390
党在我心中 619、620
党政部门报刊散滥和利用职权发行治理 457
党政机关 5、180～185、214、233、456、457、544、550
党政机关公务用车 10、212
党政机关经商办企业 219、542
党政机关领导干部 410、166、180、181、186、189、410、542
党政机关兴办经济实体和机关干部从事经营活动必须坚持政企分开原则通知 183
党政机关兴办经济实体情况专题调查 220
党政领导班子民主生活会 354～356
党支部达标创先活动 640
党组织和党员在稳定经济深化改革中严守纪律通知 409
邓小平建设有中国特色社会主义理论学习 614
地方性审批事项清理 528
地沟油专项整治 439、440
第三次纪检理论研讨会 558
第六次党代表大会以来党的纪律检查工作的基本情况

722
典型案例 291、302
电子监察系统 260
调查研究 533、535
调查研究联系点 540
动拆迁安置 469～471
动拆迁安置执法监察 202、469
督查指导强农惠农资金专项清理与检查工作 168
对参加非法集会游行示威活动的共产党员给予党纪处分意见 404
对党政干部多占住房问题处理意见 208
对国有企业巡视 351
对口支援 464、465
对口支援地区纪检干部培训 335
对外出访 601
对外交流 583
对外接待 585
对外经济合同清查 443
对下一级党委(党组)成员的检举和控告向上一级纪委报告制度 393
队伍建设 545、609

F

法轮功问题中党纪政纪处分工作 431
法律法规学习 643
反法轮功教育 619
反腐败斗争 5、147、166、174、266、416、543、547、584、607、683
反腐败工作 8、169、685
反腐倡廉 10、130、151、154、170、180、246、290、298、300、303、321、326、328、534
反腐倡廉建设 3、10～13、162、236～238、267、548、549
反腐倡廉漫画巡展 300
反腐倡廉网络评论 327、328
反腐倡廉网络宣传 325、328
反腐倡廉网上舆情 326、380
反腐倡廉宣传教育 196、286、325、329
反腐倡廉制度建设 196、575
反面典型警示教育 300
范庆国艰苦创业故事 299
方塔园廉政文化教育示范点 324
房地产市场监督机制调研 551
房屋拆迁巡查工作 469
房屋改造实施效能监察 470
非法采供血液和单采血浆事件 454
非公有制企业 280、334、335
非公有制企业反腐倡廉建设 280、549
分房、建房等违规问题纠正处理 208
扶贫帮困 641
服务基层经济建设调研 550
服务经济建设调研 550
腐败案件查处 411
复兴路隧道急性氧化锌金属烟热事故 452
复查办公室 58、60
复查历史老案 404

G

改革开放形势教育 618
改革开放与反腐倡廉建设理论研讨征文活动 565
干扰查处违纪案件的党组织和党员党纪处分的暂行规定 193
干扰、阻碍改革开放案件查处 408
干部轮训 294
岗位锻炼 633
《高风歌——中国历代廉洁勤政故事》 299、321
高举党风廉政旗帜 286、298
高校党风廉政建设 11、236、266、269～271
高校反腐倡廉建设 267
高校纪检监察系统争先创优表彰活动 271
高校纪委书记座谈会 272
高校廉政风险预警防范机制建设 275
高校收费工作专项检查 273
高校物品采购监管工作 268
高校行政工作中重大问题议事决策若干意见 272
高校招生考试管理 267
高校招生监察工作 267、273、274
革命传统教育 617
个人有关事项报告 186、210、362、363
各级党组织和党员在稳定经济深化改革中严守纪律通知 409
公车规范使用 206、211
公费安装电话和公费购买移动电话清理 226
公费安装住宅电话和电脑清理 207、232、233
公费旅游组团出访管理 182

公共场所安全整治　437
公共服务行业评议　513
公交车冒黑烟专项整治　441
公款吃喝不正之风纠正　226
公款出国(境)管理　207、226、229
公款高消费娱乐活动清理　227
公款购买商业保险治理　207、232
公路三乱治理　503、504
公务接待监督检查　229
公务用车管理　182、212、213
公务用车制度改革　212
公务员退休后从业行为　184、207、219～222
公务招待费财务单独列项制度　228
公用事业四大行业测评　513
工程建设创双优调研　551
工程建设领域突出问题　167、200
工程质量安全效能监察　471
工商行政管理机关和监察机关在查处投机倒把案件中加强协作配合联合通知　191
工资收入分配规范　201
共产党员、国家行政机关工作人员违反禁毒规定党纪、政纪处分暂行规定　193
共产党员先进性标准大讨论　625
构建社会主义和谐社会调研　541
股份制企业内部监督制约机制研究　560
股票发行工作中若干纪律问题规定　183
股票认购问题治理　221
固定资产投资项目清理　459
官僚主义失职渎职案件查处　407
贯彻落实中央八项规定情况专项检查　166
贯彻落实中央纪委七个不准专项工作　243
广电系统专项评议　514
归口管理单位纪检干部培训班　335
规范本市公务员离职后从业行为若干规定　184
规范党政机关干部在股份合作制企业入股建议　543
规范党政机关、事业单位用公款购买商业保险协调会会议纪要　186
规范教育收费联合检查　496
规范教育收费、治理教育乱收费工作意见　268
规划系统收取建设工程竣工档案保证金等问题信访件　455
轨道交通建设质量安全效能监察　471
国际透明组织　607
国库集中支付监管　524
国有企业　11、188、194、221、236、238、242、243、350、351、412、561
国有企业领导干部　181、220、241、242、245
国有资产　178、242、244
国债资金　7、461
国资国企风险防控体系　245

H

行风考核验收　497
行风评议　6、509
行风万人问卷调查　509
行业组织和社会中介机构管理监督联席会议　276
合署办公后市纪委　65、83、87
合署办公后市监察局(委)　77、83
合署办公前市纪委　61、82、86、424
合署办公前市监察局　76、82、87、425
合署办公前信访受理　387
红包专项治理　497
红船杯学党章知识竞答活动　288、292
红色经典小故事讲演活动　311
红色旅游线路首发式　312
《红叶魂》沪剧　284、323
《糊涂的故事》动漫　322
沪剧《红叶魂》　284
沪浙两地廉政文化精品交流　323
环保专项执法监察　441
环境保护监察　440
回访教育　429
回扣治理　497
会议、庆典和接待工作规范　228

J

基层办案工作　192、420
基层单位行风评议　514
基层党风廉政建设　11、235、236、249
基层反腐倡廉调研　548
基层干部作风建设　254
基层纪检监察联系点工作　250～252
机构改革　202
机关党组织　84、85

机关公务车辆管理工作会议　213
机关廉政文化建设　307
机关文明创建活动　640
机关信息化应用情况测评表　325
机关作风建设　636
及时上报重大案件及线索、党风廉政建设中重大问题　191
集中巡视　347、349
集中招标投标管理调研　550
纪检干部　3、134、135、157、270、290、293、332、334、335
纪检干部队伍建设　3、612、613
《纪检工作与经济建设论文专辑》　564
纪检监察　3～12、87～89、151～159、175、189、251、245、326、396、546、557、627～629
纪检监察干部　5、13、285、330～334、610、633
纪检监察干部培训　286、329～331
纪检监察机关　3、8、188、410、610
纪检监察系统　156、326、330、628、662～666、670、672、674、676
纪检监察信访信息管理系统　399
纪检教育工作座谈会　291
纪检理论研讨会　558
纪检系统自身改革调研　546
纪检组织建设　89
纪律检查机关　58
纪律检查组　59、81、85、86
纪律建设　643
纪律教育　292
纪念八一建军节活动　621
纪念党的纪律检查机关恢复重建30周年　171、303
《纪念党的纪律检查机关恢复重建三十周年理论研讨优秀论文集》　565
纪念改革开放暨纪检机关恢复重建30周年纪念活动　303
纪念七一党员干部座谈会　620
纪念七一建党活动　619
纪念七一推荐报送党风廉政先进典型通知　298
纪念十一国庆活动　620
纪念世界反法西斯战争和抗日战争胜利50周年等活动　622
纪念中国共产党诞辰86周年座谈会　620
纪委　3、58～68、70、73、82～87、91、134、135、406、424、711、717、722、729、735
纪委筹备组　134
纪委书记、监察局联席会议　159
纪委协助党委组织协调反腐败工作实施办法（试行）　685
加强案件管理工作意见　191
加强党的政治纪律研究　560
加强党风建设　558、560
加强党风廉政建设　130、147～151、271
加强对局级领导班子主要负责人监督若干意见　301
加强反腐倡廉网络舆情工作通知　326
加强房地产市场监督机制调研　551
加强高等学校基本建设（修缮）监管工作若干意见　274
加强国有企业党风廉政建设和反腐败工作若干意见　412
加强行业组织和社会中介机构管理监督联席会议　276
加强基层案件查处和预防工作协作配合若干意见　418
加强基层办案工作若干意见　192、420
加强基层党风廉政建设大会　249
加强廉政文化建设　196、253、305
加强领导干部反腐倡廉教育的实施意见　196
加强农村基层党风廉政建设暨乡镇政务公开大会　256
加强普通高校招生工作中高校单独命题考试工作意见　274
加强企业改制操作规范性　245
加强企业廉洁文化建设推进办法　309
加强企业领导干部思想作风建设　561
加强社区党风廉政建设若干意见　251、252
加强社区、农村基层党风廉政建设大会　249、256、257
加强因公出国（境）管理若干规定实施细则　183
加强因公出国（境）团组境外纪律通知　183
加强招生监察　273
加强证券经营机构监督管理调研　551
加强执纪工作调研　545
加强资金监管　200、551
加强作风建设，促进廉洁从政主题教育活动　289
加强作风建设，推进反腐倡廉档案文献图片展　171、303
家庭助廉活动　313
坚持勤俭节约，反对铺张浪费通知　184
坚定信念，从严治党，勤廉从政主题教育活动　287
坚决制止公费出国（境）旅游意见　183

监察部和两院《通告》贯彻落实　442
监察干部岗位培训班　629、643
监察工作会议　144、145、157
监察机关　159、191
监察局　58、76、77、80、82、83、87、91、134、425
监察理论研讨会　569
监察领导干部专题培训班　630
监察室　85、89
监察网　284、326、327
监察委员会　3、5、58、65、192、325、405、406、326、330
监察委员会职能　58、78
监察学会　12、568、569、576、577
《监察学会通讯》　572
监察学会自身建设　576、577
《监察与廉政》　316、317
监察综合室主任座谈会　467
监督工作　339
监督检查股票认购证发行　444
减轻农民负担　7、263
减轻企业负担　500～502
建立和完善国有企业财务监管机制的思考　561
建立健全惩治和预防腐败体系2008～2012年工作规划　197、294、694、701
建立健全惩治和预防腐败体系中加强制度建设的几点思考　563
建立健全教育、制度、监督并重惩治和预防腐败体系实施纲要　195、688
建立健全领导干部谈话制度实施办法　187
建立下级监察机关向上级监察机关报告重要案情制度规定　190
建设工程承发包专项检查　447
建设工程评标专家语音通知系统　448、449
建设工程项目　7、201
建设工程争创双优活动　448
建设好作风,推动新发展主题教育　288
建设监督保障联席会议　478
建筑企业收费专项治理　500
讲党性、重品行、作表率主题教育活动　295、289、290、299
教卫系统党风廉政建设　266、272
教育收费工作联合督查　496
教育收费工作专项检查　495
教育乱收费清理　268、494～496
教育培训工作规划　330
教育收费规范　273
教育系统政风行风建设　273、512
街道、乡镇行政机关政风评议　259、515
结对帮困助学活动　641
节日监督检查　217
解放思想大讨论　626
诫勉谈话　359
《今朝睏不着》滑稽戏　322
禁止对豪华装修普通轿车通知　182
金山农民画廉政作品征集大赛　315
禁止党政机关领导干部在公务活动中收受礼券通知　184
禁止用公款公物为个人装修住房通知　181
进一步加强因公出国(境)管理若干规定实施细则　183
进一步控制临时因公出国规定　182
经打斗争　407
经济类执法监察　443
经济领域严重犯罪活动打击　4
经济实体兼职问题调研　542
经济责任审计工作联席会议组织办法　189
经济责任制　267
经商办企业问题调研　542
经营性土地招标　449、450
警示教育　8、284、292、300、645
警示教育片　301
纠风工作　491、492、630
纠风和政务公开工作干部培训班　631
纠风在线网站　327、509、518
纠风专项治理　492、494
纠正不正之风　4、552
纠正行业不正之风办公室　492
局级领导干部个人重大事项报告信息库　364

K

开展纪检监察干部在职自学活动的通知　329
刊物创办　572
抗震救灾资金物资四公开工作落实　464
科技天文馆工程监督检查　468
科技系统廉创文化建设研讨会　307
科教党工委系统　269～271

科教党工委治理商业贿赂领导小组 274
控告申诉工作 384
会计委派 524

L

劳动保障部门政风行风评议 510
牢记党的宗旨,接受人民监督主题教育 287
牢记两个务必、坚持与时俱进主题教育 288
牢记两个务必学习 636
理论建设 12、557
理论文集 564
理论研究 534、573、575
理论研讨 474、533、558、559
理论征文活动 573
理想信念教育 616、617
礼金礼品收受问题治理 206、215
礼品登记 216
利用农村集体建设用地,违规进行房屋买卖信访件 455
利用职权谋取不正当利益纠正解决 206
历届特邀监察员名单 475
历史老案复查 423
历史问题调研 540
厉行节约工作 229
立党为公、从政为民、接受监督、做人民好公仆主题教育活动 287、619
《廉博 184》 320
《廉动世博》 319
廉洁办博 9、319、320、477～490
廉洁从政 8、268
廉洁教育 245、269
《廉洁教育读本》 310
廉洁勤政 8、270、299、635
廉洁勤政、艰苦创业、拒腐防变主题活动 298
廉洁文化 247、310
廉洁文明家庭倡议书 313
廉洁自律 6、230、542
廉洁自律制度 180～185
《廉吏篇》廉政公益广告 320
《廉吏于成龙》京剧 321
廉内助教育活动 314
廉政防范管理制度 267
廉政歌曲歌咏大赛 307
廉政公益广告 284、320
廉政集体谈话 360、361
廉政监察 456
廉政勤政、艰苦创业、拒腐防变主题教育活动 287
廉政谈话 9、358、359
廉政文化 261、284、305～308、312～316、320、321、324
廉政文化建设 9、253、284、305～310
《廉政文化建设研究》 306
廉政文化进机关 307
廉政文化进家庭 313
廉政文化进"两新组织" 315
廉政文化进农村 315、261
廉政文化进企业 246、247、308
廉政文化进社区 311、312、253
廉政文化进学校 310、311
廉政研究会 568、571
廉政专刊专栏宣传 284
廉政准则教育 294
联系点调研 539
粮改执法监察 445
粮食流通体制改革 444、445
两个条例进社区活动 292
两公告一登记 262
两公开一监督制度 519
两新组织 276～280
两新组织反腐倡廉建设 11、237、276～279、315
两新组织反腐倡廉建设联席会议 277
两新组织反腐倡廉建设试点工作 276～278
两新组织纪律检查 279、334、550
两新组织廉洁文化建设 279～281、316
廖有全艰苦创业故事 299
临时因公出国规定 182
领导干部报告个人重大事项 9、187、196、340、364、366
领导干部民主生活会 352～355
领导干部配偶、子女从业行为规范 223、207、219
领导干部配偶、子女管理规定 183、184、268
领导干部述职述廉 9、340、366
领导干部住房 209～211
乱收费治理 273
乱摊派、乱收费清理 263
落实收支两条线规定工作办公室 523

落实中央反腐斗争各项工作督促检查和调查研究　166
旅游行业行风评议　513、514
绿化部门政风行风监督调查　510

M

买卖、置换住房等违规问题纠正处理　210
民主评议行政审批机关　522
民主生活会　186、352、356
《模拟案卷》　431
《模拟案例选》　291
谋取不正当利益问题纠正解决　208

N

内环线工程监督检查　468
内设机构　81
能力建设　627
年检申报备案制度　502
牛玉儒先进事迹报告团　299
农村财务监管　259
农村基层党风廉政建设　11、236、255～257、260
农村集体三资管理工作　256
农村集体资产监管　259、260
农村廉政文化示范点　261
农村税费改革监管　264
农村问卷调查　536
农民工工资拖欠清理　262
农民利益维护专项检查　261

P

派驻(派出)机构　7、81、85、88
潘汉年案件复查　423
平反文化大革命冤假错案　404、421
评比表彰庆典会议活动清理规范　457
评比达标表彰专项治理活动清理　458
普法教育　643
普通高等学校招生工作规定　274
浦江清风论坛　575
浦三路油气站爆炸重大事故　453

Q

企廉工作　245、238～240、246、247、309、559
企廉工作任务　241～246
企业兼职情况专题调研　542
企业事业单位领导干部违反廉洁规定处理办法　193
企业拖欠职工医疗费问题清理　467
企业违法排污损害群众利益突出问题专项检查　440
企业协会政社分开工作　505、506
企业银行账户清理专项检查　243
企业整顿改革　444
企业转换经营机制监督检查　444
强农惠农政策落实监督　264
勤政廉政　298
清车工作情况专项检查　212、214
清房工作　208、257
《清风》　317
清理规范评比达标表彰活动范围　458
清理向农民乱摊派、乱收费工作　263
清理整顿党政机关和党政干部经商办企业若干意见　183
庆典、研讨会、论坛过多过滥问题专项治理　10
秋季普通高等学校招生录取监察工作　274
区村务公开民主管理工作检查验收　259
区县党政机关局级领导干部配偶、子女从业问题两不准实施意见　183
区县反腐倡廉建设调研　549
区县基层干部作风建设情况调研　251
区县基层纪检监察工作联系点座谈会　250
区县纪检监察工作联系点工作座谈会　251
区县监察委和市委办局监察委(室)主任培训班　630
区县局以上单位党的纪检干部会议　135
全国党风廉政问卷调查　535
全国纪检监察信访工作会议　396
全国廉政文化大型绘画书法展上海巡展　320
全国民主评议行风现场经验交流会　156
全国青少年廉洁教育工作交流会　310
全国治理教育乱收费工作电视电话会议　273
权力运行监督制约　175、196、340
群众反映突出问题专项治理　10
群众信访举报接待处理　475

R

人大代表意见和市政协提案办理工作　373、374
任职廉政教育谈话　358
认真学习党的章程,自觉遵守党的纪律主题教育活动

288
乳制品行业专项整顿　438、439

S

三个代表重要思想学习　615
三个更加注重试点　10、198、199
三讲教育　624、647
三位一体　560
三重一大制度　272、356
商业贿赂问题调研　552
商业贿赂治理　11、202、269、460
《上海纪检》　316
《上海纪检监察工作》　318
上海纪检监察网　326
上海监察网　284、326、327
《上海监察研究》　572
《上海廉政研究》　572
上海廉政研究会　12、568、571
上海门户网站一站式服务　521
上海世博会党风廉政建设和监督保障工作　479
上海市反腐倡廉制度建设研讨会　575
上海市委工作部门　368、369
上海市委纪委筹备组　81、85、387
上海市委领导参加反腐倡廉活动　170
上海市预防腐败局主要职责　80
上海市政府领导参加反腐倡廉活动　170
上海与成都两地五方监管工作体系　465
奢侈浪费不正之风制止　226
涉企收费工作规范　502
社保基金网上实时监管系统　462、463
社保资金案　11、300、405、414
社保资金案涉案人员　415、429
社会保障资金监督检查　7、462
社会捐赠监管　464
社会领域加强廉洁文化建设研究　280
《社会主义市场经济与纪检监察工作论文集》　565
社情民意调查　534、538
社区、农村基层党风廉政建设　250、251、256、257
社区党风廉政建设　249～253、536
社区行风评议　515
社区基层民主建设工作调研　251
社区居住物业管理行风评议　513
社区廉洁文化建设　253、312
社区民主政治建设　253
社区群众对基层党风廉政建设意见　251
社区事务监督管理　254
社区问卷调查　536
设立中共上海市纪律检查委员会、上海市监察局举报机构试行规定　189
深化本市行政审批制度改革实施意见通知　203
深化规范物业管理监管　494
深化企廉工作理论研讨会　559
深化体制机制制度改革　196
深化住房制度改革　210
深入开展反腐败斗争、推进党风廉政建设大会　147
深入学习实践科学发展观　305、626
申诉复查　428
申诉受理　385、389
审改工作专题会议　527
审计监督制度　188
审计局经济责任审计结果报告处理　189
审理法规干部培训班　629
审理工作　421、431
审理违纪案件　421
失职渎职案件和重大事故案件查处　413
失职渎职给国家造成巨大经济损失案件　454
时代楷模专题片　299
实施中共中央、国务院印发的《关于实行党风廉政建设责任制的规定》　683
实行党风廉政建设责任制规定　178、683
实行政务公开制度、深入开展政务公开工作决定　203
食品安全　438、439
食品添加剂专项整治　439
食物中毒重大事件　454
世博工程、轨道交通、成片二级旧里以下房屋改造行政效能监察　470
世博会党风廉政建设和监督保障工作联席会议　479
世博先锋行动　622、640
世博知识与公共服务能力培训　633
市场监管　452
市场主体行为整顿规范　447
市级党政机关所办企业类型　542
市级机关领导干部工作用车管理办法　182
市委领导检查指导工作　169

市委巡视办公室　344
市委巡视工作领导小组　342、343、350
市政府领导检查指导工作　169
市政府为人民群众所办实事项目监督检查　7
试点区律师行业负责人座谈会　280
《试论从体制、机制、法制结合上加强党风廉政建设》研究报告　560
《试论股份制企业内部监督制约机制》研究报告　560
试论权钱交易易发部位的防腐斗争　561
《试论社会主义市场经济条件下党的政治纪律》研究报告　560
收支两条线　167、201、522、523
述职述廉　9、366、367
《谁主沉浮》话剧　322
税务系统政风行风评议　510
司法领域违纪违法案件查处　412
私自从事营利性活动清理整顿　207、219
四清案件调研　540
四清运动错案复查　422
送温暖、献爱心捐款活动　641
苏培基艰苦创业故事　299
损害群众利益不正之风纠正　197

T

贪污受贿、以权谋私案件查处　409
《贪欲之害》警示教育片　302
谈话述廉制度　187
《探索与建设现代化国际大都市要求相适应反腐倡廉新路子》研究报告　560
汤浦、闸北两区纪委、监察委对旧区改造工作加强监督检查通报　209
特大安全事故责任追究监督检查　7
特定身份人员因私出国申领护照报送备案管理办法　183
特邀监察员　386、472～475
特约研究员　571、572
提高纪检监察调研工作水平课题专题调研　546
提高执纪能力调研　545
提醒谈话(谈心)机制调研　548
体制、机制、法制三位一体　560
体制、机制和制度上推进党风廉政建设调研　547
体制机制改革　7、10、196
统计执法大检查　442
投资入股问题　221、543
土地出让预申请制度　451
土地交易市场　449
土地使用权交易市场管理办法　199
土地延包确权发证工作监督检查　263
推广闸北区推进廉洁文化进校园工作　310
推进惩治和预防腐败体系建设领导小组　177
推进两新组织反腐倡廉建设联席会议　276、278
推进社区行风评议、民主监督工作现场会　249
推进网上审批有关工作通知　203
推行厂务公开、加强民主管理实施意见　203
拖欠费用清理监管　467

W

汪洋湖同志先进事迹专题报告会　299
网络评论员队伍组建　328
网络舆论　334、380、381
网上审批平台主体功能建设　532
网上审批情况摸底调研　532
网站管理　326
网站宣传　327
危险化学品安全整治　437
为民、务实、清廉专题档案展　303
违反财经纪律设立小金库行为纪律处分暂行规定　194
违反建筑市场管理规定若干行为行政处分办法　193
违反上海市党政机关和国有企业事业单位领导干部在住房方面保持廉洁规定办法　193、209
违反行政性事业性收费管理规定行为纪律处理办法　193
违反政治纪律案件　191、409
违犯党纪错误析解与案例　300
违规公务用车清理纠正　211
违规使用公共财物治理　207
违规住房清理　206、208
违纪违法案件　11、197、424
委办党组纪律检查组　86
委局机关信息化工作领导小组成员调整　325
委局领导接访　386
文化倡廉　270
文明处室创建活动　640
文献图片展　171

问卷调查 535、536、539
我是一个兵征文活动 621
污染企业专项整治 440
污染物排放总量控制工作 440
五个一工程 281、300、573
五项监督机制建设 244
五严守、五禁止 617、645
物业服务满意度测评 513
物业管理行业评议 513

X

下岗党员管理教育情况调研 549
闲置厂房租赁场所安全专项整治 437
县级以下党政领导干部任期经济责任审计暂行办法 188
县以上党政机关领导班子过好一次以党风和廉政为内容的民主生活会通知 354
乡村债务清理化解 260
乡镇党政主要领导干部任期和离任经济责任审计制度 258
乡镇领导班子议事规则 258
乡镇企业会计统管统聘制度 548
乡镇政务公开大会 256
消防安全督查 438
消极腐败现象问题 537
小金库 10、194、244、459
校园廉洁文化建设 270
新江湾城社区(街道)荷网 327
新任局级领导干部廉政谈话 359、360
新世界诚信文化建设现场会 308
新形势下国有企业经济违纪违法特点、表现及对策 561
新形势下预防党员干部违纪违法和职务犯罪的实践与思考专题调研 563
新增中央投资项目监督检查 167
信访 5、358、384～387、392～394
信访举报 189、383、384、388、389、394、401、627
信访举报管理 396～400
信访举报件 190、393、397、400
信访举报目标管理 396
信息化管理 363
星火计划监督检查 261
行政服务中心建设 521
行政管理体制和机构改革工作若干纪律规定 202
行政监察 146、147、433、434、629
行政审批 200、526～530
行政审批事项清理 528
行政审批收费清理 529
行政审批制度改革 202、526～531
行政事业性收费和罚没收入落实收支两条线规定工作实施意见 201
行政事业性收费落实收支两条线管理情况专项检查 201
行政事业性收费 524、525
行政事业性收费清理工作 524、529
行政效能监察工作 466、467、470
行政性收费清理 501
行政许可办理规定 203
行政许可法 443、528
行政执法车辆定编管理暂行办法 182
行政执法过错责任追究办法 179
许可事项清理 528
学会建设 568、569、572
学习贯彻《廉政准则》工作情况汇报会 294
学习贯彻执行《关于党内政治生活的若干准则》通知 293
学习实践科学发展观活动 299、626
学校廉洁文化建设推进办法 311
巡视工作 9、187、188、340、342～349
巡视工作程序 344、345
巡视工作领导小组办公室 343、344
巡视工作组织实施 346～349
巡视移送事项办理暂行办法 188
巡视组 342、346

Y

亚太经合组织访问 608
烟酒调价工作检查 408
严格党的纪律，维护和坚持民主集中制主题教育活动 287
严格控制党政机关干部出国问题意见 182
严格依纪依法使用两规两指措施通知 419
严格执行公务用车编制管理规定认真超编制、超标准用车以及借车、公车私用等问题通知 182

严禁动用公款大吃大喝、铺张浪费通告　185
严禁公款吃喝玩乐　207、226
严禁收受礼品礼券规定　184
严重经济犯罪活动打击　407
严重污染企业专项整治　440
扬帆案件复查　424
扬正气促和谐　320、321
药品打假治劣专项治理　498
药品购销情况调研　552
药品回扣整治　497
药品集中招标采购　498
业务培训　627、632
业务指导　431
一表一卡一审计制度　263
一点通支农惠农资金网络监管平台　261
一费制收费办法　495
一日捐活动　641、642
一体化政府采购信息管理平台　199
依法查处商业贿赂案件实施意见　202
依法依纪查办案件　404
医疗服务不正之风　497、499
医疗机构药品集中招标采购违规行为处理办法　194
医疗监督管理制度　499
医疗卫生系统评议　512
医药购销不正之风　497、499
怡泉浴室锅炉爆炸重大事故　452
移民安置资金监管　464
以案说法,以纪论理活动　300
以人为本、执政为民　13
以物代药专项治理　498
义务教育公办学校一费制收费办法　495
因公出国(境)管理信息系统　232
隐患治理专项整治　437
营业性文化娱乐业管理办法贯彻落实　443
用公款购买商业保险治理　226
优秀纪检干部　665、667
优质信访件评选　400
油气站爆炸重大事故　453
有毒有害危险作业场所中毒事故专项整治　437
有价证券　206、215
有形建筑市场　447～449
舆论监督与纠风工作联动会商机制　517
与林彪、江青反革命集团有牵连人员党纪案件处理　406
预防腐败　195、244、561、564
预防腐败局主要职责　80
预防职务犯罪工作专题学习培训班　274
冤假错案复查改正　4
源头治理　201

Z

在全市党员干部中开展警示教育活动通知　292
责任追究　369、371、441
招生监察　273
招投标　448
争先创优表彰活动　271
征地房屋拆迁监督保障和维护稳定工作规定　202
征地农民补偿费监管　262
整党活动　635
整顿道路站点专项工作　504
整治违法排污企业保障群众健康环保专项行动　440～442
政风行风　51、492、507、511、517、631
政风行风评议　6、10、474、507～509
政府采购活动信息化管理　199
政府服务零收费改革　529
政府机关局级以上领导干部发扬艰苦朴素作风若干规定　185
政府实事项目　434、468
政府行政行为规范　506
政府职能转移　505
政务公开　203、267、474、493、519～521
政协委员提案办理　341、373
政治生活准则教育　292、293
政治思想建设　612
证券经营机构监督管理调研　551
支农惠农资金使用情况专题调研检查　265
支援灾区资金物资监管工作会议　464
执法监察　7、434、436
执纪执法工作　417、545
执纪执法机关领导办案协调会议制度　416
执纪执法监督部门业务处(局)长联席会议制度　192、416
执政能力建设　615

直辖市纪检监察工作联席会议　159
职务犯罪预防　274、562
制度创新　10
制度加科技　10、199、548、563
制度加科技预防腐败　198、200、434、563
制止党政干部以权经商办企业　183
制止奢侈浪费规定　185
治理教育乱收费工作电视电话会议　273
治理向机动车辆乱收费专项工作　504
治乱减负大检查　502
质量技术监督系统行风评议　509
中等学校招生考试管理和监察工作　267
中共上海市纪律检查委员会　3、58
《中国共产党党员领导干部廉洁从政若干准则》学习辅导报告会　172
《中国纪检监察报》上海记者站　319
中国监察学会华东地区学术联络组　575
中国历代廉洁勤政故事　299
中国上海门户网站一站式服务　521
《中华人民共和国行政监察法》贯彻执行　443
中小企业改制重组监督检查　444
中小学乱收费问题　497、511
中央工作组查处社保资金案　414
中央宏观调控措施落实　445
中央扩大内需促进经济增长政策落实　167
中央在沪企业廉政文化建设座谈会　309
忠诚、敬业、道德、廉洁系列报告会　295、296
忠诚度教育系列活动　617、645
重大工程建设创双优调研　551
重大节日监督检查　217
重大事故案件查处　452、454
重点领域监管　447
重点领域廉政防范管理制度　267
重要领域与关键环节案件查处　411
重要信访举报件　397、455
主题教育活动　616
住房公积金监管　463
住房管理规定　181
住房制度改革　210
住房专项申报工作　209～211
注重预防　13
专题档案展　303
专题调研　540
专题教育活动　624
专题理论研讨活动　558
专题民主生活会制度　9
专题研究　573
专项监督检查　365、473
专项清理制度　201
专项执法监察　436
专项治理　6、242、456
专职巡视队伍　342
资金监管　10、200、551
综合经济系统监察室　87
组团出访管理严禁公费旅游通知　182
《作风百典》　306
做党的忠诚卫士、当群众的贴心人主题实践活动　610
做好受审人员定性处理和工作分配意见　406

二、图表索引

图1-1-1　2010年,上海市纪委、市监察局、市预防腐败局(宛平路7号)　65
图1-1-2　2010年,上海市纪委举报中心和信访接待室　66
图1-2-1　2010年1月27日,上海市预防腐败局挂牌　79
图1-3-1　2006年10月19日,上海市纪委市监察委单派驻(派出)机构统一管理工作会议　86
图2-2-1　1989年11月17日,上海市纪委全会扩大会议召开　137
图2-2-2　2002年5月15日,上海市纪委第七次全会召开　139
图2-2-3　2002年5月28日,上海市第八次党代会市纪委第一次全会召开　140
图2-2-4　2007年1月23日,上海市纪委第七次全体会议暨全市加强党风廉政建设干部大会　142
图2-2-5　1991年12月20日,上海市纪律检查工作会议召开　153
图2-2-6　1999年12月30日,上海市纪检监察工作会议召开　153
图2-3-1　1994年5月23日,全国纠风工作会议在上海召开　156
图2-3-2　1997年11月18日,全国民主评议行风现场会在上海召开　156
图2-3-3　2003年3月11日,全国纪检监察宣传教育工作座谈会在上海召开　157
图2-3-4　2009年4月2日,全国预防腐败试点工作座谈会在上海召开　158
图2-3-5　2010年4月12日,华东地区纪检监察工作座谈会在上海召开　158
图3-1-1　2003年4月3日,监察部领导在上海听取纪检监察工作汇报　163
图3-1-2　2009年4月3日,中央纪委领导考察世博建设监督保障工作　165
图4-0-1　1979—2007年,上海市党风廉政建设工作制度选编　174
图4-1-1　2008年9月,上海市惩防体系任务分解部署会召开　178
图4-3-1　2010年9月16日,上海市纪委到市建交委调研“制度加科技”　199
图4-3-2　2010年,上海市纪检监察网站登载“制度加科技”情况　200
图5-0-1　2006年2月16日,上海市领导干部廉洁自律工作会议　206
图5-1-1　2010年3月16日,上海市公务车辆管理工作会议召开　214
图5-2-1　2009年10月30日,上海市纪委召开规范公务员退休(辞职)后从业行为工作座谈会　223
图5-3-1　2009年10月28日,上海市因公出国(境)综合管理信息系统工作会议召开　232
图6-1-1　2002年4月26日,上海市国有企业领导人员廉洁自律工作会议召开　240
图6-1-2　2008年10月13日,中央纪委领导视察黄浦区廉政文化建设情况　247
图6-2-1　2004年11月29日,上海市加强社区、农村基层党风廉政建设大会　250
图6-2-2　2000—2008年,上海市社区、企业党风廉政建设和纪律检查工作部分交流材料　253
图6-5-1　2010年3月12日,上海市推进“两新”组织反腐倡廉建设会议召开　278
图7-1-1　2006年8月15日,上海市纪委举办《学习贯彻党章推进惩防体系建设》图片展　289
图7-1-2　2008年3月20日,上海市纪检监察宣传教育工作会议　289
图7-1-3　2010年6月,上海市纪委制发反腐倡廉典型教育漫画教材　290
图7-3-1　2010年12月2日,上海市纪委组织的廉政文化进机关系列活动虹口区廉政文化进机关　308
图7-3-2　2007年4月10日,上海市纪委组织的廉政文化进企业系列活动上海第一市政工程公司廉政承诺　309
图7-3-3　2006年3月2日,上海市纪委组织的廉政文化进学校系列活动金山区教育局印制廉洁教育系列读本　310
图7-3-4　2010年12月20日,上海市纪委组织的廉政文化进社区系列活动长宁区周家桥社区廉政文化展示　312

图 7-3-5　2010 年 12 月 2 日，上海市纪委组织的廉政文化进社区系列活动虹口区红色旅游线路首发式　313
图 7-3-6　2010 年 7 月 16 日，上海市纪委组织的廉政文化进农村系列活动《金山农民画廉政作品集》授书仪式　314
图 7-3-7　1993—2004 年，上海市纪委市监察局主办的《清风》杂志公开发行 120 期　317
图 7-3-8　2009 年 1 月，上海廉政研究会协办的《倡廉文摘》创刊　318
图 7-3-9　2008 年 10 月 31 日，上海市纪委会同市委宣传部、市文广影视集团指导创排反腐倡廉大型原创滑稽戏《今朝晒不着》　323
图 7-3-10　2009 年 3 月 12 日，王瑛同志先进事迹报告团在上海市开展巡回报告　323
图 7-3-11　2010 年 4 月 14 日，上海市纪委参与的大型现代沪剧《红叶魂》在四川巴中市公演　324
图 8-1-1　2006 年 4 月 14 日，上海市委巡视组进驻徐汇区见面会　348
图 8-1-2　2006 年 6 月 29 日，上海市委巡视组进驻金山区巡视　348
图 8-1-3　2008 年 4 月 7 日，上海市委巡视组进驻奉贤区见面会　349
图 8-1-4　2008 年 6 月 30 日，上海市委巡视组进驻崇明县巡视动员会　350
图 8-2-1　2006 年 12 月 29 日，上海市纪委参加区县换届考察工作会议　357
图 8-2-2　2005 年 10 月 17 日，上海市举行新任局级领导干部集体廉政谈话　360
图 8-2-3　2006 年 6 月 10 日，上海市纪委调研市委工作部门评议试点工作　368
图 8-2-4　2009 年 12 月 17 日，上海市党风廉政建设责任制专项检查汇报会　371
图 9-1-1　2001 年，上海市纪委市监察委开通网上举报　386
图 9-1-2　2008 年 8 月 6 日，上海市纪检监察信访举报工作会议　389
图 9-1-3　2010 年 9 月 7 日，上海市纪委调研杨浦区化解信访突出矛盾工作情况　394
图 9-2-1　2009 年 6 月 30 日，上海市纪委举办信访举报办理优质件交流讲评会　398
图 9-2-2　2010 年 11 月 10 日，上海市纪检监察重要信访举报件办理工作座谈会暨 2010 年信访举报业务培训班　399
图 9-2-3　2008 年 10 月 27 日，上海市纪委举办信访信息管理系统培训班　400
图 10-1-1　2010 年 3 月 19 日，上海市纪委举办党员干部违纪违法和职务犯罪预警机制试点工作交流会　418
图 10-2-1　2007 年 6 月 21 日，上海市纪检监察案件审理申诉复查和行政复议行政应诉工作会议　428
图 10-2-2　2010 年 8 月 26 日，上海市纪委调研松江区执纪监督和执纪办案工作情况　430
图 11-1-1　2010 年 8 月 13 日，上海市行政监察专项工作座谈会　439
图 11-1-2　2009 年 2 月 17 日，上海市扩大内需促进经济增长政策落实监督检查工作领导小组会议召开　446
图 11-1-3　2009 年 10 月 27 日，上海市工程建设领域突出问题专项治理工作会议召开　446
图 11-2-1　2009 年 6 月 2 日，上海市“小金库”专项治理动员部署大会召开　460
图 11-2-2　2008 年 1 月 5 日，上海市治理商业贿赂领导小组第五次会议召开　461
图 11-2-3　2008 年 9 月 22—23 日，上海市纪委赴都江堰开展灾后重建对口支援资金物资调研和监督检查　465
图 11-3-1　2006 年 3 月 3 日，上海市纪委参加普陀区建设系统和轨道交通动迁工作“争双优”签约仪式　470
图 11-4-1　2008 年 9 月 25 日，上海市特邀监察员专项检查市政府投资工程招投标情况　474
图 11-5-1　2010 年 4 月 2 日，参加上海世博会各省区市（城市）、央企和民企廉洁办博工作推进会　479
图 11-5-2　2010 年 2 月 22 日，上海世博会参展服务供应商廉政协议签约大会召开　480
图 11-5-3　2010 年 3 月 5 日，上海世博局与参博服务供应商廉政签约仪式举行　480
图 11-5-4　2010 年 4 月 16 日，上海世博会外国馆中方参建企业廉洁办博工作推进会召开　481
图 11-5-5　2009 年 3 月，上海世博会演艺中心开展廉政专题教育　484
图 11-5-6　2010 年 8 月 5 日，上海世博会特许产品依法诚信经营工作大会　488
图 12-1-1　2008 年 7 月 22 日，上海市政风行风测评教育系统迎评大会　496

图 12-1-2　2008 年 5 月 13 日,上海市建立健全行业自律性管理制度研究座谈会　506
图 12-2-1　2005 年 11 月 21 日,上海市政风行风监督员向市公安局反馈政风测评情况　508
图 12-2-2　2008 年 12 月,上海市纠风办对房地系统和环保系统政风行风民主评议情况反馈　508
图 12-3-1　2007 年 7 月 25 日,上海市"政风行风热线"工作座谈会　517
图 12-3-2　2008 年 9 月 26 日,上海市加强舆论监督推进政风行风建设工作会议　517
图 12-4-1　2005 年 12 月 14 日,上海市公用事业单位推进办事公开制度电视电话会议　523
图 13-1-1　2002 年 7 月 25 日,上海市纪委到静安区调研　547
图 13-2-1　1999—2010 年,上海市纪委市监察局(委)部分理论研究成果　557
图 13-3-1　1992 年 1 月 5 日,上海市监察学会组织团体会员单位课题研讨　568
图 13-3-2　2002 年 9 月 3 日,上海市监察学会举办党的作风建设研讨会　568
图 13-3-3　1992 年 12 月 24 日,上海市监察学会成立　569
图 13-3-4　2009 年 10 月 19 日,上海廉政研究会成立暨监察学会大会　571
图 13-3-5　2010 年 9 月 13 日,上海廉政研究会工作会议　573
图 13-3-6　1998 年 10 月,上海市监察学会举办《上海企廉工作实践》发行座谈会　574
图 13-3-7　2007 年 3 月 29 日,中国监察学会华东地区学术联络组工作交流会暨理论研讨会在上海召开　575
图 13-3-8　2005 年 9 月 27 日,上海市监察学会成立论文评审专家小组　576
图 13-3-9　2005—2010 年,上海市监察学会和上海廉政研究会部分获奖成果汇编　578
图 14-1-1　2007 年 8 月 31 日,上海市纪委市监察委与越南河内市监察署代表团交流　587
图 14-1-2　2008 年 12 月 19 日,上海市纪委市监察局陪同俄罗斯总统监察署代表团参观土地交易市场、有形建筑市场　594
图 14-2-1　1998 年 10 月 13 日,上海市监察代表团访问韩国与釜山市监察机构交流　601
图 14-3-1　2010 年 9 月 17 日,上海市监察局和第三届发展中国家预防腐败研讨班开展交流　607
图 15-1-1　2005 年 3 月 25 日,上海市纪委机关在龙华烈士陵园举行专题组织生活　618
图 15-1-2　2006 年 7 月 28 日,上海市纪委机关举办"八一"建军节座谈会　621
图 15-1-3　2010 年 9 月 26 日,上海市纪委机关世博志愿者开展志愿服务　622
图 15-1-4　2010 年 12 月 3 日,上海市纪委机关举办世博先锋行动座谈会　623
图 15-1-5　2006 年 2 月 17 日,保持共产党员先进性教育活动上海市纪委常委专题民主生活会　625
图 15-2-1　2006 年 7 月 10 日,上海市纠风办组织市政风行风监督员培训　630
图 15-2-2　2006 年 4 月 19 日,上海市纪委举办党风室干部培训班　631
图 15-3-1　1986 年 4 月,上海市纪委机关表彰大会召开　638
图 15-3-2　1988 年 6 月,上海市纪委机关纪念"七一"表彰优秀党员大会召开　638
图 15-3-3　2008 年 10 月 24 日,上海市纪委机关为汶川特大地震灾区捐款　642
图 15-4-1　2009 年 6 月 5 日,上海市纪委机关签订保密协议　643
图 15-4-2　2010 年 5 月 7 日,上海市纪委机关学习讨论《廉政准则》　644
图 15-4-3　2010 年 12 月,上海市纪委举办反腐倡廉展览　646

表 1-1-1　1979 年 4 月—1980 年 1 月中共上海市委纪律检查委员会筹备组负责人任职表　61
表 1-1-2　1980 年 1 月—1981 年 6 月中共上海市委纪律检查委员会筹备组负责人任职表　61
表 1-1-3　1981 年 6 月—1984 年 4 月中共上海市委纪律检查委员会筹备组负责人任职表　61
表 1-1-4　1984 年 4 月—1986 年 3 月中共上海市纪律检查委员会正副书记、常务委员任职表　62
表 1-1-5　1986 年 3 月—1992 年 12 月中共上海市第五届纪律检查委员会正副书记、常务委员、委员任职表　63
表 1-1-6　1992 年 12 月—1997 年 12 月中共上海市第六届纪律检查委员会正副书记、常务委员、委员任职表　66

表 1 - 1 - 7　1997 年 12 月—2002 年 5 月中共上海市第七届纪律检查委员会正副书记、常务委员、委员任职表　68
表 1 - 1 - 8　2002 年 5 月—2007 年 5 月中共上海市第八届纪律检查委员会正副书记、常务委员、委员任职表　70
表 1 - 1 - 9　2007 年 5 月—2010 年 12 月中共上海市第九届纪律检查委员会正副书记、常务委员、委员任职表　73
表 1 - 2 - 1　1987 年 9 月—1990 年 2 月上海市监察局负责人任职表　76
表 1 - 2 - 2　1990 年 2 月—1993 年 5 月上海市监察局党组负责人任职表　76
表 1 - 2 - 3　1990 年 2 月—1993 年 5 月上海市监察局负责人任职表　77
表 1 - 2 - 4　1993 年 5 月—1995 年 3 月上海市监察委员会负责人任职表　77
表 1 - 2 - 5　1995 年 3 月—2000 年 2 月上海市监察委员会负责人任职表　78
表 1 - 2 - 6　2000 年 2 月—2003 年 7 月上海市监察委员会负责人任职表　78
表 1 - 2 - 7　2003 年 7 月—2008 年 10 月上海市监察委员会负责人任职表　79
表 1 - 2 - 8　2008 年 10 月—2010 年 12 月上海市监察局负责人任职表　80
表 1 - 2 - 9　2009 年 12 月—2010 年 12 月上海市预防腐败局负责人任职表　80
表 1 - 3 - 1　1989 年 6 月—2010 年 12 月市纪委秘书长、副秘书长任职表　84
表 1 - 3 - 2　1997 年 9 月—2010 年 12 月市纪委办公厅主任任职表　84
表 1 - 3 - 3　2001 年市纪委、市监察委派驻(派出)机构一览表　87
表 1 - 3 - 4　2010 年市直属部委办局及直管单位纪检、监察机构一览表　89
表 1 - 4 - 1　1979 年 9 月—1992 年 12 月川沙县纪委书记任职表　91
表 1 - 4 - 2　1988 年 3 月—1993 年 3 月川沙县监察局局长任职表　92
表 1 - 4 - 3　1993 年 4 月—2009 年 6 月浦东新区纪委书记任职表　92
表 1 - 4 - 4　1993 年 4 月—2009 年 8 月浦东新区监察局(委)局长(主任)任职表　92
表 1 - 4 - 5　1979 年 4 月—2002 年 1 月南汇县纪委书记(组长)任职表　93
表 1 - 4 - 6　1987 年 12 月—2002 年 1 月南汇县监察局(委)局长(主任)任职表　94
表 1 - 4 - 7　2002 年 1 月—2009 年 6 月南汇区纪委书记任职表　94
表 1 - 4 - 8　2002 年 1 月—2009 年 6 月南汇区监察局(委)局长(主任)任职表　94
表 1 - 4 - 9　2009 年 5 月—2010 年 12 月浦东新区纪委书记(召集人)任职表　95
表 1 - 4 - 10　2009 年 8 月—2010 年 12 月浦东新区监察局局长任职表　95
表 1 - 4 - 11　1979 年 7 月—2010 年 12 月徐汇区纪委书记任职表　96
表 1 - 4 - 12　1987 年 12 月—2010 年 12 月徐汇区监察局(委)局长(主任)任职表　96
表 1 - 4 - 13　1979 年 7 月—2010 年 12 月长宁区纪委书记任职表　98
表 1 - 4 - 14　1989 年 3 月—2010 年 12 月长宁区监察局(委)局长(主任)任职表　98
表 1 - 4 - 15　1979 年 7 月—2010 年 12 月普陀区纪委书记任职表　99
表 1 - 4 - 16　1989 年 1 月—2010 年 12 月普陀区监察局(委)局长(主任)任职表　100
表 1 - 4 - 17　1979 年 7 月—2010 年 12 月闸北区纪委书记任职表　101
表 1 - 4 - 18　1988 年 2 月—2010 年 12 月闸北区监察局(委)局长(主任)任职表　101
表 1 - 4 - 19　1979 年 7 月—2010 年 12 月虹口区纪委书记任职表　102
表 1 - 4 - 20　1988 年 1 月—2010 年 12 月虹口区监察局(委)局长(主任)任职表　103
表 1 - 4 - 21　1979 年 7 月—2010 年 12 月杨浦区纪委书记任职表　103
表 1 - 4 - 22　1988 年 4 月—2010 年 12 月杨浦区监察局(委)局长(主任)任职表　104
表 1 - 4 - 23　1979 年 7 月—2000 年 6 月黄浦区纪委书记任职表　105
表 1 - 4 - 24　1987 年 12 月—2000 年 6 月黄浦区监察局(委)局长(主任)任职表　105
表 1 - 4 - 25　1979 年 7 月—2000 年 6 月南市区纪委书记任职表　106
表 1 - 4 - 26　1988 年 1 月—2000 年 6 月南市区监察局(委)局长(主任)任职表　106

表1-4-27　2000年6月—2010年12月黄浦区纪委书记任职表　107
表1-4-28　2000年7月—2010年12月黄浦区监察局(委)局长(主任)任职表　107
表1-4-29　1979年7月—2010年12月卢湾区纪委书记任职表　108
表1-4-30　1989年10月—2010年12月卢湾区监察局(委)局长(主任)任职表　109
表1-4-31　1979年7月—2010年12月静安区纪委书记任职表　110
表1-4-32　1987年11月—2010年12月静安区监察局(委)局长(主任)任职表　110
表1-4-33　1979年9月—1988年6月宝山县纪委书记任职表　111
表1-4-34　1987年11月—1988年9月宝山县监察局局长任职表　111
表1-4-35　1981年12月—1988年6月吴淞区纪委书记任职表　111
表1-4-36　1988年1月—1988年9月吴淞区监察局局长任职表　112
表1-4-37　1988年7月—2010年12月宝山区纪委书记(组长)任职表　112
表1-4-38　1988年9月—2010年12月宝山区监察局(委)局长(主任)任职表　113
表1-4-39　1979年7月—1992年9月上海县纪委书记任职表　114
表1-4-40　1988年1月—1992年9月上海县监察局局长任职表　114
表1-4-41　1982年4月—1992年9月闵行区纪委书记(主要负责人)任职表　114
表1-4-42　1988年1月—1992年9月闵行区监察局局长任职表　114
表1-4-43　1992年12月—2010年12月闵行区纪委书记任职表　115
表1-4-44　1993年5月—2010年12月闵行区监察局(委)局长(主任)任职表　115
表1-4-45　1979年8月—1993年2月嘉定县纪委书记(组长)任职表　116
表1-4-46　1987年10月—1993年5月嘉定县监察局局长任职表　116
表1-4-47　1993年2月—2010年12月嘉定区纪委书记任职表　117
表1-4-48　1993年5月—2010年12月嘉定区监察局(委)局长(主任)任职表　117
表1-4-49　1979年8月—1997年4月金山县纪委书记(组长、负责人)任职表　118
表1-4-50　1987年12月—1997年4月金山县监察局(委)局长(主任)任职表　118
表1-4-51　1997年5月—2010年12月金山区纪委书记任职表　119
表1-4-52　1997年5月—2010年12月金山区监察局(委)局长(主任)任职表　119
表1-4-53　1979年9月—1998年7月松江县纪委书记任职表　120
表1-4-54　1987年12月—1998年7月松江县监察局(委)局长(主任)任职表　120
表1-4-55　1998年7月—2010年12月松江区纪委书记任职表　121
表1-4-56　1998年7月—2010年12月松江区监察局(委)局长(主任)任职表　121
表1-4-57　1979年8月—2000年9月青浦县纪委书记(组长)任职表　122
表1-4-58　1988年3月—2000年1月青浦县监察局(委)局长(主任)任职表　122
表1-4-59　2000年9月—2010年12月青浦区纪委书记任职表　123
表1-4-60　2000年3月—2010年12月青浦区监察局(委)局长(主任)任职表　123
表1-4-61　1979年9月—2001年11月奉贤县纪委书记(组长)任职表　124
表1-4-62　1988年1月—2001年11月奉贤县监察局(委)局长(主任)任职表　125
表1-4-63　2001年11月—2010年12月奉贤区纪委书记任职表　125
表1-4-64　2001年11月—2010年12月奉贤区监察局(委)局长(主任)任职表　125
表1-4-65　1979年7月—2010年12月崇明县纪委书记任职表　126
表1-4-66　1988年1月—2010年12月崇明县监察局(委)局长(主任)任职表　127
表4-3-1　关于贯彻落实《上海市贯彻落实建立健全惩治和预防腐败体系2008—2012年工作规划的实施办法》分工情况一览表　197

表 9-1-1　1979—2010 年上海市纪检监察系统受理控告、申诉情况统计表　391
表 9-1-2　1998—2010 年上海市纪检监察系统信访举报情况统计表　394
表 10-1-1　1979—1992 年上海市纪检监察系统案件查处情况统计表　410
表 10-1-2　1993—2010 年上海市纪检监察系统案件查处情况统计表　413
表 10-1-3　“社保资金案”涉案人员处理情况一览表　415
表 10-2-1　1979—1992 年上海市纪检监察系统党纪处分情况统计表　425
表 10-2-2　1989—1992 年上海市纪检监察系统政纪处分情况统计表　426
表 10-2-3　1993—2010 年上海市纪检监察系统党纪处分情况统计表　427
表 10-2-4　1994—2010 年上海市纪检监察系统政纪处分情况统计表　427
表 10-2-5　1998—2010 年上海市纪委、市监察委(局)党政纪申诉情况统计表　429
表 10-2-6　1997—2010 年市纪委、市监察委(局)案件审理回访教育情况统计表　429
表 10-2-7　1997—2010 年市纪委、市监察委(局)案件审理质量检查情况统计表　431
表 11-5-1　“廉洁办博”工作制度有关文件一览表　482
表 13-1-1　1988—2010 年市纪委、市监察局(委)调研课题一览表　553
表 13-2-1　2008 年上海市获中央纪委论文奖一览表　565
表 13-3-1　1992 年 11 月—2002 年 12 月上海市监察学会第一届负责人任职表　570
表 13-3-2　2002 年 12 月—2009 年 10 月上海市监察学会第二届负责人任职表　570
表 13-3-3　2009 年 10 月—2015 年 5 月上海市监察学会第三届负责人任职表　570
表 13-3-4　2009 年 10 月—2015 年 5 月上海廉政研究会第一届负责人任职表　571
表 13-3-5　1996—2010 年市监察学会理论研究获奖论文一览表　579
表 13-3-6　1993—2010 年市纪委、监察系统专著和论文集编辑出版物一览表　580

编 后 记

在市纪委常委会的领导和市地方志办公室的指导下，以及市纪委机关各厅部室的大力配合下，经过全体编修人员辛勤耕耘，《上海市志·中国共产党分志·纪检监察卷（1978—2010）》（以下简称《纪检监察卷》）终于与大家见面了。这部由市纪委、市监察局承编的《纪检监察卷》是中共上海党志的组成部分，也是上海纪检监察系统独立完成的第一部志书。

2010年7月，市纪委、市监察局根据市政府办公厅印发的《上海市第二轮新编地方志书编纂规划》通知精神，成立《纪检监察卷》编纂委员会和编纂办公室，具体负责编纂工作。8月，按照市地方志办公室《编纂实施方案》要求，制定《纪检监察卷的编纂实施方案》和起草篇目提纲，下发各厅部室，反复征求意见，确定篇目设置，经市纪委常委会同意，上报市地方志办公室备案。同时，召开编纂工作会议，进行动员部署，把修志工作作为市纪委、市监察局整体工作的一部分，纳入年终工作的考核内容；并要求把各厅部室主任作为第一责任人，尽职尽责抓好编志工作。

2011年起，该卷修志工作全面开展，市纪委各厅部室共有26人兼职参与编志工作，经过业务培训，开展资料收集工作，在市纪委档案室、市档案馆和有关图书资料部门的协助下，查阅30年千余卷的档案。同时，区县纪委提供了组织机构篇有关资料。至2012年底，收集1 500万余字的资料。2013年3月开始，开展长编资料的编写工作；至2014年底，经过补充整理，资料长编初步形成。2015年起，试写大事记、重要活动、重要会议等篇章的初稿，有序逐步开展初稿纂写。2016年底完成初稿的编写。2017年6月，完成该卷的统稿和总纂，经过修改完善形成110余万字《纪检监察卷》征求意见稿。

2017年8月，编纂办公室将初稿整理成《纪检监察卷》征求意见稿后，印发给市纪委常委会领导、熟悉纪检监察工作的老领导、离退休老干部、各厅部室领导和参与编写同志，以及区县纪委共127人，分别征求意见和建议。同时，邀请市纪委评议小组进行内审评议，以核准史实、完善结构、补充资料。9月，报送市地方志办公室进行预审并听取意见。在此基础上，对各方面提出的200余条意见和专家提出的建议进行认真梳理、订正和修改，并收集有关人员提供的图片，初步形成卷首照和随文照片，使志稿进一步完善内容，力求准确规范，最后完成《纪检监察卷》90余万字的送审稿。12月下旬，市纪委编纂委员会召开全体会议，对《纪检监察卷》送审稿进行审议，根据审议的意见和建议，进行了进一步修改。2018年4月，经市纪委编纂委员会领导审定后，形成90万余字的《纪检监察卷》评议稿，正式送报市地方志办公室进行评议审定。2018年6月，根据地方志办公室组织的专家评议会意见，再次对志书作了疏理、订正和修改，2019年5月报送市地方志办公室进行审定验收。

《上海市志·中国共产党分志·纪检监察卷（1978—2010）》，由市委常委、市纪委书记、市监察委主任刘学新作序；历届编委会领导重视该志编纂，审阅书稿；现任编委会领导负责该卷编纂与审定工作；该卷由赵增辉负责总纂、韩月平负责统稿。

在此，对以各种方式参与该卷编纂、审稿及出版工作的全体同志表示衷心的感谢！对市地方志办公室领导和有关方面的专家、市志工作处全体同志的关心与指导表示衷心的感谢！

编纂《上海市志·中国共产党分志·纪检监察卷（1978—2010）》，是一项繁重艰巨的系统工程。尽管编者尽了很大努力，但由于年代较久，资料可能不全，以及限于工作水平和缺乏修志实践经验，存在一些错漏和不足之处，敬请读者和专家批评指正。

《上海市志·中国共产党分志·纪检监察卷（1978—2010）》编纂办公室

2020年12月

图书在版编目(CIP)数据

上海市志. 中国共产党分志. 纪检监察卷：1978—2010 / 上海市地方志编纂委员会编. —上海：上海人民出版社，2021
ISBN 978 - 7 - 208 - 17240 - 1

Ⅰ.①上… Ⅱ.①上… Ⅲ.①上海-地方志②中国共产党-地方组织-党史-上海- 1978 - 2010 Ⅳ.①K295.1②D235.51

中国版本图书馆 CIP 数据核字(2021)第 146691 号

责任编辑 倪文君
封面设计 严克勤

上海市志·中国共产党分志·纪检监察卷(1978—2010)
上海市地方志编纂委员会 编

出　版 上海人民出版社
（201101　上海市闵行区号景路 159 弄 C 座）
发　行 上海人民出版社发行中心
印　刷 上海中华商务联合印刷有限公司
开　本 889×1194　1/16
印　张 50
插　页 17
字　数 1,258,000
版　次 2021 年 11 月第 1 版
印　次 2021 年 11 月第 1 次印刷
ISBN 978-7-208-17240-1/K·3116
定　价 330.00 元